Vorwort

Das Handbuch für Industriekaufleute ermöglicht selbstständiges Arbeiten im Unterricht und im Betrieb. Es setzt den Rahmenlehrplan konsequent um, indem zu allen zwölf Lernfeldern die notwendigen Basisinformationen für schülerzentriertes Arbeiten bereitgestellt werden. Das Denken in Geschäftsprozessen wurde integriert, grundlegende Informationen zum Projektmanagement bieten einen Einblick in moderne betriebliche Arbeitsformen im Industriebetrieb.

Das Handbuch bietet aber nicht nur Basisinformationen zur Fachkompetenz der Industriekaufleute, es legt darüber hinaus großen Wert auf die Vermittlung von Methodenkompetenz in einer Zeit, in der fachliche Inhalte einem raschen Wandel unterworfen sind. So zeigt das Handbuch zum Beispiel auf, wie ein Protokoll zu erstellen, ein Referat zu gliedern oder eine Betriebserkundung, ein Projekt oder eine Zukunftswerkstatt durchzuführen ist. Kommunikationsregeln, Informationen zur Teamarbeit, zu Verhandlungstechniken und zu Lernstrategien erweitern gezielt das Methodenrepertoire der Industriekaufleute.

Da im Rahmenlehrplan die Vermittlung von Fremdsprachenkompetenz bewusst erwartet wird, wurde ein eigenes Kapitel „Fachliches Englisch" aufgenommen. Außerdem wurden alle Hauptüberschriften der einzelnen Buchseiten ins Englische übersetzt.

Das Handbuch bietet zusätzlich Grundlagenwissen zur Informationsverarbeitung, das für eine moderne kaufmännische Ausbildung unverzichtbar ist.

Außerdem enthält das Handbuch eine breite Auswahl an Gesetzestexten, zum Beispiel aus dem Berufsbildungsgesetz, dem BGB oder dem HGB. Der Umgang mit Originalgesetzestexten wird so erleichtert und unterstützt.

Das Handbuch für Industriekaufleute stellt die ideale Ergänzung zu handlungsorientierten Lehr-/Lernmaterialien dar. Handlungsorientierte Arbeitsmaterialien und ein zentrales Nachschlagewerk zur Fach- und Methodenkompetenz sind somit eine unverzichtbare Einheit für eine moderne Berufsausbildung. Damit bietet das Handbuch für Industriekaufleute die Möglichkeit, sowohl lernfeldorientiert als auch fächerübergreifend zu lernen.

Darüber hinaus kann das Handbuch für Industriekaufleute zur Prüfungsvorbereitung und Weiterbildung genutzt werden.

In der 8. Auflage wurden Schaubilder und Statistiken aktualisiert und Gesetzesänderungen eingearbeitet.

Als neue Inhalte wurden u. a. aufgenommen: umsatzsteuerliche Behandlung des Güterverkehrs mit ausländischen Unternehmen, Beschwerdemanagement und Kundenbindung, Produktpolitik am Beispiel des Unternehmens Apple, Datensicherung, Datenpflege, Kommunikationssoftware, Unternehmenssoftware, Präsentationsformen, Bewertung von Präsentationen und Lernkartei.

Für Hinweise und Verbesserungsvorschläge sind Autoren und Verlag jederzeit aufgeschlossen und dankbar. Falls der Benutzer/die Benutzerin des Handbuches entscheidende Informationen vermisst, bittet das Autorenteam um eine entsprechende Nachricht per E-Mail: service@winklers.de

Notwendige Ergänzungen und Aktualisierungen (z. B. aufgrund von Gesetzesänderungen) findet der Benutzer/die Benutzerin des Handbuches unter der Internetadresse www.winklers.de direkt über die Bestellnummernsuche beim Handbuch (Bestellnummerneingabe: 3545).

Autoren und Verlag
Braunschweig, Winter 2016

Inhaltsüberblick

EU-Mitgliedsstaaten

Belgien
30 500 km^2
46 160 $ / Jahr

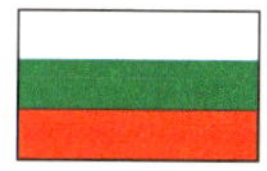
Bulgarien
111 000 km^2
6 550 $ / Jahr

Dänemark
43 100 km^2
60 390 $ / Jahr

Deutschland
357 000 km^2
43 242 $ / Jahr

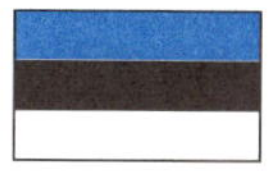
Estland
45 200 km^2
15 200 $ / Jahr

Finnland
338 100 km^2
48 420 $ / Jahr

Frankreich
544 000 km^2
42 420 $ / Jahr

Griechenland
132 000 km
25 030 $ / Jahr

Großbritannien
242 900 km^2
37 780 $ / Jahr

Irland
70 300 km^2
38 580 $ / Jahr

Italien
301 300 km^2
35 330 $ / Jahr

Kroatien
56 600 km^2
13 400 $ / Jahr

Lettland
64 600 km^2
12 350 $ / Jahr

Litauen
65 300 km^2
12 280 $ / Jahr

Luxemburg
2 590 km^2
78 130 $ / Jahr

Malta
316 km^2
18 620 $ / Jahr

Niederlande
41 500 km^2
49 730 $ / Jahr

Österreich
83 900 km^2
48 300 $ / Jahr

Polen
312 700 km^2
12 480 $ / Jahr

Portugal
92 300 km^2
21 250 $ / Jahr

Rumänien
238 400 km^2
7 910 $ / Jahr

Schweden
450 000 km^2
53 230 $ / Jahr

Slowakei
49 000 km^2
16 070 $ / Jahr

Slowenien
20 300 km^2
23 610 $ / Jahr

Spanien
504 800 km^2
30 990 $ / Jahr

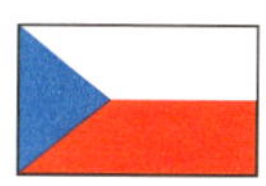
Tschechien
78 900 km^2
18 520 $ / Jahr

Ungarn
93 000 km^2
12 730 $ / Jahr

Zypern
9 300 km^2
29 450 $ / Jahr

EU
4 380 000 km^2
36 788 $ / Jahr

132 000 km^2 = Fläche   35 360 $ = Bruttosozialprodukt pro Person (2011)

Die in diesem Produkt gemachten Angaben zu Unternehmen (Namen, Internet- und E-Mail-Adressen, Handelsregistereintragungen, Bankverbindungen, Steuer-, Telefon- und Faxnummern und alle weiteren Angaben) sind i. d. R. fiktiv, d. h., sie stehen in keinem Zusammenhang mit einem real existierenden Unternehmen in der dargestellten oder einer ähnlichen Form. Dies gilt auch für alle Kunden, Lieferanten und sonstigen Geschäftspartner der Unternehmen wie z. B. Kreditinstitute, Versicherungsunternehmen und andere Dienstleistungsunternehmen. Ausschließlich zum Zwecke der Authentizität werden die Namen real existierender Unternehmen und z. B. im Fall von Kreditinstituten auch deren IBANs und BICs verwendet.

Die in diesem Werk aufgeführten Internetadressen sind auf dem Stand zum Zeitpunkt der Drucklegung. Die ständige Aktualität der Adressen kann vonseiten des Verlages nicht gewährleistet werden. Darüber hinaus übernimmt der Verlag keine Verantwortung für die Inhalte dieser Seiten.

Druck: westermann druck GmbH, Braunschweig

service@winklers.de
www.winklers.de

Bildungshaus Schulbuchverlage Westermann Schroedel Diesterweg Schöningh Winklers GmbH, Postfach 33 20, 38023 Braunschweig

ISBN 978-3-8045-**3545**-9

westermann GRUPPE

© Copyright 2017: Bildungshaus Schulbuchverlage Westermann Schroedel Diesterweg Schöningh Winklers GmbH, Braunschweig
Das Werk und seine Teile sind urheberrechtlich geschützt. Jede Nutzung in anderen als den gesetzlich zugelassenen Fällen bedarf der vorherigen schriftlichen Einwilligung des Verlages.
Hinweis zu § 52a UrhG: Weder das Werk noch seine Teile dürfen ohne eine solche Einwilligung eingescannt und in ein Netzwerk eingestellt werden. Dies gilt auch für Intranets von Schulen und sonstigen Bildungseinrichtungen.

35452

Margit Bentin, Jürgen Böker, Hartwig Brunn, Wilfried Flammann, Marlies Hemmer-Hiltenkamp, Thomas Kreye, Thomas Meyer, Katrin Philipp, Klaus Richter, Siegfried Rothe, Dr. Dirk Scharf, Markus Schultheis, Horst Volke, Dieter Zimmer-Bentin

Handbuch

für Industriekaufleute

8. Auflage

Bestellnummer 3545

Winklers
westermann

Inhalt

1 In Ausbildung und Beruf orientieren

Vorstellung des Ausbildungsbetriebes

Zu Beginn der Berufsausbildung gilt es, den eigenen Ausbildungsbetrieb zu erkunden und seine Stellung in der Gesamtwirtschaft zu bestimmen. Jedes Unternehmen lässt sich durch ausgewählte Merkmale beschreiben und damit von anderen Unternehmen abgrenzen. Im Folgenden ist ein **Steckbrief** abgebildet, der es ermöglicht, den eigenen Ausbildungsbetrieb anhand verschiedener Merkmale zu charakterisieren. Es ist ohne Weiteres möglich, diesen Steckbrief durch weitere Merkmale zu ergänzen.

Steckbrief zum Vergleich von Ausbildungsbetrieben

Beispiel: Modellunternehmen OfficeCom AG

Merkmale	OfficeCom AG
Gründungsjahr des Unternehmens	1968
Rechtsform	Aktiengesellschaft (AG)
Internetadresse	www.officecomag.de
Unternehmensstandort(e)	Braunschweig
Anzahl der Beschäftigten	302
Anteil von weiblichen Beschäftigten	32 %
Umsatz	12.666.060,00 €
Umsatzveränderung gegenüber Vorjahr	+ 3,7 %
Anteil des Auslandsumsatzes	32 %
Auslandsmärkte	Niederlande, Belgien, Frankreich, Dänemark
Gewinn	2.948.546,00 €
Gewinnveränderung gegenüber Vorjahr	+ 1,7 %
Produktionsprogramm	Schreibtische, Aktenschränke, Schreibtischsessel
Kundenzielgruppen	Facheinzel- und Großhandel, Versandhäuser
Tätigkeitsfelder von Industriekaufleuten im Unternehmen	Kaufmännische Tätigkeiten in der Materialwirtschaft, im Marketingbereich, im Personalbereich, im Controlling, in der Produktionssteuerung
Aufstiegsmöglichkeiten von Industriekaufleuten im Unternehmen	Projektleiter/-in, Abteilungsleiter/-in; Hauptabteilungsleiter/-in

Siehe dazu auch: Daten des Modellunternehmens S. 101, statistische Kennzahlen S. 195 ff.

Möchte man den eigenen Ausbildungsbetrieb mit Unternehmen der Region, mit wirtschaftlichen Daten des Bundeslandes oder des Gesamtstaates vergleichen, hilft eine Internetrecherche weiter (siehe dazu auch S. 594). Regionale Adressen können beispielsweise die Industrie- und Handelskammern (www.diht.de) sein. Weitere nützliche Quellen sind die entsprechenden Arbeitgeber- und Arbeitnehmerorganisationen: Bundesverband der Deutschen Industrie e.V. (BDI) und Deutscher Gewerkschaftsbund (DGB).

Methodische Hinweise

Um Steckbriefe von unterschiedlichen Unternehmen zu präsentieren, müssen methodische Gestaltungsregeln beachtet werden. Vgl. Kapitel 15.

Duales Ausbildungssystem in Deutschland *Dual system of education in Germany*

Die berufliche **Erstausbildung** der staatlich anerkannten Ausbildungsberufe im Sinne des **Berufsbildungsgesetzes (BBiG)** von 1969 bzw. 2005 findet in Form des **dualen Ausbildungssystems** statt. Die Ausbildung erfolgt dabei an **zwei Lernorten**:

Duales Ausbildungssystem

- Berufsschule
- Ausbildungsbetrieb

Das **BBiG** benennt Rechte und Pflichten der an der Ausbildung beteiligten Personen und Institutionen und beschreibt die Ordnung/Organisation der Berufsausbildung. § 5 des BBiG definiert als Grundlage einer ordnungsgemäßen Berufsausbildung die sogenannte **Ausbildungsordnung**:

§§ 4 und 5 – Ausbildungsordnung

§ 4 – Anerkennung von Ausbildungsberufen

(1) Als Grundlage für eine geordnete und einheitliche Berufsausbildung kann das Bundesministerium für Wirtschaft und Technologie oder das sonst zuständige Fachministerium im Einvernehmen mit dem Bundesministerium für Bildung und Forschung durch Rechtsverordnung, die nicht der Zustimmung des Bundesrates bedarf, Ausbildungsberufe staatlich anerkennen, die Anerkennung aufheben und hierfür Ausbildungsordnungen nach § 5 erlassen.

(2) Für einen anerkannten Ausbildungsberuf darf nur nach der Ausbildungsordnung ausgebildet werden.

§ 5 – Ausbildungsordnung

(1) Die Ausbildungsordnung hat festzulegen
1. die Bezeichnung des anerkannten Ausbildungsberufes,
2. die Ausbildungsdauer; sie soll nicht mehr als drei und nicht weniger als zwei Jahre betragen,
3. die beruflichen Fertigkeiten, Kenntnisse und Fähigkeiten, die mindestens Gegenstand der Berufsausbildung sind (Ausbildungsberufsbild),
4. eine Anleitung zur sachlichen und zeitlichen Gliederung der Vermittlung der beruflichen Fertigkeiten, Kenntnisse und Fähigkeiten (Ausbildungsrahmenplan),
5. die Prüfungsanforderungen.

Die „Verordnung über die Berufsausbildung zum Industriekaufmann/zur Industriekauffrau vom 26. Juli 2002 (Bundesgesetzblatt Teil I, Nr. 51, S. 2764), regelt die Ausbildung dieses kaufmännischen Ausbildungsberufes.
Während der **Ausbildungsrahmenplan** verbindlich festlegt, was im Ausbildungsbetrieb zu vermitteln ist, wird im von der Kultusministerkonferenz (KMK) beschlossenen **Rahmenlehrplan** (siehe S. 630 ff.) für den berufsbezogenen Unterricht der Berufsschule definiert, was der Lernort Berufsschule im berufsbezogenen Bereich zu vermitteln hat. Rahmenlehrplan und Ausbildungsordnung des Bundes sind aufeinander abgestimmt (Rechtsgrundlage: „Gemeinsames Ergebnisprotokoll vom 30. Mai 1972"). Aufgrund von landesspezifischen Schulgesetzen erlassen die zuständigen Kultusministerien zusätzlich **Lehrpläne** für die sogenannten allgemeinbildenden Fächer (z. B. Deutsch).

Ausbildungsvertrag *Articles of apprenticeship*

Der Ausbildungsvertrag wird zwischen dem **Auszubildenden** und dem Ausbildenden geschlossen. Bei minderjährigen Auszubildenden muss ein Erziehungsberechtigter den Vertrag mit unterzeichnen. Der Ausbildende, der Inhaber des Ausbildungsbetriebes, kann **Ausbilder** im Betrieb beauftragen, die Berufsausbildung des Auszubildenden im Einzelnen zu gewährleisten. Der unterschriebene Ausbildungsvertrag wird der zuständigen **Industrie- und Handelskammer (IHK)** zur Prüfung vorgelegt und von ihr in das Verzeichnis der Berufsausbildungsverhältnisse eingetragen. Das **Berufsbildungsgesetz (BBiG)** regelt die Rechte und Pflichten von Auszubildenden und Ausbildenden.

vgl.: Hübscher, Heinrich u. a.: IT-Handbuch, IT-Systemkaufmann/-frau, Informatikkaufmann/-frau, 9. Aufl., Braunschweig, Westermann Verlag, 2015, S. 6

Rechte und Pflichten laut Berufsbildungsgesetz (BBiG)

Rights and duties according to the vocational training act

Pflichten des Auszubildenden

(= Rechte des Ausbildenden)

Der Auszubildende hat ...

- sich zu bemühen, die berufliche Handlungsfähigkeit zu erwerben, die erforderlich ist, um das Ausbildungsziel zu erreichen;
- die ihm im Rahmen seiner Berufsausbildung aufgetragenen Aufgaben sorgfältig auszuführen;
- am Berufsschulunterricht und an Prüfungen teilzunehmen;
- den Weisungen zu folgen, die ihm im Rahmen der Berufsausbildung von weisungsberechtigten Personen erteilt werden;
- die für die Ausbildungsstätte geltende Ordnung zu beachten;
- Werkzeug, Maschinen und sonstige Einrichtungen pfleglich zu behandeln;
- über Betriebs- und Geschäftsgeheimnisse Stillschweigen zu wahren;
- ein Berichtsheft zu führen.

Pflichten des Ausbildenden

(= Rechte des Auszubildenden)

Der Ausbildende hat ...

- mit dem Auszubildenden einen Berufsausbildungsvertrag zu schließen und ihn schriftlich niederzulegen;
- mit dem Auszubildenden eine Probezeit zu vereinbaren (mindestens einen Monat, höchstens vier Monate);
- dafür zu sorgen, dass dem Auszubildenden die berufliche Handlungsfähigkeit vermittelt wird, die zum Erreichen des Ausbildungszieles notwendig ist;
- die Ausbildung planmäßig durchzuführen;
- dem Auszubildenden kostenlos die notwendigen Ausbildungsmittel zur Verfügung zu stellen;
- den Auszubildenden zum Besuch der Berufsschule sowie zum Führen von Berichtsheften anzuhalten;
- dafür zu sorgen, dass der Auszubildende charakterlich gefördert sowie sittlich und körperlich nicht gefährdet wird;
- sicherzustellen, dass dem Auszubildenden nur Verrichtungen übertragen werden, die dem Ausbildungszweck dienen und seinen körperlichen Kräften angemessen sind;
- den Auszubildenden für die Teilnahme am Berufsschulunterricht und an Prüfungen freizustellen;
- dem Auszubildenden eine angemessene Vergütung zu gewähren; die Ausbildungsvergütung muss mindestens jährlich ansteigen;
- dem Auszubildenden bei Beendigung des Ausbildungsverhältnisses ein Zeugnis auszustellen.

Pflichten bei Ausübung einer Nebentätigkeit:
Grundsätzlich ist die Ausübung einer Nebentätigkeit zwar erlaubt, sie darf den Auszubildenden aber nicht so stark belasten, dass er seine vertraglichen Pflichten, insbesondere das Erreichen des Ausbildungszieles, nicht mehr erfüllen kann. Aus diesem Grund ist die Ausübung der Nebentätigkeit mit dem Ausbildenden abzustimmen.

Zusätzliche Rechte und Pflichten, wie z. B. Urlaubsansprüche, besondere Schutzrechte Jugendlicher, werden in weiteren Gesetzen geregelt.

aus: Hübscher, Heinrich u. a.: IT-Handbuch, IT-Systemkaufmann/-frau, Informatikkaufmann/-frau, 9. Aufl., Braunschweig, Westermann Verlag, 2015, S. 7

Kündigungsrecht laut BBiG

Right of dismissal according to the vocational training act

1

- Voraussetzungen, unter denen der Berufsausbildungsvertrag gekündigt werden kann, sind in die Vertragsniederschrift aufzunehmen (**§ 11**).

- Während der Probezeit kann das Berufsausbildungsverhältnis jederzeit ohne Einhalten einer Kündigungsfrist gekündigt werden (**§ 22 Abs. 1**).

- Nach der Probezeit kann das Berufsausbildungsverhältnis nur gekündigt werden
  1. aus einem wichtigen Grund ohne Einhalten einer Kündigungsfrist,
  2. von Auszubildenden mit einer Kündigungsfrist von vier Wochen, wenn sie die Berufsausbildung aufgeben oder sich für eine andere Berufstätigkeit ausbilden lassen wollen (**§ 22 Abs. 2**).

- Die Kündigung muss schriftlich erfolgen (**§ 22 Abs. 3**).

- Wird das Berufsausbildungsverhältnis nach der Probezeit vorzeitig gelöst, kann der Auszubildende oder der Ausbildende unter Umständen schadenersatzpflichtig werden. Dies gilt nicht im Falle des **§ 22 Abs. 2 Nr. 2**.

Wichtige Gesetze zum Arbeits- und Tarifrecht

Important labour and industrial relations laws

Gesetz	Abkürzung
Gesetz zum Schutz der arbeitenden Jugend (Jugendarbeitsschutzgesetz) – siehe S. 15 und 611 ff.	JArbSchG
Arbeitsschutzgesetz	ArbSchG
Mindesturlaubsgesetz für Arbeitnehmer (Bundesurlaubsgesetz)	BundUrlG
Kündigungsschutzgesetz	KSchG
Gesetz zum Schutze der erwerbstätigen Mutter (Mutterschutzgesetz)	MuSchG
Bundeselterngeld- und Elternzeitgesetz	BEEG
Tarifvertragsgesetz	TVG
Arbeitszeitgesetz	ArbZG
Entgeltfortzahlungsgesetz	EntgFG
Gesetz über die Mitbestimmung der Arbeitnehmer in den Aufsichtsräten und Vorständen der Unternehmen des Bergbaus und der Eisen und Stahl erzeugenden Industrie (Montanmitbestimmungsgesetz)	Montan-MG
Gesetz über die Drittelbeteiligung der Arbeitnehmer im Aufsichtsrat	DrittelbG
Betriebsverfassungsgesetz	BetrVerfG
Gesetz zur Ordnung des Handwerks (Handwerksordnung)	HandwO
Gesetz über die Mitbestimmung der Arbeitnehmer (Mitbestimmungsgesetz)	MitbestG
Gesetz zum Schutz vor Missbrauch personenbezogener Daten (Bundesdatenschutzgesetz)	BDSG
Bürgerliches Gesetzbuch – siehe S. 615 ff.	BGB
Allgemeines Gleichbehandlungsgesetz	AGG

vgl. Hübscher, Heinrich u. a.: IT-Handbuch (Tabellenbuch) IT-Systemkaufmann/-frau, Informatikkaufmann/-frau, 9. Aufl., Braunschweig, Westermann Verlag, 2015, S. 8

Jugendarbeitsschutzgesetz (JArbSchG)

Geltungsbereich des Gesetzes

- Das Gesetz schützt **Kinder** (Personen unter 15 Jahren) und **Jugendliche** (Personen ab 15 Jahren, aber noch unter 18 Jahren), die sich in der Berufsausbildung befinden oder in einem Beschäftigungsverhältnis als Arbeitnehmer oder Heimarbeiter tätig sind (§ 1).
- Auf Jugendliche, die der Vollzeitschulpflicht unterliegen, finden die für Kinder geltenden Vorschriften Anwendung (§ 2).

Arbeitszeit/Pausen/Schichtzeit/Nachtruhe

- Jugendliche dürfen nicht mehr als 8 Std. täglich und nicht mehr als 40 Std. wöchentlich beschäftigt werden.
- Wird die Arbeitszeit an einzelnen Werktagen verkürzt, kann die Arbeitszeit an anderen Tagen auf maximal 8,5 Stunden verlängert werden (§ 8).
- Ruhepausen müssen bei einer Arbeitszeit von mehr als viereinhalb bis sechs Stunden 30 Minuten, bei einer Arbeitszeit von mehr als sechs Stunden 60 Minuten mindestens betragen (§ 11).
- Die Pausenzeiten gelten nicht als Arbeitszeit (Ausnahme: Schichtzeit). Als Arbeitspause gilt nur eine Arbeitsunterbrechung von mindestens 15 Minuten (§ 11).
- Jugendliche dürfen nach Beendigung der täglichen Arbeitszeit nicht vor Ablauf einer ununterbrochenen Freizeit von mindestens 12 Stunden beschäftigt werden (§ 13).
- Bei Jugendlichen darf die Schichtzeit prinzipiell 10 Stunden nicht überschreiten.
- Ausnahmen: im Bergbau unter Tage: max. 8 Stunden, im Gaststättengewerbe, in der Landwirtschaft, in der Tierhaltung, auf Bau- und Montagestellen: max. 11 Stunden.
- Schichtzeit ist die tägliche Arbeitszeit unter Hinzurechnung der Ruhepausen (§ 4).
- Jugendliche dürfen prinzipiell nur zwischen 6 und 20 Uhr beschäftigt werden (§ 14).
- Ausnahmen bei Jugendlichen über 16 Jahren:
  - im Gaststätten- und Schaustellergewerbe bis 22 Uhr
  - in mehrschichtigen Betrieben bis 23 Uhr
  - in Bäckereien und Konditoreien ab 5 Uhr
  - in der Landwirtschaft ab 5 Uhr oder bis 21 Uhr

Fünftagewoche/Wochenendarbeit/Feiertagsruhe

- Jugendliche dürfen nur an 5 Tagen in der Woche beschäftigt werden. Die beiden wöchentlichen Ruhetage sollen nach Möglichkeit aufeinanderfolgen (§ 15).
- An Samstagen und Sonntagen dürfen Jugendliche prinzipiell nicht beschäftigt werden (§§ 16, 17).
- Zulässige Ausnahmen sind zum Beispiel:
  - in offenen Verkaufsstellen (Sa.)
  - in Krankenanstalten (Sa., So.)
  - in Bäckereien und Konditoreien (Sa.)
  - in der Landwirtschaft (Sa., So.)
- Am 24. und 31. Dezember nach 14 Uhr und an gesetzlichen Feiertagen dürfen Jugendliche nicht beschäftigt werden (§ 18); Ausnahmen sind in § 18 Abs. 2 geregelt.

Urlaub

- Der bezahlte Erholungsurlaub beträgt laut § 19 jährlich …
  mindestens 30 Werktage, wenn der Jugendliche zu Beginn des Kalenderjahres noch nicht 16 Jahre alt ist,
  mindestens 27 Werktage, wenn der Jugendliche zu Beginn des Kalenderjahres noch nicht 17 Jahre alt ist,
  mindestens 25 Werktage, wenn der Jugendliche zu Beginn des Kalenderjahres noch nicht 18 Jahre alt ist.
- Der Urlaub soll Berufsschülern in der Zeit der Schulferien gegeben werden. Soweit er nicht in den Schulferien gegeben wird, ist für jeden Berufsschultag, an dem die Berufsschule während des Urlaubs besucht wird, ein weiterer Urlaubstag zu gewähren.

Berufsschulunterricht

- Der Arbeitgeber muss den Jugendlichen für die Teilnahme am Berufsschulunterricht, an Prüfungen und außerbetrieblichen Ausbildungsmaßnahmen freistellen. Am Arbeitstag vor der schriftlichen Abschlussprüfung ist der Jugendliche außerdem freizustellen (§§ 9 – 10).

Gefährliche Arbeiten

- Jugendliche dürfen keine Arbeiten ausführen, die ihre physische oder psychische Leistungsfähigkeit übersteigen, die ihre Gesundheit gefährden oder bei denen sie sittlich gefährdet werden (§ 22).

Jugend- und Auszubildendenvertretung (JAV)

Youth and trainees' representatives

1

Rechtsgrundlage

Betriebsverfassungsgesetz §§ 60–71

Wahlen

Alle **zwei** Jahre in der Zeit vom 1. Okt. bis 30. Nov. (§ 64)

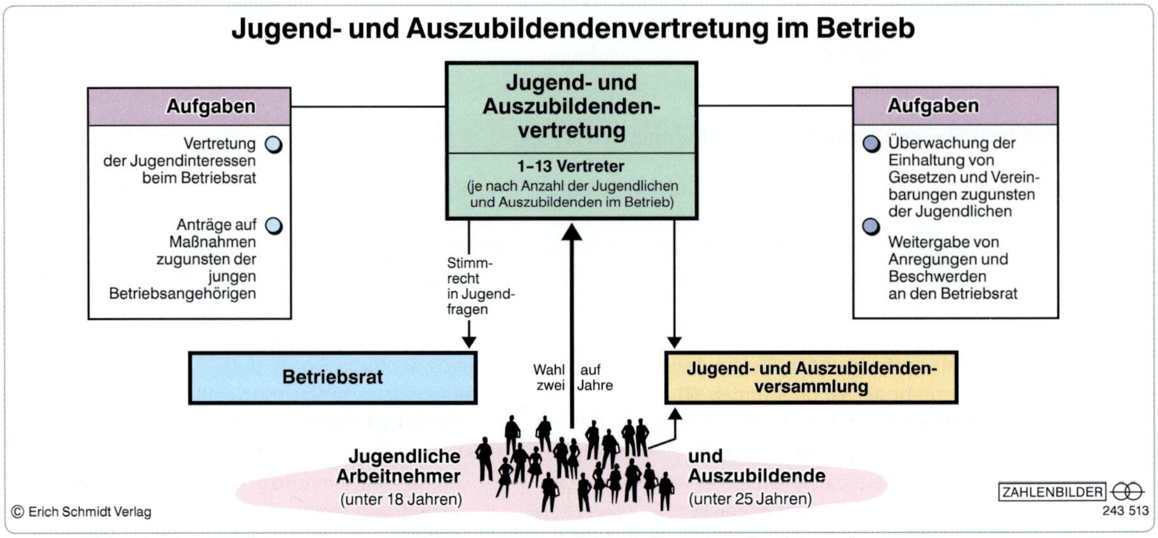

Betriebsrat

Works council

Rechtsgrundlage und Wahlen

- **Rechtsgrundlage:** § 1 ff. Betriebsverfassungsgesetz (BetrVerfG)
- **Amtszeit:** alle **vier** Jahre in der Zeit vom 1. März bis 31. Mai (§ 13)
- **Wahlberechtigte:** alle Arbeitnehmer, die das 18. Lebensjahr vollendet haben (§ 7)
- **Wählbarkeit:** alle Wahlberechtigten, die 6 Monate dem Betrieb angehören (§ 8)

Errichtung von Betriebsräten

In Betrieben mit i. d. R. mindestens 5 ständigen wahlberechtigten Arbeitnehmern, von denen 3 wählbar sind, werden Betriebsräte gewählt (§ 1). Leitende Angestellte sind nach § 5 nicht wahlberechtigt.

Allgemeine Aufgaben des Betriebsrates

- Überwachung der Einhaltung von Gesetzen, Unfallverhütungsvorschriften, Tarifverträgen und Betriebsvereinbarungen
- Beantragung von Maßnahmen, die dem Betrieb und der Belegschaft dienen, beim Arbeitgeber
- Förderung der Durchsetzung der tatsächlichen Gleichstellung von Frauen und Männern sowie der Vereinbarung von Familie und Erwerbstätigkeit
- Weiterleitung und Unterstützung der Anregungen von Arbeitnehmern und Jugendvertretern
- Förderung der Eingliederung Schwerbehinderter
- Vorbereitung und Durchführung der Wahl einer Jugend- und Auszubildendenvertretung
- Förderung der Beschäftigung älterer Arbeitnehmer
- Förderung der Integration ausländischer Arbeitnehmer im Betrieb (§ 80)
- Förderung und Sicherung der Beschäftigung im Betrieb
- Förderung von Maßnahmen des Arbeitsschutzes und des betrieblichen Umweltschutzes (§ 80)

Stellung des Betriebsrates

Der Betriebsrat arbeitet unter Beachtung der geltenden Tarifverträge vertrauensvoll zum Wohl der Arbeitnehmer und des Betriebes mit dem Arbeitgeber zusammen (§ 2).

Rechte des Betriebsrates

... in wirtschaftlichen Angelegenheiten	... in personellen Angelegenheiten	... in sozialen Angelegenheiten
Beispiele: ■ Unterrichtung über wirtschaftliche und finanzielle Lage des Unternehmens (§ 106) ■ Kenntnis von Rationalisierungsvorhaben und Investitionsprogrammen (§ 106)	*Beispiele:* ■ Erstellung von Personalfragebogen (§ 94) ■ Unterrichtung bei Einstellungen, Umgruppierungen und Versetzungen (§ 99)	*Beispiele:* ■ Mitentscheidung über Arbeitszeit, Pausenregelung und Urlaubsplanung (§ 87) ■ Mitbestimmung bei Kündigungen (§ 102)

In **wirtschaftlichen** und **personellen** Angelegenheiten hat der Betriebsrat in der Regel ein **Mitwirkungsrecht,** in **sozialen** Angelegenheiten ein **Mitbestimmungsrecht** (Betriebsrat wird nicht nur informiert oder angehört, er hat auch mitzuentscheiden).

Laufende Tätigkeit des Betriebsrates

Betriebsratssitzungen und **Sprechstunden** des Betriebsrates finden in der Regel während der Arbeitszeit statt (§§ 30, 39).
Der Betriebsrat kann mit dem Arbeitgeber **Betriebsvereinbarungen** beschließen (z. B. über Errichtung von Sozialeinrichtungen) (§ 88).

Betriebsversammlungen sind vom Betriebsrat in jedem Kalendervierteljahr einzuberufen. Der Betriebsrat hat in der Betriebsversammlung einen Tätigkeitsbericht zu erstatten (§ 43). Der Betriebsrat hat bezüglich Betriebs- und Geschäftsgeheimnissen **Geheimhaltungspflicht** (§ 79).

Zahl der Betriebsratsmitglieder

Anzahl der Betriebsräte	bei Zahl der wahlberechtigten Arbeitnehmer im Unternehmen (§ 9)	Zahl der von beruflicher Tätigkeit freigestellten Betriebsräte	bei Zahl der wahlberechtigten Arbeitnehmer im Unternehmen (§ 38)
1	5 – 20	1	200 – 500
3	21 – 50	2	501 – 900
5	51 – 100	3	900 – 1 500
7	101 – 200	4	1 501 – 2 000
9	201 – 400	5	2 001 – 3 000
11	401 – 700	6	3 001 – 4 000
13	701 – 1 000	7	4 001 – 5 000
15	1 001 – 1 500	8	5 001 – 6 000
17	1 501 – 2 000	9	6 001 – 7 000
19	2 001 – 2 500	10	7 001 – 8 000
21	2 501 – 3 000	11	8 001 – 9 000
23	3 001 – 3 500	12	9 001 – 10 000
25	3 501 – 4 000	+1	+2 000
27	4 001 – 4 500		
29	4 501 – 5 000		
31	5 001 – 5 500		
33	6 001 – 7 000		
35	7 001 – 9 000		
+2	+3 000		

- Männer und Frauen müssen entsprechend ihrem zahlenmäßigen Verhältnis im Betriebsrat vertreten sein, wenn dieser aus mindestens drei Mitgliedern besteht.
- Die Mitglieder des Betriebsrats sowie die Jugend- und Auszubildendenvertreter sind nach § 15 Abs. 1 KSchG während ihrer Amtszeit und ein Jahr danach **unkündbar**.

Tarifvertragsrecht

Law governing collective bargaining

Tarifautonomie

Das Recht der Tarifvertragsparteien, Tarifverträge ohne Einflussnahme des Staates frei aushandeln zu dürfen (**Tarifautonomie**), ist im Artikel 9 Absatz 3 **Grundgesetz** abgesichert: *„Das Recht, zur Wahrung und Förderung der Arbeits- und Wirtschaftsbedingungen Vereinigungen zu bilden, ist für jedermann und für alle Berufe gewährleistet. Abreden, die dieses Recht einschränken oder zu behindern suchen, sind nichtig, hierauf gerichtete Maßnahmen sind rechtswidrig."* Näheres regelt das **Tarifvertragsgesetz**. Die Tarifvertragsparteien werden auch als **Sozialpartner** bezeichnet.

Tarifvertragsparteien

1. Möglichkeit:

Arbeitgeberverband ◄— **Branchentarifvertrag** —► Gewerkschaft

Die Interessenvertretungen von Arbeitgebern und Arbeitnehmern handeln **Branchentarifverträge** (z. B. für die Metall verarbeitende Industrie) für einen bestimmten Tarifbezirk (z. B. ein Bundesland) in Form von **Flächentarifverträgen** aus.

2. Möglichkeit:

Arbeitgeber ◄— **Haustarifvertrag** —► Gewerkschaft

Die Gewerkschaft handelt mit einem großen Arbeitgeber (z. B. einem Konzern) einen **Haustarifvertrag** aus. Er gilt nur für dieses Unternehmen.

Ablauf von Tarifvertragsverhandlungen

Jede Gewerkschaft ist rechtlich frei, die genauen Bestimmungen zur Durchführung einer Urabstimmung festzulegen (z. B. den Mindestzustimmungsprozentsatz von zurzeit 75 %) oder ein Schlichtungsverfahren vorzusehen.

Gründe für Tarifverträge

- Beide Vertragsparteien erhoffen sich mehr Macht, um die eigenen Interessen durchzusetzen („Einigkeit macht stark").
- Ökonomisch sind Tarifverträge sinnvoll, da Einzelverhandlungen zwischen einzelnen Arbeitgebern und -nehmern unnötig Zeit und Geld kosten würden.
- Arbeitgeber und -nehmer können langfristig planen, da während der Dauer eines Tarifvertrages **„Friedenspflicht"** (Verbot von Arbeitskampfmaßnahmen) besteht. Produktionsausfälle werden so vermieden, was sich auch volkswirtschaftlich positiv auswirkt.
- Die Aushandlung und der Abschluss von Tarifverträgen führen zur politischen Stabilisierung des Staates. Demokratische Spielregeln (zum Beispiel die Urabstimmung) werden durch das Verfahren von Tarifvertragsverhandlungen eingeübt und verfestigen sich im Bewusstsein der Bürger.

Schlichtungsverfahren

Wird zwischen Gewerkschaft und Arbeitgeberverband ein sogenanntes **Schlichtungsverfahren** vereinbart, um harte Tarifauseinandersetzungen zu verhindern, schlägt ein neutraler Schlichter, der von beiden Tarifvertragsparteien akzeptiert wird (z. B. ein ehemaliger Bundesminister), eine Tariflösung vor. Gewerkschaft wie auch Arbeitgeberverband sind allerdings nicht an diesen **Schlichterspruch** gebunden, sie können trotzdem ihre „Kampfmittel" einsetzen. Der politische Druck der Öffentlichkeit (z. B. über Massenmedien) und der Regierung führen aber in der Regel zu einer Übernahme des Schlichterspruchs.

Streik und Aussperrung

Die Gewerkschaft ruft einen **Streik** aus, um ihre Tarifforderungen durchzusetzen. Die Gewerkschaftsmitglieder erhalten für diese Zeit des Verdienstausfalls ein sogenanntes Streikgeld von ihrer Gewerkschaft, das sie vorher durch ihre Beitragszahlungen angespart haben. Umfangreiche Streiks reduzieren die angesammelten Beiträge, die Streikkasse droht leer zu werden. Bei den Arbeitgebern führen die Streiks unter Umständen zum Produktionsstillstand und damit zu Umsatz- und Gewinnausfällen. Dieser enorme **wirtschaftliche Druck** auf beide Tarifvertragsparteien ist aber gewollt – nur dadurch kommt eine Tarifeinigung zustande. Damit die Antwort des Arbeitgeberverbandes auf den Streik – die **Aussperrung** – nicht zu einem sofortigen Zusammenbruch der Streikkasse der Gewerkschaft führt, sind Aussperrungen im Umfang rechtlich begrenzt – es geht darum, dass keine der beiden Seiten ein Übergewicht erhält. Man spricht vom **Grundsatz der Verhältnismäßigkeit** (Übermaßverbot).

Streikarten

Warnstreik	Diese Streikart dient in der Regel in der ersten Verhandlungsphase zur Untermauerung der Gewerkschaftsforderungen; er umfasst nur relativ wenige Arbeitnehmer und wird nur für kurze Zeit durchgeführt.
Flächenstreik	Unternehmen werden „in der Fläche" bestreikt, z. B. im gesamten Tarifbezirk.
Schwerpunktstreik	Nur ausgewählte Unternehmen (z. B. Zulieferbetriebe) oder sogar nur bestimmte Abteilungen werden bestreikt. Diese Streikart ist für die Gewerkschaft kostengünstig, verspricht aber hohen Erfolg.
Politischer Streik	Diese Streikart verfolgt rein politische Zwecke und ist durch Art. 9 Abs. 3 des **Grundgesetzes** nicht geschützt. Er kann allenfalls als letztes Mittel dienen, um die verfassungsmäßige Ordnung zu erhalten im Sinne des **Widerstandsrechts** laut Art. 20 Abs. 4 des Grundgesetzes: *„Gegen jeden, der es unternimmt, diese Ordnung zu beseitigen, haben alle Deutschen das Recht zum Widerstand, wenn andere Abhilfe nicht möglich ist."*

Arten von Tarifverträgen

- **Lohn- bzw. Gehaltstarifvertrag:**
  regelt die Höhe des Arbeitsentgelts in der Regel für ein oder zwei Jahre.
- **Mantel- bzw. Rahmentarifvertrag:**
  „ummantelt" den Lohn- bzw. Gehaltstarifvertrag durch die Festlegung bestimmter Rahmenbedingungen, wie z. B. Arbeitszeit, Urlaubsregelung, Lohngruppeneinteilung. Er hat in der Regel eine mehrjährige Laufzeit.

Geltung von Tarifverträgen

Tarifverträge gelten prinzipiell nur für die **Arbeitnehmer**, die Mitglied der Gewerkschaft sind, und für **Arbeitgeber**, die Mitglied des Arbeitgeberverbandes sind. Ist zwar der Arbeitnehmer Mitglied der Gewerkschaft, der Arbeitgeber aber nicht Mitglied des Arbeitgeberverbandes, muss der Arbeitgeber nicht das Tarifentgelt zahlen. Arbeitnehmer, die kein Gewerkschaftsmitglied sind, erhalten von ihrem im Arbeitgeberverband organisierten Arbeitgeber trotzdem das zwischen den Tarifvertragsparteien vereinbarte Tarifentgelt. Im anderen Falle würden die nicht organisierten Arbeitnehmer in die Gewerkschaft eintreten und deren Verhandlungsposition verbessern, was nicht im Interesse des Arbeitgebers sein kann.

Unter besonderen Umständen (z. B. bei Wettbewerbsverzerrungen) kann der Bundesminister für Arbeit und Soziales einen Tarifvertrag für **allgemein verbindlich** erklären, das heißt, er gilt für alle Arbeitnehmer und Arbeitgeber eines Tarifbezirks – unabhängig von ihrer Zugehörigkeit zu einem Interessenverband.

Individual- und Kollektivrechte

Neben **individuellen** Rechten des Arbeitnehmers, die sich aus seinem Arbeitsvertrag und seinen individuellen Rechten laut §§ 8–84 des Betriebsverfassungsgesetzes (z. B. Recht auf Einsicht in die Personalakte) ergeben, kann der Arbeitnehmer **Kollektivrechte** durch besondere Organe ausüben (z. B. Betriebsrat handelt Betriebsvereinbarung aus). Das wird zum Beispiel bei **Betriebsänderungen** notwendig: Bei Betriebsänderungen hat der Arbeitgeber bei Unternehmen mit in der Regel mehr als 20 wahlberechtigten Arbeitnehmern laut § 111 bzw. § 112 den Betriebsrat über geplante Betriebsänderungen, die für Arbeitnehmer nachteilig sein könnten, zu informieren und mit dem Betriebsrat diese Änderungen zu beraten. Denkbar ist z. B. bei einem Zusammenschluss mit anderen Betrieben die Erstellung eines Sozialplans für zu entlassende Arbeitnehmer.

Betriebliche Mitbestimmung (Überblick)

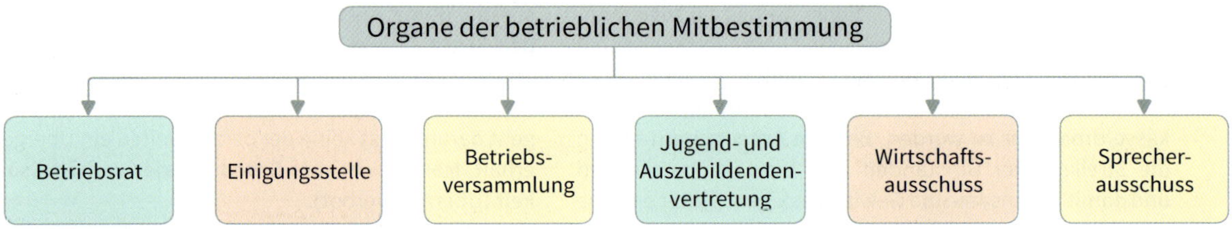

■ **Betriebsrat** und **Jugend- und Auszubildendenvertretung** siehe S. 16 f.

Betriebsversammlung (§§ 42 ff. BetrVerfG)

Betriebsversammlungen sind vom Betriebsrat in jedem Kalendervierteljahr einzuberufen. Vor den versammelten Arbeitnehmern erstattet der Betriebsrat seinen Tätigkeitsbericht. Der Arbeitgeber ist einzuladen, da er vierteljährlich über die wirtschaftliche Lage und über das Personal- und Sozialwesen zu berichten hat.

Betriebsausschuss (§ 27 BetrVerfG)

Besteht ein Betriebsrat aus mindestens neun Mitgliedern, wird ein Betriebsausschuss gebildet, der die laufenden Geschäfte des Betriebsrates führt. Der Betriebsrat kann dem Betriebsausschuss mit der Stimmenmehrheit seiner Mitglieder Aufgaben zur selbstständigen Erledigung übertragen; dies gilt nicht für den Abschluss von Betriebsvereinbarungen.

Einigungsstelle (§ 76 BetrVerfG)

Sie dient zur Beilegung von Meinungsverschiedenheiten zwischen Arbeitgeber und Betriebsrat. Die Einigungsstelle besteht aus einer gleichen Anzahl von Beisitzern, die vom Arbeitgeber und dem Betriebsrat bestellt werden, sowie einem unparteiischen Vorsitzenden, der von beiden Seiten bestimmt wird. Beschlüsse werden mit einfacher Mehrheit gefasst. Durch eine Betriebsvereinbarung kann eine ständige Einigungsstelle errichtet werden.

Wirtschaftsausschuss (§§ 106 ff. BetrVerfG)

In Unternehmen mit mehr als 100 ständig beschäftigten Arbeitnehmern ist ein Wirtschaftsausschuss zu bilden. Er hat die Aufgabe, wirtschaftliche Angelegenheiten mit dem Arbeitgeber zu beraten und den Betriebsrat zu informieren.

Der Wirtschaftsausschuss besteht aus mindestens drei und höchstens sieben Mitgliedern, die vom Betriebsrat bestimmt werden. Dieses Organ soll monatlich einmal zusammentreten.

Der Arbeitgeber hat den Wirtschaftsausschuss rechtzeitig und umfassend über die wirtschaftlichen Angelegenheiten des Unternehmens unter Vorlage der erforderlichen Unterlagen zu unterrichten.

Sprecherausschuss (§§ 1 ff. SprAuG)

In Unternehmen mit in der Regel mindestens zehn leitenden Angestellten werden Sprecherausschüsse der leitenden Angestellten gewählt. Der Sprecherausschuss soll mit dem Arbeitgeber vertrauensvoll zusammenarbeiten und vertritt die besonderen Interessen der leitenden Angestellten.

Gesellschaftliche Einbindung des Betriebes

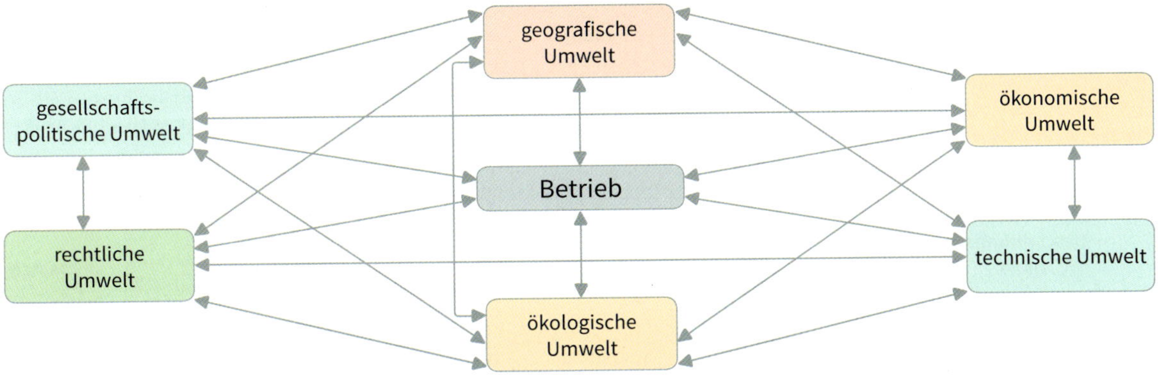

aus: Koppelmann, Udo: Beschaffungsmarketing, 4. Aufl., Berlin, Heidelberg, New York, Springer Verlag, 2003, S. 87

Unternehmen als Adressaten unterschiedlicher Ansprüche

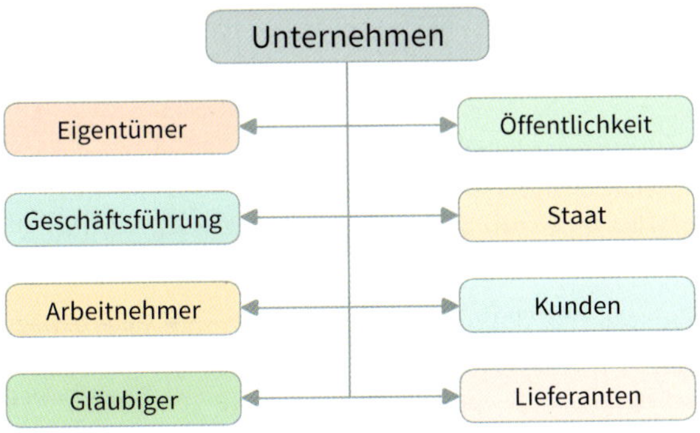

Im Vordergrund unternehmerischen Handelns stehen …

- bei Verfolgung des **Shareholder-Konzepts allein** die Ansprüche der Anteilseigner (Shareholder),
- bei Verfolgung des **Stakeholder-Konzepts** die Ansprüche **aller** Anspruchsgruppen (Stakeholder). (Zu möglichen Ansprüchen siehe rechts.)

vgl.: Struwe, Jochen: Kursbuch Betriebswirtschaftslehre, Frankfurt a. M., Fischer Taschenbuch-Verlag, 1994, S. 30

Interessenten/ Stakeholder	Anspruch
Eigentümer (Shareholder)	▪ Vermögenssicherung ▪ Vermögensmehrung ▪ Einkommensmaximierung ▪ Macht und Prestige
Geschäftsführung	▪ Einkommenserzielung ▪ Arbeitsplatzsicherung ▪ Macht und Prestige
Arbeitnehmer	▪ Arbeitsplatzsicherheit ▪ Einkommenserzielung ▪ humane Arbeitsbedingungen
Gläubiger	▪ Verzinsung des Fremdkapitals ▪ Absicherung der Kapitaltilgung ▪ künftige Geschäftssicherung
Öffentlichkeit	▪ Anpassung an das Umfeld ▪ Schonung der Umwelt ▪ positiver Wertschöpfungsbeitrag
Staat	▪ Sicherung der Abgaben ▪ Beachtung staatlicher Ziele
Kunden	▪ bedarfsgerechte Angebote
Lieferanten	▪ rentable Absatzmöglichkeiten ▪ Ausweitung des Geschäfts

Betrieb und Unternehmen

Betrieb:

Der Betrieb kann als planvoll organisierte Wirtschaftseinheit bezeichnet werden, in der Sachgüter und Dienstleistungen durch Kombination der Produktionsfaktoren unter Beachtung des Wirtschaftlichkeitsprinzips erstellt und abgesetzt werden, **unabhängig** vom Wirtschaftssystem.

Anm.: In der Fachliteratur werden die Begriffe „Betrieb" und „Unternehmen" z. T. unterschiedlich definiert.

Unternehmen:

= Betrieb des marktwirtschaftlichen Wirtschaftssystems, der gekennzeichnet ist durch
- selbstständige, autonome Bestimmung seines Wirtschaftsplanes,
- Verfolgung des erwerbswirtschaftlichen Prinzips (Gewinnmaximierung).

Der Begriff „Betrieb" ist hier weiter gefasst als der Begriff „Unternehmen".

Güter- und Finanzbewegungen eines Industriebetriebes

The flow of goods and money in a business enterprise

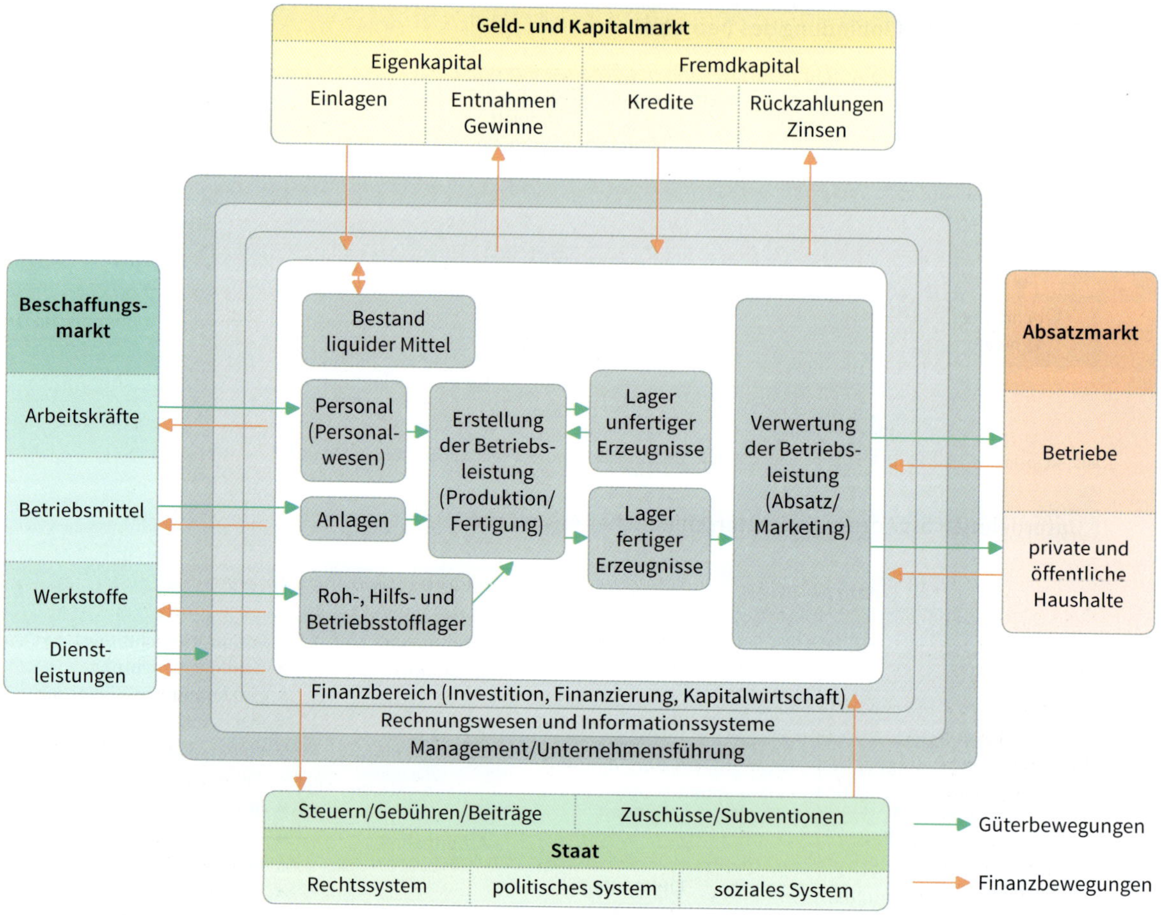

Nach Wöhe, Günter, vgl. Brockhaus Enzyklopädie in 24 Bänden, Dritter Band, 19. Aufl., Mannheim 1987, S. 231

Die realen betriebswirtschaftlichen Prozesse eines Unternehmens, die sich in Güter- und Finanzbewegungen widerspiegeln, werden mithilfe der Finanzbuchhaltung (siehe Seite 102 ff.) **zahlenmäßig abgebildet.** Dabei handelt es sich einerseits um **innerbetriebliche Prozesse,** wie z. B. die Zahlung von Löhnen. Andererseits werden auch die **Beziehungen nach außen** zu anderen Wirtschaftssubjekten, wie z. B. zu Kunden (Warenverkäufe), Lieferanten (Waren- und Werkstoffeinkäufe), Banken (Kreditaufnahme) zahlenmäßig dargestellt. Aufgabe der Finanzbuchhaltung ist es, die sich in Verbindung mit den Geschäftsprozessen ergebenden **Werteströme** zu erfassen.

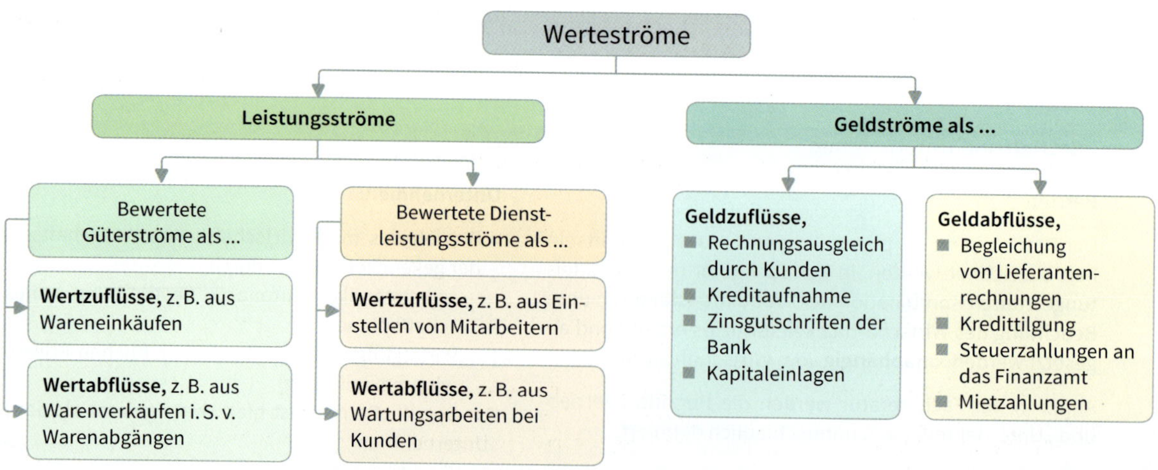

354522

Aufgaben, Ziele und Arten von Betrieben

Roles, objectives and types of business enterprises

Aufgaben und Ziele

Die volkswirtschaftliche Aufgabe von Betrieben sollte sein, durch den Einsatz von Produktionsfaktoren Sachgüter und Dienstleistungen zu erzeugen, die der Bedürfnisbefriedigung dienen.

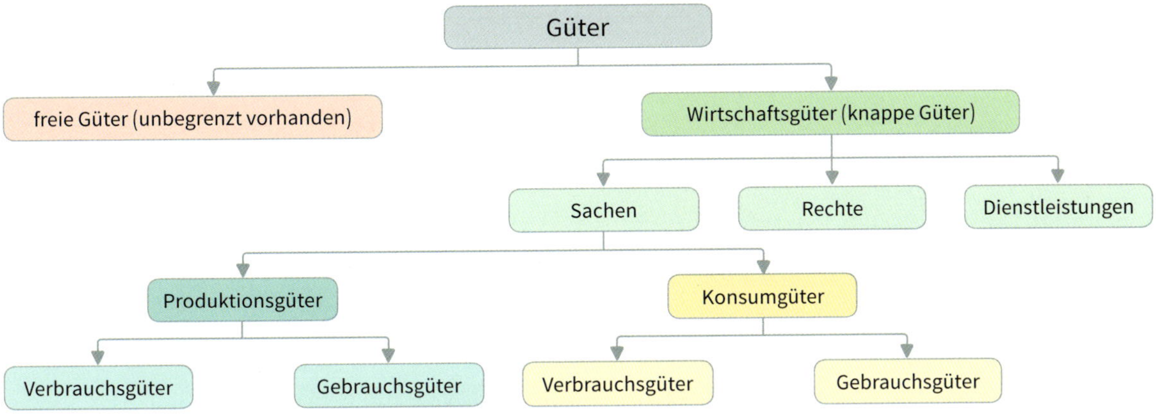

Da die Güter i. d. R. knapp sind, muss mit ihnen gewirtschaftet werden. Für wirtschaftliches Handeln (Handeln nach dem **ökonomischen Prinzip**) gelten die folgenden Grundsätze:

Minimalprinzip: Eine vorbestimmte Leistung mit möglichst geringen Mitteln erzielen.

Maximalprinzip: Mit gegebenen Mitteln die größtmögliche Leistung erzielen.

- **Verfolgung wirtschaftlicher Ziele**
  - **Wachstumsziele:** Steigerung von Absatz, Marktanteil, Umsatz, Produktqualität; Erschließung neuer Märkte
  - **Erfolgsziele:** Gewinn, Rentabilität des Eigenkapitals – des Gesamtkapitals – des Umsatzes
  - **Finanzziele:** Sicherung der Liquidität – der Kreditwürdigkeit – der Kapitalstruktur
- **Verfolgung sozialer Ziele**
  Sicherung des Arbeitsplatzes – der Arbeitszufriedenheit
- **Verfolgung ökologischer Ziele**
  umweltverträgliche Produkte – Produktionsverfahren
- **Verfolgung gesellschaftlicher Ziele**
  Image, Corporate Identity, Macht

Arten von Betrieben

- **nach Art der Leistung**
  - Sachleistungsbetriebe, z. B. Computerhersteller
  - Dienstleistungsbetriebe, z. B. Handelsbetriebe
- **nach Wirtschaftszweigen**
  - Industriebetriebe
  - Handwerksbetriebe
  - Handelsbetriebe
  - Kreditinstitute
  - Versicherungsbetriebe
  - Verkehrsbetriebe
- **nach dem vorherrschenden Einsatz eines Produktionsfaktors**
  - arbeitsintensive Betriebe (hoher Lohnkostenanteil), z. B. Handwerksbetriebe
  - anlage- oder kapitalintensive Betriebe (hoher Maschinenkostenanteil), z. B. Chemiebetriebe
  - materialintensive Betriebe (hoher Materialkostenanteil), z. B. Stahlwerke
  - energieintensive Betriebe (hoher Energiekostenanteil), z. B. Betriebe der Aluminiumherstellung
- **nach der rechtlichen Stellung in Verbindung mit den verfolgten Zielen**

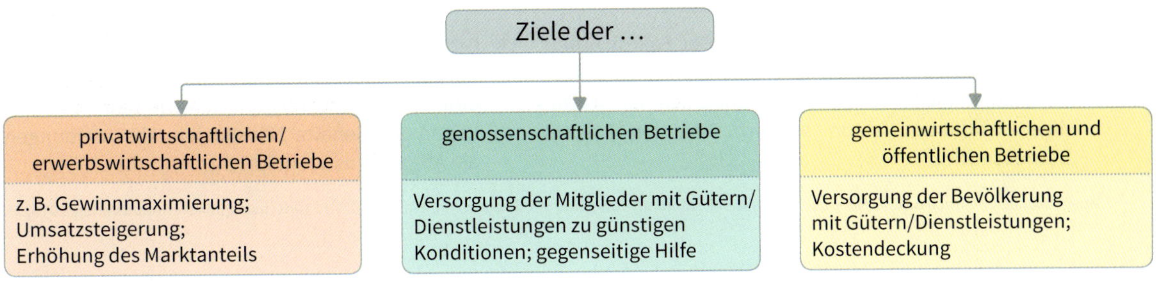

Produktionsfaktoren und Faktorkombination

Factors of production and factor combination

1

Volkswirtschaftliche Produktionsfaktoren

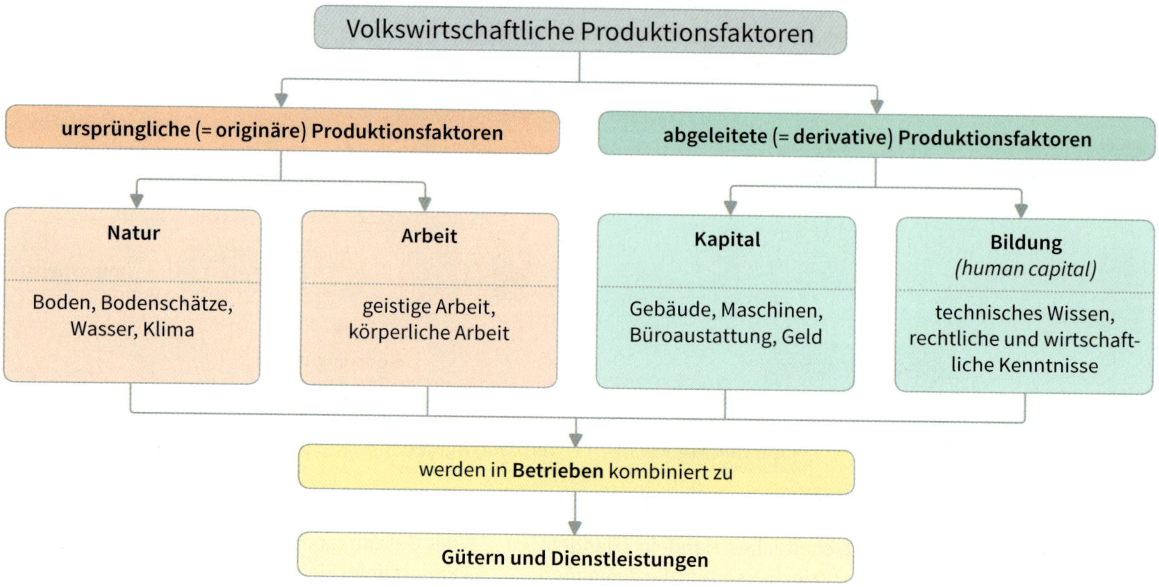

- Die Volkswirtschaftslehre erklärt, wie sich der Ertrag der Faktorkombination auf die Produktionsfaktoren in Form von Arbeitslohn (Arbeit), Bodenrente, Pachten (Boden) und Zins (Kapital) verteilt. Der restliche Ertrag ist der Unternehmergewinn.
- Dieses System der Produktionsfaktoren eignet sich also zur **Theorie der Einkommensbildung und -verteilung** in einer Volkswirtschaft.

Betriebswirtschaftliche Produktionsfaktoren

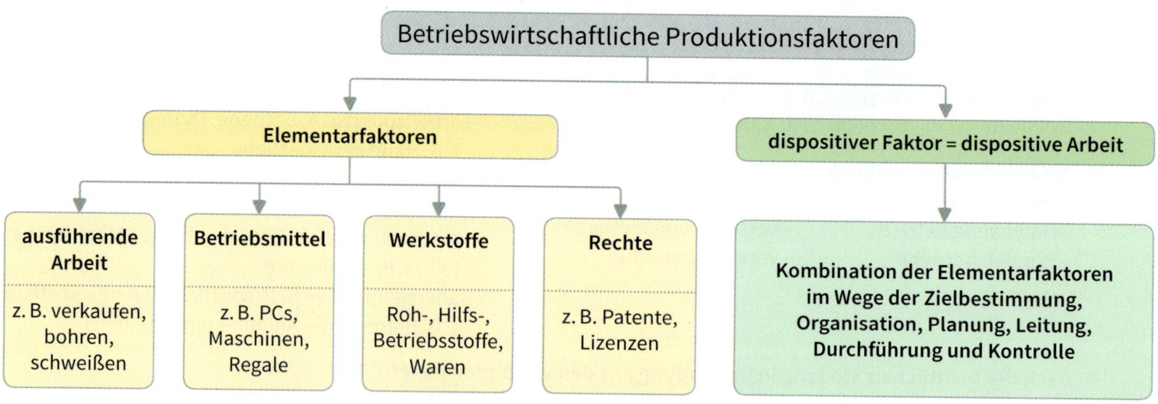

- In der Betriebswirtschaftslehre wird der Faktor Arbeit in die **dispositive** und die **ausführende Arbeit** aufgeteilt; andererseits ist der Faktor Boden kein eigenständiger Produktionsfaktor, sondern Teil des Faktors Betriebsmittel.
- Dieses System eignet sich zur Erklärung **betrieblicher Prozesse**, da den eingesetzten Produktionsfaktoren eine Vielzahl von Kostenarten wie Betriebsstoffkosten, Löhne und Gehälter, Zinskosten, Abschreibungen, soziale Abgaben usw. entspricht.

aus: Hübscher, Heinrich u. a.: IT-Handbuch, IT-Systemkaufmann/-frau, Informatikkaufmann/-frau, 9. Aufl., Braunschweig, Westermann Verlag, 2015, S. 30

Formen der Arbeitsteilung

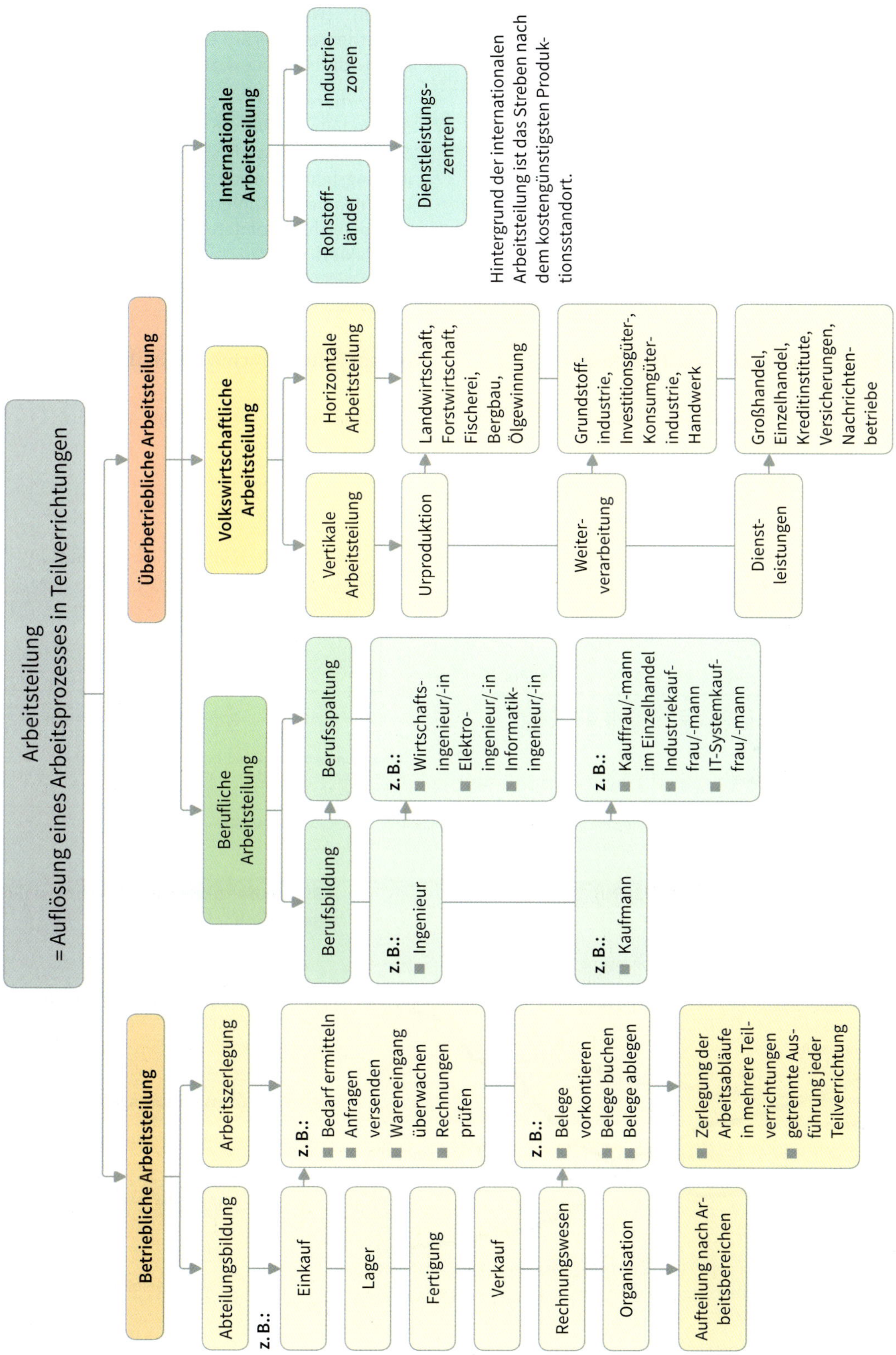

vgl.: Heinemeier/Limpke/Jecht: Wirtschaftslehre für Kaufleute im Einzelhandel, 2. Aufl., Darmstadt, Winklers Verlag, 1991, S. 31

Strukturveränderungen der deutschen Wirtschaft

Structural changes in the German economy

1

Wirtschaftssektoren

Die Struktur einer Volkswirtschaft lässt sich am Anteil der einzelnen Wirtschaftssektoren an der Gesamtleistung dieser Volkswirtschaft messen. In der Regel werden drei Wirtschaftssektoren unterschieden:

- Der **primäre Sektor** bezeichnet die Urproduktion. Darunter werden alle Betriebe der Rohstoffgewinnung (Gewinnungsbetriebe) zusammengefasst. Hierzu gehören die Land-, Forst- und Fischwirtschaft, der Bergbau sowie die Öl- und Gasgewinnung.
- Der **sekundäre Sektor** beinhaltet die Be- und Verarbeitung von Rohstoffen in Handwerks- und Industriebetrieben (Weiterverarbeitungsbetriebe). Bedeutende Industriebranchen in Deutschland sind z. B. die Automobil-, die Maschinenbau- und die Chemieindustrie.
- Der **tertiäre Sektor** (Dienstleistungssektor) umfasst die „verteilende Wirtschaft" (Handelsbetriebe) mit den Groß- und Einzelhandelsbetrieben sowie weitere Dienstleistungsbetriebe, wie z. B. Banken. Zunehmend werden Unternehmen des Informations- und Telekommunikationsbereichs gesondert zum **quartären Sektor** zusammengefasst.

vgl.: Böker, Jürgen u. a.: Wirtschaftspolitik/Wirtschaftsordnung, 3. Aufl., Darmstadt, Winklers Verlag, 2005, S. 15

Erwerbstätige nach Wirtschaftssektoren

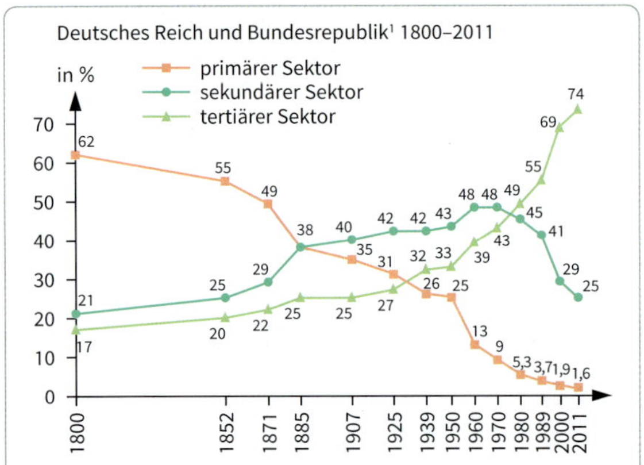

[1] 1950–1989: Alte Länder
nach 1989: Gesamtdeutschland

Wertschöpfung[1] nach Wirtschaftssektoren

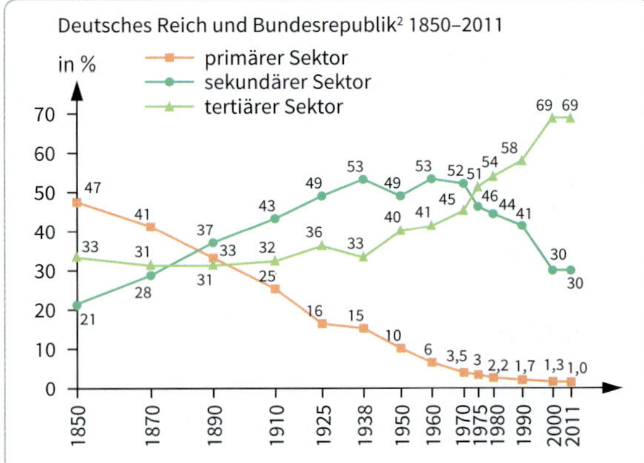

[1] Gesamtsumme der wirtschaftl. Leistungen (Güter, Dienste) – heutzutage in der Regel das Bruttoinlandsprodukt
[2] 1950–1990: Alte Länder | nach 1990: Gesamtdeutschland

vgl.: Geißler, Rainer: Die Sozialstruktur Deutschlands, mit einem Beitrag von Thomas Meyer, 7. Aufl., Wiesbaden, Springer Verlag, 2014, S. 10 f.

Das 4-„Sektoren"-Modell (1882–2010)

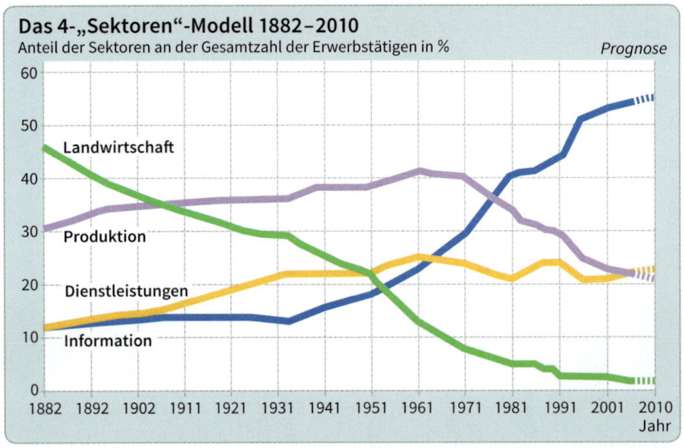

Stufen der ökonomischen Entwicklung der Gesellschaft

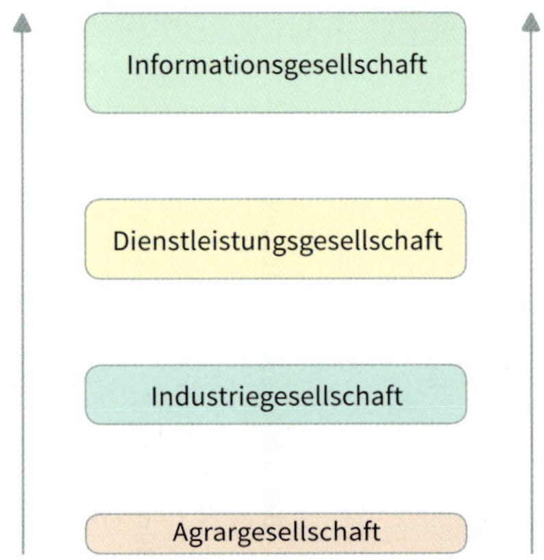

Auswirkungen der Arbeitsteilung

The effects of division of labour

Positive und negative Auswirkungen

Knappheit

verlangt

Wirtschaften

bedeutet

Arbeitsteilung

verlangt

- Koordination und Integration der einzelnen Wirtschaftsprozesse auf nationaler und internationaler Ebene
- Durchsetzung des Leistungsprinzips

Positive Wirkung

- Steigerung der Produktivität und verbesserte Versorgung mit Gütern
- rationelles Wirtschaften
- Steigerung des allgemeinen Wohlstandes
- Förderung des Weltfriedens durch die internationale Wirtschaftsverflechtung

Negative Wirkung

- Abhängigkeiten durch Verzicht auf Selbstversorgung
- Zunahme wirtschaftlicher und damit politischer Macht Weniger
- Unüberschaubarkeit des Wirtschaftsprozesses
- Motivationsverlust

aus: Bundesverband Deutscher Banken (Hrsg.): Schul/Bank. Wirtschaft. Materialien für den Unterricht, Köln 1994

Datenmaterial

Die größten deutschen Unternehmen Jahresumsätze 2013 in Mrd. €

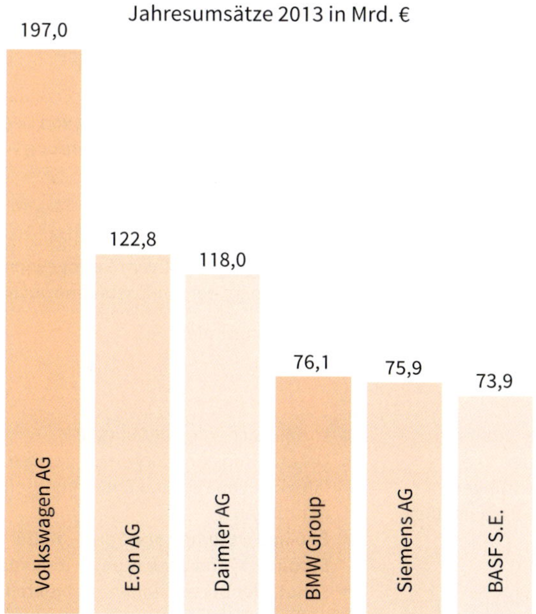

Zahlen aus Welt Online, www.welt.de, 2014

Beispiel: Siemens-Standorte

1 Erweiterter Wirtschaftskreislauf

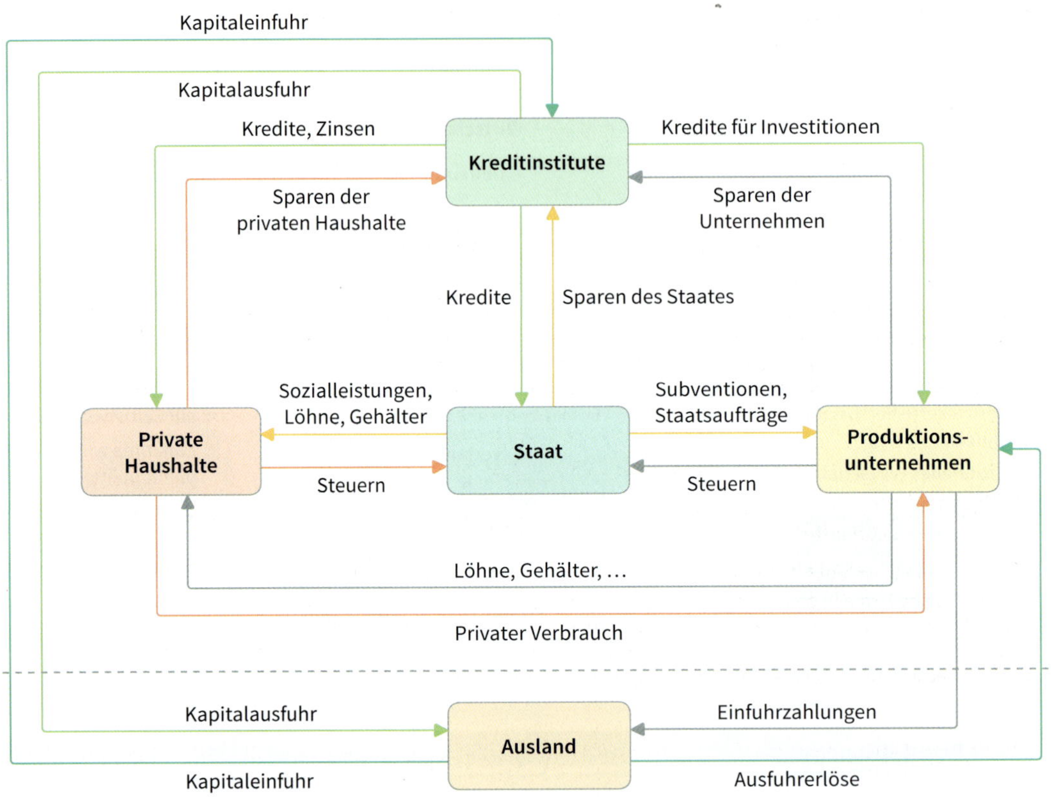

aus: Bundesverband deutscher Banken (Hrsg.): Ordner Wirtschaft. Materialien für den Unterricht, Köln 1994, 2.1/4

Art des Wirtschaftssubjektes	Haupttätigkeiten, z. B.	Zwischen- und Endziele, z. B.
Privater Haushalt	▪ Verkauf von Arbeitskraft ▪ Konsumieren ▪ Sparen	▪ Sicherung der Existenz durch Erzielung von Einkommen zur Befriedigung von Bedürfnissen, Schaffung und Vermehrung von Eigentum und Ansehen
Unternehmen a) Kreditinstitut	▪ Gewährung von Krediten ▪ Aufnahme von Krediten ▪ Abwicklung des Zahlungsverkehrs	▪ Sicherung der Existenz ▪ Deckung der Kosten (langfristig) ▪ Erzielung von positivem Nettogewinn ▪ Erweiterung der Einflussnahme auf Märkte
b) Produktions-unternehmen	▪ Produktion von Sachgütern und Dienstleistungen ▪ Investitionen	▪ Gewinnmaximierung
Öffentlicher Haushalt, z. B. Gemeinde	▪ Einnahme von Steuern und Gebühren ▪ Durchführung von Haushaltsplänen ▪ Bereitstellung von Dienstleistungen ▪ Durchführung von Verwaltungsaufgaben	▪ soziale Sicherung der Bürger ▪ Unterhaltung und Sicherung der Betriebsfähigkeit von Ver- und Entsorgungseinrichtungen ▪ Bau und Unterhalt von Sport-, Kultur-, Erholungs- und Verwaltungseinrichtungen ▪ Schutz der Bürger/-innen vor inneren und äußeren Gefahren

aus: Herber, Hans/Engel, Bernd: Volkswirtschaftslehre für Bankkaufleute, 6., neu bearbeitete Aufl., Gabler Verlag Wiesbaden 1994, S. 3 f.

Firma *Company*

Begriff

Die **Firma** eines Kaufmanns ist laut § 17 HGB der Name, unter dem er seine Geschäfte betreibt und die Unterschrift abgibt. Er kann unter seiner Firma klagen und verklagt werden.

Firmengrundsätze

Damit Firmen im Markt eindeutig unterscheidbar sind, wurden vom Gesetzgeber sogenannte **Firmengrundsätze** aufgestellt:

Firmenwahrheit, Firmenklarheit	**Firmenausschließlichkeit**	**Firmenbeständigkeit**
Der gewählte Name soll wahr sein. Er soll keine Angaben enthalten, die geeignet sind, über geschäftliche Verhältnisse des Unternehmens, die für die Öffentlichkeit maßgeblich sind, irrezuführen (§ 18 HGB). Ein Kleinbetrieb darf also nicht unter einem Namen firmieren, der den Eindruck erweckt, es handele sich um ein Großunternehmen.	Jede neue Firma muss sich von allen an demselben Ort oder in derselben Gemeinde bereits bestehenden und in das Handelsregister eingetragenen Firmen deutlich unterscheiden (§ 30 HGB), damit eine Verwechslung für Außenstehende (z. B. Lieferanten, Banken) vermieden wird. Dies wird beim Eintragen ins Handelsregister geprüft.	Ändert sich der bürgerliche Name eines Kaufmanns oder wird das Unternehmen an ein anderes verkauft, so kann der alte Name des Unternehmens weitergeführt werden. Das bisherige positive Image des Unternehmens bleibt so erhalten.
Firmenöffentlichkeit	**Rechtsformzusatz**	**Firmeneinheit**
Jeder Kaufmann ist laut § 29 HGB verpflichtet, seine Firma in das zuständige Handelsregister eintragen zu lassen. Die Firma muss auf Geschäftsbriefen korrekt angegeben werden.	Aus einem Zusatz beim Geschäftsnamen muss eindeutig hervorgehen, um welche Rechtsform es sich handelt, zum Beispiel: OHG, KG, GmbH, AG, e. K., e. Kfm., e. Kffr.	Ein Kaufmann darf für ein und dasselbe Unternehmen nur eine Firma führen.

Arten der Firma

Arten der Firma

Personenfirma	**Sachfirma**	**Fantasiefirma**	**Mischfirma**
besteht aus dem bürgerlichen Namen des Kaufmanns	weist auf den Unternehmensgegenstand hin	benutzt einen einprägsamen, werbewirksamen Namen	besteht aus Personennamen und Unternehmensgegenstand
Beispiel: Jürgen Roland GmbH	***Beispiel:*** Deutsche Bank AG	***Beispiel:*** Star Collection GmbH	***Beispiel:*** Silke Holzhauer Kosmetikinstitut GmbH

„Auf allen Geschäftsbriefen des Kaufmanns gleichviel welcher Form, die an einen bestimmten Empfänger gerichtet werden, müssen seine **Firma**, die **Bezeichnung** nach § 19 Abs. 1 Nr. 1, der Ort seiner Handelsniederlassung, das **Registergericht** und die **Nummer**, unter der die Firma in das **Handelsregister** eingetragen ist, angegeben werden." (§ 37a HGB)

§ 19 HGB bestimmt den Rechtsformzusatz der Firma, z. B. „AG", „e. Kfm.".

Handelsregister

Register of companies

Jeder Kaufmann ist laut § 29 HGB verpflichtet, sein Unternehmen im Handelsregister (öffentliches Verzeichnis aller Kaufleute) anzumelden. Gegenstand der **Eintragung** sind u. a.:

- Firma
- Sitz des Unternehmens
- Gegenstand des Unternehmens
- Inhaber
- Haftungsverhältnisse
- Rechtsform
- besondere Rechtsverhältnisse (z. B. Prokura)

Das zuständige Gericht (Amtsgericht) hat laut § 10 HGB die Eintragungen in das Handelsregister durch die Veröffentlichung im elektronischen Unternehmensregister (www.unternehmensregister.de) bekannt zu machen. Damit wird Vertrauensschutz für Geschäftspartner (z. B. Gläubiger) geschaffen. Eintragungen genießen **öffentlichen Glauben,** d. h., jeder muss sie gegen sich gelten lassen (z. B. beim Rechtsstreit). Das Handelsregister weist **zwei Abteilungen** auf:

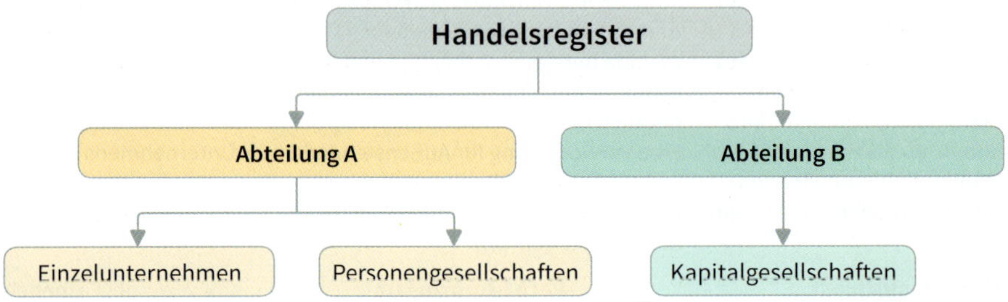

Bestimmungsgründe für die Wahl einer Rechtsform

Criteria determining the choice of a legal form

Bevor eine oder mehrere Personen ein Unternehmen rechtlich gründen, müssen verschiedene Überlegungen zur **Wahl der geeigneten Rechtsform** angestellt werden:

- **Kapitalaufbringung** (Anzahl der Personen, Höhe der Kapitalsumme)
- **Haftungsumfang** (Voll- oder Teilhafter)
- **steuerrechtliche Behandlung** (z. B. des Gewinns)
- **Entscheidungsbefugnisse** (z. B. Geschäftsführung, Vertretung)
- **Gewinn- und Verlustverteilung**
- **rechtliche Vorschriften zur Mitbestimmung**

Kompetenzen zur Unternehmensführung

Competence for company management

Rechtlich gesehen ist es sehr einfach möglich, ein Unternehmen zu gründen. **Kaufmännisch**, d. h. betriebswirtschaftlich gesehen, gehört aber viel mehr dazu, ein Unternehmen zu leiten, damit es Erfolg bringt und langfristig am Markt erhalten bleibt. Unverzichtbare **Kompetenzen** in diesem Sinne sind:

- Der Selbstständige muss über das notwendige **Branchenfachwissen** zum Führen eines Unternehmens verfügen. Dazu gehören auch entsprechende **Fachkenntnisse über die Ware**.
- In der Wirtschaft ist es für den Selbstständigen unverzichtbar, mit Menschen umgehen zu können, d. h., er muss einerseits in der Lage sein, **Verhandlungen** zielgerichtet zu führen, andererseits das **Personal** entsprechend **motivieren** und **leiten** können.
- Ein kaufmännisches, d. h. **betriebswirtschaftliches Grundwissen** ist gerade heute im Zeichen eines harten Wettbewerbs für das Führen eines Unternehmens überlebenswichtig. Engagement, Risikobereitschaft und „Spaß an der Branche" reichen nicht aus; werden grundlegende betriebswirtschaftliche Regeln missachtet, kommt es schnell zur Insolvenz (siehe S. 470). Zum betriebswirtschaftlichen Kernwissen gehört aber auch die Fähigkeit, **innovativ zu denken** (z. B. neue Ideen einfließen zu lassen), damit Marktveränderungen schnell erfasst werden können und situativ geschickt reagiert werden kann.

Sicherlich können einige dieser Kompetenzen durch einschlägiges Fachpersonal oder Fachberater ersetzt werden, was aber Kapital verschlingt. Gerade bei der **Existenzgründung** ist dies vor allem aus finanziellen Gründen meist nicht möglich.

354530

Rechtsformen der Unternehmen *Legal forms of enterprises*

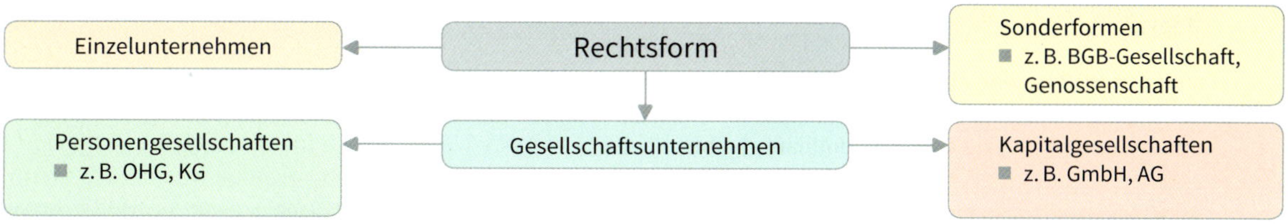

Merkmale ausgewählter Rechtsformen

Merkmale	Rechtsform				
	Einzelunternehmen	**Offene Handelsgesellschaft**	**Kommanditgesellschaft**	**Gesellschaft mit beschränkter Haftung**	**Aktiengesellschaft**
Allgemeines Merkmal	Kaufmann	Betrieb eines Handelsgewerbes	Betrieb eines Handelsgewerbes	für jeden beliebigen Zweck	für jeden beliebigen Zweck
Firmenzusatz	eingetragene(r) Kauffrau/-mann	OHG	KG	GmbH	AG
Anzahl der Gründer	1 Person	mindestens 2 Personen	mindestens 2 Personen	mindestens 1 Person	mindestens 1 Person
Mindestkapital	keine Vorschriften	keine Vorschriften	keine Vorschriften	Stammkapital (gez. Kapital): 25.000,00 €; UG: 1,00 € (s. S. 33)	Grundkapital (gez. Kapital): 50.000,00 €
Haftung	▪ Betriebs- und Privatvermögen ▪ unbeschränkt	▪ Gesellschafter mit Einlage und Privatvermögen ▪ unbeschränkt, unmittelbar, solidarisch	▪ Komplementäre: wie OHG-Gesellschafter ▪ Kommanditisten: beschränkt auf die Einlage	Gesellschaft beschränkt auf das Gesellschaftsvermögen	Gesellschaft beschränkt auf das Gesellschaftsvermögen
Gesetzliche Regelung der Geschäftsführungsbefugnis (Innenverhältnis)	Inhaber berechtigt und verpflichtet	▪ jeder Gesellschafter alleine ▪ Widerspruchsrecht der Gesellschafter ▪ Zustimmung aller Gesellschafter bei außergewöhnlichen Geschäften	▪ Komplementäre: wie OHG-Gesellschafter ▪ Kommanditisten: Kontrollrecht der Bilanz; Widerspruchsrecht bei außergewöhnlichen Geschäften	der Geschäftsführer bzw. die Geschäftsführer gemeinsam	alle Vorstandsmitglieder gemeinsam
Gesetzliche Regelung der Vertretungsbefugnis (Außenverhältnis)	Inhaber berechtigt und verpflichtet	jeder Gesellschafter alleine	▪ Komplementäre: wie OHG-Gesellschafter ▪ Prokuraerteilung an Kommanditisten möglich	der Geschäftsführer bzw. die Geschäftsführer gemeinsam	alle Vorstandsmitglieder gemeinsam
Gesetzliche Regelung der Erfolgsverteilung	insgesamt	▪ Gewinn: 4 % auf die Kapitaleinlage, Rest nach Köpfen ▪ Verlust nach Köpfen	▪ Gewinn: 4 % auf die Kapitaleinlage, Rest im angemessenen Verhältnis ▪ Verlust im angemessenen Verhältnis	im Verhältnis der Geschäftsanteile	im Verhältnis der Aktiennennbeträge
Organe	–	–	–	▪ Geschäftsführer ▪ Aufsichtsrat (ab 500 Arbeitnehmern zwingend) ▪ Gesellschafterversammlung	▪ Vorstand ▪ Aufsichtsrat ▪ Hauptversammlung

Kommanditgesellschaft (KG) als Beispiel einer Personengesellschaft

Begriff

Laut § 161 HGB ist eine KG eine Gesellschaft, deren Zweck auf den Betrieb eines Handelsgewerbes unter gemeinschaftlicher Firma gerichtet ist. Bedingung ist weiterhin, dass es sowohl mindestens einen Kommanditisten (Teilhafter) als auch mindestens einen Komplementär (Vollhafter) gibt.

Haftung und Geschäftsführung

Beim **Kommanditisten** ist die Haftung gegenüber den Gesellschaftsgläubigern auf den Betrag einer bestimmten Vermögenseinlage beschränkt, während beim **Komplementär** keine Haftungsbeschränkung existiert. Man nennt Letzteren deswegen auch persönlich haftenden Gesellschafter.

Jeder **Komplementär** haftet:

- **unbeschränkt** (mit Betriebs- und Privatvermögen)
- **gesamtschuldnerisch** (Ein Gläubiger kann einen einzelnen Komplementär mit der Gesamtschuldsumme belasten und entsprechend verklagen.)
- **unmittelbar** (Ein Komplementär kann Gläubiger bei Forderungen nicht auf andere Komplementäre verweisen.)

Aus dieser grundsätzlichen Unterscheidung zwischen Voll- und Teilhafter ergibt sich, dass die Komplementäre die Geschäfte führen und die Kommanditisten prinzipiell von der Geschäftsführung ausgeschlossen sind. Allerdings hat der Kommanditist die Möglichkeit, bei außergewöhnlichen Entscheidungen zu widersprechen. Die Geschäftsführung der Komplementäre ist prinzipiell eine **Einzelgeschäftsführung,** d. h., jeder kann allein Entscheidungen fällen. Nur bei **außergewöhnlichen Handlungen** (z. B. Bestellung eines Prokuristen oder Auflösung des Unternehmens) ist die Zustimmung aller Komplementäre notwendig.

Die KG wird **nach außen** durch die Komplementäre vertreten. Sie haben **Einzelvertretungsmacht,** d. h., jeder einzelne Vollhafter vertritt die KG sowohl bei gerichtlichen als auch bei außergerichtlichen Handlungen. Die Teilhafter, die Kommanditisten, haben keine Vertretungsmacht.

Gewinn- und Verlustverteilung

In der Regel wird bei Gründung einer Kommanditgesellschaft ein Gesellschaftsvertrag schriftlich geschlossen. In diesem Vertrag befinden sich auch Angaben über die geplante Gewinn- und Verlustverteilung. Das unterschiedliche Engagement oder bestimmte Fachkenntnisse der einzelnen Gesellschafter können so von vornherein für die Ergebnisverteilung zu unterschiedlichen Anteilen führen. Wird ein Gesellschaftsvertrag nicht vereinbart, so gilt die **gesetzliche Regelung** laut HGB. Danach erhalten sämtliche Gesellschafter zunächst 4 % auf ihr eingebrachtes Kapital. Übersteigt der zu verteilende Gewinn diese Höhe, ist der Rest im angemessenen Verhältnis zu verteilen.

Ein **Verlust** ist im angemessenen Verhältnis zu verteilen, allerdings kann der Kommanditist maximal bis zur Höhe seines Kapitalanteils belastet werden.

Kündigung

Ein Kommanditist hat eine Kündigungsfrist von sechs Monaten zum Ende des Geschäftsjahres.

Auflösung der KG

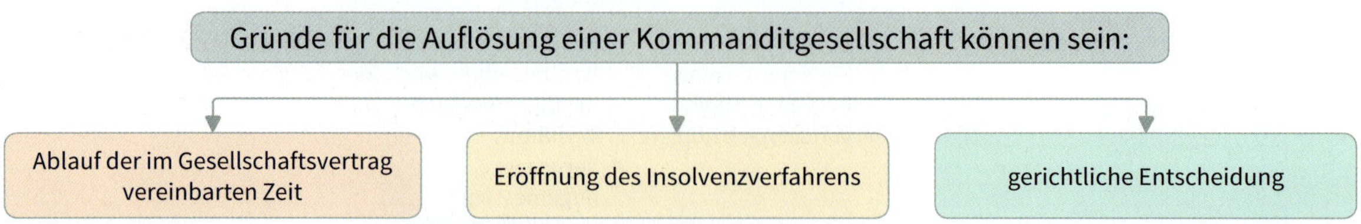

Selbstverständlich kann eine Kommanditgesellschaft auch durch die entsprechende Entscheidung der Gesellschafter aufgelöst werden. Dazu ist ein Beschluss mit qualifizierter Mehrheit notwendig.

Beim **Tod eines Kommanditisten** übernimmt der Erbe die Pflichten und Rechte, es sei denn, etwas anderes ist im Gesellschaftsvertrag vereinbart.

Gesellschaft mit beschränkter Haftung (GmbH)

Begriff und Bedeutung

Die Gesellschaft mit beschränkter Haftung ist laut § 13 f. GmbH-Gesetz eine Handelsgesellschaft mit **eigener Rechtspersönlichkeit.** Sie kann Eigentum erwerben, vor Gericht klagen und verklagt werden. Die Gesellschafter der GmbH sind mit Stammeinlagen am Stammkapital der Gesellschaft beteiligt. Die **Haftung** ist auf die Höhe des Gesellschaftsvermögens beschränkt.

Die **begrenzte Haftung** der Gesellschaft bzw. der einzelnen Gesellschafter hat dazu geführt, dass diese Rechtsform gerade in mittelständischen Unternehmen eine große Bedeutung gewonnen hat. Das Risiko der Selbstständigkeit kann somit begrenzt werden. Die Tatsache, dass eine GmbH auch nur von **einer Person** gegründet und geführt werden kann, unterstützt die Bedeutung für Kleinunternehmen.

Firma

Die Firma, also der **Name der Gesellschaft,** kann eine Personen-, Sach- oder Fantasiefirma bzw. eine gemischte Firma sein, die zusätzliche Bezeichnung „Gesellschaft mit beschränkter Haftung" ist vorgeschrieben.

Gesellschaftsvertrag

Der Gesellschaftsvertrag muss Folgendes enthalten:

1. Firma und Sitz der Gesellschaft
2. Gegenstand des Unternehmens
3. Betrag des Stammkapitals
4. Zahl und Nennbeträge der Geschäftsanteile, die jeder Gesellschafter gegen Einlage auf das Stammkapital (Stammeinlage) übernimmt.

Der Gesellschaftsvertrag bedarf notarieller Form und ist von sämtlichen Gesellschaftern zu unterzeichnen.

Kapitalaufbringung

Jeder Gesellschafter der GmbH leistet die sogenannte Stammeinlage als Anteil am Stammkapital der Gesellschaft. Das Stammkapital muss mindestens 25.000,00 €[1], die Stammeinlage pro Gesellschafter mindestens 100,00 € betragen. Die Summe der Stammeinlagen muss mit dem Stammkapital übereinstimmen. Neben Geldeinlagen sind auch Sacheinlagen möglich.

Gewinn- und Verlustverteilung

Jeder Gesellschafter hat einen Anspruch auf Gewinn im Verhältnis der Stammeinlagen (Geschäftsanteile), soweit der Gesellschaftsvertrag nichts anderes vorsieht. Entsprechendes gilt für die Verteilung von Verlusten.

Organe

Geschäftsführer

Ein oder mehrere Geschäftsführer leiten die GmbH. Die Geschäftsführer können aus dem Kreis der Gesellschafter bestimmt werden, aber auch eine sogenannte dritte Person kann diese Aufgabe aus-

↑

Aufsichtsrat

Durch entsprechende Bestimmungen des Gesellschaftsvertrages kann als überwachendes Organ ein Aufsichtsrat eingerichtet werden; er ist ab 500 Arbeitnehmern gesetzlich vorgeschrieben (BetrVG). Der Aufsichtsrat wird von der Gesellschafterversammlung für 4 Jahre bestellt.

↑

Gesellschafterversammlung (Beschlussfassungsorgan der Gesellschafter)

Die Beschlüsse (z. B. zur Gewinnverwendung oder Kapitalerhöhung) werden mit einfacher Mehrheit gefasst.

[1] Das am 26. Juni 2008 vom Deutschen Bundestag beschlossene Gesetz zur Modernisierung des GmbH-Rechts und zur Bekämpfung von Missbräuchen (**MoMiG**) sieht als neue GmbH-Variante die haftungsbeschränkte **Unternehmergesellschaft** (**UG**) vor, die mit der Einzahlung von **1,00 €** durch die Gesellschafter entsteht. Diese GmbH darf ihre jährlichen Gewinne allerdings nicht im vollen Umfang ausschütten, dadurch soll das Mindeststammkapital der normalen GmbH von 25.000,00 € nach und nach angespart werden.

Aktiengesellschaft (AG) als Beispiel einer Kapitalgesellschaft

1

Begriff

Die AG ist laut § 1 AktG eine Gesellschaft mit eigener Rechtspersönlichkeit, bei der nur mit dem Gesellschaftsvermögen gehaftet wird. Diese Rechtsform hat ein in **Aktien** (Anteile) zerlegtes **Grundkapital,** das mindestens 50.000,00 € aufweisen muss. Bei den Aktien wird zwischen dem aufgedruckten **Nennbetrag** (Nennwert) und dem sich aufgrund von Angebot und Nachfrage an der Börse ergebenden **Kurswert** unterschieden.

Bedeutung

Aktiengesellschaften bieten die Möglichkeit, große Geldsummen über die Ausgabe von Aktien aufzubringen. Damit können **Großinvestitionen** (z. B. Luft- und Raumfahrttechnik) vorgenommen werden, die bei anderen Rechtsformen häufig am Kapitalmangel scheitern. Ein zusätzlicher Vorteil ist bei börsennotierten Aktiengesellschaften die **leichte Übertragbarkeit** der Aktien.

Organe

Vorstand

leitendes/ausführendes Organ (vertritt die AG nach außen, stellt Jahresabschluss und Lagebericht vor, beruft die Hauptversammlung ein); er wird auf 5 Jahre bestellt.

↑ bestellt den Vorstand

Aufsichtsrat

überwachendes Organ (Kontrollorgan; überwacht die Geschäftsführung und hat Recht auf Einsicht und Prüfung der Bücher); er wird auf 4 Jahre gewählt.

↑ wählt Aktionärsvertreter des Aufsichtsrates

Hauptversammlung

beschlussfassendes Organ (Die Aktionäre haben Stimmrecht nach Nennbeträgen; sie entscheiden u. a. über die Verwendung des Bilanzgewinns.)

Mitbestimmung auf Unternehmensebene

Management participation

Historische Einordnung

Aufgrund unterschiedlicher historischer Bedingungen (z. B. Einfluss der Alliierten unmittelbar nach dem Ende des 2. Weltkrieges) existieren drei unterschiedliche Mitbestimmungsgesetze, die die Mitbestimmung auf Unternehmensebene regeln. Sie unterscheiden sich zum Teil erheblich in dem Maße, in dem Arbeitnehmer auf Unternehmensentscheidungen Einfluss nehmen können.

Mitbestimmungsgesetze

- **Montanmitbestimmungsgesetz von 1951**
- **Drittelbeteiligungsgesetz von 2004**
- **Mitbestimmungsgesetz von 1976**

Mitbestimmung nach dem Drittelbeteiligungsgesetz

Das im Jahr 2004 beschlossene „Drittelbeteiligungsgesetz“ fußt auf den ehemaligen Bestimmungen des Betriebsverfassungsgesetzes von 1952. Auch in dem neuen Gesetz werden die Mitbestimmungsrechte von Arbeitnehmern im Aufsichtsrat von **Kapitalgesellschaften mit mehr als 500 Arbeitnehmern** geregelt. Weisen diese Unternehmen mehr als 2.000 Arbeitnehmer auf, greift das Mitbestimmungsgesetz von 1976.

Aufsichtsrat	
1/3 Vertreter der Arbeitnehmer	2/3 Vertreter der Anteilseigner

Mitbestimmung nach dem Mitbestimmungsgesetz von 1976

Dieses Gesetz entstand im Zeichen großer gesellschaftlicher Veränderungen in der Bundesrepublik Deutschland, es wurde von der sozial-liberalen Bundesregierung (SPD-Bundeskanzler Helmut Schmidt) 1976 verabschiedet. Es regelt die Mitbestimmung in **Kapitalgesellschaften mit mehr als 2.000 Arbeitnehmern**.

Eine besondere Rolle spielt bei diesem Gesetz der Vorsitzende des Aufsichtsrates, der bei Stimmengleichheit (**Pattsituation**) von Arbeitnehmer- und Anteilseignervertretern zwei Stimmen hat. Diese Person wird im 1. Wahlgang von zwei Dritteln aller Aufsichtsratsmitglieder gewählt. Ist ein 2. Wahlgang notwendig, wählen **allein die Anteilseigner** den Vorsitzenden. Daraus ergibt sich, dass bei diesem Mitbestimmungsmodell von einer echten paritätischen Mitbestimmung nicht gesprochen werden kann, obwohl es häufig so bezeichnet wird.

Aufsichtsrat	
1/2 Vertreter der Arbeitnehmer	1/2 Vertreter der Anteilseigner
In Pattsituation erhält der Aufsichtsratsvorsitzende zwei Stimmen.	

Mitbestimmung nach dem Montanmitbestimmungsgesetz

Im Zeichen der Neuordnung Europas nach dem Ende des 2. Weltkrieges (z. B. Gründung zweier deutscher Staaten) entstand 1951 das **Montanmitbestimmungsgesetz**, das u. a. den politischen Einfluss der Alliierten auf die deutsche Politik widerspiegelt. Die Mitbestimmung wurde nach diesem Gesetz in den damals wirtschaftlich zentralen Branchen Bergbau sowie Eisen und Stahl erzeugende Industrie (**Montanindustrie**) eingeführt. Voraussetzungen sind außerdem das Vorliegen der Rechtsform einer Kapitalgesellschaft oder einer bergrechtlichen Gewerkschaft und die Beschäftigung von mehr als 1.000 Arbeitnehmern.

Bei diesem Modell der **paritätischen Mitbestimmung** kann aufgrund des **neutralen Mitgliedes** eine Pattsituation nicht auftreten, da die Gesamtzahl der Aufsichtsratsmitglieder eine ungerade Zahl (z. B. 11) sein muss. Das neutrale Mitglied muss sowohl von der Kapital- als auch von der Arbeitnehmerseite gewählt werden.

Außerdem sieht das Gesetz die Wahl eines **Arbeitsdirektors** im **Vorstand** vor, der i. d. R. für das Personal- und Sozialwesen zuständig ist und nicht gegen die Mehrheit der Arbeitnehmervertreter im Aufsichtsrat bestellt werden kann.

Aufsichtsrat	
1/2 Vertreter der Arbeitnehmer	1/2 Vertreter der Anteilseigner
+ neutrales Mitglied	
Das neutrale Mitglied muss von beiden Seiten gewählt werden.	

Steuern

Taxes

1

Begriff

Steuern sind Zwangsabgaben an den Staat ohne Anspruch auf direkte Gegenleistungen.

Die ergiebigsten Steuern

© Bergmoser + Höller Verlag AG 181 161

Grundsätzliche Verwendung von Steuern

Steuern benötigt der **Staat** (Bund, Länder, Gemeinden) für …

die Zahlung von Transferleistungen
(Leistungen des Staates an die Haushalte ohne direkte Gegenleistung)

Beispiele:
Sozialhilfe, Kindergeld, Wohngeld, …

die Erstellung von kollektiven Gütern/ Dienstleistungen

Beispiele:
Dienste der öffentlichen Verwaltung, der Rechtspflege, des Schulwesens, …

Steuerarten nach dem Gegenstand der Besteuerung

Besitzsteuern	Verbrauchsteuern	Verkehrsteuern
Diese Steuern werden von **Einkünften** natürlicher und juristischer Personen bzw. von **Sachen** erhoben, ***z. B.*** ■ Einkommen-/Lohnsteuer ■ Gewerbesteuer ■ Grundsteuer	Diese Steuern belasten den **Konsum** von **Gebrauchs- und Verbrauchsgütern, *z. B.*** ■ Mineralölsteuer ■ Tabaksteuer ■ Kaffeesteuer	Diese Steuern belasten **Rechtsgeschäfte** wie Kaufverträge, Versicherungsverträge, ***z. B.*** ■ Umsatzsteuer ■ Grunderwerbsteuer ■ Versicherungsteuer

Welche Steuern ergeben sich für den Arbeitnehmer aus der folgenden Situation?

Fall: Ein Arbeitnehmer, der keiner Religionsgemeinschaft angehört, Raucher und begeisterter Whiskytrinker ist, fährt täglich mit seinem Pkw von seiner Wohnung zu seiner Arbeitsstelle.

Folgende Steuern hat der Arbeitnehmer in diesem Fall zu zahlen:

- **Besitzsteuer:** Lohnsteuer
- **Verbrauchssteuer:** Tabak-, Branntwein-, Mineralöl-, Ökosteuer
- **Verkehrssteuer:** Kfz-, Umsatz-, Versicherungssteuer

Steuern

Taxes

Steuerarten nach der Art der Erhebung

Direkte Steuern	Indirekte Steuern
Eine direkte Steuer liegt vor, wenn Steuerschuldner und Steuerträger identisch sind. **Steuerschuldner** ist derjenige, der gesetzlich verpflichtet ist, die Steuer zu **entrichten**. **Steuerträger** ist der, der nach dem Willen des Gesetzgebers die Steuer zu **tragen** hat. ***Beispiel:*** Bei der Grundsteuer ist der Grundeigentümer nicht nur verpflichtet, die Steuern an das Finanzamt zu entrichten, sondern auch die Grundsteuer aufzubringen. ***Beispiel:*** ▪ Lohnsteuer ▪ Grundsteuer ▪ Gewerbesteuer	Bei der indirekten Steuer sind Steuerschuldner und Steuerträger unterschiedliche Personen. Der Steuerschuldner gibt die an das Finanzamt gezahlte Steuer an den Endverbraucher weiter. ***Beispiel:*** Bei der Tabaksteuer ist der Zigarettenproduzent Steuerschuldner, denn er muss die Tabaksteuer an das Finanzamt abführen. Beim Kauf von Zigaretten wird der Verbraucher mit der im Verkaufspreis enthaltenen Tabaksteuer belastet. ***Beispiel:*** ▪ Tabaksteuer ▪ Umsatzsteuer ▪ Mineralölsteuer

Steuerarten nach Steuerempfänger

Bundessteuern	Ländersteuern	Gemeindesteuern	Gemeinschaftsteuern
Beispiele: ▪ Versicherungsteuer ▪ Mineralölsteuer ▪ Tabaksteuer	***Beispiele:*** ▪ Erbschaftsteuer ▪ Kfz-Steuer ▪ Biersteuer	***Beispiele:*** ▪ Gewerbesteuer ▪ Grundsteuer ▪ Hundesteuer	***Beispiele:*** ▪ Körperschaftsteuer ▪ Lohn-/Einkommensteuer ▪ Umsatzsteuer

Einkommen-/Lohnsteuer

Income tax assessment

Einkunftsarten

Einkunftsarten nach § 2 Absatz 1 Einkommensteuergesetz (EStG)

- Einkünfte aus Land- und Forstwirtschaft
- Einkünfte aus selbstständiger Arbeit
- Einkünfte aus Vermietung und Verpachtung
- Einkünfte aus Kapitalvermögen
- sonstige Einkünfte
- Einkünfte aus nichtselbstständiger Arbeit
- Einkünfte aus Gewerbebetrieb

Alle diese Einkunftsarten unterliegen nach dem EStG der Einkommensteuerpflicht.

1

Ermittlung der Steuerschuld

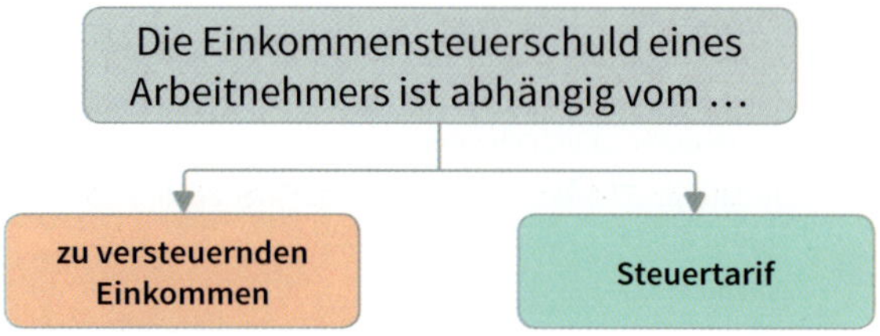

Berechnung des zu versteuernden Einkommens eines Arbeitnehmers

Das zu versteuernde Einkommen berechnet sich wie folgt:

Jährliches Bruttoarbeitsentgelt
– Werbungskosten
– Sonderausgaben
– außergewöhnliche Belastungen
= zu versteuerndes Einkommen

Werbungskosten

Kosten, die als Folge der Berufsausübung entstehen
Entstehen nur geringe Werbungskosten, müssen diese dem Finanzamt nicht nachgewiesen werden. Es nimmt von sich aus für jeden Arbeitnehmer/jede Arbeitnehmerin im Jahr einen Pauschbetrag von 1.000,00 € an (Stand: 2016). Dieser Betrag wird als sogenannter Arbeitnehmer-Pauschbetrag automatisch vom Finanzamt berücksichtigt.

Beispiele:
- Aufwendungen für Fahrten zwischen Wohnung und Arbeitsstätte mit 0,30 € je Entfernungskilometer (Entfernungskilometer: nur eine Fahrstrecke)
- Arbeitskleidung
- Gewerkschaftsbeiträge
- Fortbildungskosten in einem ausgeübten Beruf
- Aufwendungen für Arbeitsmittel, u. a. Fachliteratur

Berechnungsbeispiel: Werbungskosten
Die Arbeitnehmerin Hanna Braun (Steuerklasse I) erzielte einen Jahresbruttolohn von 20.000,00 €. Hanna Braun hat ein eigenes Auto, mit dem sie fünfmal pro Woche zur Arbeit fährt. Im Jahr sind das 250 Arbeitstage. Im betreffenden Kalenderjahr hatte Frau Braun 30 Arbeitstage Urlaub und an 5 Arbeitstagen lag Arbeitsunfähigkeit aufgrund von Krankheit vor.

Frau Braun legte bis zu ihrer Arbeitsstelle 20 Entfernungskilometer zurück. Für Arbeitsmittel (Fachbücher, Fachzeitschriften) hatte Frau Braun im Jahr 325,00 € ausgegeben.

An Werbungskosten sind entstanden:

■ die Fahrtkosten zur Arbeit		
215 · (20 · 0,30 €)	=	1.290,00 €
■ Arbeitsmittel	=	325,00 €
Summe der Werbungskosten		1.615,00 €

Sonderausgaben

Aus sozialen Gründen lässt der Gesetzgeber zu, dass bestimmte private Ausgaben bei der Berechnung des zu versteuernden Einkommens abgezogen werden dürfen. Diese Ausgaben werden nur bis zu bestimmten Höchstgrenzen vom Finanzamt anerkannt.

Bei den Sonderausgaben gibt es verschiedene Pauschbeträge. Liegen die Sonderausgaben unter dem jeweiligen Pauschbetrag, wird dieser Pauschbetrag automatisch vom Finanzamt berücksichtigt.

Beispiele:
- Vorsorgeaufwendungen wie (Sozial-)Versicherungsbeiträge
- Unterhaltsleistungen, z. B. an den geschiedenen Ehegatten
- übrige Sonderausgaben wie Kirchensteuer, Spenden, Ausbildungskosten in einem nicht ausgeübten Beruf

354538

Außergewöhnliche Belastungen

Eine außergewöhnliche Belastung eines Steuerpflichtigen liegt dann vor, wenn er zwangsläufig größere Aufwendungen hat als die überwiegende Mehrzahl der Steuerpflichtigen gleicher Einkommensverhältnisse; auch hier sind Höchstgrenzen zu beachten.

Beispiele:

- Aufwendungen wegen Betreuung von behinderten Kindern
- Aufwendungen für die auswärtige Unterbringung von Kindern

Berechnungsbeispiel: zu versteuerndes Einkommen

Jährliches Bruttoarbeitsentgelt	20.000,00 €	
– Werbungskosten	1.615,00 €	(Fahrtkosten, Arbeitsmittel)
– Sonderausgaben	700,00 €	(Sozialversicherungsbeiträge)
– außergewöhnliche Belastung	800,00 €	(auswärtige Unterbringung einer Tochter)
= zu versteuerndes Einkommen	16.885,00 €	

Steuertarif

Wie hoch das zu versteuernde Einkommen **besteuert wird**, ergibt sich aus **dem Steuersatz**, dem sogenannten **Einkommensteuertarif**. Dabei muss der Gesetzgeber die Leistungsfähigkeit eines jeden Steuerpflichtigen berücksichtigen.

Berücksichtigung der Leistungsfähigkeit des Steuerpflichtigen …

durch den Grundfreibetrag

Der Grundfreibetrag als steuerliches „Existenzminimum“ wird nicht besteuert. Nur der Teil des Einkommens, der den Grundfreibetrag übersteigt, unterliegt der Steuerpflicht.

durch die **progressive Besteuerung**

Unter **progressiver Besteuerung** wird die Tatsache verstanden, dass mit zunehmender Höhe des zu versteuernden Einkommens auch die prozentuale Steuerbelastung steigt.

Einkommenssteuertarif ab 2017 für ledige Steuerpflichtige

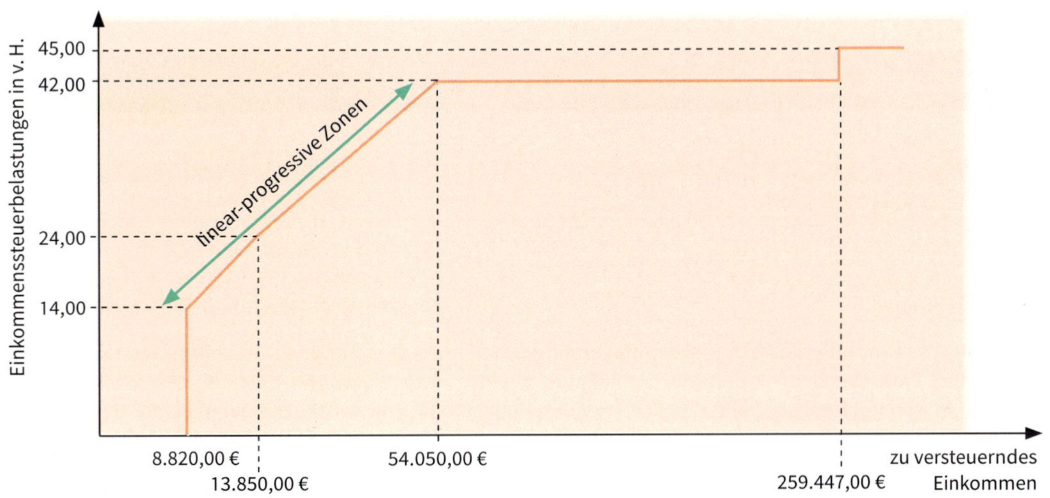

Für **Verheiratete** verdoppeln sich die relevanten Werte. Ab 01.01.2018 verändert sich der Grundfreibetrag von 8.820,00 € auf 9.000,00 €.

Einkommen-/Lohnsteuer *Income tax assessment*

Lohnsteuerklassen

Die Steuerschuld hängt nur von der Höhe des zu versteuernden Einkommens und dem Steuertarif ab. Am Ende eines Kalenderjahres stellt das Finanzamt im Rahmen der Einkommensteuerveranlagung das zu versteuernde Einkommen und anhand des Steuertarifs die Steuerschuld fest. Der Arbeitgeber ist verpflichtet, für den Arbeitnehmer monatlich die Lohnsteuer ans Finanzamt zu überweisen.

Hatte der steuerpflichtige Arbeitnehmer im Laufe des Kalenderjahres zu viel an Lohnsteuer bezahlt, bekommt er diesen Teil auf Antrag erstattet. Mit dem Instrument der **Steuerklassen** hat der Gesetzgeber dem steuerpflichtigen Arbeitnehmer die Möglichkeit gegeben, durch bestimmte steuermindernde Tatbestände wie **Familienstand/Anzahl von Kindern** die Höhe der monatlichen Lohnsteuerabzüge zu verringern. Dadurch soll erreicht werden, dass diese Tatbestände schon beim monatlichen Steuerabzug berücksichtigt werden.

Steuerklassen	Zuordnung der Arbeitnehmer
I	nicht verheiratete Arbeitnehmer, verwitwete Arbeitnehmer, geschiedene Arbeitnehmer, verheiratete Arbeitnehmer, die ständig getrennt leben
II	Arbeitnehmer der Steuerklasse I mit mindestens einem Kind, wenn ihnen der Entlastungsbetrag für Alleinerziehende von 1.908,00 € zusteht.
III	verheiratete Arbeitnehmer, deren Ehegatte keinen Arbeitslohn bezieht bzw. verheiratete Arbeitnehmer, deren Ehegatte Arbeitsentgelt bezieht und nach Steuerklasse V besteuert wird
IV	verheiratete Arbeitnehmer, wenn beide Ehepartner Arbeitslohn beziehen
V	für in Steuerklasse IV aufgeführte Arbeitnehmer, wenn ein Ehegatte in Klasse III eingereiht ist
VI	für ein zusätzliches Arbeitsverhältnis

Anmerkung:
Sind beide Ehepartner berufstätig, können sie die folgenden Steuerklassenkombinationen wählen:

- Beide wählen die Steuerklasse IV. Das werden sie dann tun, wenn beide etwa gleich viel verdienen.
- Wählt ein Ehepartner die Steuerklasse III, muss der andere nach Steuerklasse V besteuert werden. Diese Kombination wird i. d. R. gewählt, wenn die Arbeitsverdienste unterschiedlich hoch sind. Um die monatliche Steuerbelastung so gering wie möglich zu halten, wird der Ehepartner mit dem höheren Einkommen die Steuerklasse III wählen.

Umsatzsteuer *Value-added tax (VAT)*

Begriff

Die Umsatzsteuer ist eine der wichtigsten Einnahmequellen des Staates. Sie ist sowohl eine

- indirekte Steuer als auch eine
- Verkehrsteuer.

Der **Umsatzsteuer** unterliegen alle **Verkaufsvorgänge von Waren und Dienstleistungen**, die ein Unternehmen gegen Entgelt im Rahmen der Geschäftstätigkeit im Inland vornimmt.

Der **Umsatzsteuersatz** beträgt nach § 12 Umsatzsteuergesetz **19 %** des Warenwerts. Die Steuer ermäßigt sich auf **7 %** u. a. für Lebensmittel, Bücher, Zeitungen, Personennahverkehr, Theater, Hotelübernachtungen.

Steuerschuldner für die **Umsatzsteuer** sind die **Unternehmer**. Sie werden durch die Umsatzsteuer nicht belastet, da die Endverbraucher letztlich die **Träger** der gesamten Umsatzsteuerlast sind.

Umsatzsteuer und Steuergerechtigkeit

Eines der **Grundprinzipien der Steuergerechtigkeit**, nämlich die Besteuerung nach der Leistungsfähigkeit des Steuerpflichtigen, wird bei der Erhebung aller **indirekten Steuern**, also auch bei der **Umsatzsteuer nicht berücksichtigt**.

Leistungsschwache werden durch die Umsatzsteuer im Verhältnis zu ihrem Einkommen stärker belastet als Bezieher hoher Einkommen.

354540

Ökosteuer

Die sogenannte **Ökosteuer**, die zum 1. April 1999 mit dem Gesetz zum Einstieg in die ökologische Steuerreform in Deutschland eingeführt wurde, erweiterte die Energiebesteuerung, indem die Mineralölsteuersätze erhöht und eine Stromsteuer eingeführt wurden.

Der Sinn dieser Ökosteuer liegt darin,
1. einen **sparsameren Verbrauch** von Energien (Öl, Strom, Erdgas) zu erreichen und der Belastung der Umwelt entgegenzuwirken und
2. die **Einnahmen** aus dieser Steuer der **gesetzlichen Rentenversicherung** zuzuführen; 2008 erbrachte die Ökosteuer 19,3 Mrd. € für die gesetzliche Rentenversicherung.

Durch diese Zuschüsse soll ein weiteres Steigen der Beitragssätze der gesetzlichen Rentenversicherung verlangsamt bzw. verhindert werden.

Hinter dieser Absicht steht der Wunsch, die **Lohnnebenkosten der Unternehmen** stabil zu halten bzw. **zu senken**, um dadurch Investitionen zu fördern, die für eine **Belebung des Arbeitsmarktes** notwendig sind.

vgl.: Statistisches Bundesamt, Umweltökonomische Gesamtrechnungen 2008

Im Rahmen der Diskussion über die Ökosteuer werden aber auch aus Unternehmenskreisen, die besonders energieintensiv produzieren, wie z. B. Transport-, Metall erzeugende Unternehmen, kritische Stimmen laut. Sie stellen fest, dass sie die Kosten der Ökosteuer unverhältnismäßig hart treffen und sie dadurch im internationalen Konkurrenzkampf Nachteile erleiden.

Die Erwartung der angesprochenen Unternehmen, dass durch die Freigabe des Strommarktes wenigstens die Strompreise sinken werden und somit die Belastungen durch die Ökosteuer ausgeglichen werden können, hat sich nicht erfüllt.

Das „Gesetz zum Einstieg in die ökologische Steuerreform" trat im März 1999 in Kraft. In einer ersten Stufe wurden seit dem 1. April 1999 die Steuern für Mineralöl, Heizöl, Erdgas und Strom erhöht. Im Herbst 1999 wurden für die Jahre 2000 bis 2003 für Mineralöl und Strom vier weitere Stufen der Steuererhöhung festgelegt, die jeweils zum 1. Januar in Kraft traten. Die Mineralölsteuer erfuhr durch dieses Gesetz die größte Erhöhung.

Steuerquote

Per capital tax load

$$\text{Steuerquote} = \frac{\text{Gesamte Steuerzahlung des Kalenderjahres}}{\text{Bruttoinlandsprodukt des Kalenderjahres}} \cdot 100$$

Steuerzahlungen (2015):	673,3 Mrd. €
Bruttoinlandsprodukt (2015):	3.025,9 Mrd. €

$$\text{Steuerquote (2015):} \frac{673{,}3 \text{ Mrd. €}}{3.025{,}9 \text{ Mrd. €}} \cdot 100 = 22{,}3\,\%$$

Das heißt, dass etwa ein Fünftel des Bruttoinlandsproduktes als Steuern abgeführt werden muss.

Eine hohe Steuerquote bedeutet für den Staat, dass er hohe Steuereinnahmen erzielt. Dadurch ist er in der Lage, seine Ausgaben für die Transferleistungen und die kollektiven Güter/Dienstleistungen zu finanzieren.

Eine hohe Steuerquote bedeutet für die Steuerzahler, dass ihnen wenig verfügbares Einkommen zur Befriedigung ihrer Individualbedürfnisse bleibt. Der Steuerzahler empfindet hohe Steuerquoten häufig als ungerecht. Er kann darauf mit Leistungsverweigerung, mit sinkender Steuermoral und mit Steuerflucht reagieren.

Steuerquote im internationalen Vergleich[1]

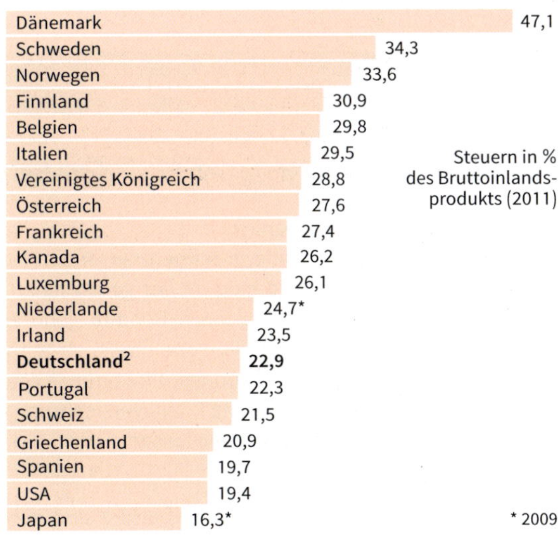

[1] nach den Abgrenzungsmerkmalen der OECD
[2] nicht vergleichbar mit Quoten in der Abgrenzung der Volkswirtschaftlichen Gesamtrechnung oder der deutschen Finanzstatistik

Quelle: OECD-Revenue Statistics 1965–2008, Paris Stand: November 2011

Versicherungen *Insurances*

1

Merkmale jeder Versicherung

Risiko	Die Gefahr, dass ein negatives Ereignis eintritt, von dem niemand weiß, ob/wann es geschieht.
Risiko-/Gefahren-gemeinschaft	Der Zusammenschluss einer größeren Zahl von Menschen, die von dem/der gleichen Risiko/Gefahr bedroht sind. Das Risiko wird auf viele Schultern verteilt.
Versicherungsfall	Ein genau definiertes Ereignis, das die Leistungspflicht hervorruft.
Prämie/Beitrag	Der Preis dafür, dass im Versicherungsfall der Bedarf/Schaden gedeckt wird.
Rechtsanspruch	Im Versicherungsfall hat jedes Mitglied der Risiko-/Gefahrengemeinschaft einen einklagbaren Anspruch auf Ersatz des Schadens.

Einordnung der Versicherungsarten

Versicherungen aufgrund eines Vertrages (Individualversicherung)

Der Versicherte und das Versicherungsunternehmen einigen sich im Rahmen der Vertragsfreiheit auf Versicherungsverträge.

Beispiele: Lebensversicherung, Hausratversicherung, Haftpflichtversicherung, private Krankenversicherung, Betriebsunterbrechungsversicherung

Versicherung kraft Gesetzes (gesetzliche Sozialversicherung)

Diese **Versicherungspflicht** ist unabhängig vom Willen der Beteiligten. Sie kann weder schriftlich noch mündlich ausgeschlossen werden.

Es gibt folgende gesetzliche Sozialversicherungen:

- Krankenversicherung
- Arbeitslosenversicherung
- Rentenversicherung
- Pflegeversicherung
- Unfallversicherung

Gründe für die Versicherungspflicht

Arbeitnehmer/-innen sind besonders schutzbedürftig. Sie sollen durch die Versicherungspflicht Mitglieder einer Risiko-/Gefahrengemeinschaft (**Solidargemeinschaft**) werden, die dem Einzelnen eine gewisse **soziale Sicherheit,** z. B. bei Krankheit, Alter, Arbeitsunfall, Arbeitslosigkeit oder Pflegebedürftigkeit gewährt.

Gesetzliche Versicherungen *Statutory insurances*

Gemeinsamkeiten der gesetzlichen Sozialversicherungen

- **Versicherter Personenkreis:**
  Grundsätzlich sind alle Arbeitnehmer/-innen (Arbeiter, Angestellte, Auszubildende) in der gesetzlichen Sozialversicherung pflichtversichert. Beamte gehören nicht zum hier versicherten Personenkreis. Arbeitnehmer, die oberhalb der Versicherungspflichtgrenze verdienen, können sich in Kranken- und Pflegeversicherung von der Versicherungspflicht befreien lassen.

  Besonderheiten in der Unfallversicherung:
  In der gesetzlichen Unfallversicherung sind neben den Arbeitnehmern noch verschiedene andere Personenkreise pflichtversichert, wie Schüler, Kindergartenkinder, Blutspender, Nothelfer bei Unfällen.

- **Beitragsberechnung:**
  Die **Beiträge zur Kranken-, Renten-, Unfall-, Arbeitslosenversicherung sind abhängig** von der wirtschaftlichen Leistungsfähigkeit (**Bruttoarbeitsentgelt des Versicherten**) und von dem **jeweiligen Beitragssatz**.
  Wer ein geringes Bruttoarbeitsentgelt bezieht, zahlt weniger als der Versicherte mit höherem Verdienst, der dadurch die Beiträge des Versicherten mit geringerem Arbeitsentgelt mit finanziert (**Solidaritätsprinzip**).

  Besonderheit bei der Unfallversicherung:
  Die Beiträge der Unfallversicherung sind u. a. abhängig von der **Lohnhöhe** des Arbeitnehmers/der Arbeitnehmerin und der **Gefahrenklasse des Unternehmens,** d. h. von der Gefährlichkeit des Berufes. So haben z. B. Fußballbundesliga-Spieler die Gefahrenklasse 47,75 – die Mitarbeiter im Handel die Gefahrenklassen 1,2 bis 5.

354542

Gesetzliche Versicherungen *Statutory insurances*

Gemeinsamkeiten der gesetzlichen Sozialversicherungen

- **Beitragsaufbringung:**
  Besonderheit der Beitragsaufbringung in der Unfallversicherung: Bei der Unfallversicherung bezahlt der **Arbeitgeber** die Beiträge **allein**.

- **Beitragsbemessungsgrenzen:**
  Die Beiträge werden grundsätzlich vom Bruttoarbeitsentgelt berechnet. Obergrenze des bei der Beitragsbemessung zu berücksichtigenden Entgelts ist die **Beitragsbemessungsgrenze**. Dies ist der **Höchstbetrag,** von dem Beiträge errechnet werden. Beitragsbemessungsgrenzen verändern sich jährlich. Es gibt sie in der Kranken-, Pflege-, Renten- und der Arbeitslosenversicherung.

  Das Festlegen von Beitragsbemessungsgrenzen bedeutet eine Einschränkung des Solidaritätsprinzips. Da aber die Naturalleistungen (Sach- und Dienstleistungen) bei allen Versicherten einen gewissen Durchschnittsbetrag nicht übersteigen, erscheint es dem Gesetzgeber gerechtfertigt, den Solidaranteil der Höherverdienenden, der die Finanzierung dieses Durchschnittsbetrages übersteigt, durch Beitragsbemessungsgrenzen zu begrenzen.

  Besonderheit in der Unfallversicherung hinsichtlich der Beitragsbemessungsgrenzen:
  Die Unfallversicherung kennt den Begriff „Beitragsbemessungsgrenze" nicht. Aber es gibt **Höchstarbeitsverdienstgrenzen**, bis zu denen der Arbeitgeber Beiträge aufzubringen hat.

- **Umlageverfahren:**
  Die Sozialversicherungen verwenden die laufenden Einnahmen für die laufenden Ausgaben. Sie leben sozusagen **„von der Hand in den Mund"**.
  Da bei rückläufigem Beitragseingang oder unerwartetem Ansteigen der Ausgaben (z. B. Auftreten einer Epidemie) die Leistungsfähigkeit der gesetzlichen Versicherung sofort gefährdet wäre, hat jeder gesetzliche Versicherungsträger zum Ausgleich von Einnahme- und Ausgabenschwankungen eine **Schwankungsreserve** und **Rücklagen** bereitzuhalten.

Gesetzliche Krankenversicherung *Statutory health insurance*

- **Beitragsaufbringung:** Grundsätzlich tragen für die gesetzliche Krankenversicherung, gesetzliche Pflegeversicherung, Arbeitslosenversicherung und die gesetzliche Rentenversicherung der Arbeitgeber und der Arbeitnehmer die Beiträge. Weiteres siehe S. 335 (Lohn- und Gehaltsabrechnung)
- **Träger:** zum Beispiel Ortskrankenkassen, Betriebskrankenkassen, Innungskrankenkassen, Ersatzkassen
- **Leistungsfälle:** zum Beispiel Krankheit oder Schwangerschaft
- **Leistungen:** zum Beispiel ärztliche und zahnärztliche Behandlungen, Krankengeld, Rehabilitationskuren, Arzneimittel

Alle Leistungen der gesetzlichen Krankenversicherung (nicht jedoch das Krankengeld) können grundsätzlich im Rahmen der **Familienversicherung** von den Ehegatten und den Kindern des Stammversicherten beansprucht werden.

Beispiel zur Berechnung von Krankengeld:
Die versicherungspflichtige Einzelhandelskauffrau Schmidt (Monatsentgelt 2.100,00 € brutto/1.200,00 € netto/keine Einmalzahlungen wie Weihnachtsgeld, Urlaubsgeld) ist seit dem 2. März erkrankt. Erst nach Entgeltfortzahlung von sechs Wochen durch den Arbeitgeber wird Krankengeld gezahlt. Das Krankengeld wird für Kalendertage bezahlt. Es beträgt 70 % vom täglichen Bruttoarbeitsentgelt, darf aber 90 % des täglichen Nettolohnes nicht übersteigen, das heißt:

$$X_B = \frac{2.100,00 \cdot 70}{30 \cdot 100} = 49,00 \qquad X_N = \frac{1.200,00 \cdot 90}{30 \cdot 100} = 36,00$$

Das Krankengeld beträgt also kalendertäglich 36,00 €.

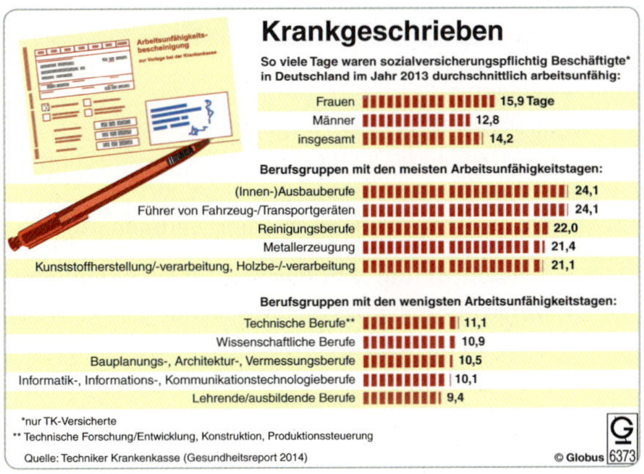

Gesetzliche Pflegeversicherung *Statutory nursing insurance*

- **Träger:** Die bei den jeweiligen Krankenkassen errichteten Pflegekassen.
- **Leistungsfall:** Pflegebedürftigkeit
  Maßgeblich für das Vorliegen von Pflegebedürftigkeit sind Beeinträchtigungen in den folgenden sechs Bereichen:
  - Mobilität
  - Kognitive und kommunikative Fähigkeiten
  - Verhaltensweisen und psychische Problemlagen
  - Selbstversorgung
  - Umgang mit Krankheit
  - Gestaltung des Alltagslebens

  Der Pflegegrad wird durch pflegefachlich begründete Begutachtungsinstrumente ermittelt und reicht von:
  Pflegegrad 1: geringe Beeinträchtigung der Selbstständigkeit bis
  Pflegegrad 5: schwerste Beeinträchtigung der Selbstständigkeit mit besonderen Anforderungen an die pflegerische Versorgung.
- **Kosten:**
  - Der Pflegeversicherungsbeitrag liegt bei 2,55 % des monatlichen Bruttoverdienstes bis zur monatlichen Beitragsbemessungsgrenze von 4.350,00 € (2017).
  - Die eine Hälfte (1,275 %) zahlt der Arbeitgeber, die andere Hälfte der Arbeitnehmer (Sachsen: AG-Anteil 0,775 %, AN-Anteil 1,775 %). Kinderlose Arbeitnehmer ab dem vollendeten 23. Lebensjahr zahlen einen Beitragszuschlag von 0,25 %.

Übersicht über die wichtigsten Geldleistungen der PV (ab 2017)

Pflegegradstufen	Übernahme der Kosten für ambulante Pflegedienste (Sachleistungen) monatlich § 36 SGB XI	Zuschuss für pflegende Angehörige, Nachbarn oder Freunde (Pflegepersonen) (Geldleistungen) monatlich § 37 SGB XI	Stationäre Pflege in Heimen monatlich § 43 SGB XI
Pflegegrad 1 vormals Pflegestufe 0	125,00 €	–	125,00 €
Pflegegrad 2 vormals Pflegestufe 1	689,00 €	316,00 €	770,00 €
Pflegegrad 3 vormals Pflegestufe 2	1.298,00 €	545,00 €	1.262,00 €
Pflegegrad 4 vormals Pflegestufe 3	1.612,00 €	728,00 €	1.775,00 €
Pflegegrad 5 vormals Härtefall	1.995,00 €	901,00 €	2.005,00 €

Sach- und Geldleistungen nach §§ 36, 37 SGB XI können auch kombiniert in Anspruch genommen werden.

Zusätzlich: Pflegepersonen, die nicht erwerbsmäßig einen Pflegebedürftigen in seiner häuslichen Umgebung pflegen, sind grundsätzlich in der gesetzlichen Unfall- und in der gesetzlichen Rentenversicherung versichert, ohne selbst einen Beitrag zahlen zu müssen.

Gesetzliche Unfallversicherung *Statutory accident insurance*

- **Träger:**
  - 34 gewerbliche Berufsgenossenschaften
  - 19 landwirtschaftliche Berufsgenossenschaften
  - eine See-Berufsgenossenschaft
  - Gemeindeunfallversicherungsverband (GUVV)
- **Leistungsfälle:** zum Beispiel Arbeitsunfall infolge der versicherungspflichtigen Beschäftigung, Wegeunfall (Unfälle auf dem unmittelbaren Weg nach und von dem Ort der Tätigkeit), Berufserkrankungen. Der Besuch von Kindergärten und Schulen ist der beruflichen Tätigkeit gleichgestellt.
- **Leistungen:** zum Beispiel Maßnahmen zur Verhütung von Arbeitsunfällen, Berufsförderung zur Wiederherstellung der Erwerbsfähigkeit, Renten wegen Minderung der Erwerbsfähigkeit

***Beispiel:* Liegt ein Arbeitsunfall vor?**

Ein kaufmännischer Angestellter isst in der Betriebskantine. Er verschluckt einen Kotelettknochen und verletzt sich an der Speiseröhre.

Ein Arbeitsunfall im Sinne der gesetzlichen Unfallversicherung liegt unter anderem dann vor, wenn zwischen der versicherten Beschäftigung als kaufmännischer Angestellter und dem Verschlucken des Knochens ein Zusammenhang besteht.

Es liegt **kein Arbeitsunfall** vor, da der Angestellte sich in seiner Arbeitspause beim Essen, also einer privaten, eigenwirtschaftlichen Verrichtung verschluckte, die nichts mit seiner versicherungspflichtigen Beschäftigung zu tun hat. Die notwendigen ärztlichen Leistungen müssen von der gesetzlichen Krankenversicherung übernommen werden.

Arbeitslosenversicherung und Grundsicherungsleistungen

Statutory unemployment insurance according to German Labour Promotion Act

- **Träger:** zum Beispiel Arbeitsagenturen
- **Leistungsfälle:** zum Beispiel Berufslosigkeit, Arbeitslosigkeit
- **Leistungen:** zum Beispiel
  - Berufsberatung
  - Arbeitsvermittlung
  - Insolvenzausfallgeld
  - Maßnahmen zur Erhaltung und Schaffung von Arbeitsplätzen
  - Kurzarbeitergeld (Beginn des Bezugs 2011: maximale Bezugsdauer 18 Monate)
  - Arbeitslosengeld I
- **Voraussetzungen für den Erhalt von Arbeitslosengeld I**
  Der Versicherte muss ...
  1. arbeitslos sein,
  2. sich arbeitslos gemeldet haben,
  3. objektiv und subjektiv dem Arbeitsmarkt zur Verfügung stehen, d. h., er muss arbeiten wollen und arbeiten dürfen,
  4. einen Antrag gestellt haben,
  5. die Anwartschaftzeit erfüllt haben, d. h., er muss mindestens ein Jahr lang Beiträge in die Arbeitslosenversicherung gezahlt haben,
  6. jünger als 65 Jahre alt sein.
- **Dauer des Arbeitslosengeldbezuges I**
  Die Dauer des Arbeitslosengeldbezuges ist abhängig
  1. von der Dauer der Beitragszahlung in die Arbeitslosenversicherung und
  2. vom Lebensalter des Arbeitslosen.

  Arbeitslosengeld wird grundsätzlich auf die Dauer von 12 Monaten begrenzt. Arbeitslose ab 50 Jahren können maximal 15 Monate Arbeitslosengeld I (ALG I) erhalten, ab 55 Jahren maximal für 18 Monate, über 58-Jährige haben einen Anspruch von maximal 24 Monaten.
- **Höhe des Arbeitslosengeldes I**
  Die Höhe des Arbeitslosengeldes beträgt, wenn der Arbeitslose für mindestens **ein Kind** unterhaltspflichtig ist, **67 %** vom monatlichen Nettolohn. Muss der Betroffene **kein Kind** unterhalten, beträgt sein Arbeitslosengeld **60 %** vom monatlichen Nettolohn.

Beim Arbeitslosengeld I handelt es sich um eine Versicherungsleistung. Arbeitgeber und Arbeitnehmer zahlen Beiträge abhängig von der Höhe des Bruttoarbeitsentgeltes an die Bundesanstalt für Arbeit. Von diesen Beiträgen wird dann das Arbeitslosengeld I bezahlt.

Beim Arbeitslosengeld II handelt es sich um keine Versicherungsleistung. Beitragszahlungen stellen somit keine Voraussetzung für den Erhalt von Arbeitslosengeld II dar. Die Zahlungen für Arbeitslosengeld II werden aus Steuermitteln finanziert.

Im Rahmen der Grundsicherungsleistungen für Arbeitssuchende (Sozialgesetzbuch II) ist das **Arbeitslosengeld II** gesetzlich geregelt.

Arbeitslosengeld II erhalten Personen, die
- das 15., aber nicht das 65. Lebensjahr vollendet haben,
- erwerbsfähig sind,
- hilfebedürftig sind,
- ihren gewöhnlichen Aufenthalt in der Bundesrepublik haben.

Unter Erwerbsfähigkeit wird die Fähigkeit verstanden, durch Erwerbstätigkeit Einkommen zu erzielen.

Hilfebedürftigkeit liegt vor, wenn jemand seinen notwendigen Lebensunterhalt nicht oder nicht ausreichend aus eigenen Kräften (z. B. fehlendes Arbeitseinkommen, Auslaufen des Bezuges von Arbeitslosengeld I) und Mitteln (z. B. fehlende Einnahmen aus Geld- oder Sachvermögen) bestreiten kann.

Fall: Der erwerbsfähige, hilfebedürftige arbeitslose Industriekaufmann X (ledig, 34 Jahre alt, wohnhaft in Berlin) stellt einen Antrag auf Arbeitslosengeld II bei der zuständigen Grundsicherungsstelle, z. B. ARGE.

Im Rahmen des Arbeitslosengeldes II erhält X 2016 u. a. folgende Leistungen:

1. einen monatlichen Regelbedarf für die Ernährung, Kleidung, Körperpflege, Hausrat von 404,00 €
2. angemessene Kosten für Unterkunft und angemessene Kosten für die Heizung – in Berlin wäre das eine Bruttowarmmiete von 376,00 € pro Monat
3. kostenloser Versicherungsschutz in der Krankenversicherung (Kosten für den Staat monatlich ca. 130,00 €)
4. kostenloser Versicherungsschutz in der Pflegeversicherung (ca. 7,00 €/Monat)

Den Empfängern von Arbeitslosengeld II ist grundsätzlich jede Arbeit zumutbar. Bei fehlender Eigeninitiative bei der Arbeitssuche können die Leistungen gekürzt bzw. verweigert werden.

- **Träger** – zum Beispiel:
  - Deutsche Rentenversicherung Westfalen
  - Deutsche Rentenversicherung Knappschaft – Bahn – See
  - Deutsche Rentenversicherung Bund
- **Leistungsfälle** – zum Beispiel:
  - Alter
  - Erwerbsunfähigkeit
  - Tod
- **Leistungen** – zum Beispiel:
  - Rehabilitation, Heilbehandlungen in Spezialkliniken, Umschulungsmaßnahmen. Das Ziel der Rehabilitation ist es, Beeinträchtigungen der Erwerbsfähigkeit der Versicherten oder ihr vorzeitiges Ausscheiden aus dem Erwerbsleben zu verhindern oder diese Versicherten möglichst dauerhaft in das Erwerbsleben wieder einzugliedern. Es gilt das **Prinzip „Rehabilitation vor Rente“**.
  - Witwen- bzw. Witwerrenten
  - Waisenrenten
  - Altersrenten
- **Voraussetzungen für den Erhalt der (Regel-)Altersrente:**
  Der Versicherte muss …

  1. die Wartezeit erfüllt haben, d. h., es müssen 5 Jahre (60 Monate) Beiträge zur Rentenversicherung eingezahlt worden sein,
  2. grundsätzlich das 65. Lebensjahr vollendet haben.

  Aber aufgrund der u. a. durch den demografischen Wandel hervorgerufenen Finanzierungsprobleme der gesetzlichen Rentenversicherung werden ab 2012 die Altersgrenzen schrittweise über fast zwei Jahrzehnte hinweg auf das vollendete 67. Lebensjahr angehoben. Betroffen sind Versicherte ab dem Geburtsjahrgang 1947. Für diesen Jahrgang erhöht sich die Altersgrenze auf 65 Jahre und einen Monat. Ab dem Geburtsjahrgang 1964 beträgt die Altersgrenze 67 Jahre. Will ein Versicherter eine Rente wegen Alters vorzeitig in Anspruch nehmen, verringert sich seine Rente für jeden früher genommenen Monat um 0,3 % (jährlich um 3,6 %). Für jeden später genommenen Monat erhöht sie sich um 0,5 % (jährlich 6,0 %).

- **Höhe einer Altersrente**
  Beispiel:
  Der 65-jährige Arbeitnehmer ist 45 Jahre lang bei seinem Arbeitgeber in Niedersachsen ohne Unterbrechung beschäftigt gewesen, er beantragt 2015 seine Regelaltersrente.

Beispiel Fortsetzung:

Für jedes Jahr seiner Beschäftigung ist vom Rentenversicherungsträger folgende „Entgeltpunkt“-Berechnung durchgeführt worden:

Es werden die jährlichen beitragspflichtigen Arbeitsentgelte des jeweiligen Arbeitnehmers durch das jährliche durchschnittliche Arbeitsentgelt aller in der Rentenversicherung pflichtversicherten Arbeitnehmer (allerdings ohne Berücksichtigung der Auszubildenden) geteilt. Diese Durchschnittsentgelte werden jährlich neu berechnet; 1969 betrug das Durchschnittsentgelt z. B. 11.839,00 DM, 2016 36.267,00 €.

Gehen wir davon aus, dass unser Arbeitnehmer 2015 ein jährliches Arbeitsentgelt von 34.999,00 € erzielt hatte, erhält er für das Jahr 2016 1 Entgeltpunkt.

Hätte er 2016 nur ein jährliches Arbeitsentgelt von 18.133,50 € gehabt, hätte er nur 0,5 Entgeltpunkte erhalten.

Nehmen wir an, dass unser Arbeitnehmer in seinem gesamten Erwerbsleben insgesamt 45 Entgeltpunkte erwirtschaftet hat, dann erhalten wir die Höhe seiner monatlichen Regelaltersrente dadurch, dass wir seine 45 Entgeltpunkte mit dem „aktuellen Rentenwert“ multiplizieren.

Dieser aktuelle Rentenwert wird jährlich vom Gesetzgeber für die jeweilige Zeit vom 01.07. bis zum 30.06. des folgenden Jahres vorgegeben und beträgt für die alten Bundesländer 2016: 3045 €.

Bei dem aktuellen Rentenwert handelt es sich um den Faktor, der garantiert, dass ein Standard-Arbeitnehmer (45 anrechnungsfähige Arbeitsjahre und 45 Entgeltpunkte) eine Regelaltersrente in Höhe von 47,9 % (2016) des Nettolohnes eines Versicherten, der im Jahr 2016 das Durchschnittsentgelt verdient, erhält.

In unserem Falle erhält der Arbeitnehmer eine monatliche Altersrente von 1.370,25 € (45 Entgeltpunkte · 30,45 € = 1.370,25 €).

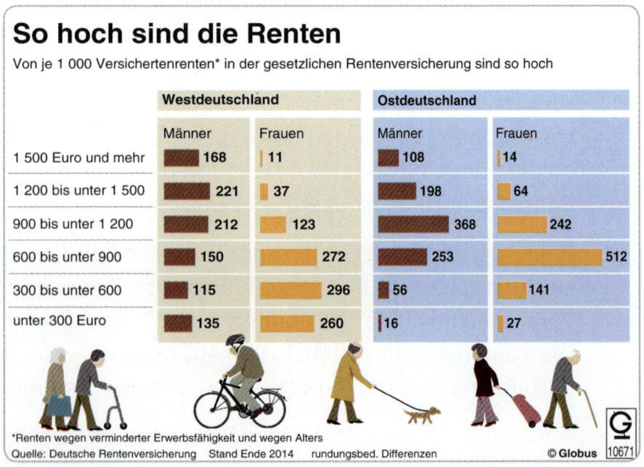

Grundbegriffe

„Vertragspartner“: Die Generationen der beitragszahlenden Erwerbstätigen und die Generationen der Rentenempfänger.

„Vertragsinhalt“: Die Arbeitnehmer bezahlen mit einem Teil ihres Arbeitsentgeltes die Renten. Gleichzeitig verlassen sich die Arbeitnehmer darauf, dass auch die folgende Generation ihnen ihren Ruhestand sichert.

Probleme des Generationenvertrags

Demografischer Wandel

Deutschland wandelt sich. Auf der einen Seite ist die Zahl der Sterbefälle höher als die Zahl der Geburten. So kamen im Jahr 2011 in der Statistik 10,9 Gestorbene auf 1.000 Einwohner, aber nur 8,3 Neugeborene. Auf der anderen Seite steigt die Lebenserwartung. Während sie 2005 noch 78,7 Jahre betrug, lag sie im Jahr 2011 bereits bei 80 Jahren. Ergebnis dieser Entwicklungen ist eine zunehmende Überalterung der Bevölkerung.

Diese Entwicklung belastet das soziale Sicherungssystem „Gesetzliche Rentenversicherung“. Eine immer kleiner werdende Gruppe von Einzahlern muss eine immer größer werdende Anzahl von Rentner mitfinanzieren.

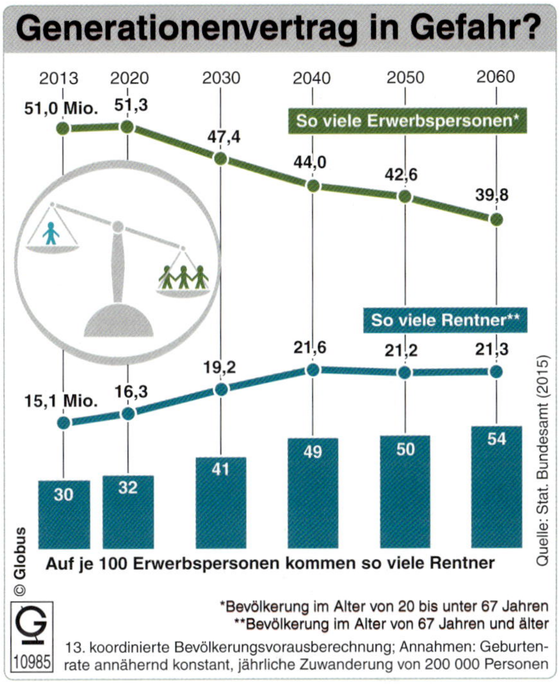

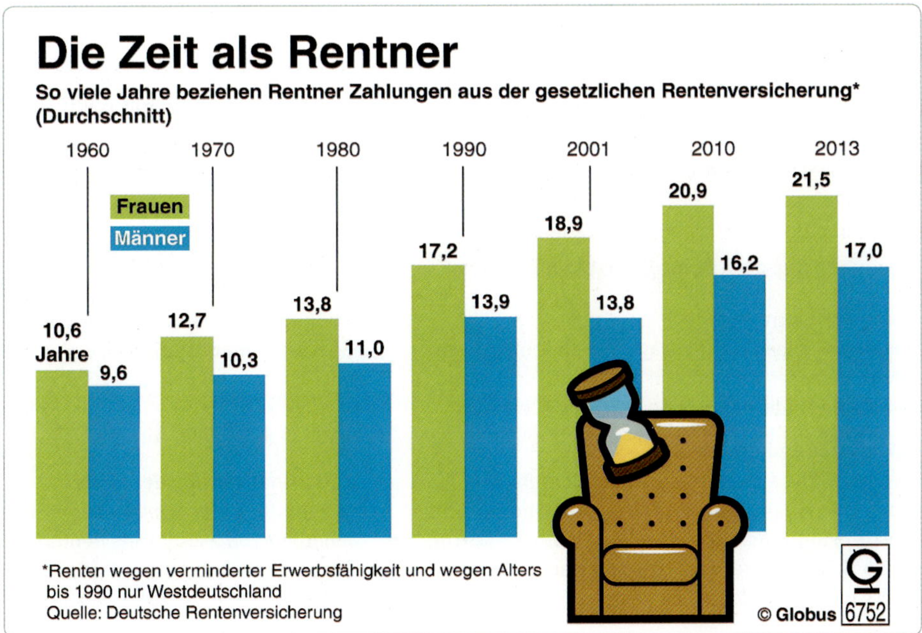

1

Probleme des Generationenvertrages

Arbeitslosigkeit

Nicht nur durch den demografischen Wandel kommt die Gesetzliche Rentenversicherung in eine wirtschaftliche Schieflage, sondern auch durch Arbeitslosigkeit entstehen Einnahmeausfälle.
Bezieht ein Arbeitsloser Arbeitslosengeld, werden die Beiträge zur Rentenversicherung von der Agentur für Arbeit bezahlt. Als Berechnungsgrundlage werden 80 % des vorherigen monatlichen Bruttoarbeitsverdienstes berücksichtigt. Dies bedeutet auch eine Rentenminderung von 20 % gegenüber dem vorherigen Bruttoarbeitsentgelt aus einer versicherten Beschäftigung.

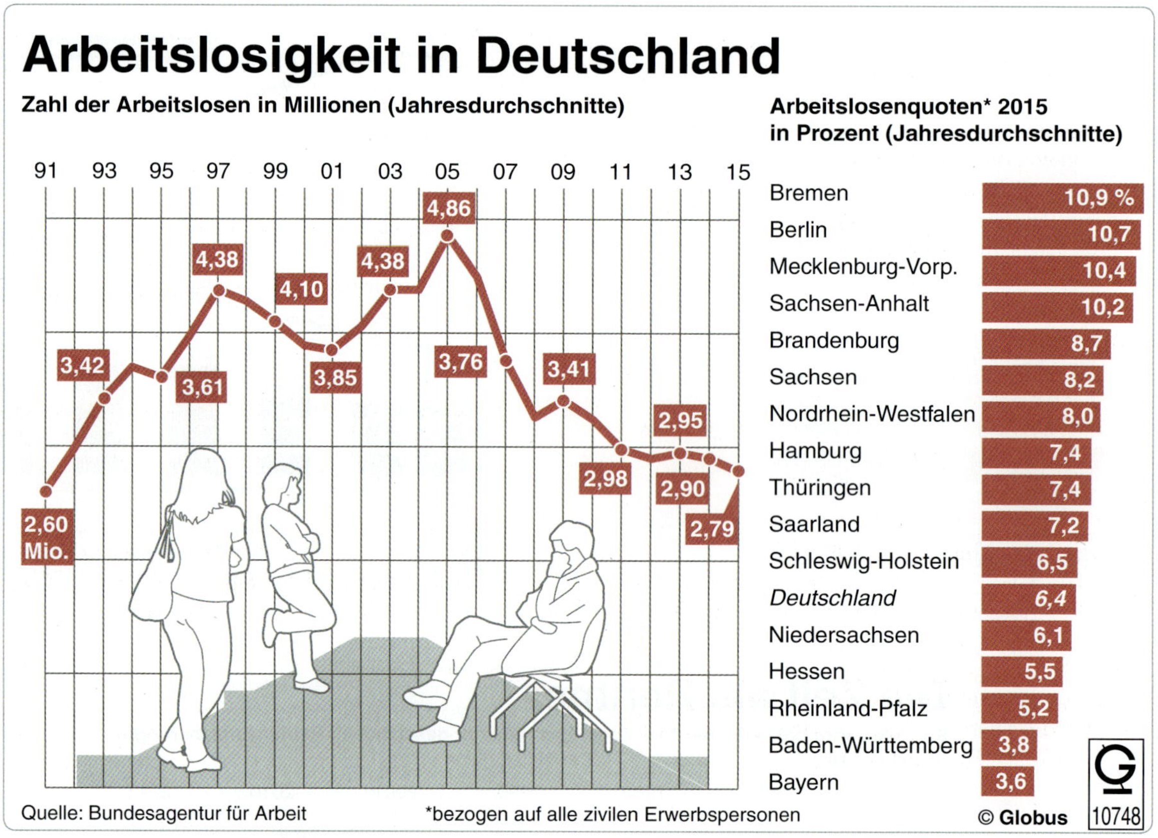

Konsequenzen aus dem demografischen Wandel

- **Erhöhung des Beitragssatzes**
  Die negativen Folgen der Beitragssatzerhöhung bestehen darin, dass der Konsum der Haushalte und die Investitionen der Unternehmen beeinträchtigt werden.

- **Absenkung des Rentenniveaus**
  Das Rentenniveau – das Verhältnis der Rentenhöhe des Standardrentners (45 Versicherungsjahre und 45 Entgeltpunkte) zum Durchschnittsentgelt (netto) – betrug 2015 47,5 %. 2030 wird das Rentenniveau einer Standardrente laut gesetzlicher Regelung nur noch 45 % betragen.

- **Erhöhung der Altersgrenze für die Regelaltersrente**
  Hinzu kommt, dass die Altersgrenze für die Regelaltersrente zwischen 2012 und 2029 schrittweise von 65 auf 67 Jahre angehoben wird. Über darüber hinaus gehende Erhöhungen wird diskutiert.

- **Steuerfinanzierung der Renten**
  Im Jahr 2014 wurden von der Gesetzlichen Rentenversicherung 266,2 Mrd. € als Renten ausgezahlt. Der Bundeszuschuss betrug 2014 66,6 Mrd. €. Fast 25 % der Rentenausgaben werden also aus Steuern finanziert.

354548

Neue Formen der privaten Vorsorge

Es ist erkennbar, dass das Rentenniveau sinkt.
Darüber hinaus haben Untersuchungen ergeben, dass im Bundesdurchschnitt die Deutschen 30 % ihres Monatseinkommens für die Kaltmiete ihrer Wohnung ausgeben – Tendenz steigend.
Folgerichtig hat der Staat u. a. Modelle wie „Riester-Rente“ bzw. „Förderung des Wohneigentums“ geschaffen, die helfen sollen

1. als Rentner den Lebensstandard der Beschäftigungszeit zu erhalten,
2. Wohneigentum zu schaffen, um langfristig Mietkosten zu sparen.

Diese Formen der privaten Vorsorge zeichnen sich dadurch aus, dass der Arbeitnehmer einen Teil des Bruttoentgelts anlegt. Diese Zahlungen werden durch staatliche Zuschüsse oder Steuerentlastungen gefördert.

Der Staat geht davon aus, dass dadurch 70 % der Berechtigten motiviert werden, Vorsorge zu leisten.

Riester-Rente

Um neben der gesetzlichen Altersrente noch zusätzliche Rentenleistungen zu erhalten, ist die sogenannte „Riester-Rente“ (Walter Riester: ehemaliger Bundesminister für Arbeit und Sozialordnung) geschaffen worden. Sie stellt eine vom Staat durch Zulagen geförderte privat finanzierte Rente dar.

- **Berechtigte**

u. a. alle rentenversicherungspflichtigen Arbeitnehmer, Auszubildende

- **erforderliche jährliche Beiträge der berechtigten Arbeitnehmer**

4 % vom Vorjahresbruttoarbeitsentgelt (höchstens 2.100,00 €, Mindesteinlage 60,00 €)

Höchstzulagen

Grundzulage Ledige	Grundzulage Verheiratete	Kinderzulage (pro Kind)	Zuschlag für nach dem 31.12.07 geborene Kinder
154,00 €	308,00 €	185,00 €	300,00 €

Um die Förderung in voller Höhe erhalten zu können, müssen die berechtigten Arbeitnehmer jedoch die erforderlichen Beiträge von **vier Prozent** ihres Vorjahresbruttoarbeitsentgelts in einen Riester-Vertrag einbezahlt haben. Dabei ist zu berücksichtigen, dass die Zulagen bereits mit den Beiträgen verrechnet werden, also nur die Differenz zwischen Zulage und Beitragssoll zu bezahlen ist (Jahreseigenbetrag).

***Beispiel* für Riester-Rente:**

Der Industriekaufmann (30 Jahre alt, verheiratet, seine Ehefrau ist nicht berufstätig, 2 minderjährige Kinder) hatte 2015 ein Bruttoarbeitsentgelt von 25.000,00 €. 2016 will er einen Riestervertrag abschließen. Als Kinderzulage kann das Ehepaar 370,00 € und als Höchstförderung für Verheiratete 308,00 € erwarten, wenn er 4 % von 25.000,00 € abzüglich der staatlichen Zulagen anspart. Das wäre eine Sparsumme im Jahr von 1.000,00 € abzüglich 370,00 € und 308,00 €, also 322,00 € jährlich bzw. 26,83 € im Monat.

Der Kontenstand des Ehepaares auf ihren Riesterkonten beträgt zusammen für 2016 1.000,00 €. Im Einzelnen setzt sich diese Summe wie folgt zusammen:

Ehemann: 846,00 € (322,00 € Jahreseigenbetrag, 154,00 € halbe Grundzulage Verheirate, 370,00 € Kinderzulage)
Ehefrau: 154,00 € (halbe Grundzulage Verheirate)

Berufseinsteigerbonus

Um vor allem junge Menschen für die private Altersvorsorge zu begeistern, erhalten Bürger bis zum 25. Lebensjahr einen Berufseinsteigerbonus von einmalig 200,00 €.

Leistungen

Die Auszahlung der Riester-Rente beginnt zeitgleich mit dem Eintritt in den Ruhestand und dem Beginn der Rentenzahlung aus der gesetzlichen Rentenversicherung. Tritt der Berechtigte bereits vor dem 65. Lebensjahr in den gesetzlichen Ruhestand ein, kann eine Auszahlung der Riester-Rente ebenfalls früher erfolgen, allerdings nicht vor dem 60. Lebensjahr.
Es handelt sich dabei um eine Leibrente, d. h. um eine Rente, die bis zum Tode des Empfängers monatlich gezahlt wird. Diese Riester-Rente, die neben der gesetzlichen Rente gezahlt wird, erhöht das verfügbare Einkommen im Rentenalter.

Eine Einmalentnahme von 30 % des geförderten Vermögens zu Beginn der Auszahlungsphase ist möglich.

Riester-Rente

Mögliche Höhe der Riester-Rente unter Berücksichtigung einer jährlichen Verzinsung von 4 %, einer jährlichen Gehaltssteigerung von 3 % und einer Anspardauer von 30 Jahren[1]

Sozialversicherungspflichtiges Einkommen im Jahr	Sparleistung im Jahr	Riester-Rente im Monat
5.000,00 €	200,00 €	94,00 €
10.000,00 €	400,00 €	188,00 €
15.000,00 €	600,00 €	282,00 €
20.000,00 €	800,00 €	376,00 €
25.000,00 €	1.000,00 €	470,00 €
30.000,00 €	1.200,00 €	564,00 €
40.000,00 €	1.600,00 €	752,00 €
50.000,00 €	2.000,00 €	941,00 €

[1] ohne Berücksichtigung der Gebühren, die die Versicherer erheben

Riester-Rente – Bestand nach Vertragsart bis 2012
von 2001 bis zum 1. Quartal 2013, Bestand in Tsd.

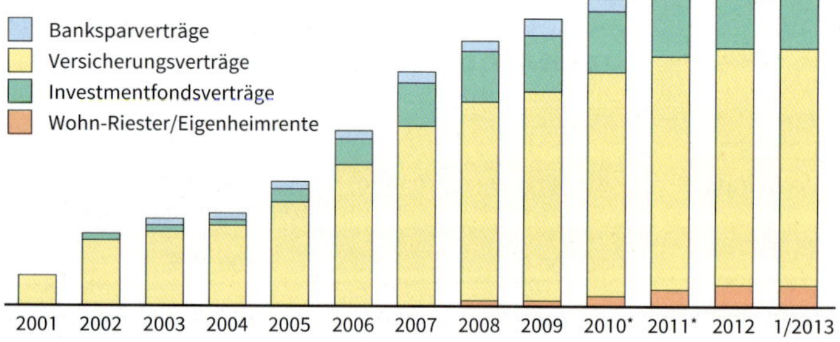

Vertragsbestand abzüglich stornierter Verträge. Der Anteil der ruhend gestellten Verträge (keine Beitragsleistung im Berichtszeitraum) wird auf 19,5 % geschätzt.

nach: Handelsblatt.com, Quelle: Bundesministerium für Arbeit und Soziales * teilweise revidiert

Bausparen

Ein Bausparvertrag ist ein Sparvertrag, den der Bausparer mit einer Bausparkasse seiner Wahl abschließt. Er wird zur Finanzierung von Wohneigentum benutzt. Die vertraglich vereinbarte Bausparsumme (z. B. 50.000,00 €) wird mit einem vertraglich festgelegten Prozentsatz angespart.

Bei Zuteilung des Vertrages – es müssen ca. 40 % der vereinbarten Bausparsumme (z. B. 20.000,00 €) angespart worden sein, wird der bis zur abgeschlossenen Vertragssumme fehlende Teil (z. B. 30.000,00 €) als Bauspardarlehen zu günstigen Sollzinsen gewährt. Der Bausparer kann also bei Zuteilung über die volle Bausparsumme verfügen.

Förderung des Bausparens durch die vermögenswirksame Leistung des Arbeitgebers

- Die **vermögenswirksame Leistung (VL)** ist eine tarifvertragliche oder durch Arbeitsvertrag vereinbarte Geldleistung durch den Arbeitgeber zusätzlich zum Arbeitsentgelt. Diese vermögenswirksame Leistung (maximal 40,00 € monatlich) wird nicht auf das Gehaltskonto des Arbeitnehmers überwiesen, sondern auf das Konto der von ihm gewählten Bausparkasse.

Bausparen und staatliche Förderung

Der Staat fördert das Bausparen auf zwei Arten: einmal durch das **Vermögensbildungsgesetz (Arbeitnehmersparzulage)** und darüber hinaus durch das Wohnungsbauprämiengesetz (**Wohnungsbauprämie**).

Der Staat fördert das Bausparen, wenn der Sparer bis zu einer bestimmte Summe jährlich spart. Der Sparer erhält die Höchstförderung, wenn er den gesetzlich vorgegebenen **Höchstsparbetrag** leistet.

Der Staat sieht im Bausparen eine Anlageform, die vorzüglich geeignet ist, dem Bürger Wohneigentum zu schaffen. Dieses Wohneigentum entlastet den Bürger von Mietzahlungen.

Bausparen

Förderung des Bausparens nach dem Vermögensbildungsgesetz durch die Arbeitnehmersparzulage	
Geförderter Personenkreis	**Höchstförderung**
Arbeitnehmer, Beamte, Richter, Soldaten, die jährlich ■ als Ledige nicht mehr als **17.900,00 €** und ■ als Verheiratete nicht mehr als **35.800,00 €** pro Jahr zu versteuerndes Einkommen erzielen.	Es kann ein **Höchstsparbetrag** bis zu ■ 470,00 € (Ledige) ■ 940,00 € (Verheiratete) mit **9 %** Arbeitnehmersparzulage gefördert werden. Die maximale Förderung pro Jahr beträgt also: ■ 42,30 € (Ledige) ■ 84,60 € (Verheiratete)

Das Geld muss grundsätzlich **sechs Jahre** lang *gespart* werden und ein Jahr ruhen. Mit dem Lohnsteuerjahresausgleich werden die Arbeitnehmer-Sparzulagen jährlich beim zuständigen Finanzamt beantragt und vom Finanzamt ausgezahlt.

Förderung des Bausparens nach dem Wohnungsbauprämiengesetz durch die Wohnungsbauprämie	
Geförderter Personenkreis	**Höchstförderung**
Berechtigter Personenkreis sind alle Personen, die das **16. Lebensjahr** vollendet haben, in Deutschland ansässig sind und als Ledige/Verheiratete die **Einkommensgrenze von 25.600,00 €/51.200,00 €** zu versteuerndes Einkommen nicht überschreiten.	Es kann ein **Höchstsparbetrag** bis ■ 512,00 € (Ledige) ■ 1.024,00 € (Verheiratete) mit einer Prämie von 8,8 % gefördert werden. Die maximale Förderung pro Jahr beträgt also: ■ 45,06 € (Ledige) ■ 90,11 € (Verheiratete)

Die Wohnungsbauprämie wird jährlich mittels eines amtlich vorgeschriebenen Antrags an die zuständige Bausparkasse ermittelt. Der Sparer erhält die Wohnungsbauprämie nur, wenn er den Bausparvertrag zu wohnwirtschaftlichen Zwecken benutzt wie zum Kauf von Grundstücken oder Kauf bzw. Modernisierung von Häusern/Wohnungen.

Beispiel:
Ein zum Kreis der Berechtigten gehörender Arbeitnehmer spart auf seinen Bausparvertrag 1.200,00 € jährlich. Dann erhält er für 470,00 € Sparsumme 42,30 € Arbeitnehmersparzulage und für 512,00 € Sparsumme 45,06 € Wohnungsbauprämie, also insgesamt eine staatliche Förderung von 87,36 € jährlich.

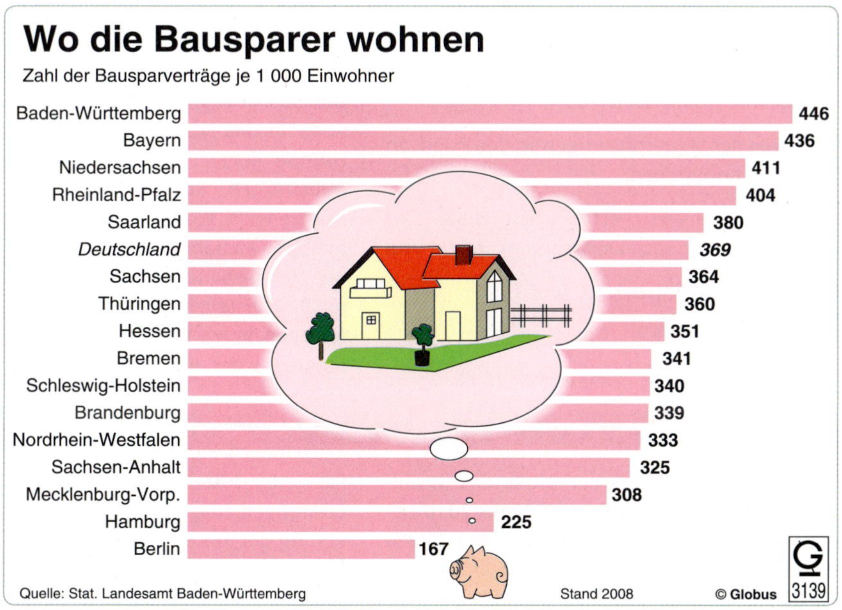

1

Begriff

Unter **Sozialbudget** versteht man alle Sozialleistungen, die in einem Jahr vom Bund, von den Ländern, von den Kommunen, den öffentlichen Körperschaften (Sozialversicherungsträgern) und den Arbeitgebern den Bürgern gewährt werden.

2014 umfasste das Sozialbudget laut Bundesminister für Arbeit und Soziales Leistungen in einer Höhe von insgesamt 849 Mrd. €.

Hiervon entfielen (ohne Verwaltungsausgaben) auf:

- Krankheit und Invalidität 304,1 Mrd. Euro
- Rentenversicherung, Versorgungswerke 31,6 %
- Kranken- und Pflegeversicherung 28,5 %
- Arbeitslosenversicherung und Grundsicherung für Arbeitssuchende 8,0 %
- Pensionen, Beihilfen für öffentlichen Dienst 7,7 %
- Entgeltfortzahlung 6,3 %
- Kindergeld, Familienleistungsausgleich, Erziehungs- und Elterngeld 5,4 %
- Kinder- und Jugendhilfe 3,9 %
- Sozialhilfe 3,6 %
- Betriebliche Altersversorgung 2,9 %
- Unfallversicherung 1,4 %
- Sonstiges 0,7 %

Sozialleistungen werden erbracht vom/von ...

Bund	Ländern	Kommunen	Öffentlichen Körperschaften	Arbeitgeber
Beispiele: ▪ Kindergeld ▪ Wohngeld ▪ Zulagen für Riester-Rente ▪ Arbeitslosengeld II	*Beispiele:* ▪ Pensionen für Landesbeamte ▪ öffentliches Gesundheitswesen	*Beispiele:* ▪ Sozialhilfe ▪ Pensionen für kommunale Beamte	*Beispiele:* ▪ Altersrenten ▪ Krankengeld ▪ Arbeitslosengeld I ▪ Unfallrenten	*Beispiele:* ▪ Entgeltfortzahlung ▪ betriebliche Altersversorgung

Finanzierung des Sozialbudgets

Das **Sozialbudget** wird **finanziert** durch

- **Steuerzahlungen** der Steuerpflichtigen an den Bund, an die Länder, an die Kommunen,
- **Beitragszahlungen** der versicherten Arbeitnehmer und deren Arbeitgeber an die Sozialversicherungsträger und
- **Geldleistungen** der Arbeitgeber.

Das Sozialbudget wird von Jahr zu Jahr größer. Die Prognose für das Sozialbudget 2017 beträgt 902,5 Mrd. €. Die Gründe liegen u. a. darin, dass Transferleistungen wie Altersrenten, Sozialhilfeleistungen, Arbeitslosengeld II, Krankengeld, Wohngeld, Ausbildungsförderungen in regelmäßigen Abständen dynamisiert, d. h. den steigenden Löhnen und Gehältern angepasst werden. Ein weiterer Grund für das Ansteigen der Sozialleistungen liegt in der Schaffung von neuen Transferleistungen, wie z. B. Zuschüsse des Staates zu der neuen kapitalgedeckten Altersversorgung.

Sozialleistungsquote

Die Sozialleistungsquote gibt das Verhältnis des Sozialbudgets zum Bruttoinlandsprodukt an. Im Jahr **2010** betrug die Sozialleistungsquote **29,8 %**, im Jahr **2012 28,3 %** und im Jahr **2014 29,2 %**.

Fast jeder dritte Euro wird somit in Deutschland für soziale Leistungen ausgegeben. Zwar ergibt sich daraus eine Steigerung der Transferleistungen für betroffene Bürger, aber auch eine steigende Belastung der Steuer-/Beitragszahler und Arbeitgeber.

Innerbetriebliche Kommunikation *Inhouse communication*

Begriff

Als **innerbetriebliche Kommunikation** bezeichnet man die Kommunikation innerhalb eines Unternehmens, z. B. zwischen einzelnen Abteilungen, einzelnen Sachbearbeitern oder der Geschäftsführung und den Abteilungen.

Notwendigkeit

Eine gut funktionierende innerbetriebliche Kommunikation stellt die Voraussetzung dar, damit in einem Unternehmen erfolgreich und effektiv gearbeitet werden kann. Kommunikationsstörungen haben zur Folge, dass der reibungslose Betriebsablauf gestört wird.

Einfaches Kommunikationsmodell

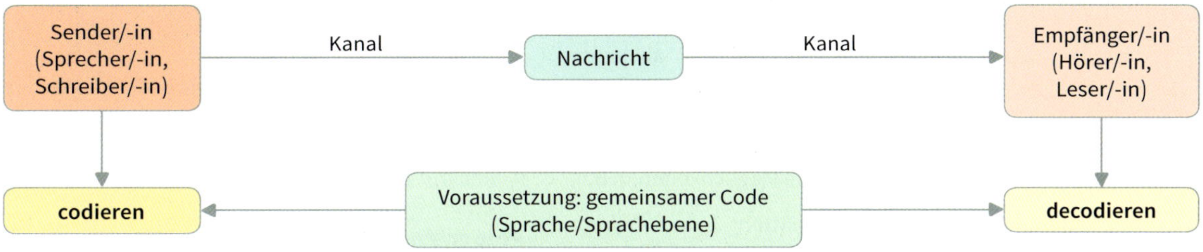

Die vier Seiten (Aspekte) einer Nachricht

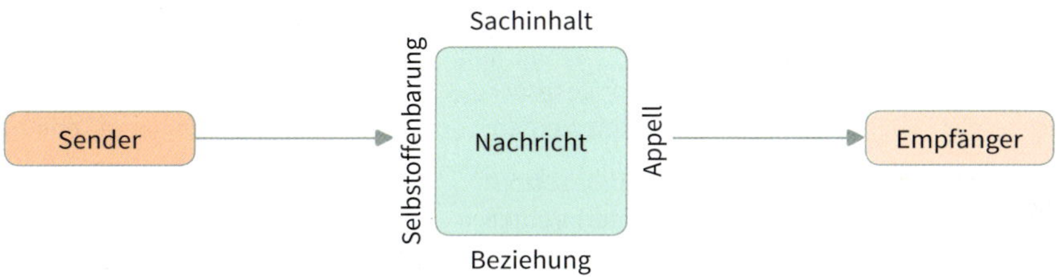

1. Sachinhalt	(oder: Worüber ich informiere)	Zunächst enthält die Nachricht eine Sachinformation.
2. Selbstoffenbarung	(oder: Was ich von mir selbst kundgebe)	In jeder Nachricht stecken nicht nur Informationen über die mitgeteilten Sachinhalte, sondern auch Informationen über die Person des Senders.
3. Beziehung	(oder: Was ich von dir halte und wie wir zueinander stehen)	Aus der Nachricht geht ferner hervor, wie der Sender zum Empfänger steht, was er von ihm hält. Oft zeigt sich dies in der gewählten Formulierung, im Tonfall und anderen nichtsprachlichen Begleitsignalen.
4. Appell	(oder: Wozu ich dich veranlassen möchte)	Kaum etwas wird „nur so" gesagt – fast alle Nachrichten haben die Funktion, auf den Empfänger *Einfluss zu nehmen*.

aus: Schulz von Thun, Friedemann: Miteinander reden 1, Rowohlt Taschenbuchverlag Reinbek bei Hamburg, 35. Aufl., Nov. 2001, S. 26 ff.

Innerbetriebliche Kommunikation

Inhouse communication

Direkte und indirekte Kommunikation

Kommunikation	
direkte	**indirekte**
Gesprächspartner/-in „face-to-face"	mithilfe von Kommunikationseinrichtungen, z. B. Telefon, E-Mail

Innerbetriebliche Kommunikationseinrichtungen

Telefon

Innerhalb eines Betriebes wird häufig eine **Telefonanlage** eingesetzt (auch *Hausanlage* oder *Nebenstellenanlage* genannt). Telefongespräche innerhalb eines Betriebes verursachen keine Verbindungskosten und sind an jedem Anschluss jederzeit möglich. Gegenüber dem öffentlichen Telefonnetz ist die Vertraulichkeit der Gespräche höher (Abhörsicherheit) und es gibt gegenüber einem normalen Telefonanschluss oftmals erweiterte Möglichkeiten, z. B.:

- **Zentrale Anrufbeantworter-Funktion:** Jedem Teilnehmeranschluss wird durch die Telefonanlage ein Anrufbeantworter bereitgestellt. Individuelle Geräte am Arbeitsplatz sind nicht erforderlich.
- **Konferenzschaltung:** Zu einem normalen Telefongespräch kann ein dritter Gesprächsteilnehmer hinzugefügt werden (Dreierkonferenz).
- **Makeln:** Von jedem Apparat kann ein Telefongespräch innerhalb des Betriebes direkt weitervermittelt werden.
- **Rufumleitung:** Rufe auf einen zeitweise unbesetzten Apparat können automatisch an eine Vertreterin/einen Vertreter weitergegeben werden.
- **Rufgruppen:** Ein Anruf wird an alle Apparate einer Arbeitsgruppe gegeben. Der erste Apparat aus der Gruppe, der abgenommen wird, erhält das Gespräch.

Zeitgemäße Telefonanlagen bieten Anschluss an öffentliche Telefonnetze über ISDN (herkömmliches digitalisiertes Telefonnetz), GSM (Mobilfunk-Telefonnetze) und VoIP (Voice-over-IP, internetgestützte digitale Telefonverbindungen). Telefonverbindungen innerhalb des Betriebes sowie Kopplung mehrerer Betriebsstätten durch Telefonanlagenverbunde bedienen sich dabei zunehmend der VoIP-Technik. Das Telefonnetz des Betriebes verschmilzt mit dem Datennetz. Auf diese Weise werden technische Vereinfachungen und Kostenvorteile erreicht.

Sprechanlage

Wechselsprechanlage

- Bedienen einer Sprechtaste ist erforderlich;
  das Gerät funktioniert abwechselnd als Mikrofon oder als Lautsprecher.

Gegensprechanlage

- Keine Sprechtaste; Sprechen und Hören sind gleichzeitig möglich

Rufanlage

- Lautsprecher in verschiedenen Betriebsbereichen
- Durchsagen von einer Zentrale aus
- Einsatz: z. B. in Warenhäusern
- Rückruf per Telefon

Pieper/Pager

- mobiles Empfangsgerät (Funk), das bei Anruf ein akustisches Signal abgibt und die Trägerin/den Träger so zum Anruf eines Telefonanschlusses oder zum Aufsuchen eines vereinbarten Treffpunktes im Gebäude auffordert (sog. „Anpiepen")
- Pieper oder Pager werden mehr und mehr durch leistungsfähigere und flexiblere Mobiltelefone, Smartphones, mobile Telefone und Tablet-Computer ersetzt.

Betriebsfunk

- mobile Kommunikation innerhalb des Betriebes mithilfe von Funkgeräten
- Im Unterschied zum Telefon ist Gruppenkommunikation möglich.
- Typische Nutzer: Werksschutz, Werksfeuerwehr, Instandsetzungspersonal

Betriebsfunk ist in Deutschland durch den Gesetzgeber besonders reglementiert und bedarf der Genehmigung und Zuteilung von Funkkanälen durch die Bundesnetzagentur. Für Zuteilung und Nutzung müssen einmalige und regelmäßige Gebühren an die Genehmigungsbehörde entrichtet werden. Webseite der Bundesnetzagentur mit weiteren Informationen: www.bundesnetzagentur.de.

E-Mail

- Übermittlung von Textnachrichten und Bildern in elektronischer Form
- erfordert eine elektronische Postadresse, einen E-Mail-Service oder Server und in der Regel einen Zugang des Unternehmens zum Internet
- Als Zugang dienen Arbeitsplatzrechner, mobile Computer und Smartphones

Innerbetriebliche Kommunikationseinrichtungen

Intranet

Auf leistungsfähigen, mit viel Speicherplatz ausgestatteten Computern (sog. Servern) werden für den Geschäftsbetrieb notwendige Software-Programme vorgehalten, die vom Arbeitsplatz-Computer aus genutzt werden können.

Die Server sind in der Regel im Rechenzentrum des Unternehmens untergebracht. Die speziellen Softwar-Programme, die auf diesen Servern ablaufen, können üblicherweise mithilfe sogenannter Internet-Browser genutzt werden.

Voraussetzung für den Betrieb eines Intranets ist das Vorhandensein eines lokalen Datennetzes (LAN = Local Area Network) und die Mitarbeiter/-innen müssen über einen an das LAN angeschlossenen Arbeitsplatzcomputer verfügen.

Durch technische Fortentwicklung ist die Leistungsfähigkeit von drahtlosen LANs (Wireless LAN, WLAN) und von Mobilfunknetzen drastisch erhöht worden. Neue Arten von Endgeräten (Smartphones, Tablet Computer) werden auch von Unternehmen verstärkt genutzt, um die innerbetriebliche Kommunikation und Datenverarbeitung zu flexibilisieren und deren Reichweite zu vergrößern.

Intranet – ***Beispiel***
Das Beispielunternehmen betreibt ein eigenes Rechenzentrum. Alle Abteilungen des Unternehmens sind durch Intranet-Server und E-Mail im LAN direkt miteinander verbunden und teilen Funktionen wie Fax und Drucker. Da ein Internetzugang vorhanden ist, können alle Stationen das Internet gemeinsam nutzen.

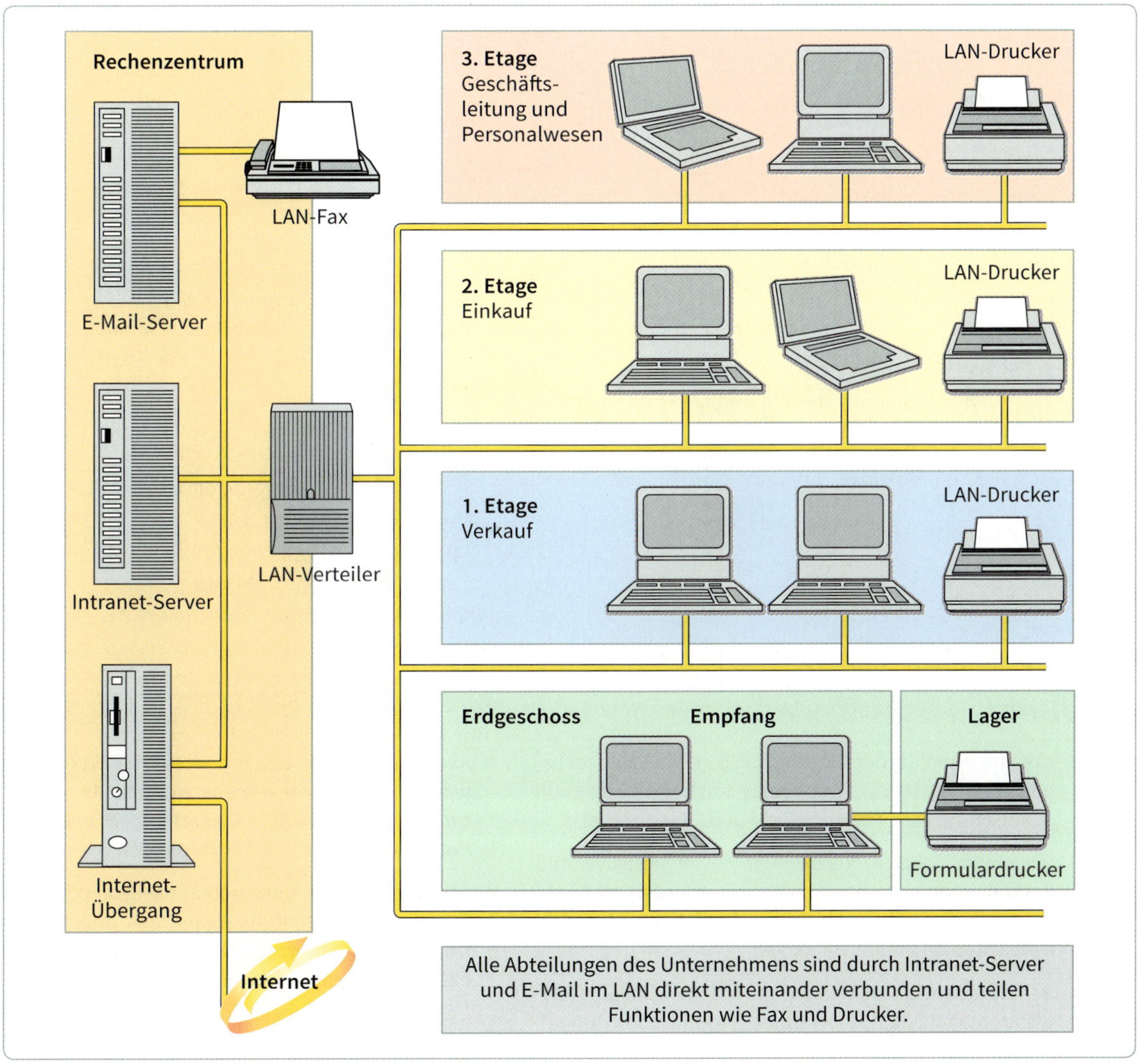

Vernetzung mehrerer Standorte

Größere Unternehmen verfügen oftmals über mehrere Verwaltungs- und Fertigungsstandorte oder Filialen. Die Entfernungen zwischen diesen Standorten sind üblicherweise zu groß, um mit der Technik lokaler Netze überbrückt zu werden. Es kommen dann nachrichtentechnische Fernverbindungen zum Einsatz, die bei Netzwerkservice-Anbietern (Carriern) eingekauft werden.

Standortübergreifende Vernetzung eines Unternehmens ermöglicht die Bündelung dezentral erhobener Daten in zentralen Informationssystemen und vereinfacht die unternehmensweite Finanz- und Produktionsplanung. Teure, aber notwendige Infrastruktur-Dienste, z.B. E-Mail oder Rechenzentrum, können an zentralen Punkten zusammengefasst und dadurch kostengünstiger bereitgestellt werden.

Corporate Network – Beispiel

Das Beispielunternehmen bezieht Zugang zu einem ERP-System (**ERP** = **E**nterprise **R**esource **P**lanning) von einem Rechenzentrumsbetreiber (**ASP** = **A**pplication **S**ervice **P**rovider) und Internetzugang sowie E-Mail von einem Internet-Serviceanbieter (**ISP** = **I**nternet **S**ervice **P**rovider). Über das Netzwerk sind die drei mit lokalen Netzwerken ausgestatteten deutschen Fertigungsstätten, das Intranet des britischen Tochterunternehmens und die Konzernzentrale untereinander und mit Internet und ERP-System vernetzt.

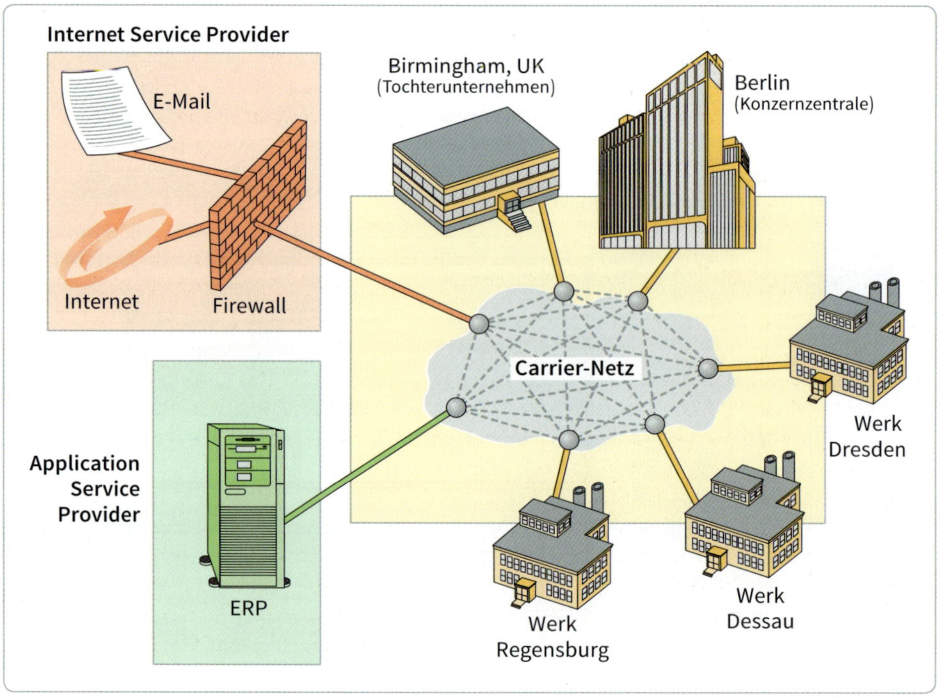

Merkmale einer standortübergreifenden Netzwerkstruktur

- Nutzung einer Carrier-Plattform, z. B.: Multi Protocol Label Switching (MPLS), Frame-relay. Kosten abhängig von der angemieteten Transportkapazität (Bandbreite)
- Gegenüber lokalen Netzwerken kostenintensive und deshalb geringe Transportkapazität erfordert Maßnahmen zum Freihalten der Fernverbindungen vor unerwünschten Datenübertragungen
- Standardisiertes Übertragungsverfahren (sog. Netzwerkprotokoll, heute fast immer IP = Internet-Protokoll)
- Ähnliche Struktur wie das Internet: Alle lokalen Netzwerke eines Unternehmens werden über Zugangsleitungen eines Carriers angeschlossen und durch das Carriernetz untereinander verbunden.
- Absicherung des unternehmenseigenen Datennetzes gegen unerwünschten Zugang aus öffentlichen bzw. fremden Datennetzen durch netzwerktechnische Sicherheitssysteme (Firewalls)
- Zentralisierte Basisdienste, z. B. ERP, E-Mail, Internetzugang

Außerbetriebliche Kommunikation *External communication*

Begriff und Notwendigkeit

Fast alle Unternehmen haben vielfältige Kontakte zu anderen nationalen und internationalen Unternehmen und Körperschaften. Die Unternehmen pflegen externe Kommunikation zur Abwicklung von elementaren Funktionen wie Einkauf, Verkauf und Zahlungsverkehr.

Moderne Produktionsmethoden, wie z. B. Just-in-time-Fertigung, setzen eine schnelle und reibungslose außerbetriebliche Kommunikation zwingend voraus.

Kommunikationssysteme *Communication systems*

ISDN (Integrated Services Digital Network/diensteintegrierendes digitales Kommunikationsnetz)

ISDN ist die auf dem Telefonnetz aufbauende Vielzweck-Übertragungstechnik für Sprache (Telefon), Texte, Datenübertragung und Bildinformationen (Telefax). Gegenüber der herkömmlichen Übertragungstechnik im Telefonnetz ergeben sich Vorteile bez. der Übertragungsqualität und bei Daten und Bildern bez. der Übertragungsgeschwindigkeit.

Durch die kontinuierliche Entwicklung des Internets und der Internet-Zugangstechnik sind mittlerweile private und betriebliche Internet-Zugänge bezüglich ihrer Datenübertragungskapazität zu geringeren Kosten überlegen.

Die Zuverlässigkeit des Internets reicht an die Zuverlässigkeit herkömmlicher Telefonnetze heran. Durch Einführung neuer internetgestützter Telefon-Lösungen (Voice-over-IP) können separate Telefonnetz-Anschlüsse ebenfalls durch das Internet ersetzt werden. Der Ersatz des ISDN-Netzes durch Internet-Technik wird in Deutschland durch alle Telekommunikationsanbieter vorangetrieben. Als Zugangstechnik für bestehende Anschlüsse, vor allem im privaten Bereich, wird ISDN noch einige Jahre verfügbar sein.

EDI (Electronic Data Interchange/Elektronischer Datenaustausch)

Die Auftragsabwicklung der meisten Unternehmen wird durch die Verwendung von elektronischen Datenverarbeitungssystemen geprägt. Es entsteht der Wunsch, Geschäftsprozesse durch direkte Kopplung von EDV-Systemen mit den Systemen der Lieferanten und Kunden zu beschleunigen und zu vereinfachen. Die rechtssichere Abwicklung von Geschäften durch **elektronischen** Datenaustausch erfordert eine gemeinsame Sprache, sichere Übertragungswege und die eindeutige gegenseitige Identifizierbarkeit der Kommunikationspartner. Dies wird durch standardisierte Nachrichtenformate und Datenverschlüsselung gewährleistet.

Den Rahmen setzt heute der globale Standard **EDIFACT** (EDI For Administration, Commerce and Transport). Von besonderer Bedeutung ist daneben der europäische **ODETTE**-Standard (Organisation for Data Exchange by Tele Transmission in Europe). Sichere Datenübertragung bieten branchentypische EDI-Netzwerkprovider, wie z. B. **ENX** (European Network Exchange Association) für die Automobilindustrie und ihre Zulieferer. Für die Teilnahme am **EDI** ist der Zugang zu einem EDI-Übertragungssystem erforderlich (sog. EDI-Konverter). Dieser kann von einem Provider bereitgestellt werden. Größere Unternehmen verfügen oft über eigene, selbstbetriebene EDI-Konverter.

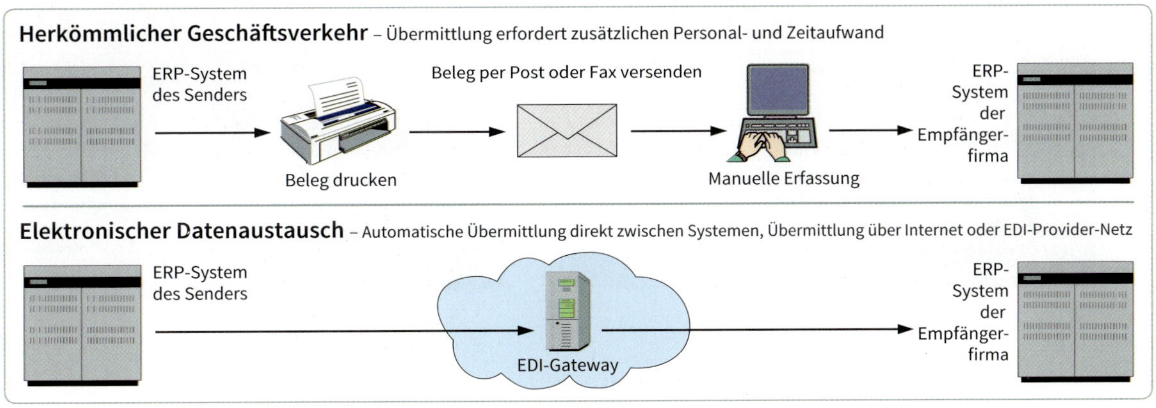

Videokonferenz

Die Konferenzteilnehmer/-innen können einander sehen und hören, obwohl sie sich an verschiedenen Orten befinden.

Alle Teilnehmer können direkt an ihrem Arbeitsort teilnehmen. Es entstehen keine Reisekosten und Arbeitsausfälle durch Reisetätigkeit können vermieden werden.

Durch Hinzunahme von Bildinformationen und durch das sichtbare Gegenüber wird annähernd die Qualität persönlicher Zusammenkünfte erreicht.

Voraussetzungen

(Auf beiden Seiten einer Verbindung jeweils:)

- Videokonferenzraum mit Kommunikationsanschlüssen
- Einheitliches bzw. passendes Videokonferenzsystem
- Farbfernsehkameras (feste und bewegliche)
- Dokumenten-Kamera
- Besonders beleuchteter Dokumententisch
- Eigenbild-Kontrollmonitore
- Mikrofone
- Konferenztisch mit Steuerpult
- Empfangsbildschirme

Übertragung

- über das Telefonnetz
- über das unternehmenseigene Datennetz
- Direktzugang zum Internet

Kosten

Durch die Nutzung eines Videokonferenzsystems entstehen Investitionskosten und Betriebskosten. Investitionskosten entstehen durch die Bereitstellung geeigneter Räumlichkeiten, des Mobiliars und der technischen Videokonferenz-Ausrüstung. Betriebskosten entstehen durch den Unterhalt geschulten Personals für die Bedienung und Instandhaltung der Videokonferenzanlage. Außerdem entstehen Verbindungskosten, denn während der Videokonferenz muss eine ausreichend leistungsfähige Verbindung zwischen den lokalen und entfernten Konferenzpartnern ununterbrochen bestehen.

Werden bestehende Datenleitungen mitgenutzt, müssen auf diesen Übertragungskapazitäten für die Videokonferenz reserviert werden, um eine ausreichende Qualität der Bild- und Sprachübertragung zu gewährleisten. Das geht üblicherweise zu Lasten anderer Nutzer des Unternehmensdatennetzes und muss in der Regel durch eine größere und damit teurere Dimensionierung der Übertragungskapazitäten von Videokonferenz-Standorten ausgeglichen werden.

Im Fall der Nutzung des Telefonnetzes entstehen Kosten bei Inlandsverbindungen vornehmlich als Bereitstellungskosten für eine ausreichende Zahl ISDN-Anschlüsse, da die Telefongesellschaften zunehmend pauschal und nutzungszeitunabhängig abrechnen (sogenannte „Flatrate"). Auch die zeitabhängigen Preise für internationale Telefonverbindungen müssen unter Umständen berücksichtigt werden.

Die Nutzung unternehmenseigener Datennetze erlaubt nur unternehmensinterne Videokonferenzen. Bei Nutzung von Telefonverbindungen oder Verbindung über Internet ist auch die Schaltung von Videokonferenzen mit externen Partnern wie Lieferanten oder Kunden möglich.

Internet

Begriff

Das Internet ist ein globaler Zusammenschluss von privaten und staatlichen Datenkommunikationsnetzen zu einem öffentlich zugänglichen Netz mit gemeinsamem Datenübertragungsverfahren, dem **I**nternet-**P**rotokoll (IP). Technisch besteht das Internet aus einer Vielzahl von Datenleitungen und Büro-Netzwerken (**L**ocal **A**rea **N**etworks = LANs), die über Vermittlungsrechner („Router") verknüpft sind.

Die zu übertragenden Daten werden von den angeschlossenen Computern in kleine Portionen („Packets") aufgeteilt, die unabhängig voneinander transportiert werden können. An das Internet sind Computer angeschlossen, die die Internetdienste zur Verfügung stellen („Server"). Der Zugang zum Internet über Fest- und Wählverbindungen und der Betrieb der Server und Services (z. B. E-Mail) sind i. d. R. kostenpflichtig.

Geschichte[1]

1957	Start des ersten künstlichen Erdsatelliten „Sputnik" durch die UdSSR. Gründung der Advanced Research Projects Agency (ARPA) durch das Verteidigungsministerium der USA, um die Vorrangstellung der USA in Bezug auf militärische Forschung und Technik wieder herzustellen.
1965	ARPA gibt eine Studie über die Errichtung eines ausfallsicheren Computernetzwerkes in Auftrag.
1969	Das ARPANET als Vorläufer des Internets besteht aus vier Computern amerikanischer Universitäten.
1974	Der Entwurf des späteren Internetprotokolls TCP/IP (Transmission Control Protocol/Internet Protocol) wird veröffentlicht.
1983	Neben dem ARPANET entstandene Wissenschafts- und Firmennetze in den USA und Europa werden nach und nach über TCP/IP miteinander verbunden und wachsen zum dezentral organisierten Internet zusammen.
1987	Das Internet verbindet mehr als 10 000 Computer in Nordamerika, Europa und Asien.
1989	Das Internet umfasst mehr als 100 000 Computer. Australien wird nun auch Teil des Internets.
1991	Das WWW wird im europäischen Atomforschungszentrum CERN in Genf (Schweiz) erfunden. Die Regierung der USA startet ihre „Information Super Highway"-Kampagne und verkündet die herausragende Bedeutung des Internets für die weitere wirtschaftliche und technische Entwicklung.
1992	Das Internet verbindet 1 000 000 Computer. Der Begriff „Surfen im Internet" wird geprägt.
1995	Das WWW ist neben E-Mail der meistbenutzte Internetdienst.
1996	Die Zahl der an das Internet angeschlossenen Computer übersteigt 14 Millionen.
1998	Die Suchmaschine Google® geht online.
2004	Der neue Online-Dienst „Facebook" wird gestartet.
2008	Es gibt nach Angaben von Google mehr als eine Billion Webseiten. Die Zahl der Facebook-Teilnehmer steigt sprunghaft an.
2013	Die Nutzung von Video-Diensten wie NetFlix und YouTube verursacht mehr als die Hälfte des globalen Internet-Datenverkehrs. Es gibt nun mehr als eine Milliarde Server.
2015	Mehr als eine Milliarde Anwender/-innen nutzen Facebook am selben Tag. Spektakuläre Hackerangriffe auf Staaten und große Unternehmen und die Aktivitäten der Geheimdienste im Internet beschäftigen die Öffentlichkeit und verdeutlichen, dass das Internet neben Vorteilen auch Bedrohungen und Gefahren mit sich bringt.

[1] vgl.: Hobbes' Internet Timeline (www.zakon.org/robert/internet/timeline), Entnahme 10.08.2016

Informationssuche mithilfe des Internets

Die Nutzung des Internets kann bei der Suche nach Informationen hilfreich sein (siehe auch Seite 594). Beispiele:

- Deutsche Ausgabe der Online-Enzyklopädie Wikipedia (de.wikipedia.org)
- Erklärung von juristischen Begriffen (www.lexexakt.de)
- Steuerlexikon (www.steuernetz.de)
- Börsenlexikon der Frankfurter Allgemeinen Zeitung (boersenlexikon.faz.net)
- Wörterbuch Deutsch-Englisch (dict.leo.org)

Wichtige Internetadressen, z. B.:

- Deutscher Bundestag online (www.bundestag.de)
- Deutscher Industrie- und Handelskammertag (DIHT) (www.dihk.de)
- DIN Deutsches Institut für Normung e. V. (www.din.de)
- Deutscher Gewerkschaftsbund (DGB) (www.dgb.de)

2 Marktorientierte Geschäftsprozesse eines Industriebetriebes erfassen

Unternehmensphilosophie *Corporate philosophy*

Langfristige Grundlage für das Agieren eines Unternehmens im Markt ist die **Unternehmensphilosophie**. Diese „Weltanschauung“ des Unternehmens legt grundlegende Wertvorstellungen und Ziele fest, die in Form von Unternehmensgrundsätzen im **Unternehmensleitbild** schriftlich festgehalten werden. Eine ganz spezifische Unternehmensethik kann zum Beispiel dazu führen, dass ein Unternehmen sich spezielle soziale oder ökologische Ziele setzt. Gerade aber bei der Verfolgung dieser gewählten sozialen oder ökologischen Ziele kann es zu **Zielkonflikten** mit wirtschaftlichen Zielen kommen. Wird zum Beispiel in wirtschaftlich schwierigen Zeiten auf die Verfolgung vorher festgelegter sozialer oder ökologischer Ziele verzichtet, kann es unter Umständen zu langfristigen Problemen mit den Kunden kommen – die **Unternehmensidentität** wird aus Kundensicht nachhaltig gestört. Die Folge könnte sein, dass die Kunden zu einem Mitbewerber wechseln.

Unternehmensphilosophie	***Beispiel:*** Kundenbedürfnisse im Bereich Büromöbel befriedigen
Unternehmensleitbild Unternehmensgrundsätze	***Beispiel:*** Unternehmensgrundsätze der OfficeCom AG (Auszug): ▪ Wir orientieren uns an den Kundenbedürfnissen. ▪ Wir berücksichtigen ökologische Anforderungen.
Unternehmensidentität im Markt	***Beispiel:*** Bereitstellung zeitgemäßer Büromöbel

Unternehmensstrategie *Corporate strategy*

Begriff

Mithilfe von **Unternehmensstrategien**, d. h. langfristigen Planungen, positioniert sich das Unternehmen im Markt:

- Festlegung der **Geschäftsfelder**, in denen das Unternehmen tätig sein soll
- Aufstellung von **obersten Unternehmenszielen**
- Bestimmung **unternehmenspolitischer Instrumente** (z. B. die Festlegung der Preispolitik) zur Beeinflussung der Marktgegebenheiten

Zielhierarchie und Zielarten (Auswahl)

Um **oberste Unternehmensziele**, die sich direkt aus der Unternehmensphilosophie ableiten, verwirklichen zu können, müssen verschiedene **Einzelziele** in eine Rangfolge gebracht werden: Man spricht von einer **Zielhierarchie**.

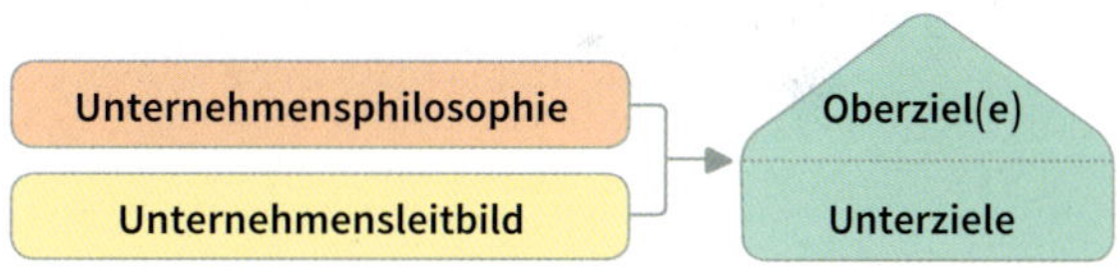

Beispiele von Einzelzielen:

- **Wirtschaftliche Ziele:**
  - **Wachstumsziele:** Steigerung von Absatz, Marktanteil, Umsatz, Produktqualität
  - **Erfolgsziele:** Gewinn, Rentabilität des Eigen-(Kapitals)
  - **Finanzziele:** Sicherung der Liquidität, der Kreditwürdigkeit, der Kapitalstruktur
- **Soziale Ziele:**
  Sicherung des Arbeitsplatzes, der sozialen Leistungen
- **Ökologische Ziele:**
  umweltverträgliche Produkte
- **Gesellschaftliche Ziele:**
  Image, Corporate Identity, Macht

Unterscheidungs-kriterium	Ausprägungen	Erklärung	Beispiele
Priorität	**strategische Ziele**	werden langfristig verfolgt	grundlegende Positionierung im Markt
	operative Ziele	werden kurzfristig verfolgt	Modernisierung der Ladengestaltung
Formalisierungsgrad der Ziele	**Formalziele**	beschreiben langfristige Ziele	Erhöhung des Marktanteils auf 60 %
	Sachziele	Verwirklichen der Formalziele durch konkrete Maßnahmen	Einsatz eines Warenwirtschaftssystems
hierarchische Einordnung	**Oberziele**	werden in der Geschäftsführung festgelegt	langfristige Gewinnmaximierung
	Unterziele	werden von Abteilungsleitern zur Verwirklichung der Oberziele festgelegt	Senkung der Personalkosten durch Einsatz von Teilzeitkräften

Leistungs-, Geld- und Informationsflüsse *Performance, money and information flow*

Die folgende Abbildung zeigt neben den Leistungs- und Geldströmen insbesondere die Vielzahl von **Informationsströmen**, die sich im möglichen Verlauf einer Auftragsabwicklung bei der OfficeCom AG ergeben. Diese Informationsströme finden ihren Ausdruck zum Beispiel in Handelsbriefen wie Anfragen, Angeboten, Bestellungen, Mahnungen und in **Buchungsbelegen für die Finanzbuchhaltung** wie Rechnungen von Lieferanten oder an Kunden und Kontoauszügen.

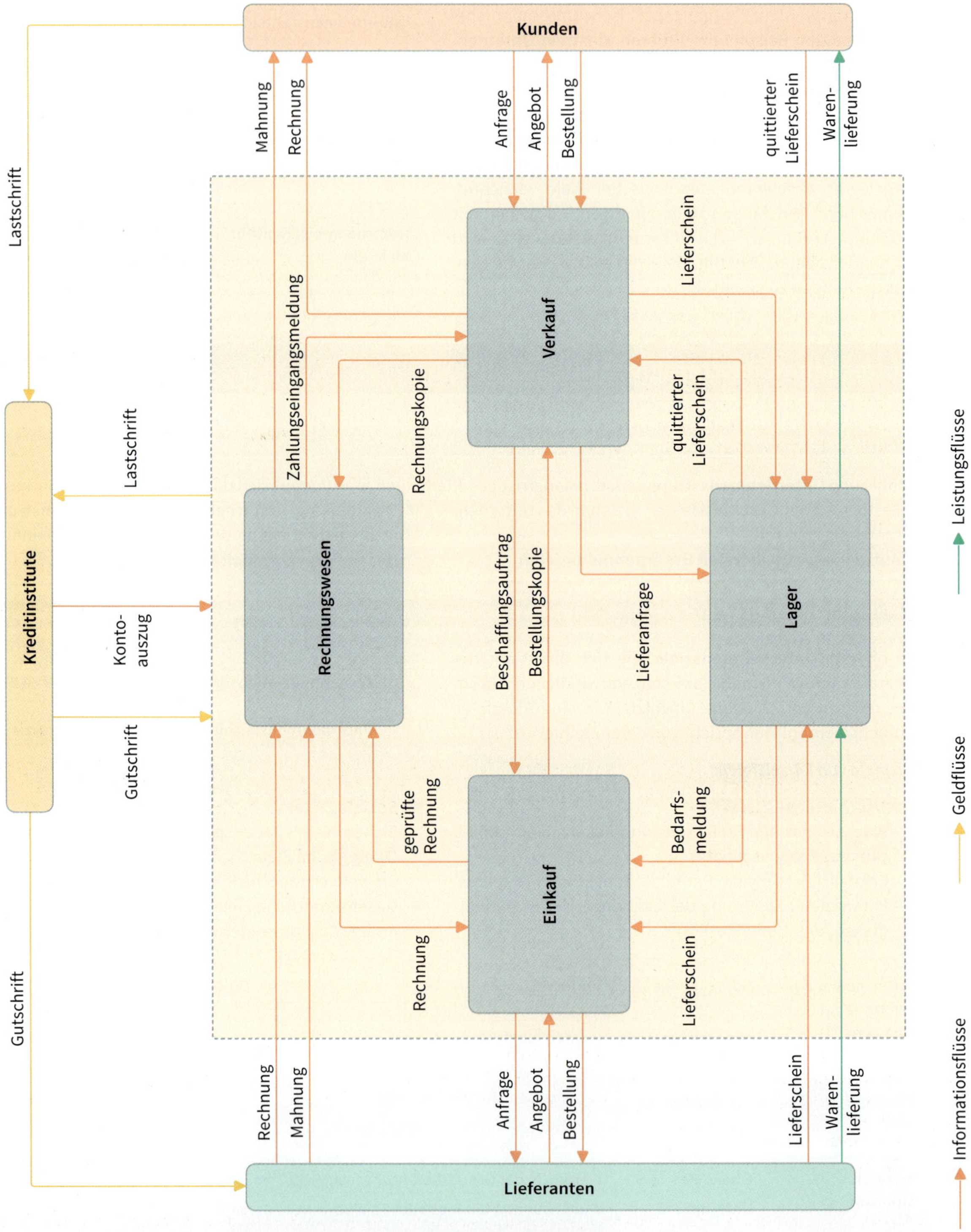

aus: Hübscher, Heinrich u. a.: IT-Handbuch, IT-Systemkaufmann/-frau, Informatikkaufmann/-frau, 9. Aufl., Braunschweig, Westermann Verlag 2015, S. 42

Klassische betriebliche Organisation
Classic internal company organization

Bedeutungen des Begriffes

Organisation als
- Tätigkeit:
  Das Unternehmen wird organisiert.
- Zustand:
  Das Unternehmen hat eine Organisation.
- Institution:
  Das Unternehmen ist eine Organisation.

Aufgabe

Zieloptimale Kombination der betriebswirtschaftlichen Produktionsfaktoren

Bereiche der betrieblichen Organisation

Aufbauorganisation

stellt den **Betrieb in Bereitschaft** dar

und umfasst unter anderem
- die Zerlegung der Gesamtaufgabe in Teilaufgaben,
- die Bildung von Stellen und Abteilungen,
- die Übertragung von Aufgaben, Kompetenzen und Verantwortung auf die einzelnen Mitarbeiter,
- die Darstellung des Unternehmensaufbaus mit Festlegung des Dienst- und Informationsweges und
- die Entwicklung von Führungsformen und -techniken.

Ablauforganisation

stellt den **Betrieb in Aktion** dar

und regelt unter anderem
- den funktionalen Arbeitsablauf,
- den zeitlichen Arbeitsablauf und
- den räumlichen Arbeitsablauf.

Als **organisatorische Hilfsmittel** dienen:

- Aufgabengliederungsplan
- Organigramme
- Stellenbeschreibungen

- Kommunikationsdiagramm
- Arbeitsablaufkarte
- Flussdiagramm
- Datenflussplan
- Balkendiagramm
- Netzplan

aus: Wamper, Horst: Betriebliche Organisationslehre, Büroorganisation, Automatisierte Datenverarbeitung, Stam-Verlag 5. Aufl., Köln, o. J., S. 13

Aufbauorganisation
Company organization structure

Aufgabenanalyse/-synthese

- **Aufgabenanalyse**:
  Zerlegung ganzheitlicher Arbeitsprozesse in Teilaufgaben bis hin zu kleinsten Arbeitseinheiten wie Arbeitsgriffe und Griffelemente (zurückzuführen auf Frederick Winslow Taylor [1856–1915])
- **Aufgabensynthese**:
  Anschließende Zusammenfassung sachlogisch zusammenhängender Teilaufgaben zu Aufgabenkomplexen und Zuordnung an Aufgabenträger
- **Ergebnis**:
  Bildung von Stellen und Abteilungen

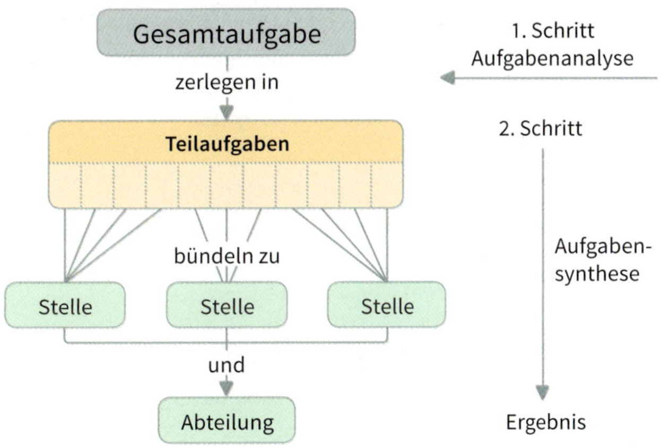

aus: Wamper, Horst: Betriebliche Organisationslehre, Büroorganisation, Automatisierte Datenverarbeitung, 5. Aufl., Stam-Verlag Köln, München, o. J., S. 27

Aufbauorganisation

Company organization structure

Kriterien der Aufgabengliederung

Gliederung der Aufgaben nach

Verrichtungen	Objekten	Rang	Phasen	Zweckbeziehung
z. B. ■ Beschaffung ■ Produktion ■ Absatz ■ …	*z. B.* ■ PC ■ Monitor ■ Scanner ■ Drucker ■ …	*z. B.* ■ dispositive Arbeit ■ ausführende Arbeit ■ …	■ Planung ■ Durchführung ■ Kontrolle	■ Primäraufgaben (unmittelbare Leistungserstellung) ■ Sekundäraufgaben (z. B. Personalwesen)

Stellenbildung

Begriff: Stelle

- kleinste Organisationseinheit im Unternehmen
- Zusammenfassung von Teilaufgaben zum Aufgabenbereich einer Person

Stellenarten

Linienstellen (Instanzen)
- Anordnungsbefugnis
- Entscheidungsbefugnis

Beispiel: Abteilungsleiter Einkauf

Ausführende Stellen
- keine Leitungs- und Entscheidungsbefugnis

Beispiel: Schreibkraft

Stabsstellen
- Hilfsstelle von Linienstellen
- Beratung
- Entscheidungsvorbereitung
- keine Entscheidungs- und Anordnungsbefugnis

Beispiel: Rechtsabteilung

vgl.: Hübscher, Heinrich u. a.: IT-Handbuch, IT-Systemkaufmann/-frau, Informatikkaufmann/-frau, 9. Aufl., Braunschweig, Westermann Verlag, 2015, S. 46

Stellenbeschreibung

Begriff

In Stellenbeschreibungen werden die Aufgaben und Kompetenzen des Stelleninhabers, die Anforderungen an den Stelleninhaber sowie die Einordnung der Stelle in die Aufbauorganisation des Betriebes festgehalten.

Ziele

- Sicherung klarer Zuständigkeiten und Kompetenzen
- Regelung eindeutiger Über- und Unterordnungsverhältnisse
- Erleichterung der Zusammenarbeit der Stellen
- gerechte Beurteilung der Stelleninhaber

Inhalt

- Bezeichnung der Stelle
- Aufgaben, Kompetenzen und Verantwortungsbereich
  → Welche Tätigkeiten umfasst die Stelle?
- Anforderungen an den Stelleninhaber
  → Welche Voraussetzungen, Qualifikationen hat der Stelleninhaber mitzubringen?
- Bewertungsmaßstab der Stelle
  → Welche Kriterien zur Beurteilung des Stelleninhabers kommen in Betracht?
- Weisungs- und Informationsbeziehungen
  → Von wem (welcher Stelle) erhält der Stelleninhaber Weisungen? Wem kann er Weisungen erteilen? Wem muss er berichten?

Beispiel Stellenbeschreibung

Stellenbeschreibung für die Stelle eines Sachbearbeiters in der Einkaufsabteilung

1.	**Bezeichnung der Stelle** Einkäufer
2.	**Instanzielle Eingliederung** Untergeordnet: dem Leiter der Abteilung Einkauf Übergeordnet: –
3.	**Stellenvertretung** Wird vertreten von: Einkäufer für Rohstoffe Vertritt: Leiter der Einkaufsabteilung
4.	**Ziele der Stelle** Der Stelleninhaber hat vom Lager angeforderte Materialien rechtzeitig in der gewünschten Menge und Qualität sowie zu günstigsten Preisen zu beschaffen.
5.	**Aufgaben, Verantwortlichkeiten und Kompetenzen** ▪ Einkauf von Büromaterialien und Büromaschinen ▪ Ermittlung geeigneter Lieferanten ▪ Einholen von Angeboten ▪ Auswertung von Angeboten ▪ Führen der Einkaufsverhandlungen ▪ Abschluss von Kaufverträgen bis zum Betrag von 5.000,00 €, darüber hinaus ist die Entscheidung der übergeordneten Instanz einzuholen ▪ Überwachung der Liefertermine ▪ Bearbeitung von Reklamationen ▪ Besuch der Fachmessen
6.	**Persönliche Anforderungen an den Stelleninhaber** Vorbildung: Hauptschulabschluss, Kaufmannsgehilfenprüfung Kenntnisse: Branchenkenntnisse, Warenkenntnisse, technische Kenntnisse Eigenschaften: Verhandlungsgewandtheit, Kontaktfreudigkeit, Selbstständigkeit, Zuverlässigkeit

aus: Wamper, Horst: Betriebliche Organisationslehre, Büroorganisation, Automatisierte Datenverarbeitung, Stam-Verlag 5. Aufl., Köln, o. J., S. 43

Abteilungsbildung

Begriff Abteilung

- Zusammenfassung mehrerer Stellen unter einheitlicher Leitung

Ziele

- Schaffung überschaubarer, leicht kontrollierbarer Bereiche
- Strukturierung eines übersichtlichen Unternehmensaufbaus
- Schaffung von Verantwortungsbereichen mit speziellen Aufgaben

Betriebshierarchie

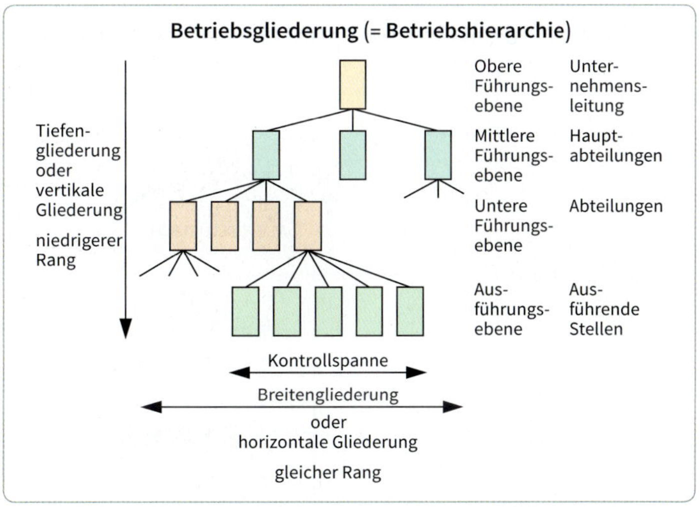

aus: Hübscher, Heinrich u. a.: IT-Handbuch, IT-Systemkaufmann/-frau, Informatikkaufmann/-frau, 9. Aufl., Braunschweig, Westermann Verlag, 2015, S. 46 f.

Aufbauorganisation *Company organization structure*

Kriterien der Abteilungsbildung

Funktionsorientierte Organisation
(functional type of organization)

Bildung von Abteilungen, wie
- „Einkauf“,
- „Verkauf“,
- „Finanzierung“,

Produktorientierte Organisation
(product type of organization)

Bildung von Abteilungen, wie
- „Produkt A“,
- „Produkt B“,
- „Produkt C“.

Regionorientierte Organisation
(geographical type of organization)

Bildung von Abteilungen, wie
- „Deutschland“,
- „Westeuropa“,
- „Amerika“.

Personenorientierte Organisation
(personal type of organization)

Bildung von Abteilungen, wie
- „Friedrichs“,
- „Müller“,
- „Kramer“,

Organigramm

Begriff

Hilfsmittel zur grafischen Abbildung der Organisationsstruktur eines Unternehmens mithilfe rechteckiger Stellensymbole

Funktionen

Veranschaulichung der Aufgabengliederung, des hierarchischen Aufbaus, der Über- und Unterordnungsverhältnisse, der Kommunikationsbeziehungen

Beispiel: **funktionsorientierte Aufbauorganisation**

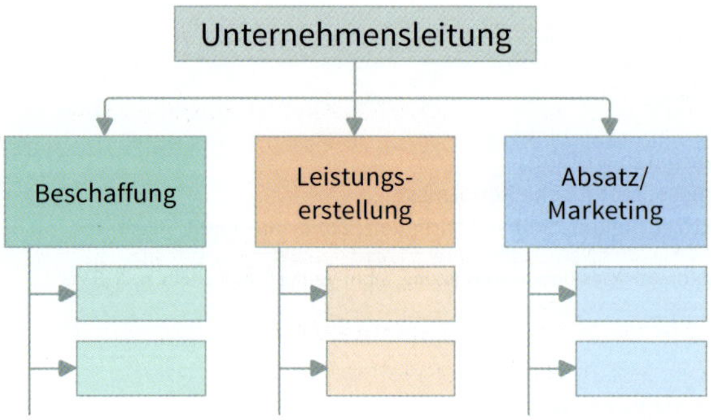

Beispiel: **produktorientierte Aufbauorganisation**

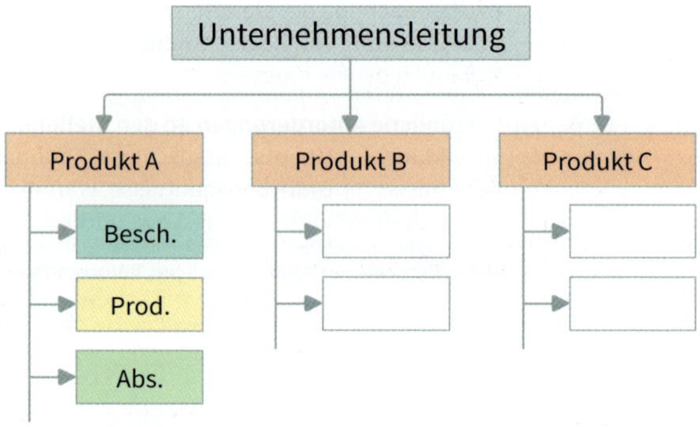

Beispiel: **Organisation nach strategischen Geschäftseinheiten**

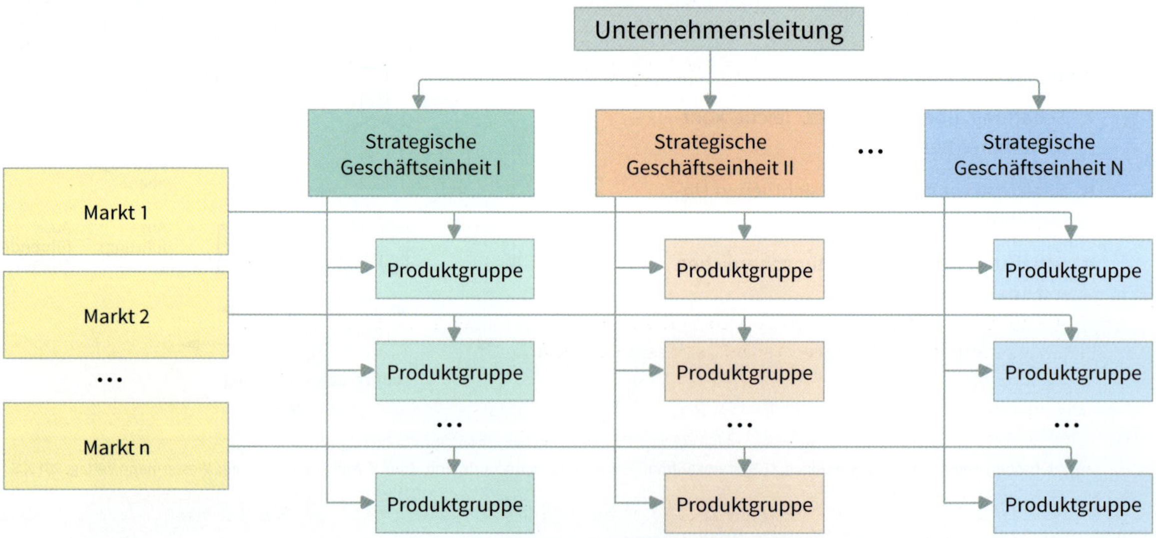

Aufbauorganisation *Company organization structure*

Um große, insbesondere international agierende Industrieunternehmen oder -konzerne kaufmännisch effektiver führen zu können, werden im Unternehmen/Konzern häufig eigenständige Organisationseinheiten gebildet, die als **strategische Geschäftseinheiten** (**SGE**) oder **strategische Geschäftsfelder** (**SGF**) bezeichnet werden. Eine strategische Geschäftseinheit kann ein Unternehmensbereich, eine Produktlinie, ein einzelnes Produkt oder eine Marke sein.

Eine strategische Geschäftseinheit ist immer durch eine bestimmte **Produkt-Markt-Kombination** (siehe auch S. 420 f. Portfolio-Analyse) gekennzeichnet:

***Beispiel* OfficeCom AG:**

SGE	Produktgruppe	Zielgruppe
SGE 1	Büromöbel	Unternehmen
SGE 2	Büromöbel	Privatkunden

Darüber hinaus weisen strategische Geschäftsfelder **weitere Merkmale** auf, zum Beispiel autonome Zielsetzung und Planung sowie Realisation von Wettbewerbsstrategien, Wahrnehmung eigener Chancen, aber auch Eingehen eigener Risiken, Erstellung eigener Gewinn- und Verlustrechnungen (Profit Center).

Leitungssysteme *Management systems*

Stellenpyramide/Managementebenen

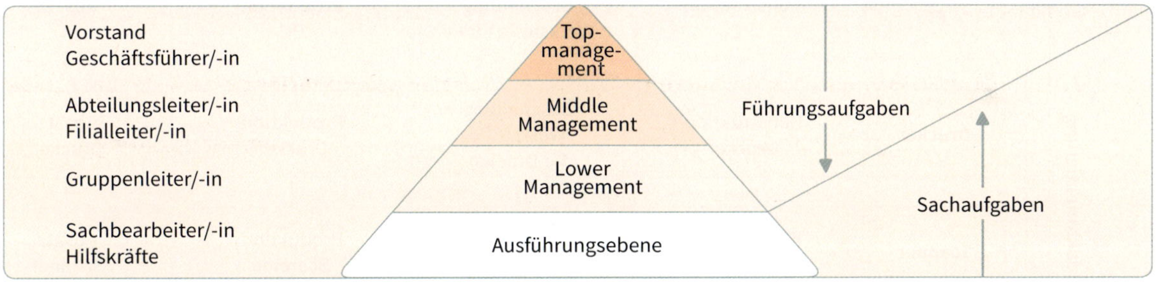

Einliniensystem

- Eine untergeordnete Stelle erhält nur von einer übergeordneten Stelle Anweisungen.
- Eine untergeordnete Stelle gibt Meldungen/Vorschläge nur an die unmittelbar übergeordnete Stelle (Instanz).

Beispiel:

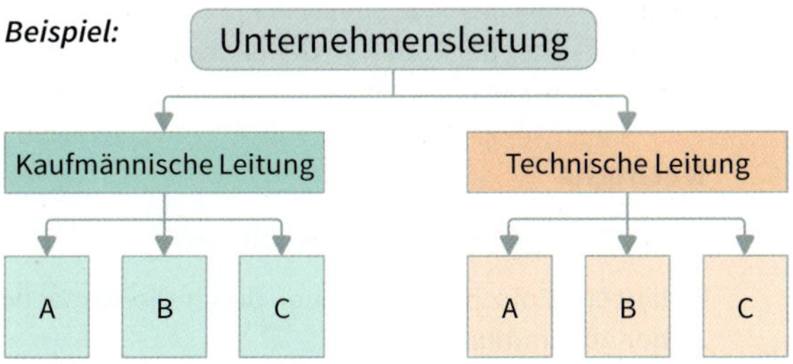

Mehrliniensystem

- Eine untergeordnete Stelle erhält Weisungen von mehreren übergeordneten Stellen.

Beispiel:

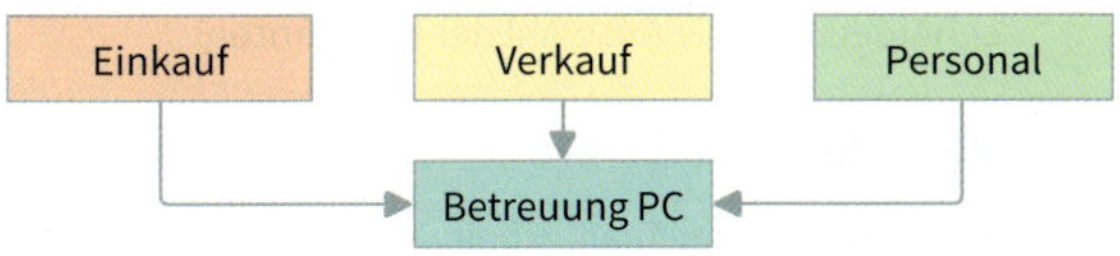

Stab-Linien-System

Ergänzung des Einliniensystems durch Stabsstellen, die die Linienstellen entlasten. Sie dienen häufig nicht nur einer einzelnen Instanz (Direktionsassistent), sondern dem ganzen Unternehmen.

Beispiel:

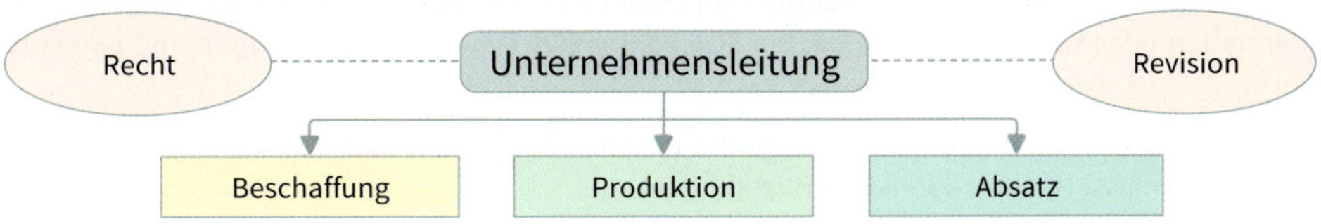

Matrixorganisation

Grundidee

- Weiterentwicklung des Mehrliniensystems, da jede Teilfunktion von zwei Entscheidungslinien beeinflusst wird.
- Kombination zweier gleichberechtigter Hierarchieebenen:
  - funktionsorientierte Organisation und
  - produktorientierte Organisation
- Zwei Fachabteilungen mit unterschiedlichen Sichtweisen bemühen sich um die Lösung derselben Aufgabe.

Beispiel:

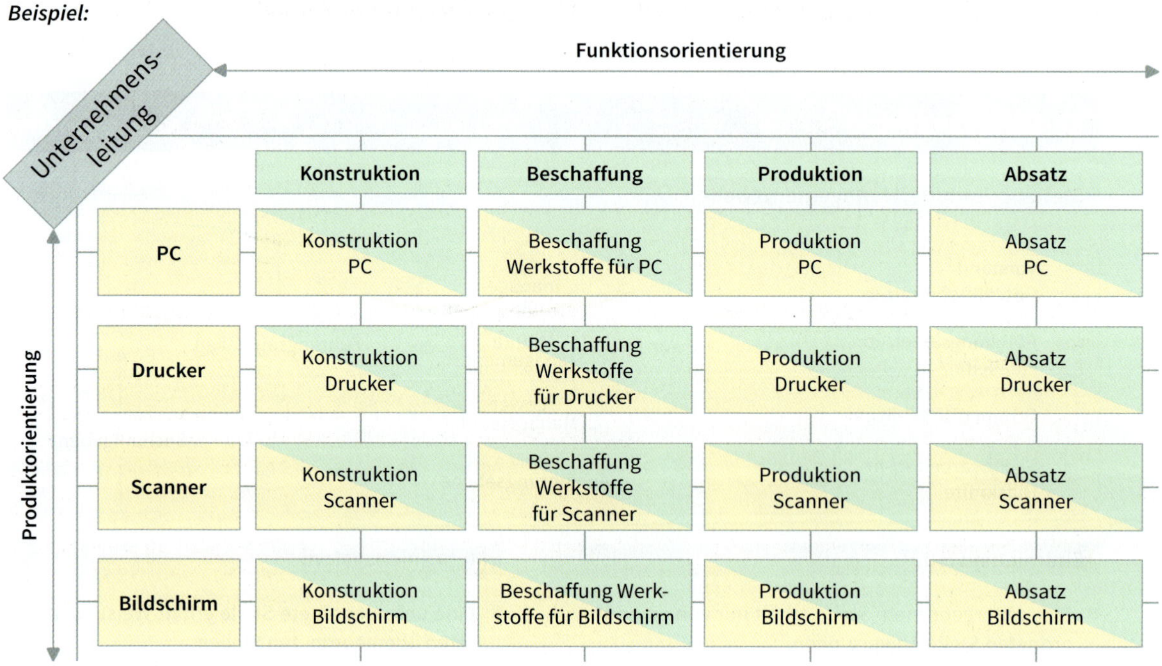

Erläuterung: „Beschaffung von Werkstoffen zur Fertigung von PCs“
Der Produktmanager „PC“ entscheidet über die Art der Materialien, der Leiter der Funktionsabteilung „Beschaffung“ entscheidet über die Auswahl der Lieferanten.

Vorteile

- Förderung der Teamarbeit
- Entlastung der Unternehmensleitung
- Verbesserung der Qualität von Problemlösungen durch das Einbringen verschiedener Denkansätze

Nachteile

- Auftreten von Kompetenzproblemen
- längere Entscheidungsdauer durch die Notwendigkeit der Abstimmung
- häufigere Kompromissentscheidungen durch Konfliktvermeidungsstrategie der Abteilungsleiter

Sonderformen der Aufbauorganisation

Die Bildung relativ selbstständiger organisatorischer Einheiten nach **strategischen Geschäftsfeldern** (SGF) ähnelt der produktorientierten oder Spartenorganisation. Ein SGF kombiniert ein(-e) Produkt(-gruppe) mit einem bestimmten Marktsegment.

Beispiel: Die OfficeCom AG bildet zwei strategische Geschäftsfelder: SGF 1 umfasst Büromöbel für Wirtschaftskunden, SGF 2 umfasst Handelswaren für Privatkunden.

Leitungssysteme *Management systems*

Sonderform der Aufbauorganisation

Als Schnittstelle zwischen der eigenen Aufbauorganisation und wichtigen Großkunden (A-Kunden) werden häufig sogenannte **Key-Account-Manager** (Key Account: engl. „Schlüsselkunden“) platziert, die diese Kunden in allen Belangen über Akquise, technische Beratung, Auftrags- und Finanzierungsabwicklung bis zum After-Sales-Service betreuen.

Funktionen des Betriebes *The company functions*

Funktionen
(Teilaufgaben zur Erreichung des Unternehmensziels)

- **Grundfunktionen** → Aufgaben, die sich aus dem eigentlichen Leistungszusammenhang ergeben
- **Querschnittsfunktionen** → Aufgaben, die sich auf den ganzen Betrieb beziehen

Grundfunktionen und ihre Teilaufgaben

Beschaffung	Leistungserstellung	Absatz/Marketing
Zum Beispiel: ■ Klärung des Bedarfs nach Art, Menge und Zeitpunkt ■ Ermittlung der Bezugsquellen ■ Einholung und Prüfung von Angeboten ■ Bestellung ■ Bestellungs-, Terminüberwachung ■ Herbeiholen der Leistungen ■ Übernahme mit Kontrolle, Qualitätsprüfung, Reklamationen ■ Rechnungsprüfung	*Zum Beispiel:* ■ Forschung und Entwicklung ■ Konstruktion ■ Planung des Fertigungsverfahrens ■ Arbeitsvorbereitung ■ Lagerung der Werkstoffe ■ Fertigungsdurchführung ■ Fertigungskontrolle ■ Lagerung der Fertigerzeugnisse ■ Verpackung ■ Hilfsfunktionen wie Wartung, Instandhaltung, Energieversorgung, innerbetrieblicher Transport	*Zum Beispiel:* ■ Marktforschung, -erkundung ■ Einsatz der Marketinginstrumente ■ Absatzanbahnung (Anfragen bearbeiten, Angebote erstellen) ■ Auftragsabwicklung ■ Rechnungserstellung ■ Kundenservice wie Beratung, Wartung, Reparaturen ■ Kundenpflege

Querschnittsfunktionen und ihre Teilaufgaben

Finanzierung/Rechnungswesen	Personalwesen	Informationswesen
Zum Beispiel: ■ Kapitalbedarfsrechnung ■ Investitionsrechnung ■ Finanzplanerstellung ■ Eigen- oder Fremdfinanzierung ■ Kreditbeschaffung ■ Liquiditätsüberwachung ■ Finanzbuchhaltung ■ Jahresabschluss ■ Bilanzanalyse ■ Kosten- und Leistungsrechnung ■ Statistik und Vergleichsrechnung ■ Planungsrechnung	*Zum Beispiel:* ■ Personalbedarfsermittlung ■ Stellenausschreibung ■ Personalauswahl ■ Personaleinstellung ■ Personalleasing ■ Personalcontrolling ■ Personaleinsatz ■ Personalentwicklung (Personalförderung) ■ Personalbetreuung (Sozialwesen) ■ Arbeitsbewertung und Entlohnung ■ Personalentlassung	*Zum Beispiel:* ■ Informationsmanagement (Sammlung, Verarbeitung und Speicherung qualitätsrelevanter Daten und Informationen) ■ Ableitung des Informationsbedarfs aus dem Entscheidungsproblem ■ Nutzung interner und externer, nichtelektronischer und elektronischer Informationsquellen ■ Sammlung und Speicherung entscheidungsrelevanter Informationen im Data-Warehouse ■ Verarbeitung (Transformation) originärer Informationen zu entscheidungsrelevanten Größen ■ Informationsübermittlung (räumlich) und -ausgabe an Entscheidungsträger

Ablauforganisation

Workflow organization

Begriff

- Ablauforganisation ist die rationale Gestaltung von Arbeitsprozessen zur Erfüllung betrieblicher Teilaufgaben. Arbeitsvorgänge, die zeitlich und räumlich hinter- oder nebeneinander verlaufen, werden geordnet.

Ziele

- Optimale Auslastung der Arbeitskräfte und Betriebsmittel
- Minimierung der Durchlaufzeiten für die Arbeitsprojekte

Gegenstand

Ordnung des Arbeitsablaufs

- Arbeitsinhalt
- Arbeitszeit
- Arbeitsraum
- Arbeitszuordnung

Ordnung des Arbeitsinhalts

- Bestimmung des Arbeitsobjektes und der einzelnen Verrichtungen im Wege der Arbeitsanalyse

Ordnung der Arbeitszeit

- Bestimmung der Reihenfolge der verschiedenen Teilaufgaben (Verrichtungen)
- Ermittlung der Zeitdauer und der kalendermäßigen Anfangs- und Endzeitpunkte der Teilaufgaben

Ordnung des Arbeitsraums

- Anordnung der einzelnen Stellen bzw. Arbeitsplätze zur Erledigung der Teilaufgaben im Hinblick auf größtmögliche Wirtschaftlichkeit

Arbeitszuordnung

- Einzelzuordnung: Eine Teilaufgabe wird **einem** ***Aufgabenträger*** zwingend vorgeschrieben.
- Gruppenzuordnung: Die Teilaufgabe wird **einer** ***Gruppe*** von Personen übertragen.

Formen der Darstellung

Ablaufdiagramm

Beispiel:

Inhalt:
Wörtliche Aufführung aller Arbeitsgänge in ihrer Reihenfolge

Form:
Arbeitsablaufkarte

Anwendungsbereich:
Einfache Tätigkeiten

Arbeitsablauf		Inhalt: Auftragsbearbeitung			
Lfd. Nr.	Ablaufstufen	Stellen			
		Sachbearbeiterin Poststelle	Sachbearbeiterin Versand	Sachbearbeiter Rechnungswesen	Sachbearbeiter Lager
1	Eingang Bestellschein (BS)	Tätigkeit			
2	BS an Sachbearbeiterin Versand		Transport		
3	Ablage, wenn Lieferschein (LS) fehlt		Wartezeit, Stillstand		
4	2 LS-Kopien erstellen	Tätigkeit			
5	LS-Kopien an Sachbearbeiterin Versand		Transport		
6	Kopien trennen		Tätigkeit		
7	1. Kopie an Sachbearbeiter Lager				Transport
8	Lieferung buchen				Tätigkeit
9	Kopie ablegen				Ablage
10	Zusammenfügen von BS + 2. Kopie LS		Tätigkeit		
11	Konditionen prüfen		Kontrolle		
12	LS und BS an Sachbearbeiter Rechnungswesen			Transport	
13	Rechnung schreiben, LS, BS			Tätigkeit	
14	Kontrolle von Menge, Preis, Konditionen, Adresse			Kontrolle	
15	Kopien verteilen an Sachbearbeiter(in) Versand und Lager		Transport		Transport
16	Ablage Rechnung, LS, BS			Ablage	

Symbolerklärung: ● = Tätigkeit; = Wartezeit, Stillstand; ➡ = Transport; ▲ = Ablage; ■ = Kontrolle

aus: Berner, Steffen u. a.: Betriebswirtschaftslehre der Unternehmung, 29. Aufl., Haan, Europa Verlag, 2014, S. 184

Flussdiagramm

Inhalt:
Darstellung zeitlicher bzw. logischer Folgen und Abläufe

Verwendete Symbole:

Symbol	Bedeutung
	Start, Stopp
	Bearbeitung, Tätigkeit
Nein / Ja	Entscheidung mit Ja-Nein-Verzweigung
	Ablauflinie. Die Flussrichtung erfolgt hauptsächlich in der Senkrechten.
	Anschlusspunkt, Sprungstelle
	Sprung ohne Rückkehr

Beispiel: Arbeitsablauf „Bearbeitung einer Bestellung von Kunden“

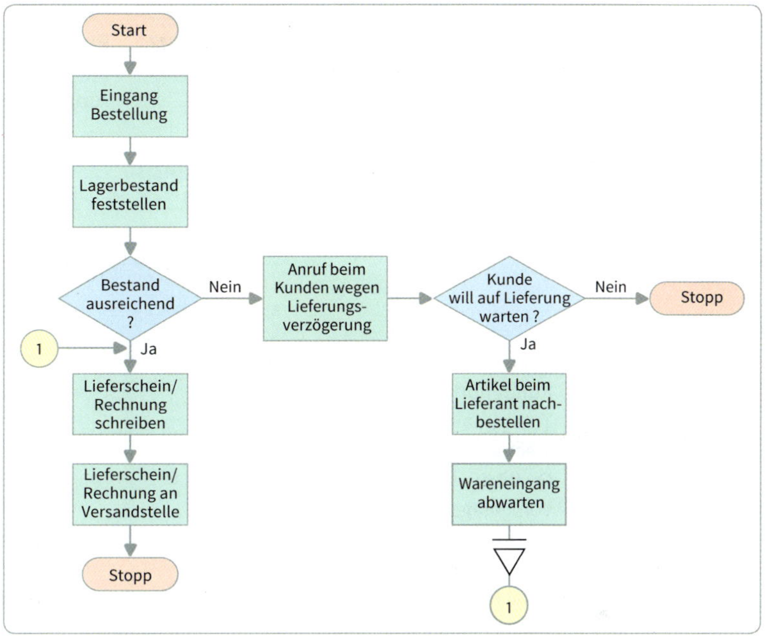

aus: Wamper, Horst: Betriebliche Organisationslehre, Büroorganisation, Automatisierte Datenverarbeitung, Stam-Verlag 5. Aufl., Köln, München, o. J., S. 76

Netzplantechnik

Inhalt:
Beschreibung der Teilarbeiten von Prozessen/Projekten in der **Strukturanalyse**

Erläuterungen:
FAZ = frühester Anfangszeitpunkt
FEZ = frühester Endzeitpunkt
SAZ = spätester Anfangszeitpunkt
SEZ = spätester Endzeitpunkt
GP = Gesamtpuffer
FP = Freier Puffer
GP = SAZ – FAZ
FP = FAZ (Nachf.) – FEZ

Beispiele: Puffer für Vorgang G
GP = 26 – 20 = 6 Arbeitstage
FP = 22 – 22 = 0 Arbeitstage

Knoten:

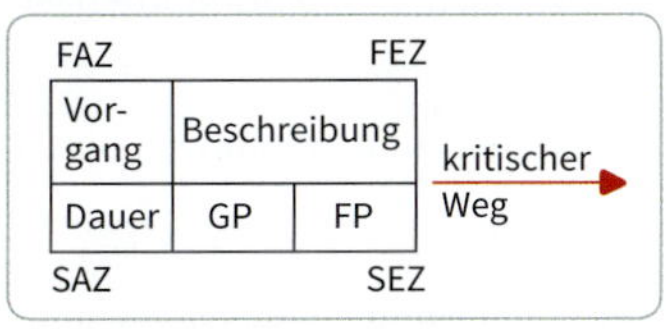

Kritischer Weg:
Weg ohne Pufferzeiten

vgl.: Berner, Steffen u. a.: Betriebswirtschaftslehre der Unternehmung, 25. Aufl., Haan, Europa Verlag, 2010, S. 137

Beispiel: Struktur- und Zeitanalyse sowie Netzplan „Bau einer Lagerhalle“

Vorgang	Strukturanalyse		Zeitanalyse						
	Beschreibung	Folgetätigkeit	Arbeitstage	FAZ	FEZ	SAZ	SEZ	GP	FP
A	Entwurf, Planung	B, F, G	20	0	20	0	20	0	0
B	Erdaushub Fundamente	C	3	20	23	20	23	0	0
C	Ausgießen Fundamente	D	2	23	25	23	25	0	0
D	Verschalung Betonsockel	E	5	25	30	25	30	0	0
E	Betonierung Betonsockel	I	3	30	33	30	33	0	0
F	Bestellung und Auslieferung Betonteile	I	10	20	30	23	33	3	3
G	Aushub Ver- und Entsorgungsleitungen	H	2	20	22	26	28	6	0
H	Leitungsverlegung	I	5	22	27	28	33	6	6
I	Montage Lagerhalle	J	7	33	40	33	40	0	0
J	Installationsarbeiten	–	4	40	44	40	44	0	0

Aus den Angaben der Struktur- und Zeitanalyse ergibt sich der Netzplan:

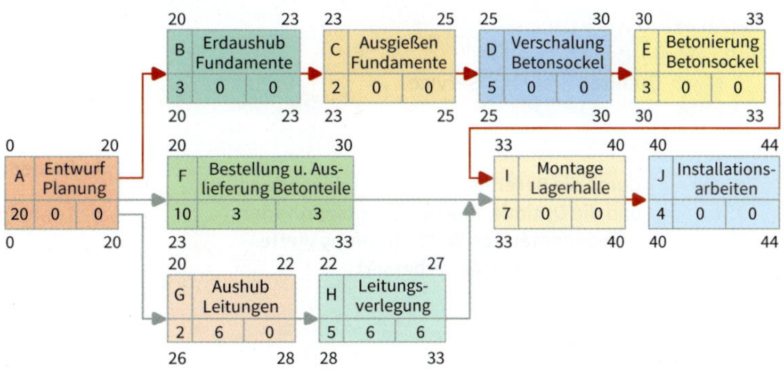

Kaizen/KVP
Kaizen/CIP

2

Begriffe Kaizen/KVP

Japanisch: **kai** = Veränderung **zen** = zur Verbesserung
Deutsch: **KVP = Kontinuierlicher Verbesserungsprozess**

Prozess- und kundenorientierte Unternehmens- bzw. Managementphilosophie eines nie endenden Optimierungsprozesses

Kaizen-Schirm

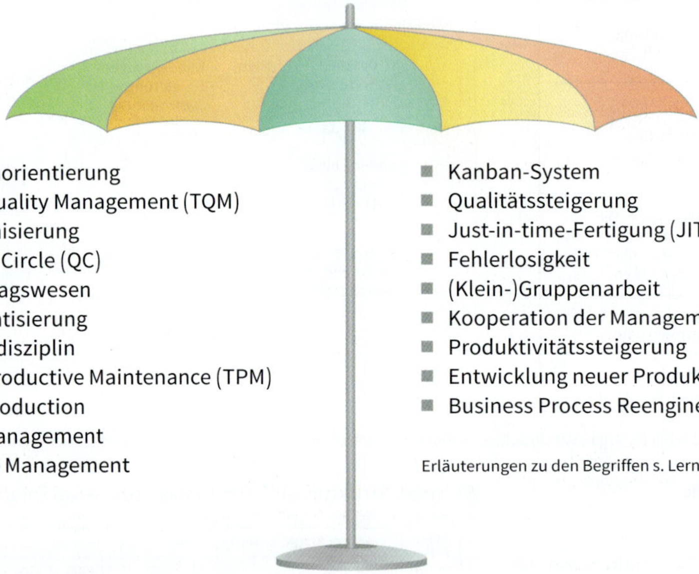

- Kundenorientierung
- Total Quality Management (TQM)
- Mechanisierung
- Quality Circle (QC)
- Vorschlagswesen
- Automatisierung
- Arbeitsdisziplin
- Total Productive Maintenance (TPM)
- Lean Production
- Lean Management
- Change Management

- Kanban-System
- Qualitätssteigerung
- Just-in-time-Fertigung (JIT)
- Fehlerlosigkeit
- (Klein-)Gruppenarbeit
- Kooperation der Managementebenen
- Produktivitätssteigerung
- Entwicklung neuer Produkte
- Business Process Reengineering (BPR)

Erläuterungen zu den Begriffen s. Lernfeld 5

Die Botschaft von Kaizen lautet: Kein Tag soll vergehen ohne irgendeine Verbesserung!

vgl.: Imai, Masaaki: Kaizen, Der Schlüssel zum Erfolg der Japaner im Wettbewerb, 4. Aufl., München, Ullstein Taschenbuch Verlag, 1994, S. 25

KVP -Zielsetzung

Beispiel: **Volkswagen AG**

Die Lösung
KVP-Workshop
ist eine Methode,
die die entscheidenden Erfolgsfaktoren

durch die **Beseitigung von Verschwendung** und die **Optimierung der Arbeitsmethoden** in der **gesamten Wertschöpfungskette ständig verbessert.**

mit Genehmigung der Volkswagen AG

KVP – Workshop – Vereinbarungen

- Ein Mensch, eine Stimme
- Jeder darf ausreden
- Bisherige Lösungen in Frage stellen
- Brainstorming ohne Kritik
- Positive Einstellung zeigen
- Alle Entscheidungen werden vom Team getragen
- Verantwortlich für Lösungen und Maßnahmen ist das Team
- Darlegung von Sichtweisen ohne negative Folgen
- Fehler sofort korrigieren
- Team ist permanent anwesend
- KVP hat kein Ende
- Führungskraft steht für Workshop zur Verfügung
- Grundregeln für die Zusammenarbeit sind Offenheit, Zielsetzung, Akzeptanz, Informationsfluss

KV-Prozess

Beispiel: Volkswagenwerk AG

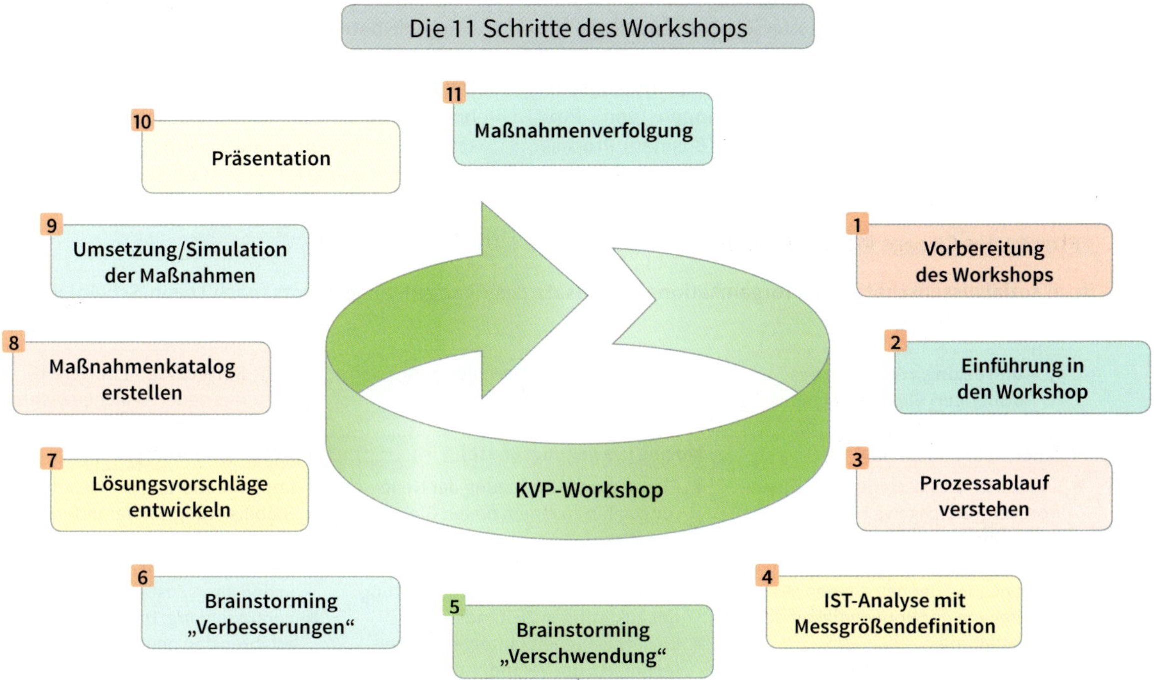

Die 7 Arten der Verschwendung

Nr.	Art	Beispiele
5.1	**Überproduktion**	mehr als der Kunde braucht: „Ladenhüter“
5.2	**Warten**	▪ langsame Prozesse ▪ hohe Verlustzeiten ▪ keine Termintreue
5.3	**Transport**	▪ Zwischenlager ▪ zu viele Puffer
5.4	**Unnötige Prozesse**	▪ komplizierte Abläufe ▪ schlecht genutzte Anlagen ▪ niedriger Nutzungsgrad
5.5	**Hohe Bestände**	▪ veraltetes Material ▪ Sicherheitslager ▪ zu viel Personal
5.6	**Bewegung**	▪ Suchen nach Material/Vorgängen ▪ falsches Werkzeug ▪ falsche Unterlage ▪ lange Wege
5.7	**Arbeitsfehler**	▪ Verlängerung von Prozesszeiten ▪ Nacharbeit ▪ Ausschuss

aus: Hübscher, Heinrich u. a.: IT-Handbuch, IT-Systemkaufmann/-frau, Informatikkaufmann/-frau, 9. Aufl., Braunschweig, Westermann Verlag, 2015, S. 62. mit Genehmigung der Volkswagen AG

Change Management

Begriff

- Mithilfe des **Change Managements** (Veränderungsmanagement) werden Veränderungsprozesse in Betrieben geplant und gesteuert. Zu unterscheiden sind zwei Ansätze:
  - Einerseits stehen durchgreifende **technologisch-betriebswirtschaftliche Veränderungen** von Produktions- und Geschäftsprozessen (Business Process Reengineering – BPR) im Vordergrund der Betrachtung.
  - Andererseits kann sich das Augenmerk besonders auf die **Mitarbeiter richten, die von den Folgen technologisch-betriebswirtschaftlicher Veränderungen betroffen** sind (sozialwissenschaftlicher Ansatz).
- Die **Kombination beider Ansätze** erscheint sinnvoll und notwendig, da der Erfolg technologisch-betriebswirtschaftlicher Veränderungen immer auch von der Akzeptanz durch die betroffenen Mitarbeiter abhängt.

Phasen des Change Managements

Beim **sozialwissenschaftlichen (organisationalen) Ansatz** des Change Managements (nach Lewin/Schein) werden drei Phasen unterschieden:

Unfreezing = Auftauen des bisherigen Gleichgewichts → **Moving** = Bewegen zum neuen Gleichgewicht → **Refreezing** = Einfrieren des neuen Gleichgewichts

Unfreezing (Auftauphase)	Moving (Bewegungsphase)	Refreezing (Einfrierphase)
■ „Auftauen“ des bestehenden „eingefrorenen“ Gleichgewichts, da der Istzustand vom Sollzustand negativ abweicht ■ Überzeugung der betroffenen Mitarbeiter von der Notwendigkeit der Umgestaltung ■ Stärkung der veränderungsfördernden Kräfte und Überwindung veränderungshemmender Kräfte	■ Planung und Umsetzung der Neuerungen hin zu einem neuen Gleichgewicht ■ Frühzeitige Einbindung der betroffenen Mitarbeiter an der Mitgestaltung des zukünftigen Zustands ■ Einsatz geeigneter Interventionstechniken, um Veränderungswiderstände abzubauen bzw. Veränderungswünsche zu stärken	■ Implementierung der Neuerungen ■ Stabilisierung der Veränderungen durch „Einfrieren“ des neuen Gleichgewichtszustands, um einen Rückfall in den alten Zustand zu verhindern ■ Voraussetzung: Die Mitarbeiter erfahren den neuen Zustand als positiv

Ebenen und Umfang von Veränderungsprozessen

Die Prozess(um)gestaltung und damit das Change Management findet auf unterschiedlichen Ebenen des Betriebes und in unterschiedlichem Ausmaß statt.
Entsprechend einfach kann bzw. komplex und anspruchsvoll muss das Change Management ausgerichtet sein:

- Ist **Kaizen** bzw. **KVP** erst einmal eingerichtet, finden **ständig schrittweise Prozessänderungen** weitgehend an der **Unternehmensbasis**, insbesondere im Fertigungsbereich, statt. Der Veränderungsprozess ist eher **evolutorischer** Natur.
- Die **Optimierung von Geschäftsprozessen** erfolgt auch **ständig** und **schrittweise**, findet allerdings eher im **mittleren Management** statt.
- **Business Process Reengineering (BPR)** geht dagegen von der **Unternehmensspitze** aus, führt zu **umbruchartigen**, wesentlichen technologisch-betriebswirtschaftlichen Veränderungen (Quantensprünge), die periodisch wiederholt werden. Grundlage ist ein **Critical Business Issue (CBI)** als kritischem Erfolgsfaktor, bei dem die **Soll-Ist-Abweichung** so groß ist, dass ein genügend großer **Leidensdruck** entsteht, eine vom Management unterstützte (**Executive Sponsorship**) Veränderung vornehmen zu wollen.
- Zur Erfolgssicherung der Veränderungen können (externe) **Change Agents** oder Teams eingesetzt werden, die die betroffenen Mitarbeiter frühzeitig umfassend informieren (Change Communication). Die Fähigkeiten der Change Agents gehören heute allerdings zunehmend zu den Kompetenzen der Führungskräfte.

Change Management in der Kritik

Studien zum Change Management zeigen, woran Veränderungsprozesse häufig scheitern:

- Uneinigkeit der Führungskräfte,
- keine klare Kommunikation von Visionen und Zielen,
- zu späte oder unzureichende Information der Mitarbeiter,
- Unsicherheit der Führungskräfte im Umgang mit den Mitarbeitern,
- Vernachlässigung psychologischer Faktoren bei der Projektplanung,
- ungenügende personelle Ressourcen,
- wenig Vertrauen der Mitarbeiter in die Kommunikation mit der Führungsebene.

Funktions-/prozessorientierte Organisation *Function-/process-oriented organization*

Nachteile der Funktionsorientierung

- Arbeitsplatz- und aufgabenbezogene Betrachtungsweise innerhalb einer Abteilung; Gliederung nach dem Prinzip der Tätigkeit
- Leistungsorientierung
- in der Regel Einzelarbeit und Routinearbeiten
- Erkennen, welche Tätigkeiten den Abteilungsnutzen erhöhen bzw. besonders kostenintensiv sind
- wenig ausgeprägtes Kosten-Nutzen-Denken
- Ausrichtung der Leistungsprozesse auf Kosten und Zeit
- betriebliche Prozesse laufen häufig „quer" zu den Funktionen
- Engpässe durch Schnittstellen zwischen den Abteilungen
- fehlende Datenintegration
- Datenredundanz

Funktionale Arbeitsteilung

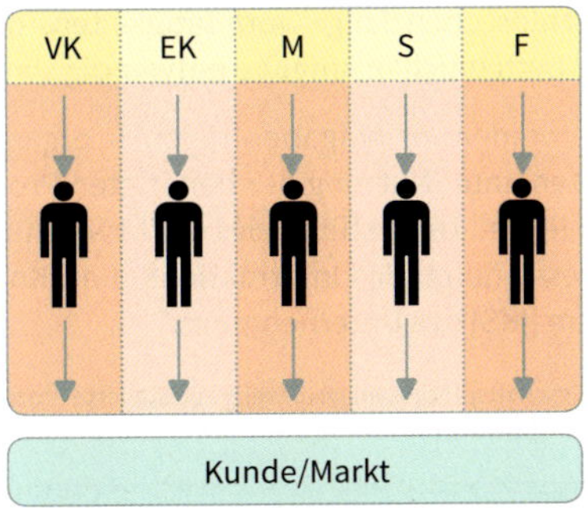

VK = Verkauf
EK = Einkauf
M = Montage
S = Service
F = Fakturierung

aus: IT-Ausbildung, Lernfelder und Kernkompetenzen, Der Betrieb und sein Umfeld, Geschäftsprozesse und betriebliche Organisation, Informationsquellen und Arbeitsmethoden, Band 1, Medien Institut 1. Aufl., Bremen 1998, S. 63

Vorteile der Geschäftsprozessorientierung

- bereichsübergreifende Betrachtungsweise; Gliederung nach dem Prinzip des Durchlaufs
- Ziel- und Ergebnisorientierung
- in der Regel Teamarbeit und konzeptionelle Problemlösungsarbeit
- Erkennen, welche Tätigkeiten den Kundennutzen erhöhen bzw. besonders kostenintensiv sind
- ausgeprägtes Kosten-Nutzen-Denken wegen größerer Mitverantwortung
- zielorientierte Ausrichtung der Leistungsprozesse am Kunden und am Markt

Prozessorientierte Arbeitsteilung

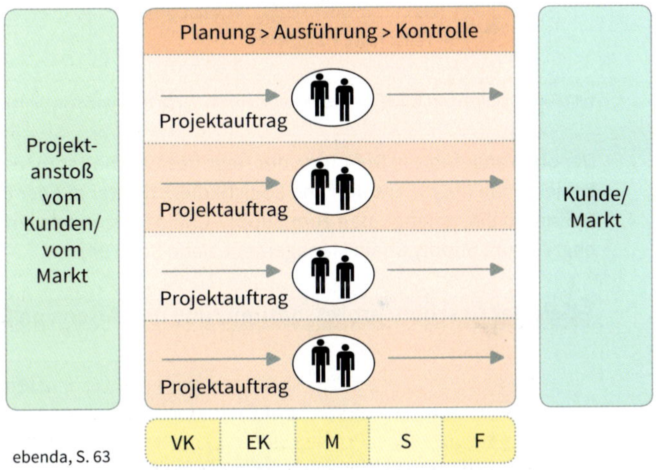

ebenda, S. 63

Kombination funktions- und prozessorientierter Organisation

Prozessorientierung über die Funktionsabteilungen hinweg: Die Schnittstellenprobleme zwischen den Funktionsbereichen werden überwunden und zum Kunden besteht nur noch eine Schnittstelle, nach dem Motto: „One face to the customer".

Funktionsorientierte Organisation

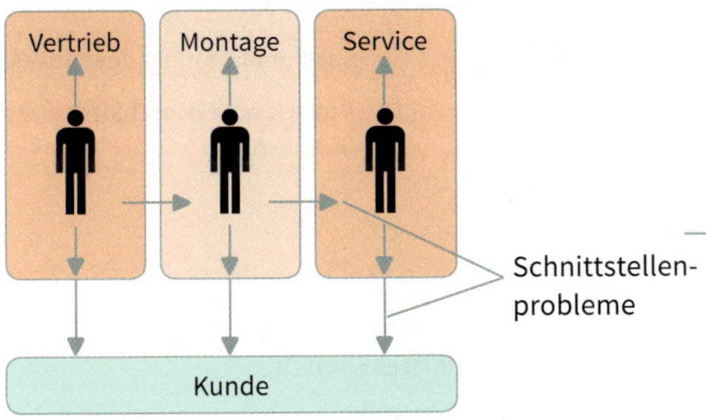

Den Funktionsbereichen überlagerte prozessorientierte Organisation

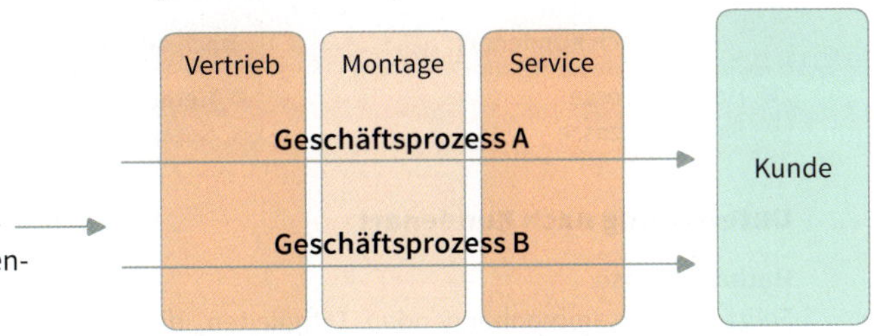

ebenda, S. 71

Geschäftsprozesse

Business processes

Begriff

„Ein Geschäftsprozess besteht aus einer zusammenhängenden abgeschlossenen Folge von Tätigkeiten, die zur Erfüllung einer betrieblichen Aufgabe notwendig sind.

Die Tätigkeiten werden von Aufgabenträgern in organisatorischen Einheiten unter Nutzung der benötigten Produktionsfaktoren geleistet. Unterstützt wird die Abwicklung der Geschäftsprozesse durch das Informations- und Kommunikationssystem (IKS) des Unternehmens."

Kunden können sowohl externe Nachfrager (Kunden im eigentlichen Sinne) als auch interne Nachfrager (z. B. Abteilungen des eigenen Unternehmens) sein.

Beispiele **von Geschäftsprozessen:**

- Erstellung eines Angebotes
- Beschaffung von Fremdleistungen
- Abwicklung des Zahlungsverkehrs

aus: Staud, Josef: Geschäftsprozessanalyse, Ereignisgesteuerte Prozessketten und objektorientierte Geschäftsprozessmodellierung für Betriebswirtschaftliche Standardsoftware, Berlin, Heidelberg, New York , Springer Verlag, 2006, S. 9

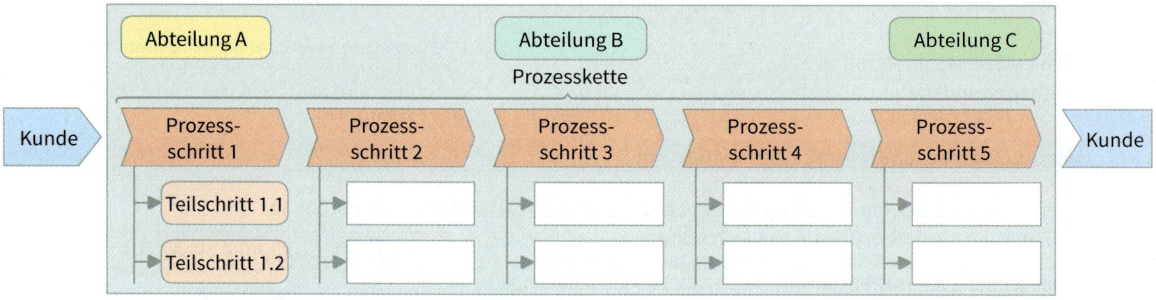

vgl.: IT-Ausbildung, Lernfelder und Kernkompetenzen, Der Betrieb und sein Umfeld, Band 1, Medien Institut 1. Auflage, Bremen 1998, S. 58

Der oben angeführten Definition des Begriffes Geschäftsprozess liegt eine innerbetriebliche Betrachtungsweise zugrunde. Bezieht man die Lieferanten und Logistikdienstleister auf der Beschaffungs- und Absatzseite sowie die Kunden mit in die Definition ein, gelangt man zum Supply-Chain-Prozess als einem weiter gefassten, überbetrieblichen Geschäftsprozessbegriff (zum Supply Chain Management siehe Seite 94).

Ziele der Geschäftsprozessoptimierung und Arten von Geschäftsprozessen

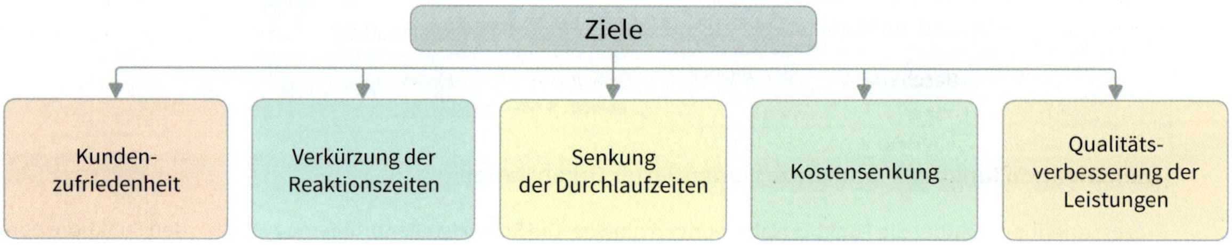

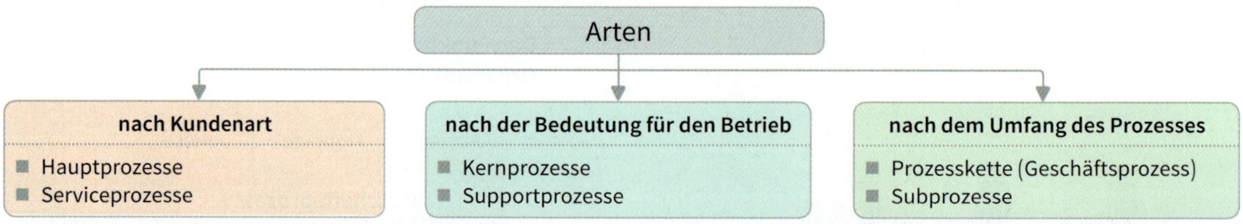

Unterteilung nach Kundenart

Hauptprozesse:
Folge von zusammenhängenden Tätigkeiten, die an **externe** Kunden geleistet werden.

Serviceprozesse:
Folge von zusammenhängenden Tätigkeiten, die an **interne** Kunden geleistet werden.

aus: Hübscher, Heinrich u. a.: IT-Handbuch, IT-Systemkaufmann/-frau, Informatikkaufmann/-frau, 9. Aufl., Braunschweig, Westermann Verlag, 2015, S. 61

Unterteilung nach der Bedeutung für den Betrieb

Kernprozesse:
Geschäftsprozesse, mit denen die Hauptleistung eines Unternehmens erbracht wird, d. h. mit deren Hilfe die eigentliche Wertschöpfung (→ Betriebsertrag – Vorleistungen) erbracht wird.

- *Kundennahe Kernprozesse*

Kundenbetreuung
Kundenkontakte → Anfragebearbeitung → Projektierung → Angebotsausarbeitung → Vertragsverhandlungen → Auftragserteilung

Auftragsbearbeitung
Auftragsannahme → Auftragsklärung → Auftragsbestätigung → Auftragseinplanung → Auftragsabwicklung

Außenmontage
Montageplanung → Erzeugnisversand → Kundenmontage → Auftragsabnahme

Wartungsabwicklung
Wartungswerbung → Wartungsvertragsabschluss → Wartungsdurchführung → Ersatzteilabwicklung

Zahlungsabwicklung
Fakturierung → Zahlungseingangsbearbeitung → Zahlungseingangsüberwachung → Mahnwesen

- *Wertschöpungsintensive Kerngeschäftsprozesse*

Erzeugnisentwicklung
Erzeugnisanalyse → Konstruktion → Berechnung → Zeichnungserstellung → Stücklistenerarbeitung → Erzeugnistest → Prototypenfertigung → Nullserie → Erzeugniseinführung

Fertigung
Fertigungsplanung → Fertigungssteuerung → Teilefertigung → Baugruppenmontage → Erzeugnismontage → Versand

vgl.: Staud, Josef: Geschäftsprozessanalyse: Ereignisgesteuerte Prozessketten und objektorientierte Geschäftsprozessmodellierung für Betriebswirtschaftliche Standardsoftware, Berlin, Heidelberg, New York, Springer Verlag, 2006, S. 11

Supportprozesse: unterstützen die Kernprozesse, z. B. Beschaffung der Produktionsfaktoren, Sicherung der Liquidität

Unterteilung nach dem Umfang des Prozesses

Prozesskette: Reihe zusammenhängender Prozesse

Subprozesse: Unterprozesse eines Geschäftsprozesses

Wertschöpfungsprozess

Beispiel: **Wertschöpfungsprozess der OfficeCom AG bei Herstellung und Absatz eines Schreibtisches**

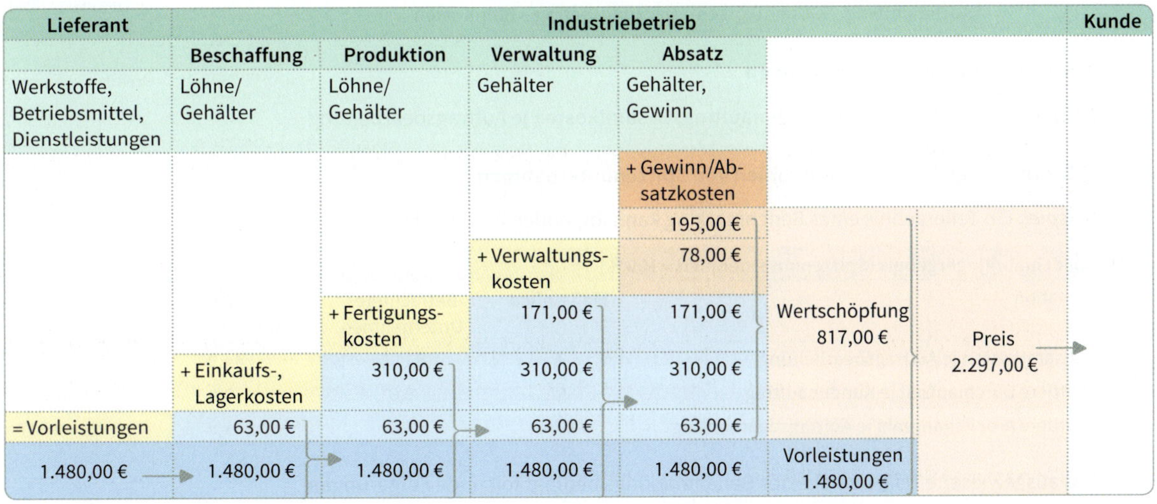

- Der **Wertschöpfungsprozess** ist **kostenorientiert**, da mit der Produkterstellung die Produktionsfaktoren verbraucht bzw. abgenutzt werden.
- Der **Wertschöpfungsprozess** ist kunden- bzw. **nutzenorientiert**, wenn der Kunde aus dem erstellten Produkt einen Nutzen ziehen kann.

2

Prozessanalyse

Process analysis

Notwendigkeit der Prozessanalyse

Der Einsatz moderner **betriebswirtschaftlicher Standardsoftware** (z. B. mySAP ERP) in den Kernprozessen des kaufmännischen Bereichs setzt i. d. R. voraus, dass eine Prozessorganisation im Unternehmen besteht. Dazu ist die Analyse und Abgrenzung der einzelnen Geschäftsprozesse notwendig. Der weltweite Globalisierungsdruck und die hohe Innovationsgeschwindigkeit in Wirtschaft und Technik machen es für die einzelnen Unternehmen notwendig, ihre Geschäftsprozesse ständig zu hinterfragen und sie laufenden Veränderungen anzupassen. Die Prozessanalyse ist damit ein Hilfsmittel der Prozessorganisation.

Durchführung der Prozessanalyse

Sie wird in zwei Schritten durchgeführt:

- **Istaufnahme der bestehenden Organisation**
  Dazu werden Organisations- und Arbeitsunterlagen ausgewertet und gegebenenfalls Mitarbeiterinterviews durchgeführt.
- **Istanalyse der Prozesse**
  Als Methoden werden z. B. eingesetzt:
  - Benchmarking,
  - Workflowanalyse,
  - Referenzanalyse,
  - Schwachstellenanalyse,
  - Checklistentechnik,
  - Vorgangskettenanalyse.

Methoden der Prozessanalyse

Methods of process analysis

Benchmarking

Hier werden Geschäftsprozesse im eigenen Unternehmen mit denen von Spitzenunternehmen derselben Branche verglichen. Dadurch sollen Verbesserungsmöglichkeiten für die Gestaltung von Geschäftsprozessen erkundet werden.

Vorgehensweise

1. Schritt: Festlegung der zu untersuchenden Merkmale

Beispiel:

Benchmarkingmerkmale	
Zeitbedarf	Prozessdauer – Bearbeitungszeiten – Liegezeiten
Mengen	Bearbeitungsmengen – Arbeitsgangzahlen – Informationsmengen
Fehleranfall	Garantieinanspruchnahme – Minderqualitäten – Rücklieferungen
Kostenumfang	Gesamtkosten – Deckungsbetrag – EDV-Kosten

vgl.: Steinbuch, Pitter A. (Hrsg.): Prozessorganisation – Business Reengineering – Beispiel R/3. Kiehl Verlag Ludwigshafen (Rhein) 1997, S. 153

2. Schritt: Bildung von Relativzahlen

Beispiel: Bearbeitungszeit je Kundenauftrag, Gesamtkosten je Auftragsbearbeitung

3. Schritt: Vergleich mit Relativzahlen von Spitzenunternehmen

Beispiel: Ein Teilergebnis eines Benchmarking kann folgenden Inhalt haben:

Benchmarkingergebnis (Spitzenunternehmen = 100 %)				
Relation	Maßeinheit	Betrachtetes Unternehmen	Spitzen-unternehmen	Abweichung in %
Gesamtkosten je Auftragsbearbeitung	€	82,05	44,90	+83
Mittlere Durchlaufzeit je Kundenauftrag	AT	8,6	0,9	+856
Mittlere Arbeitsgangzahl je Auftragsbearbeitung	AG/AB	7,5	1,8	+317

Das ausgewiesene Teilbeispiel eines Benchmarkings bedingt folgende **Folgerungen**:

- Die Zahl der Arbeitsgänge, also der Aktivitäten, muss drastisch reduziert werden.
- Die Arbeitsproduktivität muss durch erhöhten Informatikeinsatz radikal vergrößert werden.
- Die Arbeitsgeschwindigkeit kann und muss folglich ebenfalls verbessert werden.

vgl.: Steinbuch, Pitter A. (Hrsg.): ebenda, S. 154

354578

Workflowanalyse

Der Workflow (Prozessablauf) wird auf häufig auftretende Fehler untersucht, um Verbesserungen zu erreichen.

Untersuchungskriterien

Zur Workflowanalyse bedient man sich beispielsweise solcher **Kriterien** wie:

- Erfordernis jeder Funktion/Folge der Funktionen
- Mehrfachdurchführung von Funktionen
- Stärke der Arbeitsteilung
- Einsatz solcher Ablaufkonstrukte wie Alternative, Schleife und Parallele
- Verfügbarkeit erforderlicher Informationen zum Bearbeitungszeitpunkt
- Fehlen von Ereignissen und damit zufallsbedingte Erledigung
- Doppelspeicherung von Informationen
- Auftreten von Medienbrüchen
- Auftreten von Verarbeitungswechseln
- Unterscheidung von Haupt- u. Nebenprozessen für Sondervorgänge
- Kosten für den Prozess

Die beiden grundsätzlichen Fragen, die bei der Workflowanalyse gestellt werden müssen, sind nach *Hammer* und *Champy*:

- Warum machen wir die Dinge, die wir tun?
- Weshalb machen wir sie so, wie wir sie tun?

vgl.: Steinbuch, Pitter A. (Hrsg.): ebenda, S. 161 f.

Referenzanalyse

Definition

Möglichkeiten der Verbesserung eines Geschäftsprozesses werden dadurch erkundet, dass der bestehende Prozess mit einem auf Software basierenden Prozessmodell verglichen wird.

Tools

Bei einer Referenzanalyse wird in der Regel eine integrierte Standardsoftware genutzt, die auf einem Referenzmodell aufbaut. Marktbekannte Tools sind zum ***Beispiel***:

- mySAP ERP der SAP AG,
- ARIS-Toolset der IDS Prof. Scheer AG (vgl. S. 81 ff.).

Schwachstellenanalyse

Definition

Möglichkeiten der Verbesserung eines Geschäftsprozesses werden dadurch erkundet, dass von den vorliegenden Prozessmängeln auf die Schwachstellen des Geschäftsprozesses geschlossen wird.

Vorgehensweise

1. Schritt: Feststellung der Prozessmängel

Beispiel: zu lange Bearbeitungszeit eines Kundenauftrags

2. Schritt: Quantifizierung der Mängel

Die Mängelquantifizierung kann zum ***Beispiel*** zu folgendem Ergebnis führen:

Mängelliste			
Mangelart	Häufigkeit	Bezugsgröße	Anteil in %
überlange Bearbeitungszeit	572	1 306 Aufträge	42
falsche Artikelbezeichnung	17	9 743 Positionen	0
fehlerhafte Auftragsmengen	82	9 743 Positionen	1
Vergessen von Positionen	22	1 306 Aufträge	2
falsche Kundenzuordnung	33	1 306 Aufträge	3

vgl.: Steinbuch, Pitter A. (Hrsg.): ebenda, S. 155

3. Schritt: Ermittlung der Mängelursachen

Beispiel:

Art des Mangels	Ursache des Mangels
zu lange Bearbeitungszeit eines Kundenauftrags	fehlende Vertretungsmöglichkeiten von Sachbearbeitern in Krankheitsfällen

Methoden der Prozessanalyse

Methods of process analysis

Checklistenanalyse

Möglichkeiten der Verbesserung eines Geschäftsprozesses werden dadurch erkundet, dass Fragen einer zuvor erstellten Checkliste beantwortet werden. Dadurch sollen häufig auftretende Schwachstellen sichtbar gemacht werden. Eine Checkliste (in Anlehnung an Acker) demonstriert die Schwierigkeiten bei der Fragenbeantwortung.

Beispiel: **Checkliste Arbeitsgänge**

1. Kann der Arbeitsgang mit einem anderen Arbeitsgang kombiniert werden?
2. Kann der Arbeitsgang zerlegt werden, und zwar so, dass Arbeitsgangteile mit anderen Arbeitsgängen kombiniert werden können?
3. Kann ein Teil des Arbeitsganges abgetrennt werden, sodass er als eigenständiger Arbeitsgang ausgeführt werden kann?
4. Kommen einzelne Arbeitsgangteile so regelmäßig und häufig vor, dass sie als eigener Arbeitsgang einem spezialisiertem Aufgabenträger zugewiesen werden sollten?
5. Ist die Reihenfolge der Arbeitsgänge zweckmäßig?
6. Sollte der Arbeitsgang besser an einem anderen Arbeitsplatz oder in einem anderen Prozess ausgeführt werden?

vgl.: Steinbuch, Pitter A. (Hrsg.): ebenda, S. 157

Vorgangskettenanalyse

Auf der Basis einer Istanalyse wird ein Vorgangskettendiagramm (vgl. S. 86) erstellt und auf Schwachstellen analysiert. Dabei werden alle Elemente des im VKD abgebildeten Prozesses in ihrer Anordnung und Verknüpfung hinterfragt.

Geschäftsprozessmodellierung und -management

Business processes modelling and -management

Geschäftsprozessarchitektur: Vier-Ebenen-Modell

ARIS – House of Business Engineering

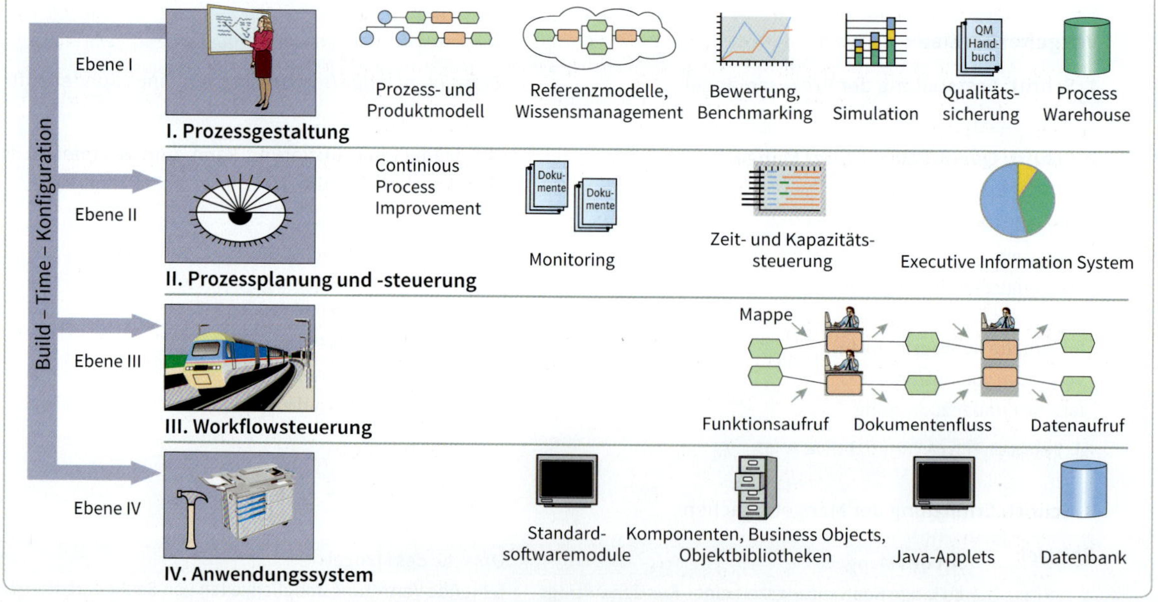

vgl.: Scheer, August-Wilhelm: ARIS – Vom Geschäftsprozess zum Anwendungssystem, 4. Auflage, Springer Verlag Berlin, Heidelberg, New York, 2001, S. 56

Geschäftsprozessmodellierung und -management

Business processes modelling and -management

Ebene I: Prozessgestaltung

- Analyse und Modellierung des Geschäftsprozesses und Optimierung der Prozessstruktur
- Unterstützung der Prozessoptimierung mit EDV-gestützten Werkzeugen, z. B. ARIS-Toolset
- Zur Einsparung von Kosten
  - eventuell Rückgriff auf Referenzmodelle (empirisch erhobene Best-Practice-Beispiele oder aus theoretischen Überlegungen)
  - Simulierung verschiedener Modelle auf dem PC zur Optimierung des Prozesses

Ebene II: Prozessplanung und -steuerung

- Zuordnung von Funktionen (Aufgaben) auf Arbeitsplätze/Arbeitsplatzgruppen für einen bestimmten Zeitraum
- Belegung der Abläufe mit Zeiten und Kapazitäten (Zeitabläufe geben Aufschluss über die Kapazitätsauslastung der Arbeitsplätze und über die Dauer eines Geschäftsprozesses.)
- Ermöglichung der Prozesskostenrechnung als wesentliches Steuerungsinstrument auch in der Verwaltung
- Durchführung einer mitlaufenden Kostenkalkulation von Abläufen durch den Einsatz von Workflow-Systemen

Ebene III: Workflowsteuerung

Verfeinerung der Geschäftsprozessmodelle durch Betrachtung einzelner Vorgänge innerhalb des Prozesses:

- Zuteilung einzelner Vorgänge zu den auszuführenden Organisationseinheiten
- Auswahl der günstigsten Möglichkeit bei alternativen Bearbeitungsstrategien unter Berücksichtigung aktueller Kapazitäten
- Sammlung von Informationen über realisierte Vorgänge und Ermittlung von Abweichungen von strategischen Vorgaben
- Aufzeigen kritischer Veränderungen in der Prozessentwicklung

Ebene IV: Anwendungssystem

- Ebene der Prozessausführung durch Unterstützung der zur Funktionsausführung benötigten Bearbeitungsregeln
- „... ablauforganisatorische Integration der realen Aufgabenstellung (definiert in d. Prozessmodellen) mit DV-Systemen (Standardsoftware, Individualsoftware) sowie Anwendungsdiensten"

nach: Scheer, August-Wilhelm/Zimmermann, Volker: Geschäftsprozessmanagement und integrierte Informationssysteme, in: Töpfer, Arnim (Hrsg.): Geschäftsprozesse, Luchterhand Verlag Neuwied 1996, S. 278 ff.

Analyse und Gestaltung von Geschäftsprozessen

Analyzing and organizing business processes

Sichten

Um unterschiedliche Geschäftsprozesse analysieren und darstellen zu können, werden sogenannte Sichten benutzt. („Sicht: Betrachtung einer bestimmten Ausprägung eines Geschäftsprozesses.") **Vorteile** der Nutzung von Sichten zur Prozessanalyse:

- Erhebliche Reduktion der Komplexität
- Einsatzmöglichkeit geeigneter Verfahren für die verschiedenen Ausprägungen der Geschäftsprozesse
- Möglichkeit der Fokussierung auf einzelne Ausprägungen von Geschäftsprozessen bei Ausblendung anderer Gesichtspunkte
- Isolierung der verschiedenen Ausprägungen, um Experten gezielt einsetzen zu können
- Durch die Sichtendefinition liegt ein standardisierter Ordnungsrahmen für die Prozessanalyse ... vor.

nach: Steinbuch, Pitter A. (Hrsg.): a. a. O., S. 98

ARIS-Konzept

- **ARIS**: **Ar**chitektur **i**ntegrierter Information**s**systeme
- Konzept zur computerunterstützten Modellierung und Dokumentation von Geschäftsprozessen
- Ausgangspunkt: Betriebswirtschaftliche Problemstellung (Geschäftsprozess)
- Beschreibung des Geschäftsprozesses aus fünf **Sichtweisen**:
  - Organisationssicht,
  - Datensicht,
  - Steuerungssicht,
  - Funktionssicht und
  - Leistungssicht
- Zerlegung jeder Sichtweise in drei Beschreibungsebenen (**Schichten**) bzw. Phasen:
  - Fachkonzeptebene
  - Datenverarbeitungskonzeptebene
  - Implementierungsebene

2

Sichten und Beschreibungsebenen der ARIS-Architektur

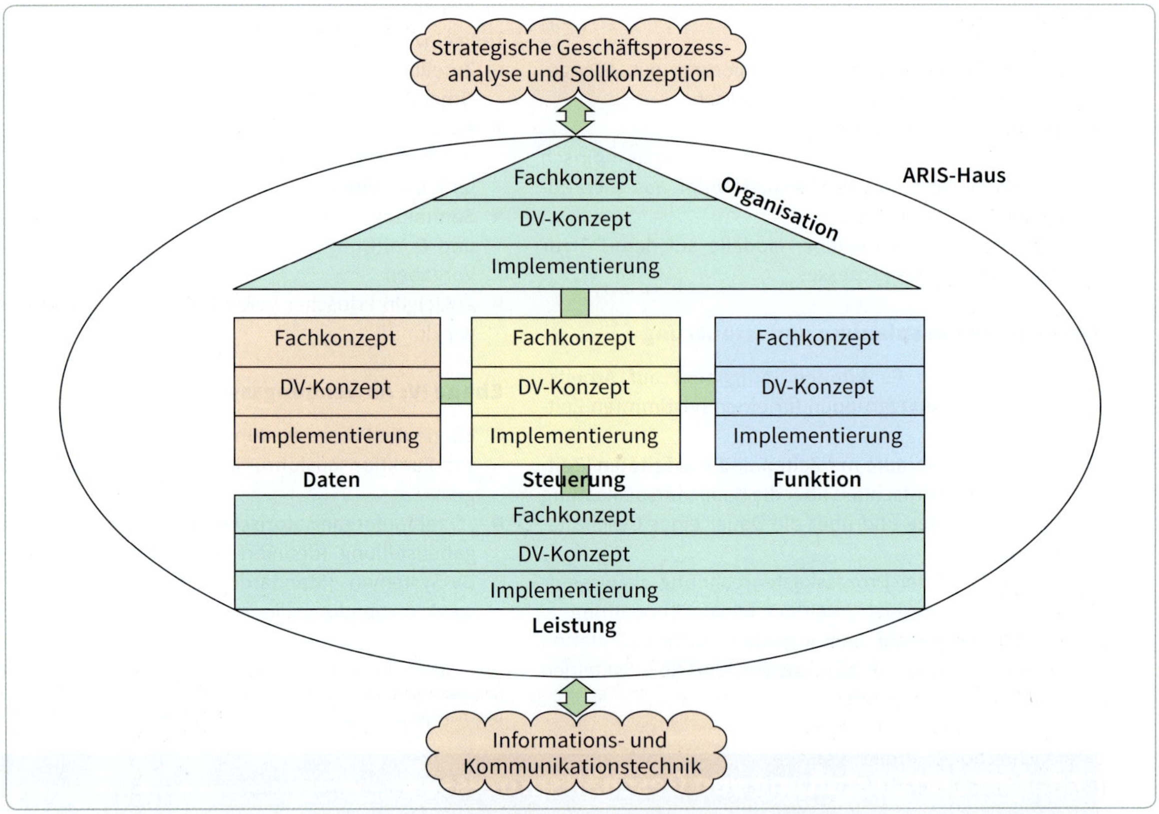

aus: Scheer, August-Wilhelm: ARIS – Vom Geschäftsprozess zum Anwendungssystem, 4. Auflage, Springer Verlag Berlin, Heidelberg, New York, 2001, S. 41

ARIS-Fachkonzeptebene

Leistungssicht

Die Leistungssicht beschreibt, was von **internen Kunden** (z. B. Abteilungen) und **externen Kunden** (des Absatzmarktes) an Leistungen, die Ergebnisse von (Teil-) Prozessen sind, nachgefragt wird.

Die **Leistungen** sind zu unterscheiden in
- materielle oder Sachleistungen (physische Produkte) und
- immaterielle Leistungen (Dienstleistungen), die in Informationsleistungen und sonstige Dienstleistungen (z. B. Kundenservice) zu unterteilen sind.

vgl.: Hübscher, Heinrich u.a.: IT-Handbuch, IT-Systemkaufmann/-frau, Informatikkaufmann/-frau, 9. Aufl., Braunschweig, Westermann Verlag, 2015, S. 71

Beispiel: **Ausschnitt aus einem Produktbaum**

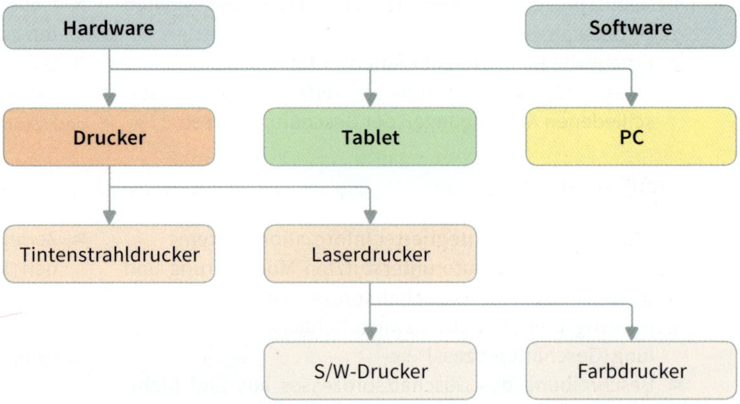

Jedes Produkt wiederum wird in seine Bestandteile zerlegt, die ihrerseits Teilprozesse auslösen und grafisch in so genannten Ereignisstrukturbäumen dargestellt bzw. in Strukturstücklisten erfasst werden.

ARIS-Fachkonzeptebene

Funktionssicht

In der Funktionssicht werden Vorgänge (Funktionen) und deren Zusammenhänge beschrieben. Als Kernmethode zur Beschreibung von Funktionen werden sogenannte **Funktionshierarchiebäume** verwendet.

nach: Hansen, H. R.: Wirtschaftsinformatik I, Lucius & Lucius Verlag UTB 7. Aufl., Stuttgart, 1996, S. 128

Beispiel: **Ausschnitt aus einem Funktionshierarchiebaum**

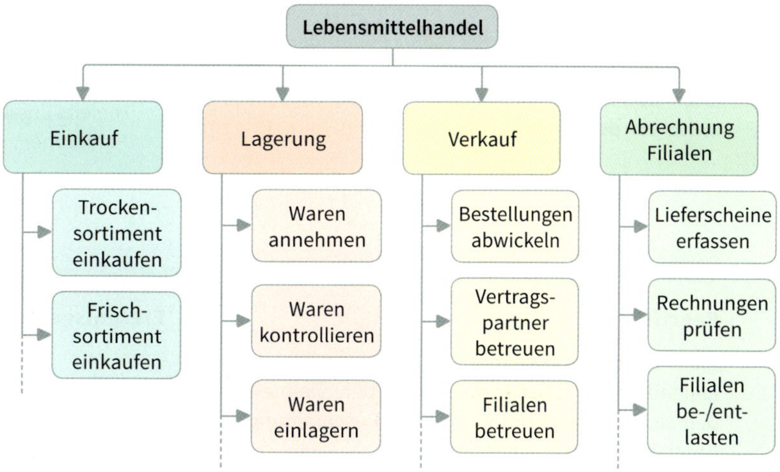

Datensicht

Inhalt der Datensicht sind Zustände und Ereignisse des zu beschreibenden Realitätsausschnittes. Die wichtigste verwendete Methode ist die Beschreibung anhand von **Entity-Relationship-Modellen**.

nach: Hansen, H. R.: ebenda, S. 129

Beispiel: **Ausschnitt aus einem Entity-Relationship-Modell**

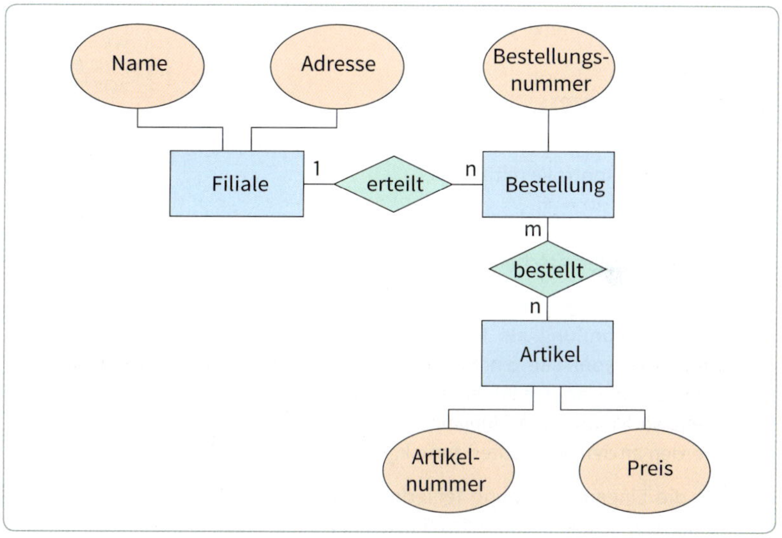

Organisationssicht

Alle Elemente der **Aufbauorganisation**, wie Abteilungen, Stellen, Personen und deren Beziehungen zueinander, werden in der Organisationssicht beschrieben. Üblicherweise wird die Aufbauorganisation in **Organigrammen** abgebildet.

nach: Hansen, H. R.: ebenda, S. 127

Beispiel: **Ausschnitt aus einem Organigramm**

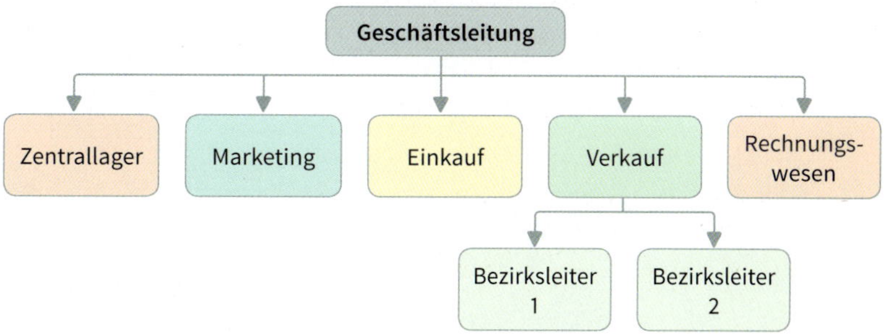

aus: Hübscher, Heinrich u. a.: IT-Handbuch, IT-Systemkaufmann/-frau, Informatikkaufmann/-frau, 9. Aufl., Braunschweig, Westermann Verlag, 2015, S. 72

2

Steuerungssicht

Wird ein Geschäftsprozess lediglich durch die drei Sichten Organisationssicht, Datensicht und Funktionssicht beschrieben, kann zwar die Komplexität von Geschäftsprozesen reduziert werden, dafür gehen die Zusammenhänge der einzelnen Elemente zwischen den Sichten verloren. Durch die Steuerungssicht wird nun die Verbindung zwischen den anderen Sichten geschaffen. **Erweiterte ereignisgesteuerte Prozessketten** (eEPK) werden zur Beschreibung der Steuerungssicht eingesetzt (s. Abb. unten).

Sie zeigen die Ablaufstruktur aus Ereignissen und Funktionen. Ereignisse (z. B. Kundenbedarf) lösen Funktionen aus (z. B. Anfrage an das Unternehmen); Ereignisse sind andererseits Ergebnisse (z. B. Endergebnis „Fertigprodukt") von Funktionen.

aus: Hansen, H. R.: ebenda, S. 130

Notation

Begriff

Geschäftsprozesse werden in der Regel nicht als fortlaufender Text in Satzform beschrieben; vielmehr haben sich grafische Notationen zur Beschreibung von Geschäftsprozessen durchgesetzt.

Als Standard haben sich dabei die **Ereignisgesteuerten Prozessketten (EPK)** durchgesetzt.

Daneben werden z. B. **Vorgangskettendiagramme** (**VKD**) und **Petrinetze** benutzt.

Beispiel:
Geschäftsprozess

„Die eingegangene Lieferantenrechnung wird von der Rechnungskontrolle mithilfe der

- Bestellkopie und dem
- Wareneingangsschein

geprüft. Erweist sich die Eingangsrechnung bei der Rechnungsprüfung als fehlerhaft, so wird von der Rechnungskontrolle ein Begleitschreiben erstellt, in dem der Rechnungsfehler ausgewiesen und dargestellt wird. Begleitschreiben und fehlerhafte Rechnung werden an den Lieferanten zurückgeschickt.

Ist die Eingangsrechnung fehlerfrei, so wird sie von der Buchhaltung mithilfe des Softwaresystems PROFBUCH verbucht. Die Konten werden in der Kontendatei fortgeschrieben und der Buchungssatz in der Buchungsdatei gespeichert."

aus: Steinbuch, Pitter A. (Hrsg.): a. a. O., S. 339

Ereignisgesteuertes Prozesskettendiagramm

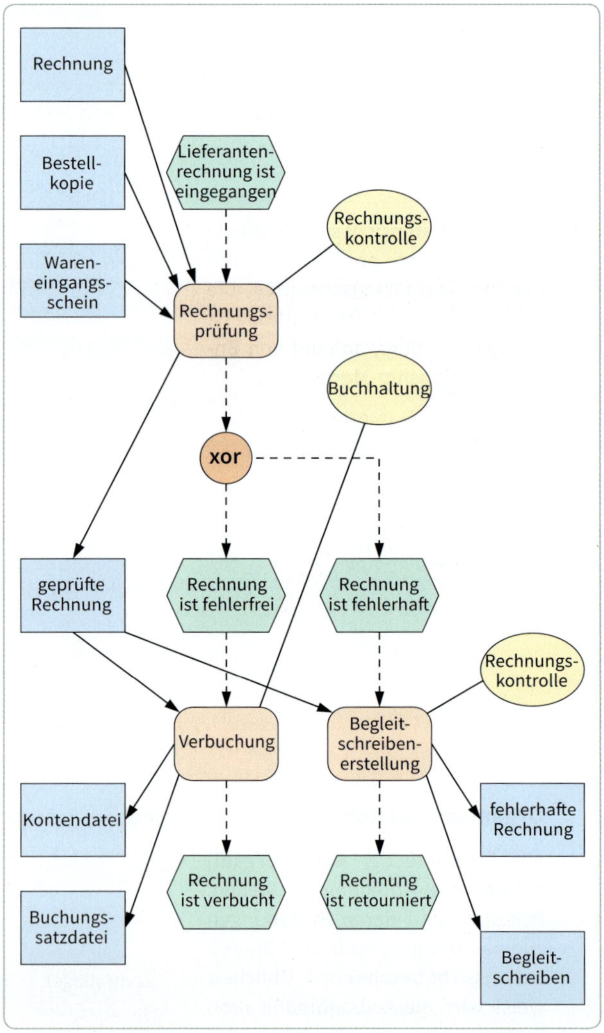

aus: Steinbuch, Pitter A. (Hrsg.): ebenda, S. 345

Notation

Sinnbilder der EPK-Technik

Ereignis		Eingetretensein eines Zustandes, der eine Folge auslöst
Funktion		Verarbeitungsaktivität, die eine Transformation vom Eingangszustand in den Zielzustand bewirkt
Objekt		Informations- oder Material- oder Ressourcenobjekt, also die Abbildung eines Gegenstandes der realen Welt
Organisationseinheit		Aufbauorganisatorische Stelle oder Gremium
Prozesswegweiser		Navigationshilfe, zur Darstellung der Verbindung von einem bzw. zu einem anderen Prozess
UND-Operator		Verknüpfungsoperator UND
ODER-Operator		Verknüpfungsoperator ODER
EXKLUSIV-ODER-Operator	xor	Verknüpfungsoperator EXKLUSIV-ODER
Kontrollfluss		Ausweis der zeitlich logischen Abhängigkeiten von Ereignissen und Funktionen
Informations- und Materialfluss		Fluss von Imformationen oder Materialien
Organisationseinheitenzuordnung		Zuordnung von Organisationseinheiten oder Ressourcen zu Funktionen

aus: Steinbuch, Pitter A. (Hrsg.): ebenda, S. 117

Verknüpfungsmöglichkeiten ereignisgesteuerter Prozessketten

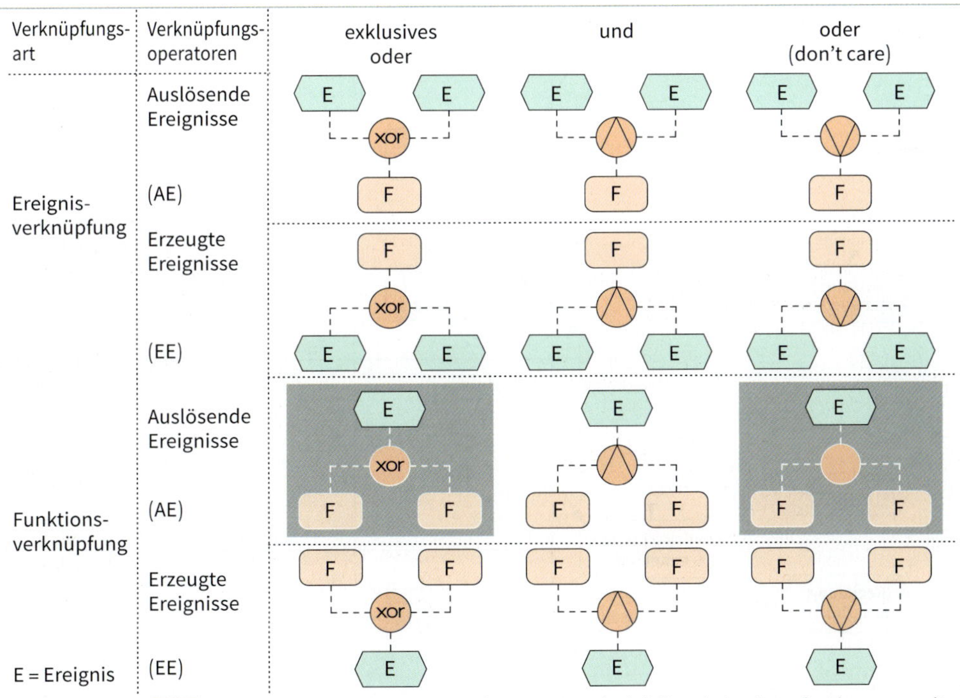

E = Ereignis

F = Funktion ▒ nicht erlaubt, da das passive Element „Ergeignis“ über keine Entscheidungsgewalt verfügt

aus: Steinbuch, Pitter A. (Hrsg.): ebenda, S. 119

Verknüpfungsregeln ereignisgesteuerter Prozessketten

- Der zeitliche/logische Prozess ist auszuweisen.
- Prozessketten werden immer von einem Ereignis ausgelöst. Deswegen muss am Anfang mit einem Ereignis begonnen werden.
- Ereignisse sind nur solche Situationen, die eine oder mehrere Funktionen auslösen können oder von Funktionen ausgelöst werden.
- Im Kontrollfluss lösen sich Ereignisse und Funktionen ab.
- Der Informationsfluss ist nicht darzustellen, sondern nur die Informationsobjekte, also der Input und der Output.

vgl.: Steinbuch, Pitter A. (Hrsg.): ebenda, S. 120

- Entscheidungen werden ausschließlich bei Funktionen gefällt.
- Die Verknüpfungsverbote sind einzuhalten. Funktionen sind aktiv, Ereignisse sind passiv. Da ein Ereignis demnach über keine Entscheidungsgewalt verfügt, darf es nicht über einen OR- bzw. XOR-Konnektor in zwei Funktionen aufgespalten werden.
- Größere Prozessketten über zwei oder mehrere Seiten haben als Konnektoren zwischen den Seiten immer Ereignisse.
- Prozessketten enden immer mit einem Ereignis.

Vorgangskettendiagramm (VKD)

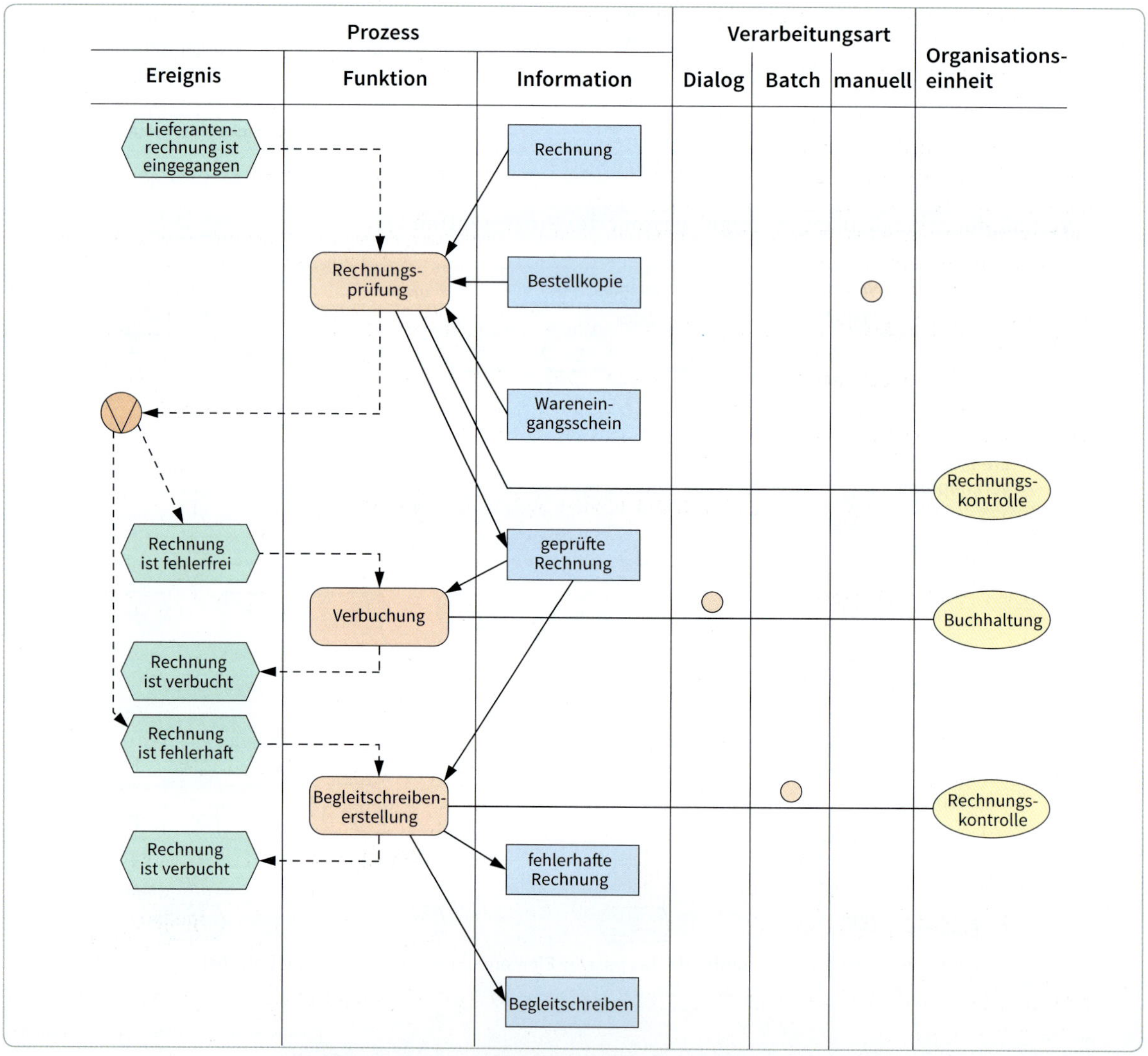

aus: Hübscher, Heinrich u. a.: IT-Handbuch, IT-Systemkaufmann/-frau, Informatikkaufmann/-frau, 9. Aufl., Braunschweig, Westermann Verlag, 2015, S. 74 f.

Kontrolle von Geschäftsprozessen

Controlling of business processes

Methoden

Ermittlung und Auswertung betrieblicher Kennzahlen

Bei der Ermittlung und Auswertung betrieblicher Kennzahlen geht es weitgehend um messbare, „harte“ Faktoren wie z. B. Finanzkennzahlen.
Grundlage dieser Kennzahlen bilden die Bilanz und die Gewinn- und Verlustrechnung (z. B. Rentabilität, RoI, Liquidität), aber auch Statistiken aus allen Unternehmensbereichen wie Personalbereich (z. B. Krankenquote), Produktionsbereich (z. B. Produktivität, Fehlerquote), Absatzbereich (z. B. Marktanteil) usw.
Allerdings werden die Kennzahlen aus den verschiedenen Unternehmensbereichen weitgehend isoliert betrachtet.
(Zu Bereichen, Instrumenten und Kennzahlen des Controllings sowie Arten von Kennzahlen siehe ausführlich S. 375 ff., S. 286, S. 231 ff.)

Benchmarking

Beim Benchmarking werden die Geschäftsprozesse des eigenen Unternehmens mit denen des besten Mitbewerbers oder/und mit denen branchenfremder Unternehmen (best practice) verglichen.
Durch Vergleich von Produkten, Geschäftsprozessen, Verfahren und Strukturen betrieblicher Funktionen anderer Unternehmen werden eigene Potenziale für Qualitätsverbesserung, Leistungssteigerung und Geschäftsprozessoptimierung aufgedeckt.

(Zum Benchmarking siehe auch S. 78)

Balanced Scorecard

Der Erfolg von (optimierten oder neuen) Geschäftsprozessen kann mithilfe des Controlling- und Führungsinstruments Balanced Scorecard kontrolliert werden.
Die Ziele und damit die Kennzahlen der einzelnen Unternehmensbereiche werden nicht isoliert, sondern in einem Kausalzusammenhang betrachtet.
Zudem werden auch sogenannte „weiche“, schwer messbare Faktoren (z. B. Verbesserung der Kompetenz der Mitarbeiter durch Schulungen) berücksichtigt.

vgl.: Hübscher, Heinrich u. a.: IT-Handbuch, IT-Systemkaufmann/-frau, 9. Aufl., Braunschweig, Westermann Verlag, 2015, S, 76

Beispiele für Erfolgsindikatoren

Nach einer **Einführungskontrolle** des neuen Geschäftsprozesses, dem Vergleich von Soll- und Istorganisation, wird eine **Zielerreichungskontrolle** durchgeführt: Festgestellte **Istergebnisse** werden mit den **Zielvorgaben** verglichen.
Mithilfe von Erfolgsindikatoren kann geprüft werden, wie effektiv die Gestaltung eines Geschäftsprozesses erfolgte.

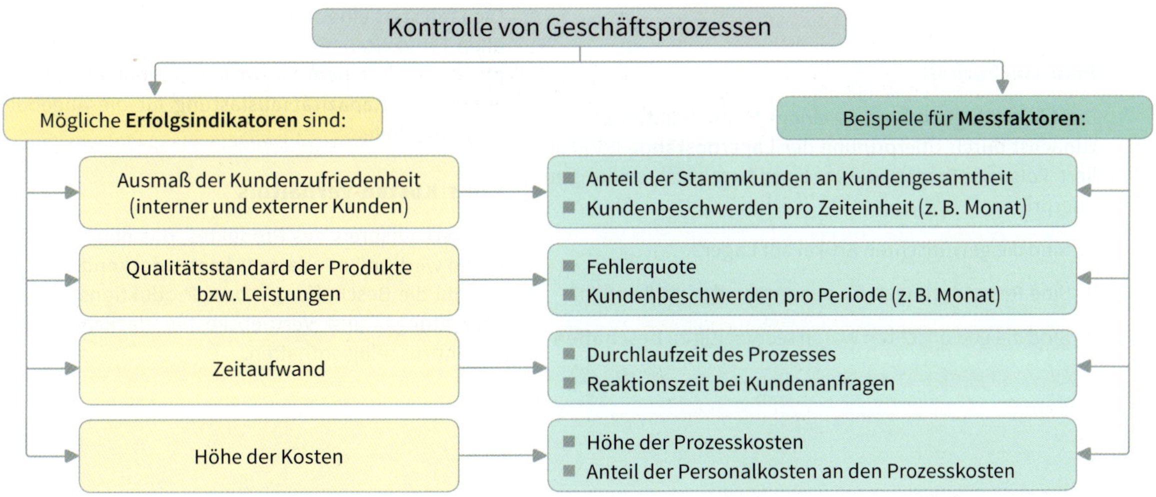

Da nicht alle Ergebnisse mengenmäßig bestimmbar sind, muss zwischen **quantitativen** und **qualitativen Messfaktoren** unterschieden werden.

aus: Steinbuch, Pitter A. (Hrsg.): ebenda, S. 324 f.

Auftragsbearbeitung

Handling orders

Anfragebearbeitung

Beim Eingang einer **Anfrage** eines Kunden sind bei der Sachbearbeitung in der Verkaufsabteilung zwecks Angebotserstellung (siehe auch Lernfeld 6) verschiedene Prüftätigkeiten durchzuführen.

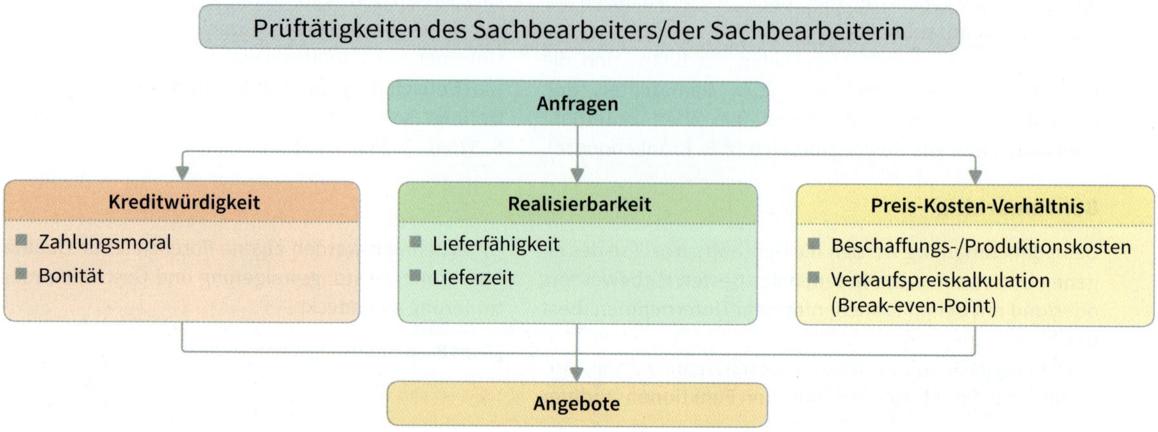

Kreditwürdigkeit

Bei der Überprüfung der Kreditwürdigkeit ist zu unterscheiden, ob es sich um einen **Alt-** oder **Neukunden** handelt.

Bei einem **Altkunden** kann mithilfe der Debitorenliste die **Zahlungsmoral** (u. a. Skonto- und Zielausnutzung, Zielüberschreitung, Mahnbescheide, Zwangsmaßnahmen) überprüft werden.

Handelt es sich um einen **Neukunden**, dann kann mithilfe einer **externen Auskunftei** die **Bonität** überprüft werden. Bei höheren Auftragswerten entscheidet in Grenzfällen der/die Vorgesetzte, ob ein Angebot unterbreitet werden soll.

Realisierbarkeit

Die **Lieferfähigkeit** wird in einem **Handelsunternehmen** zunächst durch Überprüfung der **Lagerbestände** kontrolliert. Folgende Fragen sind vor einer Angebotserstellung zu überprüfen:

1. Sind die gewünschten Artikel auf **Lager**?
2. Sind **Reservierungen** für andere Kunden vorhanden?
3. Sind die gewünschten Waren rechtzeitig zu **beschaffen**?

Zusätzlich zur Umsetzung der Lieferfähigkeit von Fertigprodukten in einem **Industrieunternehmen** sind noch folgende Fragen bezüglich der Umsetzung des gesamten Produktionsprozesses zu stellen:

4. Welche **Produktionsdauer** haben die angefragten Artikel?
5. Welche **Produktionsengpässe** entstehen durch ABC-Kunden?
6. Welche **Beschaffungszeiten** bestehen z. B. für Fremdbauteile?

Die **Lieferzeit** eines angefragten Produktes ergibt sich aus allen Tätigkeiten bis zur Warenverpackung und der Transportdauer. In einem Industrieunternehmen spielen auch Fragen der **Kapazitätsauslastung** für die Angebotserteilung eine Rolle.

Preis-Kosten-Verhältnis

Der Verkaufspreis des Produktes, das dem Kunden angeboten wird, soll mindestens **kostendeckend** sein. Er sollte sowohl die Beschaffungs- bzw. Produktions- als auch die Verwaltungs- und Vertriebskosten decken sowie einen Gewinnzuschlag enthalten.

Auftragsabwicklung

Begriff

Die Auftragsabwicklung stellt einen „Prozess zur Erfüllung von **Kundenaufträgen** ab Lager vom Zeitpunkt der Kundenbestellung bis zum Eingang der Rechnung beim Kunden“[1] dar.

Teilfunktionen der Auftragsabwicklung

Die Auftragsabwicklung setzt sich aus den Teilfunktionen Auftragsübermittlung, Auftragsbearbeitung, Auftragszusammenstellung und Versand zusammen.

Auftragsabwicklung

Auftragsübermittlung

Zum Beispiel durch:
- formlose schriftliche oder mündliche Bestellung durch Kunden
- Bestellannahme durch Außendienstmitarbeiter
- automatisierte Bestellsysteme (Einzelhandelsketten)
- Internet (E-Commerce)

Auftragsbearbeitung

Überprüfung der Kundenaufträge im Hinblick auf (zum Beispiel):
- Preiskonditionen
- Lieferungsmodalitäten
- Bonität des Kunden
- Einplanung in das Logistiksystem

Auftragszusammenstellung und Versand

- Zusammenstellung der Güter im Lager (Kommissionierung)
- Anfertigung und Zusammenstellung der Versandpapiere
- Güterversand durch firmeneigenen Fuhrpark oder externe Transportträger

Auftragsabwicklungsfunktionen bei Lagerfertigung nach Phasen der Auftragsabwicklung (Beispiel)[2]

		Auftragsübermittlungsphase	Auftragsprüfungsphase	Auftragsdispositions- und Leistungserbringungsphase	Fakturierungsphase
Koordinationsfunktionen der Auftragsabwicklung	Auftragsnetz definieren	▪ Auftragsnetz erzeugen	▪ Auftragsnetz aktualisieren	▪ Auftragsnetz aktualisieren	▪ Auftragsnetz aktualisieren
	Aufträge erteilen	▪ Auftrag an Unternehmen erteilen	▪ Auftragsprüfungsaufträge erteilen ▪ Auftragsbestätigung erteilen	▪ Kommissionier- und Versandauftrag erteilen	▪ Fakturierungsauftrag erteilen
	Aufträge leiten		▪ Auftrag priorisieren	▪ Priorisierung überprüfen	
	Aufgabenausführung steuern			▪ Kommissionieraufträge reihen ▪ Auslieferungstour planen	
	Aufträge überwachen			▪ Liefertermineinhaltung überprüfen	
	Prozessübergreifend koordinieren		▪ Produkte reservieren		
Fachfunktionen der Auftragsabwicklung			▪ Bonität prüfen ▪ Auftragsmodalitäten prüfen ▪ Liefermodalitäten prüfen		▪ Vorfakturierung durchführen ▪ Nachfakturierung durchführen
Tätigkeiten der Leistungserbringer				▪ kommissionieren ▪ verpacken ▪ versenden	

[1] aus: Gabler Lexikon, 15. Aufl., Wiesbaden 2000, S. 232

[2] aus: Rohweder, D.: Informationstechnologie und Auftragsabwicklung, in: Pfohl, H.-C. (Hrsg.): Unternehmensführung und Logistik Berlin 1996, Erich Schmidt Verlag Seite 162 f.

Modell zur kaufmännischen Auftragsbearbeitung

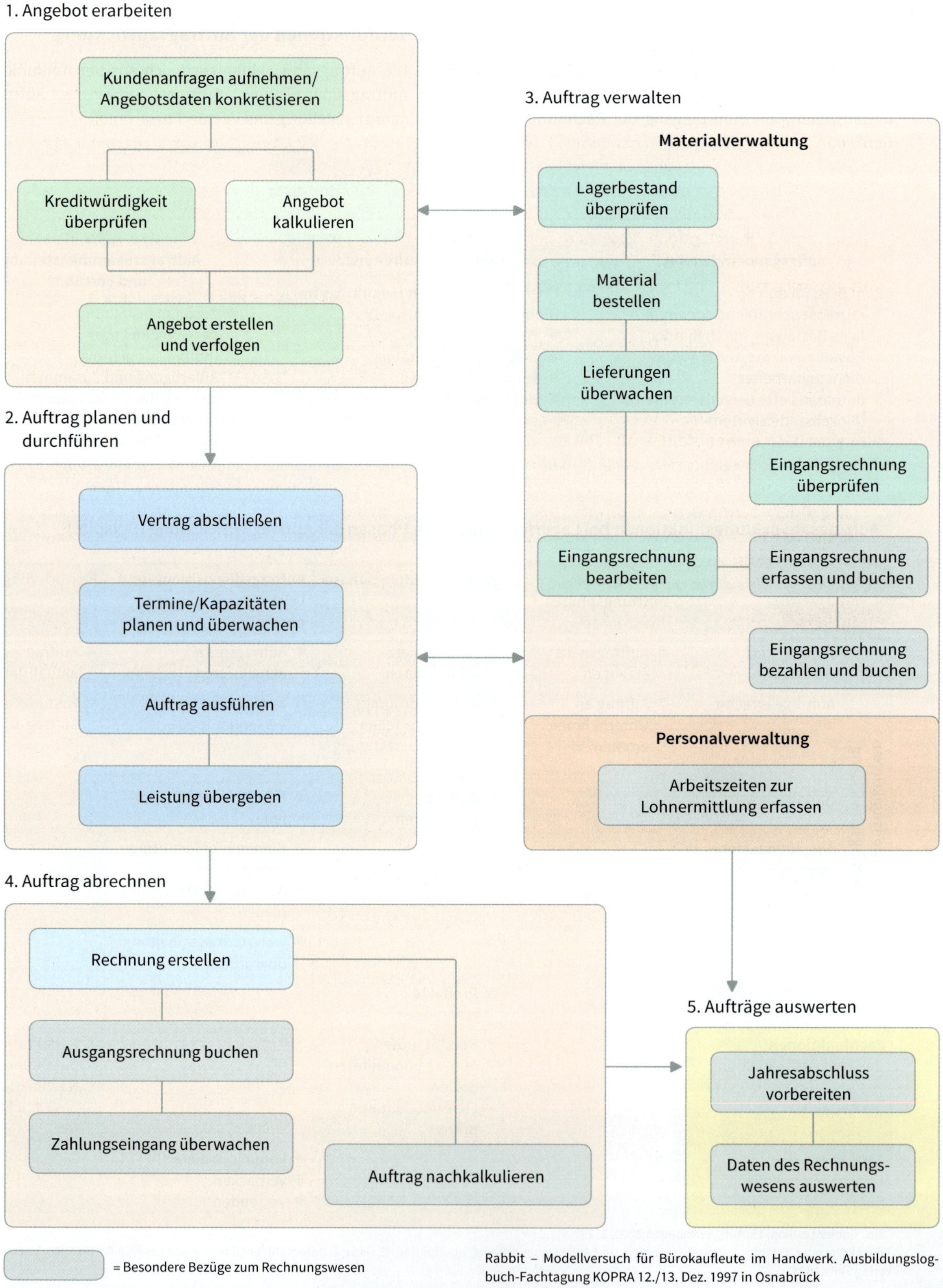

Rabbit – Modellversuch für Bürokaufleute im Handwerk. Ausbildungslogbuch-Fachtagung KOPRA 12./13. Dez. 1997 in Osnabrück

Enterprise Resource Planning (ERP)

Bedeutung

- Um die betrieblichen Ziele zu erreichen, sind moderne **Planungs- und Informationssysteme** zur Steuerung der im Unternehmen ablaufenden Geschäftsprozesse nötig. Das führt in der Informationsverarbeitung dazu, dass die einzelnen Anwendungssysteme in den jeweiligen Funktionsbereichen des Unternehmens (z. B. Materialwirtschaft, Produktion, Finanzbuchhaltung) immer **weniger isoliert** ihre Aufgaben erfüllen können. Die Daten- und Funktionsintegration der bereits vorhandenen, oft heterogenen Systeme erfolgt über die Zusammenführung definierter Schnittstellen, wird jedoch zunehmend durch **umfassende und integrierende** Informationssysteme erreicht.
- Mit **ERP-Software** oder ERP-System bezeichnet man allgemein **ganzheitliche** Softwarelösungen, die die Geschäftsprozesse eines Unternehmens über die gesamten Unternehmensbereiche abbilden, steuern und automatisieren. ERP ist eine **standardisierte Anwendungssoftware**, die sich auf die gesamte Wertschöpfungskette des Unternehmens bezieht, Informationen aus unterschiedlichen Quellen erfasst und auswertet und alle Unternehmensbereiche über eine einheitliche, gemeinsame Datenbasis koordiniert. Damit werden die Geschäftsabläufe und die Firmenwerte transparent dargestellt.
- Das ERP-System verwaltet dabei alle wichtigen **Ressourcen** zur Erstellung der betrieblichen Leistung (wie Arbeitskräfte, Anlagegegenstände, Werkstoffe, Fertigwaren, Finanzmittel). Idealerweise stellt sich ein ERP-System als ein Informationssystem mit einer durchgängig **einheitlichen Benutzeroberfläche** dar, wobei alle Arbeitsplätze im Unternehmen **vernetzt** sind. Die ERP-Software unterscheidet sich von anderen betriebswirtschaftlichen Programmen durch ihren integrierenden und übergreifenden gesamtkonzeptuellen Charakter.
- Für ERP-Systeme gibt es **keinen allgemeingültigen Mindestumfang**. Deshalb unterscheiden sich die ERP-Systeme verschiedener Anbieter in ihrem Funktionsumfang. ERP-Systeme enthalten Module, die die betrieblichen **Kernbereiche** (z. B. Materialwirtschaft, Produktionsplanung und -steuerung, Vertrieb) umfassen, die jedoch um **Zusatzmodule** wie Außendienstunterstützung (Sales Force Automation), Kundenmanagement (Customer Relationship Management – s. S. 94) oder Lieferkettenmanagement (Supply Chain Management – s. S. 94) ergänzt werden, womit die Möglichkeit einer unternehmensübergreifenden Integration der Informationssysteme von Marktpartnern gegeben ist.

ERP-System am Beispiel der Software SAP R/3

Ein bekanntes ERP-System ist die Software SAP R/3 der SAP AG (**S**ysteme, **A**nwendungen, **P**rodukte in der Datenverarbeitung):

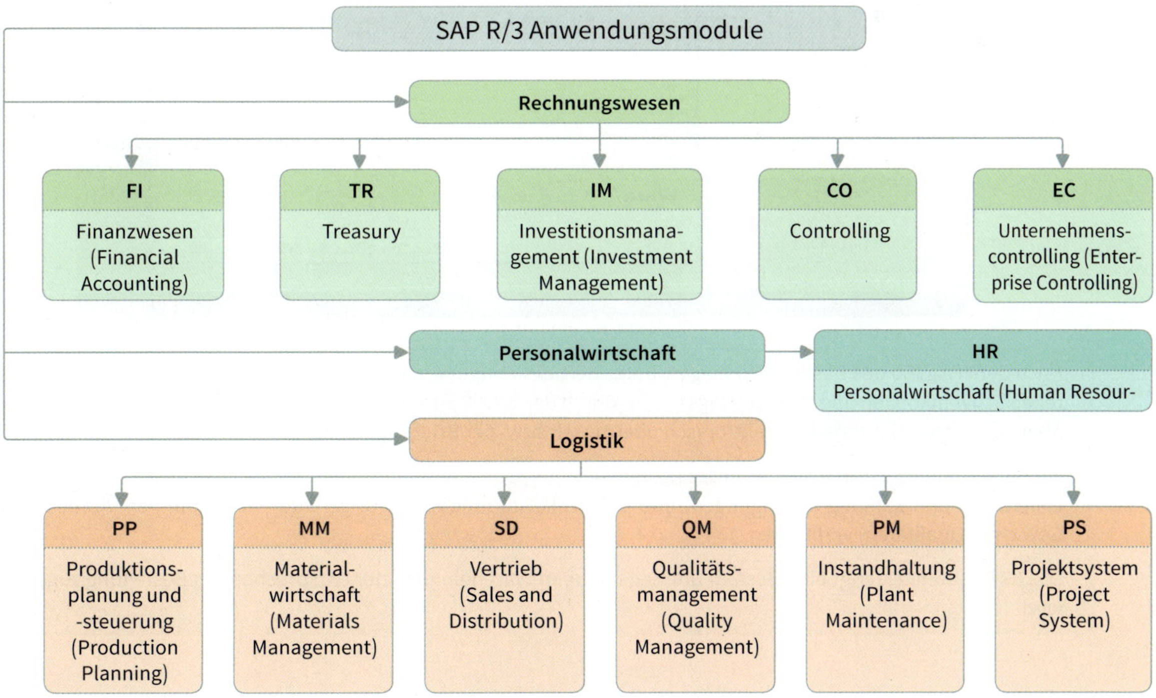

aus: Kurbel, Karl: Produktionsplanung und -steuerung, 5., durchgesehene und aktualisierte Aufl., Oldenbourg Wissenschaftsverlag München 2003, S. 326

Beschaffungsvorgang im ERP-Anwendungdsmodul „Kreditoren und Einkauf“ am Beispiel der Software Microsoft Dynamics NAV Classic

Ein Beschaffungsprozess wird durch einen Materialbedarf ausgelöst.
Beispiel: Für den Schreibtisch S45 ist der Meldebestand der Edelstahlrohre erreicht.

Dadurch wird ein Bestellvorgang ausgelöst, der den in den Artikelstammdaten hinterlegten Lieferanten berücksichtigt. Muss erst ein geeigneter Lieferant ausgewählt bzw. gesucht werden, wird der Prozess der Lieferantenauswahl mit Anfragen, Angebotseinholung, Angebotsvergleichen, Verhandlungen, Abschluss von Rahmenverträgen usw. eingeleitet.

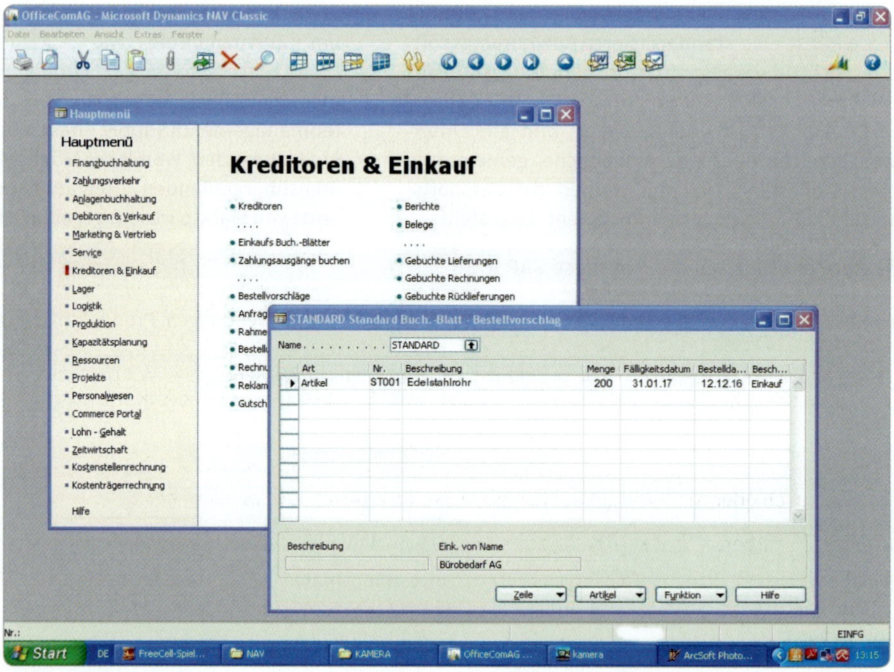

Nach der Freigabe des Bestellvorschlages, unter Berücksichtigung z. B. von saisonalen Gegebenheiten, konjunkturellen Schwankungen und Großaufträgen, wird durch das ERP-System die Bestellung angelegt und dem Lieferanten über definierte Schnittstellen elektronisch übermittelt bzw. per Brief zugestellt.

Für die Bestellung werden die Daten des Bestellvorschlags, der Lieferantenstammdatei (z. B. Artikelnummer, Preise, Lieferungs- und Zahlungsbedingungen) und der Artikelstammdatei (z. B. genaue Bezeichnungen, Abmessungen, Gewichte, Qualitäten) verbunden.

Das ERP-System erzeugt eine Bestellnummer, die beim Wareneingang der entsprechenden Bestellung zugeordnet wird.

Beim Eintreffen der Ware wird anhand der zugrunde liegenden Bestellung die Ordnungsmäßigkeit der Lieferung überprüft.

Bei festgestellten Mängeln oder Abweichungen werden Folgeprozesse (z. B. Mängelrüge, Nachlieferung) eingeleitet.

Die eingegangene Lieferung wird dokumentiert, die Bestände werden aktualisiert und eine Wareneingangsnummer wird angelegt.

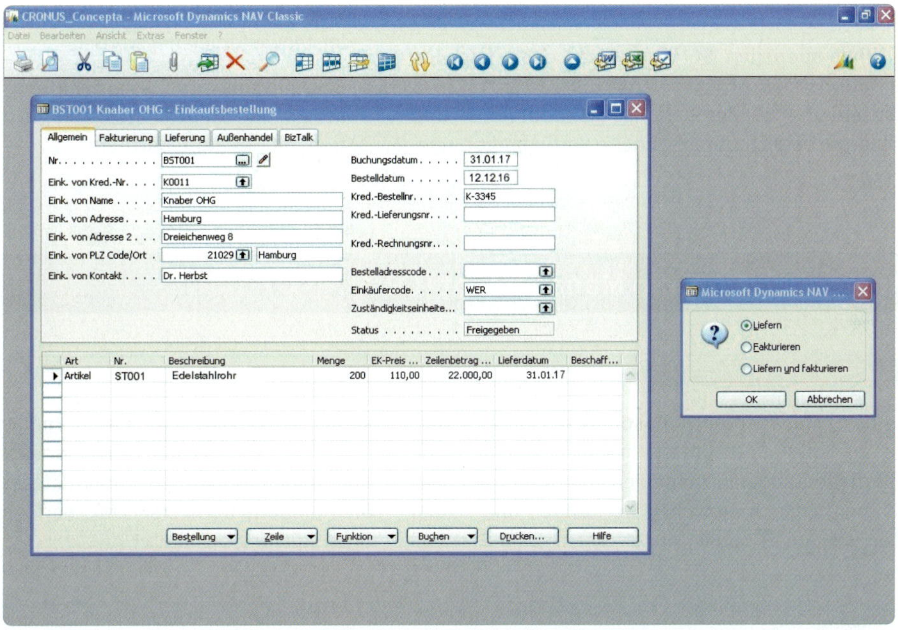

Die Lieferantenrechnung wird im ERP-System erfasst. Dies geschieht entweder über einen standardisierten elektronischen Austausch oder manuell, wenn die Lieferantenrechnung auf Papier vorliegt.

Die Buchhaltung überprüft die Lieferantenrechnung durch Vergleich mit den gespeicherten Bestell-, Wareneingangs-, Artikelstamm- und Kreditorenstammdaten.

Mit der Übernahme der geprüften Lieferantenrechnung wird ein offener Posten erzeugt, der mittels erfolgter und angezeigter Zahlung ausgebucht wird.

Supply Chain Management (SCM)

Begriff und Ziele

Bei **SCM** handelt es sich um ein **Managementkonzept**, das die Optimierung der gesamten Wertschöpfungskette zwischen den Lieferanten, Logistikdienstleistern und dem betreffenden Unternehmen durch Abstimmung des Geld-, Informations- und Materialflusses u. U. bis hin zum Kunden zum Inhalt hat. Gerade in Zeiten, in denen ergänzende Wertschöpfungsprozesse zunehmend in andere Unternehmen ausgelagert werden (siehe auch „Outsourcing" S. 253), ist es umso wichtiger, eng mit den Zulieferern zusammenzuarbeiten.

Mithilfe einer speziellen SCM-Software sollen folgende **Ziele** im Unternehmen erreicht werden:

- **Kostensenkung** im Beschaffungs-, Produktions- und Distributionsbereich durch schnelle Verfügbarkeit relevanter Entscheidungsdaten, Verringerung von Lagerbeständen und Beschleunigung von Durchlaufzeiten
- **Zeitersparnis** durch Optimierung von Entscheidungsprozessen. Zum Beispiel kann das Unternehmen flexibler auf sich verändernde Rahmenbedingungen reagieren.
- Verbesserung der **Kundenorientierung** durch genauere Prognose von Entwicklungen entlang der gesamten Wertschöpfungskette. Zum Beispiel können Kundenwünsche umgehend an Lieferanten und Logistikdienstleister weitergeleitet werden.
- **Optimierung** von unternehmensübergreifenden **Planungs-** und **Steuerungsprozessen** durch enge Kooperation mit Geschäftspartnern

Customer Relationship Management (CRM)

Begriff

CRM stellt eine **Managementphilosophie** dar, die eine vollständige Ausrichtung des Unternehmens auf vorhandene und potenzielle Kundenbeziehungen zum Inhalt hat. Das Unternehmen hat sich also eher am Kunden und seinen Wünschen als am Produkt auszurichten. CRM-Systeme koordinieren und optimieren marketingpolitische Entscheidungen in einem Anwendungssystem, das neben der Kunden- und Artikelstammdatenverwaltung z. B. noch die Komponenten Versandwegverfolgung und Callcenterunterstützung beinhaltet.

Ziele

Verbesserung der Kundenbeziehungen	Erschließung neuer Märkte	Verstärkung der Kundenbindung	Stärkere Durchdringung bestehender Märkte	Erhöhung der Wirtschaftlichkeit

Kundenorientierung

Die zehn Gebote für kundenorientierte Unternehmen (Auszug)

1. Gebot: Pflegen Sie einen engen Kontakt mit Ihren Kunden, dies gilt insbesondere für leitende Angestellte (dazu gehören: sehen, berühren, fühlen, sich treffen und in regelmäßigen Abständen – außerhalb der Geschäftsräume – ein Gespräch von Angesicht zu Angesicht mit dem Kunden zu führen).

2. Gebot: Machen Sie sich mit den Bedürfnissen, Erwartungen und Wünschen Ihrer Kunden vertraut. Es sollte das Ziel Ihrer gesamten Organisation sein, die Erwartungen Ihrer Kunden noch zu übertreffen.

3. Gebot: Überprüfen Sie regelmäßig die Zufriedenheit Ihrer Kunden mit Ihren Produkten und Dienstleistungen. Ein ständiger Informationsfluss zwischen Ihnen und Ihren Kunden ist sehr wichtig – sei er positiv, neutral oder negativ. Verschließen Sie sich dem nicht, heißen Sie es willkommen!

4. Gebot: Konzentrieren Sie sich auf alle Ihre Leistungen, mit denen Sie die Wertschöpfung für den Kunden erhöhen, wie z. B. Qualität und Service, Umweltfreundlichkeit, Wirtschaftlichkeit, Eingehen auf die Wünsche und Bedürfnisse des Kunden, schnelle Lieferung sowie Leistung, Sicherheit u. a.

aus: Raab, Gerhard/Lorbacher, Nicole: Customer Relationship Management. Aufbau dauerhafter und profitabler Kundenbeziehungen. Sauer-Verlag Heidelberg, 2002, S. 20

Rechnungswesen in privaten Haushalten – Beispiel:

Haushaltsbuch	Monat Mai in €
A. Einnahmen	
1. Gehalt	2.450,00
2. Kindergeld	150,00
Gesamt	2.250,00
B. Ausgaben	
1. Lebensmittel	580,00
2. Bekleidung	210,00
3. Miete	590,00
4. Versicherungen	350,00
5. Anschaffungen	300,00
6. Gesundheits- und Körperpflege	45,00
7. Verkehrsmittel und Information	163,00
8. Bildung, Unterhaltung, Freizeit	78,00
Gesamt	1.966,00
C. Sparen	284,00

Informationen über

- Art, Höhe und Struktur der monatlichen Einnahmen und Ausgaben und deren Veränderungen im Zeitvergleich
- Einnahmen- oder Ausgabenüberschuss

Rechnungswesen öffentlicher Haushalte – Beispiel:

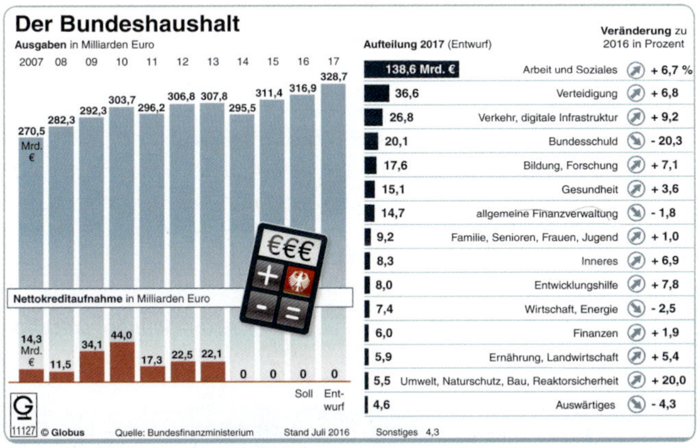

Informationen über

- Herkunft und Verwendung der Steuereinnahmen
- Vergleich mit dem Vorjahr
- prozentuale Veränderungen gegenüber dem Vorjahr

Rechnungswesen der Volkswirtschaft – Beispiel:

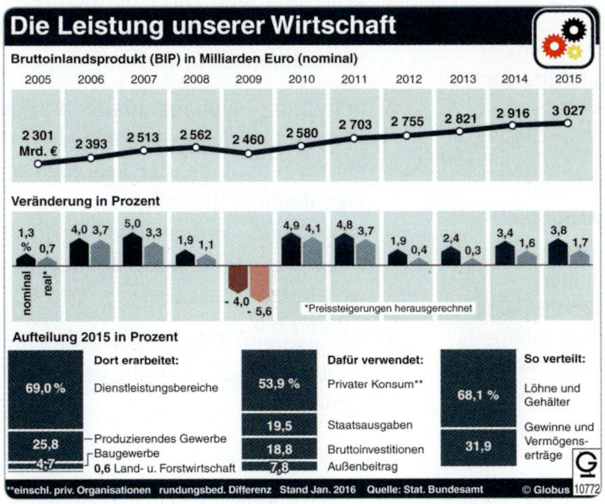

Informationen über

- Entwicklungen der Wirtschaft, gemessen am nominalen oder realen Bruttoinlandsprodukt (BIP)
- Entstehung, Verwendung und Verteilung des BIP

(Zum BIP siehe auch S. 390)

Bereiche und Aufgaben des betrieblichen Rechnungswesens

Roles and areas of corporate accountancy

Begriff

- Betriebliches Rechnungswesen als **Tätigkeit** ist das systematische zahlenmäßige Erfassen, Aufbereiten, Analysieren, Auswerten und Darstellen von Zahlen als Mengen- und Wertgrößen aller wirtschaftlichen Tatbestände eines Betriebes und seiner Beziehungen zu anderen Betrieben.
- Betriebliches Rechnungswesen als das **Ergebnis einer Tätigkeit** ist nach H. K. Weber ein System von Zahlen über den einzelnen Betrieb und seine Beziehungen zu anderen Wirtschaftssubjekten.

vgl.: Weber, Helmut Kurt/Rogler, Silvia: Betriebswirtschaftliches Rechnungswesen, Band 1: Bilanz sowie Gewinn- und Verlustrechnung, Verlag Franz Vahlen München 2004, S. 2

Allgemeine Aufgaben

Aufgaben

Dokumentation
- Erfassen von Einnahmen und Ausgaben
- …

Information
- Herkunft der Einnahmen und Ausgaben
- …

Rechenschaftslegung
- Legitimation gegenüber den Geldgebern des Betriebes
- …

Kontrolle
- Ursachen eines Verlustes
- …

Planung
- Abschätzung von Investitionsentscheidungen
- …

Teilbereiche

Bereiche

- Finanzbuchhaltung
- Kosten- und Leistungsrechnung
- Statistik
- Planungsrechnung

Finanzbuchhaltung

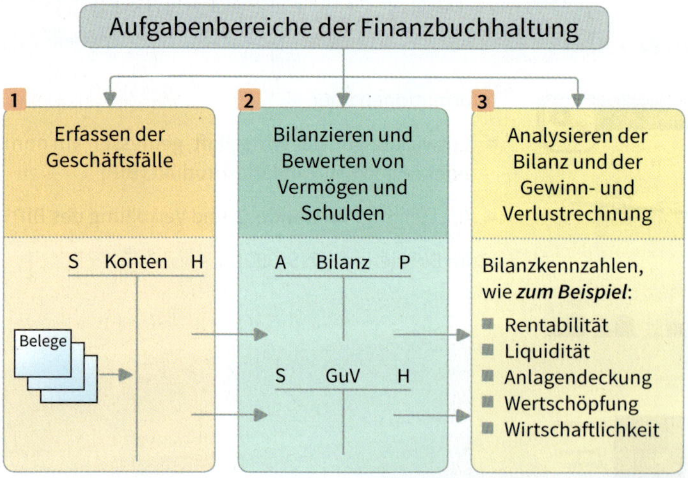

1. Erfassung aller wirtschaftlich relevanten Geschäftsfälle wie Einkäufe, Verkäufe, Gehaltszahlungen u. a. m. auf Konten
2. Erstellung der Bilanz, aus der die Bestände der verschiedenen betrieblichen Vermögensgegenstände, der Schulden und des Eigenkapitals hervorgehen, und der Gewinn- und Verlustrechnung (GuV) als Gegenüberstellung von Erträgen und Aufwendungen
3. Analyse von Bilanz sowie Gewinn- und Verlustrechnung mithilfe von Bilanzkennzahlen

vgl.: Hübscher, Heinrich u. a.: IT-Handbuch. IT-Systemkaufmann/-frau, Informatikkaufmann/-frau, 9. Aufl., Braunschweig, Westermann Verlag, 2015, S. 418 f.

Bereiche und Aufgaben des betrieblichen Rechnungswesens

Roles and areas of corporate accountancy

Kosten- und Leistungsrechnung

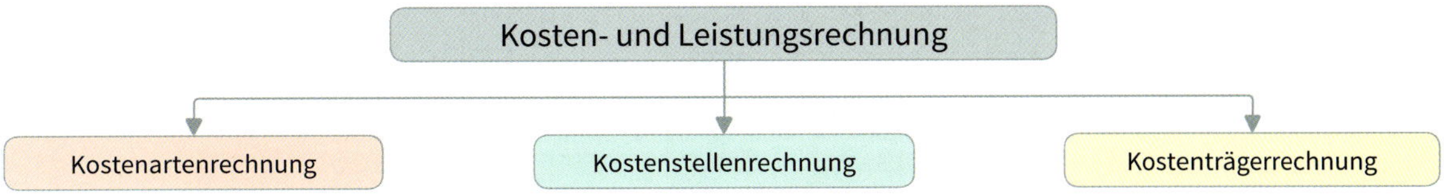

- Ermittlung des **Jahres-Betriebsergebnisses** und des kurzfristigen betrieblichen Erfolges, zum Beispiel des monatlichen Betriebsergebnisses
- Kontrolle der Kosten und der **Wirtschaftlichkeit**
- Ermittlung der **Selbstkosten** je Erzeugniseinheit als Basis für die Preiskalkulation
- Ermittlung der **Herstellungskosten** als Grundlage für die Bewertung der unfertigen und fertigen Erzeugnisse und der aktivierten Eigenleistungen für die Jahresbilanz
- Ermittlung der Kosten als Voraussetzung für **Planungen und Entscheidungen**

Statistik

Begriffe

- Zahlenmäßige Erfassung und Analyse von Massenerscheinungen im Sinne großer Mengen – als Tätigkeit oder als Ergebnis dieser Tätigkeit
- In neuerer Zeit auch Analyse von Stichproben kleinen Umfanges, sodass das Wort „Masse" nur als „Mehrheit" interpretiert werden darf.

Ziele

- Betriebliche Information
- Kontrolle der Wirtschaftlichkeit durch innerbetriebliche und zwischenbetriebliche Vergleiche
- Gewinnung neuer Erkenntnisse und Informationen, die die anderen Zweige des Rechnungswesens nicht liefern können
- Grundlage für Unternehmensplanung und -entscheidungen

Beispiele:
- Vertriebsstatistiken
- Beschaffungs- und Lagerstatistiken
- Produktions- und Kostenstatistiken
- Personal-, Lohn- und Gehaltsstatistiken
- Bilanz- und Erfolgsstatistiken

Planungsrechnung

Begriff

- Planung ist die gedankliche Vorwegnahme zukünftigen Handelns.
- Planungsgrundlagen sind
  - Informationen (Zahlen) der Finanzbuchhaltung, der Kosten- und Leistungsrechnung sowie der Statistik,
  - zusätzliche Informationen über die zur Wahl stehenden technischen Verfahren, über Leistungsfähigkeit und Verhalten der Konkurrenz, Verbraucherverhalten, allgemeine Wirtschaftslage und anderes mehr.
- Der betriebliche Gesamtplan setzt sich aus einer Vielzahl von Einzelplänen zusammen.

vgl.: Hübscher, Heinrich u. a.: IT-Handbuch, IT-Systemkaufmann/-frau, Informatikkaufmann/-frau, 9. Aufl., Braunschweig, Westermann Verlag, 2015, S. 419

Beispiel:

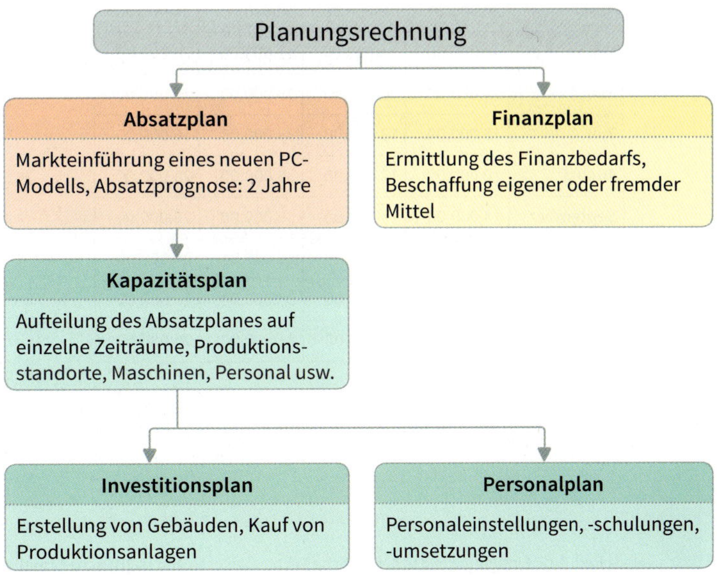

Verknüpfung der Teilbereiche des betrieblichen Rechnungswesens

How the various corporate accountancy sections are linked

2

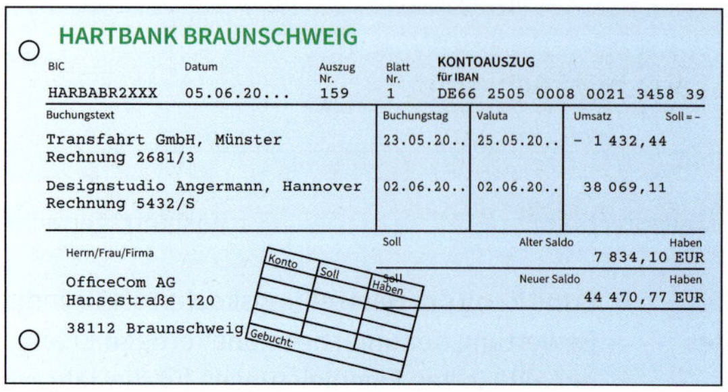
HARTBANK BRAUNSCHWEIG

BIC	Datum	Auszug Nr.	Blatt Nr.	KONTOAUSZUG für IBAN
HARBABR2XXX	05.06.20...	159	1	DE66 2505 0008 0021 3458 39

Buchungstext	Buchungstag	Valuta	Umsatz Soll = −
Transfahrt GmbH, Münster Rechnung 2681/3	23.05.20..	25.05.20..	− 1 432,44
Designstudio Angermann, Hannover Rechnung 5432/S	02.06.20..	02.06.20..	38 069,11

Herrn/Frau/Firma
OfficeCom AG
Hansestraße 120
38112 Braunschweig

Soll Alter Saldo Haben 7 834,10 EUR
Soll Neuer Saldo Haben 44 470,77 EUR

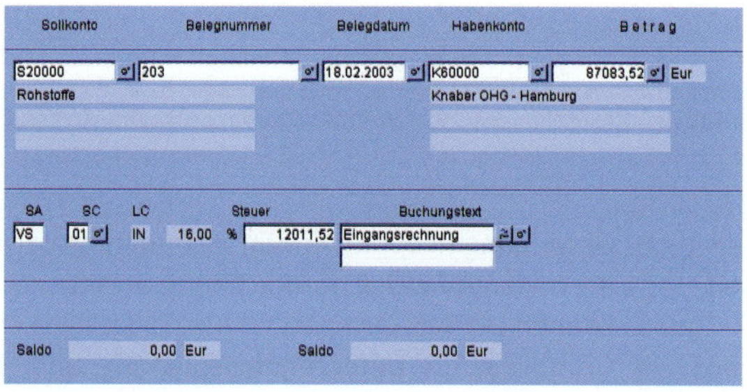

Monatsumsätze 20.. in €				
	Produkt A	**Produkt B**	**Produkt C**	**Produkt D**
Januar	10.000,00	12.000,00	35.000,00	22.000,00
Februar	12.000,00	18.000,00	40.000,00	20.000,00
März	15.000,00	16.000,00	37.000,00	18.000,00
April	20.000,00	9.000,00	34.000,00	24.000,00
Mai	16.000,00	4.000,00	41.000,00	28.000,00
Juni	24.000,00	15.000,00	39.000,00	26.000,00
Juli	18.000,00	13.000,00	38.000,00	16.000,00
August	10.000,00	17.000,00	36.000,00	20.000,00
September	14.000,00	15.000,00	39.000,00	26.000,00
Oktober	19.000,00	10.000,00	40.000,00	24.000,00
November	20.000,00	11.000,00	33.000,00	21.000,00
Dezember	21.000,00	14.000,00	36.000,00	20.000,00

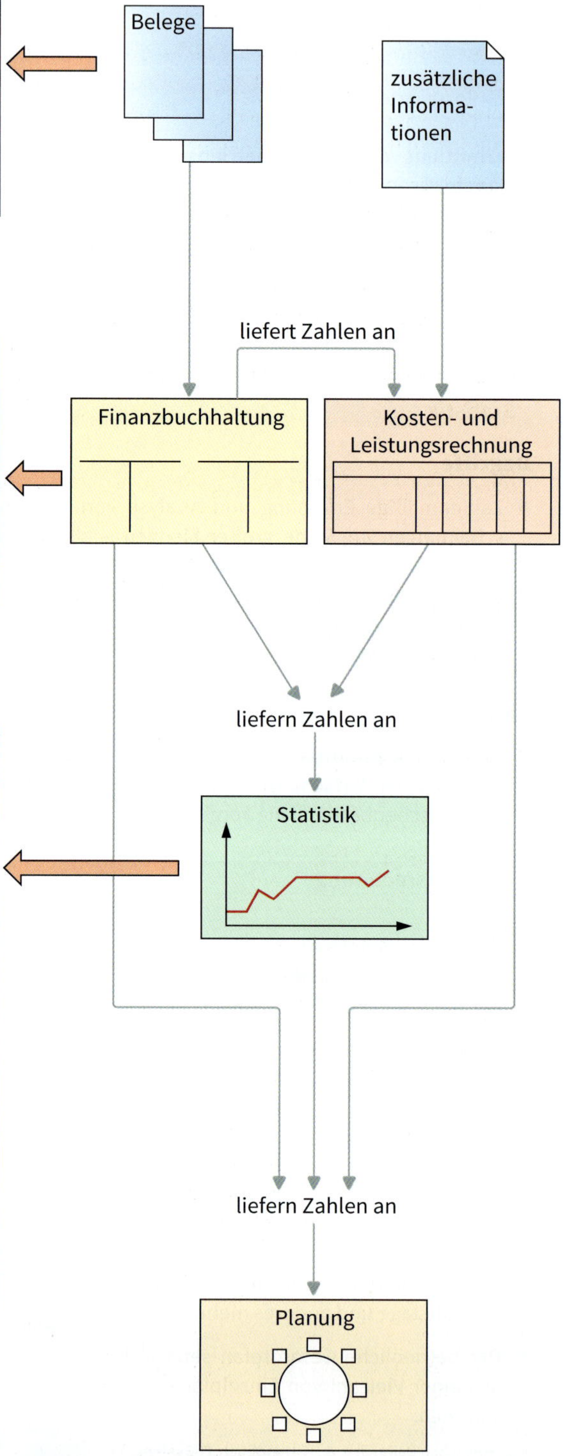

vgl.: Scharf, Dirk: Einführung in das betriebliche Rechnungwesen und statistische Grundlagen, Gabler Verlag Wiesbaden 1997, S. 41

354598

Aufgaben des Controllings

Tasks of Controlling

Begriff

- ursprünglich Kontrolle bzw. Überwachung des betrieblichen Leistungsprozesses
- heute Informations-, Entscheidungs- und Führungsinstrument durch ergebnisorientierte Planung, Steuerung und Überwachung des Unternehmens in allen seinen Bereichen und Ebenen
- **Operatives Controlling:**
  – Vollzugsüberwachung und Abweichungsanalyse
  – beruht weitgehend auf quantitat. Informationen
- **Strategisches Controlling:**
  – Erweiterung des operativen Controllings
  – Planung unterstützende und reflektierende Funktion
  – Einbeziehung langfristiger, qualitativer Informationen

Controlling als Regelkreissystem

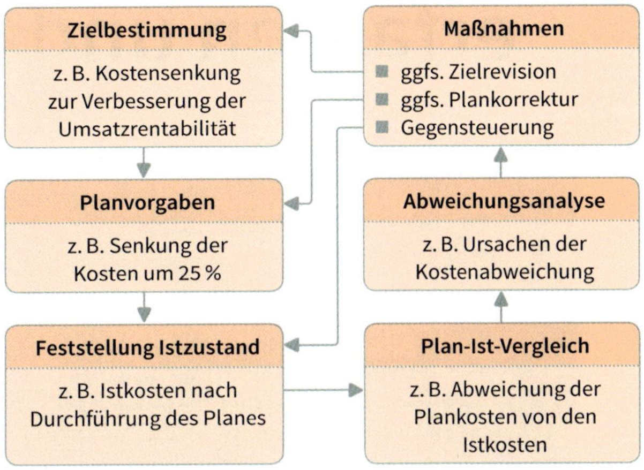

Controlling als Instrument der Willenssicherung

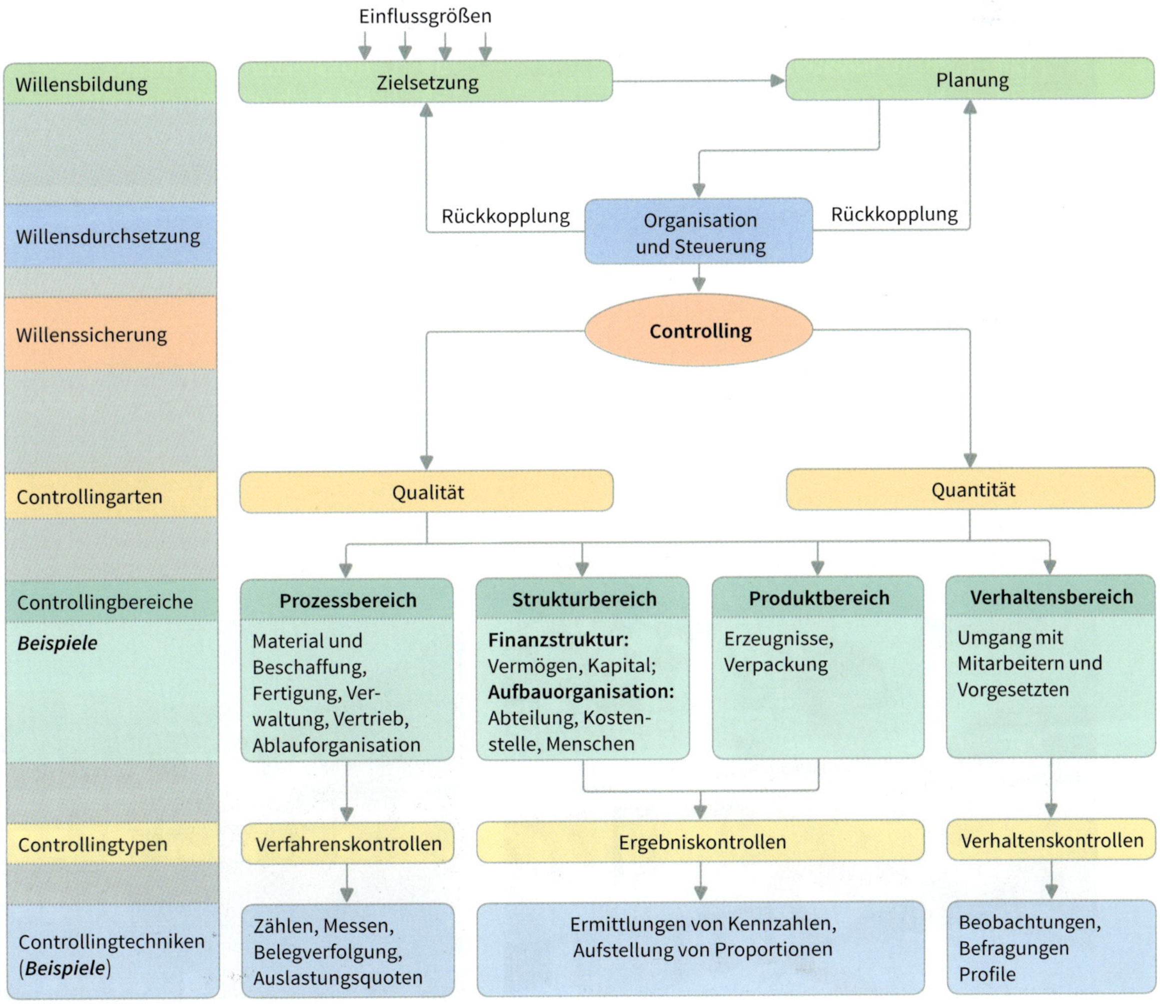

3 Werteströme und Werte erfassen und dokumentieren

OfficeCom AG

Name Sitz Amtsgericht Handelsregister Nr. Telefon Telefax	OfficeCom AG Hansestraße 120, 38112 Braunschweig Braunschweig HRB 126 0531 3648941 0531 4766083
Aufsichtsratsvorsitzender Vorstand	Dr. Frank Richter Herbert Hauser, Frauke Schönau, Dr. Carla Seltig
Gegenstand	Herstellung und Vertrieb von Büromöbeln und Zubehör
Geschäftsjahr	1. Januar bis 31. Dezember
Bankverbindung	Hartbank Braunschweig, IBAN DE66 2505 0008 0021 3458 39 BIC: HARBABR2XXX
USt-IDNr. Steuernummer	DE 328 495 331 13/203/08753
Produkte (Fertigerzeugnisse)	■ Schreibtische ■ Aktenschränke ■ Schreibtischsessel
Werkstoffe ■ Rohstoffe ■ Hilfsstoffe ■ Betriebsstoffe ■ Fremdbauteile	 ■ Holz, Edelstahlrohre ■ Schrauben, Kleinteile, Lacke ■ Strom, Gas, Wasser, Heizöl, Schmierstoffe ■ Gasdruckfedern, Stuhlrollen, Hängeregister
Handelswaren	Schreibtischlampen, Schreibtischsets, Faxgeräte, Drucker, Telefonapparate
Mitarbeiter/-innen	■ 195 Facharbeiter/-innen ■ 47 Ungelernte und Angelernte ■ 60 Angestellte
Maschinen	■ NC-gesteuerte Maschinen ■ Roboter ■ Montagebänder

Finanzbuchhaltung *Financial bookkeeping*

Gründe der Finanzbuchhaltung

Die Notwendigkeit der Finanzbuchhaltung eines Industrieunternehmens (zur Einordnung der Finanzbuchhaltung in das betriebliche Rechnungswesen siehe S. 96 f.) ergibt sich sowohl aus rechtlichen als auch aus wirtschaftlichen Gründen.

Rechtliche Gründe

- § 238 Abs. 1 HGB: *„Jeder Kaufmann ist verpflichtet, Bücher zu führen und in diesen seine Handelsgeschäfte und die Lage seines Vermögens nach den Grundsätzen ordnungsmäßiger Buchführung ersichtlich zu machen.“*
- § 5 Abs. 1 EStG: *„Bei Gewerbetreibenden, die aufgrund gesetzlicher Vorschriften verpflichtet sind, Bücher zu führen und regelmäßig Abschlüsse zu machen …, ist für den Schluss des Wirtschaftsjahres das Betriebsvermögen anzusetzen …, das nach den handelsrechtlichen Grundsätzen ordnungsmäßiger Buchführung auszuweisen ist.“*
- § 140 f. AO i. V. m. § 141 AO

Wirtschaftliche Gründe

- Um jederzeit die **Übersicht** über die vielfältigen **Geschäftsprozesse** zu behalten, die zu einer **Änderung** des **Vermögens** (z. B. Bestände an Werkstoffen und Erzeugnissen, von Maschinen und Betriebs- und Geschäftsausstattung, der Bankguthaben) und des **Kapitals** (z. B. Eigenkapital, Bankdarlehen, Verbindlichkeiten gegenüber Lieferanten) führen, zeichnet das Industrieunternehmen derartige Geschäftsfälle auf. Dies geschieht in der Finanzbuchhaltung.
- Außerdem dient die Aufzeichnung der Geschäftsfälle zur **Kontrolle** der **Aufwendungen und Erträge** sowie der **Wirtschaftlichkeit**. Andererseits bildet sie die Grundlage für die Ermittlung des **Unternehmenserfolgs**.
- Die Finanzbuchhaltung liefert darüber hinaus unter anderem Zahlen für die **Kosten**- und **Preiskalkulation** der Produkte.
- Schließlich bilden die Zahlen der Finanzbuchhaltung die Grundlage für **Entscheidungen** unter anderem …
  - der **Geschäftsleitung**, z. B. das Produktions- und Absatzprogramm zu ändern, das Geschäft zu vergrößern;
  - der **Gesellschafter**/Eigentümer, z. B. neues Kapital in das Unternehmen einzubringen;
  - der **Lieferanten**, z. B. Geschäftsbeziehungen aufzunehmen, Zahlungsziele zu verlängern;
  - der **Banken**, z. B. weitere Darlehen zu gewähren;
  - des **Finanzamts**, z. B. eine Betriebsprüfung vorzunehmen, die Höhe der Einkommensteuer festzulegen;
  - der **Kunden**, z. B. weitere Produkte bei diesem Unternehmen zu kaufen, Anzahlungen zu leisten;
  - der **Arbeitnehmer**, z. B. Forderungen nach Lohnerhöhungen zu stellen, zu kündigen.

Aufgaben der Finanzbuchhaltung

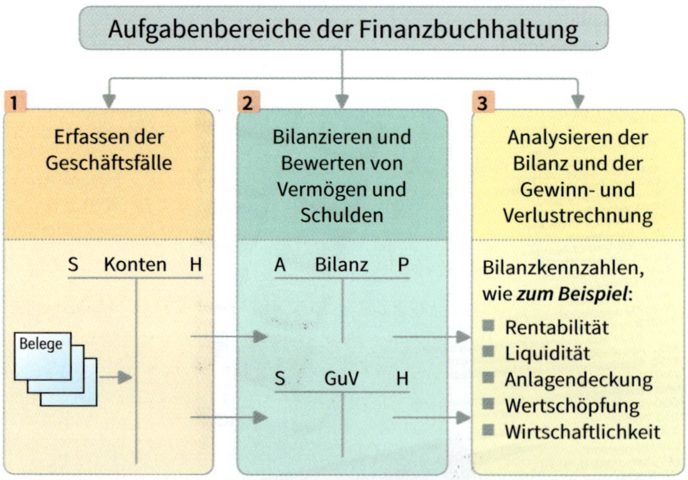

1 Erfassung aller wirtschaftlich relevanten Geschäftsfälle wie Einkäufe, Verkäufe, Gehaltszahlungen u. a. m. auf Konten

2 Erstellung der Bilanz, aus der die Bestände der verschiedenen betrieblichen Vermögensgegenstände, der Schulden und des Eigenkapitals hervorgehen, und der Gewinn- und Verlustrechnung (GuV) als Gegenüberstellung von Erträgen und Aufwendungen

3 Analyse von Bilanz und Gewinn- und Verlustrechnung mithilfe von Bilanzkennzahlen

Inventur *Stocktaking*

Begriff

Jeder Kaufmann ist nach § 240 Abs. 1 und 2 HGB sowie nach § 140 f. AO verpflichtet, eine art-, mengen- und wertmäßige **Bestandsaufnahme** sämtlicher Vermögensteile und der Schulden durchzuführen.

Zeitpunkt

Die Inventur ist durchzuführen

- bei Gründung oder Übernahme eines Unternehmens,
- zum Schluss eines jeden Geschäftsjahres und
- bei Auflösung oder Verkauf des Unternehmens.

Inventurarten

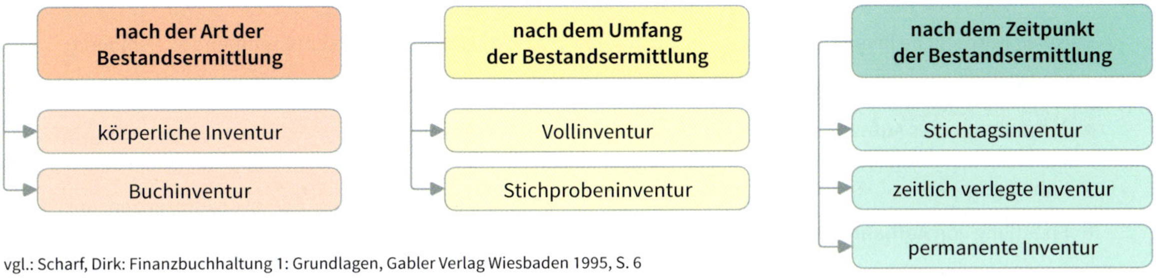

vgl.: Scharf, Dirk: Finanzbuchhaltung 1: Grundlagen, Gabler Verlag Wiesbaden 1995, S. 6

Körperliche Inventur

- mengenmäßige Bestandsaufnahme aller körperlichen Vermögensgegenstände durch Zählen, Messen und Wiegen
- anschließende Bewertung dieser Vermögensgegenstände

Beispiele:
Grundstücke, Gebäude, Maschinen, Fuhrpark, Betriebs- und Geschäftsausstattung, Vorräte an Waren und Betriebsstoffen, Kassenbestand

Buchinventur

- Ermittlung der Bestände des nichtkörperlichen Vermögens und der Schulden aufgrund der Aufzeichnungen der Finanzbuchhaltung

Beispiele:
Forderungen, Bank- und Postbankguthaben, Darlehen, Hypothekenschulden, Eigenkapital

Vollinventur

- Aufnahme **aller** einzelnen Vermögensgegenstände und Schuldenteile
- im Regelfall nach § 240 Abs. 1 und 2 HGB

Stichprobeninventur

- Inventur mittels **Stichproben**
- aus Vereinfachungsgründen
- Voraussetzung: Erfüllung der Bedingungen nach § 241 Abs. 1 HGB

Stichtagsinventur

- Inventur zum Bilanzstichtag (= Ende des Geschäftsjahres)
- Durchführung zeitnah, das heißt in der Regel innerhalb von zehn Tagen vor oder nach dem Bilanzstichtag (Abschnitt 30 Abs. 1 EStR)
- Berücksichtigung von Bestandsveränderungen zwischen dem Tag der Bestandsaufnahme und dem Bilanzstichtag durch Rückrechnung bzw. Fortschreibung
- Organisatorische und arbeitstechnische Probleme durch großen Arbeitsanfall innerhalb weniger Tage

Zeitlich verlegte Inventur

- Durchführung der körperlichen Inventur nach § 241 Abs. 3 HGB bzw. nach Abschnitt 30 Abs. 3 EStR
  - innerhalb der letzten **drei Monate vor dem Bilanzstichtag** oder
  - innerhalb **zweier Monate nach dem Bilanzstichtag**
- Inventur nach dem Bilanzstichtag: Alle Zugänge seit dem Bilanzstichtag werden vom Wert des Aufnahmetages abgezogen, alle Abgänge zugezählt. → **Rückrechnung** zum Bilanzstichtag
- Inventur vor dem Bilanzstichtag: Alle Zugänge zwischen Aufnahmetag und Bilanzstichtag werden dem Wert am Aufnahmetag zugerechnet. Alle Abgänge werden vom Wert des Aufnahmetages abgezogen. → **Fortschreibung** zum Bilanzstichtag

vgl. Hübscher, Heinrich u. a.: IT-Handbuch, IT-Systemkaufmann/-frau, Informatikkaufmann/-frau, 9. Aufl., Braunschweig, Westermann Verlag, 2015, S. 420 f.

Inventur

Stocktaking

Permanente Inventur

- Ermittlung des Vermögensbestandes nach Art, Menge und Wert lediglich anhand von Lager- und Anlage-Dateien (§ 241 Abs. 2 HGB und Abschnitt 30 Abs. 2 EStR)
- Voraussetzung: laufende Aufzeichnung aller Zu- und Abgänge in diesen Dateien
- Überprüfung der Bestände gemäß Buchhaltung auf Übereinstimmung mit den Istbeständen durch körperliche Inventur einmal im Wirtschaftsjahr, wobei der Zeitpunkt dafür frei wählbar ist (Abschnitt 30 Abs. 2 Ziff. 2 EStR)
- Zeitliche Entzerrung des Arbeitsanfalles, da die Prüfung nicht für alle Bestände gleichzeitig vorgenommen werden muss.

3

Organisatorischer Ablauf

Beispiel: Körperliche Inventur

- Bestimmung des **Inventurleiters**
- Aufstellung eines **Aufnahmeplans** mit Festlegung der Inventurbereiche und der personellen Besetzung der Aufnahmegruppen
- Erstellung von **Aufnahmevordrucken** und -richtlinien
- Festlegung des **Inventurzeitpunktes** bzw. -zeitraumes
- **Stichproben** durch Aufsichtspersonen
- **Mengenmäßige Bestandsaufnahme** („einer zählt, einer schreibt")
- **Unterschrift** der aufnehmenden Personen
- Sammeln der ausgefüllten Vordrucke
- **Bewertung** der einzelnen mengenmäßig erfassten Positionen
- Feststellung von **Inventurdifferenzen** durch Vergleich der Inventurbestände (Istbestände) mit den Buchbeständen, z. B. sind die Istbestände der Werkstoffe oder der unfertigen Erzeugnisse höher/geringer als die Buchbestände.
- (Buchung der Inventurdifferenzen – siehe Hauptabschlussübersicht S. 348 f.)

Inventar

Inventory

Begriff

- Ergebnis der Inventur
- Ausführliches **Verzeichnis** aller Vermögensteile und Schulden eines Unternehmens am Bilanzstichtag

Materielle Anforderungen

- **Vollständigkeit:** Alle und nur tatsächlich vorhandenen Vermögenswerte und Schulden sind im Inventarverzeichnis enthalten.
- **Richtigkeit:** Die nachprüfbaren Angaben über Bezeichnung der Vermögens- bzw. Schuldenart, Menge, Zustandsbeschreibung, Einzelwert und Gesamtwert entsprechen den Tatsachen (ergibt sich aus § 238 Abs. 1 HGB).

Formelle Anforderungen

- **Dauer des Geschäftsjahres:** Zwölf Monate dürfen nicht überschritten werden.
- **Zulässigkeit des angewandten Inventurverfahrens**
- **Unterzeichnung:** Die Aufnahmeblätter und das Inventar sind von den jeweils Verantwortlichen zu unterzeichnen, nicht vom Kaufmann selbst.
- **Aufbewahrungsfrist:** Das Inventar einschließlich aller Unterlagen, insbesondere der Aufnahmelisten, ist zehn Jahre lang aufzubewahren (§ 257 Abs. 4 HGB).

aus: Hübscher, Heinrich u. a.: IT-Handbuch, IT-Systemkaufmann/-frau, Informatikkaufmann/-frau, 9. Aufl., Braunschweig, Westermann Verlag, 2015, S. 421

Aufbau

Beispiel:

Inventar der OfficeCom AG in Braunschweig für den 31. Dezember 20. .	€	€
A. Vermögen		
I. Anlagevermögen		
1. Gebäude		
– Fabrikgebäude	1.460.300,00	
– Verwaltungsgebäude	879.000,00	
– Lagergebäude	120.000,00	2.459.300,00
2. Maschinen lt. Anlagenverzeichnis 1		360.550,00
3. Werkzeuge lt. Anlagenverzeichnis 2		48.986,00
4. Betriebs- und Geschäftsausstattung lt. Anlagenverzeichnis 3		50.100,00
5. Fuhrpark		
– Lkw lt. Anlagenverzeichnis 4	210.000,00	
– Pkw lt. Anlagenverzeichnis 5	198.000,00	408.000,00
II. Umlaufvermögen		
1. Rohstoffe lt. Verzeichnis 6		370.800,00
2. Hilfsstoffe lt. Verzeichnis 7		103.490,00
3. Betriebsstoffe lt. Verzeichnis 8		21.000,00
4. Unfertige Erzeugnisse lt. Verzeichnis 9		80.100,00
5. Fertige Erzeugnisse lt. Verzeichnis 10		216.800,00
6. Forderungen an Kunden		
– F. Schmitz, Hannover	63.200,00	
– P. Gardener, Hamburg	124.000,00	
– K. Laube, München	4.300,00	191.500,00
7. Kassenbestand		3.560,00
8. Bankguthaben		
– Nord/LB Hannover	380.000,00	
– Deutsche Bank Frankfurt	210.000,00	590.000,00
Summe des Vermögens		4.904.186,00
B. Schulden		
I. Langfristige Schulden		
1. Hypothek der Volksbank Braunschweig		1.600.000,00
2. Darlehen der Nord/LB Hannover		720.000,00
II. Kurzfristige Schulden		
1. Verbindlichkeiten an Lieferanten		
– H. Mannig, München	160.000,00	
– M. Kern, Karlsruhe	69.540,00	229.540,00
2. Sonstige Verbindlichkeiten		34.980,00
Summe der Schulden		2.584.520,00
C. Ermittlung des Reinvermögens		
Summe des Vermögens		4.904.186,00
– Summe der Schulden		2.584.520,00
= Reinvermögen (Eigenkapital)		2.319.666,00

vgl.: Scharf, Dirk: Finanzbuchhaltung 1: Grundlagen, Gabler Verlag Wiesbaden 1995, S. 9

Inventar

Inventory

Begriffe

- **Anlagevermögen (AV):**
  Langfristige Nutzung
  Beispiele:
  Grundstücke, Gebäude, Maschinen, Fuhrpark, Betriebs- und Geschäftsausstattung, Beteiligungen, Wertpapiere des AV
- **Umlaufvermögen (UV):**
  Ständige Veränderung in Menge und Zusammensetzung
  Beispiele:
  Vorräte an Werkstoffen sowie unfertigen und fertigen Erzeugnissen, Forderungen aus Lieferungen und Leistungen, Bankguthaben, Kassenbestand
- **Langfristige Schulden**
  Beispiele:
  Hypothekenschulden, Darlehensschulden
- **Kurzfristige Schulden**
  Beispiele:
  Verbindlichkeiten aus Lieferungen und Leistungen, Steuerverbindlichkeiten
- **Reinvermögen oder Eigenkapital (EK)**
  Vermögen
  – Schulden
  = Reinvermögen (Eigenkapital)

Form

- Staffelform
- dreispaltig

Gliederungsprinzipien

- **Vermögen:**
  Zunehmende Liquidität (Flüssigkeit) oder Geldnähe
- **Schulden:**
  Abnehmende Fristigkeit (Fälligkeit)

Bilanz

The balance sheet

Begriff

- Kurz gefasste Übersicht des umfangreichen Inventars
- lat. *bilanx, bi – doppelt, lanx – Schale*;
  im Sinne von Balken- oder Doppelwaage

Rechtsgrundlage

- § 242 Absatz 1 HGB

Form

- Gegenüberstellung von Aktiva und Passiva in Staffel- oder Kontoform

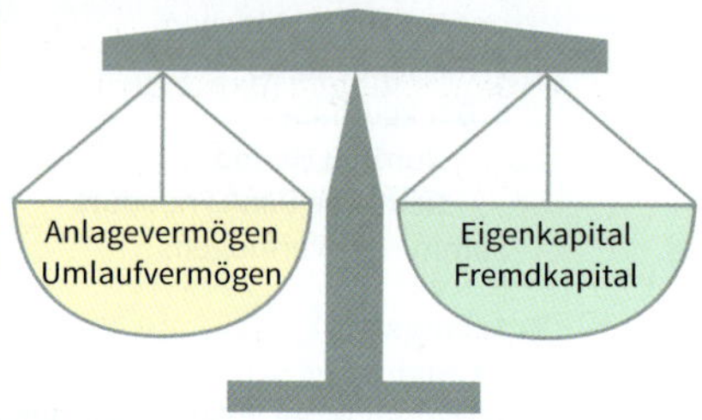

Aufbau

Aktiva **Bilanz** Passiva

Aktiva	Passiva
Anlagevermögen	Eigenkapital
	Fremdkapital (Schulden)
Umlaufvermögen	

Interpretation der Bilanz

- **Aktivseite**
  – Vermögensformen (i. d. R. konkret)
  – Investitionen
  – Mittelverwendung
- **Passivseite**
  – Kapitalarten (abstrakt)
  – Finanzierung
  – Mittelherkunft

Bilanzgleichungen

Vermögen = Kapital

Vermögen – Fremdkapital = Eigenkapital

Anlage- + Umlaufvermögen = Eigen- + Fremdkapital

Vermögen – Eigenkapital = Fremdkapital

aus: Hübscher, Heinrich u. a.: IT-Handbuch, IT-Systemkaufmann/-frau, Informatikkaufmann/-frau, 9. Aufl., Braunschweig, Westermann Verlag, 2015, S. 423

Bilanz

The balance sheet

Aktiva		Bilanz OfficeCom AG in Braunschweig zum 31. Dezember 20.. in €	Passiva
I. Anlagevermögen		**I. Eigenkapital**	2.319.666,00
1. Gebäude	2.459.300,00	**II. Fremdkapital**	
2. Maschinen	360.550,00	1. Hypotheken	1.600.000,00
3. Werkzeuge	48.986,00	2. Darlehen	720.000,00
4. Betriebs- und Geschäftsausstattung	50.100,00	3. Verbindlichkeiten aus Lieferungen	
5. Fuhrpark	408.000,00	und Leistungen	229.540,00
II. Umlaufvermögen		4. Sonstige Verbindlichkeiten	34.980,00
1. Rohstoffe	370.800,00		
2. Hilfsstoffe	103.490,00		
3. Betriebsstoffe	21.000,00		
4. Unfertige Erzeugnisse	80.100,00		
5. Fertige Erzeugnisse	216.800,00		
6. Forderungen aus Lieferungen und			
Leistungen	191.500,00		
7. Kassenbestand	3.560,00		
8. Bankguthaben	590.000,00	*Ort, Datum*	
	4.904.186,00	*Unterschrift*	4.904.186,00

vgl.: Scharf, Dirk: Finanzbuchhaltung 1: Grundlagen, Gabler Verlag Wiesbaden 1995, S. 10

Vergleich Inventar – Bilanz

Inventar

- Ausführliche, umfangreiche Darstellung der einzelnen Vermögens- und Schuldenwerte
- Angabe von Mengen, Einzelwerten und Gesamtwerten der einzelnen Vermögens- und Schuldenarten
- Darstellung in Staffelform

Bilanz

- Kurz gefasste Darstellung des Vermögens und des Kapitals
- Nur Angabe der Gesamtwerte der Hauptpositionen der verschiedenen Bilanzposten
- Darstellung in Kontoform

Gliederungsprinzipien

- **Aktiva:**
  nach zunehmender Liquidität oder Geldnähe
- **Passiva:**
  nach abnehmender Fristigkeit

Formelle Anforderungen

- **Unterzeichnung:**
  Einzelunternehmen → Inhaber persönlich
  OHG → alle Gesellschafter
  KG → alle persönlich haftenden Gesellschafter
  AG → alle Mitglieder des Vorstands
  GmbH → alle Geschäftsführer
- **Aufbewahrungsfrist:**
  zehn Jahre (§ 257 Absatz 4 HGB)

Erfolgsermittlung durch Kapitalvergleich

Beispiel:

Eigenkapital am Ende des Berichtsjahres	2.319.666,00 €	
+ Privatentnahmen des Berichtsjahres	48.000,00 €	
– Privateinlagen des Berichtsjahres	200.000,00 €	
= korrigiertes Eigenkapital am Ende des Berichtsjahres	2.167.666,00 €	
– Eigenkapital des Vorjahres	2.000.000,00 €	
= Gewinn/Verlust des Berichtsjahres	167.666,00 €	(Gewinn)

aus: Hübscher, Heinrich u. a.: IT-Handbuch, IT-Systemkaufmann/-frau, Informatikkaufmann/-frau, 9. Aufl., Braunschweig, Westermann Verlag, 2015, S. 424

Bilanz nach HGB

Balance sheet according to HGB (German commercial code)

Mindestgliederung für große und mittelgroße Kapitalgesellschaften nach § 266 Absatz 2 und 3 HGB

Aktivseite	Bilanz	Passivseite

Aktivseite

A. Anlagevermögen:

I. Immaterielle Vermögensgegenstände:

1. selbst geschaffene gewerbliche Schutzrechte und ähnliche Rechte und Werte;
2. entgeltlich erworbene Konzessionen, gewerbliche Schutzrechte und ähnliche Rechte und Werte sowie Lizenzen an solchen Rechten und Werten;
3. Geschäfts- oder Firmenwert;
4. geleistete Anzahlungen.

II. Sachanlagen:

1. Grundstücke, grundstücksgleiche Rechte und Bauten einschließlich der Bauten auf fremden Grundstücken;
2. technische Anlagen und Maschinen;
3. andere Anlagen, Betriebs- u. Geschäftsausstattung;
4. geleistete Anzahlungen und Anlagen im Bau.

III. Finanzanlagen:

1. Anteile an verbundenen Unternehmen;
2. Ausleihungen an verbundene Unternehmen;
3. Beteiligungen;
4. Ausleihungen an Unternehmen, mit denen ein Beteiligungsverhältnis besteht;
5. Wertpapiere des Anlagevermögens;
6. sonstige Ausleihungen.

B. Umlaufvermögen:

I. Vorräte:

1. Roh-, Hilfs- und Betriebsstoffe;
2. unfertige Erzeugnisse, unfertige Leistungen;
3. fertige Erzeugnisse und Waren;
4. geleistete Anzahlungen.

II. Forderungen und sonstige Vermögensgegenstände:

1. Forderungen aus Lieferungen und Leistungen;
2. Forderungen gegen verbundene Unternehmen;
3. Forderungen geg. Unternehmen, mit denen ein Beteiligungsverhältnis besteht;
4. sonstige Vermögensgegenstände.

III. Wertpapiere:

1. Anteile an verbundenen Unternehmen;
2. eigene Anteile;
3. sonstige Wertpapiere.

IV. Schecks, Kassenbestand, Bundesbank- und Postbankguthaben, Guthaben bei Kreditinstituten.

C. Rechnungsabgrenzungsposten

D. Aktive latente Steuern

E. Aktiver Unterschiedsbetrag aus der Vermögensverrechnung

Passivseite

A. Eigenkapital:

I. Gezeichnetes Kapital

II. Kapitalrücklage

III. Gewinnrücklagen:

1. gesetzliche Rücklage;
2. Rücklage für Anteile an einem herrschenden oder mehrheitlich beteiligten Unternehmen;
3. satzungsmäßige Rücklage;
4. andere Gewinnrücklagen.

IV. Gewinnvortrag/Verlustvortrag

V. Jahresüberschuss/Jahresfehlbetrag

B. Rückstellungen:

1. Rückstellungen für Pensionen und ähnliche Verpflichtungen;
2. Steuerrückstellungen;
3. sonstige Rückstellungen.

C. Verbindlichkeiten:

1. Anleihen, davon konvertibel;
2. Verbindlichkeiten gegenüber Kreditinstituten;
3. erhaltene Anzahlungen auf Bestellungen;
4. Verbindlichkeiten aus Lieferungen und Leistungen;
5. Verbindlichkeiten aus der Annahme gezogener Wechsel und der Ausstellung eigener Wechsel;
6. Verbindlichkeiten gegenüber verbundenen Unternehmen;
7. Verbindlichkeiten gegenüber Unternehmen, mit denen ein Beteiligungsverhältnis besteht;
8. sonstige Verbindlichkeiten, davon aus Steuern, davon im Rahmen der sozialen Sicherheit.

D. Rechnungsabgrenzungsposten

E. Passive latente Steuern

Wertänderungen in der Bilanz

Bilanzpositionen verändern sich in der laufenden Periode aufgrund von Geschäftsfällen.
Die **Bilanzwaage,** in der die aktiven und die passiven Bestandskonten nebeneinander aufgeführt werden, zeigt die veränderten Bestände der Bilanzpositionen nach jedem Geschäftsfall.

Arten von Wertänderungen	Wirkung auf die Bilanzsumme	Beispiele für Geschäftsfälle
▪ Aktivtausch	Bilanzsumme bleibt unverändert.	1. Kauf eines Pkw gegen Bankscheck (30.000,00 €)
▪ Passivtausch	Bilanzsumme bleibt unverändert.	2. kurzfristige Verbindlichkeit wird in Darlehen umgeschuldet (10.000,00 €)
▪ Aktiv-Passiv-Mehrung	Bilanzsumme wird größer.	3. Einkauf von Waren auf Ziel (25.000,00 €)
▪ Aktiv-Passiv-Minderung	Bilanzsumme wird kleiner.	4. Tilgung eines Darlehens durch Banküberweisung (5.000,00 €)

Bilanzwaage

Die Änderungen der Vermögens- und Kapitalpositionen in der Bilanzwaage ergeben sich aus den oben genannten Beispielen 1 bis 4 für Geschäftsfälle.

Beispiel:

	Bilanz (in T€)								
	Aktiva								Passiva
Geschäftsfall	Maschinen	Fuhrpark	Rohstoffe	Bankguthaben	Bilanzsumme	Eigenkapital	Darlehensschulden	Verbindlichkeiten	Bilanzsumme
Ausgangslage	420	60	230	40	750	200	400	150	750
1	420	90	230	10	750	200	400	150	750
2	420	90	230	10	750	200	410	140	750
3	420	90	255	10	775	200	410	165	775
4	420	90	255	5	770	200	405	165	770

vgl.: Scharf, Dirk: Finanzbuchhaltung 1. Grundlagen, Gabler Verlag Wiesbaden 1995, S. 14

Auflösung der Bilanz in Bestandskonten

Würde nach jedem Geschäftsfall eine neue Bilanz erstellt (siehe Bilanzwaage), so entspräche die Zahl der Bilanzen eines Geschäftsjahres der i. d. R. sehr großen Zahl an Geschäftsfällen.
Der Aufwand wäre beträchtlich.

Daher wird die Bilanz in T-Konten zerlegt. Die linke Seite jedes Kontos wird mit „Soll“, die rechte mit „Haben“ bezeichnet.
Bei den Benennungen der Kontenseiten „Soll“ und „Haben“ handelt es sich lediglich um Vereinbarungen – z. B. ist „Haben“ **nicht** im Sinne von „das habe ich“ zu interpretieren.

Einrichtung der Bestandskonten

- Benennung der Konten entsprechend der Bilanzpositionen
- Eintragen der Anfangsbestände in die Konten, ablesbar aus der Eröffnungsbilanz des lfd. Jahres (= Schlussbilanz des vergangenen Jahres)

Formelle Anforderungen

- Anfangsbestände der Vermögensposten
  → Sollseite der aktiven Bestandskonten
- Anfangsbestände der Kapitalposten
  → Habenseite der passiven Bestandskonten

aus: Hübscher, Heinrich u. a.: IT-Handbuch, IT-Systemkaufmann/-frau, Informatikkaufmann/-frau, 9. Aufl., Braunschweig, Westermann Verlag, 2015, S. 426

Bestandskonten

Balance sheets accounts

Beispiel für eröffnete Bestandskonten

Aktiva	Eröffnungsbilanz (in T€)		Passiva
Maschinen	420	Eigenkapital	200
Fuhrpark	60	Darlehen	400
Rohstoffe	230	Verbindlichkeiten	150
Bankguthaben	40		
	750		750

Soll	Maschinen (in T€)		Haben
AB	420		

Soll	Eigenkapital (in T€)		Haben
		AB	200

Soll	Fuhrpark (in T€)		Haben
AB	60		

Soll	Darlehen (in T€)		Haben
		AB	400

Soll	Rohstoffe (in T€)		Haben
AB	230		

Soll	Verbindlichkeiten (in T€)		Haben
		AB	150

Soll	Bankguthaben (in T€)		Haben
AB	40		

vgl.: Scharf, Dirk, Finanzbuchhaltung 1. Grundlagen, Gabler Verlag Wiesbaden 1995, S. 16

Erfassung von Geschäftsfällen

Beispiel:

Autohaus Schnell

OfficeCom AG
Hansestraße 120
38112 Braunschweig

Rechnungs-Nr.: 4756 vom 20..-09-23

1 Pkw Mercedes E 200 — 30.000,00 €

Betrag durch Verrechnungsscheck erhalten

Unterschrift

Fragen:	Antworten:	
1. Welche Konten werden von dem Geschäftsfall berührt?	Konto Fuhrpark ↓	Konto Bankguthaben ↓
2. Um welche Art von Konto handelt es sich jeweils?	aktives Bestandskonto ↓	aktives Bestandskonto ↓
3. Welche Art von Veränderung findet auf den Konten jeweils statt?	Zugang ↓	Abgang ↓
4. Auf welcher Seite des jeweiligen Kontos ist die Veränderung zu erfassen?	Sollseite	Habenseite

Aktive Bestandskonten:
Zugänge auf der Sollseite
Abgänge auf der Habenseite

Passive Bestandskonten:
Zugänge auf der Habenseite
Abgänge auf der Sollseite

aus: Hübscher, Heinrich u. a.: IT-Handbuch, IT-Systemkaufmann/-frau, Informatikkaufmann/-frau, 9. Aufl., Braunschweig, Westermann Verlag, 2015, S. 427

Kontenabschluss

- Errechnung der Endbestände (Salden) in den Konten:
  Anfangsbestand
  \+ Zugänge
  – Abgänge
  = Endbestand (Saldo)

- Eintragung der Salden auf der jeweils „schwächeren“ Seite der Konten zum wertmäßigen Ausgleich von Soll- und Habenseite
- Zusammenfassung der Endbestände in der Schlussbilanz

Abgeschlossene Konten/Schlussbilanz

Beispiel:

Soll	Maschinen (in T€)		Haben
AB	420	EB	420

Soll	Eigenkapital (in T€)		Haben
EB	200	AB	200

Soll	Fuhrpark (in T€)		Haben
AB	60	EB	90
Zug.	30		
	90		90

Soll	Darlehensschulden (in T€)		Haben
Abg.	5	AB	400
EB	405	Zug.	10
	410		410

Soll	Rohstoffe (in T€)		Haben
AB	230	EB	255
Zug.	25		
	255		255

Soll	Verbindlichkeiten (in T€)		Haben
Abg.	10	AB	150
EB	165	Zug.	25
	175		175

Soll	Bankguthaben (in T€)		Haben
AB	40	1.) Abg.	30
		2.) Abg.	5
		EB	5
	40		40

Die Anfangsbestände der Konten entsprechen den Zahlen der Ausgangslage der Bilanzwaage auf S. 109.
Die Buchungen 1 bis 4 auf den Konten basieren auf den Geschäftsfällen 1 bis 4 und die Zahlen der Schlussbilanz entsprechen der letzten Zeile der Bilanzwaage auf S. 109.

vgl.: Scharf, Dirk: Finanzbuchhaltung 1: Grundlagen, Gabler Verlag Wiesbaden 1995, S. 18

Aktiva	Schlussbilanz (in T€)		Passiva
Maschinen	420	Eigenkapital	200
Fuhrpark	90	Darlehensschulden	405
Rohstoffe	255	Verbindlichkeiten	165
Bankguthaben	5		
	770		770

Kontenbewegungen

Soll	Aktive Bestandskonten	Haben
Anfangsbestand		Abgänge
Zugänge		Endbestand (= Saldo)

Soll	Passive Bestandskonten	Haben
Abgänge		Anfangsbestand
Endbestand (= Saldo)		Zugänge

aus: Hübscher, Heinrich u. a.: IT-Handbuch, IT-Systemkaufmann/-frau, Informatikkaufmann/-frau, 9. Aufl., Braunschweig, Westermann Verlag, 2015, S. 428

Buchungssatz

Set balance sheet entries

Einfacher Buchungssatz

- Der einfache Buchungssatz ist die Kurzfassung der Vorüberlegungen (siehe Fünf-Schritt-Methode unten) zur Buchung eines Geschäftsfalls, bei dem nur **zwei Konten** angesprochen werden.
- Zuerst wird das Konto mit der Sollbuchung, anschließend das Konto mit der Habenbuchung genannt, verbunden durch das Wort „an".

  Soll (Name des Kontos und Betrag in Euro)
  an Haben (Name des Kontos und Betrag in Euro)

Buchung von Geschäftsfällen (Fünf-Schritt-Methode)

Aktiva	Bilanz	Passiva
Anfangsbestände der aktiven Bestandskonten, z. B. ■ Maschinen ■ Fuhrpark ■ Roh-, Hilfs-, Betriebsstoffe ■ Kassenbestand ■ Bankguthaben		**Anfangsbestände der passiven Bestandskonten**, z. B. ■ Eigenkapital ■ Darlehensschulden ■ Verbindlichkeiten a. LL.
Bilanzsumme		Bilanzsumme

Soll	Aktive Bestandskonten	Haben
Anfangsbestand + Zugänge (Mehrungen)		– Abgänge (Minderungen) = Schlussbestand (Saldo)
Kontensumme		Kontensumme

Soll	Passive Bestandskonten	Haben
– Abgänge (Minderungen) = Schlussbestand (Saldo)		Anfangsbestand + Zugänge (Mehrungen)
Kontensumme		Kontensumme

Um Geschäftsfälle zu buchen, geht man nach der **Fünf-Schritt-Methode** folgendermaßen vor:

Schritte	1. Schritt	2. Schritt	3. Schritt	4. Schritt	5. Schritt		
Geschäftsfälle	**angesprochene Konten**	**aktives (A)/ passives (P) Bestandskonto**	**Zugang (+) Abgang (–)**	**Sollseite/ Habenseite des Kontos**	**Buchungssatz (Soll an Haben)**		
					Buchungstext	**Soll**	**Haben**
Die OfficeCom AG kauft Rohstoffe im Wert von 16.000,00 € mithilfe der Bankkarte.	Rohstoffe, Bankguthaben	A A	+ –	Soll Haben	Rohstoffe an Bankguthaben	16.000,00 €	16.000,00 €
Die OfficeCom AG bezahlt eine Lieferantenrechnung über 12.343,00 € durch Banküberweisung.	Verbindlichkeiten a. LL., Bankguthaben	P A	– –	Soll Haben	Verbindlichkeiten a. LL. an Bankguthaben	12.343,00 €	12.343,00 €
Die OfficeCom AG nimmt einen Kredit über 50.000,00 € bei ihrer Hausbank auf und lässt den Betrag dem Geschäftskonto gutschreiben.	Bankguthaben, Darlehensschulden	A P	+ +	Soll Haben	Bankguthaben an Darlehensschulden	50.000,00 €	50.000,00 €
Die OfficeCom AG verkauft einen alten Geschäfts-Pkw an einen Angestellten zum Preis von 850,00 € bar.	Kassenbestand, Fuhrpark	A A	+ –	Soll Haben	Kassenbestand an Fuhrpark	850,00 €	850,00 €

Buchungssatz

Set balance sheet entries

Einfacher Buchungssatz

Beleg

Die OfficeCom AG kauft für die Lagerverwaltung einen neuen PC im Wert von 2.500,00 € auf Ziel, folgende Eingangsrechnung liegt vor:

BELLHEIM-BÜROSERVICE GMBH

Haberstraße 8
12057 Berlin
Telefon: 030 23537-00
Telefax: 030 23537-99
Internet: www.bellheim.de
E-Mail: info@bellheim.de

Bellheim-BüroService GmbH · Postfach 13 31 · 12055 Berlin

OfficeCom AG
Hansestraße 120
38112 Braunschweig

Ihre Bestellung	Liefertermin	Lieferung	Vertreter	Kunden-Nr.
01.08.20..	20.08.20..	frei Haus	–	541

Lieferanschrift
siehe oben

Auftrags-Nr. 912

Datum 20.08.20..

Rechnung Nr. 912/3

Menge	Artikelbezeichnung	Einzelpreis	Gesamtpreis
1 St.	Personal Computer (gemäß Angebot vom 15. Juli 20..)	2.500,00 €	2.500,00 € [1]

Zahlungsbedingung:
zahlbar innerhalb 14 Tagen nach Rechnungsdatum ohne Abzug

[1] Auf die Berücksichtigung der Umsatzsteuer wird an dieser Stelle verzichtet.

Vorüberlegungen zur Buchung

- Konto Betriebs- und Geschäftsausstattung – aktives Bestandskonto – Zugang – Sollseite
- Konto Verbindlichkeiten aus Lieferungen und Leistungen (LL) – passives Bestandskonto – Zugang – Habenseite

Buchungssatz

Buchung	Soll	Haben
Betriebs- und Geschäftsausstattung	2.500,00 €	
an Verbindlichkeiten a. LL.		2.500,00 €

Einfacher Buchungssatz – allgemein	
Konto/Betrag in Euro an Konto/Betrag in Euro	Soll an Haben

Zusammengesetzter Buchungssatz

- Der zusammengesetzte Buchungssatz ist die Kurzfassung der Vorüberlegungen (siehe Fünf-Schritt-Methode unten) zur Buchung eines Geschäftsfalls, bei dem **mehr als zwei Konten** angesprochen werden.
- Zuerst werden die Konten mit den Sollbuchungen, anschließend die Konten mit den Habenbuchungen genannt, verbunden durch das Wort „an".

Beispiel:
Soll (Name des Kontos und Betrag in Euro)
Soll (Name des Kontos und Betrag in Euro)
an Haben (Name des Kontos und Betrag in Euro)

- Der Wert (in Euro) der Sollbuchungen muss dem Wert der Habenbuchungen entsprechen.

Buchung von Geschäftsfällen (Fünf-Schritt-Methode)

Aktiva	**Bilanz**	**Passiva**
Anfangsbestände der aktiven Bestandskonten, z. B. ■ Maschinen ■ Fuhrpark ■ Roh-, Hilfs-, Betriebsstoffe ■ Kassenbestand ■ Bankguthaben		**Anfangsbestände der passiven Bestandskonten**, z. B. ■ Eigenkapital ■ Darlehensschulden ■ Verbindlichkeiten a. LL.
Bilanzsumme		Bilanzsumme

Soll	**Aktive Bestandskonten**	**Haben**
Anfangsbestand + Zugänge (Mehrungen)		– Abgänge (Minderungen) = Schlussbestand (Saldo)
Kontensumme		Kontensumme

Soll	**Passive Bestandskonten**	**Haben**
– Abgänge (Minderungen) = Schlussbestand (Saldo)		Anfangsbestand + Zugänge (Mehrungen)
Kontensumme		Kontensumme

Um Geschäftsfälle zu buchen, geht man nach der **Fünf-Schritt-Methode** folgendermaßen vor:

Schritte	**1. Schritt**	**2. Schritt**	**3. Schritt**	**4. Schritt**	**5. Schritt**		
Geschäftsfälle	**angesprochene Konten**	**aktives (A)/ passives (P) Bestandskonto**	**Zugang (+) Abgang (–)**	**Sollseite/ Habenseite des Kontos**	**Buchungssatz (Soll an Haben)**		
					Buchungstext	**Soll**	**Haben**
Die OfficeCom AG kauft Rohstoffe für 7.000,00 €, davon für 6.000,00 € auf Ziel; der Rest wird sofort mithilfe der Bankkarte bezahlt.	Rohstoffe, Bankguthaben, Verbindlichkeiten a. LL.	A A P	+ – +	Soll Haben Haben	Rohstoffe an Bankguthaben an Verbindlichkeiten a. LL.	7.000,00 €	1.000,00 € 6.000,00 €
Die OfficeCom AG kauft aus der Insolvenzmasse der BüroTec AG eine Oberfräse für 1.200,00 € sowie einen Geschäfts-Pkw für 4.000,00 € bar.	Maschinen, Fuhrpark, Kassenbestand	A A A	+ + –	Soll Soll Haben	Maschinen Fuhrpark an Kassenbestand	1.200,00 € 4.000,00 €	5.200,00 €

Zusammengesetzter Buchungssatz

Beleg

Die OfficeCom AG kauft einen Pkw zum Preis von 20.000,00 €; 5.000,00 € werden sofort bei Abholung mit Scheck bezahlt, der Rest ist in 10 Tagen fällig, folgende Eingangsrechnung liegt vor:

AUTOHAUS SCHNELL e.K.

Autohaus Schnell e. K. · Friedrichstraße 68 · 10117 Berlin

OfficeCom AG
Hansestraße 120
38112 Braunschweig

Autohaus Schnell e. K.
Friedrichstraße 68
10117 Berlin
Telefon: 030 3720659
Telefax: 030 3720660
Internet: www.autoschnell-wvb.de
E-Mail: info.autoschnell-wvb@gmx.de

Ihre Bestellung	Liefertermin	Lieferung	Vertreter	Kunden-Nr.
05.03.20..	20.04.20..	Abholung	–	126

Lieferanschrift
siehe oben

Auftrags-Nr. 99/3

Datum 20.04.20..

Rechnung Nr. 99/3/385

Menge	Artikelbezeichnung	Preis
1 St.	Pkw Polo (gemäß Angebot vom 17. Februar 20..)	20.000,00 € [1]

Zahlungsbedingung:
Anzahlung: 5.000,00 € bei Abholung
Rest innerhalb 10 Tagen nach Rechnungsdatum ohne Abzug

Scheck über 5.000,00 € dankend erhalten 20.04.20.. Schnell

[1] Auf die Berücksichtigung der Umsatzsteuer wird an dieser Stelle verzichtet.

Vorüberlegungen zur Buchung

- Konto Fuhrpark – aktives Bestandskonto – Zugang – Sollseite
- Konto Bankguthaben – aktives Bestandskonto – Abgang – Habenseite
- Konto Verbindlichkeiten – passives Bestandskonto – Zugang – Habenseite

Buchungssatz

Buchung	Soll	Haben
Fuhrpark	20.000,00 €	
an Bankguthaben		5.000,00 €
an Verbindlichkeiten a. LL.		15.000,00 €

Zusammengesetzter Buchungssatz – allgemein	
Beispiel:	
Konto/Betrag in Euro	Soll
Konto/Betrag in Euro	Soll
an Konto/Betrag in Euro	an Haben

Konteneröffnung und -abschluss

Opening and balancing an account

Eröffnungsbilanzkonto

- Zu Beginn des Geschäftsjahres werden die Konten des Hauptbuches eingerichtet. Das bedeutete bisher, dass die Bestände der Eröffnungsbilanz als Anfangsbestände in die Konten übertragen und mit AB gekennzeichnet wurden (siehe S. 110).
- Die Eintragung der Anfangsbestände ist bereits eine halbe Buchung. Wegen des Prinzips der **doppelten** Buchführung muss ein zusätzliches Konto eingerichtet werden, das die entsprechenden Gegenbuchungen aufnimmt.
- Dieses Konto, das lediglich ein „technisches Konto" darstellt, ist das **Eröffnungsbilanzkonto (EBK).**
- Die Anfangsbestände der passiven Bestandskonten werden auf der Sollseite, die Anfangsbestände der aktiven Bestandskonten auf der Habenseite gebucht.
- Dadurch wird das Eröffnungsbilanzkonto **spiegelbildlich** zur Eröffnungsbilanz geführt.
- Die **Eröffnungsbuchungen** für die Anfangsbestände der Bestandskonten lauten allgemein:
  - Aktive Bestandskonten an Eröffnungsbilanzkonto
  - Eröffnungsbilanzkonto an passive Bestandskonten

Beispiele:

Eröffnungsbuchung für das Konto „Maschinen" auf S. 110:

Maschinen	420.000,00 €	
an Eröffnungsbilanzkonto		420.000,00 €

Eröffnungsbuchung für das Konto „Verbindlichkeiten" auf S. 110:

Eröffnungsbilanzkonto	150.000,00 €	
an Verbindlichkeiten a. LL.		150.000,00 €

Schlussbilanzkonto

- Analog zu den Anfangsbeständen bilden auch die Endbestände oder Salden in den Bestandskonten bereits halbe Buchungssätze (siehe S. 111), für die ebenfalls ein Gegenkonto, das **Schlussbilanzkonto (SBK),** eingeführt werden muss.
- Bevor die Konten abgeschlossen werden, müssen ihre Endbestände mit den Inventurwerten abgestimmt und möglicherweise Inventurdifferenzen gebucht werden. Nur dann stimmen Schlussbilanz und Schlussbilanzkonto überein.
- Die Endbestände der passiven Bestandskonten werden im Schlussbilanzkonto auf der Habenseite, die Endbestände der aktiven Bestandskonten auf der Sollseite gebucht.
- Dadurch wird das Schlussbilanzkonto **seitengleich** zur Schlussbilanz geführt.
- Die **Abschlussbuchungen** für die Endbestände der Bestandskonten lauten allgemein:
  - Schlussbilanzkonto an aktive Bestandskonten
  - Passive Bestandskonten an Schlussbilanzkonto

Beispiele:

Abschlussbuchung für das Konto „Bankguthaben" auf S. 111:

Schlussbilanzkonto	5.000,00 €	
an Bankguthaben		5.000,00 €

Abschlussbuchung für das Konto „Darlehensschulden" auf S. 111:

Darlehensschulden	405.000,00 €	
an Schlussbilanzkonto		405.000,00 €

Verknüpfung von Bilanzbuch und Hauptbuch

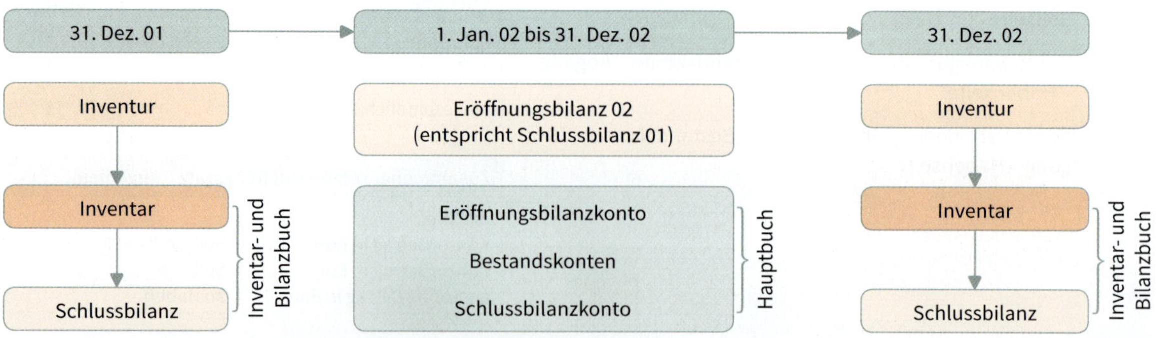

Verknüpfung von Bilanzbuch und Hauptbuch

Der folgenden Darstellung liegt das ***Beispiel*** der Seiten 110 und 111 zugrunde:

Aktiva	**Eröffnungsbilanz zum 1. Jan. 02** (in T€)		Passiva
Maschinen	420	Eigenkapital	200
Fuhrpark	60	Darlehensschulden	400
Rohstoffe	230	Verbindlichkeiten a. LL.	150
Bankguthaben	40		
	750		750

Soll	**Eröffnungsbilanzkonto (EBK)** (in T€)		Haben
Eigenkapital	200	Maschinen	420
Darlehensschulden	400	Fuhrpark	60
Verbindlichkeiten a. LL.	150	Rohstoffe	230
		Bankguthaben	40
	750		750

Soll	**Betriebs- u. Geschäftsausstattung** (in T€)		Haben
EBK	420	SBK	420

Soll	**Eigenkapital** (in T€)		Haben
SBK	200	EBK	200

Soll	**Fuhrpark** (in T€)		Haben
EBK	60	SBK	90
Bankguthaben	30		
	90		90

Soll	**Darlehensschulden** (in T€)		Haben
Bankguthaben	5	EBK	400
SBK	405	Verbindlichkeiten a. LL.	10
	410		410

Soll	**Waren** (in T€)		Haben
EBK	230	SBK	255
Verbindlichkeiten a. LL.	25		
	255		255

Soll	**Verbindlichkeiten a. LL.** (in T€)		Haben
Darlehensschulden	10	EBK	150
SBK	165	Waren	25
	175		175

Soll	**Bankguthaben** (in T€)		Haben
EBK	40	Fuhrpark	30
		Darlehensschulden	5
		SBK	5
	40		40

Soll	**Schlussbilanzkonto (SBK)** (in T€)		Haben
Maschinen	420	Eigenkapital	200
Fuhrpark	90	Darlehensschulden	405
Rohstoffe	225	Verbindlichkeiten a. LL.	165
Bankguthaben	5		
	770		770

Aktiva	**Schlussbilanz zum 31. Dez. 02** (in T€)		Passiva
Maschinen	420	Eigenkapital	200
Fuhrpark	90	Darlehensschulden	405
Rohstoffe	225	Verbindlichkeiten a. LL.	165
Bankguthaben	5		
	770		770

vgl.: Scharf, Dirk: Finanzbuchhaltung 1, Grundlagen, Gabler Verlag Wiesbaden 1995, S. 22 f.

3

Arten von Geschäftsfällen

- Die bisher genannten Geschäftsfälle führten zu **Veränderungen der Bestände des Anlage- und Umlaufvermögens sowie von Schuldenpositionen**, nicht dagegen des Eigenkapitals. Die entsprechenden Buchungen wurden auf Bestandskonten vorgenommen.
- Darüber hinaus gibt es Geschäftsfälle, die im Zusammenhang mit dem eigentlichen **Geschäftszweck** des Industrieunternehmens, nämlich der Herstellung von Erzeugnissen durch Einsatz der betriebswirtschaftlichen Produktionsfaktoren – Arbeitskräfte, Betriebsmittel und Werkstoffe – und dem Verkauf dieser Erzeugnisse entstehen. Derartige Geschäftsfälle führen zu **Veränderungen des Eigenkapitals**; sie werden als **erfolgswirksame Geschäftsfälle** bezeichnet.

Eigenkapitalveränderungen

Die Eigenkapitalveränderungen können in zweierlei Weise erfolgen, als:

- **Eigenkapitalminderung**
  Geschäftsfälle wie Lohnzahlung durch Banküberweisung über 10.000,00 € (Buchung: **Eigenkapital an Bankguthaben 10.000,00 €**) oder Verbrauch von Betriebsstoffen für 6.300,00 € zur Verarbeitung in der Produktion (Buchung: **Eigenkapital an Betriebsstoffe 6.300,00 €**) führen zu **Minderungen des Eigenkapitals** auf der Sollseite des Kontos „Eigenkapital“.
- **Eigenkapitalmehrung**
  Geschäftsfälle wie Zinsgutschrift der Bank über 680,00 € (Buchung: **Bankguthaben an Eigenkapital 680,00 €**) oder Verkauf von Fertigerzeugnissen (Umsatzerlöse) auf Ziel über 25.000,00 € (Buchung: **Forderungen a. LL. an Eigenkapital 25.000,00 €**) führen zu **Mehrungen des Eigenkapitals** auf der Habenseite des Kontos „Eigenkapital“.

Aufwendungen

Der gesamte Verbrauch oder **Werteverzehr an Gütern, Diensten und Abgaben** in einer Periode (also im Wesentlichen der Verbrauch an Produktionsfaktoren) wird als **Aufwand** bezeichnet. Er führt einerseits zur Verminderung von Vermögenspositionen wie zum Beispiel Bankguthaben oder Bestand an Betriebsstoffen, andererseits zu einer **Minderung des Eigenkapitals**.

Erträge

Der gesamte **erfolgswirksame Wertezufluss** in einer Periode, insbesondere aus dem Verkauf der Erzeugnisse, wird als **Ertrag** bezeichnet. Er führt einerseits zur Erhöhung von Vermögenspositionen wie zum Beispiel Bankguthaben oder Forderungen, andererseits zu einer **Mehrung des Eigenkapitals**.

Erfolgsermittlung durch Eigenkapitalvergleich

- Bisher wurden die Aufwendungen und Erträge direkt auf dem passiven Bestandskonto „Eigenkapital“ gebucht, und zwar die Aufwendungen im Soll, da sie das Eigenkapital vermindern, und die Erträge im Haben, da sie das Eigenkapital erhöhen (siehe oben).
- Der Saldo auf dem Konto „Eigenkapital“ zeigt, ob das Unternehmen im laufenden Geschäftsjahr Gewinn oder Verlust gemacht hat. Der Saldo ergibt sich dabei wie folgt:

  Jahresanfangsbestand des Eigenkapitals
  \+ Mehrungen aus Erträgen
  – Minderungen aus Aufwendungen
  = Jahresendbestand des Eigenkapitals

***Beispiel 1*: Gewinn**

Jahres-AB des Eigenkapitals	120.000,00 €
+ Erträge	90.000,00 €
– Aufwendungen	65.000,00 €
= Jahres-EB des Eigenkapitals	145.000,00 €

Ist der Jahresendbestand größer als der Jahresanfangsbestand, sind also die **Erträge höher als die Aufwendungen**, hat das Unternehmen einen **Gewinn** (in diesem Beispiel 25.000,00 €) erzielt.

***Beispiel 1*: Verlust**

Jahres-AB des Eigenkapitals	120.000,00 €
+ Erträge	90.000,00 €
– Aufwendungen	95.000,00 €
= Jahres-EB des Eigenkapitals	115.000,00 €

Ist der Jahresendbestand kleiner als der Jahresanfangsbestand, sind also die **Erträge geringer als die Aufwendungen**, hat das Unternehmen einen **Verlust** (in diesem Beispiel 5.000,00 €) erzielt.

Erfolgskonten *Operating accounts*

Notwendigkeit von Erfolgskonten

- Nur auf der Grundlage des Kontos „Eigenkapital“ die **Quellen oder Ursachen des Erfolgs (Gewinn) oder Misserfolgs (Verlust)** zu ermitteln, ist bei der großen Anzahl von Buchungen auf diesem Konto sehr schwierig und zeitraubend wegen der fehlenden Übersichtlichkeit. Daher werden die erfolgswirksamen Geschäftsfälle zur besseren Transparenz auf **Unterkonten** des Kontos „Eigenkapital“ gebucht.
- Diese Unterkonten werden als **Erfolgskonten** bezeichnet, die sich in **Aufwandskonten** und **Ertragskonten** gliedern.
- Sie treten jeweils **an die Stelle des Kontos „Eigenkapital“**. Das bedeutet:
  - Da die Minderungen des Eigenkapitals durch Aufwendungen auf der Sollseite des Eigenkapitalkontos erfasst wurden, werden die **Aufwendungen in den Aufwandskonten** ebenfalls auf der **Sollseite** gebucht.
  - Da die Mehrungen des Eigenkapitals durch Erträge auf der Habenseite des Eigenkapitalkontos gebucht wurden, werden die **Erträge in den Ertragskonten** auch auf der **Habenseite** gebucht.

Soll	**Eigenkapital**	Haben
Minderungen des Eigenkapitals durch Aufwendungen		Anfangsbestand
Schlussbestand		Mehrungen des Eigenkapitals durch Erträge

Buchungen besser auf
Erfolgskonten

Soll	**Aufwandskonten**	Haben
+		Saldo
+		
+		

Soll	**Ertragskonten**	Haben
Saldo		+
		+
		+

Buchungssätze erfolgswirksamer Geschäftsfälle (Beispiele)

Bei den Buchungssätzen der oben genannten Geschäftsfälle wird das Konto „Eigenkapital“ ersetzt durch die entsprechenden Aufwands- bzw. Ertragskonten:

Geschäftsfälle	**bisherige Buchungen auf dem Konto Eigenkapital**		**künftige Buchungen auf den Aufwands- bzw. Ertragskonten**	
Lohnzahlung durch Banküberweisung über 10.000,00 €	Eigenkapital an Bankguthaben	10.000,00 € 10.000,00 €	Löhne an Bankguthaben	10.000,00 € 10.000,00 €
Verbrauch von Betriebsstoffen für 6.300,00 €	Eigenkapital an Betriebsstoffe	6.300,00 € 6.300,00 €	Aufwendungen für Betriebsstoffe an Betriebsstoffe	6.300,00 € 6.300,00 €
Zinsgutschrift der Bank über 680,00 €	Bankguthaben an Eigenkapital	680,00 € 680,00 €	Bankguthaben an Zinserträge	680,00 € 680,00 €
Verkauf von Fertigerzeugnissen (Umsatzerlöse) auf Ziel über 25.000,00 €	Forderungen a. LL. an Eigenkapital	25.000,00 € 25.000,00 €	Forderungen a. LL. an Umsatzerlöse für eigene Erzeugnisse	25.000,00 € 25.000,00 €

3

Wichtige Aufwandsarten

- **Aufwendungen für Werkstoffe**
  Sie entstehen durch den Verbrauch von Roh-, Hilfs- und Betriebsstoffen in der Fertigung. Die Zuordnung der Materialien zu diesen drei Werkstoffarten ist abhängig von der Art der Produkte, die das Industrieunternehmen herstellt (die OfficeCom AG stellt Büromöbel her):
  - **Aufwendungen für Rohstoffe**
    Rohstoffe machen den **Hauptbestandteil** des Produktes aus. Bei der OfficeCom AG sind dies im Wesentlichen Holz und Edelstahlrohre.
  - **Aufwendungen für Hilfsstoffe**
    Hilfsstoffe gehen als **Nebenbestandteil** in die Erzeugnisse ein. Bei der OfficeCom AG handelt es sich hierbei unter anderem um Schrauben, Kleinteile, Leim, Lacke.
  - **Aufwendungen für Betriebsstoffe**
    Betriebsstoffe sind **nicht Bestandteil** des Erzeugnisses. Die OfficeCom AG setzt Strom, Gas, Wasser, Heizöl, Schmierstoffe usw. ein.
- **Aufwendungen für Vorprodukte/Fremdbauteile**
  Diese von den Lieferanten bezogenen Materialien gehen **ohne weitere Bearbeitung** in die fertigen Erzeugnisse des Industrieunternehmens ein. Bei der OfficeCom AG sind dies unter anderem Gasdruckfedern, Hängeregister und Stuhlrollen.

  Der **Verbrauch der Werkstoffe** wie der **Vorprodukte/Fremdbauteile** wird erfasst bzw. ermittelt
  - laufend mithilfe von **Materialentnahmescheinen** oder
  - nachträglich durch **Inventur** (siehe hierzu S. 138 f.)
- **Abschreibungen auf Sachanlagen**
  Die **Wertminderungen** von Fertigungsmaschinen und Gegenständen der Betriebs- und Geschäftsausstattung, verursacht insbesondere durch die **Abnutzung**, sind Aufwendungen, die als Abschreibungen bezeichnet werden (siehe hierzu ausführlich S. 152 f.).
- **Aufwendungen für Handelswaren**
  Handelswaren sind Produkte, die ein Industrieunternehmen von seinen Lieferanten bezieht und **ohne Be- oder Verarbeitung weiterverkauft**. Das können Zubehörteile wie zum Beispiel ein Mousepad zum PC sein. Oder sie dienen der Ergänzung bzw. Abrundung des Absatzprogramms. Die OfficeCom AG, die Büromöbel herstellt, hat als Handelswaren Schreibtischlampen, Schreibtischsets, Faxgeräte, Drucker und Telefonapparate im Absatzprogramm.
- **Personalaufwendungen**
  - **Löhne** (**Fertigungslöhne**: Sie stehen in unmittelbarem Zusammenhang mit der Fertigung der Erzeugnisse; **Hilfslöhne**: Sie entfallen auf betriebliche Nebentätigkeiten wie zum Beispiel im Lager- und Transportbereich), **Gehälter**, **Ausbildungsvergütungen**
  - **gesetzliche soziale Aufwendungen** wie zum Beispiel Arbeitgeberanteil zur Sozialversicherung (Renten-, Arbeitslosen-, Kranken-, Pflege-, Unfallversicherung), Lohnfortzahlungen im Krankheitsfall
  - **freiwillige soziale Aufwendungen**
    wie zum Beispiel Kosten der betrieblichen Altersversorgung, Fahrtkostenzuschüsse, Essenszuschüsse
- **weitere diverse Aufwendungen**
  Hierunter fallen zum Beispiel **Zinsaufwendungen** für aufgenommene Kredite, **Mietaufwendungen** für gemietete Fertigungshallen, Aufwendungen für **Werbekampagnen**, Aufwendungen für **Büromaterial**, **Telekommunikation** und **Porto**, betriebliche **Steuern**.

Wichtige Ertragsarten

- **Umsatzerlöse für eigene Erzeugnisse**
  Sie bilden die Hauptertragsart eines Industrieunternehmens.
- **Umsatzerlöse für (Handels-)Waren**
  Sie dienen der Abrundung des Verkaufssortiments.
- **Umsatzerlöse für erbrachte Dienstleistungen**
  z. B. für Wartungsarbeiten von Maschinen beim Kunden
- **weitere diverse Erträge**
  Zinserträge aus der Anlage von Geld, **Mieterträge** zum Beispiel aus der Vermietung von Teilen des Bürogebäudes, Erträge aus **Provisionen**, Erträge aus dem **Verkauf gebrauchter Gegenstände** des Anlagevermögens, Erträge aus dem Verkauf von Betriebsteilen, Erträge aus Bestandserhöhungen fertiger und unfertiger Erzeugnisse

Belegbuchungen

Beleg 1

OfficeCom AG — **Materialentnahmeschein**

Stückzahl	Fertig.-anfang	Bereitstellung	Liefertermin	Kolonne	Auftrags-Nr.	Kostenstelle
10	9	14	18	2	1800 703	24

Sachbearbeiter TB: Winkler, erstellt 22.03.20.. — Benennung: Schreibtisch Modell St 34 — Zeichnung-Nr. Z 96
Sachbearbeiter AV: Hiesch, erstellt 25.03.20.. — Montage-Hinweis
Ersatz für — Ursprung — Ersetzt durch — Seite

Gew.	Mat. KZ	Stück-zahl	Benennung/Abmessung	Pos. Pl. V	Teile-Zchng.-Nr. DIN	Mat.-Güte DIN	Kauf-teil	Disp. E	Disp. AV
		40	Edelstahlrohre	20	12-200-20/22	9627 K	K		
			710 mm lang, Ø 80 mm						

Ausgabedatum: 31.03.20..
Ausgeber: Schmidt
Empfänger: Peters

Konto	Soll	Haben

Gebucht:

Nur für die Buchhaltung
Preis je Stück: 94,61 €
Gesamtpreis: 3.784,40 €

Beleg 2

OfficeCom AG

OfficeCom AG · Hansestr. 120 · 38112 Braunschweig

Telefon AG
Elektronstraße 12
65933 Frankfurt/Main

Ihr Zeichen: kr
Ihre Nachricht vom: 15.01.20..
Unser Zeichen: shf
Unsere Nachricht vom: 08.02.20..

Telefon: 0531 3688941
Telefax: 0531 4766083
E-Mail: info@officecom-wvb@t-online.de
Internet: www.officecomag-wvb.de

Datum: 01.03.20..

Rechnung-Nr. 3269/BT

Kunden-Nr.	Auftrags-Nr.	Liefertermin
16-6-55	124/11	31.03.20..

Lieferanschrift
Telefon AG
Elektronstraße 12
65933 Frankfurt/Main

Lieferung
frei Haus
durch Spedition

Menge	Artikelbezeichnung	Einzelpreis	Gesamtpreis
200 St.	Schreibtische, Typ ST 34	2.350,00 €	470.050,00 €
	Rabatt: 5 %		23.500,00 €
			446.500,00 €
	19 % Umsatzsteuer		84.835,00 €
			531.335,00 €

Konto	Soll	Haben

Gebucht:

Zahlungsbedingungen:
2 % Skonto, zahlbar innerhalb 10 Tagen nach Rechnungsdatum;
netto Kasse, zahlbar innerhalb 4 Wochen nach Rechnungsdatum.

Bankverbindung:
Hartbank Braunschweig, Konto 21 345 839, BLZ 250 500 08
BIC: HARBABR2XXX, IBAN: DE66 2505 0008 0021 3458 39

Amtsgericht Braunschweig,
Handelsregister Nr. HRB 126
USt-IdNr. DE 328 495 331

Beleg 3

Hartbank Braunschweig — KONTOAUSZUG

BIC	Datum	Auszug Nr.	Blatt Nr.	für IBAN
HARBABR2XXX	15.05.20..	166	1	DE66 2505 0008 0021 3458 39

Buchungstext	Buchungstag	Valuta	Umsatz Soll = –
Miete Jäger OHG für ..-05	30.04.20..		3.480,00 €

Herrn/Frau/Firma
OfficeCom AG
Hansestraße 120
38112 Braunschweig

Konto	Soll	Haben

Gebucht:

Soll — Alter Saldo — Haben: 1.104.366,28 €
Soll — Neuer Saldo — Haben: 1.107.846,28 €

BIC: HARBABR2XXX
IBAN: DE66 2505 0008 0021 3458 39

Beleg 4

Deutsche Telekom AG
53171 Bonn
DV 03 0,55

OfficeComAG
Hansestraße 120
38112 Braunschweig

Datum 21.06.20..
Seite 1 von 4

Kundennummer 298 100 9725
Rechnungsnummer 913 685 3071
Buchungskonto 476 020 3885

Haben Sie noch Fragen zu Ihrer Rechnung? www.telekom.de/rechnungshilfe

Telefon 0800 33 01000

Ihre Rechnung für Juni 20..

Die Leistungen im Überblick (Summen)		Beträge (Euro)
Monatliche Beträge		33,36
Nutzungsabhängige Beträge		485,82
Beträge anderer Anbieter		4,24
Summe der oben angeführten Beträge		523,42
Umsatzsteuer 19 % auf ...	523,42 Euro	99,45
Rechnungsbetrag		622,87

Der Rechnungsbetrag wird nicht vor dem 7. Tag nach Zugang der Rechnung von Ihrem Konto 0021345839, BLZ 25050008 abgebucht.

Auf einen Blick alles Wichtige -
mehr Details sehen Sie auf der Rückseite dieser Rechnung.

Konto	Soll	Haben

Gebucht:

Beleg Nr.	Buchungssatz	Soll	Haben
Beleg 1	Aufwendungen für Rohstoffe an Rohstoffe	3.784,40 €	3.784,40 €
Beleg 2*	Forderungen a. LL. an Umsatzerlöse für eigene Erzeugnisse	446.500,00 €	446.500,00 €
Beleg 3	Bankguthaben an Mieterträge	3.480,00 €	3.480,00 €
Beleg 4*	Porto, Telefon, Telefax an Bankguthaben	523,42 €	523,42 €

* Auf die Berücksichtigung der Umsatzsteuer wird an dieser Stelle verzichtet.

Gewinn- und Verlustkonto (GuV)

Profit and loss accounts

Begriff und Aufgabe

Da die Erfolgskonten Unterkonten des Kontos „Eigenkapital“ sind, werden sie über das Konto „Eigenkapital“ abgeschlossen. Dies geschieht allerdings nicht direkt, sondern die **Aufwands- und Ertragskonten** werden zunächst **über** das sogenannte **Gewinn- und Verlustkonto abgeschlossen.**

Hier werden die Salden aller Ertrags- (auf der Haben-Seite) und Aufwandskonten (auf der Soll-Seite) einander gegenübergestellt.

Sind die Erträge höher als die Aufwendungen, ergibt die **Differenz (Saldo)** den **Gewinn**; sind die Erträge geringer als die Aufwendungen, bedeutet der Saldo einen **Verlust**. Durch diese Gegenüberstellung von Erträgen und Aufwendungen können dann die **Ursachen für den Unternehmenserfolg oder -misserfolg** ermittelt werden.

Erst der Saldo des „Gewinn- und Verlustkontos“ wird über das Konto „Eigenkapital“ abgeschlossen.

Buchungen

- Abschluss der Aufwandskonten:
  GuV an Aufwandskonten
- Abschluss der Ertragskonten:
  Ertragskonten an GuV
- Abschluss des Kontos GuV
  - für den Fall eines Gewinnes:
    GuV an Eigenkapital
  - für den Fall eines Verlustes:
    Eigenkapital an GUV

Gewinnfall

Soll	**Gewinn- und Verlustkonto** Haben
Aufwendungen	Erträge
Gewinn	

Soll	**Eigenkapital** Haben
Schlusskapital	Anfangskapital
	Gewinn

Verlustfall

Soll	**Gewinn- und Verlustkonto** Haben
Aufwendungen	Erträge
	Verlust

Soll	**Eigenkapital** Haben
Verlust	Anfangskapital
Schlusskapital	

vgl. Scharf, Dirk: Finanzbuchhaltung 1: Grundlagen, Gabler Verlag Wiesbaden 1995, S. 27

Buchungen erfolgswirksamer Geschäftsfälle auf Konten und Abschluss (Beispiel)

Der folgenden Darstellung liegen die Buchungssätze der Geschäftsfälle auf S. 119 zugrunde.

Soll		**Löhne**	Haben
Bankguthaben	10.000,00	GuV	10.000,00

Soll		**Aufwendungen für Betriebsstoffe**	Haben
Betriebsstoffe	6.300,00	GuV	6.300,00

Soll		**Zinserträge**	Haben
GuV	680,00	Bankguthaben	680,00

Soll		**Umsatzerlöse**	Haben
GuV	25.000,00	Forderungen a. LL.	25.000,00

Soll		**GuV-Konto**	Haben
Löhne	10.000,00	Umsatzerlöse	25.000,00
Aufw. für Betriebsstoffe	6.300,00	Zinserträge	680,00
Eigenkapital	9.380,00		
	25.680,00		25.680,00

Soll		**Eigenkapital**	Haben
Schlussbestand	109.380,00	Anfangsbestand	100.000,00
		GuV	9.380,00
	109.380,00		109.380,00

Gewinn- und Verlustrechnung nach HGB

Profit and loss accounts according to German commercial law

Gewinn- und Verlustrechnung nach dem Gesamtkostenverfahren

Mindestgliederung nach § 275 Absatz 2 HGB

1. Umsatzerlöse
2. Erhöhung oder Verminderung des Bestandes an fertigen und unfertigen Erzeugnissen
3. andere aktivierte Eigenleistungen
4. sonstige betriebliche Erträge
5. Materialaufwand:
   a) Aufwendungen für Roh-, Hilfs- und Betriebsstoffe und für bezogene Waren
   b) Aufwendungen für bezogene Leistungen
6. Personalaufwand:
   a) Löhne und Gehälter
   b) soziale Abgaben und Aufwendungen für Altersversorgung und für Unterstützung, davon für Altersversorgung
7. Abschreibungen:
   a) auf immaterielle Vermögensgegenstände des Anlagevermögens und Sachanlagen
   b) auf Vermögensgegenstände des Umlaufvermögens, soweit diese die in der Kapitalgesellschaft üblichen Abschreibungen überschreiten
8. sonstige betriebliche Aufwendungen
9. Erträge aus Beteiligungen, davon aus verbundenen Unternehmen
10. Erträge aus anderen Wertpapieren und Ausleihungen des Finanzanlagevermögens, davon aus verbundenen Unternehmen
11. sonstige Zinsen und ähnliche Erträge, davon aus verbundenen Unternehmen
12. Abschreibungen auf Finanzanlagen und auf Wertpapiere des Umlaufvermögens
13. Zinsen und ähnliche Aufwendungen, davon an verbundene Unternehmen
14. Steuern vom Einkommen und vom Ertrag
15. Ergebnis nach Steuern
16. sonstige Steuern
17. Jahresüberschuss/Jahresfehlbetrag

Gewinn- und Verlustrechnung nach dem Umsatzkostenverfahren

Mindestgliederung nach § 275 Absatz 3 HGB

1. Umsatzerlöse
2. Herstellungskosten der zur Erzielung der Umsatzerlöse erbrachten Leistungen
3. Bruttoergebnis vom Umsatz
4. Vertriebskosten
5. allgemeine Verwaltungskosten
6. sonstige betriebliche Erträge
7. sonstige betriebliche Aufwendungen
8. Erträge aus Beteiligungen, davon aus verbundenen Unternehmen
9. Erträge aus anderen Wertpapieren und Ausleihungen des Finanzanlagevermögens, davon aus verbundenen Unternehmen
10. sonstige Zinsen und ähnliche Erträge, davon aus verbundenen Unternehmen
11. Abschreibungen auf Finanzanlagen und auf Wertpapiere des Umlaufvermögens
12. Zinsen und ähnliche Aufwendungen, davon an verbundene Unternehmen
13. Steuern vom Einkommen und vom Ertrag
14. Ergebnis nach Steuern
15. sonstige Steuern
16. Jahresüberschuss/Jahresfehlbetrag

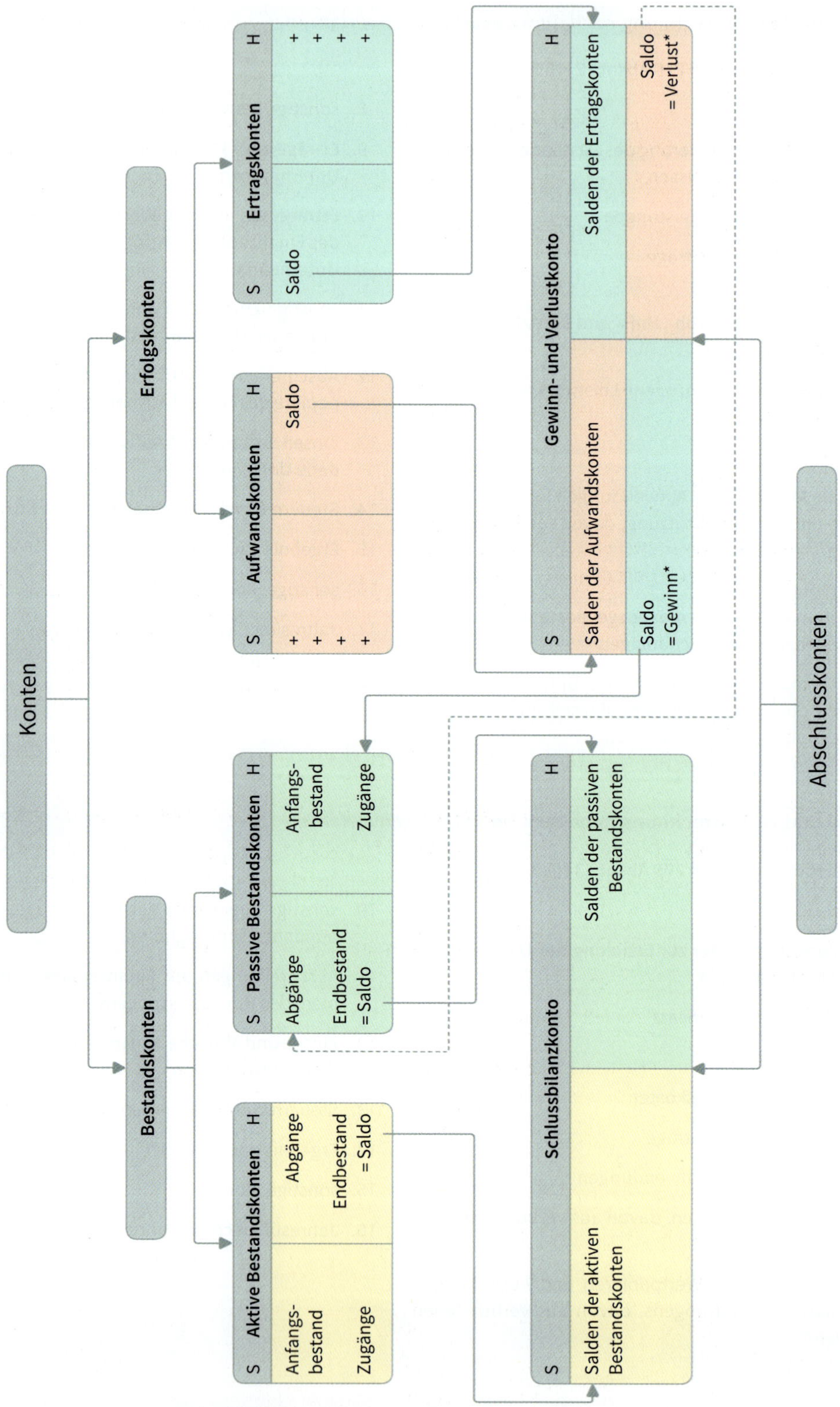

* Buchung auf Eigenkapitalkonto (= passives Bestandskonto)

vgl.: Scharf, Dirk, Finanzbuchhaltung 1. Grundlagen, Gabler Verlag Wiesbaden 1995, S. 26

Rechtliche Grundlage

Der Umsatzsteuer unterliegen im Wesentlichen nach **§ 1 Absatz 1 UStG** *„1. die Lieferungen und sonstigen Leistungen, die ein Unternehmer im Inland gegen Entgelt im Rahmen seines Unternehmens ausführt. ... 4. die Einfuhr von Gegenständen aus dem Drittlandsgebiet in das Inland ... 5. der innergemeinschaftliche Erwerb im Inland gegen Entgelt“* sowie nach **§ 3 Absatz 1b UStG** *„... die Entnahme eines Gegenstandes durch einen Unternehmer aus seinem Unternehmen für private Zwecke ...“*

Steuerart/Steuersätze

- **Verkehrsteuer:** ihrer Wirkung nach jedoch Verbrauchsteuer, da letztlich der Endverbraucher mit der Steuer belastet wird
- **Allgemeiner Steuersatz:** 19 % (§ 12 Absatz 1 UStG)
- **Ermäßigter Steuersatz:** 7 % (§ 12 Absatz 2 UStG); gilt unter anderem für Lebensmittel und Druck-Erzeugnisse (vgl. im Einzelnen „Liste der dem ermäßigten Steuersatz unterliegenden Gegenstände“ – Anhang zu § 12 Absatz 2 UStG).

Regel-Umsatzsteuersätze im Vergleich

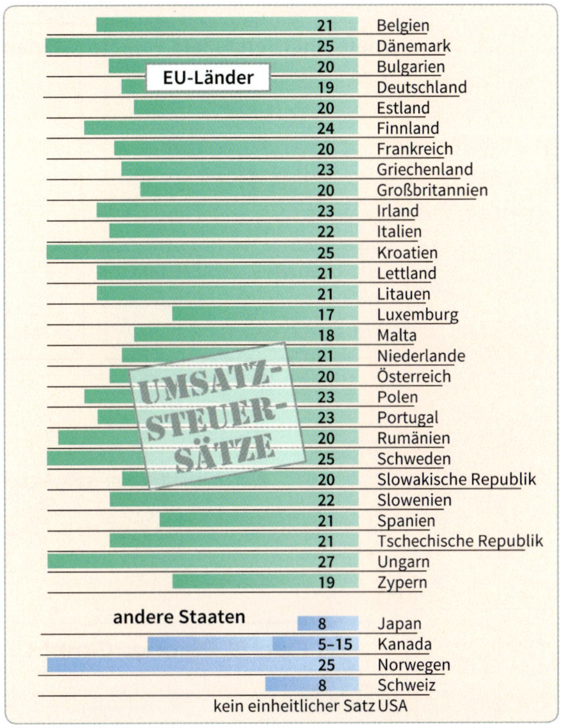

Wesen

Beispiel eines dreistufigen Güterweges mit Umsatzsteuer (USt): Herstellung und Verkauf eines Büroschreibtisches

Umsatzstufe	Verkaufspreis netto	– Einkaufspreis netto	= Mehrwert	USt = 19 % des Mehrwertes[1]
1. Sägewerk	200,00 €	0,00 €	200,00 €	38,00 €
2. Holzgroßhandlung	300,00 €	200,00 €	100,00 €	19,00 €
3. OfficeCom AG	800,00 €	300,00 €	500,00 €	95,00 €
4. Endverbraucher	zahlt und trägt		800,00 €	152,00 €

Beispiel eines dreistufigen Güterweges mit Vorsteuerabzug (USt – VSt):

Umsatzstufe	Rechnung an Stufe	erhaltene USt von Stufe	– gezahlte VSt an Stufe	= Zahllast an das Finanzamt
1. Sägewerk	2: Nettowert 200,00 € + 19 % USt 38,00 € = Rg.-betrag 238,00 €	2: 38,00 €	–	38,00 €
2. Holzgroßhandlung	3: Nettowert 300,00 € + 19 % USt 57,00 € = Rg.-betrag 357,00 €	3: 57,00 €	1: 38,00 €	19,00 €
3. OfficeCom AG	4: Nettowert 800,00 € + 19 % USt 152,00 € = Rg.-betrag 952,00 €	4: 152,00 €	2: 57,00 €	95,00 €
4. Endverbraucher	zahlt an Stufe 3: Nettowert 800,00 € + 19 % USt 152,00 € = Rg.-betrag 952,00 €			∑ 152,00 €

[1] Die Umsatzsteuer wird umgangssprachlich häufig als Mehrwertsteuer bezeichnet.

3

Grafische Darstellung und Erläuterung des Umsatzsteuersystems

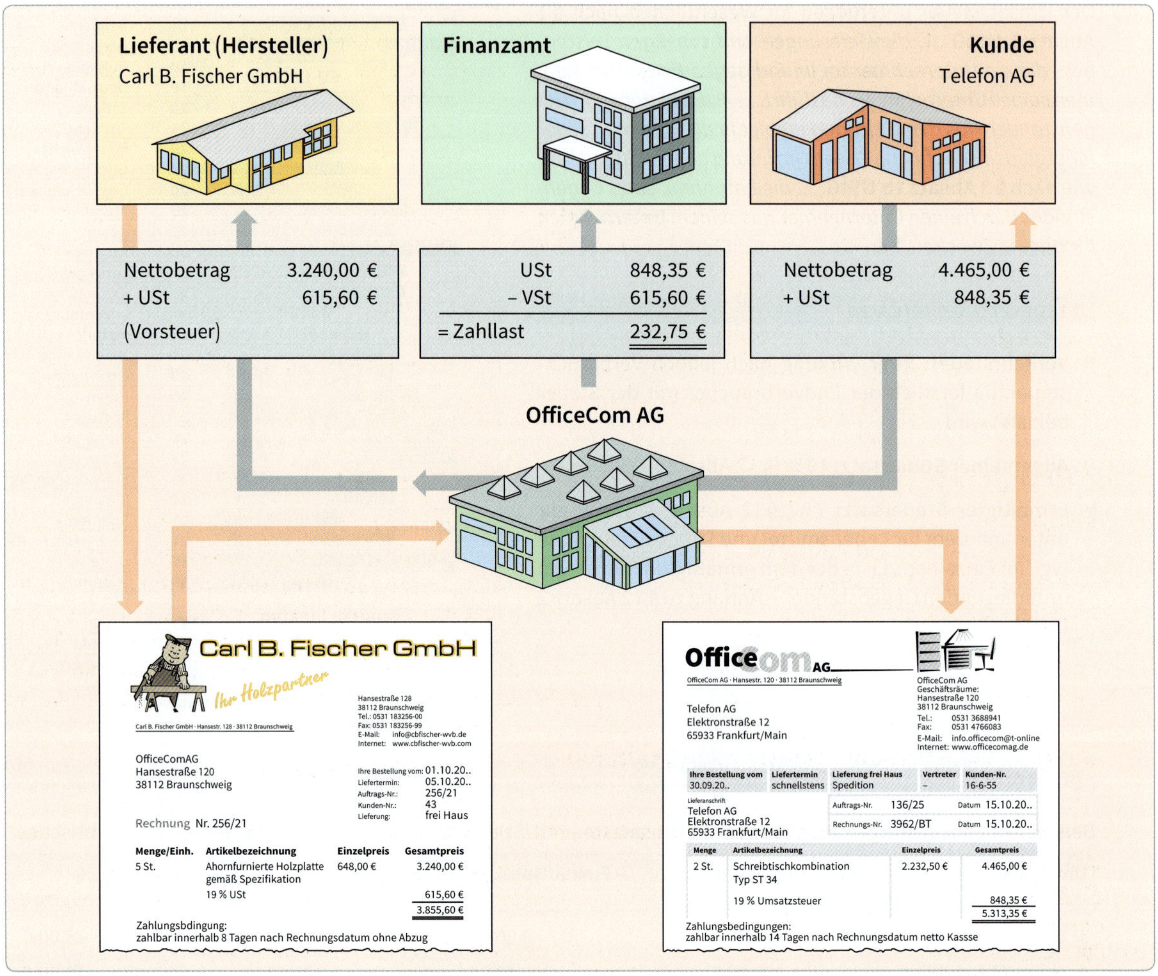

- Die OfficeCom AG verkauft zwei Schreibtischkombinationen an den Kunden Telefon AG und erhält dafür den Nettobetrag von 4.465,00 € sowie die Umsatzsteuer in Höhe von 848,35 €.
- Diesen **erhaltenen Umsatzsteuerbetrag** von 848,35 € **schuldet** die OfficeCom AG dem Finanzamt.
- Andererseits muss die OfficeCom AG für den Einkauf dieser beiden Schreibtischkombinationen den Nettobetrag von 3.240,00 € zuzüglich 615,60 € Umsatzsteuer an ihren Lieferanten Carl B. Fischer GmbH zahlen.
- Der **gezahlte Umsatzsteuerbetrag** von 615,60 € stellt für die OfficeCom AG als Vorsteuer eine **Forderung** an das Finanzamt dar.
- Die OfficeCom AG verrechnet die gezahlte Umsatzsteuer von 615,60 € (Vorsteuer) mit der erhaltenen Umsatzsteuer von 848,35 € und führt die **Differenz** von 232,75 € als **Zahllast** an das Finanzamt ab.
- Der Betrag der Zahllast von 232,75 € macht 19 % von dem in der OfficeCom AG geschaffenen **Mehrwert** von 1.225,00 € (4.465,00 € – 3.240,00 €) aus.
- Die erhaltene Umsatzsteuer von 848,35 € ist für die OfficeCom AG ein **durchlaufender Posten**, da ein Teil dieses Betrages in Höhe von 615,60 € an den Lieferanten „fließt", der anderen Teil in Höhe von 232,75 € als Zahllast an das Finanzamt gezahlt wird.
- Die beim Einkauf zu zahlende Umsatzsteuer (Vorsteuer) bedeutet für das Unternehmen (OfficeCom AG) **keinen Aufwand**, die aus dem Verkauf erhaltene Umsatzsteuer **keinen Ertrag**.
- Mit der Umsatzsteuer wird ausschließlich der **Endverbraucher** (Telefon AG) belastet.

Konten

- Die aus Verkäufen erhaltene **Umsatzsteuer** ist eine (zu hohe) **Verbindlichkeit** gegenüber dem Finanzamt.
- Sie wird auf dem **passiven Bestandskonto** „Umsatzsteuer“ erfasst.
- Die bei Einkäufen zu zahlende Umsatzsteuer (= **Vorsteuer**) stellt eine **Forderung** an das Finanzamt dar.
- Sie wird auf dem **aktiven Bestandskonto** „Vorsteuer“ gebucht.

Umsatzsteuer-Voranmeldung

- Die Verrechnung der Vorsteuer mit der Umsatzsteuer führt zu der von den Unternehmen an das Finanzamt abzuführenden Umsatzsteuer-Zahllast.
- Die Umsatzsteuer-Zahllast wird dem Finanzamt mithilfe der Software **„Elster“** (**el**ektronische **St**euer**er**klärung) über das Internet gemeldet.
- Umsatzsteuer-Vorauszahlungen auf die Zahllast sind grundsätzlich **vierteljährlich**, bei einer Vorjahres-Umsatzsteuer von mehr als 7.500,00 € **monatlich** (bis zum 10. des folgenden Monats) zu leisten.
- Die Umsatzsteuer-Jahreserklärung ist bis zum 31. Mai des Folgejahres beim Finanzamt einzureichen.

Buchungen

Buchung beim Einkauf (Kreditorenbuchhaltung)

Beispiel:
Zieleinkauf von 10 ISDN-Karten für den Internetzugang, Nettowert pro Stück: 69,50 € + 19 % USt
Buchungssatz:

Fremdbauteile	695,00 €	
Vorsteuer	132,05 €	
an Verbindlichkeiten		827,05 €

Buchung beim Verkauf (Debitorenbuchhaltung)

Beispiel:
Barverkauf von zwei PCs einschließlich Monitor, Nettowert pro Stück: 1.460,00 € + 19 % USt
Buchungssatz:

Kasse	3.474,80 €	
an Umsatzerlöse		2.920,00 €
an Umsatzsteuer		554,80 €

Ermittlung und Überweisung der Zahllast

Beispiel:
Am Monatsende weisen die Konten „Vorsteuer“ und „Umsatzsteuer“ nach diversen Buchungen folgende Beträge auf:

S	VSt	H
3.620,00 €		

S	USt	H
		4.135,00 €

Buchung zur Ermittlung der Zahllast:

Umsatzsteuer	3.620,00 €	
an Vorsteuer		3.620,00 €

Buchung zur Überweisung der Zahllast an das Finanzamt:
(4.135,00 € – 3.620,00 € = 515,00 €)

Umsatzsteuer	515,00 €	
an Bankguthaben		515,00 €

Passivierung der Zahllast

Wenn im Dezember der Betrag der erhaltenen Umsatzsteuer höher ist als der der gezahlten Vorsteuer, dann ist die Zahllast zum 31. Dezember zu passivieren. So lange die Zahllast nicht an das Finanzamt gezahlt wurde, stellt sie eine Verbindlichkeit gegenüber dem Finanzamt dar, die auf der Passivseite der Jahresbilanz auszuweisen ist. Auf der Grundlage des vorangegangenen ***Beispiels*** sind folgende **Buchungen** vorzunehmen:

zum 31. Dezember des alten Jahres

Umsatzsteuer	3.620,00 €	
an Vorsteuer		3.620,00 €
Umsatzsteuer	515,00 €	
an Schlussbilanzkonto		515,00 €

zum 1. Januar des neuen Jahres

Eröffnungsbilanzkonto	515,00 €	
an Umsatzsteuer		515,00 €

am 10. Januar des neuen Jahres

Umsatzsteuer	515,00 €	
an Bankguthaben		515,00 €

Vorsteuerüberhang

Ist in einem Monat der Vorsteuerbetrag höher als der Umsatzsteuerbetrag, so kann dieser sogenannte **Vorsteuerüberhang** auf Antrag vom Finanzamt **erstattet** werden oder er wird mit der Zahllast des nächsten Monats **verrechnet**. Für Dezember ist der Vorsteuerüberhang zu **aktivieren**, da er eine Forderung an das Finanzamt darstellt.
Beispiel: USt: 5.160,00 €, VSt: 7.096,00 €
Buchungen per 31. Dez.

Umsatzsteuer	5.160,00 €	
an Vorsteuer		5.160,00 €
Schlussbilanzkonto	1.936,00 €	
an Vorsteuer		1.936,00 €

Privatkonto *Private account*

3

Kontoart

- Konto des Einzelunternehmers bzw. der Vollhafter von Personengesellschaften
- Passives Bestandskonto
- Unterkonto des Kontos „Eigenkapital“

Aufgaben

- Erfassung privater Entnahmen, zum Beispiel Geld für Lebens- und Krankenversicherung, für Urlaubsreisen usw. und Entnahmen von Waren, jeweils auf der Grundlage von Eigenbelegen
- Erfassung privater Kapitaleinlagen in das Unternehmen aus dem Privatvermögen

Wirkungen

- **Privatentnahmen** mindern das Eigenkapital.
- **Privateinlagen** erhöhen das Eigenkapital.

Geschäftsfälle

Soll	**Privatkonto** Haben
■ Geldentnahmen für private Zwecke ■ Sachentnahmen für private Zwecke ■ private Inanspruchnahme betrieblicher Leistungen ■ private Nutzung betrieblicher Einrichtungen ■ Saldo (Privateinlagen > Privatentnahmen)	■ Geldeinlagen aus Privatvermögen ■ Sacheinlagen aus Privatvermögen ■ Saldo (Privateinlagen < Privatentnahmen)

Buchungen

Geldeinlagen

Beispiel: Der Unternehmer steckt eine Erbschaft von 250.000,00 € in seinen Betrieb.

Buchungssatz:

Bank	250.000,00 €	
an Privatkonto		250.000,00 €

Sacheinlagen

Beispiel: Bei Gründung einer OHG bringt ein Komplementär ein Grundstück im Wert von 500.000,00 € in das Unternehmen ein.

Buchungssatz:

Grundstücke	500.000,00 €	
an Privatkonto		500.000,00 €

Geldentnahmen

Beispiel: Für eine Urlaubsreise entnimmt der Geschäftsinhaber der Kasse 3.000,00 €.

Buchungssatz:

Privatkonto	3.000,00 €	
an Kasse		3.000,00 €

Sachentnahmen

Entnahmen von Erzeugnissen und Handelswaren durch den Unternehmer sind umsatzsteuerpflichtig (§ 3 Absatz 1b Ziffer 1 UStG). Die Buchung erfolgt auf dem Ertragskonto „Entnahme von Gegenständen und sonstigen Leistungen“ (Entnahme v. G. u. s. L.). Abschluss über GuV-Konto.

Beispiel: Der Inhaber einer Möbelfabrik entnimmt für sich einen Esstisch, Nettowert 1.500,00 €, zuzüglich 19 % USt.

Buchungssatz:

Privatkonto	1.785,00 €	
an Entnahme v. G. u. s. L.		1.500,00 €
an Umsatzsteuer		285,00 €

Private Inanspruchnahme betrieblicher Leistungen

Die private Inanspruchnahme von Leistungen des Unternehmens durch den Unternehmer ist nach § 3 Absatz 9a UStG umsatzsteuerpflichtig.

Beispiel: Ein Bauunternehmer lässt von Dachdeckern seines Unternehmens das Dach seines Wohnhauses neu decken; Kosten: 13.200,00 €.

Buchungssatz:

Privatkonto	15.708,00 €	
an Entnahme v. G. u. s. L.		13.200,00 €
an Umsatzsteuer		2.508,00 €

Privatkonto *Private account*

Private Nutzung betrieblicher Einrichtungen

Private Nutzung des Betriebs-Pkws

Da dem Betriebsvermögen zugehörige Pkws häufig auch privat genutzt werden, muss der Privatanteil als fiktive Betriebseinnahme versteuert werden.

Die beim Pkw-Kauf ausgewiesene Vorsteuer und die Vorsteuer der laufenden Pkw-Kosten (z. B. Benzin, Instandhaltung) werden seit dem 01.01.2004 zu 100 % vom Finanzamt erstattet. Folglich ist die private Nutzung dann umsatzsteuerpflichtig.

Für die Ermittlung des privaten Nutzungsanteils kommen drei Methoden in Betracht:

- Fahrtenbuch-Methode
- Schätzmethode
- pauschale 1-%-Methode

(zu den Methoden siehe z. B. www.steuernetz.de)

	1-%-Methode	*Beispiel*
	Anschaffungskosten (netto)	35.000,00 €
+	19 % Umsatzsteuer	6.650,00 €
=	Bruttolistenpreis	41.650,00 €
x	1 % pro Monat	416,50 €
x	Anzahl der Monate (z. B. 12)	4.998,00 €
–	20 % pauschal für nicht mit Vorsteuer belastete Kosten (z. B. Kfz-Steuer)	999,60 €
=	Bemessungsgrundlage für USt	3.998,40 €
	darauf 19 % Umsatzsteuer	759,70 €

Ermittlung des privaten Nutzungsanteils:

	umsatzsteuerfreier Anteil:	999,60 €
+	umsatzsteuerpflichtiger Anteil:	3.998,40 €
+	Umsatzsteuer:	759,70 €
=	privater Nutzungsanteil einschließlich Umsatzsteuer	5.757,70 €

Buchungssatz:

Privatkonto	5.757,70 €	
an Entnahme v. G. u. s. L. (ohne USt)		999,60 €
an Entnahme v. G. u. s. L. (mit 19 % USt)		3.998,40 €
an Umsatzsteuer		759,70 €

Private Nutzung des Geschäftstelefons

- Die private Nutzung des Geschäftstelefons ist gemäß BFH-Urteil vom 23.09.1993 kein steuerpflichtiger Eigenverbrauch.
- Die auf dem Konto „Porto, Telefon, Telefax" gebuchten Kosten und die Vorsteuer sind nur um den Privatanteil zu korrigieren.

Beispiel:
Gebuchte Telefonkosten netto gesamt: 5.650,00 € zzgl. 19 % USt; Privatanteil gemäß Gebührenzähler: 15 %.

Buchungssatz:

Privatkonto	1.008,53 €	
an Porto, Telefon, Telefax		847,50 €
an Vorsteuer		161,03 €

Abschlussbuchungen

- Konto „Entnahme von Gegenständen und sonstigen Leistungen"
  → Entnahme von Gegenständen und sonstigen Leistungen an GuV-Konto
- Konto „Privatkonto"
  Privateinlagen > Privatentnahmen → Privatkonto an Eigenkapital
  Privateinlagen < Privatentnahmen → Eigenkapital an Privatkonto

Soll	Privatkonto	Haben
Privatentnahmen Private Nutzung	Privateinlagen Entnahmeüberschuss	

Soll	Eigenkapital	Haben
Entnahmeüberschuss Endbestand	Anfangsbestand	

Soll	Privatkonto	Haben
Privatentnahmen Private Nutzung Einlagenüberschuss	Privateinlagen	

Soll	Eigenkapital	Haben
Endbestand	Anfangsbestand Einlagenüberschuss	

Schritte zur Erfassung von Geschäftsfällen

1. Schritt:
Kontierung der **Belege**

2. Schritt:
Buchungen im **Grundbuch**
in zeitlicher Reihenfolge

3. Schritt:
Buchungen im **Hauptbuch**
auf sachlich geordneten Konten

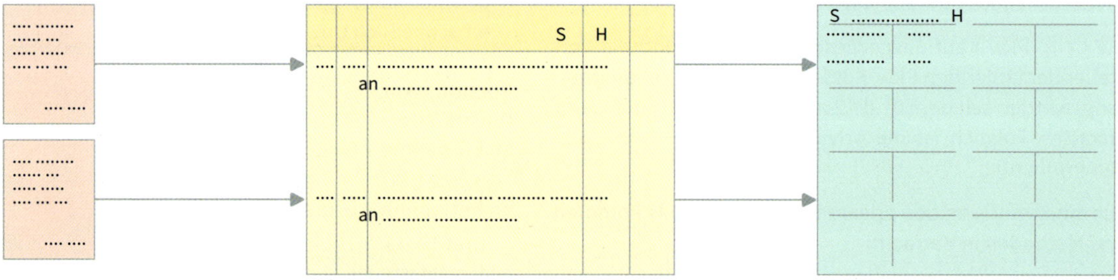

Belege

Arten

- **Interne Belege** (Eigenbelege)
  Im Unternehmen selbst erstellte Belege

  Beispiele:
  - Durchschriften von Ausgangsrechnungen
  - Quittungsdurchschriften
  - Gutschriftsanzeigen an Kunden
  - Begleitbriefe zu selbst ausgestellten Schecks
  - Lohn- und Gehaltslisten
  - Materialentnahmescheine

- **Externe Belege** (Fremdbelege)
  Von außen in das Unternehmen gelangte Belege

  Beispiele:
  - Eingangsrechnungen
  - Quittungen
  - Kontoauszüge der Kreditinstitute
  - Gutschriftsanzeigen von Lieferanten für Preisnachlässe und Boni
  - Begleitbriefe zu erhaltenen Schecks

- **Ersatzbelege (Notbelege)**
  - **Ersatz** für abhanden gekommene Belege
  - **Nicht erhältliche** Fremdbelege

  Beispiel:
  Ersatzbeleg für ein von einer öffentlichen Telefonzelle aus geführtes Gespräch

Bearbeitung

- **Überprüfen** auf sachliche und rechnerische Richtigkeit
- **Sortieren** nach Belegarten, zum Beispiel nach Eingangsrechnungen, Ausgangsrechnungen usw.
- Fortlaufend **nummerieren**
- **Vorkontieren** mithilfe eines Kontierungsstempels auf der Grundlage des Kontenplans
- **Ablegen** nach der Buchung und zehn Jahre lang (§ 257 HGB) aufbewahren

Beispiel:

Celler Maschinenfabrik ER 48

OfficeCom AG
Hansestraße 120
38112 Braunschweig

Konto	Soll	Haben
Maschinen	20.000,00	
Vorsteuer	3.800,00	
Bankguthaben		5.000,00
Verbindlich. a. LL.		18.800,00
Gebucht: 16.04.20.. J IV/3ka*		

Rechnungs-Nr.: 25 678 20..-04-12

1 St. Drehbank	20.000,00 €
19 % Umsatzsteuer	3.800,00 €
	23.800,00 €

Zahlbar 5.000,00 € sofort per Scheck
Rest in zwei Wochen

Konto	Soll	Haben
Maschinen	20.000,00	
Vorsteuer	3.800,00	
Bankguthaben		5.000,00
Verbindlichkeiten a. LL.		18.800,00
Gebucht: 16.04.20.. J IV/3ka*		

* J IV/3: Die Buchung erfolgte im Journal (Grundbuch) für April auf Seite 3.
ka: Kurzzeichen des Buchhalters

Belegbearbeitung als Ereignisgesteuerte Prozesskette (EPK)

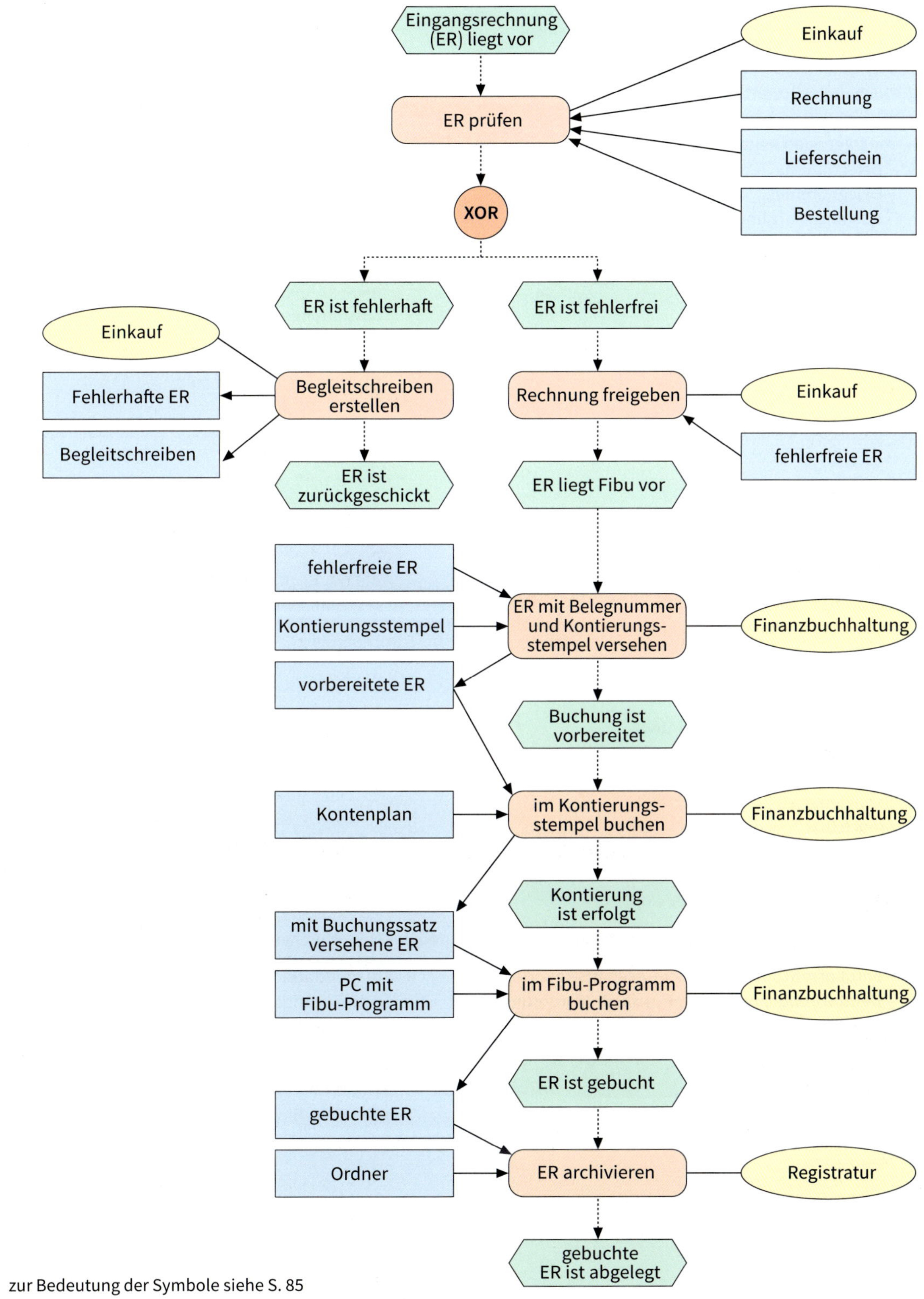

zur Bedeutung der Symbole siehe S. 85

3

Grundbuch

Begriff:

- Tagebuch oder Journal (jour [frz.] = Tag)
- Buchungen **in zeitlicher** (chronologischer) **Reihenfolge** mit folgenden Angaben:
  - Belegdatum,
  - Belegnummer,
  - Buchungssatz und Buchungstext,
  - Euro-Beträge der Soll- und der Habenbuchung.

Beispiel:

Seite 9		**Grundbuch April 20..**		
Belegdatum	Beleg-Nr.	Buchungssatz/-text	Soll	Haben
20.04.	ER 48	Maschinen Vorsteuer an Bankguthaben an Verbindlichkeiten a. LL. Kauf einer Drehbank von Celler Maschinenfabrik Rechnungs-Nr.: 25 678	20.000,00 3.800,00	 5.000,00 18.800,00
21.04.	ER 49	Betriebs- und Geschäftsausstattung Vorsteuer an Bankguthaben Kauf eines PC von Compufix Rechnungs-Nr.: 123	2.000,00 380,00	 2.380,00
⋮	⋮			

Hauptbuch

Begriff:

- Gesamtheit aller Konten des betrieblichen Kontenplans
- Buchen der Geschäftsfälle **nach sachlichen Gesichtspunkten**
- Durch Saldierung in den Konten ist der jeweilige Stand der einzelnen Vermögensteile und Schuldenarten jederzeit schnell ermittelbar.

Beispiel:

Konto Bankguthaben					
Datum	Beleg-Nr.	Buchungstext	Gegenkonto	Betrag	
				Soll	Haben
20.04.	ER 48	Verrechnungsscheck an Celler Maschinenfabrik	Masch./ Vorst.	–	5.000,00
⋮	⋮	…			
⋮	⋮	…			
⋮	⋮	…			

Nebenbücher

Nebenbücher dienen der Erläuterung bestimmter Sachkonten des Hauptbuches:

- **Kontokorrentbuch** (Buch der Geschäftsfreunde)
  - **Debitorenbuchhaltung** → erfasst Forderungen an Kunden
  - **Kreditorenbuchhaltung** → erfasst Verbindlichkeiten gegenüber Lieferanten
- **Lagerdatei**
  erfasst Zugänge, Abgänge und Bestände der einzelnen Materialien
- **Anlagendatei**
  weist Zugänge, Abschreibungen und Abgänge der einzelnen Güter des Anlagevermögens aus
- **Lohn- und Gehaltslisten**
  nehmen die Lohn- und Gehaltsabrechnungen der Mitarbeiter auf

aus: Hübscher, Heinrich u. a.: IT-Handbuch, IT-Systemkaufmann/-frau, Informatikkaufmann/-frau, 9. Aufl., Braunschweig, Westermann Verlag, 2015, S. 433

Grundsätze ordnungsmäßiger Buchführung (GoB)

- Um Handelsgeschäfte und Vermögenslage ersichtlich zu machen, sind **Handelsbücher** zu führen (§ 238 Abs. 1 HGB).
- Hierzu ist ein **Buchführungssystem** zu verwenden, wobei sowohl die einfache als auch die doppelte Buchführung dem Anspruch der **Nachprüfbarkeit** Genüge tun würden.
- Im Falle der doppelten Buchführung sind die Geschäftsfälle in zeitlicher Reihenfolge im Journal oder **Grundbuch** und nach sachlichen Gesichtspunkten im **Hauptbuch** auf Sachkonten sowie in Nebenbüchern, wie z. B. Kassenbuch, Kontokorrentbuch, aufzuzeichnen.
- Die Bücher sind in einer **lebenden Sprache** zu führen (§ 239 Abs. 1 HGB).
- Die Aufstellung des Jahresabschlusses erfolgt in **deutscher Sprache** und die Bewertung in **Euro** (§ 244 HGB).
- Die Eintragungen in die Handelsbücher sind **zeitgerecht** und **geordnet** vorzunehmen (§ 239 Abs. 2 HGB).
- Eintragungen dürfen nur so geändert werden, dass der **urspüngliche Inhalt** noch feststellbar ist (§ 239 Abs. 3 HGB).
- Allen Buchungen müssen **Belege** zugrunde liegen.
- Handelsbücher, Inventare, Bilanzen, Buchungsbelege und Lageberichte müssen **10 Jahre**, Handelsbriefe und sonstige Unterlagen **6 Jahre** aufbewahrt werden (§ 257 HGB).
- Die Dauer des **Geschäftsjahres** darf **12 Monate** nicht überschreiten (§ 240 Abs. 2 HGB).
- Die Beachtung des **Stichtagsprinzips** (Bewertung der Vermögensgegenstände und der Schulden zum Abschlussstichtag) nach § 252 Abs. 1 Ziff. 3 HGB soll die Berücksichtigung zukünftiger Ereignisse ausschließen.
- Grundsätzlich gilt für die einzelnen Vermögensgegenstände und die Schulden das Prinzip der **Einzelbewertung**.

aus: Hübscher, Heinrich u. a.: IT-Handbuch, IT-Systemkaufmann/-frau, Informatikkaufmann/-frau, 9. Aufl., Braunschweig, Westermann Verlag, 2015, S. 420

Kontenrahmen

- **Systematische Gliederung** aller **Konten** der Betriebe einer Branche, zum Beispiel für Industriebetriebe der Industrie-Kontenrahmen
- Gliederung nach dem **Abschlussgliederungsprinzip** (im Hinblick auf den Jahresabschluss)
- Aufbau nach dem **dekadischen System** in
  - 10 Kontenklassen; je Klasse in
  - 10 Kontengruppen; je Gruppe in
  - 10 Kontenarten; je Art in
  - 10 Kontenunterarten; jede Unterart …

Abschlussgliederungsprinzip

Soll	**8010 Schlussbilanzkonto**		Haben
Kontenklasse	Aktiva	Passiva	Kontenklasse
0	Immaterielle Vermögensgegenstände und Sachanlagen	Eigenkapital, Wertberichtigungen und Rückstellungen	3
1	Finanzanlagen	Verbindlichkeiten und passive Rechnungsabgrenzung	4
2	Umlaufvermögen und aktive Rechnungsabgrenzung		

Soll	**8010 Gewinn- und Verlustkonto**		Haben
Kontenklasse	Aufwendungen	Erträge	Kontenklasse
6	Betriebliche Aufwendungen	Erträge	5
7	Weitere Aufwendungen		

Kontenplan

- **Betriebsindividuelle** Ausgestaltung des Kontenrahmens
- Aufbau ebenfalls nach dem **dekadischen System**
- Nicht benötigte Konten werden weggelassen, zusätzliche Konten eingefügt.
- Im Buchungssatz tritt an die Stelle der Kontobezeichnung die **Kontonummer**.

Industrie-Kontenrahmen (IKR) für Aus- und Fortbildung[1]

1987 herausgegeben vom Bundesverband der Deutschen Industrie

Kontenklassen

AKTIVA

0 Immaterielle Vermögensgegenstände u. Sachanlagen

00 Ausstehende Einlagen
0000 Ausstehende Einlagen
01 Frei
Immaterielle Vermögensgegenstände
02 Konzessionen, gewerbliche Schutzrechte u. ähnliche Rechte und Werte sowie Lizenzen an solchen Rechten und Werten
0200 Konzessionen
03 Geschäfts- oder Firmenwert
0300 Geschäfts- oder Firmenwert
04 Frei
Sachanlagen
05 Grundstücke, grundstücksgleiche Rechte und Bauten einschließlich der Bauten auf fremden Grundstücken
0500 Unbebaute Grundstücke
0510 Bebaute Grundstücke
0520 Gebäude (Sammelkonto)
0530 Betriebsgebäude
0540 Verwaltungsgebäude
0550 Andere Bauten
0560 Grundstückseinrichtungen
0570 Gebäudeeinrichtungen
0590 Wohngebäude
06 Frei
07 Technische Anlagen und Maschinen[2]
0700 Anlagen und Maschinen der Energieversorgung
0710 Anlagen der Materiallagerung und -bereitstellung
0720 Anlagen und Maschinen der mechanischen Materialbearbeitung, -verarbeitung und -umwandlung
0730 Anlagen für Wärme-, Kälte- und chemische Prozesse sowie ähnliche Anlagen
0740 Anlagen für Arbeitssicherheit und Umweltschutz
0750 Transportanlagen und ähnliche Betriebsvorrichtungen
0760 Verpackungsanlagen und -maschinen
0770 Sonstige Anlagen und Maschinen
0780 Reservemaschinen und -anlagenteile
0790 Geringwertige Anlagen und Maschinen
0791 GWG-Sammelposten Anlagen und Maschinen Jahr 1
...
0795 GWG-Sammelposten Anlagen und Maschinen Jahr 5
08 Andere Anlagen, Betriebs- und Geschäftsausstattung[2]
0800 Andere Anlagen
0810 Werkstätteneinrichtung
0820 Werkzeuge, Werksgeräte und Modelle, Prüf- und Messmittel
0830 Lager- und Transporteinrichtungen
0840 Fuhrpark
0850 Sonstige Betriebsausstattung
0860 Büromaschinen, Organisationsmittel und Kommunikationsanlagen
0870 Büromöbel und sonstige Geschäftsausstattung
0880 Reserveteile für Betriebs- und Geschäftsausstattung
0890 Geringwertige Vermögensgegenstände der Betriebs- und Geschäftsausstattung (BGA)
0891 GWG-Sammelposten BGA Jahr 1
...
0895 GWG-Sammelposten BGA Jahr 5
09 Geleistete Anzahlungen und Anlagen in Bau
0900 Geleistete Anzahlungen auf Sachanlagen
0950 Anlagen im Bau

1 Finanzanlagen

10 bis 12 frei
13 Beteiligungen
14 Frei
15 Wertpapiere des Anlagevermög.
1500 Wertpapiere des Anlagevermögens
16 Sonstige Finanzanlagen
1600 Sonstige Finanzanlagen
17 bis 19 Frei

2 Umlaufvermögen und aktive Rechnungsabgrenzung

Vorräte
20 Roh-, Hilfs- und Betriebsstoffe[5]
2000 Rohstoffe/Fertigungsmaterial
2001 Bezugskosten
2002 Nachlässe
2010 Vorprodukte/Fremdbauteile
2011 Bezugskosten
2012 Nachlässe
2020 Hilfsstoffe
2021 Bezugskosten
2022 Nachlässe
2030 Betriebsstoffe
2031 Bezugskosten
2032 Nachlässe
2070 Sonstiges Material
2071 Bezugskosten
2072 Nachlässe
21 Unfertige Erzeugnisse, unfertige Leistungen
2100 Unfertige Erzeugnisse
2190 Unfertige Leistungen
22 Fertige Erzeugnisse und Waren
2200 Fertige Erzeugnisse
2280 Waren (Handelswaren)[5]
2281 Bezugskosten
2282 Nachlässe
23 Geleistete Anzahlungen auf Vorräte
2300 Geleistete Anzahlungen auf Vorräte
Forderungen und sonstige Vermögensgegenstände (24–26)
24 Forderungen aus Lieferungen und Leistungen
2400 Forderungen aus Lieferungen und Leistungen
2420 Kaufpreisforderungen
2421 Umsatzsteuerforderungen
2450 Wechselforderungen aus Lieferungen und Leistungen (Besitzerwechsel)
2470 Zweifelhafte Forderungen
2480 Protestwechsel
25 Innergemeinschaftlicher Erwerb/Einfuhr
2500 Innergemeinschaftl. Erwerb
2501 Bezugskosten
2502 Nachlässe
2510 Gütereinfuhr
2511 Bezugskosten
2512 Nachlässe
26 Sonstige Vermögensgegenstände
2600 Vorsteuer
2602 Vorsteuer (19 %) i. E.
2604 Einfuhrumsatzsteuer
2630 Sonstige Forderungen an Finanzbehörden
2640 SV-Vorauszahlung
2650 Forderungen an Mitarbeiter
2690 Übrige sonstige Forderungen
27 Wertpapiere des Umlaufvermögens
2700 Wertpapiere des Umlaufvermögens
28 Flüssige Mittel
2800–2842 Guthaben bei Kreditinstituten (Bank)
2850 Postgiro
2860 Schecks
2870 Bundesbank
2890 Nebenkassen
29 Aktive Rechnungsabgrenzung (und Bilanzfehlbetrag)
2900 Aktive Jahresabgrenzung
2920 Umsatzsteuer auf erhaltene Anzahlungen
2930 Disagio
2990 (nicht durch Eigenkapital gedeckter Fehlbetrag)

PASSIVA

3 Eigenkapital und Rückstellungen

Eigenkapital
30 Eigenkapital/Gezeichnetes Kapital
Bei Einzelkaufleuten:
3000 Eigenkapital
3001 Privatkonto
Bei Personengesellschaften:
3000 Kapital Gesellschafter A
3001 Privatkonto A
3010 Kapital Gesellschafter B
3011 Privatkonto B
3070 Kommanditkapital Gesellschafter C
3080 Kommanditkapital Gesellschafter D
Bei Kapitalgesellschaften:
3000 Gezeichnetes Kapital (Grundkapital/Stammkapital)
31 Kapitalrücklage
3100 Kapitalrücklage
32 Gewinnrücklagen
3210 Gesetzliche Rücklagen
3230 Satzungsmäßige Rücklagen
3240 Andere Gewinnrücklagen
33 Ergebnisverwendung
3310 Jahresergebnis des Vorjahres
3320 Ergebnisvortrag aus früheren Perioden
3340 Veränderungen der Gewinnrücklagen vor Bilanzergebnis
3350 Bilanzgewinn/Bilanzverlust
3360 Ergebnisausschüttung
3390 Ergebnisvortrag auf neue Rechnung
34 Jahresüberschuss/Jahresfehlbetrag
3400 Jahresüberschuss/Jahresfehlbetrag
35 Sonderposten mit Rücklageanteil
3500 Sonderposten mit Rücklageanteil
36 Wertberichtigungen
(Bei Kapitalgesellschaften als Passivposten der Bilanz nicht mehr zulässig)
3610 – zu Sachanlagen
3650 – zu Finanzanlagen
3670 Einzelwertberichtigung zu Forderungen
3680 Pauschalwertberichtigung zu Forderungen

Rückstellungen
37 Rückstellungen für Pensionen und ähnliche Verpflichtungen
3700 Rückstellungen für Pensionen und ähnliche Verpflichtungen
38 Steuerrückstellungen
3800 Steuerrückstellungen
39 Sonstige Rückstellungen[3]
3910 – für Gewährleistung
3930 – für andere ungewisse Verbindlichkeiten
3970 – für drohende Verluste aus schwebenden Geschäften
3990 – für Aufwendungen

4 Verbindlichkeiten und passive Rechnungsabgrenzung

40 Frei
41 Anleihen
4100 Anleihen
42 Verbindlichkeiten gegenüber Kreditinstituten
4210 Kurzfristige Bankverbindlichkeiten
4230 Mittelfristige Bankverbindlichkeiten
4250 Langfristige Bankverbindlichkeiten
43 Erhaltene Anzahlungen auf Bestellungen
4300 Erhaltene Anzahlungen
44 Verbindlichkeiten aus Lieferungen und Leistungen
4400 Verbindlichkeiten aus Lieferungen und Leistungen
4420 Kaufpreisverbindlichkeiten
45 Wechselverbindlichkeiten
4500 Schuldwechsel
46 und 47 Frei
48 Sonstige Verbindlichkeiten
4800 Umsatzsteuer
4802 Umsatzsteuer (19 %) für i. E.
4820 Zollverbindlichkeiten
4830 Sonstige Verbindlichkeiten gegenüber Finanzbehörden
4840 Verbindlichkeiten gegenüber Sozialversicherungsträgern
4850 Verbindlichkeiten gegenüber Mitarbeitern
4860 Verbindlichkeiten aus vermögenswirksamen Leistungen
4870 Verbindlichkeiten gegenüber Gesellschaftern (Dividende)
4890 Übrige sonstige Verbindlichkeiten
49 Passive Rechnungsabgrenzung
4900 Passive Jahresabgrenzung

Vgl.: Deitermann/Rückwart/Schmolke: Industrielles Rechnungswesen – IKR, 41. Auflage, Winklers Verlag 2012

Anmerkungen:
[1] Aus EDV-Gründen sind die Kontenzahlen vierstellig.
[2] Die Konten der Kontengruppen **07** und **08** werden als Sammelkonten **0700 Technische Anlagen** und Maschinen bzw. **0800 Andere Anlagen/Betriebs- und Geschäftsausstattung** geführt.
[3] Die Konten der Kontengruppe 39 werden als Sammelkonto **3900 Sonstige Rückstellungen** geführt.
[4] Die Konten **6400** und **6410** werden als Sammelkonto **6400 Arbeitgeberanteil zur Sozialversicherung** geführt.
[5] Werden die Material- und Wareneinkäufe nicht bestandorientiert in der Kontengruppe **20** (RHB) bzw. im Konto **2280 Waren** (Handelswaren) gebucht, sondern aufwandsorientiert in der Kontengruppe **60**, sind auch die Unterkonten „Bezugskosten" und „Nachlässe" in der **Kontengruppe 60** statt in der Kontengruppe **20** zu buchen.

Kontenklassen

Erträge

5 Erträge

50 Umsatzerlöse für eigene Erzeugnisse u. andere Leistungen
- 5000 Umsatzerlöse für eigene Erzeugnisse
  - 5001 Erlösberichtigungen
- 5050 Umsatzerlöse für andere eigene Leistungen
  - 5051 Erlösberichtigungen
- 5060 Erlöse aus innergemeinschaftlicher Lieferung (i. L.)
  - 5061 Erlösberichtigungen
- 5070 Erlöse aus Güterausfuhr
  - 5071 Erlösberichtigungen

51 Umsatzerlöse für Waren und sonstige Umsatzerlöse
- 5100 Umsatzerlöse für Waren
  - 5101 Erlösberichtigungen
- 5190 Sonstige Umsatzerlöse
  - 5191 Erlösberichtigungen

52 Erhöhung oder Verminderung des Bestandes an unfertigen und fertigen Erzeugnissen
- 5200 Bestandsveränderungen
  - 5201 Bestandsveränderungen an unfertigen Erzeugnissen und nicht abgerechneten Leistungen
  - 5202 Bestandsveränderungen an fertigen Erzeugnissen

53 Andere aktivierte Eigenleistungen
- 5300 Aktivierte Eigenleistungen

54 Sonstige betriebliche Erträge
- 5400 Mieterträge
- 5401 Leasingerträge
- 5410 Sonstige Erlöse (z. B. aus Provisionen oder Anlageabgängen)
- 5420 Entnahme von Gegenständen und sonstigen Leistungen
- 5430 Andere sonstige betriebliche Erträge
- 5440 Erträge aus Werterhöhungen von Gegenständen des Anlagevermögens (Zuschreibungen)
- 5441 Erträge aus Zuschreibungen zum Umlaufvermögen
- 5450 Erträge aus der Auflösung oder Herabsetzung von Wertberichtigungen auf Forderungen
- 5460 Erträge aus dem Abgang von Vermögensgegenständen
- 5480 Erträge aus der Herabsetzung von Rückstellungen
- 5490 Periodenfremde Erträge

55 Erträge aus Beteiligungen
- 5500 Erträge aus Beteiligungen

56 Erträge aus anderen Wertpapieren und Ausleihungen des Finanzanlagevermögens
- 5600 Erträge aus anderen Finanzanlagen

57 Sonstige Zinsen und ähnliche Erträge
- 5710 Zinserträge
- 5730 Diskonterträge
- 5780 Erträge aus Wertpapieren des Umlaufvermögens
- 5790 Sonstige zinsähnliche Erträge

58 Außerordentliche Erträge
- 5800 Außerordentliche Erträge

59 Frei

Aufwendungen

6 Betriebliche Aufwendungen

Materialaufwand

60 Aufwendungen für Roh-, Hilfs- und Betriebsstoffe und für bezogene Waren[4]
- 6000 Aufwendungen für Rohstoffe/Fertigungsmaterial
  - 6001 Bezugskosten
  - 6002 Nachlässe
- 6010 Aufwendungen für Vorprodukte/Fremdbauteile[4]
- 6020 Aufwendungen für Hilfsstoffe[4]
- 6030 Aufwendungen für Betriebsstoffe/Verbrauchswerkzeuge[4]
- 6040 Aufwendungen für Verpackungsmaterial
- 6050 Aufwendungen für Energie
- 6060 Aufwendungen für Reparaturmaterial
- 6070 Aufwendungen für sonstiges Material
- 6080 Aufwendungen für Waren[4]

61 Aufwendungen für bezogene Leistungen
- 6100 Fremdleistungen für Erzeugnisse und andere Umsatzleistungen
- 6140 Frachten und Nebenkosten
- 6150 Vertriebsprovisionen
- 6160 Fremdinstandhaltung
- 6170 Sonstige Aufwendungen für bezogene Leistungen

Personalaufwand

62 Löhne
- 6200 Löhne einschl. tariflicher, vertraglicher oder arbeitsbedingter Zulagen
- 6210 Urlaubs- u. Weihnachtsgeld
- 6220 Sonstige tarifliche oder vertragliche Aufwendungen für Lohnempfänger
- 6230 Freiwillige Zuwendungen
- 6250 Sachbezüge
- 6260 Vergütungen an gewerbliche Auszubildende

63 Gehälter
- 6300 Gehälter und Zulagen
- 6310 Urlaubs- u. Weihnachtsgeld
- 6320 Sonstige tarifliche oder vertragliche Aufwendungen
- 6330 Freiwillige Zuwendungen
- 6350 Sachbezüge
- 6360 Vergütung an Auszubildende

64 Sonstige Abgaben und Aufwendungen für Altersversorgung und für Unterstützung
- 6400 Arbeitgeberanteil zur Sozialversicherung (Lohnbereich)[3]
- 6410 Arbeitgeberanteil zur Sozialversicherung (Gehaltsbereich)[3]
- 6420 Beiträge zur Berufsgenossenschaft
- 6440 Aufwend. für Altersversorg.
- 6450 Aufwend. für Unterstützung

65 Abschreibungen

Abschreibungen auf Anlagevermögen
- 6510 Abschreibungen auf immaterielle Vermögensgegenstände des Anlagevermögens
- 6520 Abschreibungen auf Sachanlagen
- 6540 Abschreibungen auf geringwertige Wirtschaftsgüter
- 6550 Außerplanmäßige Abschreibungen auf Sachanlagen
- 6570 Unüblich hohe Abschreibungen auf Umlaufvermögen

66 Sonstig. Personalaufwendungen
- 6979 Anlagenabgänge
- 6980 Zuführung zu Rückstellungen für Gewährleistung
- 6990 Periodenfremde Aufwendungen
- 6600 Aufwendungen für Personaleinstellung
- 6610 Aufwendungen für übernommene Fahrtkosten
- 6620 Aufwendungen für Werksarzt und Arbeitssicherheit
- 6630 Personenbezogene Versicherungen
- 6640 Aufwendungen für Fort- u. Weiterbildung
- 6650 Aufwendg. für Dienstjubiläen
- 6660 Aufwendungen für Belegschaftsveranstaltungen
- 6670 Aufwendungen für Werksküche u. Sozialeinrichtungen
- 6680 Ausgleichsabgabe nach dem Schwerbehindertengesetz
- 6690 Übrige sonstige Personalaufwendungen

67 Aufwendung. für d. Inanspruchnahme von Rechten u. Diensten
- 6700 Mieten, Pachten
- 6710 Leasingaufwendungen
- 6720 Lizenzen und Konzessionen
- 6730 Gebühren
- 6750 Kosten des Geldverkehrs
- 6760 Provisionsaufwendungen (außer Vertriebsprovisionen)
- 6770 Rechts- u. Beratungskosten

68 Aufwendungen für Kommunikation (Dokumentation, Informationen, Reisen, Werbung)
- 6800 Büromaterial
- 6810 Zeitungen und Fachliteratur
- 6820 Portokosten
- 6830 Kosten der Telekommunikation
- 6850 Reisekosten
- 6860 Bewirtung und Präsentation
- 6870 Werbung
- 6880 Spenden

69 Aufwendungen für Beiträge und Sonstiges sowie Wertkorrekturen und periodenfremde Aufwendungen
- 6900 Versicherungsbeiträge
- 6920 Beiträge zu Wirtschaftsverbänden u. Berufsvertretung.
- 6930 Verluste aus Schadenfällen
- 6940 Sonstige Aufwendungen
- 6950 Abschreibung. auf Forderung.
- 6960 Verluste aus d. Abgang von Vermögensgegenständen
- 6979 Anlagenabgänge
- 6980 Zuführung zu Rückstellungen für Gewährleistung
- 6990 Periodenfremde Aufwendungen

7 Weitere Aufwendungen

70 Betriebliche Steuern
- 7020 Grundsteuer
- 7030 Kraftfahrzeugsteuer
- 7070 Ausfuhrzölle
- 7080 Verbrauchsteuern
- 7090 Sonstig. betriebliche Steuern

71 bis 73 Frei

74 Abschreibungen auf Finanzanlagen und auf Wertpapiere des Umlaufvermögens und Verluste aus entsprechenden Abgängen
- 7400 Abschreibg. auf Finanzanlag.
- 7420 Abschreibung. auf Wertpapiere des Umlaufvermögens
- 7450 Verluste aus dem Abgang von Finanzanlagen
- 7460 Verluste aus d. Abgang von Wertpapieren d. Umlaufverm.

75 Zinsen u. ähnliche Aufwendung.
- 7510 Zinsaufwendungen
- 7530 Diskontenaufwendungen
- 7590 Sonst. zinsähnlich. Aufwendg.

76 Außerordentliche Aufwendung.
- 7600 Außerordentliche Aufwendg.

77 Steuern. v. Einkommen u. Ertrag
- 7700 Gewerbesteuer
- 7710 Körperschaftsteuer
- 7720 Kapitalertragsteuer

78 Diverse Aufwendungen
- 7800 Diverse Aufwendungen

79 Frei

Ergebnisrechnungen

8 Ergebnisrechnungen

80 Eröffnung/Abschluss
- 8000 Eröffnungsbilanzkonto
- 8010 Schlussbilanzkonto
- 8020 GuV-Konto Gesamtkostenverfahren
- 8030 GuV-Konto Umsatzkostenverfahren
- 8050 Saldenvorträge (Sammelkonto)

Konten der Kostenbereiche für die GuV im Umsatzkostenverfahren

81 Herstellungskosten

82 Vertriebskosten

83 Allgemeine Verwaltungskosten

84 Sonstige betriebliche Aufwendungen

Konten der kurzfristigen Erfolgsrechnung (KER) für innerjährige Rechnungsperioden (Monat, Quartal oder Halbjahr)

85 Korrekturkonten zu d. Erträgen der Kontenklasse 5

86 Korrekturkonten zu den Aufwendungen der Kontenklasse 6

87 Korrekturkonten zu den Aufwendungen der Kontenklasse 7

88 Kurzfristige Erfolgsrechnung (KER)
- 8800 Gesamtkostenverfahren
- 8810 Umsatzkostenverfahren

89 Innerjährige Rechnungsabgrenzung
- 8900 aktive Rechnungsabgrenzung
- 8950 passive Rechnungsabgrenzung

Kosten- und Leistungsrechnung

9 Weitere Aufwendungen

90 Unternehmensbezogene Abgrenzung (neutrale Aufwendungen und Erträge)

91 Kostenrechnerische Korrekturen

92 Kostenarten u. Leistungsarten

93 Kostenstellen

94 Kostenträger

95 Fertige Erzeugnisse

96 Interne Lieferungen und Leistungen sowie deren Kosten

97 Umsatzkosten

98 Umsatzleistungen

99 Ergebnisausweise

(In der Praxis wird die KLR gewöhnlich tabellarisch durchgeführt.)

Anmerkungen:

[1] Aus EDV-Gründen sind die Kontenzahlen vierstellig.

Beschaffung von Werkstoffen (bestandsorientierte Buchungen)

Purchasing materials (stock-based accounting)

Werkstoffarten

Werkstoffe

Rohstoffe	Hilfsstoffe	Betriebsstoffe	Fremdbauteile
gehen direkt in das Produkt ein und bilden den Hauptbestandteil	gehen direkt in das Produkt ein und bilden den Nebenbestandteil	gehen nicht in das Produkt ein, nur – wie Roh- und Hilfsstoffe auch – als Kosten	gehen als fertige Komponenten ohne weitere Bearbeitung in das Produkt ein

Bewertung zum Zeitpunkt der Beschaffung

	Anschaffungspreis netto (ohne USt)	→ Listeneinkaufspreis
+	Anschaffungsnebenkosten netto (ohne USt)	→ z. B. Einfuhrzoll, Transport-, Verpackungskosten, Provisionen
–	Anschaffungspreisminderungen	→ z. B. Rabatt, sonstiger Preisnachlass, Bonus, Skonto
=	aktivierungspflichtige Anschaffungskosten	→ Wert, mit dem die Werkstoffe letztendlich auf den entsprechenden aktiven Bestandskonten ausgewiesen werden müssen

Beispiele für Einkaufsbelege

Eingangsrechnung für Rohstoffe

KNABER OHG

Knaber OHG · Dreieichweg 8 · 21029 Hamburg

OfficeCom AG
Hansestraße 120
38112 Braunschweig

Dreieichweg 8
21029 Hamburg
Tel.: 040 7342856
Fax: 040 7342858
E-Mail: knaber.aber-wvd@t-online.de
Internet: www.knaber-aber-wvd.de

Ihre Bestellung vom	Liefertermin	Lieferung durch	Vertreter	Kunden-Nr.
07.02.20..	01.03.20..	Spedition	–	18-9-1943

Lieferanschrift
OfficeCom AG
Hansastraße 120
38112 Braunschweig

Auftrags-Nr. 123/13 — Datum 08.02.20..
Rechnungs-Nr. 2388/M — Datum 01.03.20..

Menge	Artikelbezeichnung	Einzelpreis	Gesamtpreis
800 St.	Edelstahlrohr, 710 mm lang, Ø 80 mm	120,00 €	81.600,00 €
	Rabatt: 8 %		6.528,00 €
			75.072,00 €
	19 % Umsatzsteuer		14.263,68 €
			89.335,68 €

Zahlungsbedingungen:
2 % Skonto, zahlbar innerhalb 14 Tagen nach Lieferung;
netto Kasse, zahlbar innerhalb 6 Wochen nach Lieferung.

nach: Scharf, Dirk: Praxis der Buchführung, Beschaffung, Absatz und Finanzierung, Gabler Verlag Wiesbaden 1997, S. 5

Eingangsrechnung für Frachtkosten

Transfahrt AG

Transfahrt AG · Siemensstr. 110 · 21029 Hamburg

OfficeCom AG
Hansestraße 120
38112 Braunschweig

Tel.: 040 334455
Fax: 040 234518
E-Mail: transf-ag-wvd@t-online.de
Internet: www.transf-ag-wvd.de

Rechnung Nr. 4498/5

Ihr Auftrag vom	Liefertermin	Kunden-Nr.	Rechnungsdatum
25.02.20..	01.03.20..	1369	01.03.20..

Lieferanschrift
OfficeCom AG
Hansastraße 120
38112 Braunschweig

Gemäß Frachttabelle berechnen wir für o. a. Auftrag

Lieferung	800 St. Edelstahlrohre	
von	Hamburg	
nach	Braunschweig	2.120,33 €
	19 % Umsatzsteuer	402,86 €
		2.523,19 €

Zahlung: sofort ohne Abzug

nach: Scharf, Dirk: Praxis der Buchführung, Beschaffung, Absatz und Finanzierung, Gabler Verlag Wiesbaden 1997, S. 7

Die beiden Belege dienen als Grundlage für die Buchungen auf der folgenden Seite.

Konten

Für jede Werkstoffart wird ein **aktives Bestandskonto** geführt:

- „Rohstoffe"
- „Hilfsstoffe"
- „Betriebsstoffe"
- „Fremdbauteile"

Für jedes Werkstoffkonto wird ein **Unterkonto** für die gesonderte Erfassung der Bezugskosten geführt:

- „Bezugskosten für Rohstoffe"
- „Bezugskosten für Hilfsstoffe"
- „Bezugskosten für Betriebsstoffe"
- „Bezugskosten für Fremdbauteile"

Jedes Werkstoffkonto erhält ein **Unterkonto** zur Erfassung der nachträglichen Anschaffungspreisminderungen:

- „Nachlässe für Rohstoffe"
- „Nachlässe für Hilfsstoffe"
- „Nachlässe für Betriebsstoffe"
- „Nachlässe für Fremdbauteile"

Beschaffung von Werkstoffen (bestandsorientierte Buchungen)

Purchasing materials (stock-based accounting)

Buchungen

Anschaffungskosten/Sofortrabatte

Sofortrabatte des Lieferanten mindern im Vorhinein den Listeneinkaufspreis und werden nicht gebucht.

Beispiel:
Eingangsrechnung für Rohstoffe (Beleg S. 136)

Rohstoffe	75.072,00 €	
Vorsteuer	14.263,68 €	
an Verbindlichkeiten a. LL.		89.335,68 €

Anschaffungsnebenkosten

Beispiel:
Eingangsrechnung für Frachtkosten (Beleg S. 136)

Bezugskosten für Rohstoffe	2.120,33 €	
Vorsteuer	402,86 €	
an Verbindlichkeiten a. LL.		2.523,19 €

Nachträgliche Anschaffungspreisminderungen

Beispiel:
Ausgleich der Eingangsrechnung für Rohstoffe abzüglich Skonto

Nettobuchung:

Verbindlichkeiten a. LL.	89.335,68 €	
an Nachlässe für Rohstoffe		1.501,44 €
an Vorsteuer		285,27 €
an Bankguthaben		87.548,97 €

Bruttobuchung:

Verbindlichkeiten a. LL.	89.335,68 €	
an Nachlässe für Rohstoffe		1.786,71 €
an Bankguthaben		87.548,97 €

Steuerkorrekturbuchung am Monatsende:

Nachlässe für Rohstoffe	285,27 €	
an Vorsteuer		285,27 €

Analog werden sonstige Preisnachlässe – z. B. aufgrund von Mängelrügen – und Boni gebucht.

Abschluss der Unterkonten

- Konto „Bezugskosten für Rohstoffe“ über das Konto „Rohstoffe“

  Beispiel:

Rohstoffe	2.120,33 €	
an Bezugskosten für Rohstoffe		2.120,33 €

- Konto „Nachlässe für Rohstoffe“ über das Konto „Rohstoffe“

  Beispiel:

Nachlässe für Rohstoffe	1.501,44 €	
an Rohstoffe		1.501,44 €

Aktivierungspflichtige Anschaffungskosten

Beispielrechnung

Aus den Belegen der S. 136 errechnen sich die aktivierungspflichtigen Anschaffungskosten wie folgt:

Anschaffungspreis netto	81.600,00 €
+ Anschaffungsnebenkosten (Frachtkosten netto)	2.120,33 €
= Zwischensumme	83.720,33 €
– Anschaffungspreisminderungen	
Rabatt (8 % von 81.600,00 €)	6.528,00 €
Skonto (2 % von 75.072,00 €)	1.501,44 €
= aktivierungspflichtige Anschaffungskosten	75.690,89 €

vgl.: Scharf, Dirk: Praxis der Buchführung, Beschaffung, Absatz und Finanzierung, Gabler Verlag Wiesbaden 1997, S. 9

Kontenausweis

Auf dem Konto „Rohstoffe“ ergeben sich nach Abschluss der Unterkonten „Bezugskosten für Rohstoffe“ und „Nachlässe für Rohstoffe“ per Saldo die aktivierungspflichtigen Anschaffungskosten:

Soll	Rohstoffe		Haben
Verbindlichkeiten a. LL.	75.072,00	Nachlässe für Rohstoffe	1.501,44
Bezugsk. f. Rohstoffe	2.120,33		

Soll	Nachlässe für Rohstoffe		Haben
Rohstoffe	1.501,44	Verbindlichkeiten a. LL.	1.501,44

Soll	Bezugskosten für Rohstoffe		Haben
Verbindlichkeiten a. LL.	2.120,33	Rohstoffe	2.120,33

Beschaffung von Werkstoffen (bestandsorientierte Buchungen)

Purchasing materials (stock-based accounting)

Rücksendungen

3

- Aufgrund einer Gutschriftsanzeige wird die Minderung direkt auf dem entsprechenden Bestandskonto auf der Habenseite netto gebucht, da sich der Bestand der jeweiligen Werkstoffart mengen- und wertmäßig verringert.
- Die Vorsteuer ist zu korrigieren.
- Die Verbindlichkeiten a. LL. nehmen ab.

Beispiel:
Aufgrund der Gutschriftsanzeige wird gebucht:

Verbindlichkeiten a. LL.	223,34 €	
an Rohstoffe		187,68 €
an Vorsteuer		35,66 €

vgl.: Scharf, Dirk: Praxis der Buchführung, Beschaffung, Absatz und Finanzierung, Gabler Verlag Wiesbaden 1997, S. 10

KNABER OHG

Knaber OHG • Dreieichweg 8 • 21029 Hamburg

OfficeCom AG
Hansestraße 120
38112 Braunschweig

Dreieichweg 8
21029 Hamburg
Tel.: 040 7342856
Fax: 040 7342858
E-Mail: knaber.aber-wvd@t-online
Internet: www.kanber-aber-wvd.de

Datum
03.03.20..

Gutschriftanzeige – Auftrags-Nr. 123/13 vom 7. Februar ..

Sehr geehrte Damen und Herren,

aufgrund der von Ihnen an uns gemäß telefonischer Vereinbarung vom 2. März .. zurückgesandten magelhaften 2 Edelstahlrohre aus Auftrag 123/13 vom 7. Februar .. (Einzelpreis 102,00 € abzüglich 8% Rabatt) im Gesamtwert von 187,68 € zuzüglich 19% Umsatzsteuer erhalten Sie eine Gutschrift in gleicher Höhe.

Wir bitten um gleichlautende Buchung.

Mit freundlichen Grüßen

Knaber OHG

i. A. Heffemann

Bankverbindung: Hamburger Sparkasse Konto 15 264 869 BLZ 270 100 00
Knaber OHG Sitz Hamburg Amtsgericht Hamburg Handelsregister Nr. HRA 967
Steuernr. 20/310/74502
USt-IDNr. DE 450 432 629

Verbrauch von Werkstoffen

Using materials

Werkstoffverbrauch mithilfe von Materialentnahmescheinen

- laufende Ermittlung des Materialverbrauchs anhand von Belegen
- laufende Buchung des Werkstoffverbrauchs auf den Aufwandskonten
  - „Aufwendungen für Rohstoffe“,
  - „Aufwendungen für Hilfsstoffe“,
  - „Aufwendungen für Betriebsstoffe“,
  - „Aufwendungen für Fremdbauteile“

Beispiel:
Aufgrund des Materialentnahmescheins wird gebucht:

Rohstoffaufwendungen	3.784,40 €	
an Rohstoffe		3.784,40 €

OfficeCom AG **Materialentnahmeschein**

Stückzahl	Fertig.-anfang	Bereitstellung	Liefertermin	Kolonne	Auftrags-Nr.	Kostenstelle
10	9	14	18	2	1800 703	24

Sachbearbeiter TB Winkler	**erstellt** 15.02.20..	**Benennung**	**Zeichnung-Nr.**	Z 96
Sachbearbeiter AV Hiesch	**erstellt** 04.03.20..	Schreibtisch Modell St 34	**Montagehinweis**	
Ersatz für	**Ursprung**	**Ersetzt durch**	**Mat.**	**Seite**

Gew.	Mat. KZ	Stück-zahl	Benennung/Abmessung	Pos. Pl. V	Teile-Zchng.-Nr. DIN	Mat.-Güte DIN	Kauf-teil	Disp. E	Disp. AV
		40	Edelstahlrohre	20	12-200-20/22	9627 K	K		
			710 mm lang, Ø 80 mm						

Ausgabedatum:
Ausgeber:
Empfänger:

Nur für die Buchhaltung
Preis je Stück: 94,61 €
Gesamtpreis: 3.784,40 €

vgl.: Scharf, Dirk: Praxis der Buchführung, Beschaffung, Absatz und Finanzierung, Gabler Verlag Wiesbaden 1997, S. 12

3545138

Verbrauch von Werkstoffen *Using materials*

Ermittlung des Werkstoffverbrauchs durch Inventur

- einmalige Ermittlung des Werkstoffverbrauchs am Ende einer Rechnungsperiode (Monat, Quartal, Jahr) auf der Grundlage der Inventur
- Berechnung:
  Anfangsbestand
  \+ Zugänge
  – Endbestand lt. Inventur
  = Verbrauch

Beispiel:
Für den Werkstoff Heizöl ergeben sich aufgrund der Inventur für das Quartal 1. April bis 30. Juni 20.. folgende Zahlen:

Anfangsbestand	2.000,00 €
+ Zugänge	25.000,00 €
– Endbestand lt. Inventur	17.500,00 €
= Verbrauch	9.500,00 €

Buchung:

Betriebsstoffaufwendungen	9.500,00 €	
an Betriebsstoffe		9.500,00 €

Schematische Darstellung des Bestandskontos „Rohstoffe“

Soll	Rohstoffe	Haben
■ Anfangsbestand (aus der Eröffnungsbilanz) ■ Einkäufe ■ Bezugskosten (aus dem Unterkonto „Bezugskosten für Rohstoffe“)		■ Verbrauch (Rohstoffaufwendungen) ■ Preisnachlässe, Skonti (aus dem Unterkonto „Nachlässe für Rohstoffe“) ■ Rücksendungen ■ Endbestand (gemäß Inventur)

Analoge Darstellungen ergeben sich für die Konten „Hilfsstoffe“, „Betriebsstoffe“ und „Fremdbauteile“.

Beispiel

Aufgrund der Buchungen auf den vorangegangenen Seiten 137 bis 138 ergeben sich auf dem Bestandskonto „Rohstoffe“ die folgenden Zahlen, wobei ein Anfangsbestand von 6.500,00 € angenommen wird:

Soll		Rohstoffe	Haben
EBK	6.500,00	Aufwendungen für Rohstoffe	3.784,40
Verbindlichkeiten a. LL.	75.072,00	Nachlässe für Rohstoffe	1.501,44
Bezugskosten für Rohstoffe	2.120,33	Verbindlichkeiten a. LL.	187,68

Soll	Bezugskosten für Rohstoffe		Haben
Verbindlichkeiten a. LL.	2.120,33	Rohstoffe	2.120,33

Soll	Nachlässe für Rohstoffe		Haben
Rohstoffe	1.501,44	Verbindlichkeiten a. LL.	1.501,44

Soll	Aufwendungen für Rohstoffe		Haben
Rohstoffe	3.784,40		

Analoge Buchungen sind auf den Konten „Hilfsstoffe“, „Betriebsstoffe“ und „Fremdbauteile“ mit ihren entsprechenden Unterkonten zu finden.

Aufwandsorientiertes Buchungsverfahren

Die vorangegangenen Buchungen zur Beschaffung und zum Verbrauch von Werkstoffen am Beispiel der Rohstoffe wurden nach dem sogenannten **bestandsorientierten Buchungsverfahren** vorgenommen.

Beschaffen die Betriebe ihre Werkstoffe fertigungssynchron (just in time), wird das sogenannte **aufwandsorientierte Buchungsverfahren** angewandt (siehe hierzu ausführlich S. 287 f.).

Verkauf von Fertigerzeugnissen

Selling finished goods

3

Buchungen im Überblick

Buchungen

- Verkauf von Fertigerzeugnissen
- Ausgangsfrachten
- Skonti, Boni, sonstige Preisnachlässe
- Rücksendungen

Konten

Für die Buchungen werden die folgenden zusätzlichen Konten benötigt:

- Umsatzerlöse für eigene Erzeugnisse → Ertragskonto
- Frachten und Nebenkosten → Aufwandskonto
- Erlösberichtigungen → Unterkonto des Kontos „Umsatzerlöse für eigene Erzeugnisse"

Beispiele für Verkaufsbelege

Ausgangsrechnung für Fertigerzeugnisse

OfficeCom AG

OfficeCom AG · Hansestr. 120 · 38112 Braunschweig

Telefon AG
Elektronstraße 12
65933 Frankfurt/Main

OfficeCom AG
Geschäftsräume:
Hansestraße 120
38112 Braunschweig
Tel.: 0531 3688941
Fax: 0531 4766083
E-Mail: info.officecom@t-online
Internet: www.officecomag.de

Ihre Bestellung vom	Liefertermin	Lieferung frei Haus	Vertreter	Kunden-Nr.
15.01.20..	31.03.20..	durch Spedition	–	16-6-55

Lieferanschrift
Telefon AG
Elektronstraße 12
65933 Frankfurt/Main

Auftrags-Nr.	124/11	Datum	08.02.20..
Rechnungs-Nr.	3269/BT	Datum	31.03.20..

Menge	Artikelbezeichnung	Einzelpreis	Gesamtpreis
200 St.	Schreibtische, Typ ST 34	2.350,00 €	470.050,00 €
	Rabatt: 5 %		23.500,00 €
			446.500,00 €
	19 % Umsatzsteuer		84.835,00 €
			531.335,00 €

Zahlungsbedingungen:
2 % Skonto, zahlbar innerhalb 10 Tagen nach Rechnungsdatum;
netto Kasse, zahlbar innerhalb 4 Wochen nach Rechnungsdatum.

vgl.: Scharf, Dirk: Praxis der Buchführung, Beschaffung, Absatz und Finanzierung, Gabler Verlag Wiesbaden 1997, S. 14

Eingangsrechnung für Frachtkosten

SPEDITION WOHLfahrt

Wohlfahrt e.K. · H.-Büssing-Ring 8 · 38102 Braunschweig

OfficeCom AG
Hansestraße 120
38112 Braunschweig

Tel.: 0531 663478
Fax: 0531 256889
E-Mail: wohlfahrt-sped-wvd@t-online
Internet: www.sped-wohlfahrt-wvd.de

Rechnung Nr. 3372/8

Ihr Auftrag vom	Liefertermin	Kunden-Nr.	Rechnungsdatum
26.03.20..	31.03.20..	1586	31.03.20..

Lieferanschrift
Telefon AG
Elektronstraße 12
65933 Frankfurt/Main

Für den Transport aus o. a. Auftrag berechnen wir gemäß Frachttabelle

Lieferung	200 Stück Schreibtische	
von	Braunschweig	
nach	Frankfurt/Main	4.360,00 €
	19 % Umsatzsteuer	828,40 €
		5.188,40 €

Zahlung: sofort ohne Abzug

vgl.: Scharf, Dirk: Praxis der Buchführung, Beschaffung, Absatz und Finanzierung, Gabler Verlag Wiesbaden 1997, S. 15

Buchungen

Verkauf der eigenen Erzeugnisse

Sofortrabatte (z. B. Mengen-, Sonder-, Wiederverkäuferrabatte) werden in der Buchhaltung nicht erfasst, da sie im Vorhinein die Verkaufserlöse mindern.

Beispiel:
Die OfficeCom AG bucht den Verkauf von Schreibtischen aufgrund des o. a. Belegs.

Buchungssatz:

Forderungen a. LL.	531.335,00 €	
an Umsatzerlöse f. e. E.		446.500,00 €
an Umsatzsteuer		84.835,00 €

Ausgangsfrachten

Vom Verkäufer zu tragende Transportkosten werden auf dem Aufwandskonto „Frachten und Nebenkosten" gebucht:

Beispiel:
Da die OfficeCom AG die Schreibtische frei Haus liefert, trägt sie die Transportkosten und bucht den o. a. Beleg.

Buchungssatz:

Frachten und Nebenkosten	4.360,00 €	
Vorsteuer	828,40 €	
an Verbindlichkeiten a. LL.		5.188,40 €

3545140

Skonti, Boni, sonstige Preisnachlässe

- Skonti, Boni und sonstige Preisnachlässe, die dem Kunden gewährt werden, schmälern die Umsatzerlöse.
- Die entsprechende Buchung erfolgt nicht direkt auf dem Konto „Umsatzerlöse für eigene Erzeugnisse", sondern auf dem Unterkonto „Erlösberichtigungen", das über das Konto „Umsatzerlöse für eigene Erzeugnisse" abgeschlossen wird.
- Als **Bruttobuchung** sind die Nachlässe zunächst mit ihrem Bruttowert (also einschließlich Umsatzsteuer) auf dem Konto „Erlösberichtigungen" zu buchen. **Später**, am Monatsende, ist die Umsatzsteuer zu korrigieren.
- Als **Nettobuchung** sind die Nachlässe mit ihrem Nettowert, also ohne Umsatzsteuer, auf dem Konto „Erlösberichtigungen" zu buchen. **Gleichzeitig** ist die Korrekturbuchung der Umsatzsteuer vorzunehmen.

Beispiel:
Die Telefon AG begleicht die Ausgangsrechnung (siehe Seite 140) unter Abzug von 2 % Skonto durch Banküberweisung.

Die OfficeCom AG bucht:

Bruttobuchung:

Bankguthaben	520.708,30 €	
Erlösberichtigungen	10.626,70 €	
an Forderungen a. LL.		531.335,00 €

Berechnung des Umsatzsteueranteils:
119 % = 10.626,70 €
19 % = x €

$$x = \frac{10.626,70\,€ \cdot 19\,\%}{119\,\%} = 1.696,70\,€$$

Buchung zur Korrektur der Umsatzsteuer:

Umsatzsteuer	1.696.70 €	
an Erlösberichtigungen		1.696,70 €

Nettobuchung:

Bankguthaben	520.708,30 €	
Erlösberichtigungen	8.930,00 €	
Umsatzsteuer	1.696,70 €	
an Forderungen a. LL.		531.335,00 €

Rücksendungen

- Durch die Rücksendung verkaufter Fertigerzeugnisse, z. B. wegen mangelhafter Lieferung, verringern sich die Umsatzerlöse.
- Die Buchung erfolgt auf der Sollseite des Kontos „Umsatzerlöse" als Nettobuchung.
- Die Umsatzsteuer ist anteilig zu korrigieren.
- Die Forderungen aus Lieferungen und Leistungen verringern sich um den Bruttowert der zurückgesandten Erzeugnisse.

Beispiel:
Die OfficeCom AG gewährt aufgrund einer mangelhaften Lieferung eine Gutschrift:

OfficeCom AG

OfficeCom AG • Hansestr. 120 • 38112 Braunschweig

Telefon AG
Elektronstraße 12
65933 Frankfurt/Main

OfficeCom AG
Geschäftsräume:
Hansestraße 120
38112 Braunschweig
Tel.: 0531 3688941
Fax: 0531 4766083
E-Mail: info-officecom-wvd@t-online
Internet: www.officecomag-wvd.de

Datum 01.04.20..

Gutschriftanzeige – Auftrags-Nr. 124/11 vom 8. Febr. ..

Sehr geehrte Damen und Herren,

aufgrund telefonischer Vereinbarung vom 1. April .. haben Sie uns einen beschädigten SChreibtisch, Typ ST 34, zurückgesandt. Hierfür erhalten Sie eine Gutschrift in Höhe von 2.232,50 € zuzüglich 19% Umsatzsteuer.
Wir bitten um gleichlautende Buchung.

Mit freundlichen Grüßen

OfficeCom AG

ppa. Wegener
Wegener

Amtsgericht Braunschweig, Handelsregister Nr. HRB 126
Steuernr. 13/203/08753, USt-IDNr. DE 328 495 331
Bankverbindung:
Hartbank Braunschweig, BIC HARBABR2XXX
IBAN DE66 2505 0008 0021 3458 39

Die OfficeCom AG bucht:

Umsatzerlöse	2.232,50 €	
Umsatzsteuer	424,18 €	
an Forderungen a. LL.		2.656,68 €

Schematische Darstellung des Kontos „Umsatzerlöse für eigene Erzeugnisse"

Soll	Umsatzerlöse für eigene Erzeugnisse	Haben
▪ Rücksendungen (Nettowert) ▪ Erlösberichtigungen (aus dem Unterkonto „Erlösberichtigungen")		▪ Verkäufe (Nettowert)

Beispiel:
Aufgrund der Buchungen auf den Seiten 140 und 141 ergeben sich auf dem Konto „Umsatzerlöse für eigene Erzeugnisse" folgende Zahlen:

Soll	Umsatzerlöse für eigene Erzeugnisse		Haben
Forderungen a. LL.	2.232,50	Forderungen a. LL.	446.500,00
Erlös-berichtigungen	8.930,00		

Ausgangssituation: Produktionsmenge = Absatzmenge

Stimmen in einem Industriebetrieb Produktions- und Absatzmenge der fertigen Erzeugnisse in einer Abrechnungsperiode überein, ergibt sich der betriebliche Erfolg aus der Gegenüberstellung der Umsatzerlöse der abgesetzten (verkauften) Menge und den Herstellungsaufwendungen der gleich großen produzierten Menge der Abrechnungsperiode. Als klassische Beispiele können Produktion und Absatz von Strom bzw. Fernwärme genannt werden. Hier gibt es keine Lagerbestände unfertiger oder fertiger, aber noch nicht abgesetzter Produkte.

Beispiel:

Für Produktion und Absatz von Computertischen liegen in der Abrechnungsperiode 01 der OfficeCom AG die folgenden Zahlen vor:

Produzierte Menge:	**500 Stück**
Herstellungsaufwendungen gesamt:	40.000,00 €
Herstellungsaufwendungen pro Stück:	80,00 €
Abgesetzte Menge:	**500 Stück**
Absatzpreis pro Stück	120,00 €
Umsatzerlöse:	60.000,00 €

Soll	Diverse Aufwendungen		Haben
	40.000,00	GuV-Konto	40.000,00
	40.000,00		40.000,00

Soll	Umsatzerlöse		Haben
GuV-Konto	60.000,00		60.000,00
	60.000,00		60.000,00

Soll	Gewinn- und Verlustkonto		Haben
Herstellungsaufwendungen (wie z. B. Material, Löhne, Abschreibungen)	40.000,00	Umsatzerlöse	60.000,00
Eigenkapital (Gewinn)	20.000,00		
	60.000,00		60.000,00

Folgesituation 1: Produktionsmenge > Absatzmenge: Bestandsmehrungen

- Ist die Produktionsmenge einer Abrechnungsperiode größer als die Absatzmenge, erhöht der nicht verkaufte Teil den Lagerbestand an fertigen Erzeugnissen.
- Dadurch stimmt die Produktionsmenge, die den in der laufenden Abrechnungsperiode gebuchten Herstellungsaufwendungen zugrunde liegt, nicht mit der abgesetzten Menge der Umsatzerlöse überein.
- Um den betrieblichen Erfolg zu ermitteln, müssen die Herstellungsaufwendungen und die Umsatzerlöse auf dieselbe Menge bezogen werden.
- Dafür werden entweder die Herstellungsaufwendungen – bei gleichen Umsatzerlösen – um den Herstellungswert des Mehrbestandes gekürzt (**Umsatzkostenverfahren**)
- oder die Umsatzerlöse werden – bei gleichen Herstellungsaufwendungen – um den Herstellungswert des Mehrbestandes erhöht (**Gesamtkostenverfahren**).
- Der Mehrbestand wird nicht direkt auf dem Gewinn- und Verlustkonto erfasst, sondern auf dem Zwischenkonto **„Bestandsveränderungen an fertigen Erzeugnissen“**, das den Charakter eines Erfolgskontos hat: Mit seiner Hilfe wird der Erfolg korrigiert (richtig ermittelt).[1]

Beispiel:
Für Produktion und Absatz der Computertische weist die OfficeCom AG in der Abrechnungsperiode 02 folgende Zahlen aus:

Produzierte Menge:	**500 Stück**
Herstellungsaufwendungen gesamt:	40.000,00 €
Herstellungsaufwendungen pro Stück:	80,00 €
Abgesetzte Menge:	**400 Stück**
Absatzpreis pro Stück:	120,00 €
Umsatzerlöse:	48.000,00 €

Erfolgsermittlung (Gesamtkostenverfahren)

Umsatzerlöse	400 St. · 120,00 €	=	48.000,00 €
+ Wert des Mehrbestandes	100 St. · 80,00 €	=	8.000,00 €
= Gesamtleistung	500 St.	=	56.000,00 €
– Herstellungsaufwendungen	500 St. · 80,00 €	=	40.000,00 €
= Gewinn			16.000,00 €

[1] Die Bestandsveränderungen unfertiger Erzeugnisse werden in gleicher Weise buchhalterisch behandelt; als Zwischenkonto fungiert das Konto „Bestandsveränderungen an unfertigen Erzeugnissen“.

Buchungssätze

1. **Abschluss der Aufwandskonten:**
   GuV-Konto 40.000,00 €
   an Diverse Aufwendungen 40.000,00 €
2. **Abschluss des Kontos „Umsatzerlöse“:**
   Umsatzerlöse 48.000,00 €
   an GuV-Konto 48.000,00 €
3. **Buchung der Bestandsmehrung:**
   Fertige Erzeugnisse 8.000,00 €
   an Bestandsveränderungen fertiger Erzeugnisse 8.000,00 €
4. **Abschluss des Kontos „Fertige Erzeugnisse“**
   Schlussbilanzkonto 8.000,00 €
   an Fertige Erzeugnisse 8.000,00 €
5. **Abschluss des Kontos „Bestandsveränderungen fertiger Erzeugnisse“:**
   Bestandsveränderungen fertiger Erzeugnisse 8.000,00 €
   an GuV-Konto 8.000,00 €

Darstellung der Konten

Soll	Diverse Aufwendungen		Haben
	40.000,00	GuV-Konto	40.000,00

Soll	GuV-Konto		Haben
1. Diverse Aufwendungen	40.000,00	2. Umsatzerlöse	48.000,00
EK (Gewinn)	**16.000,00**	5. Bestandsveränderungen	8.000,00
	56.000,00		56.000,00

Soll	Umsatzerlöse		Haben
2. GuV-Konto	48.000,00		48.000,00

Soll	Fertige Erzeugnisse		Haben
3. Bestandsveränderungen	8.000,00	4. SBK	8.000,00

Soll	Bestandsveränderungen fertiger Erzeugnisse		Haben
5. GuV-Konto	8.000,00	3. Fertige Erzeugnisse	8.000,00

Soll	Schlussbilanzkonto		Haben
4. Fertige Erzeugnisse	8.000,00		

Schematische Darstellung des Gewinn- und Verlustkontos

Soll – Gewinn- und Verlustkonto	Haben
Aufwendungen für die hergestellten fertigen und unfertigen Erzeugnisse der Abrechnungsperiode	Umsatzerlöse der verkauften fertigen Erzeugnisse der Abrechnungsperiode: **Absatzleistung**
	+ Bestandsmehrungen an unfertigen und fertigen Erzeugnissen (= Aufwendungen für die in dieser Abrechnungsperiode hergestellten, aber noch nicht verkauften unfertigen und fertigen Erzeugnisse): **Lagerleistung**

Folgesituation 2: Produktionsmenge < Absatzmenge: Bestandsminderung

Übersteigt die Absatzmenge der Abrechnungsperiode die Produktionsmenge, muss auf die in der/den Vorperiode/n gebildeten Lagerbestände zurückgegriffen werden.

Der betriebliche Erfolg ergibt sich nach dem Gesamtkostenverfahren dadurch, dass von den Umsatzerlösen die Herstellungsaufwendungen der Abrechnungsperiode sowie der Herstellungswert der vom Lager genommenen Mengeneinheiten abgezogen werden.

3

Beispiel

Wird das Beispiel der OfficeCom AG der vorangegangenen Seite fortgeführt, ergeben sich für die Abrechnungsperiode 03 folgende Daten:

Produzierte Menge:	**500 Stück**
Herstellungsaufwendungen gesamt:	40.000,00 €
Herstellungsaufwendungen pro Stück:	80,00 €
Abgesetzte Menge:	**560 Stück**
Absatzpreis pro Stück:	120,00 €
Umsatzerlöse	67.200,00 €

Erfolgsermittlung (Gesamtkostenverfahren)

Umsatzerlöse	560 St. · 120,00 €	=	67.200,00 €
– Herstellungsaufwendungen	500 St. · 80,00 €	=	40.000,00 €
– Wert des Minderbestandes	60 St. · 80,00 €	=	4.800,00 €
= Gewinn			22.400,00 €

Buchungssätze

1. **Abschluss der Aufwandskonten:**
   GuV-Konto 40.000,00 €
   an Diverse Aufwendungen 40.000,00 €
2. **Abschluss des Kontos „Umsatzerlöse“:**
   Umsatzerlöse 67.200,00 €
   an GuV-Konto 67.200,00 €
3. **Buchung der Bestandsminderung:**
   Bestandsveränderungen fertiger Erzeugnisse 4.800,00 €
   an Fertige Erzeugnisse 4.800,00 €
4. **Abschluss des Kontos „Fertige Erzeugnisse“:**
   Schlussbilanzkonto 3.200,00 €
   an Fertige Erzeugnisse 3.200,00 €
5. **Abschluss des Kontos „Bestandsveränderungen fertiger Erzeugnisse“:**
   GuV-Konto 4.800,00 €
   an Bestandsveränderungen fertiger Erzeugnisse 4.800,00 €

Darstellung der Konten

Soll	Diverse Aufwendungen		Haben
	40.000,00	1. GuV-Konto	40.000,00

Soll	Umsatzerlöse		Haben
2. GuV-Konto	67.200,00		67.200,00

Soll	Bestandsveränderungen fertiger Erzeugnisse		Haben
3. Fertige Erzeugnisse	4.800,00	5. GuV-Konto	4.800,00

Soll	Fertige Erzeugnisse		Haben
EBK	8.000,00	3. Bestandsveränderungen	4.800,00
		4. SBK	3.200,00
	8.000,00		8.000,00

Soll	GuV-Konto		Haben
1. Diverse Aufwendungen	40.000,00	2. Umsatzerlöse	67.200,00
5. Bestandsveränderungen	4.800,00		
EK (Gewinn)	**22.400,00**		
	67.200,00		67.200,00

Soll	Schlussbilanzkonto		Haben
4. Fertige Erzeugnisse	3.200,00		

Schematische Darstellung des Gewinn- und Verlustkontos

Soll	Gewinn- und Verlustkonto Haben
Aufwendungen für die hergestellten fertigen und unfertigen Erzeugnisse der Abrechnungsperiode	Umsatzerlöse der verkauften fertigen Erzeugnisse der Abrechnungsperiode: **Absatzleistung**
+ Bestandsminderungen an unfertigen und fertigen Erzeugnissen (= Aufwendungen für die in vergangenen Abrechnungsperioden hergestellten und in dieser Abrechnungsperiode fertig gestellten unfertigen und verkauften fertigen Erzeugnisse)	

Begriff Handelswaren

1. Produkte, die ein Unternehmen beschafft und ohne Be- oder Verarbeitung weiterverkauft
2. Abrundung des Verkaufssortiments

Beispiel:
Die OfficeCom AG führt neben den Produkten der eigenen Fertigung (Schreibtische, Aktenschränke usw.) u. a. noch die Handelswaren Telefonapparate und Faxgeräte in ihrem Absatzprogramm.

Konten

- Bestandskonto **„Handelswaren"**
  → für die Beschaffung
  → Abschluss über „SBK"
- Ertragskonto **„Umsatzerlöse für Handelswaren"**
  → für den Verkauf
  → Abschluss über GuV-Konto
- Aufwandskonto **„Aufwendungen für Handelswaren"**
  → für den Wareneinsatz
  → Abschluss über GuV-Konto

Beispiel

Am Anfang des Jahres 20.. betrug der Wert des Bestandes an Handelswaren der OfficeCom AG 85.000,00 €. Im Laufe des Jahres 20.. kaufte die OfficeCom AG Handelswaren für 800.000,00 € zuzüglich 19 % USt auf Ziel.
Andererseits betrugen die Verkäufe dieser Handelswaren in 20.. (ebenfalls auf Ziel) 1.300.000,00 € zuzüglich 19 % USt.

Der Endbestand der Handelswaren per 31. Dez. 20.. hatte gemäß Inventur einen Wert von 56.000,00 €.

(Die Buchungen der Einkäufe und Verkäufe sind in diesem Beispiel summarisch vorzunehmen; der Wareneinsatz ist aufgrund der Inventur zu buchen.)

Buchungen

1. Einkäufe auf Ziel

Handelswaren	800.000,00 €	
Vorsteuer	152.000,00 €	
an Verbindlichkeiten a. LL.		952.000,00 €

2. Verkäufe auf Ziel

Forderungen a. LL.	1.547.000,00 €	
an Umsatzerlöse für Handelswaren		1.300.000,00 €
an Umsatzsteuer		247.000,00 €

3. Wareneinsatz (Umsatz zu Einstandspreisen)

Anfangsbestand	85.000,00 €
+ Einkäufe	800.000,00 €
– Endbestand lt. Inventur	56.000,00 €
= Wareneinsatz	829.000,00 €

Aufwendungen für Handelswaren	829.000,00 €	
an Handelswaren		829.000,00 €

Begriff Warenrohgewinn

- **Umsatzerlöse aus Handelswaren**
  – Aufwendungen für Handelswaren
  = Warenrohgewinn
- Der Warenrohgewinn ergibt sich aus der Gegenüberstellung von Umsatzerlösen aus Handelswaren und Aufwendungen für Handelswaren im Gewinn- und Verlustkonto.

Beispiel:
Die OfficeCom AG erzielte im Jahr 20.. folgenden Warenrohgewinn:

Umsatzerlöse aus Handelswaren	1.300.000,00 €
– Aufwendungen für Handelswaren	829.000,00 €
= Warenrohgewinn	471.000,00 €

Sonstige Buchungen

Analog zu den Buchungen beim Einkauf von Werkstoffen sind beim Einkauf von Handelswaren auf entsprechenden Konten zu buchen (siehe S. 136 ff.):
- Bezugskosten
- Rücksendungen
- Preisnachlässe, Boni, Skonti

(zur Kalkulation von Handelswaren siehe Lernfeld 4, S. 183 ff.)

Analog zu den Buchungen beim Verkauf von Fertigerzeugnissen sind beim Verkauf von Handelswaren auf entsprechenden Konten zu buchen (siehe S. 140 ff.):
- Transportkosten
- Rücksendungen
- Preisnachlässe, Boni, Skonti

Güterverkehr mit ausländischen Unternehmen *Goods traffic with foreign companies*

Umsatzsteuerrechtliche Abgrenzung

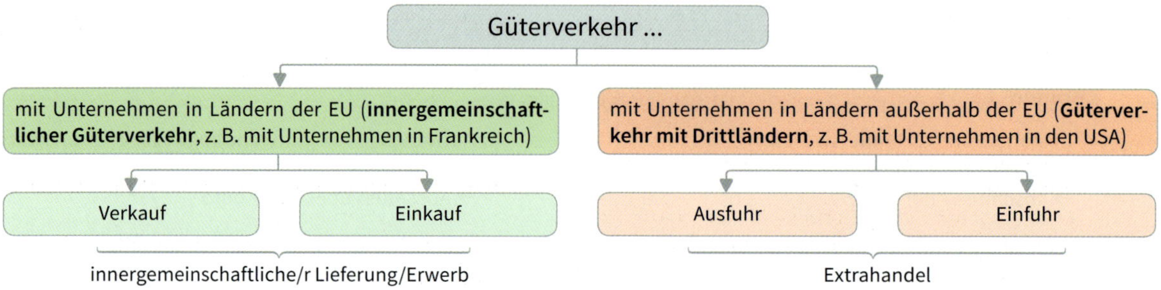

Innergemeinschaftlicher Güterverkehr

- In den einzelnen Mitgliedstaaten der EU existieren unterschiedlich hohe Umsatzsteuersätze.
- Bis zu einer endgültigen Regelung hat daher der Ministerrat der EU eine Übergangsregelung erlassen, wonach nicht die Lieferung der Ware, also **nicht der Verkauf, sondern der Erwerb der Ware**, also der Einkauf, **umsatzsteuerpflichtig** ist. Die Umsatzsteuer wird also erst dort – im Bestimmungsland – erhoben, wo die Ware den gewerblichen Erwerber erreicht, und zwar in Höhe des jeweiligen Bestimmungslandes. Daher wird umsatzsteuerrechtlich vom **Bestimmungslandprinzip** gesprochen.
- Nicht der Verkäufer, sondern der **Käufer schuldet** seinem Finanzamt die **Umsatzsteuer**, sofern er Unternehmer ist und die Ware für sein Unternehmen gekauft hat.
- Der Käufer (Erwerber) kann allerdings die geschuldete Umsatzsteuer zugleich **als Vorsteuer wieder abziehen**, sodass sie ihn nicht belastet.
- Da in der Umsatzsteuervoranmeldung der steuerpflichtige innergemeinschaftliche Erwerb (also die Einkäufe) und die steuerfreie innergemeinschaftliche Lieferung (also die Verkäufe) getrennt auszuweisen sind, empfiehlt es sich (auch wegen der Umsatzsteuerverprobung), **gesonderte Konten** einzurichten.
- Zur **Kontrolle** des Umsatzsteueraufkommens sind auf allen Ausgangsrechnungen die sogenannten **Umsatzsteuer-Identifikationsnummern** (USt-IdNr.) des Lieferanten wie des Kunden anzugeben.

Einkauf

Beispiel:
Die Bellheim-BüroService GmbH kauft am 17. Februar 20.. von ihrem Lieferanten in Brüssel einen Gabelstapler für 60.000,00 € netto. Vereinbartes Zahlungsziel: 30 Tage.

(Die Bellheim-BüroService GmbH schuldet dem Finanzamt daher 19 % USt von 60.000,00 €, das entspricht 11.400,00 €. Dieser Betrag wird mit der Vorsteuer in entsprechender Höhe verrechnet.)

Benötigte Bestandskonten:
„Innergemeinschaftlicher Erwerb (i. E.)"
„Vorsteuer (19 %) für i. E."
„Umsatzsteuer (19 %) für i. E."
„TA / Maschinen"

Buchungen beim Einkauf:

Innergemeinschaftlicher Erwerb (i. E.)	60.000,00 €	
an Verbindlichkeiten a. LL.		60.000,00 €
Vorsteuer für i. E.	11.400,00 €	
an Umsatzsteuer für i. E.		11.400,00 €

Umbuchung des innergemeinschaftlichen Erwerbs auf das entsprechende Sachkonto:

TA/Maschinen	60.000,00 €	
an Innergemeinschaftlicher Erwerb (i. E.)		60.000,00 €

Verkauf

Beispiel:
Die Bellheim-BüroService GmbH verkauft an einen Kunden in Rom Druckerpapier im Wert von 7.000,00 € netto; Zahlungsziel: 30 Tage.

(Wegen des Bestimmungslandprinzips entfallen bei der Bellheim-BüroService GmbH die Buchungen zur Vorsteuer und zur Umsatzsteuer.)

Benötigtes Erfolgskonto:
„Erlöse aus innergemeinschaftlicher Lieferung (i. L.)"

Buchung beim Verkauf:

Forderungen a. LL.	7.000,00 €	
an Erlöse aus innergemeinschaftlicher Lieferung (i. L.)		7.000,00 €

Güterverkehr mit Drittländern

Einfuhr (Import)

- Die Einfuhr von Gütern aus Drittländern unterliegt nach § 11 UStG der **Einfuhrumsatzsteuer (EUSt)**; sie beträgt 19 % bzw. 7 % und ist als Vorsteuer im Unternehmen abzugsfähig.
- Gegebenenfalls ist auch **Zoll** fällig, der zusammen mit der Einfuhrumsatzsteuer von der Zollbehörde erhoben wird.
- Die Höhe beider Abgaben basiert auf unterschiedlichen **Bemessungsgrundlagen.**
- Rechnungen in **ausländischer Währung** sind auf der Basis amtlicher Devisenkurse in Euro **umzurechnen.**
- Von der Bank berechnete Zahlungsabwicklungs- und Maklergebühren sind auf dem Konto „Kosten des Geldverkehrs" zu buchen.

Bemessungsgrundlage für den Zoll:

	Warenwert
+	Verpackungskosten/Auslandsfracht
–	(möglicher) Skonto
=	**Zollwert** (= Bezugspreis deutsche Grenze = Bemessungsgrundlage Zoll)

Bemessungsgrundlage für die Einfuhrumsatzsteuer:

	Zollwert (= Bezugspreis)
+	Zoll (zwischen 5 % und 15 %, je nach Eintarifierung)
+	ggf. Verbrauchsteuern (z. B. Zuckersteuer)
+	Inlandsfracht
=	**EUSt-Bemessungsgrundlage**

Buchungen zur Einfuhr

Beispiel:
Die Bellheim-BüroService GmbH kauft in Hongkong 2 000 St. SD-Card zum Stückpreis von 200,00 Hongkong-Dollar; die Transportkosten bis Frankfurt betragen 12.500,00 Hongkong-Dollar; Zahlungsziel: 30 Tage; Tageskurs: 10,022 Hongkong-Dollar/Euro; Zollsatz: 8 %.

Aus der **Eingangsrechnung** ergeben sich die folgenden Beträge:

	Warenwert:	400.000,00 HKD
+	Transportkosten:	12.500,00 HKD
=	Rechnungsbetrag:	412.500,00 HKD

Umgerechnet in Euro ergeben sich die folgenden Beträge:

	Warenwert:	39.912,19 EUR
+	Transportkosten:	1.247,26 EUR
=	Rechnungsbetrag (= Zollwert)	41.159,45 EUR

Berechnung Zoll:
Zoll = 41.159,45 EUR · 8 % = 3.292,76 EUR

Berechnung Einfuhrumsatzsteuer:
EUSt = (41.159,45 EUR + 3.292,76 EUR) · 19 %
= 8.445,92 €

Buchungen

(1) Buchung der Eingangsrechnung:

Gütereinfuhr	39.912,19 €	
Bezugskosten	1.247,26 €	
an Verbindlichkeiten a. LL		41.159,45 €

(2) Umbuchung der Bezugskosten

Gütereinfuhr	1.247,26 €	
an Bezugskosten		1.247,26 €

(3) Umbuchung des Zwischenkontos „Gütereinfuhr" auf das betreffende Werkstoff-, Waren oder Anlagekonto:

Wareneingang	41.159,45 €	
an Gütereinfuhr		41.159,45 €

(4) Buchung der Rechnung des Zollamtes über Zoll und Einfuhrumsatzsteuer:

Bezugskosten	3.292,76 €	
Einfuhrumsatzsteuer	8.445,92 €	
an Zollverbindlichkeiten		11.738,68 €

Ausfuhr (Export)

Die Ausfuhr von Gütern in Drittländer ist nach § 4 Nr. 1 und 3 UStG **umsatzsteuerfrei** (zur Förderung des Exports). Dazu muss allerdings ein Nachweis der Auslandslieferung (z. B. internationaler Frachtbrief) erbracht werden.

Buchung zur Ausfuhr

Beispiel:
Die Bellheim-BüroService GmbH verkauft am 16. Mai 20.. an einen Schweizer Kunden in Basel Tintenpatronen auf Ziel, Warenwert 6.430,00 CHF. Eine Grenzübertrittsbescheinigung liegt als Ausfuhrnachweis vor.
Der Tageskurs beträgt 1,5790 CHF/EUR.

Rechnungsbetrag
in EUR = $\frac{6.430{,}00}{1{,}5790}$ = 4.072,20 EUR

Buchung:

Forderungen a. LL.	4.072,20 €	
an Erlöse aus Güterverkehr		4.072,20 €

Skonto

Begriff und Bedeutung

- Preisnachlass für vorzeitige Zahlung innerhalb einer bestimmten Frist
- Vom Lieferanten gewährter Skonto mindert die Anschaffungskosten.*
- Dem Kunden gewährter Skonto schmälert die Erlöse.*
- Die Gewährung eines Zahlungsziels entspricht der Bewilligung eines Kredites. Daher ist der Skonto, der im Zuge der Kalkulation bereits in den Verkaufspreis eingerechnet wurde (siehe Lernfeld 4: Kalkulation von Handelswaren, S. 183 ff.), nichts anderes als Zinsen für den kostenpflichtigen Zeitraum des Zahlungsziels.

* Zu den entsprechenden Buchungen siehe Seiten 137 und 141.

Effektivzinssatz

Der Lieferantenkredit ist ein in der Regel sehr teurer Kredit.

Beispiel:
Die Zahlungsbedingung der Knaber OHG (siehe Beleg S. 136) lautet:

Zahlbar innerhalb 14 Tagen nach Lieferung mit 2 % Skonto
Zahlbar innerhalb 6 Wochen nach Lieferung netto Kasse

Der in den Verkaufspreis eingerechnete Zinssatz (Skonto) gilt für 28 Tage; das entspricht einem Jahreszinssatz (**Effektivzinssatz**) von 25,71 %.

28 Tage = 2 % Skonto
360 Tage = x % Skonto

$$x = \frac{2\,\% \cdot 360 \text{ Tage}}{28 \text{ Tage}} = \underline{\underline{25{,}71\,\%}}$$

Finanzierungserfolg

Möchte der Käufer einer Ware den ihm vom Lieferanten gewährten Skonto abziehen, verfügt aber zu diesem Zeitpunkt nicht über die entsprechenden Geldmittel, stellt sich ihm die Frage, ob er für diesen Zweck bei seiner Hausbank einen Kredit aufnehmen soll, für den Zinsen zu zahlen sind.

Die **Kreditaufnahme lohnt**, wenn

Abzugsbetrag für Skonto (Ertrag)
> zu zahlende Kreditzinsen (Aufwand)

oder

Effektivzinssatz (des Skontos)
> Kreditzinssatz der Bank

Beispiel:

- Der Rechnungsbetrag der Knaber OHG (siehe Beleg S. 136) lautet auf 89.335,68 €.
- Zahlungsbedingungen:
  - Zahlbar innerhalb 14 Tagen nach Lieferung mit 2 % Skonto
  - Zahlbar innerhalb 6 Wochen nach Lieferung netto Kasse
- Zinssatz der Bank für einen Kontokorrentkredit: 15 % p. a.

Skontobetrag:
2 % von 89.335,68 € = $\underline{\underline{1.786{,}71\text{ €}}}$

Überweisungsbetrag = Kreditbetrag:
89.335,68 € – 1.786,71 € = $\underline{\underline{87.548{,}97\text{ €}}}$

Kreditzinsen für 28 Tage:

$$Z = \frac{87.548{,}97\text{ €} \cdot 15 \cdot 28 \text{ Tage}}{100 \cdot 360 \text{ Tage}} = \underline{\underline{1.021{,}40\text{ €}}}$$

Finanzierungserfolg (Gewinn) =
1.786,71 € – 1.021,40 € = $\underline{\underline{765{,}31\text{ €}}}$

Schecks

Eigene Schecks

- Sie dienen dem Unternehmen zum Ausgleich von z. B. Lieferantenrechnungen (Eingangsrechnungen).
- Sie werden erst gebucht, wenn die eigene Hausbank das Konto des Unternehmens belastet.
- Buchungsbeleg ist der Kontoauszug.

Beispiel:
Die OfficeCom AG begleicht die Rechnung eines Lieferanten über 5.645,00 € mit einem Verrechnungsscheck.

Buchungssatz:

Verbindlichkeiten a. LL.	5.645,00 €	
an Bankguthaben		5.645,00 €

Fremde Schecks

- Unternehmen erhalten z. B. von Kunden Schecks zum Ausgleich von Ausgangsrechnungen.
- Sie werden in größeren Unternehmen häufig zum Zeitpunkt des Eingangs zunächst auf dem **aktiven Bestandskonto „Schecks“** erfasst.
- Bei Gutschrift des Betrages auf dem Bankkonto erfolgt die Umbuchung vom Konto „Schecks“ auf das Konto „Bankguthaben“.

Beispiel:
Die OfficeCom AG erhält zum Ausgleich einer Rechnung am 19. April 20.. von einem Kunden einen Verrechnungsscheck über 17.834,00 €, der am 25. April 20.. gutgeschrieben wird.

Buchung bei Erhalt des Schecks (19.04.20..):

Schecks	17.834,00 €	
an Forderungen a. LL.		17.834,00 €

Buchung nach Kontogutschrift (25.04.20..):

Bankguthaben	17.834,00 €	
an Schecks		17.834,00 €

Darlehensarten

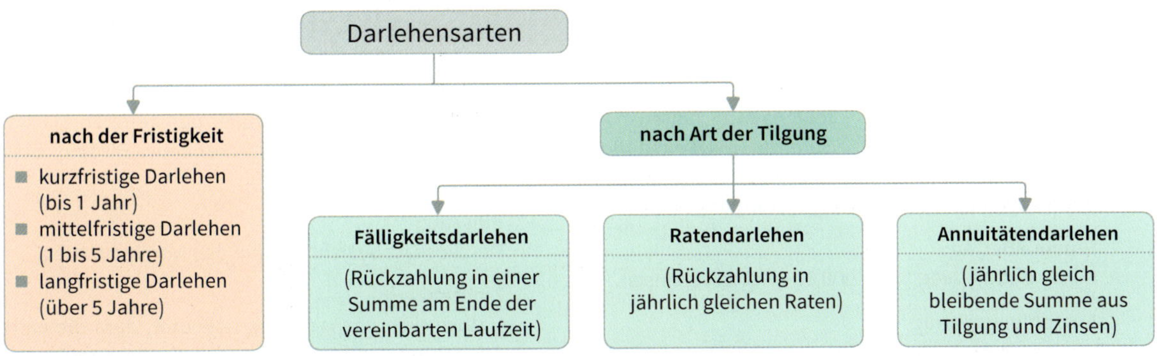

Konten

- Entsprechend der Fristigkeit kann die Kontengruppe **„Verbindlichkeiten gegenüber Kreditinstituten“** in folgende Kontenarten gegliedert werden:

  → 4210 Kurzfristige Bankverbindlichkeiten
  → 4230 Mittelfristige Bankverbindlichkeiten
  → 4250 Langfristige Bankverbindlichkeiten

- In der Jahresbilanz werden sämtliche Darlehen in einer Summe unter der Position **„Verbindlichkeiten gegenüber Kreditinstituten“** ausgewiesen.

Kreditsicherung

Kredite können auf unterschiedliche Weise abgesichert werden[1]. Zu unterscheiden sind:

- Personalkredite
- Realkredite

[1] Siehe hierzu im Einzelnen S. 460.

3

Aufnahme einer Grundschuld

Begriff

Eine **Grundschuld** ist ein Pfandrecht an einem Grundstück, durch das der Gläubiger berechtigt ist, sich in Höhe einer Geldsumme aus dem Grundstück zu befriedigen.

Einer Bank dient eine Grundschuld zur **dinglichen Sicherung** eines Darlehens, das zu ganz bestimmten Konditionen gewährt wird (siehe auch S. 459 f.).

Beispiel:
Zur Finanzierung einer Erweiterungsinvestition erhält die OfficeCom AG von der Hartbank Braunschweig am 1. Januar 20.. eine Grundschuld von 1.200.000,00 € zu folgenden Konditionen:

Nominalbetrag:	1.200.000,00 €
Auszahlung:	95 %
Rückzahlung:	100 %
Laufzeit der Grundschuld:	25 Jahre
Dauer der Zinsbindung:	10 Jahre
Zinssatz:	6,55 %
Zinszahlungen:	halbjährlich nachschüssig, erstmals am 30. Juni 20..
Tilgung:	wird zunächst ausgesetzt; erfolgt nach 25 Jahren in einer Summe (Fälligkeitsdarlehen)

Erläuterung der Finanzierungsbedingungen:

Nominalbetrag:
Dieser Betrag (hier: 1.200.000,00 €) ist zu verzinsen.

Auszahlungsbetrag:
Von der vereinbarten Kreditsumme werden nur 95 % (hier: 1.140.000,00 €) ausgezahlt. Die Differenz von 5 % (hier: 60.000,00 €) wird als **Disagio** oder **Damnum** (Abgeld) bezeichnet und von der Bank gleich einbehalten. Das Disagio stellt vorweggenommene Zinsaufwendungen dar, die **steuerrechtlich** über die Zeit der Zinsbindungsdauer gleichmäßig zu verteilen sind. **Handelsrechtlich** kann das Disagio im Jahr der Darlehensaufnahme in voller Höhe als Zinsaufwand gebucht oder – wie im Steuerrecht – über die Dauer der Zinsbindung verteilt werden. Für das Disagio besteht also steuerrechtlich eine Aktivierungspflicht, handelsrechtlich dagegen ein Aktivierungswahlrecht.

Durch dieses Disagio kann die laufende (hier: halbjährliche) Zinsbelastung verringert werden. Hätte die OfficeCom AG eine 100 %ige Auszahlung des beantragten Kredites gewünscht, wäre der Zinssatz, der jetzt 6,55 % beträgt, um ungefähr 0,5 % (= 5 %, verteilt auf die 10 Jahre der Zinsbindung) auf 7,05 %[2] gestiegen. Das hätte die halbjährliche Zinsbelastung entsprechend erhöht.

Rückzahlung 100 %:
Nicht der Auszahlungsbetrag, sondern der Nominalbetrag (hier: 1.200.000,00 €) ist zurückzuzahlen.

Dauer der Zinsbindung:
Unabhängig davon, ob während der Zeit der Zinsbindung (hier: 10 Jahre) die Kreditzinssätze steigen oder fallen, berechnet die Bank immer den gleichen Zinssatz (hier: 6,55 %). Dadurch kann der Kreditnehmer mit konstanten Zinszahlungen kalkulieren. Nach Ablauf der Zinsbindungsdauer werden zwischen Kreditgeber und Kreditnehmer neue Konditionen für den abzüglich der Tilgungsraten verbleibenden Kredit (z. B. Dauer der weiteren Zinsbindung, Höhe des Zinssatzes, mögliches neues Disagio) ausgehandelt.

Zinssatz:
Der Zinssatz bezieht sich auf den Nominalbetrag.

Zinszahlung:
Halbjährlich nachschüssig bedeutet, dass die erstmalige Zinszahlung sechs Monate nach der Kreditaufnahme und dann im Halbjahrestakt erfolgt.

Tilgung:
Die Rückzahlung der Grundschuld erfolgt häufig in jährlichen Raten von 1 % oder 2 % der Kreditsumme. In diesem Beispiel wurde eine Aussetzung der Tilgung vereinbart, d. h., während der Laufzeit der Grundschuld erfolgt keine Rückzahlung. Es handelt sich also um ein Fälligkeitsdarlehen.

[2] Versicherungsmathematisch ergibt sich ein geringfügig anderer Prozentsatz.

Buchung der Kreditaufnahme

Beispiel:
Der Auszahlungsbetrag von 1.140.000,00 € wird dem Bankkonto der OfficeCom AG gutgeschrieben.

Das Disagio von 60.000,00 € wird auf dem aktiven Bestandskonto **„Aktive Rechnungsabgrenzung“** (ARA) erfasst.
(Siehe hierzu ausführlich das Kapitel zur zeitlichen Abgrenzung auf S. 350 ff.)

Buchungssatz per 1. Januar 20..

Bankguthaben	1.140.000,00 €	
ARA	60.000,00 €	
an Langfristige Bankverbindlichkeiten		1.200.000,00 €

Laufende Zinszahlungen

Die laufenden Zinsen werden mithilfe der Tageszinsformel errechnet:

$$\text{Zinsen} = \frac{\text{Kapital} \cdot \text{Zinssatz} \cdot \text{Tage}}{100 \cdot 365\ \text{Tage}}$$

Die Zinsen werden auf dem Konto **„Zinsaufwendungen“** erfasst.

Beispiel:
Auf den Nominalbetrag von 1.200.000,00 € sind für den Zeitraum 1. Januar 20.. bis 30. Juni 20.. Zinsen von 6,55 % p. a. durch Banküberweisung zu zahlen.

$$Z = \frac{1.200.000{,}00\ € \cdot 6{,}55 \cdot 180\ \text{Tage}}{100 \cdot 365\ \text{Tage}} = 38.761{,}64\ €$$

Buchungssatz:

Zinsaufwendungen	38.761,64 €	
an Bankguthaben		38.761,64 €

Disagio

Das Disagio ist am Ende des Jahres zeitanteilig als Zinsaufwand (siehe S. 150) zu buchen.
Der zeitanteilige Zinsaufwand errechnet sich wie folgt:

$$\text{Zinsaufwand der Periode} = \frac{\text{Disagio}}{\text{Dauer der Zinsbindung}}$$

Die Zinsen werden auf dem Konto **„Zinsaufwendungen“** erfasst.

Beispiel:

$$\text{Zinsaufwand per 31. Dezember 20..} = \frac{60.000{,}00\ €}{10\ \text{Jahre}} = 6.000{,}00\ €/\text{Jahr}$$

Buchungssatz per 31. Dezember 20..:

Zinsaufwendungen	6.000,00 €	
an Aktive Rechnungsabgrenzung		6.000,00 €

Tilgung der Grundschuld

Fälligkeitsdarlehen werden am Ende der vereinbarten Laufzeit in einer Summe zurückgezahlt.

Beispiel:
Die OfficeCom AG zahlt die Grundschuld am Ende der Laufzeit an die Hartbank Braunschweig durch Banküberweisung zurück.

Buchungssatz:

Langfristige Bankverbindlichkeiten	1.200.000,00 €	
an Bankguthaben		1.200.000,00 €

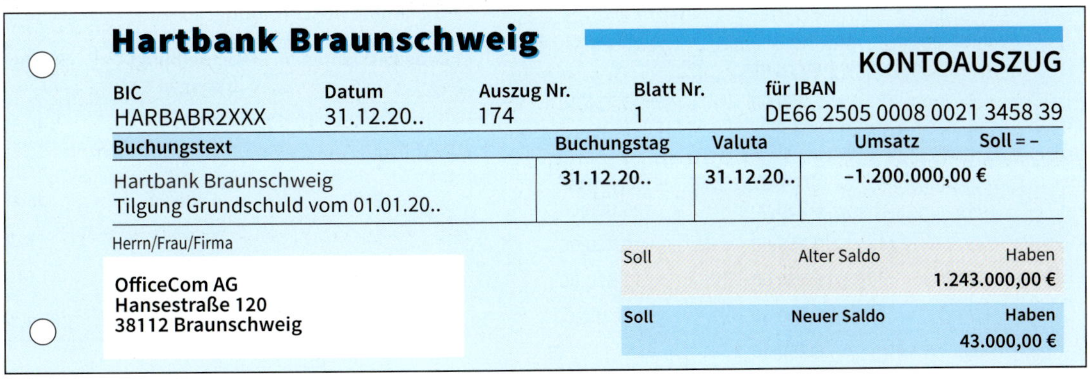

Hartbank Braunschweig

KONTOAUSZUG

BIC	Datum	Auszug Nr.	Blatt Nr.	für IBAN
HARBABR2XXX	31.12.20..	174	1	DE66 2505 0008 0021 3458 39

Buchungstext	Buchungstag	Valuta	Umsatz Soll = –
Hartbank Braunschweig Tilgung Grundschuld vom 01.01.20..	31.12.20..	31.12.20..	–1.200.000,00 €

Herrn/Frau/Firma

OfficeCom AG
Hansestraße 120
38112 Braunschweig

Soll	Alter Saldo	Haben
		1.243.000,00 €

Soll	Neuer Saldo	Haben
		43.000,00 €

Abschreibungen auf Sachanlagen – Einführung

Depreciation on tangible assets – introduction

Güter des Sachanlagevermögens

- Die Güter des **Sachanlagevermögens** sind dazu bestimmt, **langfristig** dem Unternehmen zu dienen.
- Sofern diese Güter **abnutzbar** sind, zum Beispiel technische Anlagen und Maschinen, Fuhrpark, Betriebs- und Geschäftsausstattung, ist die Nutzungsdauer begrenzt.
- Derartige Güter sind abzuschreiben, das heißt, die **Wertminderungen** sind als Aufwendungen in der Finanzbuchhaltung zu erfassen.
- Die Wertminderungen werden als **Abschreibungen** bezeichnet; sie sind betrieblicher **Aufwand**.

3

Abschreibung

Rechtliche Grundlage

„Bei Vermögensgegenständen des Anlagevermögens, deren Nutzung zeitlich begrenzt ist, sind die Anschaffungs- oder die Herstellungskosten um planmäßige Abschreibungen zu vermindern. Der Plan muss die Anschaffungs- oder Herstellungskosten auf die Geschäftsjahre verteilen, in denen der Vermögensgegenstand voraussichtlich genutzt werden kann." (§ 253 Abs. 3 Satz 1 und 2 HGB)

(Der steuerrechtliche Begriff für Abschreibung ist „**A**bsetzung **f**ür **A**bnutzung" – **AfA**.)

Wirtschaftliche Gründe

... für planmäßige Abschreibung

- technischer Verschleiß durch ständigen Gebrauch
- natürlicher Verschleiß durch zeitabhängige Faktoren (z. B. Verrosten)
- Substanzabbau in Rohstoffgewinnungsbetrieben

... für außerplanmäßige Abschreibung

- technischer Fortschritt bei Fertigungsanlagen
- Bedarfsverschiebungen auf dem Absatzmarkt
- Preisverfall auf dem Beschaffungsmarkt

Methoden der planmäßigen Abschreibung

Lineare Abschreibung

- jährliche Abschreibung von den Anschaffungs- oder Herstellungskosten
- Abschreibung in gleichbleibenden Jahresbeträgen
- jährlicher Abschreibungsbetrag =

$$\frac{\text{Anschaffungs- oder Herstellungskosten}}{\text{betriebsgewöhnliche Nutzungsdauer}}$$

- Abschreibungsprozentsatz =

$$\frac{100\,\%}{\text{betriebsgewöhnliche Nutzungsdauer}}$$

Beispiel:
Anschaffungskosten einer Maschine: 50.000,00 €
betriebsgewöhnliche Nutzungsdauer: 8 Jahre

Ende des Jahres	Abschreibungsbetrag in €	Buchwert in €
1	6.250,00	43.750,00
2	6.250,00	37.500,00
3	6.250,00	31.250,00
4	6.250,00	25.000,00
5	6.250,00	18.750,00
6	6.250,00	12.500,00
7	6.250,00	6.250,00
8	6.250,00	0

Degressive Abschreibung

- jährliche Abschreibung vom Buchwert
- Abschreibung in fallenden Jahresbeträgen
- maximale Abschreibungshöhe nach § 7 Absatz 2 EStG bei Anschaffung zwischen dem 01.01.2009 und dem 31.12.2010: das Zweieinhalbfache der linearen Abschreibung, maximal 25 %

Ob und in welcher Höhe neben der linearen auch die **degressive Abschreibung** (z. B. das Zwei- oder Dreifache der linearen Abschreibung, maximal 20 % oder 30 %) **steuerrechtlich** zulässig ist, macht der Gesetzgeber häufig von der konjunkturellen Entwicklung abhängig.

Beispiel:
Anschaffungskosten einer Maschine: 50.000,00 €
betriebsgewöhnliche Nutzungsdauer: 12,5 Jahre
→ maximale Abschreibung: 20 %

Ende des Jahres	Abschreibungsbetrag in €	Buchwert in €
1	10.000,00	40.000,00
2	8.000,00	32.000,00
3	6.400,00	25.600,00
8	2.097,15	8.388,61
⋮	⋮	⋮
13	687,20	2.748,78

Abschreibungen auf Sachanlagen – Einführung

Depreciation on tangible assets – introduction

Abschreibung nach Leistungseinheiten

$$\text{Jahresabschreibungsbetrag} = \frac{\text{Anschaffungs- oder Herstellungskosten}}{\text{voraussichtliche Gesamtleistung während der betriebsgewöhnlichen Nutzungsdauer}} \cdot \text{tatsächlich erbrachte Jahresleistung}$$

Beispiel:
Anschaffungskosten eines Lkw: 82.000,00 €
Betriebsgewöhnliche Nutzungsdauer: 5 Jahre
Voraussichtliche Gesamtleistung: 320 000 km
Tatsächliche Leistung im ersten Jahr: 66 000 km

Abschreibungsbetrag im ersten Jahr:

$$\frac{82.000{,}00\,€}{320\,000\text{ km}} \cdot 66\,000\text{ km} = \underline{\underline{16.912{,}50\,€}}$$

Buchung der Abschreibung

- Die Abschreibung wird direkt auf dem entsprechenden Sachanlagekonto vorgenommen.
- Dadurch wird auf dem Sachanlagekonto und im Schlussbilanzkonto nur der jeweilige Rest- oder Buchwert ausgewiesen.
- Das Aufwandskonto „Abschreibungen auf Sachanlagen“ wird über das Gewinn- und Verlustkonto abgeschlossen.

Beispiel:
Ein Pkw, Anschaffungskosten 25.000,00 €, wird fünf Jahre linear abgeschrieben.

Buchungssatz:

Abschreibungen auf Sachanlagen	5.000,00 €	
an Fuhrpark		5.000,00 €

Soll	Fuhrpark		Haben
...	25.000,00	Abschr. auf SA	5.000,00
		SBK	20.000,00

Soll	Abschreibungen auf Sachanlagen		Haben
Fuhrpark	5.000,00	GuV	5.000,00

Soll	Schlussbilanzkonto		Haben
Fuhrpark	20.000,00		

Erinnerungswert

Am Ende der Nutzungsdauer ist das Anlagegut bei linearer Abschreibung auf den Wert Null abgeschrieben. Wird es jedoch über das Ende der Nutzungsdauer hinaus im Betrieb verwendet, ist es in der Bilanz mit einem **Erinnerungswert von 1,00 €** auszuweisen. Daher ist die Abschreibung im letzten Jahr der geplanten Nutzungsdauer um 1,00 € geringer anzusetzen.

Abschreibung als Mittel der Finanzierung

- Die Abschreibungen werden – wie die übrigen Aufwendungen – in die **Absatzpreise** der Produkte **einkalkuliert.**
- Über den **Verkauf** der Produkte fließen die einkalkulierten Abschreibungsbeträge als **liquide Mittel** wieder in das Unternehmen zurück.
- Diese Mittel können dann zur **Finanzierung** neuer Sachanlagegüter verwendet werden (siehe auch S. 456).

Abschreibungskreislauf

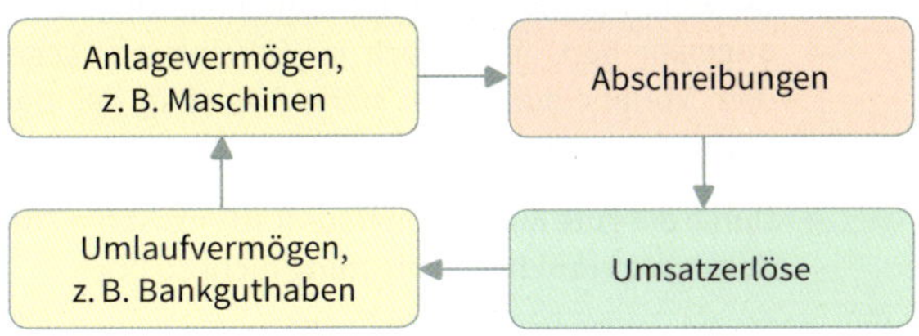

3

Beispiel

Aktiva	Bilanz der OfficeCom AG in Braunschweig in €				Passiva
	Berichtsjahr	Vorjahr		Berichtsjahr	Vorjahr
I. Anlagevermögen			**I. Eigenkapital**		
1. Grundstücke	500.000,00	300.000,00	1. Gezeichnetes Kapital	200.000,00	200.000,00
2. Gebäude	1.959.300,00	2.105.036,00	2. Rücklagen	2.119.666,00	1.905.670,00
3. Maschinen	360.550,00	168.750,00	**II. Fremdkapital**		
4. Werkzeuge	48.986,00	51.230,00	1. Hypotheken	1.600.000,00	1.600.000,00
5. BGA	50.100,00	63.000,00	2. Darlehen	720.000,00	125.000,00
6. Fuhrpark	408.000,00	95.000,00	3. Verbindlichkeiten a. LL.	229.540,00	345.700,00
II. Umlaufvermögen			4. Sonstige Verbindlichkeiten	34.980,00	36.790,00
1. Rohstoffe	370.800,00	380.000,00			
2. Hilfsstoffe	103.490,00	120.000,00			
3. Betriebsstoffe	21.000,00	22.300,00			
4. Unfertige Erzeug.	296.900,00	60.000,00			
5. Forderungen a. LL.	191.500,00	239.094,00			
6. Kassenbestand	3.560,00	2.970,00			
7. Bankguthaben	590.000,00	605.780,00			
	4.904.186,00	4.213.160,00		4.904.186,00	4.213.160,00

Soll	Gewinn- und Verlustkonto der OfficeCom AG in € (Berichtsjahr)		Haben
Aufwendungen für Rohstoffe	3.480.000,00	Umsatzerlöse aus fertigen Erzeugnissen	8.363.600,00
Aufwendungen für Hilfsstoffe	465.600,00	Umsatzerlöse aus Handelswaren	2.182.731,00
Aufwendungen für Betriebsstoffe	66.490,00	Bestandsveränderungen an fertigen Erzeugnissen	186.900,00
Abschreibungen auf Sachanlagen	4.230.680,00	Zinserträge	39.170,00
Löhne	1.690.205,00	Sonstige Erträge	16.500,00
Gehälter	573.000,00		
Zinsaufwendungen	68.930,00		
Rücklagen (Eigenkapital)	213.996,00		
	10.788.901,00		10.788.901,00

Die Auswertung der (vorläufigen) Bilanz und des Gewinn- und Verlustkontos zeigt die Auswirkungen der Geschäftsfälle auf Struktur und Entwicklung des Vermögens und des Kapitals, der Aufwendungen und Erträge sowie auf den Erfolg des Unternehmens (zu einer vertiefenden Analyse des Jahresabschlusses mithilfe von Bilanzkennzahlen siehe S. 375 ff.).

Aussagewert der Bilanz

- Der **Anteil des Eigenkapitals** am Gesamtkapital beträgt ungefähr 50 %, ist jedoch im Berichtsjahr gegenüber dem Vorjahr durch den starken Anstieg der Darlehen leicht rückläufig.
- Durch die gute Eigenkapitalausstattung ist die **Zins- und damit die Liquiditätsbelastung** nicht so hoch.
- Der **Gewinn** wurde nicht ausgeschüttet; dadurch ist das Eigenkapital in entsprechender Höhe gestiegen (Erhöhung der Rücklagen); das erhöht die Haftungsbasis und die Kreditwürdigkeit.
- Die solide **Finanzierung** kommt dadurch zum Ausdruck, dass das Anlagevermögen durch langfristiges Kapital finanziert wurde („goldene Finanzierungsregel“).
- Die **Anlagenintensität** (Anteil des Anlagevermögens am Gesamtvermögen) hat durch die Erhöhung des Maschinen- und Fuhrparks zugenommen.
- Die Abnahme der **liquiden Mittel** muss im Hinblick auf eine mögliche Zahlungsunfähigkeit und damit verbundener Insolvenz beobachtet werden.

Aussagewert des Gewinn- und Verlustkontos

- Das Gewinn- und Verlustkonto zeigt
  - die Struktur der Aufwendungen (die OfficeCom AG ist material- und anlagenintensiv),
  - die Struktur der Erträge (Hauptertragsquelle sind die Umsatzerlöse aus fertigen Erzeugnissen),
  - die Höhe und die Quellen des Erfolges oder Misserfolges.

Software

Der Einsatz von Software in der Finanzbuchhaltung ist heute in fast allen Unternehmen üblich. Welches Programm von einem Unternehmen eingesetzt wird hängt u. a. von der Branchenzugehörigkeit, der Bedienungsfreundlichkeit, den Anschaffungskosten und den Wartungsmöglichkeiten ab. Neben speziellen Finanzbuchhaltungsprogrammen werden zunehmend in den Unternehmen ERP-Systeme (siehe Seite 91 ff.) mit einer integrierten Anwendungskomponente für die Finanzbuchhaltung eingesetzt.

Komponenten der Finanzbuchhaltung mit Microsoft Dynamics Navision

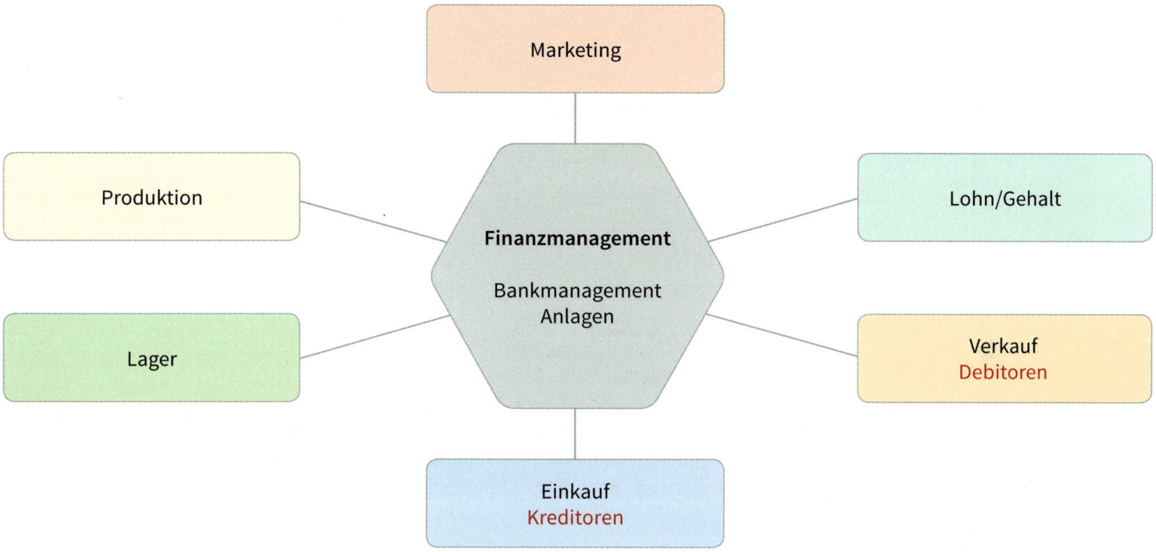

Auszug aus einer mit Microsoft Dynamic Navision erzeugten Bilanz

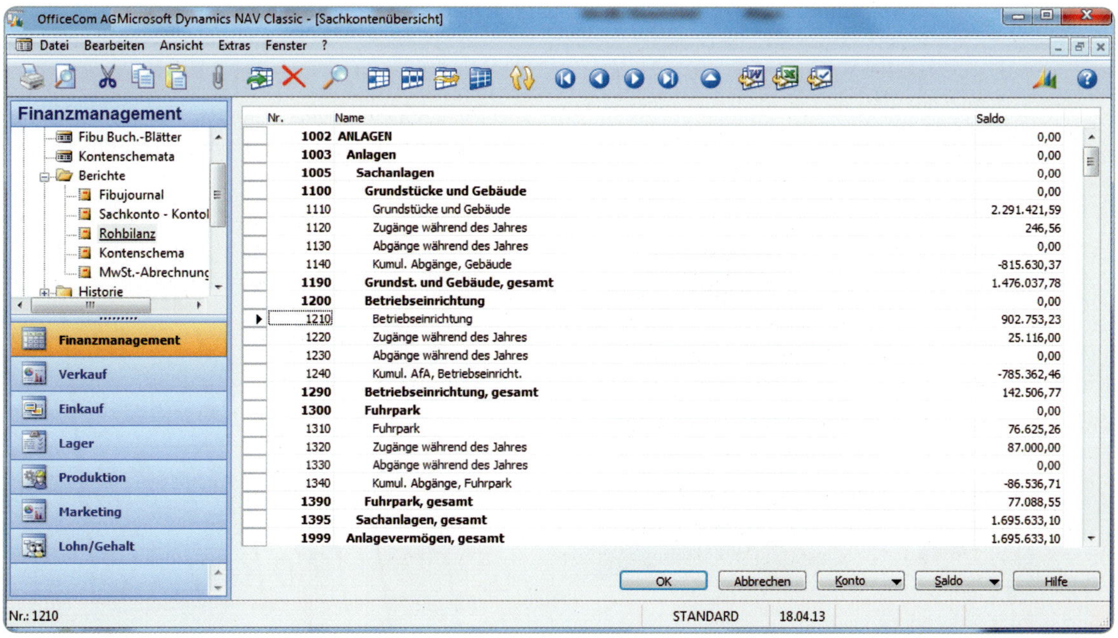

Nr.	Name	Saldo
1002	ANLAGEN	0,00
1003	Anlagen	0,00
1005	Sachanlagen	0,00
1100	Grundstücke und Gebäude	0,00
1110	Grundstücke und Gebäude	2.291.421,59
1120	Zugänge während des Jahres	246,56
1130	Abgänge während des Jahres	0,00
1140	Kumul. Abgänge, Gebäude	-815.630,37
1190	Grundst. und Gebäude, gesamt	1.476.037,78
1200	Betriebseinrichtung	0,00
1210	Betriebseinrichtung	902.753,23
1220	Zugänge während des Jahres	25.116,00
1230	Abgänge während des Jahres	0,00
1240	Kumul. AfA, Betriebseinricht.	-785.362,46
1290	Betriebseinrichtung, gesamt	142.506,77
1300	Fuhrpark	0,00
1310	Fuhrpark	76.625,26
1320	Zugänge während des Jahres	87.000,00
1330	Abgänge während des Jahres	0,00
1340	Kumul. Abgänge, Fuhrpark	-86.536,71
1390	Fuhrpark, gesamt	77.088,55
1395	Sachanlagen, gesamt	1.695.633,10
1999	Anlagevermögen, gesamt	1.695.633,10

4 Wertschöpfungsprozesse analysieren und beurteilen

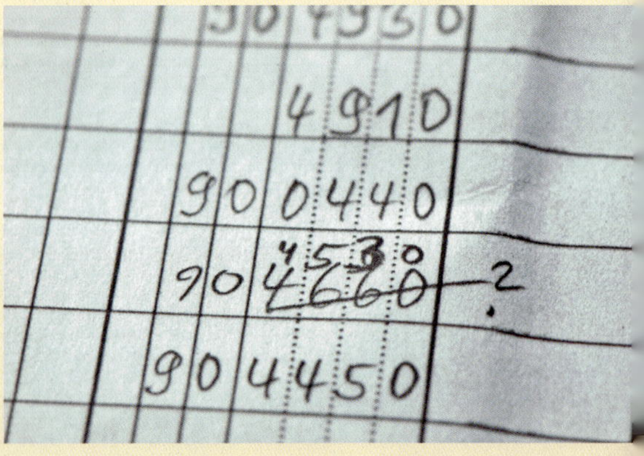

Abgrenzung von der Finanzbuchhaltung

Rechnungskreis I
Finanzbuchhaltung

- ist eine **externe** Rechnung, die überwiegend die finanziellen Beziehungen zwischen dem Unternehmen und der Außenwelt (z. B. Kunden, Lieferanten) erfasst;
- ist eine unternehmensbezogene Rechnung, die **alle** Erträge und Aufwendungen einer Abrechnungsperiode, unabhängig von ihrem Entstehungsgrund, aufzeichnet;
- ermittelt aus deren Gegenüberstellung in der Gewinn- und Verlustrechnung das **Gesamtergebnis** des Unternehmens;
- wird auf Konten durchgeführt;
- unterliegt gesetzlichen Vorschriften wie dem HGB, EStG, UStG usw.

Rechnungskreis II
Kosten- und Leistungsrechnung

- ist eine **interne** Rechnung, die der Planung, Steuerung und Kontrolle dient;
- ist eine betriebsbezogene Rechnung, die nur die Erträge (Leistungen) und Aufwendungen (Kosten) einer Abrechnungsperiode erfasst, die in engem Zusammenhang mit dem eigentlichen **Betriebszweck** – in einem Industrieunternehmen Beschaffung, Leistungserstellung (Produktion) und Absatz – stehen;
- ermittelt aus der Gegenüberstellung von Leistungen und Kosten das **Betriebsergebnis**;
- wird i. d. R. außerhalb der Konten durchgeführt;
- unterliegt keinen gesetzlichen Vorschriften.

Aufgaben

- Ermittlung des bewerteten mengenmäßigen Verbrauchs an Werkstoffen und der bewerteten zeitlichen Inanspruchnahme von Betriebsmitteln und Arbeitnehmern (Kostenarten) einer Abrechnungsperiode (Monat, Quartal)
- Ermittlung der Kosten in den einzelnen Kostenstellen als Grundlage für die Kostenkalkulation der Produkte bzw. Dienstleistungen (Kostenträger)
- Kontrolle der Kostenentwicklung in den Kostenstellen
- Ermittlung der Herstellungskosten als Grundlage für die Bewertung der Lagerbestände an unfertigen und fertigen Erzeugnissen und selbst erstellter Anlagen (aktivierte Eigenleistungen) für die Bilanz
- Errechnung der Selbstkosten der Produkte als Grundlage für die Absatzpreiskalkulation sowie für die Ermittlung der langfristigen und kurzfristigen Preisuntergrenzen
- Kontrolle der Wirtschaftlichkeit durch Gegenüberstellung von Leistungen und Kosten

$$\text{Kennzahl der Wirtschaftlichkeit: } \frac{\text{Leistungen}}{\text{Kosten}}$$

- Ermittlung des Jahres-Betriebsergebnisses (Leistungen minus Kosten) als der Teil des Unternehmensergebnisses, der auf die eigentliche betriebliche Tätigkeit zurückzuführen ist
- Durchführung kurzfristiger, z. B. monatlicher Erfolgsrechnungen und Darstellung der Anteile einzelner Produkte bzw. Produktgruppen am Betriebserfolg
- Lieferung von Grundlagen für Planungen und Entscheidungen der Unternehmensleitung, z. B. Wahl des optimalen Fertigungsverfahrens, Eigenfertigung oder Fremdbezug von Produkten (make or buy), Kauf oder Leasing von Anlagegütern, Annahme eines Zusatzauftrages

Kostenrechnung (Kostenarten, -stellen, -träger)

Cost accounting (cost types, cost centres, cost objectives)

Übersicht über die Kosten- und Leistungsrechnung

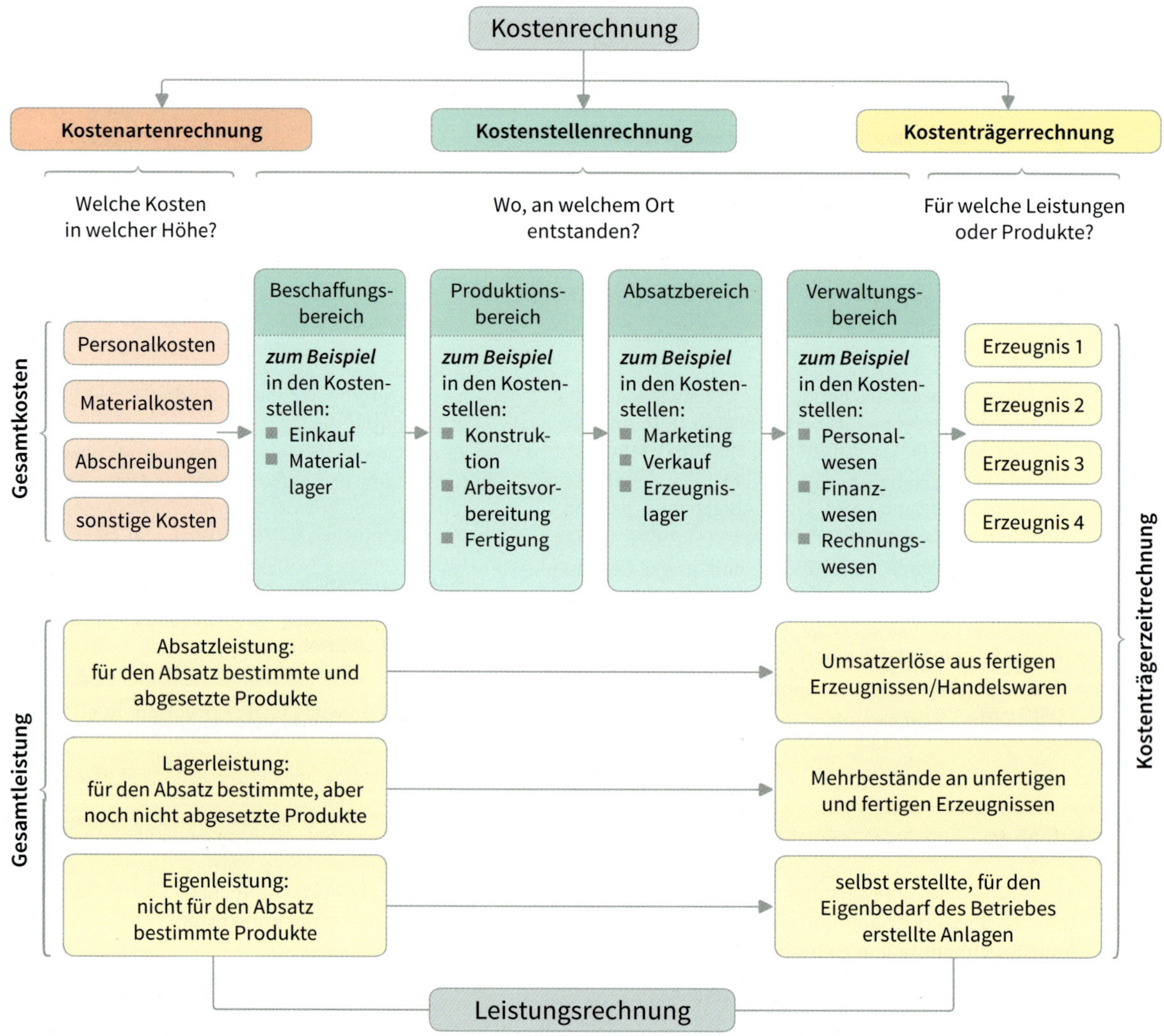

vgl.: David, Christian u. a.: Kosten- und Leistungsrechnung Schritt für Schritt, 8. Auflage, Europa-Lehrmittel Haan-Gruiten 2009, S. 33

Phasen der Kostenrechnung

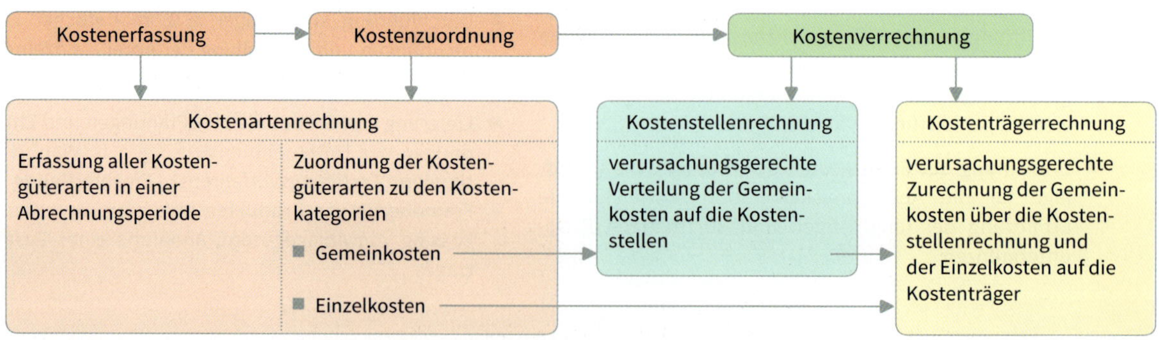

Abgrenzung Aufwendungen – Kosten, Erträge – Leistungen

Differentiation expenses – costs, income – performances

Aufwendungen und Kosten

Aufwendungen = gesamter in GE bewerteter mengenmäßiger Verbrauch an Gütern und Leistungen in einem Unternehmen, unabhängig von ihrem Entstehungsgrund, in einer Abrechnungsperiode

Kosten = in Geldeinheiten (GE) bewerteter mengenmäßiger Verbrauch an Gütern und Leistungen zum Zweck der betrieblichen Leistungserstellung in einer Abrechnungsperiode

Aufwendungen				Kosten			*Beispiele*
neutrale Aufwendungen	Aufwendungen, nicht Kosten	betriebsfremde Aufwendungen					Abschreibungen auf Finanzanlagen, Instandhaltung von Werkswohnungen
neutrale Aufwendungen	Aufwendungen, nicht Kosten	betriebsbezogene, außerordentliche Aufwendungen					Verkauf einer Drehbank unter Buchwert
neutrale Aufwendungen	Aufwendungen, ungleich Kosten	betriebsbezogene, periodenfremde Aufwendungen					Gewerbesteuernachzahlung, bilanzielle Abschreibungen auf Sachanlagen
	Aufwendungen, gleich Kosten	betriebsbezogene, periodenbezogene Aufwendungen	=	**Grundkosten**	Kosten, gleich Aufwendungen		Roh-, Hilfs-, Betriebsstoffverbrauch, Fertigungslöhne
				Anderskosten oder bewertungsverschiedene Kosten	Kosten, ungleich Aufwendungen	kalkulat. Kosten	kalkulatorische Abschreibungen auf Sachanlagen, kalkulatorische Wagnisse
				wesensmäßige **Zusatzkosten**	Kosten, nicht Aufwendungen	kalkulat. Kosten	kalkulatorischer Unternehmerlohn, kalkulatorische Zinsen

aus: Scharf, Dirk: Grundzüge des betrieblichen Rechnungswesens, 3. Auflage, Gabler Verlag Wiesbaden 1997, S. 26

Erträge und Leistungen

Erträge = alle erfolgswirksamen, in GE bewerteten Wertezuflüsse in einem Unternehmen, unabhängig von ihrem Entstehungsgrund, in einer Abrechnungsperiode

Leistungen = lediglich die in GE bewerteten erfolgswirksamen Wertezuflüsse in einer Abrechnungsperiode, die aus der betrieblichen Leistungserstellung resultieren

Erträge				Leistungen			*Beispiele*
neutrale Erträge	Erträge, nicht Leistungen	betriebsfremde Erträge					Mieterträge, Zinserträge, Erträge aus Beteiligungen
neutrale Erträge	Erträge, nicht Leistungen	betriebsbezogene, außerordentliche Erträge					Verkauf einer Maschine über Buchwert
neutrale Erträge	Erträge, ungleich Leistungen	betriebsbezogene, periodenfremde Erträge					Rückzahlung einer ausgebuchten Forderung
	Erträge, gleich Leistungen	betriebsbezogene, periodenbezogene Erträge	=	**Grundleistungen** (Grunderlöse)	Leistungen, gleich Erträge		Umsatzerlöse aus dem Verkauf von Fertigerzeugnissen
				Andersleistungen oder bewertungsverschiedene Erlöse (Andererlöse)	Leistungen, ungleich Erträge	kalkulat. Leistungen	Erhöhung des nach Handels- und Steuerrecht ermittelten Wertes der unfertigen und fertigen Erzeugnisse, wenn sie in der Bilanz sehr niedrig angesetzt sind
				Zusatzleistungen (Zusatzerlöse)	Leistungen, nicht Erträge	kalkulat. Leistungen	originärer Firmenwert, originäre Patente

aus: Scharf, Dirk: Grundzüge des betrieblichen Rechnungswesens, 3. Auflage, Gabler Verlag Wiesbaden 1997, S. 26

Unternehmensergebnis, Betriebsergebnis, neutrales Ergebnis

Betriebsergebnis	= Leistungen	– Kosten
+ neutrales Ergebnis	= neutrale Erträge	– neutrale Aufwendungen
= Unternehmensergebnis	= sämtliche Erträge	– sämtliche Aufwendungen

Aufgabe

- Grundlage der Kosten- und Leistungsrechnung ist die Gewinn- und Verlustrechnung aus der Finanzbuchhaltung.
- Aus den Aufwendungen und Erträgen der Gewinn- und Verlustrechnung werden mithilfe der Abgrenzungsrechnung die neutralen Aufwendungen und die neutralen Erträge herausgefiltert und damit von den Kosten und Leistungen getrennt (unternehmensbezogene Abgrenzung).
- Die Abgrenzungsrechnung wird außerhalb der Finanzbuchhaltung auf einem Formblatt, das als **Ergebnistabelle** bezeichnet wird, durchgeführt.
- Die Ergebnistabelle besteht aus zwei Teilen.
  - Im linken Teil werden der Inhalt des Gewinn- und Verlustkontos in Staffelform dargestellt und das Gesamtergebnis des Unternehmens ausgewiesen (Rechnungskreis I).
  - Der rechte Teil dient der Kosten- und Leistungsrechnung (Rechnungskreis II) mit den Bereichen „Unternehmensbezogene Abgrenzung“ – hier wird das neutrale Ergebnis ausgewiesen – und „Betriebsergebnisrechnung“ – hier wird das Betriebsergebnis ermittelt.

Beispiel Gewinn- und Verlustkonto

Das Gewinn- und Verlustkonto der OfficeCom AG weist per 31. Dezember 20.. folgende Zahlen aus:

Soll	Gewinn- und Verlustkonto der OfficeCom AG per 31. Dezember 20.. in €		Haben
Aufwendungen für Rohstoffe	3.480.000,00	Umsatzerlöse aus fertigen Erzeugnissen (FE)	9.363.600,00
Aufwendungen für Hilfsstoffe	465.600,00	Umsatzerlöse aus Handelswaren (HW)	3.100.290,00
Aufwendungen für Betriebsstoffe	66.490,00	Mehrbestand an unfertigen (UE) und fertigen Erzeugnissen (FE)	43.000,00
Fertigungslöhne	690.205,00	Zinserträge	39.170,00
Hilfslöhne	46.225,00	Mieterträge	120.000,00
Gehälter	73.000,00		
Arbeitgeberanteil zur Sozialversicherung	285.324,00		
Abschreibungen auf Sachanlagen[1] (SA)	4.230.680,00		
Verluste aus dem Abgang von Gegenständen des Anlagevermögens (AV)	126.500,00		
Verluste aus dem Abgang von Gegenständen des Umlaufvermögens[2] (UV)	26.130,00		
Abschreibungen auf Forderungen	89.420,00		
Zinsaufwendungen	68.930,00		
Steuern[3]	6.320,00		
Fremdinstandhaltungen[4]	23.510,00		
Sonstige Aufwendungen[5]	39.180,00		
Jahresüberschuss (Gewinn)	2.948.546,00		
	12.666.060,00		12.666.060,00

Zusatzinformationen:

[1] Davon entfallen auf vermietete Büroetagen 10 %
[2] Abschreibungen auf Wertpapiere
[3] Gewerbesteuer, Kfz-Steuer
[4] 3.900,00 € entfallen auf Instandhaltungen der vermieteten Büroetagen
[5] Büromaterial, Werbeaufwendungen, Transportkosten

Auf der Grundlage der hier dargestellten Gewinn- und Verlustrechnung wird auf den folgenden Seiten die Abgrenzungsrechnung schrittweise entwickelt, die schließlich in die endgültige Ergebnistabelle auf Seite 167 mündet.

vgl.: Bentin, Margit u. a.: Handlungsorientierte Materialien in Wirtschaft und Verwaltung, Absatz/Marketing, Lehrerband, 4. Aufl., Braunschweig, Winklers Verlag, 2009, S. 69

Unternehmensbezogene Abgrenzung *Company-based deferrals and accruals*

Beispiel Ergebnistabelle mit unternehmensbezogener Abgrenzung

Auf der Grundlage des Gewinn- und Verlustkontos der OfficeCom AG und der Zusatzinformationen (siehe S. 160) wird die folgende **vorläufige** Ergebnistabelle, die die unternehmensbezogene Abgrenzung zeigt, erstellt:

Vorläufige Ergebnistabelle in €						
Finanzbuchhaltung			Kosten- und Leistungsrechnung			
Gesamtergebnisrechnung (GuV) der Finanzbuchhaltung			Abgrenzungsrechnung		Betriebsergebnisrechnung	
			unternehmensbezogene Abgrenzungen			
Konto	**Aufwendungen**	**Erträge**	**neutrale Aufwendungen**	**neutrale Erträge**	**Kosten**	**Leistungen**
Umsatzerlöse aus FE		9.363.600,00				9.363.600,00
Umsatzerlöse aus HW		3.100.290,00				3.100.290,00
Mehrbestand an UE/FE		43.000,00				43.000,00
Zinserträge		39.170,00		39.170,00		
Mieterträge		120.000,00		120.000,00		
Aufwend. für Rohstoffe	3.480.000,00				3.480.000,00	
Aufwend. für Hilfsstoffe	465.600,00				465.600,00	
Aufwend. für Betriebsstoffe	66.490,00				66.490,00	
Fertigungslöhne	690.205,00				690.205,00	
Hilfslöhne	46.225,00				46.225,00	
Gehälter	73.000,00				73.000,00	
Arbeitgeberanteil zur SV	285.324,00				285.324,00	
Abschreibungen auf SA	4.230.680,00		423.068,00		3.807.612,00	
Verluste aus dem Abgang von Gegenständen des AV	126.500,00		126.500,00			
Verluste aus dem Abgang von Gegenständen des UV	26.130,00		26.130,00			
Abschreibungen auf Ford.	89.420,00				89.420,00	
Zinsaufwendungen	68.930,00				68.930,00	
Steuern	6.320,00				6.320,00	
Fremdinstandhaltungen	23.510,00		3.900,00		19.610,00	
Sonstige Aufwendungen	39.180,00				39.180,00	
	9.717.514,00	12.666.060,00	579.598,00	159.170,00	9.137.916,00	12.506.890,00
	2.948.546,00			420.428,00	**3.368.974,00**	
	12.666.060,00	12.666.060,00	579.598,00	579.598,00	12.506.890,00	12.506.890,00
	Gesamtergebnis		**neutrales Ergebnis**		**Betriebsergebnis**	

Abstimmung der Ergebnisse:

Gesamtergebnis der Finanzbuchhaltung (Rechnungskreis I): 2.948.546,00 € (Gewinn)

neutrales Ergebnis: – 420.428,00 € (neutraler Verlust)

\+ Betriebsergebnis: + 3.368.974,00 € (Betriebsgewinn)

= Gesamtergebnis Rechnungskreis II 2.948.546,00 € (Gewinn)

In der Spalte „unternehmensbezogene Abgrenzung" werden solche Erträge und Aufwendungen erfasst, die nichts mit dem eigentlichen Geschäftszweck des Unternehmens zu tun haben.

Kostenrechnerische Korrekturen *Cost accounting corrections*

Grund

Nicht alle betriebsbedingten Aufwendungen aus der Finanzbuchhaltung können einfach in die Betriebsergebnisrechnung übernommen werden, obwohl sie aus dem eigentlichen Geschäftszweck resultieren – sie **entsprechen nicht den Anforderungen der Kosten- und Leistungsrechnung.**

Korrekturbedürftige Aufwendungen

4

Für die Kosten- und Leistungsrechnung sind daher folgende Aufwendungen der Finanzbuchhaltung zu korrigieren und als kalkulatorische Kosten anzusetzen:

- Abschreibungen auf Sachanlagen → **kalkulatorische Abschreibungen**
- Eingetretene Wagnisse wie Abschreibungen auf Forderungen → **kalkulatorische Wagnisse**
- Zinsaufwendungen → **kalkulatorische Zinsen**

In Einzelunternehmen und Personengesellschaften wird zusätzlich noch ein **kalkulatorischer Unternehmerlohn** in der Kosten- und Leistungsrechnung angesetzt, für den in der Finanzbuchhaltung kein entsprechender Aufwand angesetzt werden darf.

Auswirkung auf die Ergebnistabelle

Die Ergebnistabelle wird um die Doppelspalte „Kostenrechnerische Korrekturen" im Bereich Abgrenzungsrechnung erweitert. Die Erläuterung erfolgt in Verbindung mit den folgenden Beispielen.

Kalkulatorische Abschreibungen *Imputed depreciations*

In der Kosten- und Leistungsrechnung ist allein der Betriebszweck Gegenstand der Betrachtung. Daher müssen die in der Gewinn- und Verlustrechnung der Finanzbuchhaltung ausgewiesenen Abschreibungen auf Sachanlagen (bilanzielle Abschreibungen) für die Kosten- und Leistungsrechnung mit einem anderen Wert (kalkulatorische Abschreibungen) angesetzt werden. Die folgende Gegenüberstellung zeigt die unterschiedlichen Bewertungsgrundlagen:

bilanzielle Abschreibungen = neutrale Aufwendungen	kalkulatorische Abschreibungen = Kosten
▪ werden von **allen** Gegenständen des abnutzbaren Anlagevermögens berechnet; ▪ werden höchstens von den **Herstellungs- bzw. Anschaffungskosten** berechnet (nominale Kapitalerhaltung); ▪ werden **weitgehend unabhängig vom tatsächlichen Werteverzehr** ermittelt; ▪ werden häufig über eine **kürzere Nutzungsdauer** als die kalkulatorische Abschreibung berechnet; ▪ beeinflussen das **neutrale Ergebnis** und das **Gesamtergebnis.**	▪ werden vom **betriebsnotwendigen** abnutzbaren Anlagevermögen berechnet; ▪ werden vom **Wiederbeschaffungswert** berechnet (reale Kapitalerhaltung); ▪ sollen dem **tatsächlichen Werteverzehr** entsprechen; ▪ werden häufig über eine **längere Nutzungsdauer** als die bilanzielle Abschreibung berechnet; ▪ beeinflussen nur das **Betriebsergebnis**, sind bezüglich des Gesamtergebnisses erfolgsneutral.

vgl.: Bentin, Margit u. a.: Handlungsorientierte Materialien in Wirtschaft und Verwaltung, Absatz/Marketing, Lehrerband, 4. Aufl., Braunschweig, Winklers Verlag, 2009, S. 56

Beispiel 1:

Im Januar 20.. kaufte die OfficeCom AG eine neue NC-gesteuerte Fräsmaschine, Anschaffungskosten 125.000,00 €. Für die bilanzielle Abschreibung wurde – nach Rücksprache mit dem Finanzamt – die Nutzungsdauer auf 8 Jahre festgelegt. Die Maschine wird linear abgeschrieben.

→ **Bilanzieller Abschreibungsbetrag** im ersten Jahr der Nutzung: 15.625,00 € (12,5 % von 125.000,00 €)

Für die kalkulatorische Abschreibung wurden der Wiederbeschaffungswert auf 135 % der Anschaffungskosten und die Nutzungsdauer auf 10 Jahre geschätzt. Die Maschine wird linear abgeschrieben.

→ **Kalkulatorischer Abschreibungsbetrag:** 16.875,00 € (10 % von 168.750,00 €)

Beispiel 2: Die kalkulatorischen Abschreibungen der OfficeCom AG betragen per 31. Dezember 20.. 4.670.320,00 €, die bilanziellen Abschreibungen auf das betriebsnotwendige abnutzbare Sachanlagevermögen gemäß Ergebnistabelle auf S. 161 3.807.612,00 €.

Behandlung in der Ergebnistabelle:

Ergebnistabelle in €								
Finanzbuchhaltung			Kosten- und Leistungsrechnung (KLR)					
Gesamtergebnisrechnung (GuV) der Finanzbuchhaltung			Abgrenzungsrechnung				Betriebsergebnisrechnung	
			unternehmensbezogene Abgrenzungen		kostenrechnerische Korrekturen			
Konto	**Aufwendungen**	**Erträge**	**neutrale Aufwendungen**	**neutrale Erträge**	**betriebliche Aufwendungen**	**verrechnete Kosten**	**Kosten**	**Leistungen**
Abschreibungen SA	4.230.680,00		423.068,00		3.807.612,00	4.670.320,00	4.670.320,00	

Erläuterung:

- Die gesamten bilanziellen Abschreibungen auf Sachanlagen wurden zunächst aufgespalten in einen nicht betriebsbedingten oder neutralen Teil (423.068,00 €) und einen betriebsbedingten Teil (3.807.612,00 €). Die betriebsbedingten Abschreibungen werden jetzt jedoch nicht in die Betriebsergebnisrechnung übernommen, sondern in der Spalte „kostenrechnerische Korrekturen" unter „betriebliche Aufwendungen" ausgewiesen.
- Die kalkulatorischen Abschreibungen (4.670.320,00 €) werden in der „Betriebsergebnisrechnung" unter „Kosten" ausgewiesen und mindern so das Betriebsergebnis. Damit sie jedoch das Gesamtergebnis nicht beeinflussen, werden sie als „Ertrag" in der Spalte „verrechnete Kosten" „gegengebucht".

Kalkulatorische Wagnisse *Imputed risks*

Wagnisse

→ **allgemeines Unternehmerwagnis**

→ **spezielle Einzelwagnisse**

Beispiel:
Fehleinschätzung des Absatzmarktes
→ nicht kalkulierbar
→ daher nicht Gegenstand der KLR
↓
Diese Verluste sind aus dem Eigenkapital abzudecken.

- **Beständewagnis** (z. B. Verlust an Vorräten durch Verderb, Schwund)
- **Fertigungswagnis** (z. B. Mehrkosten aufgrund von Arbeitsfehlern)
- **Anlagewagnis** (z. B. Verluste durch Schadenfälle)
- **Entwicklungswagnis** (z. B. Verlust fehlgeschlagener Produktentwicklungen)
- **Vertriebswagnis** (z. B. Ausfälle aus Kundenforderungen)
- **Gewährleistungswagnis** (z. B. kostenlose Ersatzlieferung)

Werden Einzelwagnisse durch Versicherungen abgedeckt (z. B. Brandschäden), gehen die entsprechenden **Versicherungsprämien** in die Kosten ein (fremdversicherte Einzelwagnisse).
Für Einzelwagnisse, die nicht fremdversichert werden können (z. B. Währungsverluste), werden in der Kostenrechnung **kalkulatorische Kosten** angesetzt (selbstversicherte Einzelwagnisse).

Beispiel 1: Die Ausfallzeit der Maschinen an 240 Arbeitstagen beträgt durchschnittlich 0,5 Std. pro Tag zum Stundensatz von 26,00 €.
→ **Kalkulatorische Kosten** des Fertigungswagnisses: 240 · 0,5 · 26,00 = 3.120,00 €.

Kalkulatorische Wagnisse *Imputed risks*

Beispiel 2: Die kalkulatorischen Wagnisse (Vertriebswagnis) der OfficeCom AG wurden für das Jahr 20.. mit 25.000,00 € angesetzt. Die tatsächlichen Forderungsausfälle betrugen gemäß Gewinn- und Verlustkonto auf S. 160 89.420,00 €.

Ergebnistabelle in €								
Finanzbuchhaltung			Kosten- und Leistungsrechnung (KLR)					
Gesamtergebnisrechnung (GuV) der Finanzbuchhaltung			Abgrenzungsrechnung				Betriebsergebnisrechnung	
			unternehmensbezogene Abgrenzungen		kostenrechnerische Korrekturen			
Konto	**Aufwendungen**	**Erträge**	**neutrale Aufwendungen**	**neutrale Erträge**	**betriebliche Aufwendungen**	**verrechnete Kosten**	**Kosten**	**Leistungen**
Abschr. auf Forderungen	89.420,00				89.420,00	25.000,00	25.000,00	

- Die tatsächlichen Kosten des Vertriebswagnisses spiegeln sich in den Abschreibungen auf Forderungen wider. Da sie mit 89.420,00 € im Jahr 20.. außerordentlich hoch sind und von Jahr zu Jahr in ihrer Höhe schwanken, können sie nicht als Kosten in die Betriebsergebnisrechnung einfließen. Sie sind daher als betrieblicher Aufwand unter „kostenrechnerische Korrekturen" zu erfassen.
- Die kalkulatorischen Wagnisse von 25.000,00 € werden als Kosten in der Betriebsergebnisrechnung erfasst und mindern so das Betriebsergebnis. Gleichzeitig werden sie als „Ertrag" in der Spalte „kostenrechnerische Korrekturen" unter „verrechnete Kosten" „gegengebucht". So wirken sie sich nur auf das Betriebsergebnis aus.
- Das neutrale Ergebnis wird in Höhe der Differenz 89.420,00 € minus 25.000,00 € gleich 64.420,00 € verringert. Da das Gesamtergebnis die Summe aus Betriebsergebnis und neutralem Ergebnis ist, wird das Gesamtergebnis mit den tatsächlichen Aufwendungen von 89.420,00 € belastet.

Kalkulatorische Zinsen *Imputed interest*

In der Geschäftsbuchhaltung führt der Einsatz von Fremdkapital zu Zinszahlungen bzw. -aufwendungen. Dabei kann allerdings nicht gesagt werden, ob mit diesem Fremdkapital betriebsnotwendiges Vermögen oder nichtbetriebsnotwendiges Vermögen finanziert wurde, welcher Anteil der Zinszahlungen also den Kosten, welcher den neutralen Aufwendungen zuzurechnen ist.

Der Einsatz von Eigenkapital im Betrieb verursacht dagegen keine Zinsaufwendungen; da er jedoch eine anderweitige Verwendung ausschließt, z. B. Wertpapieranlage, entgeht dem Eigenkapitalgeber ein Nutzen insofern, als er auf entsprechende Zinserträge bei anderweitiger Verwendung verzichtet (Opportunitätskosten). Allerdings könnte aus demselben Grund wie bei den Fremdkapitalzinsen nicht gesagt werden, welcher Anteil des entgangenen Nutzens als Kosten und welcher als neutraler Aufwand anzusehen ist. Hieraus folgt, dass die in der Gewinn- und Verlustrechnung der Geschäftsbuchhaltung ausgewiesenen Zinsaufwendungen nicht in die Kosten- und Leistungsrechnung übernommen werden dürfen.

Für die Kosten- und Leistungsrechnung werden die kalkulatorischen Zinsen wie folgt berechnet:

  betriebsnotwendiges Anlagevermögen (Wiederbeschaffungskosten – kalkulatorische Abschreibungen)
\+ betriebsnotwendiges Umlaufvermögen [(Anfangsbestand + Endbestand) : 2]

= betriebsnotwendiges Vermögen
– Abzugskapital (zinslos überlassenes Fremdkapital)

= betriebsnotwendiges Kapital
· landesüblicher durchschnittlicher Zinssatz für langfristige Darlehen

= kalkulatorische Zinsen

Kalkulatorische Zinsen *Imputed interest*

Zinsaufwendungen = neutrale Aufwendungen	kalkulatorische Zinsen = Kosten
■ sind die in der laufenden Periode gezahlten Zinsen für **Fremdkapital** gemäß Gewinn- und Verlustrechnung; ■ beeinflussen das **neutrale Ergebnis** und das **Gesamtergebnis**.	■ werden berechnet **vom betriebsnotwendigen Kapital**; ■ beeinflussen nur das **Betriebsergebnis**, sind bezüglich des Gesamtergebnisses erfolgsneutral.

Beispiel 1:

Aktiva	Bilanz in €		Passiva
bebaute Grundstücke	300.000,00	Eigenkapital	300.000,00
Maschinen	440.000,00	Darlehen	800.000,00
Betriebs- und Geschäftsausstattung	80.000,00	Verbindlichkeiten a. LL.	325.000,00
Rohstoffe	450.000,00	erhaltene Anzahlungen	65.000,00
Forderungen a. LL.	150.000,00		
liquide Mittel	70.000,00		
	1.490.000,00		1.490.000,00

Zusatzinformationen zu den Aktiva:

Der kalkulatorische Restwert der bebauten Grundstücke beträgt 400.000,00 €. Davon sind bebaute Grundstücke im Wert von 60.000,00 € vermietet. Der kalkulatorische Restwert der Maschinen beläuft sich auf 600.000,00 €, da für die Bilanz aus steuerlichen Gründen höher abgeschrieben wurde. Kalkulatorischer Restwert der Betriebs- und Geschäftsausstattung: 100.000,00 €. Der Rohstoffbestand ist am Bilanzstichtag überhöht, der Durchschnittsbestand beträgt monatlich 300.000,00 €. Die Bestände der Forderungen und der liquiden Mittel entsprechen den Durchschnittsbeständen.

Zusatzinformationen zu den Passiva:

Für die Darlehen sind 9 % p. a. Zinsen zu zahlen. Die Lieferantenkredite werden in voller Höhe unter Verzicht auf einen möglichen Skontoabzug in Anspruch genommen. Die Anzahlungen der Kunden stehen zinslos zur Verfügung.

Für die Berechnung der kalkulatorischen Zinsen wird ein durchschnittlicher Zinssatz für langfristiges Fremdkapital von 12 % p. a. zugrunde gelegt.

Berechnung des betriebsnotwendigen Kapitals:

	bebaute Grundstücke	340.000,00 €
+	Maschinen	600.000,00 €
+	Betriebs- u. Geschäftsausstattung	100.000,00 €
+	Rohstoffe	300.000,00 €
+	Forderungen	150.000,00 €
+	liquide Mittel	70.000,00 €
=	betriebsnotwendiges Vermögen	1.560.000,00 €
–	Anzahlungen	65.000,00 €
=	betriebsnotwendiges Kapital	1.495.000,00 €

Berechnung der kalkulatorischen Zinsen:

$$\text{kalkulatorische Zinsen} = \frac{\text{betriebsnotwendiges Kapital} \cdot \text{kalkulatorischer Zinssatz}}{100}$$

$$= \frac{1.495.000,00 \cdot 12}{100} = 179.400,00$$

$$= \underline{\underline{179.400,00\ €}}$$

Berechnung der Zinsaufwendungen:

$$\text{Zinsaufwendungen} = \frac{\text{Darlehensbetrag} \cdot \text{Darlehenszinssatz}}{100}$$

$$= \frac{800.000,00 \cdot 9}{100} = 72.000,00$$

$$= \underline{\underline{72.000,00\ €}}$$

Beispiel 2:
Die kalkulatorischen Zinsen der OfficeCom AG wurden für das Jahr 20.. mit 112.450,00 € angesetzt. Im selben Jahr wurden gemäß Gewinn- und Verlustkonto auf S. 160 Zinsen von 68.930,00 € gezahlt.

Kalkulatorische Zinsen *Imputed interest*

Ergebnistabelle in €								
Finanzbuchhaltung			Kosten- und Leistungsrechnung (KLR)					
Gesamtergebnisrechnung (GuV) der Finanzbuchhaltung			Abgrenzungsrechnung				Betriebsergebnis-rechnung	
			unternehmensbezogene Abgrenzungen		kostenrechnerische Korrekturen			
Konto	**Aufwen-dungen**	**Erträge**	**neutrale Aufwen-dungen**	**neutrale Erträge**	**betriebliche Aufwen-dungen**	**verrechnete Kosten**	**Kosten**	**Leistungen**
Zinsaufw.	68.930,00				68.930,00	112.450,00	112.450,00	

- Die tatsächlich gezahlten Zinsen des Jahres 20.. gemäß Gewinn- und Verlustkonto werden in der Abgrenzungsrechnung unter „kostenrechnerische Korrekturen“ in der Spalte „betriebliche Aufwendungen“ ausgewiesen.
- Die kalkulatorischen Zinsen von 112.450,00 € werden in der Spalte „Kosten“ der Betriebsergebnisrechnung erfasst und als „Ertrag“ in der Spalte „kostenrechnerische Korrekturen“ unter „verrechnete Kosten“ „gegengebucht“. Dadurch beeinflussen sie nur das Betriebsergebnis, nicht aber das Gesamtergebnis.
- Das neutrale Ergebnis verbessert sich in Höhe der Differenz von 112.450,00 € minus 68.930,00 € gleich 43.520,00 €. Da das Gesamtergebnis die Summe aus Betriebsergebnis und neutralem Ergebnis ist, wird das Gesamtergebnis nur in Höhe der tatsächlich gezahlten Zinsen von 68.930,00 € belastet.

Kalkulatorischer Unternehmerlohn *Imputed management earnings*

- In Kapitalgesellschaften erhalten Vorstandsmitglieder bzw. Geschäftsführer für ihre Arbeitsleistung Gehälter, die in der Finanzbuchhaltung als Aufwand gebucht und in gleicher Höhe in die Kosten- und Leistungsrechnung übernommen werden.
- Für die Arbeitsleistung geschäftsführender Inhaber von Einzelunternehmen und Gesellschafter von Personengesellschaften (OHG und KG) dürfen nach Handels- und Steuerrecht keine gewinnmindernden Aufwendungen geltend gemacht werden. Die Arbeitsleistung ist aus dem Gewinn abzugelten. In der Kosten- und Leistungsrechnung kann ein sogenannter kalkulatorischer Unternehmerlohn angesetzt werden – als Ausgleich für Nutzenentgang. Dadurch werden zudem die Kostenstrukturen und Betriebsergebnisrechnungen von Unternehmen unterschiedlicher Rechtsform vergleichbar.
- Die Höhe des kalkulatorischen Unternehmerlohnes könnte sich nach den Gehältern leitender Angestellter in vergleichbaren Positionen richten.

Beispiel: Ein Einzelunternehmer setzt für seine Arbeit als kalkulatorischen Unternehmerlohn 150.000,00 € an.

Ergebnistabelle in €								
Finanzbuchhaltung			Kosten- und Leistungsrechnung (KLR)					
Gesamtergebnisrechnung (GuV) der Finanzbuchhaltung			Abgrenzungsrechnung				Betriebsergebnis-rechnung	
			unternehmensbezogene Abgrenzungen		kostenrechnerische Korrekturen			
Konto	**Aufwen-dungen**	**Erträge**	**neutrale Aufwen-dungen**	**neutrale Erträge**	**betriebliche Aufwen-dungen**	**verrechnete Kosten**	**Kosten**	**Leistungen**
Unternehmerlohn						150.000,00	150.000,00	

- Da keine gewinnmindernden Aufwendungen für die unternehmerische Arbeit geltend gemacht werden dürfen, ist im Gewinn- und Verlustkonto kein entsprechender Aufwand ausgewiesen.
- Das Betriebsergebnis verringert sich um 150.000,00 €, während sich – durch die „Gegenbuchung“ – das neutrale Ergebnis um den gleichen Betrag verbessert. Das Gesamtergebnis bleibt dadurch unberührt.

Ergebnistabelle

Statement of results

Beispiel: Auf der Grundlage des Gewinn- und Verlustkontos auf S. 160 sowie der vorangegangenen Beispiele zu den kalkulatorischen Kosten ergibt sich für die OfficeCom AG zum 31. Dezember 20.. folgende **endgültige Ergebnistabelle:**

Ergebnistabelle in €

	Finanzbuchhaltung		Kosten- und Leistungsrechnung (KLR)					
	Gesamtergebnisrechnung (GuV) der Finanzbuchhaltung		Abgrenzungsrechnung				Betriebsergebnisrechnung	
			unternehmensbezogene Abgrenzungen		kostenrechnerische Korrekturen			
Konto	**Aufwendungen**	**Erträge**	**neutrale Aufwendungen**	**neutrale Erträge**	**betriebliche Aufwendungen**	**verrechnete Kosten**	**Kosten**	**Leistungen**
Umsatzerlöse aus FE		9.363.600,00						9.363.600,00
Umsatzerlöse aus HW		3.100.290,00						3.100.290,00
Mehrbestand an UE/FE		43.000,00						43.000,00
Zinserträge		39.170,00		39.170,00				
Mieterträge		120.000,00		120.000,00				
Aufwend. für Rohstoffe	3.480.000,00						3.480.000,00	
Aufwend. für Hilfsstoffe	465.600,00						465.600,00	
Aufwend. für Betriebsstoffe	66.490,00						66.490,00	
Fertigungslöhne	690.205,00						690.205,00	
Hilfslöhne	46.225,00						46.225,00	
Gehälter	73.000,00						73.000,00	
Arbeitgeberanteil zur SV	285.324,00						285.324,00	
Abschreibungen auf SA	4.230.680,00		423.068,00		3.807.612,00	4.670.320,00	4.670.320,00	
Verluste aus dem Abgang von Gegenständen des AV	126.500,00		126.500,00					
Verluste aus dem Abgang von Gegenständen des UV	26.130,00		26.130,00					
Abschreibungen auf Ford.	89.420,00				89.420,00	25.000,00	25.000,00	
Zinsaufwendungen	68.930,00				68.930,00	112.450,00	112.450,00	
Steuern	6.320,00						6.320,00	
Fremdinstandhaltungen	23.510,00		3.900,00				19.610,00	
sonstige Aufwendungen	39.180,00						39.180,00	
	9.717.514,00	12.666.060,00	579.598,00	159.170,00	3.965.962,00	4.807.770,00	9.979.724,00	12.506.890,00
	2.948.546,00			**420.428,00**	**841.808,00**		**2.527.166,00**	
	12.666.060,00	12.666.060,00	579.598,00	579.598,00	4.807.770,00	4.807.770,00	12.506.890,00	12.506.890,00
			Ergebnis der unternehmensbezogenen Abgrenzungen		Ergebnis der kostenrechnerischen Korrekturen			
	Gesamtergebnis		**neutrales Ergebnis**				**Betriebsergebnis**	

Abstimmung der Ergebnisse:

Betriebsergebnis		2.527.166,00 €
Ergebnis der unternehmensbezogenen Abgrenzungen	– 420.428,00 €	
Ergebnis der kostenrechnerischen Korrekturen	841.808,00 €	
+ neutrales Ergebnis		421.380,00 €
= Gesamtergebnis		**2.948.546,00 €**

Einteilung der Kosten

Die Kostenartenrechnung erfasst die in einem Betrieb entstandenen Kostengüterarten, die nach verschiedenen Kriterien eingeteilt werden können, für eine bestimmte Abrechnungsperiode (Monat, Quartal, Jahr):

Kosten auf der Grundlage der betriebswirtschaftlichen Produktionsfaktoren (Kostengüterarten)

- **Werkstoffkosten**
- **Personalkosten**
- **Betriebsmittelkosten**
- **Finanzierungskosten**
- **Fremdleistungskosten**
- **Abgaben mit Kostencharakter**

Beispiele:

- Verbrauch von Roh- und Hilfsstoffen
- Fertigungslöhne, Gehälter
- Abschreibungen auf Anlagen, Zinsen
- Abschlussprovisionen, Disagio
- Telefonkosten, Kosten der Müllabfuhr
- Gewerbesteuer, Kfz-Steuer

Kosten auf der Grundlage der betrieblichen Funktionen

- **Beschaffungskosten**
- **Produktions- oder Fertigungskosten**
- **Absatz- oder Vertriebskosten**
- **Verwaltungskosten**
- **Lagerkosten**
- **Finanzierungskosten**

Kosten in Abhängigkeit von ihrer Zurechenbarkeit auf die Kostenträger

- **Einzelkosten:** Kosten, die direkt den Kostenträgern zugerechnet werden können

Beispiele:
Rohstoffkosten und Fremdbauteile aufgrund von Konstruktionszeichnungen u. Materialentnahmescheinen; Fertigungslöhne aufgrund von Zeitmessungen und Lohnscheinen

- **Gemeinkosten:** Kosten, die nicht direkt, sondern nur mithilfe von Verteilungsschlüsseln über die Kostenstellenrechnung den Kostenträgern zugerechnet werden können

Beispiele:
Gehälter der Angestellten, lineare Abschreibungen auf Maschinen und Gebäude, Hilfslöhne

Kosten in Abhängigkeit von ihrer Zurechenbarkeit auf die Kostenstellen

- **Kostenstelleneinzelkosten:** Gemeinkosten in Bezug auf die Kostenträger, die den Kostenstellen direkt zugerechnet werden können

Beispiele:
Hilfslöhne aufgrund von Stempelkarten, Gehälter aufgrund von Gehaltslisten des Personalbüros, Abschreibungen auf Maschinen

- **Kostenstellengemeinkosten:** Gemeinkosten in Bezug auf die Kostenträger, die den Kostenstellen nicht direkt, sondern nur mithilfe von Verteilungsschlüsseln zugerechnet werden können

Beispiele:
Heiz- und Stromkosten, wenn die Kostenstellen über keine eigenen Zähler verfügen; Gehälter von Meistern, die mehrere Arbeitsplätze (Kostenstellen) betreuen

Kosten nach ihrem Verhältnis zu den Aufwendungen der Finanzbuchhaltung

In ihrem Verhältnis zu den Aufwendungen der Finanzbuchhaltung lassen sich die Kosten wie folgt einteilen (siehe auch Grafik Seite 159 „Kosten und Aufwendungen“):

- **Grundkosten** sind Aufwendungen der Finanzbuchhaltung, die unverändert in die Kosten- und Leistungsrechnung (KLR) übernommen werden können, z. B. Aufwendungen für Roh, Hilfs- und Betriebsstoffe, Löhne, Gehälter, Personalnebenkosten.
- **Anderskosten** sind Aufwendungen der Finanzbuchhaltung, die in der KLR mit einem anderen Wert angesetzt werden müssen: kalkulatorische Abschreibungen auf Sachanlagen, kalkulatorische Wagniskosten.
- **Zusatzkosten** sind kalkulatorische Kosten, denen in der Finanzbuchhaltung keine Aufwendungen gegenüberstehen: kalkulatorische Zinsen, kalkulatorischer Unternehmerlohn.

Kostenartenrechnung *Cost type accounting*

Kosten in Abhängigkeit von der Beschäftigung

Fixe Kosten: Kosten, die unabhängig von der Produktionsmenge in einer Abrechnungsperiode in gleicher Höhe anfallen (Kosten der Betriebsbereitschaft), z. B. Mietkosten Lagerhalle, Gehälter, Abschreibungen auf Sachanlagen

Variable Kosten: Kosten, deren Höhe sich in Abhängigkeit von der Produktionsmenge in einer Abrechnungsperiode verändert, z. B. Rohstoffkosten, Hilfsstoffkosten, Fertigungslöhne

Kosten in Abhängigkeit von der Bezugsgrundlage

Gesamt- oder Periodenkosten: Kosten, die insgesamt in einer Abrechnungsperiode anfallen, z. B. im Monat, im Quartal, im Jahr

Stückkosten oder Kosten pro Leistungseinheit: Kosten pro Mengeneinheit, z. B. pro Stück, pro Liter

aus: Hübscher, Heinrich u. a.: IT-Handbuch, IT-Systemkaufmann/-frau, Informatikkaufmann/-frau, 9. Aufl., Braunschweig, Westermann Verlag, 2015, S. 449

Grafische Darstellung von Kostenkurven

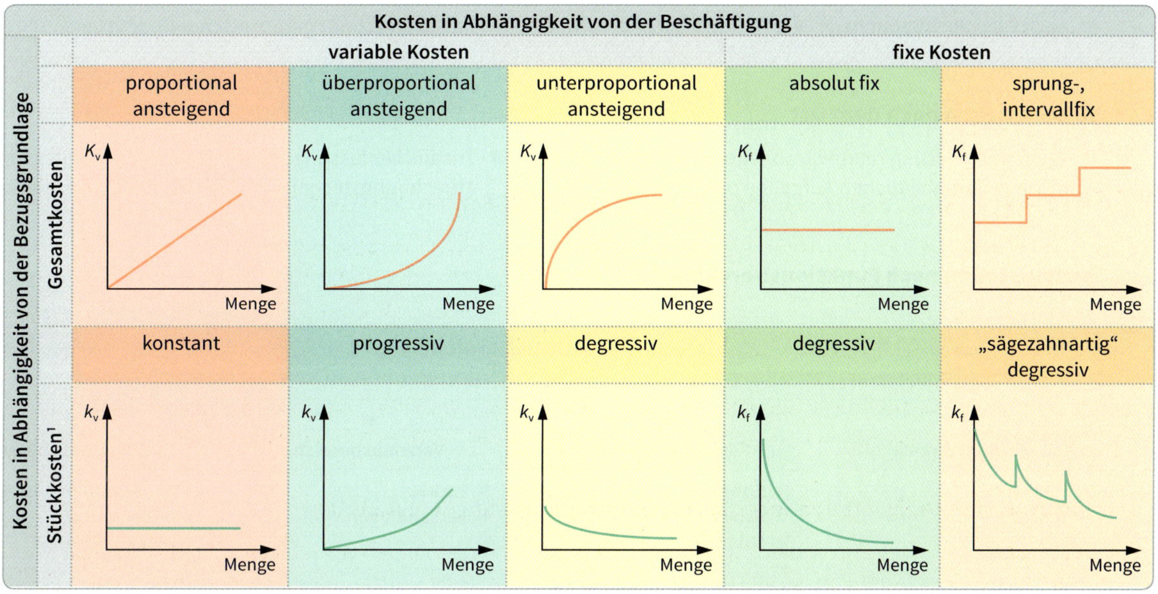

[1] Die Verläufe der Stückkostenkurven ergeben sich aus den darüber abgebildeten Verläufen der Gesamtkostenkurven, indem die jeweiligen Gesamtkosten durch die dazugehörigen Mengen geteilt werden.

Gesetz der Massenproduktion

Gesamtkostenfunktion linear:

$$K = K_f + K_v(x)$$
$$K = K_f + k_v \cdot x$$

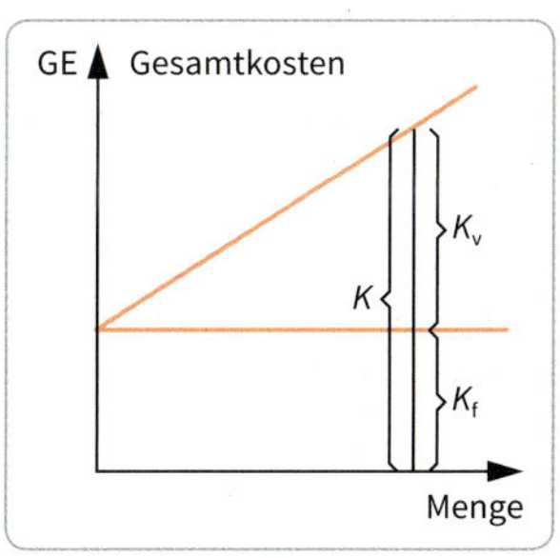

Stückkostenfunktion:

$$k = \frac{K}{x} \qquad k = \frac{K_f}{x} + k_v$$

Die (fixen) Stückkosten nehmen mit zunehmender Produktionsmenge ab.

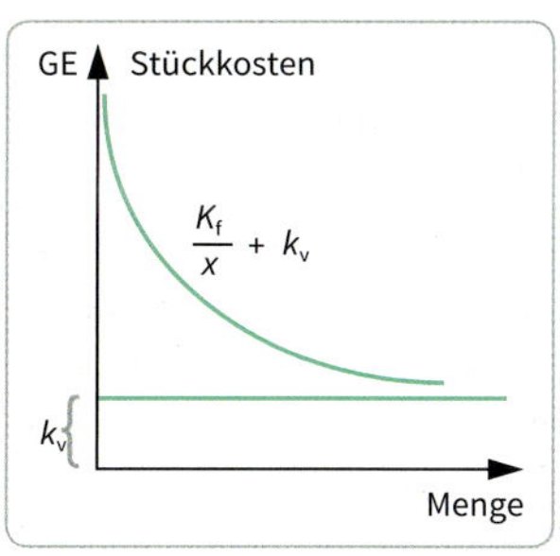

Legende:

GE: Geldeinheiten
K: Gesamtkosten pro Periode
K_f: fixe Kosten pro Periode
K_v: variable Kosten pro Periode
x: Produktionsmenge
k: Kosten pro Mengeneinheit
k_v: variable Kosten pro Mengeneinheit
k_f: fixe Kosten pro Mengeneinheit

Kostenstellenrechnung — *Cost centre accounting*

Begriff Kostenstelle

- Orte, an denen die Kosten entstehen
- Zurechnungseinheiten, deren Bildung nur dann erforderlich ist, wenn mehrere Erzeugnisse einen Betrieb ungleichmäßig in Anspruch nehmen
- Sie können einen Arbeitsplatz, eine Unterabteilung, eine Abteilung oder einen aus den betrieblichen Funktionen abgeleiteten Betriebsbereich umfassen.

Aufgaben der Kostenstellenrechnung

- Ermittlung der Kosten einer Abrechnungsperiode in den verschiedenen Kostenstellen des Betriebes
- notwendige Schnittstelle zwischen Kostenarten- und Kostenträgerrechnung
- Grundlage für die Zurechnung der Gemeinkosten auf die hergestellten Produkte (Kostenträger)
- Kontrolle der Kosten und der Wirtschaftlichkeit in den Kostenstellen

Einteilung der Kostenstellen

- nach dem Ort
- nach Funktionsbereichen
- nach Verantwortungsbereichen
- nach verrechnungstechnischer Bedeutung

Kostenstellen nach dem Ort

- Zusammenfassung räumlich abgegrenzter Betriebsteile mit jeweils einheitlichen Aufgaben oder
- Zusammenfassung unterschiedlicher Arbeitsgänge, die abrechnungstechnisch gleich behandelt werden können

Kostenstellen nach Funktionsbereichen

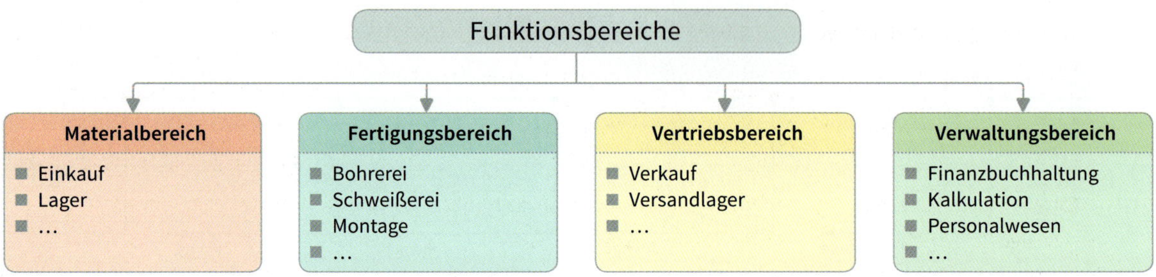

Kostenstellen nach Verantwortungsbereichen

Die Kostenstellenbildung nach Verantwortungsbereichen deckt sich im Regelfall mit der nach Funktionsbereichen.

Kostenstellen nach verrechnungstechnischer Bedeutung

- **selbstständige Stellen oder Hauptkostenstellen:**
  Ihre Kosten werden den Kostenträgern unmittelbar zugerechnet.

  Beispiele:
  Einkauf, Lager, Fertigung, Verkauf, Versand, Werbung, Buchhaltung, Personal, allgemeine Verwaltung

- **unselbstständige Stellen:**
  - **Hilfskostenstellen** erbringen Leistungen für Hauptkostenstellen; ihre Kosten werden den Hauptkostenstellen zugerechnet.

    Beispiele:
    Arbeitsvorbereitung für die Fertigung, Werkzeugmacherei für die Fertigung
  - **Allgemeine Kostenstellen** erbringen Leistungen für alle übrigen Kostenstellen; ihre Kosten werden den Hilfs- und Hauptkostenstellen zugerechnet.

    Beispiele:
    Telefonzentrale, Archiv, werkseigenes Kraftwerk, Fuhrpark

Durchführung der Kostenstellenrechnung *Drawing up a cost centre statement*

Sie wird monatlich und jährlich in der Regel tabellarisch mithilfe des sogenannten Betriebsabrechnungsbogens (BAB) durchgeführt und vollzieht sich in fünf Schritten:

1. **Einrichtung des „Betriebsabrechnungsbogens“**
   Der Betriebsabrechnungsbogen (BAB) ist eine tabellarische Darstellung der Kostenstellenrechnung, der senkrecht nach Gemeinkostenarten und waagerecht nach Kostenbereichen bzw. Kostenstellen gegliedert ist.
2. **Überprüfung sämtlicher Kostenarten im Hinblick auf ihre Zurechenbarkeit auf die Kostenträger**
   Sämtliche Kosten werden daraufhin untersucht, ob sie sich den Erzeugnissen (= Kostenträgern) direkt zurechnen lassen (= Einzelkosten) oder ob sie sich den Kostenträgern nicht direkt zurechnen lassen (= Gemeinkosten).
3. **Verteilung der Gemeinkostenarten auf die Kostenbereiche oder Kostenstellen**
   Die auf die Erzeugnisse bezogenen Gemeinkosten können entweder Kostenstelleneinzelkosten sein, die den Kostenstellen direkt mithilfe von Belegen zugerechnet werden, oder Kostenstellengemeinkosten sein, die mithilfe von Verteilungsschlüsseln auf die Kostenstellen aufgeteilt werden.
4. **Ermittlung der Gemeinkostensummen für die Kostenbereiche oder Kostenstellen**
   Addition der Gemeinkostenbeträge für jeden Kostenbereich bzw. jede Kostenstelle.
5. **Errechnung der sogenannten Gemeinkostenzuschlagssätze der Kostenbereiche**
   Die Gemeinkostensummen der jeweiligen Kostenbereiche werden zu bestimmten Zuschlagsgrundlagen ins Verhältnis gesetzt. Das Ergebnis sind die Gemeinkostenzuschlagssätze (s. S. 172), mit deren Hilfe die in den Kostenstellen des BAB ermittelten Gemeinkosten den verschiedenen Kostenträgern (Erzeugnissen bzw. Erzeugniseinheiten) zugerechnet werden können (s. S. 176).

Einfacher Betriebsabrechnungsbogen (BAB) *Simple operational accounting sheet*

***Beispiel:* BAB der OfficeCom AG**

Gemeinkostenarten	Zahlen des KLR-Bereichs in €	Verteilungsgrundlagen	Kosten der Kostenstellen in €			
			I Material	II Fertigung	III Verwaltung	IV Vertrieb
Aufwend. für Hilfsstoffe	465.600,00	Materialentnahmescheine	34.920,00	349.200,00	11.640,00	69.840,00
Aufwend. für Betriebsstoffe	66.490,00	umbauter Raum in m³	2.092,66	61.071,32	1.637,73	1.688,29
Hilfslöhne	46.225,00	Lohn- und Gehaltsliste	2.890,00	25.560,00	17.015,00	760,00
Gehälter	73.000,00	Lohn- und Gehaltsliste	8.770,00	27.890,00	29.350,00	6.990,00
soziale Aufwendungen	42.026,80	Hilfslöhne/Gehälter	4.110,15	18.841,12	16.343,66	2.731,87
kalkulatorische Abschr.	4.670.320,00	Anlagenkartei	700.548,00	3.035.708,00	700.548,00	233.516,00
kalkulatorische Wagnisk.	25.000,00	Kostenstelle Vertrieb	0,00	0,00	0,00	25.000,00
kalkulatorische Zinsen	112.450,00	betriebsnotw. Kapital	16.867,50	73.092,50	16.867,50	5.622,50
Steuern	6.320,00	Steuergegenstände	1.264,00	2.528,00	1.896,00	632,00
Fremdinstandhaltungen	23.510,00	Rechnungen	4.702,00	12.538,67	4.702,00	1.567,33
sonstige Aufwendungen	39.180,00	Rechnungen u. a.	5.597,14	8.395,71	8.395,72	16.791,43
Summe	5.570.121,80		781.761,45	3.614.825,32	808.395,61	365.139,42
[1] einschließlich anteiliger sozialer Aufwendungen		Zuschlagsgrundlagen:	Fertigungsmaterial 3.480.000,00	Fertigungslöhne[1] 933.502,20	Herstellkosten des Umsatzes 8.767.088,97	
		Gemeinkostenzuschlagssätze:	22,4644 % ≈ 22,46 %	387,23264 % ≈ 387,23 %	9,22079 % ≈ 9,22 %	4,1644 % ≈ 4,16 %

Ermittlung der Gemeinkostenzuschlagssätze *Determination of overhead surcharge rate*

Die Berechnung der Gemeinkostenzuschlagssätze wird auf der Grundlage der im Betriebsabrechnungsbogen ermittelten Gemeinkostensummen vorgenommen. Dabei werden die Gemeinkostensummen der einzelnen Kostenbereiche auf jeweils gesonderte Zuschlagsgrundlagen bezogen. (Die folgenden Beispiele beziehen sich auf den BAB, S. 171.)

4

Materialgemeinkostenzuschlagssatz (MGKZ)

$$MGKZ = \frac{\text{Materialgemeinkosten}}{\text{Fertigungsmaterial}} \cdot 100$$

Es wird unterstellt, dass sich die Gemeinkosten des Materialbereichs im gleichen Verhältnis wie die Materialeinzelkosten (= Fertigungsmaterial) entwickeln.

Beispiel:

$$MGKZ = \frac{781.761{,}45\ €}{3.480.000{,}00\ €} \cdot 100 = 22{,}4644\ \% \approx 22{,}46\ \%$$

Bei einem Rohstoffverbrauch (Einzelkosten) von 100,00 € fallen noch zusätzlich Materialgemeinkosten von 22,46 € an.

Fertigungsgemeinkostenzuschlagssatz (FGKZ)

$$FGKZ = \frac{\text{Fertigungsgemeinkosten}}{\text{Fertigungslöhne}} \cdot 100$$

Die Gemeinkosten des Fertigungsbereichs entwickeln sich ebenfalls proportional zu den Fertigungseinzelkosten (= Fertigungslöhne).

Beispiel:

$$FGKZ = \frac{3.614.825{,}32\ €}{933.502{,}20\ €} \cdot 100 = 387{,}23264\ \% \approx 387{,}23\ \%$$

100,00 € an Fertigungslöhnen (Einzelkosten) führen noch zu zusätzlichen Gemeinkosten im Fertigungsbereich von 387,23 €.

Vertriebsgemeinkostenzuschlagssatz (VtrGKZ)

$$VtrGKZ = \frac{\text{Vertriebsgemeinkosten}}{\text{Herstellkosten des Umsatzes}} \cdot 100$$

Die Vertriebsgemeinkosten werden in der Praxis entweder zu den Herstellkosten der Erzeugung oder des Umsatzes ins Verhältnis gesetzt. **Herstellkosten des Umsatzes**:

	Fertigungsmaterial
+	Materialgemeinkosten
=	Materialkosten (I)
	Fertigungslöhne
+	Fertigungsgemeinkosten
=	Fertigungskosten (II)
I + II =	Herstellkosten der Erzeugung
–	Bestandsmehrungen an unfertigen/ fertigen Erzeugnissen
+	Bestandsminderungen an unfertigen/ fertigen Erzeugnissen
=	**Herstellkosten des Umsatzes**

Beispiel:

	Fertigungsmaterial	3.480.000,00 €
+	Materialgemeinkosten	781.761,45 €
=	Materialkosten (I)	4.261.761,45 €
	Fertigungslöhne	933.502,20 €
+	Fertigungsgemeinkosten	3.614.825,32 €
=	Fertigungskosten (II)	4.548.327,52 €
I + II =	Herstellkosten der Erzeugung	8.810.088,97 €
–	Bestandsmehrungen an unfertigen/ fertigen Erzeugnissen	46.000,00 €
+	Bestandsminderungen an unfertigen/ fertigen Erzeugnissen	3.000,00 €
=	**Herstellkosten des Umsatzes**	**8.767.088,97 €**

$$VtrGKZ = \frac{365.139{,}42\ €}{8.767.088{,}97\ €} \cdot 100 = 4{,}16488\ \% \approx 4{,}16\ \%$$

Umgesetzte, verkaufte Erzeugnisse im Wert von 100,00 € verursachen an Vertriebsgemeinkosten zusätzlich 4,16 €.

Verwaltungsgemeinkostenzuschlagssatz (VwGKZ)

$$VwGKZ = \frac{\text{Verwaltungsgemeinkosten}}{\text{Herstellkosten des Umsatzes}} \cdot 100$$

Die Verwaltungsgemeinkosten werden zu den Herstellkosten der Erzeugung oder des Umsatzes ins Verhältnis gesetzt.

Beispiel:

$$VwGKZ = \frac{808.395{,}61\ €}{8.767.088{,}97\ €} \cdot 100 = 9{,}22079\ \% \approx 9{,}22\ \%$$

100,00 € umgesetzter Erzeugnisse verursachen 9,22 € an Verwaltungsgemeinkosten.

Erweiterter, mehrstufiger Betriebsabrechnungsbogen

Extended, multiple operational accounting sheet

Beispiel

Gemeinkostenarten	Zahlenwerte des KLR-Bereichs in €	allgemeine Kostenstelle Kraftwerk	I Material	Fertigungs-hilfsstelle Werkzeug-macherei	II Fertigungshauptstellen A Sägen Fräsen	II Fertigungshauptstellen B Bohren Schleifen	III Verwaltung	IV Vertrieb
Aufwendungen für Hilfsstoffe	465.600,00	12.500,00	34.920,00	76.300,00	146.475,00	113.925,00	11.640,00	69.840,00
Aufwendungen für Betriebsstoffe	66.490,00	58.000,00	2.092,66	2.000,00	535,84	535,48	1.637,73	1.688,29
Hilfslöhne	46.225,00	4.000,00	2.890,00	6.300,00	6.782,22	8.477,78	17.015,00	760,00
Gehälter	73.000,00	8.360,00	8.770,00	4.100,00	7.918,03	7.511,97	29.350,00	6.990,00
soziale Aufwendungen	42.026,80	3.640,00	4.110,15	3.640,00	5.717,04	5.844,08	16.343,66	2.731,87
kalkulatorische Abschreibungen	4.670.320,00	1.300.000,00	700.548,00	240.000,00	572.431,46	923.276,54	700.548,00	233.516,00
kalkulatorische Wagnisse	25.000,00	0,00	0,00	0,00	0,00	0,00	0,00	25.000,00
kalkulatorische Zinsen	112.450,00	31.200,00	16.867,50	5.760,00	13.828,49	22.304,01	16.867,50	5.622,50
Steuern	6.320,00	800,00	1.264,00	300,00	745,04	682,96	1.896,00	632,00
Fremdinstandhaltungen	23.510,00	4.170,00	4.702,00	850,00	4.177,04	3.341,63	4.702,00	1.567,33
sonstige Aufwendungen	39.180,00	3.190,00	5.597,14	2.470,00	1.276,66	1.459,05	8.395,72	16.791,43
Summe	5.570.121,80	1.425.860,00	781.761,45	341.720,00	759.886,81	1.087.358,51	808.395,61	365.139,42
Umlage Kraftwerk		→	158.428,89	226.326,98	339.490,48	362.123,17	226.326,98	113.163,49
Zwischensumme			940.190,34	568.046,98	1.099.377,29	1.449.481,68	1.034.722,59	478.302,91
Umlage Werkzeugmacherei			–	→	284.023,49	284.023,49	–	–
Stellengemeinkosten			940.190,34	–	1.383.400,78	1.733.505,17	1.034.722,59	478.302,91
Zuschlagsgrundlagen:			Fertigungsmaterial 3.480.000,00		Fertigungslöhne einschließlich anteiliger sozialer Aufwendungen 481.679,50	451.822,27	Herstellkosten des Umsatzes 8.427.598,06	
Gemeinkostenzuschlagssätze:			27,02 %		287,20 %	386,67 %	12,28 %	5,68 %

aus: Hübscher, Heinrich u. a.: IT-Handbuch, IT-Systemkaufmann/-frau, Informatikkaufmann/-frau, 9. Aufl., Braunschweig, Westermann Verlag, 2015, S. 455

Erweiterter, mehrstufiger Betriebsabrechnungsbogen

Extended, multiple operational accounting sheet

Erläuterungen zum erweiterten, mehrstufigen BAB

- Gegenüber dem einfachen BAB (S. 171) wird der Bereich Fertigung in mehrere **Fertigungshauptstellen** aufgespalten.
- Zusätzlich werden noch **Fertigungshilfsstellen** im BAB ausgewiesen, die Leistungen nur für die Fertigungshauptstellen erbringen (z. B. Arbeitsvorbereitung, Werkzeugmacherei und Konstruktionsbüro).
- **Allgemeine Kostenstellen** erbringen Leistungen für alle anderen Stellen, z. B. Fuhrpark, Telefonzentrale.
- Für sämtliche Kostenstellen werden zunächst die Gemeinkostenarten ermittelt (**primäre Kosten**).
- Anschließend werden die Kosten der allgemeinen Kostenstellen auf die übrigen Kostenstellen verursachungsgerecht verteilt. Dadurch werden die allgemeinen Kostenstellen entlastet und die übrigen Kostenstellen belastet (**sekundäre Kosten**).
- Danach werden die Kosten der Fertigungshilfsstellen ebenfalls verursachungsgerecht auf die Fertigungshauptstellen aufgeteilt. Sie sind dort dann ebenfalls sekundäre Kosten.
- Schließlich werden in den Hauptkostenstellen die Gemeinkostenzuschlagssätze ermittelt.
- Die Aufspaltung der Kostenstellen erhöht die Aussagefähigkeit des BAB und verbessert die Kontrollmöglichkeit der Kostenentwicklung.

Kostenträgerrechnung

Cost unit accounting

Definition

Unter **Kostenträger** sind die in einem Industriebetrieb in einer Abrechnungsperiode hergestellten Produkte zu verstehen. Der Begriff „Kostenträger“ entspricht damit dem Begriff „Leistung“. In manchen Wirtschaftszweigen ist ein Kostenträger gleichzeitig Kostenstelle, so etwa in der Bauindustrie das zu errichtende Bauwerk.

Ziel

Eine wesentliche Aufgabe der Kosten- und Leistungsrechnung besteht darin, die in einem Betrieb entstandenen Kosten den hergestellten Produkten (Kostenträgern) verursachungsgerecht zuzurechnen – **Kostenträgerrechnung**.

Rechnungssysteme der Kostenträgerrechnung

Rechnungssysteme der Kostenträgerrechnung

… nach der Bezugsgrundlage
- periodenbezogene Rechnung
- stückbezogene Rechnung

… nach dem Umfang der Kostenzurechnung
- Vollkostenrechnung
- Teilkostenrechnung

… nach dem Zeitpunkt des Kostenanfalls
- Normalkostenrechnung
- Istkostenrechnung
- Plankostenrechnung

Kostenträgerrechnung als periodenbezogene Vollkostenrechnung (Kostenträgerzeitrechnung)

- Werden sämtliche Kosten einer Abrechnungsperiode auf die Produkte verteilt, so wird von einer **Kostenträgerzeitrechnung** auf Vollkostenbasis gesprochen.
- Die **Einzelkosten** wie Fertigungsmaterial und Fertigungslöhne werden den Produkten anhand von Belegen (Stücklisten, Materialentnahmescheine, Lohnscheine, Arbeitskarten) direkt zugerechnet.
- Die **Gemeinkosten** werden über die Kostenstellenrechnung mithilfe der im BAB errechneten Gemeinkostenzuschlagssätze anteilig auf die Produkte aufgeteilt.
- Das Ergebnis dieser Kostenverteilung wird auf dem sogenannten **Kostenträgerblatt**, das auch als BAB II bezeichnet wird, festgehalten.
- Werden dann noch die Umsatzerlöse der Produkte derselben Abrechnungsperiode den Kosten gegenübergestellt, können die Anteile der verschiedenen Produkte am **Betriebsergebnis** ermittelt werden.
- Dadurch wird die Kostenträgerrechnung zu einer **Ergebnisrechnung** ausgeweitet.

Kostenträgerblatt

Beispiel:

Kostenträgerblatt der OfficeCom AG

Die Zahlen des Kostenträgerblattes basieren auf dem BAB (siehe S. 171) und den Gemeinkostenzuschlagssätzen (siehe S. 172). Da den Rechnungen in BAB und Kostenträgerblatt verknüpfte EXCEL-Tabellen zugrunde liegen, wird im Kostenträgerblatt mit den nicht gerundeten Gemeinkostenzuschlagssätzen gerechnet.

Kalkulationsschema	Zuschlagssätze gemäß BAB in %	Istkosten gesamt in €	Kosten der Kostenträger in €		
			Schreib-tischsessel	Akten-schränke	Schreib-tische
1 Fertigungsmaterial	22,4644 %	3.480.000,00	383.500,00	2.678.000,00	418.500,00
2 Materialgemeinkosten	≈ 22,46 %	781.761,45	86.151,01	601.596,89	94.013,55
3 Materialkosten (1 + 2)		4.261.761,45	469.651,01	3.279.596,89	512.513,55
4 Fertigungslöhne	387,23264 %	933.502,20	76.600,00	751.400,00	105.502,20
5 Fertigungsgemeinkosten	≈ 387,23 %	3.614.825,32	296.620,21	2.909.666,14	408.538,97
6 Fertigungskosten (4 + 5)		4.548.327,52	373.220,21	3.661.066,14	514.041,17
7 Herstellkosten der Erzeugung (3 + 6)		8.810.088,97	842.871,22	6.940.663,03	1.026.554,72
8 Mehrbestand unfertige Erzeugnisse		46.000,00	15.000,00	11.000,00	20.000,00
9 Minderbestand fertige Erzeugnisse		3.000,00	1.000,00	1.000,00	1.000,00
10 Herstellkosten des Umsatzes (7 - 8 + 9)		8.767.088,97	828.871,22	6.930.663,03	1.007.554,72
11 Verwaltungsgemeinkosten	9,22079 % ≈ 9,22 %	808.395,61	76.428,55	639.062,47	92.904,59
12 Vertriebsgemeinkosten	4,16488 % ≈ 4,16 %	365.139,42	34.521,56	288.654,34	41.963,52
13 Selbstkosten des Umsatzes (10 + 11 + 12)		9.940.624,00	939.821,33	7.858.379,84	1.142.422,83
14 Umsatzerlöse		12.463.890,00	1.221.767,72	10.215.893,80	1.026.228,48
15 Betriebsergebnis (14 - 13)		2.523.266,00	281.946,39	2.357.513,96	- 116.194,35

aus: Scharf, Dirk: Einführung in das betriebliche Rechnungswesen und statistische Grundlagen, Gabler Verlag Wiesbaden 1997, S. 22

Informationen aus dem Kostenträgerblatt

- Höhe der Materialkosten je Kostenträger
- Höhe der Fertigungskosten je Kostenträger
- Höhe der Herstellkosten der Erzeugung je Kostenträger
- Höhe der Herstellkosten des Umsatzes je Kostenträger
- Höhe der Selbstkosten des Umsatzes je Kostenträger
- Anteil jedes Kostenträgers am Betriebsergebnis (unter Einbeziehung der Umsatzerlöse)

Kostenträgerrechnung als stückbezogene Vollkostenrechnung (= Kostenträgerstückrechnung oder Kalkulation)

- Werden die Selbstkosten für eine Leistungseinheit (z. B. Kosten pro Stück oder pro Tonne oder pro Meter) ermittelt, so handelt es sich um die **Kostenträgerstückrechnung**, die dem Begriff der **Kalkulation** entspricht.
- Werden noch Gewinnzuschlag, Rabatt und Skonto in die Rechnung einbezogen, so wird die Kostenkalkulation zu einer **Angebotspreiskalkulation** ausgeweitet.
- Je nach vorliegenden Produktions-, Fertigungsorganisations- und Absatzverhältnissen (z. B. Einproduktarten- oder Mehrproduktartenunternehmen) kommen unterschiedliche **Kalkulationsverfahren** zum Einsatz.

aus: Hübscher, Heinrich u. a.: IT-Handbuch, IT-Systemkaufmann/-frau, Informatikkaufmann/-frau, 9. Aufl., Braunschweig, Westermann Verlag, 2015, S. 457

Zuschlagskalkulation *Overhead calculation*

Voraussetzungen

- In Betrieben mit **mehreren unterschiedlichen Produkten** stellt die Zuschlagskalkulation ein geeignetes Verfahren dar, um die Selbstkosten für eine Mengeneinheit des jeweiligen Produkts zu ermitteln. Ausgehend von den Einzelkosten werden dem Kostenträger schrittweise die Gemeinkosten mithilfe der Gemeinkostenzuschlagssätze aus dem BAB bis zu den Selbstkosten hinzugerechnet.
- Basiert die Kalkulation auf einem einfachen BAB mit den vier Kostenbereichen Material, Fertigung, Verwaltung und Vertrieb, werden bei der Selbstkostenkalkulation auch nur die entsprechenden vier Gemeinkostenzuschlagssätze verwendet.
- Liegt der erweiterte BAB zugrunde, kommen so viele Gemeinkostenzuschlagssätze zur Anwendung, wie es Hauptkostenstellen gibt. Ist z. B. der Bereich Fertigung in fünf Hauptstellen unterteilt, so ist in der Kalkulation mit fünf verschiedenen Fertigungsgemeinkostenzuschlagssätzen zu rechnen.

4

Kalkulationsschema

Kalkulationsschema der Zuschlagskalkulation:

1.		Fertigungsmaterialkosten	(gemäß Stückliste)
2.	+	Materialgemeinkosten	(...% gemäß BAB)
3.	=	**Materialkosten (1. + 2.)**	
4.		Fertigungslöhne	(gemäß Lohnschein)
5.	+	Fertigungsgemeinkosten	(...% gemäß BAB)
6.	+	Sondereinzelkosten der Fertigung	(gemäß Auftrag)
7.	=	**Fertigungskosten (4. + 5. + 6.)**	
8.	=	**Herstellkosten (3. + 7.)**	
9.	+	Verwaltungsgemeinkosten	(...% gemäß BAB)
10.	+	Vertriebsgemeinkosten	(...% gemäß BAB)
11.	+	Sondereinzelkosten des	(gemäß Einzel-Vertriebsnachweis)
12.	=	**Selbstkosten des Kostenträgers** (8. + 9. + 10. + 11.)	

Beispiel

Die OfficeCom AG kalkuliert die Selbstkosten eines Schreibtisches, z. B. Modell ST 02.
Die Stückliste weist für den Schreibtisch Fertigungsmaterial im Wert von 280,00 € aus; die Fertigungslöhne betragen gemäß Lohnscheinen 310,00 €; die Gemeinkostenzuschlagssätze sind dem BAB auf S. 171 zu entnehmen:

	Fertigungsmaterial		280,00 €
+	Materialgemeinkosten	(22,46 %)	62,89 €
=	Materialkosten		342,89 €
	Fertigungslöhne		310,00 €
+	Fertigungsgemeinkosten	(387,23 %)	1.200,41 €
=	Fertigungskosten		1.510,41 €
=	Herstellkosten		1.853,30 €
+	Verwaltungsgemeinkosten	(9,22 %)	170,87 €
+	Vertriebsgemeinkosten	(4,16 %)	77,10 €
=	Selbstkosten		2.101,27 €

Kalkulation mit Maschinenstundensätzen *Machine-hour-rate based calculation*

- Grundlage des im Folgenden dargestellten Kalkulationsverfahrens ist der Fertigungsbereich des BAB auf Seite 171. Der Fertigungsgemeinkostenzuschlagssatz, errechnet aus dem Quotienten Fertigungsgemeinkosten durch Fertigungslöhne, beträgt dort 387,23 %. Der Fertigungsgemeinkostenzuschlagssatz unterstellt eine proportionale Abhängigkeit zwischen den Fertigungslöhnen und den Fertigungsgemeinkosten – das heißt, steigen die Fertigungslöhne z. B. um 2,00 €, dann erhöhen sich die Fertigungsgemeinkosten um 387,23 %; das entspricht 7,74 €.
- Betrachtet man die im BAB aufgeführten Gemeinkostenarten, so besteht eine Verbindung zu den Fertigungslöhnen nur bei den sozialen Aufwendungen. Die übrigen Gemeinkostenarten weisen nur eine geringe oder keine Abhängigkeit von den Fertigungslöhnen auf. Sie beruhen auf Einsatz und Laufzeit der Maschinen und werden daher als **maschinenabhängige Gemeinkosten** bezeichnet.
- Mit zunehmender Maschinisierung bzw. Automatisierung geht der Anteil der Fertigungslöhne an den Fertigungskosten zugunsten der **maschinenabhängigen Gemeinkosten**, z. B. der Abschreibungen, Zinskosten und Instandhaltungskosten, zurück. Daher eignen sich die Fertigungslöhne nicht als Zuschlagsgrundlage für die maschinenabhängigen Gemeinkosten. An ihre Stelle treten die Maschinenlaufstunden.
- Der Quotient aus maschinenabhängigen Gemeinkosten durch Maschinenlaufstunden ergibt den **Maschinenstundensatz**.
- Die nicht maschinenabhängigen Fertigungsgemeinkosten, als **Restgemeinkosten** bezeichnet, werden weiterhin auf die Fertigungslöhne bezogen und ergeben den – jetzt natürlich wesentlich geringeren – Fertigungsgemeinkostenzuschlagssatz.

Kalkulation mit Maschinenstundensätzen *Machine-hour-rate based calculation*

Aufteilung der Fertigungsgemeinkosten

maschinenabhängige Fertigungsgemeinkosten	lohnabhängige Fertigungsgemeinkosten (Restgemeinkosten)
zum Beispiel ■ kalkulatorische Abschreibungen/kalk. Zinsen ■ Raumkosten und Energiekosten ■ Reparatur- und Wartungskosten, Werkzeugkosten	*zum Beispiel* ■ soziale Aufwendungen ■ Hilfslöhne ■ Gehälter
Zuschlagsgrundlage: Maschinenlaufzeit	**Zuschlagsgrundlage: Fertigungslöhne**

Vorgehensweise bei der Kalkulation mit Maschinenstundensätzen

(1) Unterteilung der Fertigungsgemeinkosten in **maschinenabhängige Gemeinkosten** und **Restgemeinkosten**

(2) Ermittlung der geplanten **Maschinenlaufstunden** pro Jahr in der Fertigung

(3) Ermittlung des **Maschinenstundensatzes** als Summe der verschiedenen maschinenabhängigen Gemeinkostenarten je Maschinenlaufstunde

(4) Errechnung des **Restgemeinkostenzuschlagssatzes** für die Fertigungsstelle

Maschinenabhängige Gemeinkosten

Arten	**Berechnung pro Maschinenstunde**
■ **kalkulatorische Abschreibungen auf Maschinen**	$\frac{\text{Wiederbeschaffungsausgaben der Maschine}}{\text{Nutzungsdauer} \cdot \text{Maschinenstunden pro Jahr}}$
■ **kalkulatorische Zinsen auf das in den Maschinen gebundene Kapital**	$\frac{\text{Zinssatz} \cdot \frac{1}{2}\ \text{Anschaffungsausgaben für die Maschine}}{100 \cdot \text{Maschinenstunden pro Jahr}}$
■ **Energiekosten, soweit durch Maschinen verursacht**	Strombedarf pro Stunde in kWh · Strompreis in €/kWh
■ **Platz- oder Raumkosten der Maschinen** (z. B. anteilige Abschreibungen auf Werkstatträume, Reinigungskosten, Versicherungskosten)	$\frac{\text{Platzbedarf der Maschine in } m^2 \cdot m^2\text{-Satz in €/Jahr}}{\text{Maschinenstunden pro Jahr}}$
■ **Instandhaltungskosten der Maschinen** (Wartungs- und Reparaturkosten)	$\frac{\text{Instandhaltungskostensumme während der Nutzungsdauer}}{\text{Nutzungsdauer} \cdot \text{Maschinenstunden pro Jahr}}$
■ **Werkzeugkosten und Betriebsstoffkosten**	

Maschinenlaufstunden

	Zahl der jährlichen Arbeitstage · tägliche Arbeitsstunden
–	maschinenbedingte Ausfallzeiten (Wartung/Reparatur)
–	auftragsbedingte Ausfallzeiten (Rüstzeiten)
–	personalbedingte Ausfallzeiten (Urlaub, Krankheit)
=	jährliche Maschinenlaufstunden

Restgemeinkosten

	Fertigungsgemeinkosten
–	maschinenabhängige Gemeinkosten
=	Restgemeinkosten

Maschinenstundensatz

$$\frac{\text{maschinenabhängige Gemeinkosten}}{\text{Maschinenlaufstunden}}$$

Restgemeinkostenzuschlagssatz in %

$$\frac{\text{Restgemeinkosten der Fertigungsstelle}}{\text{Fertigungslöhne der Fertigungsstelle}} \cdot 100$$

4

Beispiel zur Ermittlung von Maschinenstundensätzen

Für die NC-gesteuerte Fräsmaschine der OfficeCom AG wird exemplarisch der Maschinenstundensatz errechnet:

Daten der Fräsmaschine:
Anschaffungsausgaben: 850.000,00 €
Wiederbeschaffungswert: 924.000,00 €
Nutzungsdauer: 10 Jahre
Kürzung der Nutzungsdauer wegen 2-Schicht-Betrieb: 25 %
Abschreibungsmethode: linear
Marktzinssatz p. a.: 6 %
Instandhaltungskosten pro Jahr: 1.750,00 €

Platzbedarf: 35 m^2
Platzkosten pro Monat und m^2: 10,00 €
Strombedarf: 5 kWh
Strompreis: 0,12 €/kWh
Arbeitstage jährlich: 240 Tage
Schichten pro Tag: 2
Arbeitsstunden pro Schicht: 8 Stunden
Ausfallzeit jährlich pro Schicht: 440 Stunden

Berechnung des Maschinenstundensatzes für die Fräsmaschine:

- Nutzungsdauer der Fräsmaschine: 10 Jahre – 25 % = 7,5 Jahre
- Maschinenlaufstunden pro Jahr (240 Tage · 2 Schichten pro Tag · 8 Std. pro Schicht): 3 840 Std.
  – Ausfallzeiten (440 Std. pro Schicht · 2 Schichten): 880 Std.
  = geplante Maschinenlaufstunden pro Jahr: 2 960 Std.
- Maschinenabhängige Gemeinkosten der Fräsmaschine pro Jahr und Maschinenstunde:

Gemeinkostenart	Kosten pro Jahr in €		Kosten pro Maschinenstunde in €	
kalkulatorische Abschreibungen	924.000,00 : 7,5 =	123.200,00	123.200,00 : 2 960 =	41,62
kalkulatorische Zinsen	850.000,00 : 2 · 6 % =	25.500,00	25.500,00 : 2 960 =	8,61
Energiekosten	5 · 0,12 · 2 960 =	1.776,00	5 · 0,12 =	0,60
Instandhaltungskosten		1.750,00	1.750,00 : 2 960 =	0,59
Platzkosten	35 · 10,00 · 12 =	4.200,00	4.200,00 : 2 960 =	1,42
gesamt		156.426,00		
Maschinenstundensatz				52,84

Analog werden die Maschinenstundensätze aller übrigen eingesetzten Maschinen errechnet.

Beispiel zur Ermittlung des Restgemeinkostenzuschlagssatzes

Die OfficeCom AG betreibt neben der NC-gesteuerten Fräsmaschine noch eine Bandsäge, Drehbänke, Bohrmaschinen, Leimpressen, Schleifautomat – insgesamt 13 Maschinen. Der gesamte Maschinenpark verursachte im Jahr 20.. folgende maschinenabhängigen Kosten:

kalkulatorische Abschreibungen:	1.250.000,00 €
kalkulatorische Zinsen:	250.000,00 €
Energiekosten (Strom):	17.000,00 €
Instandhaltungskosten:	18.500,00 €
Platzkosten:	40.000,00 €

Damit betrug die Summe der maschinenabhängigen Gemeinkosten 1.575.500,00 €.

Auf der Grundlage des BAB S. 171 ergibt sich der Gemeinkostenzuschlagssatz für die Restgemeinkosten wie folgt:

	Fertigungsgemeinkosten gesamt	3.614.825,32 €
–	maschinenabhängige Gemeinkosten	1.575.500,00 €
=	Restgemeinkosten	2.039.325,32 €

$$\text{Restgemeinkostenzuschlagssatz} = \frac{2.039.325,32\text{ €}}{933.502,20\text{ €}} \cdot 100 = 218,46\text{ \%}$$

Kalkulation mit Maschinenstundensätzen *Machine-hour-rate based calculation*

Beispiel zur Selbstkostenkalkulation mit Maschinenstundensätzen

Für einen Auftrag über 15 Aktenschränke des Modells AS 04 kalkuliert die OfficeCom AG die Selbstkosten pro Stück. Annahme: Die OfficeCom AG arbeitet mit nur einem einfachen BAB, es gibt also nur eine Fertigungsstelle und damit nur einen Restgemeinkostenzuschlagssatz.

(Bei einem erweiterten BAB würde es so viele Restgemeinkostenzuschlagssätze geben, wie Fertigungshauptstellen gebildet würden. Dadurch würde das Kalkulationsschema entsprechend länger.)

Informationen der KLR:

Maschine	Laufzeit in Minuten	Maschinenstundensätze in €
Bandsäge	5	29,60
Drehbank	30	61,73
Fräsmaschine	46	52,84
Bohrmaschine	30	45,16
Leimpresse	125	38,67
Schleifautomat	72	58,90
Endmontage	110	36,18

Gemeinkostenzuschlagssätze gemäß BAB S. 171	
Materialbereich	22,46 %
Fertigungsbereich (Restgemeinkosten – s. S. 178)	218,46 %
Verwaltungsbereich	9,22 %
Vertriebsbereich	4,16 %
Einzelkosten	
Fertigungsmaterial lt. Stückliste:	356,30 €
Fertigungslöhne:	252,56 €

Kalkulation der Selbstkosten pro Stück in €:

1	Fertigungsmaterial		356,30	
2	+ Materialgemeinkosten 22,46 % von (**1**)		80,02	
3	= Materialkosten (**1** + **2**)			436,32
4	Fertigungslöhne		252,56	
5	+ Restgemeinkosten 218,46 % von (**4**)		551,74	
6	+ Maschinenkosten			
	Bandsäge	29,60 : 60 · 5	2,47	
	Drehbank	61,73 : 60 · 30	30,87	
	Fräsmaschine	52,84 : 60 · 46	40,51	
	Bohrmaschine	45,16 : 60 · 30	22,58	
	Leimpresse	38,67 : 60 · 125	80,56	
	Schleifautomat	58,90 : 60 · 72	70,68	
	Endmontage	36,18 : 60 · 110	66,33	
7	= Fertigungskosten (**4** + **5** + **6**)			1.118,30
8	= Herstellkosten (**3** + **7**)			1.554,62
9	+ Verwaltungsgemeinkosten 9,22 % von (**8**)			143,34
10	+ Vertriebsgemeinkosten 4,16 % von (**8**)			64,67
11	= Selbstkosten (**8** + **9** + **10**)			1.762,63

Verfahren der Divisionskalkulation *Methods of division-based calculation*

Einstufige Divisionskalkulation

- Einfache Divisionskalkulation
- Mehrfache Divisionskalkulation

Mehrstufige Divisionskalkulation

4

Einstufige, einfache Divisionskalkulation

Betriebe, die nur **ein einzelnes Produkt** in großen Stückzahlen herstellen, wenden zur Ermittlung der Selbstkosten einer Mengeneinheit die Divisionskalkulation an. Dabei werden sämtliche Kosten einer Abrechnungsperiode durch die hergestellte (und abgesetzte) Menge der Abrechnungsperiode geteilt. Dieses einfache Kalkulationsverfahren kann eingesetzt werden, weil sämtliche Kosten durch dieses eine Produkt verursacht werden.

Kalkulationsschema der Divisionskalkulation:

$$\text{Selbstkosten pro Mengeneinheit} = \frac{\text{Gesamtkosten der Abrechnungsperiode}}{\text{Produktionsmenge der Abrechnungsperiode}}$$

Beispiel:
Eine Mühle produziert nur eine Mehlsorte, z. B. Typ 408. In der Abrechnungsperiode entstanden folgende Kosten:

Rohstoffverbrauch	168.470,00 €
Löhne	75.735,00 €
sonstige Herstellkosten	36.150,00 €
Verwaltungs- und Vertriebsgemeinkosten	25.645,00 €

Produzierte und verkaufte Menge der Abrechnungsperiode: 7 634 dz*

$$\text{Selbstkosten pro dz} = \frac{306.000{,}00\text{ €}}{7\,634\text{ dz}} = \underline{\underline{40{,}08\text{ €/dz}}}$$

* dz = Doppelzentner (100 kg)

Einstufige, mehrfache Divisionskalkulation

- Ist die **produzierte Menge eines Produktes größer als die abgesetzte Menge**, können die in einer Periode entstandenen Kosten nicht einfach durch die Produktionsmenge geteilt werden, um die Selbstkosten pro Mengeneinheit zu ermitteln. Dann würden nämlich auch den Mengeneinheiten Vertriebskosten zugerechnet, die vorübergehend auf Lager genommen werden.
- Um eine präzisere Selbstkostenkalkulation zu erhalten, werden daher die Selbstkosten aufgespalten in Herstellkosten, Verwaltungsgemeinkosten und Vertriebsgemeinkosten.
- Die **Herstellkosten** (HK) werden auf die produzierte Menge (x_p) verteilt, die **Vertriebsgemeinkosten** (VtrGK) auf die abgesetzte Menge (x_a). Schwierig ist die Verteilung der **Verwaltungsgemeinkosten** (VwGK): Sie können vollständig auf die produzierte oder auf die abgesetzte Menge oder anteilig auf produzierte und abgesetzte Menge verteilt werden.
- Werden die Verwaltungsgemeinkosten auf die produzierte Menge verteilt, ergeben sich die Selbstkosten pro Mengeneinheit der abgesetzten Menge (k_{sa}) wie folgt:

$$k_{sa} = \frac{HK + VwGK}{X_p} + \frac{VtrGK}{X_a}$$

Beispiel:
Die Mühle (siehe Beispiel oben) produziert in der Folgeperiode von Mehlsorte Typ 408 wieder 7 634 dz, von der sie nur 6 900 dz in derselben Periode verkauft, während zunächst 734 dz auf Lager genommen werden. Kosten entstehen in gleicher Höhe, wobei die Verwaltungsgemeinkosten 19.700,00 € und die Vertriebsgemeinkosten 5.945,00 € betragen. Die Verwaltungsgemeinkosten werden den Herstellkosten zugerechnet.

Die Selbstkosten pro Mengeneinheit der abgesetzten Menge (k_{sa}) errechnen sich dann wie folgt:

$$k_{sa} = \frac{300.055{,}00\text{ €}}{7\,634\text{ dz}} + \frac{5.945{,}00\text{ €}}{6\,900\text{ dz}}$$

$$= 38{,}31\text{ €/dz} + 0{,}86\text{ €/dz} = 39{,}17\text{ €/dz}$$

(Der Lagerbestand wird mit 38,31 €/dz bewertet.)

Mehrstufige Divisionskalkulation

- Die mehrstufige Divisionskalkulation ist dann anzuwenden, wenn in den einzelnen Produktionsstufen **Zwischenlager** unfertiger bzw. fertiger Produkte in erheblicher Höhe entstehen oder **Zwischenprodukte** am Markt **verkauft** werden.
- Jede Produktionsstufe gibt ihre Leistungen zu den bis dahin angefallenen Stückkosten an die folgende Stufe bzw. an das Lager ab.
- Die **Kosten einer Stufe** setzen sich aus den in der Stufe angefallenen Kosten (primäre Kosten) und den Stückkosten der Vorstufe, multipliziert mit der in der Stufe eingesetzten Menge, zusammen.
- Die **Selbstkosten pro Mengeneinheit jeder Fertigungsstufe** errechnen sich wie folgt:

$$k_j = \frac{K_j + k_i \cdot x_{ij}}{x_j}$$

k_j: Selbstkosten/ME der Stufe j
K_j: in der Stufe j entstandene Kosten
k_i: Selbstkosten/ME der vorangegangenen Stufe i
x_{ij}: in die Stufe j eingesetzte Menge des unfertigen Produktes der vorangegangenen Stufe i
x_j: ausgebrachte Menge der Stufe j

Beispiel:
Eine Brauerei stellt in einem Monat in neun Fertigungsstufen 4 000 Hektoliter (hl) der Biersorte Harzer Urpils her, von denen sie im selben Monat 3 500 hl, abgefüllt in 0,7-Liter-Flaschen, verkauft:

Produktionsstufe	Bezeichnung des Vorgangs	Primäre Kosten		eingesetzte Menge	ausgebrachte Menge
		Materialkosten in €	Fertigungskosten in €		
1	Weichen der Gerste	6.500,00	4.500,00	10 000 kg	10 000 kg
2	Keimen der Gerste	–	3.000,00	10 000 kg	10 000 kg
3	Trocknen (Darre) der Gerste → Malz	–	4.000,00	10 000 kg	6 000 kg
4	Schroten des Malzes	–	9.000,00	4 000 kg	4 000 kg
5	Mischen des Malzes mit Wasser → Maische; Erhitzen und Beigabe von Hopfenwürze → Sud	3.000,00	75.000,00	4 000 kg	4 000 hl
6	Abkühlen des Suds	–	5.000,00	4 000 hl	4 000 hl
7	Gärung durch Beigabe von Hefe	1.000,00	15.000,00	4 000 hl	4 000 hl
8	Filtern	–	6.000,00	4 000 hl	4 000 hl
9	Abfüllen	28.000,00	10.000,00	4 000 hl	571 429 Fl.
	Verwaltung und Vertrieb	30.000,00		500 000 Fl.	500 000 Fl.

Kalkulation der Selbstkosten pro 0,7-Liter-Flasche:

Stufe 1: $k_1 = \frac{11.000,00}{10\,000} = 1,10$ €/kg

Stufe 2: $k_2 = \frac{3.000,00 + 10\,000 \cdot 1,10}{10\,000} = 1,40$ €/kg

Stufe 3: $k_3 = \frac{4.000,00 + 10\,000 \cdot 1,40}{6\,000} = 3,00$ €/kg

Stufe 4: $k_4 = \frac{9.000,00 + 4\,000 \cdot 3,00}{4\,000} = 5,25$ €/kg

Stufe 5: $k_5 = \frac{78.000,00 + 4\,000 \cdot 5,25}{4\,000} = 24,75$ €/kg

Stufe 6: $k_6 = \frac{5.000,00 + 4\,000 \cdot 24,75}{4\,000} = 26,00$ €/hl

Stufe 7: $k_7 = \frac{16.000,00 + 4\,000 \cdot 26,00}{4\,000} = 30,00$ €/hl

Stufe 8: $k_8 = \frac{6.000,00 + 4\,000 \cdot 30,00}{4\,000} = 31,50$ €/hl

Stufe 9: $k_9 = \frac{38.000,00 + 4\,000 \cdot 31,50}{571\,429} = 0,29$ €/Fl.

Verwaltungs- und Vertriebskosten pro verkaufte 0,7-Liter-Flasche:
$k_{Vw/Vtr}$: 30.000,00 : 500 000 = 0,06 €/Fl.

Selbstkosten pro Flasche: 0,29 € + 0,06 € = 0,35 €

vgl.: Serfling, Klaus: Fälle und Lösungen zur Kostenrechnung, 3. Aufl., Verlag Neue Wirtschaftsbriefe Herne, Berlin 1985, S. 34 und S. 138 f.

Neben der genaueren Errechnung der Selbstkosten des Fertigproduktes ermöglicht die mehrstufige Divisionskalkulation gegenüber der einstufigen eine bessere **Kostenkontrolle** in den einzelnen **Fertigungsstufen**.

Außerdem lassen sich nur so die **Lagerbestandsveränderungen** an unfertigen Erzeugnissen in den Zwischenlagern sowie des fertigen Erzeugnisses zu den bis dahin jeweils angefallenen Herstellkosten für die Bilanz **bewerten**:

Wert der Bestandserhöhung (Malz) in Stufe 3:
2 000 kg · 3,00 €/kg = 6.000,00 €
Wert der Bestandserhöhung (Flaschenbier) in Stufe 9:
71 429 Fl. · 0,29 €/Fl. = 20.714,41 €

Äquivalenzziffernkalkulation *Cost-measure weighting*

Begriff

- Sie ist eine besondere Form der Divisionskalkulation, die bei **Sortenfertigung** angewandt werden kann.
- Produkte der Sortenfertigung sind rohstoff- und herstellungsverwandt, z. B. Bleche oder Spanplatten mit unterschiedlichen Stärken, Ziegelsteine mit unterschiedlichen Abmessungen.
- Der von Sorte zu Sorte unterschiedliche Kostenanfall wird in Kostenverhältniszahlen (**Äquivalenzziffern**) ausgedrückt, die möglichst der tatsächlichen Kostenverursachung der einzelnen Sorten gerecht werden sollen.

Beispiel:

Eine Fabrik für Kunststofffenster stellt drei Varianten eines bestimmten Fenstertyps her. Folgende Zahlen liegen vor:

Variante	Fertigungsminuten pro Stück	Glasfläche in cm^2 (B · H)	Menge in Stück	Verkaufspreis in € pro Stück
A	8	(60 · 80)	200	180,00
B	9	(75 · 80)	600	270,00
C	9	(105 · 80)	800	400,00
Gesamtkosten der Periode: 850.000,00 €.				

4

Verfahren der Äquivalenzziffernkalkulation

1. Art der Äquivalenzziffern bestimmen

1. Da die Höhe der Fenster (80 cm) bei allen Varianten gleich ist, wird die Breite als Kostenverhältniszahl gewählt.

2. Äquivalenzziffern berechnen

2. Als Basis wird die Breite 75 cm gewählt. Die Äquivalenzziffern (Ä) betragen:
$Ä_A$ = 60 cm : 75 cm = 0,8
$Ä_B$ = 75 cm : 75 cm = 1,0
$Ä_C$ = 105 cm : 75 cm = 1,4

3. Die Produktionsmenge einer Sorte, multipliziert mit der Äquivalenzziffer der Sorte, ergibt die Rechnungseinheiten der Sorte. Diese Rechnung wird für jede Sorte durchgeführt.

3. Rechnungseinheiten (RE):
RE_A = 200 St. · 0,8 = 160
RE_B = 600 St. · 1,0 = 600
RE_C = 800 St. · 1,4 = 1 120
Summe RE = 1 880

4. Gesamtkosten, dividiert durch die Summe der Rechnungseinheiten aller Sorten, ergibt die Kosten pro Rechnungseinheit.

4. Kosten pro Rechnungseinheit:
850.000,00 € : 1.880 RE = 452,13 €/RE

5. Kosten pro Rechnungseinheit, multipliziert mit den Rechnungseinheiten pro Sorte, ergibt die Kostensumme einer Sorte. Diese Rechnung wird für jede Sorte durchgeführt.

5. Kostensummen pro Sorte (K):
K_A = 160 RE · 452,13 €/RE = 72.340,80 €
K_B = 600 RE · 452,13 €/RE = 271.278,00 €
K_C = 1 120 RE · 452,13 €/RE = 506.385,60 €

6. Kostensumme einer Sorte, dividiert durch die Produktions- und Absatzmenge der Sorte, ergibt die Kosten pro Mengeneinheit dieser Sorte.

6. Kosten pro Mengeneinheit jeder Sorte (k):
k_A = 72.340,80 € : 200 St. = 361,70 €
k_B = 271.278,00 € : 600 St. = 452,13 €
k_C = 506.385,60 € : 800 St. = 632,98 €

Kuppelkalkulation *Coupled-production calculation*

Begriff Kuppelproduktion

Fallen bei der Fertigung eines Produkts zwangsläufig weitere Produkte an, wird von **Kuppelproduktion** oder verbundener Produktion gesprochen. Das klassische Beispiel ist die Herstellung von Benzin aus Erdöl, bei der u. a. leichtes und schweres Heizöl, Kerosin und Bitumen anfallen.

Kalkulationsverfahren

Restwertmethode ohne Kostendifferenzierung:
Die Kosten der Nebenprodukte sind nicht einzeln ermittelbar. Die **Kosten des Hauptprodukts** ergeben sich in der Weise, dass von den Gesamtkosten aller Produkte die Verkaufserlöse der Nebenprodukte abgezogen werden. Die Differenz wird als **Restkosten** dem Hauptprodukt zugerechnet.

Kuppelkalkulation

Coupled-production calculation

Beispiel:

Für die Selbstkostenkalkulation des Hauptproduktes A liefern die Abteilungen Absatz und Kostenrechnung folgende Zahlen:

Produkt	Absatzmengen in kg	Verkaufspreis pro kg in €	Verkaufserlöse in €
A	15 840	38,00	601.920,00
B	8 610	5,60	48.216,00
C	2 920	2,40	7.008,00
D	6 760	7,90	53.404,00
Gesamtkosten der Abrechnungsperiode: 690.780,00 €			

Berechnung der Selbstkosten pro kg des Hauptproduktes A (k_A):

Gesamtkosten	690.780,00 €
– Verkaufserlöse B	48.216,00 €
– Verkaufserlöse C	7.008,00 €
– Verkaufserlöse D	53.404,00 €
= Restkosten des Hauptproduktes A	582.152,00 €

k_A = 582.152,00 € : 15 840 kg = 36,75 €/kg

Kalkulation von Handelswaren

Calculation of merchandised goods

Bezugspreiskalkulation

Kalkulationsschema

Gilt für den Einkauf von Roh-, Hilfs- und Betriebsstoffen, Fremdbauteilen und Handelswaren

Listeneinkaufspreis	
– Lieferantenrabatt	(v. H.)*
= Zieleinkaufspreis	
– Lieferantenskonto	(v. H.)*
+ Einkaufskosten	
= Bareinkaufspreis	
+ Bezugskosten	
= Einstandspreis (Bezugspreis)	

Einkaufskosten sind zum Beispiel:
- Provision für Kommissionär
- Maklergebühren
- sonstige kleine Kosten

Bezugskosten sind zum Beispiel:
- Fracht, Hausfracht (Rollgeld)
- Kosten für Wiegen, Verladen, Verpackung
- Zoll
- Transportversicherung

Beispiel:

Die OfficeCom AG handelt u. a. mit Faxgeräten, z. B. Typ FA 456. Die InterTEL AG in Hamburg liefert diese Faxgeräte zu folgenden Konditionen: Listenverkaufspreis netto: 135,00 €; bei Abnahme von 200 Stück und mehr: 10 % Rabatt; Zahlungsbedingungen: 10 Tage mit 3 % Skonto, vier Wochen ohne Abzug; Fracht- und Verpackungskosten für 200 St.: 220,00 €.
Die OfficeCom AG, die grundsätzlich Skonto abzieht, kauft 250 Faxgeräte. Der Einstandspreis errechnet sich wie folgt:

Listeneinkaufspreis		135,00 €
– Lieferantenrabatt:	(v. H.)*	13,50 €
= Zieleinkaufspreis		121,50 €
– Lieferantenskonto	(v. H.)*	3,65 €
+ Einkaufskosten		–
= Bareinkaufspreis		117,85 €
+ Bezugskosten		1,10 €
= Einstandspreis (Bezugspreis)		118,95 €

100 %
– 10 %
= 90 % → 100 %
– 3 %
= 97 %

Prozentrechnung/Dreisatz

Lieferantenrabatt:
100 % = 135,00 €
10 % = x €

$$x = \frac{135{,}00\ € \cdot 10\,\%}{100\,\%}$$

x = 13,50 €

Lieferantenskonto
100 % = 121,50 €
3 % = x €

$$x = \frac{121{,}50\ € \cdot 3\,\%}{100\,\%}$$

x = 3,65 €

** v. H.: vom Hundert (Grundwert); i. H.: im Hundert (verminderter Grundwert)*

Kalkulation von Handelswaren

Calculation of merchandised goods

4

Absatzpreiskalkulation

Kalkulationsschema

	Einstandspreis (Bezugspreis)	
+	Handlungskosten	(v. H.)*
=	Selbstkostenpreis	
+	Gewinn	(v. H.)*
=	Barverkaufspreis	
+	Kundenskonto	(i. H.)*
=	Zielverkaufspreis	
+	Kundenrabatt	(i. H.)*
=	Listenverkaufspreis (netto)	

* v. H.: vom Hundert (Grundwert)
i. H.: im Hundert (verminderter Grundwert)

Handlungskosten sind Kosten, die durch Lagerung und Verkauf der Handelswaren entstehen, wie zum Beispiel:

- Löhne, Gehälter des Lagerpersonals
- Abschreibungen auf Lagergebäude und -einrichtung
- Transport- und Verpackungskosten
- anteilige Verwaltungskosten
- Zinsen für das in den Handelswaren gebundene Kapital

Gewinn ist ein Entgelt für das in das Unternehmen eingebrachte Eigenkapital (Eigenkapitalverzinsung), die Arbeit des Unternehmers (Unternehmerlohn) sowie das Risiko der Kapitalanlage im eigenen Unternehmen (Risikoprämie).

Zuschlagssätze

Handlungskostenzuschlagssatz (HKZ)

Die Handlungskosten werden mithilfe des HKZ dem Einstandspreis hinzugerechnet, wobei der Einstandspreis 100 % beträgt.

$$\text{HKZ} = \frac{\text{Handlungskosten der vergangenen Periode}}{\text{Wareneinsatz der vergangenen Periode}} \cdot 100$$

Gewinnzuschlagssatz (GZ)

Jeder Unternehmer entwickelt eigene Vorstellungen über die Höhe der drei Gewinnkomponenten unter Berücksichtigung der Durchsetzbarkeit am Markt. Der Gewinn wird mithilfe des GZ dem Selbstkostenpreis hinzugerechnet, wobei der Selbstkostenpreis 100 % beträgt.

Kundenskonto

$$\text{Skontobetrag in €} = \frac{\text{Barverkaufspreis in €} \cdot \text{Skontosatz in \%}}{(100\,\% - \text{Skontosatz in \%})}$$

Kundenrabatt

$$\text{Rabattbetrag in €} = \frac{\text{Zielverkaufspreis in €} \cdot \text{Rabattsatz in \%}}{(100\,\% - \text{Rabattsatz in \%})}$$

Beispiel: Berechnung des Listenverkaufspreises für ein Faxgerät: Einstandspreis: 118,95 € (siehe S. 183), 18 % Handlungskosten, 8 % Gewinn, 3 % Kundenskonto, 10 % Kundenrabatt:

Einstandspreis		118,95 €
+ Handlungskosten	(v. H.)	21,41 €
= Selbstkostenpreis		140,36 €
+ Gewinn	(v. H.)	11,23 €
= Barverkaufspreis		151,59 €
+ Kundenskonto	(i. H.)	4,69 €
= Zielverkaufspreis		156,28 €
+ Kundenrabatt	(i. H.)	17,36 €
= Listenverkaufspreis		173,64 €

100 % + 18 % = 118 % → 100 % + 8 % = 108 % → 97 % + 3 % = 100 % → 90 % + 10 % = 100 %

Handlungskosten:

100 % = 118,95 €
18 % = x €

$$x = \frac{118{,}95\,€ \cdot 18\,\%}{100\,\%}$$

x = 21,41 €

Gewinn:

100 % = 140,36 €
8 % = x €

$$x = \frac{140{,}36\,€ \cdot 8\,\%}{100\,\%}$$

x = 11,23 €

Kundenskonto:

97 % = 151,59 €
3 % = x €

$$x = \frac{151{,}59\,€ \cdot 3\,\%}{97\,\%}$$

x = 4,69 €

Kundenrabatt:

90 % = 156,28 €
10 % = x €

$$x = \frac{156{,}28\,€ \cdot 10\,\%}{90\,\%}$$

x = 17,36 €

Kalkulationszuschlagssatz

- Die **Kalkulation** des Listenverkaufspreises kann **vereinfacht** werden, wenn die Prozentsätze für die Handlungskosten, den Gewinn, den Kundenskonto und den Kundenrabatt bekannt sind.
- Die Vereinfachung besteht darin, dass diese vier Prozentsätze zu einer Größe, dem **Kalkulationszuschlagssatz**, zusammengefasst werden.
- Die Zusammenfassung ergibt sich nicht aus der Addition der einzelnen Prozentsätze, sondern aus dem Kalkulationsschema.

Der Listenverkaufspreis wird dann folgendermaßen kalkuliert:

Listenverkaufspreis = Einstandspreis · (1 + Kalkulationszuschlagssatz)

Bedingung: Prozentsätze sind bekannt

Sind nur die Prozentsätze für Handlungskosten, Gewinn, Kundenskonto und Kundenrabatt bekannt, wird der Einstandspreis gleich 100 Geldeinheiten (GE) gesetzt und der Listenverkaufspreis mithilfe des Kalkulationsschemas errechnet.

Kalkulationszuschlagssatz = Listenverkaufspreis – Einstands-

Beispiel:
Es gelten die Prozentsätze aus dem Beispiel auf S. 184:

Einstandspreis		100,00 GE
+ Handlungskosten	(v. H.)	18,00 GE
= Selbstkostenpreis		118,00 GE
+ Gewinn	(v. H.)	9,44 GE
= Barverkaufspreis		127,44 GE
+ Kundenskonto	(i. H.)	3,94 GE
= Zielverkaufspreis		131,38 GE
+ Kundenrabatt	(i. H.)	14,60 GE
= Listenverkaufspreis		145,98 GE

100 % + 18 % = 118 % → 100 % + 8 % = 108 % → 97 % + 3 % = 100 % → 90 % + 10 % = 100 %

Kalkulationszuschlagssatz = 145,98 GE – 100,00 GE = 45,98 GE = 45,98 %.

Bedingung: Einkaufspreis und Listenverkaufspreis sind bekannt

Auf der Grundlage des bekannten Einstandspreises wird der Listenverkaufspreis mithilfe der ebenfalls bekannten Prozentsätze – wie auf S. 184 dargestellt – kalkuliert. Der Kalkulationszuschlagssatz errechnet sich dann wie folgt:

$$\text{Kalkulationszuschlagssatz} = \frac{(\text{Listenverkaufspreis} - \text{Einstandspreis}) \cdot 100}{\text{Einstandspreis}}$$

Beispiel:
Der Einstandspreis für das Faxgerät FA 456 beträgt 118,95 €. Werden 18 % Handlungskosten, 8 % Gewinn, 3 % Kundenskonto und 10 % Kundenrabatt berücksichtigt, ergibt sich ein Listenverkaufspreis von 173,64 € (siehe Berechnung S. 184).

$$\text{Kalkulationszuschlagssatz} = \frac{(173{,}64\,€ - 118{,}95\,€) \cdot 100}{118{,}95\,€} = \underline{\underline{45{,}98\,\%}}$$

Kalkulationsfaktor

- Der **Kalkulationsfaktor** dient ebenfalls der **Vereinfachung der Kalkulation**.
- Er ist eine Zahl, die, multipliziert mit dem Einstandspreis, den Listenverkaufspreis ergibt.

$$\text{Kalkulationsfaktor} = \frac{\text{Listenverkaufspreis}}{\text{Einstandspreis}}$$

Beispiel:
Einstandspreis für das Faxgerät FA 456: 118,95 €
Listenverkaufspreis: 173,64 €

$$\text{Kalkulationsfaktor} = \frac{173{,}64\ €}{118{,}95\ €} = \underline{\underline{1{,}4598}}$$

Handelt die OfficeCom AG auch mit Telefonapparaten, für die der Einstandspreis 85,00 € beträgt, und gelten die gleichen Zuschlagssätze wie für ein Faxgerät, z. B. FA 456, ergibt sich der Listenverkaufspreis für den Telefonapparat wie folgt:

Listenverkaufspreis = 85,00 € · 1,4598 = 124,08 €

Handelsspanne

- Wird der Listenverkaufspreis durch den Markt bestimmt (konkurrenzorientierter Preis), möchte der Unternehmer wissen, ob er die ihm von den Lieferanten angebotenen Einstandspreise – unter Berücksichtigung seiner Vorstellungen über die eigenen Handlungskosten-, Gewinn-, Skonto- und Rabatt-Zuschlagssätze – bezahlen kann.
- Zur schnellen Überprüfung zieht er vom vorgegebenen Verkaufs- oder Marktpreis einen bestimmten Prozentsatz ab und gelangt so zu einem Einstandspreis, den er gerade noch bereit ist zu bezahlen. Dieser Prozentsatz, bezogen auf den Verkaufspreis, wird Handelsspanne genannt.
- Bei gegebenen Zuschlagssätzen errechnet sich die Handelsspanne, indem vom Verkaufspreis aus rückwärts zum Einstandspreis kalkuliert wird, wobei der Listenverkaufspreis 100,00 GE gesetzt wird.

Handelsspanne = Listenverkaufspreis – Einstandspreis

Beispiel: Die OfficeCom AG kalkuliert mit Handlungskosten: 18 %, Gewinn: 8 %, Kundenskonto: 3 %, Kundenrabatt: 10 % (siehe S. 184):

Listenverkaufspreis netto		100,00 GE
– Kundenrabatt	(v. H.)	10,00 GE
= Zielverkaufspreis		90,00 GE
– Kundenskonto	(v. H.)	2,70 GE
= Barverkaufspreis		87,30 GE
– Gewinn	(a. H.)	6,47 GE
= Selbstkostenpreis		80,83 GE
– Handlungskosten	(a. H.)	12,33 GE
= Einstandspreis		68,50 GE

* a. H.: auf Hundert (vermehrter Grundwert)

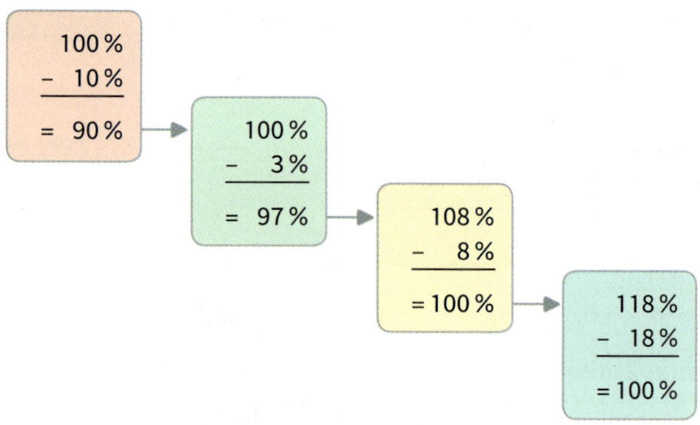

Listenverkaufspreis netto	100,00 GE
– Einstandspreis	68,50 GE
= Handelsspanne	31,50 GE

Die Handelsspanne beträgt 31,50 %, da der Listenverkaufspreis 100,00 GE gesetzt wurde.

Beispiel: Handelt die OfficeCom AG mit Telefonapparaten, für die auf dem Absatzmarkt ein Preis von maximal 115,00 € zu erzielen ist, darf der Einstandspreis bei einer Handelsspanne von 31,50 % höchstens 78,78 € betragen:

Maximaler Einstandspreis = 115,00 € – (115,00 € · 31,50 %) = 78,78 €

Vorwärts-, Rückwärtskalkulation

Bei der **Vorwärtskalkulation** wird zunächst mithilfe der **Bezugspreiskalkulation** vom Listeneinkaufspreis zum Bezugs- oder Einstandspreis (siehe S. 183) und darauf aufbauend mithilfe der **Verkaufspreiskalkulation** vom Bezugs- oder Einstandspreis zum Listenverkaufspreis netto (siehe S. 184) gerechnet, kalkuliert. Bei der **Rückwärtskalkulation** wird, ausgehend vom Listenverkaufspreis netto zum Listeneinkaufspreis gerechnet, kalkuliert (siehe S. 184 i. V. m. der Berechnung der Handelsspanne).

Differenzkalkulation

Die Differenzkalkulation ist eine **Kombination aus Vorwärts- und Rückwärtskalkulation.** Vorgegeben sind dabei der Listeneinkaufspreis, der nicht unterschritten werden kann, sowie der Listenverkaufspreis netto, der zum Beispiel aus Wettbewerbsgründen nicht überschritten werden soll.

Schritte der Differenzkalkulation

Soll zum Beispiel geprüft werden, ob das Industrieunternehmen bei gegebenen Kalkulationsgrößen (siehe auch die folgende Beispielrechnung) seine Vorstellungen über den Gewinnzuschlag umsetzen kann, sind folgende **Schritte** durchzuführen:

(1) Zunächst wird **vorwärts** vom Listeneinkaufspreis bis zum Selbstkostenpreis kalkuliert.
(2) Anschließend wird **rückwärts** vom Listenverkaufspreis netto bis zum Barverkaufspreis gerechnet.
(3) Dann wird die **Differenz zwischen Selbstkostenpreis und Barverkaufspreis** gebildet. Sie stellt den tatsächlichen **Gewinn** in Euro dar.
(4) Dieser Gewinn wird ins Verhältnis zum Selbstkostenpreis (100 %) gesetzt. Mithilfe des Dreisatzes wird der tatsächliche Gewinnzuschlag **in Prozent des Selbstkostenpreises** ermittelt.
(5) Schließlich wird der so errechnete tatsächliche Gewinnzuschlagssatz mit dem geplanten Gewinnzuschlagssatz **verglichen.**

Beispiel:
Die OfficeCom AG prüft mithilfe der **Differenzkalkulation**, ob sie ihre Gewinnvorstellung von 12 % verwirklichen kann, wenn für die Schreibtischlampe SL 14 folgende Bedingungen gelten:
Der Lieferant verlangt 85,00 €/Stück (= Listeneinkaufspreis der OfficeCom AG) und gewährt darauf 15 % Rabatt sowie 3 % Skonto. Die Bezugskosten der OfficeCom AG betragen 3,50 €. Außerdem rechnet die OfficeCom AG mit einem Handlungskostenzuschlag von 45 %, Kundenskonto 2 % und Kundenrabatt 10 %. Der Listenverkaufspreis netto darf aus Konkurrenzgründen 130,00 € nicht übersteigen.

Listeneinkaufspreis		85,00 €
– Lieferantenrabatt	15 %	12,75 €
= Zieleinkaufspreis		72,25 €
– Lieferantenskonto	3 %	2,17 €
= Bareinkaufspreis		70,08 €
+ Bezugskosten		3,50 €
= Einstandspreis		73,58 €
+ Handlungskostenzuschlag	45 %	33,11 €
= Selbstkostenpreis		106,69 €
Gewinn	**7,47 %**	**7,97 €**
= Barverkaufspreis		114,66 €
– Kundenskonto	2 %	2,34 €
= Zielverkaufspreis		117,00 €
– Kundenrabatt	10 %	13,00€
= Listenverkaufspreis netto		130,00 €

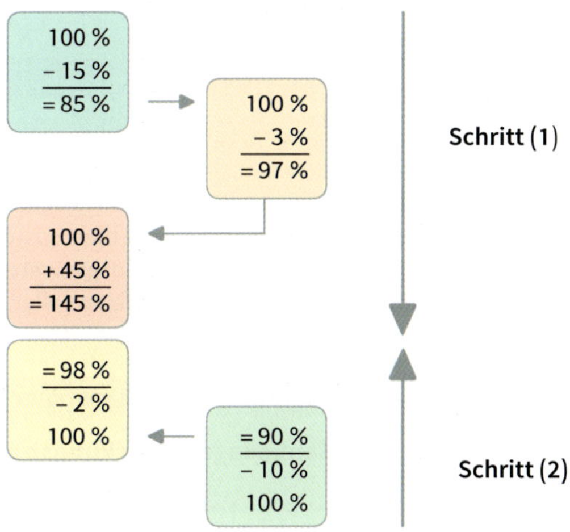

Schritt (3): Barverkaufspreis (114,66 €) – Selbstkostenpreis (106,69 €) = Gewinn (7,97 €)

Schritt (4): 106,69 € = 100 %
7,97 € = x %

$$x = \frac{100\,\% \cdot 7{,}97}{106{,}69} = 7{,}47\,\%$$

Schritt (5): Ergebnis
Die OfficeCom AG käme nur auf einen Gewinnzuschlag von 7,47 %, könnte also bei den gegebenen Bedingungen die eigene Gewinnvorstellung von 12 % nicht verwirklichen. Die einzelnen Glieder der Kalkulation müssten im Hinblick auf mögliche Veränderungen überprüft werden, z. B. Erhöhung des Lieferantenrabatts.

Unterschied zwischen Vollkostenrechnung und Teilkostenrechnung
Difference between full- and direct-cost accounting

Vollkostenrechnung

Die Vollkostenrechnung verteilt **sämtliche Kosten** einer Abrechnungsperiode auf die Kostenträger (Kostenträgerzeitrechnung) bzw. ermittelt die Selbstkosten pro Mengeneinheit (Kostenträgerstückrechnung oder Kalkulation).

Teilkostenrechnung

Die Teilkostenrechnung rechnet dem Kostenträger nur **Teile der insgesamt angefallenen Kosten** zu, z. B. nur die variablen Kosten.

Kritik an der Vollkostenrechnung

4

- Die Gemeinkosten werden den Kostenträgern nicht nach dem geltenden Verursachungsprinzip zugerechnet, sondern mithilfe von Verteilungsschlüsseln verteilt.
- Die Fixkosten (häufig Gemeinkosten) werden über die Gemeinkostenzuschlagssätze proportionalisiert: Steigen z. B. die Fertigungseinzelkosten (Fertigungslöhne) aufgrund steigender Beschäftigung, so steigen proportional die Fertigungsgemeinkosten (z. B. Abschreibungen auf Anlagen), da die Fertigungsgemeinkosten mithilfe von Normalgemeinkostenzuschlagssätzen den Kostenträgern zugeschlagen werden.
  Die Kostenträger werden also, unabhängig von der Höhe der Beschäftigung, mit einem festen Fixkostenanteil belastet, obwohl mit zunehmender Beschäftigung der Fixkostenanteil pro Erzeugniseinheit abnimmt bzw. mit abnehmender Beschäftigung zunimmt. Dieser Kostenentwicklung wird bei der Vollkostenrechnung nicht Rechnung getragen.
- Schließlich bestehen erhebliche Zweifel an der Brauchbarkeit der Vollkostenrechnung als Grundlage für Unternehmensentscheidungen.

Systeme der Teilkostenrechnung

Auf der Grundlage von variablen und fixen Kosten werden unterschieden:

- Teilkostenrechnung mit globaler Fixkostenbehandlung (einfaches Direct Costing),
- Teilkostenrechnung mit differenzierender Fixkostenbehandlung (stufenweise Fixkostendeckung).

Deckungsbeitragsrechnung
Contribution margin accounting

Begriff Deckungsbeitrag

Die Teilkostenrechnung auf der Grundlage von variablen und fixen Kosten wird als Deckungsbeitragsrechnung bezeichnet. Zieht man von den Umsatzerlösen der verschiedenen Produkte die jeweiligen variablen Kosten ab, erhält man die Deckungsbeiträge, die die gesamten Fixkosten decken und noch einen Gewinn erzielen sollen.

Anwendungsbereiche

- Erweiterung, Bereinigung des Produktionsprogramms,
- Annahme oder Ablehnung eines Zusatzauftrages,
- Ermittlung der kurzfristigen Preisuntergrenze,
- Gestaltung des optimalen Produktionsprogramms,
- Analyse der Gewinnschwelle.

Deckungsbeitragsrechnung mit globaler Fixkostenbehandlung (Direct Costing)

Beispiel: **Periodenbezogene Deckungsbeitragsrechnung**

	Schreibtischsessel	Aktenschränke	Schreibtische	Gesamt
Umsatzerlöse (in €)	1.221.767,72	10.215.893,80	1.026.228,48	
– variable Kosten (in €)	432.317,81	3.614.854,73	525.514,50	
= Deckungsbeitrag (in €)	789.449,91	6.601.039,07	500.713,98	7.891.202,96
– fixe Kosten (in €)				5.367.936,96
= Betriebsergebnis (in €)				2.523.266,00

Stückbezogene Deckungsbeitragsrechnung

Verkaufspreis/Mengeneinheit	
– variable Kosten/Mengeneinheit	
= Deckungsbeitrag/Mengeneinheit	

Beispiel:

Verkaufspreis/Mengeneinheit	324,00 €
– variable Kosten/Mengeneinheit	198,00 €
= Deckungsbeitrag/Mengeneinheit	**126,00 €**

Deckungsbeitragsrechnung mit stufenweiser Fixkostendeckung

Umsatzerlöse
– variable Kosten

= Deckungsbeitrag I
– erzeugnisfixe Kosten

= Deckungsbeitrag II
– erzeugnisgruppenfixe Kosten

= Deckungsbeitrag III
– kostenstellenfixe Kosten

= Deckungsbeitrag IV
– bereichsfixe Kosten

= Deckungsbeitrag V
– unternehmensfixe Kosten

= Betriebsergebnis

Beispiel (in T€):

Produkte	A	B	C	D	Gesamt
Umsatzerlöse	180	140	50	360	730
– variable Kosten	140	85	52	306	583
= Deckungsbeitrag I	40	55	–2	54	147
– erzeugnisfixe Kosten	8	5	3	10	26
= Deckungsbeitrag II	32	50	–5	44	121
	82		39		
– bereichsfixe Kosten	34		18		52
= Deckungsbeitrag IV	48		21		69
– unternehmensfixe Kosten					48
= Betriebsergebnis					21

Anwendungsbeispiel Sortimentsbereinigung

- Das Kostenträgerblatt auf S. 175 zeigt, dass die OfficeCom AG in der zugrunde gelegten Periode auf der Basis der Vollkostenrechnung mit dem Produkt Schreibtische einen Verlust von 116.194,35 € gemacht hat.
- Dieses Ergebnis könnte zu der Überlegung führen, die Schreibtische langfristig aus dem Produktions- und Absatzprogramm zu nehmen, um diesen Verlust zu vermeiden. Die Entscheidung auf Vollkostenbasis wäre unter dem Gesichtspunkt Betriebsergebnis falsch.
- Um zu einer richtigen Entscheidung zu gelangen, müssen die gesamten Kosten in fixe und variable Kosten unterteilt werden, um die Deckungsbeiträge der Produkte ermitteln zu können.
- So lange der **Deckungsbeitrag** eines Produktes **positiv** ist, sollte es **im Sortiment bleiben**, da es mit dazu beiträgt, fixe Kosten zu decken. Würde es aus dem Sortiment genommen, blieben die Fixkosten bestehen und müssten von den übrigen Produkten abgedeckt werden – das Betriebsergebnis würde sich verschlechtern.

Angenommen, 46 % der Selbstkosten der OfficeCom AG wären variabel und 54 % fix und das Sortiment würde um die Schreibtische bereinigt, dann würde die Deckungsbeitragsrechnung als Direct Costing auf der Grundlage des Kostenträgerblattes auf S. 175 unter sonst gleichen Umständen folgendes Aussehen haben:

Produkte	Schreibtischsessel	Aktenschränke	Gesamt
Umsatzerlöse	1.221.767,72	10.215.893,80	
– **variable Kosten** (in €)	432.317,81	3.614.854,73	
= **Deckungsbeitrag** (in €)	789.449,91	6.601.039,07	7.390.488,98
– **fixe Kosten** (in €)			5.367.936,96
= **Betriebsergebnis** (in €)			2.022.552,02

Das Betriebsergebnis würde sich durch die Sortimentsbereinigung um 500.713,98 €, nämlich um den jetzt fehlenden Deckungsbeitrag der Schreibtische (siehe Tabelle auf S. 188), verschlechtern.

Anwendungsbeispiel Optimales Produktionsprogramm

- Optimierung des Produktionsprogramms bedeutet **Ausrichtung der Produktion auf die rentabelsten Produkte bzw. Produktgruppen** des Unternehmens.
- Die **Reihenfolge der Produktherstellung** hängt ab von der **Höhe der Deckungsbeiträge** der Produkte bzw. Produktgruppen.
- Bei der Bestimmung des optimalen Produktionsprogramms ist zu berücksichtigen,
  - ob die **Produktionskapazität** des Unternehmens **ausreichend** (Fall 1) ist oder
  - ob es **Engpässe** in der Fertigung gibt, die die Produktionsmenge beschränken (Fall 2).

Beispiel:
Ein Industrieunternehmen produziert drei verschiedene Produkte A, B, und C unter folgenden Bedingungen:

				Fall 1: ohne Engpass		Fall 2: mit Engpass (z. B. Endmontage)		
Produkt	**mögliche Absatzmenge (= Nachfrage)**	**Verkaufspreis netto pro Stück**	**variable Kosten pro Stück**	**absoluter Deckungsbeitrag**	**Reihenfolge der Produktion**	**Montagezeit pro Stück**	**relativer Deckungsbeitrag (pro Std.)**	**Reihenfolge der Produktion**
A	900 Stück	4,00 €	2,00 €	2,00 €	I	60 min	2,00 €	III
B	2 100 Stück	2,00 €	1,30 €	0,70 €	III	20 min	2,10 €	II
C	1 200 Stück	3,00 €	2,10 €	0,90 €	II	15 min	3,60 €	I

Fall 1: Die Produktionskapazität ist ausreichend

Sind keine Produktionsengpässe vorhanden, können also die nachgefragten Mengen aller Produkte auch hergestellt werden, richtet sich die **Reihenfolge**, in der die Produkte hergestellt werden, nach der **Höhe ihrer Stückdeckungsbeiträge**, also laut Tabelle **Produkt A – Produkt C – Produkt B**.

Fall 2: Eine Produktionsabteilung bildet den Engpass

In der betrieblichen Praxis gibt es häufig Engpassabteilungen, die die Produktionsmenge beschränken, wobei die Engpassabteilung mit der geringsten Kapazität für die Produktionsmenge ausschlaggebend ist. Das kann zur Folge haben, dass nicht die gesamte nachgefragte Menge produziert werden kann.

Als Maßeinheit des Engpasses kommen z. B. die Anzahl von Maschinenstunden oder Arbeitsstunden pro Zeiteinheit (z. B. Tag, Woche, Monat) in Betracht. Die **Reihenfolge**, in der die Produkte hergestellt werden, richtet sich nach der **Höhe ihrer** sogenannten **relativen Deckungsbeiträge** der Engpassabteilung. Dabei ist der **relative Deckungsbeitrag der auf die Maßeinheit des Engpasses umgerechnete Stückdeckungsbeitrag**.

Beispiel: Die Montagezeit in der Engpassabteilung beträgt für Produkt B 20 Minuten (siehe Tabelle). Da in einer Stunde drei Stück gefertigt werden können, beträgt der relative Deckungsbeitrag des Produktes B pro Montagestunde 2,10 €, Produkt C erwirtschaftet 3,60 € pro Montagestunde. Somit ergibt sich für die Produktion in der Engpassstelle folgende **Reihenfolge: Produkt C – Produkt B – Produkt A.**

Bestimmung des optimalen Produktionsprogramms:
Beispiel: Die Kapazität der Endmontage beträgt 500 Stunden; es gelten die Bedingungen der Tabelle (s. o.).

Rang	Produkt	Absatzmenge	Montagezeit pro Stück	Montagezeit gesamt in min	Montagezeit gesamt in Std.	Restkapazität in Std.
I	C	1 200 Stück	15 min	18 000	300	200
II	B	600 Stück	20 min	12 000	200	0
III	A	0 Stück				

Die Nachfrage nach Produkt C wird voll befriedigt, die nach Produkt B nur teilweise, da nur noch 200 Std. zur Verfügung stehen, die für die Herstellung von 600 Stück reichen. Produkt A kann überhaupt nicht gefertigt werden.

Anwendungsbeispiel Zusatzauftrag

- Aufträge **unterhalb des aktuellen Verkaufspreises** werden als Zusatzaufträge bezeichnet.
- Sie dienen dazu, nicht ausgelastete **Produktionskapazitäten zu nutzen, Arbeitsplätze zu sichern** und das **Betriebsergebnis zu verbessern**.
- Da noch Kapazitäten frei sind, **entstehen** durch den Zusatzauftrag keine zusätzlichen fixen Kosten, sondern **nur variable Kosten**.
- Die Annahme eines Zusatzauftrages **lohnt** sich immer dann, wenn der erzielbare Preis höher ist als die variablen Stückkosten. In dem Fall ist der **Deckungsbeitrag positiv**.
- Hat die bisherige Produktion bereits zu einem Betriebsgewinn geführt, **waren also die fixen Kosten schon mehr als gedeckt, erhöht sich der Betriebsgewinn** um den Stückdeckungsbeitrag des Zusatzauftrages, multipliziert mit der Menge des Zusatzauftrages.
- Waren die **fixen Kosten durch die bisherige Produktion noch nicht gedeckt, verringert sich der Betriebsverlust** in Höhe des zusätzlichen Deckungsbeitrages des Zusatzauftrages.

Beispiel:

- Bisherige Produktion und Absatz der OfficeCom AG lieferten gemäß Tabelle S. 188 einen Betriebsgewinn von 2.523.266,00 €. Da noch Kapazitäten frei sind, nimmt die OfficeCom AG einen Zusatzauftrag über 80 Schreibtische zum Stückpreis von 850,00 € an. Die variablen Stückkosten betragen 570,00 €.
- Der **Stückdeckungsbeitrag** beträgt 850,00 € – 570,00 € = **280,00 €**. Das bedeutet, jeder zusätzliche Schreibtisch erhöht den Betriebsgewinn um 280,00 €. Damit steigt der bisherige Betriebsgewinn von 2.523.266,00 € um 22.400,00 € (80 St. · 280,00 €) auf 2.545.666,00 €.

Anwendungsbeispiel Gewinnschwellenanalyse (Break-even-Analyse)

- Ist der Absatzpreis für ein Produkt durch den Markt bestimmt, kann der Gewinn nur dadurch gesteigert werden, dass die Produktions- und Absatzmenge erhöht wird. Dabei stellt sich die Frage, welche Menge mindestens produziert und abgesetzt werden muss, ab der überhaupt ein Gewinn erzielt wird.
- Mithilfe der Gewinnschwellenanalyse – auch Break-even-Analyse genannt – wird die Produktions- und Absatzmenge (Break-even-Menge) ermittelt, bei der der Gewinn gleich null ist.
- Bedingung:
  Gewinn = Umsatz – Kosten = 0

$G = U - K = 0 \rightarrow U = K$
$U = p \cdot x; \; K = K_f + k_v \cdot x$
$p \cdot x = K_f + k_v \cdot x$
$p \cdot x - k_v \cdot x = K_f$
$(p - k_v) \cdot x = K_f$
$db \cdot x = K_f$

Der Gewinn ist also gleich null, wenn die Summe der Stückdeckungsbeiträge ($db \cdot x$) gleich den Fixkosten (K_f) ist.

Beispiel:
Absatzpreis/Stück (p): 50,00 €
variable Stückkosten (k_v): 30,00 €
fixe Kosten (K_f): 60.000,00 €

$50 \cdot x = 30 \cdot x + 60.000$
$(50 - 30) \cdot x = 60.000$
$20 \cdot x = 60.000$
$x = 3\,000$

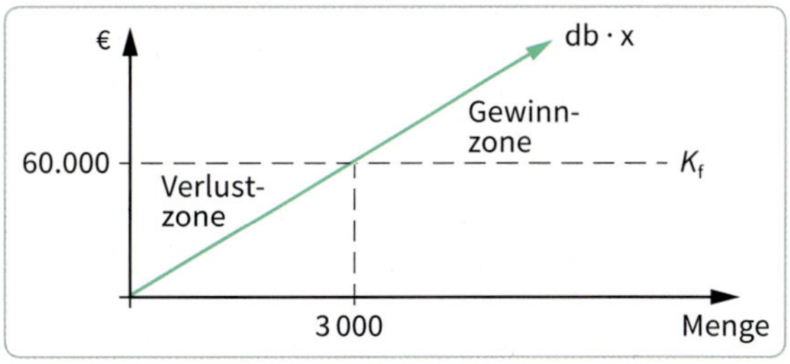

Anwendungsbeispiel Preisuntergrenze

- **Kurzfristige Preisuntergrenze**
  Preis = variable Stückkosten

  Der Deckungsbeitrag ist gleich null; das Unternehmen macht Verlust in Höhe der Fixkosten.
- **Langfristige Preisuntergrenze**
  Preis = Selbstkosten pro Stück

  Der Deckungsbeitrag ist positiv; das Unternehmen macht keinen Verlust, aber auch keinen Gewinn.

4

Normalkostenrechnung

- Rechnung, die auf den Kosten **vergangener Abrechnungsperioden** basiert
- **Normalgemeinkosten** sind Gemeinkosten, die bei der Angebotskalkulation mithilfe von Normalgemeinkostenzuschlagssätzen in den Selbstkosten- bzw. Angebotspreis eingerechnet werden.
- **Normalgemeinkostenzuschlagssätze** ergeben sich als Durchschnittswerte von Istgemeinkostenzuschlagssätzen mehrerer vergangener Abrechnungsperioden.

Istkostenrechnung

- **gegenwartsbezogene** Rechnung, die die Kosten der laufenden Abrechnungsperiode erfasst und auswertet
- **Istgemeinkosten** sind Gemeinkosten, die in der laufenden Abrechnungsperiode entstanden sind und im BAB ausgewiesen werden.
- **Istgemeinkostenzuschlagssätze** werden errechnet, indem die Istgemeinkosten der Kostenstellen bzw. Kostenbereiche im BAB in Beziehung gesetzt werden zu den entsprechenden Zuschlagsgrundlagen (siehe S. 172).

Kostenüberdeckung (in Euro)

Normalgemeinkosten (kalkulierte Gemeinkosten) > Istgemeinkosten (tatsächlich entstandene Gemeinkosten)

Da die tatsächlich entstandenden Gemeinkosten geringer sind als die kalkulierten, verbessert sich bei unverändertem Angebotspreis das tatsächliche Betriebsergebnis gegenüber dem kalkulierten.

Kostenunterdeckung (in Euro)

Normalgemeinkosten (kalkulierte Gemeinkosten) < Istgemeinkosten (tatsächlich entstandene Gemeinkosten)

Da die tatsächlich entstandenen Gemeinkosten höher sind als die kalkulierten, verschlechtert sich bei unverändertem Angebotspreis das tatsächliche Betriebsergebnis gegenüber dem kalkulierten.

Kostenüber-, -unterdeckung

Beispiel:
Die Zahlen des folgenden Beispiels basieren auf den Zahlen des Kostenträgerblattes von Seite 175.

Kostenüberdeckung/Kostenunterdeckung (in €)
Normalgemeinkostenzuschlagssätze:
Materialbereich: 23,61 % — Verwaltungsbereich: 9,37 %
Fertigungsbereich: 375,00 % — Vertriebsbereich: 4,19 %

Kalkulationsschema	Istkostenrechnung (gemäß BAB Monat Mai 01)	Normalkostenrechnung (kalkuliert für Monat Mai 01)	Kostenüberdeckung (+) Kostenunterdeckung (–)	
Fertigungsmaterial Materialgemeinkosten Materialkosten	3.480.000,00 781.761,45 4.261.761,45	3.480.000,00 821.628,00 4.301.628,00	**39.866,55**	Materialbereich
Fertigungslöhne Fertigungsgemeinkosten Fertigungskosten	933.502,20 3.614.825,32 4.548.327,52	933.502,20 3.500.633,25 4.434.135,45	**– 114.192,07**	Fertigungsbereich
Herstellkosten der Erzeugung Bestandsmehrungen unfertige Erzeugnisse Bestandsminderungen fertige Erzeugnisse Herstellkosten des Umsatzes	8.810.088,97 – 46.000,00 3.000,00 8.767.088,97	8.735.763,45 – 46.000,00 3.000,00 8.692.763,45		
Verwaltungsgemeinkosten	808.395,61	814.511,94	**6.116,33**	Verwaltungsbereich
Vertriebsgemeinkosten	365.139,42	364.226,79	**– 912,63**	Vertriebsbereich
Selbstkosten des Umsatzes	9.940.624,00	9.871.502,18	**– 69.121,82**	gesamt

Verfahren der Kostenkontrolle (Vergleiche)

Istkosten mit Istkosten	Istkosten mit Normalkosten	Istkosten mit Plankosten
▪ vergangenheitsbezogene Rechnung ▪ Anteile von Einflussgrößen möglicher Kostendifferenzen wie z. B. Veränderungen der Beschäftigung, der Beschaffungspreise, der Tariflöhne und -gehälter oder des Werkstoffverbrauchs sind kaum ermittelbar. ▪ Damit sind Verantwortlichkeiten für Kostendifferenzen nicht zurechenbar.	▪ vergangenheitsbezogene Rechnung ▪ Feststellbar sind nur Kostenüber- bzw. -unterdeckungen. ▪ Kostenschwankungen vergangener Perioden werden wegen der Durchschnittsbildung der Normalgemeinkosten nur nivelliert, nicht beseitigt.	▪ zukunftsorientierte Rechnung ▪ Vergleich von Kosten, die auf technischer Grundlage unter Beteiligung von REFA-Ingenieuren, Mitarbeitern der Abteilungen Arbeitsvorbereitung, Kostenrechnung und Konstruktion geplant und vorgegeben und mit den Istkosten verglichen werden. ▪ Kostenabweichungen werden auf ihre Ursachen zurückgeführt, Verantwortlichkeiten zugewiesen.

Plankostenrechnung

Verrechnete Plankosten

Verrechnete Plankosten = PVS · Istbeschäftigung

Beispiel:
Die Kostenstelle „Bohrerei" plant wie folgt:
Planbeschäftigung: 4 000 Mengeneinheiten (ME)
Plankosten: 45.000 Geldeinheiten (GE)

$$PVS = \frac{45.000\ GE}{4\,000\ ME} = 11{,}25\ GE/ME$$

Istbeschäftigung: 3 850 ME

Verrechnete Plankosten:
11,25 GE/ME · 3 850 ME = 43.312,50 GE

Kurve der verrechneten Plankosten

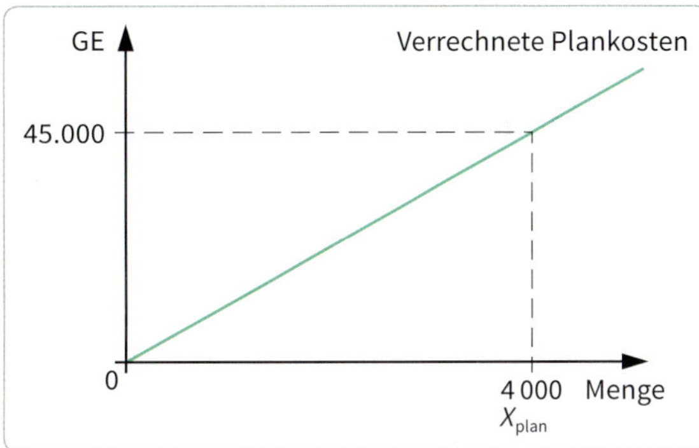

Sollkosten

- Sollkosten sind die auf die Istbeschäftigung (X_{ist}) umgerechneten Plankosten.
- Plankosten werden unterschieden in fixe und variable Plankosten ($K_{plan} = K_{fplan} + K_{vplan}$).
- Einzelkosten können als variabel angesehen werden; Gemeinkosten müssen auf variablen bzw. fixen Charakter untersucht und ggf. mithilfe von Kostenauflösungsverfahren in fixe und variable Bestandteile zerlegt werden.
- Die Funktion der Sollkosten ist linear:

$$K_{Soll} = K_f + k_v \cdot X_{ist} \quad \text{mit } K_f = K_{fplan}; \quad k_v = \frac{K_{vplan}}{X_{plan}}$$

Kurve der Sollkosten

X_{plan}: 4 000 ME
K_{plan}: 45.000 GE
K_{fplan}: 9.000 GE

$$k_v = \frac{36.000\ GE}{4\,000\ ME} = 9\ GE/ME$$

$$K_{Soll} = 9.000 + 9\ X_{ist}$$

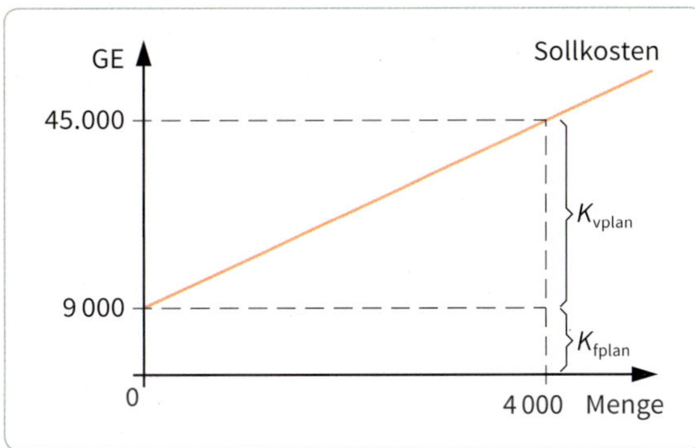

Beispiel: **Kostenauflösungsverfahren**

Monat	Produktionsmenge in ME	Gesamtkosten Betriebsstoffe
November	120	220.000,00 €
Dezember	150	265.000,00 €
Differenz	30	45.000,00 €

k_v = 45.000,00 € : 30 ME = 1.500,00 €/ME

November:
K_v = 120 ME · 1.500,00 €/ME = 180.000,00 €
K_f = 220.000,00 € – 180.000,00 € = 40.000,00 €

Die zusätzlichen Kosten von 45.000,00 € im Dezember gegenüber dem November (in der Tabelle als Differenz bezeichnet) werden von der zusätzlichen Produktionsmenge von 30 ME im Dezember gegenüber dem November verursacht, das heißt, die zusätzlichen Kosten von 45.000,00 € sind abhängig von der Produktionsmenge von 30 ME. Also handelt es sich bei den 45.0000,00 € definitionsgemäß (siehe S. 169) um variable Kosten.

Arten der Kostenabweichungen

- **Preis- und Lohnsatzabweichung:**
  Die Istpreise und -lohnsätze weichen von den Planpreisen und -lohnsätzen ab. Diese Kostenabweichung kann aus der Abweichungsanalyse herausgehalten werden, wenn die Verbrauchsmengen und -zeiten bei Istbeschäftigung wie bei Planbeschäftigung mit den gleichen Verrechnungspreisen und -lohnsätzen bewertet werden.

- **Beschäftigungsabweichung:**
  Die Istbeschäftigung weicht von der Planbeschäftigung ab.

  Verrechnete Plankosten (bei Istbeschäftigung)
  – Sollkosten (bei Istbeschäftigung)
  = Beschäftigungsabweichung

- **Verbrauchsabweichung:**
  Der Istverbrauch an Mengen und Zeiten weicht vom Planverbrauch ab.

  Sollkosten (bei Istbeschäftigung)
  – Istkosten (bei Istbeschäftigung)
  = Verbrauchsabweichung

- **Gesamtabweichung (Vorzeichen beachten!):**

  Beschäftigungsabweichung (BA)
  + Verbrauchsabweichung (VA)
  = Gesamtabweichung (GA)

Grafische Darstellung der Kostenabweichungen

Beispiel:

X_{plan}: 4.000 ME
K_{plan}: 45.000 GE
K_{fplan}: 9.000 GE
K_{vplan}: 36.000 GE
PVS: 11,25 GE
Verrechnete Plankosten: 28.125 GE

X_{ist}: 2.500 ME
K_{ist}: 33.000 GE
K_{soll}: 31.500 GE

	Beschäftigungsabweichung (28.125 GE – 31.500 GE)	= – 3.375 GE
+	Verbrauchsabweichung (31.500 GE – 33.000 GE)	= – 1.500 GE
=	Gesamtabweichung	= – 4.875 GE

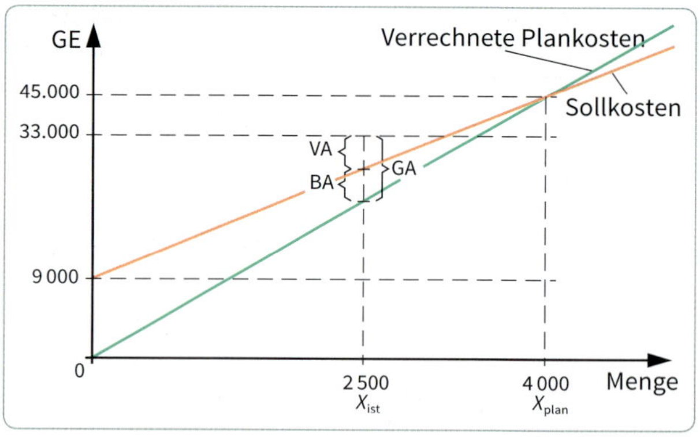

3545194

Begriff

Unter dem Begriff Statistik wird vielfach die zahlenmäßige Erfassung und Analyse von **Massenerscheinungen** im Sinne großer Mengen verstanden, womit einerseits die Tätigkeit selbst, andererseits das Ergebnis dieser Tätigkeit gemeint sein kann. In neuerer Zeit bedeutet Statistik aber auch die Analyse von Stichproben kleinen Umfanges, sodass das Wort „Masse" heute nur als **„Mehrheit"** interpretiert werden darf.

Beispiel: Das Ergebnis der Bundestagswahl steht erst dann endgültig fest, wenn die Stimmen **aller** Wähler in allen Wahlkreisen ausgezählt sind (**Masse** der Wähler). Annähernd richtige Ergebnisse liegen schon viel früher vor, nämlich wenn aufgrund der Auszählergebnisse weniger Wahlkreise und damit **weniger** Wähler (**Stichproben**) ca. 30 Minuten nach Schließen der Wahllokale diese Teilergebnisse mit bestimmten statistischen Rechenverfahren auf das gesamte Bundesgebiet hochgerechnet werden.

Anforderungen an statistische Maßzahlen

- Maß- oder Kennzahlen bilden die Grundlage dafür, einen bestimmten Sachverhalt quantitativ, also mithilfe von Zahlen, darzustellen.
- Sie müssen eindeutig definiert sein.
- Aufbau und Eignung einer Maßzahl haben ihren Ausgangspunkt in der aus ihr erwachsenden sachlichen Fragestellung.

Beispiel:
Welches Transportmittel ist sicherer, die Eisenbahn oder das Flugzeug?
Es ist eine Maßzahl zu finden, mit der die Unfallhäufigkeit und damit die unterschiedliche Sicherheit der beiden Verkehrsmittel verglichen werden kann.

Frage 1: Sollen bei den Unfällen nur die Toten oder auch die Verletzten gezählt werden?

Frage 2: Worauf soll die Zahl der Toten bzw. die Zahl der Toten einschließlich der Verletzten bezogen werden? Welche Größe dient also als Maßzahl für den Umfang der Reisetätigkeit?

Als Maßzahl hierfür die „Zahl der Reisenden" zu nehmen, ist nicht befriedigend. Ob ein Reisender A von Braunschweig über Würzburg nach München fährt oder ob der Reisende A von Braunschweig nach Würzburg fährt, dort aussteigt und der Reisende B den Platz von A einnimmt und nach München fährt – das Risiko eines Unfalls auf der Strecke Braunschweig – München ist gleich hoch. Nur haben wir als Bezugsgröße im ersten Fall einen Reisenden, im zweiten Fall zwei. Als Maß für den Umfang der Reisetätigkeit kommt daher nicht die Zahl der Reisenden, sondern die Zahl der „Personen-km" in Betracht.

Arten von Maßzahlen

- Grundzahlen
  - Summen
  - Differenzen
  - Produkte

- Verhältniszahlen
  - Messzahlen
  - Gliederungszahlen
  - Beziehungszahlen

- Mittelwerte
  - häufigster Wert
  - Zentralwert
  - Durchschnittswert

Grundzahlen

- Sie sind absolute Zahlen zur Darstellung quantitativer Sachverhalte.
- Sie erhalten ihre Bedeutung, wenn sie mit anderen absoluten Zahlen ins Verhältnis gesetzt werden (→ Verhältniszahlen).

Beispiel:
Gewinn der OfficeCom AG im Jahr 20..: 2 Mio. €
Gewinn des Konkurrenzunternehmens: 3 Mio. €

$$\text{Eigenkapitalrentabilität} = \frac{\text{Gewinn}}{\text{Eigenkapital}} \cdot 100$$

OfficeCom AG: 2 Mio. € : 20 Mio. € · 100 = 10 %
Konkurrent: 3 Mio. € : 35 Mio. € · 100 = 8,6 %

Ergebnis: Die Verzinsung des Eigenkapitals bei der OfficeCom AG ist höher, obwohl der Gewinn absolut geringer ist als der des Konkurrenzunternehmens.

4

Verhältniszahlen

Sie ergeben sich dadurch, dass zwei in einem sachlichen Zusammenhang stehende Maßzahlen zueinander ins Verhältnis gesetzt werden. Das Ergebnis ist der Quotient (die Verhältniszahl).

Beispiel:

$$\frac{\text{Zahl der Toten und Verletzten pro Jahr}}{\text{Zahl der gefahrenen Eisenbahnkilometer pro Jahr}}$$

Messzahlen

- Eine Reihe gleichartiger Größen wird auf eine dieser Größen als gemeinsame Basis bezogen, zum Beispiel Monatsumsätze von Produkten.
- Messzahlen eignen sich gut zur Darstellung der zeitlichen Entwicklung von Sachverhalten.

Darstellungsformen von Messzahlen

Tabelle

Anforderungsmerkmale zur Gestaltung gemäß Normblatt DIN 55 301 sind u. a.

- Gliederung in Zeilen und Spalten, deren Kreuzung Fächer ergeben;
- Kennzeichnung der Zeileninhalte in der Vorspalte, der Spalteninhalte im Tabellenkopf;
- Beschreibung des dargestellten Sachverhaltes in einer Überschrift mit örtlicher/zeitlicher Abgrenzung.

Beispiel:

Monatsumsätze Handelswaren der OfficeCom AG im Jahr 20.. in T€

	Lampen	Telefone	Drucker	Faxgeräte	Gesamt
Januar	10	12	35	22	79
Februar	12	18	40	20	90
März	15	16	37	18	86
April	20	9	34	24	87
Mai	16	4	41	28	89
Juni	24	15	39	26	104
Juli	18	13	38	16	85
August	10	17	36	20	83
September	14	15	39	26	94
Oktober	19	10	40	24	93
November	20	11	33	21	85
Dezember	21	14	36	20	91
	199	154	448	265	1.066

Säulendiagramm

- Eignet sich zur Darstellung der zeitlichen Entwicklung nur einer Zahlenreihe
- Beschreibung des dargestellten Sachverhaltes mit einer Überschrift
- Benennung der Achsen

Beispiel:

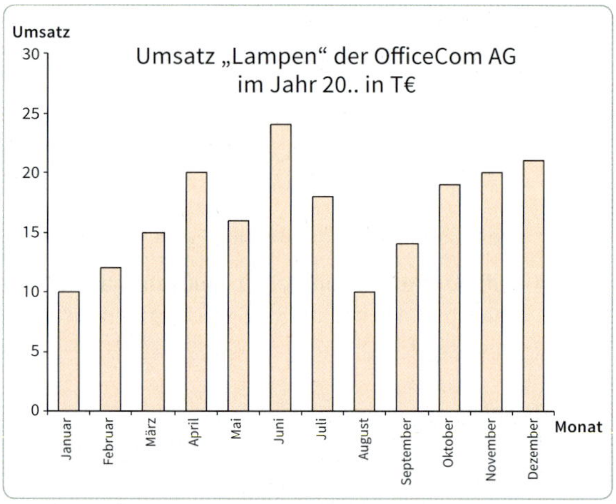

Liniendiagramm

Diese Art Diagramm, auch als Kurvendiagramm bezeichnet, ist geeignet, die zeitliche Entwicklung eines Sachverhaltes, der mehrere Zahlenreihen umfasst, übersichtlich darzustellen.

Beispiel:

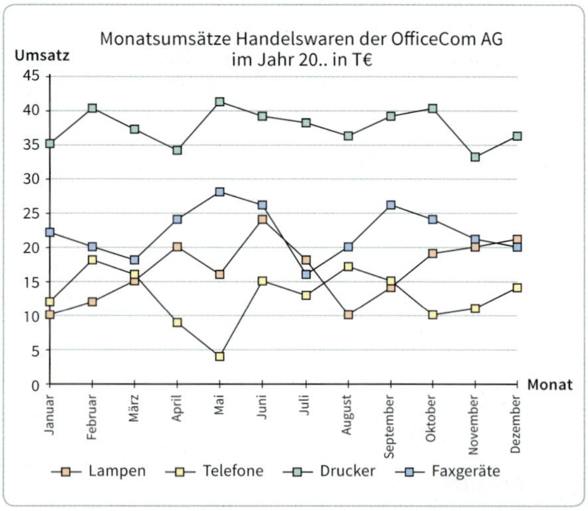

aus: Hübscher, Heinrich u. a.: IT-Handbuch, IT-Systemkaufmann/-frau, Informatikkaufmann/-frau, 9. Aufl., Braunschweig, Westermann Verlag, 2015, S. 475 f.

Gliederungszahlen

- Wird eine Reihe von Teilgrößen durch eine übergeordnete Größe als gemeinsame Basis dividiert und mit Hundert multipliziert, sind die Ergebnisse Prozentzahlen, die als Gliederungs- oder Strukturzahlen bezeichnet werden.
- Mit ihrer Hilfe wird die Struktur der Gesamtheit deutlich.
- Gliederungszahl (in %)

$$= \frac{\text{Teilgröße (Einzelposition)}}{\text{übergeordnete Größe (Summe der Einzelpositionen)}} \cdot 100$$

Anwendungsbeispiele für Gliederungszahlen

Kreisdiagramme-Umsatzstruktur

- Sie machen Strukturunterschiede auch bei starker Größenvariation deutlich.
- Kleine Anteile sind noch deutlich sichtbar.
- Besondere Kreissegmente können herausgezogen werden.

Anteile der Monatsumsätze am Gesamtumsatz Lampen der OfficeCom AG im Jahr ..: 199.000,00 €

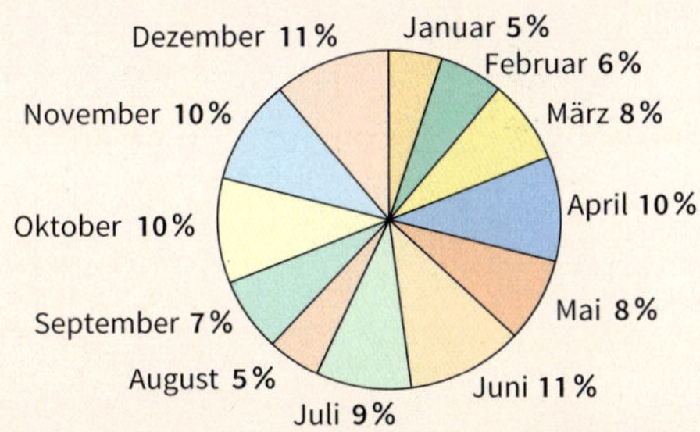

Anteile der verschiedenen Handelswaren der OfficeCom AG im Jahr .. am Gesamtumsatz Handelswaren von 1.066.000,00 €

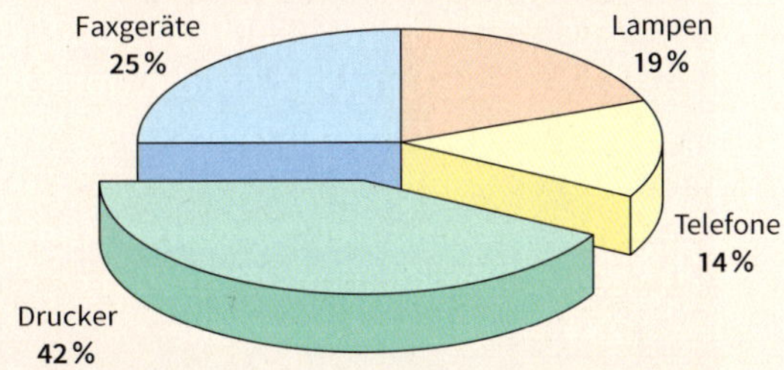

vgl.: Scharf, Dirk: Einführung in das betriebliche Rechnungswesen und statistische Grundlagen, Gabler Verlag Wiesbaden 1997, S. 33 ff.

Strukturbilanz

Aktiva		Strukturbilanz der OfficeCom AG per 31. Dez. 20..			Passiva
	€	%		€	%
Anlagevermögen	300.000,00	27,27	Eigenkapital	240.000,00	21,82
Umlaufvermögen	800.000,00	72,73	Fremdkapital	860.000,00	78,18
	1.100.000,00	100,00		1.100.000,00	100,00

Beziehungszahlen

Bei ihnen werden zwei verschiedene Größen, die in einem sachlich sinnvollen Zusammenhang stehen, zueinander ins Verhältnis gesetzt.

Anwendungsbeispiele aus dem Rechnungswesen

$$\text{Barliquidität} = \frac{\text{flüssige Mittel}}{\text{kurzfristige Verbindlichkeiten}} \cdot 100$$

$$\text{Anlagendeckungsgrad I} = \frac{\text{Eigenkapital}}{\text{Anlagevermögen}} \cdot 100$$

$$\text{Eigenkapitalrentabilität} = \frac{\text{Gewinn}}{\text{Eigenkapital}} \cdot 100$$

$$\text{Wirtschaftlichkeit} = \frac{\text{Erträge}}{\text{Aufwendungen}}$$

$$\text{Personalintensität} = \frac{\text{Personalaufwand}}{\text{Betriebsaufwendungen}}$$

$$\text{Leistungsergiebigkeit} = \frac{\text{Leistungen}}{\text{Kosten}}$$

$$\text{Stückkosten} = \frac{\text{Gesamtkosten}}{\text{Produktionsmenge}}$$

vgl.: Hübscher, Heinrich u. a.: IT-Handbuch, IT-Systemkaufmann/-frau, Informatikkaufmann/-frau, 9. Aufl., Braunschweig, Westermann Verlag, 2015, S. 476

5 Leistungserstellungsprozesse planen, steuern und kontrollieren

Allgemeiner Überblick

- Kundenwünsche veranlassen Unternehmen, eine **betriebliche Leistung** zu erstellen. Sie beschaffen die nötigen **Produktionsfaktoren**, aus denen Produkte gefertigt werden, die verkauft oder innerbetrieblich genutzt werden.
- Die **Produktion** ist ein **Wertschöpfungsprozess**, der sich auf die Erstellung der betrieblichen Leistung bezieht. Dabei werden Sachgüter und Dienstleistungen (Produktions- oder Inputfaktoren) kombiniert und in andere Sachgüter und Dienstleistungen (Outputfaktoren) transformiert. Je schneller und effizienter der Transformationsprozess vollzogen wird, desto höher ist der Anteil der Produktion am gesamten Wertschöpfungsprozess und desto erfolgreicher kann die betriebliche Leistung verwertet werden.
- Die **Produktionswirtschaft** als Teildisziplin der Betriebswirtschaft befasst sich mit dem Wertschöpfungsprozess der Produktion.
- Der Transformationsprozess vollzieht sich in einer Folge von **Arbeitssystemen**, die miteinander verbunden sind. Ein Arbeitssystem kann als **kleinstes selbstständiges Element** eines Produktionssystems definiert werden. Mit den Grund- (z. B. Konstruktionsunterlagen) und Planungsdaten (z. B. Erzeugnismengen zu einem bestimmten Fertigungstermin) wird der Transformationsprozess koordiniert. Durch Rückmeldungen z. B. der Fertigstellungszeitpunkte können die Produktion überwacht und die nötigen Korrekturen vorgenommen werden.

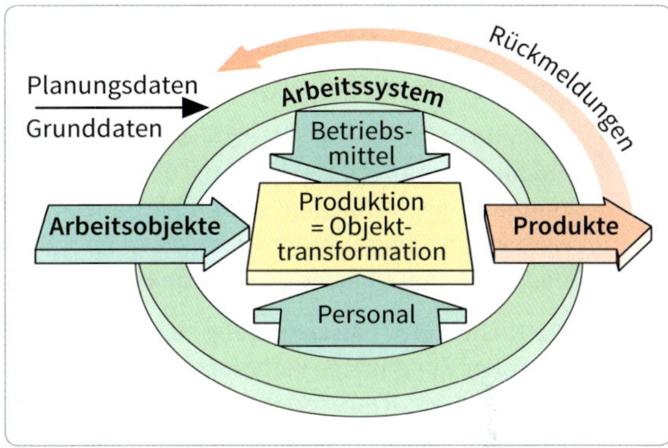

aus: Ebel, Bernd: Produktionswirtschaft, 8., völlig neue Aufl., Kiehl Verlag Ludwigshafen 2003, S. 25

Bereiche der Produktion

Die **Produktion** ist Teil der betrieblichen Leistungserstellung und kann in unterschiedliche Bereiche gegliedert werden, die dadurch charakterisiert sind, dass sie nicht unmittelbar über Kaufverträge mit den entsprechenden Märkten in Berührung kommen.

Um eine entsprechende Qualität der Prozesse und Produkte zu gewährleisten, ist der gesamte Produktionsbereich in ein **Qualitätssicherungssystem** einzubinden (s. S. 238).

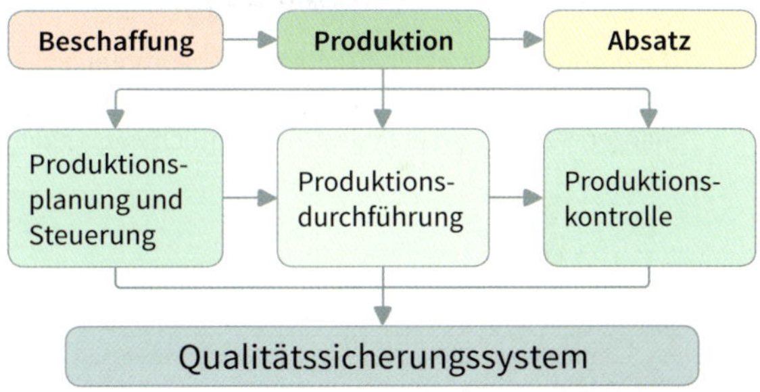

Systematisierung der Produkte

- Die von einem Unternehmen hergestellte Leistung wird als **Produkt** bezeichnet. Die **Art** der betrieblichen Leistung hängt von der Art der Unternehmen ab. Sie kann **immaterieller** (Dienstleistungen) oder **materieller** (Sachgüter) Art sein bzw. als **Mischform** mit unterschiedlichen Anteilen (Systemgüter) gebildet werden. Sie kann sich ebenso auf die Rohstoffgewinnung wie auf die Herstellung und Veredelung von Produkten beziehen.
- Die industrielle Produktion wird häufig nur auf die Erstellung von Sachgütern bezogen, womit jedoch unberücksichtigt bleibt, dass sich die Industrieprodukte immer mehr zu **Leistungsbündeln** entwickeln.

Produkte		
immaterielle Güter	**materielle Güter**	**Systemgüter**
Es handelt sich hierbei um **nichtstoffliche Leistungen** wie ▪ Dienstleistungen, ▪ Rechte und ▪ Informationen.	Materielle Güter sind **Sachgüter**. Bei der Herstellung von solchen Gütern fallen neben den **Hauptprodukten** wie absatzfähige Zwischenfabrikate und Fertigprodukte (z. B. Benzin) häufig noch weniger wertvolle **Nebenprodukte** wie Kuppelprodukte (z. B. bei einer Raffinerie: Bitumen) und **Abfallprodukte** an. Die Abfallprodukte sind entweder als Wertstoffe noch nutzbar oder als Reststoffe und Schadstoffe zu beseitigen (s. S. 244 f.).	Als Systemgüter werden **Mischformen** von materiellen und immateriellen Gütern bezeichnet, z. B. der Verkauf eines Computers mit Software sowie der Aufbau des PC und eine Einweisung in die Programme.

Grundlagen der Leistungserstellung

Basic elements of the company's performance process

Betriebliche Produktionsfaktoren

- Im Produktionsprozess werden die Produktionsfaktoren **kombiniert**, wobei die Bedeutung und der Anteil der einzelnen Faktoren völlig unterschiedlich sein kann.
- Man unterscheidet
  - den **dispositiven Faktor**, der den Produktionsprozess zielbezogen gestaltet und die Elementarfaktoren durch Leitung, Planung und Kontrolle koordiniert, und
  - die **Elementarfaktoren**, die als ausführende Arbeit, Betriebsmittel und Werkstoffe direkt in den Produktionsprozess einfließen (s. S. 24).
- Während ausführende Arbeit und Betriebsmittel dem Produktionsprozess zur Nutzung über einen längeren Zeitraum zur Verfügung stehen (**Potenzialfaktoren**), werden Werkstoffe in der Produktion verbraucht und sind laufend zu ersetzen (**Repetierfaktoren**).
- Die **Nicht- oder Falschnutzung** der Potenzialfaktoren sowie der überflüssige Verbrauch von Repetierfaktoren z. B. durch Ausschuss oder Energieverschwendung belasten die Produktivität des Produktionsprozesses und können durch unnötiges Lagern oder durch Fehlinvestitionen die Kapitalbindung in dem Unternehmen negativ beeinflussen.
- Als **Betriebsmittel** werden die Produktionsmittel bezeichnet, die zur Leistungserstellung eingesetzt werden (z. B. Gebäude, Maschinen).
- **Werkstoffe** unterteilen sich in Roh-, Hilfs- und Betriebsstoffe.
  - **Rohstoffe** gehen als Hauptbestandteile unmittelbar in das zu erzeugende Produkt ein (z. B. OfficeCom AG: Holz für Tischplatten, Metallrohre für Tischgestelle).
  - **Hilfsstoffe** gehen zwar auch in das zu fertigende Erzeugnis ein, ihr mengen- und wertmäßiger Anteil ist jedoch gering (z. B. OfficeCom AG: Schrauben, Holzleim).
  - **Betriebsstoffe** werden kein Bestandteil des fertigen Produktes. Sie werden beim Fertigungsprozess mittel- oder unmittelbar verbraucht, ermöglichen jedoch den Leistungsprozess bzw. halten ihn in Gang (z. B. OfficeCom AG: Energie zur Holzbearbeitung, Schmierstoffe).
- Unter **Fremdbauteilen** versteht man fertig bezogene Produktbestandteile, die unverändert in das Endprodukt übernommen werden (z. B. OfficeCom AG: Gasdruckfedern und Stuhlrollen für Schreibtischsessel).

Ziele der Produktion

Die produktionswirtschaftlichen Ziele kommen in **unterschiedlicher Ausprägung** vor und können auch in **Konkurrenz** zueinander stehen (z. B. jederzeitige Lieferfähigkeit und kostengünstige Losgrößen). Daher sind bei gleichzeitiger Verfolgung mehrerer Ziele Kompromisse hinsichtlich der einzelnen Zielerreichungsgrade zu schließen.

Ziele der Produktion

monetäre Ziele
- Minimierung der Produktionskosten
- Minimierung der innerbetrieblichen Transportkosten
- Minimierung der Lagerkosten
- Erhöhung der Wirtschaftlichkeit

innovative Ziele
- Verbesserung bestehender Produkte
- Entwicklung neuer Produkte
- Optimierung der Produktionsprozesse

Flexibilitätsziele
- schnelle Anpassung an Umweltveränderungen
- Beachtung der Kundenwünsche
- multifunktional einsetzbare Arbeitskräfte

zeitliche Ziele
- kurze Durchlaufzeiten
- geringe Rüstzeiten
- Termintreue
- maximale Kapazitätsauslastung

soziale Ziele
- ergonomisch gestaltete Arbeitsplätze
- Reduzierung von einseitig belastenden Arbeitsvorgängen
- Vermeidung monotoner Arbeiten

Umweltziele
- Verringerung von Abfällen
- umweltverträgliche Produkte
- geringe Schadstoffbelastung

Qualitätsziele
- Null-Fehler-Produktion
- Beachtung bzw. Erhöhung der Qualitätsstandards

Definitionen

- Als **Produktprogramm** oder **Produktpalette** kann man die Gesamtheit aller Produktarten, die ein Unternehmen produziert, bezeichnen. Es unterscheidet sich vom Produktionsprogramm durch das Fehlen von mengen- und zeitabhängigen Komponenten.
- Das **Produktionsprogramm** legt für eine gegebene Planungsperiode **Art, Menge und Zeit** der herzustellenden Produkte fest. Damit wird die Basis für die weitere Planung, Steuerung und Kontrolle der Produktionsprozesse geschaffen.
- Das **Absatzprogramm** bestimmt für einen gegebenen Planungszeitraum die auf dem Absatzmarkt anzubietenden Produkte nach **Art, Menge und Zeit**. Obwohl das Absatzprogramm einen starken Einfluss auf das Produktionsprogramm hat, sind beide nicht immer deckungsgleich.

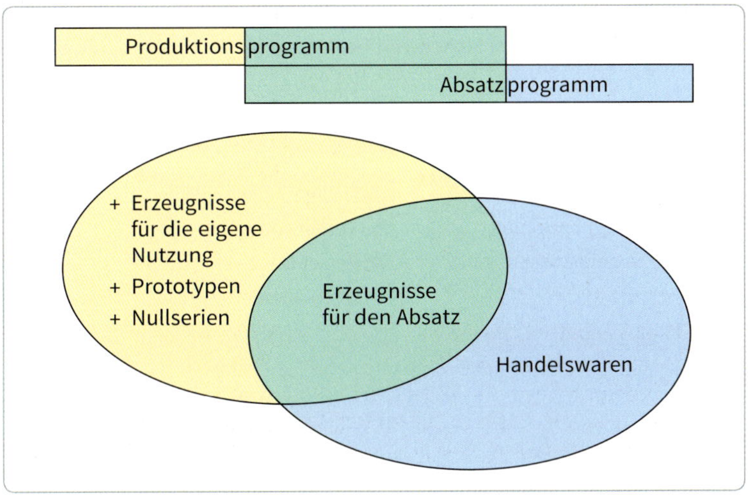

Termine / Produkte	Januar	Februar	März	...
Schreibtisch S45	500	450	600	...
Schreibtisch S55	500	300	300	...
Aktenschrank AK12	750	600	300	...
Aktenschrank AK22	750	750	750	...
...	...	...	...	...

Zeitbezug der Produktionsprogrammplanung

Bei der Konkretisierung des Produktionsprogrammes sind zeitlich **unterschiedliche Planungsstadien** zu unterscheiden. Eine genaue zeitliche Zuordnung ist aus differierenden betrieblichen Gegebenheiten nicht allgemeingültig möglich.

- Das Ziel der **langfristigen Programmplanung** sind strategische Entscheidungen z. B. über Produktfelder oder Fertigungsverfahren, die den Kapazitätsrahmen für Betriebsmittel und Arbeitskräfte festlegen.
- Die **mittelfristige Programmplanung** stellt die Basis für die Materialbeschaffung dar. Die Materialart mit der längsten Beschaffungsdauer begrenzt den Planungszeitraum.
- Die **kurzfristige Programmplanung** soll für eine möglichst optimale Nutzung der bereitgestellten Kapazitäten sorgen.

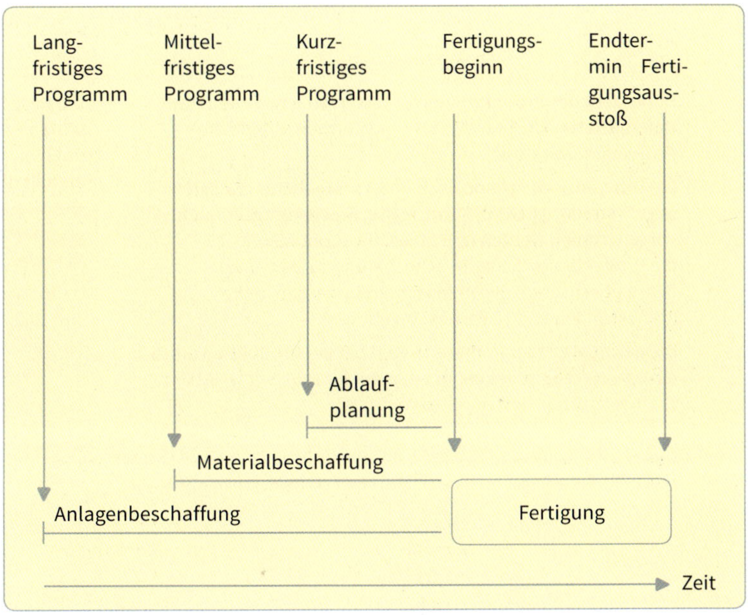

aus: Steinbuch, Pitter; Olfert, Klaus: Fertigungswirtschaft, 6., aktualisierte Aufl., Kiehl Verlag Ludwigshafen 1995

Produktionsprogramm

Production program

Bestimmungsfaktoren

Das Produktionsprogramm ist **unterschiedlichen Einflussgrößen** unterworfen, die sich teilweise auch **wechselseitig** beeinflussen und deren Stellenwert bei lang- oder kurzfristiger Betrachtungsweise variiert.

Beispiele:

Finanzierungsmöglichkeiten
- Eigenfinanzierung
- Fremdfinanzierung

eigenes Produktionspotenzial
- Betriebsmittel
- Personal
- Organisationsstruktur

eigene Produktionsforschungsergebnisse

Marktsituation
- Wettbewerbsstruktur
- Kundenwünsche
- Kundenstruktur
- zukünftige Entwicklungen

→ Produktionsprogramm ←

Unternehmensziele
- Gewinnsteigerung
- Umsatzsteigerung
- Kundenzufriedenheit
- Qualitätsziele

Produktionsfaktoren
- Mengen
- Faktorpreise
- Qualität

gesetzliche Rahmenbedingungen
- Umweltauflagen
- Entsorgung
- Verbot von Produkten

allgemeine Wirtschaftsentwicklung
- Konjunkturverlauf
- Streiks
- kriegerische Handlungen

Umfang

Produktionsprogramm

Programmbreite

Die **Anzahl der Produktlinien** (unterschiedliche Produkte), differenziert nach ihren Ausführungsformen, drückt die Programmbreite aus.

Die Differenzierung kann nach **unterschiedlichen Kriterien** (z. B. Material, Qualität, Form, Maße, Anwendungsbereich) vorgenommen werden (z. B.: Die OfficeCom AG hat die Produktlinien Schreibtische, Aktenschränke und Schreibtischsessel. Die Aktenschränke werden in drei Abmessungen und 12 Farben angeboten).

Die **geringste** Programmbreite liegt bei der Produktion eines einzigen Erzeugnisses in nur einer Ausführung vor (z. B.: Ein Kraftwerk produziert nur Strom).

Programmtiefe[1]

Die Programmtiefe beschreibt die **Anzahl der Fertigungsstufen** (wie Teilefertigung oder Endmontage), die ein Produkt im Unternehmen durchläuft (z. B.: Die OfficeCom AG erstellt die benötigten Holzeinzelteile für die Schreibtische wie Tischplatten und Tischfüße selbst her, die dann zu Baugruppen verarbeitet und schließlich zum Endprodukt montiert werden).

Damit wird dann auch eine Aussage darüber getroffen, welche Teile/Baugruppen selbst produziert oder von Zulieferern bezogen werden sollen. Die Programmtiefe wird in diesem Sinne auch als **Fertigungstiefe** bezeichnet.

[1] In der Handelsbetriebslehre wird üblicherweise das Sortiment nach Breite und Tiefe (s. S. 418 f.) unterschieden. Nach dieser Definition wird als Programmtiefe die Anzahl von Varianten verstanden, die von einem Produkt hergestellt wird.

Beurteilung des Produktionsumfangs

	Vorteile	Nachteile
breites Produktionsprogramm	▪ Bedienung eines breiten Kundensegments ▪ Ausfüllen von Marktnischen ▪ Risikostreuung bei Nachfrageverlagerungen ▪ Nutzung von Synergieeffekten (z. B. bei Betriebsmitteln und Prozessabläufen) ▪ ggf. hohe Auslastung der Gesamtkapazität des Unternehmens	▪ Kernkompetenzen können unscharf werden ▪ Engagements auf verlustträchtigen Märkten ▪ hoher organisatorischer Aufwand (z. B. bei Planung, Kontrolle) ▪ nicht immer Ausnutzung der Kostendegression (mangels optimaler Losgrößen)
enges Produktionsprogramm	▪ Konzentration auf Kernkompetenzen ▪ leichtere Marktübersicht ▪ geringer Planungsaufwand ▪ Kostenvorteile, z. B. durch entsprechende Losgrößen und geringere Rüstkosten	▪ enger Markt ▪ erhöhte Abhängigkeit von Kunden und Lieferanten ▪ geringere Anpassungsmöglichkeiten bei Nachfrageverschiebungen
tiefes Produktionsprogramm	▪ Erfüllung vieler Kundenwünsche ▪ größere Unabhängigkeit von Lieferanten ▪ größeres Entscheidungsfeld beim Outsourcing ▪ direktes Steuern von Qualitäten und Mengen	▪ erhöhter Planungsaufwand bei Abstimmung der Fertigungsstufen ▪ ggf. erhöhte Lagerhaltung bei der Leistungserstellung ▪ hohe Kapazitäten bei Nachfragerückgängen
flaches Produktionsprogramm	▪ geringere Abstimmungsprobleme bei der Synchronisation der einzelnen Fertigungsstufen ▪ Nutzung von eigenen Spezialisierungsvorteilen ▪ klare Kernkompetenzen	▪ erhöhte Abhängigkeiten von Lieferanten (z. B. bei Terminen, Mengen und Qualitäten) ▪ verminderte Anpassungsmöglichkeiten bei Nachfrageänderungen

Beispiel für die Zusammensetzung eines Produktionsprogramms

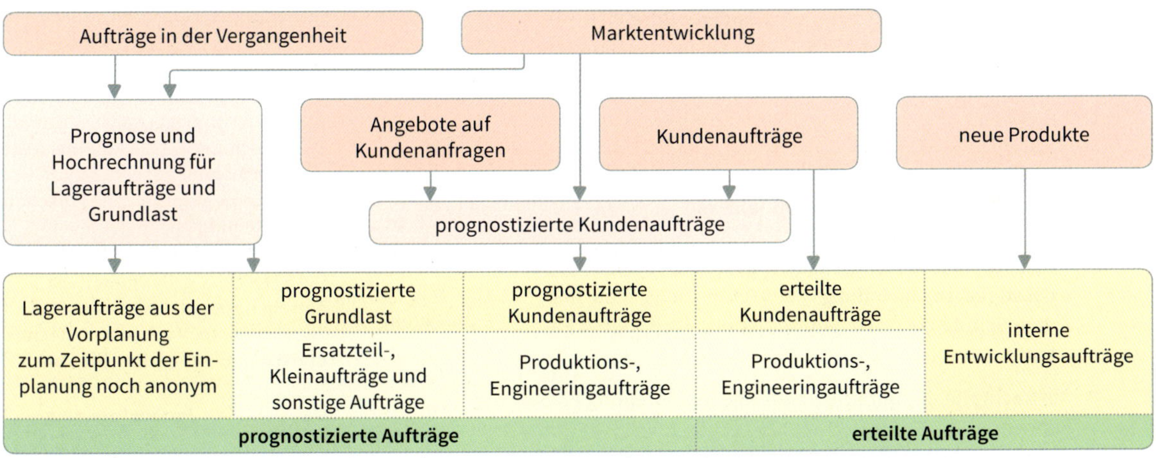

aus: Ebel, Bernd: Produktionswirtschaft, 9., vollständig überarbeitete Aufl., Kiehl Verlag Ludwigshafen 2009, S. 194

- Grundlage für die Zusammensetzung des Produktionsprogramms eines Unternehmens können die prognostizierten und erteilten Aufträge sein.
- Die **erteilten Aufträge** setzen sich aus konkreten Kundenaufträgen, die bei der Einplanung hohe Priorität genießen, und internen Entwicklungsaufträgen (z. B. für Neuentwicklungen oder für Nullserien) zusammen.
- Zu den **prognostizierten Aufträgen** gehören prognostizierte Kundenaufträge, die prognostizierte Grundlast und die Lageraufträge aus der Vorplanung.
- Die **prognostizierten Kundenaufträge** orientieren sich an dem vom Vertrieb erwarteten Absatz (Forecast).
- Standardteile, die auf Lager produziert werden, sollen als **Grundlast** oder **Füllaufträge** eine gleichmäßige Kapazitätsauslastung gewährleisten.
- Aufträge aus Vorplanungen werden oft nur bis zu einer bestimmten Vorproduktionsstufe ausgeführt. Die Aufträge werden vollendet, wenn ein konkreter Kundenauftrag vorliegt. Damit werden „Ladenhüter“ vermieden und kurze Lieferzeiten erreicht.

Produktentwicklung

Product development

Grundlagen

- Eine zentrale Frage bei der Produktionsprogrammplanung ist die **Dauer der Absetzbarkeit** von Erzeugnissen. Sie muss keineswegs mit der **technischen** oder der **wirtschaftlichen Lebensdauer** übereinstimmen (z. B. Kupferkabel oder Analog-Telefonapparate im Bereich der Telekommunikation). Außerdem kann sie von unternehmensinternen Entwicklungen (z. B. geänderte Unternehmensstrategie) oder unternehmensexternen Gegebenheiten (z. B. gesetzliche Verbote von Werkstoffen wie das krebserregende Asbest, geänderte Käuferwünsche, andere Wettbewerbssituation) abhängen.
- Da man – bis auf wenige Ausnahmen – von einer **begrenzten Lebensdauer** der Produkte am Markt ausgehen kann, ist eine regelmäßige Überprüfung des Produktprogramms notwendig.
- Jedes Produkt weist einen typischen Lebensweg vom Markteintritt bis zum Marktaustritt auf. Dieser **Produktlebenszyklus** (s. S. 418 f.) hat wesentliche Auswirkungen auf die Produktionswirtschaft (z. B. ist der Auslastungsgrad der Produktion in der Anfangsphase geringer) und die Anpassungsmaßnahmen des Unternehmens. Grundsätzlich ist zu entscheiden, ob Produkte **eliminiert**, bestehende Produkte **modifiziert** oder neue Produkte **entwickelt** werden sollen (s. Produktpolitik S. 418 f.).
- Von **Innovationen** im Bereich der Produkte spricht man nicht nur im Sinne technischer Neuerungen oder Erfindungen (die u. U. mit Veränderungen der Fertigungsverfahren und Fertigungsabläufe korrespondieren), sondern auch, wenn neue Produkt- und Leistungskonzepte verkauft werden.

Forschung und Entwicklung

- Durch **Forschung und Entwicklung (F&E)** werden die **Grundlagen** für neue Produkte und Produktionsverfahren geschaffen.
- F&E haben einen unterschiedlichen Stellenwert für Unternehmen, der in einem hohen Maß von der Branche, in der das Unternehmen tätig ist, abhängt. Bei hoher Bedeutsamkeit sind F&E als **eigenständiger Bereich** in die Unternehmen integriert (z. B. Pharmaindustrie, Biotechnologie).
- Die **Vorteile** einer eigenen F&E-Abteilung liegen in
  - der **Unabhängigkeit** von anderen Unternehmen und Institutionen,
  - der **flexiblen Konzentration** auf die eigenen Forschungsschwerpunkte,
  - dem **fehlenden** Veröffentlichungsdruck,
  - der **stärkeren Einbindung** in den Produktionsablauf und
  - dem **Schutz** der Forschungsergebnisse z. B. durch Patente.
- Als **Nachteile** der unternehmenseigenen Abteilung F&E können
  - eine **ungleichmäßige Auslastung** der F&E-Kapazitäten,
  - die **Abkopplung** von neuen Erkenntnissen (insbesondere, wenn keine Grundlagenforschung durchgeführt wird) und
  - eine gewisse **„Betriebsblindheit“** gesehen werden.
- Um die Kosten im Bereich F&E zu reduzieren, können F&E-Aktivitäten im Wege der **Vertrags- oder Auftragsforschung** extern vergeben werden oder **Kooperationen** im Sinne gemeinsamer Produktentwicklung (und auch -vermarktung) mit anderen Unternehmen durchgeführt werden.

Forschung

Forschung hat das Lösen von Grundproblemen zum Inhalt.

- **Grundlagenforschung**: Sie dient der grundsätzlichen Wissensvermehrung (z. B. durch Universitäten).
- **Angewandte Forschung**: Sie ist im Gegensatz zur Grundlagenforschung auf die kommerzielle Verwertbarkeit ausgerichtet (z. B. durch unternehmenseigene Forschungsabteilungen).

↓

Entwicklung

Die Entwicklung übernimmt die Forschungsergebnisse und wertet sie zweckgerichtet – vor allem in technischer und ökonomischer Hinsicht – aus.

- **Produktplanung**: Nach marktorientierten Gesichtspunkten werden Art, Funktionen und Einsatzgebiete festgelegt.
- **Produktkonkretisierung**: Unter Berücksichtigung der fertigungstechnischen Überlegungen wird das Produkt in allen Einzelheiten fixiert.

↓

Konstruktion

Die Aufgabe der Konstruktion ist die Gestaltung fertigungsreifer Produkte, die in einer Produktbeschreibung (z. B. Zeichnungen und Stücklisten) dokumentiert werden.

3545204

Phasen des Produktentstehungsprozesses

Konzeption	Produktplanung	Konstruktion	Fertigungsvorbereitung	Produktion
■ Marktanalyse ■ Wettbewerbsanalyse ■ Produktbeschreibung ■ grobe Terminplanung ■ Kostenschätzung	■ Produktfunktionen ■ Produktstruktur ■ Technologieplanung ■ Make-or-Buy ■ Lieferantenauswahl ■ Kosten- und Terminplanung	■ Zeichnungserstellung ■ Erstellung von Stammdaten und Stücklisten ■ Prototypenbau ■ Versuche	■ Fabriklayout ■ Materialflussplanung ■ Werkzeuge, Vorrichtungen ■ Verfahren- und Arbeitsanweisungen ■ Prozesssteuerungssoftware	■ Pilotserie ■ Lösung konstruktiver und fertigungstechnischer Detailfragen ■ Serienanlauf
→ Lastenheft	→ Pflichtenheft	→ Simultaneous Engineering		→ Pilotserie → Übergang zur Serienfertigung

← Qualitätsmanagement →

← Kostenplanung und entwicklungsbegleitende Kalkulation →

← Dokumentation →

← Projektmanagement und Controlling →

vgl.: Berning, Ralf: Grundlagen der Produktion, Cornelsen Berlin 2001, S. 39

- Die **Produktentwicklungszeit** ist ein wichtiges Kriterium für die Wettbewerbsfähigkeit eines Unternehmens, denn je später ein neues Produkt im Markt eingeführt wird, desto geringer ist die Zeit, in der der **Wettbewerbsvorteil** als einziger Anbieter genutzt werden kann.
- Die Entwicklung von neuen Produkten erfolgt traditionell arbeitsteilig zwischen den einzelnen Unternehmensbereichen (z. B. Forschung, Entwicklung, Konstruktion, Produktion, Marketing) mit den entsprechenden Reibungsverlusten (z. B. erhöhte Entwicklungszeit, unnötige Arbeiten). Deshalb ist zunehmend eine **teamorientierte und projektgesteuerte Produktentwicklung** zu beobachten.
- Der **Entstehungsprozess** eines Produktes erfolgt in verschiedenen Phasen, die sich überlagern. Am Ende jeder Phase ist der jeweilige **Entwicklungsstand** zu dokumentieren. Gleichzeitig sind im Rahmen des Projekt- und Qualitätsmanagements insbesondere Kosten, Qualität und zeitlicher Fortschritt permanent zu überprüfen, um rechtzeitig Änderungen im geplanten Projektablauf vornehmen zu können bzw. das Projekt zu beenden.
- Möglichst schon in der **Konzeptionsphase** werden die Kunden und wichtige Lieferanten in den Planungsprozess einbezogen, um das Entwicklungsrisiko zu minimieren und den Wettbewerbserfolg zu sichern.
- Das **Lastenheft** als Ergebnis der Konzeptionsphase umfasst die Kundenanforderungen an das zukünftige Produkt und beinhaltet eine grobe Einschätzung bezüglich Chancen und Risiken.
- Das Ergebnis der **Produktplanungsphase** ist das **Pflichtenheft**. Es enthält das Lastenheft und dokumentiert präzise Festlegungen, wie und wo die Anforderungen an das Produkt realisiert werden sollen (z. B. geforderte Produktfunktionen, Produktstruktur, genaue Leistungsdaten, Terminziele, einzuhaltende Kosten, zu beachtende Normen).
- Das **Pflichtenheft** ist die Grundlage, auf der in der **Konstruktionsphase** detaillierte Zeichnungen erstellt und Prototypen gefertigt werden, mit denen die Erfüllung der im Pflichtenheft fixierten Anforderungen in Tests so lange geprüft wird, bis ein akzeptables Konstruktionsergebnis vorliegt. Ein **Prototyp** entspricht den Funktionen und dem Aufbau des fertigen Produktes, wird jedoch bis zur Produktionsreife immer weiterentwickelt.
- Die **Fertigungsvorbereitung** bereitet den Prozessablauf in der Produktion vor. Dabei sind unter Umständen andere Fertigungsstrukturen zu konzipieren, Arbeitsanweisungen anzupassen, neue Werkzeuge zu testen oder eine neue Prozesssteuerungssoftware zu entwickeln.
- Der Entwicklungsprozess eines Produktes ist nicht immer mit der Fertigungsvorbereitung abgeschlossen, da mit Aufnahme der **Produktion** nicht immer alle Detailfragen gelöst sind. Häufig kann erst im Zeitablauf eine **Optimierung** des Produktes, der Fertigungstechnik und des Fertigungsablaufs erreicht werden. Daher wird versucht, eine frühzeitige Abstimmung durch die Fertigung von **Pilotserien** zu erreichen. Pilotserien (Nullserien) sind Losgrößen, die unter Serienbedingungen erprobt werden.

Produktentwicklung

Product development

Simultaneous Engineering

- Insbesondere in **funktional** gegliederten Unternehmen verläuft der Produktentwicklungsprozess **sequenziell**, indem die Entwicklungsarbeiten in den einzelnen Unternehmensbereichen überwiegend isoliert voneinander durchgeführt werden. Das führt durch fehlende Abstimmung zu **Reibungsverlusten** (Schnittstellenproblematik) und **verlängert die Entwicklungszeiten.**
- **Simultaneous Engineering** oder **Quality Engineering** versucht, durch **Parallelisierung der Aktivitäten** die Durchlaufzeiten zu verringern. Alle relevanten Unternehmensbereiche werden in den Entwicklungsprozess eingebunden, um mit interdisziplinärer Teamarbeit einen schnellen Wissenstransfer zu erreichen, Probleme frühzeitig zu erkennen und entsprechende Anpassungsmaßnahmen rechtzeitig durchzuführen.

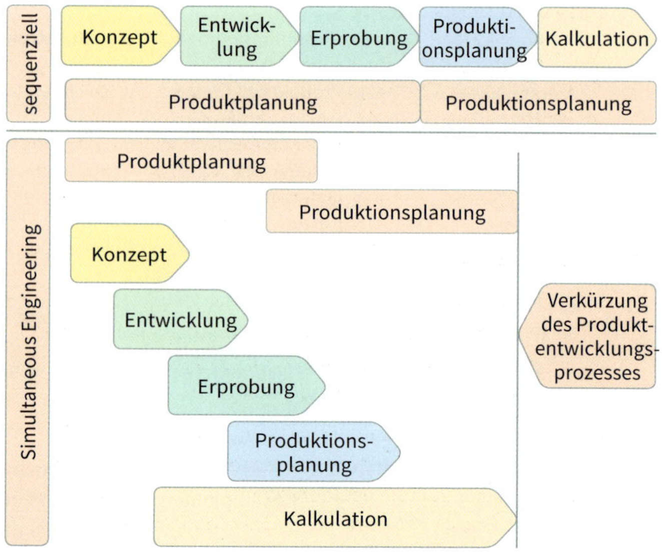

vgl.: Ebel, Bernd: Produktionswirtschaft, 9. vollständig überarbeitete Aufl., Kiehl Verlag Ludwigshafen 2009, S. 89

Produkteigenschaften

- Die Motivation der Produktentwicklung liegt in der Schaffung von Erzeugnissen, die – eine fertigungstechnische Realisierbarkeit durch das Unternehmen vorausgesetzt – einen **Wettbewerbsvorteil** zur Folge haben.
- Die vom **Kunden geforderten Produkteigenschaften** müssen deshalb bei der Produktentwicklung beachtet werden, da sie das Kaufverhalten wesentlich beeinflussen. Wichtige Produkteigenschaften aus Sicht des Käufers sind:

Produkteigenschaften

Preis

Der Preis ist ein wichtiges Verkaufsargument. Unter Beachtung der Wettbewerbssituation ist dem Kunden die Angemessenheit des Preises zu vermitteln.
Da die Produkte auch **Folgekosten** beim Käufer verursachen können (z. B. Betriebskosten eines Pkw), sind sie in einer ganzheitlichen Betrachtungsweise entsprechend zu berücksichtigen.

Zuverlässigkeit

Unter Zuverlässigkeit kann man die **uneingeschränkte Gebrauchsfähigkeit** des Produktes verstehen. Zuverlässigkeit und Lebensdauer stehen in einem engen Verhältnis.

Ästhetik

Die Ästhetik eines Produktes ist stark von den persönlichen Präferenzen des Käufers abhängig und bezieht sich auf die **äußere Gestaltung** des Produktes (z. B. Form, Farbe, Geschmack).

Gebrauchsnutzen

Der Gebrauchsnutzen ist ein zentrales Produktmerkmal und ein Maßstab, inwieweit das Produkt den Anforderungen des Kunden (z. B. nach einfacher Bedienung) entspricht.
Unter Umständen ist mit dem Produkt auch ein **Zusatznutzen** verbunden (z. B. Senfglas beim Senf, Navigationssystem beim Pkw).

Lebensdauer

Das Ende der Lebensdauer eines Produktes ist erreicht, wenn das Produkt **nicht mehr genutzt** wird (z. B. Modeartikel) oder nicht mehr genutzt werden kann (z. B. defekte Glühlampe).

Image

Die Zuverlässigkeit oder Lebensdauer eines Produktes kann erst am Ende der Lebensdauer genau ermittelt werden. Deshalb werden Ersatzkriterien beim Kauf der Produkte wie das **Leitbild** (Image) eines Herstellers (VW: Er läuft und läuft und läuft) bei der Kaufentscheidung herangezogen.

Qualitätsmanagement bei der Produktentwicklung

Aufgaben und Methoden

Aufgaben des **Qualitätsmanagements** (siehe S. 238) in der Phase der Produktentwicklung sind die **frühzeitige Einplanung** qualitätsbestimmender Merkmale und die Koordination qualitätsrelevanter Aktivitäten, sodass der Qualitätsplanung über den gesamten Entwicklungsprozess ein hoher Stellenwert zugeordnet wird.

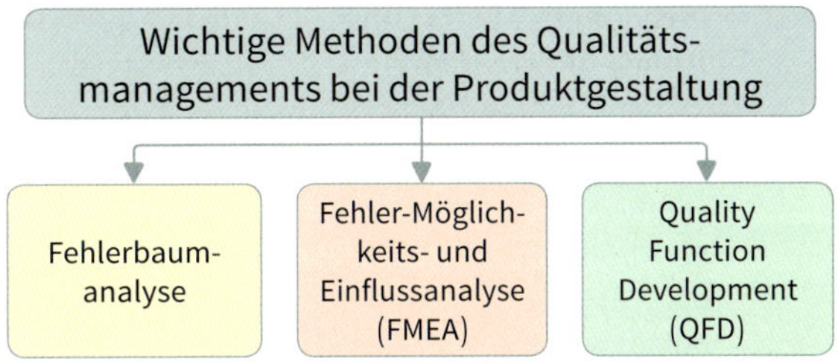

Fehlerbaumanalyse

- Die **Fehlerbaumanalyse** ist – neben der FMEA – eine weit verbreitete Methode des Qualitätsmanagements, die bei der Untersuchung von Produkten und Fertigungsvorgängen angewendet werden kann.
- Mithilfe der Fehlerbaumanalyse werden Zusammenhänge zwischen dem **Auftreten eines bestimmten Fehlers** und den daraus resultierenden Ereignissen mit den Folgen für das gesamte zu analysierende System grafisch mit genormten Bildzeichen dargestellt.
- Im Rahmen einer Sicherheits- und Zuverlässigkeitsanalyse wird mit der Fehlerbaumanalyse das Ziel verfolgt, möglichst **sichere Aussagen** über das Verhalten eines Systems zu erhalten, wenn ein bestimmter Fehler auftritt.
- Von einem bestimmten unerwünschten Ereignis ausgehend wird der Analysegegenstand in die **einzelnen Komponenten und Subsysteme zerlegt**; und so werden möglichst alle Ausfallkombinationen ermittelt, die ursächlich zu einem Systemausfall führen könnten. Man unterscheidet dabei zwischen Primärausfall (unter normalen Bedingungen), Sekundärausfall (bei unzulässigen Einsatzbedingungen) und Kommandoausfall (durch fehlerhafte Bedienungen).
- Die Fehlerbaumanalyse wird beendet, indem die **Eintrittswahrscheinlichkeiten** des Auftretens von Fehlern mit den gefundenen Zusammenhängen verknüpft werden. Damit ist eine quantitative Beurteilung bestimmter Konstellationen für entsprechende Gegensteuerungsmaßnahmen möglich.

Beispiel:

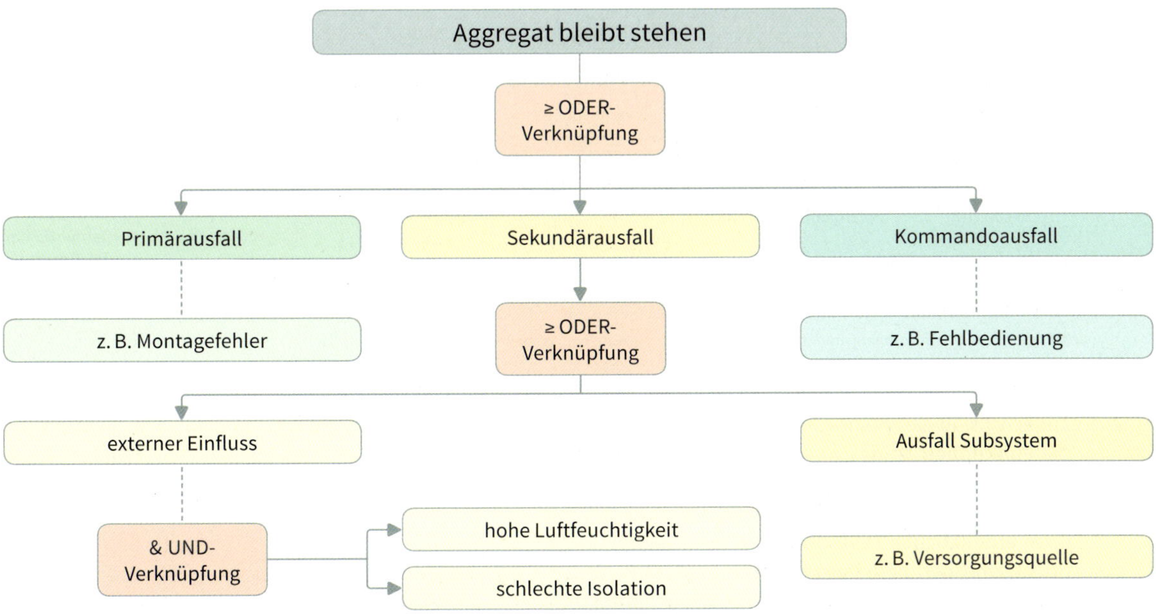

nach: Ebel, Bernd: Produktionswirtschaft, 9. vollständig überarbeitete Aufl., Kiehl Verlag Ludwigshafen 2009, S. 94

Qualitätsmanagement

Fehler-Möglichkeits- und Einflussanalyse (FMEA)

- Bei der **FMEA** handelt es sich um ein standardisiertes Verfahren zur **präventiven Qualitätssicherung**, bei dem frühzeitig potenzielle Fehler bei der Entwicklung eines neuen Produktes oder bei Fertigungsverfahren möglichst im Planungsstadium aufgedeckt werden sollen.
- Um möglichst alle Fehlerquellen zu erfassen, wird jedes **Bauteil** als mögliche Fehlerquelle angesehen.
- Formell werden die **System-FMEA „Produkt"** mit dem Analyseschwerpunkt Konstruktion und die **System-FMEA „Prozess"**, die auf Fehlermöglichkeiten aus Sicht der Fertigung bezieht, unterschieden.

5

- Vorgehensweise:

1 — **Aufteilung** des **Gesamtsystems** in einzelne **Teilsysteme** (z. B. Funktionsbereiche, Subsysteme, Baugruppen, Komponenten)

↓

2 — Ableitung möglicher Fehlfunktionen (mit Ursachen und Folgen) durch eine **Fehleranalyse**

↓

3 — **Risikobewertung** durch Zuordnung einer **Risikoprioritätszahl** RPZ für jede Fehlerursache

↓

4 — **Optimierung** des Gesamtsystems z. B. durch **Konzeptänderungen** oder **Erhöhung** der **Zuverlässigkeit** der **Teilkomponenten**

↓

Beispiel zur Durchführung einer FMEA für die Lichtmaschine eines Pkw:

	Fehler-Möglichkeits- und Einfluss-Analyse									Regel-Nr.:
	[X] System-FMEA-Produkt				[ ]		System-FMEA Prozess			Seite 1
Typ/Modell/Fertigung/Charge: 1990/03/X 13 [1]					Sach-Nr. 90-HF-A Änderungsstand: [1] A/369 437/KC		Verantw.: M. Schmitz [1] Firma			Abt. Technik [1] Datum:
System-Nr./Systemelement: [2] Funktion/Aufgabe: Antrieb Lichtmaschine Vorspannung für Keilriemen					Sach-Nr.: Änderungsstand:		Verantw.: Firma:			Abt.: Datum:
Fehler Nr.	Mögliche Fehlerfolgen [4]	B [8]	Mögliche Fehler [3]	Mögliche Fehlerursachen [5]	Vermeidungsmaßnahmen [6]	A [9]	Entdeckungsmaßnahmen [7]	E [10]	RPZ [11]	V/T
	Verstelllasche bricht; Lichtmaschine wird nicht angetrieben (lädt nicht)	6	Materialermüdung	Falsches Material benutzt		10	Zugversuch am Rohmaterial 1/Coil	1	60	
				Materialfehler (Verformrisse)		8	Prüfung 5 Teile/Stunde	2	96	Fertigungsprüfung

Legende:
A = Bewertungszahl für die Auftretenswahrscheinlichkeit – 1 (unwahrscheinlich) bis 10 (sehr hoch)
B = Bewertungszahl für die Bedeutung – 1 (keine Bedeutung) bis 10 (sehr hohe Bedeutung)
E = Bewertungszahl für die Entdeckungswahrscheinlichkeit – 1 (hoch) bis 10 (unwahrscheinlich)
V = Verantwortlicher
T = Termin für die Erledigung
Risikoprioritätszahl RPZ = A · B · E

nach: Pfeifer, Tilo: Qualitätsmanagement, 3. Aufl., Hanser Verlag München, Wien 2001, S. 401

- Zunächst sind die entsprechenden **Stammdaten** 1 und die **Funktionen** 2 des zu analysierenden Bauteils im oberen Bereich des Formblattes einzutragen.
- Die **möglichen Fehler** 3 (z. B. Materialermüdung) mit ihren **erdenklichen Fehlerfolgen** 4 (z. B. Verstelllasche bricht) und den **denkbaren Ursachen** 5 (z. B. Benutzung von falschem Material) sind möglichst umfassend einzutragen.
- Den Fehlermöglichkeiten sind **Vermeidungsmaßnahmen** 6 und **Entdeckungsmöglichkeiten** 7 (z. B. Zugversuch am Rohmaterial) zuzuordnen.
- Die **Risikobewertung** erfolgt für jeden Fehler durch Festlegung der Gewichtungen von 1 bis 10 für die **B**edeutung der Folgen (in Spalte **B**) 8, die **A**uftrittswahrscheinlichkeit des Fehlers (in Spalte **A**) 9 und die Wahrscheinlichkeit der **E**ntdeckung des Fehlers (in Spalte **E**) 10.
- Die Gewichtungen von 8 bis 10 sind zu einer **R**isiko**p**rioritäts**z**ahl durch Multiplikation zu verdichten (Spalte **RPZ**) 11, die im Bereich von 1 bis 1000 liegt. Die RPZ zeigt die Rangfolge der Fehlerursachen und die Dringlichkeit der Optimierung an.

Qualitätsmanagement

Quality Function Development (QFD)

- **QFD** ist eine **Planungsmethode**, bei der mittels formalisierter Dokumente möglichst die Gesamtheit der Kundenanforderungen für ein Produkt erfasst und bei der Produktrealisierung berücksichtigt wird.
- Es handelt sich um eine Vielzahl von Tabellen und Matrizen, die aufgrund ihrer Anordnung stilisiert ein Haus – **House of Quality** – bilden. Die Verbindung der einzelnen Tabellen und Matrizen erfolgt über Gewichtungen.

Beispiel: **Planungsschritte bei der Gestaltung eines elektrisch betriebenen Pkw-Außenspiegels**

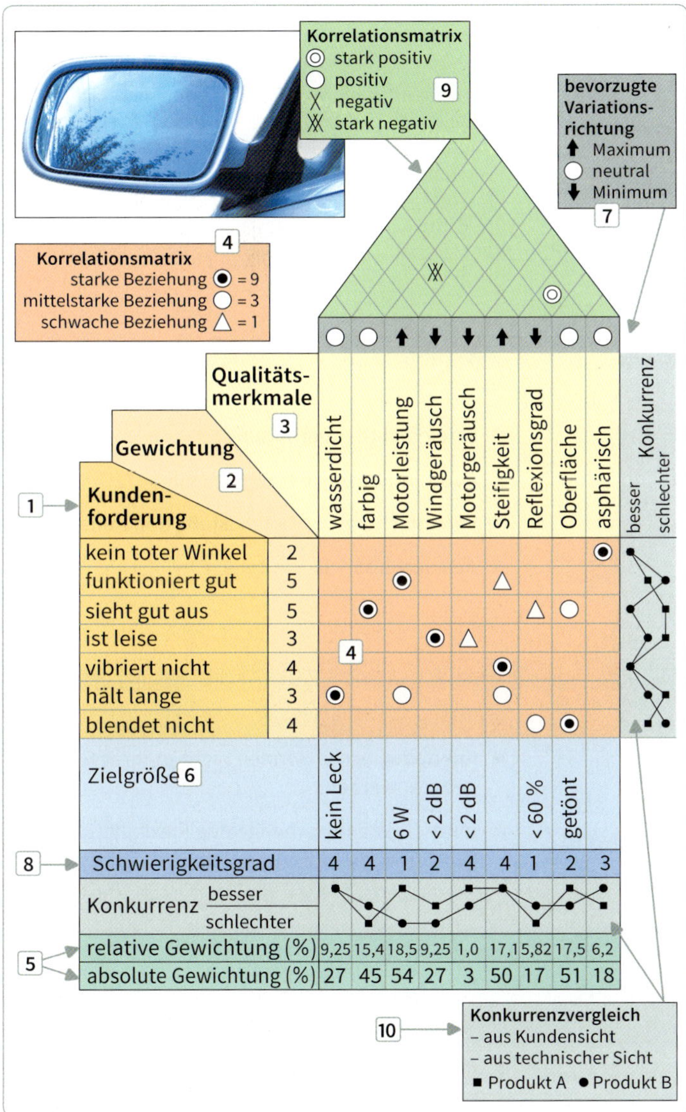

aus: Pfeifer, Tilo: Qualitätsmanagement, 3. Aufl., Hanser Verlag München, Wien 2001, S. 317

- Die **Kundenwünsche** werden ermittelt, in Kategorien 1 zusammengefasst und entsprechend ihrer Bedeutung für den Kunden gewichtet 2.
- Für die Kundenwünsche werden jeweilige Qualitätsmerkmale erstellt 3, die durch Symbole 4 miteinander verknüpft werden (**Korrelationsmatrix**).
- Der **Stellenwert** des Qualitätsmerkmals (z. B. farbig) kann mittels Multiplikation der Gewichtungen von Qualitätsmerkmal (z. B. farbig: ◉ = 9) und Kundenforderung (z. B. „sieht gut aus“ = 5) als absolute Gewichtung 5 (= 45) oder relative Gewichtung 5 (45 = 15,4 % von 292 = Summe aller Gewichtungen) angegeben werden. Bei mehreren Zuordnungen (z. B. Motorleistung) ist für die Errechnung der absoluten Gewichtung die Summe der einzelnen Gewichtungsprodukte (z. B. bei Motorleistung: 45 und 9 = 54) zu errechnen.
- Den Qualitätsmerkmalen werden **Zielgrößen** zugeordnet, die möglichst eindeutig messbar sind 6. Weiterhin sind die Variationsrichtung der Zielparameter festzulegen 7 (↑ bedeutet „je größer, desto besser“; ↓ „je kleiner, desto besser) und die technischen Umsetzungsschwierigkeiten zu schätzen 8.
- Durch die Korrelation 9 zwischen den einzelnen Qualitätsmerkmalen werden **Wechselwirkungen** untereinander dargestellt, die in stilisierter Form das Dach des **House of Quality** bilden.
- Schließlich ist das geplante eigene Produkt aus Sicht des Kunden (senkrecht) und in technischer Hinsicht (waagerecht) mit den Produkten der Wettbewerber 10 zu vergleichen.
- Eine **Fehlentwicklung** wird z. B. erkennbar, wenn das eigene Produkt im technischen Bereich Vorteile aufweist, in der Bewertung der Käufer jedoch deutlich schlechter abschneidet.

Überblick

- Die Produkte und die entsprechenden Einzelteile, aus denen das Produkt besteht, können in **unterschiedlichen Varianten** vorkommen.
- Da das Produktprogramm von unterschiedlichen Anforderungen abhängt, kann man eine **grundsätzliche Tendenz zur Teilevielfalt** unterstellen. Zum Beispiel können spezifische Kundenwünsche, regionale Eigenheiten, dynamische Märkte und ständige Produktpflege eine Ausdehnung der Variantenanzahl zu Folge haben. Das führt zu einem **schwer durchschaubaren Unternehmensgeschehen**, insbesondere im Kosten- und Verwaltungsbereich.
- Die Unternehmen reagieren auf die erhöhten Anforderungen in der betrieblichen Praxis mit **umfassenden Planungs- und Steuerungssystemen**, die frühzeitig die Kunden- und Lieferantenbeziehungen (s. z. B. Supply Chain Management, S. 94) berücksichtigen.
- Häufig besteht die Reaktion der Unternehmen in einer Reduzierung der Variantenvielfalt durch **Standardisierung**. Darunter versteht man die **Vereinfachung bzw. Vereinheitlichung** von Produkten, Einzelteilen oder Verfahren. Standards können sowohl auf Unternehmensebene als auch überbetrieblich gelten.

5

Standardisierung

Normung	Typung
Vereinheitlichung von Einzelteilen durch Festlegung von z. B. ■ Abmessung ■ Form ■ Farbe ■ Material ■ Qualität	Vereinheitlichung ganzer Produkte oder Aggregate durch Festlegung von z. B. ■ Art ■ Größe ■ Ausführung

Vorteile der Standardisierung

Beispiele:

- Zeiteinsparung bei der Montage
- Ausnutzung der Vorteile der Massenproduktion durch Verringerung der fixen Kosten pro Stück
- Erleichterung der Kalkulation
- Beschaffungsvorteile durch größere Mengen
- vereinfachte Lagerhaltung
- Automatisierung der Produktion
- Vereinfachung von Entwicklung und Konstruktion
- Austauschbarkeit der Teile

Nachteile der Standardisierung

Beispiele:

- hohe Kosten für Sonderwünsche
- Gefahr der Uniformierung
- Abhängigkeiten, wenn genormte Teile nicht selbst hergestellt werden
- Kundenwünsche können nicht in ihrer Gesamtheit abgedeckt werden
- unter Umständen mangelnde Flexibilität, wenn sich die Kundenwünsche ändern

Normung

Normenumfang

Reichweite von Normen

Grundnormen	Fachnormen	Fachgrundnormen
■ haben allgemeine und grundlegende Bedeutung ■ bilden die Grundlage für andere Normen	■ beziehen sich auf ein bestimmtes Fachgebiet ■ bilden die Grundlage für andere Normen	■ stellen Grundnormen für ein bestimmtes Fachgebiet ■ können auch Grundnormen für andere Fachgebiete sein

Standardisierung von Produkten *Standardization of products*

Normung

Geltungsbereiche

- **Internationale Normen** werden von mehreren Organisationen entwickelt und verfolgen den Zweck, den Austausch von Gütern und Dienstleistungen zu fördern. Die **International Organization for Standardization (ISO)** mit Sitz in Genf als bedeutendste Organisation erarbeitet Empfehlungen, die durch Übernahme von den jeweiligen nationalen Normenausschüssen Gültigkeit für die einzelnen Länder erlangen.
- Das **Deutsche Institut für Normung (DIN)** ist für die **nationalen Normen** der Bundesrepublik zuständig und vertritt die deutschen Interessen in den internationalen Normengremien. Die DIN-Normen sind grundsätzlich Empfehlungen, die aber durch Übernahme in Gesetze und Verordnungen oder durch Einarbeitung in Verträge zwingenden Charakter erhalten.
- Neben den DIN-Normen gibt es noch **Verbandsnormen**. Darunter versteht man Richtlinien und Vorschriften, die für die jeweiligen Verbände und Vereine entwickelt wurden und Normencharakter haben; z. B. Verband Deutscher Ingenieure (VDI).
- **Werksnormen** beziehen sich auf bestimmte Unternehmen und haben somit den engsten Geltungsbereich. Man unterscheidet die aus DIN-Normen **abgeleiteten Werksnormen** und **die ursprünglichen Werksnormen**, die eigenständig von dem Unternehmen – ohne Grundlage einer DIN-Norm – entwickelt wurden.

Beispiele für Inhalte von Normen nach DIN 820

Norm	Inhalt
Abmessungsnorm	Norm, die Maße für Abmessungen, Maßtoleranzen und zulässige Abweichungen festlegt
Gütenorm	Norm, die Anforderungen an die Qualität von Erzeugnissen festlegt
Konstruktionsnorm	Norm, die konstruktive Gesichtspunkte und Einzelheiten für technische Erzeugnisse oder ihre Teile festlegt
Liefernorm	Norm, die im Wesentlichen technische Grundlagen für Vereinbarungen von Lieferungen festlegt
Planungsnorm	Norm, die Baugrundsätze und Grundlagen für Entwurf, Berechnung, Aufbau und Funktion von Erzeugnissen festlegt
Prüfnorm	Norm, die Untersuchungs-, Prüf- und Messverfahren für technische und wissenschaftliche Zwecke zum Nachweis zugesicherter und erwarteter Eigenschaften von Stoffen oder von technischen Erzeugnissen festlegt
Sicherheitsnorm	Norm, die Regeln, Verfahren, Einrichtungen festlegt, die der Sicherheit und dem Schutz von Leben und Gesundheit sowie von Sachwerten dienen

nach: Ebel, Bernd: Produktionswirtschaft, 8., völlig neue Aufl., Kiehl Verlag Ludwigshafen 2003, S. 157 f.

Typung

Typung

überbetriebliche Typung

Zum Beispiel durch …
- Kooperation mit Unternehmen, die das gleiche Produktangebot haben,
- Zusammenarbeit mit Verbänden,
- Forderungen von Großabnehmern (mit entsprechender Marktmacht),
- staatliche Vorschriften, die allerdings in freiheitlichen Systemen nur in Ausnahmefällen (Krisen, Krieg) möglich sind.

innerbetriebliche Typung

Zum Beispiel durch …
- ein **Baukastensystem** (Module), bei dem durch die verschiedene Kombination gleicher Bauelemente unterschiedliche Produkte gefertigt werden,
- ein **Baukastenmischsystem**, bei dem außer den Bauteilen noch andere Elemente (Nichtbausteine) in das Produkt eingehen (Möbelbau),
- **Bildung von Teilefamilien**, bei denen formähnliche Gegenstände zu einzelnen Gruppen (= Familien) zusammengefasst werden.

Rechtsschutz von Produkten

Protection of inventions

Allgemeiner Überblick

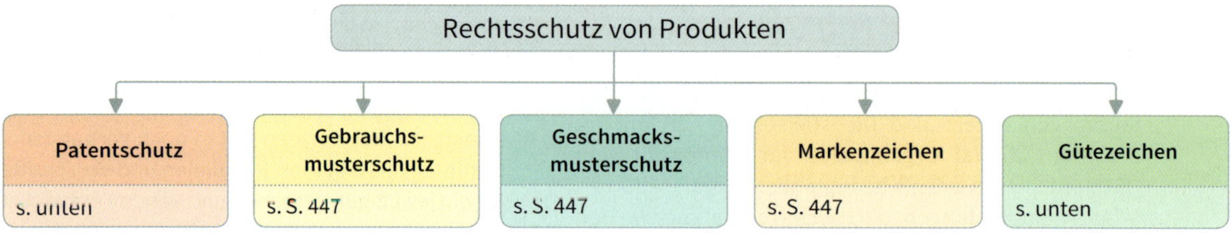

Patent

- Durch ein **Patent** werden **neuartige Produkte oder Produktionsverfahren** geschützt. Ein Patent kann erteilt werden, wenn die Erfindung den Stand der Technik deutlich verbessert, neu und öffentlich noch unbekannt sowie gewerblich verwertbar ist.
- Der Schutz ist für jeden Wirtschaftsraum oder für jedes Land **getrennt** zu beantragen und ist kostenpflichtig.
- Der Patentinhaber hat durch das Patent gewissermaßen ein **Exklusivrecht zur Nutzung** seiner Erfindung. Durch eine **Lizenz** kann das Verwertungsrecht eines registrierten Schutzrechtes erworben werden. Die Lizenz kann exklusiv nur einem oder mehreren Lizenznehmern überlassen sowie unbeschränkt oder beschränkt (z. B. auf ein Gebiet oder für eine bestimmte Zeit) vergeben werden.

Gütezeichen

- **Gütezeichen** sind Wort- und Bildzeichen sowie Wort-Bild-Zusammenstellungen, die **zur Unterscheidung von anderen Produkten** nach betrieblicher oder geografischer Herkunft, ihrer Art, Qualität oder sonstigen Eigenschaften dienen.
- Sie werden als **Kollektivmarken** von rechtsfähigen Verbänden geschaffen und beruhen in der Regel auf **freiwilligen Vereinbarungen**.
- Die Unternehmen, die das Gütesiegel führen, garantieren die Einhaltung der vereinbarten Produktmerkmale. Daher werden Gütezeichen mit einem **bestimmten Qualitätsstandard verbunden**.
- Bekannte Gütezeichen sind z. B.
  - das Prüfzeichen des **TÜV** (Technischer Überwachungsverein e. V.) oder
  - das **DLG**-Gütezeichen (Deutsche Landwirtschaftsgesellschaft).

Rechtsschutz von Arbeitnehmererfindungen

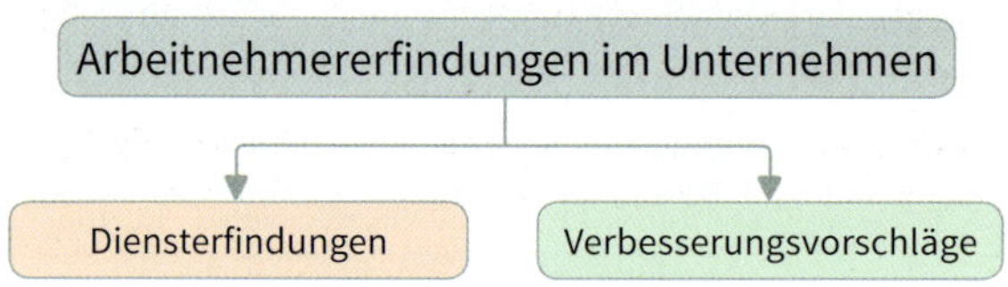

- Unter einer **Diensterfindung** versteht man patent- oder gebrauchsmusterfähige Erfindungen durch Arbeitnehmer während der Dauer ihrer Arbeitsverhältnisse. Die Erfindungen müssen **maßgeblich** aus den Erfahrungen des Betriebes oder aus dem Tätigkeitsbereichs der Arbeitnehmer generiert werden, wobei es unerheblich ist, ob die Erfindungen in der Arbeits- oder Freizeit getätigt wurden.
- Der Arbeitgeber hat ein **Optionsrecht** von vier Monaten zur uneingeschränkten Nutzung der Erfindung. Er muss dem Arbeitnehmer gegenüber eine entsprechende Willenserklärung abgeben und eine **angemessene Erfindervergütung** gewähren.
- Viele Unternehmen nutzen das Potenzial ihrer Mitarbeiter durch das **innerbetriebliche Vorschlagswesen**. Bei den **Verbesserungsvorschlägen** handelt es sich um besondere Mitarbeiterleistungen, die nicht die Merkmale einer gesetzlich schützenswerten Erfindung aufweisen und von innerbetrieblicher Bedeutung sind. Sie beziehen sich z. B. auf Arbeitsabläufe und Produkte und führen zur Weiterentwicklung eines gegebenen Zustandes.
- Der Arbeitgeber hat dem Arbeitnehmer für geeignete Verbesserungsvorschläge **eine Vergütung zu zahlen**, deren Grundsätze z. B. in Tarifverträgen oder in Betriebsvereinbarungen festgelegt sind.

Produktionsverfahren

Production process

Einteilung von Produktionsverfahren

Die wirtschaftliche Durchführung der Produktions- oder Fertigungsprozesse vollzieht sich in unterschiedlichen Produktionssystemen, bei denen die Arbeitsplätze und Betriebsmittel in sinnvoller Art und Weise angeordnet werden. Die Struktur dieser Produktionssysteme wird als **Produktionsverfahren** bezeichnet, das nach unterschiedlichen **Kriterien** eingeteilt werden kann, die jedoch nicht überschneidungsfrei sind.

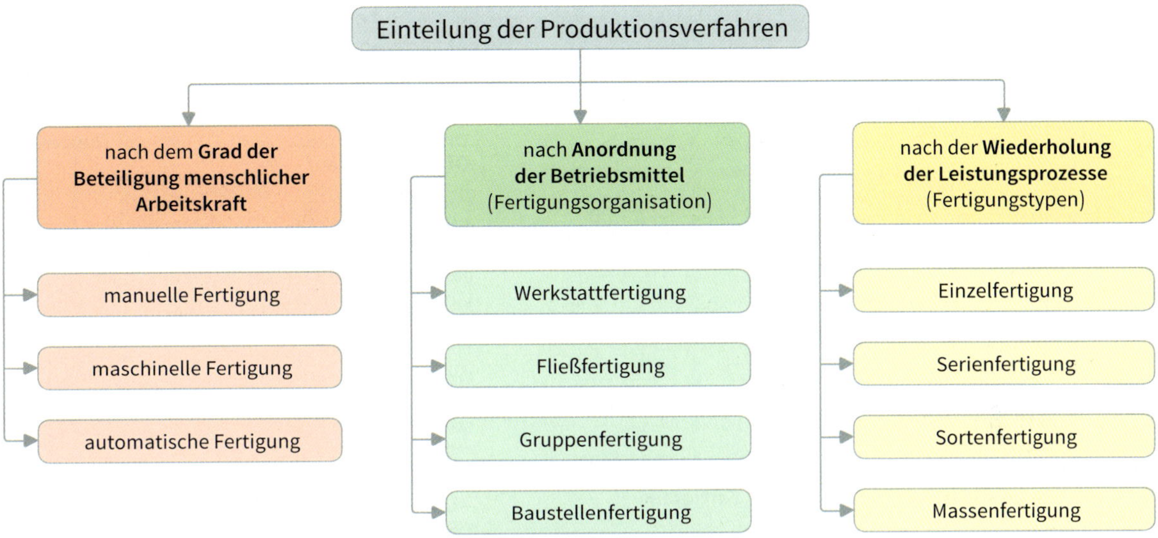

Produktionstypen nach der Beteiligung menschlicher Arbeitskraft

- Von **manueller Produktion** spricht man, wenn bei der Leistungserstellung **keine Maschinen** eingesetzt werden und die Arbeiten mithilfe einfacher Werkzeuge (z. B. Hammer) durchgeführt werden. Diese Form der Fertigung ist im Bereich des Handwerks (z. B. Installationsbetriebe) anzutreffen, im industriellen Bereich kaum (allenfalls bei Reparaturbetrieben).
- Bei der **maschinellen Produktion** werden im Herstellungsprozess fremdgetriebene Maschinen eingesetzt, wobei die Steuerung der Maschinen durch die Menschen erfolgt. Die maschinelle Produktion wird auch als **mechanisierte Produktion** bezeichnet.
- Die **automatische Produktion** ist durch die selbstständige (Computer-)Steuerung der Maschinen gekennzeichnet. Man unterscheidet die **vollautomatische Fertigung,** bei der der Mensch nur noch eine überwachende Funktion hat, von der **halbautomatischen Fertigung,** bei der z. B. die Bestückung der Maschinen und die Entnahme der Werkstücke manuell vorgenommen werden.

Man unterscheidet bei der automatischen Produktion

- **Bearbeitungszentren**, bei denen es sich um Maschinen handelt, die durch automatische Wechselsysteme ähnliche Bearbeitungsschritte an einem Werkstück durchführen können (z. B. eine Drehmaschine kann direkt hintereinander Dreh-, Bohr- und Schleifarbeiten durchführen),
- **flexible Fertigungszellen**, die mehrere Werkzeugmaschinen mit Wechseleinrichtungen für Werkstücke und Werkzeuge zusammenfassen,
- **flexible Fertigungssysteme**, die mehrere Bearbeitungsstationen mit den dazugehörenden Lager- und Transporteinrichtungen umfassen und auch eine weitgehende Komplettbearbeitung von Montageteilen zulassen, und
- **flexible Fertigungsstraßen**, bei denen mehrere Maschinen über ein automatisiertes Transportsystem angesteuert werden und die Bearbeitung und Weitergabe der Werkstücke taktgebunden sind.

Produktionsverfahren nach der Anordnung der Betriebsmittel

Werkstattfertigung

Von **Werkstattfertigung** spricht man, wenn die Maschinen für die Be- oder Verarbeitung bzw. Herstellung der Produkte an einem Ort, der Werkstatt, zusammengefasst sind (**Verrichtungsprinzip**). Die gesamte Fertigung kann in einer oder in mehreren Werkstätten (**Werkstättenfertigung**) stattfinden.

Organisation nach Verrichtungsart

Betriebsmittel gleichartiger Verrichtung werden räumlich in einer Werkstatt zusammengefasst.

Objekte werden je nach Bearbeitungsfolge innerhalb und außerhalb der Werkstätten **losweise** transportiert.

Anwendungsfälle:
- Maschinenbau
- Schienenfahrzeugbau
- Textilindustrie

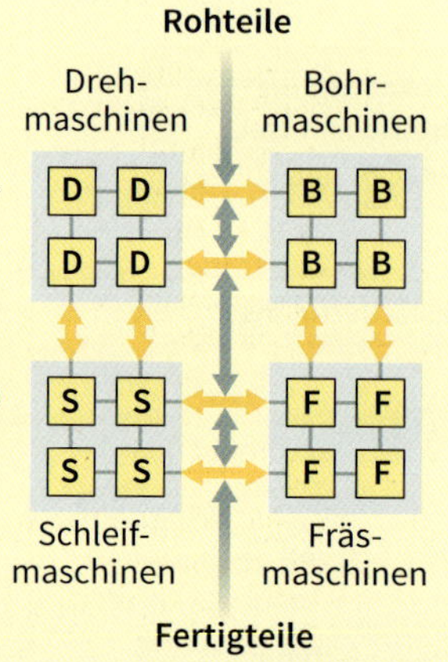

nach: Disterer, Georg u.a.: Taschenbuch der Wirtschaftsinformatik, 2., neu bearbeitete Aufl., Leipziger Fachverlag im Hause Hanser München, Wien 2003, S. 114

- Die Werkstattfertigung wird bei **uneinheitlicher Bearbeitungsweise** (häufiger Produktwechsel) angewendet. Sie eignet sich daher für die auftragsorientierte Produktion.
- Die möglichst flexibel einsetzbaren **Universalmaschinen** verlangen eine vergleichsweise **hohe Berufsqualifikation** der Mitarbeiter.
- Die Vorteile der Werkstattfertigung liegen in einer **relativ hohen Anpassungsfähigkeit** bei Störungen im Betriebsablauf (Ausfall von Maschinen, Engpässen bei Material und Personal) oder bei Änderung der Kundenwünsche, **größeren Handlungsspielräumen** der Arbeitskräfte und einer relativen **geringen Kapitalbindung** durch die Maschinen.
- Nachteilig wirken sich längere **innerbetriebliche Transportwege** zwischen den Werkstätten bzw. Maschinen, damit verbunden **längere Durchlaufzeiten**, entsprechende **Zwischenlagerungen**, ungleichmäßige **Kapazitätsauslastungen** und eine vergleichsweise **schwierige Fertigungsplanung** aus.

Fließfertigung

Bei der **Fließfertigung** richtet sich die Anordnung der Maschinen und der Arbeitsplätze nach der technisch **erforderlichen Bearbeitungsreihenfolge** (**Prozessprinzip**). Die Reihenfolge der Bearbeitung ist in der Regel immer gleich, sodass eine **hohe Fertigungsmenge** und ein **kontinuierlicher Fertigungsfluss** mit verringerten Durchlaufzeiten ermöglicht werden.

Organisation nach Objektdurchlauf

Betriebsmittel zur Fertigung eine Teileart werden arbeitsvorgangsweise in einer Linie aufgestellt und oft verkettet (Transferstraße, Fließband).

Objekte fließen in der Linie zwangsläufig **stückweise** in einem meist festen **Zeittakt**.

Anwendungsfälle:
- Lebensmittelindustrie
- Elektronikindustrie
- Personenfahrzeugbau

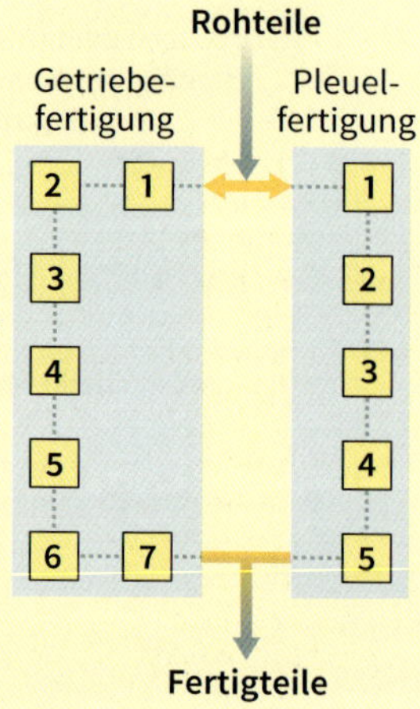

nach: Disterer, Georg u. a.: Taschenbuch der Wirtschaftsinformatik, 2., neu bearbeitete Aufl., Leipziger Fachverlag im Hause Hanser München, Wien 2003, S. 115

- Bei den Maschinen handelt es sich um überwiegend hochproduktive **Spezialmaschinen**, die allenfalls Varianten der Produkte zulassen und **keine hohen Anforderungen** an das Bedienungspersonal stellen. Durch den standardisierten Produktionsablauf treten gleiche Tätigkeiten für das Personal auf, die einerseits zu einer Professionalisierung der Arbeit, andererseits aber auch zu Monotonie führen. Bei Vollautomation wird kein Personal benötigt.
- Durch die Fixkostendegression (s. S. 169) ist die Fließfertigung ein **kostengünstiges Produktionsverfahren**. Allerdings ist mit den Spezialmaschinen und dem relativ hohen Fixkostenblock eine **geringere Flexibilität** bei Störungen im Produktionsablauf und bei Absatzverlagerungen verbunden.
- Man unterscheidet **Reihenfertigung**, bei der die Bearbeitungsstationen ohne zeitlichen Ablaufzwang angesteuert und unterschiedliche Bearbeitungszeiten mit Pufferlagerung ausgeglichen werden, und **Fließbandfertigung**, bei der der Produktionsprozess in einzelne, zeitlich gleiche Arbeitsschritte (**Taktzeit**) aufgeteilt ist.

Produktionsverfahren nach der Anordnung der Betriebsmittel

Gruppenfertigung

Die **Gruppenfertigung** ist dadurch gekennzeichnet, dass innerhalb der Fließfertigung die zur Herstellung ähnlicher Produkte notwendigen Arbeitsplätze und Maschinen organisatorisch (**Funktionsgruppen, Fertigungsinseln**) zusammengefasst werden. Einzelne Baugruppen oder vollständige Produkte werden an einem Ort hergestellt.

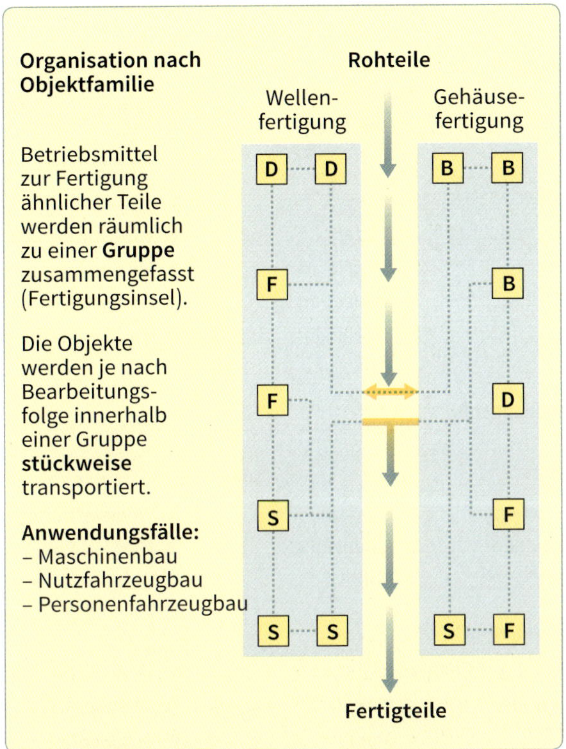

nach: Disterer, Georg u.a.: Taschenbuch der Wirtschaftsinformatik, 2., neu bearbeitete Aufl., Leipziger Fachverlag im Hause Hanser München, Wien 2003, S. 114

- Die Bearbeitung erfolgt durch die Mitarbeitergruppen **relativ taktungebunden** und **weitgehend selbstgesteuert**. Damit wird das Einsatzspektrum und die Verantwortung der einzelnen Gruppenmitglieder gesteigert.
- Bei der Gruppenfertigung handelt es sich um einen **Kompromiss** zwischen der Werkstatt- und der Fließfertigung, da innerhalb der Funktionsgruppen die Arbeitsplätze und Maschinen in der Reihenfolge der Bearbeitung angeordnet sind.
- Durch die **Vermeidung der strengen Arbeitsteilung** wird versucht, die Flexibilität des Gesamtsystems zu erhöhen, die Durchlaufzeiten zu verringern, den Produktionsablauf übersichtlicher zu gestalten und die sozialen Bindungen der Mitarbeiter zu verbessern.

Baustellenfertigung

Während bei den vorangegangenen Produktionsverfahren das Werkstück zu den Bearbeitungsaggregaten und Arbeitsplätzen transportiert werden musste, ist es bei der **Baustellenfertigung** umgekehrt.

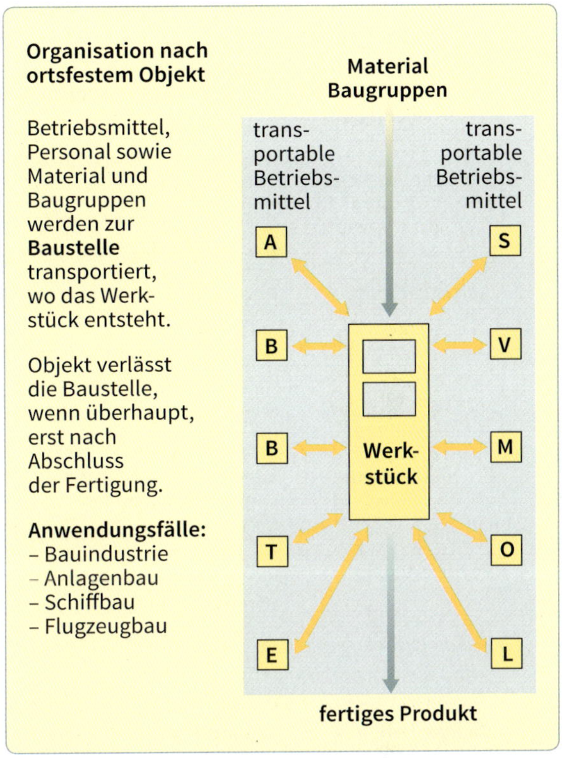

nach: Disterer, Georg u.a.: Taschenbuch der Wirtschaftsinformatik, 2., neu bearbeitete Aufl., Leipziger Fachverlag im Hause Hanser München, Wien 2003, S. 113

- Die Baustellenfertigung kommt nur für bestimmte auftragsgebundene Herstellungsprozesse – überwiegend im Rahmen der Einzelfertigung – infrage, da der Arbeitsgegenstand aufgrund seiner Eigenheiten (z. B. Größe, Gewicht) **örtlich gebunden** ist.
- Besondere **Problembereiche** sind in der Einrichtung der Baustellen, der Abstimmung des Material- und Betriebsmittelflusses sowie der Planung des Produktionsablaufs zu sehen.
- Da die Betriebsmittel **nach Produktionsfortschritt wechseln**, sind die Maschinen oft mehrfach vorhanden, wobei eine volle Auslastung selten erreicht wird.
- Beim Straßenbau spricht man von der **Fertigung nach dem Wanderprinzip**, da die Arbeitsplätze und die Betriebsmittel dem Arbeitsgegenstand folgen.

5

Einteilung nach der Wiederholung der Leistungsprozesse

Produktionstyp	Kennzeichen	*Beispiele*	Organisation
Einzelfertigung	▪ Herstellung von **Einzelstücken** ▪ individuelle Fertigung ▪ i. d. R. **auftragsgebunden** ▪ Fertigung zeitlich **sukzessiv** (nacheinander) oder **simultan** (gleichzeitig)	▪ sukzessive Einzelfertigung: Schiffsbau, Hochbau ▪ simultane Einzelfertigung: Aufzüge, Hochöfen	▪ Baustellenfertigung ▪ Werkstattfertigung
Serienfertigung	▪ **gleiche Produkte** innerhalb einer Serie (festgelegte Produktionsmenge) ▪ Herstellung **verschiedener** Produktarten ▪ **erhebliche Unterschiede** zwischen den Produktarten ▪ Fertigung in Klein- und Großserien ▪ erhebliche Umrüstkosten bei Serienwechsel	▪ Großserie: Fahrzeugbau, Elektrogeräte ▪ Kleinserie: Sportwagen, Werkzeugmaschinen	▪ Werkstattfertigung ▪ Fließfertigung ▪ Gruppenfertigung
Sortenfertigung	▪ **verschiedene Ausprägungen** einer Produktart (= Sorte) ▪ Unterscheidung der Produkte in Form, Farbe, Abmessungen, Qualität ▪ gleiche Ausgangsmaterialien ▪ Fertigung parallel auf verschiedenen Maschinen oder zeitlich nacheinander auf den gleichen Maschinen ▪ geringe Umrüstkosten bei den Maschinen	▪ Kerzen ▪ Schokolade ▪ Schrauben ▪ Kleidung	▪ Werkstattfertigung ▪ Fließfertigung ▪ Gruppenfertigung
Partiefertigung	▪ **Sonderform** der Serien-/Sortenfertigung ▪ Unterschiedlichkeiten bei den Produkten durch **Unterschiede im Ausgangsmaterial** (i. d. R. naturnahe Rohstoffe) ▪ Partie = einheitliche Menge von Rohmaterial	▪ Zigarren ▪ Baumwolle ▪ Holz ▪ Felle	▪ Werkstattfertigung ▪ Fließfertigung ▪ Gruppenfertigung
Chargenfertigung	▪ **Sonderform** der Serien-/Sortenfertigung ▪ Verschiedenartigkeit der Produkte durch **verschiedene Ausgangsbedingungen** und **unvollkommen beherrschbare Produktionsprozesse** ▪ Charge = Füllmenge eines Behälters für einen Produktionsvorgang	▪ Brot ▪ Bier ▪ Stahl ▪ Lack ▪ Fliesen ▪ Arzneimittel	▪ Werkstattfertigung ▪ Fließfertigung ▪ Gruppenfertigung
Massenfertigung	▪ Herstellung gleicher Produkte in **„unbegrenzter Anzahl"** ▪ i. d. R. Produktion für den **anonymen Markt** ▪ **einfache** Massenfertigung (Herstellung eines Produktes ohne Variation) und **mehrfache** Massenfertigung (Fertigung mit Variationen) ▪ **weitgehend automatisierte** Herstellung	▪ einfache Massenfertigung: Strom ▪ mehrfache Massenfertigung: Glühlampen, Flaschen, Lebensmittel	▪ Fließfertigung

Fertigungsarten

Man kann davon ausgehen, dass aufgrund der Fixkostendegression (s. S. 169) eine Tendenz zu großen Produktionsmengen besteht. Das, was produziert wird, soll auch möglichst schnell abgesetzt werden (z. B. Lagerkostenproblematik). Dieses Spannungsfeld schlägt sich in den drei grundsätzlichen Fertigungsarten nieder:

Fertigungsarten	Beschreibung	Konsequenzen und Einsatzgebiete
Lagerfertigung	Das Unternehmen **prognostiziert** für einen gegebenen Zeitraum den Absatz und legt auf dieser Grundlage das Produktionsprogramm fest. Sie beginnt mit der Produktion, auch wenn noch keine Aufträge vorliegen. Die gefertigten Produkte werden **gelagert** und die Kundenaufträge aus diesem Absatzlager ausgeführt. **Korrekturen im Produktionsbereich** sind dann nötig, wenn der Absatzverlauf nicht den Erwartungen entspricht.	Die Lagerfertigung setzt voraus, dass die Produktnachfrage **möglichst genau und periodengerecht** vorhersagbar ist. Da die Ausführung der Kundenaufträge überwiegend aus Lagerbeständen erfolgt, ist eine sorgfältige **Bestandsüberwachung** und eine genaue und schnelle **Kundenauftragserfassung** nötig. Die Lagerfertigung wird z. B. bei Gütern der **Massenfertigung** eingesetzt.
Auftragsfertigung	Das Unternehmen bemüht sich konsequent um Kundenaufträge, die erst dann Auswirkungen im Produktionsbereich haben, wenn sich die Kundenbeziehungen in **konkrete Bestellungen** entwickelt haben. Der Auftragseingang ist dann das **produktionsauslösende** Ereignis, wobei unter Umständen die Produkte noch **entwickelt und konstruiert** werden müssen.	Die Sicherheit im Absatzbereich konkurriert mit der Sicherstellung kurzer Produktions- und Lieferzeiten. Durch Parallelisierung von Produkt- und Produktionsplanung bietet sich hierbei **Simultaneous Engineering** (s. S. 206) an. Diese Fertigungsart ist z. B. häufig im Schiff- **und Anlagenbau** vorzufinden.
Programmfertigung	Hier werden die Lagerfertigung und die Auftragsfertigung so verknüpft, dass universell einsetzbare **Standardteile** auf Lager gefertigt werden und **auftragsabhängige Teile** erst bei Bestellungseingang.	Diese **Mischform** kommt in den unterschiedlichsten Ausprägungen vor und wird in den Bereichen eingesetzt, in denen stark differierende Kundenwünsche zu berücksichtigen sind (z. B. **Automobilindustrie**).

Optimale Losgröße

- Die Bildung **wirtschaftlicher Losgrößen** tritt vor allem bei der Serien- und Sortenfertigung auf.
- Unter einem **Los** wird die Menge eines Produktes verstanden, die ohne Unterbrechung durch die Fertigung eines anderen Produktes hergestellt wird.
- Die Festlegung der optimalen Größe des Fertigungsloses orientiert sich am Ziel der **Reduzierung der Produktionskosten**. Die Rüst- und die Lagerkosten sind hierbei die wichtigsten Kosten, die zu betrachten sind.
- Die Maschinen müssen beim Wechsel der Produktart umgestellt werden. Es entstehen **Umrüstkosten** z. B. durch Werkzeug- und Vorrichtungswechsel, Reinigung, Programmieren von Maschinen. Zu berücksichtigen sind auch die durch den Produktionsausfall entstehenden Kosten in Form entgangener Gewinne (Opportunitätskosten). Weiterhin entstehen Anlaufkosten wie erhöhter Ausschuss oder Aufwand für Justierarbeiten. Die Umrüst- und **Anlaufkosten** lassen sich zu einem Kostenblock (**Rüstkosten**) zusammenfassen, wenn die Anlaufphase vor Produktionsbeginn beendet ist. Da die Rüstkosten bei jeder Umstellung anfallen, kann man sie auch als **auflagefixe Kosten** bezeichnen. Je niedriger die Anzahl der Umrüstungen, desto größer ist die Produktionsmenge und desto niedriger sind die auflagefixen Kosten pro Stück (**Auflagendegression**).
- Die Tendenz zu großen Fertigungslosen wird durch das Ansteigen der Lagerkosten begrenzt. Mit der Lagerung entstehen **Lagerhaltungskosten** (wie z. B. Versicherung der Produkte, Kosten für Qualitätseinbußen), die abhängig von den eingelagerten Mengen bzw. von deren Wert sind, und **Zinskosten** für das gebundene Kapital. Die Lager- und Zinskosten werden zu einem Kostenblock (**Lagerkosten**) zusammengefasst und verhalten sich **auflageproportional**.
- Die **optimale Losgröße** ist die Fertigungsmenge, bei der die Gesamtkosten als Summe aus auflagefixen (Rüstkosten) und auflageproportionalen Kosten (Lagerkosten) ein **Minimum** erreichen.
- Den hier geschilderten Zusammenhängen liegen aber **einengende** Bedingungen zugrunde, z. B.:
  - bekannter Jahresbedarf,
  - konstante Lagerkosten und Fertigungskapazitäten,
  - gleichbleibende Losgrößen,
  - beliebig wählbare Losauflagezeitpunkte,
  - linearer und kontinuierlicher Lagerabgang,
  - Lagerkosten sind proportional zur Losgröße,
  - fixe Kosten sind für jedes Los konstant,
  - Produktions- und Lagerauffüllgeschwindigkeit haben keinen Einfluss,
  - keine Fehlmengen.

Berechnung der optimalen Losgröße

Beispiel:
Die OfficeCom AG fertigt jährlich 2000 Schreibtische des Modells S55. Die Loswechselkosten betragen 100,00 € je Umstellung, die Herstellungskosten pro Tisch 100,00 € und der Lagerkostensatz wird mit 10 % vom Wert des durchschnittlichen Lagerbestandes angegeben.

Tabellarische Ermittlung

Spalte 1	Spalte 2	Spalte 3	Spalte 4	Spalte 5	Spalte 6
Anzahl der Lose	Losgröße	Durchschnittlicher Lagerbestand	Lagerkosten (in €)	Loswechselkosten (in €)	Gesamtkosten (in €)
	$\frac{2000}{\text{Spalte 1}}$	$\frac{\text{Spalte 2}}{2}$	Spalte 3 · 100 · 10 %	100 · Spalte 1	Spalte 4 + Spalte 5
1	2000	1000	10.000,00	100,00	10.100,00
2	1000	500	5.000,00	200,00	5.200,00
4	500	250	2.500,00	400,00	2.900,00
5	400	200	2.000,00	500,00	2.500,00
8	250	125	1.250,00	800,00	2.050,00
10	**200**	100	1.000,00	1.000,00	**2.000,00**
20	100	50	500,00	2.000,00	2.500,00
25	80	40	400,00	2.500,00	2.900,00

Die optimale Losgröße beträgt 200 Stück.

Mathematische Berechnung

Die optimale Losgröße kann mathematisch (in Anlehnung an die Berechnung der optimalen Bestellmenge s. S. 251) mithilfe der Losgrößenformel errechnet werden:

Optimale Losgröße =

$$\sqrt{\frac{\text{Jahresbedarf} \cdot \text{Loswechselkosten pro Umstellung}}{\text{Herstellungskosten je Stück} \cdot \text{Lagerkostensatz}}}$$

$$\text{Optimale Losgröße} = \sqrt{\frac{200 \cdot 2000 \cdot 100}{100 \cdot 10}}$$

$$\text{Optimale Losgröße} = \underline{\underline{200}}$$

Zeichnerische Ermittlung

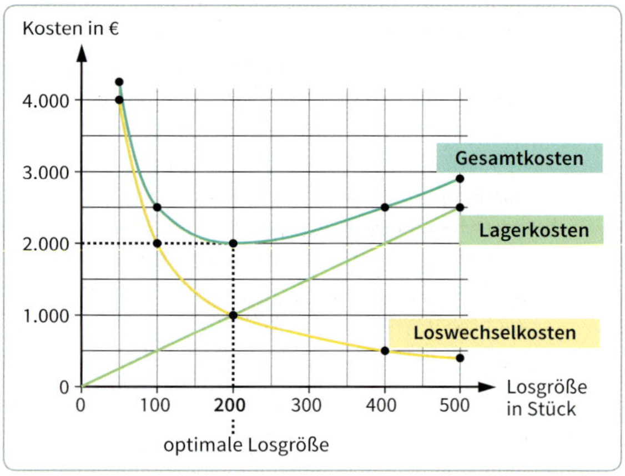

Terminplanung

Nachdem in der Mengenplanung die möglichst optimalen Losgrößen bestimmt worden sind, werden in der **Terminplanung** Betriebsmittel, Fertigungsmaterialien und Arbeitskräfte einem konkreten Auftrag **zeitlich zugeordnet**. Häufig sind die Liefertermine durch die Kunden vorgegeben, sodass die Entscheidungsfreiheit bezüglich der Produktionstermine eingeschränkt sein kann.

Die Aufgabe der Terminplanung liegt – unter Berücksichtigung der technologischen Arbeitsabläufe – in der Feststellung der **Bearbeitungszeit** für jeden Arbeitsvorgang. Daraus lassen sich dann für jeden Auftrag die jeweiligen Anfangs- und Endtermine berechnen.

Ausgangspunkt für die Terminplanung sind die gewünschten oder vorgegebenen **Liefertermine** und die **Arbeitspläne** (s. S. 224).

Terminplanung – Bedeutung

- Je schneller ein Auftrag abgewickelt wird, desto höher ist sein **Wertschöpfungsbeitrag**. Kurze Durchlaufzeiten führen z. B. zu
  - kürzeren Liegezeiten für Materialien und Halbfabrikate (**Verringerung der Lagerkosten**),
  - früheren Einzahlungen der Veräußerungserlöse (**Reduzierung der Finanzierungskosten**) und
  - einer Verringerung der Gefahren bezüglich der Nichteinhaltung von Terminen (**Verringerung der Vertragsstrafen**).
- Die Aufgaben von Termin- und Kapazitätsplanung sind **wechselseitig** voneinander abhängig und werden in der Praxis gleichzeitig erledigt. Häufig sind mehrere Planungsdurchgänge notwendig, um ein zufriedenstellendes Ergebnis zu erreichen.

Durchlaufzeiten – Begriff und Einordnung

Man unterscheidet die Auftragsdurchlaufzeit und die arbeitsgangbezogene Durchlaufzeit:

- Die **Auftragsdurchlaufzeit** erfasst den Zeitraum vom Eingang bis zur Fertigstellung des Auftrags. Dabei sind alle Bereiche von der Konstruktion bis zur Montage eingeschlossen.
- Die **arbeitsgangbezogene Durchlaufzeit** bezieht sich auf den eigentlichen Produktionsprozess und bezeichnet den Zeitraum zwischen Beginn eines Arbeitsvorgangs und dem Beginn des unmittelbar folgenden Arbeitsvorgangs. Die arbeitsgangbezogene Durchlaufzeit erhält man als Summe von Belegungs- und Übergangszeit.
- Belegungs- und Übergangszeiten basieren auf **Erfahrungswerten** aus früheren Arbeitsgängen oder sind **Schätzwerte**.
- Die Durchführung der Produktion kann trotz sorgfältiger Planung durch zufällige Störungen wie z. B. Maschinenausfall, Werkzeugbruch oder Nacharbeiten aufgrund qualitativer Mängel gestört werden. Diese Unsicherheiten versucht man mit geschätzten **störungsbedingten Liegezeiten** zu erfassen.

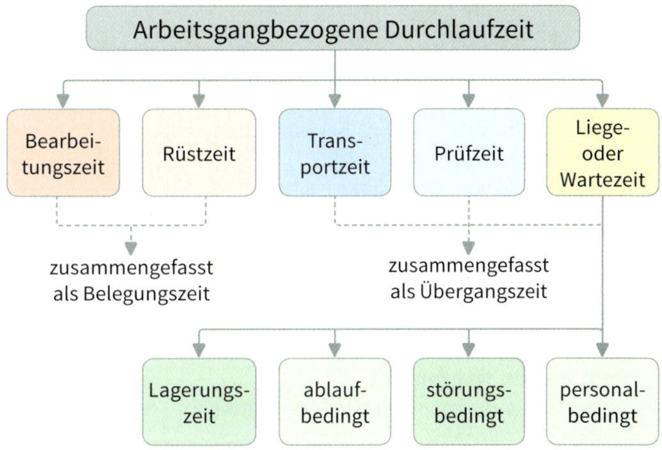

nach: Ebel, Bernd: Produktionswirtschaft, 9., vollständig überarbeitete Aufl., Kiehl Verlag Ludwigshafen 2009, S. 244

Durchlaufzeit-Komponente	Erläuterung
Bearbeitungszeit	ergibt sich aus der Multiplikation der Auftragsmenge mit der Stückzeit und dem erwartbaren Leistungsgrad
Rüstzeit	Zeit, die für das Vor- und Nachbereiten eines Arbeitsplatzes benötigt wird. Die Rüstzeit ist auflagenfix und erhöht bei kleiner werdenden Losgrößen die Stückkosten.
Transportzeit	Zeitbedarf für die Ortsveränderung der Werkstücke von einem Arbeitsplatz zum nächsten
Prüfzeit	Zeitbedarf für die Überprüfung eines Fertigungsarbeitsgangs auf dessen korrekte Ausführung (z. B. Anzahl und Unversehrtheit)
Liege- oder Wartezeit	Zeitspanne, die das Werkstück innerhalb des Produktionsbereiches verbringt, ohne dass ein Arbeitsfortschritt erzielt wird (oft bis zu 80 % der Gesamtzeit)
■ Lagerungszeit	Zeiten, in denen das Werkstück in speziellen Bereichen lagert, bis der nächste Arbeitsschritt erfolgt
■ ablaufbedingt	planmäßige Zeiten, die produktionstechnisch notwendig sind, wie Abkühlen, Reifen oder Trocknen
■ störungsbedingt	Wartezeiten wegen aufgetretener Störungen technischer, organisatorischer oder informatorischer Art
■ personalbedingt	Wartezeiten durch das Verhalten oder die Verfügbarkeit von Mitarbeitern. Hierzu gehören auch Zusatzzeiten, die durch fehlerhafte Planung entstanden sind.

nach: Ebel, Bernd, ebenda

Terminierungstechniken – Ziele und Arten

- Die Terminierungstechniken dienen sowohl zur **Einplanung der Aufträge** in den Fertigungsablauf als auch zu deren Überwachung. So kann man Engpässe in der Fertigung erkennen und ggf. rechtzeitig gegensteuern.
- Je nach Komplexität des Produktionsablaufs, Anzahl der Vorgänge und Planungsmittel werden unterschiedliche Techniken angewendet.
- Bei der **progressiven** Terminbestimmung (**Vorwärtsterminierung**) wird der Fertigungstermin errechnet, indem man zu einem Ausgangszeitpunkt die Summe der Zeiten aller geplanten Arbeitsgänge – unter Berücksichtigung parallel auszuführender Arbeiten – addiert (z. B. bei Produktionen ohne festen Liefertermin). So erhält man den **frühestmöglichen Endtermin** des betreffenden Auftrags.
- Die retrograde Terminbestimmung (**Rückwärtsterminierung**) ist dadurch charakterisiert, dass man von ci nem gesetzten Liefertermin ausgeht und von diesem die Zeiten aller Arbeitsgänge – unter Berücksichtigung parallel auszuführender Arbeiten – subtrahiert. Man erhält den **spätesten Anfangszeitpunkt** für den Auftrag.

5

Verfahren (Auswahl):

1. Listungstechnik

Die Listungstechnik wird bei **einfachen, linearen** Abläufen eingesetzt.
Ausgehend vom Arbeitsplan (siehe S. 224) werden die Bearbeitungszeiten addiert und listenmäßig erfasst. Die Angabe der Solltermine bezieht sich auf die jeweiligen Arbeitstage.

	Auftrag: Richter KG – 240 Kreuzgelenkwellen KB 234		
Arbeits-ID	Arbeitsbezeichnung	Soll-Termin (Kalendertage)	Ist-Termin (Kalendertage)
010	Fertigen der Verbindungswellen	90 – 94	
020	Entgraten	94 – 95	
030	Montieren der Sicherungsscheibe	95 – 97	
…	…	…	

2. Balkendiagramm

Bei Balkendiagrammen wird der **Zeitbedarf** der einzelnen Arbeitsschritte grafisch als **Balken** und innerhalb eines zeitlichen Bezugrahmens dargestellt.
Diese Form der Visualisierung ist bei einer begrenzten Anzahl von Vorgängen übersichtlich und leicht lesbar.

ID	Aufgabenname	Anfang	Ende	Dauer	Apr 20..
1	Vorprodukte 1	02.04..	03.04..	2t	
2	Vorprodukte 2	01.04..	03.04..	3t	
3	Trägerbausteine montieren	04.04..	08.04..	5t	
4	Vorprodukte 3	05.04..	09.04..	5t	
5	Erzeugnis montieren	10.04..	12.04..	3t	

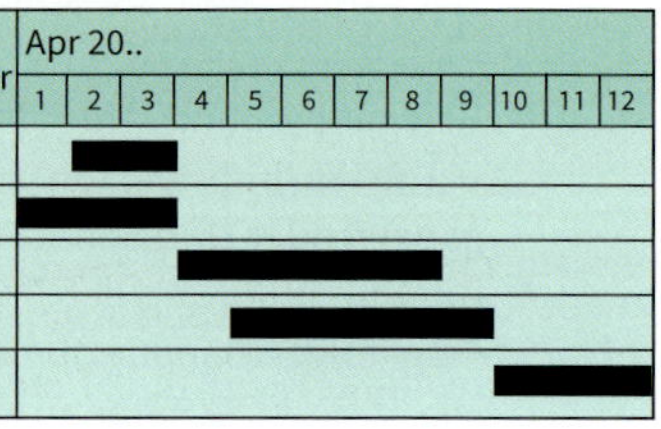

nach: Ebel, Bernd: Produktionswirtschaft, 9., vollständig überarbeitete Aufl., Kiehl Verlag Ludwigshafen 2009, S. 245

3. Netzplantechnik (Beispiel)

Inhalt:
Beschreibung der Teilarbeiten von Prozessen/Projekten in der Strukturanalyse

Erläuterungen:
FAZ = frühester Anfangszeitpunkt
FEZ = frühester Endzeitpunkt
SAZ = spätester Anfangszeitpunkt
SEZ = spätester Endzeitpunkt
GP = Gesamtpuffer
FP = Freier Puffer
GP = SAZ – FAZ
FP = FAZ (Nachf.) – FEZ
Beispiele: Puffer für Vorgang G
GP = 26 – 20 = 6 Arbeitstage
FP = 22 – 22 = 0 Arbeitstage

Knoten:

Beispiel: Struktur- und Zeitanalyse „Bau einer Lagerhalle“

Vorgang	Strukturanalyse		Zeitanalyse						
	Beschreibung	Folgetätigkeit	Arbeitstage	FAZ	FEZ	SAZ	SEZ	GP	FP
A	Entwurf, Planung	B, F, G	20	0	20	0	20	0	0
B	Erdaushub Fundamente	C	3	20	23	20	23	0	0
C	Ausgießen Fundamente	D	2	23	25	23	25	0	0
D	Verschalung Betonsockel	E	5	25	30	25	30	0	0
E	Betonierung Betonsockel	I	3	30	33	30	33	0	0
F	Bestellung und Auslieferung Betonteile	I	10	20	30	23	33	3	3
G	Aushub Ver- und Entsorgungsleitungen	H	2	20	22	26	28	6	0
H	Leitungsverlegung	I	5	22	27	28	33	6	6
I	Montage Lagerhalle	J	7	33	40	33	40	0	0
J	Installationsarbeiten	–	4	40	44	40	44	0	0

Kritischer Weg:
Weg ohne Pufferzeiten

Aus den Angaben der Struktur- und Zeitanalyse ergibt sich der Netzplan:

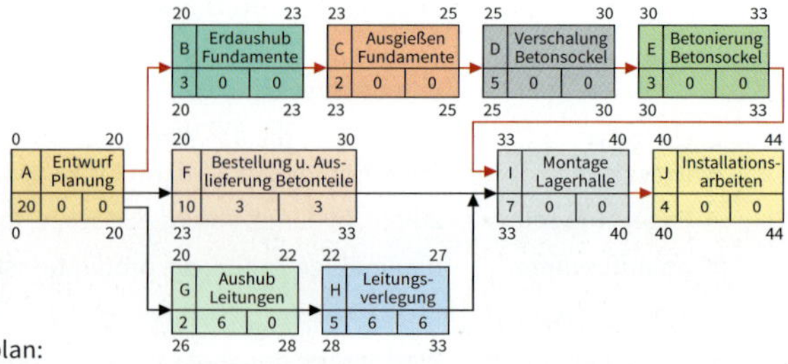

nach: Berner, Steffen u. a.: Betriebswirtschaftslehre der Unternehmung, 25. Aufl., Haan, Europa Verlag, 2010, S. 137

Kapazitätsplanung

Begriff

Unter **Kapazität** kann das quantitative (aber auch das qualitative) **Leistungsvermögen** eines Unternehmens (oder Maschine) verstanden werden.

Bedeutung

- In der Terminplanung werden Informationen über die Inanspruchnahme von Arbeitsplätzen durch die einzelnen Produktionsaufträge gewonnen. Diese Informationen über die einzelnen Arbeitsaufträge sind nun **insgesamt** auf der Basis der **vorhandenen Ressourcen zu optimieren**, da in der Planungsperiode mehrere Arbeitsvorgänge zur gleichen Zeit um die gleichen Ressourcen konkurrieren.
- Die Kapazitätsplanung hat dabei die Aufgabe, die **Starttermine** der einzelnen Produktionsaufträge so zu **synchronisieren**, dass der Kapazitätsbedarf der einzelnen Aufträge oder Arbeitsgänge zeitlich den zur Verfügung stehenden maschinellen und personellen Kapazitäten angeglichen wird.
- Unter Berücksichtigung der Durchlaufterminierung ist die **Wirtschaftlichkeit** der Produktion durch
  - gleichmäßige und hohe Kapazitätsauslastung und
  - kostenminimale Fertigung (Kostenrechnung s. S. 157 ff.)

  zu erreichen.
- Die Ergebnisse der Optimierung von Durchlaufzeiten und Kapazitäten führen zu einer entsprechenden günstigen Auftragsreihenfolge. Die Auftragsfreigabe führt den Auftrag aus dem Planungsstatus in die Umsetzung.

Kapazitätsarten

Nachfolgend werden verschiedene Kapazitätsarten unter quantitativen Gesichtspunkten und aggregatbezogen dargestellt (eine umfassende Betrachtung für das gesamte Unternehmen ergibt sich mit den notwendigen Erweiterungen).

- Die **Minimalleistung** hat nur für die Aggregate eine Bedeutung, die aus technischen Gründen nicht abgeschaltet werden, z. B. bei Anlagen der Energiegewinnung. Sie bezeichnet die Leistung, die mindestens zum Betrieb der Anlage notwendig ist.
- Die **Maximalkapazität** bezeichnet die technisch maximale Leistung einer Maschine innerhalb eines Betrachtungszeitraums, für die sie konstruiert wurde und die nicht überschritten werden kann.

  Beispiel: Eine Maschine kann maximal 100 000 Einzelstücke fertigen.

- Die **wirtschaftliche oder optimale Kapazität** ist die Leistung mit den niedrigsten Stückkosten je Leistungseinheit. Sie liegt bei 75 – 90 % der technischen Maximalkapazität.

  Beispiel: Eine Maschine kann maximal 100 000 Einzelstücke fertigen, die optimale Kapazität liegt bei 80 % (= 80 000 Stück).

- Der **Kapazitätsausnutzungsgrad** (Beschäftigungsgrad) ist das Verhältnis von Istproduktion zur Maximalkapazität.

  Beispiel: Eine Maschine kann maximal 100 000 Einzelstücke fertigen, die Istproduktion beläuft sich auf 60 000 Teile. Der Kapazitätsausnutzungsgrad liegt bei 0,6 oder 60 %.

Kapazitätsabstimmung (Beispiele)

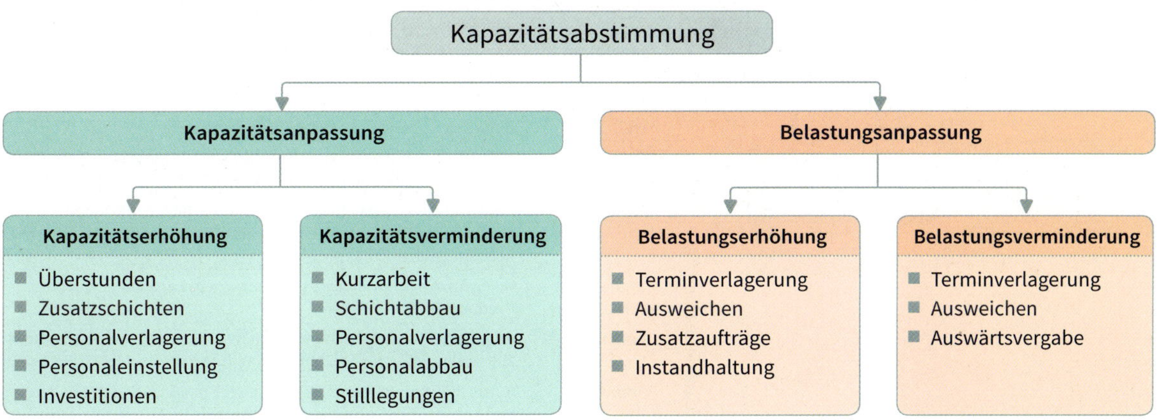

aus: Ebel, Bernd: Produktionswirtschaft, 9., vollständig überarbeitete Aufl., Kiehl Verlag Ludwigshafen 2009, S. 253

Arbeitsplan

Arbeitspläne beschreiben in der Teilefertigung und Montage, welche Arbeitsgänge in welcher Reihenfolge, in welcher Zeit, mit welchen Materialien und mit welchen Betriebsmitteln durchzuführen sind.

- Die **erzeugnisbezogenen Daten** der Produktplanung, die in Form von Stücklisten (s. S. 225) und Zeichnungen vorliegen, werden mit den **Daten der Produktionsplanung** kombiniert. Damit enthalten Arbeitspläne zunächst auftragsunabhängige Stammdaten, die den Produktionsprozess durchsichtig machen sollen.
- Diese Arbeitspläne werden in der Produktionssteuerung durch auftragsabhängige Angaben wie z. B. Auftragsnummer zu einem **Fertigungsauftrag** ergänzt.
- Die Arbeitspläne werden z. B. in der betrieblichen Terminplanung (s. S. 221), in der Fertigung als Arbeitsvorlage oder in der Kostenrechnung und Lohnabrechnung als Abrechnungsbasis eingesetzt.

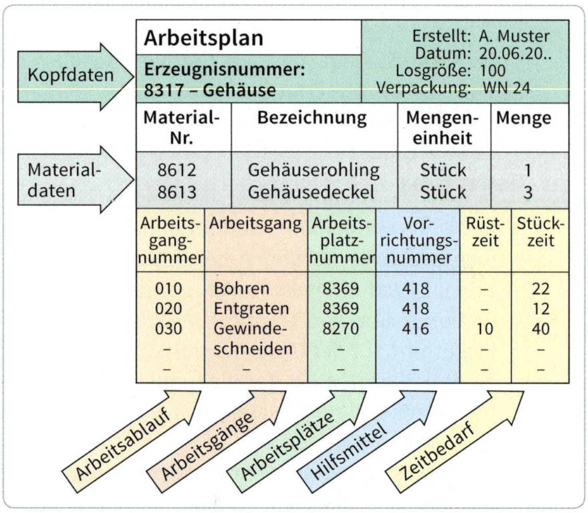

Zusammenhang der Arbeitsunterlagen

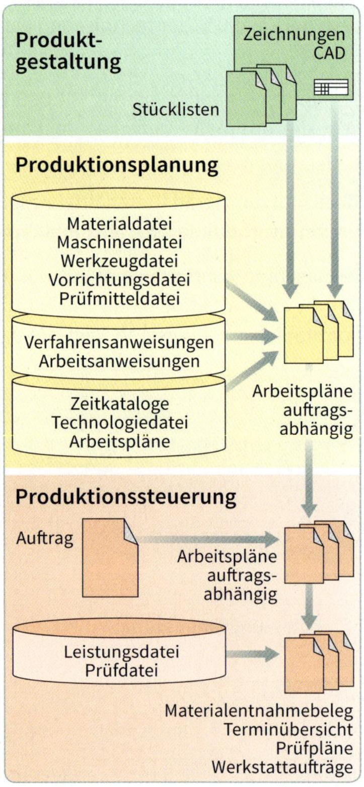

Produktgestaltung	**Stücklisten**	Verzeichnis der Rohstoffe, Teile und Baugruppen (Art und Anzahl)
	Zeichnungen	Grafisch-technische Darstellung des Produkts unter Beachtung strenger Normen. Bei komplexen Produkten entsteht ein aufeinander aufbauender Zeichnungssatz von Einzel- und Zusammenstellungszeichnungen.
Produktionsplanung	**Verfahrensanweisungen**	Interne Festlegung und Regelung abteilungsübergreifender Geschäftsprozesse sowie der Verantwortung für Tätigkeiten und Beiträge. Festlegung von Kontaktstellen und der benötigten Ein- und Ausgabeinformation.
	Arbeitsanweisungen	Beschreibung und Sicherstellung der anforderungsgerechten Durchführung von Tätigkeiten am Arbeitsplatz. Steigerung des Verständnisses und der Motivation der Mitarbeiter für qualitätsgerechtes Verhalten.
	Materialdatei	Dokumentation der eingesetzten Materialien mit Angabe von Spezifikationen, Bezugsquellen, Preisen und weiteren beschaffungsrelevanten Daten
	Maschinendatei	Dokumentation der verfügbaren Maschinen mit deren Leistungsdaten, Verfügbarkeit und Wartungsinformationen
	Werkzeugdatei	Übersicht vorhandener Werkzeuge für Maschinen und Arbeitsplätze mit Angaben der Verfügbarkeit und des Abnutzungszustands
	Vorrichtungsdatei	Übersicht speziell angefertigter Vorrichtungen für das Aufspannen oder Handeln von Werkstücken oder Werkzeugen
	Prüfmitteldatei	Angabe der zu benutzenden Prüfmittel mit Einsatzbereich, Genauigkeitsangaben und Überwachungsstatus
	Zeitkataloge	Katalog von Richtwerten, Zeitaufnahmen oder Erfahrungswerten zur Ermittlung auftragsspezifischer Planwerte
	Technologiedatei	Angabe von optimierten Einstellwerten der Maschinen unter Berücksichtigung der eingesetzten Werkstoffe
	Arbeitsplan	Auftragsunabhängige Dokumentation des Arbeitsablaufs mit Bezug zu den anderen aufgeführten Dateiwerten
Produktionssteuerung	**Auftrag**	Konkrete Zusammenstellung der Anforderungen, die innerhalb eines Produktionsschritts zu erledigen sind, mit Angabe von Art, Menge und Termin herzustellender Objekte
	Materialentnahmebeleg	Beleg für die Materialbewegung aus einem Lager an den Ort der Produktion
	Leistungsdatei	Angabe der tatsächlich benötigten Ressourcen in Form von Arbeitszeit, Materialverbrauch oder Betriebsstunden der Maschinen und Anlagen
	Prüfdatei	Aufzeichnung durchgeführter Prüfungen mit Angaben des Prüfergebnisses und Entscheidung über Weiterverwendung, Nacharbeit oder Verschrottung
	Terminübersicht	Auflistung der Terminsituation mit Soll-Terminen und eingetragenen Ist-Terminen aus der Produktionsrückmeldung

nach: Ebel, Bernd: Produktionswirtschaft, 9., vollständig überarbeitete Aufl., Kiehl Verlag Ludwigshafen 2009, S. 173 f.

Erzeugnisstrukturen

Begriff und Bedeutung

- Jedes Produkt ist aus verschiedenen Komponenten zusammengesetzt. Mithilfe von **Erzeugnisstrukturen** kann man die Zusammensetzung der Erzeugnisse aufzeigen.
- Die Struktur von Erzeugnissen kann auf unterschiedliche Weise (Baumstrukturen, Listen usw.) dargestellt werden.
- Die Darstellungsformen basieren i. d. R. auf **relationalen Datenbanken**, in denen erzeugnisbezogene Informationen zu den Produkten zusammengefasst sind. Wichtige **Auswertungen** aufgrund gespeicherter Erzeugnisstrukturen sind das Erstellen von Stücklisten und die Ermittlung von Sekundärbedarfen bei der Materialdisposition.

Beispiel:

Abgebildet ist der **Ereignisstrukturbaum** eines Elektromotors (Teilenummer E10) mit den entsprechenden **Teilestammdaten**. Man kann erkennen, dass der Elektromotor (E10) als Oberteil u. a. aus dem Unterteil 901 (Gehäuse komplett) besteht. Die Zahlen zwischen den Knoten sind Mengenangaben (z. B. besteht der Motor E10 aus einem kompletten Gehäuse 901).

Ereignisstrukturbaum

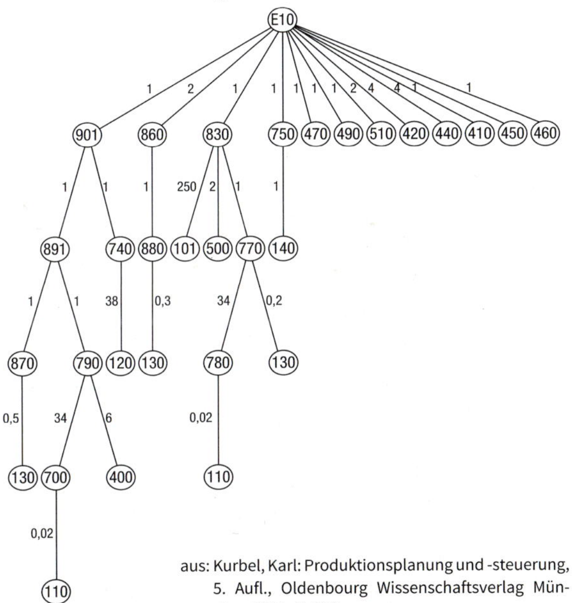

aus: Kurbel, Karl: Produktionsplanung und -steuerung, 5. Aufl., Oldenbourg Wissenschaftsverlag München 2003, S. 69 f.

Teilestammdaten

TEIL				
Teile-Nr.	**Teilebezeichnung**	**Teileart**	**Maße**	**...**
E10	Elektromotor	EP	St.	
901	Gehäuse (komplett)	EB	St.	
891	Gehäuse m. St.blechpaket	EE	St.	
880	Lagerdeckel (Alu)	EE	St.	
870	Gehäuseblock (Alu)	EE	St.	
860	Lagerdeckel m. Durchbruch	EB	St.	
830	Welle komplett	EB	St.	
790	Ständerblechpaket kompl.	EB	St.	
780	Läuferblechlamelle	EE	St.	
770	Fußplatte 30 · 40 cm	EB	St.	
750	Läuferblechpaket kompl.	EB	St.	
740	Ständerwicklung	EE	St.	
700	Ständerblechlamelle	EE	St.	
510	Klemmenkastendeckel	FB	St.	
500	Kugellager	FB	St.	
490	Klemmenbrett 3-polig	FB	St.	
470	Mutter M 4	FV	St.	
460	Festkupplung Ø 14 mm	FB	St.	
450	Kondensator 16 µF	FB	St.	
440	Sechskantschraube M 4 · 200	FV	St.	
420	Sechskantschraube M 4 · 10	FV	St.	
410	Sechskantschraube M 8 · 30	FV	St.	
400	Niete 4 · 150 mm	FV	St.	
140	Blechtafel St 37	FR	St.	
130	Aluminiumbarren	FR	kg	
120	Kupferdraht Ø 0,5 mm	FV	m	
110	Elektroblechrolle 200 mm	FV	m	
101	Rundstahl 37 · 30 mm	FR	St.	

Stückliste

Unter einer Stückliste versteht man **tabellarische Verzeichnisse**, die die Mengen von Materialien, Einzelteilen und Baugruppen für ein Endprodukt aufzeigen. Damit informieren sie über die mengenmäßige Zusammensetzung und über die Struktur von Produkten.

Andere Bezeichnungen für die Stückliste hängen von den unterschiedlichen Industriezweigen ab, z. B.:

- Rezeptur in der Chemie- und Nahrungsmittelindustrie,
- Gattierliste im Stahlbereich oder
- Materialliste in der Bauindustrie.

Stücklisten enthalten **erzeugnisbezogene Daten** und werden in vielen Unternehmensbereichen eingesetzt, z. B.:

- in der Konstruktion als Grundlage für Prüfungen und Änderungen,
- in der Produktion als Grundlage für die Produktionsplanung,
- in der Fertigungssteuerung für die Bereitstellung von Materialien,
- im Kundendienst als Ersatzteilliste oder
- im Rechnungswesen für die Vor- und Nachkalkulation.

Stückliste – Arten

Wichtige Stücklisten		
Strukturstückliste	Mengenübersichtsstückliste	Baukastenstückliste

5

Beispiel: Strukturstückliste

- Die **Strukturstückliste** weist alle Einzelteile und Baugruppen eines Erzeugnisses (hier: Elektromotor E10) aus und zeigt den Strukturaufbau sowie die Zusammensetzung eines Produktes auf tieferen Stufen.
- Die Struktur wird als Über-/Unterordnung durch das **Einrücken der Stufennummer** deutlich gemacht. Man kann erkennen, dass die Teilenummer 891 auf der Fertigungsstufe 2 und der Gehäuseblock 870 auf der Fertigungsstufe 3 stehen.

STRUKTURSTÜCKLISTE Seite 1

Teil: Elektromotor, Teile-Nr.: E10

Stufe	Teile	Teilebezeichnung	Maßeinh.	Menge	...
1	901	Gehäuse (komplett)	St.	1	
.2	891	Gehäuse m. Ständerbl.-paket	St.	1	
..3	870	Gehäuseblock (Alu)	St.	1	
...4	130	Aluminiumbarren	kg	0,5	
..3	790	Ständerblechpaket komplett	St.	1	
...4	700	Ständerblechlamelle	St.	34	
....5	110	Elektroblechrolle 200 mm	m	0,02	
...4	400	Niete 4 · 150 mm	St.	6	
.2	740	Ständerwicklung	St.	1	
..3	120	Kupferdraht Ø 0,5 mm	m	38	
1	830	Welle komplett	St.	1	
.2	770	Läuferblechpaket komplett	St.	1	
..3	780	Läuferblechlamelle	St.	34	
...4	110	Elektroblechrolle 200 mm	m	0,02	
.2	770	Läuferblechpaket komplett	St.	1	
..3	780	Läuferblechlamelle	St.	34	
...4	110	Elektroblechrolle 200 mm	m	0,02	
..3	130	Aluminiumbarren	kg	0,2	
.2	500	Kugellager	St.	2	
.2	101	Rundstahl 37 · 30 mm	St.	250	
1	860	Lagerdeckel m. Durchbruch	St.	2	
.2	880	Lagerdeckel (Alu)	St.	1	
..3	130	Aluminiumbarren	kg	0,3	
1	750	Fußplatte 30 · 40 cm	St.	1	
.2	140	Blechtafel St 37	St.	1	
.2	101	Rundstahl 37 · 30 mm	St.	250	
1	860	Lagerdeckel m. Durchbruch	St.	2	
.2	880	Lagerdeckel (Alu)	St.	1	
..3	130	Aluminiumbarren	kg	0,3	
1	750	Fußplatte 30 · 40 cm	St.	1	
.2	140	Blechtafel St 37	St.	1	
.2	101	Rundstahl 37 · 30 mm	St.	250	
1	860	Lagerdeckel m. Durchbruch	St.	2	
.2	880	Lagerdeckel (Alu)	St.	1	
..3	130	Aluminiumbarren	kg	0,3	
1	750	Fußplatte 30 · 40 cm	St.	1	
.2	140	Blechtafel St 37	St.	1	
1	510	Klemmenkastendeckel	St.	1	
1	490	Klemmenbrett 3-polig	St.	1	
1	470	Mutter M 4	St.	1	
1	460	Festkupplung Ø 14 mm	St.	1	
1	450	Kondensator 16 µF	St.	1	
1	440	Sechskantschraube M 4 · 200	St.	4	
1	420	Sechskantschraube M 4 · 10	St.	2	
1	410	Sechskantschraube M 8 · 30	St.	4	

aus: Kurbel, Karl: Produktionsplanung und -steuerung, 5. Aufl., Oldenbourg Wissenschaftsverlag München 2003, S. 69 f.

Beispiel: Mengenübersichtsstückliste

- Die **Mengenübersichtsstückliste oder Mengenstückliste** zeigt alle Einzelteile und Baugruppen eines Produktes. Die Fertigungsstruktur ist nicht erkennbar.
- Bei Einzelteilen, die mehrfach vorkommen, werden die jeweiligen Mengen summiert. Zum Beispiel geht das Teil 880 mit einem Stück in das Teil 860 ein, dieses wird mit 2 Stück für E10 benötigt. Daher ist Teil 880 mit 2 Stück aufgeführt (siehe Ereignisstrukturbaum S. 225).

MENGENÜBERSICHTSSTÜCKLISTE Seite 1

Teil: Elektromotor, Teile-Nr.: E10

Teile-Nr.	Teilebezeichnung	Maßeinh.	Menge	...
901	Gehäuse (komplett)	St.	1	
891	Gehäuse m. Ständerblechpaket	St.	1	
880	Lagerdeckel (Alu)	St.	2	
870	Gehäuseblock (Alu)	St.	1	
860	Lagerdeckel m. Durchbruch	St.	2	
830	Welle komplett	St.	1	
790	Ständerblechpaket kompl.	St.	1	
780	Läuferblechlamelle	St.	34	
770	Läuferblechpaket kompl.	St.	1	
750	Fußplatte 30 · 40 cm	St.	1	
740	Ständerwicklung	St.	1	
700	Ständerblechlamelle	St.	34	
510	Klemmenkastendeckel	St.	1	
500	Kugellager	St.	2	
490	Klemmenbrett 3-polig	St.	1	
470	Mutter M 4	St.	1	
460	Festkupplung Ø 14 mm	St.	1	
450	Kondensator 16 µF	St.	1	
440	Sechskantschraube M 4 · 200	St.	4	
420	Sechskantschraube M 4 · 10	St.	2	
410	Sechskantschraube M 8 · 30	St.	4	
...				

Beispiel: Baukastenstückliste

BAUKASTENSTÜCKLISTE Seite 1

Teil: Elektromotor, Teile-Nr.: E10

Teile-Nr.	Teilebezeichnung	Maßeinh.	Menge	...
901	Gehäuse (komplett)	St.	1	
860	Lagerdeckel m. Durchbruch	St.	2	
830	Welle komplett	St.	1	
750	Fußplatte 30 · 40 cm	St.	1	
510	Klemmenkastendeckel	St.	1	
490	Klemmenbrett 3-polig	St.	1	
470	Mutter M 4	St.	1	
460	Festkupplung Ø 14 mm	St.	1	
450	Kondensator 16 µF	St.	1	
440	Sechskantschraube M 4 · 200	St.	4	
420	Sechskantschraube M 4 · 10	St.	2	
410	Sechskantschraube M 8 · 30	St.	4	

- Die Baukastenstückliste fasst die Baugruppen und Einzelteile der **nächsttieferen Fertigungsstufe** zusammen.
- Baukastenstücklisten werden bei komplexen Produkten oder bei der Wiederverwendung von Baugruppen in anderen Produkten erstellt.

Just-in-time-Production (JIT)

Grundlagen

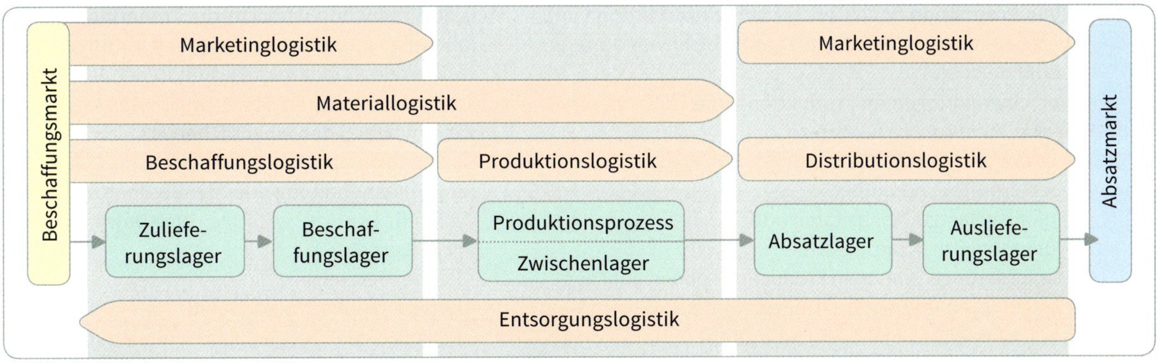

nach: Ebel, Bernd: Produktionswirtschaft, 9., vollständig überarbeitete Aufl., Kiehl Verlag Ludwigshafen 2009, S. 303

- Die Grundidee der JIT ist die **lagerlose** Produktion. Das ist in der Praxis nur annäherungsweise erreichbar, da dies eine **verkaufssynchrone** Produktion und eine **bedarfssynchrone** Materialbereitstellung beinhaltet.
- Das setzt aber voraus, dass
  - Werkstoffe dann beschafft werden, wenn sie direkt in den Fertigungsprozess einfließen (bei existierenden Versorgungsnetzen, z. B. bei Wasser),
  - Teile nur gefertigt werden, wenn sie sofort zur Weitermontage verwendet werden und
  - die erzeugten Fertigprodukte aus der Produktion heraus verkauft werden.
- Das bedeutet in der Praxis z. B.:
  - exakte Vorhersagbarkeit des Materialbedarfs,
  - regelmäßiger Materialfluss,
  - flexibles Abrufsystem, kurze Kommunikationswege,
  - Zuverlässigkeit bei Mengen, Terminen und Qualitäten
  - Verlagerung der Qualitätskontrolle auf den Zulieferer (weitgehender Wegfall der Wareneingangskontrollen).
- Eine Vermeidung von Lagerkosten führt nicht unbedingt zu einer Kostenminimierung, da die **mittelbaren Beschaffungskosten** (z. B. Kosten für den Pendelverkehr zwischen Zulieferer und Hersteller) ansteigen.
- Bei JIT werden die Lagerkosten häufig auf den Zulieferer (= vorgelagerte Produktionsstufe) verschoben, der seinerseits die Lagerkosten in seinen Preisen berücksichtigen muss, sodass damit die **unmittelbaren Beschaffungskosten** (z. B. Bezugspreise) steigen können.
- Daher ist eine **Gesamtstrategie** für die Produktion und die Logistik zu verfolgen. Das führt dann im Erfolgsfall zu einer Reduzierung der Bestände und zur Vermeidung von veralteten Produkten.
- Allerdings ist mit JIT eine gewisse Anfälligkeit sowohl für interne Störungen (z. B. im Produktionsverlauf, Systemzusammenbruch) als auch für externe Störungen (z. B. Streiks, Verkehrsstau, Waren minderer Qualität werden geliefert) verbunden, da keine ausreichenden Pufferlager vorhanden sind.

Beispiel für JIT im Produktionsbereich

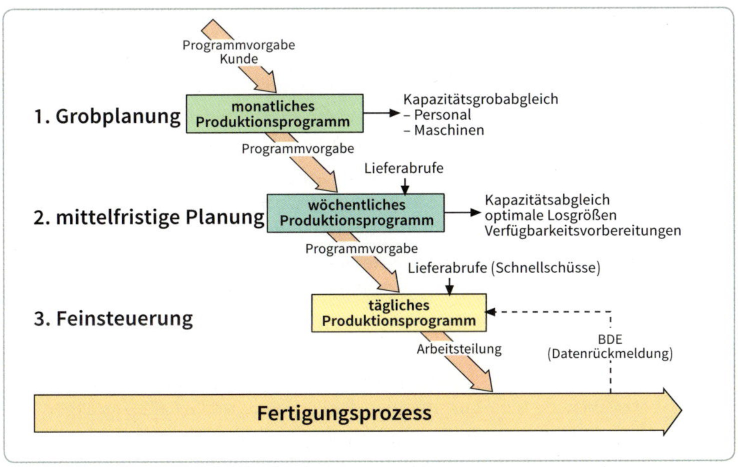

- Zulieferer und Produzent verständigen sich über einen Planungs- und Steuerungskorridor. Das setzt eine entsprechende Einbindung der Kapazitäten des Zulieferers in den Produktionsprozess voraus.
- Der Teileabruf erfolgt über Onlinedatenverbindung, wobei dem Lieferanten eine genau definierte Zeitspanne zum Montieren und Anliefern der Teile eingeräumt wird.
- Über die Betriebsdatenerfassung (BDE) ist ein aktueller Überblick über den Fertigungsprozess gewährleistet, sodass flexibel reagiert werden kann (z. B. „Schnellschüsse“).

aus: Binner, Hartmut: Handbuch der prozessorientierten Arbeitsorganisation, 4. Aufl., Carl Hanser Verlag Darmstadt 2010, S. 567

Lean Production

Begriff

- **Lean Production** bedeutet **„schlanke Produktion"** und beinhaltet, dass jegliche Art von Verschwendung zu verhindern ist.
- **Verschwendungen** im Produktionsbereich können z. B. auftreten durch
  - zu große Lagerbestände,
  - fehlerhafte Produktion,
  - unausgelastete Kapazitäten oder
  - unmotivierte Mitarbeiter.
- Die Forderungen von Lean Production können auf das gesamte Unternehmen übertragen werden, die dann als ein umfassendes Managementkonzept (**Lean Management**) aufzufassen sind. Im Lean-Management-System sind Kunden, Lieferanten und Mitarbeiter integriert.
- Lean Production versucht die **Trennung** zwischen ausführender und dispositiver Arbeit zu **überwinden**. Das wird erreicht, indem die Arbeit in der vorherrschenden Form von **Gruppenarbeit** organisiert ist. Den Teams werden neben den eigentlichen Arbeiten in der Produktion auch Aufgaben der Arbeitsplanung, Qualitätssicherung, Instandhaltung oder der Beschaffung übertragen.
- Dadurch können wichtige **Wettbewerbsvorteile** erreicht werden wie z. B.
  - flache Hierarchien,
  - höhere Arbeitszufriedenheit,
  - flexible Einsatzmöglichkeiten des Personals,
  - Produktivitätsverbesserungen,
  - hohe Qualität.

5

Komponenten von Lean Production

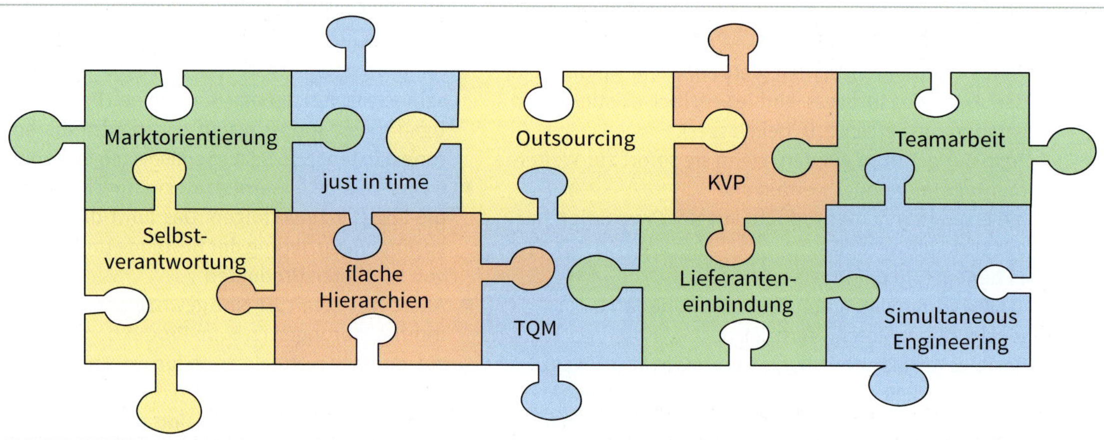

Japanische Formen von Lean Production

u-förmige Maschinenanordnung	Die Produktionsmittel werden u-förmig angeordnet, damit die Arbeiter mehrere Tätigkeiten in der Reihenfolge des Produktionsprozesses ausführen können, ohne dass sie wegen langer Wege zu einer losweisen Fertigung gezwungen werden.
Jidoka (Autonomation)	Jidoka bedeutet eine Weiterentwicklung der Automation. Die Maschinen werden mit Mechanismen ausgestattet, die die Maschinen selbsttätig anhalten, wenn Abweichungen vom normalen Prozess festgestellt werden. Das Überwachungspersonal wird automatisch verständigt.
Konzept zum Bandstopp	Das Jidoka-Konzept lässt sich auf ganze Fertigungsbereiche ausdehnen. Die Arbeiter haben bei Störungen (z. B. fehlende Teile) die Möglichkeit, das Band zu stoppen. Organisatorische Rückkopplungsschleifen sorgen für die Behebung des Problems, das den Bandstopp verursacht hat.
Integration der Kontrolle	Die Kontrolle der gefertigten Teile wird den direkt am Herstellungsprozess beteiligten Arbeitern übertragen. Dies trägt mit zu einem reibungslosen Herstellungsprozess bei.
Poka-Yoke (narrensicherer Mechanismus)	Das Auftreten von Problemen wird direkt an der Entstehungsquelle verhindert. Die Poka-Yoke-Vorrichtungen sind mechanische Vorrichtungen, mit denen es unmöglich wird, Maschinen falsch zu bedienen oder falsch zu bestücken.
SMED (Single Minute Exchange of Die)	Das SMED-Konzept will erreichen, dass die Losgrößen in der Fertigung an die Zahl Eins angenähert werden. Dies kann nur erreicht werden, wenn die Werkzeugwechselzeiten in den Bereich von Minuten gedrückt werden. Zu diesem Zweck ist ein ganzes System von Vorrichtungen entwickelt worden.

aus: Ehrmann, Harald: Logistik, 5., überarbeitete und aktualisierte Aufl., Kiehl Verlag Ludwigshafen (Rhein) 2005, S. 408

Kanban

Begriff

Kanban ist im Wesentlichen ein innerbetriebliches Verfahren zur Unterstützung der Produktionsplanung und -steuerung. Mit dem in Japan entwickelten Kanban-Konzept lassen sich sowohl die Lagerbestände als auch die Durchlaufzeiten **verringern** und die Fertigungsdurchführung **transparenter** gestalten.

Kanban wird mit **„Karte“** übersetzt. Darunter werden alle Informationsträger erfasst, die Fertigungsaktivitäten auslösen, z. B. Tafel, Schild, Zettel, markierter Bereich oder elektronische Umsetzungen im Rechner.

Bedeutung

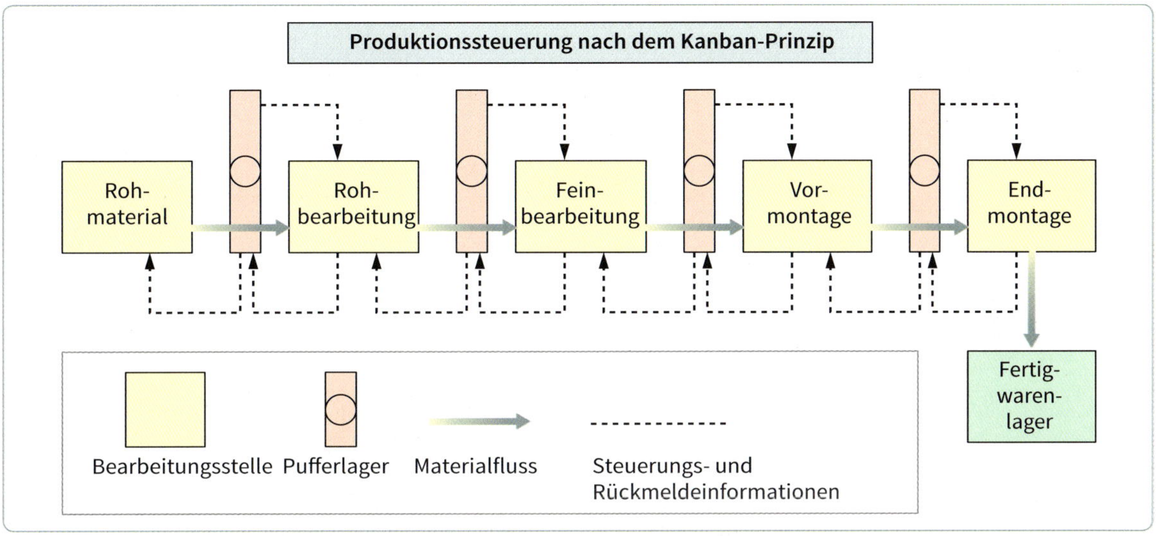

nach: Ihme, Joachim: Logistik im Automobilbau, Hanser Verlag München/Wien 2006, S. 290

- Beim Kanban-System wird der Produktionsprozess in **einzelne Bereiche** zerlegt, denen Pufferlager zugeordnet sind. Diese Lager werden durch **genormte Kanbanbehälter** mit fest definierten Materialmengen bestückt. Wird nun in einem Bearbeitungsbereich ein Kanbanbehälter aus dem Pufferlager angefordert, so wird die am Behälter angebrachte Karte (Kanban) der vorgelagerten Produktionsstufe übermittelt und dort ein entsprechender Produktionsprozess ausgelöst. Der **Kanban ist also der Produktionsauftrag**. Die leeren Kanbanbehälter werden mit den neu produzierten Produkten aufgefüllt, mit einer Karte versehen und in den Pufferlagern wieder bereitgestellt.
- Die Bestandsregulierung ist einfach, da **Bestandszugänge und -abgänge** über die Karten gesteuert werden.
- Beim Kanban-System verlaufen der Materialfluss und die Steuerungs- und Rückmeldeinformationen **entgegengesetzt**.
- Ein Kanbanbehälter entspricht oft mengenmäßig der **Fertigungslosgröße** bzw. die Losgrößen einem **geringen ganzzahligen Vielfachen** der Behältermenge.
- Die Zielsetzungen des Kanban-Systems können aber nur unter der Voraussetzung erreicht werden, dass
  - die Fertigung durch einen **hohen Wiederholungsgrad** (wie bei der Serien- oder Massenproduktion) gekennzeichnet ist,
  - **geringe Bedarfsschwankungen** vorhanden sind,
  - eine **enge räumliche Anordnung** der einzelnen Produktionsstellen mit einem effektiven **innerbetrieblichen Transportsystem** gegeben ist,
  - die **Varianten begrenzt** sind und
  - **niedrige Rüstzeiten** bei möglichst **konstanten Losgrößen** existieren.
- Diese Strategie, bei der sich die Produktionsauslösung am Mindestbestand der nachgelagerten Produktionsstufe orientiert, ist mit dem **Supermarktprinzip** vergleichbar, bei dem die durch den Verkauf entstehende Lücke im Regal wieder aufgefüllt wird. Das Nachfüllen erfolgt also durch den Verbrauch und nicht durch die Verbrauchsprognose.
- Am Kanban-System wird die oft zu **geringe Kapazitätsauslastung** und die fehlende **Reihenfolge- und Maschinenbelegungsplanung** kritisiert.

Computer Integrated Manufacturing (CIM)

Begriff

Aufgrund wechselseitiger Abhängigkeiten und vorhandener Planungsunsicherheiten kann die PPS ihre Aufgaben **nicht isoliert** erfüllen, sondern muss ganzheitlich unter Beachtung betriebswirtschaftlicher und technischer Aspekte betrachtet werden.

Unter **CIM** versteht man ein Konzept zur computergestützten Integration der betriebswirtschaftlichen und technischen Komponenten. Dabei wird die betriebswirtschaftliche Seite durch PPS-Systeme repräsentiert und die technische Seite mit CA-Systemen umgesetzt.
Die **konsequente Fortführung** des CIM-Konzeptes schlägt sich in der Hightech-Strategie **Industrie 4.0** der Bundesrepublik nieder, indem Menschen, Maschinen, Materialien, Produkte, Prozesse etc. **bereichsübergreifend** über moderne **Informations- und Kommunikationstechnologien** verbunden und **Abläufe autonom organisiert und optimiert werden.**

Das Zusammenspiel der CIM-Komponenten

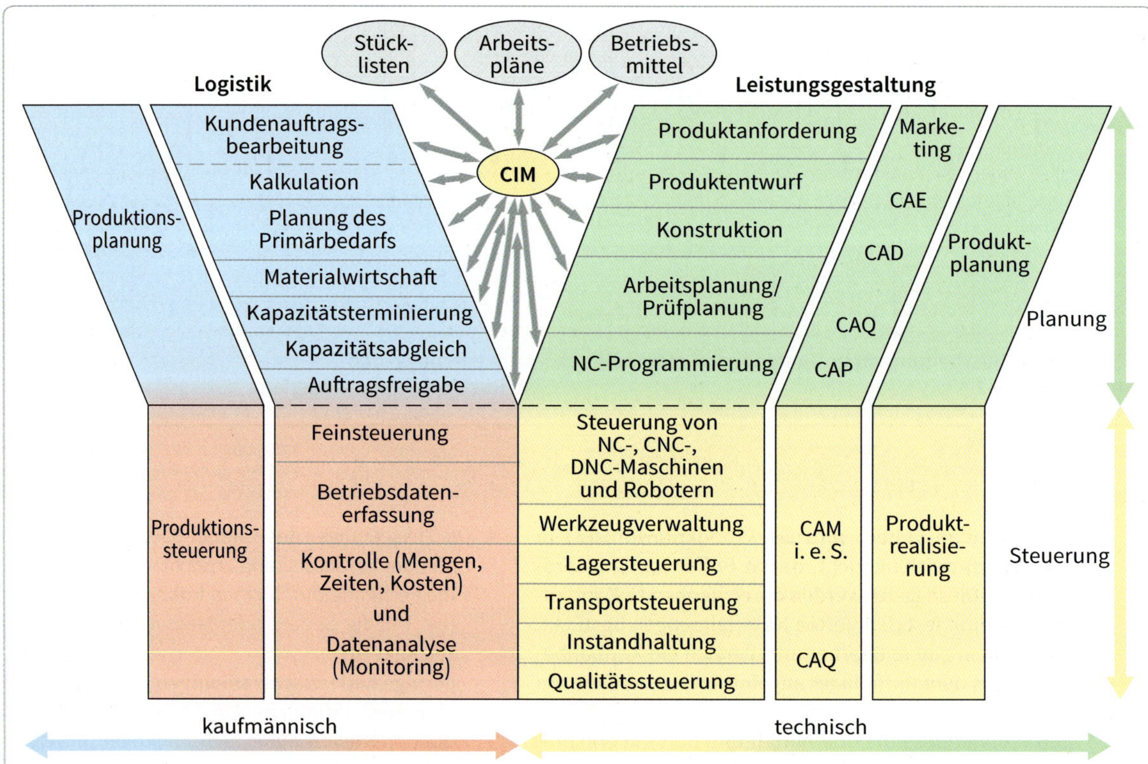

nach: Disterer, Georg u. a.: Taschenbuch der Wirtschaftsinformatik, 2., neu bearbeitete Aufl., Leipziger Fachverlag im Hanser Verlag München, Wien, 2003, S. 621

CA..	Bezeichnung	Inhalt
CAD	Computer Aided Design	Computergestützte Konstruktion und Zeichnungserstellung
CAE	Computer Aided Engineering	Computergestütztes Ingenieurwesen in Entwicklung und Fertigung
CAM	Computer Aided Manufacturing	Computergestützte Fertigungsdurchführung
CAP	Computer Aided Planning	Computergestützte Arbeits- und Montageplanung
CAQ	Computer Aided Quality Assurance	Computergestützte Qualitätssicherung
CIM	Computer Integrated Manufacturing	Computerintegrierte Fertigungsplanung, -steuerung und -durchführung
PPS	Produktionsplanung und -steuerung	Computergeführte und -kontrollierte Auftragsplanung und Werkstattsteuerung

Aufgabenbereiche des Produktionscontrollings

Produktionscontrolling

strategische Aufgaben	operative Aufgaben	Reporting
Das Produktionscontrolling sorgt für ausreichende **Erfolgspotenziale** im Produktionsbereich, um eine langfristige **Existenzsicherung** des Unternehmens zu gewährleisten.	Das Produktionscontrolling **unterstützt** die Produktionsprogrammplanung, die Produktionsprozessplanung und -steuerung sowie die Prozessüberwachung im Hinblick auf eine **wirtschaftliche** und **marktangepasste** Produktion.	In der Produktion treffen **technische** und **betriebswirtschaftliche** Aspekte aufeinander, sodass das Produktionscontrolling als Schnittstelle **Kommunikationsprobleme** zwischen diesen beiden Bereichen zu beheben hat.
Umsetzung	**Umsetzung**	**Umsetzung**
Die erforderlichen Maßnahmen orientieren sich an internen (z. B. Unternehmensphilosophie, Unternehmensstrategie) und externen Erfolgsfaktoren (z. B. Umwelt, Gesetze). Im Vordergrund der Überlegungen stehen das Aufspüren von **Synergieeffekten**, das Fixkostenmanagement sowie In- und Outsourcing-Entscheidungen. (s. Lernfeld 2)	Durch die **Integration der EDV** und ein entsprechendes **Schnittstellenmanagement** werden die Fertigungsplanung und die Fertigungsdurchführung gestützt, damit rechtzeitig entsprechende Anpassungsmaßnahmen vorgenommen und so die unterschiedlichen Interessen der Funktionsbereiche in Übereinstimmung gebracht werden können.	Es wird ein **Berichtswesen** zur Erfassung, Aufbereitung und Bereitstellung von zeitnahen Daten aufgebaut. Dies geschieht überwiegend in Form von **Kennzahlen** (z. B. Auslastung der Arbeitsplätze, Materialverfügbarkeit, Störungen nach Dauer und Ursache, Losgrößen), die die finanzwirtschaftlichen Daten der klassischen Betriebsabrechnung ergänzen. (s. Lernfeld 4)

Einordnung des operativen Produktionscontrollings in den Leistungserstellungsprozess

- Die von der **Produktionsplanung** und der **Produktionssteuerung** erarbeiteten Sollvorgaben können aufgrund diverser Störungen des Produktionsprozesses nicht immer eingehalten werden – deshalb muss die Fertigungsdurchführung mithilfe des **Produktionscontrollings** überwacht werden.
- Die **Fertigungsüberwachung** erfolgt durch Vergleich der **Sollvorgaben** mit den **Istwerten**, die zu geeigneten Gegensteuerungsmaßnahmen (z. B. Einlegen von Überstunden, Neuaufteilung der Maschinenbelegung, Auftragsvergabe an fremde Unternehmen) führen.
- Der **Soll-Ist-Vergleich** im Rahmen des Produktionscontrollings geschieht
  - über die entsprechenden **Betriebsdatenerfassungssysteme**, bei denen z. B. CNC-Maschinen Auslastung und Störungen direkt melden, oder
  - **konventionell**, z. B. mit Rückmeldungen und Laufkarten.

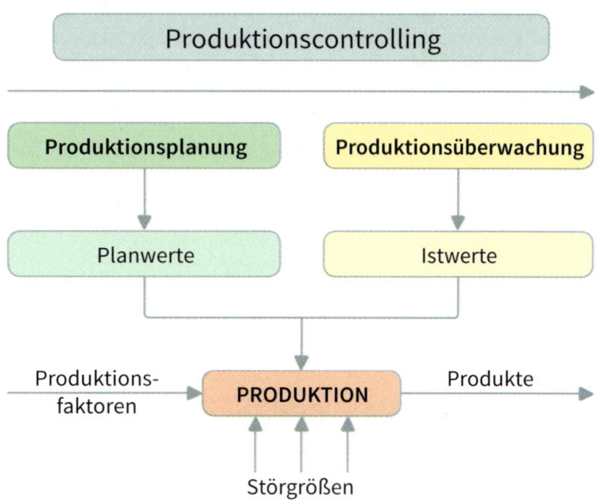

Produktionscontrolling

Production management

Gegenstand und Ziele des operativen Produktionscontrollings

Gegenstand

Produktionscontrolling

- Mengenkontrolle
- Terminkontrolle
- Kostenkontrolle
- Auslastungskontrolle
- Qualitätskontrolle

Ziele
- termingerechte Fertigung
- rechtzeitige Auslieferung an den Kunden
- Verkürzung von Beschaffungs- und Lieferzeiten
- Erhöhung des Kapitalumschlags
- gleichmäßige und hohe Kapazitätsauslastung
- geeignete Wartungsintervalle
- Bildung optimaler Fertigungslosgrößen
- Verbesserung der Fertigungsabläufe
- Verringerung der Rüstkosten
- Reduzierung von Produktionsverlusten
- gleichbleibende und hohe Qualität
- Verringerung von Garantieleistungen
- Erhöhung der Kundenzufriedenheit
- Senkung der Lager- und Zinskosten
- rechtzeitige Ersatzinvestitionen

Die **Mengenkontrolle** muss einen Ausgleich zwischen betrieblichen Kapazitäten und wechselnden Absatz- und Produktionsmengen unter Berücksichtigung zeitlicher und konjunktureller Einwirkungen anstreben, um die verlangten Mengen zeitgerecht zur Verfügung zu stellen.

Die **Terminkontrolle** ist von großer Wichtigkeit für die Lieferfähigkeit und die Liefertreue dem Kunden gegenüber. Als Konsequenzen von Terminverschiebungen können z. B. Vertragsstrafen für verspätete Lieferungen, der Verlust von Marktanteilen oder Zusatzaufwendungen durch Eilaufträge und Zukäufe auftreten.

Ein wichtiges Ziel des Produktionscontrollings ist im Rahmen der **Kostenkontrolle** die Überwachung der Produktionskosten. Einerseits ist besonders auf die Rentabilität des im Produktionsbereich gebundenen Kapitals zu achten, andererseits ist eine hohe qualitative und quantitative Anpassungsfähigkeit im Produktionsapparat sicherzustellen (Kosten s. S. 157 ff.).

Im Rahmen der **Auslastungskontrolle** ist auf eine möglichst hohe Kapazitätsauslastung zu achten, um die Durchlaufzeiten zu verringern und die Vorgabetermine einzuhalten. Zusätzlich können die Leerkosten gesenkt und damit die Nutzkosten gesteigert werden.

Durch eine ausreichende **Qualitätskontrolle** soll die Einhaltung bestimmter Qualitätsstandards gewährleistet werden, um sowohl die Marktanteile zu halten als auch die Kosten für die Ausschussproduktion zu verringern.

Aufgaben und Instrumente

Wirtschaftlichkeitsberechnungen

Beispiele:
- Investitionsrechnung
- Operations-Research-Verfahren
- kostenstellenbezogene Soll-Ist-Abweichungen
- Kennzahlensysteme der Produktion

Kalkulation

Beispiele:
- Prozesskostenrechnung
- Target-Costing
- Break-even-Analyse
- Kalkulationsverfahren

Planung

Beispiele:
- Potenzialanalyse
- PIMS-Studien
- Portfoliokonzept
- Netzplantechnik

Kennzahlen

Einordnung

- Ein auf Erhalt oder Verbesserung des gesamtunternehmerischen Erfolges ausgelegtes Produktionscontrolling hat vordringlich die **Wirtschaftlichkeit** des Produktionsprozesses sicherzustellen. Das Produktionscontrolling muss in der Lage sein, die relevanten Entscheidungen in den produktionswirtschaftlichen Bereichen ursächlich zu erfassen, die Auswirkungen klar abzubilden und bei Erreichung definierter Schwellenwerte Gegensteuerungsmaßnahmen durchzuführen.
- Hierzu sind möglichst **eindeutige Ziele** zu definieren, die sich aus den entsprechenden Oberzielen des Unternehmens (s. S. 61) ableiten. Je eindeutiger ein Ziel formuliert ist, desto klarer sind Abweichungen feststellbar und desto schneller können entsprechende Korrekturen eingeleitet werden.
- In diesem Zusammenhang sind Kennzahlen geeignete Instrumente zur Durchführung wirksamer Steuerungsmaßnahmen und aussagekräftiger Kontrollen.
- Kennzahlen können als Zahlen definiert werden, die in **konzentrierter Form quantitativ erfassbare Sachverhalte** abbilden.
- Dabei werden Vorgabewerte aus den unternehmerischen Plan- bzw. Sollzahlen als normative Werte abgeleitet. Anhand dieser Werte sind Abweichungen im Vergleich mit den **realisierten Werten** erkennbar und eine Analyse der Abweichungen möglich.
- Kennzahlen sind für interne und externe Zwecke einsetzbar. Allerdings ist die Aussagefähigkeit von Kennzahlen aufgrund der Möglichkeit **vieldeutiger Interpretationen** begrenzt. Deshalb werden für Entscheidungen zusätzliche Informationen benötigt bzw. einzelne Kennzahlen zu Kennzahlensystemen gebündelt.
- Nachstehend sind zwei wichtige Beispiele für Kennzahlen aufgeführt. Weitere wichtige Kennzahlen befinden sich auf den Seiten 376 ff. u. S. 459.

Produktivität

$$\textbf{Produktivität} = \frac{\text{Outputmenge (in Stück, m, kg usw.)}}{\text{Inputmenge (als Arbeitszeit, Betriebsmittel usw.)}}$$

- Produktivität bezeichnet ein **mengenmäßiges Verhältnis**, bei dem Ausbringungsmengen (Output- oder Faktorertragsmengen) durch Einsatzmengen (Input- oder Faktoreinsatzmengen) dividiert werden.
- Da die Mengen unterschiedliche Dimension haben, sind sie selten addierbar (z. B. Arbeitszeit und Betriebsmittel). Deshalb sind Teilproduktivitäten wie die Arbeitsproduktivität oder die Kapitalproduktivität zu bilden.
- Die Beispiele beziehen sich auf die OfficeCom AG, die vom Schreibtisch S 45 im Monat März 600 Stück in 150 Arbeitsstunden und mit (bewerteten) Betriebsmitteln in Höhe von 200,00 € herstellt.

$$\textbf{Arbeitsproduktivität} = \frac{\text{600 Stück}}{\text{150 Arbeitsstunden}} = \text{4 Stück pro Arbeitsstunde}$$

$$\textbf{Kapitalproduktivität} = \frac{\text{600 Stück}}{\text{200.000,00 €}} = \text{0,003 Stück pro 1,00 €}$$

Wirtschaftlichkeit

- Das Problem der **verschiedenen Dimensionen** bei der Produktivität wird bei der Wirtschaftlichkeit dadurch umgangen, dass die Output- und Inputmengen z. B. mit **ihren Preisen bewertet** werden. Unter Wirtschaftlichkeit wird der Quotient aus Ertrag und Aufwand verstanden. (Das Beispiel bezieht sich auf die OfficeCom AG, die im Monat Mai einen Verkaufserlös von 60.000,00 € bei einem Gesamtaufwand von 40.000,00 € erzielt.)

$$\textbf{Wirtschaftlichkeit} = \frac{\text{Ertrag}}{\text{Aufwand}}$$

- Die Wirtschaftlichkeit der OfficeCom AG beträgt im Mai

  $$\frac{\text{60.000,00 €}}{\text{40.000,00 €}} = \text{1,5 oder 150 \%}$$

  Das bedeutet, dass die OfficeCom AG im Mai einen Gewinn erwirtschaftet hat.
- Wenn man nur die betriebliche Leistungserstellung (Abgrenzung s. S. 159 f.) in den Vordergrund der Betrachtung stellt, ergibt sich für die Kennzahl der Wirtschaftlichkeit folgender Quotient:

$$\textbf{Wirtschaftlichkeit} = \frac{\text{Leistungen}}{\text{Kosten}}$$

- Die obigen Quotienten der Wirtschaftlichkeit können jedoch zu Fehlinterpretationen führen, wenn z. B. aufgrund sinkender Marktpreise oder gestiegener Produktionsfaktorkosten eine geringere Wirtschaftlichkeit ausgewiesen wird.

Überblick

- Die **Qualität** der Erzeugnisse wird durch laufende Kontrollen auf einem fest definierten Niveau gewährleistet bzw. ständig verbessert. Das erhöht die **Absatzfähigkeit** der Produkte und vermindert die Kosten für Ausschuss, Nachbesserung und Gewährleistung.
- Die Kosten für die **Prüfungstätigkeit** steigen mit Zunahme der Prüfungsintensität, die u. a. von der Zahl der zu prüfenden Teile und dem jeweiligem Qualitätsstandard abhängen. Häufig werden computerunterstützte Prüfgeräte (**CAQ** = **C**omputer **A**ided **Q**uality Assurance) eingesetzt, die eine ständige Überwachung des Fertigungsablaufs und gegebenenfalls entsprechende Korrekturen ermöglichen.
- Der **Qualitätsbegriff** beschränkte sich früher vor allem auf die Qualität der Werkstoffe sowie der Halb- und Fertigfabrikate. Von der reinen Endkontrolle (Ziel: Ausschussreduktion) entwickelte sich der Qualitätsbegriff zum **Qualitätsmanagement** (Ziel: Qualitätsorientierung der Produkte auf den Kunden; DIN EN ISO 9000 ff.) bis hin zu umfassenden Qualitätskonzepten, die sich auf die Qualität des Managements (z. B. TQM) konzentrieren. (Zu TQM s. S. 242 f.)

Definitionen

- **Qualität** wird nach DIN ISO 8402 als Summe von Merkmalen einer Einheit mit festgelegten und voraussetzbaren Eignungen und Erfordernissen definiert.
- Eine **Einheit** kann grundsätzlich eine Tätigkeit, ein Prozess, ein System, eine Organisation, eine Person oder eine entsprechende Kombination sein.
- **Festgelegte und voraussetzbare Eignungen und Erfordernisse** bezeichnen die Summe von Merkmalen, die von den Kunden an die Beschaffenheit einer „Einheit" für eine hohe Gebrauchstauglichkeit gefordert werden.
- Unter **Qualitätssicherung** kann man die Summe aller technischen und organisatorischen Maßnahmen zur Erreichung und Sicherung einer festgelegten Qualitätsebene der betrieblichen Leistung bezeichnen. Sie umfasst die Qualitätsplanung (Festlegung der Sollwerte), die Qualitätssteuerung (Vorgabe der gewünschten Qualität) und die Qualitätskontrolle.
- Als **Qualitätskontrolle** kann man die Überprüfung der festgelegten und geforderten Qualitätsmerkmale bezeichnen. Sie kann fortlaufend oder punktuell durchgeführt werden.
- Ein **Fehler** ist die Nichterfüllung eines Qualitätsmerkmals.

Beispiele für Qualitätsmerkmale

Qualitätsmerkmale	Erklärung	*Beispiele*
Fehlerfreiheit	Übereinstimmung von Erzeugnissen und Konstruktionsplänen	■ Einhaltung von Abmessungen ■ Einsatz bestimmter ökologischer Werkstoffe
Tauglichkeit	Das Produkt muss dem vorgesehenen Zweck funktions- und gebrauchsgerecht entsprechen.	■ einwandfreies Funktionieren der Vorderradbremse eines Fahrrads ■ richtige Anzeige der Uhrzeit durch eine Funkuhr
Vorschriftsmäßigkeit	Einhaltung bestehender Vorschriften	■ elektrische Sicherheit nach VDE ■ Betriebssicherheit gemäß TÜV
Zuverlässigkeit	Einhaltung von definierten Fehlertoleranzen bzw. fehlerfreier Betrieb	■ Das Anzugsdrehmoment einer Schraube beträgt 30 Nm. ■ Genauigkeit von Uhren: max. 1 Sekunde Abweichung in 10 Jahren
Übertragbarkeit	Anpassung an neue Gegebenheiten	■ Implementierung eines alten Datenkranzes in eine neue Software ■ Installierbarkeit einer Software auf andere Hardware

Fehlerkategorien

Fehlerklassen nach DIN 40080

Kritischer Fehler	Hauptfehler	Nebenfehler
Fehler, der unsichere oder gefährliche Situationen schafft oder die Erfüllung der beabsichtigten Funktion verhindert	Nicht kritischer Fehler, der zu einem Ausfall führt oder die Brauchbarkeit für die angestrebte Verwendung erheblich einschränkt	Fehler, der den Verwendungszweck nur geringfügig herabsetzt oder den Gebrauch der Einheit nur wenig einschränkt
Beispiel: Bei einem Wasserkocher kommt der stromführende Bereich konstruktionsbedingt mit Wasser zusammen.	***Beispiel:*** Ein Wasserkocher kann das Wasser nicht oder nicht auf die gewünschte Temperatur erhitzen.	***Beispiel:*** Ein Wasserkocher weist Kratzer bzw. geringfügige Beschädigungen am Deckel auf.

Arten von Qualitätskosten

administrative Kosten	fehlerverhütende oder -vorbeugende Maßnahmen	entgangene Gewinne
(z. B. Bearbeitung von Retouren, Kundenreaktionen)	(z. B. Schulungen, Systemaudits, Qualitätsverbesserungsprogramme)	(z. B. zukünftiger Geschäftsumsatzrückgang, Schleuderverkäufe minderwertiger Produkte)

→ **Qualitätskosten** ←

Kosten der Prüfung	innerbetriebliche Fehlerkosten	außerbetriebliche Fehlerkosten
(z. B. Laborprüfungen, prozessbegleitende Prüfungen, Endkontrollen)	(z. B. Wartezeiten, Nachbesserungen, Bearbeitung von Retouren)	(z. B. Garantieleistungen, Produkthaftung, Konventionalstrafen)

Unterscheidungskriterien

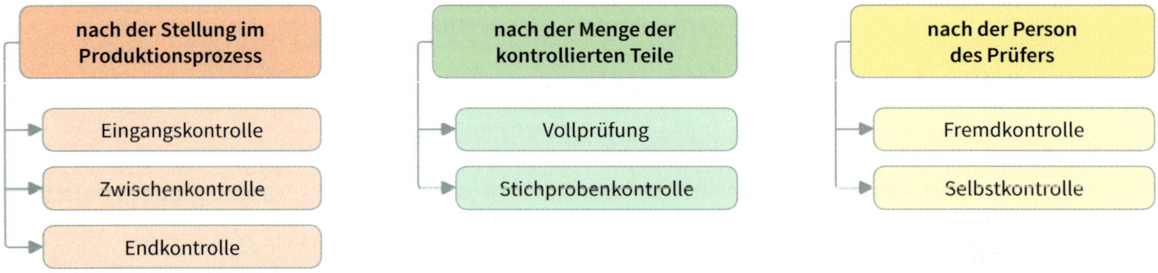

- Die **Eingangskontrolle** überprüft bezogene Werkstoffe und Waren schon beim Materialeingang. Je früher ein Fehler entdeckt wird, desto kostengünstiger ist es in der Regel für das Unternehmen. Nach der Zehnerregel potenzieren sich die Fehlerkosten entlang der Produktentstehungskette, da sie sich auf jeder Stufe um den Faktor 10 erhöhen.
- Die **Zwischenkontrolle** wird während der Fertigung für einzelne Teile oder Baugruppen vorgenommen.
- Die **Endkontrolle** bezieht sich auf das gefertigte Produkt. Dabei wird entschieden, ob das Produkt zum Verkauf freigegeben werden kann. Das fehlerfreie Zusammenwirken der einzelnen Produktkomponenten kann manchmal erst in der Endkontrolle geprüft werden, womit der Stellenwert als letzte innerbetriebliche Kontrollstation im Hinblick auf das Produkthaftungsgesetz (siehe S. 446) deutlich wird.
- Die **Vollprüfung** (Totalprüfung, 100 %-Kontrolle) umfasst sämtliche Teile. Sie ist eine sehr sichere, aber auch aufwändige Prüfungsmethode und wird überwiegend bei der Kontrolle der Funktionstüchtigkeit der Produkte angewendet. Bei sicherheitsempfindlichen Erzeugnissen (z. B. Flugzeug- oder Reaktortechnik) wird sie auch mehrfach vorgenommen; bei zerstörender Prüfung ist diese Methode nicht einsetzbar.
- Bei der **Stichprobenkontrolle** wird nur ein Teil der Erzeugnisse geprüft. Anhand des festgestellten Fehleranteils der Stichprobe wird mittels der Wahrscheinlichkeitsrechnung auf die Fehlerhaftigkeit der Gesamtheit geschlossen. Die Stichprobenkontrolle wird vor allem bei der Großserien- und Massenfertigung angewendet bzw. bei bestimmten Erzeugnissen, die nach der Prüfung nicht mehr verwendbar sind (z. B. Festigkeitsprüfung bei Metall, Geschmacksprüfungen von Lebensmitteln).
- Die **Fremdkontrolle** wird durch das Qualitätswesen vorgenommen und kann sowohl durch die eigene als auch durch ein beauftragtes Unternehmen durchgeführt werden. Sie ist die vorherrschende Form der Qualitätsprüfung und orientiert sich an dem Grundsatz, dass niemand sich selbst kontrollieren sollte.
- Die **Selbstkontrolle** (Selbstprüfung, Eigenprüfung), bei der die Mitarbeiter ihre eigenen Arbeitsergebnisse überprüfen, durchbricht bewusst den o. a. Grundsatz, um das Eigeninteresse der Mitarbeiter an der Qualität ihrer Arbeit zu aktivieren und ggf. durch Prämien zu honorieren. Der Erfolg hängt hierbei in besonderem Maße von der Bereitschaft der Mitarbeiter zur permanenten Qualitätsverbesserung ab.

Kosten der Qualitätskontrolle

- Da die Qualitätsüberprüfungen mit entsprechenden **Kosten** verbunden sind, ist eine entsprechende **Planung** unerlässlich. Die Planungsschwerpunkte umfassen Prüfungsmerkmale, Zeitpunkte oder Zeitintervalle der Prüfung, Prüfungsvorrichtungen und Prüfungsdurchführung, Prüfer, Prüfungsorte, Prüfungsumfang, Dokumentation und Aufbewahrung der Prüfdaten.
- Die **Qualitätskontrolle** hat einen hohen Stellenwert in dem Unternehmen: Geringe Qualitätsbemühungen führen aufgrund der Folgewirkungen zu hohen Kosten, die aber auch durch zu viel Vorsorge- und Prüfungsaufwand entstehen können.

Funktionsorientierte Qualitätskostenbetrachtung

- Der klassische Ansatz bei der Darstellung der Qualitätskosten berücksichtigt die Größen
  - **Fehlerverhütungskosten** (z. B. Qualitätsplanung, Lieferantenbeurteilung, Machbarkeitsstudien, Zertifizierungen, Audits),
  - **Prüfkosten** (z. B. Kosten des Prüfungsvorgangs, Zerstörungen bei der Prüfung, Prüfdokumentation) und
  - **Fehlerkosten** (z. B. Ausschuss, Nacharbeitung, Sortierarbeiten).
- Dabei wird eine **gegenläufige Entwicklung** von Fehlerverhütungskosten und Prüfungskosten einerseits und Fehlerkosten andererseits angenommen. Die Kosten für Fehlerverhütung und Prüfung steigen mit zunehmendem Qualitätsanspruch. Die Fehlerkosten fallen mit erhöhtem Qualitätsgrad.
- Das **wirtschaftliche Optimum** ist erreicht, wenn die Gesamtkosten (als Addition von Fehlerkosten sowie Prüfungs- und Fehlerverhütungskosten) ein Minimum erreichen.
- Die **kostenoptimale Qualität** liegt hierbei nicht bei 100 % Vollkommenheit, was vor allem an der vollständigen Zuordnung der Prüfkosten zu den Fehlerverhütungskosten liegt.

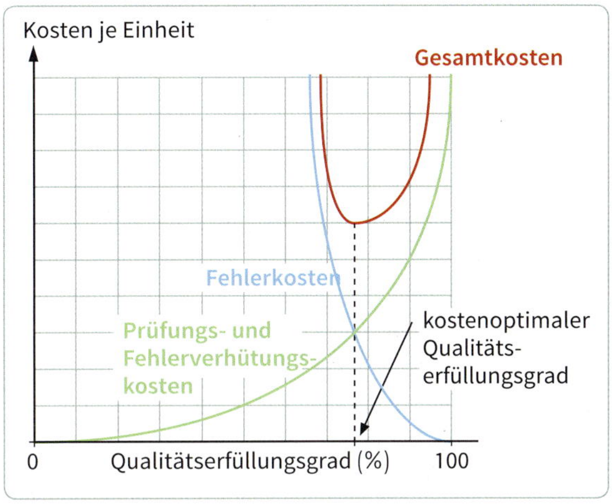

Wertschöpfungsorientierte Qualitätskostenbetrachtung

- Die funktionsorientierte Qualitätskostenbetrachtung lässt zum einen eine eindeutige Erfassung und Zuordnung der Qualitätskosten zu den Geschäfts- und Betriebsprozessen nicht zu. Zum anderen muss aufgrund der empirisch ermittelten Zehnerregel (s. S. 236) der gesamte Produktlebenszyklus erfasst werden.
- Neuere Betrachtungsweisen teilen die Qualitätskosten deshalb in **wertschöpfende Kosten** (als Kosten der Übereinstimmung) und in **nichtwertschöpfende Kosten** (als Kosten der Abweichung) ein. Dabei werden die wertschöpfenden Kosten als notwendige Qualitätskosten (ggf. erweitert durch die Kosten für Qualitätsnachweise) und die nichtwertschöpfenden Kosten als vermeidbare Kosten angesehen.
- **Kosten der Übereinstimmung** entstehen für Tätigkeiten mit dem Ziel, eine dauerhaft fehlerfreie Produkterstellung zu erlangen und zu erhalten. Sie stellen eine „positive Investition“ dar, die einen entsprechenden Beitrag zum Unternehmenserfolg gewährleistet.
- **Kosten der Abweichung** fallen für die Beseitigung von Abweichungen eines vorgegebenen Qualitätsstandards an und stellen eine Verschwendung von Ressourcen dar.
- Der **Block der Prüfkosten** wird entsprechend ihrer jeweiligen Wertschöpfungsanteile auf die Kosten der Übereinstimmung (z. B. Kosten für Prüfmittel) und die Kosten der Abweichung (z. B. Aussortieren fehlerhafter Teile, Nacharbeit) aufgeteilt.
- Die **kostenoptimale Qualität** liegt dann bei einem Qualitätserfüllungsgrad von 100 %.

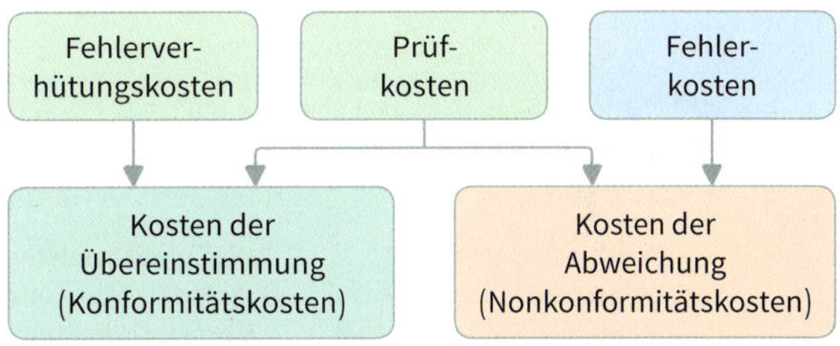

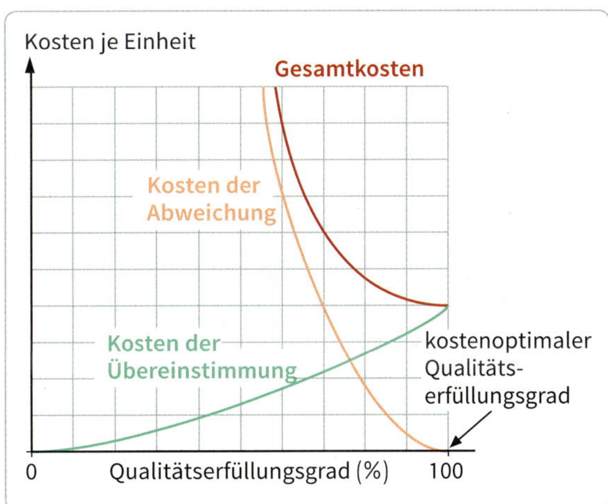

Qualitätsmanagement

Quality management

Bedeutung

In **dynamischen** Märkten führen stetige **Änderungen** z. B. im Kundenverhalten, in gesellschaftlichen Werthaltungen, in internationalen Gesetzeslagen, in Umweltforderungen und in technologischen Entwicklungen zu einem **hohen** Anpassungs-, Erfolgs-, Kosten-, Zeit- und Wettbewerbsdruck. Qualität wird für den Kunden in diesem Zusammenhang zu einem **Integrationsfaktor** für seine Wünsche und Anforderungen, die sein Vertrauen in die Unternehmensleistung begründen. Daher steigen auch die Anforderungen an die Qualitätsfähigkeit von Unternehmen und der Zwang, diese Qualitätsfähigkeit nachweisen zu müssen. Somit erhält das Qualitätsmanagement eine wichtige Bedeutung als **Wettbewerbsfaktor**.

Begriffe

- Unter **Qualitätsmanagement** kann man alle Strukturen, Tätigkeiten und Einrichtungen zusammenfassen, die der Planung, Lenkung, Erfassung, Dokumentation und Verbesserung der Qualität dienen. Dabei ist das Qualitätsmanagement als strategische und operative Funktion der Unternehmensleitung aufzufassen, die auf jeder Hierarchieebene und in allen Teileinheiten eines Unternehmens umzusetzen ist – für Qualität ist jeder zuständig.
- **Qualitätsmanagementsysteme** können als ein alle Bereiche eines Unternehmens erfassendes organisatorisches Konzept zur Sicherung der Qualitätsfähigkeit eines Unternehmens verstanden werden. Dabei sind die erfolgskritischen Faktoren wie z. B. Kernprozesse und die wechselseitigen Beziehungen prozessorientierter Strukturen abzubilden. Der Aufbau von Qualitätsmanagementsystemen ist individuell verschieden und richtet sich nach den jeweiligen Zielsetzungen.
- Durch ein **Qualitätsaudit** als systematische und unabhängige Untersuchung des Qualitätsmanagementsystems kann festgestellt werden, ob die Qualitätsaktivitäten den gestellten Anforderungen entsprechen und effektiv umgesetzt werden. Ein Qualitätsaudit kann **intern** oder **extern** vorgenommen werden. Bei internen Audits werden die Prüfungshandlungen von betriebsinternen Personen, die aber vom zu prüfenden Sachverhalt unabhängig sein sollten, vorgenommen.
- Das Qualitätsmanagementsystem eines Unternehmens wird in einem **Qualitätshandbuch** dokumentiert und aktualisiert. Es werden sowohl die relevanten Qualitätsziele und Qualitätsplanungen als auch die Arbeits- und Verfahrensanweisungen erfasst. Das Qualitätshandbuch ist ein öffentliches Dokument, da es nicht nur den Betriebsangehörigen, sondern auch den Lieferanten und Kunden zur Verfügung steht.

Elemente

	Qualitätsmanagement			
Gegenstand	Die **Qualitätsplanung** befasst sich mit den Maßnahmen zur Planung und Entwicklung der Qualitätsanforderungen. Im Rahmen dieser Tätigkeit sind die Qualitätsgrundsätze, Qualitätsziele, Qualitätsstrategien und Qualitätsstandards festzulegen.	Die **Qualitätssicherung** umfasst alle Tätigkeiten, die der Überwachung und Korrektur der Qualitätsanforderungen dienen. Dazu sind entsprechende Maßnahmen zur Mitarbeitermotivation, Qualitätsverantwortung, Organisation und Kommunikation zu treffen.	Im Rahmen der **Qualitätsprüfung** soll die Einhaltung der gesetzten Qualitätsstandards überprüft werden. Dafür sind geeignete und kostengünstige Verfahren und Instrumente zur Überprüfung auszuwählen.	Alle im Rahmen des Qualitätsmanagementsystems umgesetzten Tätigkeiten sind in einer **Qualitätsmanagementdokumentation** niederzulegen. Die Veröffentlichung dieser Daten soll intern und extern Vertrauen in die Qualitätsanforderungen schaffen.
Instrumente	■ Kundenbefragung ■ Mitarbeiterbefragung ■ Benchmarking ■ Stärken-Schwächen-Analyse ■ Ermittlung von Verbesserungspotenzialen	■ Personalauswahl ■ Anreizsysteme ■ Aufbauorganisation ■ Ablauforganisation ■ Informationssysteme ■ Qualitätszirkel	■ Fehleranalyse ■ Qualitätsmessung ■ Qualitätszirkel ■ Beschwerdemanagement ■ Teamgespräch	■ Qualitätsstatistik ■ Qualitätshandbuch ■ Qualitätsaudit ■ Zertifizierung ■ Auszeichnung mit Qualitätspreisen

Einführung eines Qualitätsmanagementsystems

- **Qualitätsmanagementsysteme** (Qualitätssysteme, Qualitätssicherungssysteme) zeigen die **gesamte Aufbau- und Ablauforganisation eines Unternehmens**. Systematisch werden auf allen Ebenen des Unternehmens **Ziele, Strukturen, Prozesse, Verfahren und Verantwortlichkeiten dokumentiert**.
- Da Qualitätsmanagementsysteme qualitätsbezogene Aktivitäten untereinander in Beziehung setzen und die Planung, Durchführung sowie Steuerung der Maßnahmen des Qualitätsmanagements abbilden, dienen sie der **Ordnung, Übersicht und der gezielten Umsetzung von Qualitätsaufgaben** in den Unternehmen.

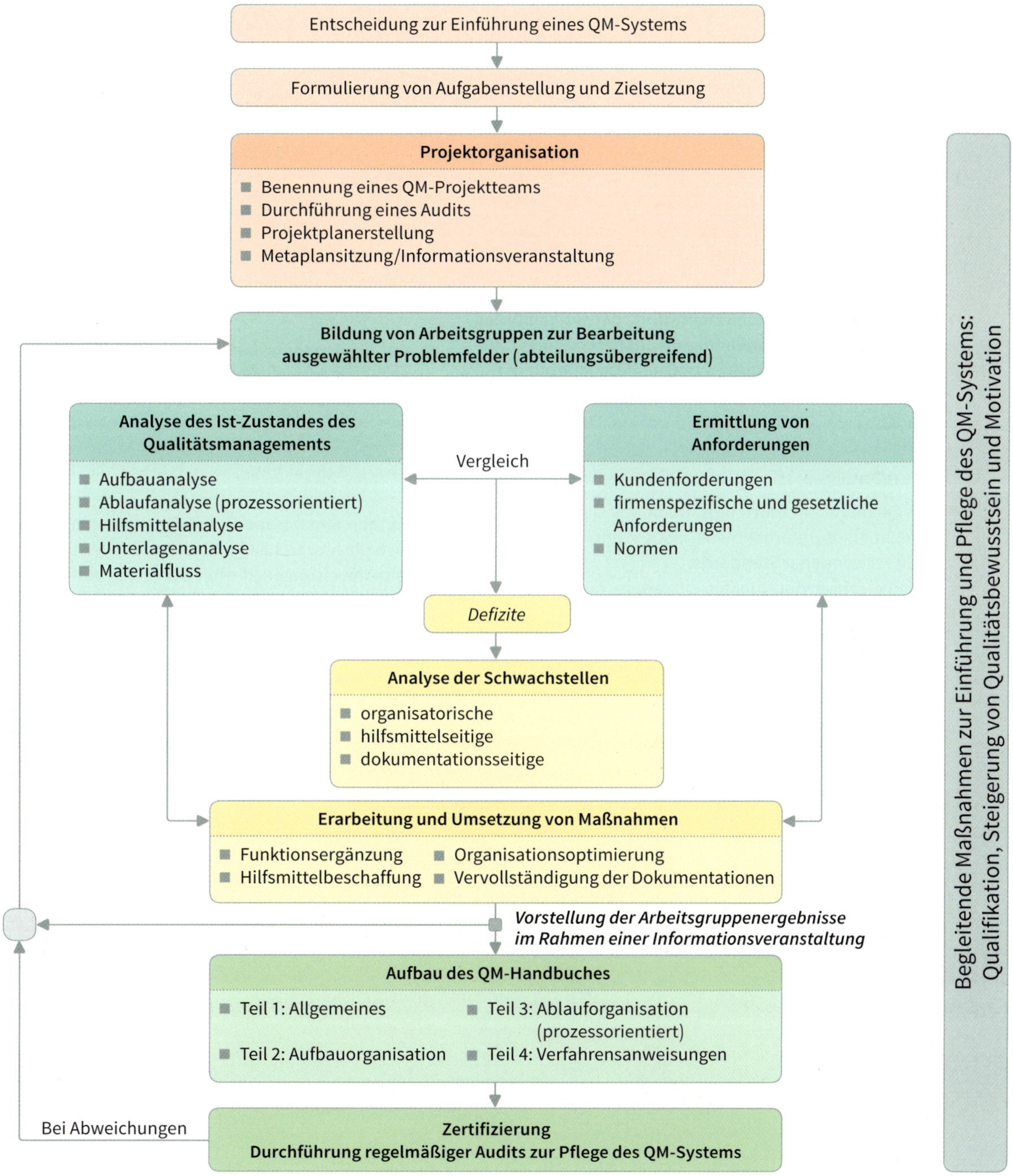

vgl.: Hannen, Christoph; Lindemann, Thomas: Qualitätsmanagement für die Praxis, 1. Aufl., Cornelsen Berlin 1996, S. 98

5

Dokumentation von Qualitätsmanagementsystemen

- Da sich die Aufgaben des Qualitätsmanagements an den jeweiligen organisatorischen Abläufen, den speziellen Zielsetzungen, verschiedenen Produkten, unterschiedlichen externen Einflüssen und Gegebenheiten der Unternehmen orientieren, kann es **kein einheitliches Qualitätsmanagementsystem** geben.
- Für die **konkrete Umsetzung** eines Qualitätsmanagementsystems ist das **jeweilige Unternehmen** bzw. die Organisation **selbst** verantwortlich. Man kann jedoch feststellen, dass Qualitätsmanagementsysteme, die sich nach **anerkannten Normen** wie der DIN EN ISO 9000 ff. richten, vorherrschen.
- Das Qualitätsmanagement ist einem **dynamischen Prozess ständiger Hinterfragung** der Qualitätsanforderungen und eingeführten Organisationsstrukturen unterworfen, die entsprechende Anpassungen und Modifikationen nach sich ziehen.
- Eine **vollständige Dokumentation** der aufgebauten Strukturen soll die **notwendige Transparenz** sicherstellen und kann z. B. in Form eines Qualitätshandbuchs unterschiedlichen Nutzergruppen zur Verfügung gestellt werden.

Zielgruppe	Zielsetzung der QM-Dokumentation
Angehörige des Unternehmens	▪ Kenntnis der Zusammenhänge zwischen den Bereichen ▪ Information über Ziele und Ergebnisse ▪ Transparenz der Abläufe herstellen ▪ Einarbeitungshilfe für neue Mitarbeiter
Kunden des Unternehmens	▪ Vertrauen in Kompetenz und Qualitätsfähigkeit schaffen ▪ Umsetzung der Kundenforderungen erläutern ▪ Vorgehen bei Reklamationen festlegen
Zertifizierungsstelle	▪ Nachweis für die Normerfüllung ▪ Festlegung von Verantwortlichkeiten und Reaktionen ▪ Zuordnung der Abläufe zu den Normforderungen

vgl.: Ebel, Bernd: Produktionswirtschaft, 8., völlig neue Auflage, Kiehl Verlag Ludwigshafen 2003, S. 385

Dokumentarten

- Das Qualitätshandbuch beschreibt das Qualitätsmanagement eines Unternehmens, insbesondere
  - die verwendeten **Standards,**
  - die **Verfahren** der Qualitätssicherung,
  - die **Organisation** der Sicherungssysteme,
  - die entsprechenden **Verantwortlichkeiten** und
  - die Lenkung von **Dokumenten und Aufzeichnungen**.
- Mit der Organisation des Qualitätsmanagements ist auch die **hierarchische Struktur** der Verfahrens- und Arbeitsanweisungen, die mit den jeweiligen **Zuständigkeiten** verbunden und **möglichst widerspruchsfrei formuliert** sind, festgelegt.

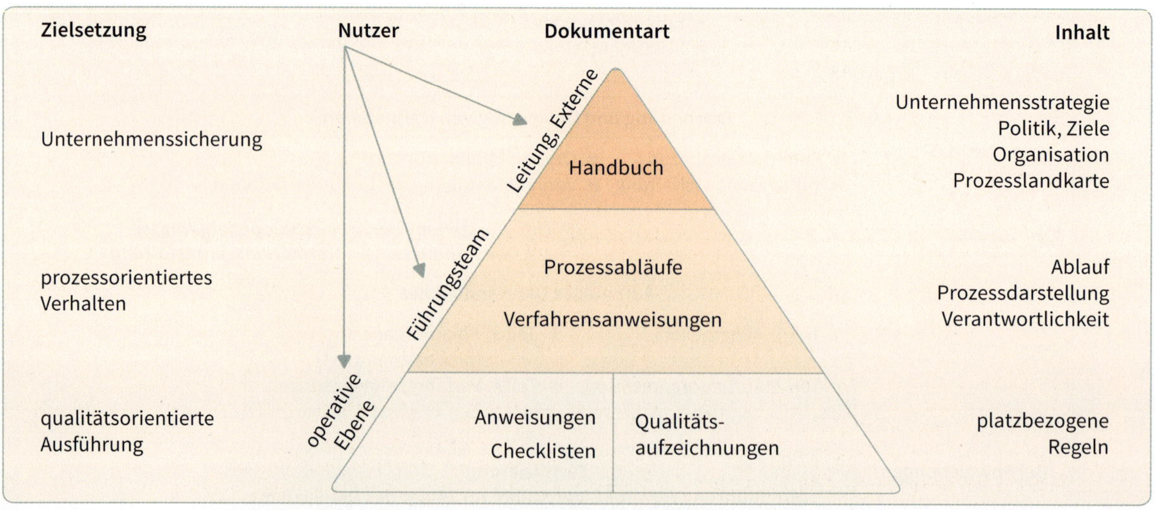

vgl.: Ebel, Bernd: Produktionswirtschaft, 8. Aufl., Kiehl Verlag Ludwigshafen 2003, S. 385

DIN EN ISO 9000

- Immer häufiger werben die Unternehmen mit der Zertifizierung nach **DIN EN ISO 9000** ff. (im Folgenden kurz ISO 9000 genannt) und zeigen damit, dass sie ein entsprechendes Qualitätsmanagement eingeführt haben.
- Die Normen sind von der International Organization for Standardization (**ISO**) entwickelt, nach Zustimmung der europäischen Normengremien und der Europäischen Kommission als europäische Norm (**EN**) übernommen und schließlich vom Deutschen Institut für Normung (**DIN**) in das nationale Normenwerk Deutschlands eingegliedert worden.
- Die Übernahme von ISO-Normen geschieht auf freiwilliger Basis. Die europäischen Staaten sind jedoch verpflichtet, die Europanormen in ihre jeweiligen Regelwerke zu übernehmen. Unternehmen können ihr Qualitätsmanagement **individuell** gestalten. Da die ISO 9000 weltweit akzeptiert werden, sollte sich ein Qualitätsmanagement mit seinen Anforderungen **mindestens** an diesen Normen orientieren.
- Die Inhalte der 9000-Normenreihe werden in unregelmäßigen Abständen überarbeitet und ergänzt. ISO 9000:2005 zeigt an, dass die Überarbeitung im Jahre 2005 stattfand.

ISO 9000 ist ein **Normensystem**, das aus vier Kernnormen besteht.

Kernnormen	Inhalt
DIN EN ISO 9000	Grundsätzliche Überlegungen und Begriffe für Qualitätsmanagementsysteme sowie Anleitung zur Darlegung des Qualitätsmanagementsystems
DIN EN ISO 9001	Forderungen an die Qualitätssicherung und Darlegung der Fähigkeit zu fehlerfreier Produktion
DIN EN ISO 9004	Leitfaden zur Leistungsverbesserung und zur Verbesserung des Qualitätsmanagementsystems
DIN EN ISO 19011	Leitfaden für das Auditieren von Qualitäts- und Umweltmanagementsystemen

Vorteile der Zertifizierung

- Die Zertifizierung setzt das Überdenken der Arbeitsprozesse in dem Unternehmen voraus und führt zu **Verbesserungen** im Organisationsaufbau und Arbeitsablauf. Standardisierung von Ablauf- und Kommunikationsstrukturen führen zur **Objektivierung** von Arbeitsabläufen und engen den Spielraum von persönlicher Willkür ein. Damit wird indirekt ein Beitrag zur Verbesserung der Arbeitsbedingungen geleistet.
- **Kosteneinsparungen**, die durch effiziente Strukturen im Unternehmensaufbau und Arbeitsablauf erreicht werden, verbessern die **Zukunftsfähigkeit** des Unternehmens.
- Die Einbindung der **Kundenzufriedenheit** führt zu einem höheren Grad an Kundennähe und leistet einen wichtigen Beitrag zur **Wettbewerbsfähigkeit**.
- Das Zertifikat kann durch genaue Dokumentationen von Produktkonstruktion und Produkterstellung **vorbeugend gegen Produkthaftungsklagen** (insbesondere bei Beweislastumkehr) helfen und haftungsrechtlich relevante Gegenbeweise liefern.
- Die Zertifizierung kann als **Wettbewerbsvorteil** angesehen werden, da ISO 9000-zertifizierte Unternehmen meist von ihren Zulieferern ebenfalls einen entsprechenden Qualitätsstandard verlangen (Automobilindustrie) und staatliche Stellen bei Ausschreibungen und Auftragsvergabe entsprechende Vorgaben machen.

Nachteile der Zertifizierung

- Die Zertifizierung ist mit **hohen Kosten** (z. B. Istaufnahmen, Prozessoptimierungen, Überprüfungen, Dokumentationen, Audits, Schulungen) verbunden, zumal die Gültigkeit der Zertifikate nur zwei bis drei Jahre beträgt.
- Eine zu große Regelungsdichte und enge Regelauslegung können zu einer **Überreglementierung** und damit zu **Bürokratisierung** führen, sodass die notwendige Flexibilität und das Kreativitätspotenzial eines Unternehmens nicht abgerufen werden können.
- Es kann eine **faktische Zwangsnormierung** entstehen, da die Markteintrittschancen von entsprechenden Zertifikaten abhängen (z. B. Automobilindustrie, staatliche Ausschreibungen). Insbesondere neugegründete Unternehmen oder Unternehmen mit finanziellen Problemen haben einen erschwerten Marktzugang.

Total Quality Management (TQM)

Begriff und Bedeutung

- **TQM** kann nach DIN ISO 8402 als integratives Managementkonzept definiert werden, das
  - alle Mitarbeiter und Mitarbeiterinnen einer Organisation einbezieht,
  - die Qualität als wesentliches Unternehmensziel in den Mittelpunkt aller Betrachtungsweisen stellt,
  - durch Zufriedenstellung der Kunden einen langfristigen Unternehmenserfolg anstrebt sowie
  - auf Nutzen für die Mitglieder der Organisation und der Gesellschaft zielt.

T	Alle Unternehmensbereiche, alle Hierarchieebenen, alle Mitarbeiter und Mitarbeiterinnen sind möglichst **total** in allen Phasen des betrieblichen Leistungserstellungsprozesses durch unternehmensweite Beteiligung, partnerschaftliches Verhältnis zu Kunden und Lieferanten sowie durch Orientierung des Unternehmens an den gesellschaftlichen Forderungen einbezogen.
Q	**Qualität** ist das Leitmotiv und spiegelt sich in der Erfüllung von Kundenerwartungen bezüglich fehlerfreier und kundengerechter Produkte wider. Der Qualitätsbegriff bezieht sich auf die Produkte und Dienstleistungen, die Optimierung von Prozessen, technischen Ausstattungen, Arbeitsbedingungen, personellen Ressourcen und Außenbeziehungen.
M	TQM ist Aufgabe des **Managements**, das einerseits die Qualität als Unternehmensziel in den Vordergrund zu stellen hat, andererseits selbst durch Qualität überzeugen muss, um durch Setzen entsprechender Rahmenbedingungen die Einstellung und Motivation der Mitarbeiter für TQM zu fördern.

- TQM ist eine **Managementstrategie** mit einem umfassenden Denk- und Handlungsansatz, der sich in der Unternehmensphilosophie als **Leitbild** eines Unternehmens niederschlägt und als **konkretes Führungskonzept** im Unternehmen umgesetzt werden muss.
- Im Mittelpunkt der Bemühungen steht die **Erfüllung der Kundenwünsche**. Der Kundenbegriff ist dabei ganzheitlich zu interpretieren. Man unterscheidet externe Kunden (Käufer und Verwender der Produkte) und interne Kunden (Abteilungen, die Ergebnisse von vorgeschalteten Abteilungen übernehmen). So kann ein vielfältiges Kunden-Lieferanten-Beziehungsgeflecht aufgebaut werden, in dem die Lieferanten die Qualität zur Verfügung stellen müssen, die der (interne oder externe) Kunde verlangt. Das setzt eine entsprechende **Kommunikation und Kooperation** voraus und führt zu einer Optimierung von Produkten und Prozessen, sodass alle Beteiligten am Erfolg partizipieren.
- Die Erfüllung der Kundenwünsche, die sich auf das Produkt, den After-Sales-Service oder das Verhalten des Unternehmens insgesamt beziehen kann, führt zu einer **hohen Kundenzufriedenheit** als Grundlage für eine langfristige **Kundenbindung** und **Kundenloyalität**.
- TQM versucht, das **Spannungsfeld** von Qualität, Zeit und Kosten aufzulösen. Das Erreichen eines definierten Qualitätsstandards kann die damit verbundenen Kosten kompensieren, denn Qualität führt zu niedrigen Entwicklungs- und Produktionskosten, sodass Fehler, Blindleistungen, Verschwendung, Korrekturen und Nacharbeit reduziert bzw. vermieden werden. Zudem können Kosten und Zeiten für die Behandlung von Kundeneinwänden minimiert werden.

Aspekte des TQM

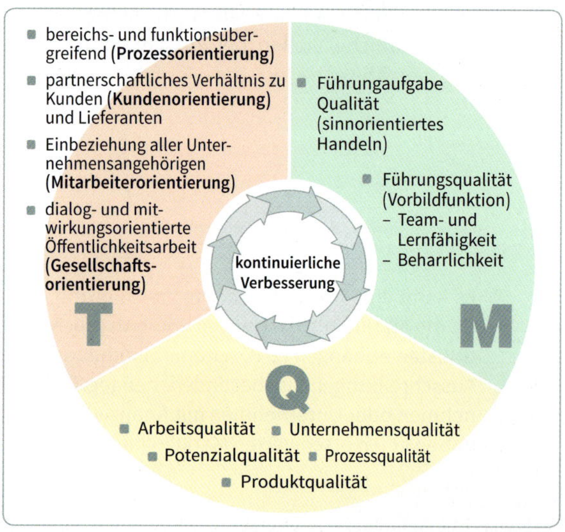

aus: Pfeifer, Tilo: Qualitätsmanagement, 3. völlig überarbeitete und erweiterte Auflage, Hanser Verlag München, Wien 2001, S. 6

Kausalbeziehungen

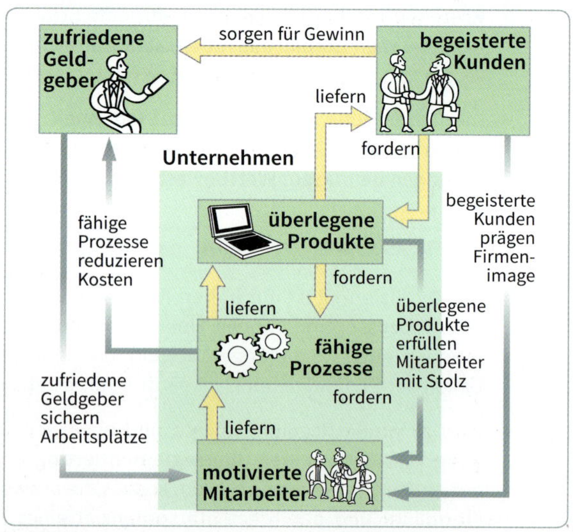

aus: Pfeifer, Tilo: Qualitätsmanagement, 3. völlig überarbeitete und erweiterte Auflage, Hanser Verlag München, Wien 2001, S. 9

Zusammenhänge

- Die starke **Kundenorientierung** wird durch eine erhöhte Mitarbeiterorientierung begleitet, sodass neben den technisch-organisatorischen Aspekten vor allem Humanaspekte in den Vordergrund treten. Das setzt neben **motivierten Mitarbeitern**, die sich mit den Visionen und Zielen des Unternehmens identifizieren, auch **kompetente Mitarbeiter**, die Verantwortung für ihre Aufgaben übernehmen, voraus. Die Mitarbeiterqualifikation muss gegebenenfalls durch verschiedene Qualifizierungsmaßnahmen in unterschiedlichen Lernorten verbessert werden.
- Der Führungsansatz des TQM stellt kein fertiges Konzept dar, sondern ist ein **kontinuierlicher Verbesserungsprozess (KVP)**, der sich vom Zulieferer über die eigenen Mitarbeiter zum Kunden auf möglichst alle Phasen der Wertschöpfungskette erstreckt. Damit ist ein **Zyklus ständiger, schrittweiser Verbesserungen** gemeint, der sich auf sämtliche Abläufe, Arbeitsplätze, Produkte sowie interne und externe Kundenbeziehungen erstreckt. Das setzt voraus, dass ein eindeutiger Istzustand formuliert wird, der dann Ausgangspunkt prozessorientierter Verbesserungen ist, die anhand klarer Messgrößen regelmäßig zu überprüfen sind und eine immer höhere Qualitätsebene erreichen. KVP kann in eine bestimmte Schrittfolge gegliedert werden (s. **PDCA-Zyklus**).
- Der kontinuierliche Verbesserungsprozess wird zwar von der Unternehmensführung eingeführt **(top-down)**, ist aber von den Mitarbeitern umzusetzen **(bottom-up)**.
- TQM wird vielfach in bestehende Qualitätsmanagementsysteme nach DIN EN ISO 9000 ff. integriert. Eine Koppelung von TQM an die genormten Strukturen ist aber **nicht zwingend** erforderlich, erleichtert jedoch z. B. durch Nutzung eines standardisierten Belegflusses die Einführung und den Aufbau von **TQM-Systemen**.

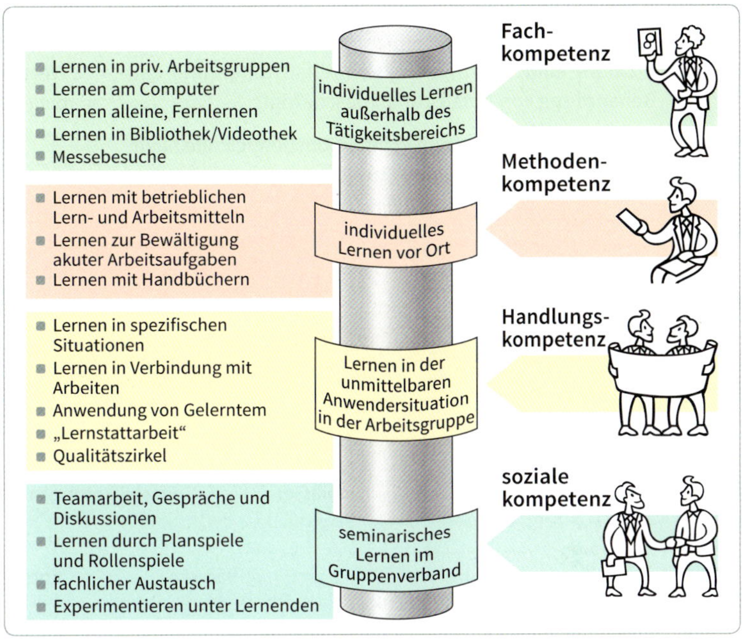

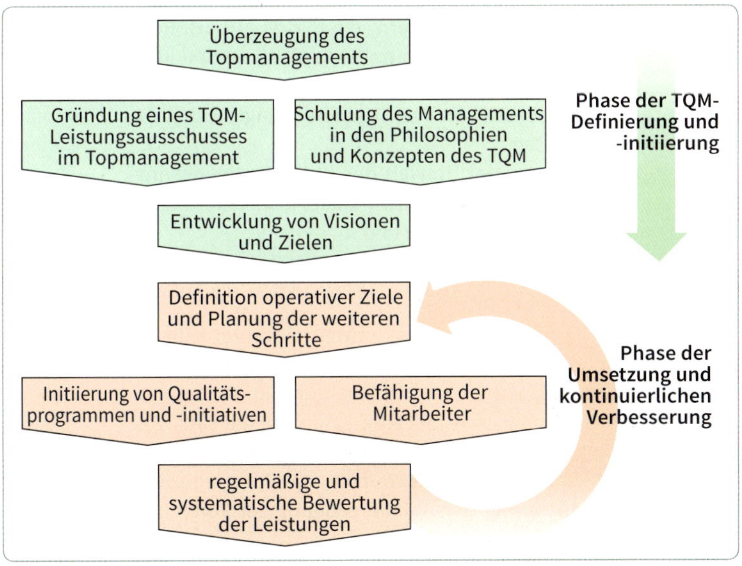

aus: Pfeifer, Tilo: Qualitätsmanagement, Hanser Verlag München, Wien 2001, S. 18, S. 20

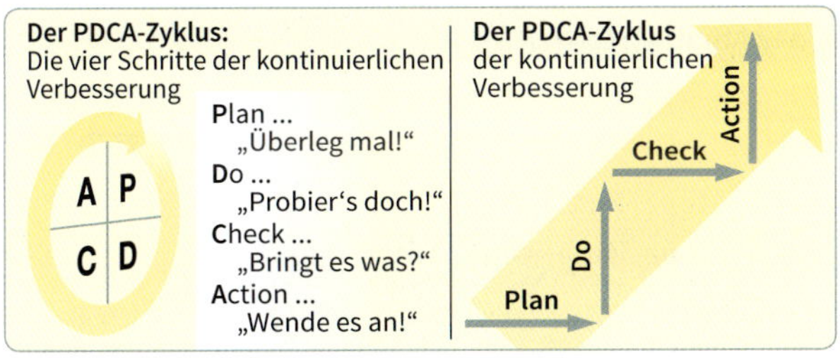

nach: Zingel, Harry: Qualitätsmanagement und die ISO 9000er Normenfamilie, Version 2.20, Internet: www.zingel.de, S. 40

Abfallwirtschaft *Waste management*

Begriff und Einordnung

- Als **Abfallwirtschaft** kann man den Bereich des Unternehmens bezeichnen, der sich planmäßig mit der **Vermeidung und Verringerung** von Abfallstoffen und der **Behandlung** von Abfallstoffen beschäftigt.
- Unter **Abfall** kann man im Produktionsbereich alle nicht angestrebten Material- und Energiemengen zusammenfassen, die während des Produktionsprozesses anfallen. Diese **weite Definition** umfasst Stoffe, die als Rest- oder Wertstoffe weiterverwendet werden können, und Stoffe, die nicht mehr in den Wirtschaftsprozess zurückgeführt werden können und zu beseitigen sind (**Abfall im engeren Sinn**).

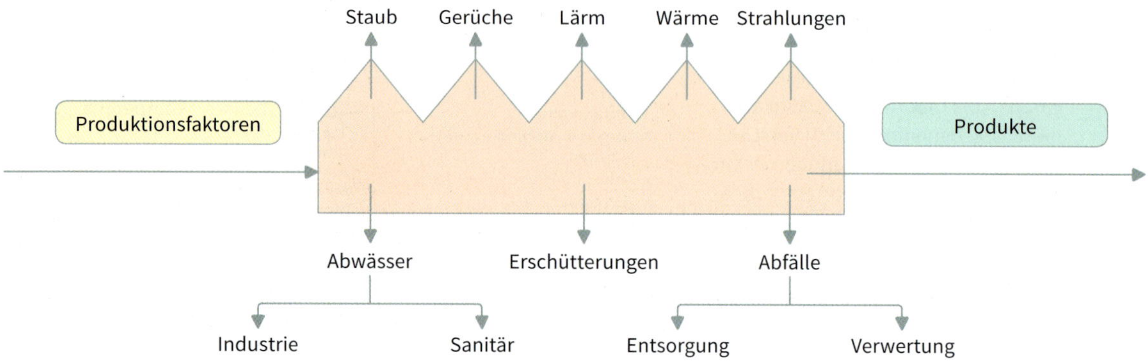

- Unternehmen beanspruchen z. B. im Rahmen des Produktionsprozesses ihre Umwelt durch
  - den **Verbrauch von Gütern**, die mittelbar (z. B. Roh- und Hilfsstoffe) oder unmittelbar (z. B. Wasser zur Kühlung) der Natur entnommen werden,
  - den **Raumbedarf** für Fabrikgelände, Lager oder Zufahrtsstraßen,
  - die **Belastung der Umwelt** durch den Fertigungsprozess z. B. mit Lärm, Abgasen, Staub, Erschütterungen, Strahlung oder Abwärme und
  - die **Nutzung der Umwelt als Lagerstätte** für unerwünschte Nebenprodukte der Produktion wie Abfälle.
- Die verstärkte Einbeziehung umweltrelevanter Aspekte bei unternehmerischen Entscheidungen führte im Bereich der Produktionswirtschaft zur Einführung optimierter Produktionsprozesse und zum Einsatz von effizienten Produktionstechnologien und -verfahren, die **Einsparungen von Ressourcen** und Energien sowie eine **Reduzierung der Abfallerzeugung** zur Folge hatten.
- Um die Schonung der natürlichen Ressourcen und die Sicherung der umweltverträglichen Beseitigung von Abfällen nachhaltig zu sichern, soll die Abfallwirtschaft in möglichst **geschlossenen Kreisläufen** erfolgen. Damit ist gemeint, dass Abfälle möglichst in die Produktionsabläufe zur Energieerzeugung oder zur Substitution primärer Rohstoffe zurückgeführt werden sollen.
- In der Bundesrepublik Deutschland ist diese Kreislaufökonomie durch das Kreislaufwirtschafts- und Abfallgesetz (**KrW-/AbfG**) kodifiziert. Damit werden die Ergebnisse der Weltkonferenz 1992 von Rio de Janeiro (**Agenda 21**) im Abfallbereich in gesetzliche Handlungsvorgaben umgesetzt. Die Agenda 21 beinhaltet u. a., dass
  - beschränkt verfügbare Ressourcen so **sparsam wie möglich** einzusetzen sind,
  - nicht erneuerbare Ressourcen nur **in dem Maße** verbraucht werden, in dem erneuerbare Substitute erschlossen werden, und
  - Schadstoffe nur im **verträglichen** Umfang an die Umwelt abzugeben sind.

Bereiche der Abfallwirtschaft

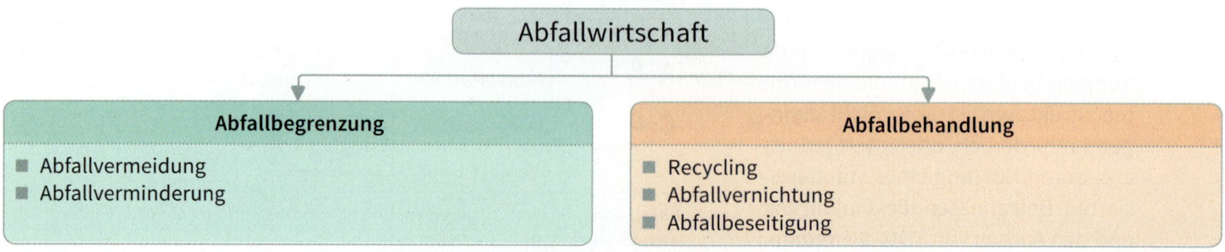

Bereiche der Abfallwirtschaft

Abfallbegrenzung

Die Begrenzung des Abfalls führt dazu, dass das Problem der Abfallbehandlung reduziert wird. Die auftretenden Abfälle müssen mit geeigneten und zulässigen Verfahren behandelt und entsorgt werden. Deshalb ist die Abfallbegrenzung ein wichtiges Unternehmensziel.

Abfallbegrenzung

Abfallvermeidung

- Eine wichtige Strategie der Abfallbegrenzung ist die **Abfallvermeidung.** Denn was vermieden werden kann, muss nicht überwacht und/oder vermindert bzw. nachbehandelt werden. Damit beinhaltet der Bereich der Abfallvermeidung ein hohes **Kosteneinsparvolumen.**
- Unter **Abfallvermeidung** kann man eine Vorgehensweise des Unternehmens verstehen, die eine Entstehung von Abfällen vor, während und nach dem Produktionsprozess verhindert. Die Abfälle sind in erster Linie **zu vermeiden** durch Verminderung ihrer **Menge** und **Schädlichkeit**. Das ist jedoch in vielen Fällen aus produktionstechnischen Gegebenheiten nicht möglich.

Abfallverminderung

- Da eine absolute Abfallvermeidung nicht möglich ist, versuchen die Unternehmen die Strategie der **Abfallverminderung**, indem die **Entstehungsmöglichkeiten** für Abfall reduziert werden und möglichst solche Rückstände im Produktionsprozess erzeugt werden, die eine **wirtschaftliche Recyclingfähigkeit** haben, z. B. durch
  - abfallmindernde Konstruktion und Entwicklung,
  - Verringerung des Einsatzes von Produktionsfaktoren (Verschnittminimierung etc.),
  - Verbot des Einsatzes bestimmter Produktionsfaktoren (Asbest, Quecksilber),
  - Erhöhung der Lebensdauer von Materialien (Keramikbremsen beim Auto) oder
  - Mehrfachnutzung der Produktionsfaktoren (Aufarbeitung von Materialien).

Abfallbehandlung

Recycling

- Mit **Recycling** (to recycle = wiederverwerten) bezeichnet man die **Rückführung** der anfallenden Rückstände und Nebenprodukte, die bei der Produktion und dem Verbrauch der Erzeugnisse entstehen, in den **Produktions-Verbrauchs-Kreislauf.** Das bedeutet einerseits, dass **Abfälle**, die für einen bestimmten Produktionsvorgang nicht mehr nutzbar sind, mithilfe geeigneter Recyclingverfahren wieder in diesen oder einen anderen Leistungsprozess eingesetzt werden können. Andererseits gilt das Gleiche für die **Endprodukte.**

Recyclingkreislauf

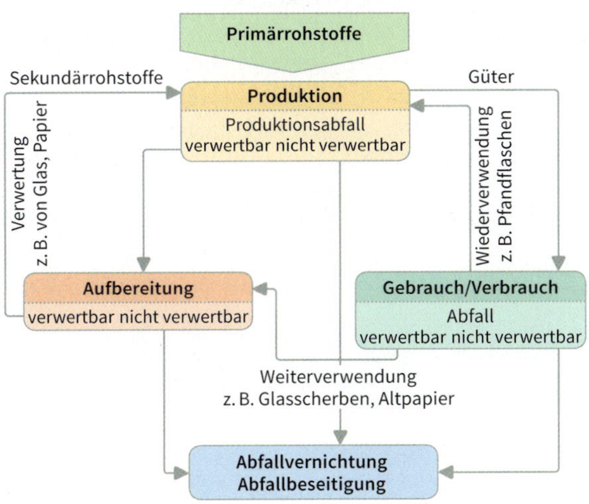

- Ein wesentliches Element der Kreislaufwirtschaft ist die **Produktverantwortung**. Hersteller werden veranlasst, für ihre Produkte eine möglichst hochwertige Wiedernutzung oder Verwertung zu erreichen.

Abfallvernichtung

Die Abfallvernichtung bezieht sich auf **nicht mehr verwertbare Rückstände**, deren ökologische und wirtschaftliche Aufarbeitung nicht sinnvoll ist. Die Kosten für die Abfallvernichtung sind hoch, da nach dem (z. B. thermischen) Vernichtungsprozess nicht nur wiederverwendbare Stoffe (wie Dünger, rückstandsfreier Klärschlamm), sondern überwiegend ökologisch problematische Stoffe zurückbleiben, die auf Deponien (oft als Sondermüll) zu lagern sind.

Abfallbeseitigung

Die Abfallbeseitigung **entsorgt** nicht mehr verwertbare Rückstände. Man unterscheidet die **Abfalldiffusion**, bei der die Abfälle an die Umwelt abgegeben und dort verteilt werden (z. B. Verdünnung der Abfälle und Einleitung in Gewässer) und die **Abfallablagerung**, bei der die Abfälle durch eine geordnete Lagerung in Deponien dauerhaft gelagert werden. Die Probleme der Abfallbeseitigung sind in der Begrenztheit von Deponieraum und in der Belastung der Umwelt zu sehen.

6 Beschaffungsprozesse planen, steuern und kontrollieren

Begriff

Als **Beschaffung im weiteren Sinne** können alle Tätigkeiten des Unternehmens bezeichnet werden, die dazu dienen, die Mittel zu erhalten, die zur Leistungserstellung notwendig sind. Dies können neben Betriebsmitteln alle zu beschaffenden Materialien, das Personal und das Kapital sein. Bei der **Beschaffung im engeren Sinne** betrachtet man dagegen nur die Roh-, Hilfs- und Betriebsstoffe, die notwendigen Teile und ergänzende Dienstleistungen.

Beschaffungsprozess und -organisation

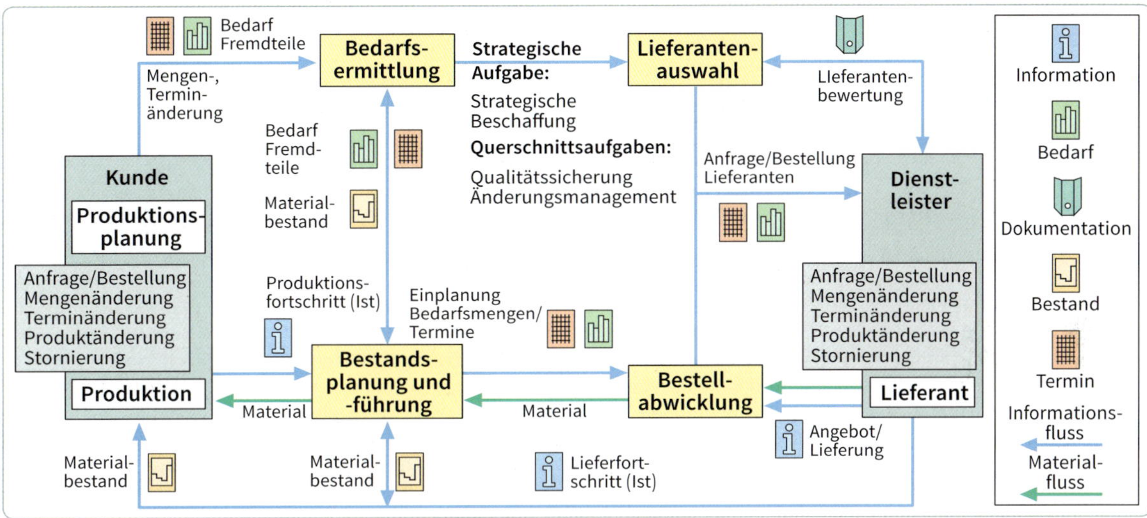

aus: Thaler, Klaus: Supply Chain Management. Prozessoptimierung in der logistischen Kette. Fortis Verlag 3., akt. und erw. Aufl., Köln/Wien, 2001, S. 140

Der Beschaffungsprozess kann nicht losgelöst von anderen unternehmensbezogenen Teilprozessen, wie z. B. dem Produktions- und Absatzprozess, betrachtet werden. Die Prozessbetrachtung geht davon aus, dass alle unternehmensbezogenen Teilprozesse letztendlich von den Kundenanforderungen oder -wünschen abhängig sind.

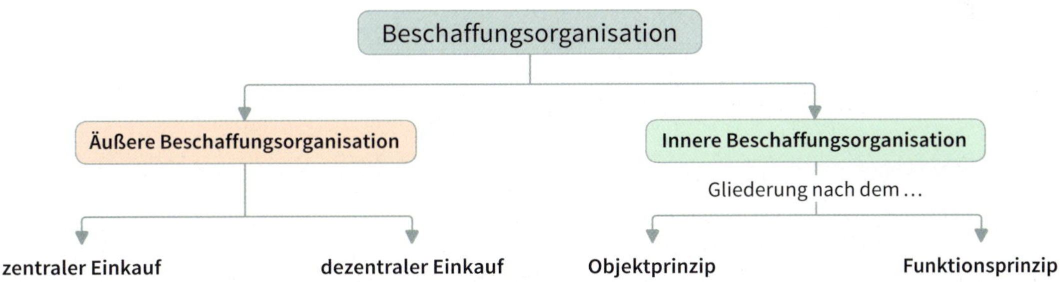

Vom **zentralen Einkauf** wird gesprochen, wenn **eine** Stelle alle Güter und Dienstleistungen beschafft. Als **Vorteile** können z. B. günstigere Einkaufskonditionen und organisatorische Vereinfachungen gerade im Hinblick auf Terminplanung und -überwachung genannt werden. Als **Nachteile** werden v. a. die Bürokratisierung des Einkaufs und der damit verbundene Kostenaspekt angesehen. Beim **dezentralen Einkauf** können unterschiedliche Unternehmensteile (z. B. Abteilungen) den Einkauf getrennt vornehmen oder der Einkauf wird jeweils für Produktgruppen gebündelt.

Wird die Beschaffungsorganisation auf **Objekte**, z. B. auf bestimmte Materialien, ausgerichtet, ist ein Mitarbeiter für alle entsprechenden Beschaffungstätigkeiten zuständig. Wird die Beschaffungsorganisation dagegen auf **Funktionen** (oder Verrichtungen) ausgerichtet, ist ein Mitarbeiter jeweils nur für eine bestimmte Beschaffungstätigkeit, z. B. die Lieferantenauswahl, zuständig – aber für alle Materialien (siehe dazu auch S. 66).

Beschaffungslogistik

Purchasing logistics

Begriff und Zielsetzung

Die **Beschaffungslogistik** befasst sich mit der **Planung, Steuerung** und **Kontrolle** von **Material**- und **Informationsflüssen** zwischen dem Unternehmen und seinen **Lieferanten** und den sogenannten **Logistikdienstleistern** (z. B. Transportunternehmen). Als Teil der gesamten Logistik von Unternehmen muss die Beschaffungslogistik im Rahmen des Beschaffungsprozesses Güter und Informationen

- in der richtigen Menge,
- in der notwendigen Qualität,
- am richtigen Ort,
- zum richtigen Zeitpunkt,
- zu möglichst geringen Kosten

beschaffen.

Aufgabenbereiche

Aufgabenbereiche im Beschaffungsprozess

Bedarfsermittlung	Lieferantenauswahl	Bestandsplanung und -führung	Bestellabwicklung (Disposition)
Ermittlung der benötigten Mengen an Einkaufsgütern, Abgleich mit Daten aus der Bestandsplanung und -führung, enge Kooperation mit Produktions- und Marketingabteilung	Gezielte Suche und Auswahl von neuen Lieferanten, Bewertung von Lieferanten, Erarbeitung von Zielvorgaben, z. B. für Verhandlungen über Preise und Konditionen	Mengen- und wertmäßige Planung und Überprüfung von Warenbeständen, Erfassung der Warenbewegungen, Verhinderung des Auftretens von Fehlmengen; enge Zusammenarbeit mit Bedarfsermittlung	Einholen und Vergleichen von Angeboten, Erarbeitung von Bestellvorschlägen, Auslösen von Bestellungen, Erfassen und Überwachen von Wareneingängen, Überprüfen der Eingangsrechnungen

Logistiksoftware

Um die sogenannte **Logistikkette (Supply Chain)** im Hinblick auf die Faktoren **Qualität, Zeit** und **Kosten** zu optimieren, wird mithilfe spezieller Software eng mit Lieferanten und Logistikdienstleistern zusammengearbeitet (siehe zu Supply-Chain-Management S. 94). Die notwendigen Informationen (z. B. Übermittlung von Bestelldaten, sofortiger Zugriff auf Liefer- und Transporttermine) können somit zeitgleich von allen Beteiligten genutzt werden. Wird bei Beschaffungsaktivitäten das Internet genutzt (z. B. mithilfe von elektronischen Marktplätzen), spricht man vom **E-Procurement** (siehe zum E-Commerce S. 270).

Fragen der optimalen Lagerhaltung (z. B. Nutzung von Eigen- oder Fremdlagern) werden von der **Lagerlogistik** beantwortet (siehe zur Lagerhaltung S. 289 f.).

Einsparung von Lagerkosten

Um Lagerkosten im Rahmen des Beschaffungsprozesses zu minimieren oder sogar gänzlich einzusparen, werden verschiedene Konzepte genutzt. Die beiden bekanntesten sind das **Just-in-time-Konzept** und die Nutzung von **Konsignationslagern**.

Just-in-time-Konzept

Inhalt des Konzepts ist die Überlegung, dass Lagerkosten im Unternehmen eingespart werden können, wenn die Zulieferer die zur Produktion benötigten Materialien in der notwendigen Menge genau zum Zeitpunkt des Produktionsbeginns anliefern. Bei dieser produktionssynchronen Logistik werden praktisch die Lagerkosten des Produktionsunternehmens auf die Zulieferbetriebe in Form von Transport- und Lagerkosten abgewälzt. Kritik wird an diesem Konzept vor allem aus ökologischer Sicht geübt, da die Anzahl von Transportfahrten – zum Beispiel per Lkw – dadurch häufig zugenommen hat.

Konsignationslager

Unter einem Konsignationslager versteht man ein produktionsnahes Lager des Zulieferers beim Abnehmer (Produktionsunternehmen), das auf Kosten des Zulieferers betrieben wird. Erst bei Entnahme der Waren entstehen dem Abnehmer Kosten. Da dem Zulieferer dadurch hohe Kosten für Einrichtung und Führung des Lagers entstehen, sind meist langfristige Lieferbeziehungen Voraussetzung.

Ökonomische und ökologische Aspekte der Beschaffungsplanung

Economic and ecological aspects of purchasing

Beschaffungsplanung

Beschaffungsplanung

	Beispiele:
Materialplanung Was soll bestellt werden?	Welche Art von Kopierpapier soll beschafft werden?
Mengenplanung Wie viel soll bestellt werden?	Soll zunächst nur eine Probemenge bestellt werden?
Zeitplanung Wann soll bestellt werden?	Soll sofort oder zu einem späteren Zeitpunkt bestellt werden?
Preisplanung Wie hoch darf der maximal akzeptierbare Einkaufspreis sein?	Kann der Einkaufspreis von … € unterschritten werden?
Bezugsquellenplanung Wo soll bestellt werden?	Soll bei einem Lieferanten bestellt werden, dessen Standort in der Nähe ist, oder bei dem, der die größte Sortimentstiefe hat?

Ökologie und Nachhaltigkeit im Rahmen der Beschaffungsplanung

Gesichtspunkte der Ökologie und Nachhaltigkeit bei der Beschaffungspolitik eines Unternehmens[1]

	Beispiele:
Reduzierung des Verpackungsaufwandes bei einzukaufenden Produkten	▪ recyclingfähiges Verpackungsmaterial ▪ Mehrwegverpackungen
Reduzierung des Transportaufwandes bei einzukaufenden Produkten	▪ Verringerung der Entfernung zum Lieferanten ▪ Einkauf von Großmengen
Beachtung von Kundenwünschen im Hinblick auf umweltfreundliche bzw. nachhaltige Produktionsweise und ökologische Materialien	▪ Vermeidung/Verringerung von Schadstoffemissionen bei der Herstellung der Produkte ▪ Herstellung recyclingfähiger Produkte
Beachtung staatlicher Auflagen bei Beschaffungstätigkeiten	▪ Klärung von Entsorgungsfragen bei Einkaufsverhandlungen ▪ Einhaltung gesetzlicher Bestimmungen

Auswirkungen

ökonomisch	**ökologisch**
▪ Einsparung/Erhöhung betriebswirtschaftlicher Kosten ▪ Einsparung volkswirtschaftlicher Folgekosten	Verbesserung der Umweltqualität (z. B. durch Verringerung der Luft-, Wasser- und Bodenbelastung, Einsparung von Rohstoffen)

[1] Siehe zur Nachhaltigkeit S. 402

vgl.: Bentin, Margit u. a.: Beschaffungsprozess, Lehrerband, 3. Aufl., Braunschweig , Winklers Verlag, 2012, S. 129

Bedeutung und Merkmale der Materialauswahl

Importance and characteristics of the right choice of materials

Begriff

Die Materialauswahl in einem Industriebetrieb steht im engen Zusammenhang mit der eigentlichen Leistungserstellung. Hierbei sind bereits die Zielsetzungen dieser Leistungserstellung im Hinblick auf die **Marktfähigkeit** (z. B. die Produktgüte aufgrund der Materialqualität, die Umweltverträglichkeit oder die Kalkulation des Verkaufspreises) und damit auf die **Umsatz- und Gewinnerzielung** zu berücksichtigen.

Qualität

Die Qualität der benötigten Güter wird in Abhängigkeit von der geplanten Produktqualität zunächst durch die Lieferantenauswahl (siehe S. 254) und ggf. durch Materialproben bzw. durch vertraglich festgelegte Qualitätsstandards und fortlaufende Qualitätskontrollen gewährleistet. Dies ist besonders wichtig für Lebensmittel, Arzneimittel und technologische Produkte aller Art. Die Festlegung der Materialqualität hat direkten Einfluss auf die Kostenplanung für ein Produkt.

↓

Kosten

Die wichtigsten Kriterien der Materialauswahl und -beschaffung betreffen ausgehend von der Materialqualität im Rahmen der gesamten Kostenrechnung des Industriebetriebes (siehe S. 158) die Beschaffungs- und Bereitstellungskosten sowie die Preis- und Konditionsgestaltung. Die Kosten der Materialbeschaffung sind damit von der Produktentwicklung und der entsprechenden **Materialqualität** in Bezug auf Verarbeitung und Haltbarkeit, von der **Lieferantenauswahl** im Rahmen des Angebotsvergleichs und der Lieferanten-Nutzwertanalyse (siehe S. 257), von den **Lagerkosten** (siehe S. 251) sowie von der **Verkaufskalkulation** (siehe S. 184 ff.) abhängig. Kostenabhängig ist auch die Planung der Beschaffungsmengen. Sie werden ausgehend von der geplanten Produktionsmenge und Materialqualität durch die Bestimmung der Lagerbestandsgrößen (siehe S. 292) und der entsprechenden optimalen Bestellmengen (siehe S. 251) sowie einer fortlaufenden Lagerbestandsbewertung mithilfe der Lagerkennzahlen (siehe S. 292) und der ABC-Analyse (siehe S. 252) unter wirtschaftlichen Gesichtspunkten festgelegt.

↓

Marktentwicklung

Die Produktentwicklung richtet sich nach **Nachfrageentwicklungen** (Trends) auf den Märkten. Die Materialauswahl wirkt sich über die Verkaufskalkulation auf die Preisgestaltung des Produktes und damit auf seine **Preispositionierung** am Markt aus. Sie bestimmt darüber hinaus das Ansehen der Marke sowie das Image des Herstellers. Produktqualität und Haltbarkeit rechtfertigen einen bestimmten Preis, den die entsprechende Kundenzielgruppe i. d. R. akzeptiert. Über die Materialauswahl kann jedoch in preislicher und qualitativer Hinsicht eine begrenzte Angleichung an veränderte Marktbedingungen erfolgen, um ein Produkt am Markt zu sichern.

Ökologische Aspekte der Materialauswahl

Die Umweltverträglichkeit von Gütern gewinnt sowohl im Hinblick auf Rohstoffe und Materialien als auch auf den Produktionsprozess zunehmend an Bedeutung für das Unternehmensimage und damit für die Produktvermarktung. Um die Eigenverantwortung gewerblicher Unternehmen für den Umweltschutz zu verbessern und eine kontinuierliche Weiterentwicklung des betrieblichen Umweltschutzes zu gewährleisten, ist am 10. April 1995 europaweit die **EU-Öko-Audit-Verordnung** in Kraft getreten. An diesem Gemeinschaftssystem für das Umweltmanagement und die Umweltbetriebsprüfung können sich gewerbliche Unternehmen freiwillig beteiligen. Die Zielsetzung dieser Verordnung soll durch folgende **Maßnahmen** erreicht werden:

- Entwicklung und Festlegung einer standortbezogenen Umweltpolitik und entsprechender Umsetzungsmaßnahmen
- systematische und objektive Bewertung (Audit) dieser Maßnahmen und der erbrachten Umweltleistungen durch die Unternehmen
- Information der Öffentlichkeit über die Aktivitäten

Im Bereich der Materialauswahl sind in diesem Zusammenhang insbesondere folgende Maßnahmen von Bedeutung, die in einer Bilanzierung der Stoffströme durch eine **Input-Output-Analyse** (Stoffstrombilanz) gegenübergestellt werden:

inputorientierte Maßnahmen:

- verringerter Energieeinsatz (z. B. durch Wärmekopplung)
- verringerter Rohstoffeinsatz (z. B. durch Nutzung von Reststoffen)
- Verwendung umweltgerechter bzw. recyclingfähiger Ausgangsstoffe (Roh- und Hilfsstoffe) sowie Betriebsstoffe

outputorientierte Maßnahmen:

- Verringerung der Emissionen bei der Produktion (Betriebswasser, Betriebsmittel)
- Verringerung der Emissionen bei der Produktnutzung nach dem Verkauf
- Verringerung der Schadstoffe bei der Entsorgung der End- und Nebenprodukte

Optimale Bestellmenge

Optimal order quantity

Begriff

Bei der Planung der Bestellmengen muss die Einkaufsabteilung eines Betriebes die entstehenden Kosten grundsätzlich möglichst gering halten.

Die **optimale Bestellmenge** ist die Menge, bei der die Summe aus Lager- und Bestellkosten am geringsten ist.

Zielkonflikt zwischen Lager- und Bestellkosten

- Die Beschaffung größerer Mengen in größeren Zeitabständen verursacht relativ hohe Lagerkosten.
- Die Beschaffung kleinerer Mengen in kleineren Zeitabständen verursacht relativ hohe Bestellkosten.

Beispiel

Die OfficeCom AG ermittelt in der nachstehenden Tabelle die optimale Bestellmenge für den Laserdrucker LD 02, der vor einiger Zeit in das Sortiment aufgenommen wurde, aufgrund folgender Bedingungen:

- Pro Jahr werden aufgrund der Nachfrage 20 000 Laserdrucker benötigt. Eine Bestelleinheit umfasst eine Palette mit 50 Laserdruckern. Im Jahr werden somit 400 Paletten benötigt.
- Unser Lieferant berechnet bei jeder Bestellung unabhängig von der Menge 20,00 € für die Auftragsbearbeitung.
- Die OfficeCom AG kalkuliert – ebenfalls unabhängig von der Bestellmenge – 20,00 € für die Arbeitsvorgänge beim Wareneingang und bei der Rechnungsprüfung ein.
- Eine Palette mit 50 Laserdruckern verursacht während der Lagerdauer durchschnittliche Lagerkosten (anteilige Lagerverwaltungskosten und Zinskosten für das in der Ware gebundene Kapital) von 5,00 €.
- In einem Jahr besteht die Möglichkeit, bis zu sechzehnmal zu bestellen.

Ermittlung der optimalen Bestellmenge – Laserdrucker LD 02

Mögliche Anzahl der Bestellungen bei unserem Lieferanten pro Jahr	Bestellmenge Paletten	Lagerkosten €	Bestellkosten €	Gesamtkosten €
1	400	2.000,00	40,00	2.040,00
2	200	1.000,00	80,00	1.080,00
4	100	500,00	160,00	660,00
8	**50**	**250,00**	**320,00**	**570,00**
10	40	200,00	400,00	600,00
16	25	125,00	640,00	765,00

Bei der Ermittlung der optimalen Bestellmenge (siehe Tabelle) sind für die OfficeCom AG folgende Fragen zu klären:

a) Bei welcher Bestellhäufigkeit sind die Gesamtkosten am geringsten?
*(hier: bei **8 Bestellungen** pro Jahr = 570,00 € Gesamtkosten)*

b) Wie viel Paletten müssen jeweils bestellt werden, um die Summe aus Lager- und Bestellkosten zu minimieren (optimale Bestellmenge)?
*(hier: **50 Paletten**)*

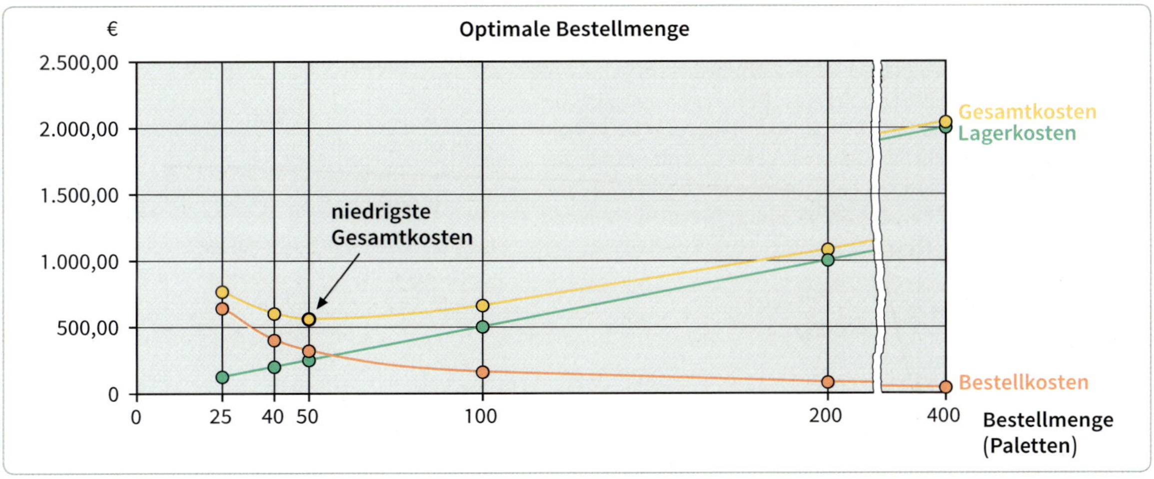

ABC-Analyse

Begriff

- Die ABC-Analyse ist ein Verfahren zur wirtschaftlichen Bewertung der zu beschaffenden und zu lagernden Güter und dient damit der Wirtschaftlichkeitskontrolle. Die jeweiligen Artikel werden entsprechend des Verbrauchs nach ihrem *Mengenanteil und nach ihrem Wertanteil am gesamten Einkaufs- bzw. Warenvolumen des Lagers* in A-, B- und C-Güter eingeteilt.
- **A-Güter** haben einen hohen Wertanteil, jedoch nur einen geringen Mengenanteil am Gesamtvolumen.
- **B-Güter** haben einen mittleren Wert- und Mengenanteil am Gesamtvolumen.
- **C-Güter** haben nur einen geringen Wertanteil, jedoch einen hohen Mengenanteil am Gesamtvolumen.

Aufgrund der Einordnung in diese Klassen sollen dann entsprechend angepasste wirtschaftliche Maßnahmen für die einzelnen Artikel angestrebt werden.

Wirtschaftliche Maßnahmen als Konsequenz aus der ABC-Analyse

Bei der **Gruppe A** ist aus wirtschaftlichen Gründen eine gründliche Marktanalyse sowie Lieferantensuche und -auswahl erforderlich, um Fehlinvestitionen zu vermeiden. Weiterhin sollte eine genaue Warendisposition und Bestandsführung sowie -überwachung (z. B. kleine Bestellmengen) angestrebt werden.

6

Bei Gütern der **Gruppe C** sollte die Senkung der Beschaffungs- und Lagerkosten im Vordergrund stehen (z. B. durch Sammelbestellungen oder telefonische Bestellungen).

Güter der **Gruppe B**, die weder der Gruppe A noch der Gruppe C zugeordnet werden, sollten entsprechend mit möglichst geringem wirtschaftlichen und organisatorischen Aufwand betreut werden.

Beispiel

Die OfficeCom AG will das Lager für die Bauteilkomponenten einer umfangreichen Modellserie (Serie 501) wirtschaftlich optimieren. Zu diesem Zweck soll zu Beginn eines neuen Quartals u. a. für flexible Verbindungselemente eine ABC-Analyse zur Wirtschaftlichkeitskontrolle durchgeführt werden. Dazu soll zunächst der Anteil der einzelnen Artikel an der Gesamtverbrauchsmenge und am Gesamtverbrauchswert ermittelt werden, um eine entsprechende Rangfolge für die Einordnung in die A-, B-, und C-Klasse festlegen zu können (siehe Tabelle).

– Modellserie 501 / Flexible Verbindungselemente –
Artikel nach Verbrauchsmengen und Verbrauchswerten

Art.-Nr.	Verbrauchsmengen			Verbrauchswerte				Artikel-gruppe
	Einheiten Stück	Anteil %	Rangfolge	Stückpreis €	Warenwert €	Anteil %	Rangfolge	
501-01	46	4,55	4	165,00	7.590,00	38,24	1	A
501-02	15	1,48	5	450,00	6.750,00	34,00	2	A
501-05	120	11,87	3	29,90	3.588,00	18,07	3	B
501-12	350	34,62	2	3,45	1.207,50	6,08	4	C
501-23	480	47,48	1	1,49	715,20	3,60	5	C
Gesamt	**1 011**	**100,00**			**19.850,70**	**100,00**		

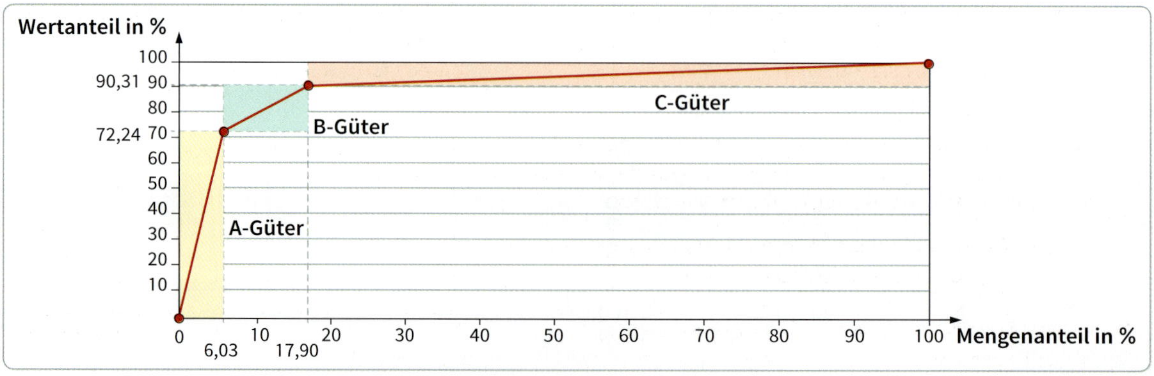

Bestellverfahren der Vorratsbeschaffung *Different kinds of reordering goods*

Bestellpunktverfahren

Die Bestellung erfolgt beim Erreichen eines **bestimmten Lagerbestandes** (Bestellpunkt). Wird er erreicht, erfolgt eine Meldung zur Nachbestellung vom Lager an den Einkauf. Daher wird dieser Bestellpunkt auch als Meldebestand und das Verfahren als *Meldebestandsverfahren* bezeichnet.

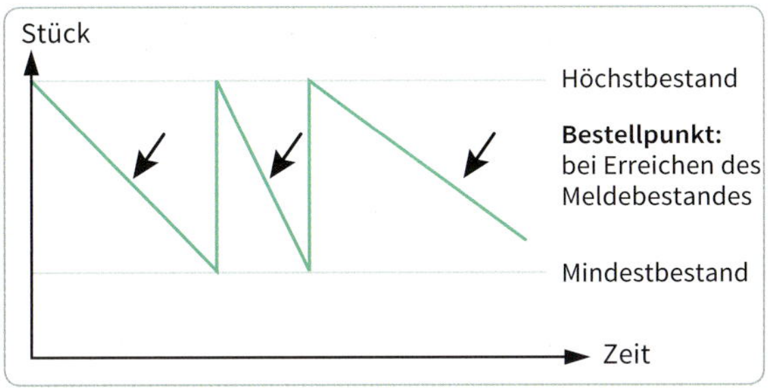

Bei der Festlegung des Bestellpunktes, also des entsprechenden Lagerbestandes, müssen Lieferzeit, Tagesverbrauch sowie ein Mindestbestand (eiserne Reserve) des Artikels berücksichtigt werden. Das Bestellpunktverfahren ist bei unregelmäßigem Verbrauch sinnvoll, wenn der Bestellpunkt (Meldebestand) fortlaufend angepasst wird, um zu niedrige bzw. zu hohe Bestände zu vermeiden.

Bestellrhythmusverfahren

Die Bestellung erfolgt jeweils in einem festen zeitlichen Rhythmus, also in **gleichbleibenden Zeitintervallen**, sodass die Bestellmengen zur Erreichung des Höchstbestandes je nach gerade erreichtem Lagerbestand unterschiedlich hoch sein können.

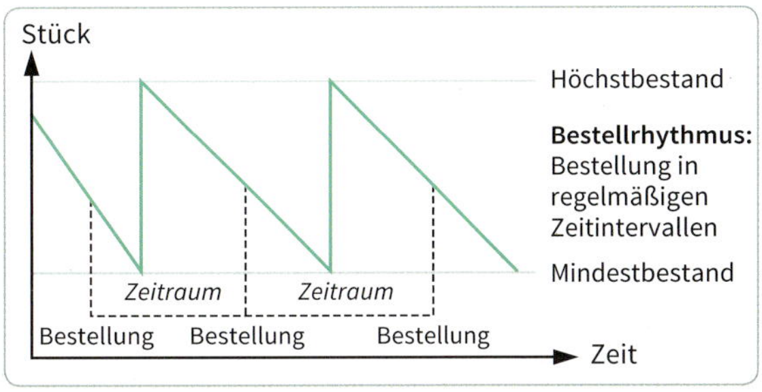

Das Bestellrhythmusverfahren ist nur bei relativ konstantem Verbrauch sinnvoll. Bei wechselnden Verbrauchsmengen aufgrund von Nachfrageschwankungen besteht schnell das Risiko zu geringer oder zu hoher Lagerbestände.

Eigenfertigung oder Fremdbezug? *Make or buy?*

Insourcing/Outsourcing

Unternehmen entscheiden, ob sie Güter und Dienstleistungen selbst erstellen oder einkaufen. Entscheidet man sich dafür, bisher im eigenen Unternehmen erstellte Leistungen von anderen erstellen zu lassen, spricht man von **Outsourcing**. Umgekehrt bedeutet die Erstellung bisher fremder Leistungen in eigener Regie **Insourcing**.

Einflussgrößen und Kostenvergleich

- Kosten
- Sicherheit (Unabhängigkeit vom Lieferanten)
- betriebliche Einflussnahme auf Endleistung
- ökologische Aspekte (z. B. Entsorgung)
- organisatorischer Aufwand
- Qualifikation des Personals

Werden nur die Kosten zur Entscheidung herangezogen, kann ab einer bestimmten Menge (**kritische Menge**) die Eigenfertigung günstiger sein als der Fremdbezug (Fixkostendegression durch Auslastung der teuren Maschinen).

Beispiel: Das Unternehmen kann ein bisher selbst gefertigtes Teil auch von einem Lieferanten beziehen:

Kosten der Eigenfertigung:	Kosten des Fremdbezugs:
$K_f = 12.000{,}00$ €; $k_v = 20{,}00$ €	Bezugspreis: 50,00 €
→ $K_E = 12.000 + 20\,x$	→ $K_F = 50\,x$

Bei der Entscheidung „Eigenfertigung oder Fremdbezug" spielen neben den Kosten auch die übrigen Einflussgrößen und deren Gewichtung eine Rolle. Die **kritische Menge** ist die Menge, bei der die Kosten von Eigenfertigung und Fremdbezug gleich hoch sind und bei der **langfristig** über die Beschaffungsalternative entschieden werden muss.

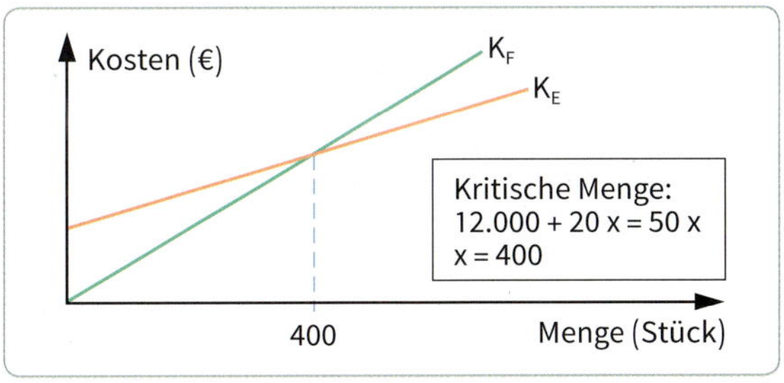

Bezugsquellenermittlung – interne und externe

Die Auswahl *bekannter* Lieferanten erfolgt durch die **interne Bezugsquellenermittlung**, z. B. durch:

- Lieferantendateien
- Warendateien

Die Auswahl *neuer* Lieferanten erfolgt mithilfe der **externen Bezugsquellenermittlung**, z. B. durch:

- Internet
- Adressenverzeichnisse (z. B. „Gelbe Seiten“, „Wer liefert was?“)
- Fachzeitschriften
- Vertreterbesuche
- Kataloge, Prospekte, Preislisten von Firmen
- Fachmessen
- Ausstellungen

Bezugsquellenermittlung mithilfe des Internets – Beispiel

6

1. Schritt:
Lieferantensuche mithilfe des Brancheninformationsdienstes „Wer liefert was?“ (www.wlw.de)

2. Schritt:
Eingeben des Suchbegriffs (***Beispiel:*** Folien Tintenstrahldrucker) und anklicken „Produkt oder Dientleistung“ oder Firma

3. Schritt:
Auswahl einer Rubrik (***Beispiel:*** Folien Tintenstrahldrucker)

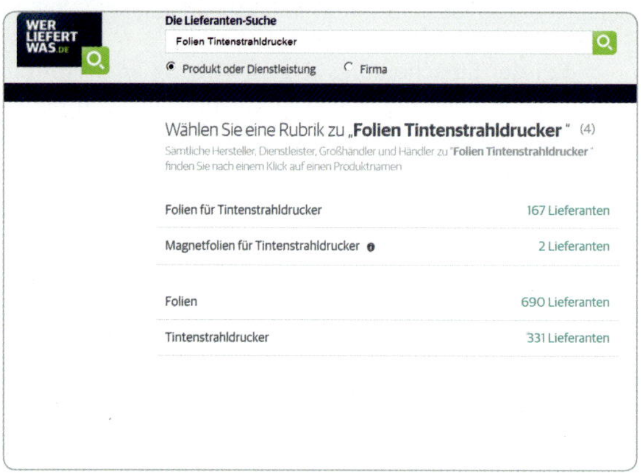

4. Schritt:
Lieferantenauswahl

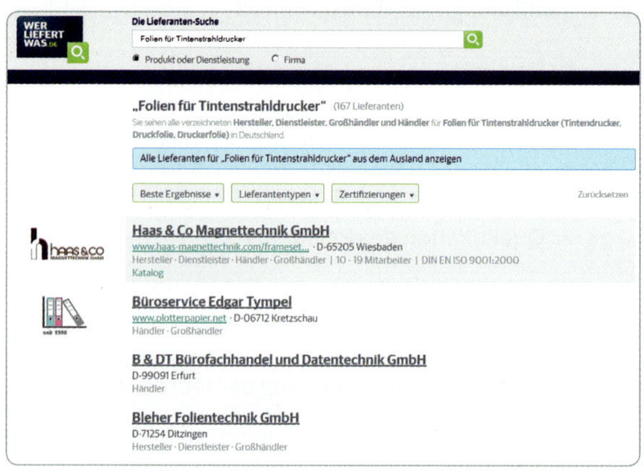

Anfrage

Betriebswirtschaftliche und rechtliche Bedeutung der Anfrage

Eine Anfrage dient der Geschäftsanbahnung und Information und ist **unverbindlich**.

Allgemeine Anfrage:
Bitte um Zusendung von allgemeinem Informationsmaterial (z. B. Katalog), gegebenenfalls mit Mustern.

Spezielle Anfrage:
Bitte um spezielle Informationen über die Lieferung von bestimmten Artikeln, ggf. mit Mustern.

Aufbau und Inhalt einer Anfrage

1. Grund der Anfrage
2. Nennen der gewünschten Ware
3. Angabe der erforderlichen Menge
4. Erfragen der Preise, Lieferungs- und Zahlungsbedingungen
5. Hinweis auf gewünschten Liefertermin

aus: Bentin, Margit u. a.: Beschaffungsprozess, 5. Aufl., Winklers Verlag Braunschweig 2012, S. 18

Textbausteine zur Anfrage

Anfrage

Aufbau und Inhalt	Formulierungsvorschläge
1. Grund der Anfrage	Ihre Erzeugnisse sind uns von einem anderen Unternehmen empfohlen worden. Wir werden in nächster Zeit mehrfach Bedarf an … haben und bitten um ein Angebot. Wir haben Ihre Anzeige in der Fachzeitschrift … vom … gelesen und bitten um ein Angebot über: …
2. Nennen der gewünschten Ware	Wir erwarten ein ausführliches Angebot über: … Wir interessieren uns für … Für eine Sonderaktion benötigen wir …
3. Angabe der erforderlichen Menge	Wir benötigen … Stück. Beachten Sie bitte, dass für unser Unternehmen nur große Mengen infrage kommen.
4. Erfragen der Preise, Lieferungs- und Zahlungsbedingungen	Bitte schreiben Sie uns, ob Sie die Artikel … in der erforderlichen Menge binnen … Tagen liefern können. Informieren Sie uns auch über Ihre Lieferungs- und Zahlungsbedingungen.
5. Hinweis auf gewünschten Liefertermin	Wir benötigen die Ware bis zum … Die Artikel müssen in der … Kalenderwoche geliefert werden.

aus: Bentin, Margit u. a.: Beschaffungsprozess, Lehrerband, 3. Aufl., Winklers Verlag Braunschweig 2012, S. 123

Betriebswirtschaftliche und rechtliche Bedeutung des Angebotes

Ein **vollständiges** Angebot enthält Angaben über: Ware, Preis, evtl. Rabatt, Verpackungs- und Beförderungskosten, Lieferzeit und Zahlungsbedingungen. Außerdem enthält es den Erfüllungsort (Ort, an dem der Schuldner seine Leistungen zu erfüllen hat) und den Gerichtsstand (Sitz des Gerichtes, das im Streitfall zuständig ist).

Ein Angebot ist grundsätzlich **verbindlich**. Falls ein Lieferant sich **nicht binden** will, muss das Angebot entweder zeitlich befristet sein oder sogenannte Freizeichnungsklauseln (z. B. „unverbindlich“, „freibleibend“) enthalten.

Widerruf

Ein Angebot kann widerrufen werden. Der Widerruf muss vor oder gleichzeitig mit dem Angebot eintreffen (z. B. als Fax).

Anpreisungen

Bei Schaufensterauslagen und Anzeigen in Zeitungen oder Zeitschriften handelt es sich **nicht** um Angebote, sondern um sogenannte Anpreisungen, die sich an die Allgemeinheit richten und daher unverbindlich sind.

Aufbau und Inhalt eines Angebotes

- Eingehen auf Anfrage (verlangtes Angebot) oder Vorstellen des Unternehmens (unverlangtes Angebot)
- Beschreiben des Artikels bzw. des Sortiments
- Nennen der Angebotsbedingungen (Preise, Lieferungs- u. Zahlungsbed., Lieferzeit, Erfüllungsort, Gerichtsstand)
- freundl. Abschlusssatz (Hoffnung auf Bestellung)

6

aus: Bentin, Margit u. a.: Beschaffungsprozess, 5. Aufl., Winklers Verlag Braunschweig 2012, S. 28

Beurteilungskriterien (Angebotsvergleich)

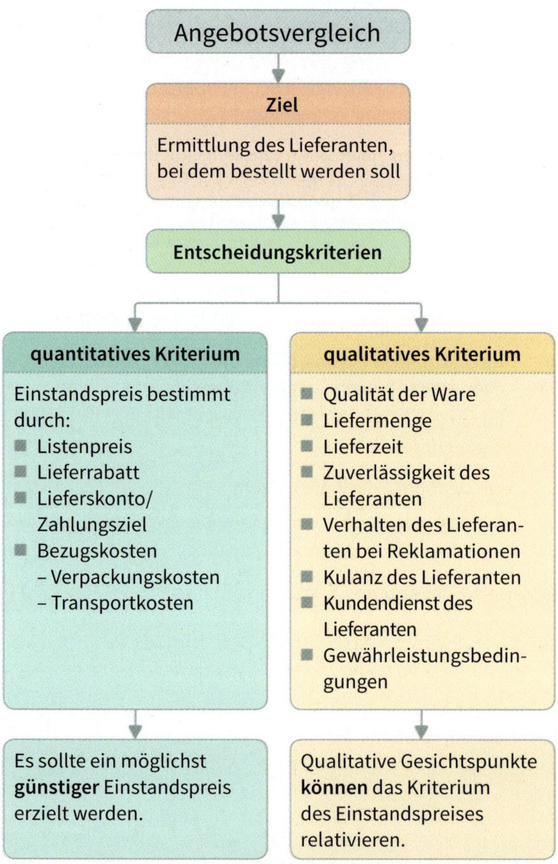

aus: Bentin, Margit u. a.: Beschaffungsprozess, Lehrerband, Winklers Verlag 3. Aufl., Braunschweig 2012, S. 125

Beispiel für einen Preisspiegel

Artikel-Nr.: *x*	Artikel: *Laserdrucker*		Datum: *x*	
Lieferant: Angebot vom: Bestellmenge:	*A* *x* *15*		*B* *x* *15*	
I. Quantitativer Vergleich:		**€**		**€**
	pro Stück	Gesamt	pro Stück	Gesamt
Listeneinkaufspreis	*1.290,00*	*19.350,00*	*1.325,00*	*19.875,00*
– Rabatt	*15 %*	*2.902,50*	*12 %*	*2.385,00*
= Zieleinkaufspreis		*16.447,50*		*17.490,00*
– Lieferskonto	*2 %/ 10 Tage*	*328,95*	*3 %/ 14 Tage*	*524,70*
= Bareinkaufspreis		*16.118,55*		*16.965,30*
+ Verpackungskosten	–	–	–	–
+ Transportkosten	*frei Haus*		*frei Haus*	
= Einstandspreis	*1.074,57*	*16.118,55*	*1.131,02*	*16.965,30*
II. Qualitativer Vergleich:	**(siehe auch S. 257)**			
Mindestbestellmenge	–		–	
Lieferzeit	*vier Wochen*		*drei Wochen*	
Kundendienst	*unbekannt*		*gut*	
weitere qualitative Kriterien	*neuer Anbieter*		*stellt zuverlässige und langlebige Geräte her*	
Bestellung bei	*abhängig von der Gewichtung der Kriterien*			

Nutzwertanalyse *Cost-benefit analysis*

Begriff

- Lieferantenauswahl auf der Grundlage
  - **quantifizierbarer Größen** wie Einkaufspreis, Lieferungs- und Zahlungsbedingungen und
  - **qualitativer Aspekte** wie Qualität und Umweltverträglichkeit der Produkte, Kulanzverhalten, Zuverlässigkeit, Kundendienst usw.
- Als Entscheidungsgrundlage dient die **Lieferantenmatrix**.

Vorgehensweise

(1) Auswahl der Entscheidungskriterien

(2) Gewichtung der Kriterien in v. H.; je höher die Prozentzahl, desto wichtiger ist das entsprechende Kriterium für den Entscheidungsprozess.

(3) Bewertung der infrage kommenden Lieferanten anhand der Kriterien (z. B. sehr gut = 5 Punkte; ungenügend = 0 Punkte)

(4) Errechnen der gewichteten Punktwerte: Multiplizieren der Gewichtungsfaktoren mit den vergebenen Punktezahlen

(5) Addition der gewichteten Punktwerte; der Lieferant mit der höchsten Punktwertsumme erhält den Zuschlag.

Beispiel:

Entscheidungskriterien	Gewichtung der Kriterien	Lieferant A		Lieferant B	
		Punkte	gewichtete Punkte	Punkte	gewichtete Punkte
Preis	40 %	5	200	4	160
Qualität	30 %	3	90	5	150
Zuverlässigkeit	20 %	4	80	2	40
Kulanzverhalten	10 %	2	20	3	30
Summe	100 %		390		380

Möglichkeiten der Beschaffungsfinanzierung *Various means of financing purchases*

Im Rahmen der Beschaffung muss beim Rechnungsausgleich gegenüber den Lieferanten wie bei allen weiteren finanziellen Transaktionen die Gesamtliquidität des Unternehmens berücksichtigt werden. Vor diesem Hintergrund sollten alle finanziell sinnvollen Möglichkeiten ausgeschöpft werden, um den Zahlungszeitpunkt hinauszuschieben bzw. die Kosten der Beschaffung zu reduzieren.

Möglichkeiten der Beschaffungsfinanzierung

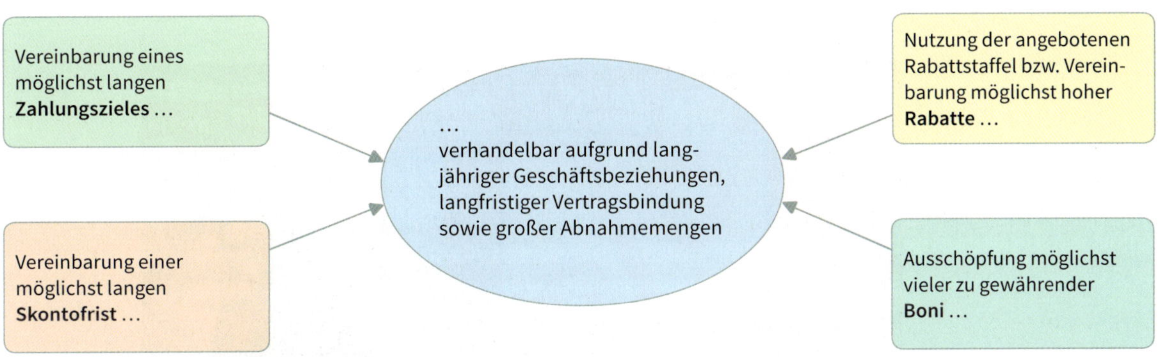

Für die Beschaffung von Anlagegütern kann je nach Unternehmensstruktur und finanzieller Situation das **Leasing** (siehe S. 465) eine Alternative zum Kauf sein. Dies würde eine reine Fremdfinanzierung ohne Eigenkapitalbedarf bedeuten und könnte zu einer Sicherung der Liquidität beitragen.

6

Angebotsvergleich: Rabattarten und ihre Funktion

Rabatt: Gewährung eines Preisnachlasses aus unterschiedlichen Gründen, in unterschiedlichen Formen und zu unterschiedlichen Zeitpunkten

Rabattart	Erklärung	Funktion (Aufgabe)
Mengenrabatt	Der Lieferant gewährt einen Preisnachlass auf die Abnahme größerer Warenmengen; oftmals gestaffelt nach Abnahmemengen.	Anreiz zur Bestellung größerer Warenmengen; Reduzierung von Bestellkosten; Erhöhung der Lagerumschlagshäufigkeit
Wiederverkäuferrabatt	Der Hersteller gewährt einen Preisnachlass an Abnehmer, die die Ware weiterverkaufen (z. B. an Einzelhändler).	Schaffung von einheitlichen und überschaubaren Kalkulationsgrundlagen für Abnehmer der unterschiedlichen Wirtschaftsstufen; möglichst Durchsetzung einer einheitlichen Preisgestaltung gegenüber Endverbrauchern
Treuerabatt	Der Lieferant gewährt Stammkunden einen Preisnachlass.	Dauerhafte Bindung von Kunden an das Unternehmen
Sonderrabatt	Der Verkäufer gewährt einen Preisnachlass bei bestimmten Anlässen (z. B. Geschäftsjubiläum, Messe).	Anlocken von Kunden aus einem besonderen Anlass
Naturalrabatt	Der Lieferant gewährt einen Preisnachlass in Form von Waren. Entweder liefert der Verkäufer zur bestellten Warenmenge noch Ware kostenlos hinzu (Draufgabe) oder er berechnet nicht die gesamte Lieferung (Dreingabe).	Anreiz zur Bestellung größerer Warenmengen; Reduzierung von Bestellkosten; Erhöhung der Lagerumschlagshäufigkeit
Bonus	Der Verkäufer gewährt nachträglich einen Preisnachlass, der meistens nach Abschluss des Gesschäftsjahres eingeräumt wird, wenn der Abnehmer einen Mindestumsatz erreicht oder überschritten hat.	Anreiz zu höheren Abnahmemengen durch einen insgesamt günstigeren Einkaufspreis; langjährige Bindung von Kunden an das Unternehmen
Skonto[1]	Der Lieferant möchte Kunden zur möglichst schnellen Bezahlung von Rechnungen veranlassen.	Anreiz zur Zahlung vor Ablauf des Zahlungsziels; Erhöhung der Liquidität beim Verkäufer

[1] Der Skonto wird häufig wegen seiner besonderen Funktion nicht als Rabattart definiert.

aus: Bentin, Margit u. a.: Beschaffungsprozess, Lehrerband, 3. Aufl., Winklers Verlag Braunschweig 2012, S. 126

Begriff

Die Dreisatzrechnung dient dazu, von mindestens zwei bekannten Größen auf eine weitere unbekannte Größe zu schließen. Man spricht deshalb auch von der „Schlussrechnung“.

Sind lediglich zwei Größen gegeben und eine dritte gesucht, so spricht man von der einfachen **Dreisatzrechnung**. Sind mehr als zwei Größen gegeben und eine weitere gesucht, so spricht man von der **zusammengesetzten Dreisatzrechnung**.

Für den Rechenweg der Dreisatzrechnung sind folgende drei Sätze von Bedeutung:

1. Der **Angabesatz** enthält die bekannten, in der Aufgabenstellung angegebenen Größen.
2. Der **Fragesatz** enthält die gesuchte Größe.
3. Der **Bruchsatz** wird aus Angabe- und Fragesatz gebildet und ergibt das gesuchte Ergebnis.

Berechnung des einfachen Dreisatzes

Berechnung des einfachen Dreisatzes mit geradem (direktem) Verhältnis

Beispiel 1:
120 kg einer Ware kosten 500,00 €. Wie hoch ist der Preis für 210 kg dieser Ware?

Merke:
Eine *größere Menge der Ware* würde auch *mehr kosten (je schwerer – desto mehr).* Man spricht deshalb von einem **geraden (direkten) Verhältnis.** Dies läge auch bei einer geringeren Menge vor, die ja weniger kosten würde *(je leichter – desto weniger).*

Gegeben ist die Ausgangsmenge 120 kg zu einem Preis von 500,00 €.

Gesucht ist der Preis für 210 kg.

Lösung:
Angabesatz: 120 kg einer Ware kosten 500,00 €.
Aus dem Angabesatz kann man durch Division auf den Preis eines Kilos schließen: 500,00/120

Fragesatz: Die Kosten für 210 kg der Ware betragen x €. Daraus folgt, dass 210 kg 500,00/120 · 210 € kosten. Das ergibt den Bruchsatz.

Bruchsatz: $x = \frac{500{,}00 \cdot 210}{120} = \underline{\underline{875{,}00}}$

Antwortsatz:
210 kg der Ware kosten 875,00 €.

Beispiel 2:
Für eine Geschäftsreise benötigen wir 3.000,00 US-$. Wie viel Euro müssen wir bei einem Eurowechselkurs von 1,30 bei unserer Bank eintauschen?

Merke:
Eine *größere Menge einer fremden Währung* würde auch *mehr kosten (je mehr – desto mehr).* Auch hier liegt demnach ein **gerades (direktes) Verhältnis** vor.

Gegeben ist der Eurowechselkurs 1 zu 1,30, d. h., für 1,00 € erhalten wir 1,30 US-$.

Gesucht ist der Preis für 3.000,00 US-$.

Lösung:
Angabesatz: 1,30 US-$ kosten 1,00 €.

Aus dem Angabesatz kann man durch Division den Preis für einen € ausdrücken als: 1/1,30

Fragesatz: Die Kosten für 3.000,00 US-$ betragen x €. Daraus folgt, dass 3.000,00 US-$ 3.000 · 1/1,30 € kosten. Das ergibt den Bruchsatz.

Bruchsatz: $x = \frac{3.000{,}00 \cdot 1}{1{,}30} = \underline{\underline{2.307{,}69}}$

Antwortsatz:
Bei einem Eurowechselkurs von 1,30 kosten 3.000,00 US-$ 2.307,69 €.

Berechnung des einfachen Dreisatzes mit ungeradem (indirektem) Verhältnis

Beispiel:
Nach einer Warengroßlieferung würden 3 Mitarbeiter 16 Stunden für die Bestückung des Lagers benötigen. Wie lange würden die Einlagerungsarbeiten dauern, wenn 8 Mitarbeiter zum Einsatz kämen?

Merke:
Eine *höhere Anzahl* an Mitarbeitern würde *weniger Zeit (je mehr – desto weniger)* benötigen. Man spricht deshalb von einem **ungeraden (indirekten) Verhältnis**. Dies läge auch bei einer geringeren Anzahl von Mitarbeitern vor, die ja noch länger brauchen würden *(je weniger – desto mehr)*.

Gegeben ist die Mitarbeiteranzahl 3 und die Arbeitszeit 16 Stunden.

Gesucht ist die Arbeitszeit bei 8 eingesetzten Mitarbeitern.

Lösung:

Angabesatz: 3 Mitarbeiter benötigen 16 Stunden.

Aus dem Angabesatz kann man durch Multiplikation auf die Gesamtarbeitszeit für einen Mitarbeiter schließen: 16 · 3

Fragesatz: 8 Mitarbeiter benötigen x Stunden.
Daraus folgt, dass 8 Mitarbeiter 16 · 3/8 Stunden benötigen.

Das ergibt den Bruchsatz.

Bruchsatz: $x = \frac{16 \cdot 3}{8} = \underline{\underline{6}}$

Antwortsatz:
8 Mitarbeiter würden für die Einlagerungsarbeiten 6 Stunden benötigen.

6

Berechnung des zusammengesetzten Dreisatzes

Beispiel:
30 m einer selbstklebenden Kunststofffolie kosten bei einer Breite von 0,90 m 270,00 €. Wir benötigen 75 m dieser Folie in einer Breite von 1,20 m. Wie hoch ist der Preis der 1,20 m breiten Folie?

Merke:
Wenn in der Aufgabenstellung mehr als zwei Größen gegeben sind und eine weitere gesucht wird, so spricht man von einem **zusammengesetzten Dreisatz**. In diesem Fall ist die Aufstellung von mehr als drei Sätzen erforderlich, die *sowohl direkte als auch indirekte Verhältnisse* beinhalten können. Im Fall dieses Beispiels liegen *zwei gerade Verhältnisse* vor *(je mehr Folie – desto höher der Preis)*.

Gegeben sind im Beispiel die drei Größen 30 m Länge, 0,90 m Breite zum Preis von 270,00 €.
Gesucht ist der Preis bei einer Länge von 75 m und einer Breite von 1,20 m.

Lösung:

Angabesatz:
Eine Kunststofffolie von 30 m Länge und 0,90 m Breite kostet 270,00 €.

Daraus folgt, dass 1 m der Breite 0,90 m 270,00/30 · 0,90 € und 75 m 270,00 · 75/30 · 0,90 € kosten.

Fragesatz: Eine Kunststofffolie von 75 m Länge und 1,20 m Breite kostet x €.
Daraus folgt, dass 75 m der Breite 1,20 m 270,00 · 75 · 1,20/30 · 0,90 € kosten.

Das ergibt den Bruchsatz.

Bruchsatz: $x = \frac{270{,}00 \cdot 75 \cdot 1{,}20}{30 \cdot 0{,}90} = \underline{\underline{900{,}00}}$

Antwortsatz:
75 m einer Kunststofffolie von 1,20 m Breite kosten 900,00 €.

Prozentrechnung

Begriff

Die Prozentrechnung dient dazu, unterschiedliche Zahlenwerte vergleichbar zu machen, indem sie in ein Verhältnis zu Hundert gesetzt werden. **Prozent** (%) bedeutet demgemäß **„vom Hundert“**.

Folgende rechnerische **Größen** werden für die Prozentrechnung benötigt:

1. Der **Grundwert (G)** ist ein Zahlenwert, der dem Ganzen (100 % = z. B. 100,00 €) entspricht.
2. Der **Prozentwert (W)** ist ein Zahlenwert, der einem Teil oder einem Vielfachen vom Ganzen (z. B. 40 % = 40,00 € oder 160 % = 160,00 €) entspricht.
3. Der **Prozentsatz (p)** ist ein Wert, der einem Teil vom Ganzen in Prozent (z. B. 30 %) ausgedrückt entspricht.

Berechnung des Grundwertes

Beispiel: Wir erhalten 2 % Skonto bei der Bezahlung einer Rechnung. Dies bringt uns eine Ersparnis von 75,00 € ein.

Fragesatz: Wie hoch ist der Rechnungsbetrag?

Gegeben: Prozentsatz p = 2 % und Prozentwert W = 75,00 €

Gesucht ist der Grundwert G.

$$\text{Grundwert (G)} = \frac{100 \cdot \text{Prozentwert (W)}}{\text{Prozentsatz (p)}}$$

$$G = \frac{100 \cdot 75{,}00}{2} = \underline{\underline{3.750{,}00}}$$

Antwortsatz: Der Rechnungsbetrag lautet über 3.750,00 €.

Berechnung des Prozentwertes

Beispiel: Beim Kauf eines Lieferwagens im Wert von 37.000,00 € wird uns ein Rabatt in Höhe von 8 % eingeräumt.

Fragesatz: Welchen Betrag könnten wir beim Kauf sparen?

Gegeben: Grundwert G = 37.000,00 € und Prozentsatz p = 8 %

Gesucht ist der Prozentwert W.

$$\text{Prozentwert (W)} = \frac{\text{Grundwert (G)} \cdot \text{Prozentsatz (p)}}{100}$$

$$W = \frac{37.000{,}00 \cdot 8}{100} = \underline{\underline{2.960{,}00}}$$

Antwortsatz: Durch den Rabatt könnten wir 2.960,00 € sparen.

Berechnung des Prozentsatzes

Beispiel: Im letzten Monat hatten wir einen Umsatz von 112.000,00 € zu verzeichnen. Diesen konnten wir im Folgemonat um 12.320,00 € steigern.

Fragesatz: Welchem Prozentsatz entspricht diese Steigerung?

Gegeben: Prozentwert W = 12.320,00 € und Grundwert G = 112.000,00 €

Gesucht ist der Prozentsatz p.

$$\text{Prozentsatz (p)} = \frac{100 \cdot \text{Prozentwert (W)}}{\text{Grundwert (G)}}$$

$$p = \frac{100 \cdot 12.320{,}00}{112.000{,}00} = \underline{\underline{11}}$$

Antwortsatz: Der Umsatz konnte um 11 % gesteigert werden.

Prozentrechnung *Percentage calculation*

Berechnung des vermehrten Grundwertes (Prozentrechnung auf Hundert)

Beispiel: Ein Kunde zahlt für eine Ware 148,75 € **inklusive** 19 % Umsatzsteuer.

Fragesatz: Wie hoch ist der Warennettobetrag ohne die Umsatzsteuer?

Bei dem in diesem Fall um 19 % erhöhten Wert spricht man vom **vermehrten Grundwert**.

Gegeben: vermehrter Grundwert = 148,75 € und Prozentsatz p der Erhöhung = 19 %

Gesucht ist der Grundwert G.

$$\text{Grundwert (G)} = \frac{\text{vermehrter Grundwert} \cdot 100}{100 + \text{Prozentsatz (p) der Erhöhung}}$$

$$G = \frac{148{,}75 \cdot 100}{100 + 19} = \underline{\underline{125{,}00}}$$

Antwortsatz: Der Warennettobetrag beläuft sich auf 125,00 €.

Berechnung des verminderten Grundwertes (Prozentrechnung im Hundert)

Beispiel: Ein Kunde erhält beim Warenkauf einen Rabatt von 10 %. Es ergibt sich ein zu zahlender Warenwert von 180,00 €.

Fragesatz: Wie hoch ist der ursprüngliche Warenwert ohne Rabatt?

Bei dem in diesem Fall um 10 % verminderten Wert spricht man vom **verminderten Grundwert**.

Gegeben: verminderter Grundwert = 180,00 € und Prozentsatz p der Verminderung = 10 %

Gesucht ist der Grundwert G.

$$\text{Grundwert (G)} = \frac{\text{verminderter Grundwert} \cdot 100}{100 - \text{Prozentsatz (p) der Verminderung}}$$

$$G = \frac{180{,}00 \cdot 100}{100 - 10} = \underline{\underline{200{,}00}}$$

Antwortsatz: Der Warenwert ohne Rabatt beträgt 200,00 €.

Zinsrechnung *Calculation of interest*

Begriff

Die Zinsrechnung dient dazu, Geldbeträge (Zinsen) zu ermitteln, die durch die zeitweilige Überlassung von Kapital entstehen. Die Zinsen stellen dabei den Preis für die Überlassung dar.

Die Zinsrechnung ist die Anwendung der Prozentrechnung unter Berücksichtigung einer weiteren Größe: der Zeit. Demgemäß geht man bei der Zinsrechnung von drei gegebenen Größen aus, um die vierte zu ermitteln. Folgende rechnerische Größen werden zur Zinsrechnung benötigt:

1. Das **Kapital (K)** ist eine Geldsumme, die von einem Geldgeber (z. B. einer Bank) entliehen wird, bei einer Bank angelegt oder einem Schuldner überlassen wird. In der Prozentrechnung entspricht dieser Wert dem Grundwert.
2. Die **Zinsen (Z)** sind der in Geld bewertete Aufwand für geliehenes Kapital oder der Ertrag für Dritten überlassenes Kapital. Sie entsprechen in der Prozentrechnung dem Prozentwert.
3. Der **Zinssatz (p)** ist der Prozentsatz, mit dem das Kapital verzinst wird. In der Prozentrechnung entspricht dieser Wert dem Prozentsatz.
4. Die **Zeit (t)** gibt den Zeitraum an, für den Zinsen zu zahlen sind bzw. erhalten werden. Diese Größe gibt es in der Prozentrechnung nicht.

Zinsrechnung

Berechnung der Zinsen

Berechnung der Jahreszinsen

Beispiel:
Wir nehmen bei unserer Hausbank ein Darlehen von 120.000,00 € (Kapital) auf, für das wir einen Zinssatz von 6,5 % bezahlen müssen. Die Laufzeit beträgt 5 Jahre.

Gegeben:	Kapital	K = 120.000,00 €
	Zinssatz	p = 6,5 %
	Zeit	j = 5 Jahre

Fragesatz: Wie viel Zinsen müssen wir an unsere Hausbank insgesamt bezahlen?

Gesucht sind die Jahreszinsen. Sie können mithilfe folgender Formel berechnet werden:

$$\text{Jahreszinsen} = \frac{\text{Kapital (K)} \cdot \text{Zinssatz (p)} \cdot \text{Jahre (j)}}{100} = \frac{120.000{,}00 \cdot 6{,}5 \cdot 5}{100} = \underline{\underline{39.000{,}00}}$$

Antwortsatz:
Wir müssen an unsere Hausbank 39.000,00 € Jahreszinsen bezahlen.

Berechnung der Monatszinsen

$$\text{Monatszinsen} = \frac{\text{Kapital (K)} \cdot \text{Zinssatz (p)} \cdot \text{Monate (m)}}{100 \cdot 12}$$

Berechnung der Tageszinsen

Beispiel:
Wir gewähren einem Kunden auf einen Rechnungsbetrag von 2.400,00 € einen Zahlungsaufschub von 100 Tagen. Der Zinssatz beträgt werbewirksame 1,9 %.

Fragesatz: Wie hoch ist unser Zinsaufwand?

Gegeben:	Kapital	K = 2.400,00 €
	Zinssatz	p = 1,9 %
	Zeit	t = 100 Tage

Gesucht sind die Tageszinsen. Sie können mithilfe folgender Formel berechnet werden:

$$\text{Tageszinsen} = \frac{\text{Kapital (K)} \cdot \text{Zinssatz (p)} \cdot \text{Tage (t)}}{100 \cdot 360}$$

$$= \frac{2.400{,}00 \cdot 1{,}9 \cdot 100}{100 \cdot 360} = \underline{\underline{12{,}67}}$$

Antwortsatz:
Unser Zinsaufwand beträgt 12,67 €.

Berechnung des Zinssatzes

Beispiel:
Eine Kapitalanlage von 75.000,00 € bei unserer Hausbank erbrachte nach 6 Monaten einen Zinsertrag von 1.125,00 €.

Fragesatz: Wie hoch war der für die Anlage gewährte Zinssatz?

Gegeben:	Kapital	K = 75.000,00 €
	Zinsen	Z = 1.125,00 €
	Zeit	t = 6 Monate = 180 Tage

Gesucht ist der Zinssatz p. Er kann mithilfe folgender Formel berechnet werden:

$$\text{Zinssatz (p)} = \frac{\text{Zinsen (Z)} \cdot 100 \cdot 360}{\text{Kapital (K)} \cdot \text{Tage}}$$

$$= \frac{1.125{,}00 \cdot 100 \cdot 360}{75.000{,}00 \cdot 180} = \underline{\underline{3{,}00}}$$

Antwortsatz:
Der Zinssatz betrug 3,00 %.

Zinsrechnung *Calculation of interest*

6

Berechnung des Kapitals

Beispiel:
Für einen Kredit mit einer Laufzeit von 90 Tagen mussten wir bei einem Zinssatz von 12 % 4.500,00 € Zinsen zahlen.

Fragesatz: Wie hoch war der Kreditbetrag?

Gegeben:	Zinsen	Z = 4.500,00 €
	Zinssatz	p = 12 %
	Zeit	t = 90 Tage

Gesucht ist das Kapital K. Es kann mithilfe folgender Formel berechnet werden:

$$\text{Kapital (K)} = \frac{\text{Zinsen (Z)} \cdot 100 \cdot 360}{\text{Zinssatz (p)} \cdot \text{Tage (t)}}$$

$$= \frac{4.500{,}00 \cdot 100 \cdot 360}{12 \cdot 90} = \underline{\underline{150.000{,}00}}$$

Antwortsatz:
Der Kreditbetrag belief sich auf 150.000,00 €.

Berechnung der Zeit

Beispiel:
Ein Lieferant berechnet uns für eine Verbindlichkeit über 20.000,00 € bei einem Zinssatz von 6 % Verzugszinsen in Höhe von 250,00 €.

Fragesatz: Um wie viele Tage haben wir unser Zahlungsziel überzogen?

Gegeben:	Kapital	K = 20.000,00 €
	Zinsen	Z = 250,00 €
	Zinssatz	p = 6 %

Gesucht ist die Zeit t. Sie kann mithilfe folgender Formel berechnet werden:

$$\text{Tage (t)} = \frac{\text{Zinsen (Z)} \cdot 100 \cdot 360}{\text{Kapital (K)} \cdot \text{Zinssatz (p)}}$$

$$= \frac{250{,}00 \cdot 100 \cdot 360}{20.000{,}00 \cdot 6} = \underline{\underline{75}}$$

Antwortsatz:
Wir haben unser Zahlungsziel um 75 Tage überzogen.

Beförderungskosten *Transport costs*

Verkäufer	Anfuhr und Verladung	**Versand-station**	Transport	**Empfangs-station**	Zufuhr	**Käufer**
	Beförderungskosten					
Vertragsklauseln	Rollgeld bzw. Hausfracht (Versand)	Belade-kosten	Fracht	Entlade-kosten	Rollgeld bzw. Hausfracht	… übernimmt
1. „ab Werk“ „ab Lager“	**Käufer** →					… alle Beförderungskosten
2. „unfrei“ „ab hier“ (gesetzliche Regelung lt. BGB)	**Verkäufer** →	**Käufer** →				… Beförderungskosten ab Versandstelle einschl. Beladekosten
3. „frei Waggon“ „frei Schiff“	**Verkäufer** →		**Käufer** →			… Beförderungskosten ab Versandstelle ohne Beladekosten
4. „frei“ „frachtfrei“ „frei dort“	**Verkäufer** →				**Käufer** →	… Beförderungskosten ab Empfangsstelle
5. „frei Haus“ „frei Lager“	**Verkäufer** →					… keine Beförderungskosten

aus: Bentin, Margit u. a.: Beschaffungsprozess, 5. Aufl., Winklers Verlag Braunschweig 2012, S. 27

Incoterms® 2010 *(gültig ab 1. Januar 2011)*

Die Incoterms® 2010 regeln die Auslegung nationaler und internationaler Handelsklauseln.

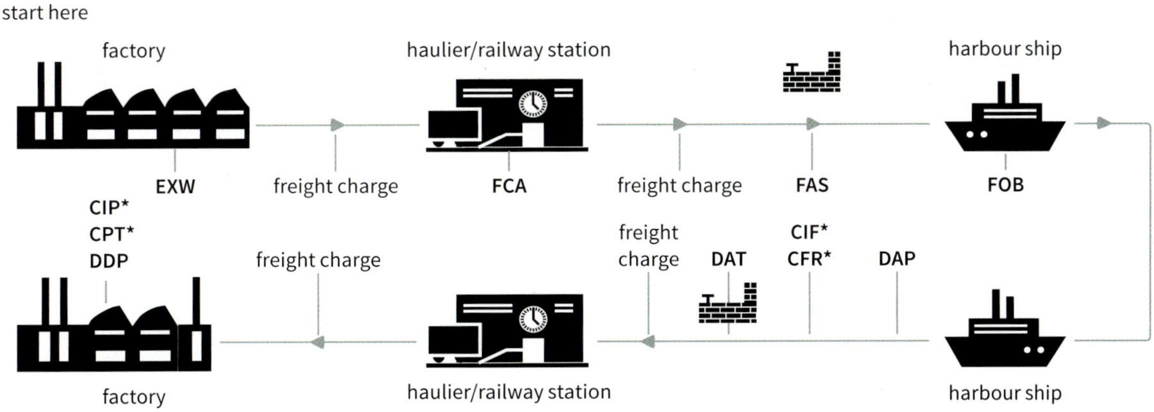

* These incoterms are only shown with regard to the costs. No reference is made to the risks.

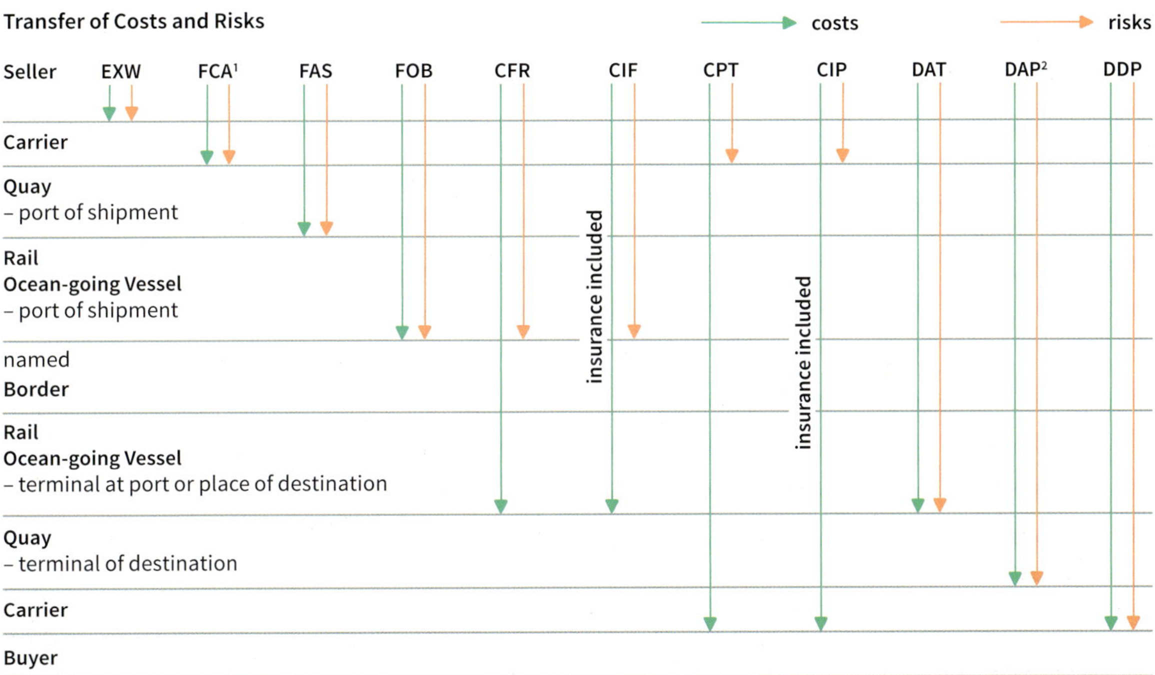

[1] Der bestimmte Ort der Lieferung entscheidet über Pflichten bei der Be- u. Entladung der Ware.
[2] Einfuhrformalitäten sowie Zölle und Abgaben sind vom Käufer zu übernehmen.

Fremdsprachige Kommunikation siehe S. 540 ff.

Die 11 Klauseln und die notwendigen Ortsangaben:

EXW Ex Works (... benannter Lieferort)
FCA Free Carrier (... benannter Lieferort)
FAS Free Alongside Ship (... benannter Verschiffungshafen)
FOB Free On Board (... benannter Verschiffungshafen)
CFR Cost and Freight (... benannter Bestimmungshafen)
CIF Cost, Insurance and Freight (... benannter Bestimmungshafen)
CPT Carriage Paid To (... benannter Verschiffungshafen)
CIP Carriage and Insurance Paid To (... benannter Bestimmungsort)
DAT Delivered At Terminal (... benannter Terminal im Bestimmungshafen/-ort)
DAP Delivered At Place (benannter Bestimmungsort)
DDP Delivered Duty Paid (... benannter Bestimmungsort)

Zahlungsbedingungen *Terms of payment*

Zahlung

vor der Lieferung

Beispiele:
- „Vorauszahlung“
- „Anzahlung der Hälfte des Kaufpreises, bei Lieferung Zahlung des Restbetrages“

bei der Lieferung

Beispiele:
- „gegen bar“
- „gegen Nachnahme“
- „sofort netto Kasse“

nach der Lieferung

Beispiele:
- „3 Monate Ziel“ (Zielkauf)
- „innerhalb 8 Tagen 3 % Skonto oder 30 Tage Ziel“
- Ratenzahlung

Gesetzliche Regelung: Der Käufer ist verpflichtet, die Ware unverzüglich bei Lieferung zu bezahlen.

Die Kosten der Zahlung (z. B. Überweisungsentgelt) muss der Käufer tragen, „Geldschulden sind Schickschulden“.

Verpackungskosten *Packing costs*

Gesetzliche Regelung:
Die Kosten der **Schutz- und Versandverpackung** sind Kosten der Abnahme. Sie sind vom Käufer zu tragen.

Da viele Waren sich nicht ohne Verpackung verkaufen lassen, sind die Kosten der **Verkaufsverpackung** schon im Kaufpreis enthalten. Ist der Kaufpreis nach dem Gewicht der Ware zu berechnen, ist das Verpackungsgewicht abzuziehen.

Wichtig:		
		Bruttogewicht (Ware und Verpackung
	=	Rohgewicht oder Gesamtgewicht)
	–	Tara (Gewicht der Versandverpackung)
	=	Nettogewicht (Reingewicht der Ware)

Vertragliche Regelung:
- **Reingewicht einschließlich Verpackung**
  Die Verpackungskosten sind im Preis enthalten, Verpackung wird nicht berechnet. Der Verkäufer trägt die Verpackungskosten.
- **Reingewicht ausschließlich Verpackung**
  Die Verpackungskosten werden zusätzlich berechnet, der Käufer trägt die Verpackungskosten. Die Verpackung kann
  a) Eigentum des Käufers werden,
  b) vom Lieferanten dem Käufer leihweise überlassen werden. Bei Rückgabe erfolgt eine Gutschrift der Verpackungskosten entweder ganz oder teilweise.

  Beispiel: Holzpaletten, faltbare Alubehälter, Getränkekästen
- **Rohgewicht einschließlich Verpackung**
  (brutto für netto = bfn = b/n)
  Die Verpackung wird wie Ware berechnet, die Verpackung wird Eigentum des Käufers, der Käufer zahlt die Verpackung.

  Beispiel: Obst und Gemüse in Kisten und Kartons

Lieferzeit *Delivery period*

Gesetzliche Regelung:
Ist im Angebot keine Regelung über den Zeitpunkt der Lieferung vereinbart worden, kann der Käufer sofortige Lieferung verlangen und der Verkäufer muss sofort liefern.

Vertragliche Regelung:
Es kann eine vertragliche Regelung über die Lieferzeit vereinbart werden. Dann hat der Käufer zwei Möglichkeiten:

- **Terminkauf: Lieferung innerhalb einer bestimmten Frist** (z. B. Lieferung innerhalb 90 Tagen) oder **zu einem bestimmten Zeitpunkt** (Termin)
- **Fixkauf: Lieferung zu einem genau festgelegten Zeitpunkt**, wobei die Klauseln *fest, fix, genau, exakt* meist mit angegeben werden.

vgl.: Gaik, Petra u. a.: Warenbeschaffung im Einzelhandel. 2. Aufl., Winklers Verlag Darmstadt 2002, S. 33–35

Zusammengesetzte Bezugskalkulation mithilfe der Verteilungsrechnung

Bei der Sendung mit verschiedenen Waren müssen die Bezugskosten der Gesamtlieferung anteilsmäßig auf die einzelnen Waren verteilt werden.

Die Verteilung kann sowohl nach dem Mengenverhältnis (Mengenspesen) als auch nach dem Wertverhältnis (Wertspesen) erfolgen.

Mengenspesen

Beispiele:
- Verpackung
- Fracht
- Rollgeld

nach Menge (Gewicht, Meter, Stück) verteilen

Wertspesen

Beispiele:
- Provision
- Versicherungsprämie
- Bankspesen

nach Wert der verschiedenen Waren verteilen

Beispiel:
Ein Industriebetrieb erhält eine Warenlieferung: Ware A mit 350 kg (brutto) zu einem Listenpreis von 30,00 € je kg und Ware B mit 210 kg (brutto) zu 40,00 € je kg; Tara der Ware A: 30 kg, Tara der Ware B: 10 kg. Die Frachtkosten betragen 93,00 €, das Rollgeld 21,00 €, die Provision für Absatzmittler 479,00 € und die Transportversicherung 49,00 €. Wie hoch sind jeweils die Bezugspreise je kg für die beiden gelieferten Artikel?

Lösung:

Berechnung des Gesamtwertes

Ware	Bruttogewicht	Tara	Nettogewicht	Listenpreis/kg	Gesamtpreis
A	350 kg	30 kg	320 kg	30,00 €	9.600,00 €
B	210 kg	10 kg	200 kg	40,00 €	8.000,00 €
	560 kg	40 kg	520 kg		17.600,00 €

Berechnung der Gewichts- und Wertspesen

Mengenspesen (hier: Gewichtsspesen)		Wertspesen	
Fracht	93,00 €	Provision	479,00 €
Rollgeld	21,00 €	Versicherung	49,00 €
	114,00 €		528,00 €

Verteilung der Mengenspesen

Ware A	350 kg	5 Teile	71,25 €
Ware B	210 kg	3 Teile	42,75 €
	560 kg	8 Teile =	114,00 €
		1 Teil =	14,25 €

Verteilung der Wertspesen

Ware A	9.600,00 €	6 Teile	288,00 €
Ware B	8.000,00 €	5 Teile	240,00 €
	17.600,00 €	11 Teile =	528,00 €
		1 Teil =	48,00 €

Berechnung der Bezugspreise

Ware	Listenpreis	Mengenspesen	Wertspesen	Gesamtbezugspreis	Bezugspreis/kg (netto)
A	9.600,00 €	71,25 €	288,00 €	9.959,25 €	31,12 €
B	8.000,00 €	42,75 €	240,00 €	8.282,75 €	41,41 €
	17.600,00 €	114,00 €	528,00 €	18.242,00 €	

aus: Bentin, Margit u. a.: Beschaffungsprozess, Lehrerband, 3. Aufl., Winklers Verlag Braunschweig 2012, S. 127

Bestellung *Order*

Rechtliche Bedeutung

Eine Bestellung ist **verbindlich**, sie kann schriftlich oder mündlich erteilt werden. Bei einer mündlichen Bestellung ist eine sofortige schriftliche Bestätigung empfehlenswert, um Missverständnisse zu vermeiden.

Bestellung aufgrund eines Angebots:
Ein Kaufvertrag wird abgeschlossen. In der Bestellung wird auf das Angebot Bezug genommen. Es liegen zwei übereinstimmende Willenserklärungen vor.

Bestellung ohne vorheriges Angebot:
Die Bestellung muss konkrete Angaben enthalten. Sie ist nur für den Auftraggeber/die Auftraggeberin verbindlich, der Lieferant kann ablehnen oder zustimmen. Es liegt nur eine Willenserklärung vor; die zweite erfolgt durch Auftragsbestätigung oder Warenlieferung.

Widerruf:
Der Widerruf muss vor oder gleichzeitig mit der Bestellung eintreffen, z. B. per Telefon oder als Fax.

Aufbau und Inhalt

1. Auf das Angebot, den Katalog, die Preisliste usw. eingehen
2. Art, Preis, Menge und Qualität der Ware angeben
3. Liefertermin und Lieferungsbedingungen nennen
4. Gewünschte Zahlungsweise angeben

Kaufvertrag

- Bei einem Kaufvertrag handelt es sich um ein zwei- oder mehrseitiges Rechtsgeschäft.
- Willenserklärungen, die im Rahmen eines Kaufvertrags abgegeben werden, heißen ANTRAG und ANNAHME.

I. Verpflichtungsgeschäft

a) Zustandekommen des Kaufvertrags

	ANTRAG		ANNAHME	
1. Möglichkeit VERKÄUFER	ANGEBOT →	**KAUFVERTRAG**	BESTELLUNG ←	KÄUFER
2. Möglichkeit KÄUFER	BESTELLUNG →	**KAUFVERTRAG**	BESTELLUNGS-ANNAHME ←	VERKÄUFER
3. Möglichkeit KÄUFER	BESTELLUNG →	**KAUFVERTRAG**	LIEFERUNG ←	VERKÄUFER

Das Verpflichtungsgeschäft ist abgeschlossen, wenn zwei übereinstimmende Willenserklärungen vorliegen.

b) Pflichten des Verkäufers und Käufers

Pflichten

des **Verkäufers**
- die Ware zur rechten Zeit, am richtigen Ort, in der richtigen Art und Weise liefern
- Eigentum an der Ware übertragen
- den Kaufpreis annehmen

des **Käufers**
- die ordnungsgemäß gelieferte Ware annehmen und prüfen
- den Kaufpreis vereinbarungsgemäß bezahlen

II. Erfüllungsgeschäft

Das **Erfüllungsgeschäft** ist abgeschlossen, wenn Verkäufer und Käufer ihre Pflichten erfüllt haben. Werden die Pflichten nicht erfüllt, spricht man von **Störungen** des Kaufvertrags.

vgl.: Bentin, Margit u. a.: Beschaffungsprozess, 5. Aufl., Winklers Verlag Braunschweig 2012, S. 42

Textbausteine: Angebot, Bestellung

Terms and phrases: offer, order

Angebot

Angebot

Aufbau und Inhalt	Formulierungvorschläge
1. Eingehen auf Anfrage (verlangtes Angebot) oder Vorstellen des Unternehmens (unverlangtes Angebot)	Wir danken für Ihre Anfrage und bieten an: … Über Ihr Interesse an unserem Unternehmen freuen wir uns sehr.
2. Beschreibung des Artikels bzw. des Sortiments	Wir haben den gewünschten Artikel in erforderlicher Menge vorrätig. Wir können die gewünschte Menge von … binnen … Tagen liefern.
3. Nennen der Angebotsbedingungen (Preise, Lieferungs- und Zahlungsbedingungen, Lieferzeit, Erfüllungsort, Gerichtsstand)	Bei Abnahme von … Stück liefern wir frei Haus. Unsere Rechnung ist binnen 30 Tagen netto Kasse zahlbar. Bei Zahlung innerhalb 10 Tagen gewähren wir 3 % Skonto. Wir hoffen auf Ihr Verständnis, dass wir neue Kunden nur gegen Nachnahme beliefern.
4. Freundlicher Abschlusssatz (Hoffnung auf Bestellung)	Wir freuen uns auf Ihre Bestellung. Wir hoffen, Ihren Auftrag zu erhalten.

Bestellung

Bestellung

Aufbau und Inhalt	Formulierungvorschläge
1. Auf das Angebot, den Katalog, die Preisliste usw. eingehen	Wir danken für Ihr Angebot und bestellen: … Die Preisliste haben wir erhalten und bestellen: …
2. Art, Preis, Menge und Qualität der Ware angeben	… 50 Kugelschreiber „Venus", Nr. 112, schwarz, … €/St. 25 Bleistifte „Sonny", Nr. 13, … €/St.
3. Liefertermin und Lieferungsbedingungen nennen	Wir bitten Sie, spätestens in zwei Wochen frei Haus zu liefern. Die Lieferung muss bis zum … erfolgt sein, sonst verweigern wir die Annahme. Sollte Ihr Lagerbestand nicht ausreichen, bitten wir um sofortige Teillieferung. Unsere Filiale wird am … eröffnet. Bitte sorgen Sie dafür, dass die Sendung pünktlich bei uns eintrifft.
4. Gewünschte Zahlungsweise angeben	Bitte gewähren Sie uns ein Zahlungsziel von … Monaten. Mit Ihren Zahlungsbedingungen sind wir einverstanden.

aus: Bentin, Margit u. a.: Beschaffungsprozess, Lehrerband, 3. Aufl., Winklers Verlag Braunschweig 2012, S. 130

E-Commerce

Begriff

Electronic Commerce („E-Commerce“ oder „E-Business“) ermöglicht die umfassende, digitale Abwicklung von Geschäftsprozessen zwischen Unternehmen und Kunden über private und öffentliche Netze (Internet). Dabei beinhaltet das Electronic Commerce auch die digitale Bezahlung und, was digitalisierbare Güter (z. B. Musik, Videoclips) und Dienstleistungen angeht, eine digitale Übertragung.

Ziele

E-Commerce beschleunigt die Abwicklung von Geschäftsprozessen, gestaltet häufig Prozessabläufe effizienter und senkt damit die Kosten für die Beteiligten. Auf Marktveränderungen (z. B. Preisänderungen) kann mithilfe von E-Commerce in der Regel schneller reagiert werden (z. B. über sofortigen Informationsaustausch).

Formen des E-Commerce

- **B2B** = Business-to-Business: Geschäftsbeziehungen zwischen Unternehmen sowie öffentlichen Institutionen
- **B2C** = Business-to-Consumer oder Business-to-Customer: „Electronic Shopping“ von Konsumenten, die über das Internet oder per Onlinedienst Waren kaufen
- **B2G** = Business-to-Government: Geschäftsbeziehungen zwischen Unternehmen und staatlichen Einrichtungen
- **Intra-Business:** Intra- und/oder Extranet unterstützen Geschäftsprozesse und Kommunikationsbeziehungen

Elektronische Marktplätze im Beschaffungsprozess

Unternehmen vereinbaren mit Mitbewerbern, für den kostengünstigen Einkauf von Produkten einen gemeinsamen **Handelsplatz** im Internet einzurichten. Beispielsweise entstand über eine derartige Vereinbarung ein elektronischer Megamarktplatz für die Zuliefererbetriebe von Autokonzernen. Spezielle Softwarehäuser richten dazu geeignete **Portale** ein. Die entstandenen **Onlinemarktplätze** ermöglichen aufgrund der raschen elektronischen Reaktionsmöglichkeiten kurzfristige Dispositionen, die Preistransparenz erhöht sich. Viele Einzelarbeitsschritte des bisherigen Beschaffungsvorganges werden verzichtbar. Die Einkäufer können sofort vergleichen, wer das günstigste Angebot offeriert; sie können sich auch zusammenschließen, um höhere Rabattsätze zu erreichen, oder sie führen Auktionen durch, bei denen die Lieferanten mit ihren Angeboten in Wettbewerb treten. Der Einkauf mittels der E-Commerce-**Plattform** führt in der Regel zu einer deutlichen Kostensenkung. Diese Preisvorteile beim Einkauf können kalkulatorisch dazu führen, dass die Unternehmen ihre Produkte und Dienstleistungen preiswerter im Absatzmarkt anbieten können. Betriebswirtschaftlich effizientere Lösungen führen somit volkswirtschaftlich zu einem verstärkten (internationalen) Wettbewerb und zu einer möglichen Erhöhung des Bruttoinlandsproduktes.

Arten von Portalen

Ziel: Reduzierung der Informationsflut des Internets (Kosten- und Zeitersparnis) beim User, zielgruppenspezifisches Direktmarketing beim Anbieter (Vermeidung von Streuverlusten, Erhöhung der Kontaktrate)

Lösung: Zielgruppenspezifischer Einsatz des Internets durch Nutzung von **Portalen**

Arten von Portalen

B2B-Portale

für spezielle Produkte/Leistungen eines anbietenden **Unternehmers**

Beispiel: Ein Unternehmen bietet in einem Portal Fahrräder für den Großhandel an.

B2C-Portale

für spezielle Produkte/Leistungen eines informationssuchenden **Konsumenten**

Beispiel: Ein Unternehmen bietet in einem Portal zum Verkauf ab Werk extrem leistungsstarke Sitzrasenmäher an.

Portal-Networks

„Eingangstore“ für spezifische User, die Verknüpfungen zu **sämtlichen Bedürfnissen** des Users bieten

Beispiel: Ein Autohersteller bietet in einem Autoportal zusätzlich zu den Autos günstige Finanzierungsmöglichkeiten sowie Versicherungen an.

aus: Hübscher, Heinrich u. a.: IT-Handbuch, IT-Systemkaufmann/-frau, Informatikkaufmann/-frau, 9. Aufl., Braunschweig, Westermann Verlag, 2015, S. 404

Rechtliche Grundlagen des Wirtschaftsprozesses

Legal framework of the economic process

Rechtsordnung

Die Funktionsfähigkeit des Güter- und Geldstromes im Wirtschaftsleben wird u. a. sowohl durch ungeschriebenes Recht oder Gewohnheitsrecht (z. B. Handelsbräuche) als auch durch geschriebenes Recht (z. B. Verfassungsrecht) beeinflusst.

Die Summe aller Rechtsvorschriften, die in einem Staatswesen zur Anwendung kommen, wird als **Rechtsordnung** bezeichnet. In Deutschland wird diese Rechtsordnung durch das Grundgesetz (z. B. Artikel 14 Absatz 1: Eigentumsgarantie und Absatz 2: Sozialbindung) festgelegt. Im Rahmen der europäischen Integration (u. a. gemeinsame Währung) kommen weitere Gesetze dazu, die in den zuständigen EU-Institutionen beschlossen werden und in der Regel einen höheren Rang einnehmen.

Hierarchie der Rechtsvorschriften

Begriff	Bedeutung	Beispiele
Naturrecht (Gewohnheitsrecht)	**Inbegriff der herrschenden Auffassungen**	**Menschenrechte**
geschriebenes (positives) **Recht**	schriftlich fixierte Handlungsnormen	
Völkerrecht	zwischenstaatliches Recht	Charta der UNO
EU-Recht	Vereinheitlichung von Rechtsvorschriften für EU-Mitgliedstaaten	EU-Vertrag über …
Verfassung (Grundgesetz)	normativer Rahmen für die Gesetzgebung Deutschlands	Grundgesetz
Gesetz	spezielle Rechtsvorschriften	Gewerbesteuergesetz
Verordnung	Ergänzungs- und Durchführungsbestimmungen zu den Gesetzen	Gewerbesteuerdurchführungsverordnung
Satzung	einzelne Rechtsvorschrift für einen besonderen Zweck	Bestimmung des Gewerbesteuerhebesatzes
Gerichtsurteil	richterliche Entscheidung im Einzelfall	Korrektur eines Gewerbesteuerbescheids

Rechtssubjekte – Rechtsfähigkeit

Die Rechtsordnung unterscheidet prinzipiell zwischen Personen (Rechtssubjekten) und Gegenständen (Rechtsobjekten). Nur **Rechtssubjekte** können Träger von Rechten und Pflichten sein (= Rechtsfähigkeit) und rechtswirksame Erklärungen abgeben.

6

Rechtssubjekte

Natürliche Personen (§ 1 BGB):
Menschen von der Vollendung der Geburt bis zur Feststellung des Todes

Sie sind **rechtsfähig**, d. h., sie besitzen die Fähigkeit, Träger von Rechten und Pflichten zu sein.

Die Rechtsfähigkeit beginnt mit der Geburt und endet mit dem Tod.

Juristische Personen[1] (§ 21 ff. BGB und § 6 HGB): Personenvereinigungen oder Vermögensmassen mit eigener Rechtspersönlichkeit

Sie sind wie die natürlichen Personen **rechtsfähig** und haben eine eigene **Rechtspersönlichkeit**.

Die Rechtsfähigkeit beginnt mit der **Registereintragung** (z. B. Handelsregister) und endet mit ihrer Löschung.

Privates Recht
zum Beispiel:
Aktiengesellschaften oder eingetragene Vereine

Öffentliches Recht
zum Beispiel:
Körperschaften (Bund, Länder) oder Anstalten (Schulen)

Rechtsfähigkeit: Eigenschaft, Träger von Rechten und Pflichten zu sein

Beginn und Ende der **Rechtsfähigkeit**

… mit Vollendung der Geburt, dem Tod oder der Todeserklärung

… durch Registereintragung bzw. -löschung

… durch staatlichen Hoheitsakt

Auszug aus dem Bundesanzeiger

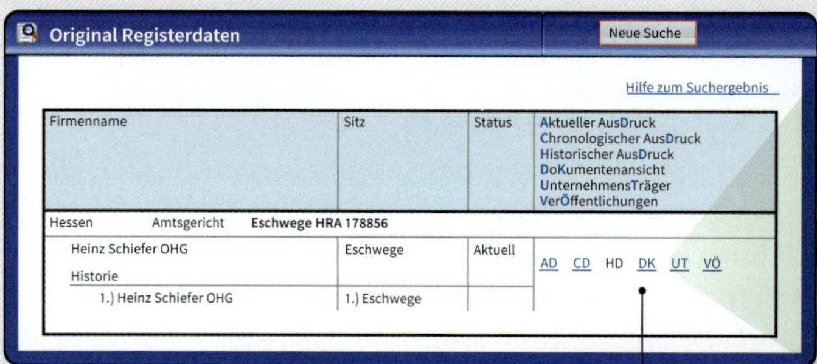

Bildschirmdarstellung der Suchmaske
Auswahlmöglichkeiten der Dokumente
Suchergebnis (hier: UT)

Data:

Data	Value
DokumentArt	UT
DokumentGroesse	0
DokumentAnzahl	0
RegisterNummer	178856
RegisterArt	HRA
GerichtsKennzeichen	W1328
Firma	Heinz Schiefer OHG
Sitz	Eschwege
Rechtsform	Offene Handelsgesellschaft
Kapital	0,00 EUR
Eintragungsdatum	07.08.2004
Bilanz_vorhanden	
Strasse	Bauernweg 25
PLZ	37269
Ort	Eschwege

[1] Juristische Personen haben im Gegensatz zu Menschen keine eigene **Handlungsfähigkeit**. Darunter versteht man im rechtlichen Sinn die Fähigkeit, verantwortlich und rechtswirksam handeln zu können. Juristische Personen handeln mittels ihrer Organe (z. B. über einen Vorstand).

Rechtssubjekte – Geschäftsfähigkeit

Geschäftsfähigkeit:
Fähigkeit, Rechtsgeschäfte wirksam abschließen zu können

Geschäftsunfähigkeit

Personen

- Minderjährige bis zum vollendeten **7. Lebensjahr** (§ 104 BGB)
- dauernd Geisteskranke (§ 104 BGB)

Beschränkte Geschäftsfähigkeit

Personen

Minderjährige zwischen dem vollendeten **7. Lebensjahr** und **18. Lebensjahr** (§ 106 BGB)

Volle Geschäftsfähigkeit

Personen

- Volljährige (ab vollendetem 18. Lebensjahr, § 2 BGB)
- Minderjährige, die ein **Erwerbsgeschäft** betreiben oder in einem **Dienst**- oder **Arbeitsverhältnis** stehen (§ 112 f. BGB)

Sonderfälle der Geschäftsfähigkeit

Botentätigkeit

Personen, die als **Bote** einen Auftrag für den gesetzlichen Vertreter ausführen

Das Rechtsgeschäft ist gültig.

zum Beispiel:
Die fünfjährige Carla kauft im Sportfachgeschäft für ihren Vater eine Packung Tennisbälle.

Taschengeldparagraf

Beim Kauf einer Sache mit eigenen Mitteln, die Personen mit beschränkter Geschäftsfähigkeit zur **freien Verfügung** stehen (§ 110 BGB)

Das Rechtsgeschäft ist gültig.

zum Beispiel:
Der sechzehnjährige Ralf kauft sich von seinem Taschengeld ein Fantrikot von „Eintracht Braunschweig".

Schenkung

ohne rechtliche Nachteile

Schenkungen, mit denen lediglich rechtliche **Vorteile** verbunden sind, sind auch **ohne** Zustimmung des gesetzlichen Vertreters rechtskräftig (§ 107 BGB).

zum Beispiel:
Die fünfzehnjährige Iris erhält von ihrer Tante zum Geburtstag eine Sportjacke geschenkt.

mit rechtlichen Nachteilen

Bei Schenkungen mit rechtlichen **Nachteilen** kann der gesetzliche Vertreter seine Zustimmung verweigern (§ 108 BGB).

zum Beispiel:
Der sechzehnjährige Wolfgang bekommt von seinem Patenonkel zum Sekundarabschluss I ein Mofa geschenkt. Mögliche Folgekosten sind z. B.: Versicherung, Betriebskosten.

Fallbeispiele zur Geschäftsfähigkeit

	Fallbeispiele	Begründung/Rechtsquelle
Geschäftsunfähigkeit 	■ Die 6-jährige Anna kauft sich eine Barbiepuppe. Der Vater ist damit nicht einverstanden. Die Verkäuferin muss das Spielzeug zurücknehmen und den bezahlten Geldbetrag zurückerstatten. ■ Am nächsten Tag wird Anna mit einem Einkaufszettel zum Bäcker geschickt, um Brötchen zu kaufen.	■ Willenserklärungen Geschäftsunfähiger sind **nichtig**, d. h. von vornherein ungültig. Für Geschäftsunfähige handelt ausschließlich der **gesetzliche Vertreter**. ■ Tritt der Geschäftsunfähige lediglich als **Bote** auf, kommt das Rechtsgeschäft zustande, weil er die Willenserklärung eines Geschäftsfähigen überbringt (§ 104 ff. BGB).
Beschränkte Geschäftsfähigkeit 	■ Der 15-jährige David hat sich mit Einwilligung seiner Eltern ein gebrauchtes Musikinstrument gekauft. ■ Seine 16-jährige Schwester will an einem Casting-Wettbewerb teilnehmen und kauft sich eine Karaoke-Anlage ohne Genehmigung der Eltern.	■ Das Rechtsgeschäft von David ist gültig, weil vor dem Abschluss des Kaufvertrages das **Einverständnis** des gesetzlichen Vertreters (in der Regel der Eltern) vorlag.[1] ■ Das Rechtsgeschäft seiner Schwester ist ungültig. Ihre Eltern haben **nach** dem Vertragsabschluss **keine Genehmigung** erteilt. Solche Rechtsgeschäfte sind **nichtig** (§§ 107–109, 111 BGB).[2]
Rechtlicher Vor- und Nachteil 	■ Die 9-jährige Milena bekommt von ihrer Oma zu Weihnachten 100,00 €, die auf ihr Sparbuch eingezahlt werden. ■ Milena hat inzwischen ein Guthaben von 1.000,00 € angespart und hat die Absicht, sich ein Pony zu kaufen.	■ Milena kann das Geld auch ohne Zustimmung ihrer Eltern behalten, da es lediglich einen **rechtlichen Vorteil** mit sich bringt (§ 107 BGB). ■ Mit dem Tierkauf sind **Verpflichtungen**, z. B. Unterbringungs- und Futterkosten, verbunden. Die **Einwilligung** der Eltern ist für die Gültigkeit des Rechtsgeschäftes **erforderlich** (§ 108 BGB).
Taschengeldparagraf 	■ Inzwischen hat sich die Schwester von David von ihrem ersparten Taschengeld eine Karaoke-Anlage gekauft. ■ Zusätzlich schafft sie sich eine Video-Anlage an. Wegen fehlender Barmittel schließt sie einen Ratenkauf mit dem Händler ab.	■ Rechtsgeschäfte, die ein beschränkt Geschäftsfähiger mit Mitteln aus seinem **angesparten Taschengeld** bewirkt, sind rechtswirksam (§ 110 BGB). ■ Werden Schulden aus Rechtsgeschäften nicht sofort bezahlt, wie z. B. bei **Ratenkäufen**, sind derartige Rechtsgeschäfte nicht wirksam. Der beschränkt Geschäftsfähige kann nur über gegenwärtiges, nicht aber **zukünftiges** Taschengeld verfügen.
Selbstständiger Betrieb eines Erwerbsgeschäftes 	Die inzwischen 17-jährige Schwester von David hat große Erfolge bei der Castingshow erzielt und darf mit Erlaubnis ihrer Eltern einen Manager engagieren, der für sie Verträge aushandeln und Tourneeauftritte planen soll.	Wenn eine beschränkt geschäftsfähige Person mit Ermächtigung des gesetzlichen Vertreters und der Genehmigung des Vormundschaftsgerichtes **selbstständig ein Erwerbsgeschäft** betreibt, sind die entsprechenden Rechtsgeschäfte wie bei einem voll Geschäftsfähigen **gültig** (§ 112 BGB).
Dienst- oder Arbeitsverhältnis 	Paul ist 17 Jahre alt und hat einen Arbeitsvertrag für Lagertätigkeiten in einem Industrieunternehmen abgeschlossen. Nach drei Wochen kündigt er das Arbeitsverhältnis und beginnt ein neues Arbeitsverhältnis mit gleicher Tätigkeit bei einem anderen Unternehmen.	Ein beschränkt Geschäftsfähiger kann im Rahmen seines **Dienst- oder Arbeitsverhältnisses** Rechtsgeschäfte **unbeschränkt** abschließen. Diese Rechtsgeschäfte (Kündigung des alten und Abschluss des neuen Arbeitsverhältnisses) sind daher voll gültig.

[1] Rechtsgeschäfte von beschränkt Geschäftsfähigen haben nur dann Gültigkeit, wenn die gesetzlichen Vertreter **vor** dem Rechtsgeschäft ihre **Einwilligung** geben.
[2] Rechtsgeschäfte von beschränkt Geschäftsfähigen sind bis zur **nachträglichen Genehmigung** oder Ablehnung durch den gesetzlichen Vertreter **„schwebend unwirksam“**. Wenn der gesetzliche Vertreter schweigt, gilt die Genehmigung als nicht erteilt. Das Rechtsgeschäft ist dann von Anfang an nichtig.

Rechtsobjekte – Sachen und Rechte

Rechtsobjekte

- **Sachen** (körperlich)
  - **unbeweglich** (Immobilien)
    zum Beispiel: unbebaute Grundstücke
  - **beweglich** (Mobilien)
    zum Beispiel: Automobile
    - vertretbare Sachen (Gattungsware)
      zum Beispiel: ein Neuwagen
    - nicht vertretbare Sachen (Stückware)
      zum Beispiel: ein Formel-1-Rennwagen
- **Rechte** (nicht körperlich)
  - **Schuldrechte**
    zum Beispiel: Verbindlichkeiten
  - **Sachenrechte**
    zum Beispiel: Patente

Besitz und Eigentum

- **Besitz = tatsächliche** Herrschaft über eine Sache
  - **rechtmäßig**
    zum Beispiel: Benutzung eines geliehenen Fahrrades
  - **unrechtmäßig**
    zum Beispiel: Benutzung eines gestohlenen Fahrrades
- **Eigentum = rechtliche** Herrschaft über eine Sache; wird erworben an …
  - **unbeweglichen Sachen**
    – durch Auflassung und Eintragung ins Grundbuch
    zum Beispiel: Kauf einer Eigentumswohnung
  - **beweglichen Sachen**
    – durch Einigung und Übergabe
    zum Beispiel: Kauf eines Fahrrads

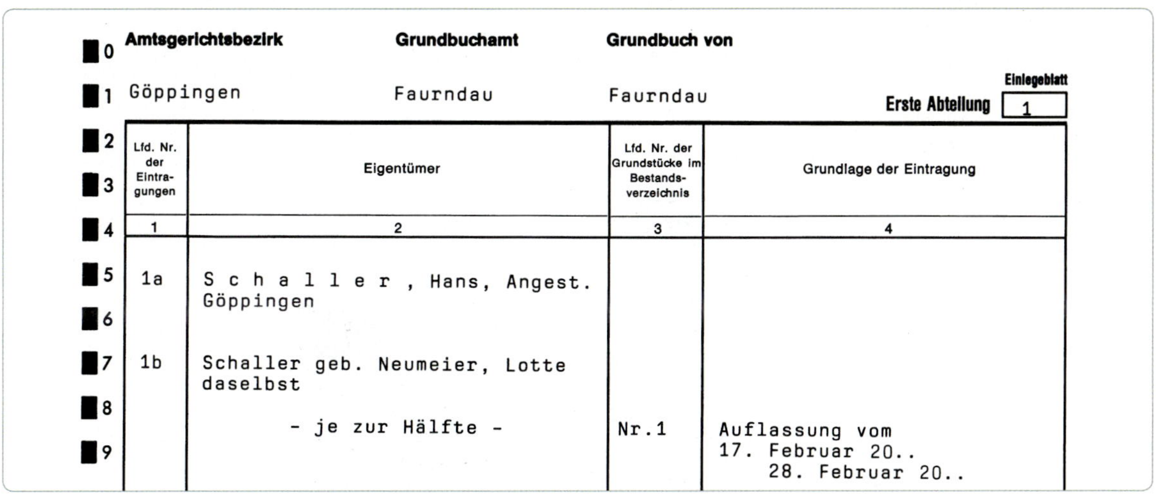

Amtsgerichtsbezirk	Grundbuchamt	Grundbuch von	
Göppingen	Faurndau	Faurndau	Erste Abteilung – Einlegeblatt 1

Lfd. Nr. der Eintragungen	Eigentümer	Lfd. Nr. der Grundstücke im Bestandsverzeichnis	Grundlage der Eintragung
1	2	3	4
1a	S c h a l l e r , Hans, Angest. Göppingen		
1b	Schaller geb. Neumeier, Lotte daselbst – je zur Hälfte –	Nr.1	Auflassung vom 17. Februar 20.. 28. Februar 20..

Arten von Rechtsgeschäften *Types of legal acts*

Begriff

Zum Zustandekommen eines Rechtsgeschäfts bedarf es einer oder mehrerer **Willenserklärungen**. Unter einer Willenserklärung versteht man mündliche oder schriftliche Äußerungen einer Person oder die aktive Handlung einer Person. Rechtsgeschäfte zwischen mehreren Personen kommen durch das beiderseitige Einverständnis zustande. Es zeigt sich durch die Abgabe übereinstimmender Willenserklärungen. Es gibt jedoch auch Rechtsgeschäfte, die wirksam sind, wenn nur eine Person eine Willenserklärung abgibt.

Arten

6

Arten von Rechtsgeschäften

Einseitige Rechtsgeschäfte

Für die Rechtswirksamkeit ist die Willenserklärung **einer** Person erforderlich.

nicht empfangsbedürftige Rechtsgeschäfte

zum Beispiel:

Testament
Ein Familienvater setzt handschriftlich sein Testament auf und versieht es mit Ort, Datum und seiner Unterschrift. Die Willenserklärung des Familienvaters ist rechtswirksam. Er muss das Testament niemandem offenlegen.

empfangsbedürftige Rechtsgeschäfte

zum Beispiel:

Mahnung, Bürgschaft, Anfechtung, Kündigung
Ein Geschäftsinhaber kündigt seiner Verkäuferin zum 31. Januar. Die Kündigung ist erst wirksam, wenn sie der Mitarbeiterin zugeht, z. B. wenn er ihr das Schriftstück aushändigt oder zuschickt.

Mehrseitige Rechtsgeschäfte

Für die Rechtswirksamkeit sind **mindestens zwei** übereinstimmende Willenserklärungen erforderlich. Dadurch entsteht ein **Vertrag**.

einseitig verpflichtend
Ein Vertragspartner verpflichtet sich zu einer Leistung.

zum Beispiel:

Schenkung
Eine Person verpflichtet sich zu einer unentgeltlichen Vermögensübertragung an eine andere Person. Ein Vater schenkt seiner Tochter zum Schulabschluss ein Mountainbike.

mehrseitig verpflichtend
Alle Vertragspartner verpflichten sich zu einer Leistung.

zum Beispiel:

Kauf
Eine Person veräußert Sachen oder Rechte gegen Bezahlung. Eine Verkäuferin verkauft ein Sweatshirt an eine Kundin, die dieses bezahlt.

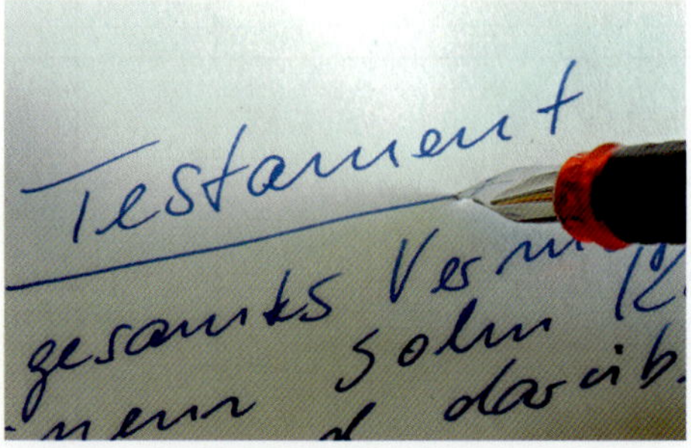

Formen von Rechtsgeschäften
Forms of legal acts

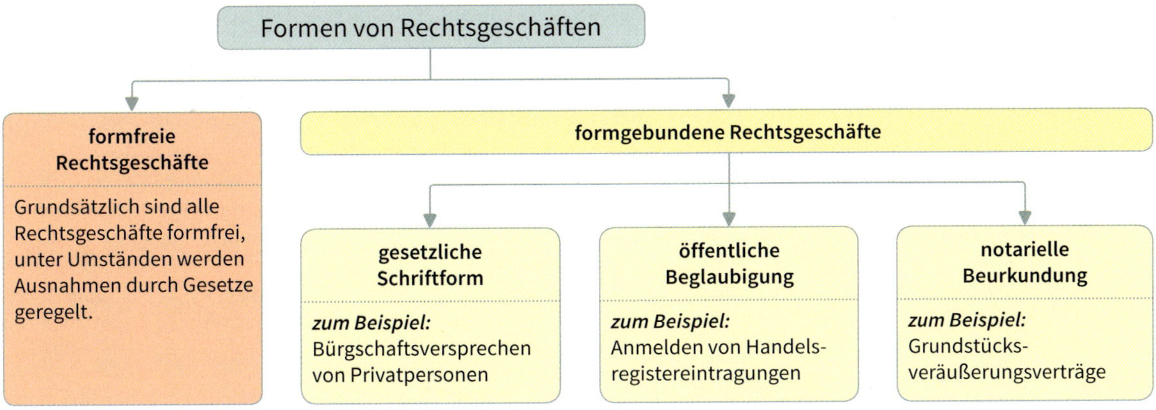

Zustandekommen von mehrseitigen Rechtsgeschäften (Verträge)
Multilateral legal acts

Ein **mehrseitiges** Rechtsgeschäft kommt durch **Antrag** (vgl. § 145 BGB) und **Annahme** (vgl. § 147 BGB) zustande, wenn beide Willenserklärungen übereinstimmen. Hierbei ist der Antrag grundsätzlich bindend und die Annahme muss unter bestimmten Voraussetzungen erfolgen, damit das Rechtsgeschäft zustande kommt:

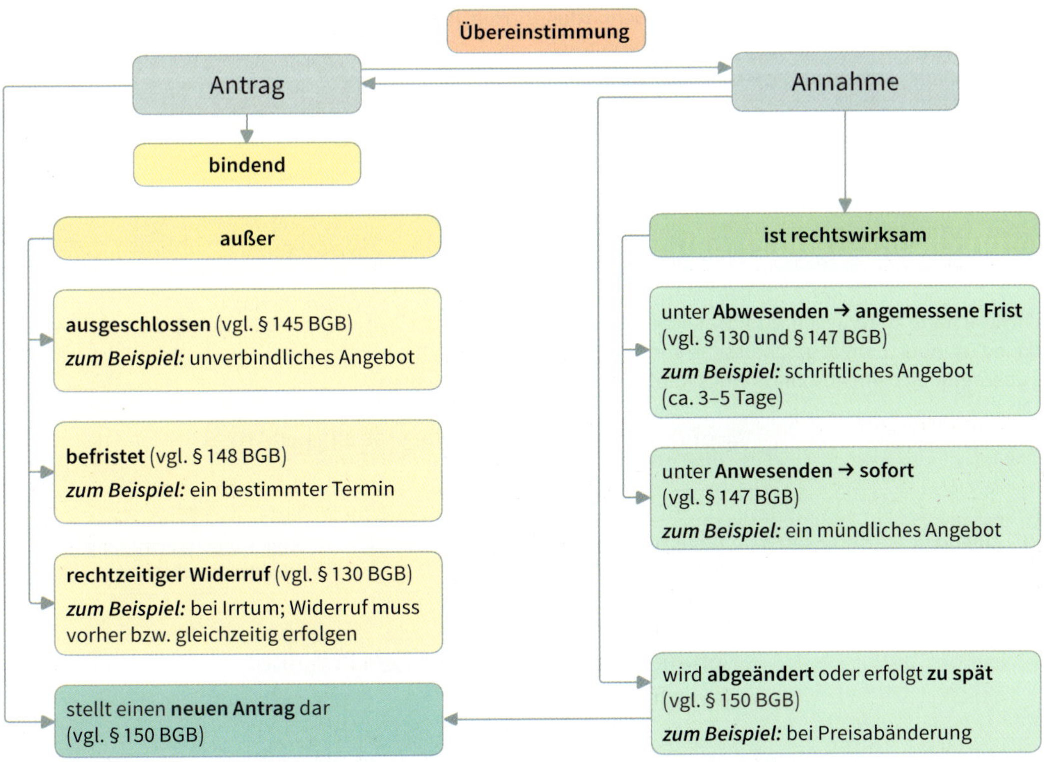

Nichtigkeit von Rechtsgeschäften *Nullity of legal acts*

Bei Vorliegen bestimmter Sachverhalte sind Rechtsgeschäfte von Anfang an **nichtig**, weil keine rechtswirksamen Willenserklärungen vorliegen.

Nichtige Rechtsgeschäfte (RG)

- RG mit **Geschäftsunfähigen** (§ 105 BGB)
  zum Beispiel:
  Ein fünfjähriges Kind kauft Süßigkeiten.
- **Schein**- oder **Scherz**geschäfte (§§ 117 f. BGB)
  zum Beispiel:
  „mein Haus für ein Bier"
- RG mit **Formfehlern** (§ 125 BGB)
  zum Beispiel:
  ein mündlich abgeschlossener Grundstückskaufvertrag
- RG, die gegen ein **Gesetz** verstoßen (§ 134 BGB)
  zum Beispiel:
  Rauschgifthandel
- Sittenwidrige RG: **Wucher** (§ 138 BGB)
  zum Beispiel:
  ein Jahreszinssatz von 35 %

6

Anfechtbarkeit von Rechtsgeschäften *Voidability of legal acts*

Anfechtbare Rechtsgeschäfte sind so lange gültig, wie sie nicht von einem der Vertragspartner angefochten werden.

Anfechtbare Rechtsgeschäfte (RG)

- **Erklärungsirrtum** (§ 119 BGB)
  zum Beispiel:
  ein Zahlendreher bei einem Angebot (15,00 € statt 51,00 €)
- **Übermittlungsirrtum** (§ 120 BGB)
  zum Beispiel:
  ein Übertragungsfehler bei einem Fernschreiben (15,00 € anstatt 815,00 €)
- **Drohung** oder **Täuschung** (§ 123 BGB)
  zum Beispiel:
  Fälschung eines Originalgemäldes

Verpflichtungs- und Erfüllungsgeschäft *Executory contract and delivery*

Rechtsgeschäfte unterliegen grundsätzlich der **Vertragsfreiheit**, die ein wichtiges Merkmal der marktwirtschaftlichen Ordnung ist. Aber: Einmal geschlossene Verträge sind einzuhalten. Die Vertragspartner (zum Beispiel: Verkäufer und Käufer) übernehmen beim Abschluss eines Kaufvertrages folgende Pflichten:

Verpflichtungen des Verkäufers (§§ 433 ff. BGB)

- **Übergabe** der bestellten Ware zur rechten **Zeit**, am richtigen **Ort**, in der richtigen **Art** und **Weise**
- **Eigentumsübertragung** der gewünschten Ware

Verpflichtungen des Käufers (§§ 433 ff. BGB)

- **Abnahme** der Ware
- **Bezahlung** des vereinbarten Kaufpreises

Nach dem **allgemeinen Kaufvertragsrecht** regelt das BGB die speziellen Rechte des **Verbrauchsgüterkaufs** (§§ 474 ff. BGB). Hierbei handelt es sich um einen Kaufvertrag, bei dem ein Verbraucher (vgl. § 13 BGB) von einem Unternehmer (vgl. § 14 BGB) eine **bewegliche Sache** kauft.

Nichtige und anfechtbare Rechtsgeschäfte: Fallbeispiele

Void and voidable legal acts: case examples

Fallbeispiele für nichtige und anfechtbare Rechtsgeschäfte

	Fallbeispiele	Begründung/Rechtsquelle
Formvorschriften 	Nach bestandener Abschlussprüfung hat Paul die Absicht, bei seinen Eltern auszuziehen und sich von seinem bereits zugeteilten Bausparvertrag eine kleine Eigentumswohnung zu kaufen. Paul hat bei der Prüfungsvorbereitung gelesen, dass für derartige Kaufverträge besondere gesetzliche Formvorschriften gelten sollen.	Rechtsgeschäfte, die nicht in der vorgeschriebenen **gesetzlichen Form** abgeschlossen werden, sind **nichtig**, d. h., sie sind ungültig. Kaufverträge für eine Eigentumswohnung oder Grundstückskaufverträge, bei denen eine Eigentumsübertragung erfolgen soll, sind nur mit einer notariellen Beurkundung gültig. Diese Vorschriften haben die Funktion, die Vertragsparteien vor voreiligen Abschlüssen zu schützen (§§ 125 ff., 311 und 873 BGB).
Gute Sitten 	Zur Finanzierung seiner Eigentumswohnung fehlen Paul noch 10.000,00 €. Eine Privatbank bietet ihm in einem Kreditvertragsentwurf ohne besondere Formalitäten und ohne Bonitätsprüfung einen Kredit zum monatlichen Zinssatz von 2,5 %, d. h. 30 % jährlich, an.	Wenn jemand einem anderen unter Ausnutzung seiner Zwangslage, seiner Unerfahrenheit oder seines fehlenden Urteilsvermögens eine Leistung verspricht, die im Missverhältnis zur versprochenen Leistung steht, liegt ein Verstoß gegen die **guten Sitten** (in diesem Fall Zinswucher) vor. Derartige Rechtsgeschäfte sind **nichtig** (§ 138 BGB).
Gesetzliches Verbot 	Die Eltern von Anna bringen von einer Urlaubsreise aus einem Nicht-EU-Land zehn Zigarettenstangen mit. Die deutschen Zöllner beschlagnahmen die Zigaretten und schreiben eine Strafanzeige, da die Eltern versäumten, die Zigaretten zu verzollen.	Rechtsgeschäfte, die gegen ein **gesetzliches Verbot** verstoßen, sind **nichtig** (§ 134 BGB). Hierunter fällt der Handel von Waren, die über eine Grenze geschmuggelt werden oder deren Handel gegen das Betäubungsmittelgesetz verstößt, z. B. Drogen.
Scheingeschäft 	Der Verkäufer von Pauls zukünftiger Eigentumswohnung schlägt ihm vor, vor dem Notar einen niedrigeren Kaufpreis (40.000,00 €) als den vereinbarten (50.000,00 €) anzugeben, um Grunderwerbsteuer sowie Notar- und Gerichtsgebühren zu sparen.	Rechtsgeschäfte, die aufgrund von übereinstimmenden Willenserklärungen nur **zum Schein** abgegeben werden, sind **nichtig**. Wenn Verkäufer und Käufer sich vom Notar den Kaufpreis von 40.000,00 € beurkunden lassen und Paul eine Überweisung von 40.000,00 € vornimmt, ist das Rechtsgeschäft trotzdem zustande gekommen (§ 117 BGB).
Irrtum 	■ **Erklärungsirrtum:** In einem Angebot wird versehentlich ein falscher Preis, z. B. statt 100,00 nur 10,00 €, genannt. ■ **Übermittlungsirrtum:** Eine Nachricht wird von einem Boten oder in einem Fax falsch mitgeteilt bzw. übermittelt. ■ **Eigenschafts- oder Motivirrtum:** Ein Industrieunternehmen verkauft an einen Großhändler eine Ware zu einem niedrigeren Marktpreis in der Hoffnung, dass es diesen niedrigeren Preis auch später von seinem Zulieferer eingeräumt bekommt. Der Zulieferpreis ist aber tatsächlich gestiegen.	Rechtsgeschäfte, die auf einem Erklärungs- bzw. Übermittlungsirrtum basieren, können **nachträglich angefochten** werden, wenn diese Willenserklärungen bei Kenntnis der Sachlage und bei verständiger Würdigung des Falles **nicht** abgegeben worden wären (§ 119 f. BGB). Beim Motiv- oder Eigenschaftsirrtum ergibt sich gegenüber dem Erklärungs- und Übermittlungsirrtum insofern ein Unterschied, als hierbei der empfangende Vertragspartner auf die Gültigkeit der abgegebenen Erklärung vertrauen darf und **geschützt** werden soll. Der vereinbarte niedrigere Preis mit dem Großhändler gilt.
Arglistige Täuschung/Drohung 	■ **Täuschung:** Dem Käufer eines gebrauchten Fahrzeugs wird auch nach mehrmaliger Frage nicht mitgeteilt, dass es sich um einen Unfallwagen handelt. ■ **Drohung:** Der Verkäufer droht dem Käufer mit einer Anzeige, wenn er den stillschweigend vereinbarten Restbetrag nicht zahlt.	Rechtsgeschäfte, die aufgrund von Willenserklärungen durch arglistige Täuschung oder durch widerrechtliche Drohung zustande gekommen sind, können **nachträglich angefochten** werden (§ 123 BGB).

Vertragsart	Vertragspartner	Vertragsinhalt	Gesetzliche Regelung
Kaufvertrag	Käufer/Verkäufer	entgeltliche Veräußerung von Sachen und Rechten	§§ 433–473 BGB
Verbrauchsgüterkauf	Verbraucher/ Unternehmer	entgeltliche Veräußerung von beweglichen Sachen	§§ 474–479 BGB
Darlehensvertrag	Darlehensgeber/ Darlehensnehmer	entgeltliche Überlassung eines Geldbetrages	§§ 488–498 BGB
Sachdarlehensvertrag	Darlehensgeber/ Darlehensnehmer	entgeltliche Überlassung von vertretbaren Sachen gegen spätere Rückerstattung gleicher Art, Güte und Menge	§§ 607–609 BGB
Darlehensvermittlungsvertrag	Verbraucher/Unternehmer/Darlehensvermittler	Vermittlung oder Abschluss eines Darlehensvertrages gegen Entgelt	§ 655 a–e BGB
Ratenlieferungsvertrag	Verbraucher/ Unternehmer	Lieferung mehrerer zusammengehörend gekaufter Sachen in Teilleistungen und entgeltliche Entrichtung in Teilzahlungen	§ 505 BGB
Schenkungsvertrag	Schenker/Beschenkter	unentgeltliche Zuwendung	§§ 516–534 BGB
Mietvertrag	Mieter/Vermieter	entgeltliche Überlassung der vermieteten Sache zum Gebrauch	§§ 535–580 BGB
Pachtvertrag	Pächter/Verpächter	entgeltliche Überlassung der verpachteten Sache zum Gebrauch sowie Genuss der Erträge	§§ 581–597 BGB
Leihvertrag	Verleiher/Entleiher	unentgeltliche Überlassung von Sachen zum Gebrauch	§§ 598–606 BGB
Dienstvertrag	Arbeitnehmer/ Arbeitgeber	entgeltliche Leistung von Diensten	§§ 611–630 BGB
Werkvertrag	Unternehmer/ Besteller	Herstellung eines versprochenen Werks gegen Entgelt	§§ 631–651 BGB
Reisevertrag	Reisender/ Reiseveranstalter	entgeltliche Erbringung einer Gesamtheit von Reiseleistungen (Reise)	§ 651 a–m BGB
Gesellschaftsvertrag	Gesellschafter/ Gesellschafter	gegenseitige Verpflichtung der Gesellschafter, die Erreichung eines gemeinsamen Zweckes in der durch den Vertrag bestimmten Weise zu fördern	§§ 705–740 BGB

Arten des Kaufvertrages

Types of sales contracts

Kaufvertragsarten

Unterscheidung nach ...

der Art, Güte und Beschaffenheit der Ware

- **Kauf auf Probe**
  Rückgaberecht innerhalb einer vereinbarten Frist (z. B. Rückgabe innerhalb von zwei Wochen)
- **Kauf nach Probe**
  Qualität der kostenlosen Probe ist für Folgemenge verbindlich (z. B. Kauf von Sweatshirts aufgrund eines Musters)
- **Kauf zur Probe**
  Kauf einer kleinen Menge zu Testzwecken
- **Gattungskauf**
  Kauf von vertretbarer Ware (nur der Gattung nach bestimmbare Ware, also mehrfach vorhanden), die sich nach Maß, Zahl oder Gewicht bestimmen lässt (z. B. fabrikneue Markenskier)
- **Stückkauf**
  Kauf nicht vertretbarer Ware (nur einmalig vorhanden), z. B. Kauf eines gebrauchten Paares Skier
- **Spezifikationskauf**
  Bei Vertragsabschluss werden nur Art und Menge der Ware bestimmt, die nähere Bestimmung der Ware (z. B. Farbe) erfolgt innerhalb einer vereinbarten Frist (z. B. bei Kauf von Trainingsanzügen: Farbe, Maß, Form).
- **Ramschkauf**
  Kauf der gesamten Warenmenge zu einem Pauschalpreis (z. B. bei einer Insolvenz Pauschalpreis für Gesamtwarenbestand)

der rechtlichen Stellung der Vertragspartner

- **Verbrauchsgüterkauf**
  Endverbraucher kauft Ware vom Unternehmen, lt. §476 ff. BGB gilt die Beweislastumkehr. (Tritt in den ersten 6 Monaten nach Kauf ein Sachmangel auf, wird davon ausgegangen, dass er schon bei Lieferung bestand. Der Verkäufer hat die Ware zurückzunehmen. Nach Ablauf von 6 Monaten liegt die Beweislast beim Käufer.)
- **Bürgerlicher Kauf**
  Beide Vertragspartner sind Privatpersonen (z. B. Wolfgang kauft das gebrauchte Fahrrad von Kai).
- **Einseitiger Handelskauf**
  Ein Vertragspartner ist Kaufmann laut HGB, der andere Privatperson (z. B. ein Unternehmer kauft in einem Fachgeschäft Handschuhe).
- **Zweiseitiger Handelskauf**
  Beide Vertragspartner sind Kaufleute laut HGB (z. B. die OfficeCom AG kauft Rohstoffe vom Hersteller).

der Lieferzeit

- **Sofortkauf**
  Kauf einer Ware gegen sofortige Zahlung (Zug-um-Zug-Geschäft)
- **Terminkauf**
  Kauf einer Ware und Lieferung innerhalb eines festgelegten Zeitraums oder bis zu einem Zeitpunkt (z. B. „Lieferung binnen 10 Tagen nach Auftragseingang“)
- **Fixkauf**
  Kauf einer Ware und Lieferung zu einem genau festgelegten Lieferzeitpunkt (z. B. „fix am 30. Mai“); Liefertermin ist wesentlicher Vertragsbestandteil, d. h., nach Ablauf des Liefertermins hat Lieferung keinen Sinn mehr für Käufer
- **Kauf auf Abruf**
  Kauf einer Ware und Lieferung zu vom Käufer zu bestimmenden Lieferzeitpunkten

dem Zeitpunkt der Zahlung

- **Kauf auf Anzahlung**
  Käufer leistet eine Anzahlung vor der Warenlieferung (z. B. wenn keine zuverlässigen Angaben über die Zahlungsfähigkeit eines neuen Kunden vorliegen).
- **Kauf auf Vorauszahlung**
  Käufer zahlt Ware vor der Lieferung (z. B. bei Sonderanfertigung).
- **Barkauf**
  Käufer zahlt Ware bei Übergabe (z. B. Wocheneinkauf in einem Supermarkt).
- **Zielkauf**
  Käufer zahlt nach der Lieferung (z. B. vereinbartes Zahlungsziel: 30 Tage).
- **Ratenkauf**
  Käufer zahlt in mehreren Raten.

dem Ort der Warenübergabe

- **Handkauf**
  Ware wird im Geschäftssitz des Verkäufers gegen Bezahlung dem Käufer übergeben.
- **Platzkauf**
  Ware wird an den Geschäftssitz des Käufers gesendet; Käufer und Verkäufer haben Geschäftssitz am selben Ort.
- **Versendungskauf**
  Ware wird zum Käufer versendet; Käufer und Verkäufer haben Geschäftssitz an verschiedenen Orten.

Erfüllungsort und Gerichtsstand

Place of performance and court of jurisdiction

Erfüllungsort

Der Erfüllungsort ist der Ort, an dem der Verkäufer die Ware liefert bzw. der Käufer die Ware bezahlt. Wenn die Vertragsparteien im Kaufvertrag keinen Erfüllungsort bestimmt haben, gilt die **gesetzliche Regelung**: Der Erfüllungsort ist der Wohn- bzw. Geschäftssitz des jeweiligen Waren- bzw. Geldschuldners (§ 269 BGB). Es gibt also zwei gesetzliche Erfüllungsorte, wenn die Vertragsparteien nicht an demselben Ort wohnen.

Bedeutung

Am Erfüllungsort geht die Gefahr auf den Käufer über, z. B. wenn die Ware beschädigt wird oder verloren geht. Geldschulden sind Schick- oder Bringschulden, deshalb hat der Käufer das Geld auf seine Kosten und Gefahr an den Wohn- oder Geschäftssitz des Verkäufers zu schicken. In der Praxis vereinbaren Käufer und Verkäufer im Allgemeinen einen **vertraglichen** Erfüllungsort, meistens den Wohn- oder Geschäftssitz des Verkäufers.

Beispiel

Das Einzelhandelsfachgeschäft Büro 2000 GmbH in Dresden schließt einen Kaufvertrag mit der OfficeCom AG in Braunschweig. Sie soll 50 Bürostühle an die Büro 2000 GmbH liefern. Ein Erfüllungsort wurde nicht vereinbart. Der Erfüllungsort für die **Warenlieferung** der OfficeCom AG ist Braunschweig. Hier muss der Verkäufer die Ware lediglich zur Abholung bereitstellen, denn **Warenschulden sind Holschulden**. In Braunschweig geht die Gefahr, dass die Ware beschädigt wird oder verloren geht, auf die Büro 2000 GmbH über. Die Büro 2000 GmbH muss die **Zahlung** an ihrem Wohn- bzw. Geschäftssitz in Dresden leisten. Die GmbH hat ihre Zahlungsverpflichtung jedoch erst erfüllt, wenn sie das Geld auf ihre Kosten und Gefahr fristgemäß an den Verkäufer überweist, denn **Geldschulden sind Schick- oder Bringschulden**.

Wenn die OfficeCom AG mit der Büro 2000 GmbH schriftlich vereinbart hätte: „Erfüllungsort für beide Teile ist Braunschweig“, so gäbe es nur diesen einen Erfüllungsort. In diesem Fall würde der Büroartikelhersteller die Ware wiederum an seinem Geschäftssitz zur Abholung bereitstellen, aber das Einzelhandelsfachgeschäft müsste die Zahlung so rechtzeitig vornehmen, dass sie fristgemäß beim Verkäufer eingeht.

Gerichtsstand

Durch die Festlegung des Erfüllungsortes wird auch der Gerichtsstand bestimmt, vor dem der Gläubiger seinen Vertragspartner verklagen kann.

Je nach Höhe des Streitwertes müsste z. B. eine Klage des Verkäufers beim Amtsgericht (bis 5.000,00 € Streitwert) oder beim Landgericht (über 5.000,00 € Streitwert) eingereicht werden. Beim zweiseitigen Handelskauf kann der Gerichtsstand zwischen Käufer und Verkäufer vertraglich vereinbart werden.

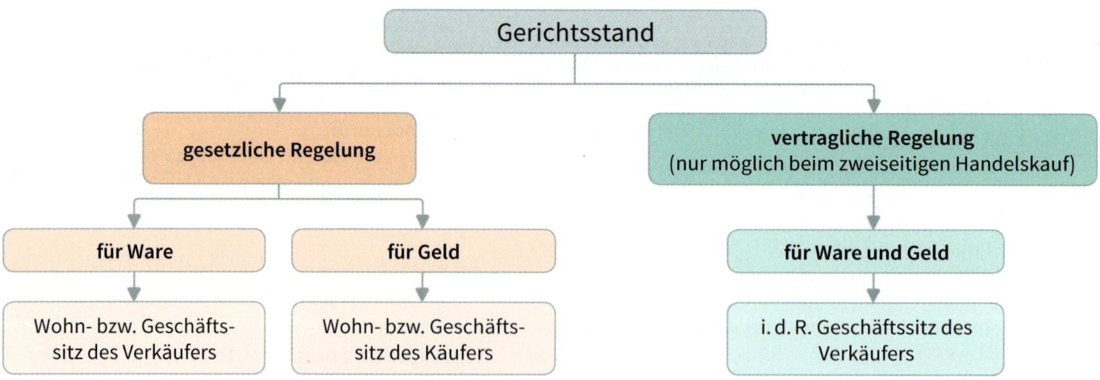

Beispiel

Wenn die OfficeCom AG in Braunschweig mangelhafte Bürostühle an die Büro 2000 GmbH in Dresden geliefert hat, muss diese den Lieferanten am Geschäftssitz in Braunschweig verklagen. Gerät hingegen die Büro 2000 GmbH in Zahlungsverzug, muss die OfficeCom AG in Dresden klagen, wenn kein Gerichtsstand vereinbart wurde. Ist als Gerichtsstand „Braunschweig“ festgelegt worden, hat der Verkäufer die Klage an seinem Geschäftssitz in Braunschweig einzureichen. Ebenso müsste der Käufer den Lieferanten in Braunschweig verklagen, wenn dieser in Lieferungsverzug geraten ist.

Allgemeine Geschäftsbedingungen (AGB)

Begriff

Nach § 305 BGB sind **Allgemeine Geschäftsbedingungen** (AGB) „alle für eine Vielzahl von Verträgen vorformulierten Vertragsbedingungen, die eine Vertragspartei (Verwender) der anderen Vertragspartei bei Abschluss eines Vertrags stellt“. Der Endverbraucher spricht in diesem Zusammenhang von dem **„Kleingedruckten“**, das sich meist auf der Rückseite von Kaufvertragsformularen befindet. Geregelt werden darin z. B. Erfüllungsort und Gerichtsstand oder die Zahlungsbedingungen.

Merkmale

Allgemeine Geschäftsbedingungen:

- sind **vorformulierte Vertragsbedingungen** (also nicht zwischen Käufer und Verkäufer einzeln ausgehandelte Vertragsbedingungen),
- werden für eine **Vielzahl von Verträgen** „gestellt“, d. h. formuliert,
- können für **einzelne Wirtschaftsbereiche**, z. B. für das Speditionsgewerbe, speziell von den beteiligten Unternehmen ausgearbeitet werden, man spricht dann von den **„zum Handelsbrauch erstarkten AGB“**.

Gründe

Allgemeine Geschäftsbedingungen sind aus dem heutigen Vertragsrecht nicht wegzudenken; man fragt sich, warum sie sich so stark durchgesetzt haben. Die **Gründe** dafür sind:

- **Zeit-** und damit **Kostenersparnis** für die beteiligten Unternehmen. Das einzelne Aushandeln von Vertragsbedingungen würde demgegenüber hohe Personalkosten verursachen.
- Das **Vertragsrisiko** wird für die Vertragspartei **begrenzt**, die die AGB im eigenen Interesse vorformuliert. Häufig akzeptiert die andere Vertragspartei stillschweigend die vorgelegten Allgemeinen Geschäftsbedingungen.
- Die Bestimmungen des BGB zu den AGB **schützen** im besonderen Maße **Endverbraucher**, da bestimmte Sonderbestimmungen im Vertragsrecht für den Verkauf an Endverbraucher gelten (Näheres siehe S. 284).
- Da einzelne AGB-Bestimmungen laut BGB verboten sind (z. B. kurzfristige Preiserhöhungen von bestellter, aber noch nicht ausgelieferter Ware), **schützen** die AGB-Bestimmungen **vor unfairen Vertragsbestimmungen**. Die **Rechtssicherheit** im Wirtschaftsleben wird damit erhöht. Dies unterstützt auch der Inhalt des § 307 BGB, nach dem Bestimmungen in AGB unwirksam sind, wenn sie den Vertragspartner entgegen den Geboten von **Treu und Glauben** unangemessen benachteiligen.

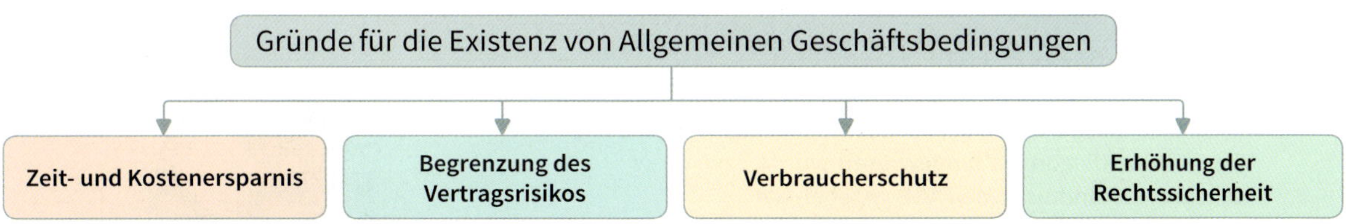

Geltung von Allgemeinen Geschäftsbedingungen

- Häufig werden neben Allgemeinen Geschäftsbedingungen individuelle Vereinbarungen im Vertrag festgehalten, z. B. in Hinsicht auf Lieferungs- und Zahlungsbedingungen. Eventuell widersprechen einzelne Teile der AGB den einzeln ausgehandelten Bedingungen. In diesem Fall gilt der **„Vorrang der Individualabrede“**, d. h., dass einzeln ausgehandelte Vertragsabreden stets Vorrang vor den AGB haben.
- Möglich ist es auch, dass beide Vertragspartner AGB benutzen. Denkbar ist, dass sie sich in einzelnen Punkten **widersprechen**. In diesem Fall tritt an deren Stelle das **gesetzliche Recht** laut BGB.
- Werden völlig ungewöhnliche Vertragsklauseln als AGB benutzt (sogenannte **Überraschungsklauseln**), so werden sie rechtlich gesehen nicht Vertragsbestandteil, sind also unwirksam.
- Treten bei der Auslegung von AGB **Zweifel** zwischen den Vertragsparteien auf, gehen sie prinzipiell zulasten des Verwenders, werden also in dieser Hinsicht auch nicht wirksam.

Allgemeine Geschäftsbedingungen (AGB)

Sonderbestimmungen für den Verkauf an Endverbraucher

Da **Endverbraucher** im Gegensatz zu Unternehmern als besonders **schutzwürdig** gelten, räumt ihnen das BGB im Umgang mit Allgemeinen Geschäftsbedingungen besondere **Rechte** ein, z. B.:

- Endverbraucher müssen **ausdrücklich** auf die Allgemeinen Geschäftsbedingungen hingewiesen werden (z. B. auf der Vorderseite des Vertrages wird auf das „Kleingedruckte" auf der Rückseite hingewiesen). Dieser ausdrückliche Hinweis kann in bestimmten Fällen auch durch einen **deutlich sichtbaren Aushang** am Ort des Vertragsabschlusses umgesetzt werden (z. B. bei der Benutzung von Parkplätzen). Dazu gehört, dass der Vertragspartner in zumutbarer Weise vom Inhalt der AGB Kenntnis nehmen kann und er mit ihnen **einverstanden** ist.
- Nachträgliche **kurzfristige Preiserhöhungen** für bestellte, aber noch nicht ausgelieferte Waren sind innerhalb von vier Monaten nach Vertragsabschluss verboten und somit unwirksam.

Als prinzipiell **verboten** und damit unwirksam gelten weiterhin:

- eine **Verkürzung der gesetzlichen Gewährleistungsfrist** im Rahmen der Mängelhaftung,
- das Setzen einer **unangemessen langen Lieferfrist**,
- ein **Ausschluss der Haftung** des Verkäufers bei **grobem Verschulden**,
- der **Ausschluss des Rücktritts vom Vertrag** bei Leistungsstörungen,
- ein **Ausschluss von Kundenrechten** bei Leistungsstörungen (z. B. bei Reklamationsrechten oder beim Lieferungsverzug).

Verbotene Klauseln in Allgemeinen Geschäftsbedingungen bei Verkäufen an Endverbraucher

- **kurzfristige Preiserhöhungen**
- **Haftungsausschluss bei grobem Verschulden des Verkäufers**
- **verkürzte Gewährleistungsfrist**
- **Ausschluss des Rücktritts vom Vertrag oder anderen Kundenrechten bei Leistungsstörungen**
- **unangemessen lange Lieferzeit**

Tipps für Endverbraucher beim Umgang mit Allgemeinen Geschäftsbedingungen

- Vor jedem Vertragsabschluss sollten Allgemeine Geschäftsbedingungen genau und **in Ruhe durchgelesen** werden, für Fragen sollte sich Zeit genommen werden.
- Es ist stets zu prüfen, ob der Käufer auf die Allgemeinen Geschäftsbedingungen **hingewiesen** wurde bzw. ob er sein **Einverständnis** zu den AGB gegeben hat.
- Hat der Endverbraucher bei Allgemeinen Geschäftsbedingungen eines Vertrages das Gefühl, diese seien einseitig zugunsten des Verkäufers formuliert, sollte er sich **fachkundig beraten** lassen, zum Beispiel durch einen Rechtsanwalt oder durch Verbraucherberatungszentralen.
- Hat der Endverbraucher ein besonderes Interesse an einzelnen Vertragsbedingungen (z. B. eine kurze Lieferfrist oder eine bestimmte Zahlungsweise), sollte er diese **Vertragsbestandteile einzeln** mit dem Verkäufer **aushandeln**, denn es gilt der Vorrang der Individualabrede.

Tätigkeiten

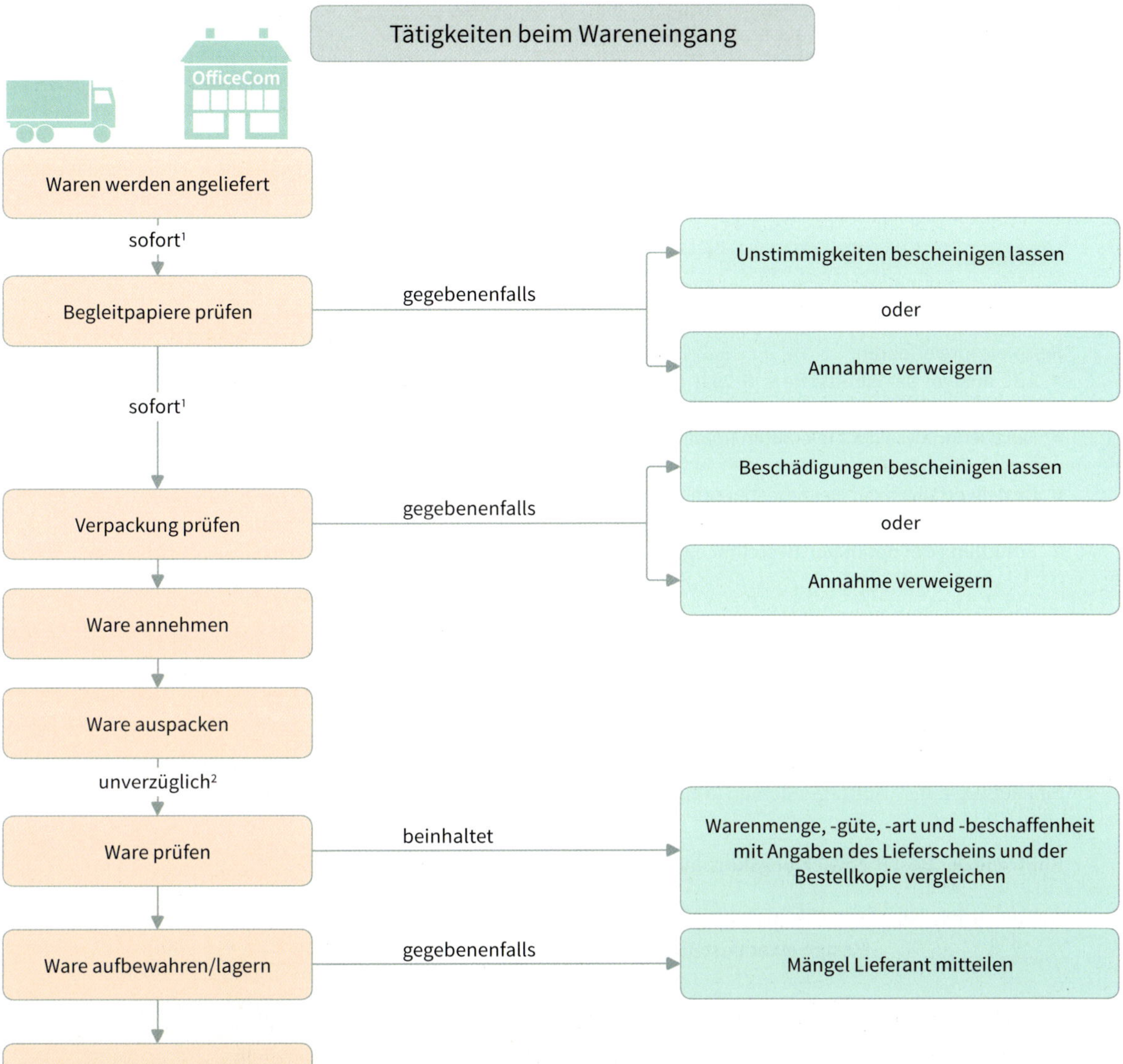

[1] Überprüfung in Anwesenheit des Absenders/Zustellers
[2] Überprüfung ohne schuldhaftes Zögern (§ 121 BGB)

aus: Bentin, Margit u. a.: Beschaffungsprozess, Lehrerband, 3. Aufl., Winklers Verlag Braunschweig 2012, S. 131

Prüfungs- und Rügepflicht

Zweiseitiger Handelskauf (beide Vertragspartner handeln als Kaufleute):

Die Ware muss **unverzüglich**, d. h. ohne schuldhafte Verzögerung, geprüft werden. Offene (sofort erkennbare) Mängel sind unverzüglich, versteckte Mängel unverzüglich nach Entdeckung, jedoch innerhalb zweier Jahre nach Lieferung zu rügen (§ 377 I – IV HGB und § 438 BGB).

Einseitiger Handelskauf (ein Vertragspartner handelt als Privatperson):

Die Ware muss innerhalb **zweier Jahre** nach Lieferung geprüft und gegebenenfalls gerügt werden (§ 438 BGB). Siehe auch S. 294.

vgl.: Bentin, Margit u. a.: Beschaffungsprozess, 5. Aufl., Winklers Verlag Braunschweig 2012, S. 59

Beschaffungscontrolling *Procurement monitoring*

Ziele

Als wichtige Ziele des Beschaffungscontrollings können angesehen werden …

- Erkennen von Schwachstellen der Beschaffungslogistik, das heißt der Versorgungswege und -zeiten bis zu den Bedarfsstellen; das schließt den innerbetrieblichen Transport ein;
- Erarbeiten von Alternativen zur Beseitigung dieser Schwachstellen;
- Vermeidung von Reibungsverlusten an den Schnittstellen zu anderen Abteilungen bzw. Bereichen wie z. B. Produktion, Absatz, Finanzwesen durch eine prozessorientierte Organisation;
- Senkung der Beschaffungskosten mithilfe unterschiedlicher Verfahren.

Verfahren

Zur Durchführung des Beschaffungscontrollings dienen verschiedene Instrumente oder Verfahren.

Beispiele für Verfahren:

- ABC-Analyse der Werkstoffe (s. S. 252)
- quantitativer Angebotsvergleich (Preisspiegel) (s. S. 256)
- Nutzwertanalyse der Lieferanten (qualitativer Angebotsvergleich) (s. S. 257)
- Bestellverfahren mit Meldebeständen (s. S. 253)
- Anwendung des KAIZEN- oder des KVP-Prinzips (s. S. 72)
- Ermittlung der optimalen Bestellmenge (s. S. 251)
- Entscheidung über Eigenfertigung oder Fremdbezug (s. S. 253)
- Vergleich von Istkosten und Normalkosten im Beschaffungsbereich mithilfe des BAB (s. S. 192)
- Einführung der Prozesskostenrechnung im Beschaffungsbereich, um anstelle der Gemeinkosten dieses Bereichs die Kosten einzelner Teilprozesse (z. B. Kosten pro Bestellvorgang) zu ermitteln

Kennzahlen

Beispiele

Kontrolle der Anschaffungskosten:

Einkaufsergebnis = Auftragsvolumen in ME · (durchschnittlicher Angebotspreis aller Angebote – effektiver Angebotspreis der einzelnen Lieferanten)

Kontrolle der Bestellabwicklungskosten:

$$\text{Kosten einer Bestellung} = \frac{\text{monatliche Kosten der Abteilung Einkauf}}{\text{monatliche Anzahl der Bestellungen}}$$

$$\text{Bestellwert pro 1,00 € Kosten} = \frac{\text{Gesamtbestellwert eines Monats}}{\text{monatliche Kosten der Abteilung Einkauf}}$$

$$\text{durchschnittlicher Bestellwert} = \frac{\text{Gesamtbestellwert pro Monat}}{\text{Anzahl der Bestellungen pro Monat}}$$

Leistungskontrolle des Lieferanten:

$$\text{Reklamationsquote} = \frac{\text{Zahl der Reklamationen}}{\text{Gesamtzahl der Lieferungen des Lieferanten i}}$$

$$\text{Verzugsquote} = \frac{\text{Zahl der verspäteten Lieferungen des Lieferanten i}}{\text{Gesamtzahl der Lieferungen des Lieferanten i}}$$

Beschaffung von Werkstoffen (aufwandsorientierte Buchungen)

Procurement of materials (cost-oriented accounting)

Einordnung

Betriebe können bei der Beschaffung der Werkstoffe (Roh-, Hilfs- und Betriebsstoffe sowie Fremdbauteile) unterschiedliche Verfahren und damit Logistiksysteme anwenden, die ihren Niederschlag auch in unterschiedlichen Buchungsverfahren finden:

Buchungsverfahren beim Einkauf von Werkstoffen

- bestandsorientierte Buchungen
- aufwandsorientierte Buchungen

Wenn die Betriebe **Vorratsbeschaffung** betreiben, dann werden die eingekauften Werkstoffe zunächst gelagert. Später werden sie bei Bedarf dem Lager entnommen und in der Fertigung verarbeitet bzw. verbraucht. Die **Buchungen** von Einkauf und Verarbeitung/Verbrauch werden **bestandsorientiert** vorgenommen: Die eingekauften Werkstoffe werden zuerst auf den entsprechenden **Bestandskonten** der **Kontenklasse 2** (die als Lager interpretiert werden können) erfasst. Der spätere Verbrauch wird dann auf den entsprechenden Aufwandskonten gebucht.
(Zu diesem Buchungsverfahren siehe im Einzelnen S. 136 ff.)

Wenden die Betriebe die fertigungssynchrone Beschaffung (**just in time**) an, dann werden die eingekauften Werkstoffe sofort nach Lieferung in der Fertigung verarbeitet bzw. verbraucht. In diesem Fall werden die entsprechenden **Buchungen aufwandsorientiert** durchgeführt: Die eingekauften Werkstoffe werden direkt auf den entsprechenden Aufwandskonten der **Kontenklasse 6** erfasst. Außerdem werden die **Unterkonten** der Werkstoffkonten, nämlich die Konten „Bezugskosten für…" und „Nachlässe für…", bei der aufwandsorientierten Buchung in der Kontenklasse 6 als Unterkonten der entsprechenden Aufwandskonten geführt.

Um die Unterschiede der beiden Buchungsverfahren – bestandsorientiert oder aufwandsorientiert – besser zu verdeutlichen, werden im Folgenden den aufwandsorientierten oder „Just-in-time-Buchungen" die Beispiele der bestandsorientierten Buchungen der Seiten 136 ff. zugrunde gelegt. Die Beispiele beschränken sich auf die Rohstoffe – analoge Buchungen ergeben sich für die Hilfs- und Betriebsstoffe sowie für die Fremdbauteile. Auch die Handelswaren lassen sich nach der aufwandsorientierten Methode buchen.

Buchungen beim Einkauf

Beispiele: Die OfficeCom AG kauft bei der Knaber OHG Edelstahlrohre im Wert von 75.072,00 € zuzüglich 19 % USt auf Ziel, zahlbar innerhalb 14 Tagen mit 2 % Skonto, innerhalb sechs Wochen nach Lieferung netto Kasse (siehe Beleg S. 136).

Die OfficeCom AG bucht:

6000 Aufwendungen für Rohstoffe	75.072,00 €	
2600 Vorsteuer	14.263,68 €	
an 4400 Verbindlichkeiten a. LL.		89.335,68 €

Die Transfahrt AG berechnet der OfficeCom AG für die Lieferung der Edelstahlrohre Frachtkosten von 2.120,33 € zuzüglich 19 % USt, zahlbar sofort ohne Abzug (siehe Belege S. 136).

Die OfficeCom AG bucht:

6001 Bezugskosten für Rohstoffe	2.120,33 €	
2600 Vorsteuer	402,86 €	
an 4400 Verbindlichkeiten a. LL.		2.523,19 €

Nachträgliche Anschaffungspreisminderungen

Nachträgliche Anschaffungspreisminderungen bei Rohstoffeinkäufen wie Skonti, Boni und Preisnächlässe aufgrund von Mängelrügen werden auf dem Unterkonto „6002 Nachlässe für Rohstoffe" gebucht.

Beispiele:

Die OfficeCom AG begleicht die Rechnung der Knaber OHG durch Banküberweisung unter Abzug von 2 % Skonto.

Beschaffung von Werkstoffen (aufwandsorientierte Buchungen)

Procurement of materials (cost-oriented accounting)

Nachträgliche Anschaffungspreisminderungen

Die OfficeCom AG bucht (Nettobuchung):

4400 Verbindlichkeiten a. LL.	89.335,68 €	
an 6002 Nachlässe für Rohstoffe		1.501,44 €
an 2600 Vorsteuer		285,27 €
an 2800 Bankguthaben		87.548,37 €

Rücksendungen

Rücksendungen von Werkstoffen werden direkt auf dem entsprechenden Aufwandskonto auf der Habenseite gebucht.

Beispiel:
Die OfficeCom AG sendet zwei beschädigte Edelstahlrohre zurück und erhält eine Gutschriftanzeige der Knaber OHG (siehe Beleg S. 138).

Die OfficeCom AG bucht:

4400 Verbindlichkeiten a. LL.	223,34 €	
an 6000 Aufwendungen für Rohstoffe		187,68 €
an 2600 Vorsteuer		35,66 €

6

Bestandsveränderungen

- Sind die im laufenden Jahr eingekauften und als Aufwand gebuchten Werkstoffe am Ende des Jahres nicht vollständig verbraucht, müssen die Aufwendungen verringert und die **Bestandsmehrung** auf dem entsprechenden Bestandskonto gebucht werden.

Beispiel:
Die Finanzbuchhaltung der OfficeCom AG weist im Jahr 20.. für den Rohstoff „Edelstahlrohre" auf der Grundlage folgender Zahlen folgende Buchungen aus:

Anfangsbestand:	5.000,00 €
Einkäufe netto:	165.000,00 €
Endbestand lt. Inventur:	8.500,00 €

(1) Eröffnung des Bestandskontos:

2000 Rohstoffe	5.000,00 €	
an 8000 EBK		5.000,00 €

(2) Einkäufe der Edelstahlrohre:

6000 Aufwendungen für Rohstoffe	165.000,00 €	
2600 Vorsteuer	31.350,00 €	
an 4400 Verbindlichkeiten a. LL.		196.350,00 €

(3) Erfassung des Inventurbestandes:

8010 SBK	8.500,00 €	
an 2000 Rohstoffe		8.500,00 €

(4) Korrektur der Rohstoffaufwendungen:

2000 Rohstoffe	3.500,00 €	
an 6000 Aufwendungen für Rohstoffe		3.500,00 €

(5) Abschluss des Kontos „Rohstoffaufwendungen":

8020 GuV-Konto	161.500,00 €	
an 6000 Aufwendungen für Rohstoffe		161.500,00 €

- Sind im laufenden Jahr mehr Werkstoffe verbraucht als eingekauft worden, dann wurde der Mehrverbrauch aus eigenen Lagerbeständen gedeckt und muss am Jahresende noch als Aufwand gebucht werden. Außerdem muss diese **Bestandsminderung** noch auf dem entsprechenden Bestandskonto erfasst werden.

Beispiel:
Es gelten die nebenstehenden Zahlen des Anfangsbestandes und der Einkäufe; nur der Endbestand laut Inventur beträgt jetzt 2.700,00 €.

Die Buchungen der OfficeCom AG lauten:

(1) Eröffnung des Bestandskontos:

2000 Rohstoffe	5.000,00 €	
an 8000 EBK		5.000,00 €

(2) Einkäufe der Edelstahlrohre:

6000 Aufwendungen für Rohstoffe	165.000,00 €	
2600 Vorsteuer		31.350,00 €
an 4400 Verbindlichkeiten a. LL.		196.350,00 €

(3) Erfassung des Inventurbestandes:

8010 SBK	2.700,00 €	
an 2000 Rohstoffe		2.700,00 €

(4) Korrektur der Rohstoffaufwendungen:

6000 Aufwendungen für Rohstoffe	2.300,00 €	
an 2000 Rohstoffe		2.300,00 €

(5) Abschluss des Kontos „Rohstoffaufwendungen":

8020 GuV-Konto	167.300,00 €	
an 6000 Aufwendungen für Rohstoffe		167.300,00 €

Überbrückungsfunktionen

Überbrückung von …

Zeitproblemen

- zwischen der Beschaffung des Lagergutes und dessen Weiterverkauf (Handelsbetrieb)
- zwischen der Beschaffung des Lagergutes und dessen Verwendung bei der Produktion (Industriebetrieb)

Raumproblemen

- zur Herstellung der Lieferfähigkeit vor Ort (Handelsbetrieb)
- zur Aufrechterhaltung der Produktionsfähigkeit vor Ort (Industriebetrieb)

Mengenproblemen

- zur Herstellung der Lieferfähigkeit in ausreichenden Mengen
- zur Schaffung eines Spielraumes bei erhöhter Nachfrage

Preisproblemen

- zur Nutzung von Mengenrabatten
- zur Inanspruchnahme von Sonderangeboten
- zur Vorbeugung gegen vorhersehbare Preiserhöhungen

Zielkonflikte

Ziele der Lagerhaltung

Leistungsziele

ertragswirtschaftlich

möglichst hohe Lieferbereitschaft bzw. Produktionsbereitschaft

- ständige Bereitschaft zur Erfüllung der Kundennachfrage (Handelsbetrieb)
- ständige Gewährleistung eines reibungslosen Produktionsablaufs (Industriebetrieb)

← Zielkonflikt →

kostenwirtschaftlich

möglichst geringe Kapitalbindung

- niedriger Kapitalbedarf
- geringe Zinskosten
- geringe Lagerkosten

Spekulationsziele

ertragswirtschaftlich

- Erwartung von Warenpreiserhöhungen

kostenwirtschaftlich

- Erwartung von Kostensteigerungen

vgl.: Bentin, Margit u. a.: Beschaffungsprozess, Lehrerband, 3. Aufl., Winklers Verlag Braunschweig 2012, S. 133

Ziele der Lagerhaltung *Storekeeping objectives*

Ziele der Lagerhaltung

Sachziele

Bereitstellung von Werkstoffen (Waren) …
- in der gewünschten Art und Qualität
- in der erforderlichen Menge
- am richtigen Lager- bzw. Einsatzort
- zum erforderlichen Zeitpunkt
- zum günstigsten Preis

Formalziele

Minimierung der …
- Lagerkosten (z. B. durch Senkung der Miet-, Energie- und Personalkosten)
- innerbetrieblichen Transportkosten
- Kapitalbindung (durch Auswertung von Lagerkennzahlen)
- Lagerrisiken (z. B. durch Lagergutkontrolle und Nutzung entsprechender Lagereinrichtung)

Einflussgrößen der Materialbereitstellung *Influences of material supply*

6

Einflussgrößen der Materialbereitstellung

außerbetriebliche Marktdaten

- Beschaffungsmarktverhältnisse, ***zum Beispiel:***
  - Marktmacht der Lieferanten
  - saisonale Schwankungen von Preisen bzw. Mengen
- Absatzmarktverhältnisse, ***zum Beispiel:***
  - Marktmacht der Mitbewerber
  - saisonale Schwankungen von Preisen und Mengen

innerbetriebliche Unternehmensdaten

- Erzeugnisprogramm, ***zum Beispiel:***
  - breites oder schmales Sortiment
  - tiefes oder flaches Sortiment
- Kapazitätsauslastung, ***zum Beispiel:***
  - hohe oder niedrige Auslastung
  - gleichmäßige oder situative Auslastung
- Finanzlage, ***zum Beispiel:***
  - sichere oder unsichere Liquiditätsverhältnisse

Lagerarten *Types of storage*

Lagerarten	Funktionen
Beschaffungslager (Lager für Roh-, Hilfs- und Betriebsstoffe, Fremdbauteile, Handelswaren)	■ Sicherung der Produktion ■ Überbrückung saisonaler Schwankungen ■ Ausgleich von Preisschwankungen auf dem Beschaffungsmarkt
Produktionslager	
■ **Zwischenlager**	■ Puffer wegen ungenügender oder nicht möglicher zeitlicher Abstimmung der Fertigungsstufen
■ **Handlager** (Lager für Kleinmaterial)	■ Sicherung kontinuierlicher Fertigung Einsparung von Wegezeiten und -kosten
■ **Halbfabrikatelager** (Lager für unfertige Erzeugnisse)	■ entweder wie Zwischenlager oder Prozesslager (z. B. Trocknen von Farbe oder Leim, Abbinden von Beton)
Absatzlager ■ **Fertigfabrikatelager** (Lager für fertige Erzeugnisse) ■ **Versandlager**	■ Produkte sind noch nicht unmittelbar für den Versand vorgesehen ■ Sicherung der Absatzbereitschaft ■ Sicherung der Produktion bei Saisonartikeln ■ kurzfristige Lagerung der versandfertigen Produkte

Aufgaben der Lagerverwaltung *Tasks of stock supervision*

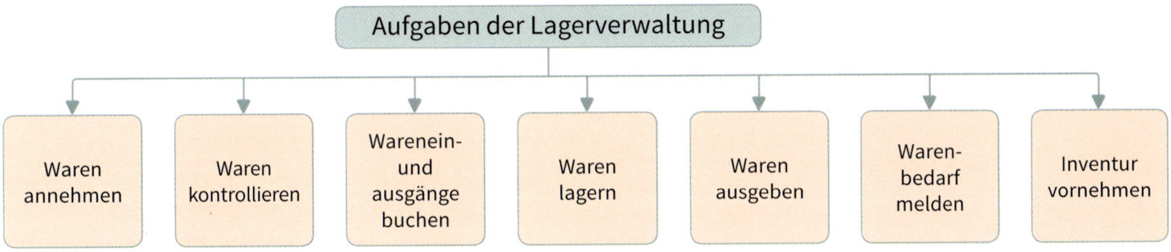

Lagercontrolling *Stock management*

Ziel

Wie im Beschaffungsbereich ist auch im Lagerbereich das Ziel des Controllings, Verfahren zu planen, durchzuführen und ihre Effektivität zu kontrollieren, um die Kosten durch eine „schlanke“ Lagerhaltung zu senken.

Verfahren

Verfahren zur Durchführung des Lagercontrollings

Beispiele:
- Anwendung des Kanban-Prinzips (s. Seite 229)
- Beschaffung just-in-time (s. Seite 227)
- Bestellsystem (s. Seite 253)

Kennzahlen

Beispiele: **Kontrolle der Kapazitätsausnutzung:**

$$\text{Flächennutzungsgrad} = \frac{\text{genutzte Lagerfläche in m}^2}{\text{gesamte Lagerfläche in m}^2}$$

$$\text{Transportmittelnutzungsgrad} = \frac{\text{Transportmenge pro Monat (z. B. in St.)}}{\text{Transportkapazität pro Monat (z. B. in St.)}}$$

Kennziffern

Kontrolle von Kapitalbindung und Kosten der Lagervorräte (Lagerkennzahlen):

Aus der Lagerbestandsdatei sich ergebende Monatsendbestände (Einheiten):

Januar	900	Juli	220
Februar	325	August	775
März	465	September	550
April	420	Okober	820
Mai	275	November	615
Juni	515	Dezember	670

Unterlagen aus der Buchhaltung

S Gewinn- und Verlustkonto	H
Wareneinsatz	Verkaufserlöse

→ Lagerkennzahlen ←

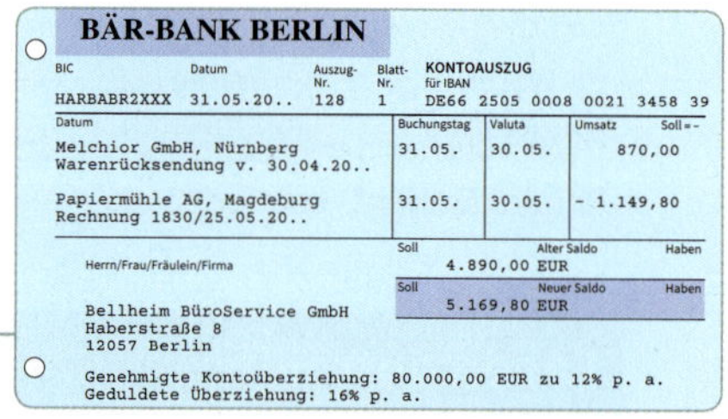

BÄR-BANK BERLIN

BIC	Datum	Auszug-Nr.	Blatt-Nr.	KONTOAUSZUG für IBAN
HARBABR2XXX	31.05.20..	128	1	DE66 2505 0008 0021 3458 39

Datum	Buchungstag	Valuta	Umsatz Soll = -
Melchior GmbH, Nürnberg Warenrücksendung v. 30.04.20..	31.05.	30.05.	870,00
Papiermühle AG, Magdeburg Rechnung 1830/25.05.20..	31.05.	30.05.	- 1.149,80

Soll Alter Saldo Haben: 4.890,00 EUR

Soll Neuer Saldo Haben: 5.169,80 EUR

Herrn/Frau/Fräulein/Firma

Bellheim BüroService GmbH
Haberstraße 8
12057 Berlin

Genehmigte Kontoüberziehung: 80.000,00 EUR zu 12% p. a.
Geduldete Überziehung: 16% p. a.

6

Durchschnittlicher monatlicher Lagerbestand[1]

$$= \frac{\text{Anfangsbestand} + 12\ \text{Monatsbestände}}{13} = \frac{600\,000 + 6\,550\,000}{13} = 550\,000$$

Der durchschnittliche monatliche Lagerbestand beträgt 550.000 Stück. Das sind bei einem Einstandspreis von 10,85 € je 1.000 Stück 5.967,50 €.

Umschlagshäufigkeit

$$= \frac{\text{Wareneinsatz pro Jahr}}{\text{durchschnittlicher Lagerbestand}} = \frac{107.415{,}00^{2}}{5.967{,}50} = 18$$

Der durchschnittliche Lagerbestand wird 18-mal pro Jahr umgeschlagen.

Durchschnittliche Lagerdauer

$$= \frac{360}{\text{Umschlagshäufigkeit}} = \frac{360}{18} = 20$$

Die durchschnittliche Lagerdauer beträgt 20 Tage.

Lagerzinssatz

$$= \frac{\text{Jahreszinssatz} \cdot \text{durchschnittliche Lagerdauer}}{360} = \frac{12 \cdot 20}{360} \mathrel{\hat{=}} 0{,}67$$

Für die Berechnung des Lagerzinssatzes wird der Zinssatz für eine kurzfristige Kontoüberziehung bei der Bank zugrunde gelegt. Der Lagerzinssatz beträgt 0,67 %.

Lagerzinskosten

$$= \frac{\text{Lagerzinssatz} \cdot \text{durchschnittlicher Lagerbestand}}{100} = \frac{0{,}67 \cdot 5.967{,}50}{100} \mathrel{\hat{=}} 39{,}98$$

Die Lagerzinskosten für das Produkt betragen 39,98 € pro Lagerperiode.

[1] Es gibt auch andere Zeiteinteilungen, z. B. quartalsmäßig, jährlich.
[2] Beim Wareneinsatz handelt es sich um einen angenommenen Wert.

Lagerbestandsgrößen

Mindestbestand (eiserner Bestand)

Er gibt die Menge an, die nur bei außerordentlichen Lieferschwierigkeiten (z. B. Streik) in Anspruch genommen werden darf. Dazu muss der zu überbrückende Zeitraum geschätzt und als Rechengröße festgelegt werden.

Höchstbestand

Er gibt die Warenmenge an, die höchstens eingelagert werden kann (z. B. abhängig von Lagerkapazität, Verderb).

Meldebestand

Er gibt die Menge an, bei der die Lagerverwaltung der Einkaufsabteilung mitteilt, dass Ware bestellt werden muss.

Meldebestand = (durchschnittlicher Tagesabsatz · Lieferzeit) + Mindestbestand

vgl.: Bentin, Margit u. a.: Beschaffungsprozess, 5. Aufl., Winklers Verlag Braunschweig 2012, S. 47

Rechnungsprüfung

Invoice auditing

Arten

Ist die eingetroffene Ware mangelfrei, wird die Rechnung wegen Nutzung möglicher Skontofristen unverzüglich geprüft.

Rechnerische Prüfung:
Überprüfung der rechnerischen Daten (z. B. Listenpreis, Rabatt, Transportkosten)

Sachliche Prüfung:
Überprüfung von Art, Güte und Menge der aufgeführten Waren anhand des Bestelldurchschlages und des Lieferscheines

Geldschulden

Geldschulden sind **Schick-** oder **Bringschulden** (§ 270 ff. BGB). Daraus ergibt sich für den Käufer:

- Er muss die **Überweisungskosten** übernehmen;
- er muss das **Transportrisiko** für das Geld tragen;
- er muss darauf achten, dass das Geld rechtzeitig auf dem Konto des Zahlungsempfängers **eingeht**, wenn als vertraglicher Erfüllungsort der Geschäftssitz des Verkäufers vereinbart ist (geschäftsüblich).

Gilt nur der **gesetzliche** Erfüllungsort, genügt die rechtzeitige **Absendung** des Geldbetrages.

Kaufvertragsstörungen: Überblick

Anomaly in sales contracts: overview

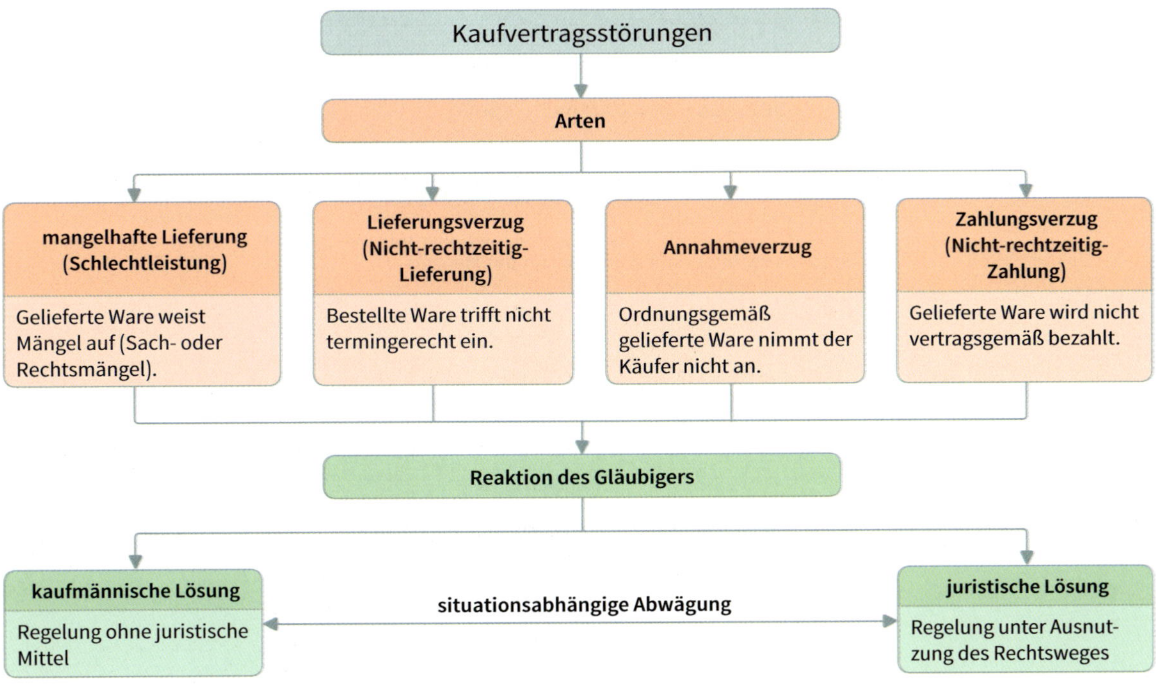

aus: Bentin, Margit u. a.: Beschaffungsprozess, Lehrerband, 3. Aufl., Winklers Verlag Braunschweig 2012, S. 140

Kaufmännische Lösungen bei Kaufvertragsstörungen

Der Unternehmer wird nur in Ausnahmefällen zum Kaufvertragsrecht des BGBs und HGBs greifen, um nach Lösungen für Kaufvertragsstörungen zu suchen. Zunächst wird er stets eine **kaufmännische Lösung** für Vertragsstörungen suchen, da es für ihn am wichtigsten ist, zu Kunden und Lieferanten gute Geschäftsverbindungen aufrechtzuerhalten. Er wird dem Vertragspartner entgegenkommen, damit sich **langfristige Geschäftsbeziehungen** ergeben können, denn nur dadurch wird er seine **Unternehmensziele** erreichen können.

Im Zweifel wird er sogar dem Vertragspartner Rechte zubilligen, die BGB bzw. HGB gar nicht vorsehen. Nur wenn eine gütliche Einigung nicht möglich ist, wird er vom Vertragsrecht Gebrauch machen und eventuell den **Rechtsweg**, z. B. mithilfe eines Rechtsanwaltes, einschlagen.

Mangelhafte Lieferung

Defective delivery

Mangelarten

- **Sachmangel**
  - **Mangel in der Art:** Gattungsmangel (falsche Ware geliefert)
  - **Mangel in der Menge:** Quantitätsmangel (zu wenig Ware geliefert)
  - **Mangel in der Qualität:** Mangel in der Beschaffenheit (verdorbene/beschädigte Ware, Fehlen einer zugesicherten Eigenschaft)
  - **Montagemangel:** mangelhafte Montage/Montageanleitung
- **Rechtsmangel**

Rügefristen (vgl. S. 281 und 285)

Arten des Kaufes / Mängelarten	offene Mängel	versteckte Mängel	arglistig verschwiegene Mängel
zweiseitiger Handelskauf	unverzüglich	unverzüglich nach Entdeckung, jedoch innerhalb zweier Jahre	innerhalb dreier Jahre
einseitiger Handelskauf	innerhalb zweier Jahre nach Lieferung		innerhalb dreier Jahre

Reklamation (Mängelrüge)

Benachrichtigung des Lieferanten über die Lieferung mangelhafter Ware mit genauer Information über die Art des Mangels

Rechte des Käufers

vorrangige Rechte

Nacherfüllung

- Beseitigung des Mangels (Nachbesserung: max. 2-mal)
- Ersatzlieferung (Lieferung gleichartiger Ware)

nachrangige Rechte

nach abgelaufener Frist zur Nacherfüllung[1]

- **Minderung:** Herabsetzung des Kaufpreises
- **Rücktritt:** Rückgängigmachung des Kaufvertrages
- **Schadenersatz:** auch bei Rücktritt vom Kaufvertrag möglich
- **Ersatz vergeblicher Aufwendungen:** statt Schadenersatz

[1] Das Setzen einer angemessenen Nachfrist ist z. B. entbehrlich (vgl. § 281 BGB), wenn
- der Verkäufer die Nacherfüllung verweigert oder
- wenn besondere Umstände vorliegen, die unter Abwägung der beiderseitigen Interessen die sofortige Geltendmachung des Schadenersatzanspruches rechtfertigen

Lieferungsverzug

Voraussetzungen

Fälligkeit

Überschreiten des Liefertermins durch den Lieferanten

Mahnung

Aufforderung des Lieferanten, die Ware zu liefern.
Mahnung entfällt, wenn …

- der Liefertermin kalendermäßig bestimmt ist oder sich kalendermäßig berechnen lässt.
- der Lieferant die Lieferung endgültig verweigert.
- aus besonderen Gründen der sofortige Eintritt des Verzugs gerechtfertigt ist.

Verschulden

Fahrlässigkeit oder vorsätzliches Handeln des Lieferanten

Eintritt des Lieferungsverzuges

Setzen einer angemessenen Frist zur Leistungserfüllung

Rechte des Käufers

ohne Nachfristsetzung

- Bestehen auf Lieferung
- Bestehen auf Lieferung und Verlangen eines Schadensersatzes (Verzögerungsschaden)

mit Nachfristsetzung

- Schadensersatz statt Leistung (Nichterfüllungsschaden) oder Ersatz vergeblicher Aufwendungen
- Rücktritt vom Kaufvertrag (auch einschließlich Schadensersatz statt Leistung)

Schadensersatz

Berechnung eines konkreten Schadens

Ein entstandener Schaden wird prinzipiell **konkret berechnet**, z. B. eine Preisdifferenz bei einem notwendig gewordenen Deckungskauf.

Berechnung eines abstrakten Schadens

Eine **abstrakte Schadensberechnung** ist in gesetzlich festgelegten Fällen möglich, z. B. bei der Berechnung von Verzugszinsen nach § 288 BGB.

Vereinbarung einer Konventionalstrafe

Um die meist komplizierte Schadensberechnung kaufmännisch zu vereinfachen, wird häufig von vornherein eine sogenannte **Konventionalstrafe** vereinbart. Tritt der Schadenfall ein, muss diese Vertragsstrafe geleistet werden.

Entwicklung und Funktionen des Geldes *Development and functions of money*

Geschichtliche Entwicklung

Die Entwicklung des Geldes als Tauschmittel kann in drei wesentliche **Entwicklungsstufen** eingeteilt werden:

1. Stufe: Naturaltausch

Nach der frühgeschichtlichen reinen Naturalwirtschaft, in der die Menschen noch autark als Selbstversorgungseinheiten kaum Tauschbeziehungen pflegten, entwickelte sich zunächst ein Naturaltausch. Diese erste Wirtschaftsstufe entstand vor dem Hintergrund einer zunehmenden Bevölkerung und wachsender Familiengemeinschaften, einer Spezialisierung bei der Gütererzeugung, eines zeitweisen Güterüberschusses sowie der Zunahme überregionaler Kontakte und des Kennenlernens bisher unbekannter Waren. Der Naturaltausch war jedoch durch das Fehlen eines einheitlichen Wertmaßstabes und die mangelnde Teilbarkeit der Güter eingeschränkt.

2. Stufe: Warengeld

In dieser zweiten Wirtschaftsstufe wurden bestimmte Güter zu Tauschmitteln, weil sie als wertvoll galten (Warengeld wie z. B. Werkzeuge, Tee, Vieh, Felle). Solche Güter waren in ihrem Wert allgemein anerkannt und konnten gegen jeweils benötigte Ware eingetauscht werden. Sie waren damit eine Art von Geld. Später traten an die Stelle der tatsächlichen Tauschgüter entsprechende Nachbildungen auf Metall (Symbolgeld) bzw. warenunabhängige Edelmetallstücke für den Tausch (Metallgeld). Auch in dieser Wirtschaftsstufe gab es häufig noch Beförderungs- und Aufbewahrungsprobleme sowie Probleme mit der Teilbarkeit.

3. Stufe: Münzgeld, Banknoten und Buchgeld

In dieser dritten Wirtschaftsstufe wurde Metallgeld zu einheitlichen Münzen weiterentwickelt. Zunächst gab es vollwertige Münzen aus Gold oder Silber (Kurantgeld), später dann unterwertige Münzen, bei denen der aufgeprägte Nennwert höher als der Materialwert war (Scheidegeld). Mit der beständigen Ausweitung der Handelsbeziehungen wurde das schwere Münzgeld mit Banknoten, die kaum noch einen Stoffwert hatten, ergänzt, um die Tauschprozesse zu vereinfachen. Im Laufe der wirtschaftlichen Entwicklung sind diese Tauschprozesse um die Form des völlig stoffwertlosen Buchgeldes (siehe auch S. 299 ff.) erweitert worden, das heute die Grundlage für die bargeldlose Zahlung als verbreitetste Zahlungsart – vorwiegend in Form der elektronischen Zahlung (siehe auch S. 302 ff.) – ist.

Eigenschaften des Geldes

Um die notwendigen Anforderungen an ein allgemein gültiges Zahlungsmittel zu erfüllen, muss Geld

- **allgemein anerkannt,**
- **wertbeständig,**
- **knapp** und
- **leicht transportierbar,**
- **teilbar,**
- **staatlich geschützt** sein.

Funktionen des Geldes

Funktionen des Geldes

gesetzliches Zahlungsmittel
Jeder Gläubiger ist verpflichtet, Banknoten und zum größten Teil auch Münzen zahlungshalber anzunehmen.

Tauschmittel
Der Gütertausch wird durch die Allgemeingültigkeit für sämtliche Waren und Dienstleistungen ermöglicht.

Wertaufbewahrungsmittel
Geld kann für größere Kaufsummen angespart und für zeitlich auseinanderfallende Kauf- und Verkaufsvorgänge bereitgestellt werden.

Kreditmittel
Den Teilnehmern einer Volkswirtschaft kann gespartes Geld zur Finanzierung von Investitionen und Verbindlichkeiten als Kredite zur Verfügung gestellt werden.

Wertübertragungsmittel
Einseitige Übertragungen von Geldwerten (z. B. Geldgeschenke, Erbschaften) werden ermöglicht.

Wertmesser und Recheneinheit
Geld ist ein einheitlicher Bewertungsmaßstab für verschiedene Waren und Dienstleistungen sowie für alle anderen wirtschaftlichen Bewertungen und Vergleichsgrößen (z. B. Umsätze, Vermögenswerte, Kennzahlen).

Zahlungsmittel *Terms of payment*

Zahlungsmittel

Zahlungsmittel

- **Bargeld** (Münzgeld oder Banknoten)
- **Buch- bzw. Giralgeld** (Guthaben bei einem Kreditinstitut)
- **Geldersatzmittel** (Scheck, Wechsel)

Klassische Formen der Zahlung (Zahlungsarten) *Traditional methods of payment*

Zahlungsarten werden danach unterschieden, ob der Zahlungspflichtige und/oder der Zahlungsempfänger beim Zahlungsvorgang Bargeld oder Buchgeld (unter Einschaltung eines Kreditinstituts) verwenden:

Barzahlung	**Halbbare Zahlung**	**Bargeldlose Zahlung/ Zahlung mit Buchgeld**
Zahlungspflichtiger *und* Zahlungsempfänger benötigen *kein* Konto.	Zahlungspflichtiger *oder* Zahlungsempfänger benötigen *ein* Konto.	Zahlungspflichtiger *und* Zahlungsempfänger benötigen *je ein* Konto.
Formen: ■ persönliche Übergabe ■ Übergabe durch Boten ■ postalische Bargeldübermittlung[1] [1] Deutsche Postbank AG	**Formen:** ■ Zahlschein ■ Nachnahme } ***Bareinzahlung:*** Zahlungsempfänger benötigt ein Konto. ■ Zahlungsanweisung[1] ■ Barscheck } ***Barauszahlung:*** Zahlungspflichtiger benötigt ein Konto.	**Formen:** ■ Verrechnungsscheck ■ Überweisung ■ Lastschrift ■ Electronic Cash (Bank-Card mit PIN) ■ ELV (Bank-Card mit Unterschrift) ■ Geldkarte (aufladbare Bank-Card) ■ Kreditkarte

Barzahlung

Übergabe

Die **Barzahlung** kann **persönlich** oder **durch einen Boten** erfolgen. Ein Bote, der die Barzahlung entgegennimmt, sollte die Vollmacht des Zahlungsempfängers nachweisen können. Der Zahlungspflichtige kann eine Quittung verlangen.

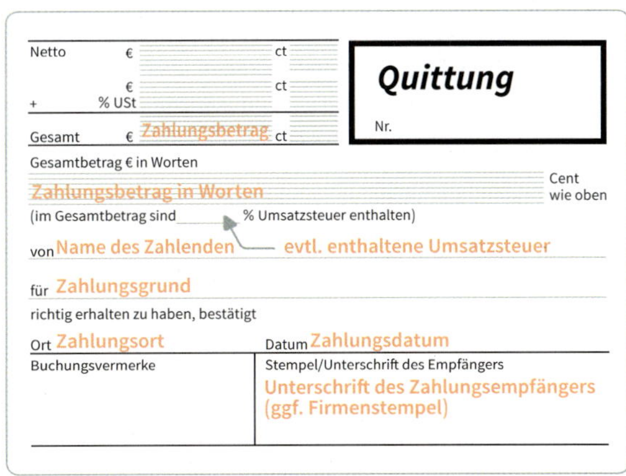

Formen der Quittung
Quittungsvordruck, Inkassostempel auf der Rechnung, Kassenbon

Verwendung der Quittung
Buchungsbeleg, Steuerbeleg, Beleg für Umtausch und Gewährleistungsansprüche

Postalische Bargeldübermittlung

Die Übermittlung von Bargeld erfolgt bei der Post über den „Western Union Bargeldtransfer". Mit diesem Service, der von der Postbank in Zusammenarbeit mit dem Vertragspartner „Western Union" angeboten wird, kann innerhalb weniger Minuten weltweit Bargeld angewiesen und empfangen werden. Zur Übermittlung muss ein Sendeformular der „Western Union" ausgefüllt und zusammen mit dem Transferbetrag und den anfallenden Entgelten in einer Filiale der Postbank oder der Deutschen Post AG abgegeben werden. Für diesen Service benötigt weder der Absender noch der Empfänger ein Girokonto.

Halbbare Zahlung

Begriff

Die **halbbare Zahlung** ist dadurch gekennzeichnet, dass *entweder* der Zahlungspflichtige *oder* der Zahlungsempfänger ein Konto für den Zahlungsvorgang einsetzt.

Zahlschein

Die Zahlung mit **Zahlschein** ermöglicht die Zahlung auf das Konto des Zahlungsempfängers, wenn der Zahlungspflichtige kein Konto hat. Der Zahlungspflichtige füllt den Zahlschein aus und zahlt den Geldbetrag bar ein.

Der Zahlungsempfänger bekommt den Betrag auf seinem Konto gutgeschrieben.

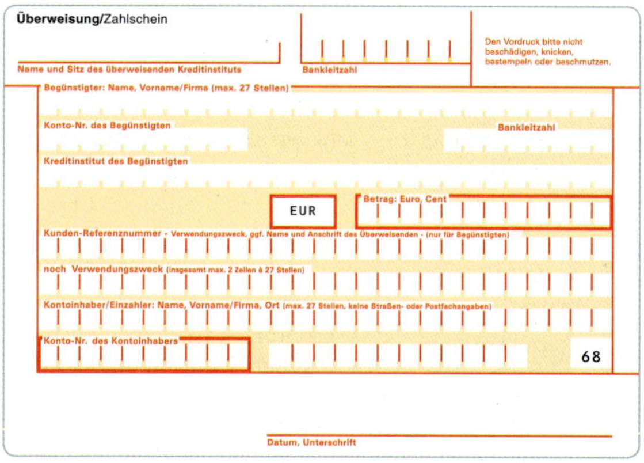

Nachnahme

Die Deutsche Post AG stellt dem Zahlungspflichtigen Briefe oder Waren gegen Zahlung des Nachnahmebetrages zu. Für die Nachnahme muss der Absender (Zahlungsempfänger) der Brief- oder Warensendung eine Nachnahmemarke mit dem gewünschten Zahlungsbetrag zzgl. des Übermittlungsentgeltes beifügen. Darüber hinaus muss vom Absender ein Inkasso-Beleg mit seinen Kontodaten bei der Post hinterlegt werden.

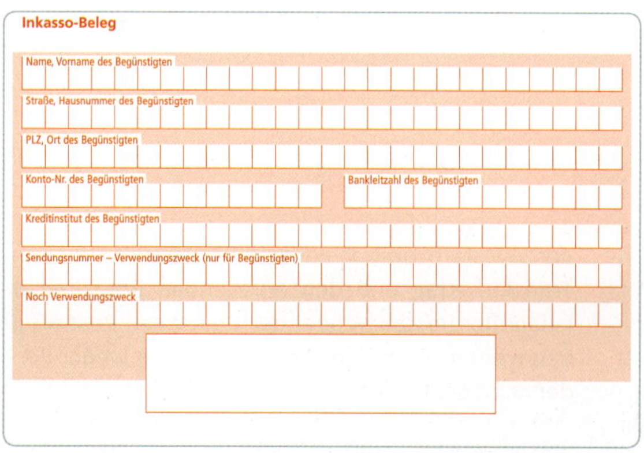

Die Deutsche Post AG überweist den eingezogenen Betrag auf das Konto des Zahlungsempfängers. Die Nachnahme-Summe darf 1.600,00 € nicht übersteigen. Bei einer fehlerhaften Geldübertragung haftet die Post nur bis zu diesem Betrag.

Zahlungsanweisung

Mit der **Zahlungsanweisung** kann der Inhaber eines Postbankkontos den Geldbetrag in unbegrenzter Höhe von seinem Konto abbuchen und dem Zahlungsempfänger durch den Postzusteller bar auszahlen lassen.

Barscheck

Die Zahlung mit **Barscheck** erfordert ein Konto des Zahlungspflichtigen, für das sein Kreditinstitut ihm Scheckformulare ausgehändigt hat.

Der Barscheck ist wie jeder Scheck eine Anweisung des Zahlungspflichtigen (Scheckaussteller) an sein Kreditinstitut, den Scheck bei Vorlage durch den Zahlungsempfänger (Scheckinhaber) einzulösen.

Eine **halbbare** Zahlung kann erfolgen, wenn der Zahlungspflichtige einen **Barscheck** ausstellt und dem Zahlungsempfänger übergibt. Der Zahlungsempfänger kann den Barscheck beim Kreditinstitut des Zahlungspflichtigen vorlegen und sich den Betrag bar auszahlen lassen. Der Betrag wird vom Konto des Zahlungspflichtigen abgebucht. Da der Barscheck ein Inhaberpapier ist, kann er von jedem Besitzer bar eingelöst werden und gilt daher als relativ unsicher.

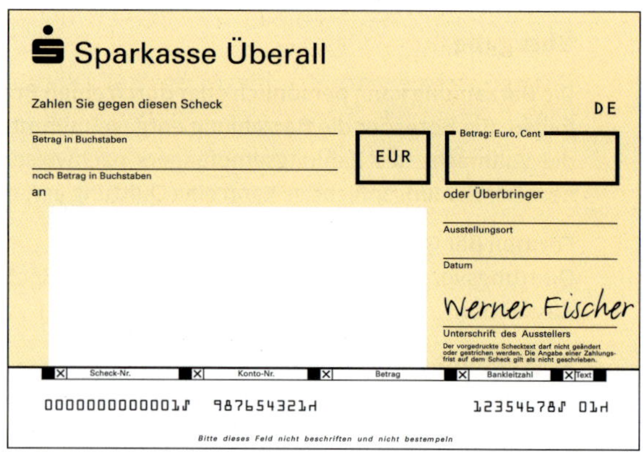

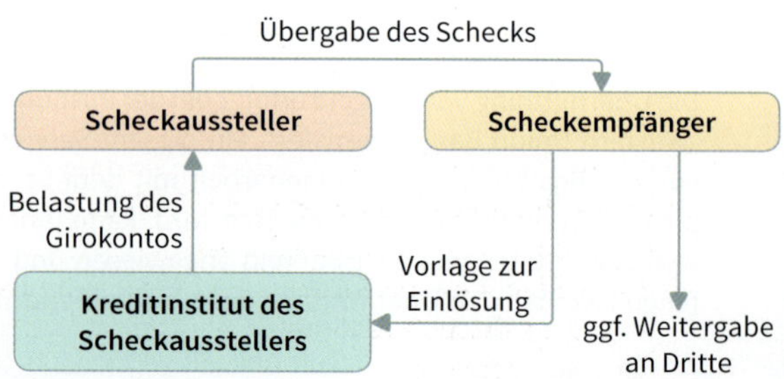

Bargeldlose Zahlung

Begriff

Die **bargeldlose Zahlung** erfordert die Nutzung von Konten sowohl des Zahlungsempfängers als auch des Zahlungspflichtigen. Der Zahlungsbetrag wird vom Konto des Zahlungspflichtigen auf das Konto des Zahlungsempfängers gebucht (Buchgeld).

Im Zuge der Digitalisierung und Automatisierung im Zahlungsverkehr erlangen die verschiedenen Möglichkeiten der elektronischen Kartenzahlung als Alternative zu den herkömmlichen bargeldlosen Zahlungsformen wie Überweisung und Verrechnungsscheck (siehe S. 300) immer mehr an Bedeutung. Für den EURO-Zahlungsraum gibt es im Rahmen von SEPA (Single European Payment Area) vereinheitlichte Überweisungsvorgänge (siehe S. 304).

Überweisung

Die **Überweisung** ist der Auftrag eines Kontoinhabers an sein Kreditinstitut, den angegebenen Geldbetrag von seinem Konto abzubuchen und auf dem Konto des Empfängers gutschreiben zu lassen. Die normale Überweisung kann

- schriftlich auf einem Überweisungsformular,
- durch Eingabe der Überweisungsdaten an einem Selbstbedienungsterminal des Kreditinstituts,
- fernmündlich durch Telefonbanking,
- per Computer als Onlinebanking (siehe S. 303) erfolgen.

Haben Zahlungspflichtiger und Zahlungsempfänger das Konto bei demselben Kreditinstitut, handelt es sich um eine **einstufige Überweisung**: Es erfolgt eine einfache Umbuchung des Zahlungsbetrages.
Bei unterschiedlichen Kreditinstituten handelt es sich um eine **mehrstufige Überweisung**, weil zwei oder mehr Verrechnungsstellen betroffen sind.

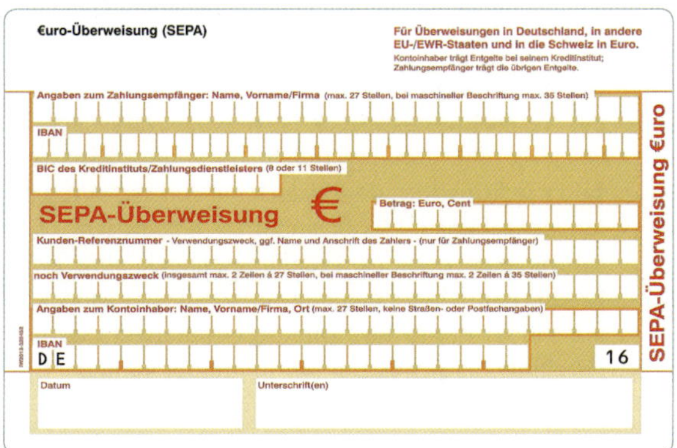

Folgende **Übermittlungsdaten** sind notwendig:

- Name und Anschrift des Empfängers
- Bankverbindung (IBAN, BIC des Kreditinstituts/Zahlungsdienstleisters des Empfängers; siehe S. 304)
- Verwendungszweck
- Zahlungs- bzw. Überweisungsbetrag
- Kontonummer des Auftraggebers (Kontoinhaber)
- Name und Ort des Auftraggebers
- Auftragsdatum
- Unterschrift des Auftraggebers

Dauerauftrag

Der **Dauerauftrag** ist die Anweisung eines Kontoinhabers an sein Kreditinstitut, in bestimmten Zeitabständen einen jeweils gleichen Betrag auf das Konto des Empfängers zu überweisen (z. B. bei Mietzahlungen). Er wird bis zum Widerruf des Auftraggebers vom Kreditinstitut ausgeführt.

Bei Änderungen der Zahlungsbedingungen (Empfänger, Betrag, Zahlungsrhythmus) muss der Dauerauftrag mit entsprechendem Umstellungs- und Kostenaufwand geändert werden.

Der Dauerauftrag bietet sich unter folgenden **Voraussetzungen** an:

- regelmäßige Zahlung in festen Zeitabständen
- gleichbleibender Überweisungsbetrag und Verwendungszweck
- gleichbleibender Empfänger

Der Dauerauftrag bietet folgende **Vorteile**:

- Arbeitsersparnis
- kein Versäumnisrisiko für den Auftraggeber
- weniger Verwaltungsaufwand für das Kreditinstitut
- gesicherter Zahlungseingang
- Vermeidung von Mahnverfahren für den Empfänger

SEPA-Lastschriftverfahren

Bei der SEPA-Lastschrift wird der Zahlungsempfänger vom Zahlungspflichtigen durch ein Mandat ermächtigt, fällige Forderungsbeträge von dessen Girokonto einziehen zu lassen. Dazu sendet der Zahlungsempfänger dem Zahlungspflichtigen ein SEPA-Lastschriftmandat zu. Der Zahlungsvorgang wird also vom Zahlungsempfänger eingeleitet.

Das SEPA-Lastschriftmandat enthält neben rechtlichen Hinweisen den Namen und die Anschrift des Zahlungsempfängers, ein festes Fälligkeitsdatum für die Zahlung (Kontobelastung) sowie eine **Gläubiger-Identifikationsnummer** (Creditor Identifier bzw. CI), die der Zahlungsempfänger zunächst bei der Deutschen Bundesbank anfordern muss. Erst dann wird er für dieses Verfahren freigeschaltet.

Das Lastschriftmandat wird dann vom Zahlungspflichtigen ausgefüllt und unterschrieben an seine Bank weitergeleitet. Dadurch bestätigt der Zahlungspflichtige seiner Bank die Berechtigung zum Forderungseinzug durch die Bank des Zahlungsempfängers. Die Bank des Zahlungspflichtigen wird also autorisiert, vom Zahlungsempfänger eingereichte Lastschriften einzulösen.

Bargeldlose Zahlung

SEPA-Lastschriftverfahren

Generell gilt das SEPA-Lastschriftmandat unbefristet bis zum Widerruf durch den Zahlungspflichtigen. Es verfällt jedoch, wenn 36 Monate nach der letzten Lastschrift keine Folgelastschrift vom Zahlungsempfänger eingereicht wurde.
Bei der SEPA-Lastschrift wird für Privatkunden und für Firmen zwischen zwei Lastschriftverfahren unterschieden:

Die SEPA-Basislastschrift (Core Direct Debit)

Die Basislastschrift ist insbesondere für das Bezahlen durch Verbraucher geeignet. Der Zahlungsempfänger muss dem Zahlungspflichtigen spätestens 14 Tage vor Fälligkeit der Lastschrift eine Information (Pre-Notification) zukommen lassen. Die tatsächliche Einreichung der Lastschrift muss dann bei erst- oder einmaliger Ausführung spätestens 5 Tage vor Fälligkeit erfolgen. Für Folgelastschriften verkürzt sich diese Frist auf 2 Tage.
Der Zahlungspflichtige kann einer erfolgten Lastschrift bis zu 8 Wochen nach der Kontobelastung ohne Angabe von Gründen widersprechen und die Erstattung des Lastschriftbetrages verlangen. Bei unautorisierten Lastschriften (nicht erteiltes oder gelöschtes Mandat) verlängert sich die Widerspruchsfrist auf 13 Monate. Nach Ablauf dieser Fristen ist kein Widerspruch mehr möglich.

Die SEPA-Firmenlastschrift (Business to Business Direct Debit)

Die Firmenlastschrift ist ausschließlich für den Verkehr mit Geschäftskunden, also Unternehmen vorgesehen und berücksichtigt verstärkt deren Bedürfnisse. Verbraucher sind von der Nutzung ausgeschlossen. Auch hier muss der Zahlungsempfänger dem Zahlungspflichtigen spätestens 14 Tage vor Fälligkeit der Lastschrift eine Information (Pre-Notification) zukommen lassen. Die Einreichung der Lastschrift muss jedoch grundsätzlich spätestens einen Tag vor Fälligkeit erfolgen.
Mit der Bestätigung des Firmenlastschrift-Mandats autorisiert der Zahlungspflichtige bei seiner Bank alle damit verbundenen Zahlungen, also auch alle Folgezahlungen. Bei der Firmenlastschrift hat ein autorisierter Geldeinzug unmittelbare Gültigkeit. Der Zahlungspflichtige kann also bei einer bereits erfolgten autorisierten Kontobelastung keine Erstattung des Lastschriftbetrages verlangen. Um die weitere Ausführung von Lastschriften zu verhindern, muss er dem Lastschriftmandat bei seiner Bank widersprechen.

SEPA-Firmenlastschrift (Business to Business Direct Debit)

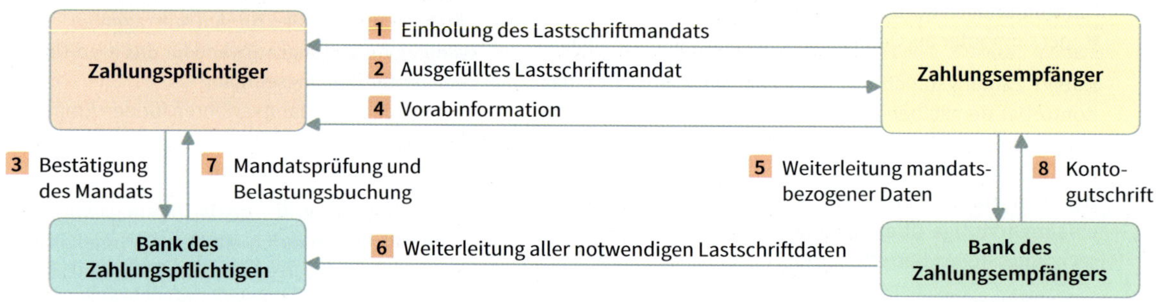

Sammelüberweisung

Bei der Sammelüberweisung werden mehrere Überweisungen an verschiedene Zahlungsempfänger zusammengefasst. Auf dem Konto des Zahlungspflichtigen erfolgt dann nur eine Lastschrift mit dem entsprechenden Gesamtbetrag. Diese Form der Überweisung ist besonders bei einer hohen Anzahl an Überweisungsbeträgen vorteilhaft, da auf Dauer Bürotätigkeiten und Buchungskosten eingespart werden können.

Eilüberweisung

Die Kreditinstitute bieten die Möglichkeit, Eilüberweisungen gegen entsprechend höhere Gebühren *deutlich schneller* als normale Überweisungen abzuwickeln. Dies kann sich bei sehr vielen Zahlungsverpflichtungen rechnerisch lohnen, wenn dadurch z. B. Skontofristen eingehalten oder Verzugszinsen vermieden werden können.

Verrechnungsscheck

Der **Verrechnungsscheck** ist wie der Barscheck eine Anweisung des Zahlungspflichtigen (Scheckaussteller) an sein Kreditinstitut, den Scheck bei Vorlage durch den Zahlungsempfänger (Scheckinhaber) einzulösen. Diese Einlösung darf beim Verrechnungsscheck vom bezogenen Kreditinstitut jedoch nur als Gutschrift des Scheckbetrages auf einem Konto des Zahlungsempfängers erfolgen und gilt daher als sicher. Der Kontoinhaber kann bei Bedarf als Zahlungsempfänger ermittelt werden.

Das Scheckformular wird für die Verwendung als Verrechnungsscheck durch Stempelaufdruck „Nur zur Verrechnung“ oder durch zwei Schrägstriche kenntlich gemacht.

Scheck: Überblick

Begriff

Der Scheck ist die **schriftliche Anweisung** eines Kontoinhabers (Aussteller) an sein Kreditinstitut (Bezogener), bei Vorlage des Schecks den angegebenen Geldbetrag von seinem Konto an den Scheckinhaber zu zahlen. Dies geschieht beim Barscheck durch Barauszahlung und beim Verrechnungsscheck durch Überweisung auf ein vom Scheckinhaber angegebenes Konto.

Gesetzliche Bestandteile

Die Scheckurkunde ist an rechtliche Formvorschriften gebunden. Ein Scheckformular ist nur gültig, wenn es folgende **gesetzliche Bestandteile** enthält (siehe folgende Abbildung):

- Bezeichnung „Scheck" im Text der Urkunde
- Anweisung, bei Vorlage den Scheckbetrag zu zahlen
- Name des Bezogenen
- Zahlungsort
- Ort und Tag der Ausstellung
- Unterschrift des Ausstellers

Fälligkeit und Funktion

Die Forderung aus dem Scheck kann nur durch Vorlage geltend gemacht werden, sie ist also **bei Sicht** fällig.

Die Zahlung mit Scheck erfolgt **zahlungshalber**, das zugrunde liegende Schuldverhältnis der Scheckausstellung erlischt also erst mit der Einlösung des Schecks.

Scheckarten: Inhaber- und Orderscheck

- Scheckformulare beinhalten i. d. R. als **Inhaberscheck** die *„Überbringerklausel"*, die das bezogene Kreditinstitut dazu berechtigt, an jeden Scheckinhaber zu zahlen, weil die Scheckweitergabe und die damit verbundene Übertragung der Rechte aus dem Scheck formlos durch Einigung und Übergabe geschieht.
- Im Gegensatz dazu werden für den Scheckverkehr mit dem Ausland häufig **Orderschecks** verwendet, die eine *„Orderklausel"* beinhalten. Sie sind durch einen roten Randstreifen mit dem Aufdruck „Orderscheck" gekennzeichnet.

Beim Orderscheck wird der Name des Zahlungsempfängers genannt. Für die Scheckweitergabe ist ein schriftlicher Übertragungsvermerk (Indossament) auf der Scheckrückseite erforderlich. Das bezogene Kreditinstitut ist verpflichtet, bei der Scheckeinlösung die Legitimation des Zahlungsempfängers sowie eventuelle Indossamente zu prüfen.

Einlösungsfristen

Die Scheckeinlösung ist an gesetzliche Vorlegungsfristen gebunden, die mit dem Ausstellungsdatum beginnen:

- 8 Tage für im Inland ausgestellte Schecks
- 20 Tage für Schecks aus dem europäischen Ausland und an das Mittelmeer angrenzenden Ländern
- 70 Tage für Schecks aus allen übrigen Ländern

Der Scheck und seine gesetzlichen Bestandteile

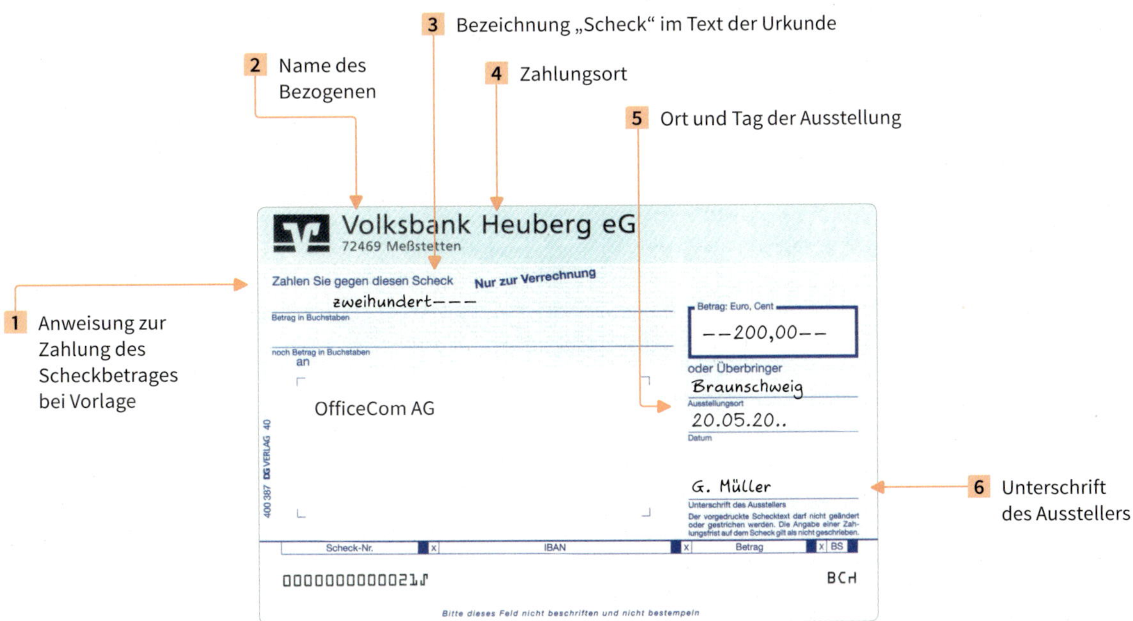

Elektronische Zahlungssysteme (ohne Kreditkarte)

Mit der Verbreitung elektronischer Zahlungssysteme hat die **girocard** im bargeldlosen Zahlungsverkehr eine große Bedeutung erlangt.

Neben der Bargeldbeschaffung am Geldautomaten und dem Ausdrucken von Kontoauszügen wird sie vor allem auch für die direkte bargeldlose Zahlung als eigenständiges Zahlungsmittel eingesetzt.

Die Kreditinstitute haben ihren Service in Bezug auf die Bank-Card im Rahmen des „Electronic-Cash-Systems" entsprechend erweitert. Durch Kartenlesegeräte und unterschiedliche Übermittlungssysteme kann die girocard bzw. die GeldKarte direkt für die bargeldlose Zahlung eingesetzt werden.

Neben der Maestro Karte, mit der weltweit bargeldlose Zahlungen und Bargeldverfügungen an Geldautomaten möglich sind, ist von VISA-Europe die europäische Debitkarte „V PAY" entwickelt worden.

Sie kann national und europaweit überall dort eingesetzt werden, wo sich bei Händlern und Geldautomaten das V PAY-Akzeptanzlogo findet. Die Karte ist mit moderner Chip- und PIN-Technologie ausgestattet. Zu ihrer Verwendung muss immer eine PIN eingegeben werden: Dadurch wird das Risiko des Betrugs durch Kartendiebstahl oder -fälschung stark reduziert.

6

Merkmale	**Zahlungssysteme**		
	girocard (Point-of-Sale-Banking: POS)	**Elektronisches Lastschriftverfahren (ELV)**	**GeldKarte**
Funktion	Zahlungsvorgang mit Karte und PIN	Zahlungsvorgang mit Karte und Unterschrift	Zahlungsvorgang durch vorher aufgeladene GeldKarte
Zahlungsvorgang	▪ Einlesen der Kartendaten und der PIN ▪ Aufbau einer Onlineverbindung ▪ Überprüfung der Kartengültigkeit der PIN, der Sperrdatei und des Kontosaldos im Rechenzentrum des bezogenen Kreditinstituts ▪ Meldung über das Prüfungsergebnis; bei positiver Autorisierung erfolgt die Zustimmung zur Begleichung des Zahlungsbetrages. ▪ Gutschrift des Zahlungsbetrages auf dem Konto des Zahlungsempfängers	▪ Einlesen der Kartendaten (Kontonummer und Bankleitzahl) ▪ manuelle Eingabe des Zahlungsbetrages zur Erstellung eines Lastschriftbelegs ▪ Unterschrift des Zahlungspflichtigen auf dem Lastschriftbeleg ▪ Legitimationsprüfung (Unterschriftenvergleich) durch den Zahlungsempfänger ▪ Lastschrift auf dem Konto des Zahlungspflichtigen	▪ Aufladen der GeldKarte bis maximal 200,00 € durch den Karteninhaber ▪ Lastschrift in Höhe der Aufladesumme auf dem Konto des Karteninhabers ▪ Gegenbuchung auf einem internen Verrechnungskonto (Kartensammelkonto) bei der bezogenen Bank ▪ Belastung des Chips mit dem Zahlungsbetrag beim Zahlungsvorgang durch den Zahlungsempfänger
Berechtigungsnachweis (Identifikation) des Karteninhabers	durch PIN	durch Unterschrift	nicht erforderlich, da der geladene Betrag bereits vor dem Zahlungsvorgang vom Zahlungspflichtigen entrichtet wird (Bargeldfunktion)
Zahlungsgarantie	ja	nein	ja
Verfügungshöchstbetrag	max. 2.000,00 € pro Tag	keine Begrenzung	max. 200,00 € pro Tag
Vorteile	kein Zahlungsrisiko für den Zahlungsempfänger durch umfassende Prüfung	geringere Kosten für den Zahlungsempfänger durch Wegfall der Autorisierungsgebühr	Zeitersparnis durch Wegfall der Legitimationsprüfung
Nachteile	hohe Kosten für den Zahlungsempfänger durch Autorisierungs- und Transaktionsentgelt	Zahlungsrisiko durch Widerspruchsrecht des Karteninhabers	Verlustrisiko für den Karteninhaber durch die Bargeldfunktion

Elektronische Zahlungssysteme/Kartenzahlung *Electronic payment system/card payment*

Elektronische Zahlungssysteme (Überblick)

girocard	maestro	V PAY	GeldKarte
Möglichkeit der bargeldlosen Zahlung mit Karte und PIN oder des Abhebens von Bargeld am Geldautomaten.	Weltweite Möglichkeit der bargeldlosen Zahlung mit Karte und PIN sowie des Abhebens von Bargeld am Geldautomaten; kontaktlose Zahlungen sind in Verbindung mit einer kontaktlosfähigen Karte und entsprechendem Lesegerät möglich	Europaweite Möglichkeit der bargeldlosen Zahlung mit Karte und PIN sowie des Abhebens von Bargeld am Geldautomaten	Bargeldlose Zahlungsmöglichkeit von Kleinbeträgen mittels vorgeladenem Guthaben. Dieses kann mit bis zu 200,00 € aufgeladen werden und gilt nur in Deutschland.

Ablaufschema der POS-Zahlung

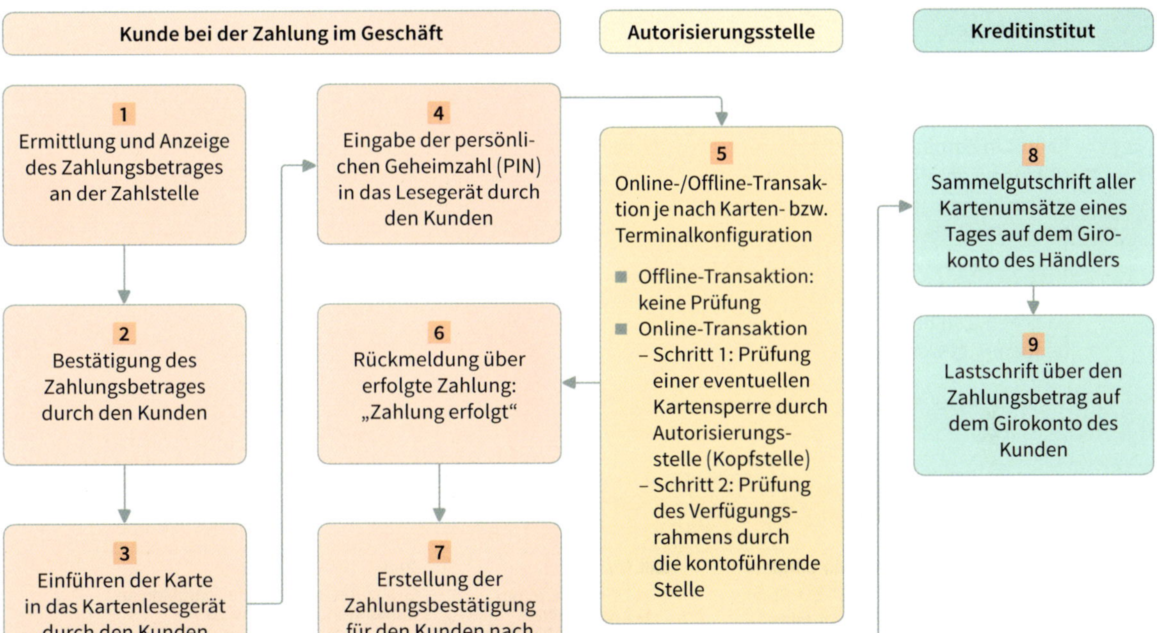

vgl.: Deutscher Sparkassenverlag, Stuttgart

Onlinebanking

Bargeldlose Zahlungsvorgänge können per PC online mit dem kontoführenden Kreditinstitut erfolgen. Für die Kontostandsabfrage bekommt der Kontoinhaber den Zugang zum Rechner des Kreditinstituts und zu seinem Konto durch seine persönliche Identifikationsnummer (Onlinebanking-PIN, auch alphanumerisch). Durch die zusätzliche Eingabe einer Transaktionsnummer (TAN) bzw. einer indizierten Transaktionsnummer (iTAN; indiziert = nummeriert) ist jeder Kontozugriff mit Veränderung des Kontostandes möglich (z. B. Erteilung von Überweisungsaufträgen, Einrichten oder Verändern eines Dauerauftrages). Die Transaktionsnummern für das Onlinebanking werden dem Kontoinhaber vom kontoführenden Kreditinstitut persönlich zugeteilt. Die Verwendung einer TAN bzw. einer iTAN kann jeweils nur einmal erfolgen und gleicht einer elektronischen Unterschrift.

Der Unterschied zwischen TAN und iTAN besteht darin, dass beim TAN-Verfahren eine beliebige TAN von der Liste eingegeben werden kann. iTANs sind dagegen nummeriert und es wird je Transaktion eine bestimmte iTAN angefordert.

SEPA – der einheitliche Zahlungsverkehrsraum *SEPA – The Single Euro Payments Area*

Begriff

Der gesamte europäische Zahlungsverkehr des Euro-Währungsraumes im Rahmen der „Single Euro Payments Area“ (SEPA) ist so standardisiert, dass nationale und grenzüberschreitende Zahlungen im gesamten Euro-Zahlungsverkehrsraum einheitlich abgewickelt werden können. Ziel der SEPA ist es, dass bargeldlose Zahlungen in den Teilnehmerländern im nationalen und grenzüberschreitenden Zahlungsverkehr standardisiert und ohne Unterschiede für den Bankkunden erfolgen können.

Alle inländischen und grenzüberschreitenden Überweisungen und Lastschriften werden über internationale Kontonummern (International Bank Account Number, IBAN) ausgeführt. Die IBAN-Nummer ist eine 22-stellige Kombination aus Länderzeichen, Bankleitzahl und Kontonummer. Für Auslandsüberweisungen wird zusätzlich die internationale Bankleitzahl (Bank Identifier Code, BIC) benötigt.

Merkmale von SEPA

Als Merkmale von SEPA können genannt werden:

- schrankenlose Abwicklung des insgesamt anfallenden Euro-Zahlungsverkehrs über ein Konto bei einer beliebigen europäischen Bank, z. B. für Menschen, die im Ausland arbeiten;
- europaweite Nutzung von Zahlungsdienstanbietern;
- besserer Service: Unternehmer und Verbraucher können die Bank mit dem optimalen Preis-Leistungs-Verhältnis in Europa für ihre Bankgeschäfte wählen;
- Nutzung von Möglichkeiten zur Kosteneinsparung für Unternehmen, indem sie ihre Bankverbindungen straffen und die Abwicklung des Zahlungsverkehrs und die Liquiditätsüberwachung konzentrieren;
- effizientere Abwicklung des Zahlungsverkehrs im europäischen Zahlungsraum; er ist schneller, sicherer und bequemer geworden.
- kurze Überweisungslaufzeiten: Den Kunden wird der Überweisungsbetrag nach einer maximalen Abwicklungszeit von einem Bankarbeitstag gutgeschrieben (vorher maximale Abwicklungsdauer von drei Bankarbeitstagen).
- europaweite Verwendung von Debitkarten (Kreditkarten) für alle Euro-Zahlungen;
- Information der Kunden über das exakte Datum der Kontobelastung infolge der Angabe eines Fälligkeitsdatums bei SEPA-Lastschriften, dadurch Möglichkeit zur genauen Liquiditätsvorsorge zwecks Lastschrifteinlösung.

vgl.: www.bundesbank.de/zahlungsverkehr/zahlungsverkehr_sepa.php

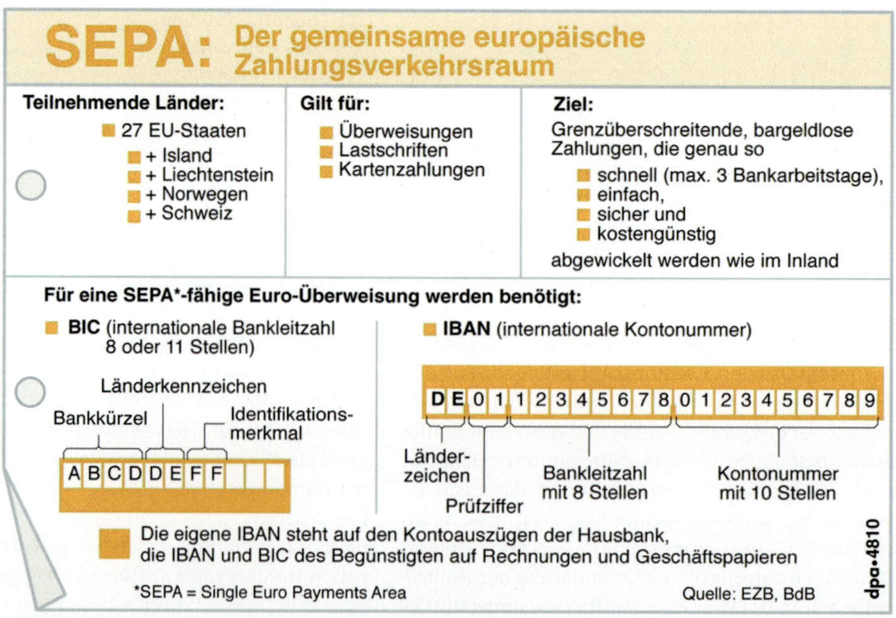

Begriff

Die **Kreditkarte** ist ein weltweit verbreitetes bargeldloses Zahlungsmittel. Sie besteht aus Plastik und hat das Format einer Scheckkarte. Sie wird von Kreditkartengesellschaften (i. d. R. in Zusammenarbeit mit Banken sowie Nichtbanken) an Kunden mit einwandfreier Bonität ausgegeben, z. B. Ausgabe der MasterCard an Kunden der NORD/LB. Die Bonitätsprüfung erfolgt nach einer ausdrücklichen Einwilligung des Kunden mittels einer Abfrage bei der SCHUFA (Schutzgemeinschaft für allgemeine Kreditsicherung). So wird die Bank über evtl. vorliegende Negativmerkmale, z. B. Scheckkartenmissbrauch, unterrichtet. Nach einer positiven Auskunft räumt die Bank dem Kunden einen eigenen Kreditrahmen ein. Nach einem Kauf werden die Daten erfasst, und der Kunde erkennt die Zahlung durch seine Unterschrift oder seine PIN an. Seine Umsätze werden per Lastschrift von seinem Girokonto abgebucht, teilweise erst bis zu einem Monat nach dem Kauf.

Arten

- MasterCard
- Visa
- Diners Club
- American Express

Ziele

Die **Kreditkarte** berechtigt den Inhaber bei Vorlage der Karte bei Vertragsunternehmen weltweit bargeldlos zu bezahlen und sich an Geldautomaten oder bei Banken Bargeld zu beschaffen, sofern die Karte über eine PIN (**P**ersönliche **I**dentifikations-**N**ummer) verfügt. Die Kartendaten (Kartennummer, Verfalldatum und Prüfziffer) werden von einem auf der Kartenrückseite befindlichen Magnetstreifen abgelesen. Auch bei Einkäufen oder Reisebuchungen im Internet ist häufig eine Kreditkarte erforderlich. Bei Auslandsreisen außerhalb der Euroländer braucht man weder viel Bargeld der Landeswährung mitzunehmen noch Travellers Cheques (Reiseschecks) bei der Hausbank zu besorgen.

Der Kreditkarteninhaber kann aus einem monatlichen Verfügungsrahmen (ca. 2–3 Gehaltseingänge) einen kurzfristigen Kredit in Anspruch nehmen. Die Karte sichert den Vertragsunternehmen den Zahlungseingang. In Deutschland nehmen die Unternehmen lieber die BankCard: Die Kaufsumme kann unverzüglich dem Girokonto des Kunden belastet werden und die Umsatzprovision der Kartengesellschaft entfällt.

Ausstattung

Die **Standardkarte** ermöglicht die normale Nutzung der Kreditkarte. Darüber hinaus bietet heute fast jede große Kreditkartengesellschaft **Zusatzleistungen** an.

Beispiele:

- Auslandsreise-Krankenversicherung
- Verkehrsmittel-Unfallversicherung
- Reise-Service-Versicherung
- Auslands-Autoschutzbrief-Versicherung
- Kfz-Reise-Haftpflichtversicherung für Mietfahrzeuge
- Reise-Rechtsschutzversicherung für Mietfahrzeuge
- Reise-Privat-Haftpflichtversicherung weltweit

© AMEX

Zu den bekanntesten Kreditkarten zählen die American Express-(AMEX)-Kreditkarten, die derzeit in 13 Varianten zu unterschiedlichen Jahresgebühren angeboten werden. Die bekanntesten Karten sind:

- **AMEX Blue Card:** Sie gilt als Einstiegskarte für Berufsanfänger mit kleinem Einkommen. Sie umfasst die Zahlungsfunktion und weitere Serviceleistungen.
- **AMEX Card:** Sie ist die klassische AMEX-Karte und enthält über die Leistungen der Blue Card hinaus weitere Service- und Versicherungsleistungen.
- **AMEX Gold Card:** Sie bietet einen sehr umfangreichen Versicherungsschutz und sowie Sonderkonditionen bei Hotelbuchungen, Flügen, Mietwagen u. v. a.
- **AMEX Platinum Card:** Sie ist die kostenintensivste AMEX-Karte, die beantragt werden kann. Diese Karte weist umfangreiche Leistungen auf, z. B. einen Reise- und Lifestyleservice, Zugang zu Flughafenlounges, einen Parkdienst an deutschen Flughäfen sowie Vorteile bei Hotel- und Mietwagenbuchungen.

Vorteile

- internationales bargeldloses Zahlungsmittel
- weltweite Bargeldbeschaffung
- kurzfristige Kreditgewährung
- Begrenzung der Haftung bei Verlust oder Diebstahl auf 50,00 €, vorausgesetzt die Sperrung der Karte wurde unverzüglich veranlasst
- Vielzahl von Zusatzleistungen, je nach Kartenvariante (s. o.)

Nachteile

- **aus Sicht des Verkäufers**
  - prozentuale Provision an die Kreditkartengesellschaft
  - zusätzliche Kosten für den Kartenleser
- **aus Sicht des Kunden**
  - Bargeldbeschaffung ist relativ teuer
  - Gefahr hoher Verschuldung

Prepaid-Kreditkarten räumen keine Kredite ein, vielmehr muss man – wie bei einer Geldkarte – erst einen Betrag einzahlen, den man dann ausgeben kann. Sie wird ohne SCHUFA-Abfrage und ohne Einkommensnachweis auch bei geringer Bonität ausgegeben. Sie eignet sich für junge Menschen, die noch unerfahren im Umgang mit Geld sind, und für jene, deren SCHUFA-Auskunft Negativmerkmale aufweist.

Co-Branding-Cards (engl. co-branding bedeutet Markenpartnerschaft) werden oft von Dienstleistungs- oder Industrieunternehmen in Zusammenarbeit mit einer Bank oder einer Kartengesellschaft an Kunden ausgegeben. Dies können neben dem weltweiten Karteneinsatz auch die speziellen Leistungen des kooperierenden Unternehmens in Anspruch nehmen, z. B. mittels der Lufthansa Miles & More Credit Card Prämienmeilen und attraktive Versicherungsleistungen rund ums Reisen.

Bei **Debitkarten** (engl. debit bezeichnet einen Schuldposten) werden Eingänge sofort den Girokonten der Käufer belastet, ebenso auch der Bargeldbezug an Geldautomaten; sie räumen jedoch keinen Kreditrahmen ein. Sie können nur in Verbindung mit einem Girokonto benutzt werden. Die bekannteste deutsche Debitkarte ist die im Rahmen des „Electronic-Cash-Systems“ eingesetzte Maestro-Karte (früher EC-Karte). Sie wird besonders im Einzelhandel sehr viel verwendet, aber außerhalb Europas kaum akzeptiert.

Beispiel: Ein Kunde kauft bei der OfficeCom AG ein und bezahlt mit der MasterCard.

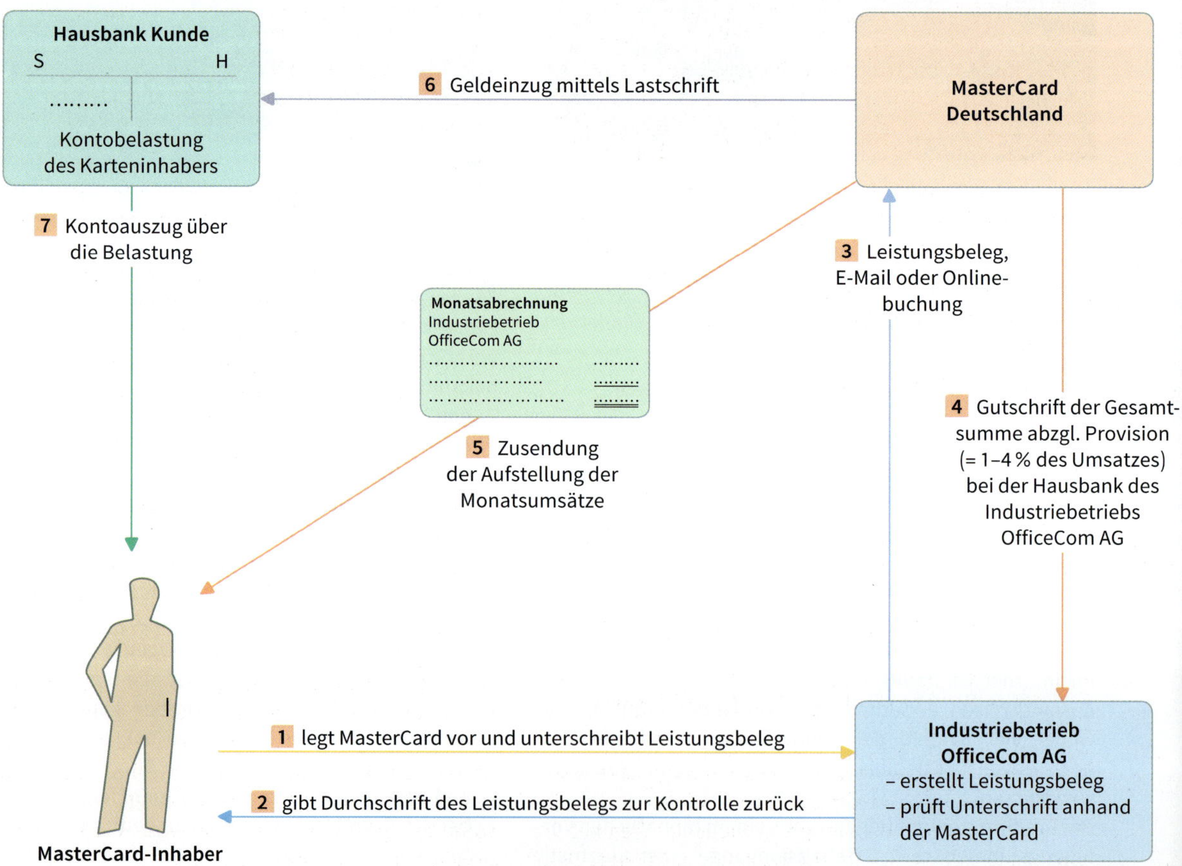

Volkswirtschaftliche Bedeutung

Zahlungsgewohnheiten: In den EU-Ländern werden immer mehr Umsätze mittels Kartenzahlungen beglichen. In Deutschland spielt die Kreditkarte mit 15 % der gesamten Transaktionen eine (noch) relativ geringe Rolle. Sie erfreut sich jedoch steigender Beliebtheit. Sie gewährt dem Karteninhaber für einen überschaubaren Zeitraum von bis zu einem Monat kostenlosen Kredit. Bei entsprechender Ausstattung kann er über verschiedene Zusatzleistungen verfügen.
Handel und Gastronomie akzeptieren wegen des starken Wettbewerbs die Kreditkarte – trotz der teilweise hohen Gebühren, die sie zu tragen haben. Die Kreditkarte wird vor allem zu Einkäufen im Internet sowie zur Bezahlung an Tankstellen, in Hotels und Pensionen benutzt.

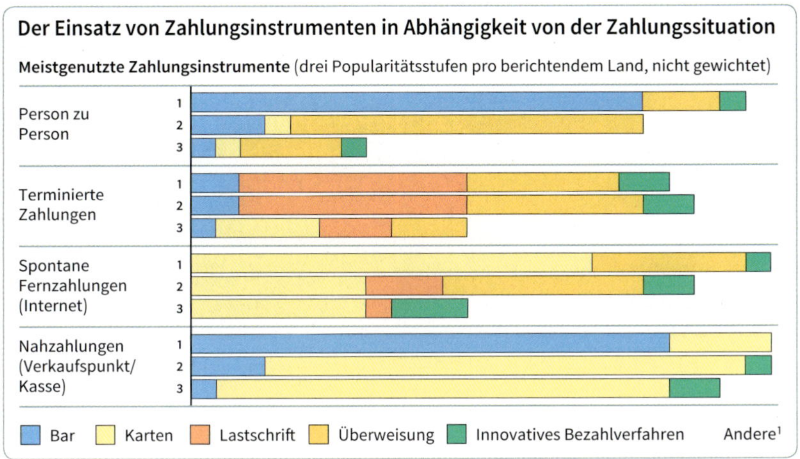

Quelle: Bank für Internationalen Zahlungsausgleich, Innovation in retail payments, Committee on Payment and Settlement Systems, Report of the Working Group in Retail Payments, Mai 2012

[1] Behinhaltet auch Schecks.

Deutsche Bundesbank

Beim **Kreditkartenbetrug** werden die Inhaber von Kreditkarten und/oder die Verkäufer aufgrund gestohlener oder gefälschter Kreditkartendaten finanziell geschädigt. Neben dem physischen Kartendiebstahl werden Kartendaten zunehmend mittels elektronischen Vorgehens illegal erworben, z. B.:

- Der Betrüger schickt E-Mails mit gefälschten Absenderadressen an Karteninhaber und erschleicht die Kartendaten, um diese dann zu missbrauchen (sog. Phishing).
- Der Täter lockt in Onlineshops mit extrem günstigen Angeboten und das Opfer gibt gutgläubig seine Daten preis.
- Der Hacker greift auf E-Mail-Verkehr zu oder benutzt, um an die Daten zu gelangen, Sicherheitslöcher und meist Insiderwissen.

Zumeist vergeben die Kreditkartengesellschaften aufsteigende Kreditkartennummern. Das nutzt der Betrüger: Erbeutet er eine Karte mit Verfalldatum, so ist es leicht, die nächstfolgenden Kartennummern zu ermitteln und die Kartendaten zu fälschen. Die errechnete Prüfziffer ist kein sicherer Schutz, weil ihre Berechnung bekannt ist.

Dynamische Entwicklung im internationalen Zahlungsverkehr

Innovative Zahlverfahren, vor allem Internetzahlungen, Mobiltelefon- und neuartige Kartenzahlungen, gewinnen immer mehr an Bedeutung. In Niedersachsen hat die deutsche Kreditwirtschaft auf Basis der Geldkarte, einer vorausbezahlten elektronischen Geldbörse, einen Großversuch mit „girogo“ durchgeführt. Der Kunde kann mit der neuen Chip-Karte von Banken und Sparkassen bis zu 20,00 € kontaktlos bezahlen. Ebenso wird sein Guthaben bis zu 200,00 € automatisch an der Handelskasse aufgefüllt.
Auch die Kreditkartengesellschaften MasterCard und Visa versuchen, die neuen Karten abzusetzen. Vorausbezahlte Karten spielen hierbei eine wichtige Rolle, vor allem für Menschen ohne Bankkonten, die somit ebenfalls am bargeldlosen Zahlungsverkehr teilnehmen können.
In Zukunft sollen die auf den Kartenchips gespeicherten Daten auf das Kundenhandy übertragen werden. Dann müsste der Kunde anstelle der Karte nur noch das Handy vor das Lesegerät an der Kasse halten.

Unterdessen gewinnt der Interneteinkauf immer mehr an Bedeutung. Dazu bietet die Deutsche Kreditwirtschaft u. a. speziell für das Bezahlen im Internet „giropay“ an. Unter Ausnutzung der Onlinebanking-Anwendung der Bank generiert „giropay“ automatisch eine Überweisung an den Händler. Der Kunde bestätigt die Überweisung nur noch mit einer TAN. Ein weiteres stark verbreitetes Verfahren ist „PayPal“. Der Kunde braucht ein PayPal-Benutzerkonto, um mittels dieses Verfahrens Interneteinkäufe zu bezahlen. Der Kunde muss schon vor dem Kauf für Guthaben auf seinem Benutzerkonto sorgen oder PayPal belastet das Bankkonto oder die Kreditkarte des Kunden mit der Kaufsumme. PayPal ist grenzüberschreitend anwendbar, da es in vielen Ländern angeboten wird.

7 Personalwirtschaftliche Aufgaben wahrnehmen

Personalwirtschaft

Personnel management

Begriff

Die Personalwirtschaft umfasst einerseits die Bedürfnisse eines Unternehmens, in dem sie für eine bestmögliche Versorgung mit geeigneten Mitarbeitern zu sorgen hat; andererseits hat sie für die Mitarbeiter eines Unternehmens Fürsorge zu leisten. Die Mitarbeiter müssen betreut, verwaltet, geführt und entlohnt werden.

Die **Objekte** der Personalwirtschaft sind alle Mitarbeiter einschließlich der leitenden Angestellten eines Unternehmens. Die **Träger** personalwirtschaftlicher Entscheidungen sind die für das Personalwesen verantwortlichen Organisationseinheiten (z. B. der Arbeitsdirektor in Kapitalgesellschaften mit mehr als 2 000 Beschäftigten) sowie alle Vorgesetzten, die personalwirtschaftliche Ziele und Entscheidungen umzusetzen haben.

Der **Betriebsrat** hat aufgrund der gesetzlich geregelten Mitbestimmungs- und Mitwirkungsrechte einen gewissen Einfluss auf personalwirtschaftliche Ziele und Entscheidungen sowie deren Umsetzung (siehe auch Seite 17).

Ziele

Ziele der Personalwirtschaft

wirtschaftliche Ziele

- Beschaffung, Bereitstellung und Erhaltung der benötigten Arbeitskräfte unter Berücksichtigung des mengen- und qualitätsmäßigen Bedarfs sowie der zeitlich und räumlich notwendigen Verfügbarkeit
- Abbau von Arbeitskräften bei fehlendem Bedarf

soziale Ziele

- leistungsgerechte Entlohnung
- Arbeitsplatzsicherung
- Gesundheits- und Altersvorsorge
- humane Gestaltung der Arbeitsbedingungen
- Arbeitsschutz
- Personalentwicklung
- …

Aufgaben

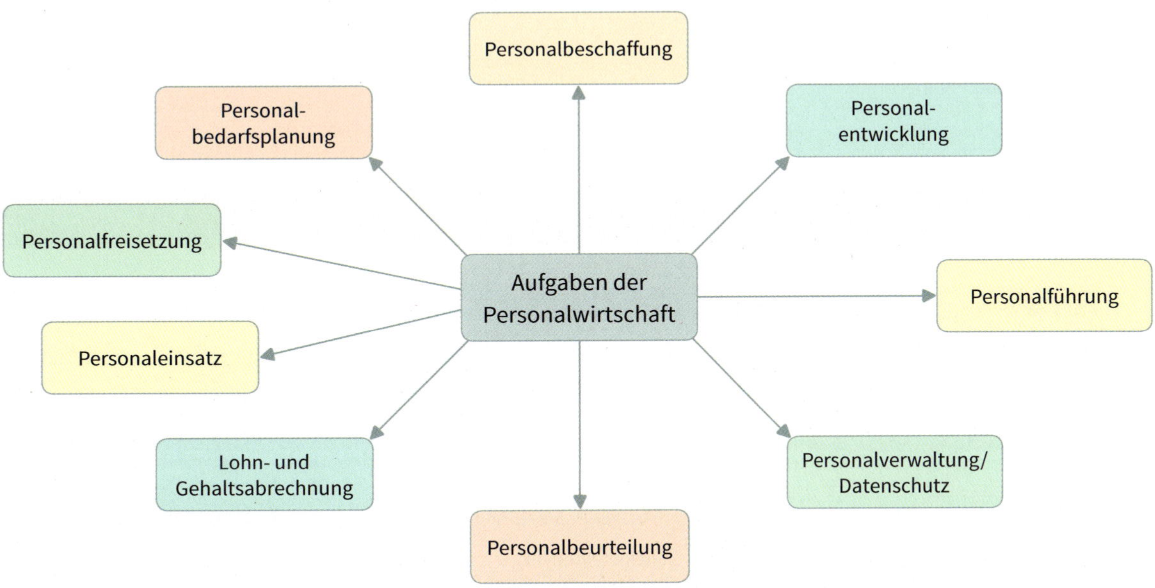

Personalbestands- und Personalbedarfsanalyse

Analysis of staff level and of staff requirements

Arten des Personalbedarfs

- Der **Bruttopersonalbedarf** bestimmt die Anzahl der Mitarbeiter, die zur Leistungserstellung für einen bestimmten Zeitraum benötigt werden.
- Der Saldo aus dem Bruttobedarf und dem Personalbestand ergibt den **Nettopersonalbedarf**.
- Der **Ersatzbedarf** bestimmt die Anzahl der Mitarbeiter, die zum Erreichen eines Sollbestands beschafft werden müssen.
- Die Schaffung neuer Arbeitsplätze, z. B. durch Erweiterungsinvestitionen, verursacht einen **Neubedarf**.

Personalbedarfsanalyse

Zur Planung des zu beschaffenden Personals ist zunächst der Bruttopersonalbedarf (d. h. der gesamte zukünftige Personalbedarf) und der Personalbestand zu einem bestimmten Zeitpunkt zu ermitteln. Die Differenz aus dem Bruttopersonalbedarf und dem Personalbestand bestimmt den Nettopersonalbedarf:

Bruttopersonalbedarf – Personalbestand = Nettopersonalbedarf

Personalbedarfsrechnung

Beispiel:
Die OfficeCom AG beabsichtigt aufgrund der schlechten Konjunkturprognosen bis zum Jahr 2018 Personal geringfügig abzubauen. Ab 2019 erwartet das Unternehmen eine Belebung der Konjunktur und beurteilt die Entwicklung des Absatzes wieder positiv. Dadurch steigen auch die Gewinnerwartungen. Wegen der geplanten Steigerung der Produktion werden dann wieder zusätzliche Mitarbeiter/-innen benötigt.

Personalbedarfsrechnung zum 31. Dezember

Jahr	2016	2017	2018	2019	2020
Ist-Bestand am 1. Januar	345	348	345	340	350
geschätzte Personalabgänge	5	2	6	15	12
Soll-Bestand am 31. Dezember	348	345	340	350	355
Personalbedarf	8	0	1	25	17
▪ Ersatzbedarf	5	0	1	15	12
▪ Neubedarf	3	0	0	10	5
Personalüberhang	0	1	0	0	0

Personalbeschaffung

Personnel recruitment

Aufgabe

Die Personalbeschaffung hat die Aufgabe, den in der Personalbedarfsplanung ermittelten Nettopersonalbedarf zu decken. Dabei ist kurzfristiger und langfristiger Personalbedarf zu unterscheiden.

Arten der Personalbeschaffung

	langfristiger Personalbedarf	kurzfristiger Personalbedarf
externe Personalbeschaffung	▪ Neueinstellungen	▪ Zeitarbeitsverträge ▪ Personalleasing
interne Personalbeschaffung	▪ Fort- und Weiterbildung ▪ Versetzung	▪ Überstunden ▪ Urlaubsverlagerung

Personalbeschaffung

Personnel recruitment

Die Personalbeschaffung hat die Aufgabe, den in der Personalbedarfsplanung festgestellten personellen Zusatz- und Ersatzbedarf zu beschaffen.

Interne Personalbeschaffung

- interne Stellenausschreibung
- Versetzung
- Beförderung
- Aus- und Weiterbildung

Externe Personalbeschaffung

- Personalwerbung
- Bewerbungsverfahren
- Personalauswahl
- Personaleinstellung

Personalbeschaffungsprozess

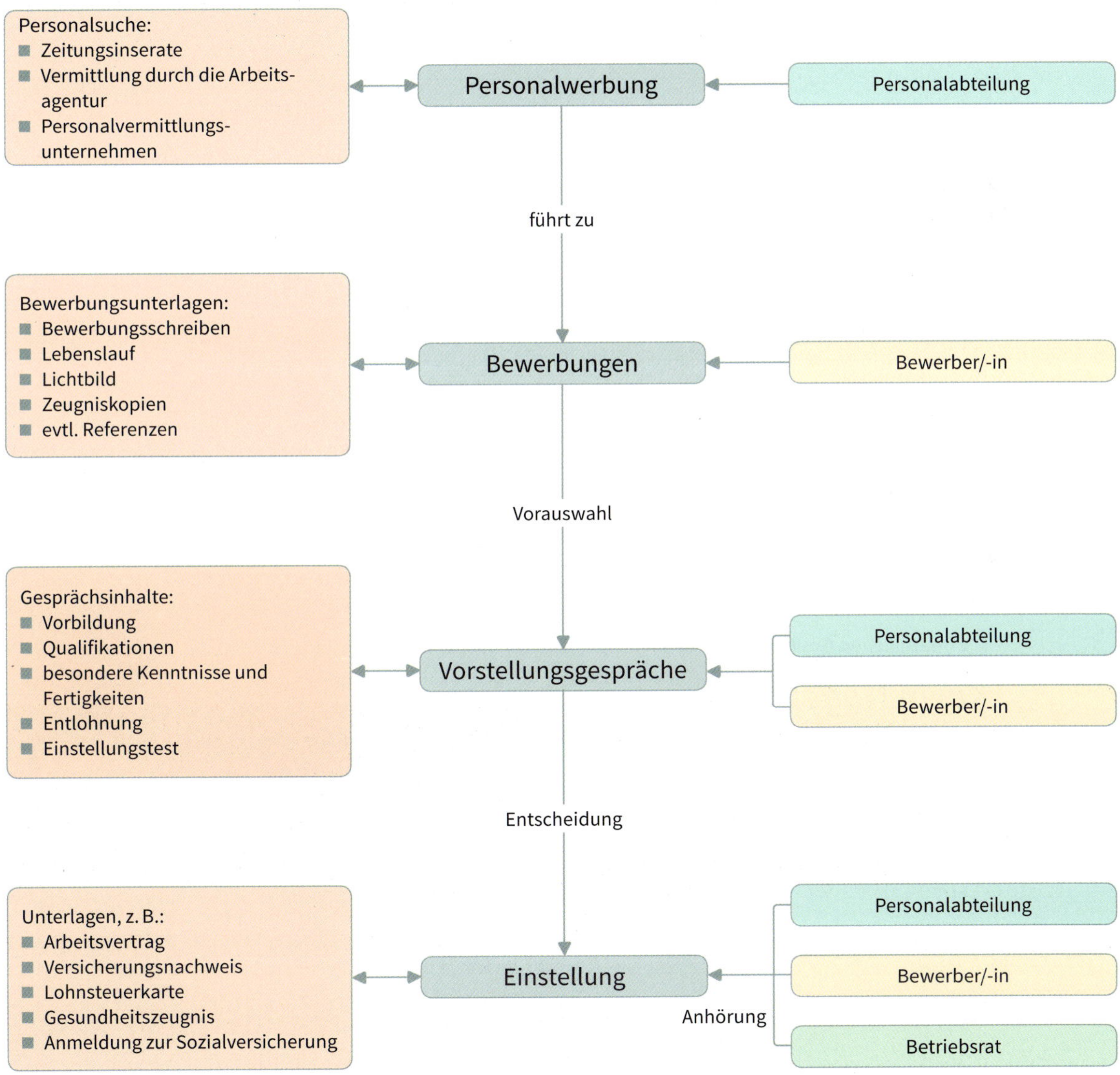

Externe Personalbeschaffung

Bewerbungsschreiben

Beispiel:

Karin Nagel
Hauptstraße 45
38304 Wolfenbüttel
Tel.: 05331 7654

OfficeCom AG
Hansestraße 120
38112 Braunschweig

12. Januar 20..

Bewerbung als Industriekauffrau

Sehr geehrte Damen und Herren,

Sie suchen eine Industriekauffrau für den Einkauf – Büroartikel. Ich bewerbe mich um diese Stelle. Ich bitte Sie, weitere Informationen zu meiner Person dem beigefügten Lebenslauf zu entnehmen.

Nach der erfolgreich absolvierten Ausbildung zur Industriekauffrau arbeite ich seit zwei Jahren bei einem namhaften Büroartikelversand als Einkäuferin. Neben meiner beruflichen Tätigkeit habe ich den „Europäischen Computerführerschein" bei der Volkshochschule Braunschweig erworben. Aufgrund meiner detaillierten Kenntnisse des Büroartikelbereichs und meiner guten EDV-Kenntnisse glaube ich, die Anforderungen der Stelle gut erfüllen zu können.

Ich bitte Sie, mich zu einem Vorstellungsgespräch einzuladen.

Mit freundlichen Grüßen

Karin Nagel

Anlagen
Lebenslauf
2 beglaubigte Zeugniskopien
1 Lichtbild

Externe Personalbeschaffung

Lebenslauf

Beispiel:

Karin Nagel

Hauptstraße 45
38304 Wolfenbüttel

Lebenslauf

Name:	Karin Nagel
Geburtsdatum:	14. März 1976
Geburtsort:	Goslar
Schulbesuch:	Grundschule in Goslar 1982 – 1986
	Orientierungsstufe in Goslar 1986 – 1988
	Realschule in Wolfenbüttel 1988 – 1992 Abschluss: Erweiterter Sekundarabschluss I
	Fachgymnasium Wirtschaft in Braunschweig 1992 – 1995 Abschluss: Abitur mit der Durchschnittsnote 2,9
Berufsausbildung:	Ausbildung zur Industriekauffrau Maschinenfabrik Hoffman & Schwarze AG Braunschweig 1996 – 1999 Abschluss: IHK-Prüfung mit der Durchschnittsnote 2
Praktische Tätigkeit:	seit 1999 BÜVA – Büroartikelversand GmbH Schöppenstedt, als Einkäuferin
Besondere Kenntnisse:	Teilnahme an Abendlehrgängen der Volkshochschule Braunschweig zum Erwerb des „Europäischen Computerführerscheins“ und zur Verbesserung meiner Französischkenntnisse
Sonstiges:	Teilnahme am Partnerschaftsprogramm AYUSA Deutscher Bundestag – Amerikanischer Kongress mit Besuch einer Highschool in Flagstaff, USA 1995 – 1996

Wolfenbüttel, 11. Januar 20..

Karin Nagel

Personalauswahl

Selection of personnel

Ziel

Ziel der Personalauswahl ist es, aus einer Vielzahl von Bewerberinnen/Bewerbern auf eine ausgeschriebene Stelle die am besten geeignete Bewerberin bzw. den am besten geeigneten Bewerber zu finden. Dabei sind die Anforderungen einer bestimmten Arbeitsaufgabe, die z. B. in einer Stellenbeschreibung festgelegt sind, den Kenntnissen, Fähigkeiten und Fertigkeiten einzelner Bewerber/-innen gegenüberzustellen und zu bewerten. Bei der Auswahl ist nicht nur die fachliche Kompetenz, sondern auch die soziale Kompetenz (z. B. Teamfähigkeit) zu berücksichtigen.

Beurteilungsunterlagen

Unterlagen bzw. Informationen, die zur Beurteilung herangezogen werden können:

- Bewerbungsschreiben
- Lebenslauf
- Schulzeugnisse
- Arbeitszeugnisse
- Referenzen
- Eignungstests
- Vorstellungsgesprächsnotizen
- Schriftgutachten
- ärztliche Untersuchungsergebnisse
- Zertifikate
- Beobachtungsprotokolle
- Auskünfte

Instrumente

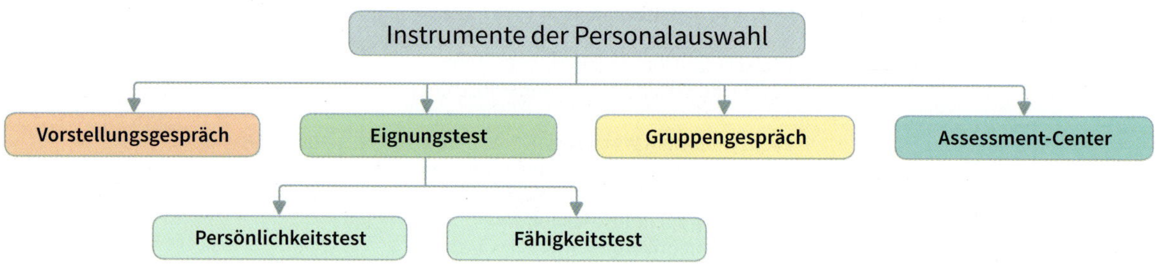

Um aus den nach einer Vorauswahl übrig gebliebenen Bewerbern die am besten für den zu besetzenden Arbeitsplatz geeignete Arbeitskraft zu ermitteln, gibt es verschiedene Instrumente:

Das **Vorstellungsgespräch** bietet dem Arbeitgeber bzw. dessen Vertreter und dem Bewerber die Möglichkeit, sich in einem persönlichen Gepräch kennenzulernen. Die Arbeitgeberseite kann sich in dem Gespräch einen Eindruck über die Kenntnisse und Fähigkeiten sowie die Persönlichkeitsstruktur des Bewerbers bzw. der Bewerberin verschaffen. Die Bewerberin oder der Bewerber erhält Informationen über den künftigen Arbeitsplatz, die Arbeitsbedingungen (Entgelt, Arbeitszeit, Fort- und Weiterbildungsmöglichkeiten, Aufstiegschancen usw.).

Eignungstests helfen dabei, die im Vorstellungsgespräch durch die Arbeitgeberseite gewonnenen Erkenntnisse zu erweitern. Die Eignungstests führen zu einer differenzierteren und besser begründeten Beurteilung der Bewerberin bzw. des Bewerbers.

Bei den **Gruppengesprächen** diskutiert eine Gruppe von Bewerbern unter der Leitung eines Moderators und der Anwesenheit einiger Beobachter ein bestimmtes Thema. Verschiedene Eigenschaften der Bewerber (z. B. Umgangsformen, Auftreten, Kontaktfähigkeit) können so ermittelt werden.

Das **Assessment-Center** ist ein besonders anspruchsvolles Personalauswahlverfahren. Beim klassischen Assessment-Center, das in der Regel in Gruppen durchgeführt wird, absolvieren die Bewerberinnen und Bewerber verschiedene Übungen. Dabei werden das Verhalten und die Kompetenzen der Anwärter bewertet, um festzustellen, ob sie fachlich und charakterlich für die ausgeschriebene Stelle geeignet sind. Das Assessment-Center bietet den Unternehmen die Möglichkeit, unter den Bewerbern die optimale Auswahl zu treffen. Bei der Ausschreibung und Besetzung von Führungspositionen wird oft die Variante eines Einzel-Assessment-Centers angewandt.

Personalauswahl *Selection of personnel*

Prozess der Personalauswahl

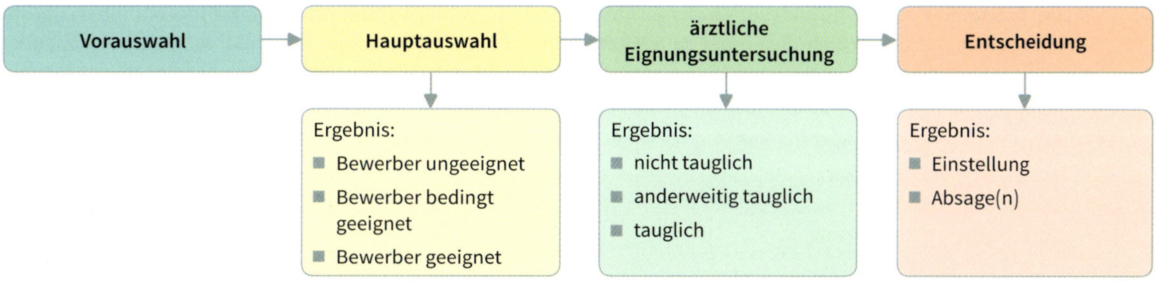

Personalleasing *Personnel leasing*

Eine Möglichkeit, einen kurzfristig aufgetretenen Personalbedarf zu befriedigen, ist u. U. das Personalleasing. Das Personalleasing wurde 1967 vom Bundesverfassungsgericht legalisiert und vom Gesetzgeber 1972 im Arbeitnehmerüberlassungsgesetz (AÜG) geregelt. In einem Dreiecksverhältnis schließen ein Arbeitnehmer (Leasing-Arbeitnehmer) und ein Arbeitsverleiher (Leasing-Arbeitgeber) einen Arbeitsvertrag ab. Der Arbeitsentleiher schließt mit dem Arbeitsverleiher einen Arbeitnehmerüberlassungsvertrag ab und erwirbt damit den Anspruch auf Arbeitsleistung und ein Weisungsrecht gegenüber dem Arbeitnehmer. Der Arbeitsverleiher bekommt ein vereinbartes Entgelt. Zwischen dem Arbeitnehmer und dem Entleiher besteht kein Vertragsverhältnis.

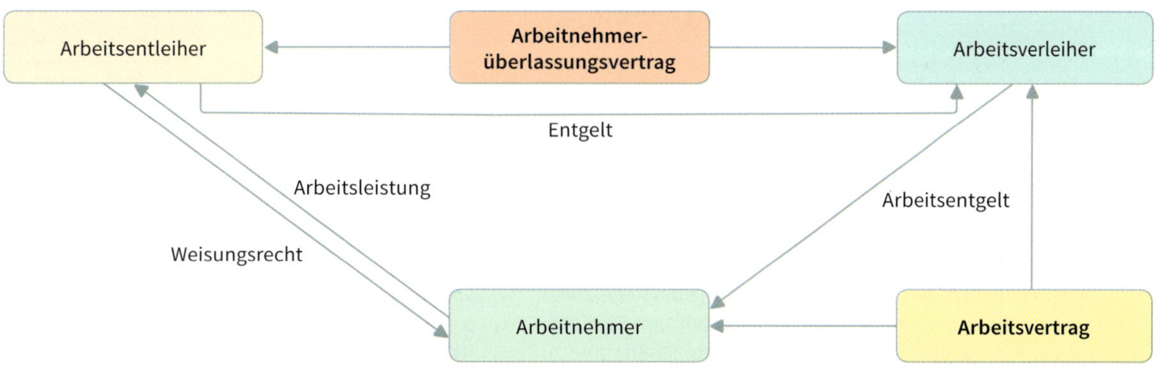

Neben der Überbrückung von kurzfristigen Personallücken können mit dieser Beschaffungsmaßnahme die Risiken von Fehleinstellungen sowie die Gefahr von Konflikten zwischen Arbeitgebern und den Leiharbeitskräften auf den Arbeitsverleiher verlagert werden. Nachteilig auf die Arbeitskosten wirken sich die hohen Entgelte für die Leiharbeitskräfte aus, die an den Arbeitsverleiher zu zahlen sind. Weil durch die Leiharbeit keine Arbeitsplätze in den Unternehmen geschaffen, sondern oft auch vernichtet werden, fordert der Deutsche Gewerkschaftsbund eine Begrenzung des Personalleasings.

Kritisiert wird unter anderem, dass durch Leiharbeit das allgemeine Lohnniveau gesenkt werde. Auch gebe es unter Leiharbeitnehmern eine steigende Zahl von Menschen, die trotz Vollzeitbeschäftigung auf staatliche Hilfen angewiesen seien. Bei intensiver Nutzung des Personalleasings fallen für den Unternehmer häufiger Einarbeitungskosten an.

Nach einer Studie der arbeitgebernahen IW Consult hat mehr als die Hälfte der befragten Unternehmen in den Jahren 2007 bis 2010 zumindest zeitweise Leiharbeitnehmer eingesetzt. 2010 war demnach durchschnittlich jeder 25. Beschäftigte ein Zeitarbeiter. Rund 14 % der Leiharbeiter seien von den Entleihern direkt übernommen worden, ein weiteres Fünftel habe nach seinem Einsatz eine Stelle in einem anderen Unternehmen gefunden.

vgl.: IW Consult GmbH in Zusammenarbeit mit dem Institut der deutschen Wirtschaft: „Zeitarbeit in Deutschland – Treiber für Flexibilität und Wachstum“, Köln 2011, URL: http://www.iwkoeln.de/studien/gutachten/beitrag/63379 (Stand: 21.10.2016)

Personaleinstellung

Personnel placement

Überblick

Mit der Einstellung und dem damit verbundenen Abschluss eines Arbeitsvertrages wird ein Bewerber zum Mitarbeiter eines Unternehmens. Die rechtlichen Rahmenbedingungen sind in folgenden Gesetzen geregelt:

- Bürgerliches Gesetzbuch
- Betriebsverfassungsgesetz
- Mutterschutzgesetz
- Jugendarbeitsschutzgesetz
- Berufsbildungsgesetz
- Arbeitszeitordnung
- Bundesurlaubsgesetz
- Schwerbehindertengesetz (SGB)
- Wehrpflichtgesetz
- Arbeitsplatzschutzgesetz
- Kündigungsschutzgesetz
- Gewerbeordnung

Regelungen zum Arbeitsverhältnis enthalten darüber hinaus **Tarifverträge** zwischen Arbeitgeberverbänden und Gewerkschaften sowie **Betriebsvereinbarungen** zwischen Betriebsrat und Arbeitgeber. Auch die **Rechtsprechung** der Arbeitsgerichte regelt das Verhältnis zwischen Arbeitgebern und Arbeitnehmern aus dem Arbeitsvertrag.

Nach der Einstellung sind der neuen Mitarbeiterin bzw. dem neuen Mitarbeiter die Organisationsstruktur des Unternehmens, die Rahmenbedingungen und die Ziele, Aufgaben und Kompetenzen ihrer/seiner Stelle zu erläutern sowie die für ihre/seine Tätigkeit wichtigsten Personen vorzustellen.

Rechtliche Bestimmungen beim Abschluss eines Arbeitsvertrages

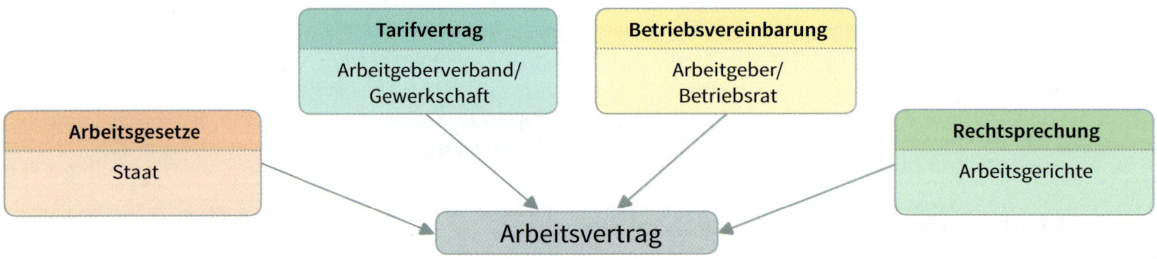

Mitwirkung des Betriebsrats

Nach § 99 BetrVG hat in Unternehmen mit in der Regel mehr als zwanzig Arbeitnehmern der Arbeitgeber den Betriebsrat vor jeder Einstellung über die geplante Maßnahme zu unterrichten. Ihm sind die erforderlichen Unterlagen vorzulegen und Auskunft über die geplante Maßnahme zu geben. Bei Einstellungen hat der Arbeitgeber insbesondere den in Aussicht genommenen Arbeitsplatz und die vorgesehene Eingruppierung mitzuteilen. Der Betriebsrat kann die Zustimmung verweigern, wenn …

- die personelle Maßnahme gegen ein Gesetz, eine Verordnung, eine Unfallverhütungsvorschrift, eine Bestimmung in einem Tarifvertrag oder Betriebsvereinbarung, eine gerichtliche Entscheidung oder eine behördliche Anordnung **verstoßen** würde.
- die personelle Maßnahme nach Verlangen des Betriebsrats **nicht** innerhalb des Betriebs **ausgeschrieben** wurde.
- die durch Tatsachen begründete Besorgnis besteht, dass durch die personelle Maßnahme im Betrieb beschäftigte Arbeitnehmer **gekündigt** werden **oder** ihnen **sonstige Nachteile** entstehen, ohne dass dies aus betrieblichen oder persönlichen Gründen gerechtfertigt ist.
- die Zustimmung des Betriebsrats zu den Richtlinien über die personelle Auswahl bei Einstellungen nicht eingeholt wurde.
- die durch Tatsachen begründete Besorgnis besteht, dass der für die personelle Maßnahme ausgewählte Bewerber den Betriebsfrieden durch **gesetzwidriges Verhalten** oder durch **grobe Verletzung** der Grundsätze für die Behandlung von Betriebsangehörigen stören werde. Nach § 75 Abs. 1 BetrVG hat jede unterschiedliche Behandlung von Personen wegen ihrer Abstammung, Religion, Nationalität, Herkunft, politischen oder gewerkschaftlichen Betätigung oder Einstellung oder wegen ihres Geschlechts oder ihrer sexuellen Identität zu unterbleiben.

Verweigert der Betriebsrat seine Zustimmung, kann der Arbeitgeber beim Amtsgericht beantragen, die Zustimmung zu ersetzen. (siehe auch Seite 16 f.)

Abschluss des Arbeitsvertrages

Die rechtliche Grundlage für ein Arbeitsverhältnis ist ein **Arbeitsvertrag**. Der Arbeitsvertrag unterliegt zum Zeitpunkt des Abschlusses keinen gesetzlichen Formvorschriften. Wegen der Beweissicherung ist die Schriftform empfehlenswert.

Der Arbeitgeber ist nach dem Nachweisgesetz (NachwG) verpflichtet, die wesentlichen Bedingungen des Arbeitsvertrages spätestens nach einem Monat schriftlich niederzuschreiben und der Arbeitnehmerin bzw. dem Arbeitnehmer zu übergeben.

Diese Niederschrift muss enthalten:

- Namen und Anschriften der Vertragsparteien
- Beginn (bei befristeten Arbeitsverträgen auch Ende) des Arbeitsverhältnisses
- Arbeitsort
- Höhe des Arbeitsentgelts
- Arbeitszeit
- Urlaubsanspruch
- Kündigungsfristen
- Tätigkeitsbeschreibung
- Hinweise auf die dem Vertragsverhältnis zugrunde liegenden Tarifverträge sowie Dienst- und Betriebsvereinbarungen

Rechte und Pflichten

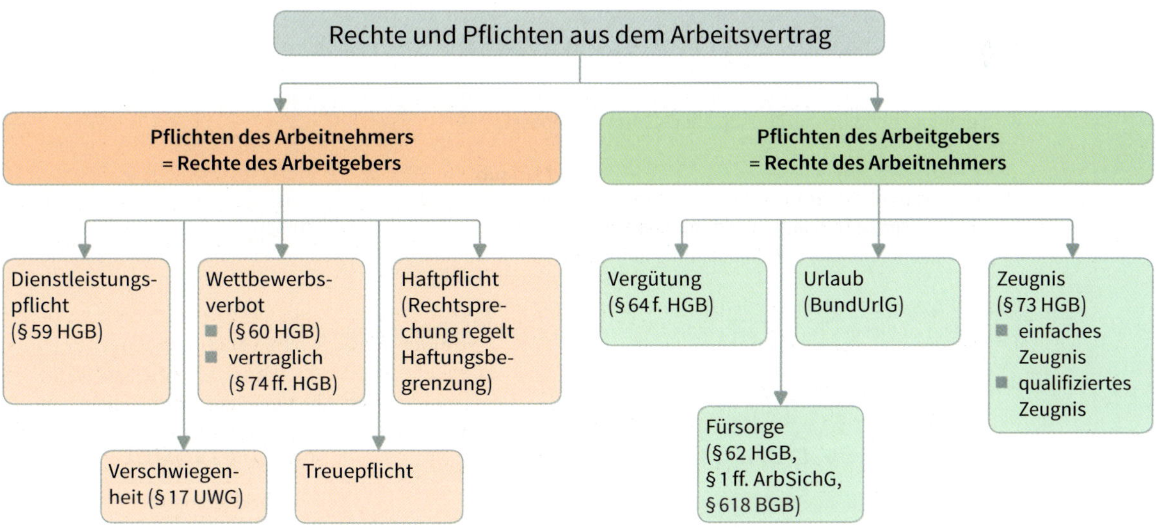

Beispiel eines Arbeitsvertrages

Arbeitsvertrag

zwischen
OfficeCom AG, Braunschweig
im Folgenden „Arbeitgeber"

und

Karin Nagel
im Folgenden „Arbeitnehmerin" genannt.

§ 1 Tätigkeit

Die Arbeitnehmerin wird zum 1. Juni 20.. als Industriekauffrau für den Einkauf – Büroartikel – eingestellt.

§ 2 Dauer des Arbeitsverhältnisses

Das Arbeitsverhältnis ist unbefristet.
Soweit das Arbeitsverhältnis nicht gekündigt wird, endet es mit Ablauf des Kalendermonats, in dem die Arbeitnehmerin in den Ruhestand eintritt.

§ 3 Probezeit

Die ersten drei Monate des Arbeitsverhältnisses gelten als Probezeit.

§ 4 Kündigung

Während der Probezeit kann das Arbeitsverhältnis von beiden Vertragsparteien mit einer Frist von zwei Wochen gekündigt werden. Nach Ablauf der Probezeit kann das Arbeitsverhältnis mit einer Frist von vier Wochen zum 15. oder zum Ende eines Monats gekündigt werden. Bei längerer Betriebszugehörigkeit gelten die verlängerten gesetzlichen Kündigungsfristen.

§ 5 Arbeitszeit

Die regelmäßige Arbeitszeit beträgt 38,5 Std. pro Woche. Beginn und Ende der Arbeitszeit richten sich nach den für den Betrieb geltenden tariflichen und betrieblichen Bestimmungen.

§ 6 Vergütung

Die Arbeitnehmerin erhält für ihre Tätigkeit nach den zurzeit geltenden tariflichen Bestimmungen für die Papier, Pappe und Kunststoffe verarbeitende Industrie ein monatliches Bruttogehalt von 2.700,00 €. Diese Vergütung wird entsprechend den tariflichen Abschlüssen angepasst.

§ 7 Urlaub

Pro Kalenderjahr erhält die Arbeitnehmerin einen Erholungsurlaub von 30 Arbeitstagen bezogen auf die Fünftagewoche. Der Zeitpunkt des Urlaubs ist mit der Unternehmensleitung abzustimmen.

§ 8 Schlussbestimmungen

Ergänzungen oder Nebenabreden bedürfen der Schriftform.
Ergänzend zu diesem Vertrag gelten die allgemeinen gesetzlichen Bestimmungen.

Braunschweig, 14. April 20..

i. A. *Detlev Behrend*	*Karin Nagel*
Arbeitgeber	Arbeitnehmerin

Personaleinsatz

Deployment of personnel

Anlegen einer Mitarbeiterkarte mit Microsoft Dynamics Navision

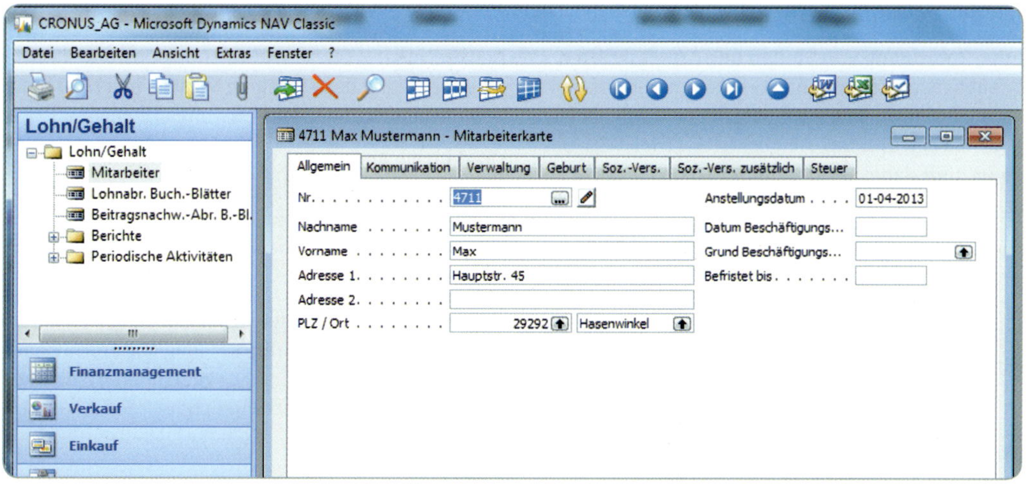

Personaleinsatzplanung

Um den Personaleinsatz zu optimieren, müssen die Anforderungen des Arbeitsplatzes, die Fähigkeiten der Arbeitskraft und die Bedürfnisse der Arbeitskraft koordiniert und der Personaleinsatz geplant werden.

Arbeitskraft		Personaleinsatz		Arbeitsplatz
Fähigkeiten Bedürfnisse	→	Personaleinsatz	←	Anforderungen

Ziele und Aufgaben der Personaleinsatzplanung

Ziele

- Personalkostenminimierung
- hohe Arbeitsproduktivität
- hohe Arbeitsleistung
- Humanisierung der Arbeitsbedingungen

↓

Aufgaben der Personaleinsatzplanung

langfristige Aufgaben

qualitativ	quantitativ
Anpassung der Arbeitsplätze und -bedingungen	Personalbeschaffung
Anpassung der Fähigkeiten der Mitarbeiter	Personalfreisetzung

kurzfristige Aufgaben

qualitative Zuordnung	quantitative Zuordnung
(auf jeden Arbeitsplatz die beste Arbeitskraft)	z. B. Personaleinsatzpläne

Personaleinsatz
Deployment of personnel

Personaleinsatzplanung

Methoden der Personaleinsatzplanung

Quantitative Zuordnung von Stellen und Arbeitskräften
Bei der quantitativen Zuordnung von Stellen und Arbeitskräften wird bestimmt, wie viele Mitarbeiter mit welcher Qualifikation wann und wo eingesetzt werden. Zu berücksichtigen sind dabei Fehlzeiten der Mitarbeiter durch Krankheit, Urlaub usw.

Qualitative Zuordnung von Stellen und Arbeitskräften
Hierbei sind zunächst die Anforderungen der Arbeitsplätze den Kenntnissen und Fähigkeiten der Mitarbeiter gegenüberzustellen. Anschließend ist eine optimale Zuordnung durch weitgehende Deckung der beiden Profile anzustreben. Bei einer größeren Abweichung besteht die Gefahr der Überforderung des einzelnen Mitarbeiters oder einer mangelhaften Nutzung seines Leistungspotenzials.

Qualitative Anpassung von Stellen und Arbeitskräften
- Die längerfristig angelegte Anpassung der Fähigkeiten der Mitarbeiter an die Anforderungen der Arbeitsplätze kann durch Personalentwicklungsmaßnahmen realisiert werden.
- Die längerfristig angelegte Anpassung der Anforderungen der Arbeitsplätze an die Fähigkeiten und Bedürfnisse der Mitarbeiter kann durch geeignete Arbeitsstrukturierungsmaßnahmen verwirklicht werden.

Arbeitsfeldstrukturierung

Arbeitsfeldstrukturierung

Arbeitsfeldverkleinerung

Horizontale Arbeitsteilung
- Spezialisierung durch Reduzierung der Zahl der verschiedenen Arbeiten an einem Arbeitsplatz

Vertikale Arbeitsteilung
- Spezialisierung durch Veränderung des Verhältnisses von Durchführungs- und Entscheidungsaufgaben

Arbeitsfeldvergrößerung (Humanisierung)

Arbeitsplatzwechsel (Jobrotation)
- Bisherigen Arbeitsinhalten werden neue hinzugefügt.

Aufgabenerweiterung (Jobenlargement)
- Den Mitarbeitern werden zusätzliche gleichartige Aufgaben zugewiesen.

Arbeitsbereicherung (Jobenrichment)
- Teilaufgaben verschiedener Stufen (z. B. Disposition, Durchführung, Kontrolle) werden zu einer neuen Aufgabe zusammengefasst.

Bildung autonomer Gruppen
- Ein Arbeitsprozess (z. B. Montage eines Getriebes) wird einer autonomen Arbeitsgruppe übertragen.

Vollmachten
Power of attorney

Prokura

Die Prokura ermächtigt zu allen Arten von gerichtlichen und außergerichtlichen Geschäften und Rechtshandlungen, die der Betrieb (irgend)eines Handelsgewerbes mit sich bringt (§ 49 HGB).

Beginn der Prokura

- im **Innenverhältnis** mit der Erteilung
- im **Außenverhältnis** gegenüber Dritten (z. B. Lieferanten), wenn diese Kenntnis erlangt haben (Geschäftsfreundebrief) oder mit Eintragung und Veröffentlichung im Handelsregister (deklaratorische Wirkung des HR)

Ende der Prokura

- Beendigung des Rechtsverhältnisses
- Widerruf durch Geschäftsinhaber
- Auflösung des Geschäftes
- Tod des Prokuristen
- Wechsel des Geschäftsinhabers

Vollmachten

Power of attorney

Prokura

Arten

- **Einzelprokura:**
  Ausübung der Vollmacht ohne Mitwirkung einer anderen Person
- **Gesamtprokura:**
  Ausübung der Vollmacht nur im Zusammenwirken mit einer anderen vertretungsberechtigten Person
- **Filialprokura:**
  Beschränkung der Vertretungsvollmacht auf den Betrieb einer Niederlassung

Handlungsvollmacht

Die allgemeine Handlungsvollmacht erstreckt sich auf alle Geschäfte und Rechtshandlungen, die der Betrieb eines **bestimmten** Handelsgewerbes gewöhnlich mit sich bringt (§ 54 HGB).

Arten nach dem Umfang

- **Allgemeine Handlungsvollmacht:**
  Auf Dauer erteilte Vollmacht, die zur Erledigung **aller** gewöhnlichen Rechtsgeschäfte in dem betreffenden Handelsgewerbe befugt
- **Artvollmacht:**
  Auf Dauer erteilte Vollmacht, die zur Erledigung einer **bestimmten Art von wiederkehrenden** Geschäften befugt, z. B. Einkaufen
- **Spezialvollmacht:**
  Vollmacht, die zur Erledigung eines **einzelnen** Rechtsgeschäftes ermächtigt, z. B. Kauf eines PC

Erteilung der Vollmachten

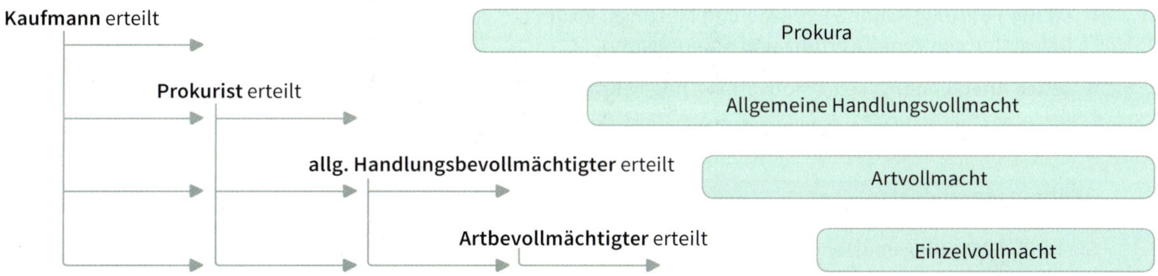

aus: Berner, Steffen u. a.: Betriebswirtschaftslehre der Unternehmung, 25. Aufl., Haan, Europa Verlag, 2010, S. 202

Umfang der Vollmachten

Unternehmer/-in	Prokura	Allgemeine Handlungsvollmacht	Art-vollmacht	Einzel-vollmacht
Steuererklärungen/Bilanz unterschreiben, Eid leisten, HR-Eintragungen anmelden, Insolvenz anmelden, Geschäft verkaufen, Prokura erteilen, Gesellschafter aufnehmen	Geschäfte, für die eine Vertretungsvollmacht gesetzlich verboten ist			
Grundstücke belasten/verkaufen	Geschäfte, für die eine besondere Vollmacht notwendig ist			
Prozesse führen, Darlehen aufnehmen, Wechsel unterschreiben				
Grundstücke kaufen, Zahlungsgeschäfte erledigen, verkaufen, Mitarbeiter entlassen/einstellen	Geschäfte, die ohne besondere Vollmacht möglich sind			
Einkaufen				

aus: Berner, Steffen u. a.: Betriebswirtschaftslehre der Unternehmung, 25. Aufl., Haan, Europa Verlag, 2010, S. 205

Personalführung *Personnel management*

7

Führungsstile und Führungsverhalten

Führungsstile

autoritär	patriarchalisch	informierend	kooperativ	partizipativ	demokratisch
Vorgesetzter entscheidet, häufig unter Zwang, und ordnet an.	Vorgesetzter entscheidet, setzt durch, häufig mit Manipulation.	Vorgesetzter entscheidet, setzt mit Überzeugung durch.	Gruppe entwickelt Vorschläge, Vorgesetzter wählt aus.	Gruppe entscheidet in vereinbartem Rahmen autonom.	Gruppe entscheidet autonom, Vorgesetzter als Koordinator.

zunehmende Willensbildung beim Mitarbeiter, bei der Gruppe →
abnehmende Willensbildung bei Vorgesetzten

Autoritärer Führungsstil

- **zentralisierte Machtstellung** des Vorgesetzten, von der uneingeschränkt Gebrauch gemacht wird
- **Vorgabe** von Zielen und Aufgaben
- starke **Ausführungskontrolle**; Information von „unten" nach „oben" nur zur **Kontrolle**
- **straffe Führung**; kaum Gespräche und Meetings, keine Delegation von Verantwortung und Kompetenzen
- **selten Anerkennung**, keine Motivation – häufig Kritik
- **mehr aufgabenorientierter** Führungsstil

Kooperativer Führungsstil

- **begrenzte Machtstellung** des Vorgesetzten, die wenig genutzt wird
- **gemeinsames Erarbeiten** von Zielen und Aufgaben
- geteilte Verantwortung bei der **Erfolgskontrolle**
- systematische Kommunikation, **Problemlösungen im Team**; Freiräume innerhalb vorgegebener Grenzen
- **Anerkennung** guter Leistungen, positives Feedback
- **mehr personenorientierter** Führungsstil

Führungsgrundsätze

Sie sind Gestaltungsmuster der Unternehmensführung, die für alle Führenden einheitlich, durchgängig und verbindlich sind. Sie sind Soll-Vorstellungen darüber, wie die Unternehmensführung zu gestalten, auf welche Ziele sie auszurichten und wie sie personell, instrumental und prozessual zu vollziehen ist.
Unterschieden werden folgende Führungsgrundsätze oder Management-by-Methoden:

Management-by-Methoden

- Management by Objectives
- Management by Delegation
- Management by Exception

Bei den Methoden handelt es sich um Teilaspekte der Leitungstätigkeit, die erst durch Kombination voll wirksam werden.

Management by Objectives

Begriff

Führung durch kooperative Zielfindung, wobei die Ziele keine einmal festgelegten Daten sind, sondern durch innerbetriebliche Prozesse und insbesondere den Markt beeinflusst werden und daher fortgeschrieben werden müssen.

Ziele

Objektivierung des Zielsetzungs- und Leistungsprozesses; eindeutige Strategien, Fortschrittsorientierung, leistungsbezogenes Vergütungssystem

Voraussetzungen

Quantifizierung der Ziele; Festlegung klarer Aufgaben- und Verantwortungsbereiche und Delegation der entsprechenden Aufgaben; eindeutige Leistungs- und Beurteilungsmaßstäbe; Kontrolle durch Soll-Ist-Vergleich sowie Ermittlung und Analyse von Abweichungen

Personalführung *Personnel management*

Management by Delegation

Begriff
Führung durch klare Aufgaben- und Kompetenzverteilung sowie Übertragung von Handlungsverantwortung auf die Mitarbeiter

Ziele
Förderung von Initiative und Mitverantwortung der Mitarbeiter; Übernahme von Mitunternehmerfunktion durch die Mitarbeiter; Aufgabenorientierung

Voraussetzungen
Stellenbeschreibungen und -abgrenzung; Ausschluss der Zurück- oder Weiterdelegation durch die Mitarbeiter; Eingriff des Vorgesetzten nur bei Fehlern oder in zuvor festgelegten Ausnahmefällen; geeignetes Informationssystem

Management by Exception

Begriff
Führung durch den Vorgesetzten nur in Ausnahmesituationen; Mitarbeiter entscheiden selbstständig innerhalb eines vorgegebenen Ermessensspielraumes

Ziele
Entlastung des Vorgesetzten von ausführenden bzw. Routinearbeiten und generell programmierbaren Entscheidungen

Voraussetzungen
Festlegung des Handlungsrahmens und Aufstellen von Grenzwertregeln im definierten Ausnahme- bzw. Abweichungsfall: Information an den Vorgesetzten; Eingriff bzw. Entscheidung durch den Vorgesetzten

Entscheidungssysteme der oberen Leitungsebene

Direktorialsystem

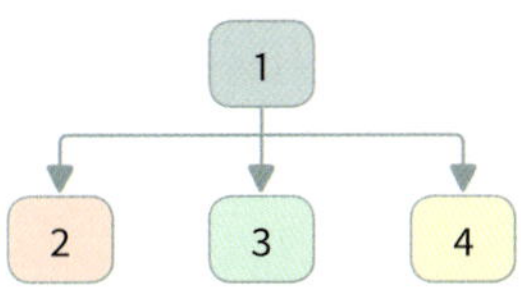

- Entscheidung durch eine einzige Person
- Vorteile:
  - Einheitlichkeit der Willensbildung
  - schnelle Entscheidung
  - straffe Unternehmensführung
- Nachteile:
  - Risiko von Fehlentscheidungen
  - Machtkonzentration
  - starke Belastung des Leitenden
  - Probleme bei der Vertretung, z. B. im Krankheitsfall

Kollegialsystem

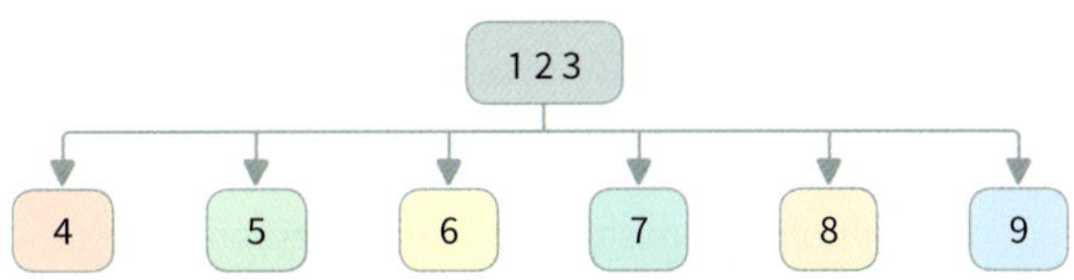

- Entscheidung durch mehrere Personen
- Arten:
  Primatkollegialität: (Primus inter Pares [lat]. = Erster unter Gleichen) Der Vorsitzende entscheidet bei Stimmengleichheit.
  Abstimmungskollegialität: Entscheidungen werden mit einfacher oder qualifizierter Mehrheit getroffen.
  Vetokollegialität: Entscheidungen können nur einstimmig getroffen werden. Durch das Veto (Widerspruch) eines Mitglieds des Führungsgremiums kommt der Beschluss nicht zustande.
- Vorteil:
  - Minderung der Gefahr von Fehlentscheidungen durch breitere Informationsgrundlage und mehr Sachverstand
- Nachteile:
  - langsamerer Entscheidungsprozess
  - Verfolgung von Eigeninteressen der Führungsmitglieder
  - Hintertreiben von Beschlüssen durch die Mitglieder, die dagegen gestimmt haben

Personalführung *Personnel management*

7

Bestimmungsfaktoren der Arbeitsleistung von Mitarbeitern im Industriebetrieb

Arbeitsbedingungen

- humane Gestaltung des Arbeitsplatzes
- Betriebsklima
- humane Arbeitsabläufe
- soziale Einrichtungen
- Arbeitszeit/Erholungszeit
- Führungsstil
- Corporate Identity[1]

Leistung der Arbeitskraft

Leistungsbereitschaft/ Motivation

- gerechte Entlohnung
- Selbstverwirklichung
- Aufstiegschancen
- Sicherheit
- Ansehen/Prestige
- Macht
- Anerkennung

Leistungsvermögen

Leistungsfähigkeit	Leistungsdisposition
■ angeborene Fähigkeiten und Fertigkeiten ■ erlernte Fähigkeiten und Fertigkeiten ■ Kenntnisse	■ Gesundheits- bzw. Krankheitszustand ■ Ermüdungs- bzw. Erholungszustand ■ individueller Biorhythmus

[1] Identität mit dem Unternehmen, in dem man arbeitet. Man fühlt sich zugehörig. Besonders bei den Japanern ist die Corporate Identity sehr ausgeprägt. Siehe auch S. 61.

Begriff der Personalführung

Unter Personalführung versteht man die planmäßige Leitung der Mitarbeiter in einem Betrieb. Die Personalführung (auch Mitarbeiterführung) versucht auf das Verhalten anderer Einzelpersonen oder Personengruppen Einfluss zu nehmen. Durch Motivatoren kann das Leistungsverhalten der Mitarbeiter positiv beeinflusst werden.

direkte Personalführung
Die vorgesetzten Personen stehen in unmittelbarem Kontakt zu den Mitarbeitern.

Motivatoren:

- Ermutigung
- Vertrauen
- Toleranz
- Verständnis
- Anerkennung

indirekte Personalführung
Die Vorgesetzten schaffen Rahmenbedingungen, die das Leistungsverhalten der Mitarbeiter fördern.

Motivatoren:

- Führungsstil
- Unternehmensleitbild
- Humanisierung
- Arbeitszeitmodelle

Ziel der Personalbeurteilung

Ziel der Personalbeurteilung ist, die Entscheidungsgrundlage bei Lohnerhöhungen, bei Versetzungen, Beförderungen oder Kündigungen zu liefern. Außerdem ist eine als gerecht empfundene Personalbeurteilung ein wichtiges Instrument zur Steigerung der Motivation von Mitarbeitern. Die Beurteilungen sollten vergleichbar und möglichst objektiv, d. h. frei von persönlichen Ansichten, Gefühlen und Wertvorstellungen sein.

Arten

- **Summarische Beurteilung**
  Bei diesem Verfahren ist der Gesamteindruck der Mitarbeiterin/des Mitarbeiters entscheidend für die Beurteilung der Leistungsfähigkeit und Persönlichkeit. Es besteht die Gefahr einer subjektiven Beurteilung.
- **Analytische Beurteilung**
  Bei diesem Verfahren werden verschiedene Beurteilungskriterien (z. B. Fachkenntnisse, Arbeitsqualität) festlegt, die den Vorgesetzten eine objektivere Beurteilung der Mitarbeiter/-innen ermöglichen.

Analytischer Beurteilungsbogen

Beispiel:

Personalbeurteilungsbogen

Name: Jens König — Abteilung: Verkauf

Beurteilungskriterien	liegt über den Erwartungen 4	entspricht den Erwartungen voll 3	entspricht den Erwartungen im Wesentlichen 2	entspricht den Erwartungen nicht 1	Punkte
Fachkenntnisse		3			3
Arbeitsleistung:					
▪ Arbeitsqualität			2		2
▪ Arbeitsschnelligkeit				1	1
▪ Arbeitssorgfalt	4				4
▪ Arbeitseinsatz		3			3
Verhalten:					
▪ gegenüber Vorgesetzten		3			3
▪ gegenüber Kollegen			2		2
Belastbarkeit				1	1
Kommunikationsfähigkeit	4				4
				Summe:	23
				Prozent:	64

Mitarbeiter/-in: Jens König — Vorgesetzte/-r: Hans Schmitz

Datum: 20.05.20.. — Datum: 20.05.20..

Personalentwicklung

Personnel development

Begriff

Unter dem Begriff **Personalentwicklung** werden alle Maßnahmen zusammengefasst, die die individuelle Entwicklung der Mitarbeiter fördern und ihnen unter Berücksichtigung ihrer persönlichen Wünsche und Interessen die Qualifikationen vermitteln, die zur optimalen Erfüllung ihrer Aufgaben nötig sind.

Ziele

aus der Sicht des Unternehmens

- flexibel agierende und reagierende Mitarbeiter
- aufgabengerechter Einsatz der Mitarbeiter entsprechend ihrer persönlichen und fachlichen Fähigkeiten
- wachsende Fähigkeit der Mitarbeiter, die immer komplexer werdenden Aufgaben in der betrieblichen Praxis zu erfüllen
- Schaffung einer Unternehmenskultur
- Verbesserung der Handlungsorientierung und der Selbstorganisation der Mitarbeiter
- Förderung der Bereitschaft der Mitarbeiter, neuen Entwicklungen positiv gegenüberzustehen
- Verbesserung der Fähigkeit der Mitarbeiter, das Lernen zu lernen

aus der Sicht der Mitarbeiter-/innen

- Aufgabenstellungen, die die individuellen Einsatzwünsche berücksichtigen
- Zufriedenheit am Arbeitsplatz
- Möglichkeit zur Fort- und Weiterbildung entsprechend der eigenen Vorstellungen
- Abbau von Über- oder Unterforderungen am Arbeitsplatz

Arten

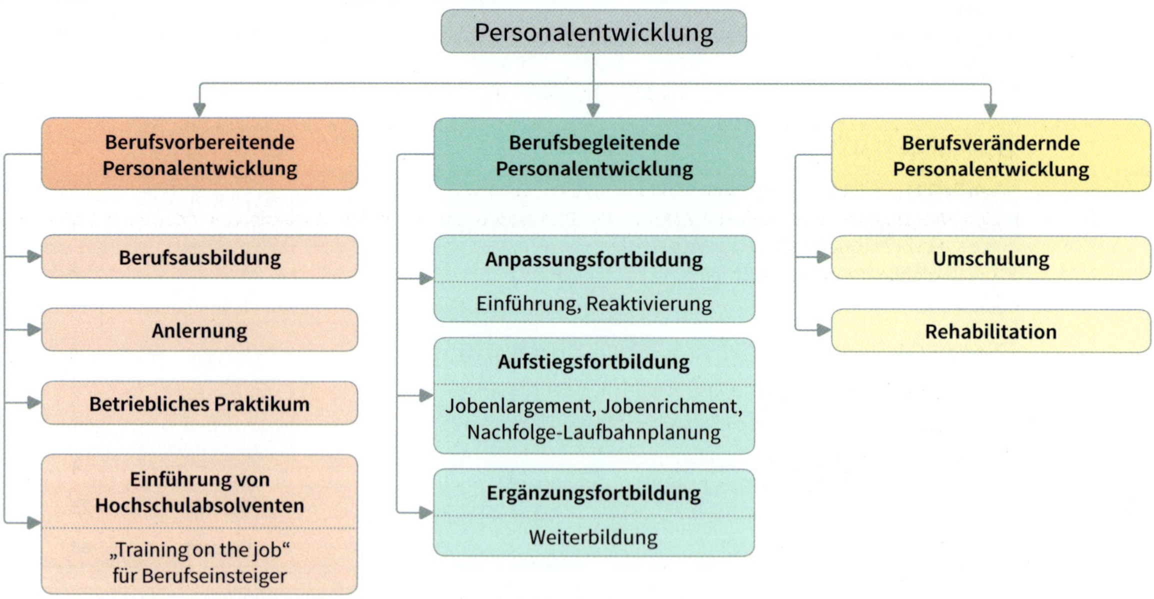

Beispiel eines Ausbildungsvertrages (Auszug)

Berufsausbildungsvertrag

Zwischen der OfficeCom AG – nachstehend der Ausbildende genannt – und der Auszubildenden Christina Heckert – nachstehend die Auszubildende genannt – wird dieser Vertrag zur Ausbildung im Ausbildungsberuf

Industriekauffrau

nach Maßgabe der geltenden Ausbildungsverordnung geschlossen.

§ 1 Ausbildungsdauer/Probezeit

Die Ausbildungsdauer beträgt drei Jahre, die Probezeit vier Monate. Besteht die Auszubildende vor Ablauf der vereinbarten Ausbildungsdauer von drei Jahren die Abschlussprüfung, endet das Berufsausbildungsverhältnis mit dem Tage der Feststellung des Prüfungsergebnisses. Besteht die Auszubildende die Abschlussprüfung nicht, so verlängert sich das Berufsausbildungsverhältnis auf ihr Verlangen bis zur nächstmöglichen Wiederholungsprüfung, im Falle des Nichtbestehens der Wiederholungsprüfung bis zu einer zulässigen zweiten Wiederholungsprüfung, höchstens jedoch insgesamt um ein Jahr.

§ 2 Pflichten des Ausbildenden

Der Ausbildende verpflichtet sich,

- der Auszubildenden die Kenntnisse und Fertigkeiten in der vorgesehenen Ausbildungszeit zu vermitteln, die zum Erreichen des Ausbildungszieles nach der Ausbildungsordnung erforderlich sind. Der beigefügte zeitlich und sachlich gegliederte Ausbildungsplan ist Bestandteil dieses Vertrages;
- selbst auszubilden oder eine geeignete Ausbilderin bzw. einen geeigneten Ausbilder damit zu beauftragen;
- die Auszubildende zum Besuch der Berufsschule anzuhalten und dafür freizustellen;
- die Führung des Berichtshefts regelmäßig zu kontrollieren;
- dafür zu sorgen, dass die Auszubildende charakterlich gefördert sowie sittlich und körperlich nicht gefährdet wird;
- …

§ 3 Pflichten der Auszubildenden

Die Auszubildende hat sich zu bemühen, die Fertigkeiten und Kenntnisse zu erwerben, die erforderlich sind, um das Ausbildungsziel zu erreichen. Sie verpflichtet sich insbesondere,

- am Berufsschulunterricht und an den Prüfungen teilzunehmen;
- den Weisungen zu folgen, die im Rahmen der Berufsausbildung von dem Ausbildenden oder einer anderen weisungsberechtigten Person erteilt werden;
- die Betriebsordnung zu beachten;
- …

§ 4 Vergütung

Die Ausbildungsvergütung beträgt monatlich

- 708,40 € brutto im 1. Ausbildungsjahr,
- 762,30 € brutto im 2. Ausbildungsjahr,
- 831,60 € brutto im 3. Ausbildungsjahr.

Personalentwicklung *Personnel development*

Inhalt

Inhalt der Personalentwicklung

Wissen	Können	Einstellung (Verhalten)
■ tätigkeitsspezifisches Wissen	■ manuelles Können	■ Arbeitsverhalten
■ tätigkeitsungebundenes Wissen	■ geistiges Können	■ Sozialverhalten

vgl.: Jung, Hans: Allgemeine Betriebswirtschaftslehre, 6. Auflage, München, Wien 2000, Oldenbourg-Verlag, Seite 899

Methoden

on the job → am Arbeitsplatz

- Systematische Vermittlung von Fertigkeiten für die Ausführung einzelner Arbeitsschritte. Der Lernvorgang erfolgt hierbei in genau festgelegten Lernschritten.
  Der formale Ablauf einer Unterweisung gliedert sich z. B. in folgende vier Stufen:
  - Vorbereitung
  - Vorführung und Erklärung durch den Unterweisenden
  - Ausführung durch die Lernende bzw. den Lernenden
  - Übung
- Anleitung und Beratung durch die vorgesetzten Stellen
- Mitarbeiter erhalten die Möglichkeit, durch ständigen Arbeitsplatzwechsel (Jobrotation) neue Aufgabengebiete kennenzulernen.
- Übertragung von mehr Kompetenzen und weiteren Aufgaben
- Arbeitsplatzorientierte Weiterbildungsmaßnahmen, z. B. Weiterbildungskonzeption für IT-Berufe

off the job → außerhalb des Arbeitsplatzes

- Die Mitarbeiter bzw. Auszubildenden erarbeiten sich im Selbststudium den Lehrstoff in kleinen Lernsequenzen mit ständiger Kontrolle über den Lernfortschritt.
- Ein Vortragender hält vor einer größeren Anzahl von Mitarbeitern bzw. Auszubildenden eine Vorlesung.
- Bei der Konferenzmethode werden die Mitarbeiter bzw. Auszubildenden aktiv im Rahmen einer Diskussion beteiligt.
- Fort- und Weiterbildungsmaßnahmen unter Einsatz der Fallmethode, des Rollenspiels und des Planspiels
- Mithilfe gruppendynamischer Methoden kann den Teilnehmern bewusst gemacht werden, wie sie auf andere Teilnehmer wirken und welche Reaktionen sie bei Kritik durch die anderen Teilnehmer zeigen.
- Assessment-Center können auch im Rahmen der Personalentwicklung eingesetzt werden. Konstruktive Kritik in Form von Rückkopplungsgesprächen und abschließenden Gutachten bietet den Teilnehmern Gelegenheit, ein realistisches Selbstbild zu entwickeln.

Arbeitsstudien *Job analysis*

Aufgaben

Die Aufgaben der Arbeitsstudien sind die systematische Analyse und Optimierung von Arbeitsvorgängen, die Feststellung der Schwierigkeitsgrade von Arbeitsaufgaben und die Ermittlung von normalerweise erforderlichen Arbeitszeiten.

Notwendig sind die Arbeitsstudien, um menschengerechte Arbeitsplätze und gerechte Entlohnung auf der einen Seite und ständige Kosteneinsparungen durch Rationalisierungsmaßnahmen zur Sicherung der Wettbewerbsfähigkeit auf der anderen Seite zu ermöglichen.

Die Arbeitsstudien greifen auf die Erkenntnisse der Arbeitswissenschaften zurück. Träger der Arbeitsstudien ist in Deutschland hauptsächlich der „Verband für Arbeitsstudien – REFA – e. V.“.

Gebiete

Gebiete der Arbeitsstudien		
Arbeitsablaufstudien	Arbeitswertstudien	Arbeitszeitstudien

Arbeitsablaufstudien

Arbeitsablaufstudien	
Makroablaufstudien	**Mikroablaufstudien**
Ziel ▶ Optimierung der Arbeitsabläufe zwischen Arbeitsplätzen, -stufen und -gruppen	**Ziel** ▶ Optimierung der Arbeitsabläufe am Arbeitsplatz

Die Mikroablaufstudien erstrecken sich auf ...

- **Arbeitsverfahren**
  Mithilfe der Arbeitsanalyse wird untersucht, wie unter Minimierung des Zeit- und Kraftaufwands die günstigsten Arbeitsergebnisse erzielt werden können.
- **Arbeitsplatz**
  Durch geeignete Maßnahmen sind die Arbeitsplätze den körperlichen Bedingungen der dort arbeitenden Menschen anzupassen (z. B. Anpassung der Sitzhöhe). Die Wissenschaft, die sich mit den optimalen Bedingungen am Arbeitsplatz beschäftigt, heißt **Ergonomie**.
- **Werkraum**
  Die Werkräume sind so zu gestalten, dass sie die Gesundheit der dort arbeitenden Arbeitskräfte nicht gefährden, die Leistung steigern helfen und zum Wohlbefinden beitragen. So sollen optimale Licht-, Luft- und Temperaturbedingungen am Arbeitsplatz herrschen.
- **Arbeitsermüdung**
  Ziel dieses Teils der Arbeitsablaufstudien ist, die vorzeitige Ermüdung z. B. durch zu hohes Arbeitstempo zu verhindern. Dabei ist zu berücksichtigen, dass die Leistungsbereitschaft der Mitarbeiter im Lauf eines Arbeitstages schwankt.

Arbeitszeitstudien

Mithilfe der Arbeitszeitstudien wird die sogenannte **Normalleistung** ermittelt. Die Normalleistung wird durch die Zeit bestimmt, die bei durchschnittlicher Leistung für eine Arbeit benötigt wird. Die Normalleistung kann durch Zeitstudien an mehreren Personen ermittelt werden. Diese Tätigkeit erfordert eine Schätzung des Leistungsgrads der beobachteten Arbeitskraft, d. h. der Zeitnehmer muss beurteilen, ob ein Mitarbeiter eine schwache, durchschnittliche oder gute Leistung bei der Zeitaufnahme zeigt.

$$\text{Normalleistung} = \frac{\text{Leistung} \cdot 100}{\text{Leistungsgrad}}$$

Beispiel: Der Industriearbeiter Günter Krause stellt im Rahmen einer Zeitaufnahme 36 Stück eines Werkstücks her. Sein Leistungsgrad wird vom Zeitnehmer auf 120 % geschätzt.

$$\text{Normalleistung} = \frac{36 \cdot 100}{120} = 30$$

Gliederung der Vorgabezeit (Auftragszeit)

		Rüstzeit				Ausführungszeit		
Vorgabezeit	=	Grundzeit	Erholungszeit	Verteilzeit	+	Grundzeit	Erholungszeit	Verteilzeit

Die **Vorgabezeit** für einen Arbeitsauftrag berücksichtigt neben der eigentlichen Arbeitszeit (**Ausführungszeit**) die Vorbereitungszeit (**Rüstzeit**), die u. a. zur Vorbereitung des Auftrags (z. B. zur Einrichtung einer Maschine) benötigt wird. Rüst- und Ausführungszeit setzen sich aus **Grundzeit, Verteilzeit** und **Erholungszeit** zusammen. Die Grundzeit beinhaltet die genau messbare Ausführungszeit sowie evtl. messbare Wartezeiten (z. B. Trocknungszeit eines Klebers). Zur sachlichen Verteilzeit werden nicht messbare, unregelmäßig anfallende Reparatur- und Wartezeiten gezählt. Der Gang zum Personalbüro oder zur Toilette wird der persönlichen Verteilzeit zugeordnet.

Arbeitsstudien *Job analysis*

Arbeitswertstudien

Summarische Arbeitsbewertung

- **Rangfolgeverfahren**
  Beim Rangfolgeverfahren werden die verschiedenen im Unternehmen anfallenden Tätigkeiten von den einfachen bis zu den anspruchsvollen Anforderungen bewertet und in eine Rangfolge gebracht. Die Tätigkeit mit den höchsten Anforderungen wird an die erste Stelle gesetzt (z. B. IT-Systemadministrator). Einfache Tätigkeiten (z. B. Küchenhilfe) werden auf einen niedrigeren Rang gesetzt. Anschließend wird den einzelnen Rangstufen ein Entgelt zugeordnet.

- **Katalogverfahren**
  Beim Katalogverfahren werden die Anforderungen an eine Tätigkeit einer Gruppe in einem Lohn- oder Gehaltsgruppenkatalog zugeordnet. Die korrekte Zuordnung der Tätigkeiten zu einer Lohn- oder Gehaltsgruppe erfordert eine eindeutige Beschreibung. Um die Zuordnung zu erleichtern, werden die Kataloge mit Richt- bzw. Tarifbeispielen ergänzt. Die Lohn- oder Gehaltsgruppenkataloge werden in der Regel in sogenannten Manteltarifverträgen festgeschrieben.

Analytische Arbeitsbewertung

Bei der analytischen Arbeitsbewertung wird eine Tätigkeit nach bestimmten Kriterien zerlegt und bewertet. Während einer internationalen Tagung über Arbeitsbewertung wurde in Genf 1950 ein sogenanntes „Genfer Schema“ festgelegt, nach dem die zu bewertende Tätigkeit in vier Anforderungsarten aufgeteilt wird:

Anforderungsarten

- **Verantwortung**
  - Werkstücke
  - Betriebsmittel
  - Gesundheit anderer
  - Arbeitsgüte
- **Belastung**
  - geistige
  - körperliche
  - nervliche
- **Fachkönnen**
  - Schulbildung
  - Berufsausbildung
  - Berufserfahrung
  - Fähigkeiten
  - Fertigkeiten
- **Arbeitsbedingungen**
  - Temperatur
  - Öl
  - Staub
  - Unfallgefahr
  - Lärm
  - Licht
  - Krankheitsgefährdung

Personalentlohnung *Remuneration*

Definitionen und Bedeutung des Lohns

- Allgemein kann **Lohn** als Entgelt für die Leistung der Mitarbeiter definiert werden und bezeichnet den Betrag, den der Arbeitgeber aufgrund eines geschlossenen Arbeitsvertrages seinem Mitarbeiter schuldet.
- Synonym werden für das Arbeitsentgelt auch die Begriffe Entlohnung, Vergütung, Salär, Lohn und Gehalt verwendet.
- Historisch wurde das Arbeitsentgelt in **Lohn** (Entgelt für Arbeiter) und **Gehalt** (Entgelt für Angestellte) unterteilt. Diese Unterscheidung ist heute noch anzutreffen, wenn mit dem Begriff „Gehalt“ ein feststehender monatlicher Geldbetrag gemeint ist und der Begriff „Lohn“ bei der Berechnung des Arbeitsentgeltes auf Stundenbasis verwendet wird (s. S. 332).
- Das Arbeitsentgelt kann als **geldliche Leistung** oder als **geldwerte Leistung** (z. B. in Form von privat nutzbaren Dienstwagen oder Handys) gezahlt werden.
- Aus der Sicht eines Unternehmens können **Entgeltzahlungen als Preis für den Einsatz des Produktionsfaktors Arbeit** aufgefasst werden. Sie stellen **Kosten** (Personalkosten) dar. Für den Arbeitnehmer sind Entgeltzahlungen eine wesentliche Grundlage für seine Existenz.
- Da die Entlohnung für den Mitarbeiter einen starken Motivationsfaktor darstellt, ist eine als **gerecht empfundene Entlohnung** anzustreben. Problematisch erweist sich, dass kein objektiver Maßstab für eine gerechte Entlohnung existiert.

Übersicht über wichtige Lohnformen

Lohnformen				
Zeitlohn		**Leistungslohn**		
Lohn	Gehalt	Akkordlohn		Prämienlohn
		Zeitakkord	Stückakkord	

Zeitlohn – Begriff und Bedeutung

- Grundlage für die Berechnung des Zeitlohns ist **die in dem Unternehmen verbrachte Zeit**. Ein Bezug zur erbrachten Leistung ist nur mittelbar durch die im Arbeitsvertrag beschriebene Leistungserwartung gegeben.
- Der Zeitlohn kann als **Gehalt**[1] (auf Monatsbasis) bzw. als **Lohn**[2] (auf Stundenbasis) berechnet werden (s. S. 330).

[1] Arbeitsentgelt (Gehalt) = vereinbarter Monatslohn
[2] Arbeitsentgelt (Lohn) = Lohnsatz je Stunde · Stundenanzahl

- Da das Arbeitsentgelt je Zeiteinheit konstant ist, verändern sich die Lohnkosten pro Stück, wenn die Leistung im betrachteten Zeitraum variiert. Eine Erhöhung der Arbeitsleistung führt zu sinkenden Stückkosten.
- Häufig wird der Zeitlohn mit einer Leistungszulage (s. Prämienlohn) kombiniert, um entsprechende Leistungsanreize zu schaffen.

Prämienlohn – Begriff und Bedeutung

- Der **Prämienlohn** besteht aus einem Grundlohn und aus der Prämie. **Prämienzahlungen** können an quantitative Merkmale (z. B. Unterschreiten der Ausschussquote, Überschreiten der Sollstückzahl) oder an qualitative Gegebenheiten (z. B. Erreichen einer bestimmten Güte, Einhaltung von Terminen) gebunden sein.
- Die **Vor- und Nachteile** des Prämienlohns können mit den nötigen Änderungen dem Akkordlohn entnommen werden.
- Der Prämienlohn wird eingesetzt, wenn zusätzlich zum Zeitlohn Leistungsanreize geschaffen werden sollen oder die Arbeitsleistung vom Mitarbeiter beeinflussbar, die Ermittlung genauer Akkordsätze jedoch unwirtschaftlich bzw. unmöglich ist.
- Das **Prinzip der Prämiengestaltung** liegt in der angemessenen Aufteilung der Mehrleistung zwischen den Arbeitgebern, z. B. in Form von Zusatzerlösen oder als Kostenersparnis, und den Arbeitnehmern durch die Prämie.

Akkordlohn – Begriff und Bedeutung

- Beim Akkordlohn wird eine Übereinstimmung zwischen erbrachter Leistung und der entsprechenden Entlohnung angestrebt. Deshalb ist die Berechnungsgrundlage beim Akkordlohn die **mengenmäßig geleistete Arbeit**, die innerhalb eines bestimmten Zeitraums erbracht wird.
- Voraussetzung für den Akkordlohn sind die **Akkordfähigkeit** (bekannter, gleichartiger, regelmäßig wiederkehrender, leicht und genau messbarer Arbeitsablauf), die **Akkordreife** (optimaler und nach einer Einarbeitungszeit beherrschbarer Arbeitsablauf) und die unmittelbare **Beeinflussbarkeit der Leistungsmengen** durch den Mitarbeiter.
- Der Akkordlohn kann als **Einzelakkord**, bei dem die Arbeitsleistung eines einzelnen Arbeitnehmers erfasst wird, oder als **Gruppenakkord**, bei dem die Arbeitsleistung einer Gruppe von Mitarbeitern gemeinsam bewertet und das Entgelt mit einem vorgegebenen Verteilungsschlüssel aufgeteilt wird, angewendet werden. Die Arbeitszufriedenheit ist beim Gruppenakkord u. a. von einem gerecht empfundenen Verteilungsschlüssel abhängig.
- Der Akkordlohn besteht aus dem (i. d. R. tariflich festgelegten) **Mindestlohn** (Akkordgrundlohn) und dem **Akkordzuschlag**, der meist 10 – 25 % des Mindestlohns beträgt.
- Mindestlohn und Akkordzuschlag ergeben als Addition den **Akkordrichtsatz**, der dem Verdienst des Akkordarbeiters bei Normalleistung entspricht.

Beispiel:
Bei einem Mindestlohn von 12,00 €/Std. und einem Akkordzuschlag von 25 % beträgt der Akkordrichtsatz 15,00 €/Std.

- Der Arbeitnehmer kann – innerhalb gewisser Grenzen – durch eine Erhöhung seiner Arbeitsleistung auch seine Entlohnung steigern. Für den Arbeitgeber sind die Lohnstückkosten im Wesentlichen konstant; sie steigen, wenn die Istleistung unter die Normalleistung sinkt und der Arbeitgeber den Akkordrichtsatz zahlt.
- Nach den Verrechnungseinheiten kann man den **Geldakkord** (auch Stückakkord genannt) und den **Zeitakkord** unterscheiden.

Zeitakkord

- Beim Zeitakkord wird eine **Vorgabezeit** je Stück (**Zeitakkordsatz**) vorgegeben, die ein geübter Mitarbeiter über längere Zeit erfüllen kann und die aus der Normalleistung abgeleitet wird.

  $\text{Vorgabezeit} = \dfrac{60\text{ min}}{\text{Normalleistung}}$

- Die Vorgabezeit wird mit dem **Minutenfaktor** (Entgelt pro Minute) und der tatsächlichen Leistung (**Istleistung**) zum Arbeitsentgelt je betrachteter Zeiteinheit multipliziert.

  $\text{Minutenfaktor} = \dfrac{\text{Akkordrichtsatz}}{60\text{ min}}$

  $\text{Arbeitsentgelt} = \text{Vorgabezeit} \cdot \text{Minutenfaktor} \cdot \text{Istleistung}$

  Beispiel: Der Mindestlohn beträgt 12,00 €/Std., der Akkordzuschlag 25 %, die Normalleistung 6 Stück/Std., die Istleistung 800 Stück im Monat.

  $\text{Vorgabezeit} = \dfrac{60\text{ min}}{6\text{ Stück}} = \underline{\underline{10\text{ min/Stück}}}$

  $\text{Minutenfaktor} = \dfrac{15{,}00\text{ €}}{60\text{ min}} = \underline{\underline{0{,}25\text{ €/min}}}$

  $\text{Arbeitsentgelt} = 10\text{ min/Stück} \cdot 0{,}25\text{ €/min} \cdot 800\text{ Stück/Monat} = \underline{\underline{2.000{,}00\text{ €/Monat}}}$

- Bei Änderungen des Tariflohns: Minutenfaktoren neu berechnen! Vorgabezeiten bleiben konstant.

Geldakkord

- Beim Geldakkord wird für jedes Arbeitsstück ein bestimmter Geldbetrag (**Stückakkord, Stücklohnsatz**) vorgegeben, der aus dem Akkordrichtsatz berechnet wird.

  $\text{Stückakkord} = \dfrac{\text{Akkordrichtsatz}}{\text{Normalleistung}}$

- Das Arbeitsentgelt errechnet sich als Produkt aus dem Geldakkord und der Istleistung je betrachteter Zeiteinheit.

  $\text{Arbeitsentgelt} = \text{Stückakkord} \cdot \text{Istleistung}$

  Beispiel:
  Der Mindestlohn beträgt 12,00 €/Std., der Akkordzuschlag 25 %, die Normalleistung ist mit 6 Stück/Std. festgelegt, die Istleistung beträgt 800 Stück im Monat.

  $\text{Stückakkord} = \dfrac{15{,}00\text{ €}}{6\text{ Stück}} = \underline{\underline{2{,}50\text{ €/Stück}}}$

  $\text{Arbeitsentgelt} = 2{,}50\text{ €/Stück} \cdot 800\text{ Stück/Monat} = \underline{\underline{2.000{,}00\text{ €/Monat}}}$

- Bei tariflichen Veränderungen (Mindestlohn bzw. Akkordzuschlag) müssen die Stückakkordsätze neu berechnet werden.

Anwendungsbereiche sowie Vor- und Nachteile von Zeit- und Akkordlohn

	Anwendungsbereiche	Vorteile	Nachteile
Zeitlohn	▪ Präzisionsarbeiten ▪ gefährliche Arbeiten ▪ Arbeiten, die sich quantitativ schlecht messen lassen (z. B. geistige Tätigkeiten) ▪ Einarbeitungszeiten ▪ Arbeiten, deren Dauer vom Mitarbeiter nicht beeinflusst werden kann (z. B. Fließband)	▪ festes Arbeitseinkommen ▪ einfache Berechnung ▪ schonender Umgang mit den Betriebsmitteln ▪ einfache Berechnung ▪ feste Gesamtkosten für Arbeitgeber ▪ kein überhastetes Arbeitstempo	▪ wenig Leistungsanreize ▪ ansteigende Lohnstückkosten bei Minderleistung ▪ Arbeitskontrollen ▪ Arbeitgeber trägt Risiko von Minderleistungen allein ▪ erschwerte Kalkulation pro Stück
Akkordlohn	alle Arbeiten, die die Akkordvoraussetzungen (s. S. 331) erfüllen	▪ Leistungsanreiz ▪ höhere Lohngerechtigkeit ▪ Beeinflussung der Entgelthöhe durch Mitarbeiter möglich ▪ einfache Kalkulation durch überwiegend gegebene Lohnstückkosten ▪ Minderleistung ist (bis auf Mindesteinkommen) vom Arbeitnehmer zu tragen	▪ u. U. aufwändige Vorarbeiten bei der Ermittlung der Vorgabezeiten ▪ ggf. zu hastiges Arbeitstempo mit negativen Auswirkungen auf Gesundheit, Arbeitsqualität und Betriebsmittel ▪ ggf. erhöhter Krankenstand

Personalentlohnung *Remuneration*

Erfolgsbeteiligung

Die Unternehmer/-innen erhalten einen Gewinnanteil vor allem als Entgelt für die eigene Arbeit im Unternehmen (Unternehmerlohn), als Verzinsung ihrer Kapitaleinlage und als Risikoprämie. An dem noch übrig bleibenden Restgewinn sollen nicht nur die Unternehmer, sondern auch die Arbeitnehmer beteiligt werden.

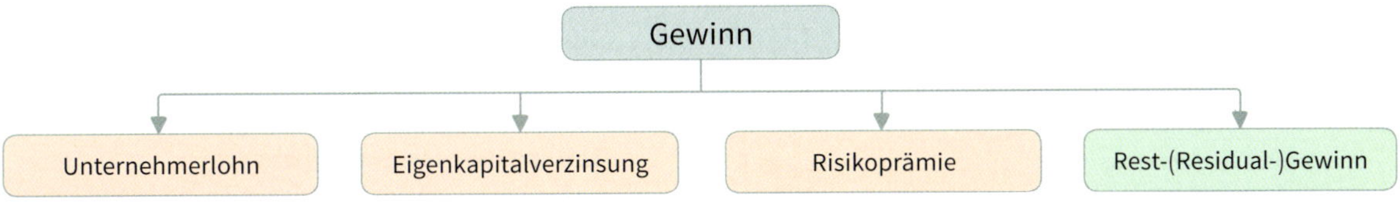

Individualbeteiligung:

Individualbeteiligung bedeutet, dass die einzelnen Arbeitnehmer/-innen am Gewinn beteiligt werden. Im Hinblick auf die Verwendung dieser individuellen Gewinnanteile werden folgende Modelle unterschieden:

- **Barbeteiligung**
  Die einzelnen Arbeitnehmer/-innen erhalten die Gewinnbeteiligung „bar" auf die Hand, d. h., sie können sofort über den Gewinnanteil frei verfügen.
- **Kapitalbeteiligung**
  Der Gewinnanteil wird nicht bar ausgeschüttet, sondern bleibt als Eigenkapital oder Fremdkapital im Unternehmen.

Kollektivbeteiligung:

Bei der Kollektivbeteiligung wird der Gewinnanteil für die Arbeitnehmer/-innen in kollektive, d. h. der gesamten Belegschaft zugutekommende Einrichtungen investiert (z. B. Erholungsheime, Rentenkassen, Vorsorgefonds).

Lohn- und Gehaltstarife

Lohn- und Gehaltstarifverträge enthalten Vereinbarungen über Lohn- und Gehaltshöhen. In der Regel werden in diesen Verträgen Tätigkeitsmerkmale für verschiedene Lohn- und Gehaltsgruppen erläutert, denen die Arbeitnehmer/-innen zugeordnet werden können:

- Wareneingangsprüfungen nach fachlichen Gesichtspunkten
- selbstständiges Anfertigen von Schriftstücken
- Prüfen von Eingangsrechnungen auf sachliche und rechnerische Richtigkeit
- Verwalten einer umfangreichen Ablage
- Bearbeiten von Bestellungen
- Durchführen von Angebotsvergleichen

Die Vereinbarungen in den Einzelarbeitsverträgen dürfen die Arbeitnehmer/-innen nicht schlechter stellen als die Regelungen in den Tarifverträgen. Eine Überschreitung der tarifvertraglichen Vereinbarungen ist möglich.

Lohn- und Gehaltsabrechnung

Gesetzliche Abzüge

Lohnsteuer

Die Lohnsteuer ist eine Sonderform der Einkommensteuer. Sie wird bei Einkommen aus nicht selbstständiger Arbeit erhoben, vom Arbeitgeber einbehalten und an das Finanzamt abgeführt (Abzugsverfahren).

Die Höhe der Lohnsteuer ist abhängig vom Einkommen, vom Familienstand, von der Kinderzahl und kann mithilfe von Lohnsteuertabellen oder mathematischen Formeln (z. B. in Lohn- und Gehaltsabrechnungsprogrammen) ermittelt werden.

Solidaritätszuschlag

Er beträgt 5,5 % der Lohnsteuer und dient dem Aufbau der ostdeutschen Bundesländer.

Sozialversicherungsbeiträge

- Krankenversicherung
- Pflegeversicherung
- Rentenversicherung
- Arbeitslosenversicherung

Diese Beiträge werden von Arbeitnehmerinnen/Arbeitnehmern und Arbeitgebern getragen.

Die Beitragssätze werden vom Bundesministerium für Arbeit und Soziales jährlich neu festgelegt. Die Beiträge können aus den von den Krankenversicherungen herausgegebenen Tabellen ermittelt werden.

Lohn- und Gehaltsabrechnung

Beiträge zur Sozialversicherung

Renten-, Arbeitslosen- und Pflegeversicherung

Die Beitragssätze der Renten-, Arbeitslosen- und Pflegeversicherung werden durch Gesetz bzw. durch Rechtsordnung bestimmt.

Die Beitragssätze[1]:

Rentenversicherung	18,7 %
■ Arbeitnehmer	9,35 %
■ Arbeitgeber	9,35 %
Arbeitslosenversicherung	3,0 %
■ Arbeitnehmer	1,5 %
■ Arbeitgeber	1,5 %
Pflegeversicherung[2]	2,35 %
■ Arbeitnehmer	1,175 %
Sonderregelung in Sachsen	1,675 %
Erhöhung für Kinderlose[2]	0,25 %
■ Arbeitgeber	1,175 %
Sonderregelung in Sachsen	0,675 %

[1] Stand Januar 2016
[2] ab Vollendung des 23. Lebensjahres

Krankenversicherung

Seit dem 01.01.2015 beträgt der allgemeine Beitragssatz 14,6 %. Arbeitnehmer und Arbeitgeber zahlen jeweils 7,3 %. Die Krankenkassen können bei Bedarf einen Zusatzbeitrag erheben. Der durchschnittliche Zusatzbeitrag wurde für 2016 vom Gesundheitsministerium auf 1,1 % festgesetzt. Um diesen Zusatzbeitragssatz wird der Arbeitnehmeranteil erhöht, der Arbeitgeberanteil bleibt bei 7,3 %. Erhebt eine Krankenkasse einen Zusatzbeitragssatz über dem festgelegten durchschnittlichen Zusatzbeitragssatz, muss diese Krankenkasse ihre Mitglieder darauf hinweisen, dass ein Wechsel zu einer günstigeren Krankenkasse möglich ist. Die Bandbreite bei den Beitragssätzen beträgt 2016 zwischen 0,0 % und 1,6 %.

Die Sozialversicherungsbeiträge sind i. d. R. vom Einkommen der Versicherten abhängig. Die Leistungen werden vom Gesetzgeber festgelegt. So erhalten z. B. in der Kranken- und Pflegeversicherung trotz unterschiedlich hoher Beitragszahlungen alle Versicherten die gleichen Leistungen. In der Renten-, Arbeitslosen- und Berufsunfallversicherung sind die Versicherungsleistungen von den unterschiedlich hohen Beitragszahlungen abhängig. Der Lebensstandard der Versicherten im Versicherungsfall (z. B. bei Verlust des Arbeitsplatzes) ist somit abhängig von der Höhe des vorher erzielten Einkommens und damit von den geleisteten Versicherungsbeiträgen. Um soziale Härten zu vermeiden und jedem Versicherten einen minimalen Lebensstandard zu ermöglichen, wird vom Staat auch für Geringverdienende bei den letztgenannten Sozialversicherungen eine Mindestversorgung garantiert. Die Leistungen dieser Versicherungen werden ständig dem jeweiligen Lohnniveau angepasst und führen so zu einer dynamischen Versorgung. So steigen z. B. die laufenden Renten nach dem jährlichen Rentenanpassungsgesetz abhängig von der durch ein Wirtschaftswachstum beeinflussten positiven Einkommensentwicklung der Bevölkerung.

Beitragsbemessungsgrenzen

Die Beiträge zur Sozialversicherung orientieren sich nicht am individuellen Versicherungsrisiko, sondern an der wirtschaftlichen Leistungsfähigkeit der Versicherten. Diesem Solidaritätsprinzip sind Grenzen gesetzt. Bei der Ermittlung der Beiträge, des Krankengelds und der Rente bleiben Beträge, die über der Beitragsbemessungsgrenze liegen, beitragsfrei.

Monatliche Beitragsbemessungsgrenzen 2016

■ Kranken- und Pflegeversicherung:	
– alte und neue Bundesländer	4.237,50 €
– Pflichtversicherungsgrenze	4.687,50 €
■ Renten- und Arbeitslosenversicherung:	
– alte Bundesländer	6.200,00 €
– neue Bundesländer	5.400,00 €

Versicherungspflichtgrenze

Arbeitnehmer dürfen sich nur noch dann privat in der Kranken- und Pflegeversicherung versichern, wenn ihr monatliches Bruttoeinkommen **ein Jahr lang** die jeweilige Pflichtgrenze (2016 → 4.687,50 €) übersteigt.

Vermögenswirksame Leistungen (VL)

Die freiwillig durch den Arbeitgeber gezahlten VL können bis 40,00 € pro Monat betragen. Der Staat fördert mit der Arbeitnehmersparzulage die Anlage der VL von Ledigen in Sparplänen für Aktienfonds mit 20 % von maximal 400,00 € (→ 80,00 €), die Anlage in Bausparverträgen mit 9 % von einem Höchstbetrag von 470,00 € (→ 43,00 €). Die VL werden nur gefördert, wenn das zu versteuernde Einkommen von Ledigen 20.000,00 € bei Aktienfonds bzw. 17.900,00 € bei Bausparverträgen nicht übersteigt.

Kirchensteuer

Die Kirchensteuer wird bei Mitgliedern einer Kirche vom Arbeitgeber einbehalten und mit der Lohnsteuer und dem Solidaritätszuschlag an das Finanzamt abgeführt. Sie beträgt, je nach Bundesland, 8 % bzw. 9 % der Lohnsteuer.

Lohn- und Gehaltsabrechnung

Beispiel:

OfficeCom AG

Jens Neitzel

im Hause

Personalnummer:	47112
Steuerklasse:	1
Abteilung:	Verkauf
Kostenstelle:	5002
Gehaltsgruppe:	K4
Versicherungsummer:	230408659
Kontonummer:	6 876 765
Bankleitzahl:	256 050 30

Abrechnungsmonat	April 20..		
			Betrag in €
Bezüge:	Bruttoentgelt		2.700,00
Abzüge:	Lohnsteuer		362,58
	Solidaritätszuschlag[1]	5,50 %	19,94
	Kirchensteuer[1]	9,00 %	32,63
	Krankenversicherung[2]	7,3 % + 1,1 %	226,80
	Pflegeversicherung[2]	1,175 % + 0,25 %	38,48
	Rentenversicherung[2]	9,35 %	252,45
	Arbeitslosenversicherung[2]	1,5 %	40,50
Auszahlungsbetrag:			1.726,62

[1] wird von der Lohnsteuer berechnet

[2] Arbeitnehmeranteil

Gesetzliche, tarifvertragliche und freiwillige Sozialleistungen

Zusätzlich zum Grundlohn bzw. -gehalt entstehen für die Arbeitgeber noch zahlreiche weitere Kosten, z. B.:

- Arbeitgeberanteile zur Sozialversicherung
- Beiträge zur Unfallversicherung
- Lohnfortzahlung im Krankheitsfall
- Urlaubsgeld
- Zulagen, z. B. für Mehrarbeit, Sonntagsarbeit, Nachtarbeit
- Prämien für Verbesserungsvorschläge
- Vermögenswirksame Leistungen des Betriebs
- 13. Monatsgehalt (Weihnachtsgeld)

Lohn- bzw. Gehaltsabrechnung

  Bruttolohn/-gehalt[1]
- Lohnsteuer
- Solidaritätszuschlag (5,5 % der Lohnsteuer)
- ggf. Kirchensteuer (8 % bzw. 9 % der Lohnsteuer, je nach Bundesland)
- Arbeitnehmeranteil an der Sozialversicherung (Arbeitslosen-, Renten-, Kranken-, Pflegeversicherung, wobei der Arbeitnehmeranteil der Pflegeversicherung für kinderlose Arbeitnehmer zwischen 23 und 64 Jahren 1,425 % beträgt; siehe Sozialversicherungstabelle)
- Zusatzbeitrag der Krankenversicherung, an dem sich der Arbeitgeber nicht beteiligt

= Nettolohn/-gehalt

[1] Zu den einzelnen Gliedern der Lohn- bzw. Gehaltsabrechnung sowie ihrer Berechnung siehe ausführlich S. 333 ff.

Beispiel:
Monika Weber, wohnhaft in Braunschweig, ist Sachbearbeiterin in der Einkaufsabteilung der OfficeCom AG. Sie ist verheiratet, evangelisch, hat zwei schulpflichtige Kinder und ist zurzeit Alleinverdienerin in der Familie.
Ihr Gehalt beträgt monatlich 2.746,50 €.

Gehaltsabrechnung für Mai 20..

Bruttogehalt	2.746,50 €
– Lohnsteuer	151,00 €
– Solidaritätszuschlag	0,00 €
– Kirchensteuer	0,00 €
– Arbeitnehmeranteil zur Sozialversicherung	530,76 €
– Zusatzbeitrag Krankenversicherung	30,21 €
= Nettogehalt (Auszahlungsbetrag)	2.034,53 €

7

Konten

- Bruttolöhne bzw. Bruttogehälter werden auf den Aufwandskonten **„Löhne“** bzw. **„Gehälter“** gebucht.
- Lohnsteuer, Solidaritätszuschlag und Kirchensteuer werden vom Arbeitgeber für den Arbeitnehmer bis zum 10. des folgenden Monats an das Finanzamt abgeführt. Bis dahin werden die entsprechenden Beträge auf das passive Bestandskonto **„Sonstige Verbindlichkeiten gegenüber Finanzbehörden“** (kurz: FB-Verbindlichkeiten) gebucht.
- Der Arbeitgeber behält ebenfalls den Arbeitnehmeranteil zur Sozialversicherung sowie die Zuschläge zu Zahnersatz und Krankengeld ein. Zusammen mit dem Arbeitgeberanteil zur Sozialversicherung sind die Sozialabgaben in voraussichtlicher Höhe von der jeweiligen Krankenkasse bis zum drittletzten Bankarbeitstag des Monats, in dem die Beschäftigung erfolgt, im Lastschriftverfahren zu vereinnahmen. Dabei sind die Daten vom Arbeitgeber vorab an die Krankenkasse elektronisch zu übermitteln. Der Bankeinzug wird auf dem aktiven Bestandskonto **„SV-Vorauszahlung“** gebucht und später bei der Buchung des Arbeitgeberanteils zur Sozialversicherung und der Löhne/Gehälter verrechnet.
- Der Arbeitgeberanteil zur Sozialversicherung ist ein Kostenfaktor für das Unternehmen; daher muss er als Aufwand auf dem Aufwandskonto **„Arbeitgeberanteil zur Sozialversicherung“** gebucht werden.

Buchungen

Beispiel:
Die Gehaltsabrechnung für Monika Weber für den Monat Mai 20.. wird in der Finanzbuchhaltung der OfficeCom AG **gebucht**:

(1) **Bankeinzug der Sozialversicherungsbeiträge Ende Mai 20.. (drittletzter Bankarbeitstag):**

SV-Vorauszahlung	1.091,73 €	
an Bankguthaben		1.091,73 €

(2) **Banküberweisung des Gehaltes Ende Mai 20..:**

Gehälter	2.746,50 €	
an FB-Verbindlichkeiten		151,00 €
an SV-Vorauszahlung		560,97 €
an Bankguthaben		2.034,53 €

(3) **Arbeitgeberanteil zur Sozialversicherung:**

Arbeitgeberanteil zur Sozialversicherung	530,76 €	
an SV-Vorauszahlungen		530,76 €

(4) **Banküberweisung von Lohn- und Kirchensteuer sowie Solidaritätszuschlag am 10. Juni 20..:**

FB-Verbindlichkeiten	151,00 €	
an Bankguthaben		151,00 €

Vorschüsse

- Vorschüsse, die in einer Entgeltperiode (z. B. Monat) an Mitarbeiter gezahlt werden, stellen für das Unternehmen Forderungen dar, die auf dem aktiven Bestandskonto **„Forderungen an Mitarbeiter"** erfasst werden.
- Am Ende der Entgeltperiode werden die Vorschüsse mit den Auszahlungsbeträgen verrechnet, sodass sich diese in entsprechender Höhe verringern.

Beispiel:
Monika Weber erhält am 10. Juni 20.. einen Barvorschuss von 200,00 €.

Buchungssatz bei Zahlung des Vorschusses:

Forderungen an Mitarbeiter	200,00 €	
an Kasse		200,00 €

Buchungssatz per 30. Juni 20..:

Gehälter	2.746,50 €	
an FB-Verbindlichkeiten		151,00 €
an SV-Vorauszahlung		560,97 €
an Forderungen an Mitarbeiter		200,00 €
an Bankguthaben		1.834,53 €

Übrige Buchungen der Gehaltsabrechnung: siehe die Ziffern (1), (3) und (4) auf S. 336.

Vermögenswirksame Leistungen

Die nach dem dritten Vermögensbildungsgesetz vom 1. Januar 1999 vermögenswirksam angelegten und staatlich geförderten Sparleistungen[1] können auf verschiedene Weise aufgebracht werden:

- allein vom Arbeitnehmer,
- allein vom Arbeitgeber oder
- von beiden gemeinsam zu bestimmten Anteilen.

[1] Zum vermögenswirksamen Sparen siehe ausführlich S. 334.

Konten

- Sofern der Arbeitgeber die Sparleistung (mit)aufbringt, erhöhen sich die Personalkosten des Unternehmens und zugleich das lohnsteuerpflichtige Entgelt des Arbeitnehmers. Der Arbeitgeberanteil wird auf dem **Aufwandskonto** „Sonstige tarifliche oder vertragliche Aufwendungen" gebucht; er kann auch direkt auf den Konten „Löhne" oder „Gehälter" erfasst werden.
- Die Sparleistung ist vom Arbeitgeber an das Anlageinstitut abzuführen. Solange die Überweisung noch nicht erfolgt ist, werden diese Beträge auf dem **passiven Bestandskonto** „Verbindlichkeiten aus vermögenswirksamen Leistungen" (kurz: VL-Verbindlichkeiten) gebucht.

Beispiel:
Monika Weber erhält aufgrund des Tarifvertrages zusätzlich zu ihrem Bruttogehalt von 2.746,50 € vom Arbeitgeber noch 39,00 € vermögenswirksame Leistung, die zusammen mit ihrem Eigenanteil an der Sparleistung von ebenfalls 39,00 € auf ihr Konto bei der Bausparkasse zu überweisen ist.

Gehaltsabrechnung:

	Bruttogehalt	2.746,50 €
+	vermögenswirksame Leistung des Arbeitgebers	39,00 €
=	lohnsteuer- und sozialversicherungspflichtiges Gehalt	2.785,50 €
–	Lohn- und Kirchensteuer sowie Solidaritätszuschlag	159,00 €
–	Arbeitnehmeranteil an der Sozialversicherung	538,30 €
–	Zusatzbeitrag Krankenversicherung	30,64 €
=	Nettogehalt	2.057,56 €
–	vermögenswirksame Sparleistung	78,00 €
=	Auszahlungsbetrag	1.979,56 €

Buchungen Ende des Monats:

SV-Vorauszahlung	1.107,24 €	
an Bankguthaben		1.107,24 €
Gehälter	2.746,50 €	
Sonstige tarifliche oder vertragliche Aufwendungen	39,00 €	
an FB-Verbindlichkeiten		159,00 €
an SV-Vorauszahlung		568,94 €
an VL-Verbindlichkeiten		78,00 €
an Bankguthaben		1.979,56 €
Arbeitgeberanteil zur Sozialversicherung	538,30 €	
an SV-Vorauszahlung		538,30 €

Buchungen im folgenden Monat:

FB-Verbindlichkeiten	159,00 €	
an Bankguthaben		159,00 €
VL-Verbindlichkeiten	78,00 €	
an Bankguthaben		78,00 €

Gründe

Die Notwendigkeit der Personalfreisetzung entsteht durch personelle Überkapazitäten. Diese entstehen z. B. durch Automatisierung (Ersatz menschlicher Arbeit durch Maschinen), Absatzeinbrüche durch eine schlechte Konjunkturlage, Bedarfsveränderungen und damit verbundene Nachfrageänderungen auf dem Markt sowie durch strukturelle und saisonale Beschäftigungsschwankungen.

Beendigung von Arbeitsverhältnissen

Möglichkeiten:
- Kündigung
- Aufhebungsvertrag
- Vertragsablauf
- Vereinbarung eines Altersteilzeitverhältnisses

Schriftform ist vorgeschrieben bei:
- Kündigungen
- Aufhebungsverträgen
- Befristungsabreden

Kündigungen

Die Kündigung eines Arbeitsverhältnisses wird durch eine einseitige, empfangsbedürftige Willenserklärung bewirkt.

Bei einer **ordentlichen Kündigung** sind gesetzliche oder tarifvertragliche Kündigungsfristen einzuhalten.

Liegt ein wichtiger Grund vor, z. B. Diebstahl, Beleidigung, Körperverletzung, kann ein Arbeitsverhältnis durch eine **außerordentliche Kündigung** aufgehoben werden.

Eine Kündigung, ein Aufhebungsvertrag oder ein befristetes Arbeitsverhältnis müssen, um rechtswirksam zu sein, schriftlich erfolgen.

Zum Kündigungsschutz siehe Seite 14.

Kündigungen

Beispiel:

OfficeCom AG

Hansestraße 120
38112 Braunschweig

OfficeCom AG · Hansestr. 120 · 38112 Braunschweig

Herrn
Manfred Behr
Hamburger Str. 46
38116 Braunschweig

Ihr Zeichen, Ihre Nachricht vom	Unser Zeichen, unsere Nachricht vom	Telefon, Name 0531 234-	Datum
	PA-Fra	201 Frau Franke	12. März 20..

Kündigung

Sehr geehrter Herr Behr,

wie Sie sicher inzwischen erfahren haben, ist unser Unternehmen aufgrund der schlechten Absatzlage gezwungen, umfangreiche Rationalisierungsmaßnahmen durchzuführen. Davon ist auch unser Außenlager in Braunschweig-Wenden betroffen, in dem Sie tätig sind.

Wir bedauern, Sie nicht anderweitig in unserem Unternehmen beschäftigen zu können, und kündigen Ihnen deshalb fristgerecht zum 15. April 20.. .

Die Arbeitspapiere werden Ihnen mit gesonderter Post in den nächsten Tagen zugestellt.

Mit freundlichen Grüßen

OfficeCom AG

i. A.

Christine Franke

Gesetzliche Kündigungsfristen

Allgemeine Kündigungsfrist	Verlängerte Kündigungfrist							
Zum 15. oder zum Ende eines Kalendermonats mit vierwöchiger Frist (§ 622 Abs. 1 BGB)	Betriebszugehörigkeit ab dem 25. Lebensjahr in Jahren[1]	2	5	8	10	12	15	20
	Kündigungsfristen in Monaten zum Monatsende (§ 622 Abs. 2 BGB)	1	2	3	4	5	6	7

[1] Nach dem Urteil des Europäischen Gerichtshofs vom Januar 2010 müssen auch Beschäftigungszeiten vor dem 25. Lebensjahr berücksichtigt werden, da nach der bisherigen Regelung des BGB gegen das Diskriminierungsverbot verstoßen wird. Eine entsprechende Änderung des BGB-Paragrafen wird vorbereitet.

Zeugnis

Bei Beendigung eines Arbeitsverhältnisses kann die Arbeitnehmerin/der Arbeitnehmer vom Arbeitgeber ein schriftliches Zeugnis verlangen.

Ein **einfaches Zeugnis** enthält Angaben über …

- die Art der Beschäftigung und
- die Dauer des Arbeitsverhältnisses.

Ein **qualifiziertes Zeugnis** enthält zusätzlich Angaben über …

- die Leistungen der Arbeitnehmerin/des Arbeitnehmers und
- das Verhalten der Arbeitnehmerin/des Arbeitnehmers.

7

Arbeitspapiere

Der Arbeitgeber muss bei Beendigung des Arbeitsverhältnisses der Arbeitnehmerin/dem Arbeitnehmer die Arbeitspapiere aushändigen, z. B.: Lohnsteuerkarte und Sozialversicherungsnachweise.

Sozialplan

Unter Sozialplan versteht man ein Verfahren zur Vermeidung sozialer Ungerechtigkeiten bei Entlassungen. So müssen z. B. Arbeitgeber bei sogenannten „Massenentlassungen" (innerhalb 30 Kalendertagen 30 oder mehr Kündigungen) vorher die Arbeitsagentur von den Entlassungsplänen unterrichten. Darüber hinaus ist der Betriebsrat detailliert zu informieren, und es ist mit ihm darüber zu beraten, wie weitere Entlassungen vermieden oder deren Folgen gelindert werden können, z. B. durch Aufhebungsverträge.

Kündigungsschutz

Allgemeiner Kündigungsschutz

Alle Arbeitnehmer in Betrieben mit in der Regel mehr als 10 Beschäftigten und einer Beschäftigungsdauer von mindestens 6 Monaten in demselben Betrieb genießen einen allgemeinen Schutz vor einer sozial ungerechtfertigten Kündigung. Eine Kündigung ist sozial gerechtfertigt, wenn sie verhaltens-, personen- oder betriebsbedingt ist und der Betriebsrat befragt wurde (§ 1 KSchG).

Besonderer Kündigungsschutz

Wenn der Arbeitgeber kündigt, genießen folgende Arbeitnehmer/-innen einen besonderen Kündigungsschutz:

- Betriebsratsmitglieder sowie Jugend- und Auszubildendenvertreter
  - während der Amtszeit und ein Jahr danach
- werdende Mütter bzw. Mütter
  - während der Schwangerschaft (Arbeitgeber muss Kenntnis davon haben bzw. 2 Wochen nach einer Kündigung Kenntnis davon erlangen, z. B. durch ein ärztliches Attest)
  - während einer Frist von 4 Monaten nach der Entbindung
  - während der Elternzeit (maximal 3 Jahre)
- Auszubildende
  - während der Ausbildung nach der Probezeit
- freiwillig Wehrdienstleistende
  - bis zur Beendigung des freiwilligen Wehrdienstes
- Schwerbehinderte (mindestens 50 % Erwerbsminderung)
  - Die Kündigungsfrist beträgt mindestens 4 Wochen. Die Kündigung ist nur mit behördlicher Zustimmung möglich.

Gesundheits- und Unfallschutz

Das Gesetz über die Durchführung von Maßnahmen des Arbeitsschutzes zur Verbesserung der Sicherheit und des Gesundheitsschutzes der Beschäftigten bei der Arbeit (ArbSchG) verpflichtet die Arbeitgeber, die Arbeit so zu gestalten, dass eine Gefährdung für das Leben und die Gesundheit der Arbeitnehmer/-innen vermieden wird. Die Einhaltung der Bestimmung wird von den Gewerbeaufsichtsämtern und auf Betriebsebene von Sicherheitsbeauftragten überwacht. Die von den Berufsgenossenschaften erlassenen Unfallverhütungsvorschriften sind im Betrieb den Arbeitnehmerinnen/Arbeitnehmern bekannt zu geben.

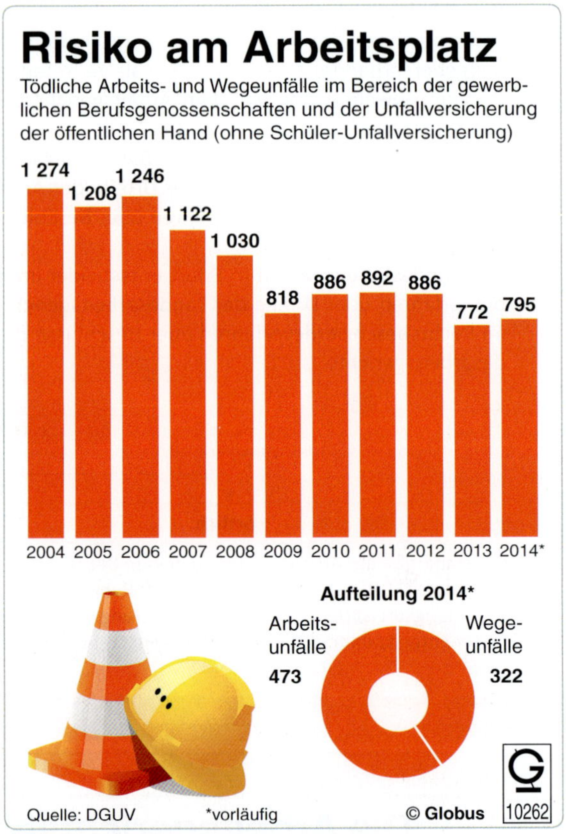

Frauen- und Mutterschutz

Aufgrund ihrer körperlichen Konstitution und ihrer Stellung in der Familie genießen Frauen im Arbeitsleben einen besonderen Schutz; sie dürfen z. B. im Bergbau nicht unter Tage arbeiten. Werdende Mütter bzw. Mütter dürfen sechs Wochen vor und acht Wochen nach der Entbindung nicht beschäftigt werden. Schwere körperliche Arbeit, Mehrarbeit, Akkord- und Fließbandarbeit, Nacht- und Sonntagsarbeit sind für werdende und stillende Mütter verboten (§ 3 ff. MuSchG). Die Mutter/der Vater können insgesamt zusammen nach der Geburt eines Kindes eine dreijährige Elternzeit in Anspruch nehmen (§ 15 ff. BEEG).

Arbeitszeitschutz

Nach dem Arbeitszeitgesetz (ArbZG) darf die tägliche Arbeitszeit in der Regel acht Stunden nicht überschreiten. Mit Zustimmung des Betriebsrates kann die Arbeitszeit auf bis zu zehn Stunden täglich erhöht werden. Die verlängerten Arbeitszeiten müssen innerhalb von sechs Monaten durch kürzere Arbeitszeiten oder finanziell ausgeglichen werden.

Schwerbehindertenschutz

Schwerbehinderte erhalten fünf Arbeitstage mehr Urlaub im Jahr. In allen Betrieben, die jahresdurchschnittlich mindestens 20 Arbeitnehmer/-innen (ohne Auszubildende) beschäftigen, muss der Anteil der Schwerbehinderten (mindestens 50 % Erwerbsminderung) wenigstens 5 Prozent der Beschäftigten betragen (Buch IX § 71 SGB). Ist dies nicht der Fall, muss eine Ausgleichsabgabe von 125,00 bis 320,00 € pro Monat für jeden nicht besetzten Schwerbehindertenplatz an das zuständige Integrationsamt gezahlt werden. Die Kündigung des Arbeitsverhältnisses eines Schwerbehinderten durch den Arbeitgeber ist nur mit der Zustimmung des Integrationsamtes zulässig (Buch IX § 85 SGB).

Beschäftigungsschutz

Nach dem Gesetz zum Schutz der Beschäftigten vor sexueller Belästigung am Arbeitsplatz (Beschäftigungsschutzgesetz) vom 1. September 1994 ist die Wahrung der Würde von Frauen und Männern am Arbeitsplatz durch Arbeitgeber und Dienstvorgesetzte zu gewährleisten. Dieser Personenkreis muss im Bedarfsfall entsprechende Maßnahmen, z. B. Abmahnung, Versetzung, Kündigung, veranlassen.

Arbeitsgerichtsbarkeit

Labour jurisdiction

Arbeitsrechtliche Konflikte, bei denen eine außergerichtliche Lösung nicht herbeigeführt werden kann, werden von den Arbeitsgerichten geklärt. Die gegnerischen Parteien können sich von den Verbänden (Gewerkschaften oder Arbeitgeberverbände) oder einem Anwalt vertreten lassen. Da kein Anwaltszwang vor dem Arbeitsgericht besteht, können sie sich auch selbst vertreten.
In der zweiten Instanz entscheiden die Landesarbeitsgerichte im Berufungsverfahren über Urteile der Arbeitsgerichte oder im Beschwerdeverfahren über Beschlüsse der Arbeitsgerichte.
Das Bundesarbeitsgericht in Erfurt entscheidet im Revisionsverfahren über Urteile der Landesarbeitsgerichte und im Rechtsbeschwerdeverfahren über Beschlüsse der Landesarbeitsgerichte.

Bei den Landesarbeitsgerichten und beim Bundesarbeitsgericht besteht Anwaltszwang, d. h., dass sich jede Partei durch einen Rechtsanwalt oder einen Verband vertreten lassen muss.

Beispiel:
Der bei der OfficeCom AG beschäftigte Lagerarbeiter Friedrich Köster hat zum 30. Juni 20.. eine fristlose Kündigung von der Personalabteilung erhalten, weil er seiner Arbeitspflicht nicht nachgekommen sei. Köster hatte nach einer Krankheit mit ärztlichem Attest drei Tage zu spät die Arbeit wieder aufgenommen. Herr Köster fühlt sich ungerecht behandelt und sucht Hilfe beim Arbeitsgericht.

Zuständigkeiten

örtlich

Zuständig ist das Arbeitsgericht, in dessen Bezirk der Beklagte i. d. R. seinen Wohnsitz hat (Erfüllungsort). Erfüllungsort ist der Ort, an dem die Leistung (Arbeitsleistung oder Entgeltzahlung) aus dem Arbeitsvertrag zu erbringen ist.

sachlich

Zuständig ist das Arbeitsgericht für:
- Streitfälle zwischen Arbeitnehmern und Arbeitgebern
- Streitfälle zwischen Arbeitgebern und Gewerkschaften
- Streitfälle, die im Betriebsverfassungsgesetz geregelt sind (z. B. Einrichtung eines Betriebsrats)
- Streitfälle, die im Mitbestimmungsgesetz geregelt sind (z. B. Zusammensetzung des Aufsichtsrats)

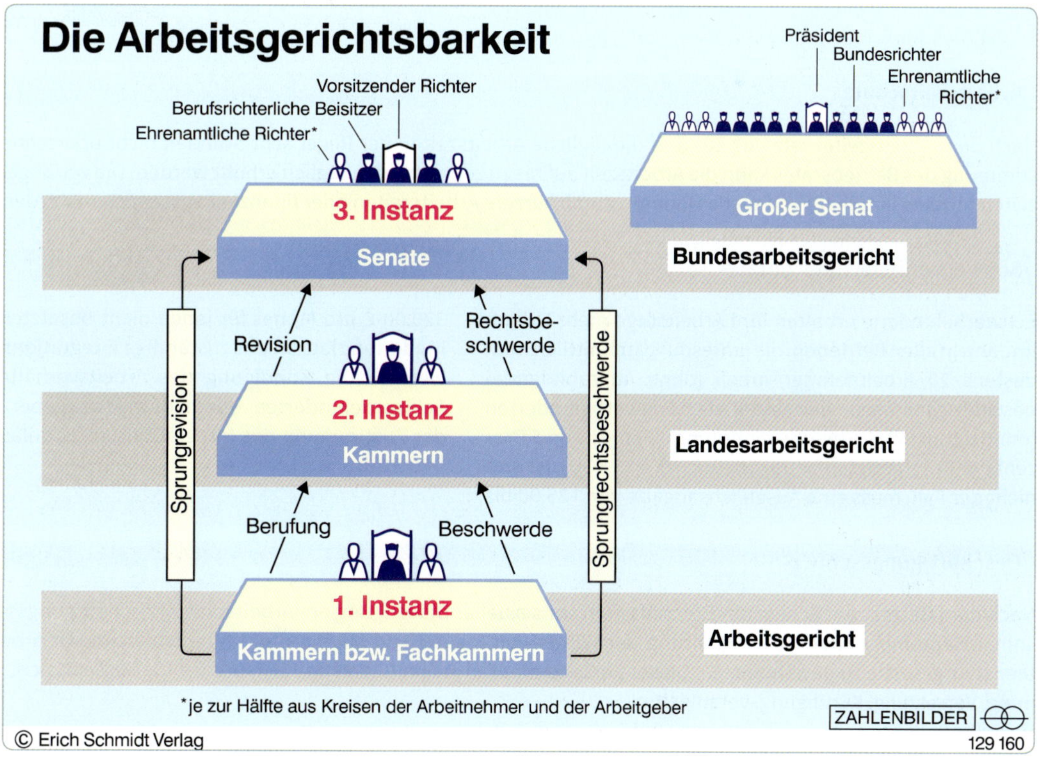

3545342

Personalakte

Jeder Arbeitgeber muss über die Mitarbeiter/-innen eine Personalakte führen. Dazu gehören alle Daten der Beschäftigten/des Beschäftigten, die in unmittelbarem Zusammenhang mit dem Arbeits- und Dienstverhältnis stehen.

Die in der Akte enthaltenen Unterlagen bzw. Informationen sind vor unbefugten Zugriffen zu schützen, vertraulich zu behandeln und sicher aufzubewahren. Nur Mitarbeiter/-innen, die mit der Verwaltung von Personalunterlagen beauftragt sind, dürfen Zugang zu diesen haben.

Auskünfte aus Personalakten dürfen nur mit Einwilligung der Beschäftigten/des Beschäftigten gegeben werden. Die Arbeitnehmer/-innen haben ein Recht auf Einsicht in ihre vollständigen Personalakten. Zu den Personalaktendaten gehören auch Daten, die in Dateien (z. B. in einem Personalinformationssystem) informationstechnisch gespeichert sind.

Den Umgang mit personenbezogenen Daten aus Arbeits- und Dienstverhältnissen regeln das Bundesdatenschutzgesetz (BDSG) und die Datenschutzgesetze der Bundesländer sowie tarifvertragliche Vereinbarungen.

Hauptakte

Eine Reihe von Personalunterlagen muss aufgrund gesetzlicher und/oder tarifvertraglicher Regelungen aufbewahrt werden. Diese Unterlagen werden in der sogenannten Hauptakte (Personalgrundakte) geführt. Sie enthält u. a. folgende Unterlagen:

- Deckblatt, z. B.:
  persönliche Daten der Mitarbeiterin/des Mitarbeiters, wie
  - Anschrift,
  - Familienstand,
  - Bankverbindung
- Steuer- und Versicherungsunterlagen, z. B.:
  - Lohnsteuerkarte
  - Kopie des Sozialversicherungsausweises
- Bewerbungsunterlagen, z. B.:
  - Bewerbungsschreiben
  - Lebenslauf
  - Lichtbild
  - Personalfragebogen
- Arbeitsvertrag
- Werdegang der Mitarbeiterin/des Mitarbeiters während des Beschäftigungszeitraums, z. B.:
  - Beurteilungen
  - Versetzungen
  - Ehrungen
  - Zwischenzeugnisse
  - Gehaltsänderungen
  - Verbesserungsvorschläge
  - Abmahnungen
- Kündigungsunterlagen, z. B.:
  - Kündigungsschreiben
  - Zeugnis
- Hinweise auf Nebenakten

Nebenakte

Um einen störungsfreien Ablauf der Personalverwaltung zu gewährleisten und jederzeit Zugriff auf Informationen über ein Beschäftigungsverhältnis haben zu können, werden zusätzlich Nebenakten geführt. Diese enthalten vor allem folgende Unterlagen bzw. Informationen:

- Entgeltabrechnungen
- Zeiterfassungskarten
- Urlaubsdaten
- Arbeitsunfähigkeitsbescheinigungen
- Reisekostenabrechnungen
- Fehlzeiten

Personalinformationssysteme

Moderne Personalverwaltungen arbeiten mit Computerunterstützung. Im Rahmen sogenannter **Personalinformationssysteme (PIS)** werden Personaldaten erfasst, gespeichert, gepflegt und ausgewertet. Sie liefern alle wichtigen Informationen für das Personalmanagement zur Erfüllung seiner Führungs- und Verwaltungsaufgaben und die grundlegenden Daten für die Lohn- und Gehaltsabrechnung.

Die Regelungen des Datenschutzes zur vertraulichen Behandlung dieser sensiblen Daten sind zu beachten (siehe Seite 344).

Personalverwaltung

Personnel administration

Personaldatenverwaltung

Personaldatenverwaltung

- **Aufgaben**
  - Erfassung
  - Löschung
  - Aufbewahrung/ Speicherung
  - Schutz
  - Sicherung
  - Pflege
  - Sortierung
  - Aktualisierung
  - Darstellung
  - Kontrolle
- **Bestandteile**
  - Entgeltberechnung
  - Personaldatenführung
  - Personalplanung und -entwicklung
  - Stellenbewirtschaftung
  - Personalstatistik
- **manuell**
  - Karteikarten
  - Ablage
  - Archivierung
- **computergestützt**
  - **Anwendungssystem(e)**
    - Entgeltabrechnungsprogramme
    - Personalinformationssysteme
    - Personaldatenverwaltungssysteme
    - Software-Tools, z. B. Word
  - **Personaldatenbank**
    - Personalstammdaten
    - Arbeitszeitdaten
    - Entgeltdaten
    - ...

Datenschutz

„Zweck des Datenschutzgesetzes ist es, den Einzelnen davor zu schützen, dass er durch den Umgang mit seinen personenbezogenen Daten in seinem Persönlichkeitsrecht beeinträchtigt wird.“ Das Gesetz gilt für die Erhebung, Verarbeitung und Nutzung personenbezogener Daten in öffentlichen Stellen des Bundes und der Länder und für nicht öffentliche Stellen, z. B. Unternehmen, wenn sie die Daten in oder aus Dateien geschäftsmäßig oder für berufliche oder gewerbliche Zwecke verarbeiten oder nutzen. Dieser Umstand trifft insbesondere für die sensiblen (schutzwürdigen) Personaldaten und deren Speicherung in Dateien im Rahmen der Personalverwaltung zu.

Schutzwürdige Daten

Beispiele:

- Krankheitsdaten
- Ordnungswidrigkeiten
- Religionszugehörigkeit
- Lohn- oder Gehaltshöhe
- strafbare Handlungen
- Zeugnisdaten

Nicht schutzwürdige (freie) Daten

Beispiele:

- Namen und Anschrift
- Geburtsjahr
- Berufsbezeichnung
- Titel

Rechte der betroffenen Mitarbeiter/-innen

- Benachrichtigung über gespeicherte Daten
- Auskunft über gespeicherte Daten
- Berichtigung bei Speicherung unrichtiger Daten
- Löschung von Daten, z. B. bei unzulässiger Speicherung
- Sperrung von Daten, z. B. wenn die Richtigkeit oder Unrichtigkeit nicht feststellbar ist

Personalcontrolling

Personnel controlling

Personalcontrolling

Das Personalcontrolling überprüft die **Effektivität** und die **Effizienz** personalwirtschaftlicher Maßnahmen. Unter **Effektivität** ist die Eignung eines Mittels zur Erreichnung eines bestimmten Ziels zu verstehen. **Effizienz** ermittelt das Verhältnis zwischen dem Ergebnis und dem getätigten Aufwand zur Erreichung des Ergebnisses. Effektivität und Effizienz sind miteinander verbunden und bedingen sich gegenseitig.

Personalkennzahlen

Personalstruktur

- Frauenanteil
- Durchschnittsalter der Belegschaft

Personalbeschaffung

- Fluktuationsrate
- Anzahl Versetzungswünsche

Personaleinsatz

- Überstundenquote

Personalerhaltung und Leistungsstimulation

- Krankheitsquote

Personalentwicklung

- jährliche Weiter-/Fortbildungszeit pro Mitarbeiter/-in

Betriebliches Vorschlagswesen

- Bearbeitungszeit pro Verbesserungsvorschlag
- Annahmequote

Personalfreisetzung

- Sozialplankosten pro Mitarbeiter/-in

Personalkostenplanung und -kontrolle

- Personalkosten je Mitarbeiter/-in

Personalstatistik

Personalstatistiken über …

Personalleistung

- Arbeitsproduktivität
- Umsatz je Mitarbeiter/-in
- …

Personalkosten

- Summe des Bruttoentgelts
- Summe der Überstundenentgelte
- Arbeitgeberanteile zur Sozialversicherung
- Leistungszulagen
- Aufwendungen für soziale Einrichtungen, z. B. Kantine
- Aufwendungen für Verbesserungsvorschläge
- Urlaubsgeld
- Weihnachtsgeld
- …

Personalstruktur

- Alter
- Geschlecht
- Staatsangehörigkeit
- Status
  - Angestellte
  - Arbeiter
  - Auszubildende
  - Praktikanten
- Schulbildung
  - Hauptschulabschluss
  - Realschulabschluss
  - Abitur
  - Fachhochschulreife
- Berufsbildung
  - gelernt
  - ungelernt
- Studium
- Wohnort
- Teilzeitkräfte

Mitarbeiter/-innen

- Unfallzahlen
- Fehlzeiten
  - krankheitsbedingt
  - sonstige
- Versetzungen
- Kündigungen
- Urlaubstage
- Einstellungen
- …

8 Jahresabschluss analysieren und bewerten

Jahresabschluss *Annual balance sheet*

Bestandteile

Jahresabschluss

bei Einzelunternehmen und Personengesellschaften (§ 242 HGB)	bei Kapitalgesellschaften (§ 242 HGB i. V. m. § 264 Absatz 1 HGB)
▪ Bilanz ▪ Gewinn- und Verlustrechnung	▪ Bilanz ▪ Gewinn- und Verlustrechnung ▪ Anhang (erläutert bestimmte Einzelposten der Bilanz und der Gewinn- und Verlustrechnung)

- Die **Bilanz** ist eine **Zeitpunktrechnung**, die zum Bilanzstichtag (in der Regel 31. Dezember) unter Beachtung der Grundsätze ordnungsmäßiger Buchführung die **Vermögens-, Finanz- und Ertragslage** des Unternehmens ausweisen soll. Die **Gliederung** der Bilanz ist für Kapitalgesellschaften nach § 266 HGB verbindlich vorgeschrieben (s. Seite 108); sie sollte jedoch auch von Personenunternehmen beachtet werden.
- Die **Gewinn- und Verlustrechnung** ist eine **Zeitraumrechnung**, die alle **Erträge und Aufwendungen eines Geschäftsjahres** ausweist. Sie zeigt die **Quellen des Erfolgs** oder Misserfolgs. Sie ist von Kapitalgesellschaften gemäß § 275 HGB zu **gliedern** und in **Staffelform** aufzustellen (s. Seite 123).
- Im **Anhang** werden einzelne Positionen der Bilanz und der GuV-Rechnung sowie Wertansätze und Bewertungsmethoden (z. B. Methode und Höhe der Abschreibungen) erläutert.

Bedeutung

Der Jahresabschluss dient unter anderem

... der **Rechenschaftslegung** gegenüber den Gesellschaftern und Kreditgebern,

... als Grundlage für die **Gewinnverteilung** unter den Gesellschaftern und für die **Gewinnverwendung**,

... der Ermittlung der Einkommen- bzw. Körperschaftsteuer durch das **Finanzamt**,

... als Grundlage **finanzwirtschaftlicher Entscheidungen** des Unternehmens, wie Eigenkapitalerhöhungen, Aufnahme oder Tilgung von Krediten,

... als Grundlage für **Geschäftsführungsentscheidungen**, wie die Vornahme von Investitionen, den Verkauf von Betriebsteilen, Masseneinstellungen oder -entlassungen von Arbeitskräften,

... als Basis für **Entscheidungen externer Interessenten**, wie z. B.
- Kreditinstitute, Kredite zu gewähren,
- Kunden, langfristige Aufträge gegen Vorauszahlung zu erteilen,
- Lieferanten, Güter auf Kredit zu liefern.

Wichtige Jahresabschlussarbeiten

- **Inventur** vor dem Kontenabschluss durchführen und das **Inventar** aufstellen sowie die Vermögensteile und die Schulden bewerten
- mithilfe der **Hauptabschlussübersicht** die Konten probeweise abschließen, um die Richtigkeit der Buchungen während des Geschäftsjahres zu überprüfen
- **Inventurdifferenzen** erfassen, wenn der Inventurwert vom Buchwert abweicht
- Aufwendungen und Erträge **zeitlich abgrenzen**, um den Erfolg periodengerecht zu ermitteln
- **Vorbereitende Abschlussbuchungen** vornehmen, wie z. B. Unterkonten über die entsprechenden Hauptkonten abschließen oder die Zahllast ermitteln
- in Verbindung mit der Bewertung bisher nicht vorgenommene **Buchungen**, wie z. B. Abschreibungen auf Sachanlagen und Abschreibungen auf Forderungen, vornehmen
- Bilanz und Gewinn- und Verlustrechnung entsprechend den **Gliederungsvorschriften** des HGB sowie – bei Kapitalgesellschaften – den Anhang ordnungsmäßig erstellen

Begriff

Bevor zum Ende eines Geschäftsjahres sämtliche Konten abgeschlossen werden, wird in der Praxis meist erst ein Probeabschluss auf einem besonderen Formblatt, das als **Hauptabschlussübersicht** bezeichnet wird, gemacht.

Beispiel:

Hauptabschlussübersicht der OfficeCom AG zum 31. Dezember 20.. in €

Konto-Nr.	Konto	Summenbilanz		Saldenbilanz I		Umbuchungen		Saldenbilanz II		Inventurbilanz		Erfolgsbilanz	
		Soll	Haben	Soll	Haben	Soll	Haben	Soll	Haben	Aktiva	Passiva	Aufwendungen	Erträge
0510	Bebaute Grundstücke	250.000		250.000			10.000	240.000		240.000			
0700	Maschinen	130.000	20.000	110.000			30.000	80.000		80.000			
0800	Geschäftsausstattung	48.000	13.000	35.000			2.000	33.000		33.000			
0840	Fuhrpark	36.000	9.000	27.000			12.000	15.000		15.000			
2000	Rohstoffe	123.000	102.100	20.900				20.900		20.900			
2020	Hilfsstoffe	68.500	42.500	26.000				26.000		26.000			
2100	Unfertige Erzeugnisse	84.500		84.500			7.000	77.500		77.500			
2200	Fertige Erzeugnisse	51.000		51.000		15.000		66.000		66.000			
2400	Forderungen a. LL	272.600	218.300	54.300			5.300	49.000		49.000			
2600	Vorsteuer	17.200	800	16.400			16.400						
2800	Bankguthaben	179.200	143.700	35.500		5.300		40.800		40.800			
2890	Kasse	14.800	7.300	7.500				7.500		7.500			
3000	Gezeichnetes Kapital		100.000		100.000				100.000		100.000		
3100	Kapitalrücklage		150.000		150.000				150.000		150.000		
3200	Gewinnrücklagen		97.300		97.300				97.300		97.300		
4250	Langfristige Bankverbindlichkeiten	50.000	300.000		250.000				250.000		250.000		
4400	Verbindlichkeiten a. LL	142.200	178.400		36.200				36.200		36.200		
4800	Umsatzsteuer	1.300	20.800		19.500	16.400			3.100		3.100		
5000	Umsatzerlöse		228.000		228.000	13.000			215.000				215.000
5001	Erlösberichtigungen	13.000		13.000			13.000						
5200	Bestandsveränderungen					7.000	15.000		8.000				8.000
6000	Rohstoffaufwendungen	102.100		102.100				102.100				102.100	
6020	Hilfsstoffaufwendungen	42.500		42.500				42.500				42.500	
6520	Abschreibungen					54.000		54.000				54.000	
7510	Zinsaufwendungen	5.300		5.300				5.300				5.300	
		1.631.200	1.631.200	881.000	881.000	110.700	110.700	859.600	859.600	655.700	636.600	203.900	223.000
											19.100	19.100	
										655.700	655.700	233.000	223.000

vgl.: Scharf, Dirk: Finanzbuchhaltung II: Weiterführende Buchungen, 1. Aufl., Gabler Verlag Wiesbaden 1995, S. 66

8

3545348

Aufbau und Vorgehensweise

Spalten 1 und 2:

Diese Spalten nehmen die Kontennummern und Kontenbezeichnungen aller im laufenden Geschäftsjahr verwendeten Bestands- und Erfolgskonten auf.

Spalte 3: **Summenbilanz**

In ihr werden die Summen der Soll- und Habenseite aller Konten, die sich jeweils aus Anfangsbestand sowie Zugängen und Abgängen ergeben, erfasst.

Beispiel:
Das Konto „0700 Maschinen" weist zum Ende des Jahres, vor der Buchung der planmäßigen Abschreibung, folgende Werte in Euro auf:

Soll	0700 Maschinen		Haben
EBK	90.000,00	Erlöse aus	
Verbindl. a. LL	30.000,00	Anlage-	
Bankguthaben	10.000,00	abgängen	20.000,00
Summe	130.000,00	Summe	20.000,00

Analog wird bei sämtlichen anderen Konten verfahren.

Da bei der Buchung der einzelnen Geschäftsfälle der Wert der Sollbuchung(en) immer dem Wert der Habenbuchung(en) entspricht, muss die Summe der Sollseite der Summenbilanz mit der Summe der Habenseite übereinstimmen (rechnerische Richtigkeit der Buchungen).

Spalte 4: **Saldenbilanz I**

Die Salden der einzelnen Konten werden errechnet und in die Saldenbilanz I eingetragen, jetzt allerdings nicht, wie sonst beim Kontenabschluss, auf der „schwächeren" Seite, sondern auf der Seite, auf der der Saldo auch in der Schlussbilanz stehen würde – daher auch der Name Saldenbilanz.

Beispiel:
Für das Konto „0700 Maschinen" ergibt sich ein Saldo von 110.000,00 €, der in der Saldenbilanz I auf der Sollseite einzutragen ist.

Spalte 5: **Umbuchungen**

In dieser Spalte sind alle vorbereitenden Abschlussbuchungen nach den Regeln der doppelten Buchführung vorzunehmen:

- Abschreibungen auf Anlagen und Umlaufvermögen
- Bestandsveränderungen an Roh-, Hilfs- und Betriebsstoffen, sofern die Stoffaufwendungen noch nicht gebucht wurden
- Bestandsveränderungen an unfertigen und fertigen Erzeugnissen
- zeitliche Abgrenzungen einschließlich Rückstellungen
- Differenzen zwischen Buch- und Inventurbeständen
- Bewertungskorrekturen
- Abschluss von Unterkonten über Hauptkonten
- Verrechnung der Konten „Vorsteuer" und „Umsatzsteuer"

Beispiel:
Die planmäßigen Abschreibungen betragen auf bebaute Grundstücke 10.000,00 €, auf Maschinen 30.000,00 €, auf Geschäftsausstattung 2.000,00 € und auf Fuhrpark 12.000,00 €.

Die Buchung in der Spalte Umbuchungen lautet:

Abschreibungen auf Sachanlagen	54.000,00 €	
an Bebaute Grundstücke		10.000,00 €
an Maschinen		30.000,00 €
an Geschäftsausstattung		2.000,00 €
an Fuhrpark		12.000,00 €

Spalte 6: **Saldenbilanz II**

Aus den Salden der Saldenbilanz I und den Zahlen der Spalte Umbuchungen sind die endgültigen Salden zu bilden und in die Saldenbilanz II einzutragen.

Beispiel:
Der Saldo des Kontos „0700 Maschinen" in der Saldenbilanz II von 80.000,00 € ergibt sich aus dem Saldo der Saldenbilanz I von 110.000,00 € und den Abschreibungen auf Maschinen von 30.000,00 €.

Spalte 7: **Inventurbilanz**

Die Salden der Bestandskonten werden aus der Saldenbilanz II in die Inventurbilanz übertragen (nicht gebucht!). Sie sind die endgültigen Bilanzansätze, die mit den bewerteten Beständen des Inventars übereinstimmen. Der Saldo von Aktiva und Passiva von 19.100,00 € ist das Unternehmensergebnis; er ergibt sich deshalb, weil das „Gewinn- und Verlustkonto" nicht über das Konto „Gewinnrücklagen" (Eigenkapital) abgeschlossen wurde.

Spalte 8: **Erfolgsbilanz**

Sie entspricht der Gewinn- und Verlustrechnung und nimmt die Salden sämtlicher Erfolgskonten der Saldenbilanz II auf. Der Saldo zwischen Erträgen und Aufwendungen ist wiederum das Unternehmensergebnis von 19.100,00 €.

Auf der Grundlage der Hauptabschlussübersicht erfolgt dann der eigentliche Abschluss der Bestands- und Erfolgskonten der Finanzbuchhaltung.

Zeitliche Abgrenzung *Deferrals and accruals*

Zielsetzung

- Der Unternehmenserfolg muss periodengerecht und damit periodenvergleichbar ermittelt werden.
- Dafür sind die Aufwendungen und Erträge dem Geschäftsjahr zuzuordnen, zu dem sie **wirtschaftlich** gehören, unabhängig von den Zeitpunkten der entsprechenden Zahlungen (vgl. auch § 252 Absatz 1 Ziffer 5 HGB).

Posten der zeitlichen Abgrenzung

Posten der zeitlichen Abgrenzung

Antizipative[1] Posten
- Sonstige Forderungen
- Sonstige Verbindlichkeiten

Transitorische[2] Posten
- Aktiver Rechnungsabgrenzungsposten
- Passiver Rechnungsabgrenzungsposten

[1] antizipieren: vorwegnehmen
[2] transire (lat.): hinübergehen

Sonstige Forderungen

Erträge, die wirtschaftlich *vollständig* oder *teilweise* das alte Jahr betreffen, die aber erst im neuen Jahr zu einer Einnahme führen, stellen für das Unternehmen per 31. Dezember des alten Jahres vollständig oder anteilig eine **Geldforderung** dar, die auf dem aktiven Bestandskonto **„Sonstige Forderungen"** zu buchen ist. Die Ertragswirksamkeit für das alte Jahr wird damit vorweggenommen, antizipiert.

Beispiel:
Die OfficeCom AG erhält die Dezembermiete für den vermieteten Teil des Verwaltungsgebäudes von 5.600,00 € erst am 3. Januar des folgenden Jahres durch Banküberweisung.

Buchungen:

(1) **Zeitliche Abgrenzung per 31. Dezember des alten Jahres:**	
Sonstige Forderungen an Mieterträge	5.600,00 €
(2) **Abschlussbuchungen per 31. Dezember des alten Jahres:**	
Schlussbilanzkonto an Sonstige Forderungen	5.600,00 €
Mieterträge an Gewinn- und Verlustkonto	5.600,00 €
(3) **Eröffnungsbuchung per 1. Januar des folgenden Jahres:**	
Sonstige Forderungen an Eröffnungsbilanzkonto	5.600,00 €
(4) **Zahlungsausgleich am 3. Januar des neuen Jahres:**	
Bankguthaben an Sonstige Forderungen	5.600,00 €

Sonstige Verbindlichkeiten

Aufwendungen, die wirtschaftlich *vollständig* oder *teilweise* das alte Jahr betreffen, die aber erst im neuen Jahr zu einer Ausgabe führen, stellen für das Unternehmen per 31. Dezember des alten Jahres vollständig oder teilweise eine **Geldverbindlichkeit** dar, die auf dem passiven Bestandskonto **„Sonstige Verbindlichkeiten"** zu buchen ist. Die Aufwandswirksamkeit für das alte Jahr wird damit vorweggenommen.

Beispiel:
Die OfficeCom AG muss vierteljährlich nachträglich fällige Zinsen für die Zeit von November bis Januar über 2.535,00 € für ein aufgenommenes Darlehen am 31. Januar des folgenden Jahres zahlen.

Buchungen:

(1) **Zeitliche Abgrenzung per 31. Dezember des alten Jahres:**		
Zinsaufwendungen an Sonstige Verbindlichkeiten		1.690,00 €
(2) **Abschlussbuchungen per 31. Dezember des alten Jahres:**		
Sonstige Verbindlichkeiten an Schlussbilanzkonto		1.690,00 €
Gewinn- und Verlustkonto an Zinsaufwendungen		1.690,00 €
(3) **Eröffnungsbuchung per 1. Januar des folgenden Jahres:**		
Eröffnungsbilanzkonto an Sonstige Verbindlichkeiten		1.690,00 €
(4) **Zinszahlung am 31. Januar des neuen Jahres:**		
Sonstige Verbindlichkeiten	1.690,00 €	
Zinsaufwendungen	845,00 €	
an Bankguthaben		2.535,00 €

Darstellung des Beispiels zu „Sonstige Verbindlichkeiten" auf Konten

Buchungen im alten Jahr:

Soll	Sonstige Verbindlichkeiten		Haben
2. SBK	1.690,00	1. Zinsaufw.	1.690,00

Soll	Zinsaufwendungen		Haben
1. Sonst. Verb.	1.690,00	2. GuV-Konto	1.690,00

Soll	Schlussbilanzkonto		Haben
		2. sonst. Verb.	1.690,00

Soll	Gewinn- und Verlustkonto		Haben
2. Zinsaufw.	1.690,00		

Buchungen im neuen Jahr:

Soll	Zinsaufwendungen		Haben
4. Bankguthaben	845,00		

Soll	Eröffnungsbilanzkonto		Haben
3. Sonst. Verb.	1.690,00		

Soll	Sonstige Verbindlichkeiten		Haben
4. Bankguthaben	1.690,00	3. EBK	1.690,00

Soll	Bankguthaben		Haben
		4. Zinsaufw./ Sonst. Verb.	2.535,00

Aktive Rechnungsabgrenzung

Aufwendungen, die wirtschaftlich *vollständig* oder *teilweise* das neue Jahr betreffen, die aber schon im alten Jahr zu einer Ausgabe führten, stellen für das Unternehmen per 31. Dezember des alten Jahres eine vollständige oder anteilige **Sach- oder Leistungsforderung** dar, die auf dem aktiven Bestandskonto **„Aktive Rechnungsabgrenzung"** (ARA) zu buchen ist. Die Aufwandswirksamkeit wird damit in das neue Jahr hinübergenommen.

Beispiel:

Die OfficeCom AG bezahlt die Januarmiete des kommenden Jahres für eine Lagerhalle über 1.600,00 € bereits am 29. Dezember des alten Jahres durch Banküberweisung.

Buchungen:

(1) **Mietzahlung am 29. Dezember des alten Jahres:**
Aktive Rechnungsabgrenzung an Bankguthaben 1.600,00 €

(2) **Abschlussbuchung per 31. Dezember des alten Jahres:**
Schlussbilanzkonto an Aktive Rechnungsabgrenzung 1.600,00 €

(3) **Eröffnungsbuchung per 1. Januar des neuen Jahres:**
Aktive Rechnungsabgrenzung an Eröffnungsbilanzkonto 1.600,00 €

(4) **Buchung des Mietaufwandes per 1. Januar des neuen Jahres:**
Mieten, Pachten an Aktive Rechnungsabgrenzung 1.600,00 €

Passive Rechnungsabgrenzung

Erträge, die wirtschaftlich *vollständig* oder *teilweise* das neue Jahr betreffen, die aber schon im alten Jahr zu einer Einnahme führten, stellen für das Unternehmen per 31. Dezember des alten Jahres eine vollständige oder anteilige **Sach- oder Leistungsverbindlichkeit** dar, die auf dem passiven Bestandskonto **„Passive Rechnungsabgrenzung"** (PRA) zu buchen ist. Die Ertragswirksamkeit wird damit in das neue Jahr hinübergenommen.

Beispiel:

Die OfficeCom AG erhält am 1. November für ein vergebenes Darlehen die Zinsen für das kommende Quartal (November bis Januar) von 3.870,00 € im Voraus dem Bankkonto gutgeschrieben.

Buchungen:

(1) **Zinszahlung am 1. November des alten Jahres:**
Bankguthaben 3.870,00 €
an Zinserträge 2.580,00 €
an Passive Rechnungsabgrenzung 1.290,00 €

(2) **Abschlussbuchungen per 31. Dezember des alten Jahres:**
Passive Rechnungsabgrenzung an Schlussbilanzkonto 1.290,00 €
Zinserträge an Gewinn- und Verlustkonto 2.580,00 €

(3) **Eröffnungsbuchung per 1. Januar des neuen Jahres:**
Eröffnungsbilanzkonto 1.290,00 €
an Passive Rechnungsabgrenzung 1.290,00 €

(4) **Buchung des anteiligen Zinsertrages des neuen Jahres:**
Passive Rechnungsabgrenzung an Zinserträge 1.290,00 €

Darstellung des Beispiels zu „Passive Rechnungsabgrenzung“ auf Konten

Buchungen im alten Jahr:

Soll	Bankguthaben		Haben
1. Zinserträge/PRA	3.870,00		

Soll	Zinserträge		Haben
2. GuV-Konto	2.580,00	1. Bankguthaben	2.580,00

Soll	Passive Rechnungsabgrenzung		Haben
2. SBK	1.290,00	1. Bankguthaben	1.290,00

Soll	Gewinn- und Verlustkonto		Haben
		2. Zinserträge	2.580,00

Soll	Schlussbilanzkonto		Haben
		2. PRA	1.290,00

Buchungen im neuen Jahr:

Soll	Eröffnungsbilanzkonto		Haben
3. PRA	1.290,00		

Soll	Zinserträge		Haben
		4. PRA	1.290,00

Soll	Passive Rechnungsabgrenzung		Haben
4. Zinserträge	1.290,00	3. EBK	1.290,00

8

Fälle der zeitlichen Abgrenzung

im alten Jahr	im neuen Jahr	Buchungen zur zeitlichen Abgrenzung
Aufwand	Ausgabe	Aufwandskonto an Sonstige Verbindlichkeiten
Ertrag	Einnahme	Sonstige Forderungen an Ertragskonto
Ausgabe	Aufwand	Aktive Rechnungsabgrenzung an Finanzkonto
Einnahme	Ertrag	Finanzkonto an Passive Rechnungsabgrenzung

Rückstellungen

- Rückstellungen sind **Verbindlichkeiten** für (geschätzte) **Aufwendungen**, die am Bilanzstichtag ihrem Grunde nach feststehen, nicht aber in ihrer Höhe und/oder Fälligkeit.
- In § 249 HGB ist geregelt, für welche Zwecke Rückstellungen gebildet werden müssen.
- In der Bilanz sind auf der **Passivseite** auszuweisen
  - Pensionsrückstellungen,
  - Steuerrückstellungen,
  - Sonstige Rückstellungen.
- Sind im neuen/späteren Jahr
  - tatsächliche Kosten > Rückstellung
    → periodenfremder Aufwand
  - tatsächliche Kosten < Rückstellung
    → Ertrag aus der Auflösung der Rückstellung.

Beispiel:

Die OfficeCom AG führt mit einem Lieferanten einen Prozess, dessen Ausgang per 31. Dezember ungewiss ist. Vorsichtshalber rechnet die OfficeCom AG mit 2.500,00 € Prozesskosten. Bei Abschluss des Prozesses im neuen Jahr entstehen tatsächlich Kosten von 2.300,00 €.

Buchung per 31. Dezember des alten Jahres:

Rechts- und Beratungskosten	2.500,00 €	
an Sonstige Rückstellungen		2.500,00 €

Buchung nach Abschluss des Prozesses im neuen Jahr:

Sonstige Rückstellungen	2.500,00 €	
an Bankguthaben		2.300,00 €
an Erträge aus der Auflösung von Rückstellungen		200,00 €

3545352

Handelsbilanz – Steuerbilanz

Trade balance – tax statement

Zielsetzung

- Zum Bilanzstichtag sind alle Vermögensgegenstände und Schulden zu bewerten und in der Bilanz auszuweisen.
- Bilanzierung bzw. Bewertung der Vermögensgegenstände und der Schulden beeinflussen die Höhe des in der Gewinn- und Verlustrechnung ausgewiesenen Erfolgs.
- Insbesondere zum Schutz der Gläubiger hat der Gesetzgeber Bilanzierungs- und Bewertungsvorschriften erlassen, um die willkürliche Bewertung der Vermögensgegenstände und Schulden zu unterbinden.
- Zu beachten sind dabei handels- und steuerrechtliche Bewertungsvorschriften.

Unterscheidungsmerkmale

Unterscheidungsmerkmale

Handelsrechtliche Bewertungsvorschriften

... sind im **Handelsgesetzbuch** (§§ 252 bis 256 HGB) festgehalten,

... dienen der **Kapitalerhaltung** und damit vor allem dem **Schutz der Gläubiger**,

... verfolgen als obersten Bewertungsgrundsatz das **Prinzip der Vorsicht**,

... sind die Grundlage für die **Handelsbilanz**.

Steuerrechtliche Bewertungsvorschriften

... ergeben sich aus dem **Einkommensteuergesetz** (§§ 5 bis 7 EStG),

... sollen die Gewinnermittlung nach einheitlichen **Grundsätzen** sicherstellen und damit zur **Steuergerechtigkeit** beitragen,

... sind die Grundlage für die **Steuerbilanz**.

Prinzip der Maßgeblichkeit

Principle of relevance

Grundsatz

Die **handelsrechtlichen Bilanzierungs- und Bewertungsvorschriften sind auch maßgebend für die Steuerbilanz**, sofern nicht steuerrechtliche Vorschriften zwingend etwas anderes vorschreiben; das heißt, die Steuerbilanz ist aus der Handelsbilanz abzuleiten. So bestimmt § 5 Absatz 1 EStG, dass *„bei Gewerbetreibenden, die aufgrund gesetzlicher Vorschriften verpflichtet sind, Bücher zu führen und regelmäßig Abschlüsse zu machen, ..., ... für den Schluss des Wirtschaftsjahres das Betriebsvermögen anzusetzen ist, ..., das nach den handelsrechtlichen Grundsätzen ordnungsmäßiger Buchführung auszuweisen ist."*

Beispiele übereinstimmender Vorschriften nach HGB und EStG:

- **Aktivierungsverbot** von Vertriebsgemeinkosten und Sondereinzelkosten des Vertriebs (siehe S. 361)
- **Passivierungsgebot** von Rückstellungen für unterlassene Instandhaltung, sofern diese innerhalb der ersten drei Monate des folgenden Jahres nachgeholt werden.

Durchbrechung des Grundsatzes

Häufig weichen die steuerrechtlichen Vorschriften von den handelsrechtlichen ab, schreiben also zwingend etwas anderes vor.

Beispiel abweichender Vorschriften nach HGB und EStG:

Während in der Handelsbilanz nach § 249 Absatz 1 HGB Rückstellungen für drohende Verluste aus schwebenden Geschäften gebildet werden müssen, ist in der Steuerbilanz die Bildung derartiger Rückstellungen nach § 5 Absatz 4 a Satz 1 EStG untersagt. Insofern wird das Maßgeblichkeitsprinzip durchbrochen.

vgl.: Scharf, Dirk: Handelsrechtlicher Jahresabschluss, Gabler Verlag Wiesbaden 1993, S. 51 f.

Übersicht

Bilanzierungs- und Bewertungsgrundsätze

- Grundsatz der Bilanzklarheit und -übersichtlichkeit
- Prinzip der Vorsicht
- Prinzip der Bilanzwahrheit
- Prinzip der Bilanzverknüpfung
- Prinzip der Einzelbewertung

Grundsatz der Bilanzklarheit und -übersichtlichkeit

Damit ein sachkundiger Dritter, z. B. ein Steuerberater oder ein Wirtschaftsprüfer, in der Lage ist, in angemessener Zeit einen sicheren Einblick in die Vermögens- und Erfolgslage des bilanzierenden Unternehmens zu gewinnen, muss die Bilanz klar und übersichtlich (§ 243 Absatz 2 HGB), muss das Zahlenmaterial nachprüfbar sein.

Nachprüfbarkeit der Bilanz

Die **Nachprüfbarkeit** der Zahlen, als **Grundsätze ordnungsmäßiger Buchführung** (GoB) im engeren Sinne bezeichnet, setzt im Wesentlichen die Einhaltung formaler Vorschriften voraus, die sich zum Teil in der Praxis herausgebildet haben und teilweise in Gesetzen festgelegt sind (HGB, AktG, EStG, AO):

- **Führung von Handelsbüchern**, in denen die Handelsgeschäfte und die Lage des Vermögens ersichtlich zu machen sind (§ 238 Absatz 1 HGB);
- Verwendung eines **Buchführungssystems**, das der Nachprüfbarkeit Genüge tut;
- im Falle der doppelten Buchführung: Aufzeichnung der Geschäftsfälle in zeitlicher Reihenfolge im Journal oder **Grundbuch** und nach sachlichen Gesichtspunkten im **Hauptbuch** auf Sachkonten sowie in **Nebenbüchern**, wie zum Beispiel Kassenbuch, Lagerbuch;
- Führung der Bücher in einer **lebenden Sprache** (§ 239 Absatz 1 HGB);
- Aufstellung des Jahresabschlusses in deutscher Sprache und **Bewertung in Euro** (§ 244 HGB);
- **zeitgerechte** und **geordnete Eintragungen** in die Handelsbücher (§ 239 Absatz 2 HGB);
- Eintragungen dürfen – wenn überhaupt – nur so geändert werden, dass der **ursprüngliche Inhalt noch feststellbar** ist (§ 239 Absatz 3 HGB);
- allen Buchungen müssen **Belege** zugrunde liegen;
- Handelsbücher, Inventare, Bilanzen, Buchungsbelege und Lageberichte müssen zehn Jahre, Handelsbriefe und sonstige Unterlagen **sechs Jahre aufbewahrt** werden (§ 257 HGB);
- die **Dauer des Geschäftsjahres** darf **zwölf Monate** nicht überschreiten (§ 240 Absatz 2 HGB);
- die Beachtung des **Stichtagsprinzips** (Bewertung der Vermögensgegenstände und der Schulden zum Abschlussstichtag) nach § 252 Absatz 1 Ziffer 3 HGB soll die Berücksichtigung zukünftiger Ereignisse ausschließen;
- grundsätzlich gilt für die einzelnen Vermögensgegenstände und die Schulden das Prinzip der **Einzelbewertung**.

Übersichtlichkeit der Bilanz

Die **Übersichtlichkeit** des Zahlenmaterials der Finanzbuchhaltung wird erreicht durch ...

- die Anwendung des branchenspezifischen **Kontenrahmens** bei der Erstellung des betriebsindividuellen Kontenplanes,
- die – für Kapitalgesellschaften zwingend vorgeschriebenen – **Gliederungsvorschriften** für die Bilanz (§ 266 HGB) und die Gewinn- und Verlustrechnung (§ 275 HGB) sowie die Vorschriften über den Inhalt des Anhangs (§§ 284–288 HGB),
- das Verbot, **fremdartige Wirtschaftsgüter** in einer Position zusammenzufassen,
- die Anwendung des **Bruttoprinzips**; das bedeutet, dass Posten der Aktivseite nicht mit Posten der Passivseite verrechnet werden dürfen, z. B. Forderungen aus Lieferungen und Leistungen mit Verbindlichkeiten aus Lieferungen und Leistungen (§ 246 Abs. 2 HGB):
- die – nur für Kapitalgesellschaften vorgeschriebene – Darstellung der Entwicklung einzelner Posten des Anlagevermögens in einem **Anlagengitter** oder Anlagenspiegel (§ 268 Abs. 2 HGB).

Das Anlagengitter oder der Anlagenspiegel muss folgende Angaben enthalten:

- Anschaffungs- oder Herstellungskosten
- Zugänge
- Abgänge
- Umbuchungen
- Zuschreibungen
- gesamte Abschreibungen
- Buchwert am Bilanzstichtag

Die hierfür notwendigen Informationen können aus dem Anlagenverzeichnis oder der Anlagendatei gewonnen werden (siehe S. 363).

Beispiel **Anlagengitter**

Anlagengitter in T€ zum 31. Dezember 20..

Anlage-posten	AK/HK*	Zugänge zu AK/HK	Abgänge zu AK/HK	Umbu-chungen zu AK/HK	Zuschrei-bungen	Kumu-lierte Abschrei-bungen	Buch-wert am 31. Dez. des Berichts-jahres	Buch-wert am 31. Dez. des Vor-jahres	Abschrei-bungen des Be-richtsjah-res
0	1	2	3	4	5	6	7	8	9
TA/ Maschinen	6.000	450	–	200	–	3.950	2.700	3.380	1.330

* AK/HK: Anschaffungs-/Herstellungskosten

Spalte	Erläuterungen
0	Bilanzposition
1	Alle zum 1. Januar des Berichtsjahres vorhandenen Anlagegüter der Bilanzposition, bewertet zu den ursprünglichen AK/HK
2	Zugänge der im Berichtsjahr angeschafften oder hergestellten Anlagegüter, bewertet zu den AK/HK
3	Abgänge von Anlagegütern im Berichtsjahr durch Verkauf, Entnahme oder Verschrottung, bewertet zu den ursprünglichen AK/HK
4	Eine im Bau befindliche Maschine (Eigenleistung) wird nach Fertigstellung vom Konto „Im Bau befindliche Anlagen“ auf das Konto „TA/Maschinen“ umgebucht.
5	Wertaufholungen nach § 280 Abs. 1 HGB, wenn eine außerplanmäßige Abschreibung korrigiert wird
6	Summe aller bisher in den Vorjahren vorgenommenen Abschreibungen auf die Anlagegüter gemäß Spalte 1 zuzüglich der Abschreibungen auf die Zugänge des Berichtsjahres (Spalte 2) und die umgebuchten Anlagegüter (Spalte 4) und abzüglich Abschreibungen
7	Buchwert der Bilanzposition am 31. Dezember des Berichtsjahres, der sich in dem dargestellten Beispiel wie folgt errechnet: AK/HK aus Spalte 1 (6.000 T€) + Zugänge aus Spalte 2 (450 T€) – Abgänge aus Spalte 3 (–) + Umbuchungen aus Spalte 4 (200 T€) + Zuschreibungen aus Spalte 5 (–) – kumulierte Abschreibungen aus Spalte 6 (2.620 T€ + 1.330 T€) = Buchwert am 31. Dezember des Berichtsjahres (2.700 T€)
8	Vergleichswert des Vorjahres
9	Information über die Abschreibungen des Berichtsjahres, die in den kumulierten Abschreibungen enthalten sind

Prinzip der Vorsicht

Das dem Handels- und Steuerrecht immanente **Vorsichtsprinzip** kommt in unterschiedlichen Bewertungsprinzipien zum Ausdruck:

Vorsichtsprinzip
- Aktivierung oder Nichtaktivierung
- Realisationsprinzip
- Imparitätsprinzip
- Prinzip der Periodenabgrenzung

Aktivierung oder Nichtaktivierung von Vermögensgegenständen

Das Vorsichtsprinzip zeigt sich in der Entscheidung über eine vollständige oder teilweise Aktivierung oder Nichtaktivierung von Vermögensgegenständen.

Beispiele:
- Verbot der Aktivierung von Forschungs- und Vertriebskosten, von Aufwendungen für die Gründung eines Unternehmens
- Werden bei der Bewertung von unfertigen und fertigen Erzeugnisse sowie von Eigenleistungen nur Teile der Herstellungskosten aktiviert (siehe S. 362), so wird der Gewinn entsprechend niedrig ausgewiesen.

Realisationsprinzip

Die Beachtung des Realisationsprinzips meint allgemein, dass Erträge bzw. Aufwendungen erst dann in der Bilanz ausgewiesen werden dürfen, wenn sie durch Umsätze realisiert sind.

Da nicht realisierte Gewinne (besser: Erträge) in der Bilanz nicht ausgewiesen werden dürfen, hat der Gesetzgeber in § 253 HGB **Wertgrenzen** für die Vermögensgegenstände und die Schulden festgelegt:

Wertgrenzen nach § 253 HGB

Ursprüngliche Anschaffungs- oder Herstellungskosten als Wertobergrenze für
- Gegenstände des **Anlagevermögens mit zeitlich unbegrenzter Nutzung** (§ 253 Abs. 1 Satz 1 HGB), z. B. Grundstücke, Finanzanlagen
- Gegenstände des **Umlaufvermögens** (§ 253 Abs. 1 Satz 1 HGB), z. B. Rohstoffe, Fremdbauteile, Handelswaren

Beispiel:
Ein Grundstück, Anschaffungskosten 1 Mio. €, hat nach 5 Jahren einen Wert von 1,2 Mio. €. Das Grundstück darf weiter nur mit 1 Mio. € in der Bilanz ausgewiesen werden; 200.000,00 € sind **nicht realisierter Gewinn**, der nicht ausgewiesen werden darf.

Fortgeschriebene* Anschaffungs- oder Herstellungskosten als Wertobergrenze für

Gegenstände des **Anlagevermögens mit zeitlich begrenzter Nutzung** (§ 253 Abs. 3 Satz 1 HGB), z. B. Gebäude, Maschinen, Fuhrpark, Betriebs- und Geschäftsausstattung (* fortgeschriebene AK/HK = ursprüngliche AK/HK – planmäßige Abschreibungen)

Beispiel:
Anschaffungskosten einer Fräsmaschine: 80.000,00 €; Nutzungsdauer: 5 Jahre; Wiederbeschaffungswert: 87.000,00 €; Abschreibungsmethode: linear; Abschreibung pro Jahr: 16.000,00 €; Bilanzierung zum Anschaffungszeitpunkt: 80.000,00 €; Bilanzausweis Ende des ersten Jahres zu fortgeschriebenen AK/HK: 64.000,00 €.

Ursprünglicher Erfüllungsbetrag als Wertuntergrenze für

Verbindlichkeiten (§ 253 Abs. 1 Satz 2 HGB) z. B. Auslandsschulden

Beispiel:
Aufnahme eines Kredites im Ausland über 1,5 Mio. US-$ zum Kurs von 1,10 €; Laufzeit 3 Jahre; Passivierung zum Zeitpunkt der Kreditaufnahme: 1,65 Mio. €; Kurs am Ende des ersten Jahres: 1,05 €; Wert des Kredites: 1,575 Mio. €; das Unternehmen muss den Kredit mit 1,65 Mio. € bilanzieren, da die 75.000,00 € **nicht realisierten Gewinn** darstellen, der nicht ausgewiesen werden darf.

Imparitätsprinzip

- Imparität bedeutet Ungleichstellung, nämlich, dass Erträge (Gewinne) und Aufwendungen (Verluste) im Hinblick auf ihren Ausweis in der Bilanz ungleich behandelt werden.
- **Erträge** dürfen erst in der Bilanz ausgewiesen werden, wenn sie durch Umsätze **realisiert** sind.
- **Aufwendungen** werden dagegen schon ausgewiesen, wenn sie **noch nicht realisiert** sind. Dies zeigt sich in der Bewertung des Vermögens nach dem sogenannten Niederstwertprinzip bzw. der Schulden nach dem sogenannten Höchstwertprinzip.

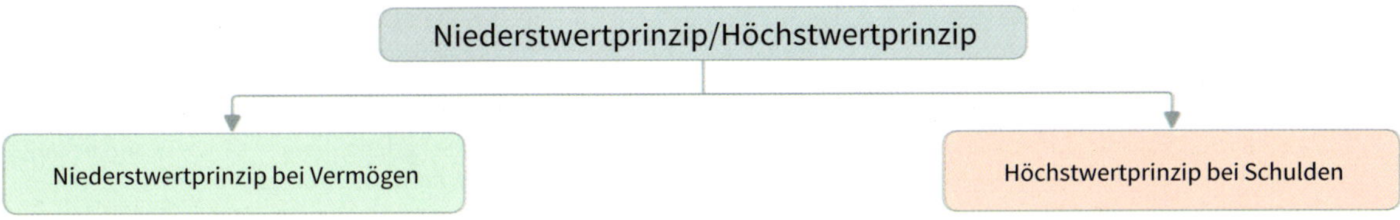

Niederstwertprinzip beim Vermögen

Das **Niederstwertprinzip**

... gilt für die Bewertung des Vermögens;

... besagt, dass von mehreren möglichen Werten der jeweils niedrigste zu wählen ist.

Niederstwertprinzip beim Anlagevermögen

- Ist der Wert, der dem Anlagevermögensgegenstand am Bilanzstichtag „beizulegen" ist, **voraussichtlich dauernd** niedriger als die AK/HK (für alle zeitlich unbegrenzt nutzbaren Güter des Anlagevermögens) bzw. als die fortgeschriebenen AK/HK (für alle zeitlich begrenzt nutzbaren Güter des Anlagevermögens), **muss** nach § 253 Absatz 3 HGB eine **außerplanmäßige Abschreibung** auf diesen niedrigeren Wert vorgenommen werden (**Abschreibungspflicht**).
- Für **Finanzanlagen** gilt nach § 253 Absatz 3 Satz 4 HGB zusätzlich folgende Regelung: Ist die **Wertminderung** voraussichtlich nicht dauernd, also voraussichtlich nur **vorübergehend, können** außerplanmäßige Abschreibungen auf den niedrigeren „beizulegenden" Wert vorgenommen werden (**Abschreibungswahlrecht**).
- Der niedrigere Wertansatz darf nicht beibehalten werden, wenn die Gründe dafür nicht mehr bestehen (§ 253 Absatz 5 HGB).

Beispiel:
Die OfficeCom AG kauft am 19. Juni 20.. 8 500 Stück Aktien der XY-AG zum Kurswert von 35,70 € pro Stück mit dem Ziel einer langfristigen Kapitalanlage. Am 31. Dez. 20.. (Bilanzstichtag) ist der Kurs vorübergehend auf 33,76 € gesunken.

Die XY-Aktien gehören zum Finanzanlagevermögen der OfficeCom AG. Es besteht also ein Abschreibungswahlrecht. Folgende Bilanzansätze sind möglich:

- 8 500 St. · 35,70 €/St. = 303.450,00 €
- 8 500 St. · 33,76 €/St. = 286.960,00 €
  (Die außerplanmäßige Abschreibung beträgt dann 16.490,00 €.)
- Wert zwischen 303.450,00 € und 286.960,00 € mit entsprechender außerplanmäßigen Abschreibung

Niederstwertprinzip beim Umlaufvermögen

Ist der Börsen- oder Marktpreis am Bilanzstichtag niedriger als die AK/HK, **muss** dieser niedrigere Wert angesetzt werden, unabhängig davon, ob diese Wertminderung nur **vorübergehend** oder **dauerhaft** ist (§ 253 Absatz 4 HGB).

Beispiel:
Die Anschaffungskosten für 100 t des Rohstoffes Stahl betrugen 170,00 €/t. Am Bilanzstichtag waren die Anschaffungskosten vorübergehend auf 165,00 €/t gesunken.

Wertansatz in der Bilanz: 16.500,00 €
Außerplanmäßige Abschreibung: 500,00 €

Höchstwertprinzip bei den Schulden

Für Schulden gilt analog das **Höchstwertprinzip**. Ist der Tageswert am Bilanzstichtag höher als der ursprüngliche Erfüllungs- oder Rückzahlungsbetrag, **muss** der höhere Tageswert angesetzt werden, unabhängig davon, ob der Tageswert nur **vorübergehend** oder **dauerhaft** gestiegen ist und unabhängig von der Rechtsform des bilanzierenden Unternehmens.

Das Höchstwertprinzip ist nur für **Auslandsschulden** von Bedeutung.

Prinzip der Periodenabgrenzung

Nach § 252 Absatz 1 Ziffer 5 HGB sind „*Aufwendungen und Erträge des Geschäftsjahres ... unabhängig von den Zeitpunkten der entsprechenden Zahlungen im Jahresabschluss zu berücksichtigen*", um den Gewinn periodengerecht zu ermitteln.

Bereiche der Periodenabgrenzung

sachliche Zuordnung von Leistungen und der durch ihre Entstehung bedingten Aufwendungen

- Wenn Ausgaben für Produktionsfaktoren sowie deren Verbrauch zur Leistungserstellung und der Verkauf der Leistungen **in derselben Periode** stattfinden, ist die sachliche Zuordnung unproblematisch.
  Beispiel: Einkauf und Verbrauch von Rohstoffen in der Produktion sowie Verkauf der daraus entstandenen Erzeugnisse in ein und derselben Periode.
- Wenn die Ausgaben für Produktionsfaktoren **in der Periode 1** stattfinden, deren Verbrauch und der Verkauf der Leistungen aber erst in der/den folgenden Periode/n, dann werden die **Ausgaben** in der Periode der Anschaffung **aktiviert** und erst in der/den folgenden Periode/n zu Aufwendungen.
  Beispiel: Kauf eines Gabelstaplers in der Periode 1 und Abschreibung in der Periode 1 und in den Folgeperioden.
- Wenn die Ausgaben für Produktionsfaktoren und deren Verbrauch in der Periode 1 stattfinden, der Verkauf der Leistungen aber in der/den folgenden Periode/n, dann sind die Aufwendungen der Periode 1 als **Mehrbestände an unfertigen oder/und fertigen Erzeugnissen zu aktivieren.** Sie werden in den Perioden des Verkaufs der Leistungen den Erlösen gegenübergestellt (siehe S. 142 ff.)

zeitliche Abgrenzung, wenn Zahlungszeitpunkt und Erfolgswirksamkeit zeitlich auseinanderfallen

- Stehen Zahlungen am Bilanzstichtag in ihrer Art und Höhe fest und sind sie wirtschaftlich der abgelaufenen Periode zuzurechnen, liegt der Zahlungszeitpunkt aber erst in der kommenden Periode, werden sie am Bilanzstichtag als Ertrag bzw. Aufwand vorweggenommen.
  → Antizipative Posten der zeitlichen Abgrenzung
- Sind Zahlungen der abgelaufenen Periode wirtschaftlich der kommenden Periode als Aufwendungen bzw. Erträge zuzuordnen, sind sie über die Posten der aktiven bzw. passiven Rechnungsabgrenzung zeitlich abzugrenzen.
  → Transitorische Posten der zeitlichen Abgrenzung
  (Zum Problem der zeitlichen Abgrenzung mit Beispielen siehe ausführlich S. 350 ff.)

8

Prinzip der Bilanzwahrheit

Das Prinzip der Bilanzwahrheit beruht auf den Grundsätzen von **Vollständigkeit** und **Richtigkeit**: „*Die Eintragungen in Büchern und die sonst erforderlichen Aufzeichnungen müssen vollständig, richtig, zeitgerecht und geordnet vorgenommen werden.*" (§ 239 Abs. 2 HGB)
„*Der Jahresabschluss hat sämtliche Vermögensgegenstände, Schulden, Rechnungsabgrenzungsposten, Aufwendungen und Erträge zu enthalten, soweit gesetzlich nichts anderes bestimmt ist.*" (§ 246 Abs. 1 HGB)

Bilanzwahrheit

Vollständigkeit

- Bilanzierung **sämtlicher** vorhandener bzw. bilanzierungspflichtiger Wirtschaftsgüter und Kapitalwerte
- Ausweis der Vermögensgegenstände und Kapitalwerte in **zutreffend bezeichneten** Bilanzpositionen – bei Kapitalgesellschaften entsprechend dem Mindestgliederungsschema der Bilanz (siehe S. 108)
- kein Ausweis **falscher** oder **fiktiver** Posten in der Bilanz

Richtigkeit

- **Richtige** Bewertung der Vermögens- und Kapitalpositonen entsprechend den gesetzlichen Bewertungsvorschriften, wobei Bewertungsspielräume nicht willkürlich genutzt werden dürfen

3545358

Bilanzierungs- und Bewertungsgrundsätze *Principles of accounting and evaluation*

Prinzip der Bilanzverknüpfung

Um die Entwicklung von Vermögen, Schulden und Erfolg des Unternehmens beurteilen zu können, müssen die Jahresbilanzen sowie Gewinn- und Verlustrechnungen über mehrere Perioden hinweg verglichen werden können. Diese Vergleichbarkeit soll durch die Beachtung des Prinzips der Bilanzverknüpfung erreicht werden:

Prinzip der Bilanzverknüpfung

Grundsatz der Bilanzidentität

- Nach § 252 Absatz 1 Ziffer 1 HGB müssen „die Wertansätze in der Eröffnungsbilanz des Geschäftsjahres ... mit denen der Schlussbilanz des vorhergehenden Geschäftsjahres übereinstimmen“.
- Der Gesetzgeber fordert also eine vollkommene ziffernmäßige **Übereinstimmung** beider Bilanzen. Dadurch wird sichergestellt, dass zwischen Abschluss und Eröffnung keine Gewinne durch Wertdifferenzen zwischen Schluss- und Eröffnungsbilanz geschaffen oder beseitigt werden.

Grundsatz der Bilanzkontinuität

formelle und inhaltliche Vergleichbarkeit aufeinander folgender Bilanzen

formelle Bilanzkontinuität

- gleichbleibende **Gliederung** von Bilanz sowie Gewinn- und Verlustrechnung
- gleiche inhaltliche **Abgrenzung** der Bilanzpositionen
- gleiche **Benennung** der Bilanzpositionen
- gleiche **Form** der Abschreibung – direkt oder indirekt
- Beibehaltung des **Abschlusszeitraumes**, d. h. keine Änderung des Geschäftsjahres

inhaltliche Bilanzkontinuität

Bewertungsstetigkeit durch

- ... gleichbleibende Ausübung von **Bilanzierungswahlrechten**
- ... Beibehaltung der **Bewertungsmethoden** wie z. B. lineare oder degressive Abschreibung, Höhe des Prozentsatzes für die Pauschalabschreibung von Forderungen
- ... Beachtung des Grundsatzes des **Wertzusammenhangs**

Prinzip der Einzelbewertung

Bewertungsgrundsatz

- Sämtliche abgrenzbaren Vermögensgegenstände und Schulden sind nach § 252 Absatz 1 Ziffer 3 HGB einzeln zu bewerten. Die Abgrenzung selbstständig bewertbarer Güter kann in der Praxis Schwierigkeiten bereiten: Bilden zum Beispiel PC und Bildschirm eine Einheit oder sind sie getrennt zu bewerten?
- Gleichartige Güter mit gleichen Anschaffungs- oder Herstellungskosten und gleichem Anschaffungs- oder Herstellungstermin können zu einer Gruppe zusammengefasst und gemeinsam bewertet werden.

Durchbrechung des Prinzips der Einzelbewertung

- Werden gleichartige oder ähnliche Güter zu unterschiedlichen Preisen und Zeitpunkten angeschafft oder hergestellt und ändern sich in der Abrechnungsperiode laufend die Bestände (z. B. der Vorräte), gestattet der Gesetzgeber **Bewertungsvereinfachungen**:
  - Gruppenbewertung mit dem **gewogenen Durchschnittswert** nach § 240 Absatz 4 HGB
  - Bewertung zu **Festpreisen** nach § 240 Absatz 3 HGB
  - Bewertung mithilfe von **Verbrauchsfolgeverfahren** nach § 256 HGB
  - **Pauschalwertberichtigungen zu Forderungen** wegen des allgemeinen Kreditrisikos
  - Bewertung von **Rückstellungen für Massenereignisse** wie z. B. für künftige Garantieleistungen

Wertansätze in der handelsrechtlichen Jahresbilanz

Valuations in the annual balance according to German commercial law

Wertansätze nach § 253 Absatz 1 HGB

Vermögensgegenstände	Schulden	Rückstellungen
Anschaffungskosten bzw. Herstellungskosten	Erfüllungsbetrag	Erfüllungsbetrag, der nach vernünftiger kaufmännischer Beurteilung notwendig ist (s. S. 352)

(Aktivierungspflichtige) Anschaffungskosten

Begriff und Berechnung

„Anschaffungskosten sind die Aufwendungen, die geleistet werden, um einen Vermögensgegenstand zu erwerben und ihn in einen betriebsbereiten Zustand zu versetzen, soweit sie dem Vermögensgegenstand einzeln zugeordnet werden können“ (§ 255 Absatz 1 Satz 1 HGB). Die **Umsatzsteuer** zählt nicht zu den Anschaffungskosten.

	Anschaffungspreis
–	Anschaffungspreisminderungen
+	Anschaffungsnebenkosten, soweit einzeln zuordenbar
+	nachträgliche Anschaffungskosten
=	Anschaffungskosten

Anschaffungspreisminderungen …
sind z. B. Sofortrabatte, Skonti, Boni, sonstige Preisnachlässe.

Anschaffungsnebenkosten …
sind einmalige Ausgaben, um das Wirtschaftsgut betriebsbereit zu machen, z. B. Vermessungs-, Fundamentierungs-, Transport-, Montagekosten.

Nachträgliche Anschaffungskosten …
sind z. B. nachträgliche Preiserhöhungen aufgrund gerichtlicher Entscheidung.

8

Beispiel: Die OfficeCom AG kauft von der Maschinenfabrik Kurt Utzinger e. K. eine Hobelmaschine und erhält nach Aufstellung und Montage am 25. Februar 20.. folgende Rechnung, die am 5. März 20.. unter Abzug von 2 % Skonto durch Banküberweisung beglichen wird:
Außerdem schickt die Scharte KG für die Erstellung eines Fundaments eine Rechnung, die ebenfalls durch Banküberweisung bezahlt wird:

Maschinenfabrik Kurt Utzinger e. K.

Utzinger e. K. · Merseburger Str. 20 · 39122 Magdeburg

OfficeCom AG
Hansastraße 120
38112 Braunschweig

Merseburger Straße 20
39122 Magdeburg
Telefon: 0391 345629
Telefax: 0391 666621
E-Mail: info.Maschutz-wvd@t-online.de
Internet: www.Utzing-Masch-wvd.de

Rechnung Nr. 2160 **Lieferschein Nr.** 1005 **Datum** 25.02.20..
Kundennr. 888 **Auftrag Nr.** 2403

Pos.	Bezeichnung	Menge	Preis €
1	Hobelmaschine KU 40	1	12.500,00
2	Montage und Aufstellung gemäß Spezifikation		212,00
			12.712,00
	19 % Umsatzsteuer		2.415,28
	Rechnungsbetrag		15.127,28
	Zahlbar innerhalb 8 Tagen mit 2 % Skonto, innerhalb 4 Wochen netto.		

Kurt Utzinger e. K.
Sitz Magdeburg

SCHARTE KG

Scharte KG · Saarstraße 50 · 38118 Braunschweig

OfficeCom AG
Hansastraße 120
38112 Braunschweig

Saarstraße 50
38116 Braunsweig
Tel.: 0531 127456
Fax: 0531 127458
E-Mail: info.Schartekg-wvd@t-online.de
Internet: www.Schartebau-wvd.de

Rechnung Nr. 184/9
Auftrag Nr. 148 B
Datum: 19.02.20..

Pos.	Bezeichnung der Lieferung/Leistung	Preis €
1	Erstellung eines Fundaments für Hobelmaschine gemäß Aufstellung	3.360,00
	19 % Umsatzsteuer	638,40
	Rechnungsbetrag	3.998,40
	Zahlbar innerhalb 10 Tagen ohne Abzug	

SCHARTE KG
Sitz Braunschweig

Errechnung der aktivierungspflichtigen Anschaffungskosten:

	Anschaffungspreis (netto)		12.500,00 €
+	Anschaffungsnebenkosten		
	Montage und Aufstellung (netto)	212,00 €	
	Erstellung eines Fundaments (netto)	3.360,00 €	3.572,00 €
–	Anschaffungskostenminderungen		
	Skonto (netto: 2 % von 12.712,00 €)		254,24 €
=	Aktivierungspflichtige Anschaffungskosten		15.817,76 €

Dieser Betrag muss sich als Saldo auf dem aktiven Bestandskonto „Technische Anlagen und Maschinen" ergeben. Er bildet die Grundlage für die Abschreibung.

Buchung der aktivierungspflichtigen Anschaffungskosten

Buchung der Eingangsrechnung der Maschinenfabrik:

TA/Maschinen	12.712,00 €	
Vorsteuer	2.415,28 €	
an Verbindlichkeiten a. LL.		15.127,28 €

Buchung des Rechnungsausgleichs an die Maschinenfabrik Kurt Utzinger e. K. mit Abzug von 2 % Skonto:

Verbindlichkeiten a. LL.	15.127,28 €	
an TA/Maschinen		254,24 €
an Vorsteuer		48,31 €
an Bankguthaben		14.824,73 €

Buchung der Eingangsrechnung der SCHARTE KG:

TA/Maschinen	3.360,00 €	
Vorsteuer	638,40 €	
an Verbindlichkeiten a. LL.		3.998,40 €

Buchung des Rechnungsausgleichs an die SCHARTE KG:

Verbindlichkeiten a. LL.	3.998,40 €	
an Bankguthaben		3.998,40 €

Der Saldo auf dem Konto „Technische Anlagen und Maschinen" ergibt die aktivierungspflichtigen Anschaffungskosten von 15.817,76 €.

Soll	Technische Anlagen und Maschinen		Haben
Verbindlichkeiten a. LL.	12.712,00 €	Verbindlichkeiten a. LL.	254,24 €
Verbindlichkeiten a. LL.	3.360,00 €		

Herstellungskosten

Begriff und Ermittlung nach Handels- und Steuerrecht

„Herstellungskosten sind die Aufwendungen, die durch den Verbrauch von Gütern und die Inanspruchnahme von Diensten für die Herstellung eines Vermögensgegenstands … entstehen." (§ 255 Absatz 2 HGB).

Mit ihnen sind also im Wesentlichen die Mehrbestände an unfertigen und fertigen Erzeugnissen sowie die Eigenleistungen zu bewerten.

Arten von aufwandsgleichen Kosten	§ 255 Abs. 2 und 3 HGB	Abschnitt 33 EStR
Materialeinzelkosten	Einbeziehungsgebot	Einbeziehungsgebot
Materialgemeinkosten (angemessene Teile)	Einbeziehungsgebot	Einbeziehungsgebot
Fertigungseinzelkosten	Einbeziehungsgebot	Einbeziehungsgebot
Fertigungsgemeinkosten (angemessene Teile) einschließlich Werteverzehr des Anlagevermögens, soweit durch die Fertigung veranlasst	Einbeziehungsgebot	Einbeziehungsgebot
Sondereinzelkosten der Fertigung	Einbeziehungsgebot	Einbeziehungsgebot
Verwaltungsgemeinkosten einschließlich Aufwendungen z. B. für soziale Einrichtungen, freiwillige soziale Leistungen, betriebliche Altersversorgung	Einbeziehungswahlrecht	Einbeziehungswahlrecht
Vertriebsgemeinkosten	Einbeziehungsverbot	Einbeziehungsverbot
Sondereinzelkosten des Vertriebs	Einbeziehungsverbot	Einbeziehungsverbot

vgl.: Weber, Helmut Kurt: Betriebswirtschaftliches Rechnungswesen, Band 1: Bilanz und Erfolgsrechnung, Verlag Franz Vahlen 3. Aufl., München 1988, S. 177

Wertansätze in der handelsrechtlichen Jahresbilanz

Valuations in the annual balance according to German commercial law

Wertgrenzen

Wertuntergrenze:
Summe aus Materialeinzelkosten, Fertigungseinzelkosten, Sondereinzelkosten der Fertigung sowie angemessene Teile der Material- und Fertigungsgemeinkosten einschließlich Abschreibungen auf Anlagevermögen, soweit durch die Fertigung verursacht

Wertobergrenze:
Summe sämtlicher Einzel- und Gemeinkosten **ausschließlich** der Vertriebsgemeinkosten und der Sondereinzelkosten des Vertriebs

Beispiel

Eine für den Eigenbedarf hergestellte Maschine ist für die Bilanz zu bewerten. Ziel es ist, den Gewinn so niedrig wie möglich auszuweisen. Die Finanzbuchhaltung und die Kosten- und Leistungsrechnung liefern folgende Zahlen:

(1)	Einkaufspreis der Werkstoffe	25.200,00 €
(2)	19 % Umsatzsteuer hierauf	4.788,00 €
(3)	Materialgemeinkostensatz	25 %
(4)	Fertigungslöhne	17.350,00 €
(5)	Fertigungsgemeinkostensatz	200 %
(6)	Verwaltungsgemeinkostensatz	20 %
(7)	Vertriebsgemeinkostensatz	5 %

Lösung:

(a) Umsatzsteuer und Vertriebsgemeinkosten gehören nicht zu den Herstellungskosten.

(b) Unter Berücksichtigung der Zielsetzung eines möglichst niedrigen Gewinnausweises sind die Verwaltungsgemeinkosten unberücksichtigt zu lassen.

(c) Der Bilanzansatz ergibt sich dann wie folgt:

	(1) Werkstoffe	25.200,00 €
+	(3) Materialgemeinkosten (25 %)	6.300,00 €
+	(4) Fertigungslöhne	17.350,00 €
+	(5) Fertigungsgemeinkosten (200 %)	34.700,00 €
=	Bilanzansatz	83.550,00 €

8

Erfüllungsbetrag

Schulden sind mit ihrem Erfüllungsbetrag zu bewerten. Was unter dem Erfüllungsbetrag zu verstehen ist, hängt vom Grund der Schuldentstehung ab:

Verbindlichkeit ist entstanden durch ...	Beispiele	Wertansätze
den Zufluss von Geld und muss in Geld beglichen werden.	Darlehensaufnahme, Inanspruchnahme eines Kontokorrentkredites	Tilgungsbetrag
den Erhalt von Gütern oder Dienstleistungen und muss in Geld beglichen werden.	Zieleinkauf von Roh-, Hilfs- und Betriebsstoffen, Gegenständen der Betriebs- und Geschäftsausstattung, technischen Anlagen und Maschinen	Rechnungsbetrag oder Bruttobetrag (einschließlich USt)
den Zufluss von Geld oder Erhalt von Gütern bzw. Dienstleistungen aus dem Ausland und muss in Geld beglichen werden.	Aufnahme eines Darlehens in den USA, Zieleinkauf von Rohstoffen in Südafrika	Tilgungs-/Rechnungsbetrag in ausländischer Währung, multipliziert mit dem gültigen Wechselkurs
den Zufluss von Geld und muss mit Gütern oder Dienstleistungen beglichen werden.	erhaltene Anzahlungen oder Vorauszahlungen im Zuge des Verkaufs von Fertigerzeugnissen oder Handelswaren	Wert der geschuldeten Güter/Dienstleistungen
die Zahlungen in die Rentenkasse des Unternehmens.	Betriebsrente	Barwert
die Bildung von Rückstellungen für zu leistende Zahlungen an Dritte; die Bildung von Rückstellungen für zu erbringende Sachleistungen an Dritte.	Gewerbesteuernachzahlung Garantieleistungen	voraussichtlicher Zahlungsbetrag; voraussichtlicher Wert der Sach-/Dienstleistungen

Bewertung des abnutzbaren Anlagevermögens *Evaluation of depreciable assets*

Anlagevermögen nach HGB

Zum Anlagevermögen eines Unternehmens gehören alle Vermögensgegenstände, die nach § 247 Absatz 2 HGB dazu bestimmt sind, dem Geschäftsbetrieb auf Dauer zu dienen.
Das Anlagevermögen gliedert sich nach § 266 Abs. 2 HGB in folgende Gruppen (siehe auch S. 108):

Anlagevermögen

Immaterielle Vermögensgegenstände

Zum Beispiel:
- Konzessionen
- Lizenzen
- Geschäfts- oder Firmenwert

Sachanlagen

Zum Beispiel:
- Grundstücke und Bauten
- Technische Anlagen und Maschinen
- Betriebs- und Geschäftsausstattung

Finanzanlagen

Zum Beispiel:
- Beteiligungen
- Wertpapiere des Anlagevermögens
- Sonstige Ausleihungen

Für die Bewertung am Bilanzstichtag sind diese Vermögensgegenstände in zeitlich begrenzt nutzbare (**abnutzbare**) Güter (Sachanlagen wie z. B. Technische Anlagen und Maschinen, Fuhrpark) und zeitlich unbegrenzt nutzbare (**nicht abnutzbare**) Güter (z. B. Grundstücke, Wertpapiere des Anlagevermögens) einzuteilen.

Sachanlagenkartei

Die einzelnen Sachanlagegruppen wie z. B. technische Anlagen und Maschinen oder Betriebs- und Geschäftsausstattung bestehen aus einer Vielzahl von Einzelgegenständen bzw. -werten. Um eine bessere wirtschaftliche Kontrolle über die verschiedenen Anlagegüter zu haben und die Abschreibungen korrekt ermitteln zu können, ist eine gesonderte Anlagenbuchführung notwendig.
Jedes Sachanlagegut wird daher in einer Anlagenkarte erfasst. Alle Anlagenkarten ergeben die Anlagenkartei oder – im PC – die Anlagendatei.

Eine **Anlagenkarte** kann folgendes Aussehen haben:

Inventar-/Bilanzposition: Technische Anlagen und Maschinen			**Menge: 1**	**Anlagenkarte Nr. 136**
Bezeichnung: Hobelmaschine KU 40				OfficeCom AG Hansestraße 120 38112 Braunschweig
Standort: Fertigung	Kostenstelle: 110	Lieferant: Kurt Utzinger e. K.		
Anschaffungsdatum: 25.02.20..	Anschaffungskosten: 15.817,76 €*			
Nutzungsdauer: 10 Jahre	Voraussichtlicher Schrottwert: –			Abschreibungsmethode: linear Abschreibungssatz: 10 %
Buchungsdatum	Beleg-Nr.	Buchungstext	Betrag in €	Buchwert
26.02.20..	ER 324	Lieferung	15.817,76	
31.12.20..	7510	Abschreibung	1.581,78	14.235,98

* Siehe S. 361

Planmäßige Abschreibung

- Anlagegüter mit zeitlich begrenzter Nutzungsdauer, also Güter des abnutzbaren Anlagevermögens, sind planmäßig abzuschreiben.
- Der Plan – Anlagenkarte oder -datei (siehe S. 363) – weist u. a. folgende Daten aus:
  - Anschaffungs-, Herstellungskosten
  - Zeitpunkt der Anschaffung/Herstellung
  - voraussichtliche Nutzungsdauer
  - Abschreibungsmethode, -prozentsatz und -beträge
  - jährlicher Buchwert
  - ggf. voraussichtlicher Schrottwert

Abschreibungsmethoden

Methoden der planmäßigen Abschreibung

- lineare Abschreibung
- degressive Abschreibung
- Abschreibung nach Leistungseinheiten

Siehe im Einzelnen S. 152 f.

Wechsel der Abschreibungsmethode

- Ein Wechsel der Abschreibungsmethode von degressiver zu linearer Abschreibung ist möglich, nicht jedoch umgekehrt.
- Der ökonomisch sinnvolle Zeitpunkt für den **Wechsel** ist gegeben, wenn

$$\frac{\text{Restwert (zum Zeitpunkt des Wechsels)}}{\text{Restnutzungsdauer}} > \text{Abschreibungsbetrag bei fortgeführter degressiver Abschreibung}$$

- Vorteile des Methodenwechsels:
  - Der Anlagegegenstand ist am Ende der Nutzungsdauer auf den Wert null abgeschrieben.
  - Der lineare Abschreibungsbetrag und damit der gewinnmindernde Aufwand ist vom Zeitpunkt des Wechsels an höher als der degressive.

Beispiel:
Die OfficeCom AG kauft zu Beginn des Jahres 20.. eine Maschine, Anschaffungskosten 50.000,00 €, betriebsgewöhnliche Nutzungsdauer 12,5 Jahre. Die Maschine ist höchstmöglich abzuschreiben, um den Gewinn so niedrig wie möglich auszuweisen. Wenn gilt, dass degressiv zweieinhalbmal so viel abgeschrieben werden darf wie linear, maximal 25 %, dann bedeutet dies, dass die Maschine zunächst mit 20 % degressiv, später linear abzuschreiben ist.

Ende des Jahres	Degressive Abschreibung in €	Lineare Abschreibung in €	Buchwert in €
1	10.000,00		40.000,00
2	8.000,00		32.000,00
3	6.400,00		25.600,00
4	5.120,00		20.480,00
5	4.096,00		16.384,00
6	3.276,80		13.107,20
7	2.621,44		10.485,76
8	2.097,15		8.388,61
9	~~1.677,72~~	1.864,14	6.524,47
10		1.864,14	4.660,33
11		1.864,14	2.796,19
12		1.864,14	932,05
13		932,05	0

Der Wechsel der Abschreibungsmethode ist im neunten Jahr sinnvoll, da der Betrag bei degressiver Abschreibung (1.677,72 €) geringer wäre als der Betrag bei linearer Abschreibung (8.388,61 € : 4,5 Jahre = 1.864,14 €).

Zeitanteilige Abschreibung im Jahr der Anschaffung/Herstellung

Die Pflicht zur planmäßigen Abschreibung beginnt mit dem Zeitpunkt der Lieferung bzw. Fertigstellung, der jedoch in der Regel nicht an den Beginn eines Geschäftsjahres, sondern in die laufende Abrechnungsperiode fällt.

Monatsgenaue Abschreibung

Nach § 7 Abs. 1 Satz 4 und Abs. 2 Satz 3 sowie § 52 Abs. 21 EStG gilt für bewegliche, abnutzbare Güter des Anlagevermögens, die **nach dem 31. Dez. 2003 angeschafft/hergestellt** wurden, dass sie monatsgenau abzuschreiben sind. Dabei beginnt die planmäßige Abschreibung im Monat der Anschaffung/Herstellung.

Beispiel:
Die OfficeCom AG kaufte am 26. April 20.. einen Pkw, AK 25.000,00 €, Nutzungsdauer 5 Jahre, lineare Abschreibung.

Monatsgenauer Abschreibungsbetrag im ersten Jahr der Nutzung:

$$\frac{25.000{,}00\,€ \cdot 9\ \text{Monate}}{5\ \text{Jahre} \cdot 12\ \text{Monate}} = 3.750{,}00\,€$$

Geringwertige Wirtschaftsgüter (GWG)

Begriff

Güter gelten nach § 6 Absatz 2 und 2a EStG als geringwertige Wirtschaftsgüter, wenn ...

- sie abnutzbar sind,
- sie beweglich sind,
- sie selbstständig nutzbar sind,
- ihre AK/HK, abzüglich darin enthaltener Vorsteuer, 1.000,00 € nicht übersteigen (Absatz 2a EStG).
  Für die Bewertung der GWG am Jahresende in der Bilanz sind zusätzlich noch die Wertgrenzen 150,00 € und 410,00 € zu berücksichtigen (siehe unten).

*Ein Wirtschaftsgut ist einer **selbstständigen Nutzung nicht fähig**, wenn es nach seiner betrieblichen Zweckbestimmung nur zusammen mit anderen Wirtschaftsgütern des Anlagevermögens genutzt werden kann und die in den Nutzungszusammenhang eingefügten Wirtschaftsgüter technisch aufeinander abgestimmt sind. Das gilt auch, wenn das Wirtschaftsgut aus dem betrieblichen Nutzungszusammenhang gelöst und in einen anderen betrieblichen Nutzungszusammenhang eingefügt werden kann* (§ 6 Absatz 2 Sätze 2 und 3 EStG).

So sind z. B. Drucker, Bildschirme, Scanner nicht selbstständig nutzbar.

Bewertung der GWG auf der Grundlage des Gesetzes zur Beschleunigung des Wirtschaftswachstums 2010 (Wachstumsbeschleunigungsgesetz)

Zur Überwindung der Wirtschaftskrise als Folge der Finanzkrise 2007 hat der Gesetzgeber zielgerichtete steuerliche Entlastungen beschlossen, die unter anderem zu einer Neuregelung der Bewertung der GWG führten. Seit 01.01.2010 gelten neue Bewertungsvorschriften, abhängig vom jeweiligen Wert des GWG:

Wertgrenzen der GWG

- GWG 0,01 € bis 150,00 €
- GWG 150,01 € bis 410,00 €
- GWG 410,01 € bis 1.000,00 €

GWG bis 150,00 €

Der Unternehmer hat ein Wahlrecht zwischen zwei Möglichkeiten:

1. sofortige Buchung als Betriebsausgabe (Aufwand) in voller Höhe oder
2. planmäßige Abschreibung über die Jahre der Nutzung.

Beispiel:
Die OfficeCom AG kauft zwei Schreibtischlampen für den Eigenbedarf, Anschaffungskosten (AK) 150,00 € pro Stück, zuzüglich 19 % Umsatzsteuer.

Die OfficeCom AG kann ...

- die AK für beide Schreibtischlampen im Jahr der Anschaffung in voller Höhe als Betriebsausgabe absetzen oder
- planmäßig über die Jahre der Nutzung abschreiben oder
- eine Lampe sofort als Betriebsausgabe absetzen, die andere planmäßig über die Nutzungsdauer abschreiben.

GWG über 150,00 € bis 410,00 €

Der Unternehmer hat ein Wahlrecht zwischen drei Möglichkeiten:

1. **Abschreibung in voller Höhe** im Jahr der Anschaffung/Herstellung oder
2. **planmäßige Abschreibung** über die Jahre der **Nutzung** oder
3. Erfassung in den **Sammelposten** und Vornahme der jährlich 20 %igen Poolabschreibung.
   Wurde für andere Güter dieser Preisklasse im selben Wirtschaftsjahr die Möglichkeit 1 gewählt, ist die Möglichkeit 3 ausgeschlossen.

Beispiel:
Die OfficeCom AG kauft zwei Notebooks, AK 395,00 € pro Stück, zuzüglich 19 % Umsatzsteuer.

Die OfficeCom AG kann ...
- die AK beider Notebooks sofort als Betriebsausgabe absetzen oder
- die AK in den Sammelposten nach §6 Absatz 2a EStG aufnehmen und über 5 Jahre linear abschreiben oder
- die AK planmäßig über die Jahre der Nutzung abschreiben oder
- die AK eines Notebooks sofort als Betriebsausgabe geltend machen, die des anderen planmäßig über die Nutzungsdauer abschreiben.

GWG über 410,00 € bis 1.000,00 €

Der Unternehmer hat ein Wahlrecht zwischen zwei Möglichkeiten:

1. **planmäßige Abschreibung** über die Jahre der **Nutzung** oder
2. Erfassung in den **Sammelposten** und Vornahme der jährlich 20 %igen Poolabschreibung. Dies gilt zwingend auch für Güter über 150,00 € bis 410,00 € nach § 6 Abs. 2a Satz 5 EStG (bilanzielle Gleichbehandlung von Gütern über 150,00 € bis 1.000,00 €).

Beispiel:
Die OfficeCom AG kauft zwei PCs, AK je 960,00 €, zuzüglich 19 % Umsatzsteuer.

Die OfficeCom AG kann ...
- die AK beider PCs in den Sammelposten nach § 6 Absatz 2a EStG aufnehmen und über 5 Jahre linear abschreiben oder
- die AK planmäßig über die Jahre der Nutzung abschreiben.

8

Bildung von Sammelposten

Für Wirtschaftsgüter über 150,00 € bis 1.000,00 € (netto) „*... kann im Wirtschaftsjahr der Anschaffung, Herstellung oder Einlage des Wirtschaftsgutes oder der Eröffnung des Betriebs ein Sammelposten gebildet werden, ... der im Wirtschaftsjahr der Bildung und den folgenden vier Wirtschaftsjahren mit jeweils einem Fünftel gewinnmindernd aufzulösen*“ ist (§ 6 Absatz 2a EStG).

- Nicht die einzelnen Wirtschaftsgüter sind abzuschreiben, sondern der gesamte Sammelposten oder Pool ist also pauschal über **5 Jahre linear abzuschreiben** (sogenannte **Poolabschreibung**).
- Daraus folgt, dass jedes Jahr ein neuer Sammelposten für diese Art Wirtschaftsgüter zu bilden ist.

Beispiel **für die Entwicklung der Anzahl der Sammelposten in der Bilanz**

Bildung der Sammelposten		Jahres-AfA	Anzahl und Werte der Sammelposten in der Bilanz Ende des Jahres ... in €									
Jahr	€	€	01	02	03	04	05	06	07	08	09	...
01	10.000	2.000	8.000	6.000	4.000	2.000	–					
02	12.000	2.400		9.600	7.200	4.800	2.400	–				
03	11.000	2.200			8.800	6.600	4.400	2.200	–			
04	8.000	1.600				6.400	4.800	3.200	1.600	–		
05	13.000	2.600					10.400	7.800	5.200	2.600	–	
...	...	...						...	...	...	...	–

Maximal können am Jahresende **vier** verschiedene **Sammelposten** in der Bilanz (ab dem Jahr 04) ausgewiesen werden.

Ausscheiden von GWG des Sammelpostens im laufenden Geschäftsjahr

Scheidet ein geringwertiges Wirtschaftsgut im laufenden Geschäftsjahr aus dem Betriebsvermögen aus, zum Beispiel durch Verkauf, wird der entsprechende **Sammelposten nicht verringert**. Das bedeutet, dass dieser Sammelposten weiter so abgeschrieben wird, als ob sich das ausgeschiedene Gut noch im Vermögen des Betriebs befindet. Das Ausscheiden hat also **keine Wirkung** auf die Höhe der Poolabschreibung.

***Beispiel* für die Buchungen der Sammelposten**

Im Jahr 2015 wurden die folgenden GWG auf Ziel angeschafft (19 % Umsatzsteuer):

Gegenstand	AK netto	Abgang
Multifunktionsgerät	430,00 €	
PC	910,00 €	
Schreibtisch	850,00 €	
Laserdrucker	320,00 €	Nov. 2015

Im Jahr 2015 wurden also GWG für 2.510,00 € angeschafft. Dieser Wert bildet die Grundlage für die Abschreibung, auch wenn der Laserdrucker im November 2015 bereits wieder aus dem Betriebsvermögen ausgeschieden ist.

Folgende Buchungen waren im Jahr 2015 vorzunehmen:

Buchung der Anschaffung (hier pauschal)

GWG-2015 (Sammelkonto 2015)	2.510,00 €	
Vorsteuer	476,90 €	
an Verbindlichkeiten a. LL.		2.986,90 €

Buchung der Abschreibung (20 % von 2.510,00 €)

Abschreibungen auf GWG-2015	502,00 €	
an GWG-2015		502,00 €

Abschluss des Kontos „Abschreibungen auf GWG-2015"

GuV-Konto	502,00 €	
an Abschreibungen auf GWG-2015		502,00 €

Abschluss des Kontos „GWG-2015"

Schlussbilanzkonto	2.008,00 €	
an GWG-2015		2.008,00 €

Zusammenfassung

Bewertungswahlrechte	Wertgrenzen
Betriebsausgabe bzw. Sofortabschreibung in voller Höhe im Jahr der Anschaffung bzw. Herstellung	0,01 € bis 410,00 €
Bildung von Sammelposten und lineare Abschreibung über 5 Jahre, beginnend im Jahr der Anschaffung/Herstellung, sofern nicht im selben Jahr schon andere GWG als Betriebsausgabe abgesetzt bzw. in voller Höhe abgeschrieben wurden	über 150,00 € bis 1.000,00 €
planmäßige Abschreibung über die betriebsgewöhnliche Nutzungsdauer	0,01 € bis 1.000,00 €

Sonderstellung von Computersoftware als GWG

- Alle **Computerprogramme**, von der Firmware über Betriebssysteme bis zu Standard- und Individualsoftware, sind immer unkörperliche, also **immaterielle Wirtschaftsgüter**, auch wenn sie auf einem Datenträger wie z. B. CD/DVD gespeichert werden. Das materielle Element „Datenträger" ist von untergeordneter Bedeutung (BFH-Urteil vom 18.5.2011, X R 26/09), da es beim Erwerb von Software auf deren immateriellen Gehalt ankommt und nicht auf den Erwerb eines Datenträgers.
- „Immaterielle Wirtschaftsgüter gehören nicht zu beweglichen Wirtschaftsgütern" (s. EStH 7.1, Stichwort: Bewegliche Wirtschaftsgüter). Somit wäre **zunächst** einmal die Anwendung der **GWG-Regelung** auf Software **ausgeschlossen**, die Software dürfte immer nur linear abgeschrieben werden.
- Die Einkommensteuer-Richtlinie (EstR) 5.5 Abs. 1 besagt nun aber Folgendes: *„**Trivialprogramme** sind abnutzbare **bewegliche** und selbstständig nutzbare Wirtschaftsgüter. Computerprogramme, deren Anschaffungskosten nicht mehr als 410,00 € betragen, sind **wie** Trivialprogramme zu behandeln."* Durch diese Fiktion (= Unterstellung des Gesetzgebers) wird die GWG-Regelung anwendbar.
- Trivialprogramme, z. B. Lexika auf CD/DVD, die auf vielen Computern laufen können, also „beweglich" sind, deren Anschaffungskosten (AK) **150,00 €** (netto) nicht überschreiten, **können** im Jahr der Anschaffung in **voller Höhe als Betriebsausgabe** gewinnmindernd abgesetzt werden.
- Betragen die AK mehr als **150,00 € bis maximal 410,00 €** (z. B. Textverarbeitungs- oder Tabellenkalkulationsprogramme aus dem Office-Paket), kann die Software entweder im Jahr der Anschaffung **voll abgeschrieben** werden **oder** in den **Sammelposten** eingestellt und dann über 5 Jahre abgeschrieben werden (s. o.).
- Bei einer Software **über 410,00 €** handelt es sich immer um ein **immaterielles** Wirtschaftsgut, das nur planmäßig abgeschrieben werden kann (im Jahr der Anschaffung zeitanteilig nach Monaten). Die GWG-Regelung kann hier also nicht angewandt werden.

(vgl.: www.krudewig-steuermedien.de, eingesehen am 06.04.2013)

Bewertung des abnutzbaren Anlagevermögens *Evaluation of depreciable assets*

Zeitanteilige Abschreibung bei Verkauf gebrauchter Anlagegüter

- Der Verkauf gebrauchter Anlagegüter ist ein steuerpflichtiger Umsatz, der zunächst auf dem **Zwischenkonto „Erlöse aus Anlagenabgängen“** zu buchen ist.
- Die Höhe der Umsatzsteuer richtet sich nach dem Nettoverkaufspreis.
- **Nettoverkaufspreis > Buchwert:**
  Der Ertrag ist auf dem Konto **„Erträge aus Vermögensabgang“** zu buchen.
- **Nettoverkaufspreis < Buchwert:**
  Der Aufwand ist auf dem Konto **„Verluste aus Vermögensabgang“** zu buchen.
- Da Anlagegüter i. d. R. in der laufenden Periode verkauft werden, muss der Buchwert zum Zeitpunkt des Verkaufs ermittelt werden. Hierfür ist das Anlagegut **zeitanteilig** bis auf den vollen vorhergehenden Monat planmäßig **abzuschreiben.**

Beispiel: Die OfficeCom AG verkauft am 9. Oktober 20.. eine nicht mehr benötigte Drehbank bar an einen Werksangehörigen zum Preis von 650,00 € netto zuzüglich 19 % USt. Der Buchwert betrug am 1. Januar 1.500,00 €, der lineare Jahresabschreibungsbetrag 900,00 €.

Ermittlung des Buchwertes zum Zeitpunkt des Verkaufs:

Buchwert am 1. Januar 20..	1.500,00 €
– zeitanteilige Abschreibung (9/12 von 900,00 €)	675,00 €
= Buchwert zum 9. Oktober 20..	825,00 €
– Nettoverkaufspreis	650,00 €
= Aufwand aus Vermögensabgang	175,00 €

Buchungssätze:

Buchung der zeitanteiligen Abschreibung:

Abschreibungen auf SA	675,00 €	
an TA/Maschinen		675,00 €

Buchung des Barverkaufs:

Kasse	773,50 €	
an Erlöse aus Anlagenabgängen		650,00 €
an Umsatzsteuer		123,50 €

Ausbuchung des Buchwertes:

Erlöse aus Anlagenabgängen	650,00 €	
Verluste aus Vermögensabgang	175,00 €	
an TA/Maschinen		825,00 €

Außerplanmäßige Abschreibung

- Güter des zeitlich begrenzt nutzbaren (abnutzbaren) Anlagevermögens können neben den planmäßigen auch außerordentliche Wertminderungen, z. B. durch technischen Fortschritt, Bedarfsverschiebungen, Katastrophen, erleiden. Sind diese **Wertminderungen** voraussichtlich von **Dauer, müssen** diese Güter nach § 253 Absatz 3 HGB **außerplanmäßig abgeschrieben** werden, um sie mit dem niedrigeren Wert anzusetzen, der ihnen am Abschlussstichtag beizulegen ist:

Urspüngliche AK/HK
– planmäßige Abschreibungen

= fortgeführte AK/HK
– außerplanmäßige Abschreibungen

= Wert am Bilanzstichtag

Der so errechnete Buchwert bildet die Grundlage für die neu zu berechnende planmäßige Abschreibung für die verbliebene Nutzungsdauer. Der niedrigere Wertansatz darf nicht beibehalten werden, wenn die Gründe hierfür nicht mehr bestehen (§ 253 Absatz 5 HGB).

Bewertung des nicht abnutzbaren Anlagevermögens *Evaluation of the non-wearable fixed assets*

Zum nicht abnutzbaren Anlagevermögen gehören z. B. immaterielle Güter wie Patente und Lizenzen, Grundstücke, Anlagen im Bau, Finanzanlagen (Wertpapiere des Anlagevermögens, Beteiligungen). Diese Güter sind am Bilanzstichtag höchstens mit den AK/HK zu bewerten.

- Liegt der Wert am Bilanzstichtag unter den AK/HK und ist die **Wertminderung voraussichtlich von Dauer, muss** eine **planmäßige Abschreibung** auf den niedrigeren beizulegenden Wert vorgenommen werden.
- Für **Finanzanlagen** gilt der Sonderfall, dass eine **außerplanmäßige Abschreibung** auch dann vorgenommen werden kann, wenn die **Wertminderung** voraussichtlich **nur vorübergehend** ist (§ 253 Absatz 3 HGB).
- Der niedrigere Wertansatz darf auch hier nicht beibehalten werden, wenn die Gründe hierfür nicht mehr bestehen (§ 253 Absatz 5 HGB).

Indirekte Abschreibung auf Sachanlagen *Indirect depreciation of fixed assets*

Um die planmäßige Abschreibung auf Sachanlagen in der Finanzbuchhaltung zu erfassen, können zwei **Verfahren** angewandt werden, die **direkte Abschreibung** (s. S. 152) und die **indirekte Abschreibung**:

- Die Abschreibung wird nicht direkt auf dem Sachanlagekonto, sondern „indirekt" auf dem passiven „Bestands"-konto **„Wertberichtigungen zu Sachanlagen"** gebucht. Dieses Konto ist ein **Korrekturposten** zu den Sachanlagekonten; es ist daher weder Eigen- noch Fremdkapitalkonto.
- Das Sachanlagegut wird auf dem Sachanlagekonto und im SBK immer mit den Anschaffungskosten ausgewiesen, während auf der Habenseite des SBK die bisher vorgenommenen Abschreibungen zu finden sind.
- Der Buchwert ergibt sich im SBK als Saldo zwischen Sachanlagekonto (Anschaffungskosten) und „Wertberichtigungen zu Sachanlagen".
- Durch die indirekte Abschreibung wird die Bilanzsumme unnötig „aufgebläht".

Beispiel:
Ein Computersystem, Anschaffungskosten 6.000,00 €, wird vier Jahre linear abgeschrieben.

Buchungssatz der indirekten Abschreibung:

Abschreibungen auf SA	1.500,00 €	
an Wertberichtigungen zu SA		1.500,00 €

Abschlussbuchungen:

Gewinn- und Verlustkonto	1.500,00 €	
an Abschreibungen auf SA		1.500,00 €
Wertberichtigungen zu SA	1.500,00 €	
an Schlussbilanzkonto		1.500,00 €
Schlussbilanzkonto	6.000,00 €	
an Betriebs- und Geschäftsausstattung		6.000,00 €

Soll	Betriebs- und Geschäftsausstattung		Haben
…	6.000,00	SBK	6.000,00

Soll	Abschreibung auf SA		Haben
Wertber. zu SA	1.500,00	GuV-Konto	1.500,00

Soll	Wertberichtigungen zu SA		Haben
SBK	1.500,00	Abschr. auf SA	1.500,00

Soll	Schlussbilanzkonto		Haben
Betriebs- u. Geschäftsauss.	6.000,00	Wertberichtigungen zu SA	1.500,00

Bewertung von Vorräten *Valuation of stock*

Vorräte

Zu den Vorräten eines Industriebetriebs gehören:

- Bestände an Roh-, Hilfs- und Betriebsstoffen,
- Bestände an Fremdbauteilen,
- Bestände an Handelswaren,
- Bestände an unfertigen und fertigen Erzeugnissen.

Bewertungsgrundsätze

- Grundsätzlich gilt das Prinzip der **Einzelbewertung**.
- Unter bestimmten Bedingungen lässt der Gesetzgeber sogenannte **Sammelbewertungsverfahren** zu.
- Wird eines der Sammelbewertungsverfahren angewendet, muss der so ermittelte Wert des Endbestandes noch mit dem am Bilanzstichtag geltenden Tageswert verglichen werden; dabei gilt das strenge Niederstwertprinzip:

→ Ist der Tageswert niedriger als der Wert gemäß Sammelbewertungsverfahren, muss der **Tageswert** in der Bilanz angesetzt werden.

→ Ist der Tageswert höher als der Wert nach dem Sammelbewertungsverfahren, muss mit dem Wert des Sammelbewertungsverfahrens bilanziert werden (**strenges Niederstwertprinzip**).

Verfahren der Sammelbewertung

Bewertung der Vorräte nach dem ...

- **Festwertverfahren**
- **Verfahren der Durchschnittspreisbewertung**
  - gewogener Durchschnitt
  - permanenter gewogener Durchschnitt
- **Verbrauchsfolgeverfahren**
  - last in – first out (Lifo)
  - first in – first out (Fifo)

Festwertverfahren

Die Bestände von Werkstoffen und Handelswaren können nach § 240 Abs. 3 HGB mit einem Festwert in der Bilanz angesetzt werden, wenn folgende Bedingungen erfüllt sind:

- Größe, Wert und Zusammensetzung der Bestände dürfen sich nur geringfügig verändern.
- Der Gesamtwert ist für das Unternehmen von nachrangiger Bedeutung.
- Die Vermögensgegenstände müssen regelmäßig ersetzt werden.

Beispiele:

- „eiserne Bestände" der Roh-, Hilfs- und Betriebsstoffe sowie der Handelswaren und Fremdbauteile
- Geschirr der Kantine

Gewogener Durchschnitt

Nach § 240 Abs. 4 HGB können *„gleichartige Vermögensgegenstände des Vorratsvermögens ... jeweils zu einer Gruppe zusammengefasst und mit dem gewogenen Durchschnittswert angesetzt werden."*
Der durchschnittliche Anschaffungswert des Endbestandes lt. Inventur ergibt sich aus dem gewogenen Durchschnittspreis pro Mengeneinheit, multipliziert mit den Mengeneinheiten des Endbestandes gemäß Inventur.

Beispiel:

	Menge in t	Preis/t in €	Menge · Preis
Jahres-AB	10	9,00	90,00
Zugang Februar	15	8,00	120,00
Zugang April	12	10,00	120,00
Zugang Juli	18	9,00	162,00
Zugang Oktober	25	12,00	300,00
Summe	80		792,00
Verbrauch	60		
Jahres-EB	20		

Durchschnittlicher Anschaffungspreis/t:

$$\frac{792{,}00\,€}{80\,t} = \underline{\underline{198{,}00\,€}}$$

Durchschnittlicher Anschaffungswert des Endbestandes lt. Inventur: 20 t · 9,90 €/t = $\underline{\underline{198{,}00\,€}}$

Beträgt der Tageswert am Bilanzstichtag 9,70 €, ist der Endbestand mit 194,00 € in der Bilanz auszuweisen.

Permanenter gewogener Durchschnitt

- Nach jedem Zugang – also laufend oder permanent – wird der Gesamtwert des sich dann ergebenden neuen Bestandes ermittelt.
- Jeder Abgang oder Verbrauch wird mit den sich jeweils ergebenden durchschnittlichen Anschaffungskosten bewertet.
- Mit der letzten Lagerbestandsänderung ergibt sich der Wert des Endbestandes zu durchschnittlichen Anschaffungskosten, der noch mit dem Tageswert zu vergleichen ist.
- Gegenüber der einmaligen Durchschnittsbewertung ist das Ergebnis der permanenten Durchschnittsbewertung genauer.

Beispiel:

	Menge in t	Preis/t in €	Menge · Preis
Jahres-AB	10	9,00	90,00
Zugang Februar	15	8,00	120,00
Bestand	25	8,40	210,00
Abgang Februar	12	8,40	100,80
Bestand	13	8,40	109,20
Zugang April	12	10,00	120,00
Bestand	25	9,17	229,20
Abgang April	16	9,17	146,72
Bestand	9	9,16	82,48
Zugang Juli	18	9,00	162,00
Bestand	27	9,05	244,48
Abgang August	20	9,05	181,00
Bestand	7	9,07	63,48
Zugang Oktober	25	12,00	300,00
Bestand	32	11,36	363,48
Abgang November	12	11,36	136,32
Endbestand 31. Dez.	**20**	**11,36**	**227,16**

Bewertung von Vorräten *Valuation of stock*

Verbrauchsfolgeverfahren

Lifo-Verfahren

- Last in – first out heißt, dass die zuletzt gekauften Vorräte zuerst verbraucht bzw. verkauft werden.
- Umkehrschluss: Die zuerst gekauften Vorräte liegen noch auf Lager und sind für die Bilanz zu bewerten.
- Der nach dem Lifo-Verfahren ermittelte Wert ist noch mit dem Tageswert zu vergleichen.
- Das Lifo-Verfahren ist handels- und steuerrechtlich zulässig.

Beispiel:
Auf der Grundlage des Zahlenbeispiels auf S. 370 ergibt sich nach dem Lifo-Verfahren folgender Wert des Endbestands:

10 t · 9,00 €	=	90,00 €
10 t · 8,00 €	=	80,00 €
20 t	=	170,00 €

Fifo-Verfahren

- First in – first out heißt, dass die zuerst gekauften Vorräte auch zuerst verbraucht oder verkauft werden.
- Umkehrschluss: Die zuletzt gekauften Vorräte liegen am Bilanzstichtag noch auf Lager.
- Der nach dem Fifo-Verfahren ermittelte Wert ist noch mit dem Tageswert zu vergleichen.
- Das Fifo-Verfahren ist nur handelsrechtlich zulässig, nicht dagegen steuerrechtlich.

Beispiel:
Auf der Grundlage des Zahlenbeispiels auf S. 370 ergibt sich nach dem Fifo-Verfahren folgender Wert des Endbestands:

20 t · 12,00 € = 240,00 €

Bewertung von Forderungen *Valuation of outstanding debts*

Forderungen nach der Bonität

Einwandfreie Forderungen	Zweifelhafte Forderungen	Uneinbringliche Forderungen
… werden mit ihrem Rechnungsbetrag (brutto) in der Bilanz ausgewiesen.	… werden mit ihrem wahrscheinlichen Wert in der Bilanz ausgewiesen	… werden nicht in der Bilanz ausgewiesen (direkte Abschreibung).

Uneinbringliche Forderungen

- Forderungen gelten als uneinbringlich, wenn ihr (teilweiser) **Ausfall gewiss** ist, z. B. wenn ein Kunde die Zahlung einstellt.
- Derartige Forderungen sind zunächst von den einwandfreien („guten") Forderungen zu trennen, indem sie auf das aktive Bestandskonto **„Zweifelhafte Forderungen"** umgebucht werden.
- Anschließend sind sie **direkt** auf dem Konto „Zweifelhafte Forderungen" **abzuschreiben**. Das entsprechende Aufwandskonto heißt **„Abschreibungen auf Forderungen"**. Die Abschreibung wird vom **Nettowert** der Forderung berechnet.
- Da durch den Forderungsausfall *„das vereinbarte Entgelt für eine steuerpflichtige Lieferung oder sonstige Leistung uneinbringlich geworden ist"* (§ 17 Absatz 2 Ziffer 1 UStG), ist die **Umsatzsteuer** in entsprechender Höhe zu **korrigieren**. Das Finanzamt erstattet also die vorher zu viel berechnete bzw. schon abgeführte Umsatzsteuer.

Beispiel:
Die OfficeCom AG hat Aktenschränke im Wert von 15.700,00 € zuzüglich 19 % USt an einen Kunden auf Ziel verkauft. Am 15. März 20.. erfährt die OfficeCom AG, dass der Kunde das Insolvenzverfahren beantragt hat, das jedoch nach Prüfung vom zuständigen Insolvenzgericht am 19. Juli 20.. mangels Masse eingestellt wird. Damit kann die OfficeCom AG davon ausgehen, dass die Forderung verloren, uneinbringlich ist.

Buchungen:
Umbuchung der Forderung am 15. März 20..:

Zweifelhafte Forderungen	18.683,00 €	
an Forderungen a. LL.		18.683,00 €

Direkte Abschreibung der Forderung einschließlich USt-Korrektur am 19. Juli 20..:

Abschreibungen auf Forderungen	15.700,00 €	
Umsatzsteuer	2.983,00 €	
an Zweifelhafte Forderungen		18.683,00 €

Zweifelhafte Forderungen

Entstehung der Einzelwertberichtigung zu Forderungen

- Einzelne Forderungen gelten als zweifelhaft, wenn ihr (teilweiser) **Ausfall am Bilanzstichtag wahrscheinlich** ist, z. B. wenn bei einem Kunden das Insolvenzverfahren eröffnet ist.
- Derartige Forderungen sind ebenfalls auf das aktive Bestandskonto „Zweifelhafte Forderungen" umzubuchen.
- Anschließend sind sie **indirekt** auf dem **passiven** „Bestands"konto **„Einzelwertberichtigung zu Forderungen"** in Höhe des mutmaßlichen Ausfalls abzuschreiben. Die Gegenbuchung erfolgt auf dem Aufwandskonto **„Einstellung in die Einzelwertberichtigung"**. Die Abschreibung wird vom **Nettowert** der Forderung berechnet.
- Das Konto „Einzelwertberichtigung zu Forderungen" ist ein **Korrekturposten** zum Konto „Zweifelhafte Forderungen".
- Die USt-Korrektur darf noch **nicht** erfolgen, da die endgültige Höhe des Ausfalls am Bilanzstichtag nicht feststeht.

8

Beispiel:
Per 31. Dezember 20.. beträgt der Forderungsbestand der OfficeCom AG 230.000,00 €. Darin enthalten ist eine Forderung über 33.320,00 € an den Kunden Miller GmbH, über dessen Vermögen das Insolvenzverfahren eröffnet wurde. Der Insolvenzverwalter rechnet für die OfficeCom AG mit einer Insolvenzquote von 20 %. Das bedeutet einen mutmaßlichen Forderungsausfall von 80 %.

Buchungen per 31. Dezember 20..:

(1) **Umbuchung der zweifelhaften Forderung**

Zweifelhafte Forderungen	33.320,00 €	
an Forderungen a. LL.		33.320,00 €

(2) **Indirekte Abschreibung der zweifelhaften Forderung** (80 % von 28.000,00 €):

Einstellung in die Einzelwertberichtigung	22.400,00 €	
an Einzelwertberichtigung zu Forderungen		22.400,00 €

Darstellung des Beispiels zu „Einzelwertberichtigung zu Forderungen" auf Konten

Soll	Forderungen a. LL.		Haben
...	230.000,00	1. Zweifelhafte Forderungen	33.320,00
		SBK	196.680,00

Soll	Einstellung in die EWB		Haben
2. EWB zu Forderungen	22.400,00	GuV-Konto	22.400,00

Soll	Zweifelhafte Forderungen		Haben
1. Forderungen a. LL.	33.320,00	SBK	33.320,00

Soll	EWB zu Forderungen		Haben
SBK	22.400,00	2. Einst. in die EWB	22.400,00

Soll	Schlussbilanzkonto		Haben
Forderungen a. LL.	196.680,00	EWB zu Forderungen	22.400,00
Zweifelhafte Forderungen	33.320,00		

Soll	Gewinn- und Verlustkonto		Haben
Einstellung in die EWB	22.400,00		

Direkte Abschreibung des tatsächlichen Ausfalls der einzeln wertberichtigten Forderung

- Steht im neuen Jahr der **tatsächliche Ausfall** der Forderung, für die Ende des vergangenen Jahres eine Wertberichtigung vorgenommen wurde, fest, ist diese Forderung **direkt** über das Konto „Abschreibungen auf Forderungen" **abzuschreiben**.
- Die Umsatzsteuer ist in entsprechender Höhe zu korrigieren.
- Auf diese Weise werden alle Forderungsausfälle, die zu einer Minderung der Umsatzsteuer führen, ausschließlich auf dem Konto „Abschreibungen auf Forderungen" erfasst, das mit einer Umsatzsteuerautomatik versehen ist. Dadurch wird eine EDV-gerechte Umsatzsteuerverprobung ermöglicht.
- Die für die zweifelhafte Forderung gebildete Einzelwertberichtigung bleibt bis zum Jahresende unberührt.

Beispiel:
Am 17. Oktober 20.. (des folgenden Jahres) ist das Insolvenzverfahren der Miller GmbH (s. S. 372) abgeschlossen. Die Insolvenzquote beträgt 15 %. Der entsprechende Betrag wird auf das Bankkonto der OfficeCom AG überwiesen.

Zweifelhafte Forderung	33.320,00 €
– Banküberweisung (15 %)	4.998,00 €
= tatsächlicher Ausfall (brutto)	28.322,00 €
– USt-Korrektur	4.522,00 €
= tatsächlicher Ausfall (netto) (direkte Abschreibung)	23.800,00 €

Die OfficeCom AG bucht am 17. Oktober 20..:

Bankguthaben	4.998,00 €	
Abschreibungen auf Forderungen	23.800,00 €	
Umsatzsteuer	4.522,00 €	
an Zweifelhafte Forderungen		33.320,00 €

Auflösung der alten und Bildung einer neuen Einzelwertberichtigung zu Forderungen

- In der betrieblichen Praxis wird per 31. Dezember des neuen Jahres die Einzelwertberichtigung zu Forderungen aus dem alten Jahr **ertragswirksam aufgelöst**.
- Anschließend werden wieder – wie am Ende des vorangegangenen Jahres – alle bestehenden Forderungen im Hinblick auf ihre Bonität untersucht. Zweifelhafte Forderungen werden **wieder** umgebucht und in Höhe ihres mutmaßlichen Ausfalls **indirekt abgeschrieben**. Auf diese Weise wird der entsprechende Aufwand („Verlust") in dem Jahr gebucht, dem er wirtschaftlich zuzuordnen ist.

Beispiel:
Die Einzelwertberichtigung der OfficeCom AG aus dem vorangegangenen Jahr über 22.400,00 € wird aufgelöst.

Buchung:

EWB zu Forderungen	22.400,00 €	
an Erträge aus der Auflösung von Wertberichtigungen auf Forderungen		22.400,00 €

Unter dem Forderungsbestand der OfficeCom AG per 31. Dezember von 650.000,00 € befinden sich Forderungen von 46.400,00 €, die vermutlich zu 70 % ausfallen werden.

Buchungen:
Siehe S. 372 Mitte

Pauschalwertberichtigung zu Forderungen

- Statt jede Forderung einzeln auf ihre Bonität zu prüfen und zu bewerten, kann ein Unternehmen auch eine **pauschale Bewertung** aller Forderungen, d. h., wegen des allgemeinen Kreditrisikos eine pauschale indirekte Abschreibung vornehmen.
- Die Höhe des Abschreibungsprozentsatzes richtet sich nach Erfahrungswerten aus der Vergangenheit, sollte aber aus Gründen steuerlicher Anerkennung 5 % nicht überschreiten.
- Die Buchung der Pauschalwertberichtigung (PWB) erfolgt analog zur Einzelwertberichtigung zu Forderungen.
- Wie bei der Einzelbewertung sind im folgenden laufenden Jahr die tatsächlich ausgefallenen Forderungen direkt abzuschreiben, wobei die Umsatzsteuer zu korrigieren ist.
- Ende des folgenden Geschäftsjahres ist die PWB – wie die EWB (s. o.) – anzupassen.

Beispiel:
Der Forderungsbestand der OfficeCom AG beträgt am 31. Dez. 20.. 452.200,00 €; in der kommenden Periode wird aufgrund von Erfahrungen aus der Vergangenheit mit einem Ausfall von 4 % gerechnet.

Forderungen gesamt per 31. Dez. 20.. brutto:	452.200,00 €
– 19 % Umsatzsteuer	72.200,00 €
= Forderungen gesamt per 31. Dez. 20.. netto	380.000,00 €
hierauf 4 % pauschale Wertberichtigung	15.200,00 €

Die OfficeCom AG bucht:

Einstellung in die Pauschalwertberichtigung	15.200,00 €	
an Pauschalwertberichtigung zu Forderungen		15.200,00 €

Bewertung der Passiva *Evaluation of liabilities*

Eigenkapital

Das Eigenkapital einer Aktiengesellschaft setzt sich aus dem sogenannten **gezeichneten Kapital** und den **Rücklagen** zusammen:

- Das gezeichnetes Kapital oder **Grundkapital** ist mit dem Nennwert anzusetzen, wobei das Grundkapital die Summe der Nennwerte aller Aktien ist. Es stellt den längerfristig **konstanten** Teil des Eigenkapitals dar, das sich nur im Zuge einer Kapitalerhöhung oder -herabsetzung ändert.
- Die **Rücklagen** sind mit dem tatsächlichen Wert anzusetzen; sie sind der **variable** Teil des Eigenkapitals, werden **offen** in der Bilanz **ausgewiesen** und lassen sich unterteilen in **Kapitalrücklagen** und **Gewinnrücklagen**.
- **Kapitalrücklagen** entstehen z. B. bei der Ausgabe von Aktien als Differenz zwischen Nennwert und höherem Ausgabewert (Agio oder Aufgeld).
- **Gewinnrücklagen** sind einbehaltene Gewinne; zu unterscheiden sind
  - gesetzliche Gewinnrücklagen,
  - satzungsmäßige Gewinnrücklagen und
  - andere (freie) Gewinnrücklagen.
- Die Summe aus gezeichnetem Kapital und offenen Rücklagen entspricht i. d. R. nicht dem **„tatsächlichen" Wert** des Eigenkapitals; zu berücksichtigen sind noch die sogenannten stillen Rücklagen oder Reserven (siehe unten).

Schulden

- **Darlehen** wie z. B. Grundschulden sind mit ihrem Rückzahlungsbetrag in der Bilanz auszuweisen (zu den Buchungen siehe S. 150 f.)
- **Verbindlichkeiten** aus Lieferungen und Leistungen sind mit ihrem Erfüllungsbetrag (Zahlungs- oder Rechnungs- oder Bruttobetrag einschließlich USt) zu passivieren.
- **Rückstellungen** sind mit solchen Erfüllungsbeträgen in der Bilanz anzusetzen, die gemäß § 253 Abs. 1 HGB *„... nach vernünftiger kaufmännischer Beurteilung notwendig ..."* sind.
  (Zu Begriff, Arten und Buchung von Rückstellungen siehe S. 352)

Stille Rücklagen *Undisclosed reserves*

Stille Rücklagen (auch als **stille Reserven** bezeichnet) sind der Teil des Eigenkapitals, der in der Bilanz nicht ersichtlich ist.

Stille Rücklagen

Differenz zwischen den Buchwerten und den tatsächlichen (höheren) Werten von Aktiva (also durch **Unterbewertung von Aktiva**)	Differenz zwischen den Buchwerten und den tatsächlichen (niedrigeren) Werten von Passiva (also durch **Überbewertung von Passiva**)

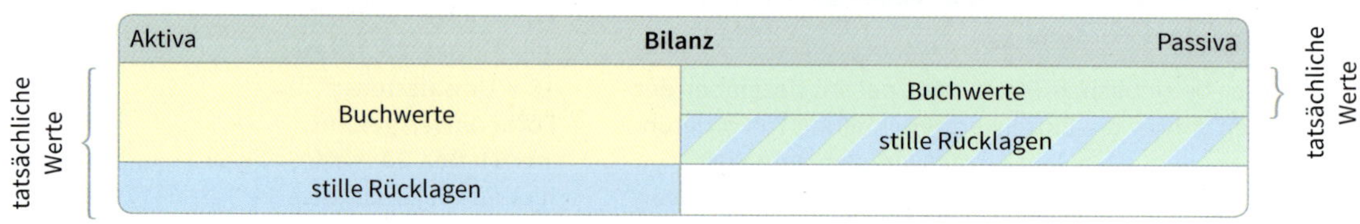

tatsächliche Werte = Buchwerte + stille Rücklagen	tatsächliche Werte = Buchwerte – stille Rücklagen

Beispiel: Ein Betriebsgrundstück, dessen Verkehrswert 650.000,00 € beträgt, darf in der Bilanz höchstens zu den Anschaffungskosten von 485.000,00 € ausgewiesen werden. Die stille Rücklage beträgt 165.000,00 €.

Beispiel: Ein in den USA zum Kurs von 1,20 € aufgenommener Kredit über 200.000,00 US-$ ist in der Bilanz weiter mit 240.000,00 € auszuweisen, auch wenn der Kurs inzwischen auf 1,05 € gesunken ist. Die stille Rücklage beträgt 30.000,00 €.

3545374

Stille Rücklagen *Undisclosed reserves*

Bedeutung

Die Bildung stiller Rücklagen …

- entspricht dem Prinzip der Vorsicht,
- widerspricht dem Prinzip der Bilanzklarheit, da die wirklich vorhandenen Werte verschleiert werden,
- verbessert die Kreditwürdigkeit des Unternehmens und die Kapitalsicherung,
- dient der Bildung neuen Kapitals im Wege der Selbstfinanzierung.

Analyse des Jahresabschlusses *Analysis of the annual balance sheet*

Ziel

- Aufbereitung des Zahlenmaterials aus Bilanz, Gewinn- und Verlustkonto, Anhang und Lagebericht, um einen komprimierten Einblick in die Vermögens-, Finanz- und Ertragslage des Unternehmens zu ermöglichen.
- Auswertung des aufbereiteten Zahlenmaterials mithilfe sogenannter Bilanzkennzahlen, um die Lage des Unternehmens im Zeitablauf und mit anderen Unternehmen vergleichen zu können.

Aufbereitung der Bilanz (Bilanzanalyse)

- **Bereinigung** von Bilanzpositionen, wie z. B. Verrechnung (Saldierung) der Wertberichtigungen zu Forderungen mit den zweifelhaften Forderungen oder Wertberichtigungen zu Sachanlagen mit den entsprechenden Sachanlagekonten
- **Umgruppierung** von Bilanzpositionen; so gehört z. B. der Posten der aktiven Rechnungsabgrenzung zu den Forderungen a. LL., der Posten der passiven Rechnungsabgrenzung zu den Verbindlichkeiten a. LL. Der Rücklagenanteil des Jahresüberschusses ist Eigenkapital, der auszuschüttende Teil des Bilanzgewinnes (Dividende) gehört zu den Verbindlichkeiten.
- Erstellung einer **Strukturbilanz**:
  Bilanzpositionen werden nach bestimmten Kriterien zu Gruppen zusammengefasst. Der Ausweis der einzelnen Posten bzw. Postengruppen erfolgt in absoluten Beträgen (also in Euro) und in Prozentzahlen, bezogen auf die bereinigte Bilanzsumme.

  Um einen Zeitvergleich anstellen zu können, werden in der Strukturbilanz die Zahlen und Prozentsätze des Berichtsjahres und die des Vorjahres ausgewiesen.

Beispiel:
Der folgenden **Strukturbilanz der OfficeCom AG** zum 31. Dezember 20.. liegen für das Berichtsjahr die Zahlen aus der Inventurbilanz der Hauptabschlussübersicht S. 348 zugrunde. Der dort ausgewiesene Gewinn von 19.100,00 € wird wie folgt verwendet: Gewinnrücklage 9.100,00 €, auszuschüttende Dividende 10.000,00 €. Die Zahlen des Vorjahres sind angenommene Werte:

Aktiva	Berichtsjahr		Vorjahr		Passiva	Berichtsjahr		Vorjahr	
	T€	%	T€	%		T€	%	T€	%
Sachanlagen	368,0	56,1	380,0	60,5	Gezeichnetes Kapital	100,0	15,3	100,0	15,9
Anlagevermögen	**368,0**	**56,1**	**380,0**	**60,5**	Rücklagen	256,4	39,1	247,3	39,4
Vorräte	190,4	29,0	170,9	27,2	**Eigenkapital**	**356,4**	**54,4**	**347,3**	**55,3**
Forderungen	49,0	7,5	31,5	5,0	Darlehen	250,0	38,1	240,0	38,2
Liquide Mittel	48,3	7,4	46,0	7,3	Verbindlichkeiten	49,3	7,5	41,1	6,5
Umlaufvermögen	**287,7**	**43,9**	**248,4**	**39,5**	**Fremdkapital**	**299,3**	**45,6**	**281,1**	**44,7**
Gesamtvermögen	**655,7**	**100,0**	**628,4**	**100,0**	**Gesamtkapital**	**655,7**	**100,0**	**628,4**	**100,0**

Auswertung der Bilanz mithilfe ausgesuchter Bilanzkennzahlen

Die Bilanz – wie auch die Gewinn- und Verlustrechnung – wird mithilfe sogenannter Bilanzkennzahlen ausgewertet.

Vermögensstruktur oder Konstitution

Die Vermögensstruktur eines Unternehmens hängt von der Branche und dem Grad der Mechanisierung und Automation ab. Sie beeinflusst die Anpassungsfähigkeit des Unternehmens.

Kennzahlen (Beispiele):

$$\text{Anlagenintensität (Anlagenquote)} = \frac{\text{Anlagevermögen}}{\text{Gesamtvermögen}} \cdot 100$$

$$\text{Forderungsquote} = \frac{\text{Forderungen}}{\text{Gesamtvermögen}} \cdot 100$$

$$\text{Vorratsquote} = \frac{\text{Vorräte}}{\text{Gesamtvermögen}} \cdot 100$$

$$\text{Umlaufintensität (Quote des Umlaufvermögens)} = \frac{\text{Umlaufvermögen}}{\text{Gesamtvermögen}} \cdot 100$$

Beispiele: Aufgrund der Strukturbilanz ergeben sich für die OfficeCom AG folgende Werte:

Anlagenintensität

Berichtsjahr: $\frac{368 \cdot 100}{655{,}7} = 56{,}1\,\%$

Vorjahr: $\frac{380 \cdot 100}{628{,}4} = 60{,}5\,\%$

Forderungsquote

Berichtsjahr: $\frac{49 \cdot 100}{655{,}7} = 7{,}5\,\%$

Vorjahr: $\frac{31{,}5 \cdot 100}{628{,}4} = 5{,}0\,\%$

Vorratsquote

Berichtsjahr: $\frac{190{,}4 \cdot 100}{655{,}7} = 29{,}0\,\%$

Vorjahr: $\frac{170{,}9 \cdot 100}{628{,}4} = 27{,}2\,\%$

Umlaufintensität

Berichtsjahr: $\frac{287{,}7 \cdot 100}{655{,}7} = 43{,}9\,\%$

Vorjahr: $\frac{248{,}4 \cdot 100}{628{,}4} = 39{,}5\,\%$

Kapitalstruktur oder Finanzierung

Die Kapitalstruktur zeigt, mit welchen Mitteln (eigenen und fremden, langfristigen und kurzfristigen) das Vermögen finanziert wurde. Sie gibt u. a. Aufschluss über den Haftungsumfang, die Kreditwürdigkeit und Krisenfestigkeit sowie die finanzielle Unabhängigkeit des Unternehmens.

Kennzahlen *(Beispiele)*:

$$\text{Grad der finanziellen Unabhängigkeit (Eigenkapitalquote)} = \frac{\text{Eigenkapital}}{\text{Gesamtvermögen}} \cdot 100$$

$$\text{Anteil des kurzfristigen Fremdkapitals} = \frac{\text{kfr. Fremdkapital}}{\text{Gesamtkapital}} \cdot 100$$

$$\text{Fremdkapitalquote} = \frac{\text{Fremdkapital}}{\text{Gesamtvermögen}} \cdot 100$$

$$\text{Verschuldungsgrad} = \frac{\text{Fremdkapital}}{\text{Eigenkapital}} \cdot 100$$

Beispiele: Für die OfficeCom AG werden folgende Werte anhand der Strukturbilanz ermittelt:

Grad der finanziellen Unabhängigkeit

Berichtsjahr: $\frac{356{,}4 \cdot 100}{655{,}7} = 54{,}4\,\%$

Vorjahr: $\frac{347{,}3 \cdot 100}{628{,}4} = 55{,}3\,\%$

Anteil des kurzfristigen Fremdkapitals

Berichtsjahr: $\frac{49{,}3 \cdot 100}{655{,}7} = 7{,}5\,\%$

Vorjahr: $\frac{41{,}1 \cdot 100}{628{,}4} = 6{,}5\,\%$

Fremdkapitalquote

Berichtsjahr: $\frac{299{,}3 \cdot 100}{655{,}7} = 45{,}6\,\%$

Vorjahr: $\frac{281{,}1 \cdot 100}{628{,}4} = 44{,}7\,\%$

Verschuldungsgrad

Berichtsjahr: $\frac{299{,}3 \cdot 100}{356{,}4} = 84{,}0\,\%$

Vorjahr: $\frac{281{,}1 \cdot 100}{347{,}3} = 80{,}9\,\%$

$$\text{Grad der Selbstfinanzierung} = \frac{\text{Gewinnrücklagen}}{\text{Gesamtkapital}} \cdot 100$$

$$\text{Umschlagshäufigkeit des Eigenkapitals} = \frac{\text{Umsatzerlöse}}{\text{Eigenkapital}}$$

$$\text{Umschlagshäufigkeit des Gesamtkapitals} = \frac{\text{Umsatzerlöse}}{\text{Gesamtkapital}}$$

$$\text{Durchschnittliche Kapitalumschlagsdauer} = \frac{\text{360 (Tage)}}{\text{Kapitalumschlagshäufigkeit}}$$

Grad der Selbstfinanzierung

Berichtsjahr	Vorjahr
$\frac{106{,}4 \cdot 100}{655{,}7} = 16{,}2\,\%$	keine Angaben

Umschlagshäufigkeit des Eigenkapitals

Berichtsjahr	Vorjahr
$\frac{215{,}0}{356{,}4} =$ (von S. 348) 0,6	keine Angaben

Umschlagshäufigkeit des Gesamtkapitals

Berichtsjahr	Vorjahr
$\frac{215{,}0}{655{,}7} = 0{,}3$	keine Angaben

Durchschnittliche Kapitalumschlagsdauer

Berichtsjahr	Vorjahr
$\frac{360}{0{,}3} = 1200$ (Tage)	keine Angaben

Anlagendeckung oder Investierung

Der Finanzierungsumfang des Anlagevermögens durch langfristiges Kapital (Deckung) zeigt die Finanzierungssolidität und -stabilität des Unternehmens. Das Anlagevermögen – und die „eisernen Bestände" der Vorräte – sollen durch langfristiges Kapital finanziert werden („goldene Bilanzregel").

Kennzahlen:

$$\text{Deckungsgrad I} = \frac{\text{Eigenkapital}}{\text{Anlagevermögen}} \cdot 100$$

$$\text{Deckungsgrad II} = \frac{\text{Eigenkapital} + \text{langfr. Fremdkapital}}{\text{Anlagevermögen}} \cdot 100$$

Beispiele: Mithilfe der Strukturbilanz ergeben sich für die OfficeCom AG folgende Deckungsgrade:

Deckungsgrad I

Berichtsjahr	Vorjahr
$\frac{356{,}4 \cdot 100}{368} = 96{,}8\,\%$	$\frac{347{,}3 \cdot 100}{380} = 91{,}4\,\%$

Deckungsgrad II

Berichtsjahr	Vorjahr
$\frac{606{,}4 \cdot 100}{368} = 164{,}8\,\%$	$\frac{587{,}3 \cdot 100}{380} = 154{,}6\,\%$

Liquidität

Die Liquidität zeigt die Fähigkeit des Unternehmens an, jederzeit die kurzfristigen Verbindlichkeiten bezahlen zu können. Sie ist insofern bedeutsam, als Zahlungsunfähigkeit die Einleitung eines Insolvenzverfahrens (siehe dazu S. 468 f.) zur Folge hat.

Kennzahlen:

$$\text{Liquiditätsgrad I (Barliquidität)} = \frac{\text{liquide Mittel}}{\text{kurzfr. Verbindlichkeiten}} \cdot 100$$

Faustregel: mindestens 20 % Deckung

$$\text{Liquiditätsgrad II (einzugsbedingte Liquididtät)} = \frac{\text{liquide Mittel} + \text{Forderungen a. LL.}}{\text{kurzfr. Verbindlichkeiten}} \cdot 100$$

Faustregel: mindestens 100 % Deckung

$$\text{Liquiditätsgrad III (umsatzbedingte Liquididtät)} = \frac{\text{Umlaufvermögen}}{\text{kurzfr. Verbindlichkeiten}} \cdot 100$$

Faustregel: mindestens 200 % Deckung

Beispiele: Den Liquiditätsstatus der OfficeCom AG zeigen – auf der Grundlage der Strukturbilanz – die folgenden Zahlen:

Liquiditätsgrad I

Berichtsjahr	Vorjahr
$\frac{48{,}3 \cdot 100}{49{,}3} = 98{,}0\,\%$	$\frac{46 \cdot 100}{41{,}1} = 111{,}9\,\%$

Liquiditätsgrad II

Berichtsjahr	Vorjahr
$\frac{(48{,}3 + 49) \cdot 100}{49{,}3} = 197{,}4\,\%$	$\frac{(46 + 31{,}5) \cdot 100}{41{,}1} = 188{,}6\,\%$

Liquiditätsgrad III

Berichtsjahr	Vorjahr
$\frac{287{,}7 \cdot 100}{49{,}3} = 583{,}6\,\%$	$\frac{248{,}4 \cdot 100}{41{,}1} = 604{,}4\,\%$

Rentabilität

Die Rentabilität ist die innerbetriebliche Verzinsung des eingesetzten Kapitals, die den Erfolg des Unternehmens zum Ausdruck bringt. Die Erfolgsentwicklung ist u. a. bedeutsam für das Verhalten bestehender und zukünftiger Teilhaber bzw. Investoren, Kunden und Lieferanten.

Kennzahlen:

$$\text{Rentabilität des Eigenkapitals (Unternehmerrentabilität)} = \frac{\text{bereinigter Unternehmensgewinn}^1}{\text{durchschnittliches Eigenkapital}^2} \cdot 100$$

$$\text{Rentabilität des Gesamtkapitals (Unternehmensrentabilität)} = \frac{\text{bereinigter Unternehmensgewinn} + \text{Fremdkapitalzinsen}}{\text{durchschnittliches Gesamtkapital}} \cdot 100$$

$$\text{Rentabilität des Umsatzes} = \frac{\text{bereinigter Unternehmensgewinn*}}{\text{Umsatz}} \cdot 100$$

[1]
	Unternehmensgewinn
–	außerordentliche Erträge
+	außerordentliche Aufwendungen
=	bereinigter Unternehmensgewinn

* häufig nur Gewinn

Beispiele: Für die OfficeCom AG ergeben sich aus der Strukturbilanz für das Berichtsjahr folgende Zahlen:

Durchschnittliches Eigenkapital in tausend Euro im Berichtsjahr: (347,3 + 356,4) : 2 = 351,85

Durchschnittliches Gesamtkapital in tausend Euro im Berichtsjahr: (628,4 + 655,7) : 2 = 642,05

Im Berichtsjahr betragen der Gewinn 19.100,00 €, der Umsatz 215.000,00 € und die Zinsaufwendungen 5.300,00 € (siehe Hauptabschlussübersicht auf Seite 348). Außerordentliche Aufwendungen und Erträge liegen nicht vor.

Rentabilität des Eigenkapitals

$$\frac{19{,}1 \cdot 100}{351{,}85} = 5{,}4\,\%$$

Rentabilität des Gesamtkapitals

$$\frac{(19{,}1 + 5{,}3) \cdot 100}{642{,}05} = 3{,}8\,\%$$

Rentabilität des Umsatzes

$$\frac{19{,}1 \cdot 100}{215} = 8{,}9\,\%$$

[2] Durchschnittliches Eigenkapital

$$= \frac{\text{Eigenkapital am 1. Jan.} + \text{Eigenkapital am 31. Dez.}}{2}$$

Cashflow

Der Cashflow (Kassenfluss oder Liquiditätszufluss) drückt die Selbstfinanzierungskraft eines Unternehmens aus. Er gibt an, welche selbst erwirtschafteten Mittel des Geschäftsjahres dem Unternehmen für Investitionen, Schuldentilgung und Gewinnausschüttung zur Verfügung stehen.

Kennzahlen *(Beispiele)*:

	Jahresüberschuss (Gewinn)
+	Abschreibungen auf Anlagen
+	Zuführungen zu den langfristigen Rückstellungen
–	Auflösung von langfristigen Rückstellungen
=	Cashflow

$$\text{Cashflow-Umsatzverdienstrate} = \frac{\text{Cashflow}}{\text{Umsatzerlöse}} \cdot 100$$

Beispiel: Für die OfficeCom AG ergibt sich gemäß Hauptabschlussübersicht auf S. 348 folgender Cashflow (Rückstellungen wurden nicht gebildet; die Abschreibungen beinhalten nur solche auf Anlagen.):

Cashflow
Berichtsjahr:

	Gewinn	19.100,00 €
+	Abschreibungen auf Anlagen	54.000,00 €
=	Cashflow	73.100,00 €

Cashflow-Umsatzverdienstrate

Berichtsjahr	Vorjahr
$\frac{73{,}1 \cdot 100}{215{,}0} = 34{,}0\,\%$	keine Angaben

Wirtschaftlichkeit

Unter Wirtschaftlichkeit wird das Verhältnis von Erträgen und Aufwendungen verstanden. Der Aussagewert ist gering, da die Unternehmen nicht nach maximaler Wirtschaftlichkeit, sondern nach hoher Rentabilität streben.

Kennzahl *(Beispiel)*:

$$\text{Wirtschaftlichkeit} = \frac{\text{Erträge}}{\text{Aufwendungen}}$$

Beispiel: Die OfficeCom AG berechnet die Wirtschaftlichkeit auf der Grundlage der Hauptabschlussübersicht auf S. 348:

Wirtschaftlichkeit
Berichtsjahr:

$$\frac{223}{203{,}9} = 1{,}09$$

Ein Ertrag von 1,09 € wurde mit 1,00 € Aufwand erzielt.

EBIT

Earnings **b**efore **I**nterest and **T**ax (EBIT) Operating Income, Operating Profit; Gewinn (Ergebnis der gewöhnlichen Geschäftstätigkeit) vor Ertragsteuern und Zinsen (Finanzergebnis).

EBIT ist eine im angelsächsischen Raum gebräuchliche Kennzahl, die eine von der Finanzstruktur des Unternehmens unabhängige Beurteilung der Ertragskraft aus der operativen Geschäftstätigkeit ermöglicht (ähnlich dem in Deutschland üblichen Betriebsergebnis). Dadurch kann zwischen Unternehmen mit unterschiedlichen Fremdkapitalanteilen Vergleichbarkeit hergestellt werden.

(aus: Gablers Wirtschaftslexikon, 15. Aufl., Wiesbaden 2001)

EBDIT

Earnings **b**efore **D**epreciation, **I**nterest and **T**ax (EBDIT); Gewinn (Ergebnis der gewöhnlichen Geschäftstätigkeit) vor dem Abzug von Abschreibungen, Steuern und Zinsen. Das EBDIT dient dazu, die Effekte stark schwankender Abschreibungsgepflogenheiten beim Ergebnisvergleich auszuschalten.

(aus: Gablers Wirtschaftslexikon, 15. Aufl., Wiesbaden 2001)

Insbesondere die Kennzahl EBDIT führt zu internationaler Vergleichbarkeit der Ergebnisse, da die unterschiedliche Höhe der Zinssätze sowie die unterschiedlichen gesetzlichen Regelungen bezüglich Ertragsteuern und Abschreibungsmöglichkeiten in den einzelnen Ländern unberücksichtigt bleiben.

RoI

- **R**eturn **o**n **I**nvestment (**RoI**) = Rückfluss des investierten Kapitals (Kapitalrendite); Verhältnis des Gewinns zum gesamten investierten Kapital (Gewinn pro eingesetzter Kapitaleinheit):

$$\text{RoI} = \underbrace{\frac{\text{Gewinn}}{\text{Umsatz}}}_{\text{Rentabilität des Umsatzes}} \cdot \underbrace{\frac{\text{Umsatz}}{\text{investiertes Kapital}}}_{\text{Umschlagshäufigkeit des investierten Kapitals}} \cdot 100$$

- Der RoI ist eine Kombination zweier Kennzahlen und dient zur Analyse der Rentabilität. Der erste Faktor der Gleichung zeigt den Umsatzerfolg, der zweite die Kapitalumschlagshäufigkeit. Durch Multiplikation beider Faktoren ergibt sich die jährliche Rentabilität des investierten Kapitals.
- Der RoI kann als Grundlage für die Unternehmenspolitik und Unternehmensplanung dienen. Stehen mehrere Investitionsobjekte zur Auswahl, wird für jedes Objekt die RoI-Kennzahl gebildet. Als Entscheidungsgrundlage für Investitionen hat der RoI allerdings den Nachteil einer statischen, da kurzfristigen Betrachtungsweise.

Kennzahlensystem RoI (DuPont-Schema):

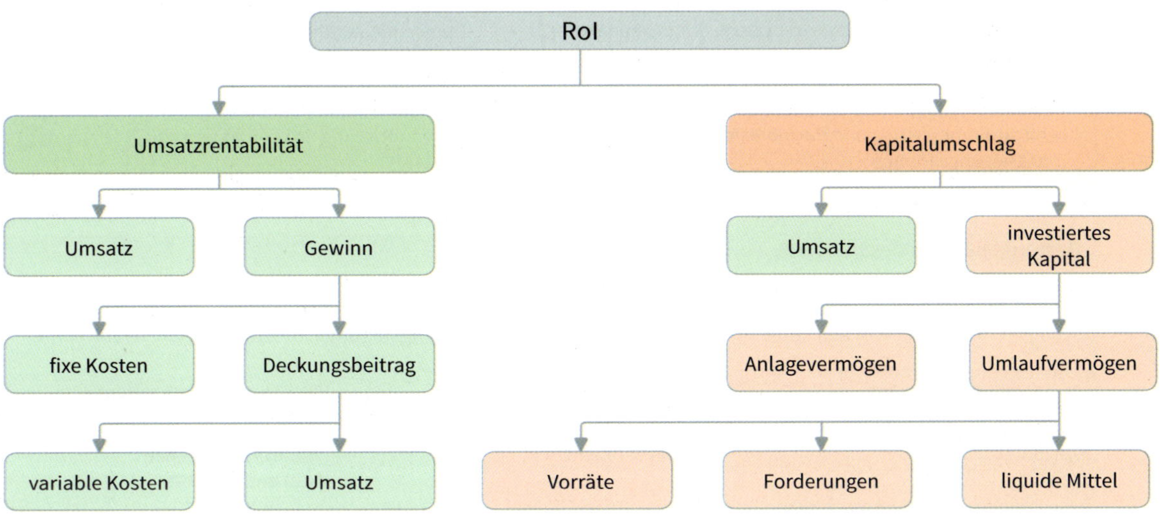

Durch die Zerlegung der übergeordneten Zielgröße RoI in seine einzelnen Elemente zeigt das DuPont-Schema die Einflussfaktoren des Unternehmenserfolgs. Es gibt damit Hinweise auf Steuerungs- und Verbesserungsmaßnahmen.

Internationale Rechnungslegung (IAS/IFRS) *International accounting (IAS/IFRS)*

Gründe und Ziele internationaler Bilanzierung und Bewertung

- Die zunehmende internationale Verflechtung der Unternehmen bzw. die fortschreitende Globalisierung – insbesondere der Finanzmärkte – machen es erforderlich, dass die externe Rechnungslegung diese Entwicklung mit einbezieht.
- Kapitalanbieter (Investoren) verlangen für ihre Anlageentscheidungen Informationen über die aktuelle und künftige wirtschaftliche Lage der zur Auswahl stehenden Unternehmen, die sie zu einem beträchtlichen Teil aus deren Jahresabschlüssen erhalten.
- Dazu müssen die Jahresabschlüsse die tatsächliche Lage der Unternehmen widerspiegeln sowie international verständlich und vergleichbar sein.
- Die Abschlüsse nach HGB zeichnen wegen des dominanten Vorsichtsprinzips eher ein pessimistisches Bild der wirtschaftlichen Lage, während sich die angloamerikanische Rechnungslegung eher um eine optimistische Darstellung der Vermögens- und Ertragslage (true and fair view) bemüht.

vgl.: Wöhe, Günter: Einführung in die Allgemeine Betriebswirtschaftslehre, 23. Aufl., München, Vahlen Verlag, 2008, S. 819

Normensysteme internationaler Rechnungslegung

Mit internationaler Rechnungslegung sind im Wesentlichen **zwei Normensysteme** gemeint:

Normensysteme internationaler Rechnungslegung

International Accounting Standards (IAS)

- Im Jahr 1973 wurde das International-Accounting-Standards-Committee (**IASC**) als privatrechtliche Organisation von Berufsverbänden der Wirtschaftsprüfer (u. a. aus Deutschland, den USA, Großbritannien, Australien) mit Sitz in London gegründet. Das IASC gab die **IAS** heraus, bis es im Jahr 2002 umstrukturiert und in International Accounting Standard Board (**IASB**) umbenannt wurde, das seither neue bzw. überarbeitete Standards als International Financial Reporting Standards (**IFRS**) herausgibt.
- **Ziel** des IASB ist es, **Rechnungslegungsgrundsätze** zu formulieren und weltweit zu **verbreiten**. So sind im IASB zurzeit 143 Mitgliedsorganisationen (neben den Wirtschaftsprüfern auch Rechnungslegungsersteller und -adressaten) aus 104 Ländern vertreten. Weitere Ziele sind die Verbesserung und **Harmonisierung** von Rechnungslegungsnormen.

8

United States Generally Accepted Accounting Principles (US-GAAP)

- Das Financial Accounting Standards Board (**FASB**) ist ebenfalls ein privates Rechnungslegungsgremium, das die US-GAAP erlässt, beauftragt von der US-amerikanischen Börsenaufsichtsbehörde Securities and Exchange Commission (**SEC**). Die US-GAAP gelten nur für börsennotierte Unternehmen und sind erst dann verbindlich, wenn sie von der SEC genehmigt worden sind.
- Die Rechnungslegungsstandards nach US-GAAP dienen dem **Schutz des Wertpapierhandels** in den USA. So müssen beispielsweise auch deutsche Unternehmen wie Siemens, Deutsche Bank oder Deutsche Telekom, deren Aktien an der US-amerikanischen Börse gehandelt werden, ihren Jahresabschluss nach US-GAAP-Richtlinien erstellen. Das heißt, **Zulassungsvoraussetzung zur Aktiennotierung** an US-Börsen ist die Bilanzierung nach US-GAAP.

Geltungsbereich der IAS/IFRS

Seit dem Jahr 2005 gelten gemäß § 315 a HGB auf der Grundlage von Artikel 4 der Verordnung (EG) Nr. 1606/2002 des Europäischen Parlaments und des Rates vom 19. Juli 2002 folgende Rechnungslegungsvorschriften bzw. -wahlrechte:

	Kapitalmarktorientierte Unternehmen[1]	**Nicht kapitalmarktorientierte Unternehmen**
Konzernabschluss (Kapitalgesellschaften, Personengesellschaften, Einzelunternehmen)	**IAS/IFRS-Pflicht**	**Wahlrecht zwischen HGB und IAS/IFRS**
Einzelabschluss (Kapitalgesellschaften, Personengesellschaften, Einzelunternehmen)	**Wahlrecht zwischen HGB und IAS/IFRS**	**Wahlrecht zwischen HGB und IAS/IFRS**

[1] Kapitalmarktorientiert sind solche Unternehmen, deren Eigenkapital (Aktien) und/oder Fremdkapital (Anleihen) an einem geregelten Kapitalmarkt der EU am jeweiligen Bilanzstichtag gehandelt werden.

Internationale Rechnungslegung (IAS/IFRS)

Bilanzierungsphilosophien internationaler und deutscher Rechnungslegung

Rechnungslegung nach IAS/IFRS, US-GAAP	Rechnungslegung nach HGB
■ Die internationale Rechnungslegung ist **angelsächsisch** geprägt. ■ Vorherrschend ist die Eigenkapital- oder **Kapitalmarktfinanzierung**. ■ Der **Schutz der Anteilseigner** (Investoren) steht im Vordergrund. Ziel der Bilanzierung und Bewertung der Vermögens- und Schuldenpositionen der Bilanz ist die **positive Darstellung** des Unternehmens *(true and fair presentation)*.	■ Die deutsche Rechnungslegung ist **kontinentaleuropäisch** geprägt. ■ Vorherrschend ist die Fremdkapital- oder **Bankenfinanzierung**. ■ Der **Gläubigerschutz** steht im Vordergrund, der seinen Ausdruck in der vorsichtigen Bilanzierung und Bewertung der Vermögens- und Schuldenpositionen der Bilanz (**Vorsichtsprinzip**) findet.
Die **Normenfestlegung** erfolgt durch private Organisationen: ■ für die IAS/IFRS der International Accounting Standards Board (IASB); ■ für die US-GAAP der Financial Accounting Standards Board (FASB).	Die **Normenfestlegung** erfolgt primär durch den Gesetzgeber; mit der Gründung des Deutschen Rechnungslegungs Standards Committee (DRSC), verankert in § 342 HGB, wurde der Übergang zu einer privatrechtlich organisierten Normenfestsetzung eingeleitet.
Handels- und Steuerbilanz werden voneinander getrennt erstellt (kein Maßgeblichkeitsprinzip). Daher hat die Handelsbilanz nach IAS/IFRS bzw. nach US-GAAP **Informationsfunktion**. Für die Bestimmung von Ertragsteuerzahlungen und Gewinnausschüttungen sind gesonderte Berechnungen anzustellen.	Handels- und Steuerbilanz sind durch das Maßgeblichkeitsprinzip eng miteinander verknüpft. Daher hat die Handelsbilanz nach HGB neben der **Informations-** auch eine **Zahlungsbemessungsfunktion**, das heißt, der Zahlung von Ertragsteuern und der Ausschüttung von Dividenden liegt die Handelsbilanz zugrunde.
Im Rahmen des Jahresabschlusses ist der Erfolgsausweis eindeutig, da die **Bilanzierungs- und Bewertungswahlrechte** gegenüber dem HGB **stark eingeschränkt** sind. Die Bildung stiller Reserven ist nicht zulässig.	Der Erfolgsausweis beim Jahresabschluss ist nicht eindeutig, da der Gesetzgeber **viele Bilanzierungs- und Bewertungswahlrechte** zulässt. Stille Reserven können in erheblichem Umfang gebildet werden. Mit dem Bilanzrechtsmodernisierungsgesetz von 2009 (BilMoG) wurde eine Annäherung der Rechnungslegung nach HGB an die internationale Rechnungslegung erreicht.

Grundkonzept der IAS

Elemente der Rechnungslegung nach IAS/IFRS

- Framework = Rahmenkonzept
- Standards = spezielle Bilanzierungs- und Bewertungsvorschriften
- Interpretations = Konkretisierung der Standards

Framework

- Das System der Rechnungslegung nach IAS bzw. IFRS besteht zum einen aus dem sogenannten **Framework** *(framework for the preparation* und *presentation of financial statements)*. Es enthält als **Rahmenkonzept** die Ziele, die Adressaten sowie die allgemeinen Grundsätze und Leitlinien der IAS-Rechnungslegung.
- Außerdem befasst es sich mit den **Definitionen**, der **Erfassung** und den **Bewertungsgrundsätzen** der Aktiva und Passiva sowie der Aufwendungen und Erträge.
- Das Framework ist **vergleichbar mit den Grundsätzen ordnungsmäßiger Buchführung** nach HGB, wie die folgende Darstellung zeigt.

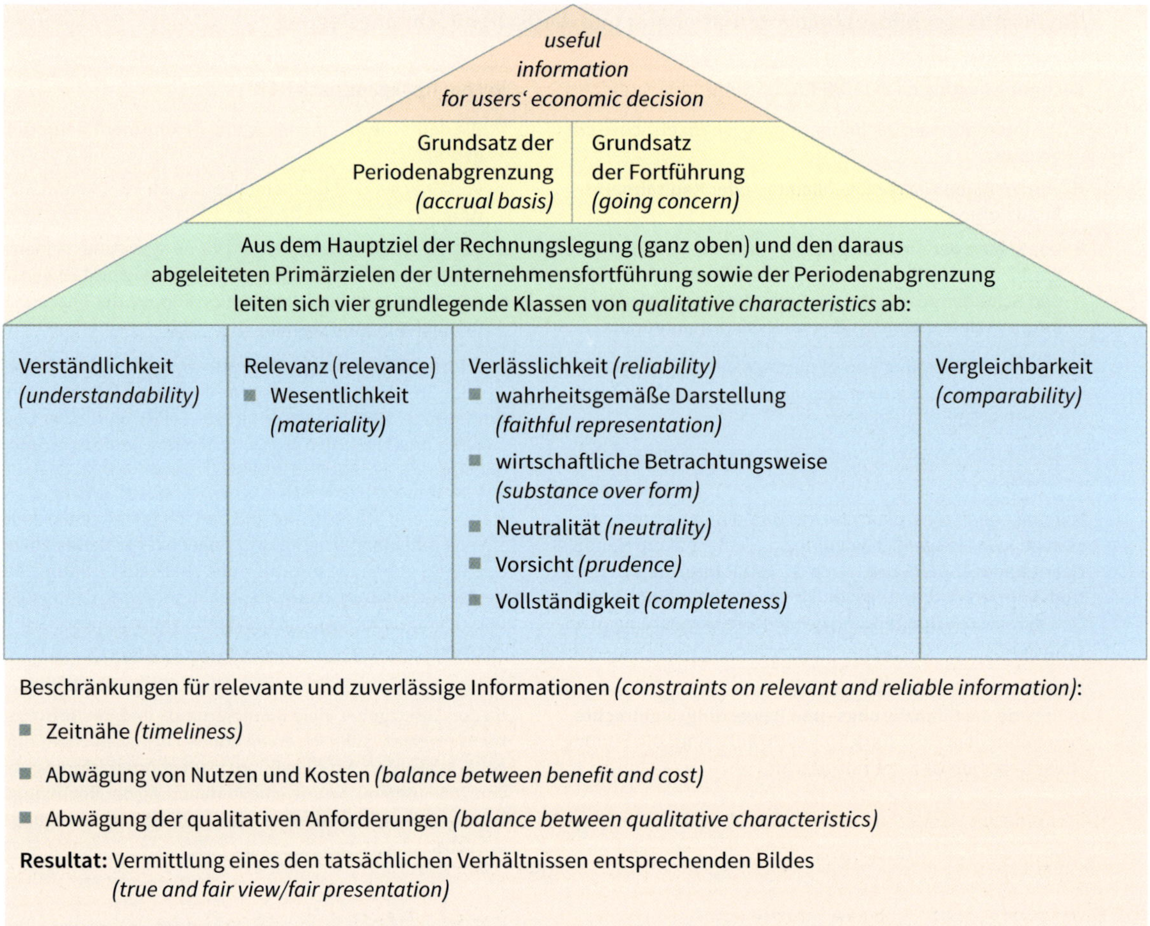

vgl.: Zingel, Harry: International Financial Reporting Standards, IFRS und IAS: Grundbegriffe der internationalen Rechnungslegung, www.zingel.de/pdf/03ias/pdf eingesehen 20.02.2006

Standards

Das zweite Rechnungslegungselement nach IAS bzw. IFRS sind die sogenannten **Standards**. Sie haben die eigentlichen Bilanzierungs- und Bewertungsvorschriften, die speziellen Regelungen für die Aktiva und Passiva sowie für die Aufwendungen und Erträge, **ähnlich den Vorschriften des HGB**, zum Inhalt. Die Standards sind bis zum 1. Jan. 2003 in der Reihenfolge ihrer Entstehung (nicht nach inhaltlich-fachlichen Gesichtspunkten) durchnummeriert, und zwar zunächst von IAS 1 bis IAS 41. Danach entstanden die Standards IFRS 1 bis IFRS 6.

Beispiele:

IAS 2:	Bilanzierung und Bewertung der Vorräte
IAS 16:	Regelungen zu den Anschaffungskosten und den planmäßigen Abschreibungen auf Sachanlagen
IAS 27:	Konzernabschlüsse und Bilanzierung von Anteilen an Tochterunternehmen
IFRS 4:	Versicherungsverträge

Die Regelungen gelten grundsätzlich branchen-, unternehmensgrößen- und rechtsformunabhängig sowohl für den Einzel- als auch für den Konzernabschluss.

Interpretations

Das dritte Rechnungslegungselement sind die **Interpretationen**, die die Standards konkretisieren. Sie sind wie die Standards durchnummeriert. Ziel der Interpretationen ist die Sicherstellung einer weltweiten Vergleichbarkeit von Jahresabschlüssen.

Bestandteile des Jahresabschlusses

Bestandteile des Jahresabschlusses

… nach IAS/IFRS *(financial statements)*	**… nach HGB** *(Jahresabschluss)*
■ *balance sheet* (Bilanz)	■ Bilanz
■ *income statement* (Gewinn- und Verlustrechnung)	■ Gewinn- und Verlustrechnung
■ *notes* (Anhang) (unabhängig von Rechtsform und Unternehmensgröße; wesentlich umfangreicher als nach HGB)	■ Anhang (Erläuterungsbericht) und Lagebericht (nur bei Kapitalgesellschaften)
■ *statement of cash flows* (Kapitalflussrechnung) (bei allen Unternehmen)	■ Kapitalflussrechnung (nur bei Konzernen, deren Mutterunternehmen börsennotiert sind)
■ *statement of changes in stockholders' equity* (Kapitalveränderungsrechnung)	
↑ Informationsziel des Jahresabschlusses nach IAS bzw. IFRS ist es, einen realitätsnahen und vollständigen Einblick in die wirtschaftliche Lage des Unternehmens zu geben *(true and fair view/fair presentation).*	↑ Ziel nach § 264 Abs. 2 HGB: *„Der Jahresabschluss … hat … ein den tatsächlichen Verhältnissen entsprechendes Bild der Vermögens-, Finanz- und Ertragslage … zu vermitteln."*

Gliederungsschema zur IAS-Bilanz

Die Gliederung der Bilanz nach IAS 1.66 und 1.68 hat die gleiche Struktur wie die Bilanz nach HGB:

Assets — Balance sheet	Equity and liabilities
Non-current assets (Anlagevermögen)	***Capital and reserves*** (Eigenkapital)
I. *Intangible assests* (immaterielle Vermögensgegenstände wie z. B. derivativer Firmenwert, Patente, Lizenzen)	I. *Issued capital* (gezeichnetes Kapital)
II. *Property, plant and equipment* (Sachanlagen wie z. B. Grundstücke, Gebäude, technische Anlagen, BGA)	II. *Reserves* (Rücklagen)
III. *Financial assets* (Finanzanlagen wie z. B. Beteiligungen, Wertpapiere des AV)	***Non-current liabilities*** (langfristiges Fremdkapital)
IV. *Deferred tax assets* (latente Steuern)	I. *Interest-bearing borrowings* (langfristig verzinsliche Verbindlichkeiten wie z. B. langfristige Kredite, Anleihen)
Current assets (Umlaufvermögen)	II. *Deferred tax liabilities* (latente Steuern)
I. *Inventories* (Vorräte wie Roh-, Hilfs-, Betriebsstoffe, unfertige/fertige Erzeugnisse, Waren)	III. *Retirement benefit obligation* (Pensionsrückstellungen)
II. *Trade and other receivables* (z. B. Forderungen a. LL.)	***Current liabilities*** (kurzfristiges Fremdkapital)
III. *Trading securities* (Wertpapiere des Umlaufvermögens)	I. *Trade and other payables* (z. B. Verbindlichkeiten a. LL.)
IV. *Prepaid expenses* (entspricht dem aktiven Rechnungsabgrenzungsposten nach HGB)	II. *Short-term borrowings* (kurzfristige verzinsliche Verbindlichkeiten wie z. B. Kontokorrentkredite)
V. *Cash and cash equivalents* (flüssige Mittel wie z. B. Kassenbestand, Bankguthaben, Schecks)	III. *Provisions* (Rückstellungen wie z. B. Steuer-, Garantie-, Prozesskostenrückstellungen)
	IV. *Deferred income* (entspricht dem passiven Rechnungsabgrenzungsposten nach HGB)

vgl.: Wöhe, Günter: Einführung in die Allgemeine Betriebswirtschaftslehre, 23. Aufl., München, Vahlen Verlag, 2008, S. 835 ff.

Bilanzierung und Bewertung ausgesuchter Aktiva im Vergleich (Überblick)

Bilanzposten	IAS	HGB
Sachanlagen *(property, plant and equipment)*	IAS 16 und 36	§§ 246 Abs. 1 und 253 HGB
■ Ansatz:	■ Aktivierungspflicht	■ Aktivierungspflicht
■ Erstbewertung (bei Zugang):	■ Anschaffungs-/Herstellungskosten (AHK)	■ AHK
■ Folgebewertungen (an den dem Zugang folgenden Bilanzstichtagen)	■ *benchmark:* fortgeführte AHK *allowed alternative:* Neubewertung (fair value)	■ fortgeführte AHK
Finanzanlagen *(available-for-sale)*	IAS 25	§§ 246 Abs. 1 und 253 HGB
■ Ansatz:	■ Aktivierungspflicht	■ Aktivierungspflicht
■ Erstbewertung:	■ AHK	■ AHK
■ Folgebewertungen:	■ fair value	■ aktueller Wert mit AHK als Wertobergrenze
Geschäfts- oder Firmenwert *(goodwill)*	IAS 22	§§ 246 Abs. 1 und 248 Abs. 2 HGB
■ Ansatz:	■ originärer Firmenwert: Aktivierungsverbot ■ derivativer Firmenwert: Aktivierungspflicht	■ originärer Firmenwert: Aktivierungswahlrecht ■ derivativer Firmenwert: Aktivierungspflicht
■ Erstbewertung:	■ Differenz aus Kaufpreis und Zeitwert der übernommenen Vermögenswerte abzüglich Schulden	(Differenz aus Kaufpreis und Zeitwert der übernommenen Vermögenswerte abzüglich Schulden)
■ Folgebewertungen:	■ planmäßige Abschreibung über die voraussichtliche Nutzungsdauer (maximal 20 Jahre)	■ Abschreibung planmäßig über die voraussichtliche Nutzungsdauer
Vorräte *(inventories)*	IAS 2	§§ 246 Abs. 1 und 253 HGB
■ Ansatz:	■ Aktivierungspflicht	■ Aktivierungspflicht
■ Erstbewertung:	■ AHK	■ AHK
■ Folgebewertungen:	■ aktueller Wert mit AHK als Wertobergrenze	■ aktueller Wert mit AHK als Wertobergrenze
■ langfristige Fertigungsaufträge:	■ u. U. Realisierung von Teilperiodenerfolgen	■ Erfolgsausweis erst in der Verkaufsperiode
Forderungen *(receivables)*	IAS 39	§§ 246 Abs. 1 und 253 HGB
■ Ansatz:	■ Aktivierungspflicht	■ Aktivierungspflicht
■ Erstbewertung:	■ Anschaffungskosten (AK)	■ Anschaffungskosten
■ Folgebewertungen:	■ aktueller Wert mit AK als Wertobergrenze	■ aktueller Wert mit AK als Wertobergrenze
Wertpapiere des Umlaufvermögens (trading securities)	IAS 39	§§ 246 Abs. 1 und 253 HGB
■ Ansatz:	■ Aktivierungspflicht	■ Aktivierungspflicht
■ Erstbewertung:	■ Anschaffungskosten (AK)	■ Anschaffungskosten
■ Folgebewertungen:	■ fair value	■ aktueller Wert mit AK als Wertobergrenze

vgl.: Wöhe, Günter: Einführung in die Allgemeine Betriebswirtschaftslehre, 23. Aufl., München, Vahlen Verlag, 2008, S. 842 ff.

Bilanzierung und Bewertung ausgesuchter Passiva (Überblick)

Bilanzposten	IAS	HGB
Verbindlichkeiten ■ Ansatz: ■ Bewertung	Framework ■ Passivierungspflicht ■ Rückzahlungsbetrag	§§ 246 Abs. 1 und 253 Abs. 1 HGB ■ Passivierungspflicht ■ Rückzahlungsbetrag
Verbindlichkeitsrückstellungen (rechtliche bzw. wirtschaftliche Verpflichtungen gegenüber Dritten, z. B. absehbare Steuernachzahlungen und Prozesskosten, Pensionszusagen, vertragliche und freiwillige Garantieverpflichtungen, drohende Verluste aus schwebenden Geschäften) ■ Ansatz: ■ Bewertung:	IAS 10, 12 und 19 ■ Passivierungspflicht ■ nach wahrscheinlicher Inanspruchnahme	§§ 249 und 253 Abs. 1 HGB ■ Passivierungspflicht ■ nach vernünftiger kaufmännischer Beurteilung
Aufwandsrückstellungen (wirtschaftliche „Verpflichtungen“ des Unternehmens gegenüber sich selbst, z. B. Rückstellungen für Abraumbeseitigung, Rückstellungen für unterlassene Instandsetzung) ■ Ansatz: ■ Bewertung	IAS 10 ■ Passivierungsverbot	§§ 249 und 253 Abs. 1 HGB ■ teilweise Passivierungspflicht, -wahlrecht oder -verbot ■ nach vernünftiger kaufmännischer Beurteilung

vgl.: Wöhe, Günter: Einführung in die Allgemeine Betriebswirtschaftslehre, 23. Aufl., München, Vahlen Verlag, 2008, S. 852

Anschaffungs- und Herstellungskosten nach IAS und HGB

- Die **Anschaffungskosten** sind nach IAS und HGB weitgehend identisch.
- Bei der Ermittlung der **Herstellungskosten** zeigen sich jedoch erhebliche Unterschiede:

Herstellungskosten	IAS	HGB
Materialeinzelkosten	Pflicht	Pflicht
Fertigungseinzelkosten	Pflicht	Pflicht
Sondereinzelkosten der Fertigung	Pflicht	Pflicht
Materialgemeinkosten	Pflicht	Pflicht
Fertigungsgemeinkosten	Pflicht	Pflicht
Verwaltungsgemeinkosten (herstellungsbezogen)	Pflicht	Wahlrecht
Verwaltungsgemeinkosten (nicht herstellungsbezogen)	Verbot	Wahlrecht
Sondereinzelkosten des Vertriebs	Verbot	Verbot
Vertriebsgemeinkosten	Verbot	Verbot

Pflicht   Wahlrecht   Verbot

9 Das Unternehmen im gesamt- und weltwirtschaftlichen Zusammenhang einordnen

Begriff

Standortfaktoren der Unternehmensgründung bzw. -verlagerung werden im Rahmen der Wirtschaftswissenschaften am häufigsten im Zusammenhang mit der **Standortwahl** genannt. Sie werden als die ausschlaggebende Einflussgröße für eine positive bzw. negative Entscheidung einer Neuansiedlung und/oder Schließung eines Unternehmens bzw. von Betriebsteilen angesehen. Im Allgemeinen werden **beschaffungs-, produktions- und absatzbezogene** Standortfaktoren unterschieden.

Systematik der Standortfaktoren

Eine **erweiterte** Systematik, die aufgrund der deutschen **Standortproblematik** (z. B. hohe Lohnnebenkosten) entwickelt wurde und den erhöhten weltwirtschaftlichen **Globalisierungsdruck** berücksichtigt, zeigt die nachfolgende Übersicht:

Standortfaktoren

Produktionsfaktoren: Input *(Beispiele)*		
monetär	**nicht-monetär quantitativ**	**qualitativ**
Produktionsfaktorkosten	**Produktionsfaktorenverfügbarkeit**	**Produktionsfaktorenqualität**
■ Personalkosten (regional) ■ Kapital- und Grundstückskosten	■ Nähe zu Lieferanten ■ Fachkräfteverfügbarkeit	■ Personalqualität und -qualifikation ■ Arbeitserlaubnis
Abgaben und Incentives[1]	**Infrastrukturdichte**	**qualitative Infrastrukturfaktoren**
■ Steuern ■ Subventionen ■ Förderungsmöglichkeiten	■ Verkehrsnetz ■ Telekommunikationsnetz ■ Dienstleistungsangebot	■ Dienstleisterqualität ■ Forschungseinrichtungen ■ Bildungseinrichtungen
gesamtwirtschaftliche Indikatoren	**Auflagen und Verfahren**	**politisch-rechtliche Faktoren**
■ Bruttoinlandsprodukt (BIP) ■ Bruttonationaleinkommen (BNE) ■ Leitzins und Inflation	■ Gewerbeeinschränkungen ■ Grunderwerbseinschränkungen ■ Umweltschutzauflagen	■ politische Stabilität/Gefahren ■ Verfassung und Gewaltenteilung ■ Verwaltungspraxis
	Geospezifik	**Soziokultur**
	■ Klima/Rohstoffvorkommen	■ Sprache und Mentalität

Erreichbare Performance[2]**: Output** *(Beispiele)*		
monetär	**nicht-monetär quantitativ**	**qualitativ**
anvisierte Erlöse	**Prozessgüte**	**Soft Facts der Performance**
■ Gewinn/Rendite/RoI ■ Produktivität/Kosten	■ Lieferzeiten ■ Maschinenlaufzeiten	■ Kundenzufriedenheit ■ Mitarbeiterzufriedenheit

Marktfaktoren *(Beispiele)*		
monetär	**nicht-monetär quantitativ**	**qualitativ**
Absatzpotenzial	**Marktattraktivität**	**Marktstruktur**
■ Marktvolumen/Marktanteil ■ Marktwachstum	■ Entfernung zu wichtigen Märkten ■ Kaufverhalten	■ Kundenstruktur ■ Vertriebsstruktur (zentral/dezentral)
Handelshemmnisse	**Konkurrenzsituation**	**Strategien der Wettbewerber**
■ Marktschranken/Eintrittsbarrieren ■ Zölle/Kontingente/Quoten	■ Präsenz internationaler Konkurrenten ■ Marktanteile der Wettbewerber	■ Ziele der Wettbewerber ■ Reaktionen der Wettbewerber

vgl.: Fraunhofer ISI (Institut Systemtechnik und Innovationsforschung), Internetpräsentation vom 10. Jan. 2003: www.standorte-bewerten.de

[1] incentive (engl.): Anreiz

[2] performance (engl.): Leistung

Standortwahl *Location choice*

Bedeutung

Mithilfe von **Entscheidungswerttabellen** und anderen mathematischen Verfahren soll ein möglichst **optimaler** Standort ausgewählt werden. Das Hauptziel besteht darin, durch die Gewichtung von **Transportkosten** einerseits zu eventuell anfallenden **Investitionskosten**, andererseits unter Abwägung von Wagnissen/Risiken für das eigene Unternehmen eine wirtschaftlich vertretbare **Standortentscheidung** zu treffen.

Welcher Standort letztlich von den Entscheidungsträgern ausgewählt wird, hängt u. a. von der **individuellen Risikobereitschaft** ab. Darüber hinaus richtet es sich auch nach den unterschiedlichen **Bewertungsmaßstäben**, je nachdem, ob es sich um einen lokalen, innerstädtischen **Mikrostandort** oder um einen regionalen, nationalen oder internationalen **Makrostandort** handelt.

vgl.: Gabler Lexikon, 15. Aufl., Wiesbaden 2000, S. 2883 ff.

Standortentscheidungen: Unternehmensstrategien und Globalisierung

Wenn ein Unternehmen im Rahmen seiner Unternehmensstrategien über einen internationalen Standort zu entscheiden hat, dann ist möglichst eine Abstimmung mit den Zielen der globalen Aktivitäten anzustreben. Eine am Heimatstandort angestrebte Qualitätsführerschaft ist zum Beispiel nur schwer mit „einer rein kostengetriebenen Auslagerung von Wertschöpfungsstufen"[1] vereinbar.

Umgekehrt könnte eine Unternehmensstrategie unter Kostengesichtspunkten dann erfolgreich sein, wenn eine Preisführerschaft am Markt bereits besteht oder in einzelnen Marktsegmenten Preisführerschaft angestrebt wird (vgl. hierzu die untenstehende Grafik):

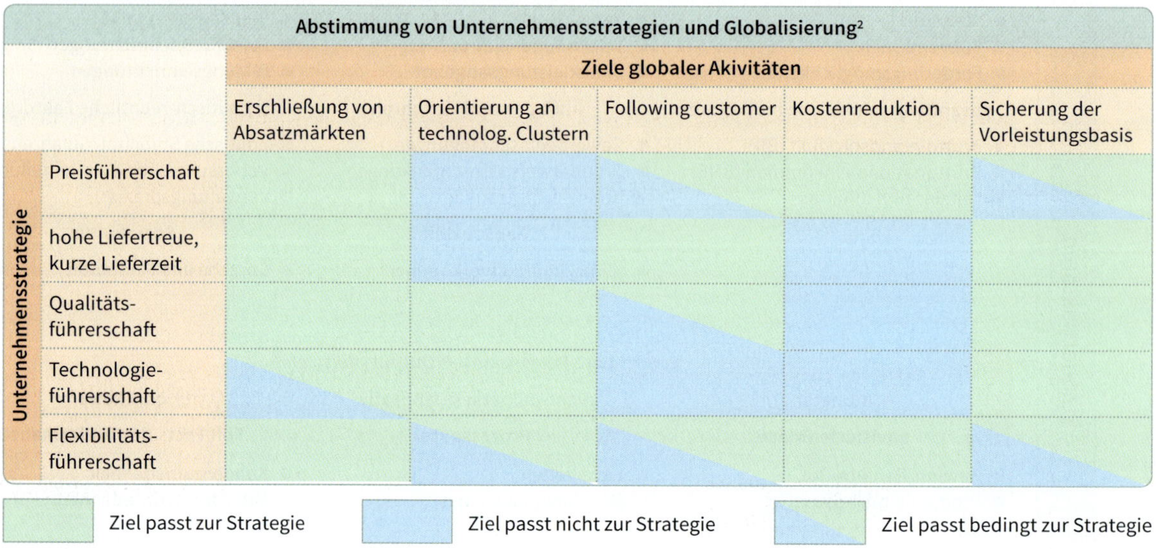

Standortentscheidungen: Unternehmensstrategien und alternative Globalisierungsformen

Wenn Standortentscheidungen, insbesondere für einen bestimmten **ausländischen** Standort, getroffen werden, dann sollte ein Unternehmen folgende **Leitfragen**[3] berücksichtigen:

1. Was mache ich wo?
   Bedeutung: Tiefe des **Auslandsengagements** – nur Vertrieb oder auch Service, Produktion, Beschaffung, Forschung und Entwicklung (FuE) im Ausland?
2. Wie agiere ich im Ausland?
   Bedeutung: **Verfügungsrecht** über Ressourcen, Produkte und Dienstleistungen mithilfe von
   a) Tochtergesellschaften = komplettes Verfügungsrecht
   b) Markttransaktionen = Pflichten und Rechte aus Dienst- und Kaufverträgen
   c) Kooperationen wie strategische Allianz oder Joint Venture
3. Aufkauf oder Neugründung?
   Bedeutung:
   Langfristige Entscheidungen über **Kapitalbindung** und Ressourcen

[1], [2] und [3] nach: Fraunhofer ISI, Internetpräsentation vom 10. Jan. 2003: www.standorte-bewerten.de

Wirtschaftsförderung

Business promotion

Begriff

Bei der **Wirtschaftsförderung** handelt es sich im Rahmen der Wirtschaftspolitik um Maßnahmen des **Staates** (EU, Bund, Land, Kommunen), um das Wirtschaftsgeschehen durch „… selektive Begünstigung bestimmter Tatbestände oder Verhaltensweisen“[1] zu beeinflussen.

Von den Befürwortern einer staatlichen Wirtschaftsförderung wird als Hauptargument angeführt, dass ohne diese Maßnahmen bestimmte gewünschte volkswirtschaftliche bzw. gesellschaftliche Ergebnisse aufgrund des Versagens der Marktkräfte nicht eintreten würden.[2] Siehe S. 492.

[1] und [2] aus: Gabler Lexikon, 15. Aufl., Wiesbaden 2000, S. 3512

Formen

Bei der **Wirtschaftsförderung** lassen sich drei Hauptformen unterscheiden:

Wirtschaftsförderung (WF)

- **Sektorale oder branchenbezogene Wirtschaftsförderung**
  z. B. Berg- oder Schiffbau, Wohnungswirtschaft durch Subventionszuschüsse
- **Regionale Wirtschaftsförderung**
  z. B. bestimmte Städte werben durch Stadtmarketing für ihren Standort = Gewerbeneuansiedlung
- **Fördermaßnahmen für bestimmte Unternehmensgruppen**
  z. B. Existenz-, Gründungs- bzw. Mittelstandsförderung durch öffentliche Zuschüsse (zinsgünstige Kredite)

Die **Förderdatenbank** vom Bundesministerium für Wirtschaft und Technologie (BMWI) gibt eine ausführliche und vollständige Übersicht über Wirtschaftsförderungsmaßnahmen:

Quelle: http://www.foerderdatenbank.de/Foerder-DB/Navigation/finanzierung.html, 13. Februar 2014

Begriff

- In der volkswirtschaftlichen Gesamtrechnung (VGR) werden alle zahlenmäßig erfassbaren (quantifizierbaren) Ergebnisse des Wirtschaftsprozesses einer Volkswirtschaft dargestellt, die innerhalb des Wirtschaftskreislaufs in einer Wirtschaftsperiode (in der Regel einem Jahr) stattfinden.
- Die VGR wird im Zuge der EU-Harmonisierung seit 1999 nach dem Europäischen System Volkswirtschaftlicher Gesamtrechnungen (ESVG) dargestellt und in Deutschland vom Statistischen Bundesamt in Wiesbaden durchgeführt.

Aufgaben

Die VGR dient den Trägern der Wirtschaftspolitik (Bundes- und Landesregierungen, Tarifpartner, Wirtschaftsverbände u. a.) sowie den Wirtschaftsforschungsinstituten als Grundlage zur Kennzeichnung, Beurteilung oder Vorhersage der wirtschaftlichen Situation bzw. der zu erwartenden wirtschaftlichen Entwicklung.

- Für die Wirtschaftswissenschaften stellt die VGR ein unverzichtbares Mittel dar, um Theorien über Wirkungszusammenhänge in der Volkswirtschaft zu überprüfen.
- Hauptaufgabe der VGR ist die Berechnung von Kennzahlen, wie z. B. das Bruttoinlandsprodukt oder das Volkseinkommen.

Sozialprodukt im Rahmen der volkswirtschaftlichen Gesamtrechnung

Unter dem Sozialprodukt versteht man die Leistungsfähigkeit der bundesdeutschen Volkswirtschaft. Sie kann mit verschiedenen Kennzahlen beschrieben werden:

- dem **Bruttoinlandsprodukt (BIP)**
- dem **Bruttonationaleinkommen** (früher: Bruttosozialprodukt)
- dem **Nettonationaleinkommen** (Primäreinkommen)
- dem **Volkseinkommen** (früher: Nettosozialprodukt zu Faktorpreisen)

9

Bruttoinlandsprodukt

Das Bruttoinlandsprodukt (BIP) ist der zu Marktpreisen gemessene Wert der innerhalb der Staatsgrenzen einer Volkswirtschaft erstellten Güter und Dienstleistungen in einer Periode (**Inlandskonzept**), unabhängig davon, ob sie von In- oder Ausländern erzeugt werden. Das BIP wird seit 1992 zur Berechnung des Wirtschaftswachstums verwendet.

Bruttonationaleinkommen

Das Bruttonationaleinkommen ist der zu Marktpreisen gemessene Wert aller in einer Periode erstellten Güter und Dienstleistungen, die von den Staatsbürgern innerhalb einer Volkswirtschaft erwirtschaftet wurden (**Inländerkonzept**). Dazu zählen auch Einkommen, die Inländern aufgrund von Leistungen aus dem Ausland zufließen.

vgl.: Schmitz, Udo u. a.: Handbuch Volkswirtschaftslehre, Klett Verlag, Stuttgart, Düsseldorf, Leipzig 2002, S. 161 ff.

Nettonationaleinkommen

Das Nettonationaleinkommen ist der Wert des Bruttonationaleinkommens vermindert um die Wertminderungen des Vermögens einer Volkswirtschaft, die von den Unternehmen in den Marktpreis einkalkuliert werden (Abschreibungen). Es umfasst also den Wert der tatsächlich neu geschaffenen Güter, bewertet zu Marktpreisen, und spiegelt damit die wirkliche Produktionsleistung einer Volkswirtschaft innerhalb einer Wirtschaftsperiode wider.

Volkseinkommen

Das Volkseinkommen umfasst den Wert aller Erwerbs- und Vermögenseinkommen, die in einer Wirtschaftsperiode für die am Produktionsprozess beteiligten Produktionsfaktoren Arbeit, Boden und Kapital geflossen sind. Damit erfolgt die Berechnung zu Faktorpreisen, d. h. als Summe der durch die Produktionsfaktoren verursachten Kosten. Das Volkseinkommen ermöglicht die Beurteilung der Einkommensverteilung bzw. Einkommensumverteilung.

Jahr	Bruttoinlandsprodukt	Bruttonationaleinkommen	Abschreibungen	Nettonationaleinkommen	Volkseinkommen
	in jeweiligen Preisen in Mrd. €				
2013	2.820,82	2.882,04	505,08	2.376,96	2.096,61
2014	2.915,65	2.982,44	517,75	2.464,69	2.176,19
2015	3.025,90	3.091,33	531,26	2.560,07	2.261,17

nach: Angaben des Statistischen Bundesamtes, Fachserie 18/Reihe 1.2, S. 5 f. Wiesbaden Mai 2016

Entstehungsrechnung

Die Entstehungsrechnung setzt bei der Berechnung der Wertschöpfung gemäß ihrer Entstehungsbereiche an. Nach dem Europäischen System Volkswirtschaftlicher Gesamtrechnungen (ESVG 1995) wird das erwirtschaftete Bruttoinlandsprodukt **sechs** Wirtschaftszweigen zugeordnet. Das Statistische Bundesamt geht in der durchgeführten Revision von 2005 von insgesamt **zehn** Wirtschaftsbereichen aus. Zentrale Größe der Entstehungsrechnung ist nun die **Bruttowertschöpfung (BWS)** als Summe der Wertschöpfung in diesen zehn Wirtschaftsbereichen.

[1] Angaben nicht veröffentlicht, eigene Berechnungen

VGR nach Wirtschaftsbereichen	2014	2015
(1) Land- und Forstwirtschaft, Fischerei	17,90	14,96
(2) Produzierendes und verarbeitendes Gewerbe	674,80	700,41
(3) Baugewerbe	120,74	127,79
(4) Handel, Verkehr, Gastgewerbe	407,16	412,07
(5) Information und Kommunikation	534,64	134,28
(6) Finanz- und Versicherungsdienstleister	107,61	106,77
(7) Grundstücks- und Wohnungswesen	291,82	304,22
(8) Unternehmensdienstleister	209,20	304,71
(9) Öffentliche Dienstleister, Erziehung, Gesundheit	478,39	497,78
(10) Sonstige Dienstleister	107,00	110,82
Bruttowertschöpfung (BWS)	**2.623,09**	**2.722,50**
Gütersteuern – Gütersubv. = Nettogütersteuern	292,56	303,40
Bruttoinlandsprodukt	**2.915,65**	**3.025,90**
Prozentuale Veränderung zum Vorjahr	+3,1[1]	+3,8[1]

in jeweiligen Preisen in Mrd. €; nach: Angaben des Statistischen Bundesamtes, Fachserie 18/ Reihe 1.2, S. 18 f., Wiesbaden Mai 2016

Verwendungsrechnung

Die Verwendungsrechnung setzt bei der Frage an, wofür das Bruttoinlandsprodukt verwendet wurde. Dabei werden die **privaten Kosumausgaben** (alle Ausgaben für private Zwecke), die **staatlichen Konsumausgaben** (Staatsverbrauch), die **Bruttoanlageinvestitionen** (alle Ausgaben, die in das Anlage- und Umlaufvermögen der Unternehmen und des Staates fließen) sowie der **Außenbeitrag** (Exporte – Importe) berücksichtigt.

VGR nach Verwendungszwecken	2014	2015
Private Konsumausgaben	1.592,16	1.634,80
Konsumausgaben des Staates	564,05	586,78
Bruttoanlageinvestitionen	585,09	606,14
– Ausrüstungen	189,80	200,07
– Bauten	291,75	297,62
– Sonstige Anlagen	103,54	108,45
– Vorratsveränderungen	–22,03	–38,04
Exporte – Importe (Außenbeitrag)	196,38	236,22
Bruttoinlandsprodukt (nominal)	2.915,65	3.025,90

in jeweiligen Preisen in Mrd. €; nach: Angaben des Statistischen Bundesamtes, Fachserie 18/ Reihe 1.2, Seite 38 und 46, Wiesbaden Mai 2016

Verteilungsrechnung

Die Verteilungsrechnung setzt bei der Frage an, welchen sozialen Gruppen das Sozialprodukt (z. B. gemessen am Volkseinkommen) zugeflossen ist. Berechnet werden dabei das **Arbeitnehmerentgelt** (Bruttoverdienste, Sonderzahlungen, gesetzliche Arbeitgeberbeiträge zur Sozialversicherung) sowie die **Unternehmens- und Vermögenseinkommen** (z. B. Zins-, Pacht-, Mieteinnahmen und Gewinne). Abgeleitet werden anschließend die **Lohn-** und die **Gewinnquote**.

VGR nach Einkommensbeziehern	2014	2015
Arbeitnehmerentgelt (1)	1.485,29	1.541,27
+ Unternehmens- und Vermögenseink. (2)	690,90	719,90
= Volkseinkommen (3)	**2.176,19**	**2.261,17**
Lohnquote in % [(1) · 100 / (3)]	68,25	68,16
Gewinnquote [(2) · 100 / (3)]	31,75	31,84

(in jeweiligen Preisen, Angaben in Mrd. €) nach: Angaben des Statistischen Bundesamtes, Fachserie 18/Reihe 1.2, S. 6, Wiesbaden Mai 2016

$$\textbf{Lohnquote} = \frac{\text{Summe der Arbeitnehmerentgelte} \cdot 100}{\text{Volkseinkommen}}$$

$$\textbf{Gewinnquote} = \frac{\text{Summe der Unternehmens- und Vermögenseinkommen} \cdot 100}{\text{Volkseinkommen}}$$

Entstehung, Verwendung und Verteilung des Bruttoinlandsprodukts

Entstehung, Verwendung und Verteilung des Bruttoinlandsproduktes 2015 in Mrd. €: 2.903,8

Entstehung = **Verwendung** = **Verteilung**

Entstehung

Bruttowertschöpfung:
- Land- und Forstwirtschaft, Fischerei 19,6
- Produzierendes Gewerbe ohne Baugewerbe 677,1
- Baugewerbe 124,4
- Handel, Verkehr, Gastgewerbe 404,1
- Information und Kommunikation 122,2
- Finanz- und Versicherungsdienstleister 104,8
- Grundstücks- und Wohnungswesen 290,1
- Unternehmensdienstleister 284,1
- Öffentliche Dienstleister, Erziehung, Gesundheit 477,2
- Sonstige Dienstleister 107,6

\+

Gütersteuern abzüglich Gütersubventionen 292,5

=

Verwendung

Konsumausgaben:
- Private Konsumausgaben 1.604,3
- Konsumausgaben des Staates 562,3

\+

Bruttoinvestitionen:
- Bruttoanlageinvestitionen 581,3
- Vorratsveränderungen −30,6

\+

Außenbeitrag:
- Exporte 1.325,0
- −
- Importe 1.138,5

=

Verteilung

Volkseinkommen:
- Arbeitnehmerentgelt 1.482,0
- Unternehmens- und Vermögenseinkommen 699,5

\+

Produktions- und Importabgaben an den Staat abzüglich Subventionen vom Staat 287,4

\+

Abschreibungen 513,0

−

Saldo der Primäreinkommen aus der übrigen Welt 78,0

=

Bruttoinlandsprodukt 2.903,8

Quelle: Statistisches Bundesamt, Statistisches Jahrbuch 2015, S. 319, www.destatis.de, eingesehen am 01.06.2016

Volkswirtschaftliches Wachstum (Wirtschaftswachstum)

Begriff

Unter **Wirtschaftswachstum** versteht man die Veränderung des Bruttoinlandsprodukts (BIP) zwischen zwei Wirtschaftsperioden. Die **Wachstumsrate** ist dabei die prozentuale Veränderung zwischen dem Berichtsjahr und dem Vorjahr. Wird das nominale Bruttoinlandsprodukt (zu Marktpreisen der jeweiligen Wirtschaftsperiode) zur Berechnung des Wachstums herangezogen, so spricht man vom **nominalen Wachstum**. Aussagefähiger ist jedoch das **reale Wachstum**, das das reale Bruttoinlandsprodukt zu Preisen eines Basisjahres misst.

Wirtschaftswachstum in Deutschland
Veränderung des preisbereinigten Bruttoinlandsprodukts gegenüber Vorjahr, in %

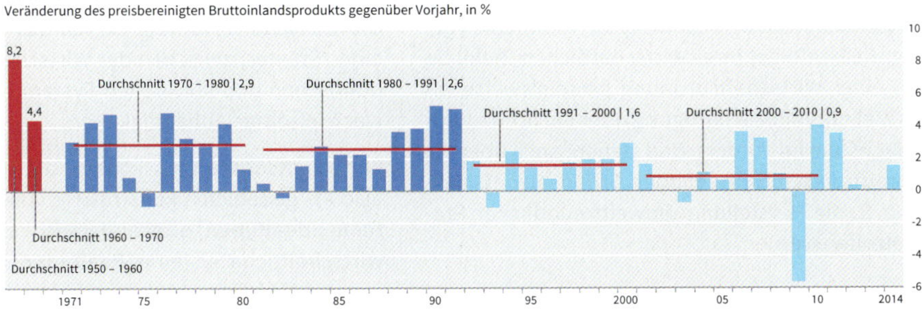

Die Ergebnisse von 1950 bis 1970 (früheres Bundesgebiet) sind wegen konzeptioneller und definitorischer Unterschiede nicht voll mit den Ergebnissen von 1970 bis 1991 (früheres Bundesgebiet) und den Angaben ab 1991 (Deutschland) vergleichbar. Die preisbereinigten Ergebnisse von 1950 bis 1970 (früheres Bundesgebiet) sind in Preisen von 1991 berechnet. Die Ergebnisse von 1970 bis 1991 (früheres Bundesgebiet) sowie die Angaben ab 1991 (Deutschland) werden in Preisen des jeweiligen Vorjahres als Kettenindex nachgewiesen. Bei der VGR-Revision 2011 wurden zudem nur die Ergebnisse für Deutschland bis 1991 zurückgerechnet; Angaben vor 1991 sind unverändert geblieben. 2015 - 01 - 0186
Quelle: Statistisches Bundesamt, Statistisches Jahrbuch 2015, S. 321

Bedeutung

Das Wirtschaftswachstum ist eine zentrale Kennzahl zur Beurteilung der volkswirtschaftlichen Leistungsfähigkeit und des Wohlstandszuwachses einer Volkswirtschaft. Es wird davon ausgegangen, dass durch einen Zuwachs an bereitgestellten Gütern und Dienstleistungen und die damit verbundene höhere Bedürfnisbefriedigung auch mehr gesellschaftlicher Wohlstand einhergeht.

Ziel

Im „Gesetz zur Förderung der Stabilität und des Wachstums der Wirtschaft (StWG)" vom 8. Juni 1967 ist in § 1 ein „stetig steigendes und angemessenes Wirtschaftswachstum" als wirtschaftspolitische Zielsetzung festgeschrieben. Durch das Wirtschaftswachstum soll eine angenommene damit einhergehende Erhöhung der Beschäftigung und der internationalen Konkurrenzfähigkeit, der Erhalt des sozialen Friedens sowie eine gerechtere Einkommens- und Vermögensverteilung erreicht werden.

Arten des Wachstums

Bleiben Umweltfaktoren bei der Ermittlung des Wachstums unberücksichtigt, so spricht man von **quantitativem Wachstum**. Da dies jedoch nicht mehr zeitgemäß ist und neben der mengenmäßigen Erhöhung der volkswirtschaftlichen Leistungen auch Umweltaspekte zu berücksichtigen sind, ist der Begriff des **qualitativen Wachstums** entstanden.

Kritik an der Maßzahl Bruttoinlandsprodukt[1]

An dem BIP und an der Wachstumstheorie werden verschiedene Aspekte kritisiert:

- Für die Berechnung des Bruttoinlandsprodukts wird ausschließlich „bezahlte Arbeit" berücksichtigt. Das bedeutet beispielsweise, dass **Eigenleistungen** oder **Nachbarschaftshilfe**, ebenso aber auch die **Schwarzarbeit** unberücksichtigt bleiben.
- Andererseits erhöhen notwendige **Leistungen durch Unfälle, Kriege oder Naturkatastrophen** das Bruttoinlandsprodukt.
- Das Wachstum allein gibt **keine Hinweise über die Verteilung der erbrachten Leistungen**. So können z. B. trotz steigenden Wachstums Regionen oder bestimmte gesellschaftliche Personengruppen verarmen.
- **Langlebige Gebrauchsgüter** der privaten Haushalte fließen nur in der Anschaffungsperiode in vollem Umfang in die Berechnungen ein, obwohl sie über mehrere Wirtschaftsperioden Nutzen bringen.
- Um **Schwankungen in der Bevölkerungszahl** zu berücksichtigen, dürfte nur das Wachstum pro Kopf berechnet und für Vergleiche herangezogen werden.

Deshalb sollten solche, die Lebensqualität der Menschen sehr stark beeinflussenden Aspekte zu einer stärker qualitativen Betrachtungsweise führen.

Alternative Indikatoren[2]

Eine Reihe von alternativen Wohlstandsindikatoren, wie z. B. der Net Economic Welfare (NEW), versucht, diese Kritikpunkte zu berücksichtigen. Ein Problem stellt jedoch die Bewertung des Umfangs und der tatsächlichen Preise der o. g. Problemfälle dar sowie die Frage, von wem diese Bewertung vorgenommen werden kann oder sollte.

[1] u. [2] vgl. Schmitz, Udo u. a.: Handbuch Volkswirtschaftslehre, Klett Verlag, Stuttgart, Düsseldorf, Leipzig 2002, S. 173 ff.

Merkmale

Die **Wirtschaftsordnung** beziehungsweise das Wirtschaftssystem eines Staates wird durch folgende **Merkmale** bestimmt:

- **Eigentumsordnung**
  Hierbei geht es insbesondere um die Frage, in wessen Händen sich vor allem die Produktionsmittel (das Sachkapital) befinden: in privatem Eigentum von Unternehmen, in gesellschaftlichem oder staatlichem Eigentum.
- **Wirtschaftliche Zielsetzungen**
  Jede Wirtschaftsordnung bestimmt die Hierarchie (Gewichtung, Reihenfolge) ihrer wirtschaftlichen Ziele. So kann bei einer Wirtschaftsordnung beispielsweise als oberstes Ziel die Vollbeschäftigung oder ein hohes Wirtschaftswachstum im Vordergrund stehen; auch über die Art der produzierten Güter können Grundsatzentscheidungen (z. B. die Herstellung umweltfreundlicher Produkte) getroffen werden.
- **Entscheidungsträger und -mechanismen**
  Bei diesen Merkmalen geht es darum, durch wen und wie wirtschaftliche Entscheidungen getroffen werden: z. B. durch einzelne Wirtschaftssubjekte (Unternehmen, Verbraucher) oder durch den Staat bzw. gesellschaftliche Institutionen.

Die Wirtschaftsordnung ist Teil des Gesellschaftssystems eines Staates; zwischen der Wirtschaftsordnung und dem politischen und kulturellen System bestehen in der Regel wechselseitige Abhängigkeiten.

Wirtschaftsordnungen können als theoretische Modelle, also als gedanklich konstruierte volkswirtschaftliche Systeme (**Idealtypen**) oder als tatsächlich verwirklichte volkswirtschaftliche Systeme (**Realtypen**) beschrieben werden.

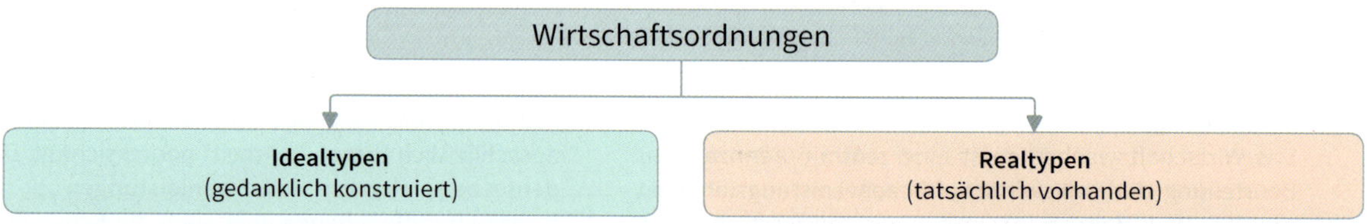

Idealtypen

Als idealtypische Modelle werden die **freie Marktwirtschaft** und die **Zentralverwaltungswirtschaft** unterschieden. Beide Modelle sind aufgrund historischer Entwicklungen – vornehmlich in Europa – entstanden.

Die Idee der freien Marktwirtschaft entwickelte sich vor allem vor dem Hintergrund des aufstrebenden Bürgertums im 18. und 19. Jahrhundert, als der Adel seine Vorrechte verlor. Ein einschneidendes Ereignis war die Französische Revolution von 1789. Die universelle Idee der Menschenrechte breitete sich durch Revolutionen in ganz Europa aus.

Im Zeichen der zunehmenden Industrialisierung entstand die Idee der Zentralverwaltungswirtschaft in der zweiten Hälfte des 19. und zu Beginn des 20. Jahrhunderts, als negative soziale Folgen der raschen Industrialisierung (z. B. Kinderarbeit, Elendsviertel in Industriestädten) für breite Schichten der Bevölkerung deutlich spürbar wurden.

Die extrem gegensätzlichen Grundideen des **Individualismus** (Vorrechte des Einzelnen) und des **Kollektivismus** (Vorrechte der Gemeinschaft) sind in diesen historischen Prozessen zum Tragen gekommen; der Individualismus kommt im Modell der freien Marktwirtschaft, der Kollektivismus in dem der Zentralverwaltungswirtschaft zum Ausdruck:

Merkmale der freien Marktwirtschaft

- Produktionsmittel sind in privatem Eigentum.
- Art, Menge und Preis der Güter werden durch private Unternehmen im Wettbewerb bestimmt.
- Die Erwirtschaftung von privatem Gewinn und die Erzielung eines möglichst hohen Wirtschaftswachstums stehen als wirtschaftliche Ziele im Vordergrund.

Merkmale der Zentralverwaltungswirtschaft

- Produktionsmittel sind in staatlichem Eigentum.
- Art, Menge und Preis der Güter werden durch den Staat im Voraus festgelegt.
- Die Bedarfsdeckung und die Vollbeschäftigung stehen als wirtschaftliche Ziele im Vordergrund.

vgl.: Böker, Jürgen u. a.: Wirtschaftspolitik/Wirtschaftsordnung, 3. Aufl., Darmstadt, Winklers Verlag, 2005, S. 64

Idealtypen

Als **Vorteile** können bei der freien Marktwirtschaft beispielsweise der wettbewerbsbedingte Anreiz zu wirtschaftlicher Effektivität und technischem Fortschritt mit der Folge relativ hohen Wirtschaftswachstums genannt werden.

Die Zentralverwaltungswirtschaft weist z. B. die Vorteile einer garantierten Vollbeschäftigung und einer gesicherten Grundversorgung auf.

Nachteile der freien Marktwirtschaft bestehen beispielsweise in der Gefahr der Monopolbildung, also einer Einschränkung des Wettbewerbs und als Folge der ungleichen Machtverteilung in einer Benachteiligung oder im Extremfall sogar Verarmung der Arbeitnehmerschaft.

In der Zentralverwaltungswirtschaft sind als Nachteile z. B. ein knappes Warenangebot und entsprechende Versorgungslücken zu nennen, die aufgrund der Unmöglichkeit langfristiger staatlicher Vorausplanung des individuellen Bedarfs entstehen.

Realtypen

Als realtypische Wirtschaftsordnungen standen sich bis Ende der 1980er-Jahre die **soziale Marktwirtschaft** demokratischer Staaten und die sozialistische Planwirtschaft kommunistischer Staaten gegenüber.

Nach dem Zusammenbruch der **sozialistischen Wirtschaftsordnungen** vor allem in Osteuropa gibt es die sozialistische Planwirtschaft heute nur noch in Kuba und Nordkorea.

Vorherrschend sind heute unterschiedliche Ausprägungen der sozialen Marktwirtschaft. Ihr Grundgedanke ist es, wirtschaftliche Freiheit und staatliche Steuerungsmöglichkeiten zum Schutz vor sozialer Ungerechtigkeit zu verbinden.

In der Bundesrepublik Deutschland, als Land im Zentrum des Ost-West-Konflikts, wurde von dem ersten Wirtschaftsminister Ludwig Erhard und seinem Staatssekretär Alfred Müller-Armack eine soziale Marktwirtschaft als Weiterentwicklung der freien Marktwirtschaft begründet. Ziel war die Verwirklichung eines allgemeinen Wohlstandes sowie sozialer Sicherheit und Gerechtigkeit vor dem Hintergrund der Wiederaufbauphase nach dem Zweiten Weltkrieg.

Die Konzeption der **sozialen Marktwirtschaft** wird durch folgende Hauptelemente bestimmt:

- **Eigentumsordnung:**
  Wirtschaftliche Entscheidungsfreiheit ist durch gesetzlich geschütztes Privateigentum und freies Vertragsrecht gewährleistet.
- **Wettbewerbsordnung:**
  Der Staat stellt die Regeln für einen funktionsfähigen Wettbewerb auf und überwacht sie.
- **Sozialordnung:**
  Ein System sozialer Sicherheit soll diejenigen vor Verarmung schützen, die zur Bestreitung des Lebensunterhalts kein ausreichendes Einkommen erzielen können.
- **Geld- und Währungsordnung:**
  Die Geldversorgung und die Geldwertstabilität werden durch eine vom Staat unabhängige Zentralbank gesichert.

Obwohl die Wirtschaftsordnung in der Bundesrepublik Deutschland nicht durch die Verfassung geregelt wird, lassen sich aus einzelnen Artikeln des Grundgesetzes Merkmale der Wirtschaftsordnung ableiten. So wird Deutschland als ein demokratischer und sozialer Bundesstaat (Art. 20 GG) bezeichnet, es werden freie Berufswahl (Art. 12 GG), das Recht auf Eigentum (Art. 14 GG) und die Tarifautonomie als Teil des Koalitionsrechts (Art. 9 GG) garantiert.

Die Idee der sozialen Marktwirtschaft wird weltweit in verschiedenen Ausprägungen realisiert und diskutiert. So ist in Deutschland zum einen aufgrund der zunehmenden Sorge um eine gesunde Umwelt seit den 80er-Jahren der Trend zur **ökologischen Marktwirtschaft** im Gespräch. Der Grundgedanke ist hierbei, wirtschaftspolitische und umweltpolitische Maßnahmen zu koordinieren.

Zum anderen gibt es im Zeichen der weltweiten Globalisierungsdebatte den Trend zur Deregulierung, also zu weniger staatlicher Steuerung und mehr wirtschaftlicher Freiheit, in der Regel aber auch zu einem Abbau von sozialen Leistungen (zum Beispiel Kürzungen in den Leistungen der staatlichen Sozialversicherung).

Das bevölkerungsreichste Land der Welt, die Volksrepublik China, hat sich im Rahmen der weltweiten Veränderungen von der sozialistischen Planwirtschaft zu einer **sozialistischen Marktwirtschaft** entwickelt.

In diesem Veränderungsprozess nimmt der Anteil staatlicher Unternehmen ab, der Anteil von Privatunternehmen wächst dementsprechend. Dem Markt wird schrittweise mehr Regulierungsfunktion zugebilligt (z. B. durch Zulassung von Börsen), die „staatliche Kommandowirtschaft" wird nach und nach zurückgedrängt. Der Beitritt der Volksrepublik China zur Welthandelsorganisation WTO[1] im Dezember 2001 hat diesen Entwicklungsprozess beschleunigt.

[1] WTO: World Trade Organization

aus: Böker, Jürgen u. a.: Wirtschaftspolitik/Wirtschaftsordnung, 3. Aufl., Darmstadt, Winklers Verlag, 2005, S. 65

Wettbewerbspolitik in der Sozialen Marktwirtschaft

Competition policy in the social market economy

Bausteine der sozialen Marktwirtschaft

Grundrechtsbestimmungen

Demokratie- und Rechtsstaatsgebot

Sozialstaatsprinzip als Verfassungspflicht

Aufgaben und Prinzipien

- Markt-, Leistungs- und Wettbewerbsprinzip
- Marktdemokratie und Freiheitsprinzip durch freie Berufs- und Arbeitsplatzwahl, Konsumentenfreiheit, Beschränkung behördlicher Macht
- Eigentumsrecht mit sozialer Verpflichtung
- dezentrale Planung durch Unternehmen und Haushalte

Marktsicherung und Prinzipien

z. B. durch Kartellgesetzgebung

Marktregulierung

z. B. durch staatl. Konjunkturpolitik

Marktbeeinflussung

z. B. durch Arbeitsmarktpolitik

Bereiche mit staatlichen Eingriffen

- Wettbewerbspolitik: z. B. Kartellgesetz (1998)
- Mitbestimmungsregelungen: BetrVG (1952; 1972; 1976), Montan-Mitbestimmung (1951), Mitbestimmungsgesetz (1976), Drittelbeteiligungsgesetz (2004)
- Sozialpolitik, Konjunkturpolitik, Strukturpolitik
- staatliche Unternehmen

vgl.: Bundesverband deutscher Banken (Hrsg.): Schul/Bank. Wirtschaft. Materialien für den Unterricht, Köln 1994, 1.6/3

Instrumente staatlicher Wettbewerbspolitik

Unter staatlicher Wettbewerbspolitik ist zum einen die aktive Förderung des Wettbewerbs, z. B. durch eine unabhängige, öffentlich geförderte Forschung bei kleineren und mittelgroßen Unternehmen, zu verstehen.

Andererseits bedeutet staatliche Wettbewerbspolitik, dass Unternehmenszusammenschlüsse, die gegen die Prinzipien des freien Wettbewerbs verstoßen, zu verbieten und unter Strafe zu stellen sind. Hierüber wacht auf der Grundlage des Gesetzes gegen Wettbewerbsbeschränkung (GWB) das Bundeskartellamt in Bonn.

Einkommens- und Vermögensverteilung

Gerade das Ziel einer leistungsgerechten Einkommens- und Vermögensverteilung (vgl. S. 397) wird in einer Marktwirtschaft kaum erreicht, wie die untenstehende Abbildung beispielhaft verdeutlicht. Die Statistik bestätigt eher den weitläufig formulierten Vorwurf, dass statt der geforderten Leistungsgesellschaft in der Realität mehr eine „Erbengesellschaft“ anzutreffen ist. Staatliche Wettbewerbspolitik könnte hier in Form einer entsprechenden Steuerpolitik für soziale Gerechtigkeit sorgen, was häufig aber nur in Ansätzen geschieht.

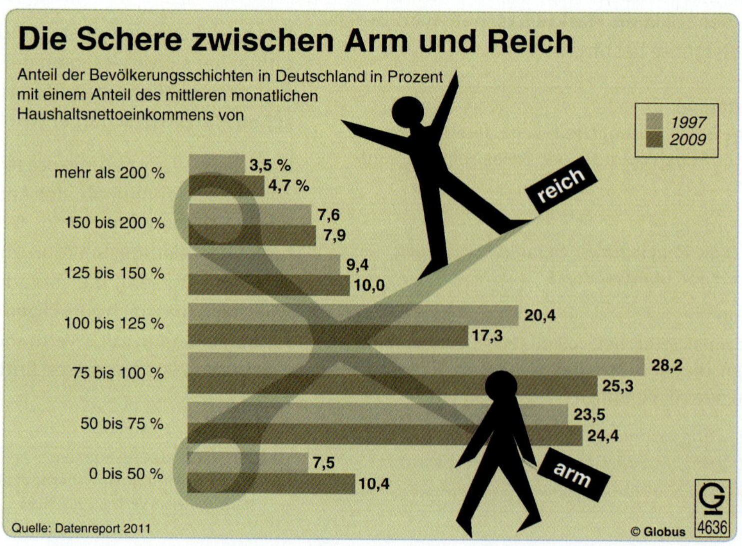

Einordnung staatlicher Wettbewerbspolitik in ein wirtschaftspolitisches Zielsystem

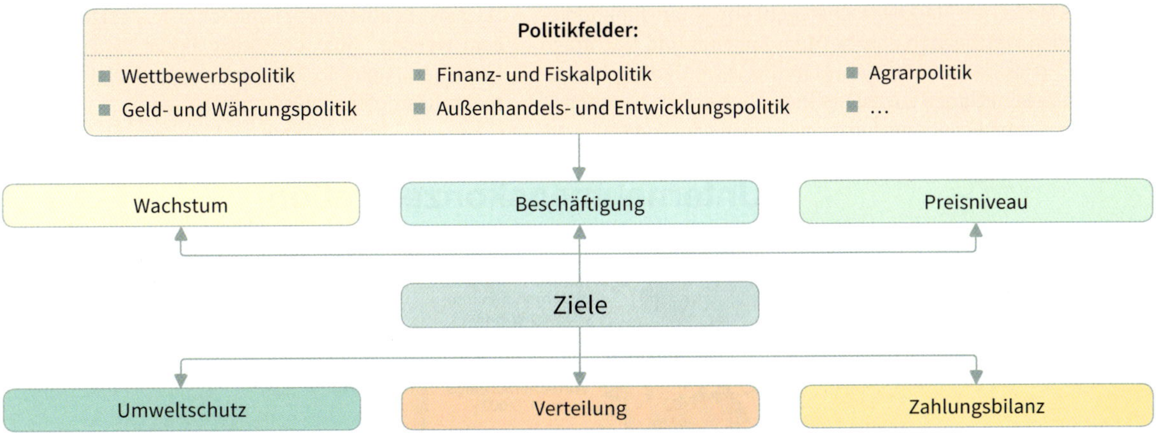

aus: Altmann, Jörn: Wirtschaftspolitik, 6. erweit. und völlig überarb. Aufl., Lucius & Lucius Verlag UTB Stuttgart, Jena 1995, S. 7

Das „Gesetz zur Förderung der Stabilität und des Wachstums der Wirtschaft" von 1967, kurz **„Stabilitätsgesetz"** (vgl. S. 393 und S. 402) genannt, beschreibt als vier Ziele wirtschaftpolitischen Handelns des Staates: hoher Beschäftigungsstand, stetiges und angemessenes Wirtschaftswachstum, stabiles Preisniveau und außenwirtschaftliches Gleichgewicht (**„Magisches Viereck"**).

Werden als weitere Ziele eine gerechte Einkommens- und Vermögensverteilung sowie eine Verbesserung der Umweltbedingungen verfolgt, spricht man vom **Magischen Sechseck** der Wirtschaftspolitik. Das Adjektiv „magisch" drückt aus, dass es in der Realität nahezu unmöglich ist, die unterschiedlichen Ziele gleichzeitig zu erreichen.

Ziele und Funktionen staatlicher Wettbewerbspolitik

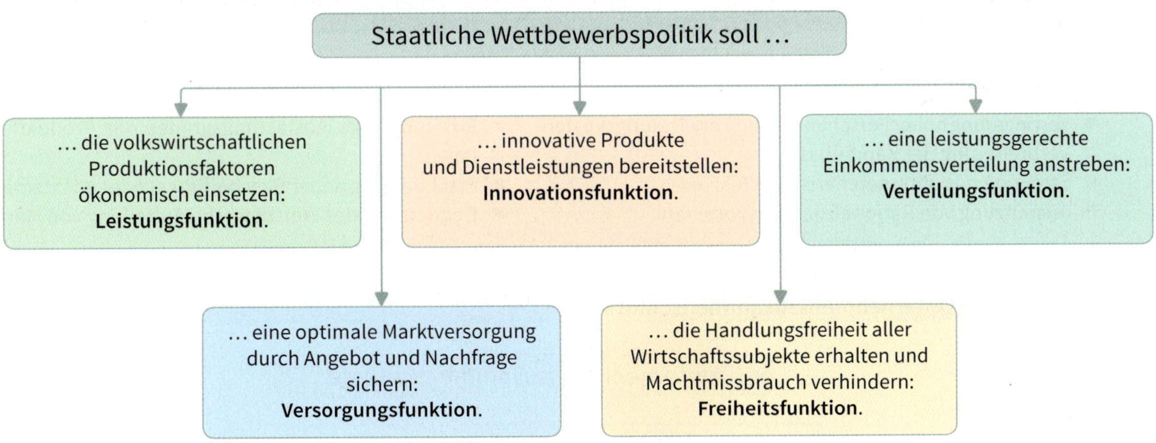

aus: Böker, Jürgen u. a.: Wirtschaftspolitik/Wirtschaftsordnung, Lehrerband, 3. Aufl., Darmstadt, Winklers Verlag, 2005, S. 37

Wettbewerbspolitik *Competition policy*

Begriffliche Einordnung

Das Modell der Marktwirtschaft geht von einem funktionierenden Wettbewerb aus, bei dem Angebot und Nachfrage die Preise bestimmen. Dem Marktpreis werden hierbei folgende **Funktionen** zugeschrieben: Ausgleichs-, Lenkungs-, Signal- und Erziehungsfunktion (siehe hierzu S. 487).

Da in der Realität diese Funktionen nur eingeschränkt wirksam werden, muss der Staat **aktive** Wettbewerbspolitik betreiben (siehe S. 396), um zum Beispiel auf Unternehmenszusammenschlüsse zu reagieren.

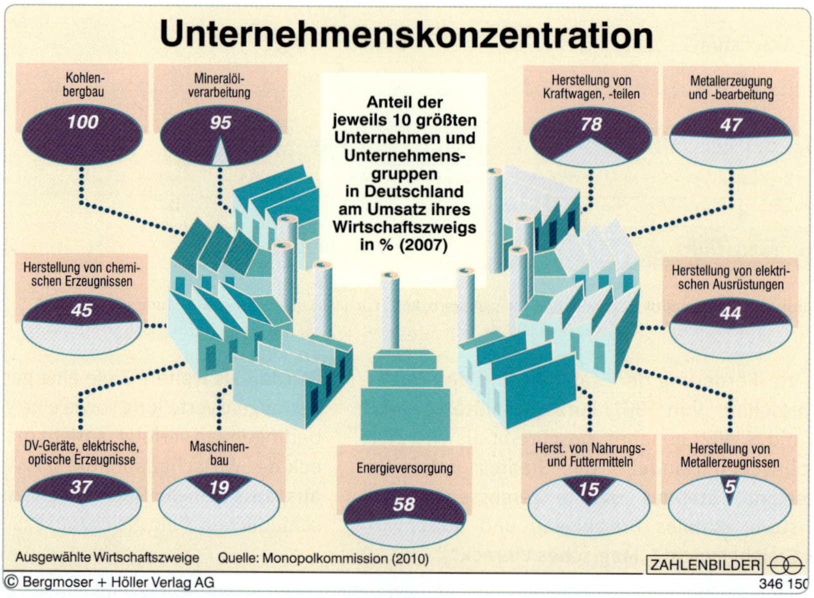

Kooperation und Konzentration *Cooperation and concentration*

Gründe von Unternehmenszusammenschlüssen

- Verringerung hoher Forschungs- und Entwicklungskosten
- Verbreiterung der Kapitalbasis
- Streuung des unternehmerischen Risikos
- Ausnutzung von Rationalisierungsvorteilen
- Erhöhung des Auslastungsgrades der Produktionsanlagen
- Erschließung neuer Beschaffungs- oder Absatzmärkte
- Begrenzung des Wettbewerbs/Aufteilung von Märkten

Formen von Unternehmenszusammenschlüssen

Unternehmenszusammenschlüsse

nach der Richtung

- horizontal (Unternehmen gleicher Produktions- bzw. Handelsstufen)
- vertikal (Angliederung vorgelagerter oder nachgelagerter Produktions- oder Handelsstufen)
- diagonal oder anorganisch (Angliederung branchenfremder Produktions- oder Handelsstufen)

nach dem Grad der Selbstständigkeit

- Arbeitsgemeinschaft
- Konsortium
- Interessengemeinschaft
- Kartell
- Konzern
- Fusion

vgl.: Hübscher, Heinrich u. a.: IT-Handbuch, IT-Systemkaufmann/-frau, Informatikkaufmann/-frau, 9. Aufl., Braunschweig, Westermann Verlag, 2015, S. 36

Formen der Kooperation und Konzentration *Forms of cooperation and concentration*

Kooperation

Arbeitsgemeinschaft
Beschränkte Zusammenarbeit von Unternehmen in ausgewählten Teilbereichen – in der Regel in Form einer vertraglichen Vereinbarung –, z. B. Bildung einer Werbegemeinschaft in einer Fußgängerzone. Die beteiligten Unternehmen behalten ihre rechtliche, größtenteils auch ihre wirtschaftliche Selbstständigkeit.

Konsortium
Unternehmen schließen sich für einen begrenzten Zeitraum zusammen, z. B. in Form einer BGB-Gesellschaft, um ein gemeinsames Projekt, z. B. Bau einer Autobahntrasse, durchzuführen. Die wirtschaftliche Selbstständigkeit wird nur in sehr geringem Umfang begrenzt.

Interessengemeinschaft
Unternehmen schließen sich zusammen, z. B. in Form einer BGB-Gesellschaft, um gemeinsam unternehmerische Tätigkeitsfelder zu bearbeiten, etwa gemeinsame Forschung. Die wirtschaftliche Selbstständigkeit wird dadurch eingeschränkt.

Kartell
Ein vertraglicher Zusammenschluss rechtlich selbstständiger Unternehmen, die einen Teil ihrer wirtschaftlichen Selbstständigkeit mit dem Ziel aufgeben, den Wettbewerb zu beeinflussen oder auszuschalten, wird als Kartell bezeichnet. Der Begriff „Kartell" ist von dem Lateinischen „charta" abgeleitet und bedeutet Schreiben oder Vereinbarung.

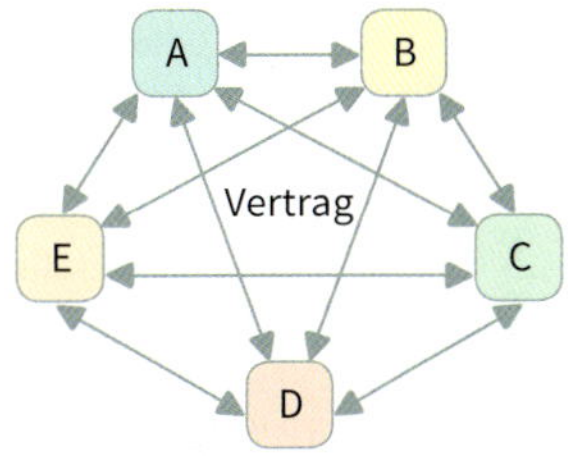

Konzentration

Konzern
Zusammenschluss von Unternehmen unter einheitlicher Leitung, die ihre rechtliche Selbstständigkeit behalten, ihre wirtschaftliche Selbstständigkeit dagegen völlig verlieren. Eine besondere wirtschaftliche und politische Bedeutung erlangen die sogenannten Multis (multinationale Konzerne). Prinzipiell kann zwischen Unterordnungs- und Gleichordnungskonzernen unterschieden werden.

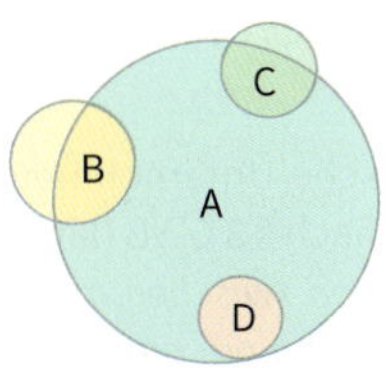

Unterordnungskonzern

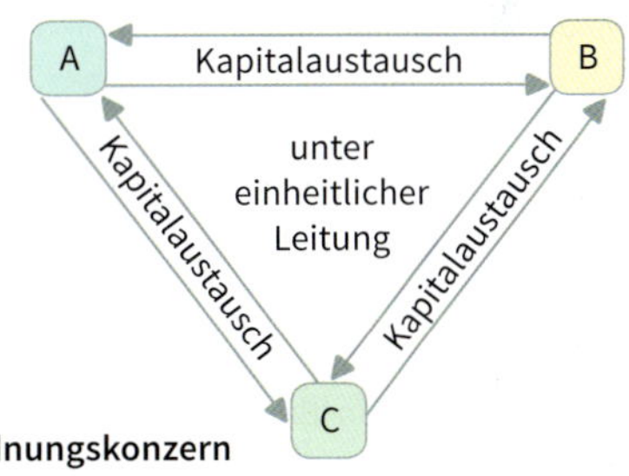

Gleichordnungskonzern

Fusion
Ehemals rechtlich und wirtschaftlich selbstständige Unternehmen schließen sich zu einem (neuen) Unternehmen zusammen, z. B. Verschmelzen eines deutschen und eines ausländischen Automobilunternehmens.
Unterschieden werden sogenannte „freundliche Übernahmen" (**mit Einverständnis** des übernommenen Unternehmens) und „feindliche Übernahmen" (**gegen den Willen** des übernommenen Unternehmens).

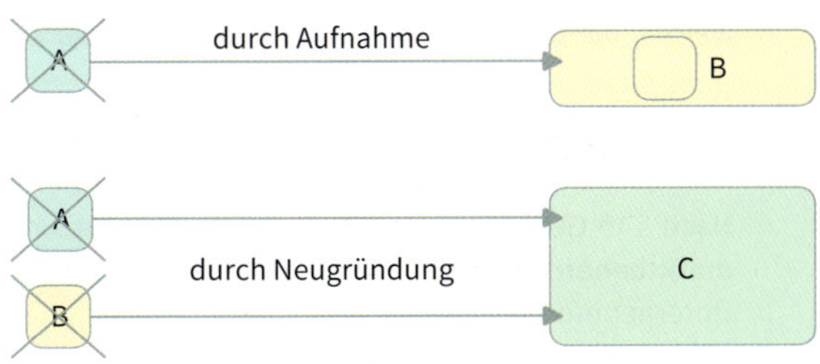

vgl.: Hübscher, Heinrich u. a.: IT-Handbuch, IT-Systemkaufmann/-frau, Informatikkaufmann/-frau, 9. Aufl., Braunschweig, Westermann Verlag, 2015, S. 37

Begriff Kartell

Ein Kartell ist ein Zusammenschluss rechtlich selbstständiger Unternehmen einer Branche (horizontaler Zusammenschluss), die den Teil der wirtschaftlichen Selbstständigkeit aufgeben, auf den sich die Kartellabsprache bezieht. Damit das Kartell durchgesetzt werden kann, müssen möglichst alle Unternehmen der Branche beteiligt sein.

Ziele von Kartellen

- Beeinflussung des Marktes für bestimmte Produkte durch Wettbewerbsbeschränkung
- Verbesserung der Gewinnsituation der am Kartell beteiligten Unternehmen

Kartellarten

Je nach **Gegenstand der Absprache** werden verschiedene Kartellarten unterschieden, zum ***Beispiel***:

Kartellart	Die beteiligten Unternehmen vereinbaren:
Preiskartell	... einen Einheits-, Höchst- oder Mindestpreis sowie zugehörige Produktions- oder Beschaffungsquoten.
Submissionskartell	... wer im Rahmen öffentlicher Ausschreibungen den Auftrag erhalten soll, z. B. das Kartellmitglied, das in seinem Angebot den niedrigsten Preis kalkuliert.
Absatz-, Beschaffungskartell	... die räumliche Aufteilung des Absatz- oder Beschaffungsgebiets (**Gebietskartell**) oder dass der gesamte Absatz/die gesamte Beschaffung von einer Zentrale aus vorgenommen wird (**Syndikat**).
Rationalisierungskartell	... z. B. die Entwicklung gemeinsamer Normen wie Abmessungen (**Normungskartell**), die Vereinheitlichung von Produkten (**Typungskartell**), die Aufteilung bestimmter Funktionen oder Produkte (**Spezialisierungskartell**) oder weitergehende Rationalisierungen.
Konditionenkartell	... die Gewährung gleicher Rabatte, Boni, Skonti (**Rabattkartell**) oder sonstiger gleicher Geschäftsbedingungen wie z. B. Lieferbedingungen, Verpackungskosten.

9

Wettbewerbsrechtliche Regelungen nach dem Gesetz gegen Wettbewerbsbeschränkung (GWB)

Nach § 1 GWB gilt grundsätzlich ein **Kartellverbot**:
„Vereinbarungen zwischen Unternehmen, Beschlüsse von Unternehmensvereinigungen und aufeinander abgestimmte Verhaltensweisen, die eine Verhinderung, Einschränkung oder Verfälschung des Wettbewerbs bezwecken oder bewirken, sind verboten."

Gemäß § 2 GWB müssen Unternehmen grundsätzlich selbst prüfen, ob die von ihnen getroffenen (wettbewerbsbeschränkenden) Vereinbarungen mit anderen Unternehmen erlaubt sind (**freigestellte Vereinbarungen**). Dieses Selbstprüfungssystem hat eine höhere Eigenverantwortung der Unternehmen zur Folge. Es birgt mitunter jedoch auch die Gefahr einer falschen Beurteilung und somit das Risiko, dass gegen das Unternehmen Bußgelder oder Schadensersatzansprüche erhoben werden.

„(1) Vom Verbot des § 1 freigestellt sind Vereinbarungen (...) Beschlüsse (...) oder aufeinander abgestimmte Verhaltensweisen, die unter angemessener Beteiligung der Verbraucher an dem entstehenden Gewinn zur Verbesserung der Warenerzeugung oder -verteilung oder zur Förderung technischen oder wirtschaftlichen Fortschritts beitragen, ohne dass den beteiligten Unternehmen 1. Beschränkungen auferlegt werden, die für die Verwirklichung dieser Ziele nicht unerlässlich sind, oder 2. Möglichkeiten eröffnet werden, für einen wesentlichen Teil der betreffenden Waren den Wettbewerb auszuschalten."

Für mittelständische Unternehmen gilt die folgende Ausnahmeregelung nach § 3 GWB (**Mittelstandskartelle**):
„(1) Vereinbarungen zwischen miteinander im Wettbewerb stehenden Unternehmen und Beschlüsse von Unternehmensvereinigungen, die die Rationalisierung wirtschaftlicher Vorgänge durch zwischenbetriebliche Zusammenarbeit zum Gegenstand haben, erfüllen die Voraussetzungen des § 2 Abs. 1, wenn 1. dadurch der Wettbewerb auf dem Markt nicht wesentlich beeinträchtigt wird und 2. die Vereinbarung oder der Beschluss dazu dient, die Wettbewerbsfähigkeit kleiner oder mittlerer Unternehmen zu verbessern."

Missbrauch einer marktbeherrschenden Stellung

Nach § 19 GWB ist die missbräuchliche Ausnutzung einer **marktbeherrschenden Stellung** durch ein oder mehrere Unternehmen verboten.
„Ein Unternehmen ist marktbeherrschend, soweit es als Anbieter oder Nachfrager einer bestimmten Art von Waren oder gewerblichen Leistungen auf dem sachlich und räumlich relevanten Markt 1. ohne Wettbewerber ist oder keinem wesentlichen Wettbewerb ausgesetzt ist oder 2. eine im Verhältnis zu seinen Wettbewerbern überragende Marktstellung hat."

Staatliche Ordnungspolitik *Governmental regulative policy*

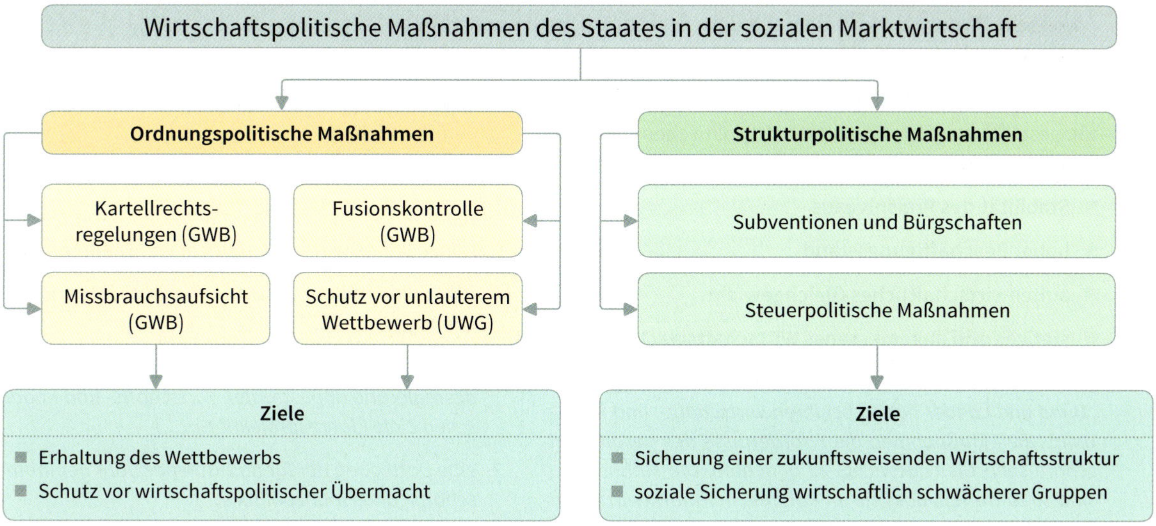

aus: Böker, Jürgen u. a.: Wirtschaftspolitik/Wirtschaftsordnung, Lehrerband, 3. Aufl., Darmstadt, Winklers Verlag, 2005, S. 36

Strukturpolitik *Structural policy*

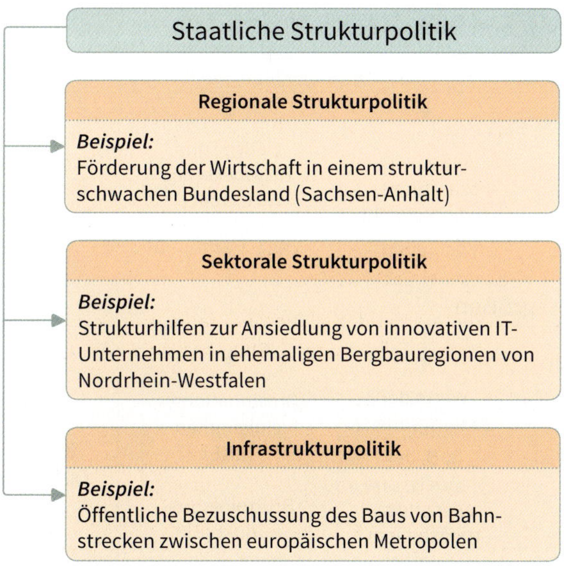

aus: Zahlenbilder Nr. 725 368

Ziele der Wirtschaftspolitik und ihre Messgrößen *Aims of economic policy and its indexes*

Wirtschaftspolitische Ziele nach dem Stabilitätsgesetz von 1967

Bereits in § 1 des Gesetzes zur Förderung der Stabilität und des Wachstums der Wirtschaft vom 8. Juni 1967 („Stabilitätsgesetz") werden die wirtschaftspolitischen Ziele des Staates genannt:

- **Stabilität des Preisniveaus**
- **hoher Beschäftigungsstand**
- **außenwirtschaftliches Gleichgewicht**
- **stetiges und angemessenes Wirtschaftswachstum**

§ 1
„Bund und Länder haben bei ihren wirtschafts- und finanzpolitischen Maßnahmen die Erfordernisse des gesamtwirtschaftlichen Gleichgewichts zu beachten. Die Maßnahmen sind so zu treffen, dass sie im Rahmen der marktwirtschaftlichen Ordnung gleichzeitig zur Stabilität des Preisniveaus, zu einem hohen Beschäftigungsstand und außenwirtschaftlichem Gleichgewicht bei stetigem und angemessenem Wirtschaftswachstum beitragen."

aus: § 1 des Gesetzes zur Förderung der Stabilität und des Wachstums der Wirtschaft (StWG), 8. Juni 1967
aus: Böker, Jürgen u. a.: Wirtschaftspolitik/Wirtschaftsordnung, 3. Aufl., Darmstadt, Winklers Verlag, 2005, S. 29

In § 2 des Stabilitätsgesetzes wird die Bundesregierung verpflichtet, regelmäßig einen **Jahreswirtschaftsbericht** zu veröffentlichen.

§ 2
(I) Die Bundesregierung legt im Januar eines jeden Jahres (...) einen Jahreswirtschaftsbericht vor. Er enthält:

1. *die Stellungnahme zu dem Jahresgutachten des Sachverständigenrates (...)*
2. *eine Darlegung der für das laufende Jahr von der Bundesregierung angestrebten wirtschafts- und finanzpolitischen Ziele (Jahresprojektion); (...)*
3. *eine Darlegung der für das laufende Jahr geplanten Wirtschafts- und Finanzpolitik. (...)*

aus: § 2 des Gesetzes zur Förderung der Stabilität und des Wachstums der Wirtschaft (StWG), 8. Juni 1967

Die in § 1 des Gesetzes genannten vier wirtschaftspolitischen Ziele werden in der Fachliteratur als **„Magisches Viereck"** bezeichnet (s. auch Seite 397).

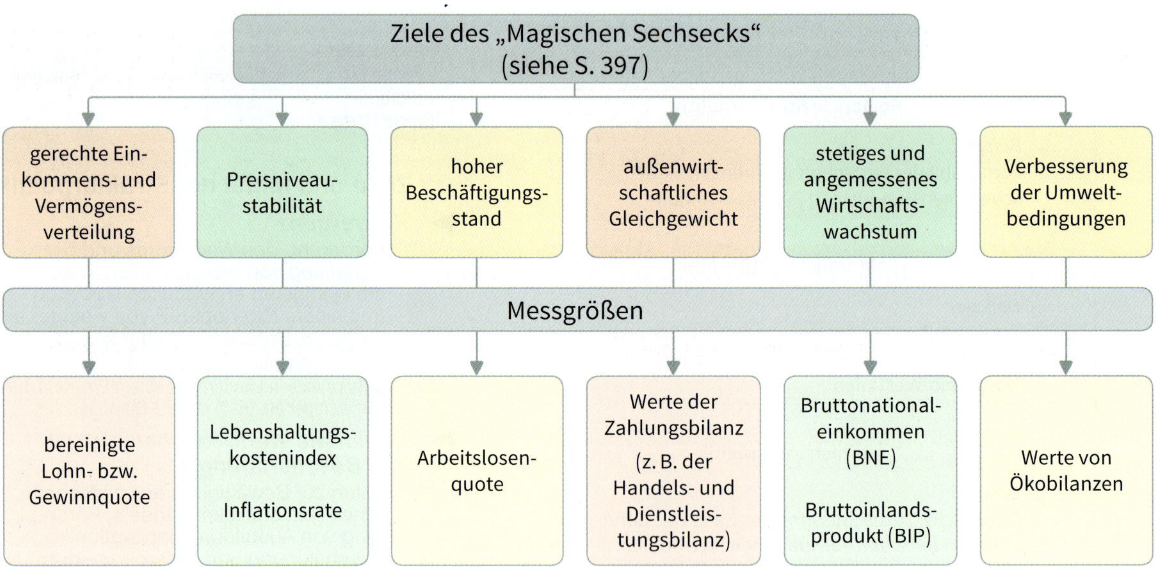

Der heute vielfach verwendete Begriff der **Nachhaltigkeit** geht über die Ziele des magischen Sechsecks hinaus. Insbesondere geht es darum, auch den nachwachsenden Generationen eine lebenswerte **Umwelt** mit beherrschbaren **Technologien** dauerhaft zu hinterlassen. Der Rat für Nachhaltige Entwicklung, berufen im Jahr 2011, soll in seinem jährlichen Bericht an die Bundesregierung die nachhaltige **ökonomische**, **soziale** und **ökologische** Entwicklung wissenschaftlich nachweisen.

Beispiele:

- Höhe der **Schuldenstandsquote** (Tragfähigkeitslücke) bei den **Staatsschulden**
- **Grad der sozialen Eingliederung**: Gefahr der Ausgrenzung von Bevölkerungsgruppen, z. B. durch Armut
- **Höhe** der **Treibhausgasemissionen** und Anteil der erneuerbaren Energien (Umgang mit Klimawandel und Energieverbrauch)

Vom quantitativen zum qualitativen Wirtschaftswachstum

From quantitative growth to qualitative growth

Quantitatives Wachstum als wirtschaftspolitisches Ziel

Die Steigerung der Produktion von Gütern und Dienstleistungen soll Arbeitsplätze, Einkommen und damit materiellen Wohlstand schaffen und sichern.

↓

Kritik an der Theorie des quantitativen Wachstums

→ Die Ressourcen (Rohstoffe) verknappen zunehmend durch immer umfangreichere Produktions- und Konsumprozesse.
→ Die Umwelt wird durch immer umfangreichere Produktions- und Konsumprozesse belastet.
→ Das BIP als Wohlstandsmaßstab beinhaltet auch den Zuwachs an Produkten und Dienstleistungen infolge von Unglücken, Krankheit und Tod.
→ Das quantitative Wachstum sichert nicht automatisch Arbeitsplätze, da es häufig einhergeht mit Entlassungen im Rahmen von Rationalisierungsmaßnahmen zur Steigerung der Produktivität.

↓

Forderungen

… nach mehr qualitativem Wachstum

Steigerung der Lebensqualität durch Umverteilung der Wachstumsbereiche: mehr Wachstum in den Bereichen zur Förderung der Lebensqualität – weniger Wachstum in den Bereichen, die zu einer Einschränkung der Lebensqualität führen können.

… nach neuen Wohlstandsindikatoren

Aufstellung von Messgrößen, die Wohlstand als Lebensqualität besser erfassen können: z. B. Sozialindikatoren wie Gesundheit, Bildung, Freizeit, Arbeitszufriedenheit oder Umweltindikatoren wie Luftreinheit, Wasserqualität, Schadstoffbelastung.

Investitionen und Bruttoinlandsprodukt

Investment and gross domestic product

Betriebswirtschaftliche Ebene

Investition: zielgerichtete Kapitalbindung zur Erwirtschaftung zukünftiger Erträge

↓

Investitionsarten

nach dem Investitionszweck

- Ersatzinvestition
- Erweiterungsinvestition
- Rationalisierungsinvestition

nach den betrieblichen Funktionen

- Forschungsinvestition
- Fertigungsinvestition
- Absatzinvestition
- Personalinvestitionen (Fort- und Weiterbildung)

↓

Volkswirtschaftliche Ebene

Auswirkungen der Investitionen auf die Höhe des Bruttoinlandsproduktes (BIP)

Investitionsart	Auswirkung auf das BIP
Ersatzinvestition	BIP gleichbleibend oder steigend
Erweiterungsinvestition	BIP in der Regel steigend
Rationalisierungsinvestition	BIP in der Regel steigend, aber auch andere Auswirkungen möglich

aus: Böker, Jürgen u. a.: Wirtschaftspolitik/Wirtschaftsordnung, 3. Aufl., Darmstadt, Winklers Verlag, 2005, S. 29, 31

10 Absatzprozesse planen, steuern und kontrollieren

Marketing

Die Marktsituation und unternehmerisches Handeln

Marktsituation

Verkäufermarkt

Marktmacht der Verkäufer ist größer als die der Käufer.
(Nachfrage > Angebot)

Käufermarkt

Marktmacht der Käufer ist größer als die der Verkäufer.
(Angebot > Nachfrage)

Unternehmerisches Handeln

Absatz

„Absatz" ist eine betriebswirtschaftliche Funktion des Unternehmens, wie z. B. auch Beschaffung, Finanzierung oder Produktion. Die Produkte bzw. Dienstleistungen sollen in einem gegebenen Kundensegment zu einem möglichst hohen Preis zum Kunden gelangen.

Marketing

„Marketing" ist eine Konzeption der Unternehmensführung, „bei der im Interesse der Erreichung der Unternehmensziele alle betrieblichen Aktivitäten konsequent auf die gegenwärtigen und künftigen Erfordernisse der Märkte ausgerichtet werden", d. h. Ausrichtung der gesamten Unternehmenspolitik an den Kundenwünschen.

vgl.: Bidlingmaier, Johannes: Marketing, Rowohlt Verlag Reinbek 1973, S. 15

Marketingkonzeption

Damit das Industrieunternehmen ein klares **Marketingkonzept** entwickeln kann, benötigt es genaue **Daten** über den zu bearbeitenden Markt, über die Merkmale der zu versorgenden Kunden. Eine genaue **Marktuntersuchung** liefert die entsprechenden Informationen. Daneben müssen die Mitbewerber (die Konkurrenten) auf dem Markt beobachtet und beurteilt werden, man spricht von einer **Konkurrenzanalyse**. Als Ergebnis der Abstimmung der erhobenen Daten mit der eigenen Unternehmensphilosophie (siehe auch S. 61) werden **Marketingziele** (z. B. Verstärkung der Kundenbindung) und das **Leistungsprogramm** (z. B. Breite und Tiefe des Sortiments) festgelegt.

Mit ganz bestimmten absatzpolitischen Instrumenten (z. B. Sortiments-, Preis- und Werbepolitik) wird die **Marktbearbeitung** vorgenommen, damit die Unternehmens- bzw. Marketingziele erreicht werden können.

Die laufende **Überprüfung** des Marketingkonzepts führt zu neuen Daten und kann zur **Veränderung** der **Unternehmensphilosophie** und des **Marketingkonzepts** führen.

Marketing als Prozess

Analyse

Marktuntersuchung

Datenerhebung über Kunden und Mitbewerber und ihr Verhalten

Unternehmensphilosophie

Festlegung grundlegender Wertvorstellungen und Ziele des Industrieunternehmens

Planung und Organisation

Erstellung eines Marketingkonzepts

Planung und Koordinierung der **Marketingziele** und des **Leistungsprogramms** des Industrieunternehmens

Umsetzung des Marketingkonzepts

Marktbearbeitung durch Einsatz **absatzpolitischer Instrumente** (z. B. Sortiments-, Preis- und Werbepolitik)

Kontrolle

laufende **Überprüfung** des Marketingkonzepts

Marketing

Quantitative Analyse des Marktes

Bei der quantitativen Marktanalyse geht es um die Erfassung der mengen- und wertmäßigen Größe des Marktes sowie um die Prognose seiner Entwicklung in der Zukunft.

Dabei sind drei **Marktgrößen** zu unterscheiden:

- Das **Marktpotenzial** entspricht der überhaupt möglichen Aufnahmefähigkeit eines Marktes für eine Warenart.
- Das **Marktvolumen** ist die realisierte oder prognostizierte effektive Absatzmenge aller Industrieunternehmen in einem Markt.
- Der **Marktanteil** ist der realisierte Umsatz oder die realisierte Absatzmenge eines Unternehmens, ausgedrückt als Prozentsatz des Marktvolumens.

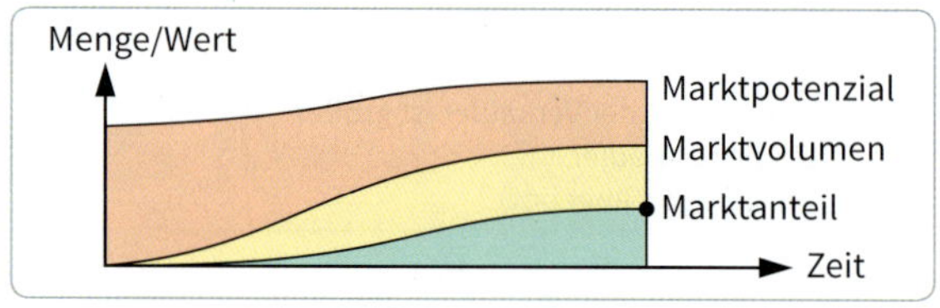

	Marktanteil	
Marktvolumen	**steigern**	**halten**
wächst	+	+
stagniert	+	=
schrumpft	?	–

Absatzmenge: + steigt – sinkt = bleibt konstant ? Wirkung offen

Abb. aus: Hill, Wilhelm u. Rieser, Ignaz: Marketing-Management. 2., durchges. Aufl., Verlag Paul Haupt (UTB für Wissenschaft) Bern, Stuttgart, Wien 1993, S. 111 f., 177

Von der Marktuntersuchung zur Marketingkonzeption

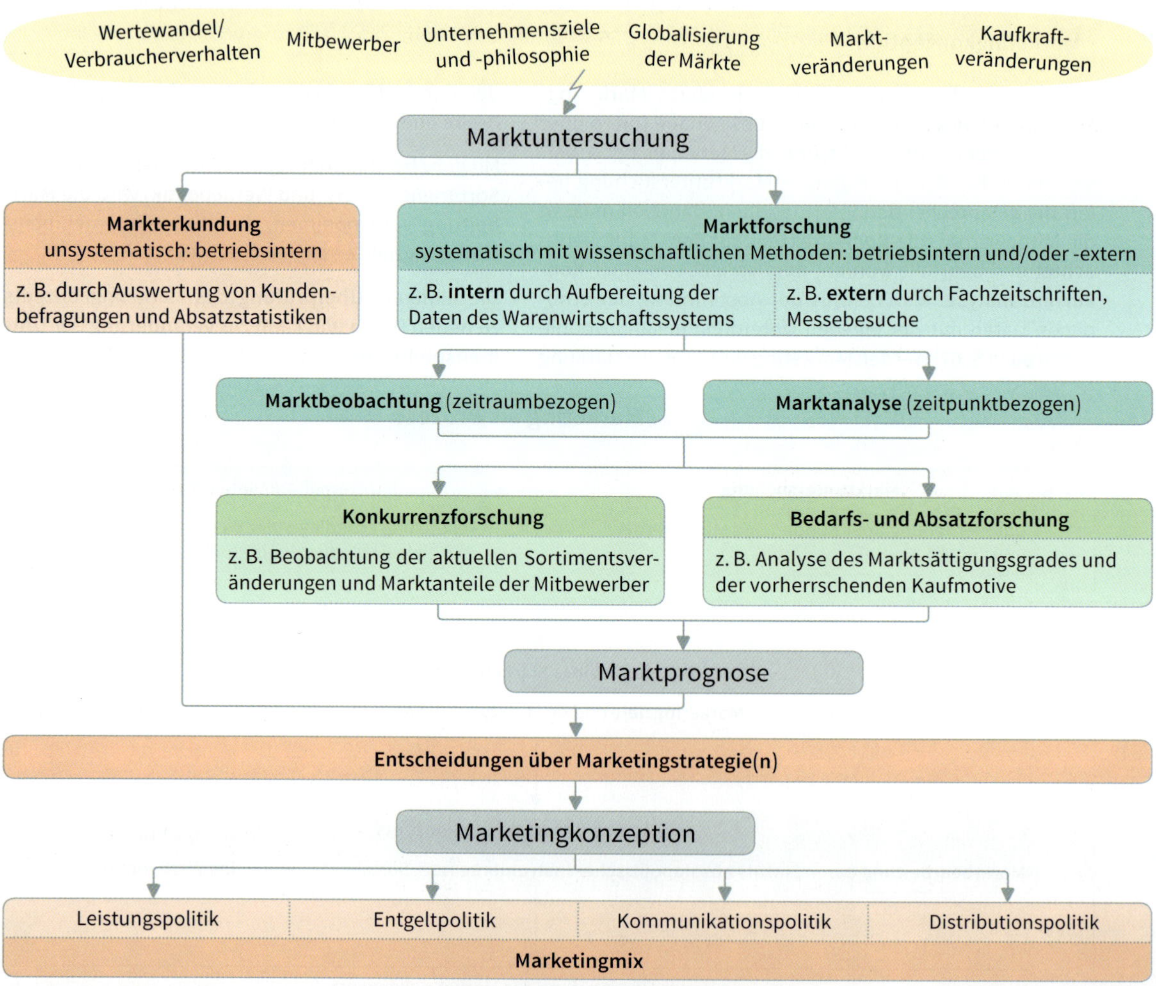

aus: Bentin, Margit u. a.: Absatz/Marketing, Lehrerband, 2. Aufl., Winklers Verlag Braunschweig 2009, S. 122

Markterkundung und Marktforschung *Market scouting and market research*

Marktuntersuchung

Gründe

Ständige internationale und nationale Marktveränderungen, hervorgerufen z. B. durch den Wertewandel in der Gesellschaft oder durch die unterschiedliche ökonomische Entwicklung einzelner Regionen, machen eine Marktuntersuchung für die agierenden Unternehmen unverzichtbar. Unterbleiben die Beobachtung und Untersuchung von Marktveränderungen, besteht die Gefahr, dass einzelne Unternehmen vom Markt verschwinden und sich Mitbewerber durchsetzen.

Formen

- Bei der **Markterkundung** handelt es sich um eine betriebsinterne, unsystematische Informationssammlung durch Einzelbeobachtungen und Gespräche, z. B. Auswerten von Kundenbefragungen und Marktberichten, Auswerten interner Absatzstatistiken, Gespräche mit Kunden usw.
- Bei der **Marktforschung** handelt es sich um das systematische Beschaffen und Verarbeiten von Informationen mithilfe wissenschaftlicher Methoden. Bei der Marktforschung werden unternehmensintern Daten (Buchhaltung, Verkaufsberichte, Reklamationen usw.) und/oder unternehmensextern Daten (Statistiken, Fachzeitschriften, Messebesuche usw.) beschafft.

Marktprognose

Bei der Marktprognose handelt es sich um eine Vorhersage zur Marktentwicklung auf der Grundlage gesammelter Daten der Markterkundung bzw. -forschung. Die Marktprognose unterstützt die Entscheidung über absatzpolitische Aktivitäten des Unternehmens.

Marktforschung

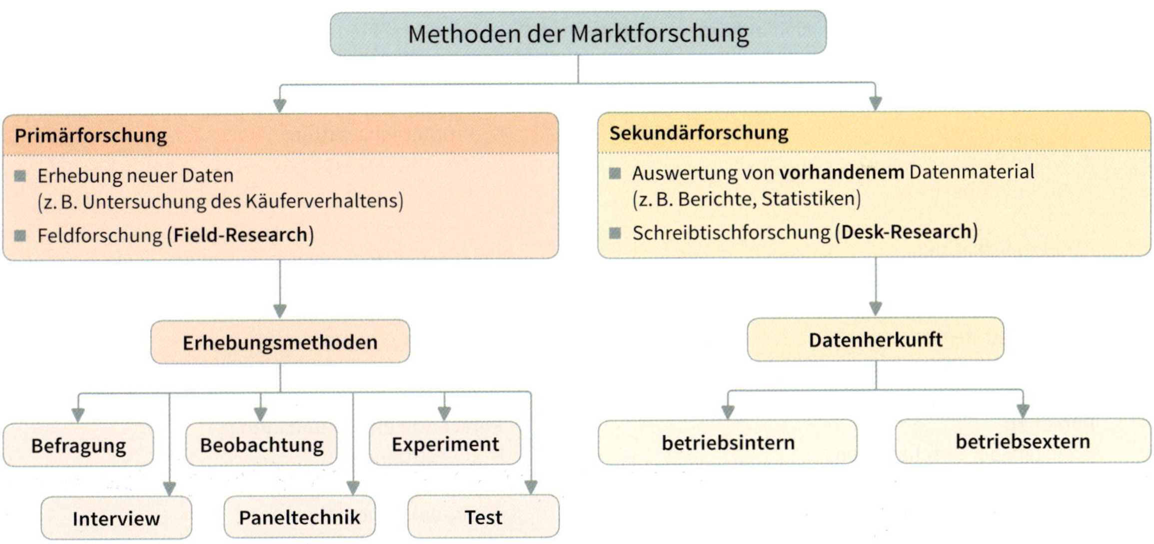

aus: Bentin, Margit u. a.: Absatz/Marketing, Lehrerband, Winklers Verlag Braunschweig 2009, S. 123

Marketingforschungsprozess

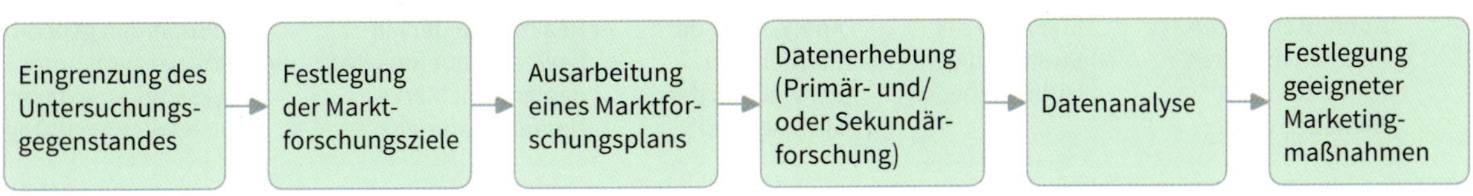

Marktforschung: Zielgruppen — *Market research: target groups*

Zielgruppen der Marktforschung
- Kunden
- Konkurrenten (Mitbewerber)

Konkurrenzanalyse — *Competitor analysis*

Konkurrenzforschung

Unternehmen erheben im Rahmen der **Konkurrenzforschung** vor allem folgende Daten:

- Welche Konkurrenten (Mitbewerber) existieren regional, national und international?
- Welche Produkte bzw. Dienstleistungen bieten die Mitbewerber an?
- Welche Marktanteile besitzen die Mitbewerber im Hinblick auf die angebotenen Produkte bzw. Dienstleistungen im Gesamtmarkt bzw. in bestimmten Teilmärkten (z. B. im Ausland)?
- Welche Marketingstrategie(n) verfolgen die Mitbewerber?
- Welche Stärken und Schwächen weisen die Mitbewerber auf?
- Mit welchen potenziellen Mitbewerbern muss demnächst gerechnet werden?

Beispiele

Die **Konkurrenzanalyse** kann sich außerdem an einzelnen Daten der verschiedenen Funktionsbereiche der zu analysierenden Unternehmen orientieren:

Beschaffung:
- Bezugsquellen
- Einkaufsorganisation
- Beschaffungswege

Absatz/Marketing:
- Absatzmärkte
- Absatzorganisation
- Werbestrategien
- Werbeaktivitäten

Personal:
- Anzahl der Beschäftigten
- Struktur der Beschäftigten
- Personalkosten

Produktion:
- Produktionsstätten
- Produktionskapazität
- Technologien

Finanzierung:
- Gesamtkapital
- Eigenkapitalquote
- Umsatz/Gewinn
- Cashflow

Forschung und Entwicklung:
- Investitionen
- Patente
- Produktinnovationen

Konkurrenzanalyse als Prozess

Bestimmung der Konkurrenzunternehmen mit ihren Produkten und Dienstleistungen → Erkennen der Strategien der Mitbewerber → Sammeln und Analysieren der Stärken und Schwächen der Mitbewerber → Einschätzung von Reaktionen der Mitbewerber auf (unsere) geplante(n) Marketingmaßnahmen → Festlegen von Marketingmaßnahmen gegenüber Mitbewerbern unter Berücksichtigung der eigenen Marketingstrategie(n)

vgl.: Hübscher, Heinrich u. a.: IT-Handbuch, IT-Systemkaufmann/-frau, Informatikkaufmann/-frau, 9. Aufl., Braunschweig, Westermann Verlag, 2015, S. 350

Primärforschung: Auswahlverfahren und Erhebungsmethoden *Field research*

Auswahlverfahren der Primärforschung

Vollerhebung:

Alle Angehörigen einer Zielgruppe werden untersucht; nur bei einer kleinen, überschaubaren Zielgruppe praktikabel (z. B. Käufer von Spezialmaschinen).

Teilerhebung:

Angehörige einer Zielgruppe werden stichprobenhaft (i. d. R. repräsentativ) untersucht. Man unterscheidet insbesondere zwischen der **Zufallsauswahl** (Randomverfahren) und dem **Quotenverfahren**. Bei der Zufallsauswahl wird aufgrund der Wahrscheinlichkeitstheorie zum Beispiel jeder hundertste Bürger aus einem Adressbuch ausgesucht. Bei dem Quotenverfahren werden nach vorher festgelegten Merkmalen, wie z. B. Alter, Geschlecht, Einkommen, beliebige Bürger nach bestimmten prozentualen Anteilen (Quoten) ausgewählt. Die Teilerhebung bietet sich bei sehr großen Zielgruppen (z. B. Käufer von Fernsehzeitschriften) an.

aus: Bentin, Margit u. a.: Absatz/Marketing. 4., aktualisierte Aufl., Winklers Verlag Braunschweig 2009, S. 21 u. 25

***Beispiel:* Quotenanweisung**

Befragung Nr.:	125			
Fragebogen Nr.:	851–866			
Interviewer/-in:	Claudia Buchholz			
Ausweis Nr.:	86			
Gesamtzahl der Interviews:	16			

Planquadrate des Erhebungsgebietes:

	B6	4	B8	5
	B7	7		
Geschlecht:	männlich:	7	weiblich:	9
Alter:	18–25	3	46–55	3
	26–35	4	56–65	2
	36–45	3	66–75	1
Berufsgruppe:	Arbeiter	5	Selbstständige	2
	Angestellte	6	ohne Beruf	1
	Beamte	2		

Erhebungsmethoden der Primärforschung

Befragung:
Schriftliche, mündliche oder fernmündliche Datenerhebung zur Erstellung eines Meinungsbildes zu einem bestimmten Produkt bzw. zu einer bestimmten Produktgruppe

Interview:
Erhebung zu einer grundsätzlichen Meinung, die für ein bestimmtes Konsumverhalten ausschlaggebend sein kann, um wirkliche Kaufmotive offenzulegen

Paneltechnik:
Regelmäßige Befragung einer bestimmten Personengruppe über einen längeren Zeitraum anhand von speziellen Fragebögen (z. B. regelmäßige Aufzeichnung des Konsumverhaltens eines 4-Personen-Haushaltes)

Test:
Meinungserhebung in einer Zielgruppe für ein bestimmtes Produkt anhand von neutral verpackten Warenproben

Experiment:
Spezielle Form der Beobachtung oder Erfragung von Reaktionen auf unterschiedliche Produktmerkmale (z. B. Gestaltung, Qualität und Preise)

Beobachtung:
Erhebung von Sachverhalten und Verhaltensweisen ohne Befragung

aus: Bentin, Margit u. a.: Absatz/Marketing. 4., aktualisierte Aufl., Winklers Verlag Braunschweig 2009, S. 24

Sekundärforschung: Betriebsinterne und -externe Quellen *Desk research*

Betriebsinterne Quellen

- Berichte der Außendienstmitarbeiter
- Daten der Lagerbuchhaltung
- Absatz- und Umsatzstatistiken
- Kundendateien
- Eigene Messeberichte
- Auswertung des Verhaltens der Mitbewerber

Betriebsexterne Quellen

- Statistische Jahrbücher
- Veröffentlichungen der Industrie- und Handelskammern
- Publikationen von Branchenverbänden
- Geschäftsberichte, Kataloge
- Daten von Unternehmensberatern und Marktforschungsinstituten

Clusteranalyse

Die Clusteranalyse stellt eine Möglichkeit dar, durch die **Primärerhebung** gewonnene große **Datenmengen** mithilfe **mathematisch-statistischer Verfahren** auszuwerten.

Die Zielsetzung der Clusteranalyse ist es, große Datenmengen von Befragten **nach bestimmten Merkmalen** zu **aussagefähigen Größen** (Gruppen) **zusammenzufassen.**

aus: Bentin, Margit u. a.: Absatz/Marketing, 4., aktualisierte Aufl., Winklers Verlag Braunschweig 2009, S. 26

Beispiel:
Von vielen Konsumenten liegen aufgrund einer Befragung Merkmale, wie z. B. Haushaltseinkommen, Haushaltsgröße, Alter, Geschlecht, vor. Die befragten Konsumenten werden mithilfe der Clusteranalyse so zusammengefasst, dass verschiedene (heterogene) Konsumentengruppen (Cluster) mit möglichst ähnlichen (homogenen) Merkmalen entstehen. So können Konsumentengruppen, wie z. B. gut verdienende Singles, Alleinerziehende mit geringem Einkommen, gebildet werden.

Kundentypologie (Beispiel)

Typ / Merkmale	Typ 1 Umweltbewusster Konsument	Typ 2 Fortschrittsbewusster Konsument	Typ 3 Die neuen Alten	Typ 4 Einkommensschwache Teens und Twens
Einstellung	persönlicher Beitrag zur Umwelt	Orientierung an technischem Stand/Zeitgeist	persönlicher Beitrag zur Umwelt	nicht signifikant
Geschlecht (Prozentanteile)	weibl.: 62 % männl.: 38 %	weibl.: 42 % männl.: 58 %	weibl.: 59 % männl.: 41 %	weibl.: 47 % männl.: 53 %
ø Alter	29 Jahre	38 Jahre	64 Jahre	20 Jahre
ø Haushaltsgröße	2,6 Personen	1,5 Personen	1,7 Personen	1,2 Personen
ø Haushaltsnettoeinkommen	2.100,00 €	2.400,00 €	1.500,00 €	900,00 €
ø akzept. Mehraufwand f. Neuansch.	70,00 €	80,00 €	100,00 €	10,00 €

aus: Bentin, Margit u. a.: Absatz/Marketing, 4., aktualisierte Aufl., Winklers Verlag Braunschweig 2009, S. 26

10

Marktsegmentierung

Begriff

Die Auswertung der Clusteranalyse dient dazu, den Markt in **Teilmärkte** (**Marktsegmente**) mit relativ homogenen Kundengruppen aufzuteilen. Die Clusteranalyse ist demnach ein Instrument der Marktsegmentierung. Die Segmentierung des Marktes in Teilmärkte führt dazu, dass die entstandenen Kundengruppen jeweils gezielt mit einer individuellen Marketingkonzeption bearbeitet werden können. Letztendlich muss aber der Einsatz dieser individuellen Konzeptionen gegenüber den entstandenen Kosten einen Mehrerlös für das Industrieunternehmen erbringen.

Das Unternehmen muss prüfen, welche Marktsegmente mit welchen Produkten bedient werden können. Dabei kann auch entschieden werden, bestimmte Marktsegmente bzw. Kundenzielgruppen nicht mit dafür speziell geschaffenen Produkten zu versorgen, da die erwartete Absatzmenge zu gering ist. Für lukrativ erscheinende Marktsegmente mit entsprechenden Kundenzielgruppen werden dagegen gezielt Produkte entwickelt, sie werden speziell im **Markt positioniert**. Die Kunden verbinden dann mit diesen Produkten bestimmte Eigenschaften und Vorstellungen. Dadurch grenzen sich diese Produkte von Konkurrenzprodukten deutlich ab. Das Unternehmen kann diese **Marktpositionierung** nutzen, um z. B. eine bestimmte Preispolitik zu verfolgen.

Ist ein Produkt aus der Sicht der Kunden mit positiven Attributen belegt, wird es Mitbewerbern sehr schwer fallen, Marktanteile zu gewinnen.

Marktsegmentierung

Voraussetzungen zur Bildung von Marktsegmenten

- Die Marktsegmente müssen eine **zeitliche Stabilität** aufweisen. Die Kundengruppen müssen zeitlich so lange bestehen, dass geeignete Marketingkonzeptionen eingesetzt werden können.
- Die Bearbeitung der Marktsegmente muss **wirtschaftlich** sein. Sind die Kundengruppen zu klein, ist eine kundenspezifische Marketingkonzeption für das Industrieunternehmen nicht rentabel.
- Die Verhaltensweisen der Kundengruppen in den Marktsegmenten müssen zuverlässig und objektiv **messbar** sein.
- Die gebildeten Marktsegmente müssen mithilfe der jeweils gewählten Marketingkonzeption für das Industrieunternehmen **zugänglich** sein.
- Die ermittelten Verhaltensweisen der Kundengruppen müssen für den Einsatz einer segmentspezifischen Marketingkonzeption **relevant**, also von Bedeutung sein.[1]

[1] vgl.: Walter, Tobias: Segmentspezifische Vertriebsstrategien im Großhandel. Analyse nachfrageorientierter Vertriebsinstrumente im Produktionsverbindungshandel, Swiridoff Künzelsau 2003, S. 112 f.

Typen von Käuferverhalten/Faktoren der Kaufentscheidung

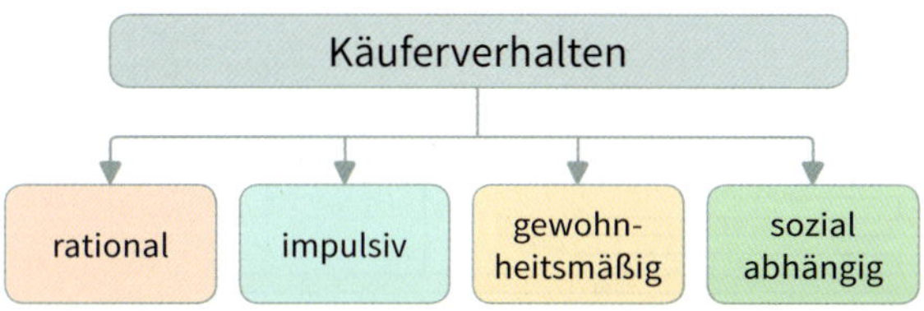

aus: Vry, Wolfgang: Absatzwirtschaft. Lehrbücher für Fachwirte und Fachkaufleute, 3., überarb. Aufl., Kiehl Verlag Ludwigshafen (Rhein) 1987, S. 40

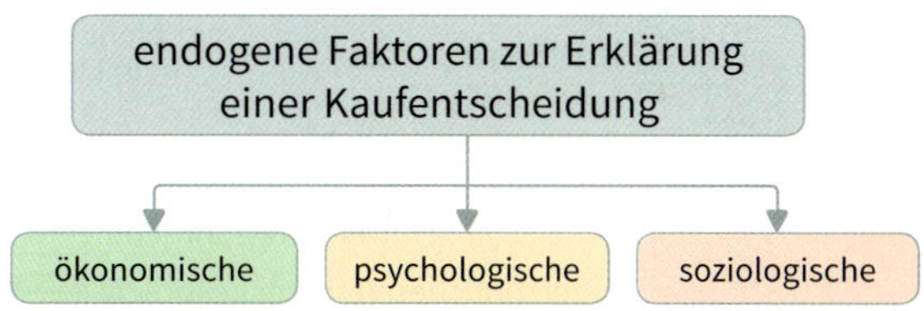

aus: Vry, Wolfgang, a. a. O., S. 44

Erklärung konsumtiven Verhaltens

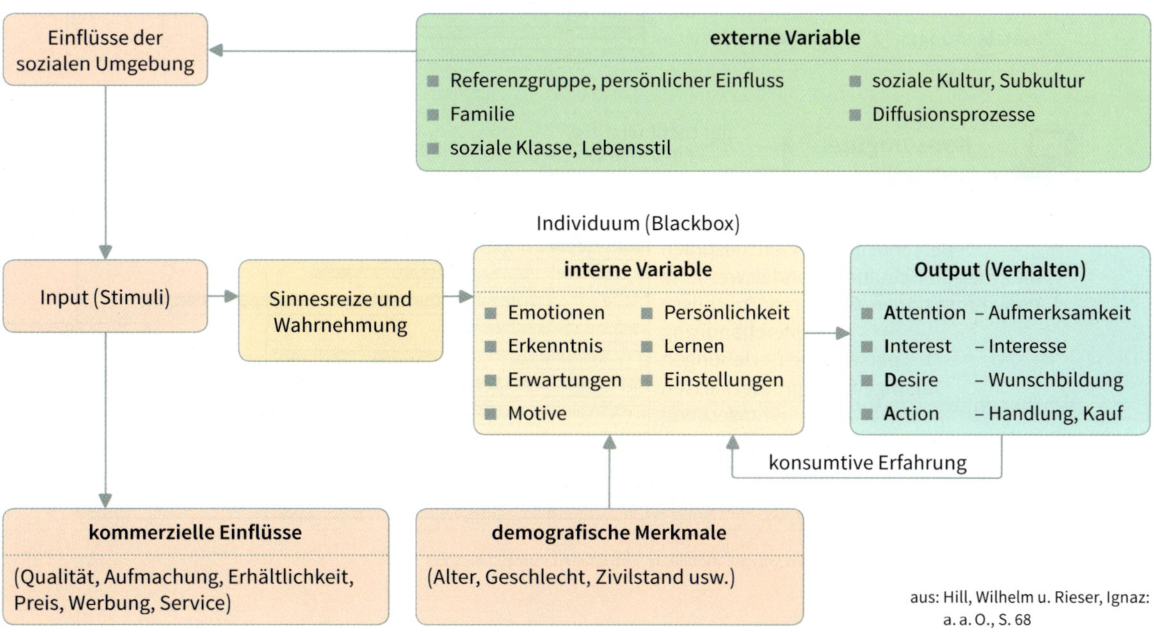

aus: Hill, Wilhelm u. Rieser, Ignaz: a. a. O., S. 68

Kundenakquise *Acquiring customers*

Begriff

Der Begriff **Akquisition** steht sowohl für eine „Erwerbung" als auch für „Kundenwerbung". Die „Neuerwerbung" bzw. die Gewinnung von Kunden und die Bindung an das Unternehmen sind von zentraler Bedeutung im Rahmen der Absatzwirtschaft. Neue Kunden können als Wachstumsgröße betrachtet werden, bereits vorhandene Kunden sichern die Existenz des Unternehmens. Während neue Kunden erst „erobert" werden müssen, sollte bei den bestehenden Kundenbeziehungen eine Erhöhung der Kauffrequenz und Kaufintensität angestrebt werden.

Gewinnung von Neukunden

Die Gewinnung neuer Kunden läuft in der Regel in **vier Schritten** ab:

- **Kontaktphase:** Vorstellen des Unternehmens und des Leistungsangebotes
- **Evaluationsphase:** Überprüfung, ob Kontaktaufnahme erfolgreich war, mit dem Ziel, eine positive Einstellung beim potenziellen Käufer aufzubauen
- **Kaufphase:** Verhandlungen zwischen Nachfrager und Anbieter, ggf. Vertragsabschluss
- **Nutzungsphase:** Kundenzufriedenheit mit Ziel der Kundenbindung

Instrumente der Kundenakquisition: Wichtigkeit und Intensität

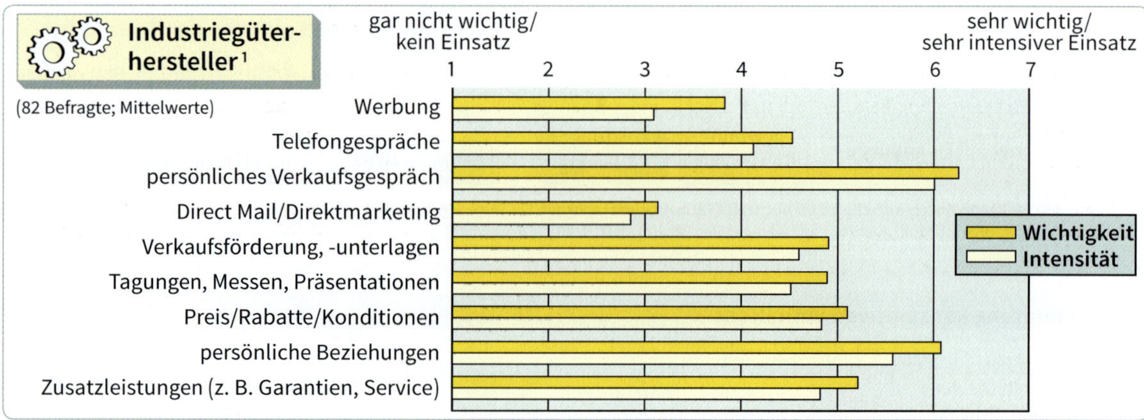

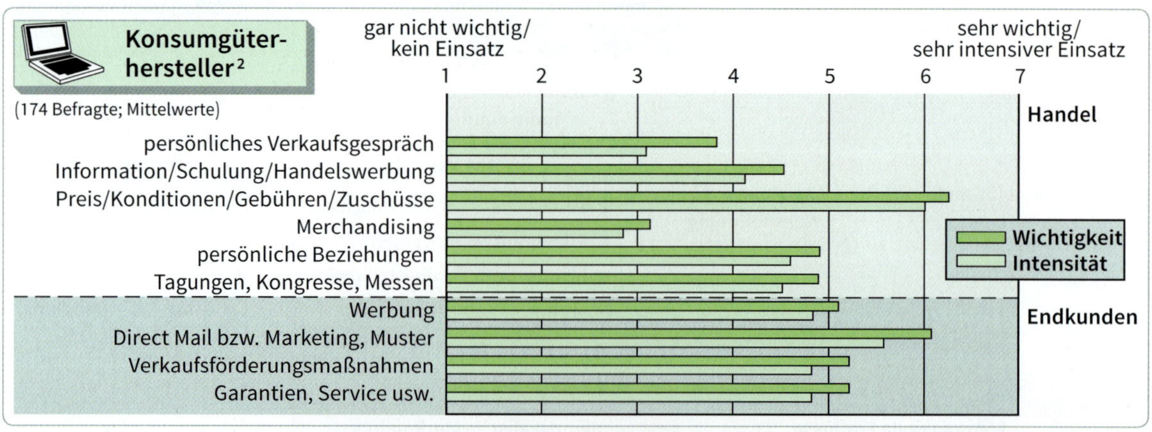

[1], [2] aus: Verkauf – Die Kundenakquise, www.verkauf-aktuell.de, Entnahmedatum: 20.06.2003

Kundendienst und Kundenpflege

After sales and customer service

Bedeutung

Der **Kundendienst** und die **Kundenpflege** nehmen in vielen Industriebetrieben eine wichtige Rolle ein, da hierdurch eine vorteilhafte Abgrenzung zum Mitbewerber möglich ist. Ein überzeugendes **Serviceangebot** kann sowohl bei der Herstellerauswahl als auch beim Herstellerwechsel ausschlaggebend sein. Viele Unternehmen legen deshalb **Kundendienststandards** (z. B. nach der ISO 9000) fest, mit denen z. B. auf der Homepage geworben wird.
Kundendienste können gegen Entgelt oder unentgeltlich angeboten werden.

Serviceleistungen

Serviceleistungen können dem Kunden vor, während oder nach dem Kauf angeboten werden.

Beispiele für **Grundleistungen**:

- Lieferservice
- Montage
- Garantie
- Wartung
- Reparatur
- Entsorgung

Darüber hinausgehende Leistungen können sein:

- Schulungen
- gemeinsames Marketing
- Beratung
- Newsletter
- Veranstaltungsevents
- Projektbetreuung

Kundendienststandards: Qualitätssicherung/Qualitätsmanagement

Der Kunde erwartet nicht nur fehlerfreie Produkte, sondern auch, dass die Qualitätssicherung des Herstellers das gesamte Leistungsangebot umfasst, denn der Kunde möchte weitgehend auf die Wareneingangskontrolle verzichten. Daher wächst die Bedeutung eines sogenannten Qualitätsmanagements.

Genormte Qualitätsmanagementsysteme haben in den letzten Jahren Einzug in zahlreiche Unternehmen gehalten, allen voran die Qualitätsmanagementsysteme der Normenreihe DIN EN ISO 9000 ff. Bei der letzten Aktualisierung wurde vor allem der Aspekt der Kundenorientierung aufgewertet.

Die Einhaltung der Standards ist die Voraussetzung für ein Industrieunternehmen, um wettbewerbsfähig zu bleiben, denn die Kunden erwarten stets die Erfüllung der aktuellen Normen.

Qualitätsmanagement-Konzepte, z. B.:

- **ISO 9000** (s. S. 241)
- **TQM** (s. S. 242 f.)
- **Kaizen**: Fernöstliches Managementsystem, Leitgedanke der ständigen Verbesserung, bekannt unter dem Begriff „Kontinuierlicher Verbesserungsprozess“ (KVP) (s. S. 72)

vgl.: www.wuppertal.ihk24.de

Verkaufsgespräch *Sales talk*

Positive Verkaufsatmosphäre

Für den Verkaufserfolg ist es wichtig, eine angenehme **Gesprächsatmosphäre** zu schaffen, damit der Kunde eine positive Grundeinstellung zu dem Unternehmen/Produkt bekommt:

- freundliche Begrüßung evtl. mit Namensnennung
- sich selbst mit Namen vorstellen
- Platz und evtl. Getränk anbieten
- aktives Zuhören

Kundentypen und Reaktionen des Verkäufers

Es ist vorteilhaft, sich auf die verschiedenen Kundentypen einzustellen:

Aktive Kunden:
ruhig bleiben, Gespräch steuern, ggf. höflich unterbrechen, nicht laut, nervös und hektisch werden, sachlich informieren, Vorteile des Produktes sehr betonen

Passive Kunden:
Gespräch führen, Zeit geben, nicht unterbrechen, aktivieren, argumentieren

Die fünf Phasen des Verkaufsgesprächs

Kontakt	Bedarfsermittlung	Angebot	Einwandbehandlung	Abschluss
Empfangen des Kunden, z. B. freundliche Begrüßung	genaue Analyse der Kundenwünsche mithilfe offener Fragen	Präsentation der Produkte (Produktvorteil und -nutzen) und Dienstleistungen	Eingehen auf Bedenken des Kunden und entkräften	Zusammenfassen der Ergebnisse und Herbeiführen des Verkaufsabschlusses

Einwände behandeln

Sollte der Kunde Einwände/Bedenken haben, empfiehlt sich die sogenannte **3-A-Methode**:

Beispiel:

- **Akzeptieren:** Ja, der Preis ist höher als bei dem Vorgängermodell.
- **Auflösen:** Dafür besticht dieses Gerät durch viele neue technische Details.
- **Aufwiegen:** Es handelt sich um das modernste Modell, das zurzeit auf dem Markt ist.

Verkaufsverhandlung

Industriebetriebe sind häufig für **internationale** Kunden tätig, deshalb sollte man die Gepflogenheiten der Länder kennen und beachten: z. B. verschiedene **Begrüßungsrituale**, unterschiedliche Ess- und Trinkgewohnheiten, vielfältige **kulturelle** Besonderheiten. Fremdsprachenkenntnisse sind erforderlich, internationale Verhandlungssprache ist **Englisch**.

Kundenmanagement *Customer management*

Begriff und Zielsetzung

Internationaler Wettbewerbsdruck macht es für die Unternehmen zunehmend erforderlich, von der **Produkt-** zur **Kundenorientierung** überzugehen, das heißt der Kundengewinnung und -pflege erhöhte Aufmerksamkeit zu schenken.

Aufgrund der IT-Technologie ist es heutzutage möglich, zu vertretbaren Kosten mit dem **einzelnen** Kunden in Interaktion zu treten, z. B. durch die Nutzung von Datenbanken. Wird dies verwirklicht, spricht man vom **Kundenmanagement** (siehe auch S. 94 zum **C**ustomer **R**elationship **M**anagement).

Phasen

Phase des Kundenmanagements	Hauptaufgabe
Zielkunden finden	▪ Zielmärkte definieren ▪ Zielkunden gewinnen
Bedürfnisse der Zielkunden befriedigen	▪ den Kundenwert in konkrete Kundenvorteile verwandeln ▪ die Marktangebote auf den Entscheidungskontext des Kunden abstimmen
Bindung zu den Zielkunden aufbauen	▪ Loyalität der Kunden fördern ▪ ein Marktinformationssystem entwickeln

aus: Kotler, Philip u. a.: Marketing der Zukunft. Mit „Sense and Response" zu mehr Wachstum und Gewinn. Frankfurt/Main 2002, S. 145

Erläuterungen:

Zielkunden finden: Zu diesem Zweck wird der Gesamtmarkt in Teilmärkte, in **Marktsegmente**, zerlegt. In diesen Marktsegmenten werden die für das Unternehmen als am wichtigsten geltenden Kunden als **Zielkunden** identifiziert bzw. definiert.

Da nicht alle Kunden in einem Teilmarkt gleich wertvoll für das Unternehmen sind, muss ihr **gegenwärtiger** und ihr **zukünftiger Wert** für das Unternehmen eingeschätzt werden. Die Folge könnte z. B. sein, dass man sich intensiver um die bestehenden Topkunden des Unternehmens kümmert, mit dem Ziel, sie langfristig an das Unternehmen zu binden.

Bedürfnisse der Zielkunden befriedigen: Einzelne Kundenzielgruppen erwarten je nach Marktsegment unterschiedliche oder unterschiedlich gewichtete Kundenvorteile (z. B. abhängig vom Einkommen), die vom Unternehmen individuell befriedigt werden müssen.

Wie man beim Produkt vom Produktlebenszyklus spricht (siehe S. 418), so spricht man auch beim Kunden vom **Kundenlebenszyklus:** In unterschiedlichen Lebenssituationen erwartet der Kunde andere Produkte (z. B. Kleinwagen als Jugendlicher, später Familienwagen). Die Positionierung des Produktangebotes muss darauf jeweils genau abgestimmt werden, damit die Unternehmensziele realisiert werden können.

Bindung zu den Zielkunden aufbauen: Das Kundenmanagement erfordert umfassende **Marktinformationssysteme**, mit denen die Kundendaten gesammelt und schließlich auch ausgewertet werden müssen.

Neben Angaben über Einkommen, Alter und Bildungsstand sind genaue Kundenpräferenzen, bestimmte Konsummuster zu erheben, man spricht von **Kundenprofildaten.** Die Erhebung der Daten muss zu passgenauen Kundenangeboten führen. Eine enge Verzahnung mit der Beschaffungsabteilung bzw. der Produktentwicklung ist aus diesem Grund notwendig. Softwaregestützte Plattformen wie **E**nterprise **R**esource **P**lanning (siehe S. 91) und **S**upply **C**hain **M**anagement (siehe S. 94) unterstützen diesen Abstimmungsprozess.

Kann dem einzelnen Kunden ein individuelles Angebot unterbreitet werden, das den Kundenvorteil erhöht, lassen sich meist auch **langfristige Kundenbeziehungen** aufbauen.

Kundenbindung *Customer relations*

Mithilfe der Kundenbindung sollen das Abwandern von Kunden verhindert und Folge- bzw. Wiederholungskäufe ausgelöst werden. Voraussetzung ist die Kundenzufriedenheit. Um sie zu erreichen, ist es notwendig, die Kundenwünsche zu kennen.

Kundenwünsche	→	Leistungserwartung des Kunden
gute Qualität	→	Das Produkt überzeugt, es ist besser als das der Mitbewerber.
Sortimentserweiterung	→	stetige Erweiterung der Angebotspalette
angemessener Preis	→	Das Preis-Leistungs-Verhältnis stimmt.
kurze Lieferzeit	→	Die Zeitspanne zwischen Auftragserteilung und Leistungserbringung ist klein.
pünktliche Lieferung	→	Der Liefertermin wird eingehalten.
offene Kommunikation	→	Der Kunde kann jederzeit Informationen über den Auftrag erhalten.
guter Kundenservice	→	Eingehen auf individuelle Kundenwünsche
Eingehen auf Reklamationen	→	kundenfreundliches Verhalten bei Problemen im Rahmen der Auftragsabwicklung

Wirkungen von Kundenzufriedenheit	
500–700 % …	teurer ist es, neue Kunden zu gewinnen, als alte zu halten.
300 % …	größer ist die Wahrscheinlichkeit, dass sehr zufriedene (= begeisterte) Kunden im Gegensatz zu zufriedenen Kunden das Unternehmen erneut aufsuchen.
Fast 100 % …	ist die Wahrscheinlichkeit, dass sehr zufriedene Kunden zu den besten Werbeträgern des Unternehmens werden.
50–70 % …	aller Käufe sind auf Empfehlungen von Bekannten zurückzuführen.
75 % …	der zu Wettbewerbern wechselnden Kunden stören sich an mangelnder Servicequalität.
25–85 % …	beträgt die Steigerung des RoI[1], die jeder Prozentpunkt nachhaltig erhöhter Kundenzufriedenheit bewirkt.
25 % …	der zu Wettbewerbern wechselnden Kunden stören sich an unzureichender Produktgüte und/oder zu hohem Preis.
7,25 % …	beträgt die Gewinnsteigerung, wenn die Abwanderungsrate von Kunden um 5 % reduziert und damit die Kundenbindung erhöht wird.

[1] RoI = Return on Investment

in Anlehnung an: Töpfer, Armin; Mann, Andreas: Kundenzufriedenheit als Messlatte für den Erfolg, S. 61; in: Töpfer, Armin (Hrsg.): Kundenzufriedenheit messen und steigern; Luchterhand Verlag, Neuwied 1996 sowie Lötscher, F. (in: MQ-Management & Qualität, 34. Jg. Nr. 2, 1998): Warum ist die Kundenzufriedenheit so wichtig?, S. 4 f.

vgl.: Theis, Hans-Joachim: Handbuch Handelsmarketing: Erfolgreiche Strategien und Instrumente im Handelsmarketing. Band 1, Deutscher Fachverlag (dfv), Frankfurt am Main 2007, S. 178

Kundenrückgewinnung *Customer win-back*

Prozess einer systematischen Kundenrückgewinnung

Leider wird der Rückgewinnung von ehemaligen Kunden häufig zu wenig Aufmerksamkeit geschenkt, der entstandene Schaden für das Unternehmen ist meist beträchtlich. Wie der Prozess einer systematischen **Kundenrückgewinnung** aussehen kann, verdeutlicht folgendes **Prozessschema**:

1. Identifikation →	Verlorene Kunden werden mit geeigneten Instrumenten identifiziert.
2. Analyse →	Ursachen der Abwanderung werden aufgedeckt und systematisiert. Rückgewinnungsmaßnahmen werden hinsichtlich ihrer Kosten-Nutzen-Relation bewertet.
3. Problembehebung →	Die Probleme, die der Abwanderung zugrunde liegen, werden behoben.
4. Rückgewinnung →	Maßnahmen zur Rückgewinnung werden eingeleitet, insbesondere Kommunikation und Anreizschaffung.
5. Nachbetreuung →	Zurückgewonnene Kunden werden im Rahmen eines Kundenbindungssystems weiter betreut.

Quelle: Homburg: Marketingmanagement, S. 799, aus: Theis, Hans-Joachim: Handbuch Handelsmarketing: Band 1, Deutscher Fachverlag (dfv) Frankfurt am Main 2007, S. 257

Beschwerdemanagement und Kundenbindung

Complaint management and customer loyalty

Kundenbeschwerden und **-reklamationen** gehören zum Alltag jedes Unternehmens. Von den Mitarbeitern werden diese Situationen häufig als sehr belastend empfunden, allerdings können diese Anlässe für Kundengespräche auch positiv für das Unternehmen genutzt werden. Schließlich bietet der direkte Kundenkontakt für das Unternehmen die Möglichkeit, sich „von der besten Seite zu zeigen". Gerade der professionelle Umgang mit Kundenbeschwerden und -reklamationen kann dazu dienen, sich positiv von Mitbewerbern abzugrenzen. Ein freundliches Kundengespräch und großzügige Regelungen festigen die **Kundenbindung** (siehe dazu auch S. 416). Zufriedengestellte Kunden werden das Unternehmen in positiver Erinnerung behalten und es weiterempfehlen. Aus diesem Grund ist es ausgesprochen wichtig, bei Kundenbeschwerden angemessen und zielführend vorzugehen.

Vorgehen bei Kundenbeschwerden und -reklamationen

(1) Der Kunde ist zu beruhigen, für sein Anliegen ist Verständnis zu zeigen.

Die Wahl einer geringen Gesprächsgeschwindigkeit und eines beruhigenden Tonfalls bei mittlerer Lautstärke dienen diesem Zweck. Besonders wichtig ist es, dem Kunden aktiv zuzuhören und ihn keinesfalls zu unterbrechen.

↓

(2) Der zugrundeliegende Sachverhalt ist in beruhigender Form zu klären.

Bei der Analyse des Sachverhaltes sind eventuell Vertragsdaten bzw. -inhalte abzugleichen. Eventuell muss der Kunde um Verständnis gebeten werden, dass die Überprüfung der Angelegenheit noch einige Zeit dauert. In diesem Fall sollte ein neuer Gesprächstermin (eventuell ein Rückruf des Kundenberaters) vereinbart werden und gegebenenfalls eine Zwischenlösung bei Reklamationen gefunden werden (z. B. Zurverfügungstellung eines Ersatzproduktes).

↓

(3) Nach eingehender Prüfung des Sachverhaltes ist ein Lösungsvorschlag zu machen, der die Kundenbedürfnisse möglichst befriedigen sollte.

Wenn auch rechtliche Gesichtspunkte (vgl. dazu die Ausführungen zur „Mangelhaften Lieferung" S. 239 f.) beachtet werden, so ist doch in der Regel eine kaufmännische Lösung anzustreben. Wenn der Kunde z. B. wegen Fristüberschreitung keine Rechtsansprüche mehr geltend machen kann, so sollte großzügig geprüft werden, ob dem Kunden nicht durch eine **Kulanzregelung** entgegengekommen werden kann. Ein kurzfristiger Aufwand (Verlust) kann sich langfristig durch das Eingehen auf die Kundenbedürfnisse zu einem Ertrag (Gewinn) umkehren; aus einem Neukunden kann so ein zufriedener Stammkunde werden und dadurch die Kundenbindung gefördert werden.

↓

(4) Nach Akzeptanz durch den Kunden ist die gefundene Lösung rasch umzusetzen und dem Kunden das Gefühl der Sicherheit zu geben.

Die gefundene Lösung ist unter Umständen dem Kunden schriftlich zu bestätigen, falls noch Zeit bis zur Befriedigung des Kundenbedürfnisses zu überbrücken ist (z. B. bei einer Nachlieferung). Es können bei längeren Wartezeiten dem Kunden „Zwischenbescheide" (z. B. per E-Mail) zum Stand der Prozessabwicklung zugeleitet werden. Sollte vorher noch keine Entschuldigung vorgenommen worden sein, ist dies zum Abschluss nachzuholen.

Produkt- und Sortimentspolitik

Produkt- und Sortimentspolitik

In Industrie- und Handwerksbetrieben spricht man von Produkt-/Programmpolitik, in Handelsbetrieben von Sortimentspolitik.

Entscheidungsbereiche

Produkt-/Programmpolitik
in Industrie- und Handwerksbetrieben

Sortimentspolitik
in Handelsbetrieben

Produktgestaltung

- **Qualität** (Langlebigkeit, Umweltverträglichkeit)
- **Aufmachung** (Form, Größe, Farbe)
- **Verpackung** (werbewirksam, transportgerecht)
- **Markierung** (Name, Schriftzug) (s. S. 432)

Produktbegleitende Servicepolitik

- **Kundendienst**
- **Garantieleistungen**
- **Verkäuferschulung**

Prozessorientierte Produktpolitik

- **Innovation** (Einführung neuer Produkte)
- **Variation** (Änderung von Produkteigenschaften)
- **Elimination** (Herausnahme von Produkten aus dem Programm)

Programm- und Produktgestaltung

- **Maßnahmen**
  - Sortimentserweiterung
  - Sortimentsbereinigung
  - Sortimentsveränderung
- **Zusammensetzung**
  - Kernsortiment (hauptsächliche Artikel)
  - Randsortiment (zusätzliche Artikel)
- **Struktur**
  - Sortimentsbreite (Anzahl der Artikelgruppen)
  - Sortimentstiefe (Anzahl der Artikel pro Artikelgruppe)

vgl.: Bentin, Margit u. a.: Absatz/Marketing. Lehrerband, Winklers Verlag Braunschweig 2009, S. 124

Strategien der Produktinnovation

Produktdifferenzierung

Aufnahme programmnaher Produkte

Beispiel:
Produktion von Laserdruckern neben Tintenstrahldruckern

Produktdiversifikation

Aufnahme programmferner Produkte

Beispiel:
Erweiterung um neue Produktlinien

horizontal

Angebot von weiteren Produkten der gleichen Wirtschaftsstufe

Beispiel: Druckerhersteller vertreibt PCs

vertikal

Angebot von weiteren Produkten vor- oder nachgelagerter Produktionsstufen

Beispiel:
Druckerhersteller kauft Großkunden auf

lateral

Angebot von weiteren Produkten ohne jeden Zusammenhang mit bisherigem Produktionsprogramm

Beispiel:
Druckerhersteller kauft Versicherungsunternehmen auf

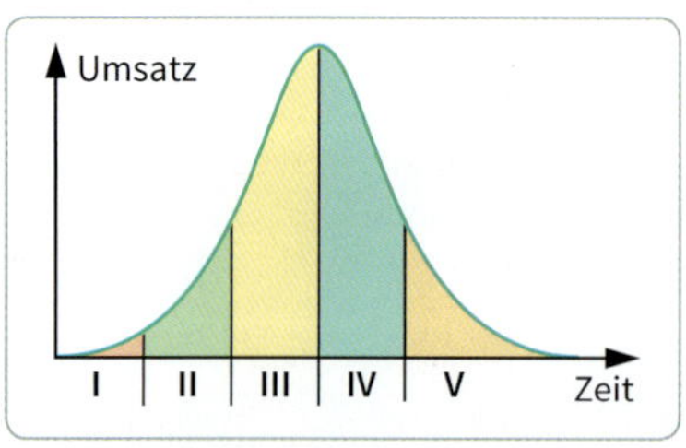

Produktpolitische Entscheidungen im Verlauf des Produktlebenszyklus

I	II	III	IV	V
Einführung	Wachstum	Reife	Sättigung	Degeneration
Innovation, Produktdifferenzierung, Produktpflege	Produktdifferenzierung, Produktpflege	Produktdifferenzierung	Elimination, Produktvariation	Elimination, Produktvariation

vgl.: Bentin, Margit u. a., Absatz/Marketing, 4., aktualisierte Aufl., Winklers Verlag Braunschweig 2009, S. 40 f.

Autor bitte Kolumnentitel prüfen

Einige Fakten zu Apple

Firmengründung: 1976 von Steve Jobs, Steve Wozniak und Ron Wayne
Rechtsform: Aktiengesellschaft (Inc.)
Firmensitz: Cupertino/Kalifornien
Geschäftszweck: Herstellung und Vertrieb im Wesentlichen von PCs, Laptops, iPads, iPhones und iPods
Mitarbeiterzahl: rund 80 000 Mitarbeiter weltweit
Umsatz: 170 Mrd. US-$ im Jahr 2013, 182 Mrd. US-$ im Jahr 2014
Besonderheit: Im November 2014 betrug der Börsenwert von Apple erstmals 700 Mio. US-$.

Apple-Erfolgsfaktoren

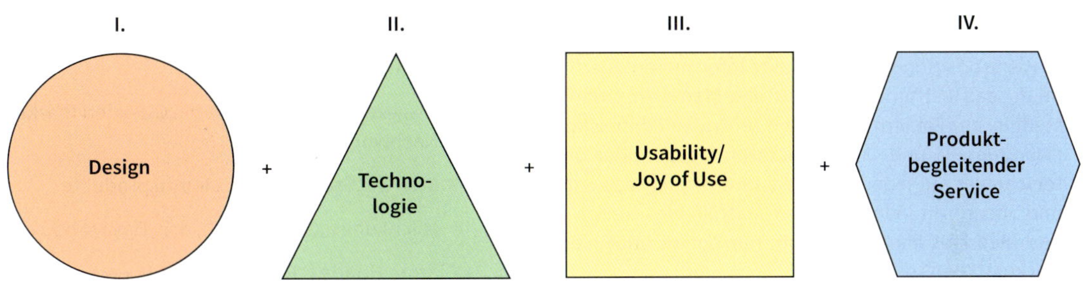

Design

Vorbild des Chef-Designers Jonathan Ive von Apple sind sowohl die Bauhaus-Philosophie (mit prägenden Industrie-Designern dieser Zeit wie beispielsweise Wilhelm Wagenfeld) als auch die Design-Strategie des früheren Unterhaltungselektronikspezialisten Braun unter der langjährigen Ägide des Designers Dieter Rams. Dies drückt sich in einer klaren Formensprache aller iPhones (genauso der iPods und iPads) aus. Das Design tritt klar zurück, um die Inhalte hervorzuheben bzw. einen Rahmen zu geben. Zugleich bestimmt aber das Gesamtdesign (äußere Form bis hin zur Strukturdarbietung der Inhalte, der Farbgebung und beispielsweise der Schriftgestaltung) das Nutzererlebnis erheblich mit.

Technologie und Usability/Joy of Use

Mit dem Start des ersten iPhones im Jahre 2007 begann der Siegeszug der Smartphones mit Funktionen wie Touchscreen, integrierter Kamera, Internet-Nutzung und Integrationsmöglichkeit von Apps. Die Möglichkeiten des Touchscreens wurden erstmals durch Funktionen wie einfaches Weiterblättern oder Bildvergrößerung/-verkleinerung per Fingerwisch zu einer besonderen Customer Experience. Hohe Usability (einfaches, intuitives Bedienen) bis hin zum Joy of Use (leichtes Wischen oder Tippen mit dem Finger statt ständiger Tastendruck oder Nutzung eines Stiftes) sind untrennbar mit den iPhones verbunden. Im Jahr 2011 kam beispielsweise auch der Sprachassistent Siri hinzu.

Mutig (langfristig vielleicht zu mutig) ist der Ansatz von Apple, ausschließlich auf ein eigenes Betriebssystem zu setzen. Die große Mehrheit der Wettbewerber nutzt demgegenüber das Android-Betriebssystem. Erwähnt sei auch der Hauptwettbewerber Samsung, der jedes Jahr mehrere neue Modelle vorstellt, während Apple die iPhones nahezu nur jährlich ändert/erneuert.

Ergänzend sei noch darauf hinzuweisen, dass Apple eine ausgeprägte Patentstrategie zum Schutz seiner Produkte und Technologien verfolgt, um diese Schutzrechte auch in intensiven Patentstreitigkeiten international vor Gericht durchzusetzen (2011–2014 rund 50 Klagen in verschiedenen Ländern).

Produktbegleitender Service

So wie der Musikstore iTunes eine zentraler Erfolgsfaktor der iPods war, so wichtig ist der App-Store für die iPhones. Hierdurch wird die Funktionalität des iPhones extrem ausgedehnt und jedes iPhone komplett individualisierbar. Im App-Store sind nahezu 1 Mrd. Apps verfügbar (30 % des Verkaufspreises einer App verdient Apple).

aus: Pepels, Werner (Hrsg.): Fallstudien zum Marketing, Herne, NWB Verlag, 2015, S. 328 f,

Portfolio-Analyse
Portfolio analysis

Begriff

Die **Portfolio-Analyse** (portfolio [engl.] = Mappe, hier im übertragenen Sinn eine Mappe mit den Produkten eines Unternehmens) ist ein weit verbreitetes Instrument strategischer Unternehmens- und Marketingplanung, mit der Chancen und Risiken der Produkte bzw. sogenannter Strategischer Geschäftseinheiten (siehe S. 66 f.) im Absatzmarkt sichtbar gemacht werden.

Ziel

Das Hauptziel der Portfolio-Analyse besteht darin, die Wachstumsmöglichkeiten des Unternehmens unter Berücksichtigung vorhandener Ressourcen zu erkennen und betriebswirtschaftliche Schlussfolgerungen zu ziehen.

Portfolio-Matrix

Ein Unternehmen muss sich laufend über die aktuelle Wettbewerbsposition seiner Produkte informieren. Hierfür wird häufig das Instrument der Portfolio-Matrix angewandt. Sie stellt in vier Feldern die beiden zentralen Einflussfaktoren „Marktanteil" und „Marktwachstum" gegenüber und unterscheidet auf jeder Achse die Intensitätsgrade „niedrig" und „hoch". In jedem der vier Matrixfelder treffen hohes und niedriges Marktwachstum mit hohen oder niedrigen Marktanteilen zusammen.

Mithilfe der Matrix werden die Produkte eines Unternehmens aufgeteilt in:

- I Fragezeichen/Hoffnungen („Question marks"), d. h. Nachwuchsprodukte
- II Sterne („Stars"), d. h. Zukunftsprodukte
- III Milchkühe („Cash cows"), d. h. Basisprodukte und
- IV Arme Hunde („Poor dogs"), d. h. Ergänzungsprodukte.

Diese vier Begriffe beschreiben die derzeitige Wettbewerbssituation der Produkte (Maßstab ist der prozentuale Marktanteil) sowie deren zu erwartendes Marktwachstum (gemessen in Prozent).

Aus der Portfolio-Analyse lassen sich erste Hinweise und Ansatzpunkte für die künftige strategische Gestaltung von Produkt-Markt-Aktivitäten ableiten. Jedes Unternehmen muss also Vorsorge treffen, dass es jederzeit über genügend „Fragezeichen/Hoffnungen", „Sterne" und „Milchkühe" verfügt, damit es auch „arme Hunde" verkraften kann, zu denen alle Produkte in der Endphase ihres Produktlebenszyklus einmal werden. Dabei ist es besonders wichtig, ständig für genügend Nachwuchs an Produkten, d. h. für „Hoffnungen" zu sorgen, damit das Unternehmen fortbestehen kann.

3545420

SWOT-Analyse

Die sogenannte **SWOT-Analyse** wird sowohl im Rahmen des **strategischen Marketings** als z. B. auch bei der **Planung der Produkt- und Sortimentspolitik** genutzt. Der Begriff **„SWOT“** stellt eine Abkürzung der vier folgenden Wörter dar:

Strengths → Stärken	**O**pportunities → Chancen
Weaknesses → Schwächen	**T**hreats → Risiken

Mit dieser Methode werden sowohl die **internen Stärken** und **Schwächen** des Unternehmens als auch die **Chancen** und **Risiken** analysiert, denen das Unternehmen **im Markt** begegnet.

Die betriebswirtschaftliche Bestandsaufnahme durch die SWOT-Analyse kann in der anschließenden Auswertungsphase dazu führen, dass bestehende **Geschäftsfelder** (Tätigkeitsbereiche/Einsatzgebiete des Unternehmens im Markt) eingeschränkt oder neue erschlossen werden, um das Ziel der langfristigen Gewinnmaximierung zu erreichen.

Beispiel für unternehmensinterne Stärken und Schwächen:

Stärken (Strenghts)

- gute Marktposition durch bewährte Markenprodukte
- Wettbewerbsvorsprung durch hoch qualifizierte Mitarbeiter
- Anwendung modernster nachhaltiger Technologie

Schwächen (Weaknesses)

- Kostennachteile durch rein inländische Standorte
- Begrenzte Liquiditätsreserven engen die Unternehmensentwicklung ein.
- veraltete Organisationsstruktur

Beispiele für unternehmensexterne Chancen und Risiken:

Chancen (Opportunities)

- Neue Technologien ermöglichen Produktinnovationen.
- Neue ausländische Absatzmärkte können durch die Globalisierung entstehen.
- Öffentliche Subventionen können zu Produktneuheiten führen.

Risiken (Threats)

- Bisherige Technologien laufen aus.
- schärfere ökologische Bestimmungen auf EU-Ebene
- Demografischer Wandel kann zu Absatzproblemen führen.

Festgestellte Stärken werden vom Unternehmen taktisch und strategisch genutzt, analysierte Schwächen müssen langfristig beseitigt werden.

Externe Chancen (z. B. sich abzeichnende Markttrends) müssen erkannt und durch entsprechende marketingpolitische Entscheidungen (z. B. im Bereich der Produktpolitik Entwicklung neuer Produkte) sinnvoll für das eigene Unternehmen genutzt werden.

Externe Risiken (z. B. sich abzeichnende demografische Veränderungen) müssen in ihrer Dimension eingeschätzt und unter Umständen Abwehrkonzepte (z. B. Erschließung neuer Märkte) entwickelt werden.

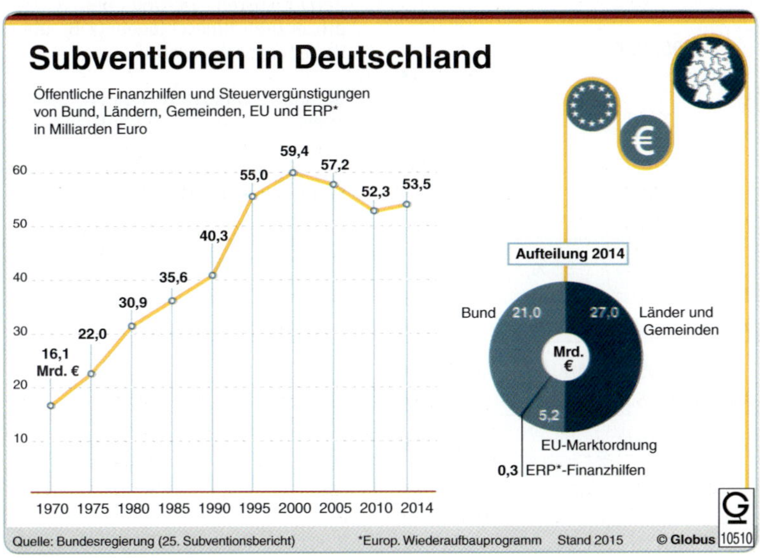

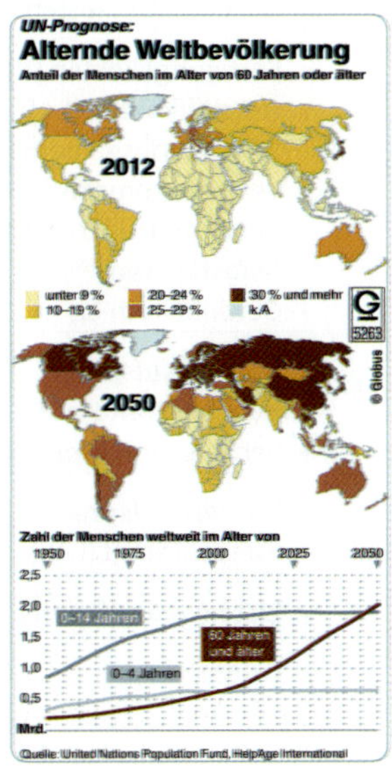

Begriffliche Abgrenzung und Zielsetzung

Die Preis- und Konditionenpolitik, in der Literatur häufig als Kontrahierungspolitik zusammengefasst, kennzeichnet folgende Entscheidungsbereiche bei der Berechnung des Verkaufspreises:

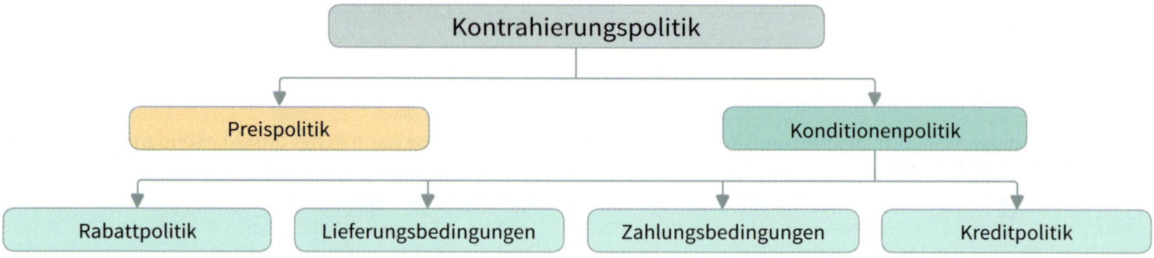

Ziel dieses absatzpolitischen Instrumentes ist es, unter Berücksichtigung der Kosten im Unternehmen und des preispolitischen Verhaltens der Mitbewerber und der Konsumenten langfristig den Gewinn zu sichern und zu steigern. Die Kontrahierungspolitik muss in die Unternehmensphilosophie, die allgemeine Unternehmenszielsetzung, eingebettet sein.

Entscheidungsbereiche der Preis- und Konditionenpolitik

Der Preis eines Produktes wird betriebsintern durch die Kosten und betriebsextern durch die Marktbedingungen – das Verhalten der Mitbewerber und Kunden – beeinflusst. Ein Unternehmen muss versuchen, zwischen der kosten- und der marktorientierten Preisbildung eine Verbindung herzustellen.

Kostenorientierte Preisfindung

Bei der kostenorientierten Preisfindung fragt man zunächst, welche Kosten die Herstellung und der Vertrieb eines Produktes verursachen. Dazu ermittelt man den Verkaufspreis mithilfe des folgenden Kalkulationsschemas:

Fertigungmaterial (Einzelkosten)[1]		300,00 €			
+ Materialgemeinkosten[2]	5 %	15,00 €			
= **Materialkosten (I)**		**315,00 €**			
Fertigungslöhne (Einzelkosten)[1]		235,00 €			
+ Fertigungsgemeinkosten[2]	150 %	352,50 €			
+ Sondereinzelkosten der Fertigung[3]		7,50 €			
= **Fertigungskosten (II)**		**595,00 €**			
= **Herstellkosten (I + II)**					**910,00 €**
+ Verwaltungsgemeinkosten[2]	14 %				127,40 €
+ Vertriebsgemeinkosten[2]	12 %				109,20 €
+ Sondereinzelkosten des Vertriebs[3]					53,40 €
= **Selbstkosten**			100 %		**1.200,00 €**
+ Gewinnzuschlag	15 %		15 %		180,00 €
= **Barverkaufspreis**			115 %	95 %	**1.380,00 €**
+ Kundenskonto (i. H.)	3 %			3 %	43,58 €
+ Vertreterprovision (i. H.)	2 %			2 %	29,05 €
= **Zielverkaufspreis**			95 %	100 %	**1.452,63 €**
+ Kundenrabatt (i. H.)	5 %		5 %		76,45 €
= **Listenverkaufspreis**			**100 %**		**1.529,08 €**

[1] **Einzelkosten:** Kosten, die dem Produkt direkt zugerechnet werden können (z. B. Kosten eines Elektromotors für eine Waschmaschine).

[2] **Gemeinkosten:** Kosten, die dem Produkt nicht direkt zugerechnet werden können (z. B. Gehalt für eine Chefsekretärin). Die Gemeinkosten werden den Einzelkosten prozentual zugeschlagen (z. B. über einen Verteilungsschlüssel).

[3] **Sondereinzelkosten:** Kosten, die aufgrund eines speziellen Kundenauftrages entstehen (z. B. Maschineneinstellkosten für die Herstellung von Sondermaßen oder Kosten für Sondertransporte).

vgl.: Bentin, Margit u. a.: Absatz/Marketing, 4., aktualisierte Aufl., Winklers Verlag Braunschweig 2009, S. 48

Der Wettbewerbsdruck durch die Mitbewerber kann ein Unternehmen dazu zwingen, den kalkulierten Verkaufspreis zu unterschreiten. Dabei stellt sich für ein Unternehmen die Frage, bis zu welcher **Preisuntergrenze** ein Produkt angeboten werden kann.

langfristige Preisuntergrenze = Höhe der Selbstkosten

Für einen **längeren Zeitraum** kann ein Unternehmen das Produkt zum Selbstkostenpreis anbieten (z. B. in konjunkturschwachen Zeiten). **Kurzfristig** kann der Verkaufspreis bis zur Höhe der variablen Kosten gesenkt werden, da die fixen Kosten unabhängig von der Produktionsmenge gleichbleibend anfallen.

kurzfristige Preisuntergrenze = Höhe der variablen Kosten

Variable Kosten: Beschäftigungs-(umsatz-)abhängige Kosten, z. B. Materialkosten

Fixe Kosten: Beschäftigungs-(umsatz-)unabhängige Kosten, z. B. Zinskosten

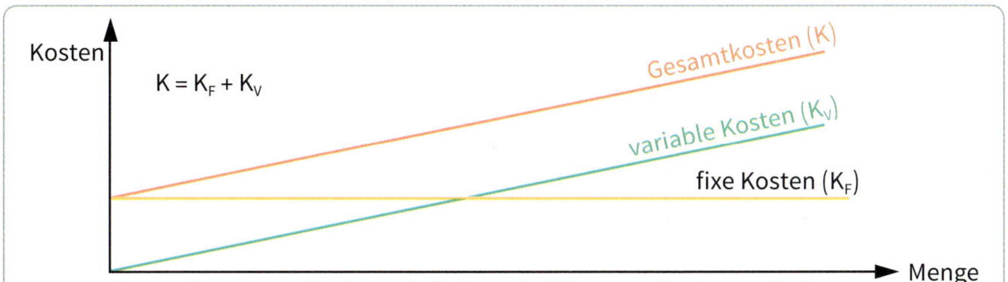

Gesamtbezogene Kostenentwicklung bei linearen Kostenverläufen

Kundenorientierte Preisfindung

Jedes Unternehmen muss sich bei der Preisfindung an der **Kaufkraft der Kunden** orientieren. Deshalb wird sich die Preisgestaltung auch an den am Markt erzielbaren Preisen ausrichten. Liegt der bisher kalkulierte Preis über dem am Markt realisierbaren, muss das Unternehmen nach Möglichkeiten suchen, Kosten zu senken, z. B. bei der Beschaffung oder Herstellung. Kosten können auch reduziert werden, indem die Absatzmenge gesteigert wird. In diesem Fall werden die Fixkosten auf eine größere Produktionsmenge verteilt; man spricht von der **Fixkostendegression**. Den Zusammenhang zwischen der abgesetzten Menge und den erzielbaren Marktpreisen drückt die sogenannte **Preis-Absatz-Funktion** aus. Sie zeigt auf, welche Mengen zu welchen Preisen absetzbar sind.

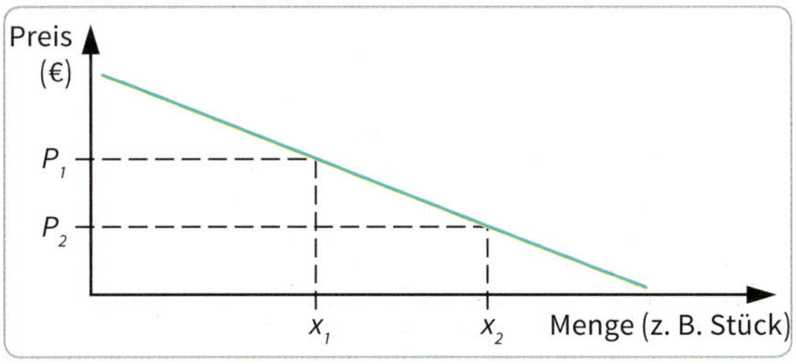

Preiselastizität der Nachfrage

Bei der Preisfindung muss das Unternehmen das Verhalten der Nachfrager berücksichtigen. Im Normalfall sinkt (steigt) die Nachfrage, wenn der Preis steigt (sinkt). Das Ausmaß der Nachfrageänderung aufgrund einer Änderung des Preises kommt in der Preiselastizität der Nachfrage zum Ausdruck:

$$\text{Preiselastizität der Nachfrage} = \frac{\text{prozentuale Änderung der Nachfragemenge}}{\text{prozentuale Änderung des Preises}}$$

Steigt (sinkt) der Preis z. B. um 10 % und sinkt (steigt) die Nachfrage deshalb um mehr als 10 %, dann ist der Quotient der Preiselastizität der Nachfrage größer als 1, d. h., die Nachfrager reagieren elastisch, also sehr stark.

Beispiel: Preisänderung bei Luxusgütern.

Steigt (sinkt) der Preis z. B. um 10 % und sinkt (steigt) die Nachfrage deshalb um weniger als 10 %, dann ist der Quotient der Preiselastizität der Nachfrage kleiner als 1, d. h., die Nachfrager reagieren unelastisch, also relativ wenig.

Beispiel: Preisänderung bei Notwendigkeitsgütern.

Konkurrenzorientierte Preisfindung

Bei der konkurrenzorientierten Preisfindung beziehen die Unternehmen die preispolitischen **Verhaltensweisen der Mitbewerber** in ihre Preisgestaltung ein.
Die Unternehmen können einerseits aggressive Preispolitik betreiben, um so Marktanteile auf Kosten der Mitbewerber zu gewinnen. Sinnvoll ist diese Preispolitik nur, wenn durch den gesteigerten Gesamtumsatz der geringere Erlös pro Stück mindestens ausgeglichen werden kann. Andererseits können sich die Unternehmen an die Preispolitik der Mitbewerber anpassen, die Preisführerschaft von mächtigen Konkurrenten wird dabei anerkannt.

vgl.: Bentin, Margit u. a.: Absatz/Marketing, 4., aktualisierte Aufl., Winklers Verlag Braunschweig 2009, S. 49

Preisstellungssysteme

Beim **Bruttopreissystem** weist das Industrieunternehmen Bruttopreise im Katalog aus, auf die den Kunden Rabatte in unterschiedlicher Höhe gewährt werden. Beim **Nettopreissystem** weist das Industrieunternehmen im Katalog oder in Verkaufsverhandlungen bereits bereinigte Nettopreise aus. Unterschiedliche Preise für unterschiedliche Verkaufsmengen werden jeweils als Nettopreise aufgeführt.

Strategien der Preis- und Konditionenpolitik

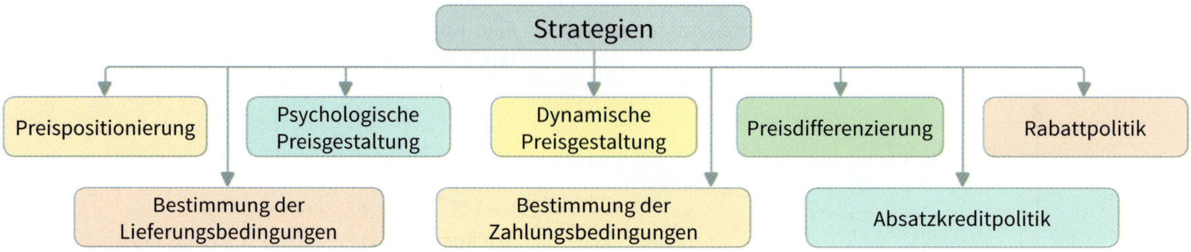

Preispositionierung

Mit der Preispositionierung steuert ein Unternehmen mit seinem Produkt ganz bewusst einen bestimmten Preisbereich an. Dies erfolgt z. B. bei **Markenwaren**, die im oberen Preissegment angeboten werden. Ein hoher, gleichbleibender Qualitätsstandard, verbunden mit einem entsprechenden Marken- bzw. Firmenimage, soll über empfohlene Verkaufspreise zu einer einheitlichen Preisgestaltung im Facheinzelhandel führen.

Polarisierung der Märkte

Interessant ist die Beobachtung von Unternehmensberatern, dass das **Preisbewusstsein** der Bevölkerung sich im Zeitablauf verändert hat. Heutzutage wird eine Art **Polarisierung** dieses Preisverhaltens beobachtet, das heißt, dass derselbe Konsument bei einigen Produkten sehr auf den – möglichst niedrigen – Preis achtet, während er bei hochwertigen Spitzenprodukten häufig bereit ist, einen höheren Preis zu akzeptieren. Die Preispolitik der Unternehmen muss diesen Trend berücksichtigen, um nicht große Teile der Kundschaft zu verlieren.

aus: Haller, Sabine: Handelsmarketing. Modernes Marketing für Studium und Praxis, Herausgeber Christian Weis. 3., vollkommen überarbeitete Aufl., Kiehl Verlag Ludwigshafen (Rhein) 2008, S. 266

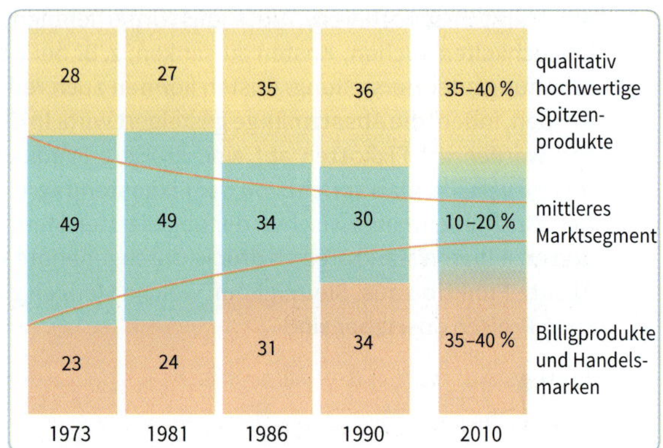

Psychologische Preisgestaltung

Die häufig in Unternehmen anzutreffende **psychologische Preisgestaltung** ist v. a. in **drei Varianten** anzutreffen:

- **Preise unterhalb runder Preise,**
  z. B. 1,99 € statt 2,00 €
  Der Kunde soll durch die geschickte psychologische, optische Gestaltung eines „gebrochenen Preises“ verleitet werden, die preiswert erscheinende Ware zu kaufen.
- **„runde Preise“**
  Durch runde Preise (z. B. 200,00 € oder alle Artikel zu 1,00 €) soll der Eindruck erweckt werden, die Preise seien vertrauensvoll kalkuliert worden, auf „psychologische Tricks“ habe man verzichtet.
- **„Multipack-Preise“**
  Bei dieser Preisgestaltung wird das Produkt in Multipacks angeboten (z. B. drei Dosensuppen zu 2,99 € statt zum Einzelpreis von 0,95 €), um den Kunden zum Kauf von vermeintlich günstigeren Großabnahmemengen zu verleiten. Dass drei Einzeldosen zu je 0,95 € 2,85 € ergeben, merken die Kunden häufig nicht, da sie nicht nachrechnen.

Dynamische Preisgestaltung

Mit der dynamischen Preisgestaltung versucht ein Unternehmen, Preise flexibel an die Marktsituation anzupassen. Das kann z. B. durch einen niedrigen Einführungspreis für ein neues Produkt geschehen, um so schnell einen großen Umsatz zu erzielen (sogenannte **Penetrationsstrategie**).

Eine andere Möglichkeit wäre, zunächst einen hohen Preis zu verlangen, der von einer bestimmten Käuferschicht akzeptiert wird. Um danach neue Käuferschichten zu erschließen, wird der Preis schrittweise gesenkt (sogenannte **Skimmingstrategie**).

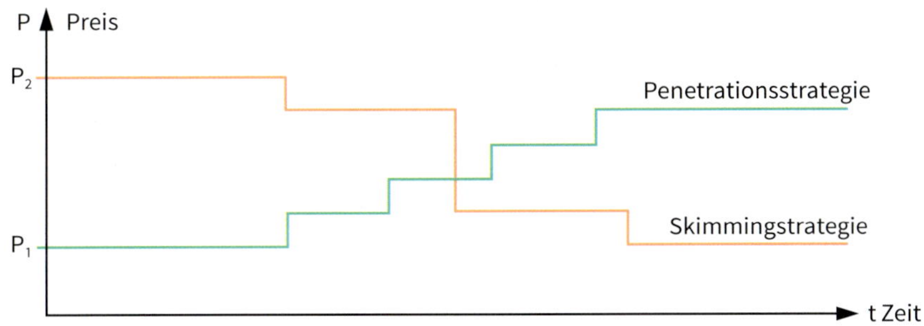

Preisdifferenzierung

Formen:[1]

- **Räumliche Preisdifferenzierung** (unterschiedliche Preise, z. B. in Großstädten und ländlichen Gebieten),
- **mengenmäßige Preisdifferenzierung** (z. B. Mengenrabatt),
- **zeitliche Preisdifferenzierung** (z. B. Saisonpreise),
- **verwendungsbezogene Preisdifferenzierung** (z. B. unterschiedliche Mietpreise für private und gewerbliche Nutzung),
- **personenbezogene Preisdifferenzierung** (z. B. Schülertarife in öffentlichen Verkehrsmitteln).

[1] vgl.: Hüttner, Manfred u. a.: Marketing-Management, Oldenbourg Wissenschaftsverlag München 1994

Rabatt- und Zugabenpolitik

Die Unternehmen nutzen z. B. folgende **Preisnachlässe**, um Preisdifferenzierungen (s. o.) vornehmen zu können:

- **Mengenrabatt** (z. B. Großabnehmer),
- **Wiederverkäuferrabatt** (z. B. für Großhändler),
- **Treuerabatt** (z. B. für Stammkunden),
- **Saisonrabatt** (z. B. für spezielle Saisonverkäufe),
- **Sonderrabatt** (z. B. für Sonderaktionen),
- **Jubiläumsrabatt**,
- **Personalrabatt**,
- **Naturalrabatt** (als Drauf- oder Dreingabe),
  - **Draufgabe:** Kunde erhält zur gekauften Ware zusätzlich gratis eine weitere Mengeneinheit.
  - **Dreingabe:** Kunde zahlt nur einen Teil der Ware, den verbleibenden Rest erhält er gratis.
- **Bonus** (nachträglicher Preisnachlass bei Erreichen eines Mindestumsatzes),
- **Skonto** (Nachlass bei vorzeitiger Zahlung).

Der Verkauf von Kleinstmengen ist für Industrieunternehmen meist zu kostenintensiv. Deswegen verlangen sie entweder eine **Mindestbestellmenge** oder erheben **Zuschläge** für Kleinbestellungen.

Bestimmung der Lieferungsbedingungen

Kundenorientierte Lieferungsbedingungen können dazu beitragen, sich von Wettbewerbern abzuheben.

Zu den wichtigen Lieferungsbedingungen gehören:

- Gestaltung der Transport- und Versicherungskosten (besonders wichtig im Auslandsgeschäft),
- Verpflichtung des Herstellers zur Zahlung einer Konventionalstrafe (Vertragsstrafe) bei verspäteter Lieferung,
- Regelung des Umtauschrechtes (besonders wichtig bei Versandhäusern).

Bestimmung der Zahlungsbedingungen

Zu den wichtigsten Zahlungsbedingungen gehören:

- Bestimmung von Zahlungsfristen (z. B. Skontofrist),
- Regelung der Zahlungsweise/Zahlungsabwicklung (z. B. Barzahlung, Ratenzahlung),
- Zahlungssicherung (z. B. Lieferung gegen Eigentumsvorbehalt).

Absatzkreditpolitik

Wichtige absatzkreditpolitische Maßnahmen:

- Einräumen eines Kreditrahmens unter Gewährung eines günstigen Zinssatzes,
- Zahlungsaufschub,
- Leasing (Leistung einer geringen Anzahlung und laufender Ratenzahlungen während der vertraglichen Nutzungsdauer),
- Vereinbarung eines verlängerten Zahlungszieles,
- Anbieten eines Ratenkaufvertrages.

10

Beispiel für eine **Rabattstaffel:**

Nettoauftragswert	Rabattsatz
ab 1.000,00 €	5 %
ab 5.000,00 €	10 %
ab 10.000,00 €	12 %
ab 25.000,00 €	13 %
ab 50.000,00 €	15 %

Beispiel für eine **Bonusstaffel:**

Umsatz pro Geschäftsjahr	Bonus
50.000,00 €	1,0 %
100.000,00 €	1,5 %
250.000,00 €	2,0 %
500.000,00 €	2,5 %
1.000.000,00 €	3,0 %

Ziele

Die **Kommunikationspolitik** versucht gezielt, das Verhalten potenzieller Kunden mithilfe besonderer **Kommunikationsmittel** oder **-instrumente** zu beeinflussen, um bestimmte Ziele zu erreichen. Beim Einsatz der Kommunikationspolitik werden prinzipiell **ökonomische** und **psychologische Ziele** unterschieden:

- **Ökonomische Ziele** sind in der Regel leichter messbar, da sie leicht quantifizierbar sind, z. B. Erhöhung des Umsatzes oder Steigerung des Marktanteils.
- **Psychologische Ziele** sind meist nicht so leicht messbar wie ökonomische Ziele. Es geht in der Regel darum, die Wirkung der Unternehmensleistungen am Markt auf die Kunden zu ermitteln und zu verändern. Beispielsweise sollen das wahrgenommene Produkt- oder Unternehmensimage verbessert und die Kundenzufriedenheit erhöht werden.

Strategische Entscheidungen

Bevor einzelne Instrumente der Kommunikationspolitik (z. B. Werbung oder Direktmarketing) vom Industrieunternehmen eingesetzt werden, ist eine übergeordnete **Corporate-Identity-Strategie** auf Basis einer vorher bestimmten **Unternehmensphilosophie** (vgl. Seite 61) festzulegen. Diese Strategie hat das Ziel, die **Unternehmensidentität** im Markt zu verankern. Die folgende Abbildung zeigt die einzelnen Bestandteile der **Corporate Identity.**[1]

Schematische Darstellung der Corporate Identity (Identitätsmix)

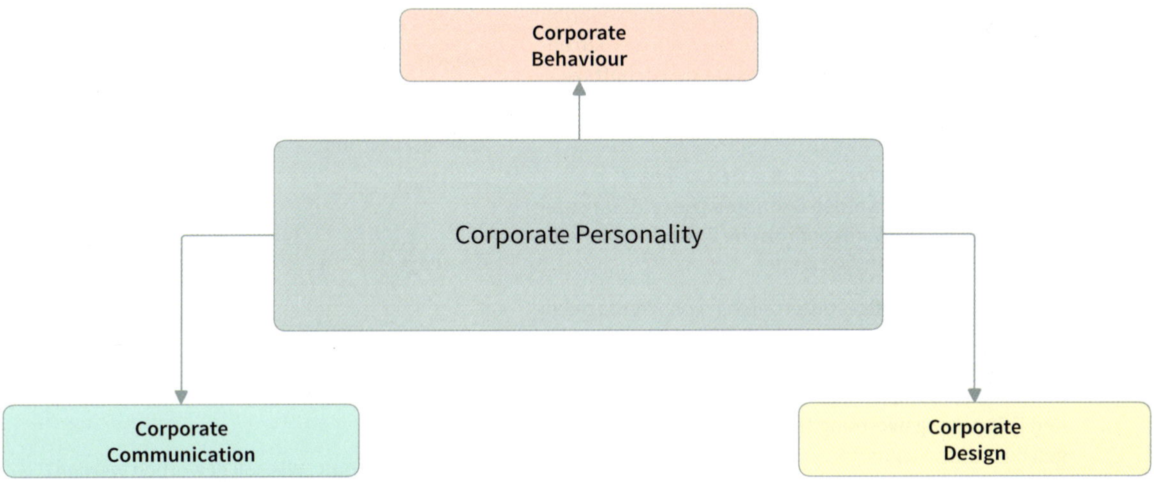

Quelle: Birkigt, Stadler, Funck: Corporate Identity, mi-Wirtschaftsbuch Landsberg, S. 19

Im Zentrum der strategischen Überlegungen steht die **Corporate Personality,** das historisch gewachsene Selbstverständnis des Industrieunternehmens.
Als Instrumente der Corporate Identity dienen die drei folgenden Bereiche:[2]

- **Corporate Communication** (Unternehmenskommunikation):
  Alle vom Unternehmen eingesetzten Instrumente der Kommunikationspolitik werden so aufeinander abgestimmt, dass das Unternehmen von außen als ein einheitlich wirkendes Ganzes wahrgenommen wird.
- **Corporate Design** (Unternehmenserscheinungsbild):
  Die optische Erscheinung des Unternehmens im Markt wird durch aufeinander abgestimmte optische Elemente, z. B. Nutzung eines Firmenlogos, von ausgewählten Farben und Schriftzeichen, wiedererkennungsfähig gestaltet.
- **Corporate Behaviour** (Unternehmensverhalten):
  Die Mitarbeiter des Industrieunternehmens sollen einheitliche Verhaltensweisen gegenüber externen Kunden praktizieren, ein „Wir-Gefühl" sollte im Rahmen dieses Abstimmungsprozesses entstehen.

[1] vgl.: Theis, Hans-Joachim: Handbuch Handelsmarketing. Band 1, Deutscher Fachverlag (dfv) Frankfurt am Main 2007, S. 635 ff.
[2] vgl.: ebd., S. 633 ff.

Begriffliche Abgrenzung und Zielsetzung

Die Kommunikationspolitik versucht gezielt, das Verhalten von potenziellen Kunden mithilfe besonderer Kommunikationsmittel zu beeinflussen:

Kommunikationspolitik
- Werbung
- Direktwerbung
- Salespromotion (Verkaufsförderung)
- Public Relations
- Sponsoring
- Productplacement

Entscheidungsbereiche der Kommunikationspolitik

(Klassische) Werbung

- **Werbende:** Wer wirbt?
  Nach der Stellung der Werbenden im Absatzprozess unterscheidet man zwischen **Herstellerwerbung** und **Handelswerbung**.

  Nach der Anzahl der Werbenden unterteilt man in **Einzelwerbung** und **Kollektivwerbung**, die sich wiederum in **Sammelwerbung** (mehrere Unternehmen werben unter Nennung der Einzelfirmen) und **Gemeinschaftswerbung** (mehrere Unternehmen werben ohne Nennung ihrer Firma, z. B. „Die Milch macht's") aufgliedert.

- **Werbeziel:** Welche Wirkung soll erzielt werden?[1]
  In der Fachliteratur werden **ökonomische** (z. B. Umsatzsteigerung) und **außerökonomische** Ziele (z. B. Markenimage verbessern) unterschieden.

  Eine weitere geläufige Unterteilung von Werbezielen lautet:
  Einführungswerbung (z. B. für ein neues Produkt), **Expansionswerbung** (z. B. zur Erhöhung des Marktanteils) und **Erinnerungswerbung** (z. B. zum Erhalt des bisherigen Bekanntheitsgrades).

- **Werbezielgruppen:** Wer soll umworben werden?[1]
  Die Werbezielgruppe muss genau bestimmt werden, um **Streuverluste** beim Einsatz der Werbeträger und Werbemittel so gering wie möglich zu halten.

- **Werbezielgebiet:** Wo soll geworben werden?[1]
  Das Unternehmen hat zu entscheiden, ob auf dem **Gesamtmarkt** oder auf bestimmten **Teilmärkten** geworben werden soll.

- **Werbeträger:** Welche Medien sollen genutzt werden?[1]
  Werbeträger werden gewöhnlich in **Printmedien** (z. B. Zeitschriften), **elektronische Medien** (z. B. Internet) und **Außenwerbung** (z. B. Plakate) unterteilt, deren Nutzung sich in sehr unterschiedlich hohen Werbekosten niederschlagen kann.

- **Werbemittel:** In welcher Form soll geworben werden?[1]
  Die Auswahl der geeigneten Werbemittel muss Erkenntnisse der Wahrnehmungspsychologie berücksichtigen. Die Gestaltung des Werbemittels entscheidet meistens darüber, ob die Werbebotschaft den Umworbenen zielgerichtet erreicht und die beabsichtigte Wirkung erzielt.

Beispiele:

Werbeträger	Werbemittel
Zeitung, Zeitschrift	Anzeige, Beilage
Fernsehen	Fernsehspot
Kino	Dia, Kinospot, Werbefilm
Fahrzeuge	Beschriftung von Firmenwagen, Straßenbahnen, Speditions-Lkws
Internet	Pop-ups, Homepage-Gestaltung

- **Werbebotschaft:** Wie soll geworben werden?[1]
  Die Werbebotschaft sollte den **Nutzen, den Vorteil** des Produktes für den Umworbenen herausstellen.

- **Werbeetat:** Welche Geldmittel stehen zur Verfügung?[1]
  Häufig wird ein **prozentualer Anteil der Werbeausgaben** am Umsatz festgelegt, obwohl ein antizyklisches Vorgehen sinnvoller wäre. Der Werbeetat soll vor allem an den Werbezielen ausgerichtet werden.

- **Werbetiming:** Wann soll (wie) geworben werden?[1]
  Die Werbemaßnahmen sollten in einem **Werbeplan** festgehalten werden, auch wenn Werbeaktionen der Mitbewerber kurzfristige Änderungen hervorrufen können. Das Werbetiming ist gerade bei der Einführung neuer Produkte besonders wichtig.

[1] vgl.: Hüttner, a. a. O., S. 220 ff.

Entscheidungsbereiche der Kommunikationspolitik

(Klassische) Werbung

Beim Werbetiming wird grundsätzlich zwischen **zyklischer** und **antizyklischer Werbung** unterschieden: Im Gegensatz zur zyklischen Werbung werden bei der **antizyklischen Werbung** gerade in **wirtschaftlich schwierigen Zeiten** (z. B. Wirtschaftskrise mit Umsatzrückgängen) die Werbeausgaben erhöht. Man erhofft sich dadurch einen **Umkehrtrend** bei der wirtschaftlichen Entwicklung des Unternehmens.

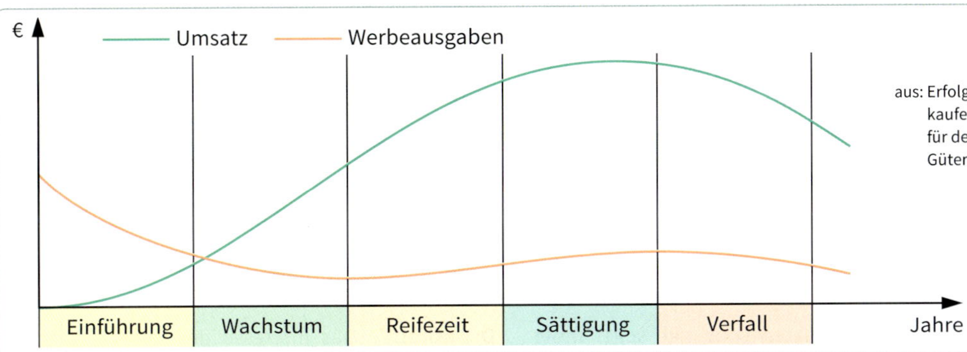

aus: Erfolgreich werben und verkaufen. Das Werbehandbuch für den Miele-Fachhändler, Gütersloh 1990

Werbeerfolgskontrolle: Wie soll der Werbeerfolg gemessen werden?

Man unterscheidet die **ökonomische** von der **außerökonomischen Werbeerfolgskontrolle.** Der ökonomische Werbeerfolg soll sich aufgrund der folgenden Formel berechnen lassen:

Werbegewinn
= werbebedingter Mehrumsatz – Werbekosten

Gerade die genaue Ermittlung des werbebedingten Mehrumsatzes ist aber aufgrund von Zuordnungsproblemen kaum möglich.

Die **außerökonomische Werbeerfolgskontrolle** versucht z. B., über Befragungen Werbekontakte und Werbewirkungen zu messen.

vgl.: Bentin, Margit u. a.: Absatz/Marketing, 4., aktualisierte Aufl., Winklers Verlag Braunschweig 2009, S. 54 f.

Werbegrundsätze

Die **Werbung** eines Industrieunternehmens sollte sich prinzipiell an folgenden **Werbegrundsätzen** ausrichten:

- **Wahrheit** der Werbeaussage
  Die Werbung darf keine Unwahrheiten enthalten, Näheres regelt das Gesetz gegen den unlauteren Wettbewerb (UWG).
- **Klarheit**
  Die Werbeaussage muss für den Umworbenen klar verständlich sein, das werbende Industrieunternehmen sollte dabei auch berücksichtigen, dass sich bestimmte Werbeaussagen leicht einprägen lassen (z. B. durch einen Werbeslogan).
- **Wirksamkeit**
  Damit die Werbemaßnahme optimal wirkt, müssen Werbebotschaft, Werbemittel und -träger treffsicher ausgewählt werden. Die Wirksamkeit wird erhöht, wenn gezielt Wiederholungen der Werbemaßnahme genutzt werden.
- **Soziale Verantwortung**
  Viele Branchenverbände setzen sich dafür ein, dass die Werbemaßnahmen sozial verantwortlich gestaltet werden, da ansonsten die Werbeaktion eher Schaden für das Unternehmen zur Folge hat. Im Medienzeitalter wird dieser Werbegrundsatz immer wichtiger. Text- und Bildaussagen sollten den gesellschaftlichen Werten grundsätzlich entsprechen.
- **Wirtschaftlichkeit**
  Die Werbeausgaben sollten in einem angemessenen Verhältnis zum Werbeerfolg stehen.

Werbegrundsätze

Gelegentlich fühlen sich Umworbene von bestimmten Werbemaßnahmen negativ berührt. Die Institution des **Deutschen Werberates** bietet ein **Konfliktmanagement zwischen** werbender **Wirtschaft** und den **Umworbenen** an. Der Werberat ist eine Institution der 43 vom Zentralverband der deutschen Werbewirtschaft *(ZAW)* vertretenen Organisationen der werbenden Firmen, Medien, Agenturen, Werbeberufe und Forschung. Er wird von allen relevanten Marktbeteiligten der Werbewirtschaft getragen.

Der Werberat stellt zum einen **Grundregeln der Werbung** auf, zum anderen bietet er allen Umworbenen ein **Beschwerdeverfahren** für anstößige Werbung an. Jeder kann sich per Telefon, Fax, Post oder E-Mail (werberat@werberat.de) über eine konkrete Werbemaßnahme beschweren (Weiteres siehe unter www.werberat.de).

Bilanz Deutscher Werberat		
	2009	2012
Werbeaktivitäten vor dem Werberat	**255**	**305**
Beanstandungen	69	72
Reaktion der betroffenen Firma		
■ Werbung eingestellt	54	57
■ Werbung abgeändert	8	9
■ zunächst weitergeschaltet (Folge: öffentliche Rüge)	7	6
von Kritik freigesprochen	186	233

Quelle: Deutscher Werberat
aus: http.://www.werberat.de; Entnahmedatum: 05.02.2014

AIDA-Regel

Beim **Abfassen von Werbetexten** sollte die sogenannte **AIDA-Regel** berücksichtigt werden:

A: Attention: Der Werbetext muss die **Aufmerksamkeit** beim Umworbenen wecken. Die geschickte Platzierung eines sogenannten **Eye-Catchers** (z. B. eines Fotos) oder eines **Werbeslogans** entscheiden häufig schon innerhalb der ersten Sekunde beim Betrachter darüber, ob er gewillt ist, weiterzulesen.

I: Interest: Das sprachlich und grafisch gut gestaltete Werbemittel (z. B. ein Werbebrief) soll **Interesse** beim Betrachter wecken. Wichtig ist es, die Interessen, die Bedürfnisse des potenziellen Kunden zu erkennen – diese Interessen müssen gezielt angesprochen werden.

D: Desire: Das Interesse des Kunden ist bereits geweckt, jetzt gilt es, den **Kaufwunsch** gezielt anzusprechen. Der Leser des Werbetextes soll ja schließlich dazu angeregt werden, das Produkt oder die Dienstleistung zu erwerben. Produktvorteile müssen kundenorientiert herausgestellt werden.

A: Action: Nachdem der Kaufwunsch angesprochen wurde, muss der Kunde konkret **zum Kauf veranlasst** werden. Zum Beispiel kann eine fertig gestaltete Bestell-Postkarte oder ein Bestell-Fax diese Kundenaktivität herausfordern.

aus: Breitkreutz, Rainer; Gladigau, Gerhard; Richter, Klaus: Gutes Deutsch – Gute Briefe, Fachbuch für Korrespondenz in Wirtschaft und Verwaltung, 27., überarb. u. erweiterte Aufl., Braunschweig, Winklers Verlag, 2013, S. 92 f.

10

Werbeplan

Ein vollständiger **Werbeplan** sollte folgende **Inhalte** aufweisen:

- **Werbeinhalt:** Wofür soll geworben werden?
- **Werbeziel(e):** Welche Wirkung soll bei den Umworbenen erreicht werden?
- **Streukreis:** Welche Zielgruppe(n) werden umworben?
- **Werbebotschaft:** Welchen Nutzen, welchen Vorteil hat das Produkt für den Umworbenen?
- **Reichweitenbestimmung:** Wie hoch ist die Anzahl der Umworbenen?
- **Streugebiet:** In welchem geografischen Raum wird geworben?
- **Streuzeit:** Zu welchen Zeitpunkten in welchem Zeitraum wird geworben?
- **Streuweg:** Welche Werbemittel und Werbeträger werden ausgewählt?
- **Werbeetat/Streudichte:** In welchem Verhältnis stehen die eingesetzten Werbemittel, der Werbeetat, zum Streugebiet?

Der **Werbeetat**, auch Werbebudget genannt, kann **zu Beginn** der **Werbeplanung** festgelegt werden. Der Umfang der Werbemaßnahme(n) hat sich dann am Werbeetat auszurichten. Möglich ist aber auch, dass der Werbeetat nach allen anderen inhaltlichen Festlegungen **am Schluss** der Höhe nach geplant wird. Werbeziel(e), Streukreis, Streugebiet usw. bestimmen dann den Umfang des Werbeetats.

3545430

Die **Höhe des Werbeetats** kann grundsätzlich als **Festbetrag** für einen Zeitraum (z. B. ein Geschäftsjahr) oder eine Werbeaktion bestimmt werden. Häufig wird auch ein fester **Prozentsatz** vom Umsatz oder Gewinn festgelegt. Denkbar ist auch, dass man sich am Umfang der Werbeaktionen der **Mitbewerber** orientiert.

Auszug aus einem Werbeplan:

Werbeplan für Skianzug			Terminübersicht											
Werbeträger:	Werbemittel:	Werbebotschaft:	Jan.	Febr.	März	Apr.	Mai	Juni	Juli	Aug.	Sept.	Okt.	Nov.	Dez.
Litfaßsäule	Plakat	atmungsaktive Textilie									x	x	x	
Regionalzeitung	Zeitungsanzeige	trendige Modenschau im Verkaufsraum											x	

Entscheidungsbereiche der Kommunikationspolitik

Direktwerbung

Im Gegensatz zur anonymen Massenumwerbung werden bei der Direktwerbung die Zielpersonen direkt individuell angesprochen. Diese Form der Werbung hat an Bedeutung so stark zugenommen, dass zusammen mit dem Direktverkauf an Letztverwender und -verbraucher vom sogenannten **Direktmarketing** gesprochen wird. Neben individuell adressierten Werbesendungen zählt zur Direktwerbung vor allem das **Telefonmarketing**. Die neuen elektronischen Medien bieten eine Vielzahl von Möglichkeiten für Direktwerbung. Diese sind jedoch zugleich durch das verschärfte Wettbewerbsrecht beschränkt.

Werbung im Internet

- Werbung und Serviceangebote auf eigenen WWW-Seiten (Website)
- Bannerwerbung[1]
  - auf Portalseiten[2]
  - in Online-Medien
- E-Mail-Werbung
  - mit Einverständnis des Empfängers
  - ohne Einverständnis des Empfängers (UCE[3], „Spam")
- über Suchmaschinen
  - als Anzeige
  - durch Listung in den Suchergebnissen
- in sozialen Netzwerken

UCE ist nach dem Gesetz gegen den unlauteren Wettbewerb (UWG § 7 Abs. 2) unzulässig. E-Mail-Werbung ist dann wettbewerbsrechtlich einwandfrei, wenn der Empfänger in die Zusendung vorher eingewilligt hat.

Bannerwerbung ist im Allgemeinen im Internet eher unbeliebt, vor allem, wenn sie die vom Nutzer eigentlich besuchten Seiten überdeckt (sogenannte Pop-ups).

Als Alternative zur herkömmlichen Bannerwerbung nutzen Unternehmen zunehmend Werbung über **Suchmaschinen**. Hier werden Anzeigen möglichst passend zu Suchanfragen geschaltet. Zugleich bemühen sich die Unternehmen, mit ihren Angeboten bei Suchmaschinen auf vorderen Plätzen gelistet zu werden (**SEO** = (engl.) **S**earch **E**ngine **O**ptimization, Suchmaschinenoptimierung). Darüber hinaus kooperieren führende Suchmaschinenunternehmen mit Online-Medien, sodass zunehmend Werbung im Internet gezielt auf die vermuteten Interessen der Nutzer geschaltet wird.

Die gestiegene Popularität von **sozialen Netzwerken** im Internet macht diese für kommerzielle Werbung attraktiv. Allerdings werden solche Netzwerke unter Datenschutzaspekten häufig sehr kritisch beurteilt.

[1] Werbebanner sind Werbeflächen mit Verlinkung, früher v. a. im Kopfbereich von Portalseiten, heute in unterschiedlichsten Formen.
[2] Portalseiten sind speziell gestaltete WWW-Einstiegsseiten mit Suchfunktionen, Nachrichten und/oder Verzeichnissen.
[3] UCE = (engl.) Unsolicited Commercial E-Mail, unverlangt zugesandte Werbe-E-Mail, meist als „Spam" oder „Junk" (engl. „Abfall") bezeichnet.

Salespromotion (Verkaufsförderung)

Salespromotion umfasst eine Vielzahl von verkaufsfördernden Aktionen, um den Absatz kurzfristig zu steigern.

Nach den Zielgruppen dieser Aktion unterscheidet man:

- **Verbraucher-Promotions**
  Die Konsumenten werden auf ein Produkt aufmerksam gemacht oder zum Kauf angeregt.
  Beispiele: Gewinnspiele, Produktproben, Warengutscheine, Produktvorführung im Einzelhandelsgeschäft.
- **Außendienst-Promotions**
  Der firmeneigene Außendienst wird z. B. durch Sonderprämien oder Wettbewerbe motiviert; Schulungen und geeignete Verkaufsunterlagen unterstützen den Außendienst.
- **Händler-Promotions**
  Sonderrabatte, Verkaufsprämien und Rücknahmegarantien motivieren die Handelspartner; das Zurverfügungstellen von Displaymaterial (z. B. Aufsteller, Schaufensterdekoration) und die Durchführung von Schulungen unterstützen die Beratungs- und Verkaufstätigkeit des Handels.

Public Relations (PR)

Im Mittelpunkt der Öffentlichkeitsarbeit (PR) steht nicht ein Produkt des Unternehmens, sondern das ganze Unternehmen. Ziel der PR-Maßnahmen ist vor allem die Imagepflege des Unternehmens in der Öffentlichkeit, daneben auch eine nach innen gerichtete Wirkung: Die Mitarbeiter/-innen des Unternehmens sollen ein Wir-Gefühl entwickeln, die Motivation soll gesteigert werden. Ein besonderes Interesse gilt bei den PR-Aktivitäten sogenannten Meinungsführern oder Multiplikatoren (z. B. Medienvertreter). Gute Pressebeziehungen werden in der Regel durch eine Presseabteilung unterstützt.

10

Mögliche **PR-Maßnahmen** sind:

- Veröffentlichungen (Pressemitteilungen, Erstellung von Sozial- und Ökobilanzen),
- Vorträge und Diskussionsrunden,
- Veranstaltungen und Ausstellungen,
- Werksbesichtigungen.

Der PR-Gedanke wird bei der Gestaltung einer **Corporate Identity** (Unternehmensidentität) aufgegriffen. Ein einheitliches Bild des Unternehmens nach außen, eine Unternehmenskultur soll geschaffen werden. Dies geschieht z. B. durch Schaffung von einheitlichen Zeichen (Symbolen) des Unternehmens (u. a. auf Briefbögen, Visitenkarten, Firmen-Pkws und -Lkws) oder durch besondere Verhaltensregeln, die von den Mitarbeiterinnen und Mitarbeitern gegenüber Kunden, Lieferanten und der Öffentlichkeit einzuhalten sind.

Sponsoring

Das Unternehmen (der Sponsor) unterstützt durch Finanz-, Sach- oder Dienstleistungen Personen, Organisationen oder Institutionen (Gesponsorte) und erwartet dafür bestimmte Gegenleistungen (z. B. besondere Werbemöglichkeiten), die vertraglich abgesichert sind.

Mithilfe des Sponsorings versucht das Unternehmen, das positive Image des Gesponsorten auf sich zu übertragen. Die Sponsoringaktivitäten erreichen auch Zielgruppen, die sich mit herkömmlichen Mitteln der Kommunikationspolitik nicht oder kaum ansprechen lassen.

Formen des Sponsorings sind vor allem:

- Sportsponsoring,
- Sozialsponsoring,
- Kultursponsoring,
- Umweltsponsoring.

Productplacement[1]

Durch Productplacement versucht ein Unternehmen, **Markenartikel** z. B. in Kinofilmen, Fernsehsendungen, Videoclips oder Theateraufführungen so geschickt zu platzieren, dass sie vom Zuschauer nicht als Werbemaßnahme identifiziert werden. Produktinnovationen (z. B. neue Automodelle) werden gern in neue Filmproduktionen eingebaut (Innovationplacement).

Insbesondere das Zapping, d. h. das Umschalten des Fernsehprogramms mithilfe der Fernbedienung bei Werbeblöcken, führt zu einem sprunghaften Anstieg des Productplacements.

In Privatfernsehgesellschaften haben sich spezielle Dauerwerbesendungen etabliert, bei denen Markenprodukte geschickt als Gewinne platziert werden.

Bei der sogenannten **Herstellermarke** wird das Produkt durch den Hersteller markiert. Man spricht von einem **Zeichen**, zum Beispiel einem Wort oder einem Bild. Nach dem **Markengesetz** können Marken rechtlich durch Eintragung beim **Deutschen Patent- und Markenamt** bzw. beim Europäischen Markenamt geschützt werden.

Marken schützen den „guten Namen“ des Produktes und führen zu einer **Abgrenzung** von ähnlichen Produkten der **Mitbewerber**.

Ein **Markenartikel** soll dem Kunden eine **gleichbleibende** oder **verbesserte Qualität** garantieren.

[1] vgl.: Hüttner, a. a. O., S. 250 ff.

aus: Bentin, Margit u. a.: Absatz/Marketing, 4., aktualisierte Aufl., Winklers Verlag Braunschweig 2009, S. 56 f.

Begriffliche Abgrenzung und Zielsetzung

Die **Zielsetzung** der Distributionspolitik, die mit den übergeordneten Zielen der Unternehmenspolitik (Unternehmensphilosophie) abgestimmt sein muss, besteht darin, „... das richtige Produkt zur richtigen Zeit, im richtigen Zustand, in der richtigen Menge am richtigen Ort den Abnehmern zur Verfügung zu stellen".

vgl.: Knoblich, H.: Absatzpolitik, Arbeitsbuch zu den Vorlesungen Absatzpolitik I und II, ohne Verlag Göttingen 1994, S. 158

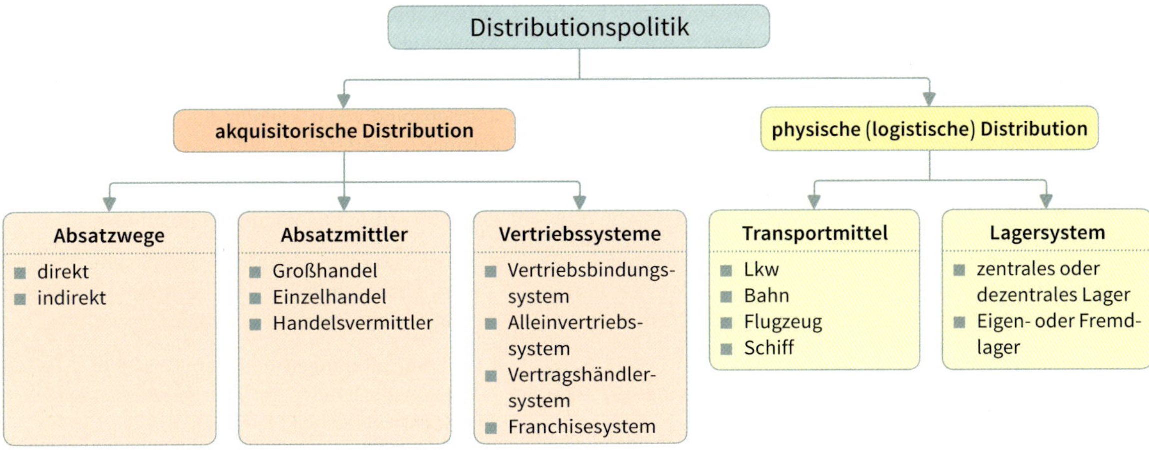

Die **akquisitorische Distribution** kann als das Management der Verteilungskanäle bezeichnet werden. Sie beschäftigt sich vor allem mit der Wahl des Distributionssystems.

vgl.: Hüttner, a. a. O., S. 255

Unter **physischer Distribution** (Marketinglogistik) versteht man „die Planung, Steuerung, Realisation und Kontrolle aller Güter und Dienstleistungen, die von den Anbietern zu den Abnehmern gelangen sollen".

vgl.: Weis, H. C.: Marketing, Kiehl Verlag Ludwigshafen 2007, S. 411

Entscheidungsbereiche der akquisitorischen Distribution

1. Entscheidung über den Absatzweg

Direkter Absatzweg

Beim direkten Absatzweg übernimmt der Hersteller alle Verteilerfunktionen seines Produktes bis zum Verwender bzw. Konsumenten unter Umgehung des institutionellen Handels. Der Hersteller kann sich dabei entweder direkt an den Kunden wenden (z. B. bei Großkunden) oder es werden betriebseigene Absatzorgane (u. a. Verkaufsniederlassungen und/oder **Reisende**) dazwischengeschaltet.

Indirekter Absatzweg

Beim indirekten Absatzweg verteilt der Hersteller sein Produkt mithilfe betriebsfremder Organe: Selbstständige Handelskettenglieder (Groß- und Einzelhandel) und/oder selbstständige Handelsvermittler (Handelsvertreter, Kommissionär, Handelsmakler).

Bestimmungsfaktoren für die Wahl des Absatzweges[1]

- betriebsinterne Faktoren, wie u. a. Betriebsgröße (z. B. Groß- oder Kleinbetrieb) oder eigene Absatzorganisation (stark oder schwach ausgebaut)
- die Eigenart der Ware, wie z. B. der Verwendungszweck (Produktionsmittel/Konsumgut) oder die Erklärungsbedürftigkeit (technische Komplexität)
- betriebsexterne Faktoren, wie z. B. die Anzahl und Größe der Abnehmer, Entfernung zu den Absatzmärkten oder gesetzliche Bestimmungen

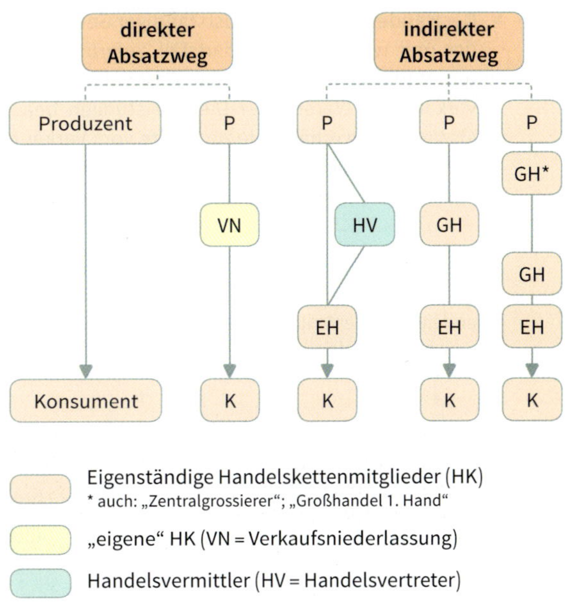

[1] vgl.: Knoblich, H.: Absatzpolitik, a. a. O., S. 162 f.

Entscheidungsbereiche der akquisitorischen Distribution (Fortsetzung)

2. Entscheidung über Absatzmittler

Großhandel
Der Großhandel kauft i. d. R. von Produktionsunternehmen in eigenem Namen und für eigene oder fremde Rechnung Waren. Es ist u. a. abhängig von der jeweiligen Betriebsform (z. B. Sortiments- und/oder Spezialgroßhandel), welche Distributionsfunktionen (u. a. Lagerung, Sortimentsbildung usw.) vom Großhandel übernommen werden können.

Einzelhandel
Der Einzelhandel kauft entweder direkt vom Hersteller und/oder über Handelsvermittler oder den Großhandel im eigenen Namen und für eigene oder fremde Rechnung Waren, um sie an den Konsumenten weiterzuverkaufen. Für den Hersteller ist es von Bedeutung, inwiefern der Einzelhändler das Marketingkonzept des Herstellers mitträgt.

Handelsvermittler
Zu den Handelsvermittlern zählen der Handelsvertreter, Kommissionär und Handelsmakler.

- Der **Handelsvertreter** ist selbstständiger Gewerbetreibender und ständig damit beauftragt, für andere Unternehmen (d. h. im fremden Namen) Geschäfte abzuschließen. Er kann im Wesentlichen seine Tätigkeit selbst bestimmen. In der Regel ist er für mehrere Unternehmen tätig (Mehrfirmenvertreter). Als Vergütung erhält er eine Vermittlungs- oder Abschlussprovision.
- Der **Kommissionär** ist selbstständiger Gewerbetreibender und übernimmt es gewerbsmäßig, Verträge im eigenen Namen auf fremde Rechnung abzuschließen. Er trägt kein Absatzrisiko, da er nicht verkaufte Ware zurückgeben kann. Als Vergütung erhält er eine Provision (festen Prozentsatz) vom vereinbarten Preis.
- Der **Handelsmakler** ist selbstständiger Gewerbetreibender und wird nur im Bedarfsfall aufgrund seiner guten Marktkenntnisse mit der Anschaffung oder dem Verkauf von Waren oder Dienstleistungen beauftragt. Als Vergütung erhält er je zur Hälfte vom Verkäufer und Käufer (falls nicht anders vertraglich vereinbart) einen bestimmten Prozentsatz vom Auftragsvolumen.

3. Entscheidung über die Form des vertraglichen Vertriebssystems

Durch den Aufbau eines vertraglichen Vertriebssystems versucht der Hersteller, bestimmte Abnehmer auszuschließen. Ausgewählte selbstständige Handelsunternehmen können so in seine Vertriebskonzeption eingebunden werden.

Vertriebsbindungssystem
Vertriebsbindungen können sich je nach Gestaltung der Verträge u. a. erstrecken auf:

- Vertriebswegebindungen in räumlicher Hinsicht, z. B. Exportverbot für inländische Abnehmer,
- Vertriebswegebindungen in personeller Hinsicht, z. B. Vertriebsbeschränkung auf bestimmte Abnehmerkreise (sogenannte Kundenbeschränkungsklauseln),
- Vertriebsbindungen in zeitlicher Hinsicht, z. B. Beschränkungen hinsichtlich der Vertriebszeit neuer bzw. auslaufender Modelle (vgl.: Knoblich, a. a. O., S. 189).

Vertragshändlersystem
Der Vertragshändler verpflichtet sich durch vertragliche Regelungen, im eigenen Namen und auf eigene Rechnung Waren des Herstellers unter Einhaltung der Marketingkonzeption zu vertreiben (u. a. Bewahrung des Images und angemessener Kundendienst).

Alleinvertriebssystem
Der Hersteller verpflichtet sich, in einem bestimmten Absatzgebiet nur den allein vertriebsberechtigten Händler zu beliefern (z. B. bei Neueinführung eines Produktes).

Franchisesystem
Der Franchisenehmer (z. B. Groß- oder Einzelhandelsbetrieb) schließt mit einem Franchisegeber (z. B. Hersteller) einen Vertrag. Der Franchisevertrag geht in der vertraglichen Bindung über den Vertrag mit dem Vertragshändler hinaus, da der Name bzw. die Firma des Franchisenehmers in den Hintergrund treten. Für die Übernahme eines ausgereiften Marketingkonzepts (z. B. Fastfood-Kette) hat der Franchisenehmer ein Entgelt an den Franchisegeber zu entrichten.

Intensitätsskala der Bindungen in Absatzkanälen

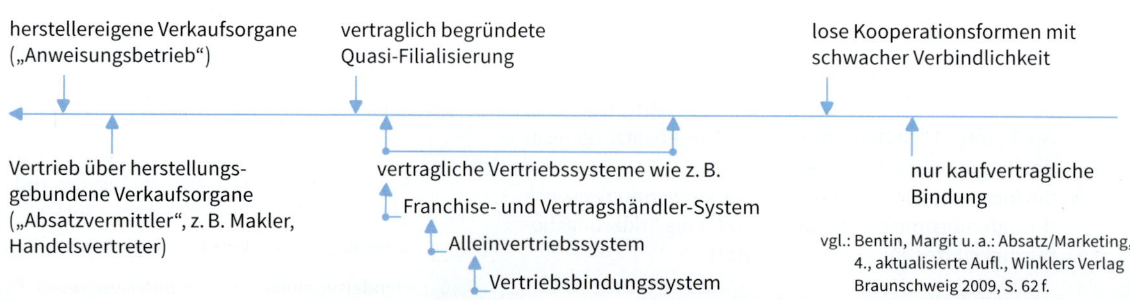

vgl.: Bentin, Margit u. a.: Absatz/Marketing, 4., aktualisierte Aufl., Winklers Verlag Braunschweig 2009, S. 62 f.

Entscheidungsbereiche der akquisitorischen Distribution (Fortsetzung)

4. Festlegung eines vertikalen Marketings

Unter vertikalem Marketing versteht man die Einflussnahme auf die zwischen Hersteller und Handel auftretenden Zielkonflikte, die u. a. aus der Aufteilung der Vertriebsspanne resultieren. Zur Problemlösung werden deshalb zwischen Hersteller und Handel häufig vertragliche Vereinbarungen zur Durchsetzung eines einheitlichen Marketings eingesetzt.

vgl.: Hüttner, a. a. O., S. 265

Entscheidungsbereiche der physischen Distribution

1. Entscheidung über die Transportmittel

Im Rahmen der physischen Distribution (**Marketinglogistik**) geht es um die Problemlösung, wie Güter durch Transportmittel und die entsprechenden Transportvorgänge über Lagersysteme in die Nähe des Verwenders/Kunden (gewerbliche Abnehmer, Händler, Verbraucher) gelangen. Die wichtigsten **Gründe** für die Auswahl eines Transportmittels sind:

- Eigenart des Produkts (z. B. Verderblichkeit, Gewicht, Größe des Produkts),
- Kosten des Transportmittels,
- Transportgeschwindigkeit,
- Zuverlässigkeit des Transportträgers und Haftungsumfang,
- Umweltverträglichkeit des Transportmittels.

Diese Bestimmungsgründe entscheiden auch darüber, ob ein eigener oder fremder Fuhrpark genutzt werden soll.

2. Entscheidung über das Lagersystem

Bei der Festlegung des Lagersystems muss zunächst geklärt werden, ob nur ein Zentrallager oder auch regionale Auslieferungslager (dezentrale Lager) errichtet werden sollen.

Zentrallager oder Regionallager

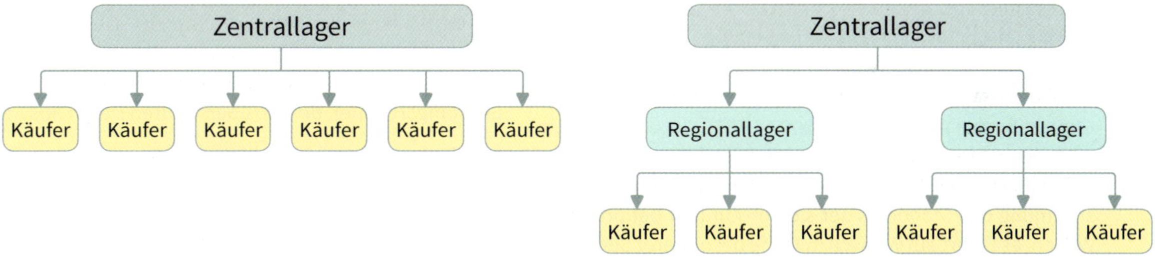

Fall A:

- hohe Transportkosten
- niedrige Lagerkosten
- langsame Liefermöglichkeiten

Fall B:

- geringe Transportkosten
- hohe Lagerkosten
- schnelle Liefermöglichkeiten

aus: Weiss, a. a.O., S. 417 f.

Eigen- und Fremdlager

Für die Entscheidung, ob ein Lager in Eigen- oder Fremdregie geführt werden soll, sind vor allem die unterschiedlich hohen Kosten ausschlaggebend (z. B. hohe Fixkosten beim Eigenlager). Ein weiterer Grund für diese Entscheidung könnte z. B. die Einflussnahme auf die Kontrolle des Lagerpersonals sein.

aus: Bentin, Margit u. a.: Absatz/Marketing, 4., aktualisierte Aufl., Winklers Verlag Braunschweig 2009, S. 63 f.

Bestimmungsgründe

Für die Wahl der sinnvollsten Beförderungsart von Gütern sind folgende **Bestimmungsgründe** maßgeblich:

- Eigenart des Transportgutes
- Transportkosten
- Transportgeschwindigkeit
- Transportsicherheit
- Umweltverträglichkeit

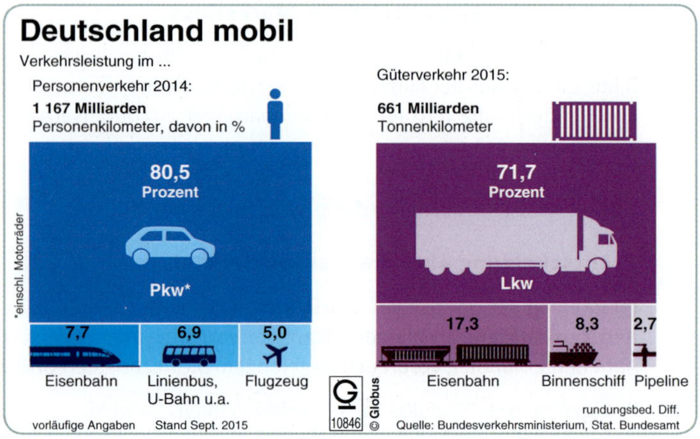

Transportmöglichkeiten im Güterverkehr

Transport per ...	*Beispiele:*
Lkw	werkseigener Güterverkehr (Werkverkehr) bzw. gewerblicher Straßengüterverkehr (Güterkraftverkehr)
Pkw/Lkw	Kurier-, Express- und Paketdienste
Bahn	Wagenladungsverkehr (z. B. Einzelwagenverkehr) bzw. kombinierter Verkehr
Schiff	Binnenschifffahrts- oder Seeschifffahrtsverkehr
Flugzeug	Luftpost (mit Gewichtsbeschränkung, z. B. 20 kg) bzw. Luftfracht (ohne Gewichtsbeschränkung)

10

Transportüberwachung aus dem All

Die Railion (heute: DB Schenker Rail) Deutschland AG, die Güterbahn der DB AG, hat bis 2007 13 000 Güterwagen mit GPS (Global Positioning System) ausgerüstet. Das Satellitennavigationssystem ermöglicht nicht nur die genaue Bestimmung des Standorts der sich im Umlauf befindlichen Wagen, es liefert auf Wunsch mithilfe besonderer Sensoren auch Daten über die Ladung oder den technischen Wagenzustand.

Das GPS-System

Zwischen 24 und 31 Satelliten, die in zirka 20 000 km Höhe rund um den Erdball kreisen, senden präzise ihre sich ständig ändernde Position und Zeitsignale an die GPS-Empfänger. Mithilfe der empfangenen Daten kann die Position des Güterwagens weltweit zuverlässig, durchgehend und bis auf 25 Meter genau bestimmt werden. Moderne GPS-Geräte arbeiten mit zwölf parallelen Kanälen, von denen drei für die Standortbestimmung erforderlich sind und ein vierter der Berechnung der Höhenlage dient. Die restlichen acht Kanäle können weitere Satellitensignale verwerten. Die Datenübertragung erfolgt im GSM-Netz (Global System for Mobile Communications) in Form einer SMS (Short Message Service) – ähnlich wie bei einem Handy – an einen Empfangsrechner, der die übersandten Daten auswertet.

Durch diese Technik kann dem Kunden ein verbesserter Informationsservice geboten werden.

Bereits mehr als 50 Prozent der Gütertransporte der DB Schenker Rail Deutschland AG sind heute grenzüberschreitend unterwegs. Mit dem GPS-System können diese Güterwageneinsätze effizienter gestaltet werden.

E-Commerce

Begriff und Ziele

Electronic Commerce („E-Commerce“ oder „E-Business“) ermöglicht die umfassende, digitale Abwicklung von Geschäftsprozessen zwischen Unternehmen und deren Kunden über private und öffentliche Netze (Internet). Dabei beinhaltet das Electronic Commerce auch die digitale Bezahlung und, was digitalisierbare Güter (z. B. Musik, Videoclips) und Dienstleistungen angeht, eine digitale Übertragung.

E-Commerce beschleunigt die Abwicklung von Geschäftsprozessen, gestaltet häufig Prozessabläufe effizienter und senkt damit die Kosten für die Beteiligten. Auf Marktveränderungen kann mithilfe von E-Commerce in der Regel schneller reagiert werden (z. B. über sofortigen Informationsaustausch).

Formen des E-Commerce

- **B2B** = Business-to-Business: Geschäftsbeziehungen zwischen Unternehmen sowie öffentlichen Institutionen
- **B2C** = Business-to-Consumer oder Business-to-Customer: „Electronic Shopping“ von Konsumenten, die über das Internet oder per Onlinedienst Waren kaufen
- **B2G** = Business-to-Government: Geschäftsbeziehungen zwischen Unternehmen und staatlichen Einrichtungen
- **Intra-Business:** Intra- und/oder Extranet unterstützen Geschäftsprozesse und Kommunikationsbeziehungen

Elektronische Marktplätze im Absatzprozess

Das Internet hat den Anbietern viele neue Möglichkeiten eröffnet. Mithilfe des Internets können im Rahmen des Absatzes neue Wege beschritten werden, ein Beispiel dafür sind die nachfolgend aufgeführten **Auktionen** (**Auctions**):

Englische Auktionen: Die Käufer bieten gegeneinander und der Käufer mit dem höchsten Preisangebot erhält den Zuschlag. Dieser Auktionstyp ist zurzeit im Internet vorherrschend. Auf diese Weise werden z. B. gebrauchte Ausrüstungsgüter und Fahrzeuge verkauft.

Dänische Auktionen: Die Verkäufer platzieren ihre Angebote und der Käufer akzeptiert dann das Angebot des niedrigsten Bieters. So funktioniert z. B. der Blumenmarkt in Amsterdam.

Auktionen mit verschlossenen Angeboten: Der Einzige, der die Angebote kennt, ist der Auktionator. Zum Beispiel würde ein Unternehmen, das ein Kraftwerk bauen will, verschlossene Angebote anfordern, sodass kein Anbieter weiß, zu welchen Konditionen seine Konkurrenten anbieten bzw. angeboten haben.

Double Auctions: Es gibt Kauf- und Verkaufsangebote. Die Kauf- und Verkaufsinteressenten nennen ihre Preise, die von Softwareprogrammen so verarbeitet werden, dass ein Abschluss herbeigeführt werden kann. Ein Beispiel hierfür sind die Aktienmärkte: Es gibt eine große Zahl von Käufern und Verkäufern, und Angebot und Nachfrage ändern sich ständig.[1]

[1] vgl.: Kotler, Philip, Jain, D. C., Maesincee, S., Marketing der Zukunft, Campus Verlag Frankfurt/New York, 2002, S. 186/187

Arten von Portalen

Ziel: Zielgruppenspezifisches Direktmarketing beim Anbieter (Vermeidung von Streuverlusten, Erhöhung der Kontaktrate)

Lösung: Zielgruppenspezifischer Einsatz des Internets durch Nutzung von **Portalen**

Arten von Portalen

B2B-Portale

für spezielle Produkte/Leistungen eines anbietenden **Unternehmers**

Beispiel: Ein Unternehmen bietet in einem Portal Fahrräder für den Großhandel an.

B2C-Portale

für spezielle Produkte/Leistungen eines informationssuchenden **Konsumenten**

Beispiel: Ein Unternehmen bietet in einem Portal zum Verkauf ab Werk extrem leistungsstarke Sitzrasenmäher an.

Portal-Networks

„Eingangstore“ für spezifische User, die Verknüpfungen zu **sämtlichen Bedürfnissen** des Users bieten

Beispiel: Ein Autohersteller bietet in einem Autoportal zusätzlich zu den Autos günstige Finanzierungsmöglichkeiten sowie Versicherungen an.

aus: Hübscher, Heinrich u. a.: IT-Handbuch, IT-Systemkaufmann/-frau, Informatikkaufmann/-frau, 9. Aufl., Braunschweig, Westermann Verlag, 2015, S. 404

Marketingmix

Die absatzpolitischen Instrumente dürfen nicht isoliert voneinander eingesetzt werden, sie müssen aufeinander abgestimmt sein, um oberste Unternehmens- bzw. Marketingziele zu verfolgen.

Marketing ist als eine Konzeption der Unternehmensführung zu verstehen, „bei der im Interesse der Erreichung der Unternehmensziele alle betrieblichen Aktivitäten konsequent auf die gegenwärtigen und künftigen Erfordernisse der Märkte ausgerichtet werden“[1]. Die zunehmende Marktmacht der Kunden zwingt die Unternehmen dazu, sich in ihrer gesamten Unternehmenspolitik an den Kundenwünschen auszurichten.

Das sogenannte **Marketingmix** ist eine möglichst optimale Kombination des Mitteleinsatzes, d. h. eine „zielgerichtete Auswahl und qualitative, quantitative sowie zeitliche Kombination der absatzpolitischen Instrumente“[2]. Der qualitative Aspekt des Marketingmix betrifft die Art der einzelnen Instrumente, der quantitative Aspekt bezieht sich auf das Gewicht der einzelnen Instrumente innerhalb des Marketingmix, und der zeitliche Aspekt beinhaltet Dauer und Abfolge des Einsatzes der einzelnen Instrumente[3]. Das Marketingmix ist eingebettet in die vom Unternehmen festgelegten **Marketingstrategien**, also in unternehmenspolitische Richtlinien, die einen Handlungsrahmen für den Einsatz der absatzpolitischen Instrumente vorgeben.[4]

[1] vgl.: Bidlingmaier, J.: Marketing, Rowohlt Verlag Reinbek 1973, S. 15
[2] vgl.: Hüttner, a. a. O., S. 278
[3] vgl.: Knoblich, a. a. O., S. 300 f.
[4] vgl.: Hüttner, a. a. O., S. 81

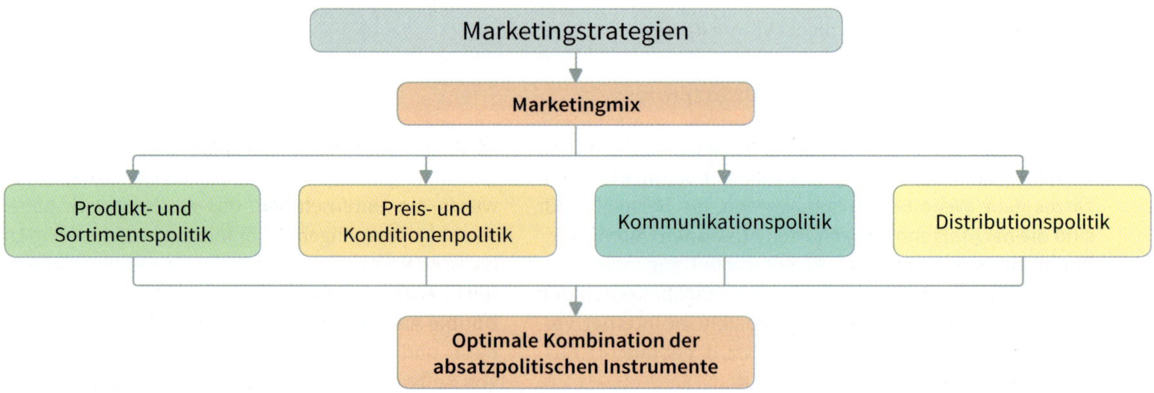

10

Im Rahmen des Marketingmix müssen die unterschiedlichen **Beziehungen** beachtet werden, die prinzipiell zwischen diesen Instrumenten bestehen können:

- **Konkurrierende Beziehungen**, d. h., zwei Instrumente stören sich in ihrer Wirkung (z. B. stehen Premiumpreise im Widerspruch zum Vertrieb über Absatzkanäle, die untere Einkommensschichten ansprechen).
- **Substitutive Beziehungen**, d. h., zwei Instrumente sind austauschbar in Bezug auf eine bestimmte Wirkung (z. B. lassen sich durch den Vertrieb über den Fachhandel in gewissen Grenzen unternehmenseigene Beratungsleistungen – „begleitende“ Servicepolitik – ersetzen).
- **Komplementäre Beziehungen**, d. h., zwei Instrumente unterstützen sich in ihrer Wirkung (z. B. wird das Image hoher Qualität, das durch entsprechende Werbung erzeugt werden soll, durch eine aufwändige Verpackung unterstützt).
- **Konditionale Beziehungen**, d. h., der Einsatz des einen Instrumentes setzt den Einsatz des anderen voraus (z. B. setzt die Präsentation der Produktverpackung im Rahmen der Werbung deren Gestaltung voraus).
- **Indifferente Beziehungen**[5], d. h., es bestehen keine erkennbaren gegenseitigen Beeinflussungen zwischen zwei Instrumenten (z. B. Werbung und Marketing-Logistik).

[5] vgl.: Hüttner, a. a. O., S. 281

Das Marketingmix dient letztendlich dazu, bei den anvisierten Kundenzielgruppen eine **Positionierung** der Produkte bzw. des Unternehmens im Markt zu ermöglichen, um sich von den Produkten der Mitbewerber abzugrenzen.

vgl.: Bentin, Margit u. a., Absatz/Marketing, 4., durchgesehene Aufl., Winklers Verlag Winklers Verlag Braunschweig 2009, S. 67 f.

Unter **internationalem Marketing** versteht man Marketingaktivitäten eines Unternehmens, das nennenswerte Umsätze im Auslandsgeschäft tätigt. Dabei müssen exportorientierte Unternehmen, die im Inland produzieren, aber einen wichtigen Teil ihres Umsatzes im Ausland erzielen, von multinationalen Unternehmen unterschieden werden, die in mehreren Ländern produzieren, ein- und verkaufen.

Je stärker die Integration in internationale Märkte erfolgt, umso größer ist die Komplexität von Marketingentscheidungen.
Internationales Marketing muss die besonderen **Risiken** auf Auslandsmärkten berücksichtigen – sowohl wirtschaftliche (z. B. Wechselkursrisiko) als auch politische (z. B. Einfluss des Staates auf die Wirtschaftspolitik).

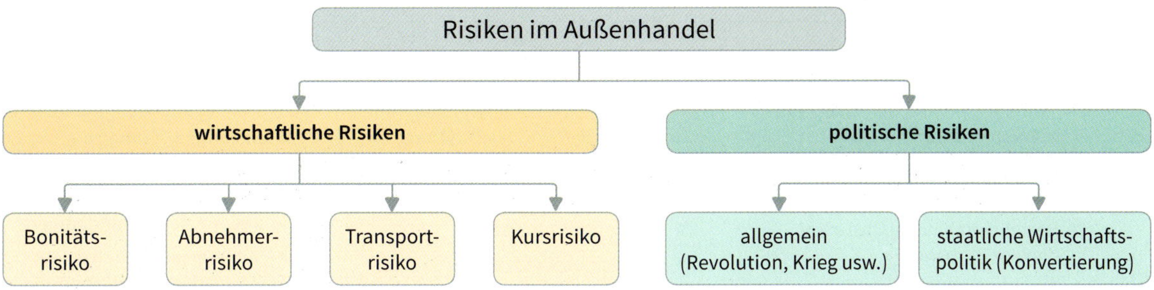

aus: Hüttner, a. a. O., S. 506

Bevor die absatzpolitischen Instrumente zielgerichtet auf Auslandsmärkten eingesetzt werden können, muss die Strategie des internationalen Marketings festgelegt werden. Mindestens die folgenden **internationalen Marketingstrategien** können unterschieden werden:

- Erschließung ausgesuchter Auslandsmärkte (z. B. Nachbarländer, Wirtschaftsregionen, Kontinente)
- reine Wachstumsstrategie, unabhängig von Eingrenzungen auf bestimmte Auslandsmärkte (z. B. Umsatzmaximierung)
- Erschließung ausgesuchter Marktsegmente in internationalen Märkten (z. B. Bearbeitung nur des oberen Preissegments in verschiedenen Ländern)

Bei der Umsetzung dieser Strategien ist weiterhin zu fragen, ob das Produktionsprogramm **standardisiert**, d. h. international einheitlich angeboten werden soll (globales Marketing) oder ob die Produkte und die Marktbearbeitungsmethoden nach nationalen Märkten **differenziert** werden sollen (z. B. unterschiedliche Pkw-Modelle eines Automobilunternehmens in den jeweiligen nationalen Märkten).

vgl.: Hüttner, a. a. O., S. 491 ff. und Hill, W. u. Rieser, J.: Marketing-Management; Verlag Paul Haupt (UTB für Wissenschaft) Bern, Stuttgart, Wien 1993

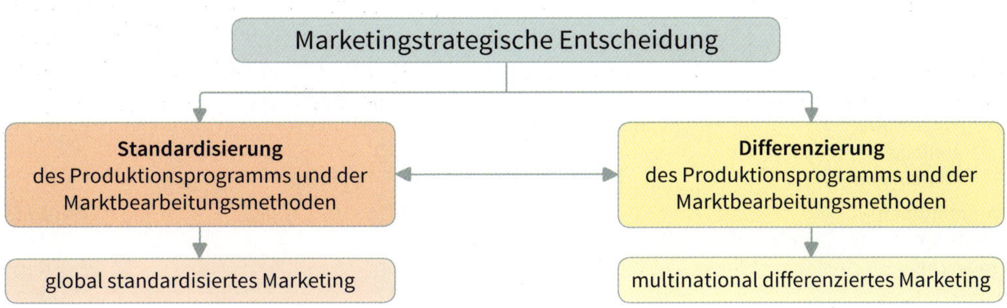

aus: Bentin, Margit u. a.: Absatz/Marketing, 4., aktualisierte Aufl., Winklers Verlag Braunschweig 2009, S. 70

Auftragsabwicklung

Order processing

Begriff

Die Auftragsabwicklung stellt einen Prozess zur Erfüllung von **Kundenaufträgen** ab Lager vom Zeitpunkt der Kundenbestellung bis zum Eingang der Rechnung beim Kunden dar.

Teilfunktionen der Auftragsabwicklung

Die Auftragsabwicklung setzt sich aus den Teilfunktionen Auftragsübermittlung, Auftragsbearbeitung, Auftragszusammenstellung und Versand zusammen.

Auftragsabwicklung

Auftragsübermittlung

Zum Beispiel durch:
- formlose schriftliche oder mündliche Bestellung durch Kunden
- Bestellannahme durch Außendienstmitarbeiter
- automatisierte Bestellsysteme (Einzelhandelsketten)
- Internet (E-Commerce)

Auftragsbearbeitung

Überprüfung der Kundenaufträge im Hinblick auf (zum Beispiel):
- Preiskonditionen
- Lieferungsmodalitäten
- Bonität des Kunden
- Einplanung in das Logistiksystem

Auftragszusammenstellung und Versand

- Zusammenstellung der Güter im Lager (Kommissionierung)
- Anfertigung und Zusammenstellung der Versandpapiere
- Güterversand durch firmeneigenen Fuhrpark oder externe Transportträger

Auftragsabwicklungsfunktionen bei Lagerfertigung nach Phasen der Auftragsabwicklung (Beispiel)[1]

		Auftragsübermittlungsphase	Auftragsprüfungsphase	Auftragsdispositions- und Leistungserbringungsphase	Fakturierungsphase
Koordinationsfunktionen der Auftragsabwicklung	Auftragsnetz definieren	Auftragsnetz erzeugen	Auftragsnetz aktualisieren	Auftragsnetz aktualisieren	Auftragsnetz aktualisieren
	Aufträge erteilen	Auftrag an Unternehmen erteilen	Auftragsprüfungsaufträge erteilen Auftragsbestätigung erteilen	Kommissionier- und Versandauftrag erteilen	Fakturierungsauftrag erteilen
	Aufträge leiten		Auftrag priorisieren	Priorisierung überprüfen	
	Aufgabenausführung steuern			Kommissionieraufträge reihen Auslieferungstour planen	
	Aufträge überwachen			Liefertermineinhaltung überprüfen	
	Prozessübergreifend koordinieren		Produkte reservieren		
Fachfunktionen der Auftragsabwicklung			Bonität prüfen Auftragsmodalitäten prüfen Liefermodalitäten prüfen		Vorfakturierung durchführen Nachfakturierung durchführen
Tätigkeiten der Leistungserbringer				kommissionieren verpacken versenden	

[1] aus: Rohweder, Dirk: Informationstechnologie und Auftragsabwicklung, Erich Schmidt Verlag Berlin 1996, Seite 162 f.

Annahmeverzug *Default in acceptance*

Voraussetzung des Annahmeverzuges

ordnungsgemäße Lieferung der Ware, die der Käufer nicht annimmt

↓

Eintritt des Annahmeverzuges

In diesem Fall haftet der Käufer prinzipiell für die Beschädigung oder Vernichtung der Ware; er haftet auch für Schäden, die durch Zufall (z. B. höhere Gewalt) eintreten; der Lieferant haftet nur noch bei Vorsatz oder grober Fahrlässigkeit.

↓

Rechtsfolgen

Rechte des Verkäufers

- Klage auf Abnahme der Ware
- Selbsthilfeverkauf mittels einer öffentlichen Versteigerung (z. B. durch einen Gerichtsvollzieher) oder im freihändigen Verkauf (z. B. durch einen Handelsmakler), wenn die Ware einen Börsen- oder Marktpreis hat (z. B. Rohkaffee), oder als Notverkauf bei leicht verderblichen Waren (z. B. Obst)
- Anspruch auf Ersatz von Mehraufwendungen (z. B. Kosten für die Versteigerung)

Pflichten des Verkäufers

- Einlagerung der Ware auf Kosten und Gefahr des Käufers im eigenen Lager oder in einem öffentlichen Lagerhaus
- Verwahrung hinterlegungsfähiger Sachen beim Amtsgericht (z. B. Geld)
- Mitteilung an den Käufer, wo sich die Ware befindet
- Fristsetzung für die Warenabnahme
- Androhung des Selbsthilfeverkaufs und Mitteilung an den Käufer über Ort und Zeitpunkt des Selbsthilfeverkaufs, soweit kein Notverkauf (verderbliche Ware) vorliegt
- Abrechnen des Selbsthilfeverkaufs mit dem Käufer (Mehrerlös erhält/Mindererlös trägt der Käufer)

aus: Bentin, Margit u. a.: Beschaffungsprozess, Lehrerband, 3. Aufl., Winklers Verlag Braunschweig 2012, S. 139

Zahlungsverzug *Delay in payment*

Voraussetzung des Zahlungsverzuges

Die gelieferte Ware wird nicht fristgerecht bezahlt.

Eintritt des Zahlungsverzuges

Der Zahlungsverzug tritt bei kalendermäßig bestimmbaren Zahlungsterminen mit dem Ablauf des Zahlungszeitpunktes ein. Ansonsten tritt der Zahlungsverzug 30 Tage nach Fälligkeit und Zugang einer Rechnung oder einer gleichwertigen Zahlungsaufforderung ein.

Rechte des Gläubigers

ohne Nachfristsetzung

- Bestehen auf Bezahlung der Ware
- Berechnung von Verzugszinsen laut BGB bzw. HGB

mit Nachfristsetzung

- Schadensersatz statt Leistung oder Ersatz für vergebliche Aufwendung
- Rücktritt vom Kaufvertrag (auch einschließlich Schadensersatz statt der Leistung)

Vorgehensweise beim Zahlungsverzug

kaufmännisches Mahnverfahren | **gerichtliches Mahnverfahren**

aus: Hübscher, Heinrich u. a.: IT-Handbuch, IT-Systemkaufmann/-frau, Informatikkaufmann/-frau, 9. Aufl., Braunschweig, Westermann Verlag, 2015, S. 414

10

Kaufmännisches (außergerichtliches) Mahnverfahren *Commercial (extrajudicial) warning*

Terminüberwachung beim Rechnungsausgleich

Der Überwachung von Zahlungsfristen bei Ausgangsrechnungen durch die Buchhaltungsabteilung kommt eine große Bedeutung zu. Einerseits sollten Mahnverfahren jeglicher Art vermieden werden, um den Ruf des Unternehmens nicht nachhaltig zu schädigen und um den Aufbau langjähriger Geschäftsbeziehungen nicht zu gefährden. Andererseits sollten grundsätzlich alle unnötigen Kosten – z. B. für ein gerichtliches Mahnverfahren – vermieden werden. Entsprechende Dateien zur Rechnungsausgleichskontrolle sind daher in fast allen Betrieben üblich. Für den Gläubiger ist es wichtig, den Zahlungseingang für die Ausgangsrechnungen zu kontrollieren, da verspätete Zahlungen die Liquidität und damit auch den betrieblichen Leistungsprozess beeinträchtigen können.

Durch die Mahnung erinnert der Gläubiger den Schuldner an die Fälligkeit seiner Verbindlichkeit. Sollten mehrere Mahnschreiben erforderlich sein, so ist eine inhaltliche Abstufung von der freundlichen Zahlungserinnerung bis zur Androhung gerichtlicher Schritte praxisüblich.

Gerichtliches Mahnverfahren *Court summons for unpaid debt*

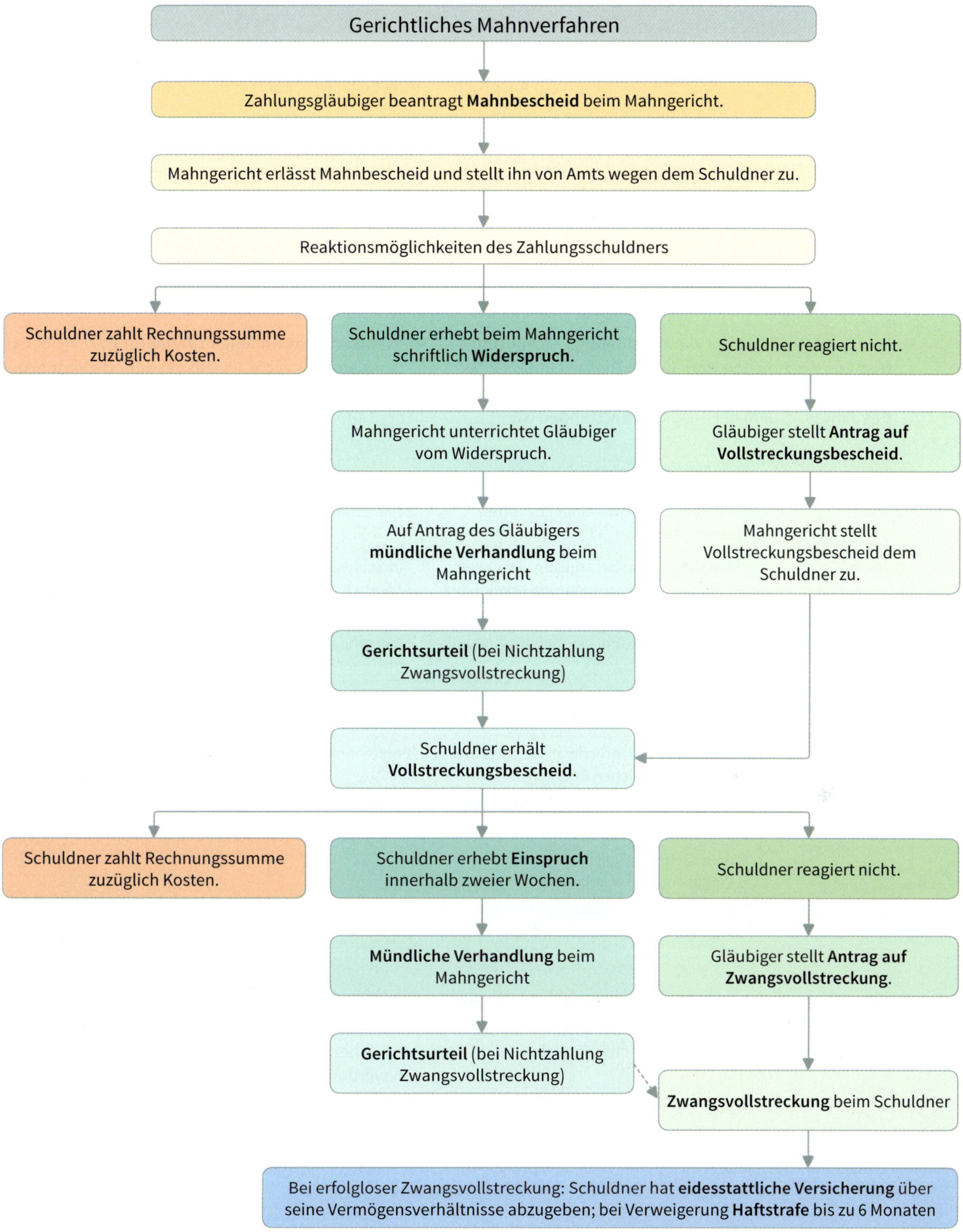

aus: Hübscher, Heinrich u. a.: IT-Handbuch, IT-Systemkaufmann/-frau, Informatikkaufmann/-frau, 9. Aufl., Braunschweig, Westermann Verlag, 2015, S. 415

Verjährung von Forderungen

Limitation of claims

Begriff

Als **Verjährung** bezeichnet man den Ablauf eines Zeitraums (einer Frist), innerhalb dessen (derer) ein Anspruch bzw. eine Forderung mithilfe des Gerichtes durchgesetzt werden kann. Der Anspruch des Gläubigers erlischt aber nicht automatisch am Ende des Verjährungszeitraums, vielmehr muss der Schuldner die **„Einrede der Verjährung“** geltend machen. Aus Beweisgründen sollte dies schriftlich geschehen.

Hat der Schuldner aber bereits die Forderung trotz Verjährung beglichen, kann er die Zahlung nicht zurückfordern.

Durch die Möglichkeit der Einrede der Verjährung besteht für die Vertragspartner Rechtssicherheit und Rechtsfrieden. Bestünde diese Möglichkeit nicht, könnten auf Schuldner noch nach sehr langen Zeiträumen Forderungen zukommen, mit denen sie nicht mehr gerechnet haben. Dies könnte bei vielen Unternehmen zur Insolvenz führen.

Verjährungsfristen

- Laut § 195 BGB beträgt die **regelmäßige Verjährungsfrist** von Ansprüchen **drei Jahre**. Die regelmäßige Verjährungsfrist beginnt laut § 199 BGB mit dem **Schluss des Jahres**, in dem der Anspruch entstanden ist.
- Neben der regelmäßigen Verjährungsfrist gibt es für besondere Ansprüche jeweils **gesonderte Verjährungsfristen**:

Verjährungsfrist	Ansprüche *(Beispiele)*	Verjährungsbeginn	BGB
2 Jahre	Mängelansprüche bei einer gekauften neuen Sache	Ablieferung der gekauften Sache	§ 438
3 Jahre	Mängelansprüche bei arglistig verschwiegenen Mängeln, Ansprüche auf regelmäßig wiederkehrende Leistungen	Mit Schluss des Jahres, in dem der Anspruch entstanden ist (sogenannte Ultimo-Regelung)	§§ 438, 195 ff.
5 Jahre	Mängelansprüche bei einem Bauwerk und Sachen für ein Bauwerk	Übergabe des Grundstücks, Ablieferung einer Sache	§ 438
10 Jahre	Ansprüche auf Übertragung des Eigentums an einem Grundstück	Entstehung des Anspruchs	§ 196
30 Jahre	▪ Herausgabeansprüche aus Eigentum und anderen dinglichen Rechten ▪ familien- und erbrechtliche Ansprüche ▪ rechtskräftig festgestellte Ansprüche ▪ Ansprüche aus vollstreckbaren Vergleichen oder Urkunden ▪ vollstreckbare Ansprüche in einem Insolvenzverfahren	Entstehung des Anspruchs	§§ 197, 438

Die gesetzliche Verjährungsfrist kann vertraglich **verkürzt** oder **verlängert** werden. Eine Verlängerung der 30-jährigen Verjährungsfrist ist allerdings nicht möglich.

Bei einem **Verbrauchsgüterkauf** darf die gesetzliche Verjährungsfrist von mindestens zwei Jahren, bei gebrauchten Sachen von mindestens einem Jahr, nicht unterschritten werden – dies regelt § 475 BGB in Bezug auf § 437 BGB (Rechte des Käufers bei Mängeln).

Verjährung von Forderungen *Limitation of claims*

Verjährungsfristen

Beispiel:
Das Industrieunternehmen OfficeCom AG liefert dem Einzelhandelsunternehmen Ebel GmbH am 2. August 2015 Waren im Wert von 7.000,00 €. Zahlungsziel laut Kaufvertrag vom 10. Juli 2015: 2. September 2015.

Frage: Wann verjährt der Anspruch der OfficeCom AG gegenüber der Ebel GmbH?

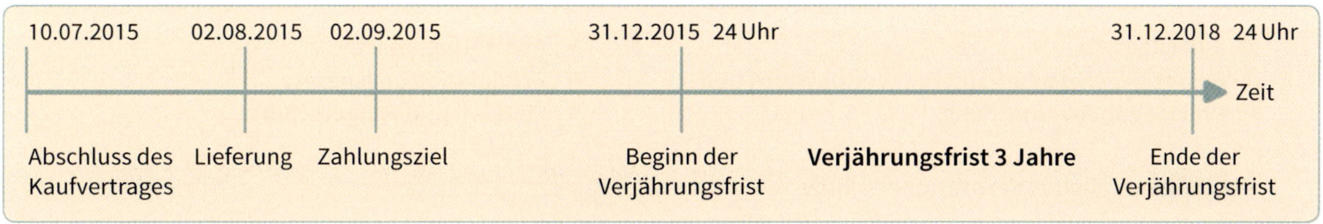

Hemmung der Verjährung

Man spricht von einer **Hemmung** der Verjährung, wenn sich die Verjährungsfrist um einen bestimmten **Zeitraum verlängert. Gründe für die Hemmung** können z. B. sein:

- **Schwebende Verhandlungen** zwischen Schuldner und Gläubiger über einen Anspruch, bis eine Seite die Verhandlungen abbricht (§ 203 BGB). Die Verjährung tritt frühestens **drei Monate** nach dem Ende der Hemmung ein.
- **Rechtsverfolgung** laut § 204 BGB wie z. B.:
  - Erhebung der Klage auf Leistung
  - Zustellung des Mahnbescheides im Mahnverfahren
  - Anmeldung des Anspruchs im Insolvenzverfahren
- **Leistungsverweigerungsrecht** laut § 205 BGB
- **höhere Gewalt** laut § 206 BGB

Die Hemmung endet **sechs Monate** nach der rechtskräftigen Entscheidung oder anderweitiger Beendigung des eingeleiteten Verfahrens (§ 204 BGB).

Neubeginn der Verjährung

Die **Verjährung beginnt** laut § 212 BGB **erneut**, wenn

- der Schuldner dem Gläubiger gegenüber den Anspruch durch Abschlagszahlung, Zinszahlung, Sicherheitsleistung oder in anderer Weise anerkennt,
- eine gerichtliche oder behördliche Vollstreckungshandlung vorgenommen oder beantragt wird.

Beispiel:
Das Industrieunternehmen OfficeCom AG liefert dem Einzelhandelsunternehmen Konrad GmbH am 10. Oktober 2015 Waren im Wert von 4.500,00 €. Zahlungsziel laut Kaufvertrag vom 26. September 2015: 10. Dezember 2015.

Nach einer Zahlungserinnerung (Zusendung der Rechnungskopie) am 22. Dezember 2015 leistet die Konrad KG am 5. Januar 2016 eine Teilzahlung von 2.500,00 €.

Frage: Wann verjährt der Anspruch der OfficeCom AG gegenüber der Konrad KG?

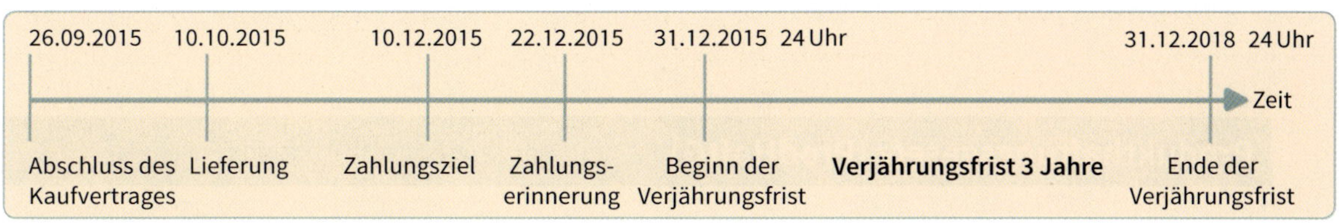

Nach Teilzahlung am 5. Januar 2016:

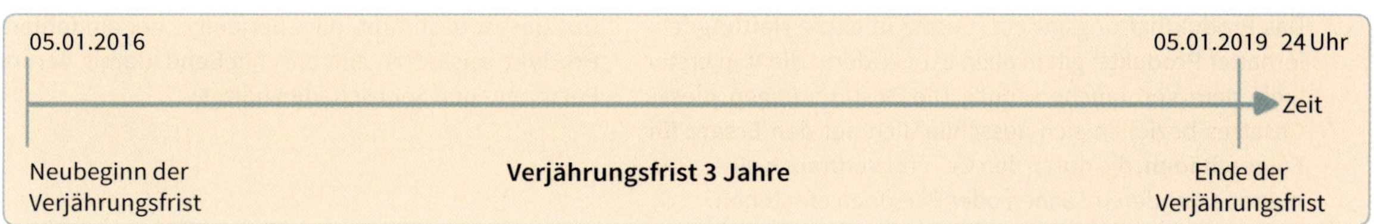

Verbraucherschutz *Consumer protection*

Merkmale

Unter Verbraucherschutz versteht man die Summe der Maßnahmen zum Schutz des Endverbrauchers vor den Praktiken der Anbieter, die seine Interessen beeinträchtigen. Dies geschieht durch die Durchsetzung entsprechender Rechtsnormen zum Schutz des Verbrauchers.

Gesetzliche Regelungen im Überblick (Beispiele)

- **Kartellgesetz**
- **Gesetz gegen den unlauteren Wettbewerb** (UWG)
- **Preisangabenverordnung**
- **Abzahlungsgesetz**
- **Produkthaftungsgesetz**
- **Marken- und Musterschutz**

Nichtgesetzlicher Verbraucherschutz

Ergänzend zum gesetzlich geregelten Verbraucherschutz existieren private Organisationen, die sich mit Fragen des Verbraucherschutzes befassen, wie z. B.

- **Verbraucherzentralen und -beratungsstellen** (in jedem Bundesland, meist staatlich finanziert)
- **Arbeitsgemeinschaft der Verbraucherverbände** (AGV)
- **Stiftung Warentest** (vergleichende Warentests werden durchgeführt und Ergebnisse veröffentlicht)

Ziele

- Schutz der Verbraucher (Verbraucherschutz)
- Sicherung des Wettbewerbs in der Marktwirtschaft
- Schutz der Anbieter, z. B. durch Gewährung von Subventionen und Festlegung von Mindestpreisen

Preisangabenverordnung (PAngV)

10

Begriff und Inhalt

Die Preisangabenverordnung regelt die Auszeichnung von Waren, die für den **Endverbraucher** bestimmt sind. Hiernach müssen Waren, die Letztverbrauchern angeboten werden, ausgezeichnet sein.
Die **Preisangabenverordnung** schreibt z. B. vor, dass ...

- Waren, die in Schaufenstern und Schaukästen ausgestellt sind, mit einem gut lesbaren Preisschild bzw. mit einer entsprechenden Beschriftung zu versehen sind.
- die Preise für den Endverbraucher einschließlich der Umsatzsteuer anzugeben sind (Bruttopreise).
- mit den Preisen die übliche Verkaufseinheit und die Gütebezeichnung angegeben werden.
- Kreditinstitute die Jahreszinssätze für Kredite angeben müssen.

Produkthaftungsgesetz (ProdHaftG)

Begriff

Das Produkthaftungsgesetz (Gesetz über die Haftung fehlerhafter Produkte; gilt in allen EU-Ländern) dient in erster Linie dem Verbraucherschutz. Die Bestimmungen dieses Gesetzes beziehen sich ausschließlich auf den **Ersatz für Folgeschäden**, die durch den Ge- und Verbrauch eines Produktes an anderen Sachen oder Personen entstehen.

Das Gesetz bestimmt, dass derjenige, der ein **fehlerhaftes Produkt** ausliefert, für anschließend damit verursachte Personen- und Sachschäden haftet.

Produkthaftungsgesetz (ProdHaftG)

Inhalt

Das Produkthaftungsgesetz regelt z. B.

- den **Produktbegriff** (Produkt ist jede bewegliche Sache)
- den **Fehlerbegriff** (ein Fehler liegt vor, wenn ein Produkt nicht die erwartete Sicherheit bietet)
- die **Verjährung** (ein Anspruch verjährt in drei Jahren von dem Zeitpunkt an, zu dem der Geschädigte Kenntnis von dem Schaden bzw. dem Fehler erlangt hat)
- den **Schadensersatz** (bei Sachschäden nicht begrenzt, bei Personenschäden höchstens ca. 80 Mio. €)
- das **Erlöschen von Ansprüchen** (der Anspruch erlischt 10 Jahre nach dem Zeitpunkt, zu dem der Hersteller das fehlerhafte Produkt in Verkehr gebracht hat)

Markengesetz (MarkenG)

Das **Markengesetz** dient dem Zweck, Waren und Dienstleistungen eines Unternehmens zu kennzeichnen und von denen anderer Anbieter abzugrenzen. Der **Markenschutz** entsteht durch die Eintragung beim Patentamt.

- Als **Marke** geschützt werden können alle Zeichen, z. B. Abbildungen, Wörter, Formen von Waren, die geeignet sind, Waren eines Unternehmens von Waren anderer Unternehmen zu unterscheiden.
- Geschützt werden können auch **geschäftliche Beziehungen**, z. B. durch Unternehmenskennzeichen, die der Unterscheidung des Geschäftsbetriebes von Mitbewerbern dienen, oder durch Werktitel (Namen oder besondere Bezeichnungen von Druckschriften, Film- und Bühnenwerken).
- Zudem können **geografische Herkunftsangaben** geschützt werden, z. B. Namen von Orten, Gegenden oder Ländern, die zur Kennzeichnung der geografischen Herkunft von Waren dienen.

Geschmacksmustergesetz (GeschmMG)

Das Gesetz schützt die aus der individuellen Kreativität des Urhebers hervorgegangene Verkörperung einer **ästhetischen Leistung**, die in einem Modell (z. B. Porzellanwaren) oder Muster (z. B. bei Tapeten) Gestalt angenommen hat. Dabei sind z. B. solche beweglichen Sachen geschützt, die allein über das Auge auf den Farb- und Formensinn des Betrachters geschmackvoll wirken.

§ 1 GeschmMG besagt, dass nur der Berechtigte die ausschließliche Befugnis hat, ein solches neues und individuelles Erzeugnis frei nachzubilden und erwerbsmäßig zu verbreiten. Die maximale Schutzdauer des Geschmacksmusters beträgt 25 Jahre ab dem Anmeldetag (§ 27 II GeschmMG). Die maximale Schutzdauer wird durch Zahlung einer Aufrechterhaltungsgebühr nach jeweils 5 Jahren bewirkt.

Gebrauchsmustergesetz (GebrMG)

In Abgrenzung zum Geschmacksmustergesetz, das sich auf ein neues und individuelles Produkt bezieht, schützt das Gebrauchsmustergesetz eine **technische Leistung**.

Das Gebrauchsmuster ...

- wird beim Patentamt kostenpflichtig in die Gebrauchsmusterrolle eingetragen,
- gilt für drei Jahre und kann höchstens bis zu zehn Jahren verlängert werden,
- schützt Neuerungen von Arbeitsgeräten und Gebrauchsgegenständen.

Gesetz gegen den unlauteren Wettbewerb (UWG)

Das Gesetz will verhindern, dass zu Zwecken des Wettbewerbs Handlungen vorgenommen werden, die **wettbewerbswidrig** sind und somit einen fairen Wettstreit zwischen allen Unternehmen behindern. Gleichzeitig sollen die Konsumenten vor irreführenden Angaben geschützt werden. Somit stellt das UWG eine **Rechtsnorm** dar, die indirekt über die Stärkung des Wettbewerbs den Schutz der Verbraucher bewirkt.

Gesetz gegen den unlauteren Wettbewerb (UWG)

Grundsätzlich **verboten** sind:

- unlautere geschäftliche Handlungen
- irreführende Werbung
- Mondpreiswerbung
- Lockvogelwerbung
- vergleichende Werbung (Ausnahmen siehe § 6 UWG)
- Verrat von Geschäfts- und Betriebsgeheimnissen
- unzumutbare Belästigung

geregelt u. a. in:

§ 1 UWG (Zweck des Gesetzes)

Dieses Gesetz dient dem Schutz der Mitbewerber, der Verbraucherinnen und Verbraucher sowie der sonstigen Marktteilnehmer vor unlauteren geschäftlichen Handlungen.

§ 3 UWG (Generalklausel)

Unlautere geschäftliche Handlungen sind unzulässig, wenn sie geeignet sind, die Interessen von Mitbewerbern, Verbrauchern oder sonstigen Marktteilnehmern spürbar zu beeinträchtigen.

§ 4 UWG nennt Beispiele für unlautere geschäftliche Handlungen, insbesondere die Vornahme von Handlungen, die geeignet sind,

- die Entscheidungsfreiheit der Verbraucher oder anderer Marktteilnehmer durch Ausübung von Druck oder Ähnlichem zu beeinträchtigen,
- die geschäftliche Unerfahrenheit von Kindern und Jugendlichen auszunutzen,
- den Werbecharakter von Wettbewerbshandlungen zu verschleiern,
- die Kennzeichen, Waren, Dienstleistungen u. a. eines Mitbewerbers herabzusetzen oder zu verunglimpfen,
- Mitbewerber gezielt zu behindern.

Rechtsfolgen bei Wettbewerbsverstößen im Sinne des UWG

- **privatrechtliche Ansprüche auf**
  - Unterlassung
  - Schadensersatz
- **strafrechtliche Verfolgung**
  - Freiheitsstrafen
  - Geldstrafen

Das neue **Gesetz zur Bekämpfung unerlaubter Telefonwerbung und zur Verbesserung des Verbraucherschutzes bei besonderen Vertriebsformen** erweitert den Verbraucherschutz. Die wichtigsten **Bestimmungen** sind:

- Der Angerufene muss **vor dem Telefonat** seine **Einwilligung** zu dieser Form des Direktmarketings gegeben haben.
- Der Angerufene muss die Rufnummer des Anrufenden erkennen können, ein **Unterdrücken der Rufnummer** ist **unzulässig**.
- Bei Verstößen kann ein **Bußgeld** verhängt werden.

Außenhandelsgeschäfte des Unternehmens *Export business of the company*

Bedeutung

Außenhandelsdokumente dienen zur Lieferungs- und Zahlungssicherung im internationalen Warenhandel. Sie dienen dem Nachweis, dass der Exporteur seine Pflichten vertragsgemäß erfüllt hat. Bei ordnungsmäßiger Vorlage verpflichten sie den Importeur zur Zahlung; sie bewirken i. d. R. den Eigentumsübergang an der gelieferten Ware; sie können als Grundlage für eine Kreditsicherung herangezogen werden.

Arten

Man unterscheidet

- **Transportdokumente**, z. B. Konnossement, Ladeschein, Frachtbrief
- **Versicherungsdokumente**, z. B. Versicherungspolice, Versicherungszertifikat
- **Handels- und Zolldokumente**, z. B. Faktura, Ursprungszeugnis, Gesundheitszertifikat

In den letzten Jahren hat der elektronische Austausch von Dokumenten die beleggebundene Übergabe mehr und mehr verdrängt.

Zahlung im Außenwirtschaftsverkehr

Die wichtigsten dokumentären Zahlungen erfolgen mithilfe des **Dokumenteninkassos** und des **Dokumenten-Akkreditivs**.

Dokumenteninkasso

Ablauf

Beim Dokumenteninkasso erteilt der Exporteur seiner Hausbank den Auftrag, den Gegenwert für eingereichte Dokumente vom Importeur einzuziehen. Sie leitet die Dokumente an die Bank des Importeurs weiter und veranlasst, dass die Urkunden gegen Zahlung des Kaufpreises (Dokumente gegen Zahlung) bzw. gegen die Akzeptierung eines Wechsels (Dokumente gegen Akzept) an den Importeur ausgehändigt werden.

Bedeutung

Das Dokumenteninkasso ist ein Zug-um-Zug-Geschäft (Dokumente gegen Zahlung bzw. Akzept). Der Exporteur verliert die Verfügungsgewalt über die Ware erst bei Zahlung bzw. Akzeptleistung. Der Importeur leistet nur dann Zahlung, wenn ihm die Dokumente ausgehändigt werden.

Rechtsgrundlage

Einheitliche Richtlinien für Inkassi (ERI)

Abwicklung eines Dokumenteninkassos

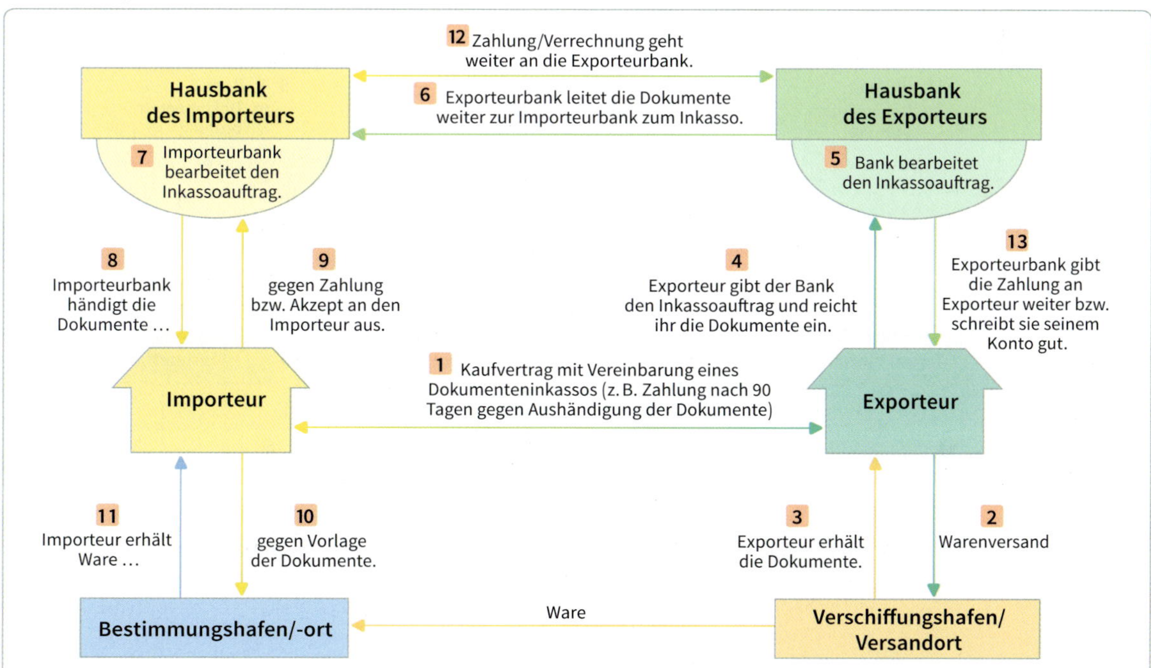

Dokumenten-Akkreditiv

Ablauf

Beim Dokumenten-Akkreditiv geht die Hausbank des Importeurs (eröffnendes Kreditinstitut) die vertragliche Verpflichtung ein, im Auftrag, für Rechnung und nach Weisungen ihres Kunden (Akkreditiv-Auftraggeber) gegen Übergabe vorgeschriebener Dokumente und bei Erfüllung bestimmter Bedingungen eine bestimmte Geldzahlung zu leisten oder vom Begünstigten (Exporteur) gezogene Wechsel zu akzeptieren und zu bezahlen.

Beim **Akkreditiv** (Regelfall) geht die eröffnende Bank gegenüber dem Exporteur ein abstraktes, bedingtes Schuldversprechen i. S. v. § 780 BGB ein. Abstrakt bedeutet: Die Bank des Importeurs geht einen einseitig verpflichtenden Vertrag ein; er enthält ein vom Grundgeschäft (z. B. Kaufvertrag) losgelöstes Leistungsversprechen. Bedingt bedeutet: Wenn der Exporteur seine Verpflichtungen aus dem Akkreditiv erfüllt, ist die Bank des Importeurs ihm gegenüber zur Zahlung verpflichtet.

Beim **bestätigten Akkreditiv** übernimmt die Hausbank des Exporteurs neben der Hausbank des Importeurs gegen die Entrichtung einer Bestätigungsprovision eine zusätzliche Einlösungsverpflichtung.

Bedeutung

Das Dokumenten-Akkreditiv wird vor allem bei Aufnahme neuer Geschäftsbeziehungen verwendet, da man die Bonität des Importeurs nicht genau beurteilen kann.

Die Zahlung wird durch das Zahlungsversprechen des eröffnenden Kreditinstituts (und bei einem bestätigten Akkreditiv zusätzlich durch das Schuldversprechen der Bank des Exporteurs) gewährleistet, sofern die Akkreditiv-Bedingungen (z. B. Verladungs- und Bestimmungsort, Einhaltung der Lieferungsbedingungen, Art und Anzahl der vorzulegenden Dokumente) erfüllt werden. Der Importeur (z. B. die ALPHA LTD. in Taipei [Taiwan])[1] zahlt erst nach Vorlage akkreditivgerechter Dokumente, die die Verschiffung der Ware beweisen (z. B. Konnossement, Handelsrechnung, Packliste)[1]. Eine termingerechte Erfüllung wird durch eine zeitlich festgelegte Warenverladung und die Gültigkeitsdauer des Akkreditivs (in der Regel 21 Tage) angestrebt. Allerdings hat der Importeur Zahlung zu leisten, bevor er die Qualität der Ware prüfen kann.

1 vgl. S. 451 f.

Rechtsgrundlage

Einheitliche Richtlinien und Gebräuche für Dokumenten-Akkreditive (ERA)

10

Abwicklung eines Dokumenten-Akkreditives (Belege siehe S. 451 f.)

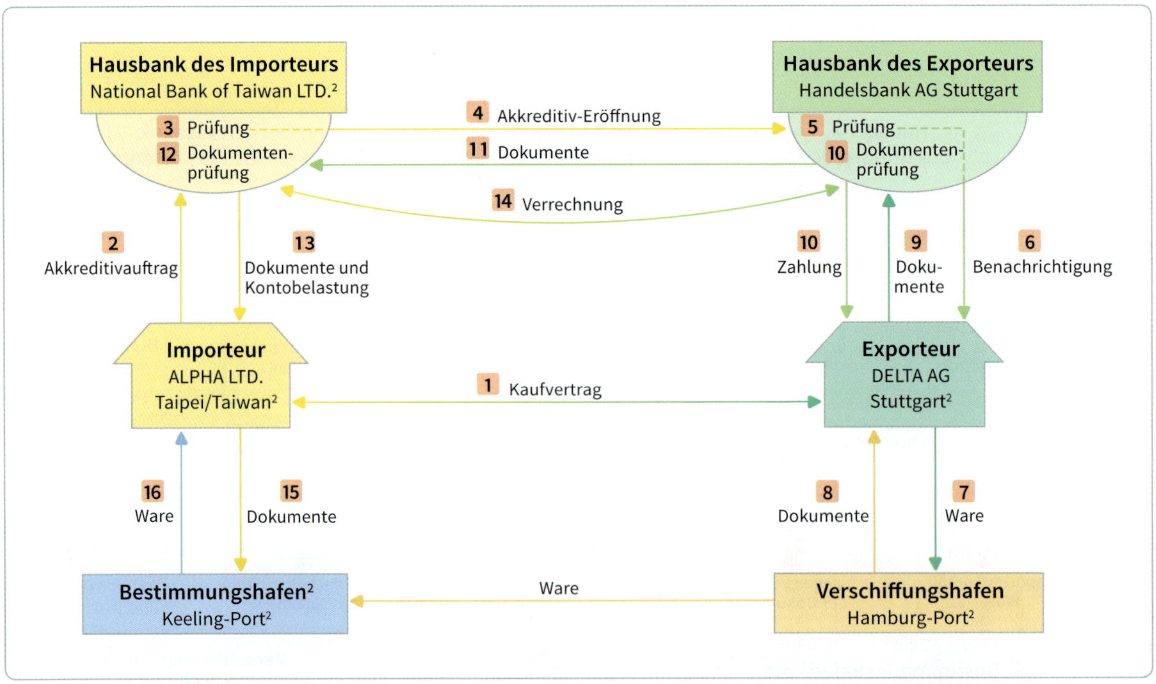

² vgl. S. 451

Dokumenten-Akkreditiv

Beispiel: Belege zum Ablaufschema S. 450

Shipper:
DELTA AG
Postfach 9 99
Stuttgart

Origin Code:

Bill of Lading No.: 111 7890

Negotlable Carrier Bill of Lading for Combined Transport or Port to Port Shipment

To comply with ICC Uniform Rules for a Combined Transport Document (ICC Publication 481) and with ICC Uniform Customs and Practice for Documentary Credits (ICC Publication 500)

Consigned to order of:
TO ORDER

FAST GMBH

(Carrier)

General Agents in Germany
International GmbH

Notify address:
ALPHA Ltd.
P.O.Box 777
Taipei / Taiwan

Place of receipt (applicable only when this document is used as a Combined Transport Bill of Lading):

Ocean Vessel (or intended ocean vessel when this document is used as a Combined Transport Bill of Lading):	Port of Loading (or intended port of loading when this document is used as a Combined Transport Bill of Lading):
MS Victoria	HAMBURG PORT
Port of Discharge (or intended port of discharge when this document is used as a Combined Transport Bill of Lading):	**Final Destination** (or intended final destination when this document is used as a Combined Transport Bill of Lading):
Taiwan Keelung	PORT

Shipping Marks and container numbers:	Number & kind of packages:		Description of Goods:	Gross Weight:	Measurement:
ALPHA Ltd. Taipei	20	CASE	Elektronische Bauteile	1.250 kg	

IRREVOCABLE
DOCUMENTARY CREDIT NO:
1234567

---

20 Package (s) Total KGS 1.250,000

===

Particulars Declared by Shipper

Original

Number of Containers/Packages:

Declared Value (See Clause 8.4):

SHIPPED ON BOARD
MSAS CARGO INTERNATIONAL GmbH

The goods and instructions are accepted and dealt with subject to the terms and conditions printed overleaf. Taken in charge in apparent good order and condition, unless otherwise noted herein, at the place of receipt or (where this is a port to port shipment) at the port of loading for transport and delivery as mentioned above. One of these Bills of Lading must be surrendered duly endorsed in exchange for the goods in witness whereof the original Bills of Lading. All of this tenor and date have been signed in the number stated below, one of which being accomplished the other(s) to be void.

For delivery of goods please apply to:

Freight payable at:	Place and date of issue:
HAMBURG-PORT	Hamburg, 18.10.20..
In •••••••••• 3/3 ••	Signature For and on •••••• of INTERNATIONAL GmbH as agent for The •••••••••••••••• Line Limited

Konnossement

ALPHA LTD.
P.O.Box 777
Taipei/Taiwan

DELTA AG
Postfach 999
Stuttgart

Handlungsrechnung/Commercial Invoice

Auftrags Nr.	Kunden Nr.	Rechnungs Nr.	Datum
123456	342586754	453428262St	20.10.20..

Warenbeschreibung: Elektronikteile; CIF
Versand am ..-02-01 von Hamburg nach Keelung per Seefracht „MS Voctoria".

Menge	Artikel	Betrag
ST.- 1000 -	ET1B5 7650943 ABC	EUR 52.031,16

ausgestellt unter Akkreditiv Nr. 1234567 vom ..-07-15 der National Bank of Taiwan Ltd.

Total EUR 52.031,16

===

DELTA AG

Handelsrechnung

aus: Bankfachklasse 7/97, Gabler Verlag Wiesbaden 1997

Dokumenten-Akkreditiv

Beispiel: Belege zum Ablaufschema S. 450

Original

Certificate (Policy)
of Marine Insurance

Versicherungs-Aktiengesellschaft

Sum Insured	Place and Date of Issue	Copies	Open Cover No./Certificate No.
EUR 52.031,16	Stuttgart, 20.10.20..	2	12345

This is to certify that insurance has been granted under the above Open Cover to:

to the order

for account of whom it may concern, on the following goods:

Elektronische Bauteile 20 cases

CIF Keelung

Shipping marks: ALPHA Ltd,, Taipei

Doc. Credit no: 1234567 of National Bank of Taiwan

for the following voyage (conveyance, route):

From Stuttgart by truck to Hamburg-port for transportation to Taiwan seaport,

from warehouse to warehouse, in accordance with Clause 5 of the German General Rules of Marine Insurance, Special Conditions Cargo (ADS Cargo 1973 – Edition 1984), as printed overleaf.

Claims payable do the holder of this certificate. Settlement under one copy shall render all others null and void.

Conditions:

1. German General Rules of Marine Insurance (ADS), Special Conditions for Cargo (ADS Cargo 1973 – Edition 1984).
2. Irrespective of which conditions and clauses have been agreed the Institute Radioactive Contamination Exclusion Clause shall apply in any case.
3. Terms and conditions of the above Open Cover.
4. Form of cover (see overleaf):
5. Clauses (see overleaf):
   covering institute cargo clause (a), institute wr clauses (cargo) and institute strikes clauses (cargo) and/or overland transportation clauses (all risks.)

See overleaf für instructions to be followed in case of less or damage.
In case of loss or damage immediately contact:

Versicherungs-Aktiengesellschaft

Versicherungszertifikat

ALPHA LTD.
P.O.Box 777
Taipei/Taiwan

PACKING LIST/PACKLISTE

ST - 1000 - Elektronische Bauteile Artikel Nr. ET1B5 7650943 ABC

Gewicht: Brutto 1 250 kg Netto 1 000 kg

ausgestellt unter Akkreditiv Nr. 1234567 vom 15.07.20.. der National Bank of Taiwan Ltd.

Stuttgart, ..-10-20

DELTA AG

Packliste

aus: Bankfachklasse 7/97, Gabler Verlag Wiesbaden 1997

Marketingcontrolling

Aufgaben

Strategisches Marketingcontrolling

Im Bereich des **strategischen** Marketingcontrollings werden **langfristige** Absatzstrategien wie z. B. Modellpolitik und Distributionswege bestimmt, Marketingkonzeptionen entwickelt sowie Plandaten festgelegt.

Operatives Marketingcontrolling

Das **operative** Marketingcontrolling ist dagegen auf das laufende, **kurzfristige** Absatzgeschehen ausgerichtet und beinhaltet u. a. die Aufstellung von Kosten-, Umsatz- und Gewinnbudgets, den Soll-Ist-Vergleich dieser Zahlen und die Abweichungsanalyse.

Verfahren

Das Marketingcontrolling wird mithilfe unterschiedlicher Verfahren oder Instrumente durchgeführt.

Beispiele:

- Deckungsbeitragsrechnung zur optimalen Sortimentsgestaltung S. 189
- Plankostenrechnung S. 193 ff.
- ABC-Analyse der Kunden S. 252
- Marktanalyse S. 406
- Erhebungstechniken der Marktforschung S. 407
- Konkurrenzanalyse S. 408
- Kundenanalyse S. 410
- Produkt-Lebenszyklus-Analyse S. 418
- Portfolio-Analyse und -Matrix S. 420
- Bestimmung der Preisuntergrenzen S. 423
- Break-even-Analyse S. 487

Kennzahlen

Beispiele:

Kontrolle der Marktentwicklung:

$$\text{Marktanteil} = \frac{\text{eigener Absatz (in ME) oder Umsatz (in €) des Produktes i}}{\text{Marktvolumen (in ME oder €) des Produktes i}}$$

Kontrolle des Faktoreinsatzes:

$$\text{Umsatz pro Marketingmitarbeiter} = \frac{\text{Umsatz}}{\text{Anzahl der Marketingmitarbeiter}}$$

$$\text{Werbegewinn} = \text{werbebedingter Mehrumsatz} - \text{Werbekosten}$$

$$\text{Tausenderpreis} = \frac{\text{Kosten des Werbemediums}}{\text{Anzahl der erreichten Personen}} \cdot 1.000$$

Erfolgskontrolle:

$$\text{Angebotseffizienz} = \frac{\text{Anzahl der zu Bestellungen führenden Angebote}}{\text{Gesamtzahl der Angebote}} \cdot 100$$

$$\text{Deckungsbeitrag des Produktes i} = \text{Umsatz} - \text{variable Kosten}$$

$$\text{Rentabilität des Umsatzes in v. H.} = \frac{\text{Gewinn}}{\text{Umsatz}} \cdot 100$$

Kontrolle der Kundenzufriedenheit:

$$\text{Reklamationsquote} = \frac{\text{Anzahl fehlerhafter Aufträge}}{\text{Gesamtzahl der Aufträge}}$$

Weitere mögliche Kontrolldaten: Anzahl von Kunden und Interessenten, Anzahl der Angebote, Auftragseingänge, Auftragsbestand und Lagerbestand in Euro, Anteil der Vertriebskosten an den Gesamtkosten.

11 Investitions- und Finanzierungsprozesse planen

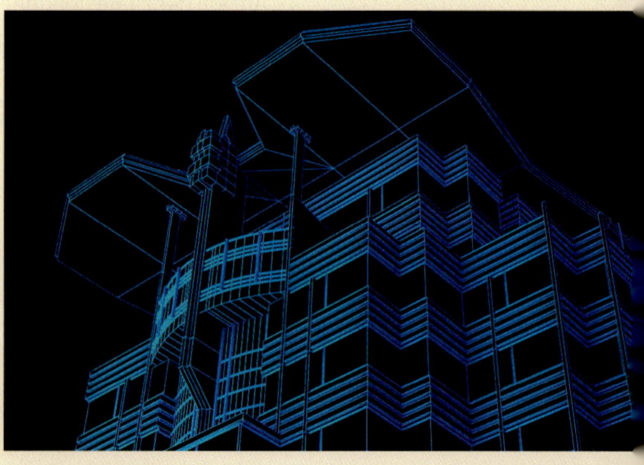

Finanzierung – Investition

Financing – Investment

Begriff

Finanzierung als betriebswirtschaftliche Funktion eines Unternehmens:

Sämtliche **Maßnahmen** eines Unternehmens, die der **Beschaffung von Kapital** für unternehmerische Aktivitäten dienen.

[1] Liquiditätssicherung: Sicherung der Zahlungsfähigkeit eines Unternehmens

Damit sichert die Finanzierung

1. den **Erwerb** betrieblicher Vermögenswerte und
2. den **Erhalt** betrieblicher Vermögenswerte bzw. die Leistungsfähigkeit des Unternehmens (z. B. durch Liquiditätssicherung[1]).

Mittelverwendung und Mittelherkunft

Wird die **Finanzierung** als **Kapitalbeschaffung** definiert, so beschreibt die **Investition** ganz allgemein die **Kapitalverwendung.** Dieser Zusammenhang lässt sich in der Bilanz eines Unternehmens darstellen:

Bilanz

Aktiva (Vermögen)	**Passiva (Kapital)**
Anlagevermögen (z. B. Gebäude, Maschinen, Fuhrpark)	**Eigenkapital (Eigentümer)** (z. B. Bareinlage)
Umlaufvermögen (z. B. Roh-, Hilfs und Betriebsstoffe, Bankguthaben, Forderungen)	**Fremdkapital (Gläubiger)** (z. B. Darlehen, Verbindlichkeiten)
Wie wurde das Kapital angelegt? ↓ Mittelverwendung = **Investition**	**Woher** stammt das Kapital? ↓ Mittelherkunft = **Finanzierung**

Finanzierungs- und Investitionsanlässe

Mögliche **Finanzierungsanlässe:**

- Kauf von Maschinen
- Erwerb einer Lizenz
- Aktualisierung der Software (Update)
- Umwandlung der Rechtsform (z. B. GmbH in eine AG)
- Schließung von Finanzierungslücken (z. B. durch Kreditaufnahme)

Mögliche **Investitionsanlässe:**

- Erschließung eines neuen Marktes durch Errichtung von Auslandsfilialen
- Sicherung der Wettbewerbsfähigkeit durch Anschaffung neuer Produktionsanlagen
- Anpassungen an veränderte gesetzliche Vorschriften (z. B. Umweltrecht) durch Modernisierung bestehender Produktionsanlagen

Finanzierungsarten
Types of financing

1. Unterscheidungsgesichtspunkt: Welche Rechtsstellung haben die Kapitalgeber?

Eigenfinanzierung
Bilanzwerte (z. B. Maschinen) werden durch eigene finanzielle Mittel (Eigenkapital) finanziert.

Fremdfinanzierung
Bilanzwerte (z. B. Maschinen) werden durch fremde Mittel (Fremdkapital) finanziert.

2. Unterscheidungsgesichtspunkt: In welcher Form können Eigen- und Fremdfinanzierung auftreten?

Finanzierung aus:

Kapitalzufuhr alter/neuer Eigentümer
= externe Eigenfinanzierung
= Beteiligungsfinanzierung

Fremdkapitalaufnahme
= externe Fremdfinanzierung

zurückbehaltenen Gewinnen
= interne Eigenfinanzierung
= Selbstfinanzierung

Abschreibungen
= interne Eigenfinanzierung

dem Verkauf von Anlagegütern
= Finanzierung aus Kapitalfreisetzung (Eigen- oder Fremdkapital)

3. Unterscheidungsgesichtspunkt: Welche Herkunft hat das Kapital?

Innenfinanzierung
Das Kapital wird von dem Unternehmen selbst erwirtschaftet.

Selbstfinanzierung
Beispiel:
Gewinne werden im Unternehmen einbehalten und stehen für den Kauf einer Maschine zur Verfügung.

Finanzierung aus Kapitalfreisetzung
Beispiel:
jährliche Abschreibungsrückflüsse bei einer Spezialmaschine

Rückstellungen
Beispiel:
Rückstellungen für mögliche Gewerbesteuernachzahlungen

Außenfinanzierung
Das Kapital fließt dem Unternehmen von außen zu.

Beteiligungsfinanzierung
Beispiel:
Aufnahme eines stillen Gesellschafters

Finanzierung aus Fremdkapitalaufnahme
Beispiel:
Bankkredit zur Finanzierung eines Hallenneubaus

4. Unterscheidungsgesichtpunkt: Wie lange wird das Kapital überlassen?

- kurzfristiges Kapital
- mittelfristiges Kapital
- langfristiges Kapital

11

3545456

1. Unterscheidungsgesichtspunkt: Welchen **Zweck** erfüllt die Investition?

Erstinvestition	Ersatzinvestition	Rationalisierungsinvestition	Erweiterungsinvestition
Beispiel: Kauf von Anlagegütern bei Unternehmensgründung	*Beispiel:* Ersatz einer alten Computeranlage durch eine neue	*Beispiel:* Kauf moderner Lkws mit geringem Kraftstoffverbrauch	*Beispiel:* Bau einer zusätzlichen Lagerhalle

2. Unterscheidungsgesichtspunkt: Welche **betriebliche Funktion** erfüllt die Investition?

zum Beispiel

Forschungsinvestition	Lagerlogistikinvestition	Absatzinvestition
(z. B. Eigenlabor)	(z. B. Transportsystem)	(z. B. Werbekampagne)

3. Unterscheidungsgesichtspunkt: Welche **Vermögensart** wird durch die Investition berührt?

Sachinvestition	Finanzinvestition	immaterielle Investition
(z. B. Maschine)	(z. B. Beteiligung)	(z. B. Patent)

Begriffliche Einordnung

- Die Entscheidung für eine Investition ist von mehreren Faktoren abhängig. Ein Entscheidungskriterium ist in jedem Fall die **Wirtschaftlichkeit** der Investition: Es gilt zu prüfen, ob sich die Investition wirtschaftlich lohnt. Dabei werden z. B. mögliche Investitionsalternativen mit dem beabsichtigten Investitionsvorhaben verglichen.
- Bei der sogenannten **statischen Investitionsrechnung** werden die für **eine Periode** (z. B. ein Jahr) zu erwartenden Aufwendungen und Erträge bzw. Kosten und Leistungen des Investitionsvorhabens erfasst und verglichen. Wichtige **Methoden** oder **Verfahren** der statischen Investitionsrechnung sind die
  - **Kostenvergleichsrechnung**,
  - **Gewinnvergleichsrechnung**,
  - **Rentabilitätsvergleichsrechnung**,
  - **Amortisationsvergleichsrechnung**.
- Bei der **dynamischen Investitionsrechnung** werden **alle Nutzungsperioden** der Investition berücksichtigt und die entsprechenden Ein- und Auszahlungsströme erfasst. Dabei wird auch berücksichtigt, zu welchem Zeitpunkt die Zahlung erfolgt, d. h., es werden Ab- und Aufzinsungen von Geldbeträgen vorgenommen, um die Zahlungen vergleichbar zu machen. Wichtige **Methoden** oder **Verfahren** sind:
  - Kapitalwertmethode,
  - Annuitätenmethode,
  - Interne-Zinsfuß-Methode.
- Ob eine Investition letztendlich getätigt wird, hängt aber nicht immer allein von wirtschaftlichen Gesichtspunkten ab. Hinzu kommen beispielsweise **politische Umstände** (siehe S. 387) oder Einschätzungen, eventuell auch **persönliche Überlegungen** des Unternehmers.

Kostenvergleichsrechnung

Bei dieser Methode werden die **Kosten** alternativer Investitionen **verglichen**, eventuell zu erwartende Erträge werden nicht berücksichtigt.

Beispiel: Anschaffung eines Firmenwagens durch die OfficeCom AG
Annahme: Die durchschnittliche Fahrleistung des Firmenwagens beträgt 25 000 km pro Jahr.

	Firmenwagen I	Firmenwagen II
Anschaffungskosten	30.000,00 €	36.000,00 €
Nutzungsdauer	6 Jahre	6 Jahre
Abschreibung pro Jahr	5.000,00 €	6.000,00 €
sonstige fixe Kosten (z. B. Versicherung, Steuern) pro Jahr	2.000,00 €	2.400,00 €
fixe Kosten insgesamt pro Jahr (K_f)	7.000,00 €	8.400,00 €
variable Kosten (z. B. Benzin) pro km (k_v)	0,40 €	0,35 €
variable Kosten (K_v) für 25 000 km	10.000,00 €	8.750,00 €
Gesamtkosten pro Jahr (K)	17.000,00 €	17.150,00 €
Kosten pro km	0,68 €	0,69 €

Berechnung der **kritischen Menge**:

$$K_I = K_{II}$$
$$K_{fI} + K_{vI} = K_{fII} + K_{vII}$$
$$K_{fI} + k_{vI} \cdot x = K_{fII} + k_{vII} \cdot x$$
$$7.000 + 0{,}4\,x = 8.400 + 0{,}35\,x$$
$$0{,}05\,x = 1.400$$
$$\underline{\underline{x = 28\,000}}$$

Bei 28 000 km Fahrleistung pro Jahr sind die Kosten beider Firmenwagen gleich hoch.

Bei Überschreitung der Fahrleistung von 28 000 km pro Jahr ist der Firmenwagen II günstiger, da sich die variablen Kostenvorteile bemerkbar machen.

Gewinnvergleichsrechnung

Dieses Verfahren der statischen Investitionsrechnung berücksichtigt neben den Kosten auch die **Erlöse** (Leistungen). Unterschiedlich hohe Erlöse der Investitionsalternativen ergeben sich aus der Tatsache, dass die jeweiligen Investitionsobjekte **unterschiedliche Leistungen** erbringen. Das kann bedeuten, dass zum Beispiel Maschinen unterschiedliche Kapazitäten haben, es kann aber auch zusätzlich bedeuten, dass die mit der Maschine erstellten Produkte unterschiedliche Erlöse auf dem Markt erbringen.

Gewinnvergleichsrechnung

Beispiel: Annahme: Erlöse pro Stück aus dem Verkauf der Fertigerzeugnisse sind bei beiden Maschinen identisch.

Anschaffung einer Maschine	Maschine I	Maschine II
Anschaffungskosten	160.000,00 €	200.000,00 €
Nutzungsdauer	10 Jahre	10 Jahre
Abschreibung pro Jahr	16.000,00 €	20.000,00 €
sonstige fixe Kosten pro Jahr	20.000,00 €	25.000,00 €
Fixkosten insgesamt pro Jahr	36.000,00 €	45.000,00 €
variable Kosten pro Stück	1,20 €	1,22 €
Jahreskapazität	20 000 Stück	30 000 Stück
variable Kosten pro Jahr	24.000,00 €	36.600,00 €
Gesamtkosten pro Jahr	60.000,00 €	81.600,00 €
Erlöse aus dem Verkauf der Fertigerzeugnisse[1]	3,20 € · 20 000 = 64.000,00 €	3,20 € · 30 000 = 96.000,00 €
Gewinn/Gewinn pro Stück	4.000,00 €/0,20 €	14.400,00 €/0,48 €

[1] Annahme: Alle produzierten Erzeugnisse werden abgesetzt.

Rentabilitätsvergleichsrechnung

Während bei der Gewinnvergleichsrechnung nur die absolute Höhe des Gewinns als Entscheidungskriterium herangezogen wird, inwieweit eine bestimmte Investition besser als eine Investitionsalternative ist, wird bei der Rentabilitätsvergleichsrechnung zusätzlich die **Höhe des eingesetzten Kapitals** berücksichtigt.

Beispiel: Anschaffung einer Maschine (vgl. Daten aus der Gewinnvergleichsrechnung) durch die OfficeCom AG

	Maschine I	Maschine II
Anschaffungskosten	160.000,00 €	200.000,00 €
Gewinn	4.000,00 €	14.400,00 €

$$\textbf{Rentabilität in v. H.} = \frac{\textbf{Gewinn} \cdot \textbf{100}}{\textbf{durchschn. eingesetztes Kapital}}$$

$$\text{Rentabilität I in v. H.} = \frac{4.000 \cdot 100}{80.000} = 5$$

$$\text{Rentabilität II in v. H.} = \frac{14.400 \cdot 100}{100.000} = 14{,}4$$

Anmerkung: durchschnittlich eingesetztes Kapital = $\frac{\text{Anschaffungskosten}}{2}$

(siehe dazu auch S. 378)

Amortisationsvergleichsrechnung

Dieses Verfahren prüft, in welchem Zeitraum sich eine Investition amortisiert, d. h., in welcher Zeitspanne der Kapitaleinsatz durch Kapitalrückflüsse wiedergewonnen wird. Ergebnis dieser Berechnung ist die sogenannte Amortisationszeit oder Kapitalrückflusszeit. Diese Methode wird auch als Pay-off-Rechnung bezeichnet.

Beispiel: Anschaffung einer Maschine (vgl. Daten aus der Gewinnvergleichsrechnung) durch die OfficeCom AG

$$\textbf{Amortisationszeit in Jahren} = \frac{\textbf{Kapitaleinsatz}}{\textbf{Gewinn pro Jahr + Abschreibung pro Jahr}}$$

$$\text{Amortisationszeit I in Jahren} = \frac{160.000}{4.000 + 16.000} = 8$$

$$\text{Amortisationszeit II in Jahren} = \frac{200.000}{14.400 + 20.000} = 5{,}8$$

Finanzplan

Begriff

Der Finanzplan eines Unternehmens enthält die Aufstellung der erwarteten Einnahmen und Ausgaben für eine Planungsperiode (z. B. ein Quartal, ein Halbjahr oder sogar mehrere Jahre). Die auf die Zukunft ausgerichteten Schätzwerte müssen – gerade bei langfristigen Finanzplanungen – laufend an die tatsächlichen betrieblichen Entwicklungen angepasst werden. Der Finanzplan muss Teil der Gesamtplanung eines Unternehmens sein.

Beispiel: **Finanzplan vom … bis …**

	Januar				Februar	
	1. Woche	**2. Woche**	**3. Woche**	**4. Woche**	**1. Woche**	**2. Woche**
Zahlungsmittelbestand	50.000	96.000	106.000	10.000	37.000	– 66.000
Einzahlungen						
… aus Umsätzen	200.000	180.000	140.000	160.000	120.000	150.000
… des Finanzbereichs	–	10.000	2.000	–	–	–
… sonstige	–	–	–	10.000	–	–
Einzahlungen insgesamt	200.000	190.000	142.000	170.000	120.000	150.000
Auszahlungen						
… für Personal	58.000	64.000	64.000	60.000	60.000	58.000
… für Material	82.000	96.000	90.000	80.000	140.000	60.000
… für Steuern	–	–	–	–	20.000	–
… für Anlageninvestitionen	–	–	80.000	–	–	–
… des Finanzbereichs	4.000	4.000	4.000	3.000	3.000	2.000
… sonstige	10.000	16.000	–	–	–	–
Auszahlungen insgesamt	154.000	180.000	238.000	143.000	223.000	120.000
Überdeckung (+)/Unterdeckung (–)	+ 96.000	+ 106.000	+ 10.000	+ 37.000	– 66.000	– 36.000

Einordnung der Finanzplanung in die unternehmerische Gesamtplanung

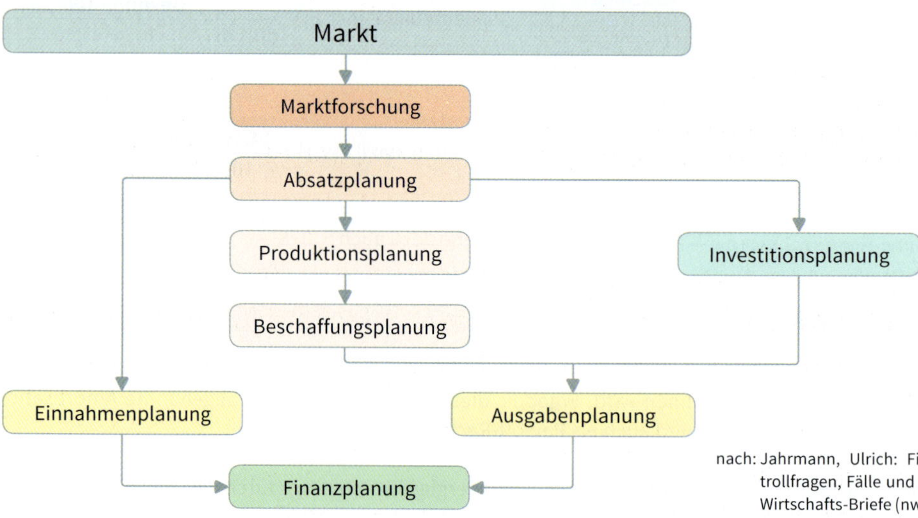

nach: Jahrmann, Ulrich: Finanzierung. Darstellung, Kontrollfragen, Fälle und Lösungen, 3. Aufl., Verlag Neue Wirtschafts-Briefe (nwb) Herne/Berlin 1996, S. 447

Ziel des Finanzplans

Ziel eines Finanzplans ist einerseits die Sicherstellung der Zahlungsfähigkeit (Liquidität) des Unternehmens, andererseits die Begrenzung überschüssiger Finanzierungsmittel, um die Rentabilität des Unternehmens optimal zu gestalten. Deshalb sollen durch eine vorausschauende Finanzplanung finanzielle Engpässe erkannt und eine Gegensteuerung frühzeitig ermöglicht werden.

Lieferantenkredit *Supplier's credit*

Bei dieser Kreditart räumt der Lieferant dem Industrieunternehmen einen **Kredit** ein, sodass dieses die gelieferte Ware erst nach einer bestimmten Zeit, z. B. nach 4 Wochen, bezahlen muss. Das Industrieunternehmen hat dieses **Zahlungsziel** mit dem Lieferanten im Kaufvertrag vereinbart. Dadurch wird es ihm möglich, seine Warenverbindlichkeiten aus den Umsatzerlösen der verkauften Waren zu begleichen; es benötigt dadurch wesentlich weniger Kapital von seiner Hausbank. Dem Industrieunternehmen werden für die Inanspruchnahme des späteren Zahlungszeitpunktes direkt keine Zinsen ausgewiesen, sie werden aber vorher in die Verkaufspreise einkalkuliert. Um das Industrieunternehmen zu einer vorzeitigen Zahlung zu bewegen, wird ihm der Lieferant die Gewährung von **Skonto**, z. B. 2 % Skonto bei Zahlung binnen 10 Tagen, anbieten. Der Lieferant kann den Lieferantenkredit über die Vereinbarung eines **Eigentumvorbehalts** (siehe S. 462) zusätzlich absichern.

Beispiel:
Kaufvertragsabschluss: 5. März
Vereinbartes Zahlungsziel: 15. April

Vereinbartes Lieferdatum: 15. März
Skonto: 2 % Skonto bei Zahlung innerhalb 14 Tagen

Kontokorrentkredit *Current account advance*

Die Hausbank des Industrieunternehmens, also ein Kreditinstitut, gewährt ihm einen **Überziehungskredit** bis zu einem vereinbarten Höchstbetrag (**Kreditlimit**). Das Industrieunternehmen kann je nach Finanzbedarf das Geschäftskonto bis zum Limit überziehen. Die Bank verzinst nur den tatsächlich beanspruchten Kreditbetrag. Dafür berechnet sie ihm einen vereinbarten **Zinssatz**, zusätzlich kann die Bank – je nach Vereinbarung – noch eine Kreditprovision (Bereitstellungsgebühr) für das Kreditlimit und eine Umsatzprovision für die Kontoführung berechnen. Sollte das Kreditlimit überzogen werden, wird das Kreditinstitut einen erhöhten **Überziehungszinssatz** berechnen. Allerdings ist die Möglichkeit des Überziehens in der Höhe begrenzt.

Ein **Guthaben** wird in der Regel in Form von Habenzinsen verzinst. Kontokorrentkredite werden individuell zwischen Kreditinstitut und Industrieunternehmen ausgehandelt, die Konditionen (insbesondere Sollzinsen) richten sich vor allem nach der **Bonität** (dem Ruf, der Zahlungsfähigkeit) des Unternehmens.

Beispiel:
Einem Industrieunternehmen wird ein Kontokorrentkredit bis zu einem Limit von 250.000,00 € zu einem Zinssatz von 9,5 % eingeräumt, eine weitere Überziehung ist in Ausnahmefällen gegen einen höheren Zinssatz von 12,5 % bis zu einer Kredithöhe von 300.000,00 € möglich.

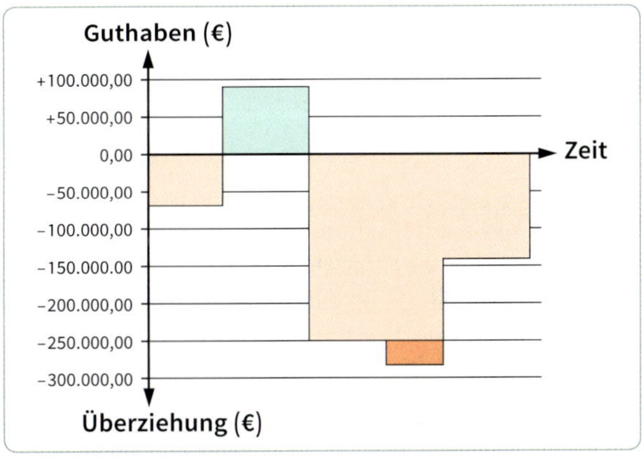

Darlehen *Credit*

In einem **Darlehensvertrag** wird zwischen Darlehensgeber und -nehmer die **Überlassung eines Geldbetrages** gegen **Entgelt** (z. B. **Zinsen**) vereinbart. Diese Kreditform zählt zu den längerfristigen Kreditarten. Das Industrieunternehmen wird in der Regel ein Darlehen bei seinem Kreditinstitut aufnehmen, auch wenn andere Darlehensgeber denkbar sind, wie z. B. Geschäftsfreunde. Die Darlehenssumme kann je nach Vertragsart entweder in einer Summe am Tag der Fälligkeit oder in der Form gleich hoher Raten zurückgezahlt werden. Die Höhe des Zinssatzes richtet sich nach der Bonität des Darlehensnehmers, nach der Höhe des Darlehens, nach den angebotenen Sicherheiten und nach dem Zinsniveau auf dem Kapitalmarkt.

Sicherungsmöglichkeiten von Krediten

Personalsicherheiten

Bei sogenannten Personalkrediten haften die Person oder Dritte für die Kreditsumme. Nach der Art der **persönlichen Haftung** werden folgende Personalkredite unterschieden:

Blankokredit

Der Kreditgeber gewährt Kredit ohne besondere Sicherheit.

Bürgschaftskredit

Ihm liegen zwei Verträge zugrunde: Der **Kreditvertrag** (zwischen Kreditnehmer und Kreditgeber) und der **Bürgschaftsvertrag** (zwischen Bürge und Kreditgeber). Beim **Bürgschaftsvertrag** verpflichtet sich der **Bürge**, für die Verbindlichkeiten des Kreditnehmers einzustehen, wenn dieser nicht leisten kann.

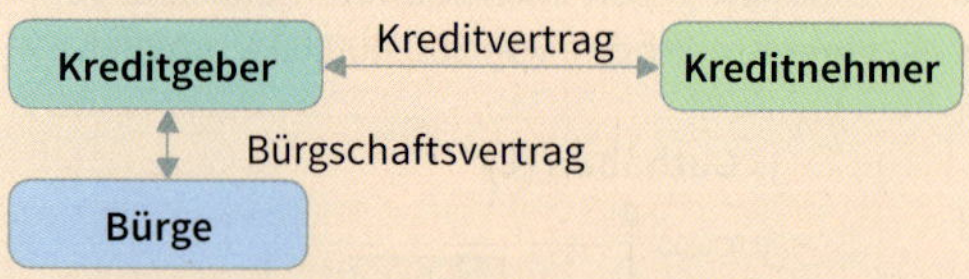

Zessionskredit (Sicherungsabtretung)

Bei dieser Kreditart werden Forderungen des Kreditnehmers gegenüber Dritten an den Kreditgeber als Sicherheit abgetreten.

Beispiel: Ein Kreditnehmer tritt eine Forderung aus einer bereits bestehenden Lebensversicherung an den Kreditgeber für den Fall ab, dass der Kreditnehmer den Kredit nicht zurückzahlen kann.

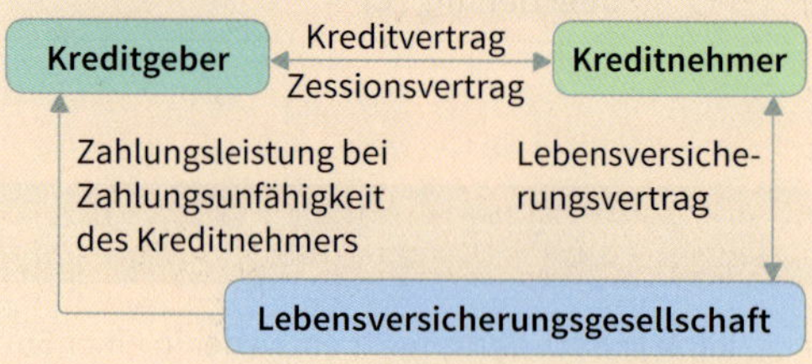

Zessionsarten

Bei der **stillen Zession** weiß der sogenannte Drittschuldner (z. B. Lebensversicherung) nichts von der Forderungsabtretung seines Gläubigers. Bei der **offenen Zession** wird der Drittschuldner von der Forderungsabtretung benachrichtigt.

vgl.: Hübscher, Heinrich u. a.: IT-Handbuch, IT-Systemkaufmann/-frau, Informatikkaufmann/-frau, 9. Aufl., Braunschweig, Westermann Verlag, 2015, S. 372

Realsicherheiten

Bei sogenannten Realkrediten stehen nicht Personen, sondern bewegliche oder unbewegliche Sachen (dingliche Sicherheit) im Mittelpunkt der Kreditsicherung. Nach der Art der **dinglichen Haftung** werden folgende Realkredite unterschieden:

Eigentumsvorbehalt

Der Verkäufer einer Ware bleibt bis zur vollständigen Bezahlung Eigentümer, der Käufer ist zunächst nur Besitzer der Ware.

Arten des Eigentumsvorbehalts

Beim **einfachen Eigentumsvorbehalt** erlischt der Anspruch auf Herausgabe der gelieferten Ware, z. B. bei Weiterverarbeitung. Soll dieser rechtliche Nachteil für den Verkäufer ausgeschlossen werden, kann der **verlängerte Eigentumsvorbehalt** vertraglich vereinbart werden: Er sieht z. B. eine Forderungsabtretung vor. Wird der sogenannte **erweiterte Eigentumsvorbehalt** vereinbart, erweitert sich der Zugriff des Verkäufers auch auf andere von ihm gelieferte Ware.

Sicherungsübereignungskredit

Bei dieser Kreditart wird das Eigentum an einer beweglichen Sache (z. B. einer Maschine, einem Auto) zur Kreditsicherung an den Kreditgeber abgetreten. Der Kreditnehmer bleibt aber im Besitz des Gegenstandes und kann ihn weiter nutzen.

Lombardkredit

Der Lombardkredit ist ein Kredit, der vor allem durch Wertpapiere, aber auch durch Bankguthaben oder Ansprüche aus Lebensversicherungspolicen mit Rückkaufswert gedeckt ist. Durch die Verpfändung geht der Besitz auf den Kreditgeber über, aber der Kreditnehmer bleibt Eigentümer des Vermögens.

Hypothek

Bei dieser Kreditart wird zur Absicherung einer Forderung dem Kreditgeber sowohl ein Pfandrecht an einem Grundstück (dingliche Sicherheit) als auch der Zugriff auf das gesamte Vermögen (persönliche Haftung) des Kreditnehmers eingeräumt. Die Hypothek wird ins Grundbuch eingetragen.

Grundschuld

Hierbei besteht ebenso wie bei der Hypothek ein Pfandrecht des Kreditgebers an einem Grundstück (dingliche Sicherheit), allerdings keine persönliche Haftung des Kreditnehmers. Die Grundschuld setzt das Bestehen einer Forderung nicht voraus.

11

3545462

Nutzung von Auskunfteien zur Absicherung von Finanzierungsrisiken

Credit agency

Auskunfteien sind Unternehmen, häufig in der Form eines Vereins geführt, die interessierten Unternehmen Informationen über bestehende oder zukünftige Geschäftsverbindungen anbieten. Die Auskünfte beziehen sich beispielsweise auf:

- Inhaber/Gesellschafter
- Rechtsform
- Haftungsverhältnisse
- Branche
- Kapitalausstattung
- Anzahl der Mitarbeiter/-innen
- Umsatz und Gewinn
- Strukturdaten von Aktiva und Passiva der Bilanz (z. B. Höhe von Forderungen und Verbindlichkeiten)
- Zahlungsverhalten gegenüber Gläubigern
- Kreditrisiken und Kreditlimits

Nicht in jedem Falle können die Auskunfteien Informationen über alle angeforderten Daten bieten, wie z. B. über die Gewinnhöhe bei bestimmten Rechtsformen.

Als **zusätzliche Dienstleistungen** bieten viele Auskunfteien Folgendes an:

- Inkassoleistungen (Abwicklung des kaufmännischen Mahnverfahrens, Einbringung von ausstehenden Forderungen),
- Marktuntersuchungen (z. B. bei beabsichtigten Firmenkäufen).

Auskunfteien mindern durch ihre Dienstleistungen die **Finanzierungsrisiken** von Unternehmen und unterstützen die unternehmerische **Entscheidungsfindung** (z. B. bei Firmenzusammenschlüssen).

Creditreform
WIRTSCHAFTSAUSKUNFT
Creditreform Musterstadt

Datum / Uhrzeit	22.09.2016 / 11:47
Mitgliedsnummer	403-009318-001
Nachträge bis	21.09.2017
Ihr Zeichen	Muster D2
Auftragsnummer	**40010659**

Max Mustermann GmbH **Crefonummer** **5332000453**

Firmenidentifikation

Max Mustermann GmbH		Telefon	+49 212 1234-0
Musterstraße 12a		Telefax	+49 212 1234-56
42655 Solingen		E-Mail	info@bau-mustermann.de
Deutschland		Internet	www.bau-mustermann.de
		Mobil	+49 172 1234567

Identifikationsnummern und Bewertung der wirtschaftlichen Aktivität (Firmenstatus)

Crefonummer	5332000453	Amtsgericht	Solingen HRB 12345
Handelsname	Muster Max	Steuernummer	555/1234/1333
Firmenstatus	aktiv	USt-ID Nr.	DE 123456789

Bonität

Grafische Darstellung des Bonitätsindex

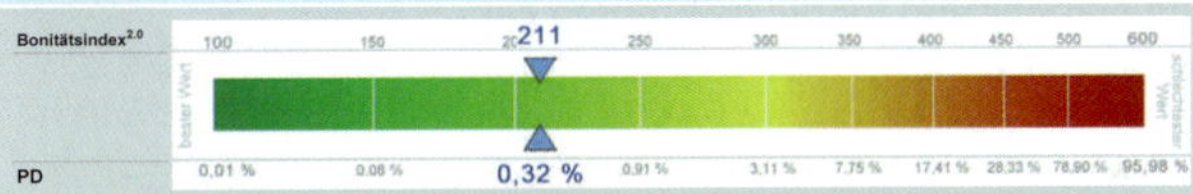

Ausfallwahrscheinlichkeit und Erläuterung des Bonitätsindex

Der Bonitätsindex$^{2.0}$ 211 bedeutet "gute Bonität".
Der Bonitätsindex und die mit ihm korrespondierende PD (Probability of Default) geben die Einschätzung der Wahrscheinlichkeit an, dass ein Kreditnehmer innerhalb eines Jahres gemäß Basel II-Kriterien ausfällt. Übertragen auf Creditreform gelten der Bonitätsindex 500 und 600 als Ausfall.
Die PD beträgt für diese Bonität 0,32%. Der Durchschnitt in Deutschland liegt bei 1,56% (Stand: März 2016).

Zahlungsweise und Kreditorteil

Differenzierte Aussage zur Zahlungsweise, zum Krediturteil und Empfehlung einer maximalen Lieferantenkredithöhe

Bei zertifizierten Unternehmen Hinweis auf das Bonitätszertifikat CrefoZert

Zahlungsweise	Innerhalb vereinbarter Ziele.	(22)
Krediturteil	Kredite und Geschäftsverbindung sind zulässig. Dem Unternehmen wurde am 06.09.2016 das Creditreform Bonitätszertifikat "CrefoZert" ausgestellt. Der aktuelle Status des Zertifikates ist einsehbar unter www.creditreform.de/crefozert.	(21)
Kreditlimit in EUR	25.000,00	

Strukturdaten

Rechtsform

Gesellschaft mit beschränkter Haftung

Gründung

16.05.1985 als Gewerbebetrieb
Unternehmensalter: 31 Jahre

Handelsregister

19.12.1995, AG 42651 Solingen, HRB 12345
letzte veröffentlichte Eintragung am 31.03.2009 (Veränderung in der Geschäftsführung)

Historie

Datum	Grund	Veränderung
10.12.1995	Rechtsformänderung	Umwandlung in: GmbH, AG 42651 Solingen, HRB 12345
19.12.1995	Ersteintragung	als GmbH, AG 42651 Solingen, HRB 12345
10.01.2009	Umfirmierung	Firmierte unter: Mustermann

Gesellschafter und Kapitalangaben

Verlinkung auf Consumer Auskünfte zu Beteiligten (in CrefoDirect)

Crefonummer	Name / Adresse / Status	beteiligt seit	Anteil
Gesellschafter			
▸ 5332000121	Max Mustermann, geb. 30.05.1941, verheiratet, 2 Kinder 12345 Musterstadt, Musterstr. 99a	10.12.1995	70.000 EUR
▸ 5332000122	Moritz Mustermann, geb. 03.03.1956 58097 Hagen, Saarstr. 1	10.12.1995	35.000 EUR
Stammkapital			**105.000 EUR**

Nutzung von Auskunfteien zur Absicherung von Finanzierungsrisiken

Credit agency

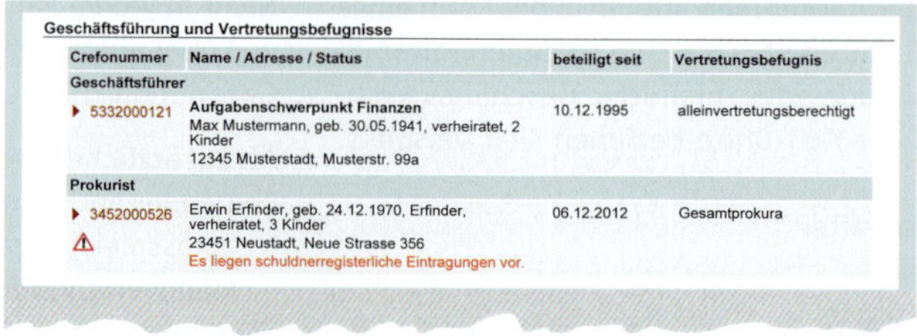

Geschäftsführung und Vertretungsbefugnisse

Crefonummer	Name / Adresse / Status	beteiligt seit	Vertretungsbefugnis
Geschäftsführer			
▸ 5332000121	**Aufgabenschwerpunkt Finanzen** Max Mustermann, geb. 30.05.1941, verheiratet, 2 Kinder 12345 Musterstadt, Musterstr. 99a	10.12.1995	alleinvertretungsberechtigt
Prokurist			
▸ 3452000526 ⚠	Erwin Erfinder, geb. 24.12.1970, Erfinder, verheiratet, 3 Kinder 23451 Neustadt, Neue Strasse 356 Es liegen schuldnerregisterliche Eintragungen vor.	06.12.2012	Gesamtprokura

Warnhinweise auf schuldnerregisterliche Eintragungen

Factoring

Begriff

Unter **Factoring** versteht man den **Verkauf von Forderungen** an einen **Factor** (eine Factoring-Gesellschaft), man spricht auch von einer Forderungsabtretung. Grundlage dafür ist ein **Factoringvertrag** zwischen dem Factor und dem **Factoring-Kunden**. Der Verkauf der Forderung geschieht vor der Fälligkeit der Forderung, in der Regel zum Zeitpunkt der Entstehung der Forderung. Der Factoring-Kunde erhält das Geld vor der Fälligkeit und kann somit mit dem Geld arbeiten, zum Beispiel bei seinem Lieferanten Skonto ausnutzen. Der Factor zieht die Forderung bei Fälligkeit direkt bei dem Vertragspartner des Factoring-Kunden ein. Der Factor berechnet dem Factoring-Kunden für die Dienstleistung (z. B. Buchhaltung, Inkasso, Mahnwesen) eine **Factoring-Gebühr** und für die frühzeitige Zahlung (Vorschuss-)**Zinsen**.

Bedeutung

Viele Unternehmen möchten mit dem Forderungseinzug nichts zu tun haben, da der Verwaltungsaufwand zu hoch und zu kostenintensiv ist. Die Unternehmen ziehen es vor, ihre Kräfte im **Kerngeschäft** zu bündeln und freie Kapazitäten dort zu investieren. Außerdem spielt für viele Unternehmen die Sicherung der **Liquidität** („Flüssigkeit") eine sehr große Rolle. Schließlich ist die fehlende Liquidität – nicht die fehlende Wirtschaftlichkeit – für viele Unternehmen die Hauptursache der Insolvenz.

Factoring-Gesellschaften sind häufig Tochtergesellschaften von Kreditinstituten. Der Factoringvertrag beinhaltet meist nicht den Verkauf einer einzelnen Forderung, sondern eher die langfristige Zusammenarbeit zwischen Factor und Factoring-Kunden, um eine Vielzahl von Einzelforderungen einzuziehen.

11

Ablauf

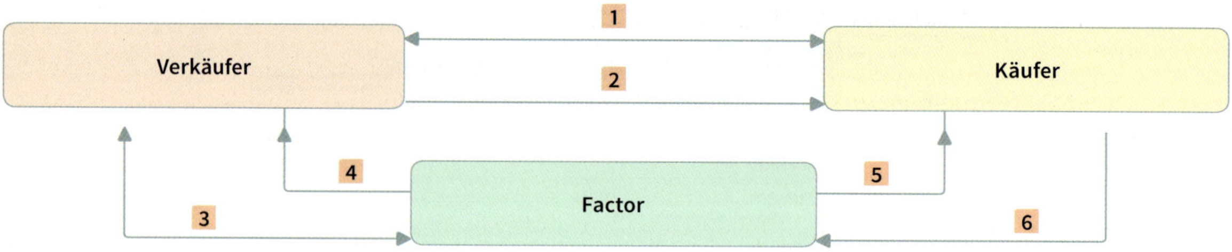

1 Käufer und Verkäufer schließen einen Kaufvertrag über die Lieferung einer Ware oder Dienstleistung.

2 Verkäufer liefert dem Käufer die vereinbarte Leistung.

3 Verkäufer und Factor schließen einen Factoringvertrag über den Verkauf der Forderung vor der Fälligkeit.

4 Factor zahlt dem Verkäufer den ausstehenden Forderungsbetrag abzüglich der Gebühren und Zinsen.

5 Factor erhebt Forderung gegenüber dem Käufer.

6 Käufer bezahlt die Forderung zum Zeitpunkt der Fälligkeit an den Factor.

Factoringfunktionen

- **Dienstleistungsfunktion:**
  Der Factor übernimmt die notwendigen Buchhaltungsarbeiten, das Inkasso- und Mahnwesen sowie eventuelle Sonderleistungen (z. B. statistische Erhebungen und Auswertungen).

Leasing

- **Finanzierungsfunktion:**
  Der Factor-Kunde sichert sich durch die Zahlungen des Factors hohe Liquidität und kann somit Lieferantenkredite refinanzieren. Durch den frühzeitigen Zahlungseingang kann er Skontoabzug bei seinem Lieferanten ausnutzen.
- **Delkrederefunktion** (Kreditversicherungsfunktion):
  Der Factor übernimmt das Risiko der Zahlungsunfähigkeit des Käufers und die damit entstehenden Kosten.

Begriff

Werden Leasingobjekte (z. B. Maschinen, Autos) durch einen Leasinggeber (z. B. einen Hersteller) vermietet, spricht man von Leasing.

Im **Leasingvertrag** sind in der Regel die folgenden **Inhalte** vereinbart:

- Höhe der Anzahlung,
- Vertragslaufzeit und
- Höhe der monatlichen Leasingrate.

Diese Größen werden individuell nach Kundenwünschen festgelegt.

Nach Ablauf der Vertragslaufzeit kann das Leasingobjekt weiter gemietet, zum Restwert gekauft oder zurückgegeben werden.

Grundform des Leasings

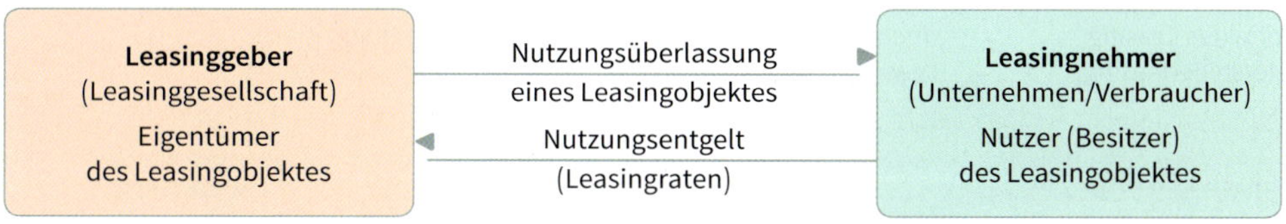

Merkmale des Leasings

1. 100 %ige Fremdfinanzierung, also kein Eigenkapitalbedarf
2. Steuerliche Berücksichtigung der Leasingraten als Aufwand
3. In der Regel keine Bilanzierung von Leasingobjekt und Leasingfinanzierung
4. Kein Eigentum
5. Häufig Einbeziehung von Dienstleistungen
6. Vielfältige Erscheinungsformen mit unterschiedlicher Vertragsgestaltung
7. Die Vorteilhaftigkeit des Leasings lässt sich nur individuell ermitteln, da sie von einer Mehrzahl von Einflussfaktoren abhängt, die für jedes Unternehmen unterschiedlich sein können.

vgl.: Jahrmann, Ulrich: Finanzierung. Darstellung, Kontrollfragen, Fälle und Lösungen, 3. Aufl., Verlag Neue Wirtschafts-Briefe (nwb) Herne/Berlin 1996, S. 24 u. S. 447

Vorteile des Firmenleasings aus der Sicht des Leasingnehmers

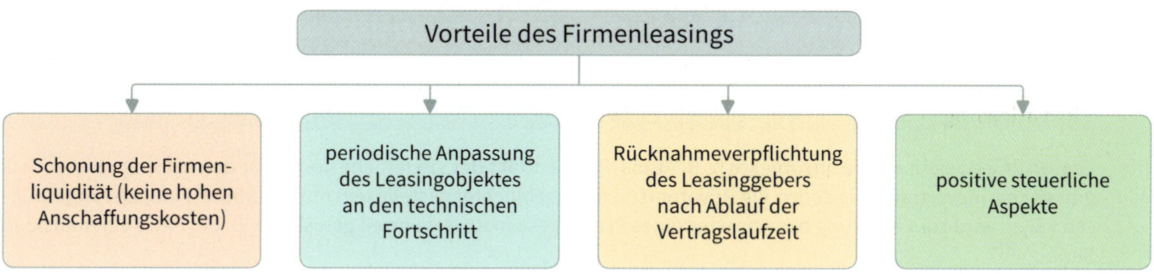

Leasing

Nachteile des Firmenleasings aus der Sicht des Leasingnehmers

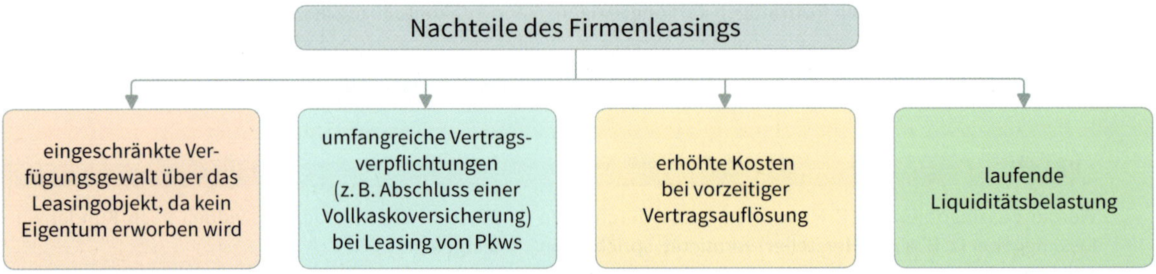

Leasingarten

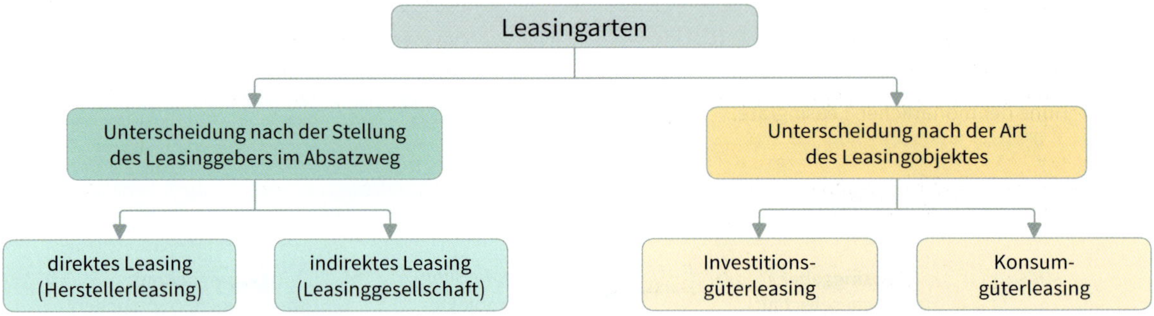

Direktes Leasing

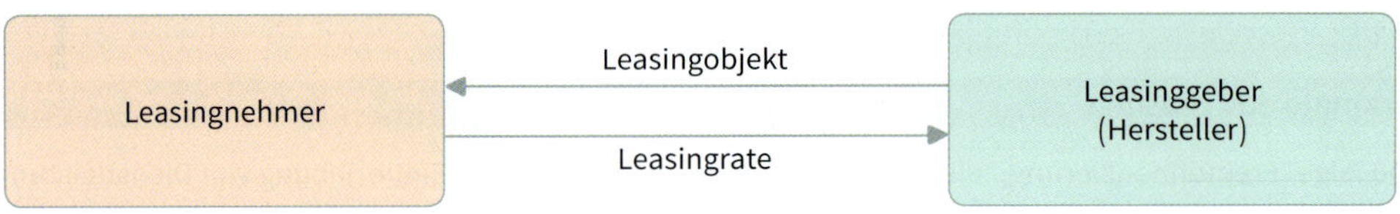

Indirektes Leasing

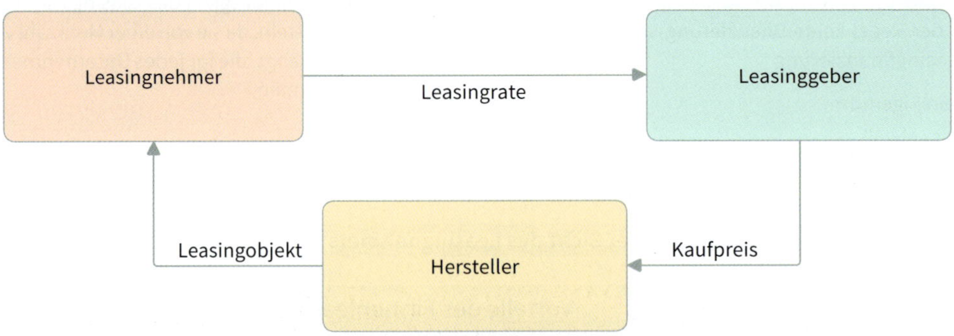

Privatleasing

Leasen Privatpersonen Leasingobjekte (z. B. Autos, PCs), entfällt der steuerliche Vorteil für den Leasingnehmer. Trotzdem gibt es Leasingverträge, bei denen die Privatperson nicht schlechter gestellt sein muss als beim Finanzierungskauf. In diesen Fällen wird zur Förderung des Absatzes eines Produktes ein Kostenvorteil gewährt (z. B. bei Pkws einer auslaufenden Serie).

Not leidendes Unternehmen *Ailing company*

Merkmale

Häufig sind Fehler in Finanzierungs- und Investitionsfragen dafür verantwortlich, dass ein Unternehmen in wirtschaftliche Schwierigkeiten gerät, die den Fortbestand gefährden.
Zu den Kennzeichen einer Bedrohung der Zahlungs- und Ertragsfähigkeit und somit einer nachhaltigen Störung des betrieblichen Leistungsprozesses zählen:

- starke Umsatzrückgänge
- rückläufige Gewinne, die schließlich in Verluste umschlagen
- anhaltende Verluste
- Abnahme des Eigenkapitals
- steigende Verschuldung und schließlich
- Zahlungsunfähigkeit

Ursachen für Unternehmenskrisen

Aus unterschiedlichen Gründen geraten immer wieder Unternehmen sowohl aus innerbetrieblichen Fehlentscheidungen als auch außerbetrieblichen Entwicklungen in eine wirtschaftliche Krise.

Innerbetriebliche Ursachen
- Unter- oder Überorganisation im Betrieb
- mangelhaftes Controlling
- Entscheidungsfehler im Finanzierungsbereich
- Fehlplanungen und -entscheidungen der Geschäftsführung
- Überkapazitäten in Produktion und Lager
- zu hohe Privatentnahmen

Außerbetriebliche Ursachen
- allgemeiner Wirtschaftsabschwung
- Ausfall von Forderungen
- Verknappung von Rohstoffen
- Nachfrageverschiebungen, z. B. durch technischen Wandel
- Verluste infolge politischer Entscheidungen (z. B. Gesetzesänderungen)

Maßnahmen bei Krisen des Unternehmens

Häufig geraten Unternehmen in Krisensituationen und können zur Abwehr auftretender Schwierigkeiten unterschiedliche Maßnahmen ergreifen. Gelingt es den Unternehmen jedoch nicht, die Zahlungs- und Ertragsfähigkeit

- aus eigenen Kräften,
- mithilfe der Eigentümer oder
- mithilfe der Gläubiger

wiederherzustellen, ist das Unternehmen freiwillig oder gerichtlich aufzulösen.

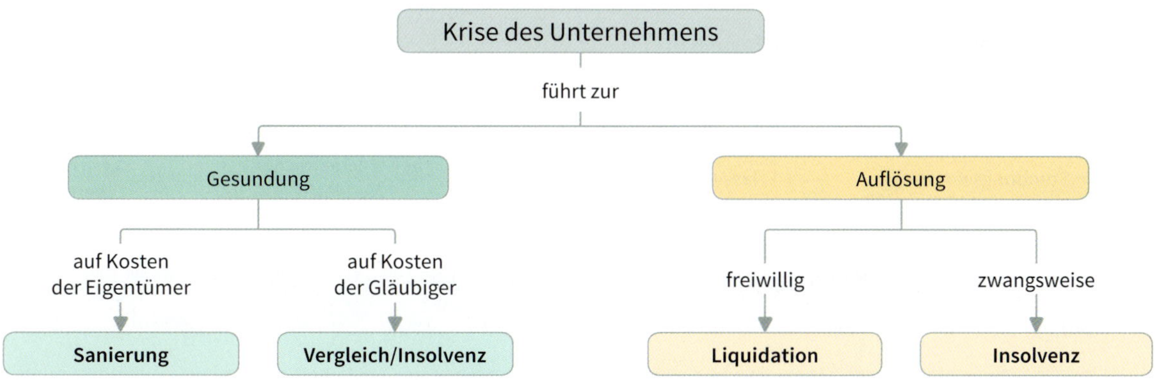

Sanierung *Rescue operation*

Begriff

Eine **Gesundung** auf Kosten des Unternehmens oder der beteiligten Gesellschafter, ohne Hilfe der Gläubiger, nennt man **Sanierung**.

Hierunter versteht man alle Maßnahmen organisatorischer und finanzieller Art, die ein in Schwierigkeiten geratenes Unternehmen aus eigener Kraft wieder leistungs- und wettbewerbsfähig machen.

Sanierung *Rescue operation*

Sanierungsmaßnahmen

Man unterscheidet folgende **Maßnahmen**:

Personelle Maßnahmen
- Umbesetzung der Geschäftsführung oder Suche nach neuen und qualifizierten Mitarbeitern

Organisatorische Maßnahmen
- Neugestaltung des Unternehmens im technischen und/ oder kaufmännischen Bereich
- Durchführung von Rationalisierungsmaßnahmen
- Stärkung des Absatzbereiches z. B. durch Auftragsbeschaffung und Werbeaktionen
- Erweiterung der Geschäftsbereiche

Finanzielle Maßnahmen
- Neuordnung der Eigenfinanzierung, z. B. durch Zuführung neuer Mittel (Kapitalerhöhung durch die Alteigentümer oder Neuaufnahme weiterer Gesellschafter)
- Neuausrichtung der Fremdfinanzierung, z. B. durch Aufnahme von Lieferantenkrediten oder Darlehen

Sachbezogene Maßnahmen
- Abstoßen von unrentablen Betriebsteilen

Doch keine der Maßnahmen kann an sich isoliert Verluste vermeiden. Vielmehr sind die Krisenursachen genau zu bestimmen; und ihnen ist durch das Ergreifen zielgerichteter organisatorischer Gegenmaßnahmen zu begegnen.

Vergleich *Accord/Settlement*

Der **Vergleich** stellt den Versuch dar, ein Not leidendes Unternehmen durch einen *teilweisen Forderungsverzicht* der Gläubiger oder durch einen *Zahlungsaufschub* zu erhalten. Nach dem **Inhalt** unterscheidet man:

- **Stundungsvergleich** (Moratorium), bei dem die Gläubiger ihre Forderungen stunden und einem Tilgungsplan zustimmen
- **Erlassvergleich** (Quotenvergleich), bei dem die Gläubiger auf einen Teil ihrer Forderungen verzichten (z. B. 40 %)

Nach dem **Zustandekommen** kann man unterscheiden zwischen:

- außergerichtlichem Vergleich,
- gerichtlichem Vergleich.

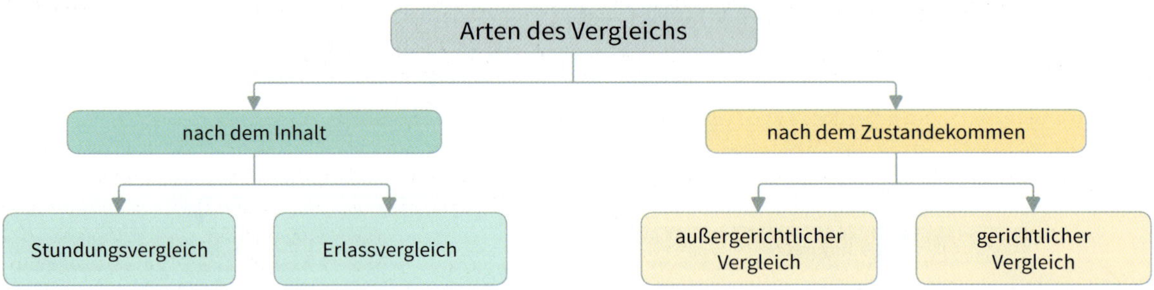

Außergerichtlicher Vergleich *Out-of-court settlement*

Begriff

Der Vergleich kann ohne Hilfe eines Gerichts, meist vertraulich, durchgeführt werden. Der außergerichtliche Vergleich (auch freiwilliger Vergleich oder Akkord genannt) kommt somit durch **freiwillige Vereinbarungen** zwischen dem Schuldner und seinen Gläubigern zustande.

Vor- und Nachteile

Vorteile:
- Fortfall der Gerichtskosten
- rasche Durchführung des Vergleichs

Nachteile:
- Schwierige Verhandlungsführung sowie die Tatsache, dass die Gläubiger im Fall einer Insolvenz nur noch ihre Restforderungen geltend machen können.

Gerichtlicher Vergleich

Court settlement

Begriff

Der Antrag auf Eröffnung eines Vergleichsverfahrens kann ausschließlich vom Schuldner beim Amtsgericht gestellt werden. Der Antrag muss einen Vergleichsvorschlag über Höhe, Zeitpunkt und Sicherung der Leistung enthalten.

Zustandekommen des Vergleichs

Am Vergleichstermin wird über den Vergleichsvorschlag verhandelt, das Stimmrecht der Forderungen festgestellt und dann abgestimmt. Hierbei sind nur die Vergleichsgläubiger, das sind diejenigen, die im Insolvenzverfahren nicht bevorrechtigte Forderungen haben, stimmberechtigt.
Der Vergleich ist angenommen, wenn am Vergleichstermin von den anwesenden und den schriftlich abstimmenden Gläubigern bei einem Vergleichsvorschlag von

- 50 % und mehr die Mehrheit mit mindestens 75 % aller Forderungen oder
- bei weniger als 50 % die Mehrheit mit mindestens 80 % aller Forderungen zustimmt.

Werden diese Bedingungen erfüllt, wird der Vergleich vom Gericht bestätigt, im Handelsregister eingetragen und veröffentlicht.

Aufhebung des Verfahrens

Die Aufhebung erfolgt, wenn der Schuldner erfüllt hat. Der bestätigte Vergleich ist für alle betroffenen Vergleichsgläubiger verbindlich.

Vor- und Nachteile

Vorteile:

- Vergleichsunwillige Gläubiger können überstimmt werden.
- Gläubiger haben den Vorteil, dass Stundungen oder Erlasse für diejenigen Gläubiger hinfällig werden, gegenüber denen der Schuldner mit der Erfüllung des Vergleichs in Verzug gerät.

Nachteile:

- hohe gerichtliche Kosten
- Zeitverlust
- Vergleich muss bekannt gemacht werden.

Liquidation (Auflösung)

Liquidation

Begriff

Von einer *freiwilligen* Auflösung des Unternehmens spricht man, wenn sich in Zukunft aller Voraussicht nach keine Chancen mehr für das Unternehmen ergeben.

Ziel

Das Ziel der Auflösung besteht darin, alle Vermögensteile planmäßig zu veräußern und die Schulden zu begleichen. Die Auflösung wird dabei von der Unternehmensführung bzw. den Gesellschaftern (je nach Unternehmensform) betrieben.

Liquidationsarten

Das Geschäftsvermögen kann durch einen *Totalverkauf* (in seiner Gesamtheit) oder *in Teilen* verkauft werden. Die Liquidation der letzteren Art ist seltener, da bei der Veräußerung im Ganzen meist ein höherer Preis erzielt wird.

Abwicklung

Die Abwicklung wird meist sogenannten Liquidatoren überlassen. Dies sind i. d. R. die Gesellschafter bei Personengesellschafen, die Vorstandsmitglieder bei Aktiengesellschaften usw. Die Liquidatoren sind zur Eintragung im Handelsregister anzumelden. Die laufenden Geschäfte werden abgewickelt und Vermögen wird „versilbert" (in flüssige Mittel umgewandelt), um Schulden zu begleichen. Der verbleibende Restbetrag wird an die Eigentümer bzw. die Gesellschafter des Unternehmens ausbezahlt.

Beendigung

Im Handelsregister sind Beginn und Beendigung der Auflösung anzumelden. Während der Auflösung erhält die Firma den Zusatz „i. L." (in Liquidation). Nach durchgeführter Auflösung wird die Firma einschließlich aller anderen Angaben im Handelsregister gelöscht.

Insolvenz

Insolvency

Begriff

Insolvenzverfahren werden dann angestrebt, wenn Schuldner (natürliche oder juristische Personen) sich in einer schweren finanziellen Krise befinden, sodass eine Lösung ohne gerichtliche Mithilfe nicht mehr möglich erscheint. Das Verfahren wird somit erst durch einen sogenannten Eröffnungsantrag beim zuständigen Gericht ausgelöst. Wenn der Schuldner eine natürliche Person ist, kann er von den im Insolvenzverfahren nicht erfüllten Forderungen vom Insolvenzgericht befreit werden. Durch Abtretung der pfändbaren Forderungen aus Lohn und Gehalt für sechs Jahre kann das Insolvenzgericht eine **Restschuldbefreiung** aussprechen. Nach einer Neuregelung des Privatinsolvenzverfahrens können sich Schuldner künftig 3 Jahre eher von der Schuldenlast befreien.

Gründe

Folgende **Gründe** können zu einer Eröffnung des Insolvenzverfahrens führen:

- Zahlungsunfähigkeit
- drohende Zahlungsunfähigkeit
- Überschuldung bei juristischen Personen

Rangfolge der Gläubiger

Rangordnung der Berücksichtigung der Gläubiger nach der Insolvenzordnung („Gläubigerklassen“)

1 Aussonderung Gläubiger, die dem Insolvenzschuldner Gegenstände überlassen haben, die zu dessen Besitz, aber nicht zu dessen Eigentum zählen, können diese Gegenstände zurückverlangen, da diese nicht zur Insolvenzmasse gehören.	vermietete oder verpachtete Gegenstände, unter Eigentumsvorbehalt gelieferte Vermögensteile usw.	
2 Absonderung Gläubiger, die dem Insolvenzschuldner Gegenstände überlassen haben, die mit einem Pfandrecht belastet bzw. sicherungsübereignet sind, werden vorrangig befriedigt.	Zwangsversteigerung eines mit einer Hypothek belasteten Grundstücks, Verwertung des Pfandrechts an einer beweglichen Sache durch freihändigen Verkauf	
3 Befriedigung der Massegläubiger Befriedigung der folgenden Masseverbindlichkeiten: Gerichtskosten sowie sonstige Kosten des Insolvenzverfahrens.	Vergütung und Auslagen des Insolvenzverwalters, Organisationskosten für die Gläubigerversammlungen usw.	
4 Befriedigung der Insolvenzgläubiger Hierzu gehören alle Gläubiger, die zur Zeit der Eröffnung des Insolvenzverfahrens eine begründete Forderung gegenüber dem Insolvenzschuldner haben.	Lohnforderungen der Mitarbeiter, Lieferantenforderungen usw.	
5 Befriedigung der nachrangigen Insolvenzgläubiger Hierzu zählen alle Forderungen, die nach Eröffnung des Insolvenzverfahrens entstanden sind.	Kosten, die den Insolvenzgläubigern durch die Teilnahme am Verfahren entstanden sind, Zinsen aus Forderungen nach der Verfahrenseröffnung usw.	

aus: Die Büroberufe, Nr. 4, 2000, Kiehl Verlag Ludwigshafen/Rhein

Insolvenzverfahren

Antrag auf Eröffnung des Insolvenzverfahrens

Ablehnung des Verfahrens mangels Masse, wenn das Vermögen des Schuldners voraussichtlich nicht zur Abdeckung der Verfahrenskosten (Masseverbindlichkeiten) ausreicht.

Das Vermögen des Schuldners reicht mindestens zur Deckung der Verfahrenskosten (Masseverbindlichkeiten) aus; **das Verfahren wird vom Insolvenzgericht angenommen.**

Eröffnung des Insolvenzverfahrens:

- Bekanntgabe des Eröffnungsbeschlusses im Bundesanzeiger sowie einer überregional erscheinenden Zeitung; Zustellung an Gläubiger und Schuldner des Insolvenzgläubigers sowie den Insolvenzgläubiger selbst, ggf. Inkenntnissetzung von Handels-/Genossenschaftsregister, Eintragung ins Grundbuch
- Ernennung des Insolvenzverwalters (Sequester), ggf. Bestätigung des bereits vorläufig ernannten Verwalters
- Aufforderung der betroffenen Gläubiger, ihre Forderungen und Sicherungsrechte an beweglichen Sachen beim Insolvenzverwalter anzugeben (unter Einhaltung der vorgegebenen Frist)

ggf. Einleitung von Maßnahmen zur Sicherung des Vermögens des Schuldners:

- Bestellung eines vorläufigen Insolvenzverwalters (Sequester)
- Auferlegung eines allgemeinen Verfügungsverbots über das Vermögen
- Untersagung/Einstellung von Zwangsvollstreckungsmaßnahmen bei beweglichen Vermögenswerten

→ **Folgerungen:**

- Der Insolvenzschuldner verliert sämtliche Rechte an der Insolvenzmasse
- Forderungen der Gläubiger können nur noch über den Insolvenzverwalter eingetrieben werden (Zwangsvollstreckungen sind nicht mehr möglich)

Das Insolvenzgericht bestimmt zwei Termine für Gläubigerversammlungen:

1 Berichtstermin
Der Sequester stellt die wirtschaftliche Lage des Unternehmens sowie dessen Ursachen dar. Darüber hinaus schätzt er die Aussichten für eine Fortführung des Unternehmens ab. Die Gläubiger entscheiden über Fortführung oder Stilllegung.

2 Prüfungstermin
Die angemeldeten Forderungen werden auf ihre Berechtigung hin geprüft.

← Ein Beschluss kommt zustande, wenn die Summe der Forderungsbeträge der zustimmenden Gläubiger mehr als die Hälfte der Summe der Forderungsbeträge der abstimmenden Gläubiger beträgt.

Bei Beschluss über Stilllegung des Unternehmens Berücksichtigung der Gläubiger in folgender Reihenfolge:

- Aussonderung
- Absonderung
- Massegläubiger
- Insolvenzgläubiger

Aufhebung des Verfahrens durch das Insolvenzgericht. Die Gläubiger können ihre Restforderungen weiterhin unbeschränkt gegenüber dem Schuldner durchsetzen.

Ausarbeitung eines Insolvenzplanes durch den Insolvenzverwalter auf Antrag der Gläubiger in der Gläubigerversammlung oder auf Antrag des Schuldners. Ziel: Vergleich, Liquidation, Übertragung usw.

Abstimmung durch die vom Plan berührten Gläubiger. Bei Zustimmung Bestätigung durch das Insolvenzgericht und damit vollstreckbarer Titel.

aus: Die Büroberufe, Nr. 4, 2000, Kiehl Verlag Ludwigshafen/Rhein

12 Unternehmensstrategien, -projekte umsetzen

Projekt

Begriff

Nach DIN 69901 handelt es sich bei einem **Projekt** um „ein Vorhaben, das im Wesentlichen durch die Einmaligkeit 1 der Bedingungen in ihrer Gesamtheit 2 gekennzeichnet ist, wie z. B. Zielvorgabe 3, zeitliche 4, finanzielle 5, personelle 6 und andere Begrenzungen, Abgrenzung gegenüber anderen Vorhaben 7, projektspezifische Organisation 8 “[1].

Projekte werden in Unternehmen, aber auch in politischen, sozialen und kulturellen Organisationen durchgeführt.

Beispiele für Projekte:

Anwendungsbereich	Projektgegenstand	Zeitrahmen
Schule	Planung, Durchführung und Auswertung einer Betriebserkundung	4 Wochen
Unternehmen	Entwicklung eines neuen Vertriebssystems im Bereich des E-Commerce	9 Monate
Staat	Wiederaufbau der Ölfelder in Kuwait nach dem Golfkrieg	27 Monate

[1] aus: DIN 69901– 5. Projektmanagement – Projektmanagementsysteme – Teil 5: Begriffe, Berlin, 2009

Projektmerkmale

Merkmal	Bedeutung
Einmaligkeit der Bedingungen 1	Projekte sind von ihrem Wesen her stets **innovativ**, einige Fachautoren sprechen in diesem Zusammenhang von revolutionären Veränderungen bei Projekten gegenüber sonst evolutionären Veränderungsprozessen. Diese Eigenschaft setzt hohe Anforderungen an die Projektbeteiligten, sowohl im Hinblick auf **Fach-** und **Methoden-** als auch **Sozialkompetenz** und grenzt Projekttätigkeiten somit von laufenden Routinetätigkeiten, z. B. im Unternehmen, ab.
Komplexität/ Bedingungen in ihrer Gesamtheit 2	Das Zusammentreffen verschiedenster Bedingungen bei der Durchführung eines konkreten Projekts bedeutet, nicht nur unterschiedlichste **Einflussgrößen** des Projekts und ihre Abhängigkeiten zu berücksichtigen, sondern auch die **Veränderung** dieser Größen im Zeitablauf des Projektprozesses in ihrer Gesamtheit zu erfassen und darauf angemessen zu reagieren. Damit wird von allen Beteiligten **dynamisches Prozessdenken** verlangt; diese Anforderungen steigen mit dem Umfang der Komplexität.

Dimensionen der Projektkomplexität

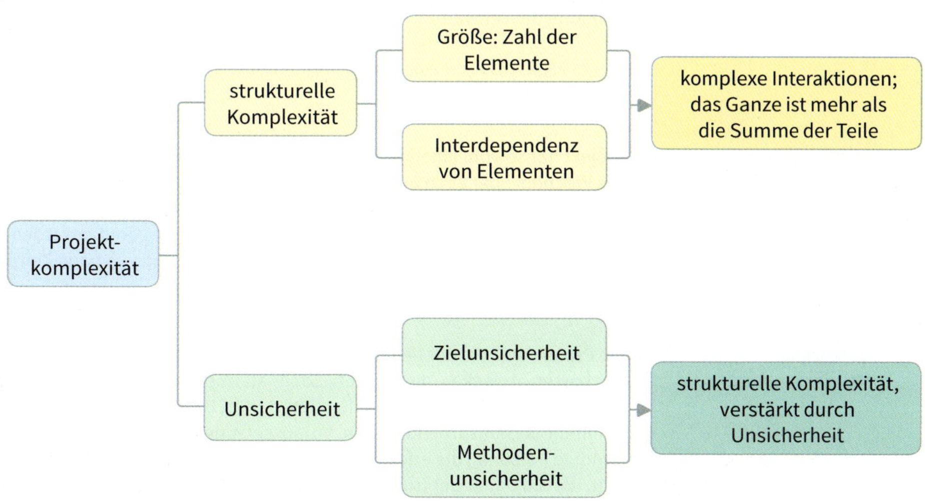

aus: Williams, Terry: Management von komplexen Projekten. Projektrisiken durch quantitative Modellierungstechniken steuern, 1. Aufl., Wiley Weinheim 2003, S. 76

Projekt

Projektmerkmale

Merkmal	Bedeutung
Zielvorgabe 3	Sowohl das **Gesamtziel** als auch **Teilziele** eines Projekts müssen möglichst genau festgelegt werden, damit die von einem **Auftraggeber** (z. B. interne oder externe Auftraggeber eines Unternehmens) formulierten Ziele und Erwartungen auch punktgenau getroffen werden. Eventuelle **Zielkonflikte** zwischen einzelnen Teilzielen sowie spezielle **Projektrisiken** müssen vorher ausreichend beachtet werden. Sind die Projektziele genau definiert, um einen abgestimmten Projektzweck zu realisieren, kann im Rahmen der **Projektauswertung** auch festgestellt werden, inwieweit dies erreicht wurde. Gerade ein externer Auftraggeber wird größten Wert darauf legen, dass die Zielerreichung messbar ist. Schließlich stellt er eine große Geldsumme zur Projektdurchführung zur Verfügung und möchte wissen, ob die getätigte Investition für ihn lohnend war. Ist das mit dem Auftraggeber abgestimmte Projektziel nicht im erforderlichen Umfang erreicht worden, kann es zu **Schadensersatzansprüchen** des Auftraggebers kommen. Die **Ziele** eines Projekts können nach unterschiedlichen **Gesichtspunkten** eingeteilt werden. Einteilung der **Projektziele** nach[1] ... ■ der **Zielausrichtung**: – **Ergebnisziele** (beziehen sich auf das Projektergebnis) – **Arbeitsziele** (beziehen sich auf die Projektdurchführung) ■ dem **Zielinhalt**: – **qualitative Ziele** (nicht in Zahlen vorgebbar) – **quantitative Ziele** (zahlenmäßig vorgebbare Ziele) ■ der **Zielkategorie**: – **strategische Ziele** (langfristig) – **taktische Ziele** (mittelfristig) – **operative Ziele** (kurzfristig) Olfert/Steinbuch definieren als **grundlegende Ziele** aller Projekte[2]: ■ Einhaltung des ökonomischen Prinzips ■ konsequente Kundenfokussierung ■ systematische Prozessorientierung ■ Schonung der Umwelt [1] vgl.: Olfert, Klaus: Kompakt-Training Projektmanagement. 8. aktualisierte Aufl., Herne, Kiehl Verlag, 2012, S. 18 [2] aus: Olfert, Klaus, a. a. O., S. 18
zeitliche Begrenzung 4	Ein Projekt hat sowohl einen **Start-** als auch einen **Endtermin**. Der zeitliche Umfang kann sich z. B. auf wenige Wochen, aber auch auf Monate oder sogar Jahre erstrecken. Der **Arbeitsfortschritt** im Projektablauf muss stets zielgerichtet **gesteuert** und **überwacht** werden. Zu vorher festgelegten Zeitpunkten (z. B. am Monatsende) können sogenannte Statusberichte genutzt werden, mit denen der jeweilige Projektfortschritt den Verantwortlichen mitgeteilt wird. Eine genaue **Zeitplanung** ist Teil eines ganzheitlichen Projektmanagements.
finanzielle Begrenzung 5	Für ein Projekt steht in der Regel ein bestimmtes **Budget** zur Verfügung. Dieses soll die gesamten **Projektkosten** abdecken, also sowohl **Sach-** als auch **Personalkosten**. Der **Projektkostenplan** enthält die geschätzte Höhe der einzelnen Kostenarten (z. B. Softwarekosten für die Projektdauer) und ermittelt somit die **Gesamtprojektkosten**. Voraussetzung dafür ist, dass die einzelnen Projektaufgaben, das notwendige Personal, die erforderlichen Sachmittel vorher abgeschätzt werden und eine Terminplanung vorliegt, die die Dauer der Nutzung der einzelnen Ressourcen enthält. **Kostenrisiken** müssen vorher abgeschätzt werden, sogenannte Risikoreserven werden daher einkalkuliert. Ein **Projektcontrolling** wird während der Projektdurchführung (z. B. ein permanenter Soll-Ist-Vergleich der einzelnen Kostenarten) und zum Projektabschluss durchgeführt.

Projekt

Projektmerkmale

<table>
<tr><th>Merkmal</th><th>Bedeutung</th></tr>
<tr><td>finanzielle Begrenzung
5</td><td>

Projektkosten und Projektlaufzeit

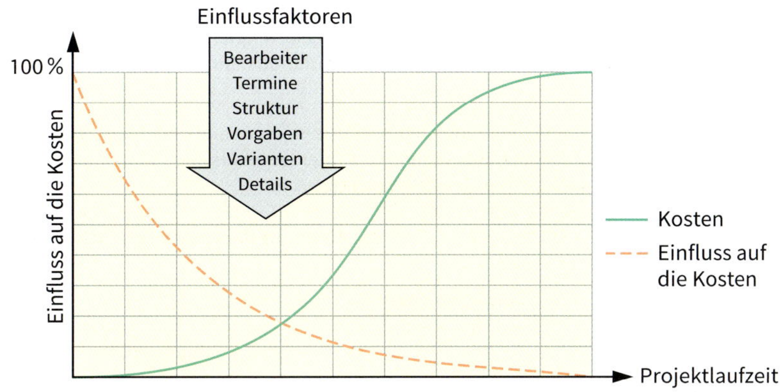

aus: Klose, Burkhard: Projektabwicklung: Arbeitshilfen, Fallbeispiele, Checklisten im Projektmanagement, 5. aktualisierte Aufl., München, mi-Wirtschaftsbuch, 2008, S. 15

Um ein Projekt erfolgreich abschließen zu können, wird der Projektmanager (Projektleiter) das sogenannte **magische Viereck des Projekterfolgs** mit seinen Bestandteilen („Ecken") **Lösungsumfang, Qualität, Kosten** und **Termine** permanent ausbalancieren müssen, um den Projektzweck zu erreichen. „Magisch ist dieses Viereck, weil eine Verbesserung an einer Ecke grundsätzlich nur zum Preis einer Verschlechterung an mindestens einer anderen Ecke zu erreichen ist."[1]

Das magische Viereck des Projekterfolgs[2]

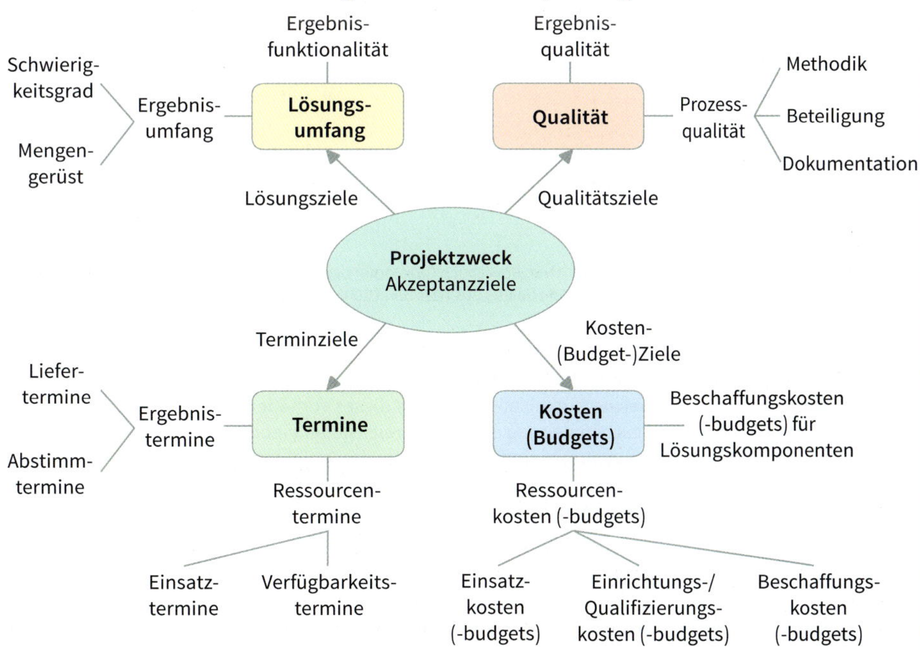

[1], [2] aus: Zöllner, Uwe: Praxisbuch Projektmanagement. Das neue, umfassende Handbuch für Führungskräfte und Projektmitarbeiter. 1. Aufl., Galileo Business Bonn 2003, S. 65

</td></tr>
</table>

Projekt

Projektmerkmale

<table>
<tr><th>Merkmal</th><th>Bedeutung</th></tr>
<tr><td>personelle Begrenzung
6</td><td>Eine personelle Bedarfsplanung (Kapazitätsplanung) umfasst den Bedarf an Personal, um das Projekt ordnungsgemäß durchführen zu können. Der Personalbedarf ist aber nicht nur quantitativ zu erfassen, es bedarf auch der Ermittlung des qualitativen Personalbedarfs (z. B. IT-Spezialisten). Diese Planungen sind Grundlage für den Personalkostenplan. In Großunternehmen werden Kosteneinsparungen durch Einsatz von Leiharbeitsfirmen und/oder Subunternehmen angestrebt.</td></tr>
<tr><td>Abgrenzung gegenüber anderen Vorhaben
7</td><td>Das Projekt muss in sich abgeschlossen sein: inhaltlich, zeitlich und organisatorisch. Das Projekt hat ein klares Handlungsziel: das Projektergebnis. Man spricht bei der Konzipierung eines konkreten Projekts von der ihm eigenen Projektstruktur.

Die Ableitung der wesentlichen Teile der Projektstruktur
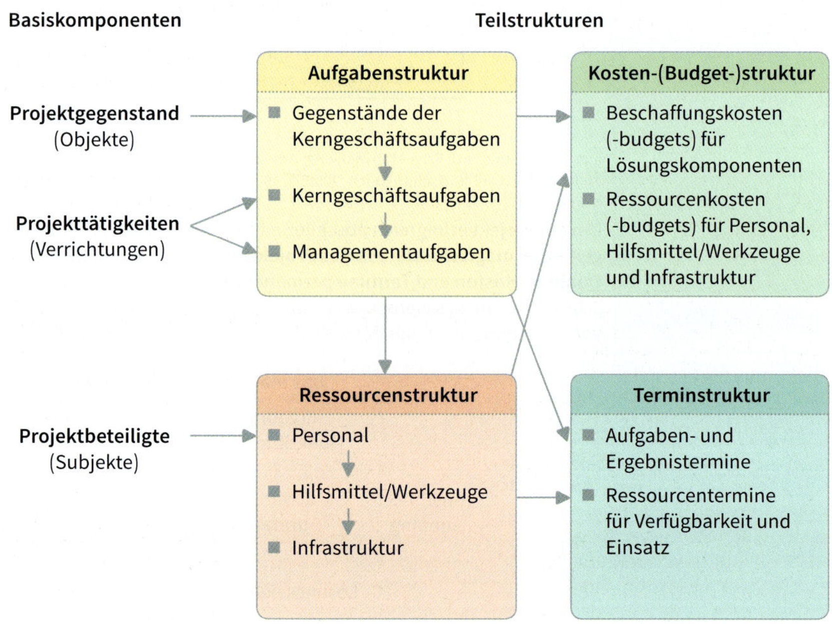

aus: Zöllner, Uwe: Praxisbuch Projektmanagement. Das neue, umfassende Handbuch für Führungskräfte und Projektmitarbeiter. 1. Aufl., Galileo Business Bonn 2003, S. 80</td></tr>
<tr><td>projektspezifische Organisation
8</td><td>Da jedes Projekt in seiner Existenz einmalig ist, muss auch bei jedem Projekt neu überlegt werden, welche Organisationsform für dieses Vorhaben angemessen ist. In einem Unternehmen wird die Geschäftsleitung oder der Bereichsleiter einen Projektmanager (Projektleiter) zur Leitung des Projekts berufen. Ihm sind die Mitglieder der Projektgruppe unterstellt. Bei großen Projekten wird zwischen Projektmanager und einem ihm unterstellten Projektleiter unterschieden, häufig gibt es zusätzlich noch einen kaufmännischen Projektleiter. Ebenfalls möglich – wenn auch sehr selten anzutreffen – ist ein Selbstmanagement, bei dem alle Projektmitarbeiter gleichberechtigt sind.

Bei einigen Großprojekten wird oberhalb des Projektmanagers noch ein sogenannter Lenkungsausschuss eingesetzt, der eher auf der strategischen Entscheidungsebene des Unternehmens angesiedelt ist. Er dient als oberstes Entscheidungs- und Kontrollgremium, Mitglieder der Geschäftsführung eines Unternehmens werden in ihn entsandt.</td></tr>
</table>

12

Projekt

Projektmerkmale

Merkmal	Bedeutung
projektspezifische Organisation 8	Wenn bei einem Projekt i. d. R. auch hierarchische Strukturen erkennbar sind, ist doch die vorherrschende Arbeitsweise die **Teamarbeit** (siehe hierzu S. 587). Alle für die Organisation eines Projekts notwendigen Informationen werden meist in einem sogenannten **Projekthandbuch** (siehe unten) festgehalten. Eine permanente Pflege des Projekthandbuchs ist notwendig und wird vom Projektmanager angewiesen und überwacht. Eine große Hilfe bei der Organisation eines Projekts kann der Einsatz von **Projektmanagementsoftware** (z. B. MS Project) sein.

Beispiel für ein Inhaltsverzeichnis eines Projekthandbuches:

Projekthandbuch	3.11/B1
1 PROJEKTBESCHREIBUNG 1.1 Leistungen 1.2 Termine	Auftraggeber, Ziel des Auftrags, Standort der Anlagen, Besonderheiten (öffentlicher Auftrag, kritische Punkte usw.)
2 ORGANISATIONSSTRUKTUR 2.1 Projektleitung (technisch, kaufmännisch) 2.2 Zuständigkeiten	Hierarchie, Federführung, Zuständigkeiten, Aufgaben, Weisungsbefugnisse
3 PROJEKTBETEILIGTE 3.1 Auftraggeber 3.2 Kooperationspartner 3.3 Interne Mitarbeiter 3.4 Externe Mitarbeiter (Experten usw.)	Name, Funktion, Postanschrift, Telefonnummer, Fax-Nr., E-Mail, Aufgabe im Projekt, evtl. Vertreter
4 ABKÜRZUNGEN	Festlegung der Abkürzungen, die im Projekt verwendet werden
5 SCHRIFTVERKEHR 5.1 Form/Schriftordnung 5.2 Unterschriftenregelung 5.3 Korrespondenzverteilung	Festlegung der Form und der Verteilung der Korrespondenz (Beispielformulare)
6 INFORMATIONSAUSTAUSCH 6.1 Unterlagenverteilung 6.2 Besprechungen	Grundsätze und Durchführung des Informationsaustausches, Turnus, Ort, Teilnehmer der Besprechungen
7 AKTENORDNUNG	Festlegung des Ablagesystems
8 PROJEKTDOKUMENTATION 8.1 Vorgehensweise 8.2 Unterlagenverzeichnis	Anweisung zur Erfassung und Pflege, Zusammenstellung der verfügbaren Projektunterlagen
9 ANHANG Lageplan Beispiele (Brief, Aktennotiz usw.)	

aus: Klose, Burkhard: Projektabwicklung: Arbeitshilfen, Fallbeispiele, Checklisten im Projektmanagement, 5. aktualisierte Aufl., München, mi-Wirtschaftsbuch, 2008, S. 76

Begriff

Laut DIN 69901 ist das **Projektmanagement** „die Gesamtheit von Führungsaufgaben, Führungsorganisation, Führungstechniken und Führungsmitteln für die Abwicklung eines Projektes". Die Abwicklung geschieht in sogenannten **Projektphasen.**

vgl.: DIN 69901 – 5. Projektmanagement – Projektmanagementsysteme – Teil 5: Begriffe, Berlin, 2009

Projektphasen

Es gibt kein allgemein anerkanntes Begriffssystem für die Definition von einzelnen Projektphasen. Umstritten ist in der Fachliteratur auch, zu welchem Zeitpunkt ein Projekt als solches beginnt: Soll man schon bei der ersten Projektidee vom Projektbeginn sprechen oder beispielsweise erst bei der Vereinbarung eines Projektauftrags mit unternehmensinternen oder -externen Auftraggebern?

In jedem Fall können folgende **Projektphasen** grob abgegrenzt werden:

1. Projektvorbereitung

2. Projektplanung

3. Projektdurchführung

4. Projektabschluss

Projektvorbereitung

Projekte in Unternehmen werden entweder intern von dazu autorisierten Stellen (z. B. der Geschäftsführung) oder von unternehmensexternen Kunden initiiert. Am Anfang steht meist eine wenig klar abgegrenzte **Projektidee**, die zu einer eindeutigen **Projektdefinition** fortentwickelt werden muss.

Viele Projekte scheitern daran, dass diese Definition keine klaren Ziele für die Projektarbeit setzt oder den Projektzweck nicht eindeutig von ähnlichen Vorhaben abgrenzt. Die Projektdefinition mündet in einen **Projektantrag**, über den ein unternehmensinternes Gremium oder ein externer Kunde entscheidet. Der genehmigte Projektantrag führt zum rechtlich verbindlichen **Projektauftrag**.

Beispiel: Aufbau eines Projektantrages

Inhaltsgliederung für einen Projektantrag	
Hauptbereiche	**Spezifikationen**
Ausgangslage und Zielsetzungen	■ kurze Projektbeschreibung ■ strategische Relevanz ■ Projektziele ■ Beziehungen zu anderen Projekten
Istzustand	■ Problemlage, Bedarf ■ kritische Erfolgsfaktoren ■ Beschreibung der Aufgaben/Funktionen des Produkts ■ Beschreibung des Datengerüstes/Mengengerüstes
Gewünschte Ergebnisse und Anwendungserfordernisse (Sollkonzept)	■ Ergebnisse des Projekts ■ funktionale Anforderungen ■ prozessuale Anforderungen ■ informationelle Anforderungen
Lösungsalternativen	Beschreibung der Lösungsvarianten aus funktionaler und prozessualer Perspektive
Wirtschaftlichkeitsbeurteilung	■ Kostenschätzung der Lösungsvarianten ■ Kosten-Nutzen-Analyse
Projektplanung	■ Aufwand und Zeitrahmen ■ Finanzierungsplan ■ Personalbedarfsplan ■ Durchführungsplan (Ablauf in Phasen)
Umsetzung und Organisation	■ interne Beteiligte, Einbindung in Unternehmensorganisation ■ geplante Fremdvergaben ■ Qualitätsmanagement ■ Änderungsmanagement ■ Risikomanagement ■ Projektberichtswesen

Eine sogenannte **Projektumfeldanalyse** sollte bei Projektbeginn die Einstellungen der unterschiedlichen Interessengruppen (Stakeholder) erfassen, z. B. die Interessen des Auftraggebers, der Geschäftsleitung, anderer Abteilungen des Unternehmens, des Projektmanagers oder von Lieferanten. Eine derartige **Stakeholderanalyse** lässt frühzeitig Projektrisiken erkennen; geeignete Maßnahmen können so rechtzeitig ergriffen werden. Die Entscheidung ist abhängig von verschiedenen Einflussgrößen, die bei der vergleichenden Betrachtung zu berücksichtigen sind.

aus: Tiemeyer, Ernst: Projekte erfolgreich managen. Methoden, Instrumente, Erfahrungen, Beltz Verlag Weinheim, Basel 2002, S. 19

Projektphasen

Projektvorbereitung

Beispiel für Projektziele bei einem Projekt zur Erstellung eines neuen Internetauftritts für einen Industriekonzern:

Projektziele formulieren	
Ausgangslage/Teilziele	**Zielformulierungen**
Projektbeschreibung und strategische Relevanz	Es soll ein optimierter Internetauftritt für einen Industriekonzern erstellt werden. Das Projekt hat hohe Relevanz für die Wettbewerbsfähigkeit des Unternehmens.
Leistungsziele	▪ verbesserte Präsentation des Unternehmens ▪ gezielte Sammlung und Auswertung von Kundenprofilen (Kundenwünsche, Kundenverhalten) ▪ Erschließung neuer Märkte und Kundengruppen ▪ stärkere Kundenbindung durch Umsetzung von Anregungen
Ökonomische Ziele	▪ Verminderung der Vertriebs- und Werbekosten ▪ Senkung der Kommunikationskosten ▪ Umsatzsteigerung durch höhere Kapazitätsauslastung
Humane und soziale Ziele	▪ höhere Flexibilität für die Kunden ▪ bessere Zusammenarbeit der einzelnen Konzernteile
Ökologische Ziele	Reduzierung der papiergebundenen Informationen um 50 %

Eine möglichst genaue Formulierung der Projektteilziele ist auch Grundlage für die Wirtschaftlichkeitsbeurteilung (s. Seite 478) des Projekts, d. h. für die Kostenschätzung der einzelnen Lösungsvarianten und der Kosten-Nutzen-Analyse.

Die Projektziele müssen schließlich **bewertet** werden, es ergibt sich eine Hierarchisierung nach Bedeutung und Dringlichkeit. Es ist durchaus möglich, dass aufgrund der Bewertung einzelne Zielvorstellungen des Projekts aufgegeben werden (müssen).

aus: Tiemeyer, Ernst: Projekte erfolgreich managen. Methoden, Instrumente, Erfahrungen, Beltz Verlag Weinheim, Basel 2002, S. 21

Der schriftlich fixierte **Projektauftrag** enthält zumindest Angaben über:
- Projektzweck
- Projektziele
- Projektbeginn, -ende
- Auftraggeber
- Projektmanager
- Projektzeitplan
- Projektbudget
- Projektergebnisse

Eine **Fortschreibung** des erstmalig erteilten Projektauftrags ist gerade bei größeren Projekten die Regel, da bei der Projektdurchführung häufig neue Situationen auftreten, über die dann entschieden werden muss.

Projektplanung

Die **Projektplanungsphase** ist die entscheidende Grundlage für die anschließende Projektdurchführungsphase. Je genauer geplant wird, desto reibungsloser kann die Realisierung des Projekts erfolgen. Im Rahmen der **Projektplanung** muss über folgende **Planungsgrößen** entschieden werden:
- einzelne Arbeitsschritte (Arbeitspakete)
- Ressourcen (Eigen- und Fremdpersonal)
- zeitliche Abfolge der einzelnen Arbeitsschritte
- finanzieller Aufwand

Im Rahmen der Projektplanungsphase wird das Projekt in kleinste Teilaufgaben aufgeteilt, in sogenannte **Arbeitspakete**, die folgendermaßen definiert werden können:

Arbeitspaket
▪ Für jedes Arbeitspaket gibt es nur einen Verantwortlichen. ▪ Es erfolgt eine eindeutige Abgrenzung zu anderen Arbeitspaketen. ▪ Die Bearbeitung sollte weitgehend unabhängig von anderen Arbeitspaketen möglich sein. ▪ Es wird eine eindeutige Zielsetzung fixiert. ▪ Es wird ein überschaubarer Zeitrahmen vorgegeben. ▪ Größere Arbeitspakete werden in Phasen mit Zwischenterminen gegliedert. ▪ Es wird ein eindeutiger Zeit- und Kostenrahmen vorgegeben.

aus: Klose, Burkhard: Projektabwicklung: Arbeitshilfen, Fallbeispiele, Checklisten im Projektmanagement, 5. aktualisierte Aufl., München, mi-Wirtschaftsbuch, 2008, S. 52

Projektphasen

Projektplanung

Beispiel für die **Arbeitspaketplanung**:

Arbeitspaketplanung

Projekt: **Überarbeitung des Internetauftritts**

Arbeitspaket: **Ist-Analyse Webauftritt**

Verantwortlich:

1. Abgrenzung, Inhalt und Umfang

Analyse der Ist-Situation des bisherigen Webauftritts des Industriekonzerns unter Berücksichtigung der angestrebten Ziele und vorhandener Verbesserungs- und Erweiterungspotenziale

2. Erwartete Ergebnisse

- Inhaltsbeschreibung (Dokumentation)
- Benutzerprofilanalyse (Anteil der Neukunden, Häufigkeit des Zugriffs durch Stammkunden)
- Bericht zur Akzeptanz des Webdesigns (Kundenbefragung)
- Beschreibung der Funktionalität (Datenbankunterstützung)

3. Abstimmung mit anderen Arbeitspaketen

Ist-Analyse ist die Basis zur Entwicklung eines Sollkonzepts

4. Einzuhaltende Spezifikationen

QS-Richtlinien des Industriekonzerns für Websites

5. Kapazitätsbedarf

Vier Personenwochen

6. Ecktermine

- Geplanter Beginn der Arbeiten:
- Geplantes Ende der Arbeiten:

Die **Arbeitspaketplanung** mündet in ihrer Gesamtheit in den **Projektstrukturplan**. In ihm werden alle Projektaktivitäten systematisch erfasst. Die Reihenfolge der einzelnen Arbeitsschritte wird dabei noch nicht berücksichtigt, dies geschieht erst im **Projektablaufplan**.

Beispiel für einen **Projektstrukturplan**:

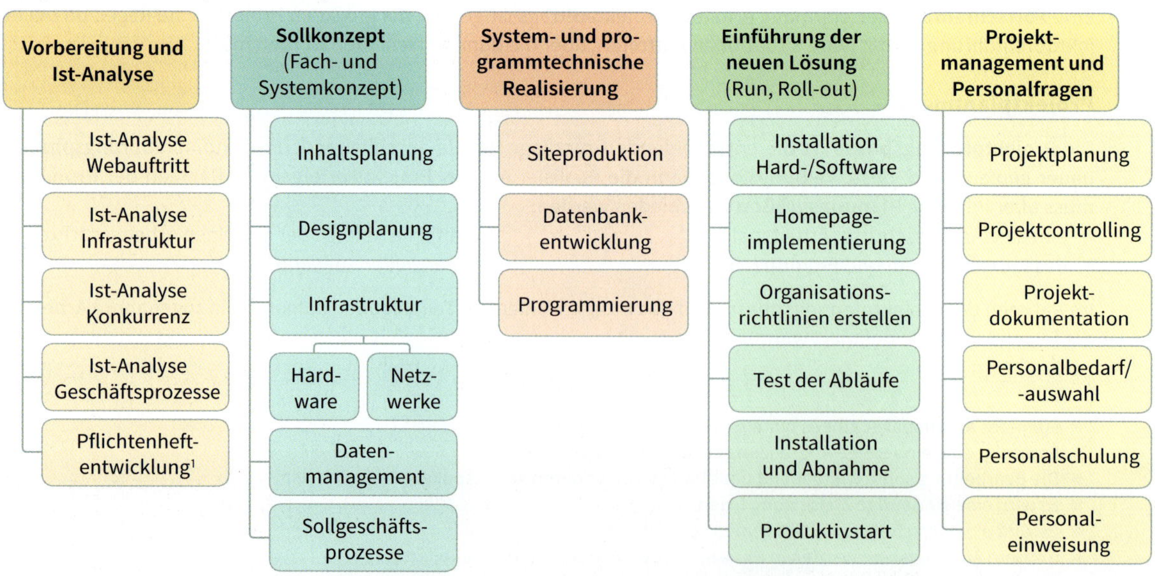

vgl.: Tiemeyer, Ernst: Projekte erfolgreich managen. Methoden, Instrumente, Erfahrungen, Beltz Verlag Weinheim, Basel 2002, S. 60

[1] Während beim sog. Lastenheft alle Anforderungen des Auftraggebers (Kunden) an die Leistungen des Auftragnehmers (Lieferanten) aufgelistet werden, enthält das Pflichtenheft Angaben darüber, wie und womit die Anforderungen des Auftraggebers zu verwirklichen sind.

Projektphasen

Projektplanung

Beispiel für einen **Projektablaufplan**:

Nr.	Vorgang	Dauer (Wochen)	Unmittelbarer Vorgänger
1	Grobe Vorstudie	1	–
2	Ist-Analyse	4	1
3	Pflichtenhefterstellung	2	2
4	Auftragserteilung	3	3
5	Entwurf „Geschäftsprozesse“	7	4
6	Datenmodellierung	3	5
7	Entwurf „Webdesign“	2	5
8	Entwurf „Organisation“	3	5
9	Infrastrukturplanung	4	6
10	Entscheidungssitzung	1 Tag	9; 8; 7
11	Screen-Design „Disposition“	6	10
12	Screen-Design „Marketing“	8	10
13	Screen-Design „Zusatzleistungen“	6	10
14	Screen-Design „Intranet“	10	10
15	Anlageninstallation	3	11; 12; 13; 14
16	Datenbankanbindung	3	15
17	Programmierarbeiten	2	16
18	Programminstallation und Abnahme	2	17; 14
19	Personalausbildung	4	14
20	Personaleinweisung	1	19; 18
21	Produktivstart	1	20; 18

Gerade durch die Möglichkeit, spezielle Projektmanagementsoftware zu nutzen, haben sich Balkendiagramme und Netzpläne zur Darstellung von Projektablaufplänen durchgesetzt (siehe dazu Seite 483 f.). Sie wenden sowohl die Arbeitspaketplanung als auch die **Meilensteintechnik** an. Als Meilensteine werden laut DIN „Ereignisse besonderer Bedeutung“[1] definiert. Sie sind Teil der Terminplanung des Projekts.

Sind Arbeitspaket- und Projektablaufplanung abgeschlossen, muss die **Ressourcen-** und **Kostenplanung** erfolgen. Die Ergebnisse der Kostenplanung gehen schließlich in einen allumfassenden **Projektfinanzplan** ein.

vgl.: Tiemeyer, Ernst: Projekte erfolgreich managen. Methoden, Instrumente, Erfahrungen, Beltz Verlag Weinheim, Basel 2002, S. 62

[1] aus: DIN 69901 – 5. Projektmanagement – Projektmanagementsysteme – Teil 5: Begriffe, Berlin, 2009

Überblick: Projektplanungsphase

Projektplanung im Zusammenhang

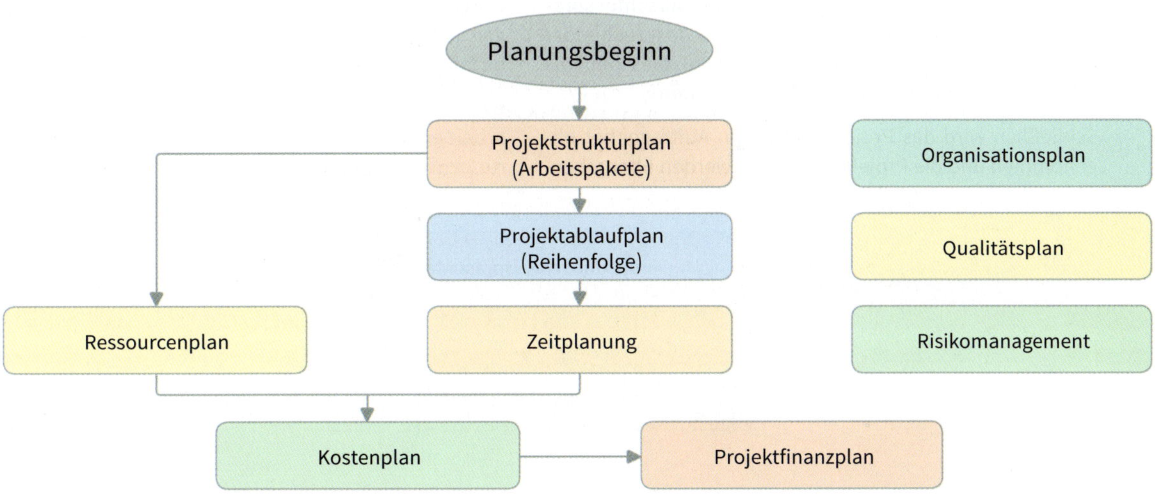

vgl.: Tiemeyer, Ernst: Projekte erfolgreich managen. Methoden, Instrumente, Erfahrungen, Beltz Verlag Weinheim, Basel 2002, S. 58

Vergleiche hierzu auch S. 475 und S. 476.

Projektphasen

Projektdurchführung

Ist die Entscheidung über die Durchführung des Projekts getroffen, wird meist mit einem sogenannten **Kick-off-Meeting** die Projektdurchführungsphase begonnen. Teilnehmer dieses Initiierungstreffens sind:

- Auftraggeber
- Projektmitarbeiter
- Projektmanager
- weitere Stakeholder (z. B. Lieferanten)

Das Kick-off-Meeting soll alle Projektbeteiligten in angemessener Umgebung zusammenführen, um die Motivation aller Beteiligten zu erhöhen und ein **Wir-Gefühl** (siehe auch S. 587) zu entwickeln. Der geplante Ablauf des gesamten Projekts wird präsentiert und erste Absprachen werden getroffen.

Im Rahmen der Projektdurchführung ist eine laufende **Projektsteuerung** und **-kontrolle** notwendig. Sie kann durch den Projektmanager, aber auch durch den Lenkungsausschuss oder spezielle **Projektcontroller** erfolgen.

Typische **Fragen** im Rahmen der **prozessorientierten Projektsteuerung** und **-kontrolle** können sein:

- Sind die vereinbarten Meilensteine zum richtigen Zeitpunkt erreicht worden?
- Konnte die Kostenplanung bisher eingehalten werden?
- Hat der Auftraggeber Änderungswünsche am Projektauftrag?
- Gibt es Probleme/Konflikte im Projektteam?
- Erfolgt die Projektdokumentation für alle Beteiligten (z. B. auch für den Auftraggeber) in ausreichendem Maße?

Das **Projektcontrolling** vergleicht laufend **Plan-** und **Ist-Daten** zur Kosten- sowie Zeitplanung und wertet sie aus; der Projektmanager muss unter Umständen korrigierend eingreifen. Änderungswünsche des Auftraggebers werden durch ein sogenanntes **Claim Management** geprüft und entsprechende Korrekturen am Projektablauf vorgenommen.

Um die **Projektdokumentation** für alle Beteiligten transparent zu gestalten, wird spezielle Software eingesetzt, eventuell wird auch das Internet als Systemplattform für alle Dokumente genutzt. Durch ein Passwort geschützt haben alle Projektbeteiligten beim sogenannten **Projekt-Hosting** jederzeit Zugriff auf alle Dokumente.

Um Auftraggeber und Stakeholder vor Projektabschluss aufbereitete Informationen über den Projektfortschritt zukommen zu lassen, ist ein entsprechendes **Projektmarketing** sinnvoll.

Projektabschluss

Das Projektteam wird in der Regel in einer **Abschlusspräsentation** die Ergebnisse des Projekts in ansprechender Art und Weise vorstellen (siehe dazu S. 579), dies kann als Teil des Projektmarketings verstanden werden.

Schließlich wird das Projekt durch den Auftraggeber abgenommen und die Projektergebnisse werden übergeben.

Unter Umständen schließt sich eine Einweisung oder sogar Schulung an. Viele Auftraggeber erwarten auch einen förmlichen **Projektabschlussbericht**.

Unternehmensintern sollte eine **Auswertung** der Projektarbeit erfolgen, z. B. im Hinblick auf die Ursachen von Störungen im Projektablauf.

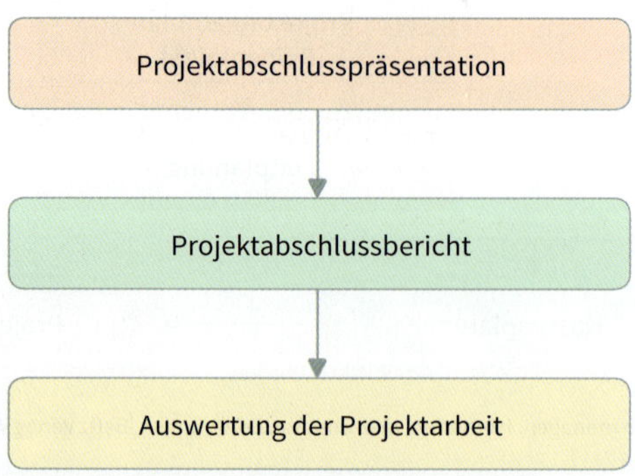

Projektplanungsprogramme am Beispiel Microsoft Project

Project planning programs using Microsoft Project as an example

Begriff

Projektplanungsprogramme sind computergestützte Hilfsmittel, die den Verlauf eines Projekts bezüglich Planung, Steuerung, Dokumentation und Zielkontrolle unterstützen.

Sie erlauben die Aufzeichnung der Organisation eines Projekts sowie seiner zeitlichen Abfolge und Gliederung in einzelne Arbeitsschritte mit zugehörigem Zeit-, Personal- und Materialbedarf.

Programmfunktionen

- Entwicklung von Zeit- und Arbeitsplänen
- Aufteilung eines Projekts in Arbeitsschritte und Meilensteine (siehe S. 481)
- Definition der Abhängigkeiten einzelner Arbeitsschritte
- Aufzeichnung von Projektfortschritten
- Dokumentation und Präsentation von Planungsergebnissen (Berichtsfunktion)
- Darstellung eines Projektplans in verschiedenen Sichten (Balkendiagramm, Netzplan, Tabellen)
- Dokumentation und Kontrolle des Projektfortschrittes (Soll-Ist-Vergleich)

Balkendiagramm (Gantt-Diagramm[1])

Im Rahmen eines Projekts soll der Zeitplan mithilfe eines Balkendiagramms verdeutlicht werden.
Schritt 1: Starten des Programmes „Microsoft Project“

Schritt 2: Eintragen der Planungsschritte in die Tabelle der Vorgangsnamen. Die Vorgangsdauer oder Beginn- und Endzeitpunkt können genau angegeben werden.

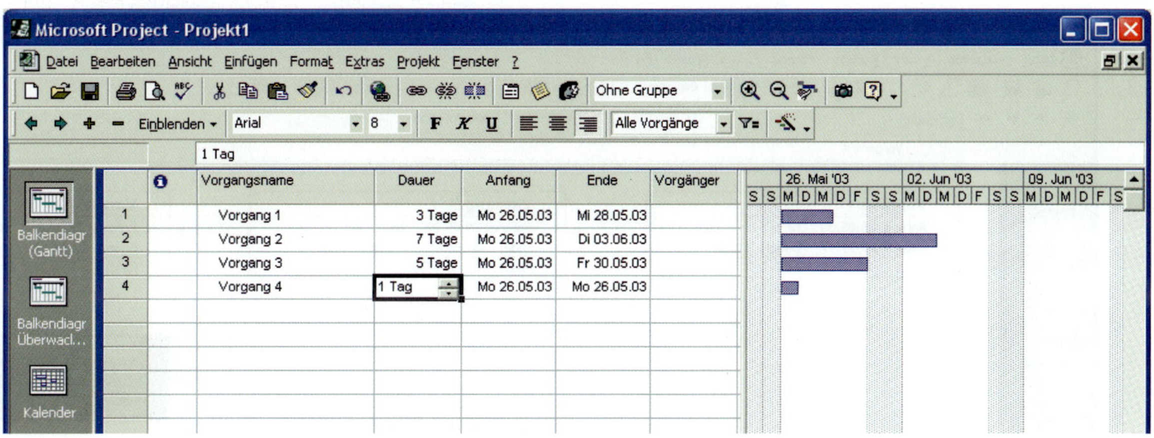

[1] nach Henry Gantt, 1861–1919, Pionier der wissenschaftlichen Projektplanung

Balkendiagramm (Gantt-Diagramm)

Schritt 3: In der Spalte „Vorgänger" werden zeitliche Abhängigkeiten zwischen den Vorgängen dargestellt.

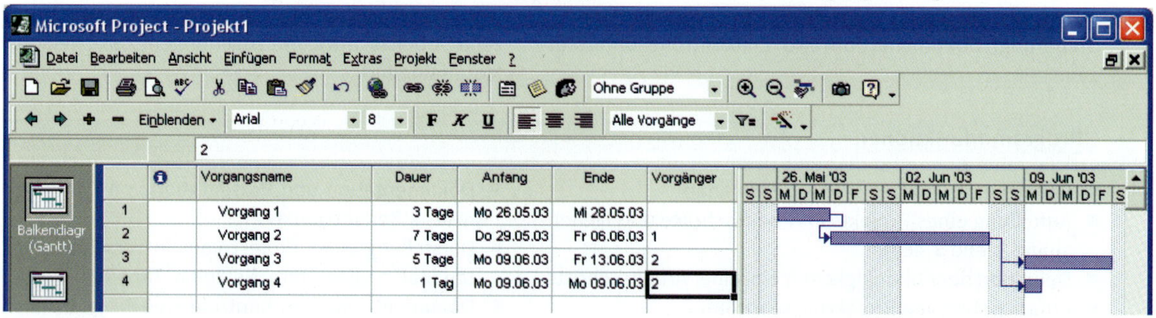

Netzplan-Ansicht (PERT-Diagramm[1])

Das Projekt kann auch mithilfe der Netzplan-Ansicht dargestellt werden. Die Netzplanansicht eignet sich besonders zur Darstellung von Abhängigkeiten zwischen den Projektschritten.

Schritt 1: Auswahl der Netzplanansicht im Menü „Ansicht"

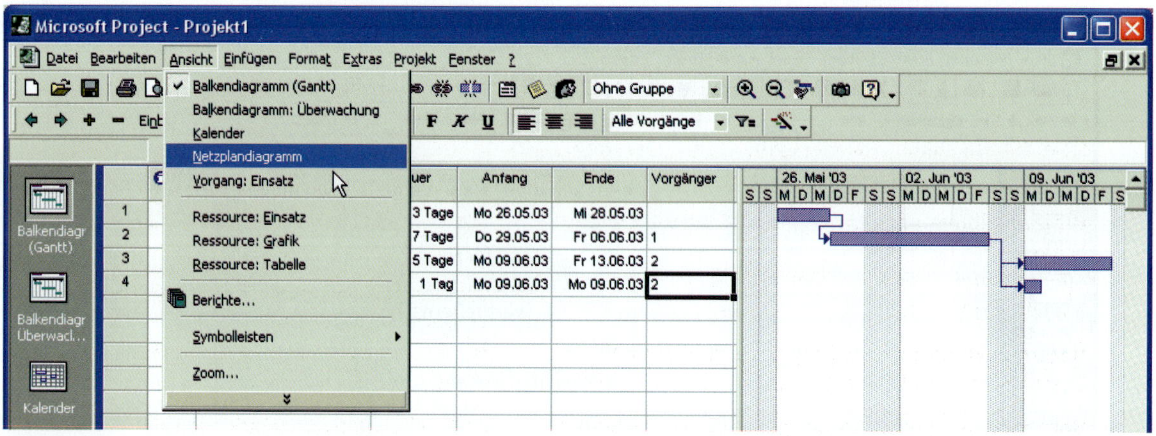

Schritt 2: Das Projekt wird in der Netzplanansicht dargestellt. Die rote Vorgangskette markiert den sogenannten „kritischen Pfad". Vorgänge, die auf dem kritischen Pfad liegen, dürfen nicht verschoben werden, wenn der Projekttermin eingehalten werden soll.

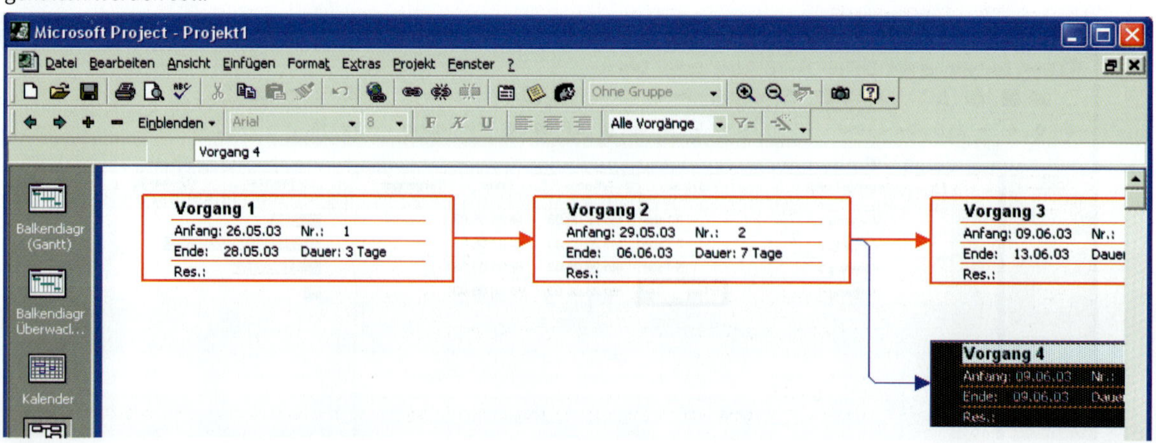

[1] PERT = Program Evaluation And Review Technique

Marktstrukturen und ihre Auswirkungen *Market structures and their effects*

Begriff Markt

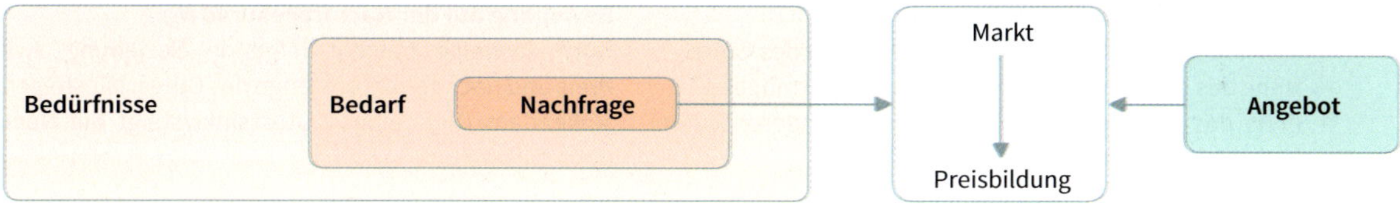

- **Bedürfnisse**
  ... sind Wünsche des Menschen, um Mangelempfindungen zu kompensieren, z. B. Trinken gegen Durst, Essen gegen Hunger.
  ... sind Triebfeder wirtschaftlichen Handelns.
- **Bedarf**
  ... ist der Teil der Bedürfnisse, der durch Einkommen gedeckt werden kann.
- **Nachfrage**
  ... ist der auf dem Markt erscheinende Bedarf.

In der Fachliteratur wird zwischen dem abstrakten und dem konkreten Markt unterschieden:

- Der **abstrakte Markt** ist eine Zusammenfassung von Angebots- und Nachfragebeziehungen. Er ist der theoretische Ort, an dem sich Angebot und Nachfrage treffen und an dem die Preisbildung stattfindet.
- Der **konkrete Markt** ist sachlich, zeitlich und örtlich bestimmt, z. B. die Cebit-Messe im Jahr 20.. in Hannover.

Marktarten

- **Unterscheidung nach Umfang der staatlichen Marktbeeinflussung:**
  freie Märkte (ohne Staatseingriff; Modell der freien Marktwirtschaft), regulierte Märkte.
- **Unterscheidung nach Umfang der Marktzutrittsmöglichkeit:**
  offene Märkte (jedermann kann als Anbieter oder Nachfrager auftreten), geschlossene Märkte.
- **Unterscheidung nach Stellung des Betriebes im Markt:**
  Beschaffungsmärkte, Absatzmärkte.
- **Unterscheidung nach Art der gehandelten Sachgüter und Leistungen:**
  Werkstoffmärkte für Roh-, Hilfs- und Betriebsstoffe, Betriebsmittelmärkte, Arbeitsmärkte, Geld- und Kapitalmärkte, Informationsmärkte.
- **Unterscheidung nach Art der Verwendung der Sachgüter und Leistungen:**
  Investitionsgütermärkte, Konsumgütermärkte.
- **Unterscheidung nach geograf. Gesichtspunkten:**
  Inlandsmarkt (örtlich, regional, national), Auslandsmarkt (EU-Markt, Weltmarkt).
- **Unterscheidung nach räumlich-zeitlichen Gesichtspunkten:**
  zentralisierte Märkte (Punktmärkte; organisierte Märkte), dezentralisierte Märkte (unorganisierte Märkte).
- **Unterscheidung nach Marktposition:**
  Verkäufermärkte (Nachfrage > Angebot; Verkäufer haben starke Marktposition), Käufermärkte (Angebot > Nachfrage; Käufer haben starke Marktposition).
- **Unterscheidung nach Vollkommenheit der Märkte:**
  vollkommene Märkte, unvollkommene Märkte.

Marktformen

Anbieter / Nachfrager	einer	wenige	viele
einer	bilaterales Monopol	beschränktes Nachfragemonopol	Nachfragemonopol
wenige	beschränktes Angebotsmonopol	bilaterales Oligopol	Nachfrageoligopol
viele	Angebotsmonopol	Angebotsoligopol	Polypol

Erklärung: mono = ein; oligo = wenig; poly = viel
aus: Hübscher, Heinrich u. a.: IT-Handbuch, IT-Systemkaufmann/-frau, Informatikkaufmann/-frau, 9. Aufl., Braunschweig, Westermann Verlag, 2015, S. 34

Anbieter- und Nachfrageverhalten *Supply and demand behaviour*

Bestimmungsgründe der Nachfrage privater Haushalte

Bestimmungsgründe der Nachfragekurve N_0:
- individuelle Nutzeneinschätzung bezüglich des Gutes
- Höhe des verfügbaren Einkommens/des Vermögens
- Preis des nachgefragten Gutes, Preise anderer Güter (Substitutionsgüter, Komplementärgüter)

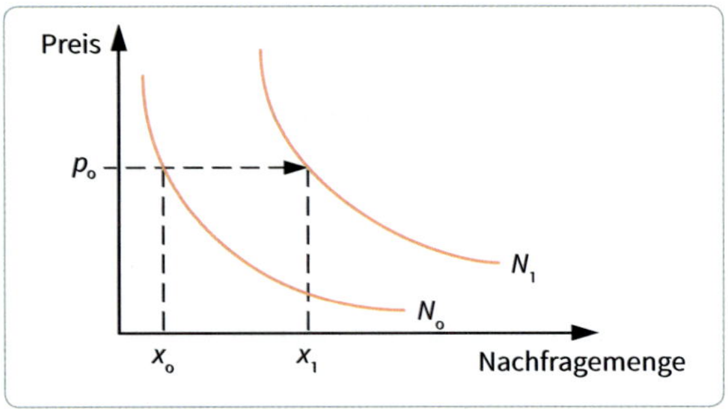

Bewegung auf der Nachfragekurve N_0:
Normalerweise besteht folgende Beziehung zwischen Preis und nachgefragter Menge des Gutes: Mit steigendem/sinkendem Preis eines Gutes sinkt/steigt die Nachfrage nach diesem Gut.

Verschiebung der Nachfragekurve von N_0 auf N_1:
Ändert sich einer der vier zuerst genannten Bestimmungsgründe der Nachfrage (steigt z. B. durch eine Einkommensteuersenkung das verfügbare Einkommen der Nachfrager), verschiebt sich die Nachfragekurve von N_0 auf N_1 nach rechts. Bei gegebenem Preis p_0 steigt die Nachfrage von x_0 auf x_1.

Das Ausmaß von Nachfrageänderungen als Reaktion auf Preis- bzw. Einkommensänderungen wird als **Preis- bzw. Einkommenselastizität** der Nachfrage bezeichnet.

Bestimmungsgründe des Angebots privater Betriebe

Bestimmungsgründe der Angebotskurve A_0:
- Zielsetzung des Anbieters (Gewinnmaximierung, Kostendeckung, Ausweitung des Marktanteils, ...)
- Marktposition des Anbieters (Monopol, Oligopol, ...)
- tatsächliche bzw. erwartete Marktlage (Konjunktur, Preise der Konkurrenz, Nachfrageentwicklung, ...)
- Kostenstruktur des Anbieters (Faktorpreise, ...)
- Preis des angebotenen Gutes

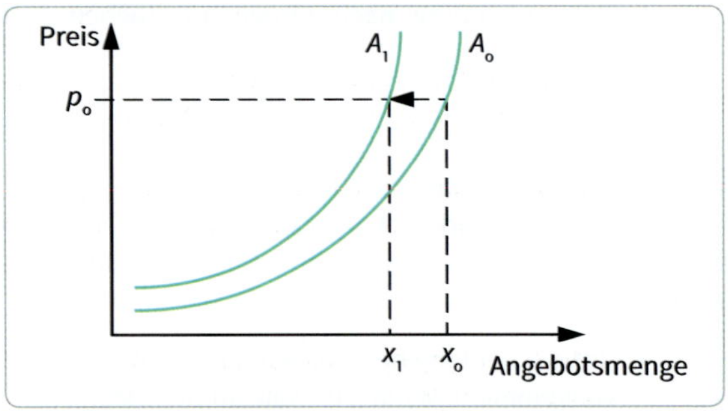

Bewegung auf der Angebotskurve A_0:
Normalerweise besteht folgende Beziehung zwischen Preis und angebotener Menge des Gutes:
- Mit steigendem Preis eines Gutes steigt die Angebotsmenge dieses Gutes, da weitere Anbieter, angelockt durch sich verbessernde Gewinnchancen, auf den Markt drängen.
- Mit sinkendem Preis eines Gutes sinkt die Angebotsmenge dieses Gutes, da es sich für zunehmend mehr Anbieter aus Kostengründen nicht mehr lohnt, weiter zu produzieren.

Verschiebung der Angebotskurve von A_0 auf A_1:
Ändert sich einer der vier zuerst genannten Bestimmungsgründe des Angebots (z. B. verschlechtern sich die Konjunkturaussichten), verschiebt sich die Angebotskurve (in diesem Beispiel von A_0 auf A_1 nach links). Bei gegebenem Preis p_0 sinkt das Angebot von x_0 auf x_1.

12

Preisbildung auf dem vollkommenen Markt *Pricing in an ideal market*

Bedingungen des vollkommenen Marktes

- viele Anbieter und viele Nachfrager (Polypol)
- Anbieter und Nachfrager haben vollständige Marktübersicht (Markttransparenz).
- Anbieter und Nachfrager reagieren auf Marktänderungen ohne zeitliche Verzögerungen.
- Das von den Anbietern angebotene Gut ist homogen (Güter unterscheiden sich nicht).
- Angebot und Nachfrage treffen an einem bestimmten Ort aufeinander (Punktmarkt).
- Anbieter und Nachfrager haben keine sachlichen, zeitlichen, räumlichen oder persönlichen Präferenzen.
- Unter diesen Bedingungen ergibt sich für das angebotene Gut ein Einheitspreis, der von dem einzelnen Anbieter nicht verändert werden kann (Preis ≙ Datum).

vgl.: Hübscher, Heinrich u. a.: IT-Handbuch, IT-Systemkaufmann/-frau, Informatikkaufmann/-frau, 9. Aufl., Braunschweig, Westermann Verlag, 2015, S. 35

Marktgleichgewicht

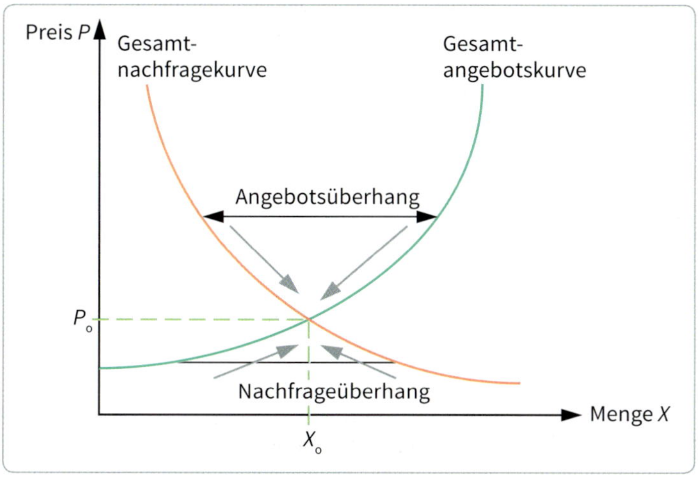

P_o = Einheits- oder Gleichgewichtspreis
Preis, bei dem der Markt „geräumt“ ist, d. h., die zum Preis P_o insgesamt angebotene Menge wurde auch abgesetzt bzw. die zum Preis P_o nachgefragte Menge wurde befriedigt.

X_o = Gleichgewichtsmenge
angebotene und nachgefragte Menge stimmen überein.

→: Bei einem Angebots- bzw. Nachfrageüberhang setzt ein dynamischer Prozess ein, der langfristig zum Marktgleichgewicht führt.

Funktionen des Preises

Was leistet der Preis in der Marktwirtschaft?

- Der Preis gleicht Angebot und Nachfrage auf dem Markt aus: **Ausgleichsfunktion.**
- Der Preis lenkt das Angebot (die Produktion) auf die Märkte mit der größten Nachfrage: **Lenkungsfunktion.**
- Der Preis signalisiert, ob ein Gut besonders knapp (hoher Preis) oder besonders reichlich vorhanden (niedriger Preis) ist: **Signalfunktion.**
- Der Preis „erzieht“ Produzenten und Konsumenten dazu, jeweils die wirtschaftlichste Entscheidung zu treffen: **Erziehungsfunktion.**

aus: Detjen, Joachim u. a.: Mensch und Politik für die Sekundarstufe I, Schroedel Verlag Hannover 1997, S. 185

Break-even-Analyse

- Ist der Preis für den einzelnen Anbieter eine durch ihn nicht veränderbare Größe, kann er seinen Gewinn nur dadurch steigern, dass er die Produktions- und Absatzmenge erhöht (Mengenanpasser). Dabei stellt sich dem Anbieter zunächst die Frage, welche Menge er mindestens produzieren und absetzen muss, um überhaupt Gewinn zu machen.
- Mithilfe der **Break-even-Analyse** – auch Gewinnschwellenanalyse genannt – wird die Produktions- und Absatzmenge (Break-even-Menge) ermittelt, bei der der Gewinn gleich null ist, Umsatz und Kosten also gleich hoch sind.

Beispiel:
Umsatzfunktion: U = 45 x
Kostenfunktion: K = 400 + 25 x

Errechnung der Break-even-Menge:
U = K
45 x = 400 + 25 x
20 x = 400
x = 20

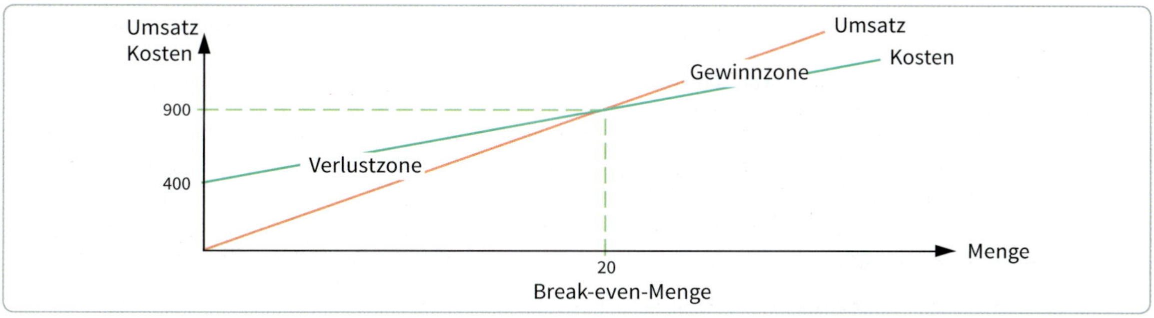

Konjunkturphasenmodell *Business cycle pattern*

Entstehung des Vier-Phasen-Schemas

Die wirtschaftliche Aktivität in einer Volkswirtschaft, die sich z. B. in der Höhe der Güterproduktion ausdrückt, unterliegt unterschiedlich starken Schwankungen. Das Auf und Ab dieser wirtschaftlichen Entwicklung wurde über Jahrzehnte gemessen und statistisch ausgewertet. Die dabei festgestellten Regelmäßigkeiten ließen es zu, die gewonnenen Datenreihen zum sogenannten **Konjunkturphasenmodell** zusammenzufassen. Die Wirtschaftswissenschaftler sprechen seitdem von einem Konjunkturzyklus, der in seiner Wellenbewegung die vier Konjunkturphasen Aufschwung, Hochkonjunktur, Abschwung und Konjunkturtief umfasst.

Die Konjunkturphasen

Klassischer Konjunkturverlauf

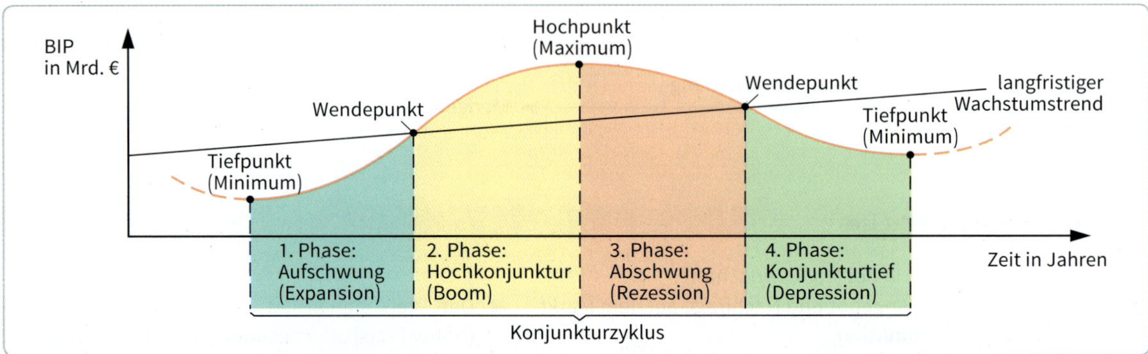

Konjunkturphase	Charakteristische Merkmale
1. Phase: **Aufschwung** (Expansion)	Die Nachfrage nach Gütern und Dienstleistungen von privaten Haushalten (Verbrauchern), den Unternehmen, dem Staat und dem Ausland steigt. Als Folge davon werden mehr Güter produziert bzw. Dienstleistungen erbracht. Die höhere Nachfrage führt zu Preissteigerungen. Soweit es notwendig erscheint, werden infolge der erhöhten Produktion mehr Arbeitskräfte eingestellt. Unternehmen erhöhen aufgrund optimistischer Erwartungen die Investitionen. Als Folge des erhöhten Verbrauchs und der gestiegenen Investitionen werden mehr Kredite nachgefragt, wodurch die Zinsen steigen. Arbeitnehmerorganisationen (Gewerkschaften) können in der Regel höhere Löhne und Gehälter im Rahmen von Tarifverhandlungen durchsetzen. Die Gewinne der Unternehmen nehmen aufgrund der gestiegenen Kapazitätsauslastung und des erhöhten Umsatzes zu.
2. Phase: **Hochkonjunktur** (Boom)	Die Kapazitäten in der Wirtschaft sind aufgrund der sehr hohen Nachfrage voll ausgelastet. Sonderschichten und Überstunden werden in vielen Unternehmen geleistet, es herrscht Vollbeschäftigung, zum Teil sogar Arbeitskräftemangel. Die Einkommen steigen, aber auch die Preise und Zinsen ziehen weiter an. Weiter zunehmende Investitionen führen zu einer fortlaufenden Produktion, bis es schließlich zu einer Überhitzung kommt: Man spricht von einer Überproduktion, die Marktsättigung ist erreicht. An diesem Punkt nimmt das Bruttoinlandsprodukt nicht weiter zu, es tritt nun eine Wende dieser Entwicklung ein.
3. Phase: **Abschwung** (Rezession)	Die Marktsättigung führt dazu, dass die Nachfrage stagniert und schließlich sinkt. Die Erstellung von Gütern und Dienstleistungen passt sich der abnehmenden Nachfrage an, der Kapazitätsauslastungsgrad in den Unternehmen wird geringer. Arbeitskräfte werden entlassen und die Löhne und Gehälter beginnen zu sinken. Geringere Nachfrage führt zu fallenden Preisen. Die Unternehmen nehmen aufgrund pessimistischer Absatz- und Gewinnerwartungen nur noch die wichtigsten Investitionen vor. Es werden vornehmlich Rationalisierungs- und Ersatzinvestitionen statt Erweiterungsinvestitionen getätigt. Die Zinsen sinken, da die Nachfrage nach Krediten rückläufig ist. Das Bruttoinlandsprodukt sinkt als Folge der eingetretenen Entwicklung.
4. Phase: **Konjunkturtief** (Depression)	Die Nachfrage nach Gütern und Dienstleistungen erreicht in der Depression ihr niedrigstes Niveau. Die Kapazitätsauslastung in den Unternehmen ist gering, auch sinkende Preise können die Gesamtnachfrage kaum steigern. Löhne und Gehälter sinken weiter, die Arbeitslosigkeit steigt stark an. Viele Unternehmen müssen Insolvenz anmelden, die Investitionsneigung befindet sich auf einem Tiefpunkt. Die geringe Kreditnachfrage führt zu sehr niedrigen Zinssätzen. Die Wirtschaftssubjekte erhöhen – soweit möglich – aufgrund pessimistischer Zukunftserwartungen ihre Sparneigung. Das Bruttoinlandsprodukt ist stark gesunken. Ist die Talsohle (Tiefpunkt) des Konjunkturverlaufs erreicht, zeigen sich wieder leichte Aufschwunganzeichen. In Deutschland helfen häufig Nachfrageimpulse aus dem Ausland, die zum großen Teil auf die geringen Preise zurückzuführen sind, aus dem Konjunkturtief herauszukommen.

vgl.: Böker, Jürgen u. a.: Wirtschaftspolitik/Wirtschaftsordnung, 3. Aufl., Winklers Verlag Darmstadt 2005, S. 23 f.

12

Von der Konjunkturanalyse zur -prognose – Konjunkturindikatoren

Business cycle analysis and economic forecasting – economic indicators

Zur Beschreibung und Analyse der einzelnen Phasen des Konjunkturverlaufs werden charakteristische Merkmale der wirtschaftlichen Entwicklung herangezogen, wie z. B. die Höhe der Kapazitätsauslastung in der Industrie oder die Höhe des Bruttoinlandsprodukts. Diese Merkmale haben aber nicht nur beschreibenden Charakter, sie dienen auch der **Konjunkturprognose**. Aussagen über die Zukunft der wirtschaftlichen Entwicklung sind z. B. für Unternehmen wichtig, um Investitionsentscheidungen abzusichern, oder sie dienen dem Staat, um den Konjunkturverlauf rechtzeitig durch **konjunkturpolitische Maßnahmen**, wie z. B. Veränderung des Steuersatzes, zu beeinflussen.

Man kann die Konjunkturindikatoren nach ihrer zeitlichen Beziehung zum Konjunkturverlauf einteilen in:

- vorlaufende Indikatoren (Frühindikatoren),
- gleichlaufende Indikatoren (Gegenwartsindikatoren),
- nachlaufende Indikatoren (Spätindikatoren).

Art des Konjunkturindikators	*Beispiele*
vorlaufend (Frühindikator)	■ Geschäftserwartungen von Unternehmen ■ Entwicklung der Aktienkurse ■ Auftragseingänge in Unternehmen ■ Baugenehmigungen
gleichlaufend (Gegenwartsindikator)	■ Kapazitätsauslastung in Industrieunternehmen ■ Höhe der industriellen Produktion ■ Einzelhandelsumsatz ■ Außenhandelsumsatz
nachlaufend (Spätindikator)	■ Zahl der Beschäftigten bzw. Arbeitslosen ■ Zahl der Insolvenzen

Grafische Darstellung der unterschiedlichen Entwicklung von vor-, gleich- und nachlaufenden Konjunkturindikatoren

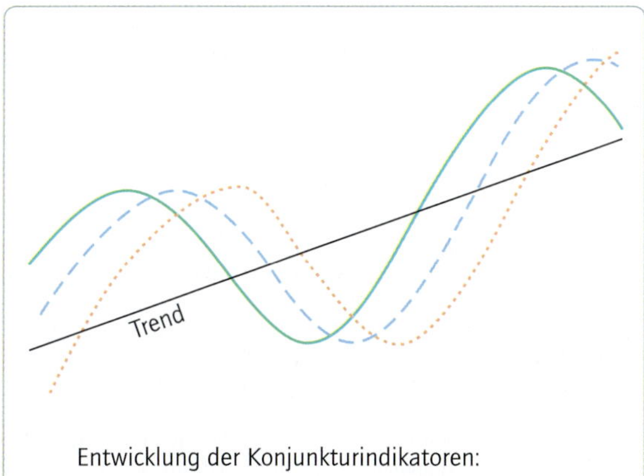

aus: Böker, Jürgen u. a.: Wirtschaftspolitik/Wirtschaftsordnung, 3. Aufl., Winklers Verlag Darmstadt 2005, S. 24 f.

Wachstumsraten des Bruttoinlandsprodukts in der Bundesrepublik Deutschland ab 1960

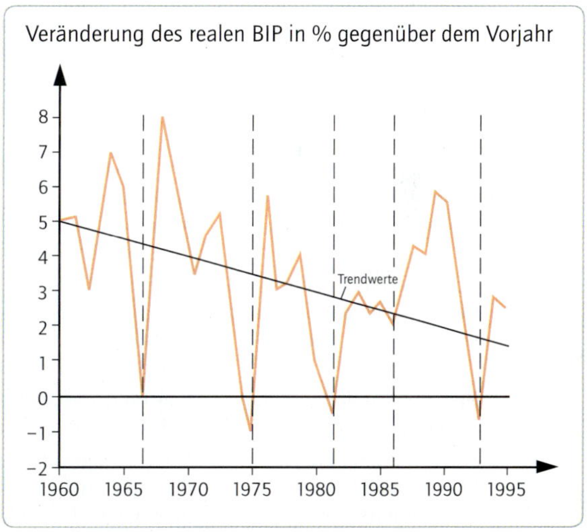

Konjunktur: Wachstumsraten und Trendwerte des Bruttoinlandsproduktes der Bundesrepublik Deutschland 1960 bis 1995 (ab 1992 einschließlich neue Bundesländer) in Preisen von 1991 (dargestellt sind jeweils die Veränderungen gegenüber dem Vorjahr in Prozent); die Jahre 1967, 1975, 1982 und 1993 markieren die unteren Wendepunkte eines Konjunkturzyklus (siehe auch S. 393).

nach: Brockhaus-Enzyklopädie in 24 Bänden. 20. überarbeitete und aktualisierte Aufl., Bd. 12, Mannheim 1997

Ziele und Zielkonflikte staatlicher Wirtschaftspolitik

Aims and conflicting aims of governmental economic policy

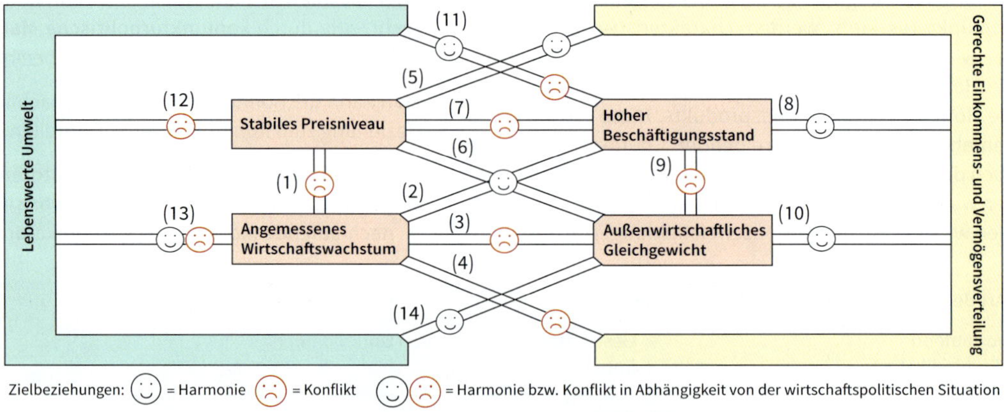

Erläuterungen zu den Beziehungen der Ziele staatlicher Wirtschaftspolitik (vgl. S. 402)	
1 Angem. Wirtschaftswachstum/Stabiles Preisniveau	Ein erhöhtes Wirtschaftswachstum kann durch eine verstärkte Gesamtnachfrage gegenüber dem gesamtwirtschaftlichen Angebot ein erhöhtes Preisniveau verursachen (Zielkonflikt).
2 Angem. Wirtschaftsw./Hoher Beschäftigungsstand	Ein erhöhtes Wirtschaftswachstum hat z. B. durch größere Produktionskapazitäten eine steigende Beschäftigung zur Folge (Zielharmonie).
3 Angemessenes Wirtschaftswachstum/Außenwirtschaftliches Gleichgewicht	Maßnahmen zur Stärkung des Wirtschaftswachstums (z. B. Steuervergünstigungen, Subventionen) sind nicht immer geeignet, gleichzeitig ein außenwirtschaftliches Gleichgewicht zu sichern, weil hierdurch ein Exportüberhang entstehen kann (eher Zielkonflikt).
4 Angem. Wirtschaftsw./Gerechte Einkommens- und Vermögensverteilung	Ein erhöhtes Wirtschaftswachstum wird durch ein leistungsorientiertes Steuersystem begünstigt, während eine gerechtere Einkommens- und Vermögensverteilung eher mithilfe eines sozialorientierten Steuersystems erreicht wird (eher Zielkonflikt).
5 Stabiles Preisniveau/Gerechte Eink.- und Verm.-vert.	Stabile Preise können eher ein Auseinanderklaffen der Einkommensschere verhindern und unterstützen damit eine gerechtere Einkommens- und Vermögensverteilung (Zielharmonie).
6 Stabiles Preisniveau/Außenwirtschaftliches Gleichgewicht	Maßnahmen zur Sicherung eines stabilen Preisniveaus (z. B. Eindämmung der staatlichen Nachfrage) müssen nicht zu gravierenden Angebots- bzw. Nachfrageverschiebungen im Im- und Export führen; die Zielvorstellung eines außenwirtschaftlichen Gleichgewichts wird dadurch nicht zwangsläufig beeinträchtigt (Zielharmonie).
7 Hoher Beschäftigungsstand/Stabiles Preisniveau	Ein hoher Beschäftigungsstand kann durch einen entsprechenden Anstieg der Einkommen über eine erhöhte gesamtwirtschaftliche Nachfrage zu Preiserhöhungen führen. Die erhöhten Preise sind außerdem eine Folge der Verteuerung des Produktionsfaktors Arbeit (Zielkonflikt).
8 Hoher Beschäftigungsstand/Gerechte Einkommens- und Vermögensverteilung	Ein hoher Beschäftigungsstand führt auf der Nachfrageseite zu einem höheren Einkommen für alle Wirtschaftssubjekte. Damit steigt auch der Spielraum für den Staat, durch gezielte Maßnahmen (z. B. durch eine entsprechende Steuerpolitik) eine gerechtere Einkommens- und Vermögensverteilung zu verwirklichen (eher Zielharmonie).
9 Hoher Beschäftigungsstand/Außenw. Gleichgewicht	Eine hohe Beschäftigung wird häufig durch Maßnahmen verfolgt, die i. d. R. die Exporte begünstigen, wodurch ein außenwirtsch. Gleichgewicht gefährdet sein könnte (eher Zielkonflikt).
10 Außenwirtschaftliches Gleichgewicht/Gerechte Einkommens- und Vermögensverteilung	Maßnahmen zur Erreichung eines außenwirtschaftlichen Gleichgewichts (z. B. Veränderung der Zoll- und Steuersätze) stehen nicht unbedingt in Konflikt mit Maßnahmen zur Erreichung einer gerechten Einkommens- und Vermögensverteilung, wie z. B. die Förderung eines sozialorientierten Steuersystems (Zielharmonie).
11 Lebenswerte Umwelt/Hoher Beschäftigungsstand	Staatliche Investitionsförderung im Umweltschutzsektor kann entsprechende Arbeitsplätze schaffen (Zielharmonie). Hohe Umweltschutzauflagen führen häufig zu Produktionsverlagerungen ins Ausland und damit zum Export von Arbeitsplätzen (Zielkonflikt).
12 Lebenswerte Umwelt/Stabiles Preisniveau	Staatliche Umweltschutzauflagen können beim Hersteller die Produktionskosten erhöhen, wodurch das Preisniveau steigen kann (eher Zielkonflikt).
13 Lebenswerte Umwelt/Angemessenes Wirtschaftswachstum	Staatliche Investitionsförderung im Umweltschutzsektor führt in entsprechenden Branchen zu Wirtschaftswachstum (Zielharmonie). Hohe Umweltschutzauflagen können in Produktions- und Dienstleistungsbetrieben zur Eindämmung wirtschaftl. Aktivitäten führen (Zielkonflikt).
14 Lebenswerte Umwelt/Außenwirtschaftliches Gleichgewicht	Sowohl die Förderung von Umweltschutzinvestitionen als auch staatliche Umweltschutzauflagen stehen wirtschaftspolitischen Maßnahmen zur Gewährleistung eines außenwirtschaftlichen Gleichgewichts nicht prinzipiell entgegen (Zielharmonie).

12

Traditionelle Instrumente der staatlichen Wirtschaftspolitik

Traditional instruments of governmental economic policy

Das **wirtschaftspolitische Instrumentarium** umfasst die Gesamtheit aller Maßnahmen, die dem Staat zur Verfügung stehen, um die in § 1 des „Stabilitätsgesetzes“ festgelegten Ziele zu erreichen.

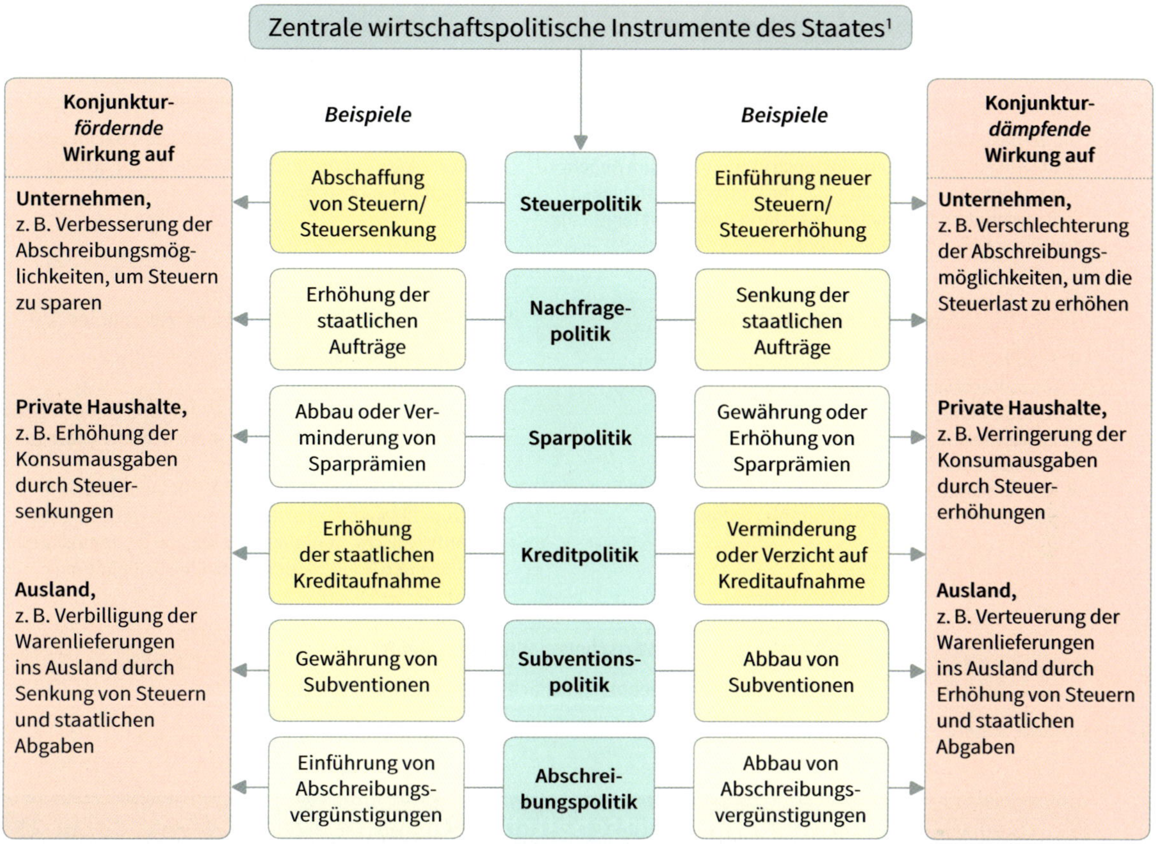

Der Einsatz dieser wirtschaftspolitischen Instrumente erfolgt im Rahmen der kurzfristigen **antizyklischen Konjunkturpolitik** und dient der langfristigen Gestaltung der **Strukturpolitik** (siehe S. 401). Die Strukturpolitik unterstützt durch gezielte Maßnahmen die Bewältigung des wirtschaftlichen und sozialen Wandels.

Beispiel:
In einer Wirtschaftskrise vergibt der Staat öffentliche Aufträge zum Ausbau des Autobahnnetzes.

Beispiel:
Im Bundestag wird der Ausstieg aus der Kernenergie beschlossen. Der Staat unterstützt diesen langfristigen Prozess durch Gewährung von Subventionen bei erneuerbaren Energien.

[1] nach: Lötzerich, R./Schneider, P.-J./Zindel, M., Wegweiser Wirtschaft, Winklers Verlag Darmstadt 1991
vgl.: Böker, Jürgen u. a.: Wirtschaftspolitik/Wirtschaftsordnung, 3. Aufl., Winklers Verlag Darmstadt 2005, S. 33

Angebots- und Nachfrageorientierung staatlicher Wirtschaftspolitik

Supply- and demand-oriented governmental economic policy

Grundkonzeptionen staatlicher Wirtschaftspolitik

Angebotsorientierte Wirtschaftspolitik	Nachfrageorientierte Wirtschaftspolitik
Grundannahme	**Grundannahme**
Die Verbesserung der gesamtwirtschaftlichen Angebotsbedingungen (effizientere Kostenstruktur) führt zum Angebot kostengünstigerer Produkte, das die Wettbewerbsfähigkeit (z. B. gegenüber dem Ausland) verstärkt und damit langfristig das Wirtschaftswachstum erhöht.	Die Stärkung der gesamtwirtschaftlichen Nachfrage führt zur Ankurbelung der Produktion und damit zur Erhöhung des Wirtschaftswachstums.
Wirtschaftspolitische Maßnahmen	**Wirtschaftspolitische Maßnahmen**
▪ Schaffung von rechtlichen Rahmenbedingungen, die zu Kosteneinsparungen in Unternehmen führen (z. B. Senkung von Lohnnebenkosten) ▪ Einschränkung der staatlichen Nachfrage ▪ Abbau staatlicher Subventionen ▪ Abbau des staatlichen Einflusses auf die Konjunkturpolitik, um langfristig Marktkräfte zu stärken	▪ Stärkung der Massenkaufkraft durch Erhöhung von Löhnen und Gehältern ▪ Erhöhung der staatlichen Nachfrage (z. B. durch gezielten Einsatz von speziellen Ausgaben- bzw. Beschäftigungsprogrammen) ▪ Verstärkter Einsatz staatlicher Subventionen (zum Beispiel zur Förderung alternativer Energien) ▪ Antizyklische Konjunkturpolitik, um die Intensität der einzelnen Konjunkturausschläge abzumildern

Wirtschaftspolitik der Zukunft?

Verbindung von angebots- und nachfrageorientierter Wirtschaftspolitik

aus: Böker, Jürgen u. a.: Wirtschaftspolitik/Wirtschaftsordnung, Lehrerband, Winklers Verlag Darmstadt 2005, S. 38

Jahresgutachten und Jahreswirtschaftsbericht

Basis for governmental economic decisions

12

Sachverständigenrat (SVR = die sogenannten „Fünf Weisen“)	Bundesregierung
erstellt (jährlich bis zum 15. Nov.) das	nimmt Stellung zum Jahresgutachten (bis zum 31. Jan.) im
Jahresgutachten	**Jahreswirtschaftsbericht**
Inhalt: ▪ Begutachtung der gesamtwirtschaftlichen Lage und deren absehbare Entwicklung durch unabhängige Sachverständige ▪ Aufzeigen möglicher wirtschaftspolitischer Maßnahmen, ohne bestimmte wirtschaftspolitische Maßnahmen zu empfehlen **Rechtsquelle:** Gesetz über die Bildung eines Sachverständigenrates zur Begutachtung der gesamtwirtschaftlichen Entwicklung	**Inhalt:** ▪ Darlegung der angestrebten wirtschafts- und finanzpolitischen Ziele (Jahresprojektion) ▪ Darlegung der für das laufende Jahr geplanten Wirtschafts- und Finanzpolitik ↓ **Inhalte gehen ein in:** ▪ Haushaltsplan der Bundesregierung ▪ Mittelfristige Finanzplanung (Mifrifi) **Rechtsquelle:** Gesetz zur Förderung der Stabilität und des Wachstums der Wirtschaft

Öffentlichkeit

aus: Böker, Jürgen u. a.: Wirtschaftspolitik/Wirtschaftsordnung, Lehrerband, Winklers Verlag Darmstadt 2005, S. 32

Zielsetzung und Maßnahmen einer ökologischen Steuerreform

Aims and instruments of an ecological tax reform

Ökologische Steuerreform

Einbeziehung ökologischer Elemente in das Steuersystem durch Besteuerung des Verbrauchs von Umweltressourcen bei gleichzeitiger Verbilligung des Produktionsfaktors Arbeit

↓

Ziel

Schonung der Umwelt bei gleichzeitigem Abbau der Arbeitslosigkeit

↓

Mögliche Maßnahmen

- Belastung energieintensiver Branchen
- Verminderung von Lohnnebenkosten (z. B. durch Absenkung der Sozialversicherungsbeiträge)
- Förderung technischer Innovationen zum Schutz der Umwelt (z. B. Subventionierung der Solartechnologie)

Argumente der Befürworter:

- Beschleunigung eines notwendigen wirtschaftlichen Strukturwandels durch Verteuerung des Verbrauchs von Umweltgütern
- Doppelter Nutzen durch Schonung von Ressourcen und Umwelt sowie Entlastung des Produktionsfaktors Arbeit bzw. Abbau von Arbeitslosigkeit

Argumente der Gegner:

- Wettbewerbsnachteile deutscher Unternehmen wegen fehlender internationaler Harmonisierung von Öko-Steuersätzen
- Verstoß gegen das Verfassungsprinzip einer leistungsabhängigen Besteuerung

Wohlstandsindikatoren

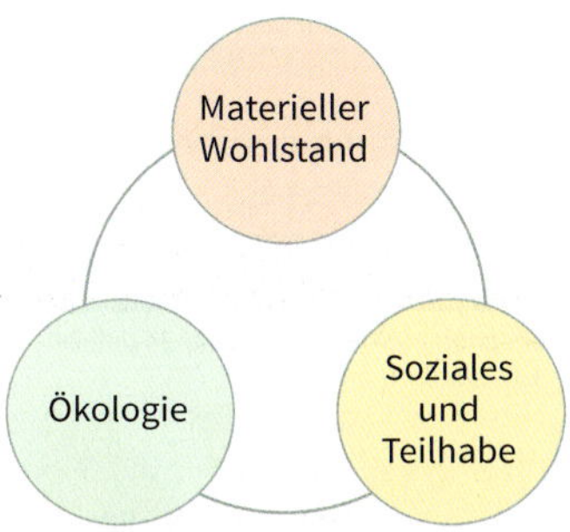

Neue Wohlstandindikatoren

Was ist Wohlstand? Und wie kann man ihn statistisch messen? Antworten auf diese Fragen hat die Enquete-Kommission des Bundestages „Wachstum, Wohlstand, Lebensqualität – Wege zu nachhaltigem Wirtschaften und gesellschaftlichem Fortschritt in der Sozialen Marktwirtschaft“ nach intensiver Diskussion herausgearbeitet. Die Ergebnisse hat sie in einem Abschlussbericht (Teil 1, Teil 2) veröffentlicht. Sie empfiehlt einerseits ein breiteres Wohlstandsverständnis und fordert andererseits eine umfassendere Messung und laufende Berichterstattung über den Wohlstand in Deutschland. Hierbei treten die beiden Bereiche **Soziales und Teilhabe** sowie **Ökologie** gleichberechtigt neben die Dimension **materieller Wohlstand**.

Die Enquete-Kommission schlägt zehn Leitindikatoren vor, um Wohlstand und gesellschaftlichen Fortschritt umfassender beobachten zu können. Neben das Wirtschaftswachstum werden Entwicklungen in der Bildung, den demokratischen Freiheiten, der Gesundheit, der Arbeit sowie der Qualität der Umwelt gestellt.

Ergänzend empfiehlt die Kommission Variablen, die bei Überschreitung festgesetzter Schwellenwerte als Warnlampe aufleuchten. Der Umfang von unbezahlter Arbeit, wie Hausarbeit oder ehrenamtliche Aktivitäten, wird mit einer sogenannten Hinweislampe beobachtet.

Materieller Wohlstand

Leitindikatoren

- Bruttoinlandsprodukt
- Einkommensverteilung
- Staatsschulden

Warnlampen

Nettoinvestitionen
Vermögensverteilung
Finanzielle Nachhaltigkeit des Privatsektors

Hinweislampe

Nicht-marktvermittelte Produktion

Soziales und Teilhabe

Leitindikatoren

- Beschäftigung
- Bildung
- Lebenserwartung
- Freiheit

Warnlampen

Qualität der Arbeit
Weiterbildung
Gesundheit (Gesunde Lebensjahre)

–

Ökologie

Leitindikatoren

- Treibhausgase national
- Stickstoff national
- Artenvielfalt national

Warnlampen

Treibhausgase global
Stickstoff global
Artenvielfalt global

–

nach: Statistisches Bundesamt, Wiesbaden 2013

Begriff

Auf dem Arbeitsmarkt treffen – wie auf jedem Markt – Angebot und Nachfrage aufeinander. Bei der Unterscheidung von Angebot und Nachfrage auf dem Arbeitsmarkt muss genau festgelegt werden, ob sich die beiden Begriffe auf die **Arbeitskraft** oder den **Arbeitsplatz** beziehen:

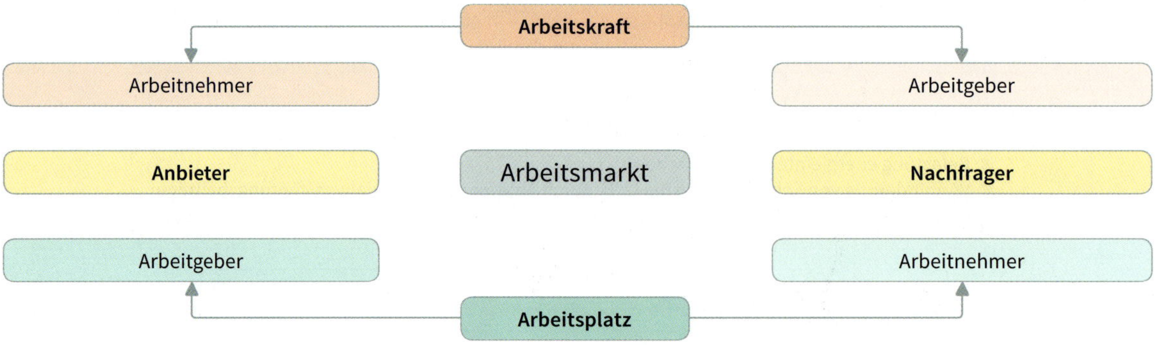

Der Arbeitsmarkt ist gegenüber anderen Märkten von besonderen Bedingungen geprägt:

- Der Anbieter von Arbeitskraft ist in der Regel gezwungen, diese anzubieten;
- Anbieter und Nachfrager schließen sich häufig zu Verbänden (Gewerkschaften, Arbeitgeberverbände) zusammen, um ihre Interessen wirksamer durchsetzen zu können;
- der Staat beeinflusst durch verschiedene Maßnahmen den Arbeitsmarkt, z. B. durch Gesetze und Vorschriften.

Erwerbstätige

Erwerbstätige sind alle Personen, die in einem bestimmten Zeitraum zur Erzielung von Einkommen arbeiten (ca. 40 Mio., d. h. knapp die Hälfte der Einwohner der Bundesrepublik Deutschland). Sie setzen sich zusammen aus:

- abhängigen Erwerbstätigen[1] (ca. 35 bis 37 Mio.)
  - Arbeiter
  - Angestellte
  - Beamte
- Selbstständigen und mithelfenden Familienangehörigen (ca. 3 bis 4 Mio.).

Arbeitslosenquote

Die Arbeitslosenquote in Prozent errechnet sich wie folgt:

$$\frac{\text{Arbeitslose} \cdot 100}{\text{abhängige Erwerbstätige} + \text{Arbeitslose}^{2}}$$

Sie dient als aussagefähigere und besser vergleichbare Berechnungsgröße der Arbeitslosigkeit als die absolute Arbeitslosenzahl.

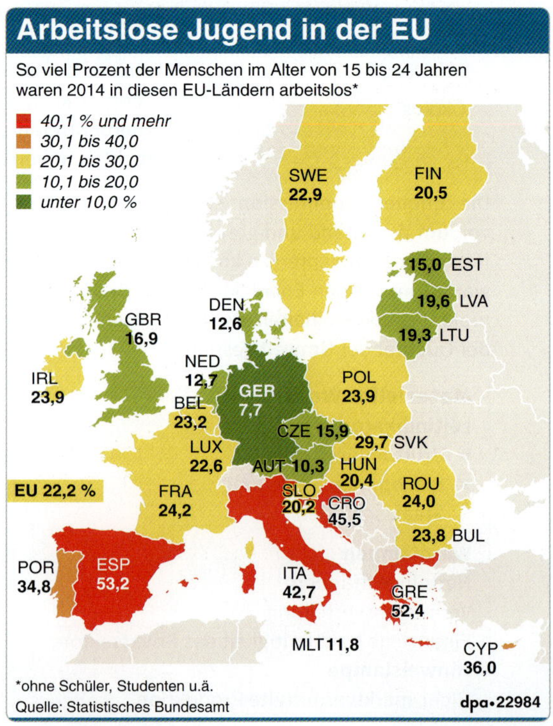

[1] einschließlich aller Auszubildenden (ca. 1 Mio.)
[2] abhängige Erwerbstätige + Arbeitslose = abhängige Erwerbspersonen
vgl.: Böker, Jürgen u. a.: Wirtschaftspolitik/Wirtschaftsordnung, 3. Aufl., Winklers Verlag Darmstadt 2005, S. 12

12

Arbeitslosigkeit

Unemployment

Ursachen

Ursachen der Arbeitslosigkeit

- **Saisonale Nachfrageschwankungen**
  z. B. schlechte Witterungsbedingungen in der Bauindustrie oder der Landwirtschaft
- **Konjunkturelle Schwankungen**
  z. B. durch eine allgemeine Abschwächung der Wirtschaftstätigkeit
- **Sektorale Veränderungen der Wirtschaftsstruktur**
  z. B. durch das Schrumpfen einzelner Wirtschaftszweige wie der Textilindustrie (sekundärer Sektor) bzw. durch das Wachsen von neuen Wirtschaftszweigen wie der Multimedia-Branche (tertiärer Sektor)
- **Wechsel des Arbeitsverhältnisses**
  z. B. wenn aus organisatorischen Gründen ein Arbeitsverhältnis nicht nahtlos in ein neues übergeht
- **Globalisierungsdruck**
  z. B. Arbeitsplatzabbau im Inland durch notwendige Verbesserung der Kostenstruktur der Unternehmen
- **Unzureichende Qualifikation eines Teils der Erwerbstätigen**
  z. B. bei mangelnder Fortbildungsbereitschaft oder -fähigkeit
- **Überregulierung des Arbeitsmarktes**
  z. B. durch zu geringe Flexibilität des Tarifvertragssystems

aus: Böker, Jürgen u. a.: Wirtschaftspolitik/Wirtschaftsordnung, Lehrerband, Winklers Verlag Darmstadt 2005, S. 27

Versteckte Arbeitslosigkeit

Von versteckter Arbeitslosigkeit wird gesprochen, wenn

- sich Arbeitslose bei der Arbeitsagentur nicht registrieren lassen, da sie keine Ansprüche auf Arbeitslosengeld oder Arbeitslosengeld II mehr geltend machen können,
- Arbeitslose in Umschulungsmaßnahmen eintreten oder
- Arbeitslose oder durch Arbeitslosigkeit Bedrohte in den vorzeitigen Ruhestand eintreten.

Langzeitarbeitslosigkeit

Ein erhebliches Problem besteht in der sogenannten Langzeitarbeitslosigkeit. Diese liegt vor, wenn Arbeitslose länger als ein Jahr ohne Arbeit sind (in Deutschland ca. 30 % der Arbeitslosen). Die Betroffenen leiden verstärkt unter den Folgen der Arbeitslosigkeit und haben schlechtere Aussichten auf neue Beschäftigung als nur kurzzeitig Arbeitslose.

vgl.: Böker, Jürgen u. a.: Wirtschaftspolitik/Wirtschaftsordnung, 3. Aufl., Winklers Verlag Darmstadt 2005, S. 13

Arbeitszeitmodelle: ein Beitrag zur Arbeitsmarktpolitik?

Working hour models: a contribution to labour market policy?

Arbeitszeitmodelle

Altersteilzeit
Ab dem 55. Lebensjahr können vollzeitbeschäftigte Arbeitnehmerinnen und Arbeitnehmer in Altersteilzeit gehen, das heißt auf eine halbe Stelle wechseln, wobei z. B. 70 % des Vollzeitentgeltes weitergezahlt werden. Der Rentenanspruch reduziert sich (z. B. um 10 %).

Gleitende Altersruhe
Arbeitnehmer „hamstern" auf einem Langzeitarbeitskonto Arbeitsstunden, die im Alter langsam abgebaut werden können. Der Rentenanspruch vermindert sich dabei nicht.

Bandbreitenmodell
Die Arbeitnehmer können ihre vertragliche Arbeitszeit z. B. für ein Jahr innerhalb einer Bandbreite (z. B. zwischen 15 und 40 Wochenstunden) festlegen. Das Entgelt vermindert oder erhöht sich entsprechend.

Jahresarbeitszeit
Die Wochenarbeitszeit variiert zwar im Jahresverlauf, wird aber auf eine festgelegte Jahresarbeitszeit bezogen, sodass das Entgelt monatlich gleich bleibt.

Gleitzeit
Neben einer betrieblich festgelegten täglichen Kernzeit bestimmen die Arbeitnehmer ihre Arbeitszeit nach persönlichen Bedürfnissen selbst oder sie wird der Auftragslage angepasst. Dabei wird ein Monatsarbeitszeitkonto mit Minus- und Plusstunden geführt.

Arbeit auf Abruf
In Abhängigkeit von der Auftragslage werden die Arbeitnehmer von ihrem Unternehmen benachrichtigt und aufgefordert, ihre Arbeit aufzunehmen.

Rollierende Wochenarbeit
Die Arbeitnehmer haben z. B. einen rollierenden freien Tag pro Arbeitswoche. Für das Unternehmen bedeutet dies trotzdem eine 5-Tage-Woche.

Turnusteilzeit
Die Arbeitnehmer arbeiten nach festgelegten Arbeitszeitrhythmen, z. B. wöchentlich wechselnd von montags bis mittwochs bzw. mittwochs bis freitags.

4-Tage-Woche
Die Arbeitszeit wird gegenüber der Normalarbeitswoche um einen Tag gekürzt, wobei die Arbeitnehmer auf einen auszuhandelnden Teil des Entgelts verzichten.

Sabbatical
Die Arbeitnehmer verzichten trotz Vollzeitarbeit auf einen Teil des Jahresentgeltes (z. B. ein Zwölftel). Dadurch entsteht ein zusätzlicher Urlaubsanspruch pro Jahr (z. B. ein Monat), der aber erst nach einer Ansparzeit als „Langzeiturlaub" abgegolten wird.

Jobsharing
Zwei oder mehrere Arbeitnehmer teilen sich einen Arbeitsplatz. Dabei legen sie die Dauer und Lage ihrer Arbeitszeiten in Absprache fest.

aus: Böker, Jürgen u. a.: Wirtschaftspolitik/Wirtschaftsordnung, Lehrerband, Winklers Verlag Darmstadt 2005, S. 39

Geldwert

Er gibt an, wie viele Güter und Dienstleistungen man mit einer Geldeinheit, z. B. 1 €, kaufen kann. Vom **nominalen Geldwert**, dem aufgedruckten Betrag, ist der **reale Geldwert**, die sogenannte **Kaufkraft**, zu unterscheiden. Nur der reale Geldwert entscheidet letztendlich darüber, welchen Wert das Geld z. B. für einen Verbraucher oder ein Unternehmen hat. Die Veränderung des realen Geldwertes im Zeitablauf spiegelt sich in der Preissteigerungsrate (s. u.) wider. Von **Geldwertstabilität** wird gesprochen, wenn der Geldwert über mehrere Jahre unverändert bleibt.

Preisniveau

Erhöhen sich die **Preise** für Güter und Dienstleistungen in einer Volkswirtschaft, verringert sich die Kaufkraft. Das sogenannte **Preisniveau** ist der Durchschnittswert aller vom **Statistischen Bundesamt** erfassten Preise von Gütern und Dienstleistungen. Von einem **stabilen Preisniveau** wird gesprochen, wenn sich dieser Durchschnittswert im Zeitablauf, z. B. in einem Jahr, nicht verändert. Die **Preissteigerungsrate (Inflationsrate)** gibt an, um wie viel Prozent sich die Preise gegenüber einem Vergleichszeitpunkt oder -raum verändert haben. In Deutschland werden die Preissteigerungsraten vom Statistischen Bundesamt monatlich und jährlich ausgewiesen. Die Preissteigerungsrate lässt sich aber auf unterschiedliche Arten von Gütern und Dienstleistungen beziehen: So kann die jährliche Preissteigerungsrate bei Kaffee z. B. 0,5 %, bei Autos z. B. 5 % betragen, was für die Kaufentscheidung des Einzelnen wichtig ist.
Für wirtschaftspolitische Entscheidungen werden von den Statistikern sogenannte **Warenkörbe** gebildet. Ein Warenkorb ist eine repräsentative Auswahl von Gütern und Dienstleistungen, er wird vom Statistischen Bundesamt ca. alle fünf Jahre verändert, um so veränderte Verbrauchsgewohnheiten zu berücksichtigen.

Warenkorb

Der Verbraucherpreisindex für Deutschland will ein umfassendes Bild der Preisentwicklung vermitteln, soweit davon die privaten Haushalte betroffen sind. Es ist deshalb erforderlich, deren Verbrauchsgewohnheiten umfassend und sehr detailliert zu erfassen und den Berechnungen eines Verbraucherpreisindex zugrunde zu legen. Es ist aber nicht möglich und auch nicht erforderlich, die Preise für alle angebotenen und von privaten Haushalten gekauften Waren und Dienstleistungen zu erheben. Es ist vielmehr ausreichend, aus der Fülle des Güterangebots einige hundert auszuwählen, die stellvertretend sowohl den gesamten Verbrauch als auch die Preisentwicklung der von den Haushalten nachgefragten Güter mit hinreichender Genauigkeit repräsentieren. Die Gesamtheit der ausgewählten Güter heißt Warenkorb. Der Warenkorb für die Preisindizes in der Bundesrepublik Deutschland umfasst zurzeit ca. 750 Waren und Dienstleistungen.

Wägungsschema

Viel wichtiger als die Auswahl der einzelnen Preisrepräsentanten, also die Festlegung des Warenkorbes, ist die Bestimmung des Gewichts, mit dem die Preisentwicklung einzelner Preisrepräsentanten in die Gesamtindizes eingeht. Das Wägungsschema quantifiziert, welchen Anteil z. B. die Mietausgaben oder andere Ausgabepositionen an den gesamten Verbrauchsausgaben der privaten Haushalte haben. Höhe und Struktur der Ausgaben der privaten Haushalte werden vom Statistischen Bundesamt aus den Ergebnissen der Einkommens- und Verbrauchsstichprobe, die alle fünf Jahre durchgeführt wird, und der jährlichen Statistik der laufenden Wirtschaftsrechnungen abgeleitet.

aus: Statistisches Bundesamt Deutschland, www.destatis.de/basis/d/preis/vpitsti8.htm, Jan. 2002

Gewichtung im Verbraucherpreisindex
Wägungsschema zum Basisjahr 2010 in %

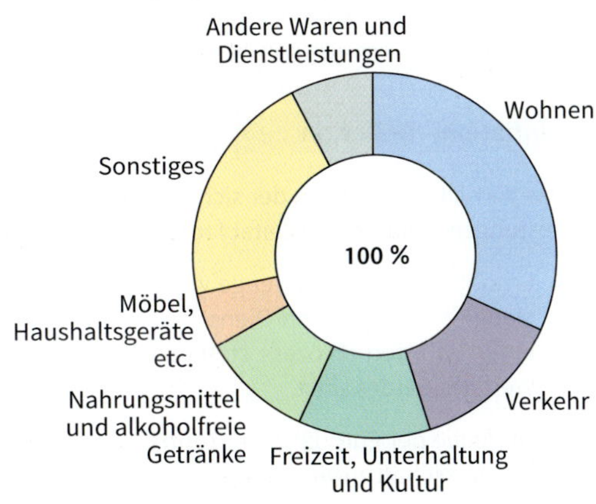

Statistisches Bundesamt, Wiesbaden, 2013

Preisniveau

Verbraucherpreisindex Deutschland: Alle privaten Haushalte (2010 = 100)

Jahr	Gesamtindex (alle 12 Abteilungen)	Nahrungsmittel und alkoholfreie Getränke	Alkoholische Getränke, Tabakwaren	Bekleidung und Schuhe	Wohnungsmiete, Wasser, Strom, Gas und andere Brennstoffe	Einrichtungsgegenstände u. Ä. für den Haushalt und deren Instandhaltung
		01	02	03	04	05
2015	106,9	112,3	113,4	106,3	108,0	103,2
2014	106,6	111,5	110,3	105,5	108,4	102,5
2013	105,7	110,4	107,0	104,4	107,5	102,1
2012	104,1	106,3	104,8	103,3	105,4	101,1
2011	102,1	102,8	101,8	101,2	103,1	100,4
2010	100,0	100,0	100,0	100,0	100,0	100,0
2009	98,9	98,8	98,4	99,3	99,0	99,9
2008	98,6	100,1	95,9	98,0	98,6	98,3
2007	96,1	94,4	94,1	97,3	95,4	96,8

Jahr	Gesundheitspflege	Verkehr	Nachrichtenübermittlung	Freizeit, Unterhaltung und Kultur	Bildungswesen	Beherbergungs- und Gaststättendienstleistungen	Andere Waren- und Dienstleistungen
	06	07	08	09	10	11	12
2015	103,4	105,5	91,2	105,0	92,8	111,0	107,2
2014	101,4	107,3	92,3	104,4	93,1	108,2	106,1
2013	99,4	107,5	93,4	103,1	95,1	106,0	104,3
2012	103,2	107,7	94,8	100,6	94,0	103,6	102,6
2011	100,7	104,5	96,5	99,7	99,6	101,5	101,6
2010	100,0	100,0	100,0	100,0	100,0	100,0	100,0
2009	99,2	96,7	102,3	100,2	99,7	98,9	98,7
2008	98,2	98,6	104,6	98,6	103,9	96,8	97,2
2007	96,6	95,5	108,2	98,6	95,7	94,6	95,4

aus: Statistisches Bundesamt Deutschland, www.destatis.de, Februar 2013

Inflation – Deflation

Das Verhältnis zwischen der sich in einer Volkswirtschaft befindlichen Geldmenge und der Menge an Gütern und Dienstleistungen kann sich im Zeitablauf unter Umständen stark verändern:

- Erhöht sich die Geldmenge wesentlich stärker als die Menge an Gütern und Dienstleistungen, kommt es zu einer **Inflation** (Prozess stetig steigender Preise), der Wert des Geldes sinkt.
- Erhöht sich die Menge an Gütern und Dienstleistungen wesentlich stärker als die Geldmenge, kommt es zu einer **Deflation** (Prozess stetig sinkender Preise), der Wert des Geldes steigt.

Die Aufgabe der Europäischen Zentralbank und der jeweiligen Landesregierungen ist es, diese negativen Entwicklungen für die Wirtschaft zu verhindern.

Rechtliche Stellung der Bundesbank und der Europäischen Zentralbank (EZB)

Legal position of the Bundesbank and the European Central Bank (ECB)

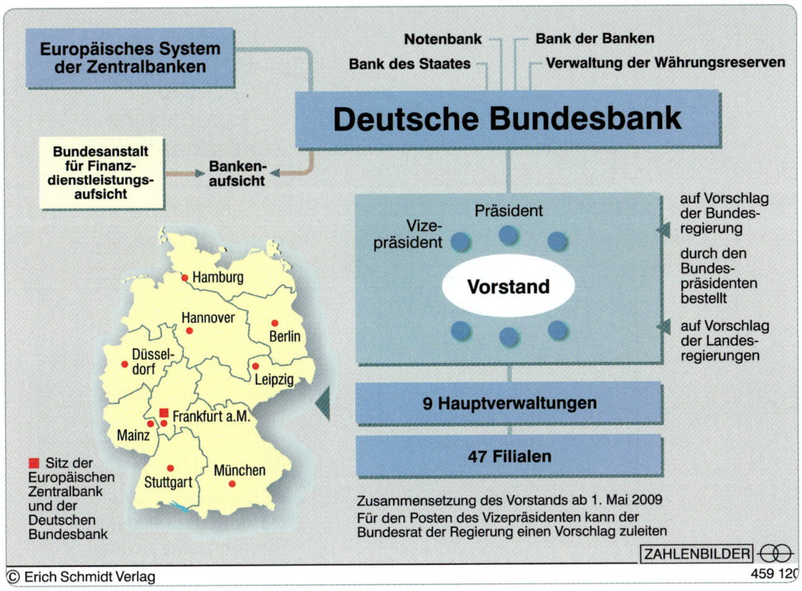

In Artikel 88 des Grundgesetzes (GG) ist die gesetzliche Grundlage zur Gründung der **Deutschen Bundesbank** geschaffen:

Art. 88 GG: (Bundesbank) Der Bund errichtet eine Währungs- und Notenbank als Bundesbank.

Die Bundesbank ist eine bundesunmittelbare juristische Person des öffentlichen Rechts, die ihren Sitz in Frankfurt am Main hat. Neben der Zentrale in Frankfurt existieren die seit 1992 in neun Hauptverwaltungen zusammengefassten **Landeszentralbanken.**

Mit Beginn der dritten Stufe zur **Europäischen Wirtschafts- und Währungsunion** 1999 wurde eine einheitliche europäische Geldpolitik durch die **Europäische Zentralbank (EZB)** gesichert, in deren Politik sich die einzelnen Notenbanken der Mitgliedsländer einzufügen haben.

Der Gesetzgeber hat im Bundesbankgesetz bestimmt, dass die Bundesbank prinzipiell unabhängig von den Weisungen der Bundesregierung ist. Allerdings muss die Bundesbank die allgemeine Wirtschaftspolitik der Regierung unterstützen.

BBankG § 12: Verhältnis der Bank zur Bundesregierung
„Die Deutsche Bundesbank ist bei der Ausübung der Befugnisse, die ihr nach diesem Gesetz zustehen, von Weisungen der Bundesregierung unabhängig. Soweit dies unter Wahrung ihrer Aufgabe als Bestandteil des Europäischen Systems der Zentralbanken möglich ist, unterstützt sie die allgemeine Wirtschaftspolitik der Bundesregierung."

Die Aufgaben der Bundesbank und die von ihr einzusetzenden Instrumente sind im Bundesbankgesetz (BBankG) von 1957 gesetzlich geregelt, zuletzt geändert am 5. Februar 2009.

BBankG § 3: Aufgaben
„Die Deutsche Bundesbank ist als Zentralbank der Bundesrepublik Deutschland integraler Bestandteil des Europäischen Systems der Zentralbanken. Sie wirkt an der Erfüllung seiner Aufgaben mit dem vorrangigen Ziel mit, die Preisstabilität zu gewährleisten, hält und verwaltet die Währungsreserven der Bundesrepublik Deutschland, sorgt für die bankmäßige Abwicklung des Zahlungsverkehrs im Inland und mit dem Ausland und trägt zur Stabilität der Zahlungs- und Verrechnungssysteme bei. Sie nimmt darüber hinaus die ihr nach diesem Gesetz oder anderen Rechtsvorschriften übertragenen Aufgaben wahr."

Geldpolitische Instrumente der Europäischen Zentralbank (EZB)

Monetary policy devices of the European Central Bank (ECB)

Das Bundesbankgesetz legt fest, dass die Bundesbank als nationale Notenbank integraler Bestandteil des **Europäischen Systems der Zentralbanken (ESZB)** ist. Das ESZB besteht aus der Europäischen Zentralbank und den nationalen Zentralbanken der EU-Mitgliedsstaaten, die eine einheitliche Währung eingeführt haben.

Der sogenannte **EZB-Rat** legt die Geldpolitik fest, das **Direktorium der EZB** hat die Aufgabe, diese Geldpolitik gemäß den Leitlinien und Entscheidungen des EZB-Rats auszuführen. Das vorrangige Ziel des ESZB ist vertragsgemäß die Gewährleistung der Preisstabilität und damit auch die Geldwertstabilität. Soweit dies ohne Beeinträchtigung dieses Zieles möglich ist, unterstützt das ESZB die allgemeine Wirtschaftspolitik in der Europäischen Union.

aus: Böker, Jürgen u. a.: Wirtschaftspolitik/Wirtschaftsordnung, 3. Aufl., Winklers Verlag Darmstadt 2005, S. 50 f.

Geldpolitische Instrumente der Europäischen Zentralbank (EZB)

Monetary policy devices employed by the European Central Bank (ECB)

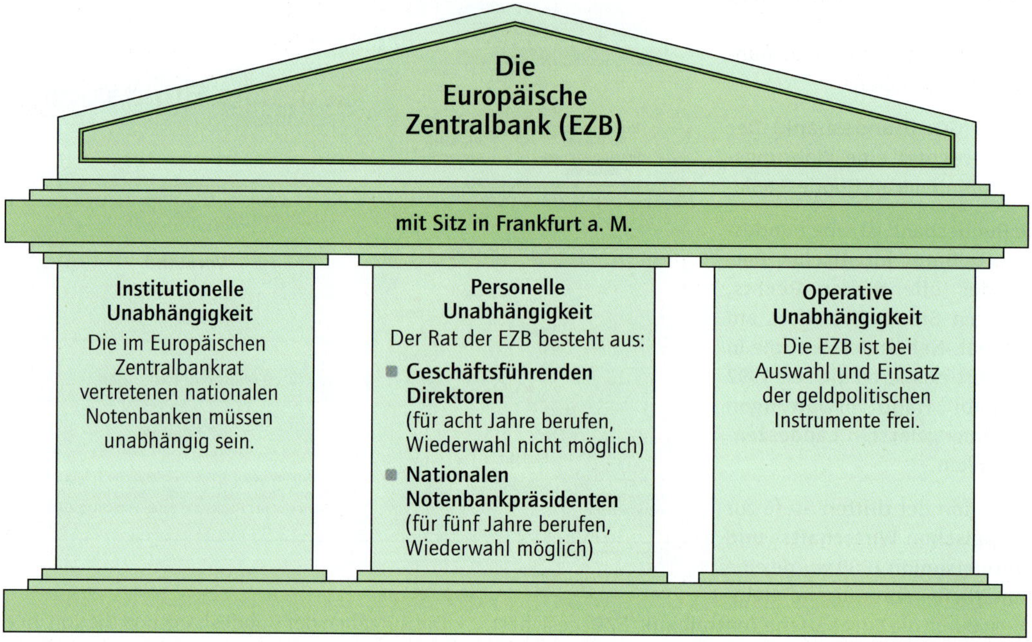

vgl.: Das Zeitbild, hrsg. v. Zeitbild-Verlag, Bonn 1997

Um seine Ziele zu erreichen, stehen dem ESZB verschiedene geldpolitische Instrumente zur Verfügung, die den ehemaligen nationalen geldpolitischen Instrumenten der Deutschen Bundesbank stark ähneln.

Als **Handlungsrahmen** stehen folgende geldpolitische Instrumente zur Verfügung, deren Nutzung bzw. Ausgestaltung der EZB-Rat jederzeit ändern kann:

I Offenmarktgeschäfte
II Ständige Fazilitäten[1]
III Mindestreserven

Der Einsatz dieser Instrumente dient zur Steuerung der Zinssätze und der Liquidität („Flüssigkeit") am Markt, der „Preis des Geldes" – z. B. für Kredite – wird so erhöht oder gesenkt.

[1] Fazilität = Kreditmöglichkeit

Offenmarktgeschäfte

Bei den sogenannten **Offenmarktgeschäften** werden Wertpapiere von der EZB bzw. von den Nationalen Zentralbanken ge- und verkauft oder entsprechende Kredite gegen Verpfändung von Sicherheiten eingeräumt. Die Offenmarktgeschäfte können in den folgenden vier Formen durchgeführt werden:

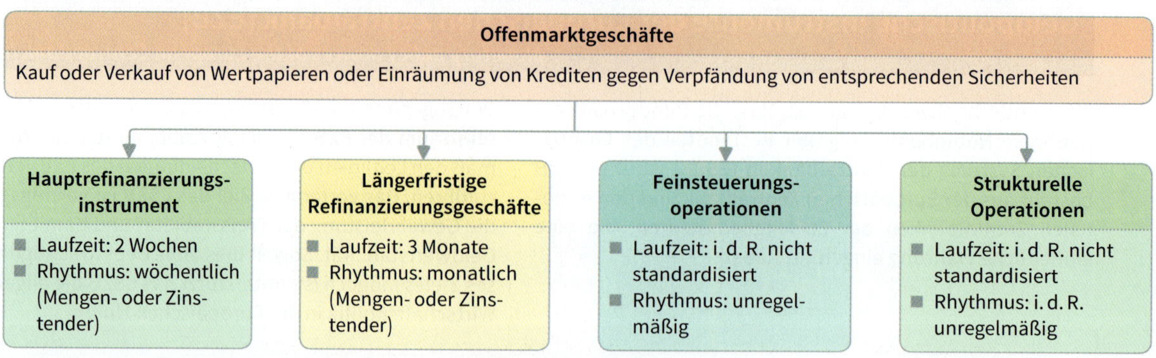

aus: Böker, Jürgen u. a.: Wirtschaftspolitik/Wirtschaftsordnung, 3. Aufl., Winklers Verlag Darmstadt 2005, S. 51 f.

12

Geldpolitische Instrumente der Europäischen Zentralbank (EZB)

Monetary policy devices employed by the European Central Bank (ECB)

Offenmarktgeschäfte

Bei der Durchführung offenmarktpolitischer Geschäfte wird vor allem auf das **Tenderverfahren** – ein Versteigerungsverfahren – zurückgegriffen. Man unterscheidet dabei zwischen **Mengen-** und **Zinstender**. Beim Mengentender gibt die EZB bzw. die NZB[1] den Zinssatz vor, die Banken nennen die Beträge, für die sie Wertpapiere „in Pension" geben wollen. Die EZB entscheidet dabei über die Zuteilungsquote.

Liquiditätszuführende befristete Transaktion über Mengentender

Die EZB beschließt, dem Markt Liquidität über eine befristete Transaktion in Form eines Mengentenders zuzuführen.

Drei Geschäftspartner geben folgende Gebote ab:

Geschäftspartner	Gebot (Mio. €)
Bank 1	30
Bank 2	40
Bank 3	70
Insgesamt	140

Die EZB beschließt, insgesamt 105 Mio. € zuzuteilen.

Der Prozentsatz der Zuteilung errechnet sich wie folgt: $\frac{105}{(30 + 40 + 70)} = 75\,\%$

Geschäftspartner	Gebot (Mio. €)	Zuteilung (Mio. €)
Bank 1	30	22,5
Bank 2	40	30,0
Bank 3	70	52,5
Insgesamt	140	105,0

[1] NZB: Nationale Zentralbank

Liquiditätszuführende befristete Transaktion über Zinstender

Die EZB beschließt, dem Markt Liquidität über eine befristete Transaktion in Form eines Zinstenders zuzuführen.

Drei Geschäftspartner geben folgende Gebote ab:

	Beträge in Millionen €				
Zinssatz (%)	**Bank 1**	**Bank 2**	**Bank 3**	**Gebote insgesamt**	**Kumulative Gebote**
3,15				0	0
3,10		5	5	10	10
3,09		5	5	10	20
3,08		5	5	10	30
3,07	5	5	10	20	50
3,06	5	10	15	30	80
3,05	10	10	15	35	115
3,04	5	5	5	15	130
3,03	5		10	15	145
Insgesamt	30	45	70	145	

aus: Europäische Zentralbank: Die einheitliche Geldpolitik in Stufe 3. Allgemeine Regelungen für die geldpolitischen Instrumente und Verfahren des ESZB. Frankfurt 1998, S. 64 f.

Geldpolitische Instrumente der Europäischen Zentralbank (EZB)

Monetary policy devices employed by the European Central Bank (ECB)

Die EZB beschließt, 94 Mio. € zuzuteilen, sodass sich ein marginaler Zinssatz von 3,05 % ergibt. Alle Gebote über 3,05 % (bis zu einem kumulativen Betrag von 80 Mio. €) werden voll zugeteilt. Bei 3,05 % ergibt sich folgende prozentuale Zuteilung:

$$\frac{94 - 80}{35} = 40\,\%$$

Die Zuteilung an Bank 1 zum marginalen Zinssatz beträgt zum Beispiel:

$$0{,}4 \cdot 10 = 4$$

Insgesamt ergibt sich für Bank 1 folgende Zuteilung:

$$5 + 5 + 4 = 14$$

Ständige Fazilitäten

Die **ständigen Fazilitäten** können in zwei Formen genutzt werden:

- Bei der **Spitzenrefinanzierungsfazilität** können sich die Banken kurzfristig – praktisch über Nacht – Geld beschaffen, zu einem Zinssatz, der wahrscheinlich die Obergrenze des Tagesgeldzinssatzes bilden wird.
- Die Banken können außerdem in Form der **Einlagefazilität** bei den nationalen Zentralbanken Guthaben bis zum nächsten Geschäftstag einlegen. Der Zinssatz für die Einlagefazilität bildet in der Regel die Untergrenze des Tagesgeldzinssatzes.

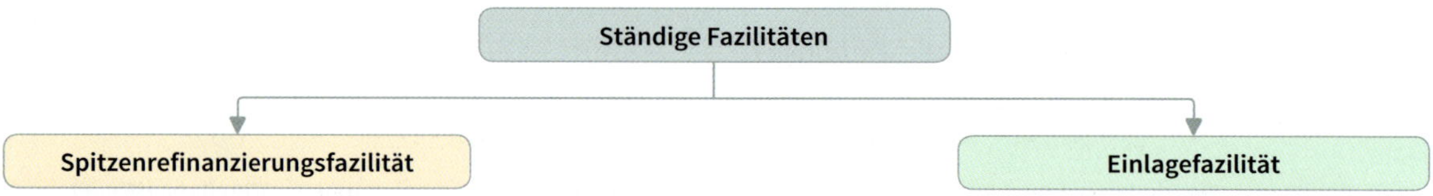

Mindestreserven

Gemäß § 16 des Bundesbankgesetzes kann die Deutsche Bundesbank von den Kreditinstituten verlangen, dass diese einen bestimmten Prozentsatz ihrer Verbindlichkeiten als Guthaben auf den Konten der Zentralbanken unterhalten. Man bezeichnet diese Guthaben als **Mindestreserve**. Je höher diese Mindestreserve festgelegt wird, umso stärker werden die Banken bei der Kreditvergabe eingeschränkt, was sich in einer Erhöhung des Kreditzinses niederschlägt. Der Geldschöpfungsspielraum der Kreditinstitute kann somit beeinflusst werden.

aus: Böker, Jürgen u. a.: Wirtschaftspolitik/Wirtschaftsordnung, 3. Aufl., Winklers Verlag Darmstadt 2005, S. 54

Zwei-Säulen-Strategie

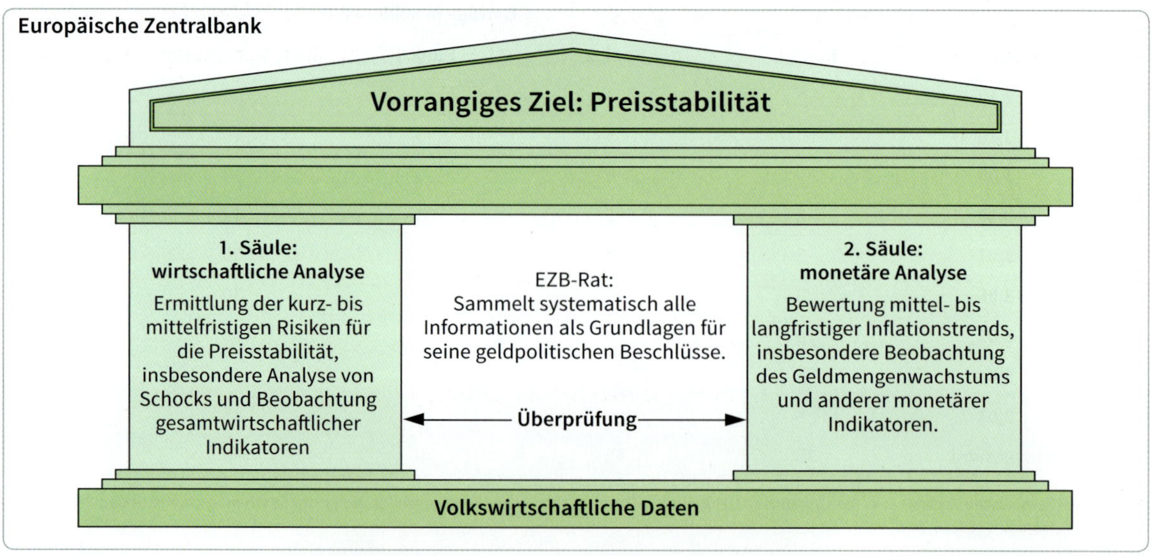

vgl.: Süddeutsche Zeitung Nr. 106, München, 9. Mai 2003, S. 21

Geldpolitische Instrumente der Europäischen Zentralbank (EZB)

Monetary policy devices employed by the European Central Bank (ECB)

Offenmarktgeschäfte

Kauf oder Verkauf von Wertpapieren oder Einräumung von Krediten gegen Verpfändung von entsprechenden Sicherheiten
Ziel: Steuerung der Zinssätze und Liquidität am Markt sowie Signalisierung des geldpolitischen Kurses der EZB

Formen

Hauptrefinanzierungsinstrument
- Laufzeit: 2 Wochen
- Rhythmus: wöchentlich (Mengen- oder Zinstender)

Längerfristige Refinanzierungsgeschäfte
- Laufzeit: 3 Monate
- Rhythmus: monatlich (Mengen- oder Zinstender)

Feinsteuerungsoperationen
- Laufzeit: i. d. R. nicht standardisiert
- Rhythmus: unregelmäßig

Strukturelle Operationen
- Laufzeit: i. d. R. nicht standardisiert
- Rhythmus: i. d. R. unregelmäßig

Arten

Transaktionsarten zur Liquiditätsbereitstellung
- befristete Transaktionen (z. B. in Form von Pensionsgeschäften)
- definitive Käufe (von Wertpapieren)
- Devisenswapgeschäfte

Transaktionsarten zur Liquiditätsabschöpfung
- befristete Transaktionen
- definitive Verkäufe (von Wertpapieren)
- Devisenswapgeschäfte
- Hereinnahme von Termineinlagen
- Emission von Schuldverschreibungen

Ständige Fazilitäten

Kreditmöglichkeiten, die bei Bedarf von den Kreditinstituten in Anspruch genommen werden können

Spitzenrefinanzierungsfazilität

Beschaffung von Geld „über Nacht" durch die Kreditinstitute

Zinssatz: Obergrenze des Tagesgeldzinssatzes

Einlagefazilität

Anlage von Geld „über Nacht" durch die Kreditinstitute bei den nationalen Zentralbanken

Zinssatz: Untergrenze des Tagesgeldzinssatzes

Mindestreservesystem

Die Kreditinstitute werden verpflichtet, einen bestimmten Prozentsatz ihrer Verbindlichkeiten als Guthaben auf dem Konto der nationalen Zentralbank zu unterhalten.

vgl.: Böker, Jürgen u. a.: Wirtschaftspolitik/Wirtschaftsordnung, Lehrerband, Winklers Verlag Darmstadt 2005, S. 42 f.

Chancen und Risiken der Globalisierung

Chances and risks of globalization

Globalisierung

Verstärkung der internationalen Arbeitsteilung zu einer zunehmend verflochtenen, mittlerweile fast grenzenlosen mobilen Weltwirtschaft

Ursachen

- Neue Kommunikationstechnologien (z. B. Internet) ermöglichen einen weltumspannenden Austausch von Waren, Dienstleistungen, Kapital und Arbeit
- Technisches Know-how und unternehmerisches Wissen können weltweit transferiert werden
- Fehlendes Kapital kann in unterentwickelten Regionen durch Investitionen ausländischer Unternehmen ausgeglichen werden
- Ausgefeilte Produktionstechnologien und hohe Produktqualität sind immer weniger standortgebunden

Chancen

- Nutzung von Kostenvorteilen in allen Wirtschaftsbereichen
- Anschluss unterentwickelter Regionen an weltwirtschaftliche Standards durch verstärkte Konkurrenzbeziehungen im Welthandel
- Zunahme kultureller Akzeptanz der unterschiedlichen Weltregionen
- Abbau der Gefahr von Kriegen durch zunehmende weltwirtschaftliche Abhängigkeiten

Risiken

- Bedrohung historisch gewachsener Sozialstandards (z. B. Sozialversicherung) durch den zunehmenden Globalisierungsdruck
- Verschlechterung der Umweltbedingungen durch eine verstärkte Wirtschaftstätigkeit
- Machtverlust von Nationalstaaten zugunsten von weltweit operierenden Konzernen („Global Players")
- Gefahr einer ruinösen Konkurrenz zwischen den einzelnen Wirtschaftsregionen („Globalisierungsfalle")

vgl.: Böker, Jürgen u. a.: Wirtschaftspolitik/Wirtschaftsordnung, Lehrerband, Winklers Verlag Darmstadt 2005, S. 41

Entwicklungsstand der Staaten – Lebensbedingungen

State of development of individual states – living conditions

Entwicklungsstand
nach dem Human Development Index (HDI) des UN-Entwicklungsprogramms UNDP, 2011

- sehr hoch
- hoch
- mittel
- niedrig
- keine Angabe

Die Lebensbedingungen werden hauptsächlich durch die soziale, wirtschaftliche, politische und ökologische Situation in einem Land bestimmt. Zur Berechnung des menschlichen Entwicklungsindex (engl. Human Development Index - HDI) werden die Merkmale Lebenserwartung, Analphabetenrate und Einkommen herangezogen. Der HDI-Wert liegt immer zwischen 0 und 1.

Rang (von insgesamt 187)	Land	HDI-Wert (2011*)
1	Norwegen	0,943
4	USA	0,910
8	Deutschland	0,905
	Europäische Union	0,868
	Welt insgesamt	0,682
	Afrika südlich der Sahara	0,463
187	Demokratische Republik Kongo	0,286

* der HDI-Wert liegt immer zwischen 0 und 1

Beeinträchtigung des Entwicklungsstandes durch die Benachteiligung von Frauen
nach dem Gender Inequality Index (GII), 2011

gering – stark: 0,049 · 0,2 · 0,5 · 0,769 %

Der GII bewertet die **Beeinträchtigung** des Entwicklungsstandes eines Landes durch die gesellschaftliche Benachteiligung von Frauen in den Lebensbereichen Kinder, Bildung und Berufstätigkeit.

3545504

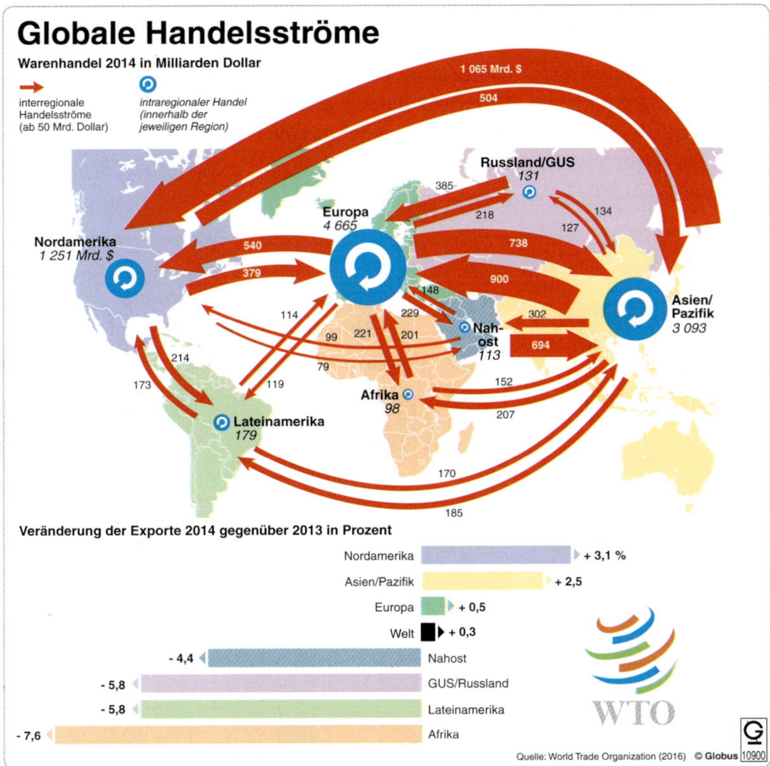

Finanzplätze und Steueroasen *Financial centres and tax havens*

Transnationale kriminelle Vereinigungen

USA
- *Cosa Nostra* 40 000 Mitglieder, 25 Familien

Kolumbien
- *Drogenmafia* 25 000 Personen, 2500 Gruppen

Italien
- *Mafia (Sizilien)* 50 000 Mitglieder, 150 Familien
- *Camorra (Kampanien)* 7000 Mitglieder, 130 Familien
- *N'Drangheta (Kalabrien)* 5000 Mitglieder, 150 Familien
- *Nuova Sacra Corona Unita (Apulien)* 2000 Mitglieder, 50 Familien

Russland
160 000 Mitglieder, 12 000 Gruppen

Japan (Yakuzas)
- *Yamaguchi Gumi* 23 000 Mitglieder, 750 Klans
- *Sumiyoshi Rengo* 7000 Mitglieder, 170 Klans
- *Inagawa Kai* *7000 Mitglieder, 300 Klans*

Hongkong (Triaden)
- *Vereinigte Wo* 40 000 Mitglieder, 10 Klans
- *14 K* 25 000 Mitglieder, 30 Klans
- *Sun Yee On* 50 000 Mitglieder

Andere betroffene Staaten: Kanada, Mexiko, Jamaika, Türkei, Albanien, Kosovo, Tschetschenien, China, Taiwan, Nigeria, Israel, Staaten im Kaukasus und Zentralasien (Ferganatal)

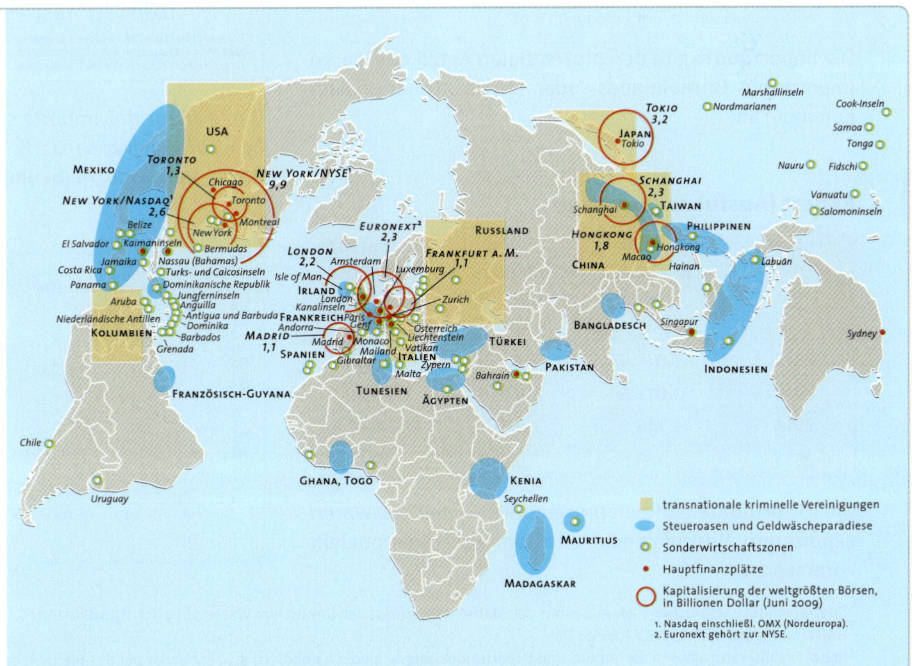

aus: LE MONDE diplomatique. Atlas der Globalisierung. taz Verlags- und Vertriebs GmbH, 2. Aufl., Berlin 2010, S. 53

Außenhandel

Der Außenhandel umfasst den grenzüberschreitenden Warenverkehr einer Volkswirtschaft. In der Außenhandelsstatistik erfassen die Staaten jeweils den Import (Einfuhr) und den Export (Ausfuhr) von Waren; in der sogenannten **Handelsbilanz** werden beide Größen saldiert. Sind die Exporte größer als die Importe, spricht man von einer **aktiven Handelsbilanz** (Handelsbilanzüberschuss); im umgekehrten Fall von einer **passiven Handelsbilanz** (Handelsbilanzdefizit).

Import (Einfuhr) von Waren

Jahr	Einfuhr[1] in Mrd. €[2]	Bruttoinlandsprodukt (BIP) in Mrd. €	Einfuhr in % des BIP (Importquote)
2012	871,0	2.754,9	31,6
2013	868,2	2.820,8	30,8
2014	888,4	2.915,7	30,5
2015	917,1	3.025,9	30,3

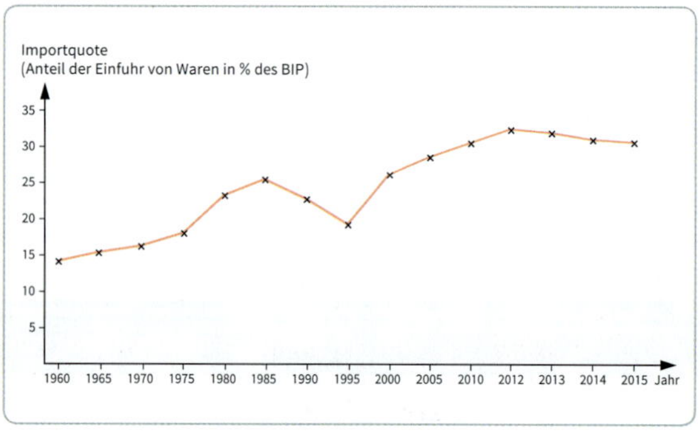

Die **Importquote** gibt den prozentualen Anteil des Warenimports am Bruttoinlands- oder am Bruttonationaleinkommen[4] an.

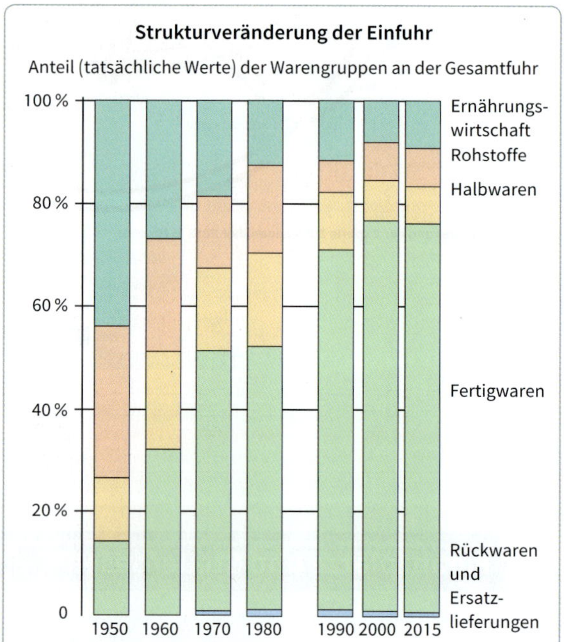

Bis einschließlich 1989 früheres Bundesgebiet.
Eigene Berechnungen auf der Grundlage von: www.destatis.de/DE/ZahlenFakten/Indikatoren/LangeReihen/Aussenhandel/lrahl02.html, eingesehen am 11.06.2016

Die Struktur des Imports spiegelt den Anteil unterschiedlicher Warengruppen (z. B. ernährungswirtschaftliche Produkte, Rohstoffe, Halb- und Fertigwaren) am Import wider.

12

Export (Ausfuhr) von Waren

Jahr	Ausfuhr[1] in Mrd. €[2]	Bruttoinlandsprodukt (BIP) in Mrd. €	Ausfuhr in % des BIP (Exportquote)
2012	1.071,0	2.754,9	38,9
2013	1.078,5	2.820,8	38,2
2014	1.118,5	2.915,7	38,4
2015	1.183,9	3.025,9	39,1

Die **Exportquote** gibt den prozentualen Anteil des Warenexports am Bruttoinlands- oder am Bruttonationaleinkommen an.

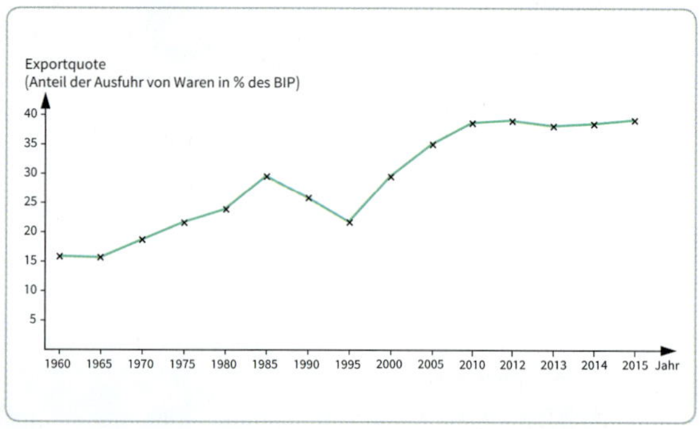

[1] Spezialhandel entsprechend der Außenhandelsstatistik. Er erfasst den Import von Waren ohne Transportkosten.
[2] Umrechnungskurs für 1,00 € = 1,95583 DM
[3] In der Fachliteratur werden die Import- und Exportquote unterschiedlich definiert, d. h. entweder auf das BIP oder das BNE bezogen.
nach: Böker, Jürgen u. a.: Wirtschaftspolitik/Wirtschaftsordnung, 3. Aufl., Winklers Verlag Darmstadt 2005, S. 16 f.

Außenhandel

Export (Ausfuhr) von Waren

Die Struktur des Exports spiegelt den Anteil unterschiedlicher Warengruppen (z. B. Straßenfahrzeuge, Maschinen, chemische Erzeugnisse)[1] am Export wider.

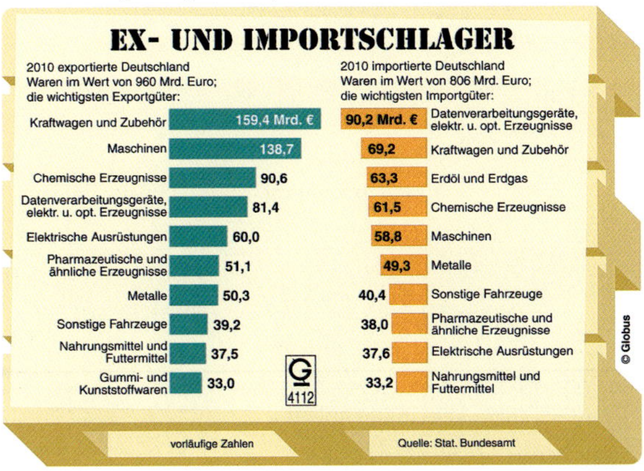

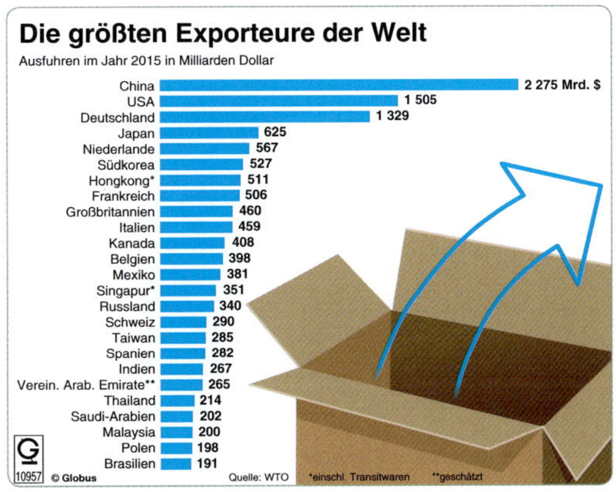

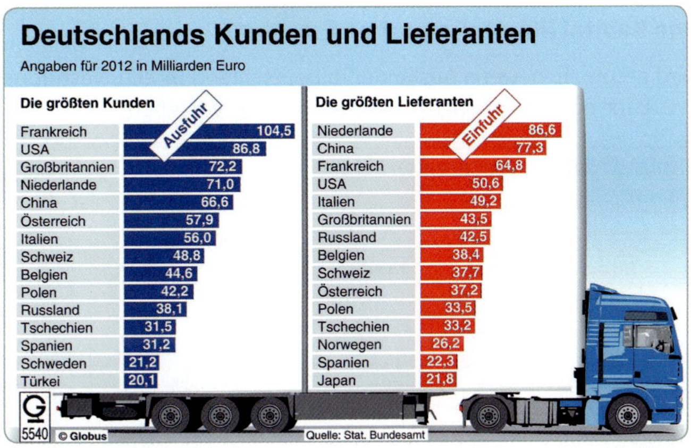

Ein- und Ausfuhr von Dienstleistungen

Bei der Inanspruchnahme von ausländischen Dienstleistungen entstehen für die Wirtschaftssubjekte in einer Volkswirtschaft **Ausgaben** (z. B. für Auslandstourismus), bei der Ausfuhr von Dienstleistungen entstehen **Einnahmen** (z. B. für Transportleistungen).

Jahr	Ausgaben in Mrd. €
1995	94,3
2000	146,1
2005	161,1
2010	191,2
2011	201,7
2012	216,4
2013	245,6
2014	248,4
2015	266,4

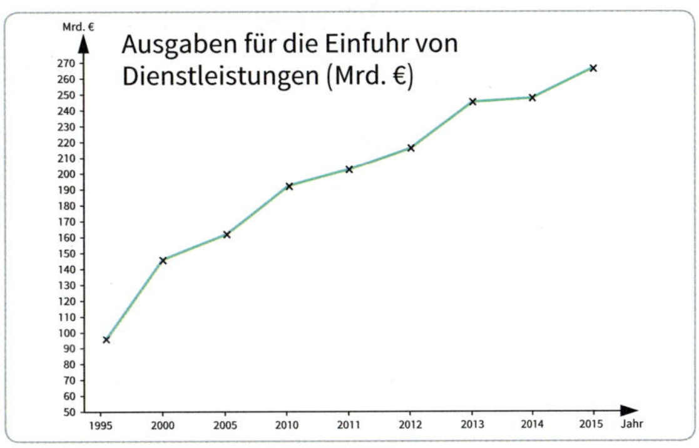

[1] Die veröffentlichten Statistiken des Statistischen Bundesamtes bzw. der Deutschen Bundesbank nennen als Warengruppen Erzeugnisse des Grundstoff- und Produktionsgüter-, des Investitionsgüter- und des Verbrauchsgütergewerbes.

nach: www.destatis.de, 2013 und eigene Berechnungen sowie Böker, Jürgen u. a.: Wirtschaftspolitik/Wirtschaftsordnung, 3. Aufl., Winklers Verlag Darmstadt 2005, S. 17 f.

Ein- und Ausfuhr von Dienstleistungen

Jahr	Einnahmen in Mrd. €
1995	61,5
2000	96,2
2005	133,7
2010	189,2
2011	199,4
2012	213,3
2013	204,7
2014	214,7
2015	235,7

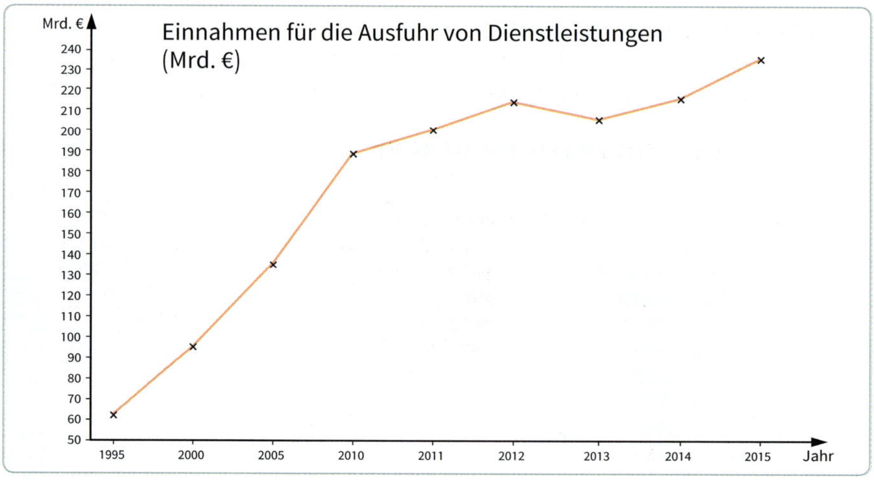

nach: www.destatis.de, 2016 und eigenen Berechnungen

Ein- und Ausfuhr von Kapital (Kapitalimport und -export)

Von **Kapitalimport** wird gesprochen, wenn Ausländer in Deutschland Direktinvestitionen vornehmen, Wertpapiere (z. B. Aktien) kaufen oder z. B. kurz- oder langfristige Kredite an Inländer vergeben.

Bundesrepublik Deutschland: Einfuhr von Kapital ab 2012 in Mrd. €[1] (Nettokapitalimport)				
Jahr	Kapital-import gesamt	davon		
		Direkt-investit.	Wert-papiere	Kredite, Bargeld Einlagen
2012	229,00	50,39	53,82	124,79
2013	−158,18	47,08	−20,18	−185,08
2014	55,52	6,24	11,58	37,70
2015	24,88	41,58	−75,00	58,30

[1] Nicht berücksichtigt wurden die Werte der sonstigen Kapitaleinfuhr.

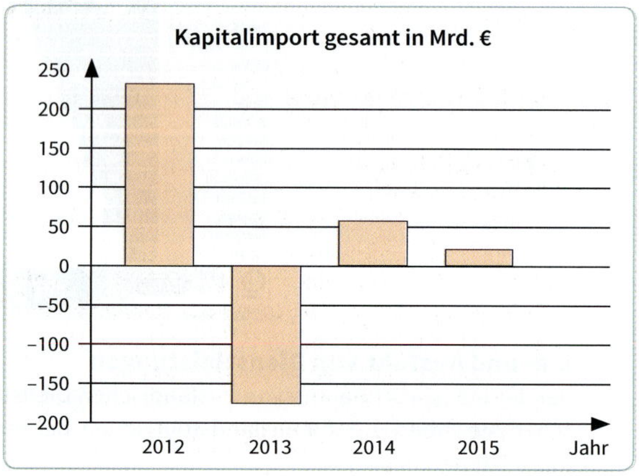

nach: www.destatis.de/DE/Publikationen/Statistisches Jahrbruch/Zahlungsbilanz.pdf, eingesehen am 01.11.2016

Von **Kapitalexport** wird gesprochen, wenn Inländer im Ausland Direktinvestitionen vornehmen, Wertpapiere (z. B. Aktien) kaufen oder z. B. kurz- oder langfristige Kredite an das Ausland vergeben.

Bundesrepublik Deutschland: Ausfuhr von Kapital ab 2012 in Mrd. €[2] (Nettokapitalexport)				
Jahr	Kapital-export gesamt	davon		
		Direkt-investit.	Wert-papiere	Kredite, Bargeld Einlagen
2012	348,48	76,94	105,61	165,93
2013	35,93	68,69	140,37	−173,13
2014	270,75	85,66	149,02	36,07
2015	233,49	98,02	124,13	11,34

[2] Nicht berücksichtigt wurden die Werte der sonstigen Kapitalausfuhr.

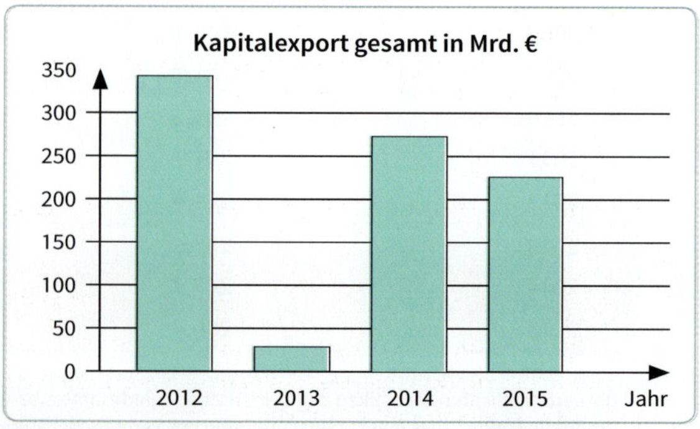

nach: www.destatis.de/DE/Publikationen/Statistisches Jahrbruch/Zahlungsbilanz.pdf, eingesehen am 01.11.2016

Außenwirtschaft

Foreign trade relations

Welthandel

Die Summe sämtlicher Exporte der einzelnen Länder wird zum Welthandelsvolumen zusammengefasst. In der Regel wird es wertmäßig in einer Leitwährung ausgedrückt, bisher ist dies der US-Dollar.

nach: Böker, Jürgen u. a.: Wirtschaftspolitik/Wirtschaftsordnung, 3. Aufl., Winklers Verlag Darmstadt 2005, S. 19

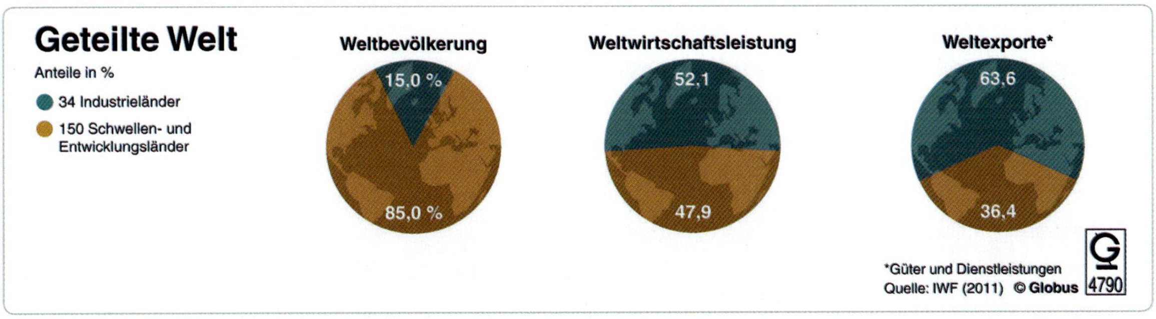

Zahlungsbilanz und ihre Teilbilanzen

Balance of payments and its partial balances

Zahlungsbilanz
erfasst alle außenwirtschaftlichen Transaktionen durch die Gegenüberstellung sämtlicher Zahlungsforderungen und Zahlungsverpflichtungen eines Landes gegenüber dem Ausland innerhalb eines Jahres.

Die Zahlungsbilanz gliedert sich in **Teilbilanzen**:

Leistungsbilanz
- **Handelsbilanz:**
  erfasst Warenein- und -ausfuhr;
- **Dienstleistungsbilanz:**
  erfasst die Exporte und Importe von Dienstleistungen;
- **Bilanz der Erwerbs- und Vermögenseinkommen:**
  erfasst Einkommen aus grenzüberschreitender Erwerbstätigkeit oder Vermögensanlage;
- **Bilanz der laufenden Übertragungen:**
  erfasst z. B. Überweisungen ausländischer Arbeitnehmer/-innen in ihre Heimat, Zahlungen an internationale Organisationen und Entwicklungshilfe.

Vermögensbilanz
erfasst grenzüberschreitende Schenkungen, Erbschaften usw.

Kapitalbilanz
erfasst alle Kreditbeziehungen zwischen In- und Ausland, die im Zusammenhang mit der Finanzierung von Ein- und Ausfuhren, Übertragungen usw. entstehen.

Devisenbilanz
erfasst die Zu- oder Abnahme des Devisenbestands der Bundesbank.

Ausprägungen der Zahlungsbilanz	
Aktive Zahlungsbilanz (+) Zahlungsforderungen gegenüber dem Ausland sind größer als die Zahlungsverpflichtungen.	**Passive Zahlungsbilanz** (–) Zahlungsforderungen gegenüber dem Ausland sind kleiner als die Zahlungsverpflichtungen.

nach: Böker, Jürgen u. a.: Wirtschaftspolitik/Wirtschaftsordnung, Lehrerband, Winklers Verlag Darmstadt 2005, S. 30

13 Datenverarbeitung

Aufbau und Funktion eines Informationsverarbeitungssystems

Design and function of an information system

Einsatzgebiete der Informationsverarbeitungssysteme

- Bearbeitung von gleichartigen Belegen oder Schriftstücken
- bei sich häufig wiederholenden und schematisierbaren Arbeiten
- Verarbeitung großer Datenmengen
- Durchführung von umfangreichen Rechenoperationen mit langen Bearbeitungszeiten
- Ermöglichung eines schnelleren Informationsaustausches

Das EVA-Prinzip

Die Verarbeitung von Daten verläuft in den drei Phasen: **E**ingabe, **V**erarbeitung und **A**usgabe. Dieser Prozess wird kurz als **EVA-Prinzip** bezeichnet.

Beispiel: **Mensch** 		*Beispiel:* **Computer** 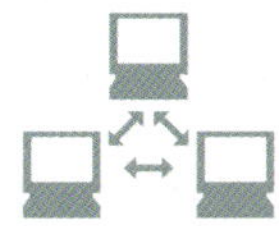
Svens Freundin ruft an und fragt ihn: „Kommst du mit ins Kino?“	**Eingabe**	Bestelldaten werden über die Tastatur eingegeben.
Sven überlegt, ob er ins Kino geht. Er stellt fest, dass er Zeit und Lust hat.	**Verarbeitung**	Der Computer holt die Artikelpreise von der Festplatte und berechnet den Gesamtpreis.
Sven antwortet: „Ich komme mit.“	**Ausgabe**	Am Bildschirm wird der Preis angezeigt und über den Laserdrucker ausgegeben.

Interne Darstellung von Informationen

Menschen bedienen sich bei ihrer Kommunikation einer Vielzahl von Wörtern, Symbolen, Gesten usw. Diese Möglichkeiten hat der Computer zunächst nicht. Hier wird mit zwei Spannungszuständen (niedrige und hohe Spannung) gearbeitet. Der hohen Spannung wird 0 und der niedrigen 1 zugeordnet. So können alle Informationen, ähnlich dem Morsen, mit dieser zweiwertigen Logik (Dualsystem) verschlüsselt (codiert) werden.

- **Bit:** binary digit (binäre Ziffer) ist die kleinste Speichereinheit. Sie kann nur die Werte 0 oder 1 enthalten. Erst die Kombination mehrerer Bits macht es möglich, Zeichen darzustellen.
- **Byte:** besteht aus 8 Bit. Dies ist die kleinste adressierbare Speichereinheit, weil die heute gebräuchlichen Codes auf einer Kombination von 8 Bit beruhen.
- **Code:** Verschlüsselungsverfahren, das jedem Byte ein bestimmtes Zeichen zuordnet. Die Zuordnung wird von den Hard- und Softwareherstellern übernommen.

Der **ASCII-Code** (**A**merican **S**tandard **C**ode of **I**nformation **I**nterchange) ist der bekannteste. Dabei werden die Zahlen 0 bis 255 als Dualzahlen verschlüsselt und einem Zeichen zugeordnet.

Der begrenzte Zeichenvorrat herkömmlicher Computerzeichencodes führte zur Entwicklung des UNICODE-Standards, in dem für jedes Schriftzeichen in verschiedenen Ländern eine digitale Codierung festgelegt wird.

Beim Menschen: Zeichen	**Verschlüsselung im ASCII-Code: Dezimalzahl**	**Computer intern: Dualzahl**
A	65	0100 0001
B	66	0100 0010

Aufbau und Funktion eines Informationsverarbeitungssystems

Design and function of an information system

Bestandteile eines IT-Systems[1]

Hardware

Zur Hardware gehören alle physikalisch-technischen Bestandteile eines Rechnersystems:

- **Eingabegeräte**
  z. B. Tastatur, Scanner, Barcodeleser
- **Ausgabegeräte**
  z. B. Monitor, Drucker
- **Prozessor**, auch Zentraleinheit (engl.: CPU = **c**entral **p**rocessing **u**nit) genannt
- **interner Speicher**
  - **ROM** (Nurlesespeicher, engl.: **r**ead-**o**nly **m**emory)
  - **RAM** (Schreib-Lese-Speicher, engl.: **r**andom **a**ccess **m**emory)
- **externe Speicher**
  z. B. Festplatte, CD, DVD, Memory-Stick, Memory-Card, Halbleiterlaufwerk (engl.: SSD = **s**olid-**s**tate-**d**rive)

Software

Zur Software gehören alle Programme, die zum Betrieb eines Rechnersystems und zur Lösung von bestimmten Aufgaben genutzt werden.

- **System- bzw. systemnahe Software**
  Betriebssystem (engl.: **o**perating **s**ystem), z. B. Microsoft Windows oder Mac OS X, Datenbankverwaltungssystem , z. B. Access, Software-Entwicklungssoftware, z. B. Microsoft Visual Studio
- **Anwendungssoftware**
  - **Standardsoftware**
    z. B. Microsoft Office-Paket, u. a. mit Word (siehe Seite 513 f.), Excel (siehe Seite 523 f.), PowerPoint (siehe Seite 518 f.)
  - **Individualsoftware**
    betriebsspezifische Spezialprogramme, z. B. Dienstreiseabrechnungsprogramm der OfficeCom AG
  - **Branchensoftware**
    z. B. Abrechnungsprogramm für Lebensmittelfilialbetriebe

Arbeiten mit dem Betriebssystem

Aufgaben

Das **Betriebssystem** gehört zur Systemsoftware. Es besteht aus einer Gruppe von Programmen, die …

- den internen und externen Speicher verwalten,
- geringe Hard- und Softwareunterschiede anpassen,
- Kommunikation mit dem Benutzer ermöglichen,
- die Bestandteile der Zentraleinheit verwalten,
- die Peripheriegeräte steuern,
- den Systemstart durchführen.

Arbeiten mit dem Betriebssystem Microsoft WINDOWS 10

13

Benutzeroberfläche

Über die **Benutzeroberfläche** (engl.: user interface) kommunizieren die Benutzer eines Computersystems mit dem Betriebssystem und den Programmen. Bei den heute üblichen grafischen Benutzeroberflächen werden den Benutzern auf dem Monitor **Icons** (Symbolbilder) angezeigt, die beim Anklicken mit der Maus oder durch einen Tastendruck den entsprechenden Befehl an das Betriebssystem (z. B. **Microsoft Windows**) weitergeben.

Systemstart mit Microsoft Windows 10

Nach dem Einschalten des Computers mit dem Netzschalter (Kaltstart) findet folgender Prozess statt:

1. **Stufe:** Das BIOS (= **B**asic-**I**nput-**O**utput-**S**ystem, ein Programm, das im ROM-Speicher steht) wird gestartet und sorgt für die Einleitung der weiteren Stufen.
2. **Stufe:** Im Selbsttest wird die Hardware auf Funktionstüchtigkeit überprüft.
3. **Stufe:** Passwort eingeben.
4. **Stufe:** WINDOWS wird gebootet, d. h., es wird in den Arbeitsspeicher geladen.
5. **Stufe:** Start von WINDOWS.

[1] **Informationstechnik** (Abk. **IT**, engl.: information technology) ist der Oberbegriff für die Informationsverarbeitung mit einem dafür benötigten informationstechnischen System (Hard- und Software), z. B. Rechner(Computer-)system. Oft wird der Begriff **Informationstechnologie** mit der gleichen Bedeutung (Synonym) verwendet.

Programme bzw. Apps starten

- Wenn das Symbol des gewünschten Programms auf dem Desktop abgebildet wird, das Symbol mit einem Doppelklick mit der linken Maustaste auswählen und starten.
- Durch Anklicken des Windows-Symbols

  werden die meistverwendeten Programme angezeigt. Durch Doppelklick auf das Programmsymbol können die Programme gestartet werde, z.B. Microsoft Word 2000

- Nicht so häufig verwendete Programme können auch über das Eingabefeld „Web und Windows durchsuchen“ gesucht und gestartet werden.

Ordner- und Dateioperationen unter Windows 10

Für alle Operationen auf einem Datenträger/Laufwerk ist zunächst das Symbol

anzuklicken, um den Windows-Explorer zu starten.

- Verschieben oder Kopieren eines Ordners oder einer Datei
  - In der Bedienungsoberfläche des Windows-Explorers das Laufwerk, den Ordner oder die Datei markieren, rechte Maustaste → Kontextmenü: Ausschneiden oder Kopieren
  - Zielordner oder -laufwerk markieren, rechte Maustaste → Kontextmenü: Einfügen
- Datei bzw. Ordner umbenennen
  - Im Windows-Explorer Ordner oder Datei markieren, rechte Maustaste → Kontextmenü: Löschen
  - Evtl. neuen Namen für den Ordner bzw. die Datei eingeben → RETURN
- Datei bzw. Ordner löschen
  - Im Windows-Explorer Ordner oder Datei markieren, rechte Maustaste → Kontextmenü: Löschen
  - Frage, ob Ordner/Datei wirklich in den Papierkorb verschoben werden soll, mit „ja“ bestätigen
  - Ordner/Datei wird in den Papierkorb verschoben. Der Papierkorb kann später geleert werden.

Textverarbeitungsprogramm Microsoft Word 2010 anwenden

Die rechnergestützte Textverarbeitung ermöglicht es dem Benutzer, ein Textdokument in einer bestimmten Form mit möglichst wenigen Arbeitsschritten in kurzer Zeit zu erstellen.

Eingabe von Text

Schritt 1: **Microsoft Word starten** (siehe oben)

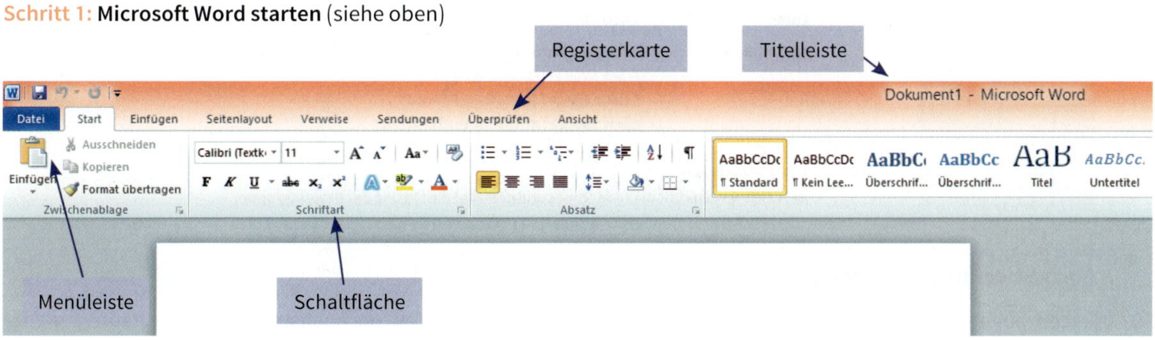

Nach dem Öffnen von **Microsoft Word** erscheint die Startseite mit der **Titelleiste** und der **Menüleiste**. In der **Titelleiste** wird der Name des Textdokuments angezeigt. Die Menüleiste enthält **Registerkarten**, **Schaltflächen** und **Symbole**, über die Aktionen in und mit einem Textdokument erledigt werden können, z. B. **„Speichern"** eines Dokuments. Außerdem wird ein leeres Dokument, das wie ein weißes Blatt Papier aussieht, auf der Bildschirmseite angezeigt.

Schritt 2: Texteingabe

In das leere Dokument können Texte **eingegeben** und grafische Elemente **eingefügt** werden. Bei aktivierter Rechtschreibprüfung können die Texte entweder automatisch während der Eingabe oder später manuell korrigiert werden. Bei der Rechtschreibprüfung werden die einzelnen Wörter mit einem in Word installierten Wörterbuch (in Englisch, Deutsch, Französisch, Italienisch) verglichen. Dieses Wörterbuch kann ständig erweitert werden. Die von Word als fehlerhaft erkannten Wörter werden mit roten, gewellten Linien unterstrichen, z. B. ist auf dem unten abgebildeten Dokument „Sitzungsprotokoll" der Schriftzug ***OfficeCom AG*** als fehlerhaft markiert. Die Word-Rechtschreibprüfung kennt das Wort **OfficeCom** nicht, d. h. es ist nicht im Wörterbuch hinterlegt und markiert es deshalb als fehlerhaft. Word prüft nur Rechtschreibfehler (rote Linie) und Grammatikfehler (grüne Linie). Die Zuverlässigkeit der Prüfung ist begrenzt. Die Sinnhaftigkeit von Textpassagen wird nicht überprüft.

Die Einstellungen zur Rechtschreib- und Grammatikprüfung können in Microsoft Word über

1. Datei 

2. Optionen 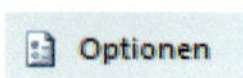

3. Dokumentprüfung 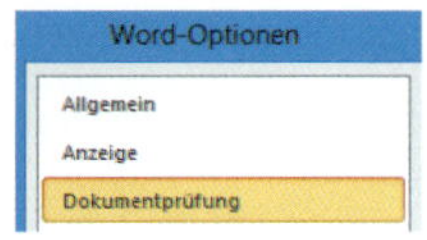

geändert werden.

Beispiel: **Sitzungsprotokoll** (Auszug)

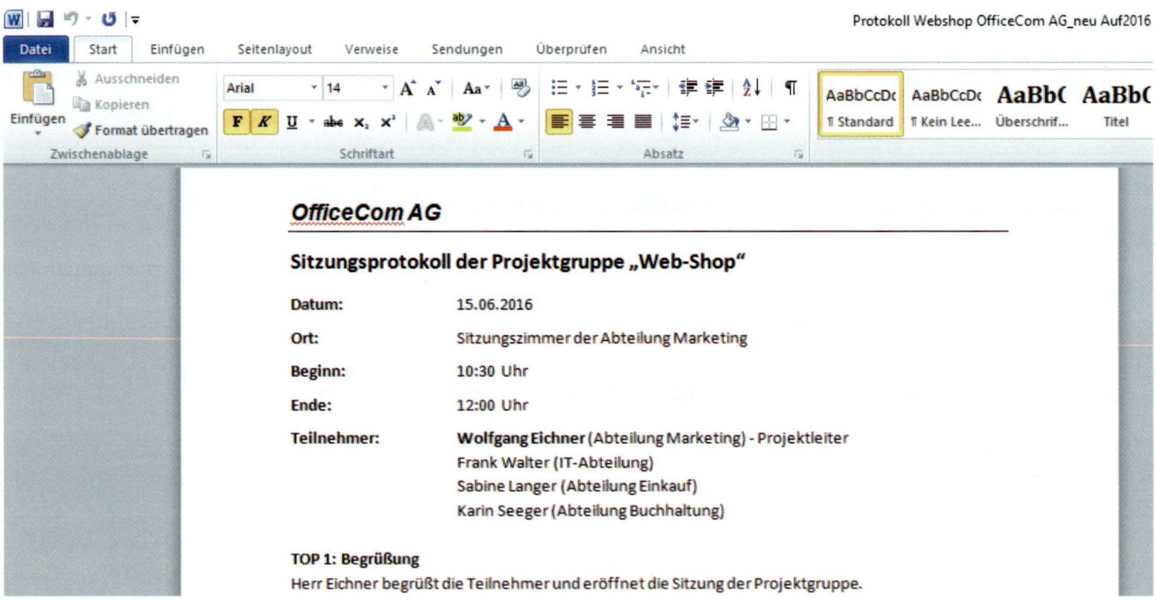

13

Formatierungen von Textelementen

In dem abgebildeten Textdokument sind einige Formatierungen enthalten, die nachstehend näher erläutert werden. Zum Beispiel enthält der Schriftzug *OfficeCom KG* drei vom Standard abweichende Einstellungen:

- Schriftart → Arial
- Schriftgröße → 14
- Schriftschnitt → fett und kursiv

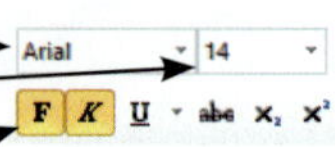

Formatierung dieser Textdarstellungen:
1. Registerkarte **„Start"** anklicken
2. Schaltflächen der Gruppe **Schriftart** werden angezeigt.
3. Auswahl der Schriftart „**Arial**"
4. Auswahl der Schriftgröße **„14"**
5. Anklicken des Buttons **„F "**
6. Anklicken des Buttons **„*K* "**

Alternativ können mit der rechten Maustaste ausgewählte Schaltflächen der Gruppe **Schriftart** aufgerufen werden:
1. rechte Maustaste betätigen
2. Schaltflächen der Gruppe **Schriftart** werden angezeigt.
3. Auswahl der Schriftart „**Arial**"
4. Auswahl der Schriftgröße **„14"**
5. Anklicken des Buttons **„F "**
6. Anklicken des Buttons **„*K* "**

Weitere Formatierungsmöglichkeiten mit den Schaltflächen in der Gruppe Schriftarten:

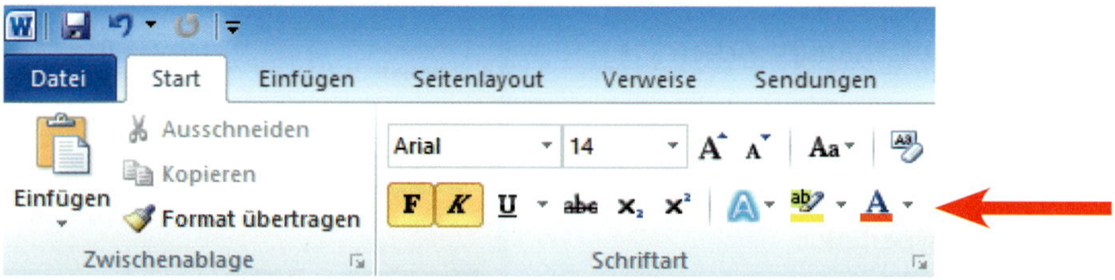

Symbol	Formatierung
	Der ~~markierte Text~~ wird durchgestrichen.
	Der markierte Text wird unterstrichen.
	Der $_{\text{markierte Text}}$ wird tiefgestellt.
	Der $^{\text{markierte Text}}$ wird hochgestellt.
	Der markierte Text wird in der gewählten Schriftfarbe dargestellt.
	Die Formatierungen werden gelöscht.
	Der markierte Text wird in einer größeren Schriftgröße dargestellt.
	Der markierte Text wird in einer kleineren Schriftgröße dargestellt.
	Der markierte Text wird mit der gewählten Hintergrundfarbe hervorgehoben.
	Der markierte Text wird mit der ausgewählten Kontur dargestellt.
	Der MARKIERTE Text wird mit der gewählten Groß- und/oder Kleinschreibung dargestellt.

Die Textformatierungen können auch mithilfe des Fensters **„Schriftart“** durchgeführt werden. Das Fenster wird durch Betätigung der **rechten Maustaste** und die Auswahl der Schaltfläche **„Schriftart“** aufgerufen.

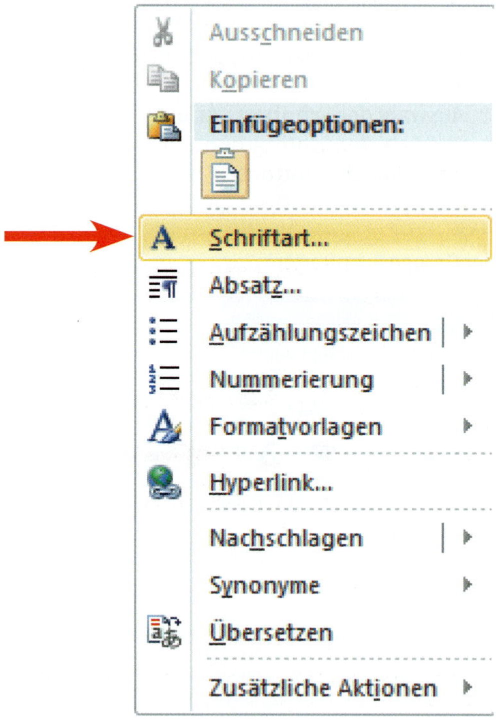

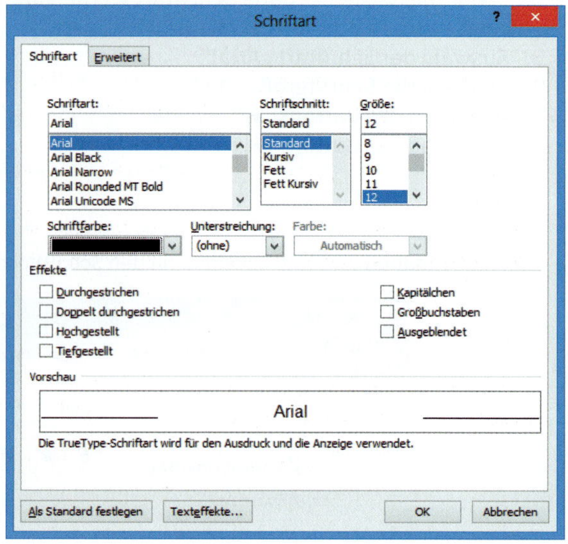

Markieren, Ausschneiden, Kopieren, Einfügen und Löschen von Textelementen

Beispiel:
In dem Protokoll soll der Name des Vertreters der IT-Abteilung in dem Projektteam „Walter“ an eine andere Stelle des Protokolls kopiert werden.

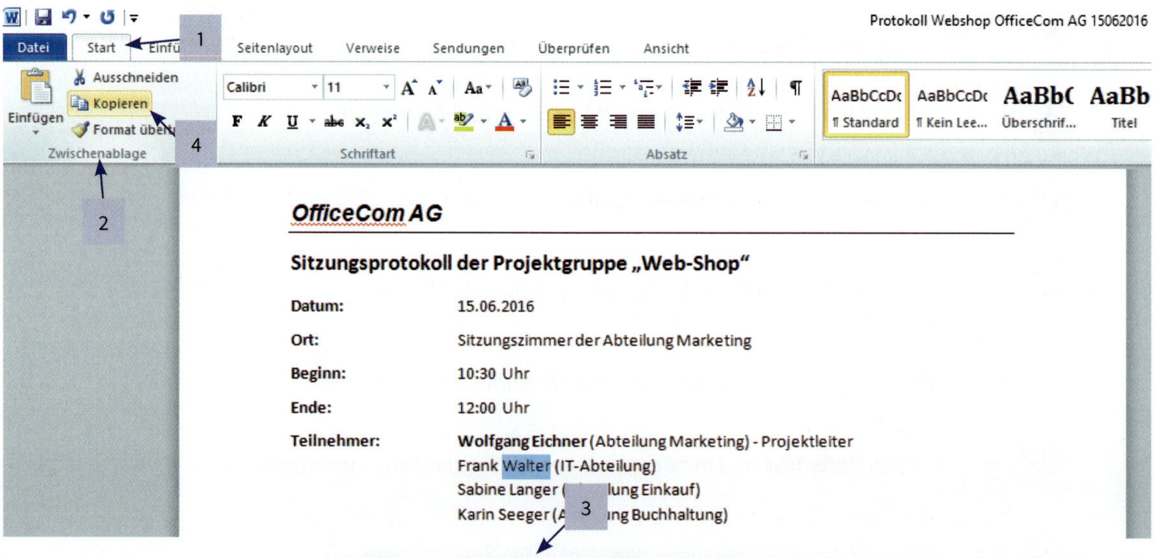

13

Markieren, Kopieren, Einfügen:

1. Registerkarte **„Start“** anklicken
2. Schaltflächen der Gruppe **Zwischenablage** werden angezeigt
3. Text, der kopiert werden soll, mit der Maus markieren
4. Anklicken der Schaltfläche **„Kopieren“**
5. Textstelle, wo der Text eingefügt werden soll, markieren
6. Auswahl **„ursprüngliche Formatierung beibehalten“** auswählen

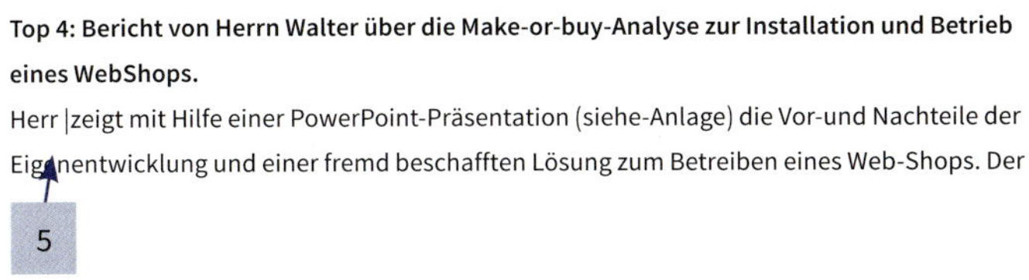
Top 4: Bericht von Herrn Walter über die Make-or-buy-Analyse zur Installation und Betrieb eines WebShops.

Herr |zeigt mit Hilfe einer PowerPoint-Präsentation (siehe-Anlage) die Vor-und Nachteile der Eigenentwicklung und einer fremd beschafften Lösung zum Betreiben eines Web-Shops. Der

5

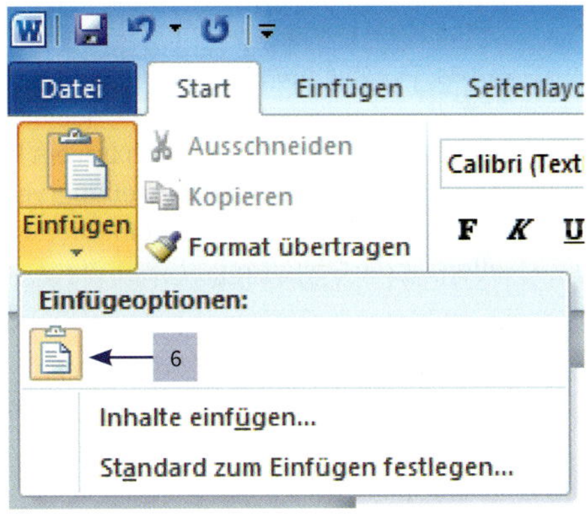

Diese Vorgänge können alternativ durch Aufruf der Schaltfläche mit der **rechten Maustaste** ausgeführt werden.

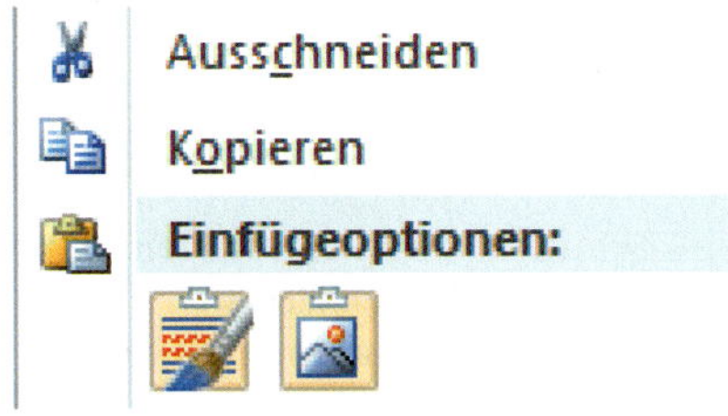

Zum **Ausschneiden** von Textelementen wird anstatt der Schaltfläche **„Kopieren“** die Schaltfläche **„Ausschneiden“** gewählt.

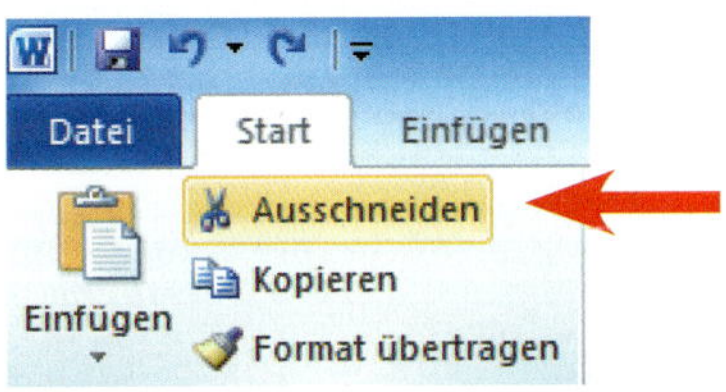

Zum **Löschen** von Textelementen ist zunächst das zu löschende Textelement bzw. der Textbereich mit der Maus zu markieren.

Anschließend wird der Löschvorgang durch Betätigen der **„Entf“**-Taste ausgelöst.

Word-Dokumente speichern und öffnen

In Word erstellte Textdokumente müssen zur dauerhaften Sicherung gespeichert werden:

1. **„Datei“** anklicken
2. **„Speichern“** oder **„Speichern unter“** auswählen
3. Speicherort (Laufwerk/Ordner) wählen, wohin das Dokument gespeichert werden soll
4. Beim ersten Speichervorgang **„Dateinamen“** eingeben
5. Button **„Speichern“** anklicken

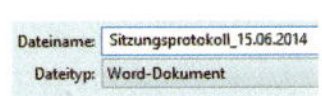

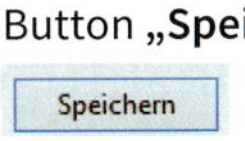

Der Speichervorgang kann alternativ durch Anklicken des Symbols  durchgeführt werden.

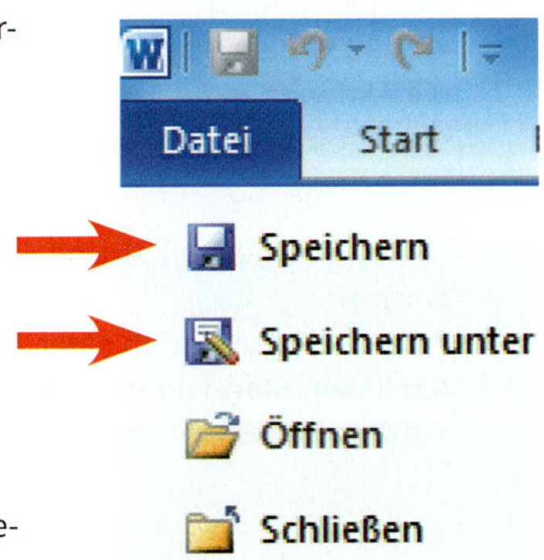

Zum **Öffnen** eines Word-Dokuments muss auf der **Datei**-Schaltfläche **„Öffnen“** ausgewählt werden, der Speicherort gewählt und der Button **„Öffnen“** angeklickt werden.

Präsentationsprogramm Microsoft PowerPoint 2010 anwenden

Begriff

Bei **PowerPoint** handelt es sich um ein Programm, das besonders für die visuelle Darstellung verschiedener Sachverhalte geeignet ist. PowerPoint bietet viele Vorlagen und Hilfen für die Gestaltung.

Die Gestaltungsmöglichkeiten reichen von einfachen Folien mit Texten, Grafiken, Fotos, Tabellen und Diagrammen bis hin zu Folien, in die Audio- und Videodateien sowie sogenannte Links (engl., deutsch: „Verknüpfung, Verbindung, Verweis") integriert sind.

PowerPoint-Dateien bestehen aus mehreren Arbeitsblättern, die Folien genannt werden. Die **Folien** können nicht nur gedruckt werden, sondern auch direkt vom PC/Laptop als sog. Bildschirmshow über ein Projektionsgerät (Beamer) wiedergegeben werden.

Anwendungsmöglichkeiten

- Präsentation von Arbeitsergebnissen
- grafische Darstellung von Arbeitsabläufen
- Erstellen von Schemazeichnungen
- Erstellen von Übersichten, z. B. Organigrammen
- Zusammenfassen und anschauliches Aufbereiten von Daten aus anderen Programmen

Neue Präsentation erstellen

Schritt 1: **PowerPoint starten**

- **Startbutton** anklicken
- **„alle Programme"** auswählen
- **„PowerPoint"** auswählen
- Programm mit Mausklick starten

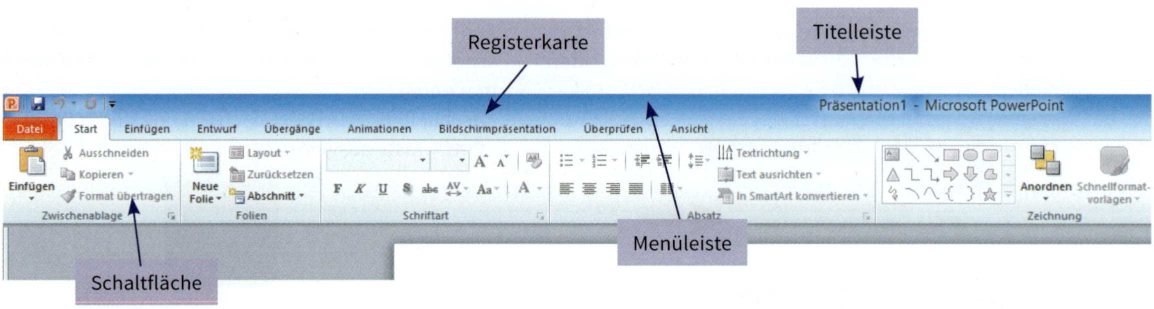

Nach dem Öffnen von **PowerPoint** erscheint die Startseite mit der **Titelleiste** und der **Menüleiste**. In der **Titelleiste** wird der Name der Präsentation angezeigt. Die Menüleiste enthält **Registerkarten**, **Schaltflächen** und **Symbole**, über die Aktionen in und mit einer Seite, auch **Folie** genannt, erledigt werden können, z. B. **„Speichern"** einer Präsentation. Außerdem wird eine leere Seite (Folie) auf der Bildschirmseite angezeigt.

Die Funktionsauswahl zur Bearbeitung von Text- und Grafikelementen in Microsoft PowerPoint stimmt weitgehend mit der von **Word** überein.

Schritt 2: Folienaufbau und -layout entwerfen, Text- und Grafikelemente eingeben bzw. einfügen und farbig gestalten
Beispiel:
Folie zur Präsentation einer Tagesordnung
Nach dem Start von **PowerPoint** wird eine leere **Titelfolie** auf dem Bildschirm angezeigt.

3545518

PowerPoint stellt dem Benutzer umfangreiche Folienlayouts zur Verfügung. Diese werden nach Anklicken der Registerkarte **Entwurf** angezeigt. Die Auswahl erfolgt durch einen Klick auf das ausgewählte **Design**, z. B. das Design „Pin".

Nach der Auswahl wird eine leere Folie in dem gewählten Design angezeigt. In diese Folie können nun Texte eingegeben und grafische Elemente, z. B. der Schriftzug *OfficeCom AG*, mithilfe von **„WordArt"** eingefügt werden. Das Design kann auch später wieder geändert werden. Allerdings sind dabei oft Nachbearbeitungen des Layouts nötig.

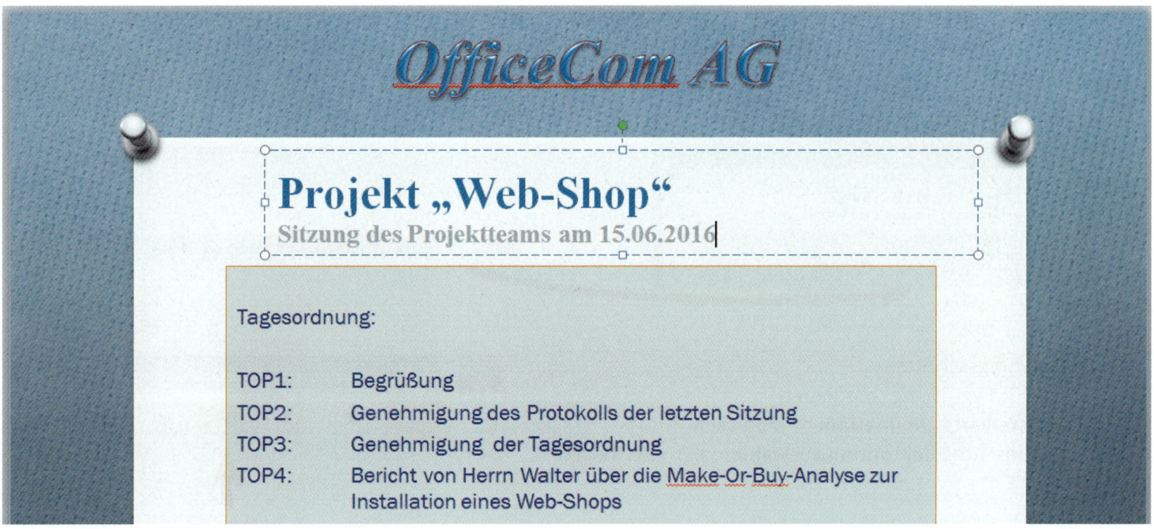

Bearbeitungsschritte:

1. Schriftzug *OfficeCom AG* einfügen:
   - Registerkarte **„Einfügen"** anklicken und in der Schaltfläche Text **„WordArt"** auswählen.
   - In **„WortArt"** das gewünschte Design suchen und auswählen.

   - Anschließend den Text eingeben und Schriftfarbe, Schriftgröße, Schriftart z. B. über die Schaltfläche **Schriftart** anpassen und Hintergrund nach eigenen Vorstellungen gestalten.

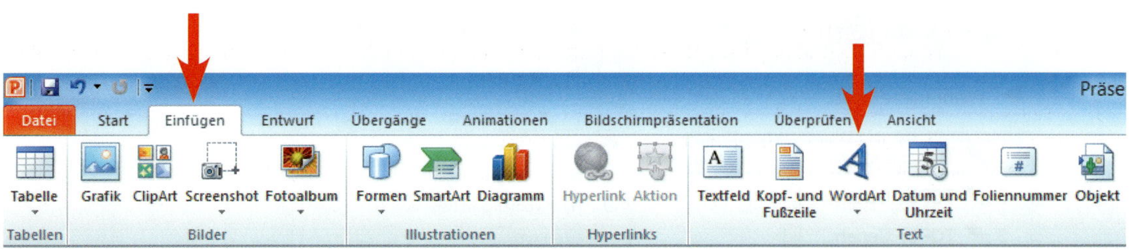

2. Titeltext „Projekt ‚Web-Shop'" und „Sitzung des Projektteams am 15.06.2016" in das voreingestellte Textfeld eingeben und Schriftfarbe sowie Schriftgröße über die Schaltfläche **„Schriftart"** anpassen.
3. In das zweite Textfeld die Tagesordnung eingeben und Schriftfarbe, Hintergrundfarbe etc. anpassen.
4. Die Größe der Textfelder kann durch Klick auf einen Markierungspunkt und Ziehen mit der **Maus** verkleinert oder vergrößert werden.
5. Präsentation speichern

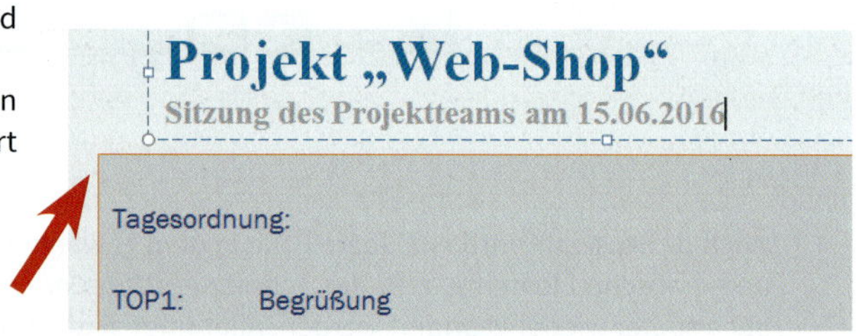

Animation von Texten

PowerPoint bietet die Möglichkeit, u. a. Textelemente animiert zu präsentieren. So können die Tagesordnungspunkte in der Präsentation der Sitzung des Projektteams einzeln nacheinander auf der Folie erscheinen, z. B. mit der **Effektoption „Einfliegen"**.

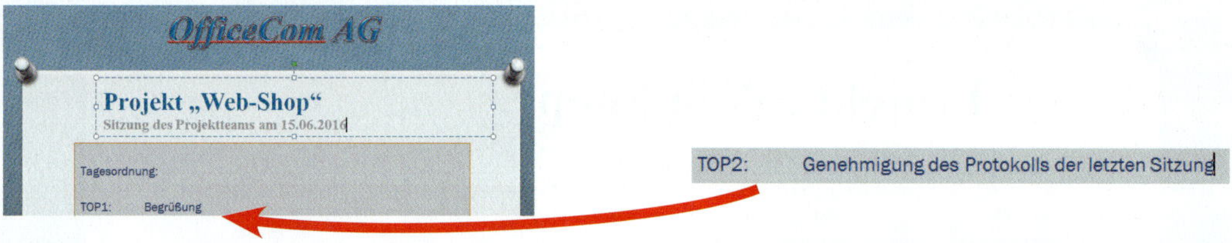

Bearbeitungsschritte:
1. „TOP 1: Begrüßung" markieren
2. Registerkarte **„Animationen"** anklicken
3. gewünschte **Effektoption** auswählen, z. B. **„Einfliegen"**

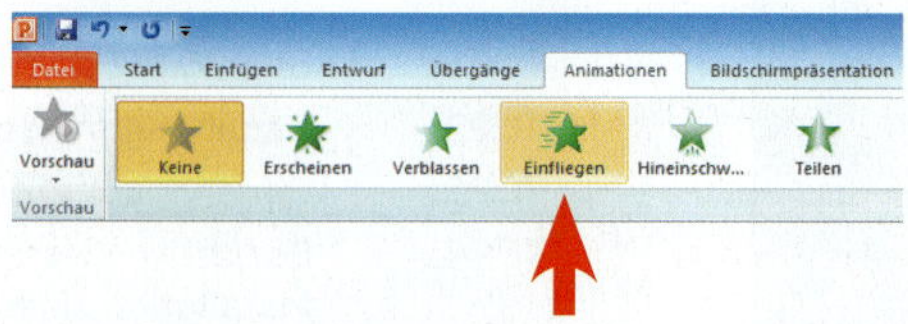

4. Im **Animationsbereich** wird die Animation hinzugefügt.
5. Dieser Vorgang muss für die übrigen Tagesordnungspunkte wiederholt werden. Dabei können die **Effektoptionen** variiert werden.

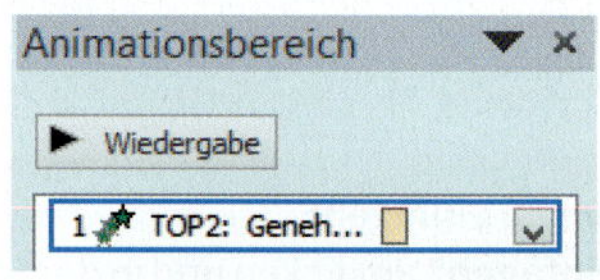

6. Die animierten Textelemente werden mit Nummern gekennzeichnet und im Animationsbereich mit der Zuordnung der Effektoption und der Position angezeigt. Über Öffnen eines Auswahlmenüs können die Animationen weiter bearbeitet werden, z. B. kann die Einflugrichtung über Effektoptionen variiert werden.

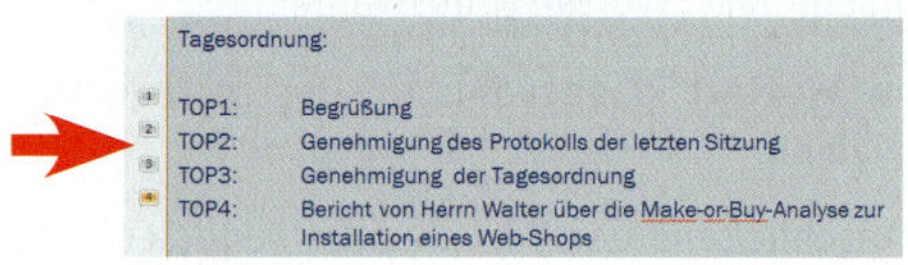

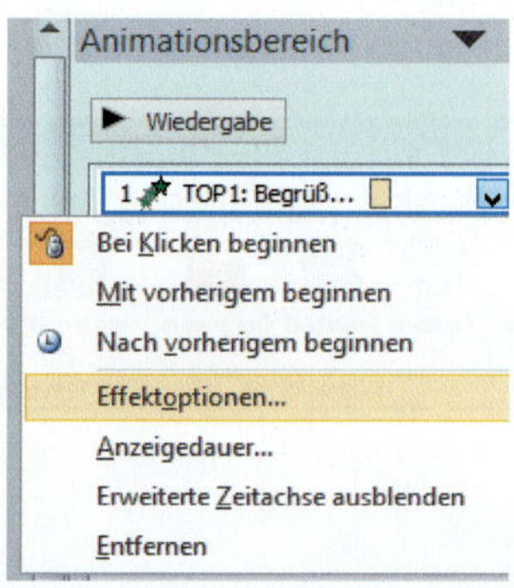

3545520

Beispiel: Standortübersicht

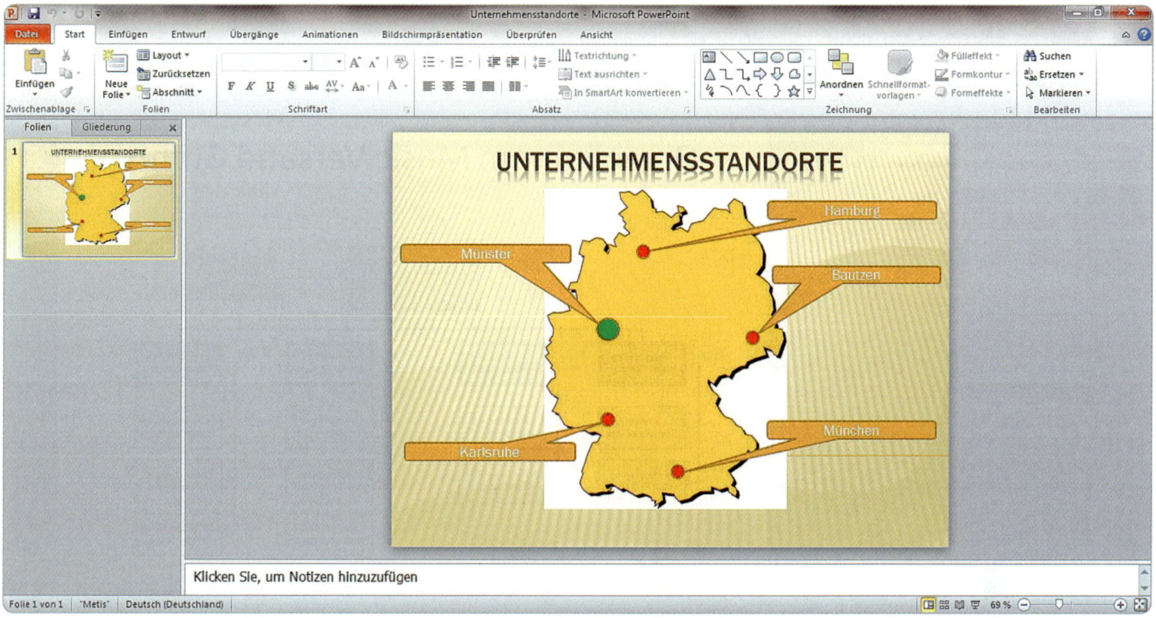

Beispiel: Umsatzbericht

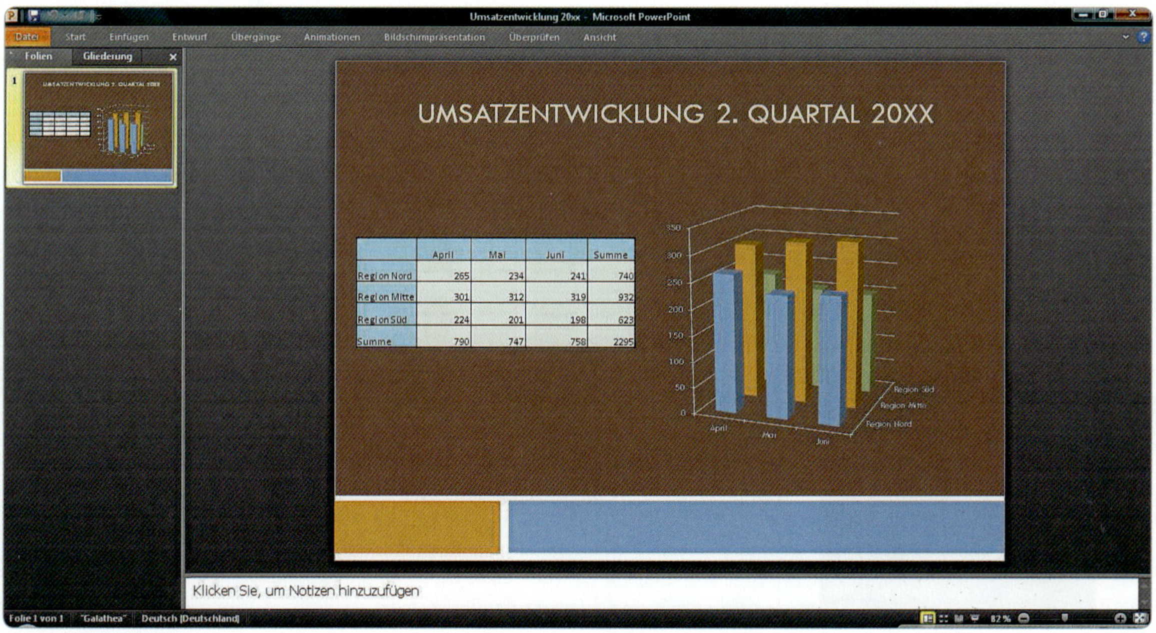

Beispiel: Organigramm

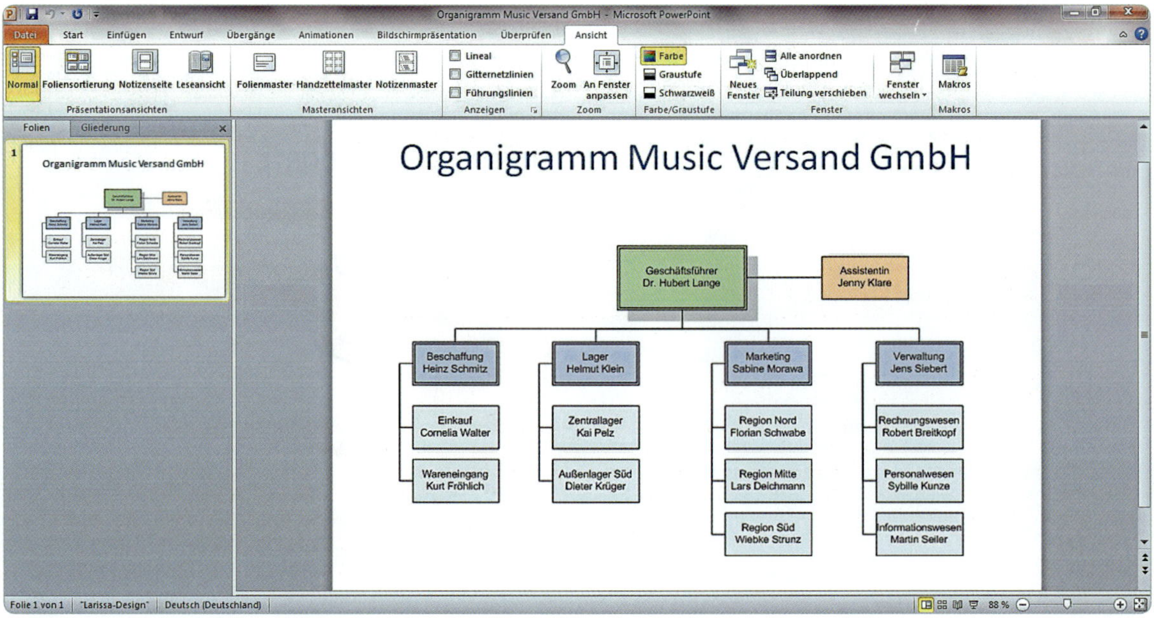

Beispiel: Verfahrensbeschreibung

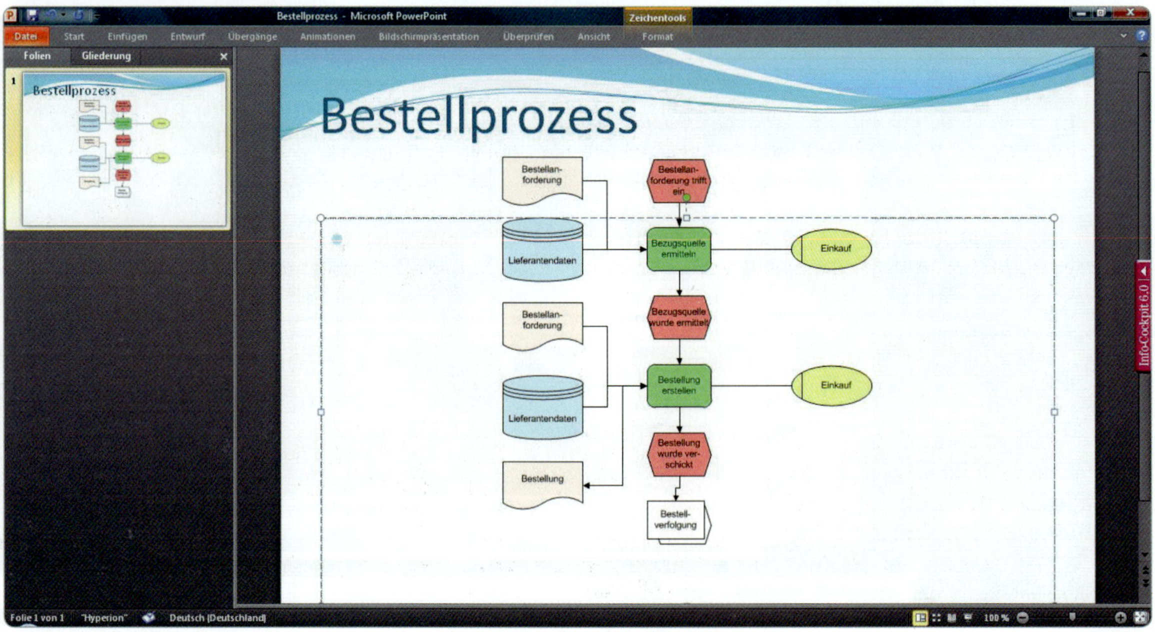

Rechnungen mit dem Tabellenkalkulationsprogramm Excel 2010 erstellen

Ausgangssituation

Die OfficeCom AG setzt zur Rechnungserstellung eine Excel-Tabelle ein.

Schritt 1: Einrichten der Rechnungstabelle und Eingabe der Rechnungspositionsdaten (Artikel, Menge, Einzelpreis)
Beispiel: (Auszug)

	A	B	C	D	E
1	**OfficeCom AG**				
2					
21	**Rechnungs-Nr. 34565**				
22	Pos.	Artikel	Menge	Einzelpreis in €	Gesamtpreis in €
23	1	Bürostuhl S345	10	235,50	2.355,00
24	2	Regal R4566, weiß	5	159,00	795,00
25	3	Schreibtisch T5466	2	999,00	1.998,00
26				Summe:	5.148,00
27				+ 19 % USt:	978,12
28				Rechnungsbetrag:	6.126,12

Dateneingabe und Formatierung

- **Markieren**
  Eine Zelle durch Ansteuerung mit den Cursor-Tasten oder durch Anklicken mit der Maus markieren.
- **Eingabe**
  In die markierte Zelle können über die Tastatur Buchstaben, Zahlen und Sonderzeichen eingegeben werden.
- **Formatierung**
  Die markierte Zelle kann nach Anwahl der entsprechenden Menüpunkte formatiert werden (z. B. Hintergrundfarbe, Schriftart, Schriftfarbe, Schriftgröße, Rahmen).

Durch Betätigung der RETURN-Taste wird die Bearbeitung einer Zelle abgeschlossen.

Schritt 2: Eingabe der **Formeln** zur Berechnung des jeweiligen **Gesamtpreises**, der **Umsatzsteuer** und des **Rechnungsbetrags** sowie Eingabe der **Summenfunktion** zur Berechnung des Netto-Rechnungsbetrags
Beispiel:

	A	B	C	D	E
23					
24	Pos.	Artikel	Menge	Einzelpreis in €	Gesamtpreis in €
25	1	Bürostuhl S345	10	235,5	=C25*D25
26	2	Regal R4566, weiß	5	159	=C26*D26
27	3	Schreibtisch T5466	2	999	=C27*D27
28				Summe:	=SUMME(E25:E27)
29				+ 19 % USt:	=E28*19/100
30				Rechnungsbetrag:	=E28+E29
31					

Inhalt von „Spalte C, Zeile 25“ multipliziert mit Inhalt von „Spalte D, Zeile 25“

Funktion „Summe“ ermittelt die Summe des markierten Bereichs: E25 bis E27

Formel addiert die Inhalte der Zellen E28 und E29

Eingabe von Formeln in eine Excel-Tabelle

- Die zu bearbeitende **Zelle** durch Mausklick **ansteuern**.
- Die **Eingabe der Formeln** zur Berechnung von Ergebnissen (z. B. Gesamtpreisermittlung) erfolgt i. d. R. über die Tastatur. Der Eingabe einer Formel muss stets ein **Gleichheitszeichen** (=) vorangestellt werden. Es sind die vorgeschriebenen Schreibweisen und Klammersetzungen zu beachten.
- Die Formeln können durch Anklicken des **Buttons „Formeln“** und Auswahl der Funktion **„Formeln anzeigen“** angezeigt werden:

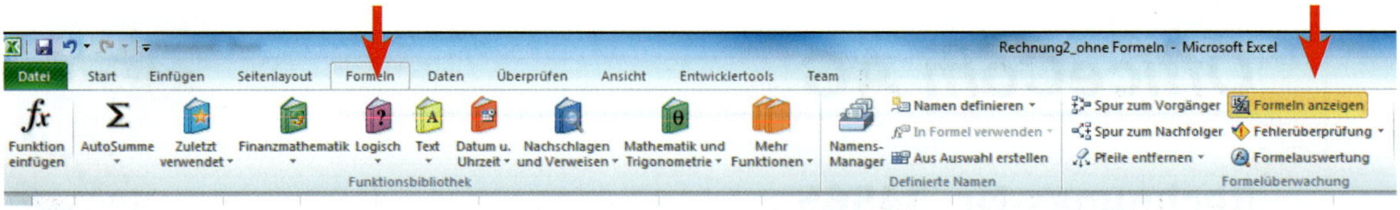

Provisionsabrechnung mit dem Tabellenkalkulationsprogramm Excel

Ausgangssituation

Die OfficeCom AG erstellt die Provisionsabrechnungen für die Außendienstmitarbeiter mit Excel-Tabellen.

Beispiel:

	A	B	C	D	E
1	**OfficeCom AG**				
2	**Provisionsabrechnung**				
3					
4	Provisionssatz		5	Prozent	
5	Artikel	Menge	Preis in €	Umsatz in €	Provision in €
6	Stuhl S123	3000	199,00	597.000,00	29.850,00
7	Schreibtisch T456	4000	245,00	980.000,00	49.000,00
8	Regal R987	1000	329,00	329.000,00	16.450,00

Mit der **Adressierung** in Excel wird die Position einer Zelle (z. B. D7) in einer Tabelle festgelegt. Eine **Adresse** kennzeichnet eine Zelle in der Tabelle. Sie besteht aus der Position der Spalte (z. B. **D**) und der Position der Zeile (z. B. **7**). Man unterscheidet prinzipiell die relative und die absolute Adressierung.

Bei der **relativen Adressierung** wird beim Kopieren der Formeln der Zellbezug zur Ursprungszelle automatisch angepasst. Bei der **absoluten Adressierung** wird der Zellbezug zu einer Ausgangszeile auch beim Kopieren beibehalten.

- **Relative Adressierung**
  Die Formel in der Zelle **D7** in der Tabelle „Provisionsabrechnung“ ist **relativ adressiert**, d. h., dass der Inhalt von der Zelle **B7**, die zwei Spalten vor der Zelle **D7** ist, mit dem Inhalt der Zelle **C7**, die eine Spalte vor der Zelle **D7** ist, multipliziert werden soll. Im Prinzip wird bei der relativen Adressierung eine Zelle nicht absolut angesprochen, sondern über den Abstand (z. B. B7 → aktuelle Spalte D – 2 Spalten (→ B), aktuelle Zeile +-0 Zeilen) zu dieser Zelle. Nach dem Kopieren der Formel in die nächste Zeile wird aus dem Bezug zur Zelle B7 der Bezug zur Zelle B8.

13

- **Absolute Adressierung**
  Bei der **absoluten Adressierung** wird die Adresse beim Kopieren nicht verändert. Die Adressierung bezieht sich immer auf dieselbe Zelle. Vor die Spalten- und Zeilenbezeichnung in der Adresse muss stets ein **Dollarzeichen** (**$**) gesetzt werden.

In dem Beispiel „Provisionsabrechnung" wird ein einheitlicher Provisionssatz von 5 % für alle Artikel festgelegt. Dieser Provisionssatz ist in der Zelle C4 abgelegt. Die absolute Adresse lautet dann immer **„$C$4"**, d. h. der Bezug zu dieser Zelle wird nicht z. B. durch das Kopieren verändert.

Beispiel:

	A	B	C	D	E
1	**OfficeCom AG**				
2	**Provisionsabrechnung**				
3					
4	Provisionssatz		5	Prozent	
5	Artikel	Menge	Preis in €	Umsatz in €	Provision in €
6	Stuhl S123	3000	199	=B6*C6	=D6*$C$4/100
7	Schreibtisch T456	4000	245	=B7*C7	=D7*$C$4/100
8	Regal R987	1000	329	=B8*C8	=D8*$C$4/100

Zelle D7

absolut adressiert

relativ adressiert

Zelleninhalte ausschneiden oder kopieren

Inhalte von einzelnen Zellen oder Zellenbereichen können an andere Positionen in einer Tabelle übertragen werden. Beim **Ausschneiden** werden die Inhalte in den ursprünglichen Zellen gelöscht, beim **Kopieren** bleiben die Inhalte erhalten und werden zusätzlich in die Zielbereiche übertragen. In dem Beispiel Provisionsabrechnung können z. B. die Formeln in den Zellen D6 und E6 in den Bereich D7 bis E8 kopiert werden.

	A	B	C	D	E
1	**OfficeCom AG**				
2	**Provisionsabrechnung**				
3					
4	Provisionssatz		5	Prozent	
5	Artikel	Menge	Preis in €	Umsatz in €	Provision in €
6	Stuhl S123	3000	199	=B6*C6	=D6*$C$4/100
7	Schreibtisch T456	4000	245	↓	↓
8	Regal R987	1000	329		

Beispielhafter Ablauf:
1. Zelle bzw. Bereich markieren
2. rechte Maustaste drücken
3. Ausschneiden bzw. Kopieren auswählen
4. den Zielbereich bzw. die Zielzelle markieren
5. rechte Maustaste drücken
6. Einfügen auswählen

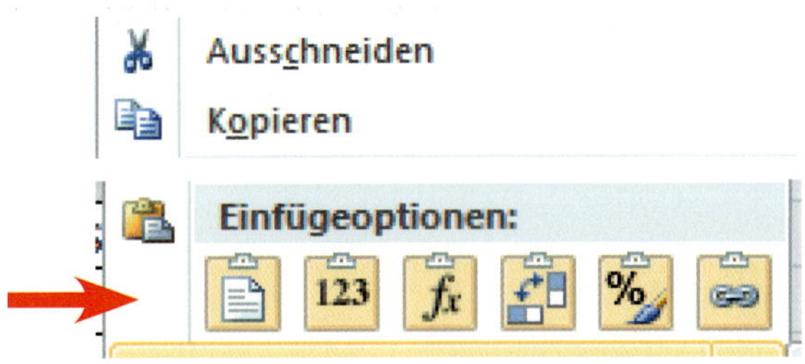

Eine **Alternative** zum **Kopieren** von Zellen bzw. Zellbereichen ist das **Ziehen mit der Maustaste**:

1. Zelle bzw. Bereich, der kopiert werden soll, mit der Maus markieren
2. Mauszeiger auf dem kleinen Rechteck unten rechts positionieren
3. Maus nach unten ziehen
4. Die Formeln werden kopiert.
5. Die berechneten Werte werden angezeigt.

Umsatz in €	Provision in €
=B6*C6	=D6*$C$4/100

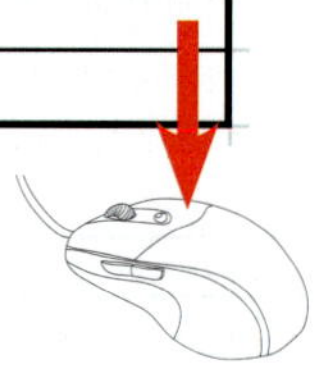

Umsatz in €	Provision in €
=B6*C6	=D6*$C$4/100
=B7*C7	=D7*$C$4/100
=B8*C8	=D8*$C$4/100

Umsatz in €	Provision in €
597.000,00	29.850,00
980.000,00	49.000,00
329.000,00	16.450,00

Zellen einfügen

Beispiel:
In der Tabelle „Provisionsabrechnung“ sollen vor Zeile 2 zwei weitere Zeilen eingefügt werden, um z. B. den Abrechnungszeitraum und den Namen des Außendienstmitarbeiters in die Tabelle eingeben zu können.

Beispielhafter Ablauf:

- Markierung der Zeile, hinter die eine weitere Zeile eingefügt werden soll, z. B. Zeile 2
- rechte Maustaste betätigen
- „Zellen einfügen“ auswählen
- Eine Zeile wird eingefügt.
- Bei Einfügung mehrerer Zeilen muss der Vorgang wiederholt werden.

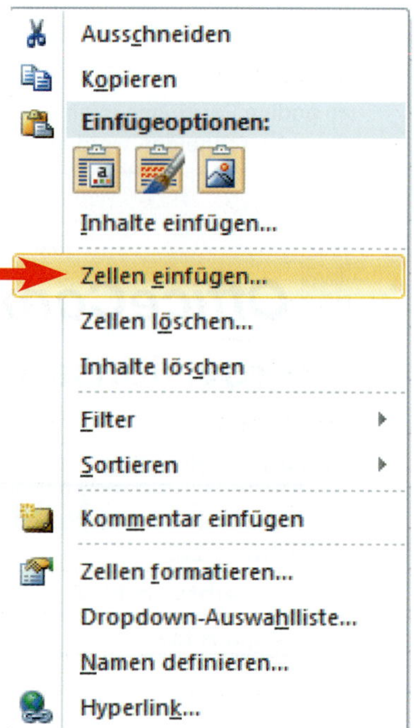

	A	B	C	D	E
1	Provisionsabrechnung				
2	Abrechnungszeitraum:		Juli 20..		
3	Außendienstmitarbeiter:		Felix Müller		
4					
5	Provisionssatz		5	Prozent	
6	Artikel	Menge	Preis in €	Umsatz in €	Provision in €
7	Stuhl S123	3000	199,00	597.000,00	29.850,00
8	Schreibtisch T456	4000	245,00	980.000,00	49.000,00
9	Regal R987	1000	329,00	329.000,00	16.450,00

13

3545526

Nutzwertanalyse mit dem Tabellenkalkulationsprogramm Excel 2010 erstellen

Begriff

- Lieferantenauswahl auf der Grundlage
  - **quantifizierbarer Größen** wie Einkaufspreis, Lieferungs- und Zahlungsbedingungen und
  - **qualitativer Aspekte** wie Qualität und Umweltverträglichkeit der Produkte, Kulanzverhalten, Zuverlässigkeit, Kundendienst usw.
- Als Entscheidungsgrundlage dient die **Lieferantenmatrix**.

Vorgehensweise

(1) Auswahl der Entscheidungskriterien

(2) Gewichtung der Kriterien in v. H.; je höher die Prozentzahl, desto wichtiger ist das entsprechende Kriterium für den Entscheidungsprozess.

(3) Bewertung der infrage kommenden Lieferanten anhand der Kriterien (z. B. sehr gut = 5 Punkte; ungenügend = 0 Punkte)

(4) Errechnen der gewichteten Punktwerte: Multiplizieren der Gewichtungsfaktoren mit den vergebenen Punktezahlen

(5) Addition der gewichteten Punktwerte; der Lieferant mit der höchsten Punktwertsumme erhält den Zuschlag.

Beispiel:

Entscheidungskriterien	Gewichtung der Kriterien	Lieferant A		Lieferant B	
		Punkte	gewichtete Punkte	Punkte	gewichtete Punkte
Preis	40 %	5	200	4	160
Qualität	30 %	3	90	5	150
Zuverlässigkeit	20 %	4	80	2	40
Kulanzverhalten	10 %	2	20	3	30
Summe	100 %		390		380

Ausgangssituation

Die OfficeCom AG führt die **Nutzwertanalysen** mit dem Tabellenkalkulationsprogramm Excel durch.

Beispiel:

Spalten

Zeilen

	A	B	C	D	E	F
1	Nutzwertanalyse					
2				Lieferant A		Lieferant B
3	Entscheidungs-kriterien	Gewichtung in Prozent	Punkte	gewichtete Punkte	Punkte	gewichtete Punkte
4	Preis	30	5	150	4	120
5	Qualität	25	3	75	5	125
6	Zuverlässigkeit	15	4	60	2	30
7	Kulanzverhalten	10	2	20	3	30
8	Einhaltung ökologischer Standards[1]	10	2	20	1	10
9	Einhaltung sozialer Standards[1]	10	2	20	1	10
10		100		345		325
11	Auswahl			ja		nein

FAIRTRADE ® Das Siegel für Fairen Handel

[1] **FAIRTRADE (engl.: fairer Handel):** Die Fairtrade-Standards sollen die Lebens- und Arbeitsbedingungen von Kleinbauern und Arbeitern, die in den ärmsten Ländern der Welt leben, nachhaltig verbessern.

Funktion SUMME mit dem Funktionsassistenten

Zur Ermittlung der Summen der gewichteten Punkte kann die Funktion **SUMME(Zahl1:Zahl2)** benutzt werden. Dazu ist in die Zelle **D10** die Funktion **„=SUMME(D4:D9)"** einzugeben. Der Zellenbereich **D4** bis **D9** kann mit der Maus markiert oder über die Tastatur (Eingabe: „D4:D9") eingegeben werden. Nach Betätigung der RETURN-Taste wird der Wert angezeigt. Der Inhalt dieser Zelle **D8** kann in die Zelle **F10** kopiert werden. Die Adressen werden automatisch angepasst.

Eine Alternative ist die Nutzung des **Funktionsassistenten**: Dazu ist der Button „Formeln" anzuklicken und **„Funktion auswählen"** auszuwählen.

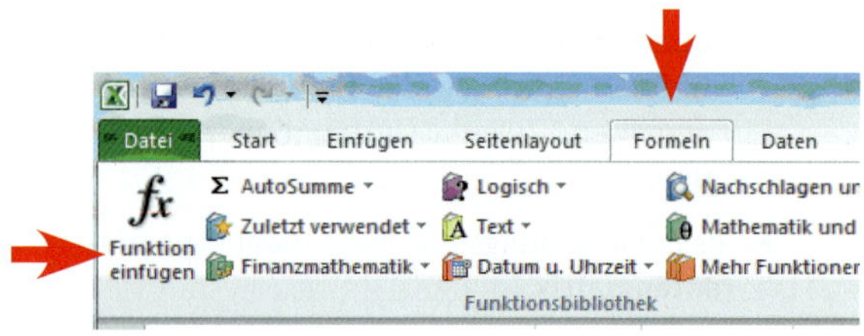

Aus dem angezeigten Eingabeformular **„Funktion einfügen"** ist die Funktion **„SUMME"** auszuwählen und mit **„OK"** zu bestätigen:

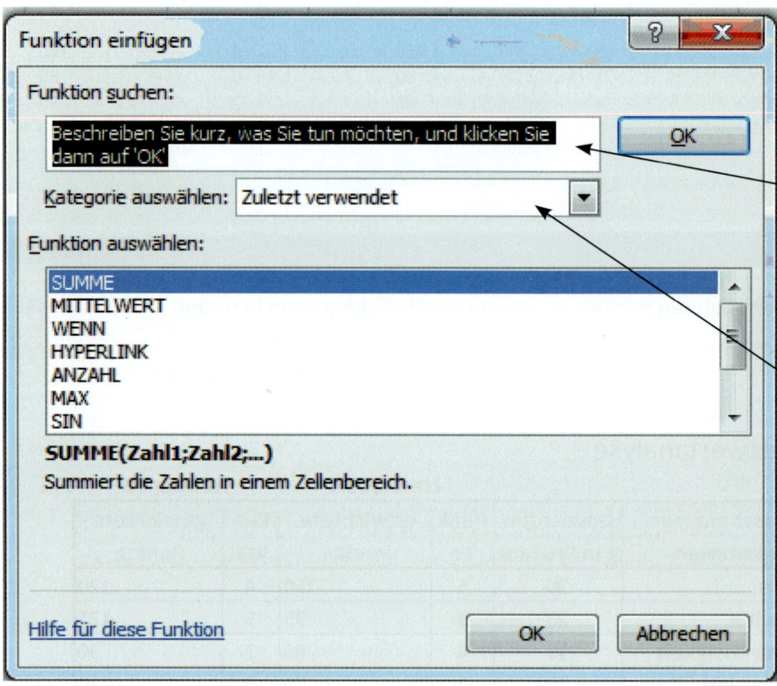

Wenn die Funktion, die ausgeführt werden soll, noch nicht bekannt ist, kann hier durch Eingabe eines Stichworts, z. B. „Summe bilden", eine entsprechende Funktion gesucht werden. Excel schlägt dann eine Funktion (z. B. **SUMME**) vor.

Hier können verschiedene Funktionskategorien (z. B. statistische Funktionen), die Excel zur Verfügung stellt, ausgewählt werden. Bei Wahl der Kategorie **„Zuletzt verwendet"** werden die Funktionen in einer Liste angezeigt, die zuletzt vom Benutzer verwendet worden sind.

13

Nach Bestätigung mit „OK" wird das Formular „Funktionsargumente" angezeigt. In das Eingabeformular „Funktionsargumente" ist der Zellenbereich einzugeben, der summiert werden soll. Der Zellenbereich kann auch mit der Maus markiert werden. Das Ergebnis wird in dem Formular im unteren Bereich angezeigt. Die Eingaben werden mit „OK" bestätigt.

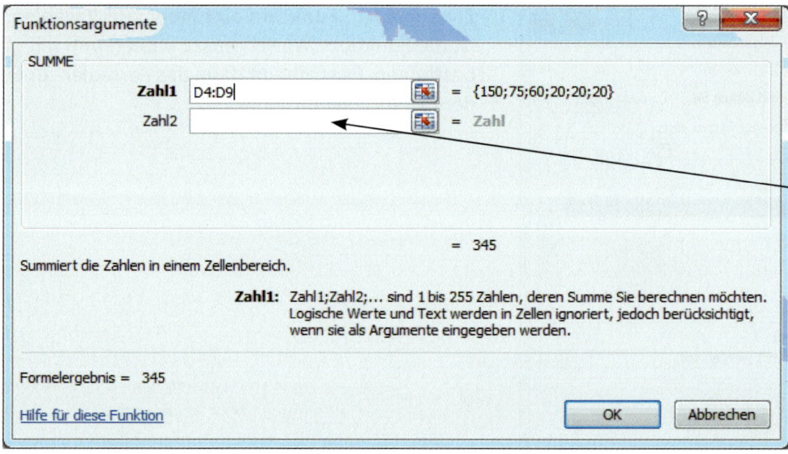

Hier kann ein zweiter Zellenbereich zur Berechnung einer Summe eingegeben werden.

Die Formeln werden in die Tabelle übernommen und das Ergebnis wird angezeigt:

	A	B	C	D	E	F
1	Nutzwertanalyse					
2				Lieferant A		Lieferant B
3	Entscheidungs- kriterien	Gewichtung in Prozent	Punkte	gewichtete Punkte	Punkte	gewichtete Punkte
4	Preis	30	5	=C4*B4	4	=E4*B4
5	Qualität	25	3	=C5*B5	5	=E5*B5
6	Zuverlässigkeit	15	4	=C6*B6	2	=E6*B6
7	Kulanzverhalten	10	2	=C7*B7	3	=E7*B7
8	Einhaltung ökolo-gischer Standards[1]	10	2	=C8*B8	1	=E8*B8
9	Einhaltung sozialer Standards[1]	10	2	=C9*B9	1	=E9*B9
10		=SUMME(B4:B9)		=SUMME(D4:D9)		=SUMME(F4:F9)
11	Auswahl			=WENN(D10>F10;"ja";"nein")		=WENN(F10>D10;"ja";"nein")

Funktion WENN mit dem Funktionsassistenten

Das optimale Angebot kann mit der Funktion „**WENN(Prüfung;Dann_Wert;Sonst_Wert)**“ ermittelt und angezeigt werden. Die Funktion „**=WENN(D10>F10;„ja“;„nein“)**“ kann direkt in die Zelle D11 eingegeben werden. Alternativ kann der **Funktionsassistent** genutzt werden.

Ablaufplan

Zelle D11

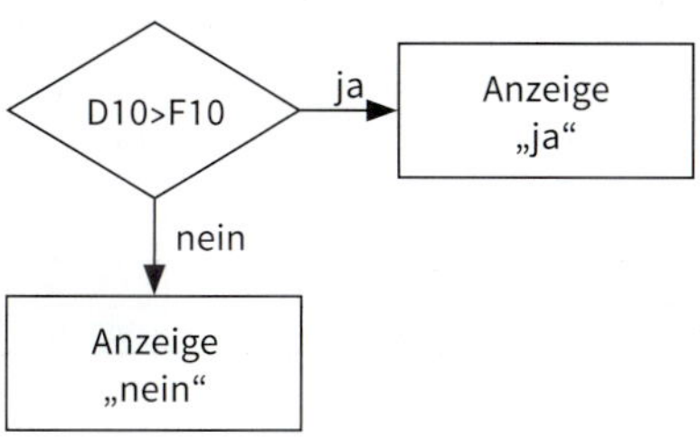

Zur Verdeutlichung der Funktion „**WENN**“ kann die Prüfung auch als **Ablaufplan oder Struktogramm** dargestellt werden:

Struktogramm

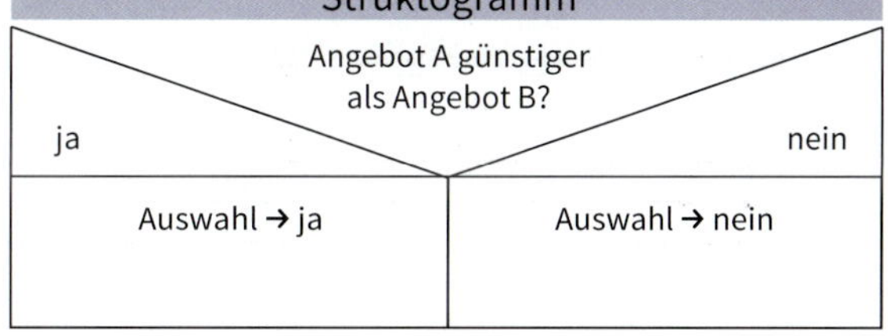

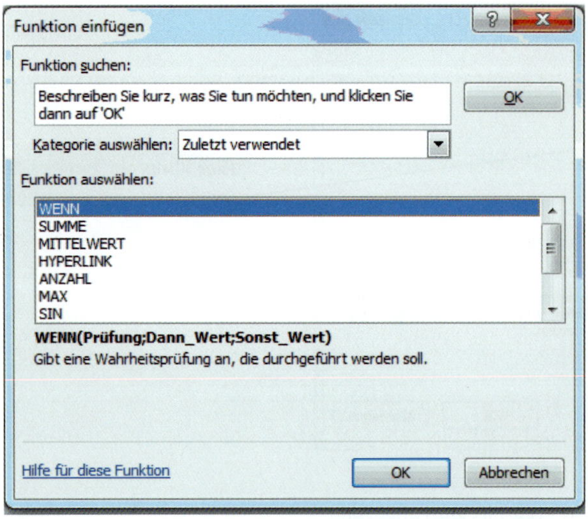

Zunächst ist **„Funktion einfügen"** auszuwählen. Dann ist die Funktion „WENN" auszuwählen und mit „OK" zu bestätigen. Es erscheint dann das Formular zur Eingabe der Funktionsargumente.

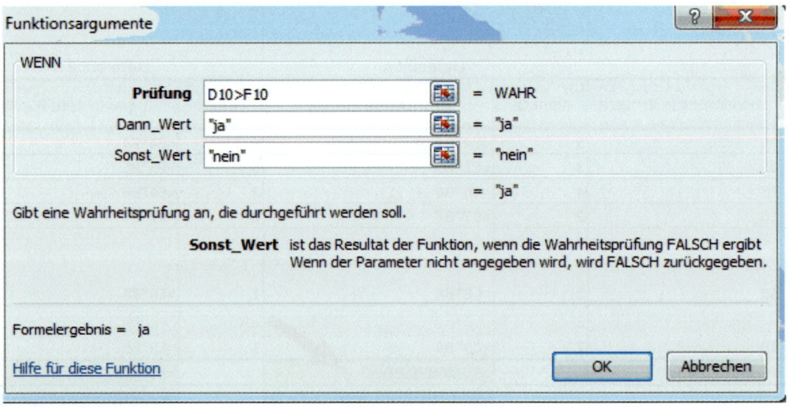

Als Funktionsargumente sind die Prüfung (Bedingung) D10 > F10, der Dann_Wert (Ja-Fall) und der Sonst_Wert (Nein-Fall) einzugeben. Das Ergebnis der Prüfung wird in dem Formular **„Funktionsargumente"** angezeigt. Mit „OK" sind die Eingaben zu bestätigen.

Der Inhalt der Zelle D11 kann nicht einfach in die Zelle F11 kopiert werden, da die Prüfung in dieser Zelle umgekehrt formuliert werden muss.

	A	B	C	D	E	F
1	Nutzwertanalyse					
2				Lieferant A		Lieferant B
3	Entscheidungs- kriterien	Gewichtung in Prozent	Punkte	gewichtete Punkte	Punkte	gewichtete Punkte
4	Preis	30	5	=C4*B4	4	=E4*B4
5	Qualität	25	3	=C5*B5	5	=E5*B5
6	Zuverlässigkeit	15	4	=C6*B6	2	=E6*B6
7	Kulanzverhalten	10	2	=C7*B7	3	=E7*B7
8	Einhaltung ökolo-gischer Standards[1]	10	2	=C8*B8	1	=E8*B8
9	Einhaltung sozialer Standards[1]	10	2	=C9*B9	1	=E9*B9
10		=SUMME(B4:B9)		=SUMME(D4:D9)		=SUMME(F4:F9)
11	Auswahl			=WENN(D10>F10;"ja";"nein")		=WENN(F10>D10;"ja";"nein")

Die Funktion wird in die Tabelle übernommen und die Ergebnisse werden angezeigt.

Datenbanksysteme *Database systems*

Begriff

Datenbanken haben die Aufgabe, Daten strukturiert zu erfassen und zu verwalten. Bei relationalen Datenbanken können Daten aus mehreren Tabellen miteinander verknüpft werden.

Vorteile

- keine Mehrfachspeicherung gleicher Daten (Redundanz)
- Speicherung der Daten in der Datenbank unabhängig vom Anwendungsprogramm
- leichtere Datenpflege

Aufbau eines Datenbanksystems

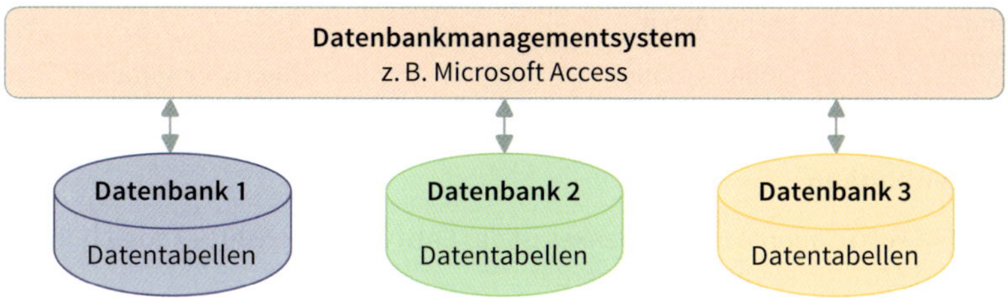

z. B. Personaldatenbank, Artikeldatenbank

Aufbau einer Datei

Bei der Übertragung von Daten auf Karteikarten in eine Datenbanktabelle gelten folgende Zusammenhänge:

Karteikasten

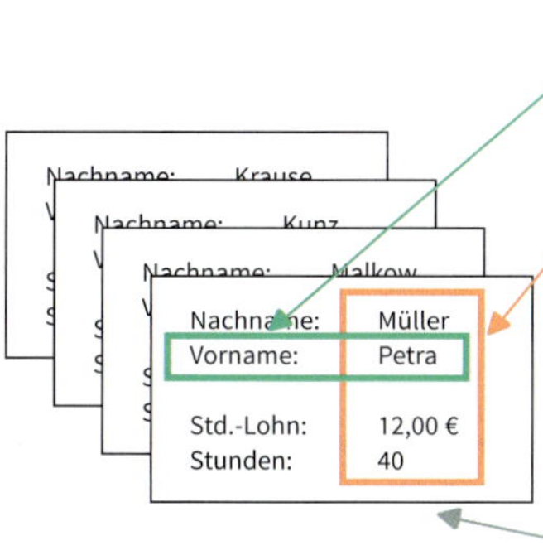

Datenbanktabelle

Nachname	Vorname	Std.-Lohn €	Std.
Krause	Kurt	13,00	35
Kunz	Lars	12,50	37,5
Malkow	Maria	13,50	35
Müller	Petra	12,00	40

Entwurf und Anlage einer Datenbankanwendung

Im Gegensatz zur Arbeit mit anderen Standardprogrammen, bei denen die Daten direkt eingegeben werden, muss bei einer Datenbank erst der Aufbau geplant werden:

- Analyse der Daten
- Datenmodellierung z. B. mithilfe eines **E**ntity-**R**elationship-**M**odells (**ERM**, siehe S. 525), d. h., die Daten und die Beziehungen zwischen ihnen werden grafisch dargestellt
- Erstellen von Tabellen, Festlegung der Datenstruktur und Festlegung der Beziehungen zwischen den Tabellen
- Festlegung eines Primärschlüssels für jede Tabelle
- Erstellung von Formularen zur leichteren Erfassung der Daten
- Eingeben von Daten in Tabellen
- Verknüpfung der Daten aus verschiedenen Tabellen
- Formulierung von Abfragen zur Auswertung der gespeicherten Daten
- Präsentation der Daten über einen Bericht

Datenarten

Daten nach der Häufigkeit der Änderung	Stammdaten	■ Sie bleiben über einen längeren Zeitraum oder immer unverändert.	z. B. Artikelnummer und Artikelbezeichnung
	Bewegungsdaten	■ Sie werden häufig geändert.	z. B. Artikelzu- und -abgänge, Zahlungsein- und -ausgänge
Daten nach Art der verwendeten Zeichen	numerische Daten	■ Zahlen	z. B. 12,50
	alphabetische Daten	■ Buchstaben	z. B. Petra Müller
	alphanumerische Daten	■ Buchstaben und Zahlen	z. B. Autokennzeichen
Daten nach der Aufgabe während des Datenverarbeitungsprozesses	Mengen-/ Rechendaten	■ für Berechnungen	z. B. geleistete Arbeitsstunden und der Stundenlohn
	Ordnungsdaten	■ zum Suchen oder Sortieren	z. B. Personalnummer

Entwurf von Datenbanken

Ein Hilfsmittel zum Entwurf relationaler Datenbanken ist das **Entity-Relationship-Modell (ERM)**. Aus dem ER-Modell können die notwendigen ACCESS-Tabellen abgeleitet werden.

Beispiel:

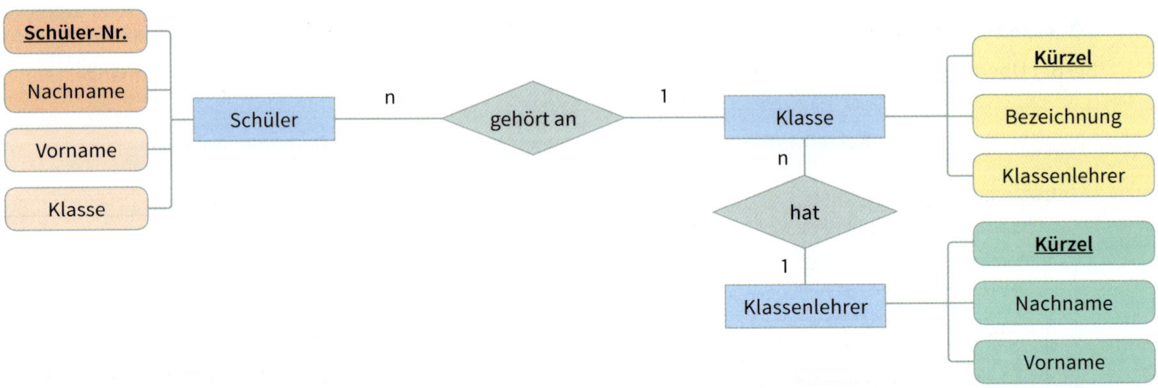

- Eine Relation (Entity, Tabelle) hat einen eindeutigen Namen, z. B. **Klasse**.
- Eine Relation hat mehrere Attribute (Eigenschaften), z. B. **Nachname**.
- Eine Relation hat einen Primärschlüssel, der jeden Datensatz eindeutig identifiziert, z. B. **Schüler-Nr**.
- Die Entities sind über Beziehungen miteinander verknüpft, z. B. hat jede Klasse einen Klassenlehrer.
- Die Beziehungstypen ergeben sich aus den mengenmäßigen Zusammenhängen zwischen den einzelnen Elementen, z. B. gehören viele Schüler einer Klasse an (n-zu-1-Beziehung).

13

Datenbanken mit Microsoft Access 2010 entwickeln

Develop databases of Microsoft Access 2010

Struktur einer ACCESS-Datenbankanwendung

- In Tabellen werden Daten gespeichert.
- Mit Abfragen können Daten nach verschiedensten Kriterien gesucht und abgerufen werden.
- Formulare ermöglichen die Anzeige, die Hinzufügung und die Änderung von Daten.
- Mithilfe von Berichten können Daten analysiert und anschaulich dargestellt werden.

3545532

Grundoperationen

Datenbank Microsoft Office 2010 anlegen

- Access starten 

- **Datei → Neu → Leere Datenbank** auswählen

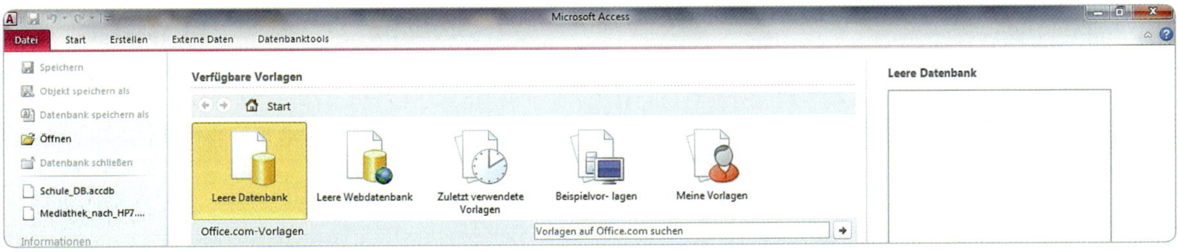

- Dateiname (Name der Datenbank, z. B. Schule_DB) eingeben

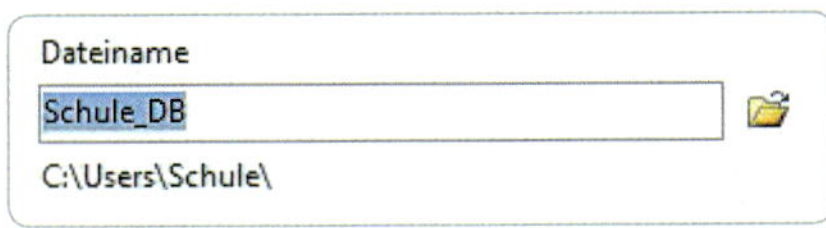

- Speicherort mit 📂 auswählen, z. B. C:\Users\Schule

- Schaltfläche **Erstellen** anklicken

Tabelle anlegen

- Reiter **Datei** auswählen
- Schaltfläche **Ansicht** anklicken
- **Entwurfsansicht** auswählen

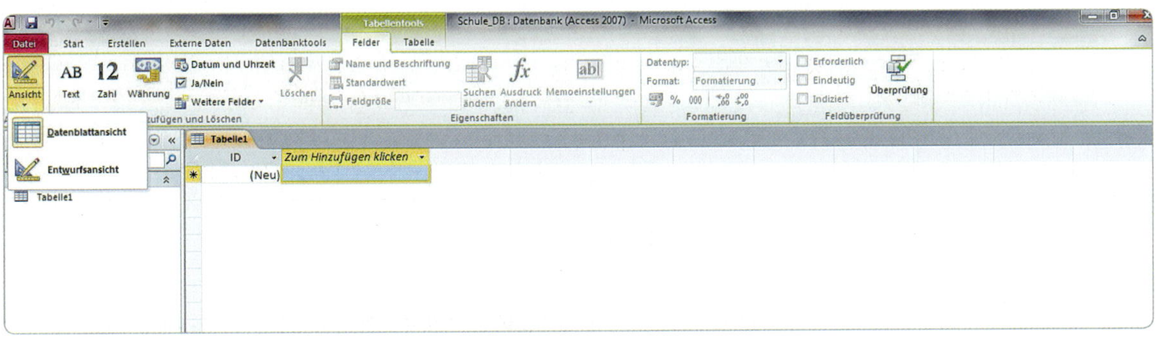

- Tabellennamen eingeben

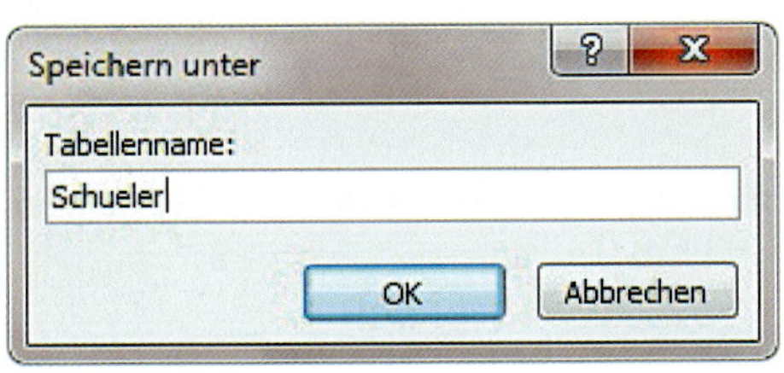

Datenbanken mit Microsoft Access 2010 entwickeln

Develop databases of Microsoft Access 2010

Grundoperationen

Festlegung des Aufbaus einer Tabelle

- Reiter **Entwurf** auswählen
- Primärschlüssel eingeben
- Feldnamen eingeben
- Felddatentyp festlegen
- Evtl. Feldeigenschaften festlegen
- Tabelle speichern
  - Reiter **Datei** anklicken Datei
  - **Speichern** Speichern

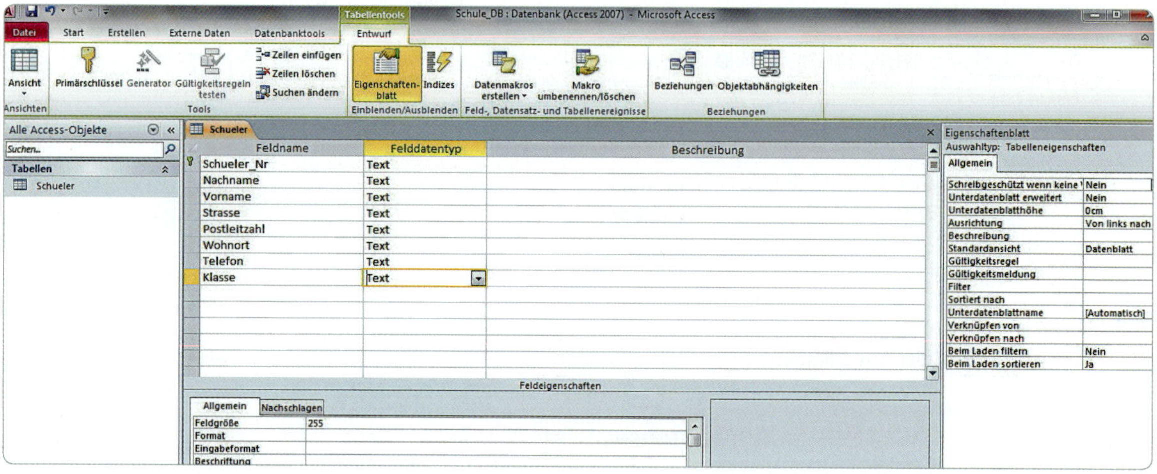

Daten eingeben

Ansicht anklicken, Datenblattansicht auswählen, Daten eingeben, speichern

13

Löschen von Daten

Zeile in der Tabelle markieren, rechte Maustaste betätigen, Datensatz löschen anklicken, endgültige Löschung bestätigen

Ändern von Daten

Zeile(n) in der Tabelle markieren, markierten Bereich mit den Inhalten überschreiben

Grundoperationen

Verknüpfen von Tabellen

- Register **Datenbanktools** auswählen und Beziehungen anklicken
- Tabellen werden eingeblendet
- die gewünschten Tabellen auswählen und hinzufügen
- Mit der Maus das gewünschte Datenfeld in der ersten Tabelle markieren und bei gedrückter linker Maustaste
  - auf das gewünschte Datenfeld in der zweiten Tabelle fahren
  - Fenster **Beziehungen bearbeiten** öffnet sich und zeigt die zu verknüpfenden Datenfelder an
  - Button **Erstellen** anklicken
  - rechte Maustaste betätigen, **Layout speichern** auswählen und schließen

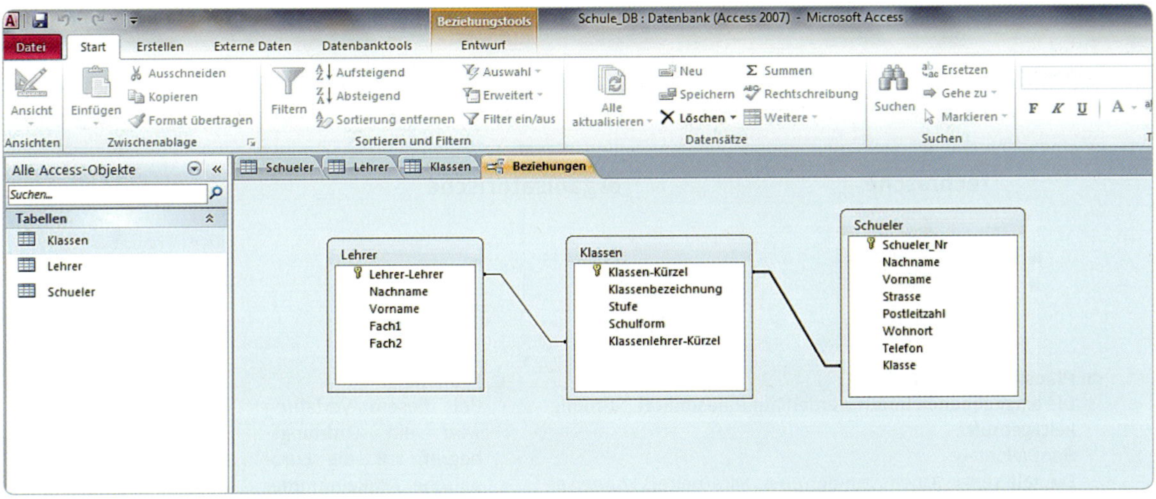

Erstellen von Abfragen

- Register **Erstellen** auswählen und **Abfrageentwurf** anklicken
- Tabelle(n) auswählen und hinzufügen
- Schaltfläche schließen
- gewünschte Spalten(n) markieren
- Zeile Sortierung: Listenpfeil anklicken und Sortierkriterium (z. B. aufsteigend) auswählen
- Zeile **Anzeigen**: ✓ anklicken, wenn die Datenfelder angezeigt werden sollen
- Zeile **Kriterien**: gewünschte Bedingungen (mit Operatoren), z. B. „Müller“, eingeben
- Button **Ausführen** anklicken
- Register, z. B. Abfrage 1, auswählen
- rechte Maustaste betätigen, **Speichern** auswählen und Abfragenamen eingeben, OK

Bericht erstellen

- Register **Abfragenamen**, z. B. Schueler, auswählen
- Register **Erstellen** und **Berichtsentwurf** auswählen
- Berichtsentwurf wird angezeigt
- Bericht gestalten
- Register, z. B. Bericht 1, auswählen
- rechte Maustaste betätigen, **Speichern** auswählen und Berichtsnamen eingeben, OK

Sortieren von Daten

- Register **Tabellennamen**, z. B. Schueler, auswählen
- gewünschte Spalte auswählen
- Pfeil nach unten anklicken
- Sortierverfahren und evtl. Filter auswählen, OK

Datensicherung

Data protection

Begriff

Als **Datensicherung** bezeichnet man die Sicherung u. a. von Datenbeständen und elektronischen Dokumenten vor:

- Verlust
- Zerstörung
- Verfälschung
- Missbrauch

Die **Maßnahmen** zur Datensicherung erfüllen weitgehend auch die Anforderungen an den Datenschutz (siehe Seite 344).

Mögliche **Gefahren** sind z. B.:

- Feuer, Wasser, Blitzschlag
- technische Störungen (z. B. Stromausfall)
- Bedienungsfehler
- Missbrauch von Daten
- vorsätzliche Zerstörung
- **Computer-Viren**[1]

Maßnahmen

Durch Datensicherungsmaßnahmen sollen die Risiken und Gefahren weitgehend eingeschränkt bzw. verhindert werden.

Datensicherungsmaßnahmen

technische

- Notstromaggregate
- Alarmanlagen

organisatorische

personelle

- Zugangskontrolle
- Vier-Augen-Prinzip

- **Plausibilitätskontrollen**
  Die eingegebenen Daten werden auf Plausibilität (Stimmigkeit) geprüft.
  Beispiel:
  Die geleisteten Arbeitsstunden eines Mitarbeiters können einen Höchstwert von 250 Stunden/Monat nicht übersteigen.
- **Kennwörter**
  Bevor ein Mitarbeiter auf bestimmte Daten und Programme Zugriff hat, wird ein über die Tastatur eingegebenes Kennwort (password) softwaremäßig auf Richtigkeit überprüft.
- **Verschlüsselung**
  Dieses Verfahren wird vor allem zur Sicherung von Übertragungsdaten angewandt. Dabei werden Übertragungsdaten vom Absender durch ein Programm chiffriert (verschlüsselt) und beim Empfänger der Daten wieder dechiffriert (entschlüsselt).
- **Sicherungskopien**
  Zur Sicherung der Datenbestände werden in festen Zeitabständen (z. B. täglich) Kopien (engl. **backup**) angefertigt.
- **Prüfziffern**
  Bei diesem Verfahren wird ein Ordnungsbegriff, z. B. die Europäische Artikelnummer (EAN) durch eine aus den Ziffern der Nummer errechnete Prüfziffer ergänzt. Nach jeder Verarbeitung des Ordnungsbegriffs wird diese Prüfziffer neu berechnet und mit der eingegebenen Prüfziffer verglichen.

  Beispiel EAN-13-Code:

  9 783142 310206

  Prüfziffer → 6
- **Virenschutzprogramme**
  Diese Software überprüft Programme, Dateien oder den gesamten Computer, ob sie bekannte Merkmale von Schadprogrammen enthalten. Die Virenschutzprogramme können so eingestellt werden, dass die Überprüfung automatisch im Hintergrund abläuft.

Datenpflege

Die **Pflege** von Datenbeständen hat die Aufgabe, die Daten immer auf dem aktuellen Stand zu halten, fehlerhafte Daten zu berichtigen und überflüssig gespeicherte Daten zu löschen. So sind z. B. nach dem Umzug eines Mitarbeiters die Personalstammdaten des Mitarbeiters zu aktualisieren oder aufgrund der Kündigung eines Mitarbeiters sind nach Ablauf einer Aufbewahrungsfrist alle Daten, die im Zusammenhang mit diesem Mitarbeiter stehen (z. B. Lohnabrechnungen), zu löschen.

[1] **Computer-Viren** sind Programme, die in andere Programme eingeschleust werden und dann beim Starten des „infizierten“ Programms gleichzeitig oder stattdessen ausgeführt werden. Ein **Computer-Wurm** ist ein Computer-Virus, das die Eigenschaft hat, nachdem es einmal ausgeführt wurde, sich selbst zu vervielfältigen, ohne fremde Programme zu infizieren. Als **Computer-Trojaner** werden Computer-Viren bezeichnet, die, als nützliche Anwendungen getarnt, im Hintergrund unbemerkt unerwünschte Funktionen ausführen.

Dokumentation von Geschäftsprozessen *Documentation of business processes*

Geschäftsprozesse modellieren und optimieren

Bei der Geschäftsprozessmodellierung werden reale Geschäftsprozesse abstrahiert, modularisiert und grafisch dargestellt. Ziele der Geschäftsprozessmodellierung sind u.a. genaue Kenntnisse über die betrieblichen Abläufe zu dokumentieren, um z.B. Mitarbeiter einzuarbeiten oder bei Zertifizierungen die Auflagen der Zertifizierungsorganisationen zu erfüllen. Die Geschäftsprozessoptimierung wird durchgeführt, um z.B. Unternehmensabläufe zu verbessern. Prozessabläufe solten regelmäßig überprüft und gegebenenfalls angepasst werden.

Die ARIS-Platform der Software AG ist ein geeignetes Software-Tool, das den Entwurf, die Pflege und die Optimierung von Geschäftsprozessen auf der Basis des ARIS-Konzepts[1] unterstützt.

Geschäftsprozesse darstellen mit Microsoft Visio 2010

Microsoft stellt mit Visio im Rahmen des Office-Pakets ein Werkzeug zur Darstellung von Geschäftsprozessen zur Verfügung.

Um das Programm zu starten ist das Symbol 

auszuwählen und anzuklicken.

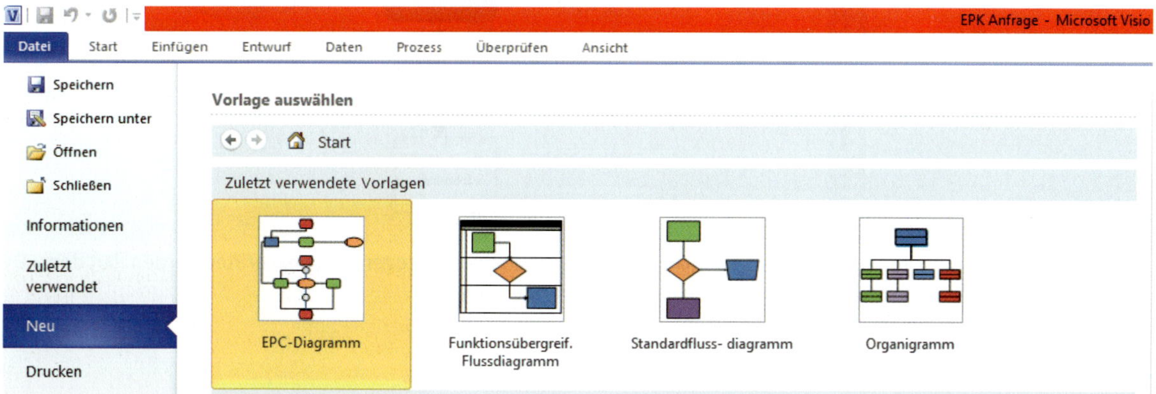

Aus dem Startmenü ist der Diagrammtyp EPC-Diagramm (engl. **E**vent-driven **P**rocess **C**hain) zur Modellierung von ereignisgesteuerten Geschäftsprozessdiagrammen auszuwählen und der Button „Erstellen“ anzuklicken.

[1] Das **ARIS**-Konzept *(Architektur integrierter Informationssysteme)* wurde von August-Wilhelm Scheer entwickelt. Es dient als Vorgehensmodell zur Abbildung und Optimierung von Geschäftsprozessen von der Ebene der betriebswirtschaftlichen Zielsetzungen bis zur Ebene der Implementierung eines IT-Systems. Unter der Internetadresse http://www. ariscommunity.com/ kann das kostenlose Tool ARIS-Express heruntergeladen werden.

Geschäftsprozesse darstellen mit Microsoft Visio 2010

Anschließend werden von Visio ein leeres Arbeitsblatt und die Formen (engl. shapes), die zur Darstellung eines ereignisgesteuerten Geschäftsprozessdiagramms genutzt werden können, angezeigt.

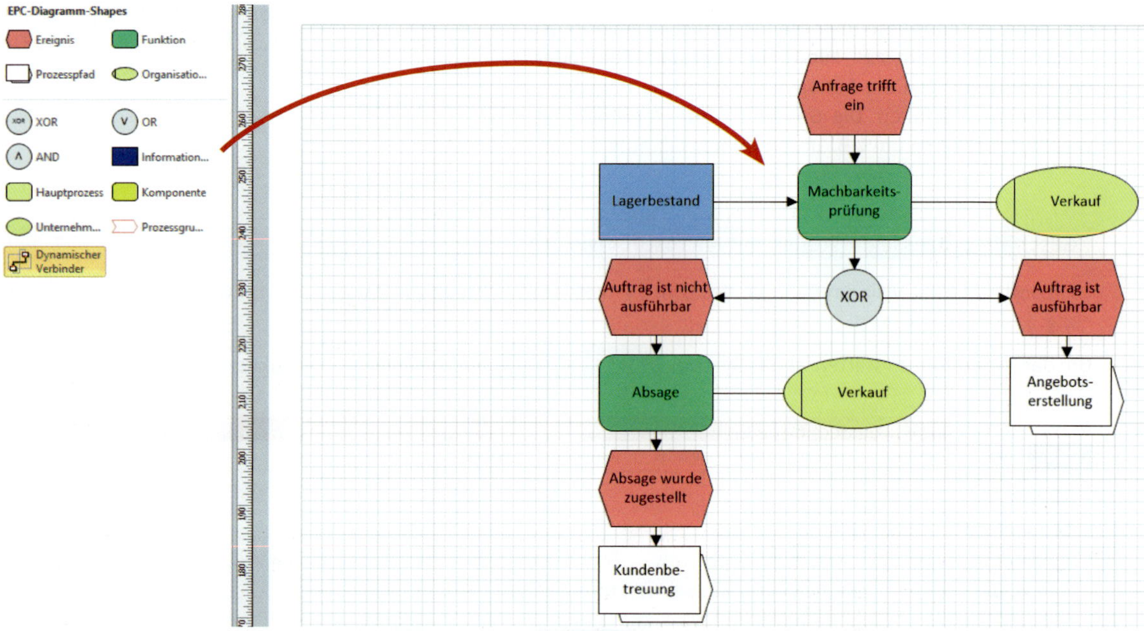

Die Formen bzw. Symbole können mit der Maus auf das Arbeitsblatt gezogen und beschriftet werden. Mit dem „Dynamischen Verbinder" können die Symbole miteinander verbunden werden.

Kommunikationssoftware *Communication software*

13

Zur Kommunikationssoftware zählen Programme in zahlreichen Variationen, mit denen Computer über Netzwerke (z. B. Internet) kommunizieren können. Dazu gehören u. a. E-Mail-Programme, ERP-Systeme (siehe Seite 91 ff.), Social-Media (Facebook, Twitter, WhatsApp), Internettelefonie (Skype), Online-Buchungssysteme und Online-Shops.

In Unternehmen hat die moderne Kommunikationssoftware die Abläufe und die Geschäftsprozesse grundlegend und nachhaltig geändert. Durch Cloud Computing (deutsch: *Rechnerwolke*) können Programme und Daten, die nicht auf einem lokalen Rechner gespeichert sind, sondern auf einem anderen Rechner, zu dem z. B. über das Internet, eine Verbindung hergestellt werden kann, genutzt werden.

Über Cloud Computing können IT-Infrastrukturen (z.B. Rechenkapazitäten, Speicherkapazitäten, Software) über ein Netz zur Verfügung gestellt werden, ohne dass diese auf einem lokalen IT-System installiert sein müssen. Diese neueren Entwicklungen bieten immer mehr die Möglichkeit, die Arbeit unabhängig von seinem Büro zu erledigen.

3545538

In Unternehmen wurde in der Vergangenheit und oft bis in die Gegenwart Spezialsoftware für Teilbereiche, z. B. Buchhaltung, Kosten- und Leistungsrechnung, Warenwirtschaft, Verkaufsabwicklung und Personalverwaltung, eingesetzt. Moderne integrierte Systeme bieten die Möglichkeit, Unternehmen und ihre Prozesse ganzheitlich abzubilden.

ERP-Systeme

IT-gestützte ERP-Systeme (engl. Enterprise-Resource-Planning) können für unterschiedliche Unternehmensbereiche den Ressourceneinsatz, wie z. B. Personal, Betriebsmittel, Material, Kapital und IT-Systeme, integrativ planen, steuern und überwachen.

Ausgewählte Elemente eines ERP-Systems für einen Industriebetrieb sind z. B.:

- Warenwirtschaft
- Produktionsplanung und -steuerung
- Personalverwaltung
- Finanzbuchhaltung
- Kosten- und Leistungsrechnung
- Controlling
- Lagerwesen
- Bestellwesen
- Dokumentenmanagement
- CRM (Kundenbeziehungsmanagement)
- Vertrieb
- Absatz

Die Umstellung auf ein komplexes ERP-System ist u. a. mit großem organisatorischem Aufwand verbunden. Durch den Einsatz von ERP-Systemen können Geschäftsprozesse optimiert, die Produktivität erhöht und weitere Einsparmöglichkeiten genutzt werden, die den Aufwand durch höheren Nutzen i. d. R. rechtfertigen.

In jüngster Zeit werden ERP-Programme auch als Cloud-Systeme eingesetzt. Der Vorteil ist u. a., dass ortsunabhängig auf die ERP-Software und die Unternehmensdaten zugegriffen werden kann.

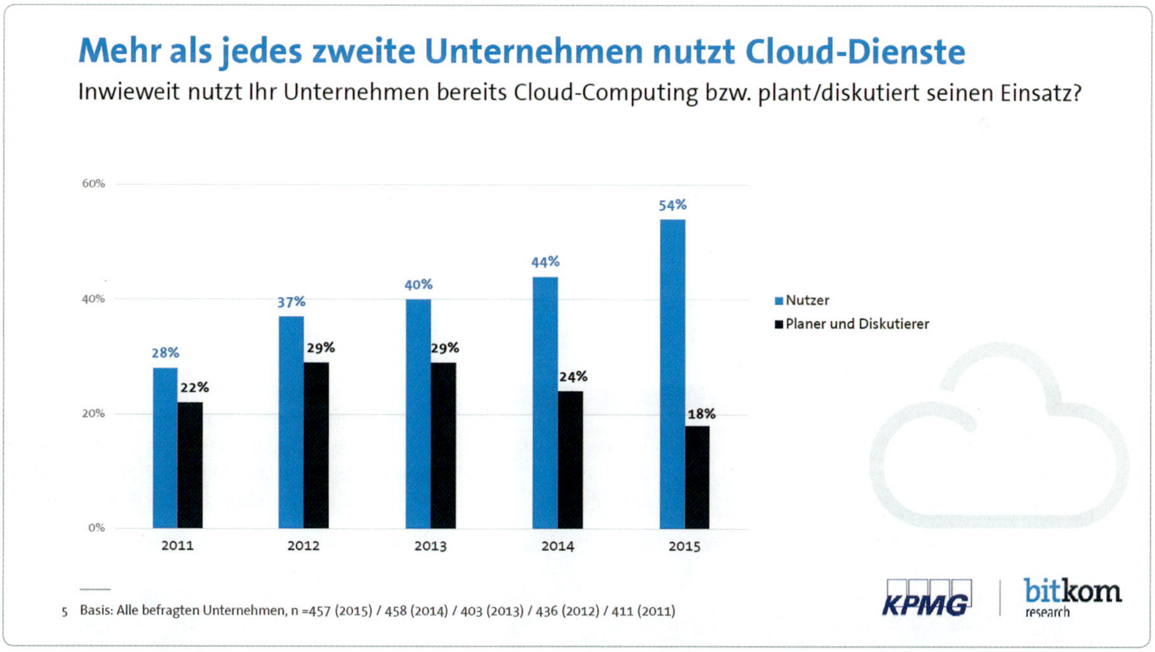

Quelle: http://www.zdnet.de/88221219/bitkom-cloud-nutzung-deutschen-unternehmen-nimmt zu/, eingesehen am 25.05.2016

14 Fachliches Englisch

HERSHAM PAPERS

1 **32 Vaux Crescent**
Walton-on-Thames
SURREY KT12 4HD

2 Your ref.: Our ref.: GG
3 16 March 20–

Messrs Fell & Franklin (Builders)
12 Cottimore Avenue
4 Walton-on-Thames
SURREY
KT12 5FG

5 Dear Sirs,

6 Enquiry

xxxxxxxxxxxxxxxxxxxxxx xxxxxxx xxx xxxxxxx xxxxx xxxxxxx xxxxxx xxxxxxx xxxxx xxxxxxxxxxxxxx xxxxxxxxxx
xxxx xxxxxxxxxx xxxxxxxxxx xxxxxxxxxxxxxx xxxxxxx xxxx xxxxxxxxx xxxxxxxxx xxxxx xxxxxxxx
xxxxxxxx xxxxxxxx xxxxxxxxxxxxxxxxxxxxxx xxxxxxxx xxxxx xxxxx xxxxx xxxxxx xxxxxxxx xxxxxxxxxx
xxxxxxxxxxxxxxx xxxxxxxxxxxxxxx xxxxxxxxxxxx xxxxx xxxxx xxxxxx xxxxx xxxxx xxxxxxxxx xxxxx
xxxxxxxxxx xxxxxxxxx xxxxx xxxxxxxxxxxxxxxxxxxxxx xxxxx xxxxxxxxx xxx xxxxxxxxxxxxx xxxxxxx
7 xxxxxxxxxxx xxxxxx xxxxxxxxxxxxxxxxxxxxx xxxxxxxxxxxxx xxxxxx xxxxxxxxx xxxxx xxxxxxxx xxxxxxx
xxxxxxxxxx xxxxxxxxxxx xxxx xxxxxx xxxxxxx xxxxxxx xxxxxxx xxxxxxxxxxxxxx xxxxxx xxxxxxxxxxxxxx
xxxxxxxx xxxxxxxxxx xxxxxxxxxxxxxxxxxxxx xxxxxx xxxxxxx xxxx xxxxxxxxxxxx xxxxxxxxxxxxxx
xxxxxxxxxxxxx xxxxxxxx xxxxxxxxxxxx xxxxxxxx xxxxxxxxxxxxxxxxxxx xxxxxxxxxx xxxxx xxxx
xxxxxxxxxxxxxxxxxxxxxx xxxxxxxxxx xxxxxxx xxxxxxxxxxxxxx xxxxxxxxxxxxx xxxxxxxxxxxxxxxxxxxx
xxxxxxxxxxxxxxx xxxxxxxxxxxxxxxxxxxxxx xxxxxxxxxxxx xxxxxxxxxxx xxxxxxxxxxx xxxxxxxxxxxxxxxxxxxxxx
xxxxx xxxxxxxxxxx xxxxxxxxxxxxxxxxxxxxxxxxxxxxxxxxxxxxxxxxx xxxxxxxxxxxxxxxxxxxxxx xxxxxxxxxxxxxxxxxxxx
xxxxxxxxxxxxxxxx xxxxxxxxxxxxxxxxxxxxxx xxxxxxxxxxxxxxxxxxxxxxx xxxxxxxxxxxxxxx xxxxxxxxxxxxxxxxxxxxxx
xxxxxx

8

Yours faithfully,

9 *C. F. Green*

10 C. F. Green
Hersham Papers

11 Enc.

12 2/4

Hersham Papers Registered Office | 32 Vaux Crescent Walton-on-Thames SURREY KT12 4HD | Telephone: 09 33 22 44 68 Fax: 09 33 26 55 67 | Registered in England No. 210 27 83

vgl.: Hemmer-Hiltenkamp, M. u. a.: Purchasing, Westermann Verlag Braunschweig 1997, S. 21

Layout of the letter[1]

1	**Letterhead:**	Briefkopf
2	**Reference line:**	Bezugszeichenzeile
3	**Date of the letter:**	Briefdatum
4	**Recipient's/addressee's name and address:**	Name und Adresse des Empfängers
5	**Salutation:**	Anrede
6	**Subject line:**	Betreffzeile
7	**Main body of the letter:**	Brieftext
8	**Complimentary close:**	Grußformel
9	**Signature:**	Unterschrift
10	**Sender's name:**	Name des Absenders
11	**Enclosures line:**	Anlagen
12	**Copies to ...:**	Verteiler

Salutations[2] / Complimentary closes

Salutations	Complimentary closes
Dear Mr Miller	Yours sincerely
Dear Mrs Brown	Yours sincerely
Dear Sir	Yours faithfully
Dear Sirs	Yours faithfully
Dear Madam	Yours faithfully

Enquiry[3]

I. The commercial and legal importance of the enquiry

The purpose of an enquiry is to obtain information. It might be the beginning of a commercial relationship and is without obligation.
Informal enquiry: This is the most common form of enquiry and is used in the retail trade. A person enters a shop and asks about a certain article and its price.
General enquiry: A request for general information and perhaps also samples. You want to know what the company can supply and its prices.
Specific enquiry: In this form of enquiry you ask for detailed information about a specific product including samples.

II. The contents of an enquiry

1. reason for the enquiry
2. description of the goods
3. quantity
4. quality
5. price, discounts, etc.
6. type of packaging
7. time of delivery
8. terms of payment
9. terms of delivery

Offer[4]

I. The commercial and legal meaning of the offer

An offer can be submitted orally or in writing. When making an offer, the seller expresses his intention to conclude a contract of sale provided that his offer is accepted by the buyer.
In addition to the offer most British companies enclose their general terms of business, which become part of the contract when they are sent to the buyer together with the offer. Thus the seller can prove that the buyer has been informed about them and the companies have, for example, the possibility of excluding being made responsible for any kind of damage occurring.

Acceptance and cancellation
An offer has to be accepted within a certain time, otherwise it will expire. If there is no time mentioned, the seller is bound to it for an appropriate period of time.
An offer can be cancelled at any time unless it is accepted. The buyer can accept the offer until it expires by being cancelled. The seller has to make sure that the cancellation reaches the customer. On the contrary, the acceptance of the offer by the buyer (order) only has to be mailed to be valid and result in the conclusion of a contract of sale.

Exhibited articles
Window-displays or advertisements in newspapers and magazines are no offers; they are only exhibitions/displays addressed to the public, i. e. general information on the product or service.

II. Composition and contents of the offer

1. Reference to the enquiry (solicited offer) or presentation of the company (unsolicited offer)
2. Description of the range of products
3. Quotation of the terms of sale (prices, terms of delivery and payment, (legal) domicile, (cash) discount)
4. Polite final sentence (expressing the hope that the customer will place an order)

[1] bis [4] aus: Hemmer-Hiltenkamp, M. u. a.: Purchasing. Practical Business Studies, Westermann Verlag Braunschweig 1997, S. 20 ff.

Substitution table (Enquiry)

Dear	Sir(s) Madam Mr … Mrs … Ms …

We	refer to have read	your	circular brochure			of	11 May, 2 June,
			advertisement published	in the	Trade Review Economist		

from which we have	learnt come to know	that you	manufacture produce			recycled paper.
			are	manufacturers producers	of	

Interested As we are interested	in	your	articles, products,	we would be pleased	to receive	your current price list. an illustrated catalogue.

We would also like to		know	your	earliest date of delivery. terms of sale. terms of delivery and payment.
Please	let us	know		
	indicate			

We	would	be grateful to receive appreciate receiving	an early reply.
	look forward to receiving		

Yours	faithfully sincerely

vgl.: Hemmer-Hiltenkamp, M. u. a.: Purchasing, Westermann Verlag Braunschweig 1997, S. 23

....
We have read your advertisement in the Economist of 2nd February.
As we are interested in your products, we would be glad to receive your current price list.
Please let us have your terms of sale.

We look forward to receiving your reply.
.....

Substitution table (Offer)

Salutation (see page 543)

We	thank you for have received refer to	your	letter offer	dated of	12 June. 13 July.

Please	enter the following order for immediate delivery.						
	send supply deliver	the	undermentioned following	products articles items	and charge them to our account.		
					on the	terms conditions	stated below.

Please quote the products, the quantities and prices.

The	prices	given quoted stated	are	ex works/ex warehouse free domicile		including packing. packing included.
				less 3 % cash/quantity discount		
				in three months net		
				strictly net net cash	against presentation of documents one month after delivery at the end of the month	

Insurance	will	be	covered obtained effected	by	us. you.
		cover		all risks. the invoice value plus 5 %.	

More detailed information on the terms of delivery and payment is given on p. 265 "Incoterms® 2010".

Payment	has to should	be	made arranged effected executed	cash.		
				15 days one month	after date of	shipment. invoice.
				within 30 days after receipt of invoice. within 3 days net. by cheque.		
				documents against	sight draft. acceptance at 30 days' sight.	
				on receipt of the goods.		

Delivery Despatch Shipment	should	be	made arranged effected carried out	in August. immediately after receipt of order. in approx. 4 weeks. within 15 days.

We	are relying on your				prompt careful	attention.
	hope trust	that	you will	give this order (your)		
				execute this order	promptly. to our complete satisfaction. in accordance with our instructions.	

We look forward to	receiving an	acknowledgement of this order	in the near future. soon. asap.
	hearing from you		

Complimentary close (see page 543)

vgl.: Hemmer-Hiltenkamp, M. u. a.: Purchasing, Westermann Verlag Braunschweig 1997, S. 45

Terms and methods of payment (on the home market)

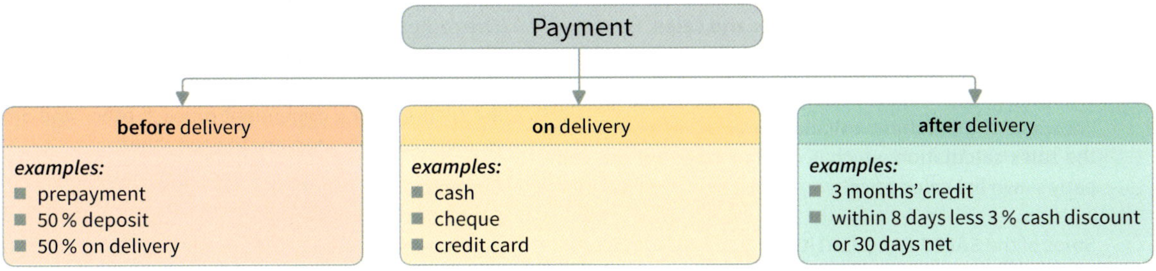

Payment by cheque

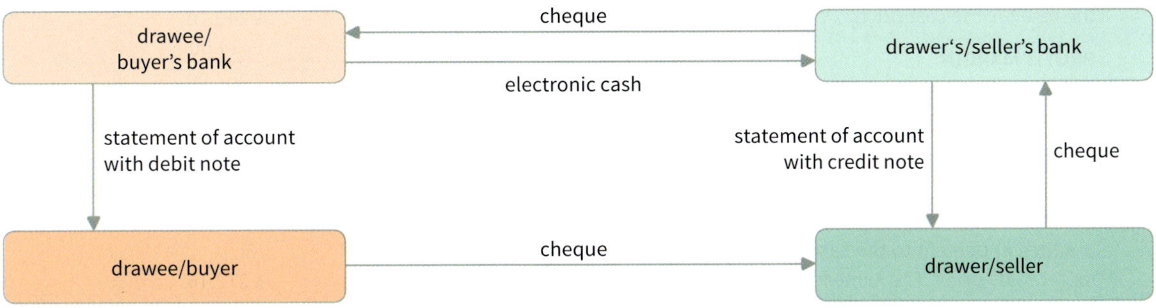

Order

I. The legal aspect of the order

The order is the acceptance of the offer by the buyer. An order without a preceeding offer is not legally binding for the seller. It can be placed both in writing or orally. If an order is placed orally, an immediate written confirmation is necessary in order to avoid misunderstandings.
In case of a written order the buyer only has to mail it in order to conclude a contract of sale. There needn't be any proof of the seller's receipt of it. The mere mailing of the order concludes the contract of sale.

An order based on an offer: A contract of sale is concluded. The company placing the order refers to the offer received. Both parties agree mutually.

An order without preceeding offer: The order must contain exact information. It is only binding for the buyer. The supplier can refuse/reject it. Only one party is bound to it, the other party can agree either by confirming it or by delivering the goods.

Cancellation: The cancellation must be received not later than the receipt of the order, e. g. by telephone or fax. For the acceptance of the cancellation of the order, the buyer must prove that the seller has received it.

II. Composition and contents of the order

1. seller
2. buyer
3. reference to the offer
4. description of the goods
5. quantity
6. price
7. packing
8. despatch (form of transport)
9. terms of payment and delivery (see Incoterms, p. 265)
10. date of delivery
11. marking
12. place of fulfilment
13. court of jurisdiction
14. despatch note
15. amicable arbitration
16. date
17. signatures of both parties

aus: Hemmer-Hiltenkamp, M. u. a.: Purchasing, Westermann Verlag Braunschweig 1997, S. 34, 43 u. 59

Sales calculation

Relationship between the purchase and sales calculation

The mathematical calculation of the purchase price is known as the **purchase calculation.** It is as important as the **sales calculation** which is used to work out the company's own **list sales price.**

Steps of the **SALES CALCULATION**

HANDLING CHARGES (HC)
A percentage rate is added to meet the costs of the company. The HC are added in percent to the purchase price; the result is the cost price.

PROFIT MARGIN
A percentage addition which considers the profit. It is added in percent to the cost price; the result is the cash sales price.

THE CUSTOMER'S DISCOUNT
A cash discount is a percentage reduction of the price, which is expected by the customers when they pay cash. It is added in percent to the cash sales price; the result is the target sales price. The same form of calculation is used for the list sales price calculation when discount is granted.

The company has to take into account that all the costs of the company are covered and an appropriate profit can be made. In practice, the purchase price and the sales price are seen as being dependent on each other and are often worked out with reference to each other.

Example:

SALES CALCULATION

purchase price	: £ 200.00	≙	100 %
+ **HC** 20 %	: £ 40.00	≙	120 %
cost price	: £ 240.00	≙	120 %
cost price	: £ 240.00	≙	100 %
+ **profit** 10 %	: £ 24.00	≙	110 %
cash sales price	: £ 264.00	≙	110 %
cash sales price	: £ 264.00	≙	97 %
+ **cash discount** 3 %	: £ 8.16	≙	3 %
target sales price	: £ 272.16	≙	100 %
target sales price	: £ 272.16	≙	95 %
+ **discount** 5 %	: £ 14.32	≙	5 %
list sales price	: £ 286.48	≙	100 %

Percentage calculation for the
CUSTOMER'S CASH DISCOUNT:

97 % ≙ £ 264.00
3 % ≙ £ x

$$x = \frac{264 \cdot 3}{97} = 8.16$$

THE CUSTOMER'S CASH DISCOUNT = £ 8.16

Percentage calculation for the
CUSTOMER'S DISCOUNT:

95 % ≙ £ 272.16
5 % ≙ £ x

$$x = \frac{272.16 \cdot 5}{95} = 14.32$$

THE CUSTOMER'S DISCOUNT = £ 14.32

PAPER MILLS PLC

12 Kings Road
Hersham

SURREY
KT12 5FH

Tel.: 0932 831578
Fax: 0932 831590

MoDo Received:
for:
☐ Managing Director
☒ Purchasing Department
☐ Sales Department
☐ Warehouse Department
☒ Administration Department

MoDo Office Service Ltd
Rosemount Avenue
West Byfleet
SURREY KT12 6LE

Sales invoice

Customer's Order Number	Our Order No.	Supplying Sales Office	Customer No.	Invoice Date	Invoice No.	Page
	3710	Hersham	19230	20 May 20..	178-006-9	1

Quantity	Description	Size	Subs	Weight/Unit	Price £/Unit	Qty. Disc %	Value
100	Recycled copy paper -grey-	A4		2.8 kg	4.71	3	456.87

aus: Hemmer-Hiltenkamp, M. u. a.: Purchasing, Westermann Verlag Braunschweig 1997, S. 38 u. 58

Sales contract

I. The legal side of a contract

- A sales contract is a bi- or multilateral agreement with legal status.
- The mutual agreements of the parties to a contract are called OFFER and ORDER.
- Both parties, seller and buyer, have rights and liabilities. The rights of one party are often the liabilities of the other, for example:

Punctual delivery
Seller: It is his liability to deliver punctually.
Buyer: He has the right to demand punctual delivery.

Punctual payment
Seller: He has the right to demand punctual payment.
Buyer: It is his liability to pay punctually.

The **conclusion of a contract** can be done in more than one way.

1. The seller makes a firm offer and the buyer accepts it unconditionally.
2. The buyer sends an order to the seller and the seller confirms it.
3. The seller sends unordered goods to the buyer and the buyer pays for them if he likes them.

The contract can be concluded verbally or in writing. It is general practice to make contracts in writing in order to avoid disputes between the two parties.

II. The liabilities of the transaction

a) The creation of a contract

First option:

Second option:

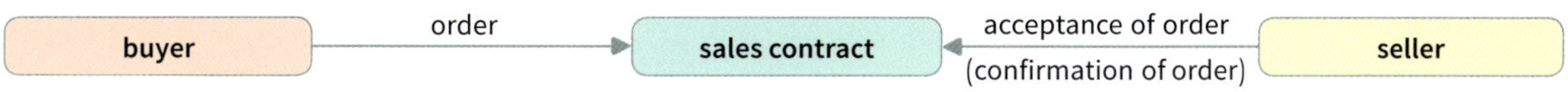

A contract is concluded when both parties come to a mutual agreement.

b) The liabilities of the seller and the buyer

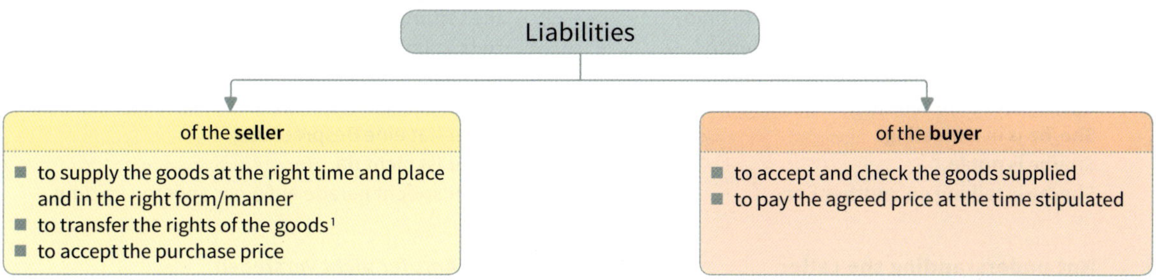

[1] If the company's general terms of business do not include a clause referring to the ownership of the goods, the property is automatically transferred on the conclusion of the contract.
aus: Hemmer-Hiltenkamp, M. u. a.: Purchasing, Westermann Verlag Braunschweig 1997, S. 47

Terms and phrases

Answering the phone and offering help	***Ein Gespräch entgegennehmen und seine Hilfe anbieten***
Good morning, (name of the company). How can I help you?	Guten Morgen, (Name der Firma). Wie kann ich Ihnen helfen?
Good morning, (name of the company). Can I help you?	Guten Morgen, (Name der Firma). Kann ich Ihnen helfen?
Where are you calling from?	Von wo aus rufen Sie an?
Who would you like to speak to?	Mit wem möchten Sie sprechen?

Introducing oneself and giving the reason for the call	***Sich vorstellen und den Grund des Anrufs nennen***
My name is .... Could I speak to ...?	Hier spricht .... Könnte ich mit ... sprechen?
I'd like to	Ich möchte/würde gern ....
I'm calling about our enquiry/order ... of	Ich rufe wegen unserer Anfrage/Bestellung ... vom ... an.
Could you give me any information on ... ?	Könnten Sie mir Informationen über ... geben?
Could you put me through to ... ?	Könnten Sie mich an ... durchstellen?
May I speak to ... ? She/he is on extension No.	Kann ich mit ... sprechen? Sie/er hat die Durchwahl ....
Could you tell me if ... ?	Könnten Sie mir sagen, ob ... ?

Connecting a caller	***Einen Anrufer weiterverbinden***
I'll put you through now.	Ich stelle Sie jetzt durch.
One moment, please.	Einen Moment bitte.
Hold the line, please.	Bleiben Sie bitte dran.
Hold on, please.	Bitte legen Sie nicht auf.

Explaining a problem and offering to solve it	***Ein Problem erklären und Lösungen dafür anbieten***
I'm sorry.	Es tut mir leid.
There is no reply.	Es antwortet niemand.
Can I take a message?	Kann ich eine Nachricht aufnehmen?
Would you like to leave a message?	Möchten Sie eine Nachricht hinterlassen?
The line is engaged. Would you like to hold?	Die Leitung ist besetzt. Möchten Sie dranbleiben?
Mr ... is not in the office at the moment.	Herr ... ist zurzeit nicht im Büro.
I'm afraid she/he is busy at the moment.	Ich fürchte, sie/er ist im Moment gerade beschäftigt.
She/he is in a conference.	Sie/er ist in einer Konferenz.
She/he is in a meeting.	Sie/er hat eine Besprechung.
She/he is not in.	Sie/er ist nicht da.
She/he is talking on another line.	Sie/er spricht gerade auf einer anderen Leitung.

Not understanding the caller	***Den Anrufer nicht verstehen***
The line is very bad at the moment.	Die Verbindung ist gerade sehr schlecht.
Could you say that again, please?	Könnten Sie das bitte noch einmal sagen?
Could you repeat that, please?	Könnten Sie das bitte wiederholen?
Could you speak more slowly, please?	Könnten Sie bitte langsamer sprechen?
Could you spell your name, please?	Könnten Sie Ihren Namen bitte buchstabieren?
Sorry, wrong number.	Entschuldigung, falsche Nummer.

Terms and phrases

Correcting information
Informationen richtigstellen

No. That's not quite right. — Nein, das ist nicht ganz richtig.
No. That should be ... — Nein, das sollte ... sein.
No, I can't go along with that. — Nein, da kann ich nicht zustimmen.
I completely disagree. — Da bin ich ganz anderer Meinung.

Inviting somebody
Jemanden einladen

Can you join me for dinner tomorrow? — Können wir uns morgen zum Abendessen treffen?
Would you like to have lunch with me? — Möchten Sie gern mit mir zu Mittag essen?

Making an appointment
Einen Termin vereinbaren

Could I make an appointment with ... this morning/afternoon, tomorrow morning/afternoon, on Thursday, on Friday morning/afternoon? — Könnte ich mit ... heute Morgen/Nachmittag, morgen früh/morgen Nachmittag, am Donnerstag, am Freitagmorgen/-nachmittag einen Termin vereinbaren?
Can we meet on Monday morning? — Können wir uns am Montagmorgen treffen?

Calling somebody back
Jemanden zurückrufen

I'll call you back immediately/this afternoon. — Ich werde Sie sofort/heute Nachmittag zurückrufen.
I'll get back to you as soon as possible. — Ich werde Sie so bald wie möglich zurückrufen.

Recorded messages
Anrufbeantwortertexte

Hello, this is 0531 423675, ... Ltd., We're not in the office at the moment. Our working hours are from 8.00 a.m. until 5.00 p.m. If you leave a message, we'll call you back as soon as possible. Please speak after the tone. — Hallo, hier ist die ... GmbH, Telefonnummer 0531 423675. Wir sind zurzeit nicht im Büro. Unsere Arbeitszeiten sind von 08:00 bis 17:00 Uhr. Wenn Sie eine Nachricht hinterlassen, werden wir Sie so bald wie möglich zurückrufen. Sprechen Sie bitte nach dem Signalton.
The first thing I do when I come into the office is to check if there are any messages on the telephone answering machine. — Wenn ich ins Büro komme, prüfe ich als Erstes, ob auf dem Anrufbeantworter aufgezeichnete Mitteilungen sind.

This is Miriam Brown from Morgan & Sons speaking. I'd like to have detailed information about the execution of our order. Therefore I'd be very glad if you call me back immediately. — Hier spricht Miriam Brown von Morgan und Söhne. Ich hätte gern nähere Informationen über die Bearbeitung unseres Auftrags. Daher würde ich mich freuen, wenn Sie mich umgehend zurückrufen könnten.

Complaints
Mängelrügen

The goods haven't arrived yet. — Die Waren sind noch nicht angekommen.
Our customer is already complaining. — Wir haben bereits eine Beschwerde unseres Kunden erhalten.

I'm afraid Friday is too late. — Ich befürchte, Freitag ist zu spät.
If the goods don't arrive at our customer's premises by Friday, he'll have to stop production. — Wenn die Waren nicht bis Freitag das Firmengelände unseres Kunden erreichen, wird er die Produktion einstellen müssen.

I'm afraid in that case we'll have to hold you liable. — Ich befürchte, wir werden Sie in diesem Fall haftbar machen müssen.

abbreviation Abkürzung
about zirka
above mentioned oben genannt
abroad im/ins Ausland
abuse Missbrauch
acceptance Annahme, Einwilligung
access Zutritt, Zugang
accountant Buchhalter/-in
accountancy Rechnungswesen
to acknowledge bestätigen
acknowledgement of order Auftragsbestätigung
act of God höhere Gewalt
activity analysis Prozessanalyse
to add hinzufügen
addition Hinzufügung
administration Verwaltung
to advertise for werben für
advertisement Werbeanzeige
advertising Werbung/Werbebranche
advice Avis, Avisierung
advice of dispatch Versandanzeige
to advise avisieren, benachrichtigen
affair Geschäft
agency Vertretung, Agentur, Firma
agenda Tagesordnung
agent Vertreter/-in
to agree zustimmen
agreement Zustimmung
airline Fluggesellschaft
airport Flughafen
air waybill Luftfrachtbrief
amount Summe, Betrag
to apologize sich entschuldigen
applicable anwendbar
application Bewerbung
appointment Termin
appropriate angemessen
approximately ungefähr
arbitration Schlichtung
to assure versichern, zusichern
at short notice kurzfristig
to be attached to beigefügt sein
attachment Anhang
attention line z. H. von … (Zeile, in der im Geschäftsbrief der Empfänger genannt wird)
available verfügbar, erhältlich
average Durchschnitt
to avoid vermeiden

14

balance Saldo
bank statement Kontoauszug
bankrupt Bankrott
basic rate Grundtarif
bearer security Inhaberpapier
beneficial günstig, nützlich
beneficiary Begünstigter
bilateral bilateral, zweiseitig
bill of exchange Wechsel
bill of lading Konnossement
binding verbindlich
to blame beschuldigen
board of management Vorstand
bookkeeping Buchhaltung
branch Filiale, Zweigstelle
breach Bruch
British Consulate General Britisches Generalkonsulat
broadband (integrated services digital network) Breitband-ISDN
brochure Broschüre, Prospekt
business Geschäft, Firma
business call geschäftlicher Anruf
business process Geschäftsprozess
busy besetzt
button Knopf
buyer Käufer/-in

CAD = computer aided design computergestütztes Design
to calculate kalkulieren, berechnen
calculation Berechnung
calculator Taschenrechner
to call back zurückrufen
caller Anrufer/-in
to cancel annullieren
cancellation Annullierung
capital letters Großbuchstaben
carbon copy paper Durchschlagpapier
cardboard Pappe
carriage Beförderung
carriage forward unfrei
carriage paid frachtfrei
carrier Frachtführer
in case of im Fall
cash against documents Kasse gegen Dokumente
cash discount Skonto
cash dispenser Geldautomat
cash payment Barzahlung
cash sales price Barverkaufspreis
catalogue Katalog
cause Grund
to cause verursachen
CD Rom compact disc read-only memory (CD-ROM)
certificate of origin Ursprungszeugnis
chairman Vorsitzender
Chamber of Commerce Industrie- und Handelskammer
to charge aufladen, belasten
cheap billig
to cheat betrügen
to check prüfen
cheque Scheck
choice Auswahl
circular Rundschreiben
to claim fordern
to clear a cheque einen Scheck einlösen
colleague Kollege/Kollegin
to collect sammeln, eintreiben
collection Inkasso
coloured farbig
commercial wirtschaftlich
commission Provision
communication Kommunikation
company Firma
comparison Vergleich
competition Konkurrenz
to complain sich beschweren

complaint Reklamation, Beschwerde, Mängelrüge
to complete vervollständigen
completion Vervollständigung
complimentary close Schlussformel, Grußformel
computer interface Computerschnittstelle
computer aided computerunterstützt
concerning betreffend, bezüglich
to conclude ab-, beschließen
conclusion Abschluss, Beschluss
condition Bedingung
conference Konferenz
to confirm bestätigen
confirmation Bestätigung
to connect verbinden
to consider in Erwägung ziehen, nachdenken über
considerable beträchtlich
consignee Empfänger/-in
consignment Sendung
consignor Absender
consolidated Sammel-
consumer Verbraucher
contact Kontakt
to contain enthalten
container Container
contaminated verschmutzt, verunreinigt
contract of sale Kaufvertrag
conventional penalty Konventionalstrafe
copy Kopie
to correct berichtigen
correct richtig
correction Berichtigung
country code Landesvorwahl
to cover be-/decken
coverage Deckung
credit Kredit
current account Girokonto
customer Kunde/Kundin
customized kundenspezifisch

damage Schaden
data Daten
data processing Datenverarbeitung
date of birth Geburtsdatum
date of expiry Ablauftermin
date of issue Ausstellungsdatum
dated datiert
debate Debatte
to debit an account ein Konto belasten
debtor Schuldner
debts Schulden
to decide beschließen
to decrease abnehmen
to deduct abziehen
deficit Defizit
delay Verspätung
delay in delivery Lieferungsverzug
to delete löschen
to deliver liefern
delivery Lieferung
demand Nachfrage
to demand fordern
department Abteilung

departure Abflug
dependent on abhängig von
derived from abgeleitet von
to describe beschreiben
description Beschreibung
desk Schreibtisch
despatch note Lieferschein
destination Ziel
detail Detail
to develop entwickeln
development Entwicklung
diagram Diagramm
diary Terminkalender
direct debiting Direktabbuchung
direction Richtung
direct(ly) direkt
disadvantage Nachteil
discount Rabatt
to discuss diskutieren
discussion Diskussion
disk drive Diskettenlaufwerk
dispatch Versand
to dispatch versenden
display Anzeige
distinction Unterschied
distribution Vertrieb
document Dokument
documentary credit Akkreditiv
documents against acceptance Dokumente gegen Akzept
documents against payment Dokumente gegen Zahlung
draft Wechsel, Entwurf
drawee Bezogener
drawer Aussteller (von Wechseln)
drawer Schublade
drawing Zeichnung
due fällig
duplicate Duplikat
duty Pflicht, Zoll

economy Wirtschaft
effect Wirkung, Auswirkung
efficient leistungsfähig
emergency Notfall
to employ einstellen
employee Angestellter
employer Arbeitgeber
to enclose beifügen
enclosures Anlagen
enquiry Anfrage
to ensure sicherstellen
enterprise Unternehmen
envelope Briefumschlag
environmentally friendly umweltfreundlich
equipment Ausstattung
equivalent Gegenstück, Pendant
essential wesentlich
establishment Schaffung, Gründung
to estimate schätzen
estimation Schätzung
European europäisch
evaluation Einschätzung
evidence Beweis

examination Prüfung
excess Über-, Mehr-,
exchange office Wechselstube
to exclude ausschließen
to execute ausführen
execution Ausführung
executive leitender Angestellter
to exhibit ausstellen
to expand erweitern
to expect erwarten, vermuten
at somebody's expense auf Kosten, zulasten von
expensive teuer
experience Erfahrung
to expire auslaufen
expiry Ablauf
explanation Erklärung
exporter Exporteur
extension No. Durchwahl
exterior äußere(s, r)
external extern
ex works ab Werk

facility Einrichtung, Möglichkeit
in fact tatsächlich, eigentlich
factory Fabrik
to fail versagen
fair Messe
fax machine Faxgerät
fax/data transmission Fax-/Datenübertragung
fee calculation Gebührenberechnung
file Aktenordner
file management Dateiverwaltung
filing Ablage
finance department Finanzabteilung
firm Firma
firm fest
flat rate Pauschaltarif
flexitime Gleitzeit
flight Flug
flow chart Ablaufdiagramm
to fly fliegen
for the attention of zu Händen von
foreign exchange Devisen
foreign trade Außenhandel
to forward transportieren
forwarding agent Spediteur
free border frei Grenze
free of charge gebührenfrei
freight Fracht
freight charges Transportkosten
freight forwarding agency Spedition
frequency Häufigkeit
to fulfil erfüllen
full container load Komplettladung
further weitere(s, r)
further education Weiterbildung

to gain gewinnen
general allgemein
to get rid of loswerden
goods Waren, Güter
goods received note Warenempfangsbescheinigung
government Regierung
to grant bewilligen
grateful dankbar
greeting Gruß(-formel)
gross weight Bruttogewicht
ground floor Erdgeschoss
groupage Sammelfracht
to grow, grew, grown wachsen
guarantee Aval, Garantie
to guess glauben, annehmen
guilt Schuld

to handle handhaben, bewältigen, erledigen, umgehen mit
handling fees Abfertigungsgebühren
to happen passieren
harbour Hafen
harm Schaden
haulage company Fuhrunternehmen
haulier Fuhrunternehmer/-in
hazardous gefährlich
headline Titel
headquarters Zentrale
heavy haulage Schwertransport
heavy industry Schwerindustrie
to hold (the line) (am Apparat) bleiben
hole punch Locher
home market Binnenmarkt
home trade Binnenhandel

illustration Abbildung, Zeichnung
immediate(ly) sofort
to imply einschließen
important wichtig
importer Importeur
to improve verbessern
improvement Verbesserung
to include einschließen
including einschließlich
incoming call eingehender Anruf
incomplete unvollständig
inconvenience Unannehmlichkeit
to increase erhöhen
to indorse indossieren
indorsement Indossament
industrial estate Industriegebiet
influence Einfluss
to influence beeinflussen
to inform informieren
initial value Anfangswert
inside address Empfängeranschrift
instalment Rate
instead of anstatt
instruction Anweisung
insurance Versicherung
interest rate Zinssatz
to be interested in interessiert sein an
interface Schnittstelle
international call Auslandsgespräch
interview (Vorstellungs-)Gespräch
to introduce somebody jemanden vorstellen
introduction Vorstellung, Einführung, Einleitung
invitation Einladung

to invite einladen
invoice Rechnung, Faktura
irrevocable letter of credit Akkreditiv
ISDN access ISDN-Anschluss, -Zugang
to issue ausstellen, herausgeben
item Artikel

to join (a company) beginnen, Arbeit aufnehmen
journey Reise, Fahrt
to judge beurteilen
jurisdiction Rechtsprechung
just-in-time delivery Lieferung von Waren zu dem Zeitpunkt, an dem sie für die Produktion gebraucht werden

kind Art, Sorte
knowledge Wissen, Kenntnis

(un-)labelled (un-)beschriftet
legal rechtlich
letter of application Bewerbungsbrief
letterhead Briefkopf
liability Haftung, Verpflichtung
to link verbinden
link Verbindung
list sales price Listenverkaufspreis
to load (be-)laden
loading date Ladedatum
loading weight Ladegewicht
local örtlich
local call Ortsgespräch
local time Ortszeit
location Ort
long distance call Ferngespräch
to look forward to sich freuen auf
lorry Lastwagen, Lkw
to lose, lost, lost verlieren
loss Verlust

mail Post
mail order house Versandhaus
main Haupt-
managing director geschäftsführender Direktor
manner Art
manual Bedienungsanleitung
to manufacture herstellen
manufacturer Hersteller
map Skizze, Karte, Stadtplan
to be marked with gekennzeichnet sein mit
marketing Marketing
marking Kennzeichnung
matter Angelegenheit
maturity Fälligkeit
to mean bedeuten
meaning Bedeutung
in the meantime in der Zwischenzeit
measure Maß
to measure messen
meeting Besprechung, Sitzung
member Mitglied
memo Notiz, Merkzettel
to mention erwähnen
mere bloß

message Nachricht
method Methode, Verfahren
minutes Protokoll
missing fehlend
misunderstanding Missverständnis
monthly monatlich
motorway Autobahn
multilateral multilateral, mehrseitig
mutual gegenseitig

near nahe, bei
nearly beinahe, fast
necessary notwendig
next to neben
note Notiz
notepad Notizblock
to notify bekannt machen
nowadays heutzutage

obliged verpflichtet
to obtain erhalten
to occur passieren, sich ereignen
of course natürlich, selbstverständlich
offer Angebot
office Büro
office furniture Büromöbel
office information system Büroinformationssystem
on board an Bord
on board bill of lading Bordkonnossement
online shopping Direkteinkauf per Internet
on receipt nach Erhalt
opposite gegenüber
oral(ly) mündlich
order Auftrag
organization chart Organisationsübersicht
to organize organisieren
original Original
outdoor service Außendienst
out of order ausgefallen, außer Betrieb
outside außerhalb
outstanding ausstehend, hervorragend
overdraft Überziehung
overdue überfällig
overhead projector Tageslicht-, Overheadprojektor
oversight Versehen
ownership Eigentum

to pack packen
package Paket
packaging department Verpackungsabteilung
paper clip Büroklammer
paragraph Absatz, Abschnitt
parcel Paket, Päckchen
parent company Muttergesellschaft
participant Teilnehmer/-in
particularly besonders
partner Gesellschafter
partnership OHG
to pass something on etwas weiterleiten
passenger Passagier, Fluggast
passport Reisepass
pay Lohn, Gehalt

payable zahlbar
payment Bezahlung
per cent Prozent
percentage Prozentsatz
to permit erlauben
personnel Personal
personnel manager Personalleiter/-in
to persuade überreden
phone call Anruf
photocopier Fotokopierer
place of fulfilment Erfüllungsort
plan Plan
popular beliebt
port Hafen
power cable Stromkabel
power off ausgeschaltet, außer Betrieb
to preceed vorausgehen
to prepare vorbereiten
prepayment Vorauszahlung
to prevent verhindern
price Preis
price list Preisliste
price reduction Preisreduzierung
to print drucken
printer Drucker
private limited company GmbH
procedure Vorgang
to produce produzieren
producer Hersteller
product Produkt
production manager Produktionsleiter/-in
profit margin Gewinnmarge
progress Fortschritt
project Projekt
promise Versprechen
to promise versprechen
proof Beweis
property Eigentum
proposal Vorschlag
proprietor Eigentümer/-in
to prove beweisen
to provide liefern
public limited company (plc) AG
punctual pünktlich
purchase Kauf
to purchase kaufen
purchase price Einkaufspreis
purchasing department Einkaufsabteilung
to put a caller through einen Anrufer durchstellen

14

quantity Menge
quarter Viertel
quotation Kostenvoranschlag, Angebot
to quote nennen, angeben

rail Schiene
railway Bahn
rail waybill Bahnfrachtbrief
random access network Netz mit wahlfreiem Zugriff
range Sortiment, Verkaufsprogramm
raw materials Rohstoffe
to reach erreichen
reaction Reaktion
really wirklich
reason Grund
receipt Erhalt
to receive erhalten, bekommen
recent letzte(r, s)
recently neulich, kürzlich
reception Empfang, Rezeption
receptionist Empfangsdame(-herr)
to recommend empfehlen
recording Aufnahme
reference number (Akten-)Zeichen, Kennziffer
to refuse ablehnen
to regard betrachten
with regard to im Hinblick auf
relationship Beziehung
reliable zuverlässig
to remain bleiben
remark Bemerkung
reminder Mahnung
to repair reparieren
repetition Wiederholung
reply Antwort
report Bericht
representative Vertreter/-in
on request auf Anfrage
to request auffordern, bitten
to require benötigen
to be responsible for verantwortlich sein für
responsibility Verantwortung
result Ergebnis
retail price Einzelhandelspreis
retail trade Einzelhandel
retailer Einzelhändler/-in
rise in demand Nachfragesteigerung
risk Risiko
to risk riskieren
rule Regel, Vorschrift

salary Gehalt
sales Verkauf(s-)
sales calculation Handelskalkulation
sales department Verkaufsabteilung
sales office Verkaufsbüro
salesperson Verkäufer/-in
sales promotion Verkaufsförderung
salutation Anrede
sample Muster
satisfied zufrieden
schedule Zeitplan
scope Umfang, Rahmen
secretary Sekretär/-in
section Abteilung
to seem scheinen
to select auswählen
to sell, sold, sold verkaufen
seller Verkäufer/-in
separate getrennt
serious ernst
shareholder Aktionär/-in
ship Schiff
shipping documents Frachtpapiere

3545554

short message Kurzmitteilung
shortly in Kürze
at sight bei Sicht
signature Unterschrift
size Größe
sole proprietorship Einzelunternehmen
to solve lösen
spare part Ersatzteil
specialist Spezialist
staff Personal, Mitarbeiter (Pl.)
to stagnate stagnieren
steamer Dampfer
to stipulate vereinbaren, festlegen
stock level Warenbestand
stock list Warenliste
store Lager
to store lagern
subcontractor Subunternehmer
subject Thema, Fachgebiet
subject line Betreff
subscription Abonnement
subsidiary Tochtergesellschaft
to succeed Erfolg haben
successful erfolgreich
to suggest vorschlagen
suggestion Vorschlag
suitable passend
supervisory board Aufsichtsrat
supplier Anbieter/-in, Lieferant
to supply liefern
supply Lieferung, Versorgung, Vorrat
to suppose glauben, annehmen
surprise Überraschung

to take into account in Betracht ziehen
to take/leave a message eine Nachricht aufnehmen/hinterlassen
target sales price Zielverkaufspreis
task Aufgabe
telephone answering machine Anrufbeantworter
terms Bedingungen
terms of delivery Lieferungsbedingungen
terms of payment Zahlungsbedingungen
timetable Fahrplan
total amount Endsumme, Gesamtpreis
tour Rundfahrt
trade fair Handelsmesse
traffic Verkehr
traffic lights Ampel
to train ausbilden
trainee Auszubildende/r
training Ausbildung
to transfer übertragen, überweisen
to transmit übertragen, übergeben
transport Transport
trial order Probeauftrag
truck Lkw
true richtig
turnover Umsatz
to type tippen, eingeben

unconditional(ly) bedingungslos
undamaged unbeschädigt
undermentioned unten genannt
unfortunately leider
unit price Stückpreis
to unload entladen
until bis
urgent dringend
to use benutzen
user Anwender
user's handbook Benutzerhandbuch
usual gewöhnlich
usually normalerweise

valid gültig
validity Gültigkeit
value Wert
value added tax Mehrwertsteuer, Umsatzsteuer
van Lieferwagen, Transporter
various verschieden
vehicle Fahrzeug
via durch, über
video camera Videokamera
video recorder Videorekorder
view Blick, Ausblick
virtually praktisch, eigentlich

warehouse Lager
wastepaper bin Papierkorb
to weigh wiegen
weight Gewicht
to welcome begrüßen, empfangen
while während
wholesale company Großhandelsfirma
wholesaler Großhändler/-in
word processing Textverarbeitung
worried besorgt, beunruhigt
worth Wert
to be worth etwas wert sein

yet schon, bereits
Yours faithfully Mit freundlichen Grüßen
Yours sincerely Mit freundlichen Grüßen

ZIP code (AE) Postleitzahl

Abbildung illustration
abfahren, -fliegen to leave, to depart
Abfertigungsgebühren handling fees
Abflug departure
abgeben, abliefern to hand over to
abgeleitet von derived from
abhängig von dependent on
Ablage filing
Ablaufdiagramm flow chart
Ablauftermin expiry date
ablehnen to refuse
Absatz, Abschnitt paragraph
ab-, beschließen to conclude
Abschluss conclusion
Absender/-in consignor
Abteilung department, section
ab Werk ex works
abziehen to deduct
Agentur agency
Akkreditiv letter of credit
Akquisitionsvorgang acquisition
Aktenordner file, folder
Aktenzeichen reference number
Aktie share
Aktiengesellschaft public limited company (plc)
Aktionär/-in shareholder
Akzeptierung acceptance
allgemein general
allmählich gradual
Ampel traffic lights
Amt office
Anbieter/-in supplier
Anfangswert initial value
anfordern to request
Anfrage enquiry
auf Anfrage on request
angeben to give, to indicate, to quote
Angebot offer
Angelegenheit matter
angemessen appropriate
Angestellte/r employee
ankommender Anruf incoming call
Anlagen enclosures
etwas annehmen to suppose, to presume, to guess
annullieren to cancel
Annullierung cancellation
Anrede salutation
Anruf phone call
Anrufbeantworter telephone answering machine
Anrufer/-in caller
einen Anrufer durchstellen to put a caller through
Ansehen reputation
anstatt instead of
Antwort reply
Anweisung instruction
anwendbar applicable
Anwender user
Anzeige display
Art kind, manner
Artikel item
auffordern to request
Aufgabe task
aufladen to charge
Aufnahme recording
Aufsichtsrat supervisory board
Auftrag order
Auftragsbestätigung acknowledgement of order
ausbilden to train
Ausbildung training
ausführen to execute
Ausführung execution
ausgefallen out of order
ausgeschaltet power off, switched off
Auskunft information
im/ins Ausland abroad
Auslandsgespräch international call
auslaufen (Kredit usw.) to expire
auswählen to choose, to select
Außendienst outdoor service
Außenhandel foreign trade
außer Betrieb out of order
äußere(r, s) exterior
außerhalb outside
Ausstattung equipment
ausstehend outstanding, due
etwas ausstellen to exhibit, to issue
einen Wechsel ausstellen to draw a draft
Aussteller/-in (eines Wechsels) drawer
Ausstellungsdatum date of issue
Auswahl choice
auswählen to choose, to select
Auswirkung effect
Auszubildende/r trainee
Autobahn motorway
Aval guarantee
Avis, Avisierung advice
avisieren to advise

Bahn railway
Bahnfrachtbrief rail waybill
Bankrott bankruptcy
Barverkaufspreis cash sales price
Barzahlung cash payment
bedeuten to mean
Bedeutung meaning
Bedingung term, condition
bedingungslos unconditionally
beeinflussen to influence
Beförderung carriage
begrüßen to welcome
Begünstigte/r beneficiary
beifügen to enclose
beigefügt sein to be attached to
beinahe nearly, almost
bekannt machen to notify
bekommen to get, to receive, to obtain
(be-)laden to load
belasten to debit
beliebt popular
Bemerkung remark
benötigen to require
benutzen to use
Benutzer user
Benutzerhandbuch user's manual

berechnen to calculate
Bericht report
berichtigen to correct
Berichtigung correction
Beschädigung damage
beschließen to decide
beschreiben to describe
Beschreibung description
Beschriftung labelling
beschuldigen to blame
Beschwerde complaint
sich beschweren to complain
besetzt busy
besorgt worried
Besprechung meeting
bestätigen to confirm/to acknowledge
Bestätigung confirmation/acknowledgement
Besteuerung taxation
bestreiten to contest
beträchtlich considerable
in Betracht ziehen to take into account
Betrag amount
Betreff subject line
betreffend concerning
betrügen to cheat
beurteilen to judge
Bevölkerung population
bevorzugen to prefer
Beweis evidence, proof
beweisen to prove
Bewerbungsbrief letter of application
bewilligen to grant
Bezahlung payment
bezeichnen to describe
Beziehung relationship
bilateral bilateral
Binnenhandel home trade
Binnenmarkt home market
bis until, by
Bitte request
bitten to request
bleiben to remain
(am Apparat) bleiben to hold the line
Blick view
bloß mere
an Bord on board
Bordkonnossement on-board bill of lading
Breitband-ISDN broadband ISDN
Briefkopf letterhead
Briefumschlag envelope
Britisches Generalkonsulat British Consulate General
Broschüre brochure
Bruch breach
Bruttogewicht gross weight
Buchhalter/-in accountant
Buchhaltung book-keeping
Büro office
Büroinformationssystem office information system
Büroklammer paper clip
Büromöbel office furniture

Chef boss
computergestütztes Design computer-aided design (CAD)
Computerschnittstelle computer interface
Computersprache computer language
computergestützt computer-aided
Container container
Courtage commission, brokerage

Dampfer steamship, steamer
dankbar grateful
darauf folgend following
darstellen to show
Dateiverwaltung file management
Daten data
Datenverarbeitung data processing
datiert dated
dauern to last, to go on
Debatte debate
Debitor debtor
decken to cover
Deckung cover, coverage
Defizit deficit
Detail detail
Devisen foreign currency
Diagramm diagram
digitales dienstintegrierendes Netzwerk integrated services digital network
Direktabbuchung direct debiting
Direkteinkauf per Internet online shopping
Diskettenlaufwerk disk drive
Diskussion discussion
diskutieren to discuss
Dokumente gegen Akzept documents against acceptance
Dokumente gegen Barzahlung documents against payment
dringend urgent
drucken to print
Drucker printer
Duplikat duplicate
durch via
Durchschlagpapier carbon copy paper
Durchschnitt average
Durchwahl extension

Eigentum property
Eigentümer proprietor
Einfluss influence
einführen to import
Einführung introduction
Einfuhrgenehmigung import permit, licence
Einfuhrzoll import duty
Eingangsbestätigung acknowledgement of receipt
eingehender Anruf incoming call
einkaufen to buy, to purchase
Einkaufsabteilung purchasing department
Einkaufspreis purchase price
einladen to invite
Einleitung introduction
Einrichtung facility
einschließen to imply, to include
Einschreibebrief registered delivery
einsortieren to sort
jdn. einstellen to employ

Einstellung employment
Einzelhandel retail trade
Einzelhändler/-in retailer
Einzelhandelspreis retail price
Einzelunternehmen sole proprietorship
Empfang reception
Empfänger/-in consignee, recipient
Empfängeranschrift inside address
Empfangsdame(-herr) receptionist
empfehlen to recommend
Endsumme total (amount)
enthalten to contain
entladen to unload
entwickeln to develop
Entwicklung development
Erdgeschoss ground floor
sich ereignen to occur
Erfahrung experience
Erfolg success
Erfolg haben to succeed, to be successful
erfolgreich successful
erfüllen to fulfil
Erfüllungsort place of fulfilment
Ergebnis result
Erhalt receipt
nach Erhalt on receipt
erhalten to obtain, to receive
erhältlich available
erhöhen to increase
Erklärung explanation
erlauben to permit
Erlaubnis permission
ernst serious
erreichen to reach
Ersatzteil spare part
in Erwägung ziehen to consider
erwähnen to mention
erwarten to expect
erweitern to expand
Erweiterung enlargement
erwerben to acquire
erwünscht desired
Erzeugerland country of origin
Etat budget
Exporteur/-in exporter
Exportgeschäft export business
extern external

Fabrik factory
Fahrkarte ticket
Fahrzeug vehicle
im Fall in case of
fällig due
Fälligkeit maturity
Faxgerät fax machine
Fax-/Datenübertragung fax/data transmission
Fehler error
Ferngespräch long-distance call
fest firm
Finanzabteilung finance department
Firma firm, company
fliegen to fly
Flug flight
Fluggast passenger
Fluggesellschaft airline
Flughafen airport
fordern to claim, to demand
fortentwickeln to develop
Fortschritt progress
Fotokopierer photocopier
Fracht freight
frachtfrei carriage paid
Frachtführer/-in carrier
Frachtkosten carriage charges, freight charges
Frachtpapiere shipping documents
frei Grenze free border
sich freuen auf to look forward to
Fuhrunternehmen haulage company
Fuhrunternehmer/-in haulier

Gebührenberechnung fee calculation
gebührenfrei free of charge
Geburtsdatum date of birth
gefährlich dangerous, hazardous
gegenseitig mutual
Gegenstück equivalent
gegenüber opposite
Gehalt salary
gekennzeichnet mit to be marked with
Geldautomat cash dispenser
Geschäft business
geschäftlicher Anruf business call
geschäftsführender Direktor managing director
Geschäftsprozess business process
Gesellschaft mit beschränkter Haftung private limited company (Ltd.)
Gesellschafter/-in partner
Gesprächsnotiz memo(randum)
getrennt separate
Gewinn profit
Gewinnbeteiligung profit sharing
gewinnen to gain
Gewinnspanne profit margin
gewöhnlich usual
glauben to guess, to believe, to suppose
Gleitzeit flexitime
Großbuchstaben capital letters
Größe size
Großhandel wholesale trade
Großhändler/-in wholesaler
Grund cause, reason
Grundtarif basic rate
Mit freundlichen Grüßen Yours faithfully/Yours sincerely
Grußformel complimentary close
gültig valid
Gültigkeit validity
günstig beneficial, favourable
Güter goods

Hafen harbour, port
zu Händen von for the attention of
Handelsabkommen trade agreement
Handelsartikel commodity
Handelskalkulation sales calculation

Business terms

Handelskammer Chamber of Commerce
Handelsrecht commercial law
handhaben to handle
Handwerk trade
Häufigkeit frequency
Haupt- main
Hauptversammlung general meeting
herausgeben to issue
Herkunftsland country of origin
herstellen to produce
Hersteller/-in producer
Herstellung production
Herstellungskosten production costs
heutzutage nowadays
im Hinblick auf with regard to
hinzufügen to add
Hinzufügung addition
höhere Gewalt Act of God
Hypothek mortgage

Importeur/-in importer
Indossament endorsement
indossieren to endorse
Industriegebiet industrial estate
Industrie- und Handelskammer Chamber of Commerce
Information information
informieren to inform
Inhaberpapier document of title
Inkasso collection
interessiert sein an to be interested in
ISDN-Zugang ISDN access

kalkulieren to calculate
Karte (geogr.) map
Kasse gegen Dokumente cash against documents
Katalog catalogue
Kauf purchase
kaufen to buy, bought, bought
Käufer/-in buyer
Kaufvertrag sales contract
Kenntnis knowledge
Kennzeichnung marking
Knopf button
Kollege/Kollegin colleague
Kommunikation communication
Komplettladung full container load
Konferenz conference
Konkurrent competitor
Konkurrenz competition
Konnossement bill of lading
Kontakt contact
Kopie copy
auf Kosten von at somebody's expense
Kostenvoranschlag quotation
Kredit credit
Kunde customer
kundenspezifisch customized
in Kürze shortly
kurzfristig at short notice
kürzlich recently
Kurzmitteilung short message

Ladedatum loading date
Ladegewicht loading weight
Lager warehouse
lagern to store
Lagerung storage
Landesvorwahl country code
Lastwagen lorry
leider unfortunately
leistungsfähig efficient
leitender Angestellter executive
letzte(r, s) final, last, recent
Lieferant/-in supplier
liefern to deliver, to supply, to provide
Lieferschein despatch note
Lieferung delivery, supply
Lieferung von Waren zu dem Zeitpunkt, an dem sie für die Produktion benötigt werden just-in-time delivery
Lieferungsbedingungen terms of delivery
Lieferungsverzug delay in delivery
Listenverkaufspreis list sales price
Locher hole punch
Lohn wage
löschen to delete
lösen to solve
loswerden to get rid of
Luftfrachtbrief air waybill

Mahnung reminder
Mängelrüge complaint
Marketing marketing
Maß measure
Mehrwertsteuer value added tax (VAT)
Menge quantity, amount
Messe fair
messen to measure
Methode method
Missverständnis misunderstanding
Mitarbeiter (Sg./Pl.) staff
Mitglied member
Möglichkeit facility
multilateral multilateral
mündlich oral(ly)
Muster sample
Muttergesellschaft parent company

nachdenken über to consider
Nachfragesteigerung rise in demand
eine Nachricht aufnehmen/hinterlassen to take/leave a message
Nachteil disadvantage
nahe near
natürlich of course
neben next to
nennen to give, to indicate, to quote
Netz mit wahlfreiem Zugriff random access network
neulich recently
normalerweise normally
Notfall emergency
Notiz note
Notizblock notepad
notwendig necessary
nützlich beneficial, useful

oben erwähnt above mentioned
OHG partnership
Organisationsübersicht organization chart
organisieren to organize
Original original
örtlich local
Ortsgespräch local call

packen to pack
Paket package, parcel
Papierkorb wastepaper bin
Pappe cardboard
Passagier passenger
passieren to occur, to happen
Pauschaltarif flat rate
Personal personnel, staff
Personalleiter/-in personnel manager
Pflicht duty
Plan plan
Post mail
Postleitzahl ZIP code (AM), postcode (BRIT)
Preis price
Preisliste price list
Preisreduzierung price reduction
Probeauftrag trial order
Produkt product
Produktionsleiter/-in production manager
produzieren to produce
Projekt project
Prospekt brochure
Provision commission
Prozent per cent
Prozentsatz percentage
Prozessanalyse activity analysis
prüfen to check
pünktlich punctual

Rabatt discount
Rate instalment
reagieren to react
Reaktion reaction
Rechnung invoice
rechtlich legal
Rechtsprechung jurisdiction
Regel rule
Regierung government
Reise journey, trip
Reisepass passport
Reklamation complaint
richtig true, right
Richtung direction
Risiko risk
riskieren to risk
Rohstoffe raw materials
Rundfahrt tour
Rundschreiben circular

Saldo balance
Sammel- consolidated
Sammelfracht groupage
sammeln to collect
Schaden damage, harm
schätzen to estimate
Scheck cheque
einen Scheck einlösen to cash a cheque
scheinen to seem
Schiene rail
Schiff ship
Schlichtung arbitration
Schlussformel complimentary close
Schnittstelle interface
schon yet, already (affirmative)
Schreibtisch desk
Schublade drawer
Schuld guilt
Schwerindustrie heavy industry
Schwertransport heavy haulage
selbstverständlich of course
Sendung consignment
sicherstellen to ensure
Skizze map
Skonto cash discount
Sortiment range
Spedition forwarding agency
Stadtplan map
stagnieren to stagnate
Stromkabel power cable
Stückpreis unit price
Subunternehmer subcontractor

Tageslichtprojektor overhead projector
Tagesordnung agenda
Taschenrechner calculator
tatsächlich in fact
Teilnehmer/-in participant
Termin appointment
teuer expensive
Textverarbeitung word processing
Thema subject
tippen to type
Titel headline
Tochtergesellschaft subsidiary
Transporter van
transportieren to transport

überfällig overdue
Überraschung surprise
überreden to persuade
übertragen to transmit, to transfer
Übertragung transmission
überzeugen to convince
Überziehung overdraft
Umfang scope
Umsatz turnover
Umsatzsteuer value-added tax (VAT)
umweltfreundlich environmentally friendly
Unannehmlichkeit inconvenience
unbeschädigt undamaged
(un-)beschriftet (un-)labelled
unfrei carriage forward
ungefähr approximately
unten genannt undermentioned
Unternehmen company, enterprise

unvollständig incomplete
Ursprungszeugnis certificate of origin

verantwortlich sein für to be responsible for
Verantwortung responsibility
verbessern to improve
Verbesserung improvement
verbinden to connect, to link
verbindlich binding
Verbindung link
Verbraucher consumer
vereinbaren to stipulate
Verfahren method
verfügbar available
Vergleich comparison
verhindern to prevent
verkaufen to sell, sold, sold
Verkäufer/-in seller, salesman
Verkaufs- sales
Verkaufsabteilung sales department
Verkaufsförderung sales promotion
Verkaufsprogramm range
Verkehr traffic
verlieren to lose, lost, lost
Verlust loss
vermeiden to avoid
Verpflichtung liability
versagen to fail
Versand despatch/dispatch
Versandanzeige advice of dispatch
Versandhaus mail order house
verschieden various
verschmutzt, verunreinigt contaminated
Versehen oversight
versenden to despatch/dispatch
versichern to assure/to insure
Versicherung insurance
Verspätung delay
versprechen to promise
Versprechen promise
Vertreter/-in agent, sales representative
Vertretung agency
Vertrieb distribution
verursachen to cause
vervollständigen to complete
Vervollständigung completion
Videokamera video camera
Videorekorder video recorder
vorausgehen to preceed
Vorauszahlung prepayment
vorbereiten to prepare
Vorgang procedure
Vorschlag proposal
vorschlagen to propose, to suggest
Vorsitzende/r chairman
Vorstand board of management
jdn. vorstellen to introduce somebody
Vorstellung introduction
Vorstellungsgespräch job interview

wachsen to grow, grew, grown
Warenbestand stock level
Warenempfangsbescheinigung goods received note
Warenliste stock list
Wechsel draft
Weiterbildung further education
weitere(s, r) further
weiterleiten to pass on, to forward
Werbeanzeige advertisement
werben für to advertise for
Werbung advertising
Wert worth, value
wert sein to be worth
wesentlich essential
wichtig important
Wiederholung repetition
wiegen to weigh
Wirkung effect
Wirtschaft economy, commerce
wirtschaftlich commercial
Wissen knowledge

Zahlungsbedingungen terms of payment
Zeichnung drawing, illustration
Zeitplan schedule
Zentrale headquarters
Zielverkaufspreis target sales price
Zinssatz interest rate
zirka about
zögern to hesitate
Zoll duty
zufrieden content, satisfied
Zugang access
zurückrufen to call back
zusichern to assure
zustimmen to agree
Zustimmung agreement
Zweigstelle subsidiary, branch
zweiseitig bilateral
in der Zwischenzeit in the meantime, meanwhile

English tenses

Survey

When talking, we either speak about present, past or future events. For each time the English language uses at least two tenses, depending on the kind of action performed. Mostly it is either…

→ a repeated action or habit or
→ an action taking place at the moment of speaking.

The following tables give you examples of the formation and use of English tenses:

Simple Present

Examples	Use for	Signal words
a) Mr Smith **works** for Intercom.	a) habit/repeated action in the present or always	*always, sometimes, never, every day (week), …*
b) The sun **rises** in the east.	b) a fact that is always true	
c) He **plays** soccer very well.	c) ability	

Present Continuous

Examples	Use for	Signal words
a) He **is writing** a letter.	an action that is in progress at the moment of speaking	*now, at this moment, …*
b) Look! The sun **is rising**.		
c) He **is playing** soccer now.		

Simple Past (regular verbs + -ed/irregular verbs, see pp. 564/565)

Examples	Use for	Signal words
a) He usually **finished** work at 7 p.m.	a) habit in the past	*usually*
b) He **founded** the company in 1879.	b) action that took place in the past	*in 20.., yesterday, last week (month, year)*

Past Continuous (was/were + verb + -ing)

Examples	Use for	Signal words
While he **was talking** to a customer, the telephone rang.	an action in progress at some time in the past	*while*

Present Perfect Simple (has/have + 3rd form/past participle)

Examples	Use for	Signal words
a) He **has** just **passed** his exam.	a) an action begun in the past, the result of which can be seen in the present	*just*
b) They **have lived** in London since 2000.	b) an action that isn't finished yet	*since, for*

3545562

Present Perfect Continuous (has/have been + Verb + -ing)

Examples	Use for	Signal words
a) Mary **has been taking** English lessons since 2002.	stressing the **continuity** of an action begun in the past and lasting on until the present	*since*
b) They **have been working** at VW for 30 years.		*for*

Past Perfect Simple (had + 3rd form/past participle)

Examples	Use for	Signal words
a) She **had typed** all the letters when her boss came in.	an action that took place before another action in the past	*after* *(before)*
b) After she **had typed** the letter, she sent it to the customer.		

Past Perfect Continuous (had been + Verb + -ing)

Examples	Use for	Signal words
She **had been trying** to pass the exam several times, before she became a member of a students' team.	an action in progress in the past before another action took place	*before* *(after)*

Forms of the Future

Examples:	Use for:
I'**ll do** my best to send you the goods in time.	**Will-future** expresses willingness, promise or determination.
We'**re going to** open a new branch in Cologne.	**Going to-future** expresses a personal plan or intention.
My boss **is coming** here this evening.	**Present continuous** expresses an arrangement.
He **will be working** in his office until 4.30 p.m.	**Shall/will + continuous form** expresses what is expected to happen.
His train **leaves** at 5.30 p.m.	**Present simple** refers to timetable information.
He **will have left** his office by 1.30 p.m.	**The future perfect** expresses the completion of an action by a certain time in the future.
Signal words	
any adverb or adverbial phrase indicating that an action will take place in the future	

Infinitive	Past	Past Participle	German
be	was, were	been	sein
bear	bore	born, borne	gebären, getragen
become	became	become	werden
begin	began	begun	anfangen
bend	bent	bent	biegen, beugen
bite	bit	bitten	beißen
blow	blew	blown	blasen, wehen
break	broke	broken	brechen
bring	brought	brought	bringen
broadcast	broadcast	broadcast	senden
build	built	built	bauen
burn	burnt	burnt	brennen
buy	bought	bought	kaufen
catch	caught	caught	fangen
choose	chose	chosen	auswählen
come	came	come	kommen
cost	cost	cost	kosten
cut	cut	cut	schneiden
do	did	done	tun
draw	drew	drawn	zeichnen
dream	dreamt/dreamed	dreamt/dreamed	träumen
drink	drank	drunk	trinken
drive	drove	driven	fahren
eat	ate	eaten	essen
fall	fell	fallen	fallen
feed	fed	fed	füttern
feel	felt	felt	fühlen
find	found	found	finden
fly	flew	flown	fliegen
forget	forgot	forgotten	vergessen
freeze	froze	frozen	frieren
get	got	got	bekommen
give	gave	given	geben
go	went	gone	gehen
grow	grew	grown	wachsen
hang	hung	hung	hängen
have	had	had	haben
hear	heard	heard	hören
hide	hid	hidden	verstecken
hit	hit	hit	schlagen, treffen
hold	held	held	halten
hurt	hurt	hurt	schmerzen
keep	kept	kept	halten
know	knew	known	wissen, kennen
lay	laid	laid	legen

Infinitive	Past	Past Participle	German
lead	led	led	führen
learn	learnt, learned	learnt, learned	lernen
leave	left	left	verlassen
lie	lay	lain	liegen
light	lit	lit	anzünden
lose	lost	lost	verlieren
make	made	made	machen
mean	meant [e]	meant [e]	bedeuten
meet	met	met	treffen, kennen lernen
pay	paid	paid	bezahlen
put	put	put	setzen, stellen, legen
read	read [e]	read [e]	lesen
ride	rode	ridden	reiten, fahren
ring	rang	rung	klingeln
run	ran	run	laufen
say	said	said	sagen
see	saw	seen	sehen
sell	sold	sold	verkaufen
send	sent	sent	schicken
set	set	set	setzen, stellen
shake	shook	shaken	schütteln
shine	shone	shone	scheinen
shoot	shot	shot	schießen
show	showed	shown	zeigen
shut	shut	shut	schließen
sing	sang	sung	singen
sit	sat	sat	sitzen
sleep	slept	slept	schlafen
smell	smelt/smelled (AE)	smelt/smelled	riechen
speak	spoke	spoken	sprechen
spell	spelt	spelt	buchstabieren
spend	spent	spent	verbringen, ausgeben
stand	stood	stood	stehen
swear	swore	sworn	schwören
swim	swam	swum	schwimmen
take	took	taken	nehmen
teach	taught	taught	unterrichten, lehren
tell	told	told	erzählen
think	thought	thought	denken
throw	threw	thrown	werfen
understand	understood	understood	verstehen
wake up	woke up	woken up	aufwachen, aufwecken
wear	wore	worn	tragen
win	won	won	gewinnen
write	wrote	written	schreiben

Measures and weights

Maße und Gewichte

1 inch (in.)	2,54 cm	**1 ounce (oz av.)**	28,35 g
1 foot (ft) = 12 inches	30,48 cm	**1 pound (lb av.)**	0,453 kg
1 yard (yd) = 3 feet	91,44 cm	**1 hundredweight (cwt)**	1 Zentner
1 U. S. gallon	3,785 l	**Br.: 112 pounds**	50,800 kg
1 U. S. barrel	119,210 l	**Am.: 100 pounds**	45,360 kg

Temperature

Temperatur

°Fahrenheit (F) = $\left(\frac{9}{5} \cdot °C\right) + 32$

°Celsius (C) = $(°F - 32) \cdot \frac{5}{9}$

Fractions and other figures

Bruchzahlen und andere Zahlenwerte

$\frac{1}{2}$ **a half** ein halb

$1\frac{1}{2}$ **one and a half** anderthalb

$2\frac{1}{2}$ **two and a half** zweieinhalb

$\frac{2}{3}$ **two thirds** zwei Drittel

$\frac{1}{4}$ **a quarter** ein Viertel

$\frac{3}{4}$ **three quarters** drei Viertel

$\frac{1}{5}$ **a fifth** ein Fünftel

$3\frac{4}{5}$ **three and four fifths** drei vier Fünftel

2.5 **two point five** Zwei Komma fünf

once einmal

twice zweimal

three (four) times drei-(vier-)mal

twice as much (many) as zweimal (doppelt) so viel(e) wie

firstly (secondly, thirdly) erstens (zweitens, drittens)

0.45 **nought point four five** null Komma vier fünf

7 + 8 = 15 **seven plus eight is fifteen** sieben plus acht ist fünfzehn

9 – 4 = 5 **nine minus four is five** neun minus vier ist fünf

2 x 3 = 6 **twice three is six, two times three …** zweimal drei ist sechs

20 : 5 = 4 **twenty divided by five is four** zwanzig geteilt durch fünf ist vier

British and American abbreviations

Britische und amerikanische Abkürzungen

a = acre acre (4046,80 m²)
a.a.r. = against all risks gegen jede Gefahr
abbr. = abbreviated Abk. = Abkürzung
ABC = American Broadcasting Company amerikanische Rundfunkgesellschaft
A.C. = alternating current Wechselstrom
acct = account Konto
A.D. = Anno Domini im Jahre des Herrn
add = address Adresse
AEC = Atomic Energy Commission Atomenergiekommission
aftn. = afternoon Nachmittag
a.m. = ante meridiem vorm., morgens
amp. = ampere Ampere
approx. = approximately ungefähr
A/P = account purchase Einkaufsrechnung
appx. = appendix Anhang
apt. = apartment Wohnung
A.R.C. = American Red Cross Amerikanisches Rotes Kreuz
arr. = arrival Ankunft
art. = article Artikel
asap = as soon as possible sobald wie möglich
ASCII = American Standard Code for Information Interchange standardisierter Code zum Informationsaustausch
A/S = account sales Verkaufsabrechnung
ASA = American Standards Association Amerikanische Normungskommission
attn. = for the attention (of) zu Händen (von)
av. = average Durchschnitt
avdp. = avoirdupoids Handelsgewicht
Ave = Avenue Allee, Straße

B.A. = British Airways Brit. Luftfahrtgesellschaft
b. = born geboren
B & B = bed and breakfast Übernachtung mit Frühstück
BASIC = beginners' all-purpose symbolic instruction code einfache Programmiersprache
BBC = British Broadcasting Corporation Britische Rundfunkgesellschaft
bbl. = barrel Fass
BC = before Christ vor Christus
B/E = bill of exchange Wechsel
b/f = brought forward Übertrag
BFBS = British Forces Broadcasting Service Rundfunkanstalt der britischen Streitkräfte
bk = book Buch
B/L = bill of lading Konnossement
bls = bales Ballen
Blvd. = Boulevard Boulevard
b.o. = branch office Zweigstelle
B.o.T. = Board of Trade Handelsministerium
BR = British Rail Britische Eisenbahn
Bros. = Brothers Gebrüder
BSI = British Standards Institution Britische Normungsorganisation
BTA = British Tourist Authority Britische Fremdenverkehrsbehörde
bu. = bushel Scheffel (Br.: 36,36 l, Am.: 35,24 l)

C = Celsius = centigrade Celsius
c = cent(s) Cent
C/A = current account Girokonto
cad = cash against documents Kasse gegen Dokumente
CAD = computer-aided design computergestütztes Design
CAM = computer-aided manufacture computergestützte Fertigung
Can. = Canada Kanada
CC = city council Stadtrat
cc = cubic centimetre(s) Kubikzentimeter
carbon copy Durchschlag
CD = compact disc CD
cert. = certificate Zertifikat
CET = Central European Time MEZ, mitteleuropäische Zeit
cf. = confer vgl., vergleiche
ch. = chapter Kapitel
C/I = certificate of insurance Versicherungspolice
CIA = Central Intelligence Agency US-Geheimdienst
CID = Criminal Investigation Department Kriminalpolizei
cif = cost, insurance, freight Kosten, Versicherung und Fracht inbegriffen
Co. = company Gesellschaft
c/o = care of wohnhaft bei
COBOL = common business oriented language Programmiersprache
COD = cash on delivery gegen Nachnahme
corr. = corresponding entsprechend
CPU = central processing unit Computerzentraleinheit
Ct(s) = cent(s) Cent
CV = curriculum vitae Lebenslauf
cwo = cash with order Barzahlung bei Bestellung
cwt = hundredweight (etwa 1) Zentner, Br.: 50,800 kg, Am.: 45,360 kg

dec. = deceased gestorben
dep. = departure Abfahrt
dept. = department Abt., Abteilung
dft = draft Tratte
dir. = director Direktor
disc. = discount Rabatt
div. = dividend Dividende
Dr = doctor Doktor
dz. = dozen Dutzend

E = east Osten
E.&O.E. = errors and omissions excepted Irrtümer und Auslassungen vorbehalten
EU = European Union Europäische Union
ed. = edited herausgegeben
EDP = electronic data processing EDV = elektronische Datenverarbeitung
EFTA = European Free Trade Association Europäische Freihandelszone
e.g. = exempli gratia z. B. = zum Beispiel
Encls.: = enclosures Anlagen
esp. = especially besonders
excl. = excluding ausschließlich
ex int. = ex interest ohne Zinsen
ext. = extension (telef.) Apparat

f = female weiblich
F = Fahrenheit Fahrenheit
fas = free alongside ship frei Längsseite Schiff
FBI = Federal Bureau of Investigation Am.: Bundeskriminalamt
fed. = federal Bundes-
fig. = figure(s) Abb., Abbildung(en)
fl. = floor Etage
fob = free on board frei (Schiff)
foll. = following folgend
for = free on rail frei Waggon
FORTRAN = formula translation Programmiersprache
ft = foot/feet Fuß = 30,48 cm

g = gram(s) g., Gramm
gal(l). = gallon(s) Gallone(n), Br.: 4,546 l, Am.: 3,785 l
GATT = General Agreement on Tariffs and Trade Allgemeines Zoll- und Handelsabkommen
GB = Great Britain Großbritannien
GCE = General Certificate of Education (brit. Schulabschlussprüfung)
GCSE = General Certificate of Secondary Education (britische Schulabschlussprüfung)
GDP = gross domestic product BIP = Bruttoinlandsprodukt
gen. = general allgemein
GMT = Greenwich Mean Time WEZ = westeuropäische Zeit
GNP = gross national product BNE = Bruttonationaleinkommen (früher: Bruttosozialprodukt)
Gov. = government Regierung
gr. = gross Brutto ...
gr. = grain(s) Gewichtseinheit (0,0648 g)
gr. wt. = gross weight Bruttogewicht

h = hour Stunde
hf = half halb
HM = his/her majesty Seine/Ihre Majestät
HP = horsepower PS = Pferdestärke
HQ = headquarters Hauptsitz, Hauptquartier
ht = height Höhe
HR = human resources Personalwesen

IATA = International Air Transport Association Internationaler Luftverkehrsverband
id = ibidem ebd., ebenda
IBRD = International Bank of Reconstruction and Development Internationale Bank für Wiederaufbau und Entwicklung, Weltbank
IC = integrated circuit integrierter Schaltkreis
ID = identification Identizierung, Ausweis
i.e. = id est id, idem, derselbe, dasselbe
ill. = illustration, illustrated Abbildung, mit Bildern versehen
IMF = International Monetary Fund IWF = internationaler Währungsfonds
inc. = incorporated eingetragen
incl. = including, inclusive einschließlich
IOU = I owe you Schuldschein
IQ = intelligence quotient Intelligenzquotient
IRA = Irish Republican Army Irisch-Republikanische Armee
IRC = International Red Cross Internationales Rotes Kreuz
ISBN = international standard book number ISBN = Internationale Standard-Buchnummer
ISO = International Organization of Standardization Internationale Organisation für Standardisierung, Internationale Normenorganisation

J = joule(s) Joule
JC = Jesus Christ Jesus Christus
jnr./jr./jun. = junior jr., jun., junior

kg = kilogram(s) Kilogramm
km = kilometer(s) Kilometer
kn = knot(s) Knoten
kph = kilometres per hour Kilometer pro Stunde
kV = kilovolt(s) Kilovolt
kW = kilowatt(s) Kilowatt

L = large groß
L = learner Plakette für Fahrschüler
l. = left links
£ = pound sterling Pfund Sterling
Lab. = Labour Labour Party
lat. = latitude Breite
lb(s). = pound(s) brit. Pfund
L(C) = letter of credit Akkreditiv
LCD = liquid crystal display Flüssigkristallanzeige
Lib Dem = Liberal Democratic party Liberal-Demokratische Partei
ll. = lines Z., Zeile(n)
long. = longitude Länge
Ltd. = limited company GmbH

M = motorway Autobahn
M = medium mittlere Größe
m = metre(s) Meter
MA = Master of Arts Magister
masc. = masculine männlich
MD = medicinae doctor Dr. der Medizin
med. = medical medizinisch
MEP = Member of the European Parliament Mitglied des Europaparlaments
Messrs = Messieurs Herren
mg = milligram(s) Milligramm
ml(s). = mile(s) Meilen, Am. 1609,34 m
mm = millimeter(s) Millimeter
MP = Member od Parliament Brit. Unterhausabgeordneter
MP = military police Militärpolizei
mph = miles per hour Meilen pro Stunde
Mr = Mister Herr
Mrs = Mistress Frau
Ms Anrede für verheiratete und unverheiratete Frauen
MSc = Master of Science Magister der Naturwissenschaften
Mt = Mount Berg

n = north Norden
NASA = National Aeronautics and Space Administration Nationale Luft- und Raumfahrtbehörde
NATO = North Atlantic Treaty Organization NATO
NBC = National Broadcasting Company Amerikanische Rundfunkgesellschaft
neg. = negative negativ
NHS = National Health Service Staatlicher Gesundheitsdienst
No(s). = number Nummern
NSB = National Savings Bank Postsparkasse
nt. wt. = net weight Nettogewicht
N.Y. = New York New York

OECD = Organization for Economic Cooperation and Development Organisation für wirtschaftliche Zusammenarbeit und Entwicklung
OPEC = Organization of Petrol Exporting Countries Organisation Erdöl exportierender Länder
opp. = opposite gegenüber(liegend), entgegengesetzt
oz = ounce Unze (28,25 g)

p = pence Währungseinheit
p. = page Seite
p.a. = per annum pro Jahr
par. = paragraph Abschnitt
p.c. = per cent Prozent
pd = paid bezahlt
p.d. = per diem pro Tag
p.p. = per procurationem pp., ppa., per Prokura
PIN = personal identification number pers. Identif.-Nr.
pl = plural Plural
plc = public limited company AG
PM = Prime Minister Premierminister
p.m. = post meridiem nachmittags
PO = postal order Postanweisung
post office Postamt
POB = post office box Postfach
POD = pay on delivery per Nachnahme
pop. = population Bevölkerung
PR = public relations Öffentlichkeitsarbeit
Pres. = president Präsident
Prof. = professor Professor
PS = postscriptum Postskriptum

PTO = please turn over bitte wenden
pvt. = private Privat
qr = quarter Viertel
quot. = quotation Kurs-, Preisnotierung
r = right rechts
RAF = Royal Air Force Könglich-Britische Luftwaffe
RAM = random access memory Direktzugriffsspeicher
Rd = road Straße
ref. = with reference to mit Bezug auf
res. = research Forschung
ret. = retired im Ruhestand
rm = room Zimmer
RN = Royal Navy Königlich-Britische Marine
r.p.m. = revolutions per minute Umdrehungen pro Minute
RR = railroad Eisenbahn

S = small klein
s(ec.) = second Sekunde
$ = dollar Dollar
sen. = senior der Ältere
Sq. = square Platz
SS = steamship Dampfer
STA = scheduled time of arrival planmäßige Ankunftszeit
Sta. = station Bahnhof
suppl. = supplement Nachtrag

t = ton(s) Tonne, Br.: 1016 kg, Am.: 907,180 kg
tbsp(s) = tablespoon(s) Teelöffel
tel. = telephone Telefon
TM = trademark Warenzeichen
TU = trade union Gewerkschaft
TUC = Trade Union Congress Gewerkschaftsverband

UFO = unidentified flying object Ufo
UK = United Kingdom Vereinigtes Königreich
UN = United Nations Vereinte Nationen
UNESCO = United Nations Educational, Scientific and Cultural Organization Organisation der Vereinten Nationen für Erziehung, Wissenschaft und Kultur
UNICEF = United Nations Children's Fund Kinderhilfswerk der Vereinten Nationen
UNO = United Nations Organization UNO
UPI = United Press International am. Nachrichtenagentur
US = United States Vereinigte Staaten
USA = United States of America Vereinigte Staaten von Amerika
USAF = United States Air Force Luftwaffe der Vereinigten Staaten

V = volt(s) Volt
VAT = value added tax Mehrwertsteuer/Umsatzsteuer
VCR = video cassette recorder Videorecorder
VIP = very important person prominente Persönlichkeit
viz = videlicet, namely nämlich
vol(s). = volume(s) Bd., Band, Bände
vs. = versus kontra, gegen
VSOP = very special old pale Qualitätsbezeichnung für sehr alten Weinbrand (20 – 25 Jahre)
vv = vice versa umgekehrt

Wash. = Washington Washington
WHO = World Health Organization Weltgesundheitsorganisation
wks = weeks Wochen
w/o = without ohne
WP = word processor Textverarbeitungssystem
w.p.m. = words per minute Wörter pro Minute
wt. = weight Gewicht

XL = extra large extragroß
Xroads = crossroads Kreuzung
XS = extra small extraklein

yd = yard Yard, 91,44 cm
YHA = Youth Hostels Association Jugendherbergsverband
YMCA = Young Men's Christian Association CVJM, Christlicher Verein Junger Männer
yr = year Jahr
YWCA = Young Women's Christian Association Christlicher Verein Junger Frauen

15 Arbeitsmethoden

Protokoll *Minutes*

Arten

Prinzipiell werden unterschieden:

- **Verlaufsprotokoll** (gibt den Verlauf eines Gesprächs oder Ablauf einer Handlung wieder)
- **Ergebnisprotokoll** (Festhalten der Gesprächsergebnisse bzw. der Handlungsergebnisse)

Aufbau/Inhalt

Protokollkopf

- Protokollanlass (Überschrift)
- Datum und Zeitangabe, in der Regel der Beginn (Uhrzeit)
- Ortsangabe
- Namen der anwesenden Personen (z. T. werden auch abwesende Personen genannt, eventuell unter Nennung des Fehlgrundes)
- Tagesordnungspunkte

Protokolltext

- Ereignisse bzw. Abläufe werden beim Verlaufsprotokoll in chronologischer Form schriftlich festgehalten.
- Ergebnisse werden in chronologischer Form oder nach der Wichtigkeit geordnet schriftlich fixiert.

Protokollfuß

- Ende des Gesprächs bzw. der Handlung
- eventuell Hinweis auf Anlagen
- Ort und Datum der Protokollabfassung
- Unterschrift des Protokollanten/der Protokollantin (links unten)
- Unterschrift des Gegenzeichnenden, z.B. Konferenzleiterin (rechts unten). Diese Unterschrift bestätigt die sachliche Richtigkeit des Protokollinhaltes.

Sprachliche Gestaltung

- Als Tempus (Zeitraum) wird das Präsens (die Gegenwart) benutzt.
- Die direkte Rede wird mittels des Konjunktivs (Möglichkeitsform) in die indirekte Rede übertragen; ein wörtliches Zitat kann als Ausnahme benutzt werden.

Beispiel:

Protokoll der Vorstandssitzung der OfficeCom AG

am:	15. Oktober 20..
um:	14:00 Uhr (Beginn)
Ort:	OfficeCom AG, Braunschweig, Konferenzsaal B/2
Anwesende:	Herr Herbert Hauser, Frau Frauke Schönau, Frau Dr. Carla Seltig Frau von Carolath (Protokollantin)
Tagesordnung:	1. Bericht des Vorstandes 2. Geschäftliche Entwicklung im 3. Quartal 20.. 3. Zukünftige Geschäftspolitik 4. Verschiedenes
Zu TOP 1:	Herr Hauser begrüßt die Anwesenden und weist darauf hin, dass er heute großen Termindruck habe, deshalb müssten alle Tagesordnungspunkte bis 16 Uhr besprochen sein.

.
.
.
.
.
.

Ende der Konferenz: 15:45 Uhr

von Carolath — *Hauser*

Protokollantin — Vorsitzender

Begriff und Zielsetzung

In der schulischen und betrieblichen Aus- und Fortbildung nimmt das (Kurz-)Referat einen zentralen Stellenwert ein, um wichtige Inhalte in kurzer und prägnanter Form zu vermitteln. Als Gesprächsform zählt das Referat zu den Monologen. Im Anschluss an den Vortrag tritt häufig ein Wechsel in der Gesprächsform auf, der Referent/die Referentin tritt dann in einen Dialog mit seinen/ihren Zuhörern ein.

Vorbereitung des Referates

Damit ein Referent/eine Referentin bei der Vermittlung seiner/ihrer Aussagen einen optimalen Wirkungsgrad erreicht, sollte er/sie sich gut auf das Referat vorbereiten.

Die wichtigsten **Schritte bei der Vorbereitung** sind:

- Entsprechende Materialien zur Abfassung des Referates sind zu sammeln (z. B. Zeitungsausschnitte, Statistiken). Eine Internetrecherche (siehe S. 594) bietet sich in jedem Fall an.
- Die Inhalte der beschafften Materialien sind auf ihre Glaubwürdigkeit hin zu prüfen (vor allem wichtig bei einer Internetrecherche), eine Gewichtung der beschafften Informationen ist vorzunehmen.
- Eine Grobgliederung ist zu erstellen, die später durch eine Feingliederung zu ergänzen ist.
- Abstrakte Inhalte sollten unter Zuhilfenahme von Beispielen verdeutlicht werden.
- Entlang der Feingliederung ist zu formulieren, auf eine adressatengemäße Ausdrucksweise ist zu achten.
- Die Länge des Referates ist angemessen zu wählen.
- Um Monotonie beim Vortragen zu verhindern, sind entsprechende Textpassagen zu markieren – damit kann die Betonung bzw. das Einlegen von Sprechpausen vorbereitet werden.
- Insbesondere die Einleitung des Schlussteils ist durch eine entsprechende Formulierung anzukündigen.
- Benötigte Medien (z. B. Beamer oder Overheadprojektor) sind zu besorgen und vorher auszuprobieren.
- Der Vortragsraum muss für das Referat angemessen ausgewählt werden (z. B. Beachtung der Akustik und der Lichtverhältnisse).
- Es ist zu entscheiden, ob ein Thesenpapier zu erstellen ist.

Durchführung des Referates

- Ein eventuell angefertigtes Thesenpapier ist zu verteilen, unter Umständen sind dazu kurze Anmerkungen zu machen.
- Die Lautstärke ist entsprechend der Entfernung zu den Zuhörern zu wählen; die Variierung der Lautstärke dient der Betonung.
- Das Referat sollte keinesfalls monoton gelesen werden, neben der Variierung durch Lautstärke, Betonung und Sprechgeschwindigkeit ist auf gelegentlichen Blickkontakt zu den Zuhörern zu achten. Sprechpausen sind gezielt einzusetzen.
- Es ist auf den gezielten Einsatz von Gestik (Körpersprache) und Mimik (Gesichtssprache) zu achten, um die Aufmerksamkeit der Zuhörer zu erhöhen.
- Der Einsatz der Medien muss störungsfrei verlaufen (z. B. durch Vermeidung von störenden Nebengeräuschen).

Diskussion

Begriff und Zielsetzung

Eine besondere Form der Argumentation stellt die Diskussion dar, bei der sich die Diskussionsteilnehmer sprachlich mit einem Thema auseinandersetzen, ein Streitgespräch führen. Da sich an dieser Gruppenkommunikationsform mehrere Personen beteiligen, wird bei größeren Gruppen ein/-e Diskussionsleiter/-in benötigt.

Diskussionsleiter/-in

Seine/Ihre Aufgabe besteht vor allem darin, auf die Form der Diskussion Einfluss zu nehmen. Dementsprechend hat er/sie auf die richtige Reihenfolge der Redebeiträge zu achten, persönliche Beleidigungen hat er/sie zu unterbinden, die Diskussion wird von ihm/ihr eröffnet und meist mit einem Schlusswort beendet.

Diskussionsregeln

Von den Diskussionsteilnehmern untereinander kann erwartet werden, dass sie die Meinung des anderen achten und zumindest bereit sind, sich von anderen überzeugen zu lassen. Das bedeutet nicht, dass jede Diskussion mit einem Konsens oder einem Kompromiss enden muss.

Damit die Diskussion von allen Teilnehmern/Teilnehmerinnen als nützlich angesehen werden kann, sollten folgende Regeln eingehalten werden:

- Man muss bereit sein, allen Teilnehmern aufmerksam zuzuhören, auf jeden Fall sollte man den Gesprächspartner ausreden lassen.
- Bei längeren Ausführungen der anderen Diskussionsteilnehmer sollte man sich Notizen machen; eigenen Beitrag mithilfe von Stichwörtern vorstrukturieren.
- Die gewichtigsten Argumente sollte man für die Schlussphase „aufsparen“.
- Beim eigenen Redebeitrag sollte man sich auf die Aussagen des Vorgängers beziehen.
- Die Redebeiträge sind so kurz und anschaulich wie möglich zu halten.
- Es ist prinzipiell sachlich zu argumentieren, was nicht heißen soll, dass Gefühle ausgeklammert werden müssen; auf jeden Fall sind Kränkungen und Beleidigungen anderer zu unterlassen.

Vorbereitung einer Diskussion

- Sammlung umfangreichen Informationsmaterials, z. B. durch eine Internetrecherche oder durch Zusammentragen von Zeitungsausschnitten
- Gegenüberstellung von Pro- und Kontra-Argumenten aufgrund der beschafften Informationen
- Vorbereitung auf Gegenargumente, z. B. durch Empathieübungen (sich hineinversetzen in die Gegenposition)
- Auswahl geeigneter Räume und sinnvolle Anordnung der Stühle und Tische
- Bestimmung eines/einer Diskussionsleiters/Diskussionsleiterin
- Festlegung der zur Verfügung stehenden Zeit
- Abstimmung mit Teilnehmern und/oder Beobachtern, wie mögliche Diskussionsergebnisse ausgewertet und weitergenutzt werden können

Rollenspiel *Role play*

Begriff und Zielsetzung

Das Rollenspiel ist eine Variante der Simulationsspiele. Lernende probieren in vorgegebenen Situationen „spielend“ ihr Handlungsrepertoire aus und erweitern es, ohne negative Folgen befürchten zu müssen. Dabei sollen Hemmungen, besonders vor schwierigen Situationen der Realität, durch Erfolgserlebnisse im Spiel abgebaut werden. Die Rollenspielenden übernehmen ungewohnte Rollen, um die gespielten Personen verstehen zu lernen und für diese zu handeln und zu entscheiden. In der Nachbereitung (Reflexion) des Rollenspiels überdenken sie ihr im Spiel gezeigtes Verhalten und bewerten es im Hinblick auf zukünftiges eigenes Tun in der Realität. Den Beobachtern des Rollenspiels kommt eine besondere Bedeutung bei der anschließenden Auswertung zu (siehe „Beobachtung und Auswertung“).

Das Rollenspiel dient dazu, dass Schülerinnen und Schüler …

- lernen, ihre Interessen wirkungsvoll zu vertreten, indem sie ihre Meinung überzeugend darstellen,
- ihr Verhaltensrepertoire für kritische Situationen erweitern und ihr Selbstvertrauen steigern,
- Widersprüche eher aushalten,
- ihre Kommunikationstechniken verbessern,
- lernen, sich in die Meinung anderer einzufühlen und
- damit Strategien für Konfliktlösungen entwickeln.

vgl.: Steinmann, Bodo; Weber, Birgit (Hrsg.): Handlungsorientierte Methoden in der Ökonomie, Kieser Verlag Neusäß 1995, S. 30 ff.

Ablaufgestaltung

Ablauf		Phase
Alle Schüler lesen die Informationskarte.		Informationsphase
Alle Schüler (außer den Rollenspielern) lösen die Aufgaben zur Informationskarte.	Die Rollenspieler lesen ihre Rollenkarten und sammeln Argumente für das Rollenspiel.	Vorbereitungsphase für das Rollenspiel
Die Schüler verfolgen die Diskussion der Rollenspieler (evtl. Notizen) und bilden sich eine eigene Meinung.	**Das Rollenspiel**	Rollenspielphase
Diskussion in der Klasse über die Argumente der Rollenspieler		Diskussionsphase
Durch den Spielleiter, Lehrer oder andere Schüler werden die Ergebnisse der Diskussion (eine oder mehrere Lösungen) zusammengefasst.		Ergebnisphase
Alle Schüler lesen die Ergebnis- und Aufgabenkarte, die über den speziellen Fall hinaus allgemeine Erkenntnisse vermittelt.		Generalisierungsphase
Zur Festigung der allgemeinen Erkenntnisse lösen die Schüler die Aufgaben der Ergebniskarte.		Generalisierungsphase
Die so gewonnenen Informationen und Erkenntnisse aus dem Rollenspiel ermöglichen die Lösung analoger Fallsituationen.		Transferphase

aus: Kaiser, F. J.: Entscheidungstraining. Die Methoden der Entscheidungsfindung: Fallstudie – Simulation – Planspiel, Julius Klinkhardt Bad Heilbrunn 1973, S. 73

Beobachtung und Auswertung

Wichtige Fragen für die Beobachter:

- Wer hat am meisten/wenigsten gesagt?
- Wann hat jemand eine Rede unterbrochen?
- Welche Fragen/Argumente wurden nicht beantwortet?
- Wie hat sich die allgemeine Atmosphäre während des Spiels verändert?
- Welche noch möglichen Lösungen wurden übersehen?

vgl.: Van Ments, Morry: Rollenspiel effektiv, Oldenbourg Verlag München 1998, S. 77

- Haben die Sprecher Augenkontakt behalten?
- Welche Gefühlsregungen nahmen sie wahr?
- Welche Teilnehmer hatten großen, welche geringen Einfluss?
- Wer hat die Diskussion am Thema gehalten? Wie?
- Welche Aktionen förderten den Problemlösungsprozess?
- Wie wurden schweigsame Zeiten aufgenommen?
- Wer hat mit wem/wer nicht mit wem gesprochen?

Moderationsmethode *Method of facilitation*

Begriff und Zielsetzung

Die in den 60er-Jahren des 20. Jahrhunderts entstandene Methode hat das **Ziel**, zwischen Mitgliedern einer Gruppe eine Art **gleichberechtigter Kommunikation** zu ermöglichen, bei der ein Moderator darauf achtet, dass bestimmte Kommunikationsregeln eingehalten werden. Der **Moderator**/die **Moderatorin** lenkt die Gruppe nicht inhaltlich, er/sie unterstützt die Gruppenmitglieder nur darin, ihre eigenen Zielvorstellungen und Erkenntnisse zu aktivieren, zu visualisieren und eine Problemlösung oder Entscheidungsfindung zielgerichtet voranzutreiben. Bei der Moderationsmethode werden in starkem Maße sowohl **Visualisierungs-** als auch **Frage-** und **Antworttechniken** genutzt, um eine ausgesprochen interaktive Kommunikation zwischen den Gruppenmitgliedern zu ermöglichen.

Voraussetzungen

- Alle Gruppenmitglieder akzeptieren die Grundregeln der Moderationsmethode.
- Gruppe und Moderator(en) akzeptieren sich gegenseitig.
- Der Moderator hat so viel Vorwissen über das zu bearbeitende Thema, dass er die Kommunikation effektiv gestalten kann.
- Der Moderator verfügt sowohl über grundlegende Visualisierungs- als auch über Frage- und Antworttechniken.
- Die emotionale Betroffenheit des Themas ist für den Moderator allenfalls in geringem Maße gegeben.
- Die Größe der Gruppe sollte beschränkt sein (optimale Gruppengröße: ca. 15 Personen).

Visualisierungshilfsmittel (Beispiele)

- Pinnwand
- Flipchart
- Wandzeitung
- Magnettafel
- Schreibgeräte (z. B. Filzstifte)
- Moderationskarten in unterschiedlichen Formen (eckig, oval, rund), Größen und Farben
- Klebepunkte
- eventuell zusätzliche Piktogramme/Symbole, z. B. „Blitzpfeil"

Visualisierungstechniken

Diese Techniken verfolgen folgende **Ziele**:

- Ermöglichung einer gleichberechtigten Kommunikation durch Einbeziehung möglichst aller Gruppenmitglieder
- Erhöhung der Behaltensquote durch zusätzliche Nutzung von Schriftsprache und Grafik
- permanente Rückverfolgung des Diskussionsstrangs
- Trennung von Wichtigem und Unwichtigem bzw. Gewichtung ausgewählter Merkmale bzw. Aussagen
- gezielte Ergebnissicherung (auch von Zwischenergebnissen)

Mithilfe der verschiedenen Visualisierungshilfsmittel (s. o.) können unterschiedliche **Visualisierungstechniken** angewandt werden:

- Gliederung von **Ober-** und **Unterbegriffen**:
- Erstellung von **Struktogrammen**:

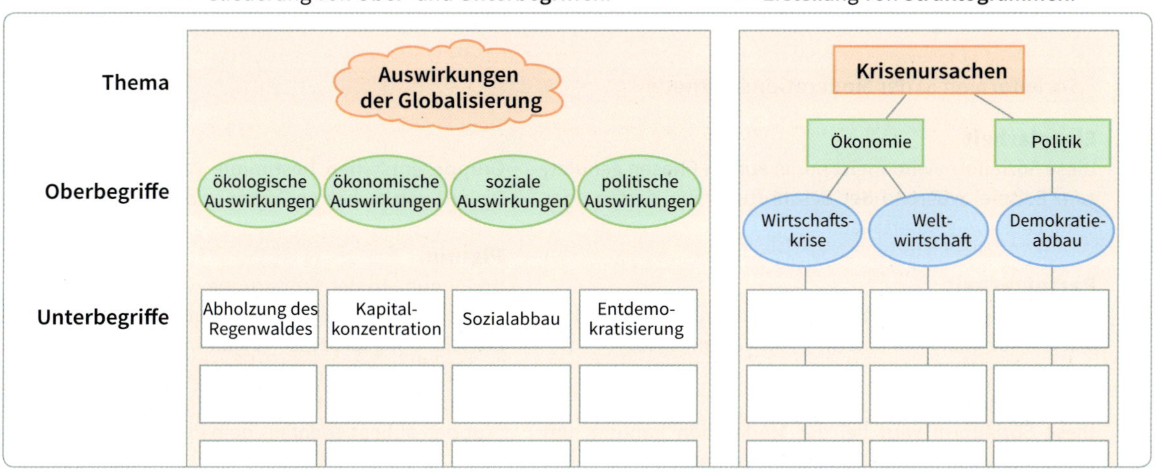

Visualisierungstechniken

- Erstellung eines **Netzes**:

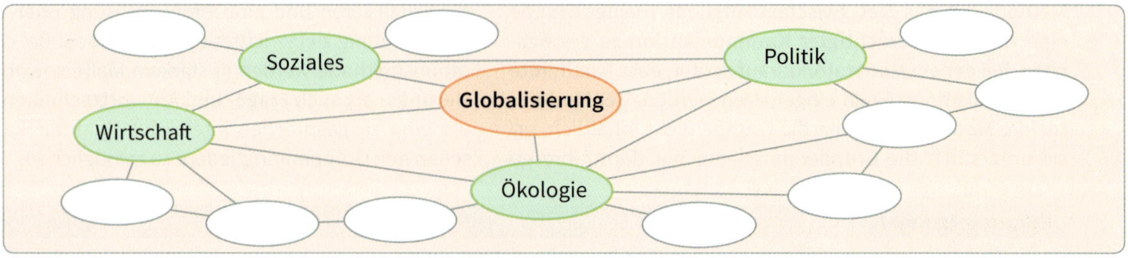

- Erstellung einer **Liste** (z. B. von Regeln oder zu bearbeitenden Aufgaben):

Kommunikationsregeln

Halte Blickkontakt!	
Sprich deutlich!	
Moduliere die Stimme!	
Hör genau zu!	

- Aufbau einer **Tabelle** oder **Matrix**:

Auswirkungen von Alter und Haushaltsgröße auf Lebenseinstellungen

Haushaltsgröße / Alter	Singlehaushalt	Partnerhaushalt	Wohngemeinschaft	Familienhaushalt
bis 25 J.				
25–50 J.				
über 50 J.				

Verhaltensregeln für Moderatoren/Moderatorinnen

Der Moderator/die Moderatorin sollte

- niemals inhaltlich Stellung beziehen
- alle Gruppenmitglieder einbeziehen
- allen Gruppenmitgliedern ausreichend zuhören
- Störungen im Gruppenprozess beachten („Störungen haben Vorrang!“)
- flexibel bzw. situativ reagieren (z. B. in Schwächephasen motivieren)
- Fragen eindeutig formulieren
- Gesprochenes visualisieren (soweit sinnvoll)
- Pausen- und Arbeitszeiten mit der Gruppe abstimmen

Sozialformen in der Moderationsmethode

15

Einzelarbeit

Diese Sozialform wird meist nur in kurzen Phasen genutzt, zum Beispiel während der Beschriftung von Karten oder beim Lesen von Materialien.

Partnerarbeit

Zwei Partner/-innen arbeiten zusammen, um einen klar überschaubaren Arbeitsauftrag gemeinsam zu lösen.

Gruppenarbeit

Diese Sozialform wird bei der Moderation benutzt, um die Vorteile von Gruppenprozessen zu nutzen. Erst in der Gruppe entstehen bestimmte Arbeitsergebnisse, da der Diskurs von mehreren Personen dafür Voraussetzung ist.

Plenum

Im Plenum, in der Großgruppe, wird der Moderationsprozess begonnen und beendet. Auch viele Sammlungs- und Entscheidungsprozesse finden in dieser Sozialform statt, da die Meinung und Kreativität aller Beteiligten zeitgleich gefragt ist. Die Entscheidung über die Bildung von Teilgruppen obliegt ebenfalls dem Plenum.

3545576

Frage- und Antworttechniken

Kartenabfrage

Der Moderator stellt eine Frage – meist zusätzlich schriftlich visualisiert – und lässt sie per Moderationskarten (in der Regel rechteckige Karten) schriftlich beantworten. Dies kann in Einzel- und Partnerarbeit, offen oder anonym geschehen. Anschließend werden die Karten gesammelt und vom Plenum nach Ober- und Unterbegriffen an der Pinnwand geordnet (geclustert). Für weitergehende Sortierungsphasen steht meistens eine zweite Pinnwand zur Verfügung. Oberbegriffe können vor oder auch erst nach der Sammlungsphase gebildet werden. Die Kartenabfrage ist meist Grundlage für eine weiterführende Gruppenarbeitsphase.

Zuruffrage

Der Moderator stellt eine Frage und notiert die mündlichen Antworten selbst (z. B. auf Karten) oder lässt sie von einem Zweitmoderator schriftlich fixieren. Die Zuruffrage kann mit der Methode des Mindmappings kombiniert werden (siehe hierzu S. 580 f.).

+ Vorteile:	– Nachteile:
▪ Zeitersparnis (gegenüber der Kartenabfrage) ▪ Nutzung des Gruppenprozesses bei der Artikulierung der Zurufe	▪ fehlende Anonymität ▪ geringe Zeit, um Antwort zu überlegen ▪ Kommunikationsgehemmte Personen bringen sich nicht ein.

Einpunktfrage

Eine Frage wird schriftlich vom Moderator z. B. an einer Pinnwand oder einem Flipchart fixiert. Die Gruppenmitglieder erhalten für die Gestaltung der Antwort (der Skalierung) einen Klebepunkt. Das anonyme Abfragen von Meinungen oder Stimmungen steht bei der Einpunktfrage im Vordergrund.

Beispiele für die Einpunktfrage:

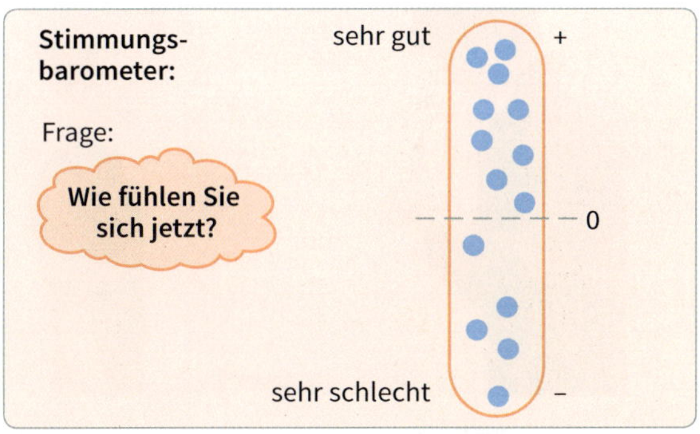

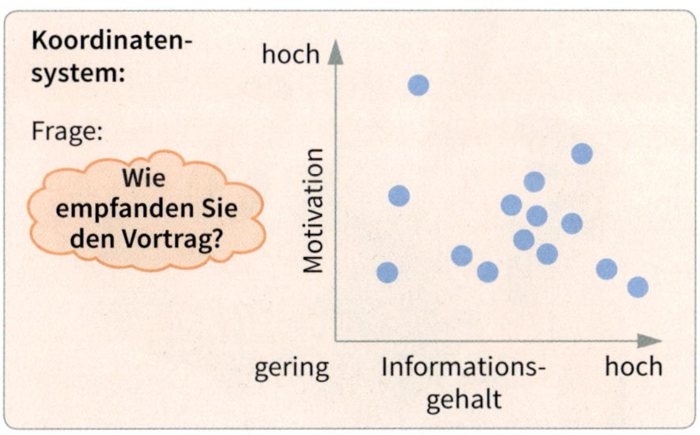

Mehrpunktfrage

Auf einer Pinnwand oder einer Wandzeitung wird ein Fragenkomplex offen oder anonym bearbeitet, indem die Gruppenmitglieder schriftlich vorgegebene Antworten mithilfe von Klebepunkten gewichten. Eine beschränkte Anzahl von Klebepunkten (z. B. drei Klebepunkte für fünf mögliche Antworten) führt zu einer eindeutigen Entscheidungsfindung.

Beispiel für die Mehrpunktfrage:

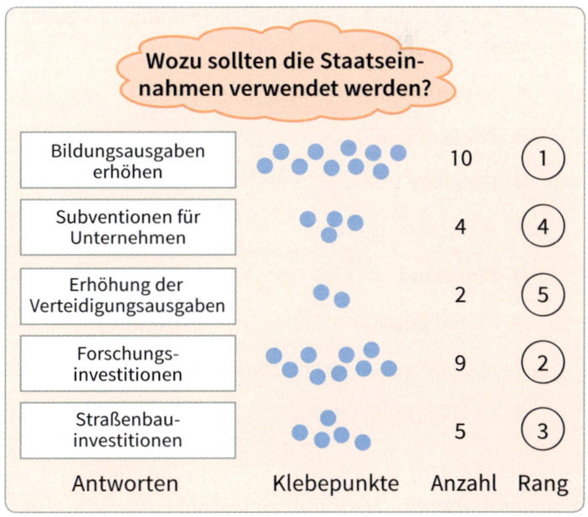

Möchte man einer Gruppe von Personen, z. B. in der Schule oder im Betrieb, ein **Arbeitsergebnis präsentieren**, wird man darüber entscheiden müssen, in welcher **Form** man dies umsetzt.

Im Einzelnen müssen vor allem die folgenden **Fragen** bei der **Vorbereitung der Präsentation** beantwortet werden:

- Wie viel **Zeit** darf für die Präsentation eingeplant werden?
- Welche **Räumlichkeiten** stehen für die Präsentation zur Verfügung?
- Soll die Präsentation durch **eine** Person **oder** durch **mehrere Personen** erfolgen?
- Soll die Präsentation prinzipiell eher einem **Vortrag** gleichen **oder** durch **„spielerische/darstellende Elemente“** (z. B. durch ein Rollenspiel oder ein Standbild) geprägt sein?
- Welche **Medien** sollen bzw. können bei der Präsentation eingesetzt werden?
- An welche **Adressaten** richtet sich die Präsentation, mit welchen **Erwartungen** muss man bei den Zuhörern rechnen?
- Müssen **urheberrechtliche Vorgaben** berücksichtigt werden (z. B. durch das Urheberrechtsgesetz)?

Die Form der Präsentation entscheidet auch mit darüber, inwieweit das Präsentierte vom Zuhörer aufgenommen, **verarbeitet** und **abgespeichert** wird. Die **Behaltensquote** wird z. B. auch dadurch gesteigert, dass bei einem Vortrag dessen **Struktur** (Gliederung, Agenda) mündlich oder besser noch zusätzlich schriftlich vorgestellt wird.

Grundsätzlich ist es von Vorteil, die sogenannten **vier goldenen Regeln der Präsentation** einzuhalten:

- **Strukturieren** Sie Ihre Präsentation!
- **Visualisieren** Sie Kernaussagen!
- **Modulieren** Sie Ihre Sprache (z. B. durch Variation der Lautstärke, Betonung und Sprechgeschwindigkeit)!
- **Kommunizieren** Sie mit den Zuhörern (z. B. durch den gezielten Einsatz der Körpersprache)!

aus: Krohne, Helmut; Richter, Klaus; Schuchard, Petra: Unsere Sprache im Beruf. 6. Auflage, Bildungsverlag EINS Köln 2011, S. 119

Bei der Auswahl der geeigneten Präsentationsform steht immer wieder die Wahl der **Präsentationsmedien** im Vordergrund – daher sollen hier die wichtigsten genannt werden:

- herkömmliche (Kreide-)Tafel
- White-Board-Tafel
- Flipchart
- Wandzeitung/Plakat
- Pinnwand
- PC mit Beamer
- interaktive (elektronische) Tafel
- Dokumentenkamera

Häufig wird auch schon vor, während oder nach der Präsentation ein **„Handout“** (meist auf Papier) verteilt, um die Aufmerksamkeit und Aufnahmefähigkeit beim Publikum zu erhöhen.

Damit die Präsentation schließlich mit Erfolg durchgeführt werden kann, ist es in jedem Fall ratsam, vor der Präsentation eine **To-do-Liste** zu erstellen, die festhält, wer was wann (evtl. wo) macht.

Präsentation von Gruppenarbeitsergebnissen *Presentation of group results*

Ziele

Sowohl bei den Präsentierenden als auch bei den Zuhörern sollen gefördert werden:

- Kommunikationskompetenz (z. B. Stellen und Beantworten von Verständnisfragen)
- Sozialkompetenz (z. B. diszipliniertes Zuhören und Abstimmung der Präsentationsergebnisse)
- Fachkompetenz (z. B. durch selbstständiges Formulieren von Sachverhalten)

Tipps/Empfehlungen zur Präsentation

- Jedes Mitglied der Arbeitsgruppe soll sich an der Präsentation beteiligen.
- Der Sprechanteil jedes Einzelnen sollte ungefähr gleich groß sein.
- Jedes Mitglied der Arbeitsgruppe sollte beim Vortrag der anderen konzentriert sein, um gegebenenfalls helfen zu können.

Inhaltliche Aspekte

Schon in der Erarbeitungsphase sollten folgende Gesichtspunkte für eine erfolgreiche Präsentation beachtet werden:

- Das Thema muss eindeutig strukturiert werden: Gliederung, Überschriften, Unterpunkte, Absätze.
- Die Problematik sollte umfassend bearbeitet worden sein, damit Hintergrundwissen vorhanden ist (Recherche, z. B. Bibliothek, Internet).
- Die Aussagen müssen eindeutig formuliert sein.
- Die schriftliche Ausarbeitung muss sprachlich korrekt sein.
- Beispiele können vor allem schwierige Sachverhalte veranschaulichen.
- Im Anschluss an die (oder während der) Präsentation sollte auf Fragen eingegangen werden.

Gestalterische Aspekte

- Es müssen geeignete Medien benutzt werden, z. B. Tafel, Folie, Plakat, Moderationskarten, farbige Kreide, farbige Stifte, Beamer, Videorekorder, Kassettenrekorder.
- Die Schrift muss groß, deutlich und gut lesbar sein.
- Es sollen ansprechende Farbtöne verwendet werden, z. B. bei farbigen Plakaten.
- Zur Veranschaulichung eignen sich besonders Grafiken, Abbildungen, Schaubilder, Fotos, Dias und Plakate.

Sprachliche Aspekte

- Die Stimme muss klar, laut und deutlich sein.
- Die Stimme sollte variiert werden, z. B. Betonung einzelner Wörter.
- Es sollte nicht zu schnell, aber auch nicht zu langsam gesprochen werden.
- Bei neuen Gliederungspunkten sollte eine kurze Sprechpause erfolgen.

Gestik/Mimik

- Man sollte die Zuhörer/-innen immer ansehen (freies Sprechen).
- Für den Vortrag sollte man sich hinstellen.
- Die Körperhaltung sollte aufrecht sein, man darf weder zu steif noch zu locker wirken.
- Die Mimik muss zum vorgetragenen Sachverhalt passen.
- Ein freundliches Lächeln kann die Spannung lösen.

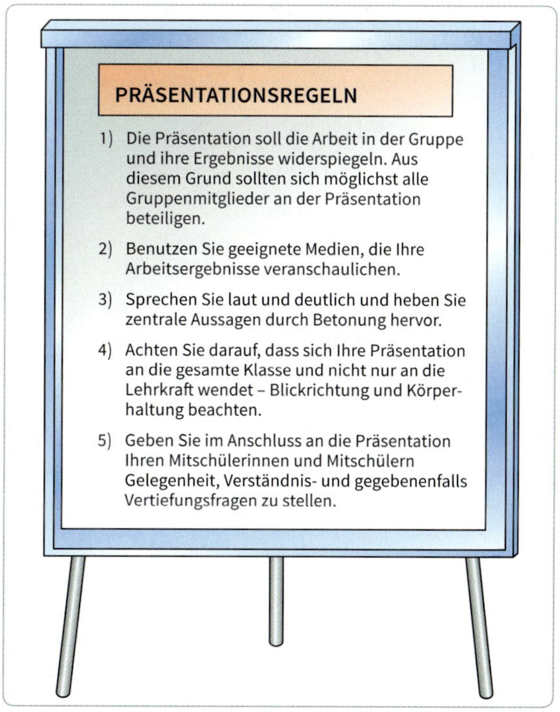

aus: Bentin, Margit u. a.: Beschaffungsprozess, 5. Aufl., Winklers Verlag Braunschweig 2012, S. 91

Bewertung von Präsentationen *Evaluation of presentations*

Sicherlich kann man davon ausgehen, dass die Zuhörer einer Präsentation diese intuitiv, sozusagen aus dem Bauchgefühl heraus, bewerten. Geäußerte Gefühle des Publikums während oder nach der Präsentation können ohne Weiteres von den Gesichtern oder der Körperhaltung der Zuhörer abgelesen werden. Möchte man seine **Präsentationskompetenz** auf Dauer steigern, wird es aber sinnvoll sein, die **Bewertung der Präsentation** durch die Zuhörer **systematisch**, d. h. nach vorher **festgelegten Gesichtspunkten (Kriterien)**, vorzunehmen. Mögliche Bewertungskriterien können sein:

- **Inhalt**
  - Umfang
  - Tiefe
  - sachliche Richtigkeit
  - Aktualität
  - Ausgewogenheit
- **Form der Darstellung**
  - Struktur/Gliederung
  - Visualisierung (z. B. Einsatz von Farben, Nutzung bildhafter Elemente)
  - Medienwahl
  - Angebot eines Handouts
- **Sprache**
  - Einhaltung der sprachlichen Normen (Rechtschreibung, Zeichensetzung, Grammatik)
  - Sprachmodulation (z. B. Wahl der Sprachgeschwindigkeit, Lautstärke, Betonung)
  - Einsatz einer adressatenbezogenen Sprache
  - Nutzung nonverbaler Mittel (z. B. Mimik, Gestik, Halten des Blickkontakts)
- **Äußere Erscheinung der Präsentierenden**
  - Kleidung
  - Körperhaltung
- **Einhaltung der geplanten Präsentationszeit**

Um diese Beobachtungskriterien zu bewerten, bieten sich unterschiedliche **Bewertungsmethoden** an, zum Beispiel:

- Fragebogen
- Kartenabfrage (s. S. 577)
- Abfrage eines Feedbacks nach festgelegten Feedbackregeln (s. S. 585)
- **Blitzlicht** (Zuhörer schildern spontan und unsystematisch – „blitzartig“ – ihre Eindrücke)
- Stimmungsbarometer

Beispiel für einen **Bewertungsbogen** zur Sprachmodulation und Artikulation eines Präsentierenden:

Rhetorik: Auswertungsbogen zur Sprachmodulation und Artikulation

Name des Redners: ____________________

Beobachtungsaspekte	Bewertung (Zutreffendes bitte ankreuzen)				Name des Beobachters
	sehr gut	gut bis befriedigend	verbesserungsbedürftig	stark verbesserungsbedürftig	
Lautstärke					
Sprachgeschwindigkeit					
Setzen von Sprechpausen					
Betonung					
Deutlichkeit der Artikulation					
Satzmelodie/Emotionalität der Sprache					

Anmerkungen zur Bewertung (bei Bedarf):

____

____

Hinweis:
Meist ist es sinnvoller, dass nicht ein Beobachter viele verschiedene Beobachtungsaspekte auswertet – vielmehr gilt: „Weniger ist mehr!“ Verteilen Sie daher die einzelnen Beobachtungsaspekte auf mehrere Beobachter.

aus: Krohne, Helmut; Richter, Klaus; Schuchard, Petra: Unsere Sprache im Beruf. 6. Auflage, Bildungsverlag EINS Köln 2011, BuchPlusWeb, S. 8

15

Kommunikationsregeln *Rules of communication*

Kommunikationsanlässe

Die **Kommunikation,** d. h. die Verständigung, ist für das Lebewesen Mensch nahezu wesensbestimmend. In jedem Lebensalter und in allen Lebenssituationen – im Privat- wie im Berufsleben – gehört die zwischenmenschliche Verständigung zur menschlichen Existenz. Gezielte Kommunikation findet im beruflichen Alltag mit Kollegen und Vorgesetzten, mit Kunden und Lieferanten statt. Gerade im Berufsleben ist es wichtig, gewisse **Kommunikationsregeln** zu beachten, um eine **effektive Kommunikation**, z. B. beim Kunden- oder Vorstellungsgespräch, zu erzielen. Diese Regeln können aber auch in beruflichen **Konfliktsituationen**, z. B. bei Problemen zwischen Kollegen, dazu beitragen, die Konflikte zu lösen. Wird im **Team** gearbeitet, z. B. im Rahmen eines Projekts, dienen Kommunikationsregeln vor allem dazu, den **Gruppenprozess** optimal zu gestalten.

Kommunikationsmodell

Sogenannte **Kommunikationsmodelle** versuchen, das Beziehungsgeflecht des **Kommunikationsprozesses** umfassend abzubilden. Dabei wird zwischen eher kommunikationstechnischen oder kybernetischen und eher psychologischen Modellen unterschieden.

Kommunikationstechnisches Kommunikationsmodell:

Mithilfe eines **Übertragungskanals** wird eine **Nachricht** zwischen **Sender** und **Empfänger** ausgetauscht. Damit sich beide Kommunikationspartner verstehen, müssen sie über ein Zeichensystem, einen **Code**, verfügen, der von beiden verstanden wird.

Psychologisches Kommunikationsmodell:

Friedemann Schulz von Thun unterscheidet in seinem Kommunikationsmodell **vier Seiten** einer **Nachricht**:

Die vier Seiten (Aspekte) einer Nachricht – ein psychologisches Modell der zwischenmenschlichen Kommunikation

1. **Sachinhalt (oder: Worüber ich informiere)**
   Zunächst enthält die Nachricht eine Sachinformation. [...]
2. **Selbstoffenbarung (oder: Was ich von mir selbst kundgebe)**
   In jeder Nachricht stecken nicht nur Informationen über die mitgeteilten Sachinhalte, sondern auch Informationen über die Person des Senders. [...]
3. **Beziehung (oder: Was ich von dir halte und wie wir zueinander stehen)**
   Aus der Nachricht geht ferner hervor, wie der Sender zum Empfänger steht, was er von ihm hält. Oft zeigt sich dies in der gewählten Formulierung, im Tonfall und anderen nichtsprachlichen Begleitsignalen. Für diese Seite der Nachricht hat der Empfänger ein besonders empfindliches Ohr; denn hier fühlt er sich als Person in bestimmter Weise behandelt (oder misshandelt). [...]
4. **Appell (oder: Wozu ich dich veranlassen möchte)**
   Kaum etwas wird „nur so" gesagt – fast alle Nachrichten haben die Funktion, auf den Empfänger Einfluss zu nehmen.

aus: Schulz von Thun, Friedemann: Miteinander reden. Band 1. Störungen und Klärungen. Allgemeine Psychologie der Kommunikation, Rowohlt Verlag Reinbek bei Hamburg 1981, S. 26 ff.

Kommunikationsregeln

Rules of communication

Kommunikationsarten und -formen

Kommunikationsarten

- **menschliche Kommunikation**
  Beispiel:
  Kundengespräch
- **Mensch-Maschine-Kommunikation**
  Beispiel:
  Datenbankabfrage durch Nutzer
- **maschinelle Kommunikation**
  Beispiel:
  automatischer Datenabgleich

Kommunikationsformen

- **akustische Kommunikation**
  Beispiel:
  Telefongespräch
- **optische Kommunikation**
  Beispiel:
  Plakattext und -gestaltung
- **taktile Kommunikation**
  Beispiel:
  menschliche Berührung

Verbale und nonverbale Kommunikation

Die **verbale Kommunikation** nutzt die gesprochene oder geschriebene Sprache als Kommunikationsmittel, die **nonverbale Kommunikation** bedient sich vor allem visueller Elemente, also zum Beispiel der Mimik (Gesichtssprache) und Gestik (Körpersprache). So kann die Sitzhaltung einer Person oder die Haltung der Hände hohen Aussagegehalt im Kommunikationsprozess aufweisen.

Regeln zur Gestaltung des Kommunikationsprozesses

Jeder Kommunikationsanlass, jede Kommunikationssituation wird andere Kommunikationsregeln erfordern. Optimal ist es, wenn von den Kommunikationspartnern für den speziellen Kommunikationszweck gemeinsam Kommunikationsregeln festgelegt werden können, zum Beispiel im Rahmen einer Weiterbildungsveranstaltung zum Kommunikationstraining.

Beispiel für Kommunikationsregeln bei der mündlichen Kommunikation:

1 dem/den Kommunikationspartner(n) intensiv zuhören
2 auf Gesprächsäußerungen genau eingehen, den Gesprächsfaden konstruktiv weiterspinnen
3 Thesen (Behauptungen) begründen
4 verständlich sprechen, alle Facetten der Sprachmodulation nutzen (z. B. Sprechgeschwindigkeit, -lautstärke, Betonung)
5 nonverbale Gesprächselemente wahrnehmen und darauf angemessen reagieren
6 auf Störungen in der Kommunikation situativ reagieren

Methoden der Kommunikationsanalyse

Gesprächssoziogramm

Um das Gesprächs- oder Interaktionsverhalten von Mitgliedern einer Gruppe (z. B. Projektteam, Schulklasse) analysieren zu können, kann das **Gesprächssoziogramm** nützliche Dienste leisten. Dazu werden die in der Gruppe geführten Gespräche, z. B. im Rahmen einer Gruppendiskussion, grafisch aufgezeichnet.
Jeder Sprechakt wird von dem bzw. den Beobachter(n) in Form einer **Strichliste** festgehalten. Möchte man auch den Gesprächspartner kenntlich machen, so kann dies zusätzlich über **Richtungspfeile** grafisch verdeutlicht werden.

Weitere Differenzierungen können durch zusätzliche Symbole vorgenommen werden.
Die Aufzeichnung kann anschließend dazu dienen, das Gesprächsverhalten in einer Gruppe auszuwerten (z. B. Hinweise auf Vielsager, Schweiger).

Beispiel:

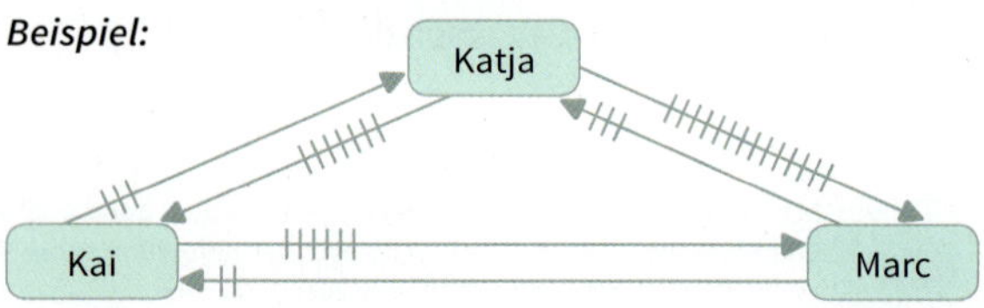

Methoden der Kommunikationsanalyse

Fishbowl mit Beobachtungsbogen

Eine Gruppe wird in einen **Innenkreis** mit Gesprächspartnern und in einen **Außenkreis** mit Beobachtern eingeteilt. Die Beobachter analysieren mithilfe eines vorbereiteten **Beobachtungsbogens** das Gesprächsverhalten der Personen des Innenkreises. Anschließend wird das beobachtete Kommunikationsverhalten gemeinsam analysiert.

Beispiel für einen Beobachtungsbogen:

Beobachtungsbogen

Gesprächsverhalten

Kreuzen Sie in den einzelnen Zeilen an, wie Sie den von Ihnen zu beobachtenden Schüler während des Gesprächs erlebt haben. Je weiter links Ihr Kreuz, desto positiver, je weiter rechts, desto negativer. Versuchen Sie am Ende eine „Gesamtnote“ zu finden und überlegen Sie sich eine Begründung. Anschließend können Sie Ihre Eindrücke mit einigen anderen Schülern besprechen, die ebenfalls Ihre „Bezugsperson“ beobachtet haben.

	+ –	
beteiligt sich gut	._._._._._._._._._._._._._.	beteiligt sich kaum
bleibt beim Thema	._._._._._._._._._._._._._.	schweift vom Thema ab
spricht andere an	._._._._._._._._._._._._._.	kümmert sich nicht um andere
redet deutlich	._._._._._._._._._._._._._.	redet undeutlich
spricht freundlich	._._._._._._._._._._._._._.	spricht aggressiv
leitet das Gespräch	._._._._._._._._._._._._._.	ist Mitläufer
ist bei der Sache	._._._._._._._._._._._._._.	hört nicht zu
geht auf Vorredner ein	._._._._._._._._._._._._._.	redet nur seinen Kram
blickt Mitschüler an	._._._._._._._._._._._._._.	blickt zum Lehrer hin
bringt eigene Gedanken	._._._._._._._._._._._._._.	plappert nur nach
macht anderen Mut	._._._._._._._._._._._._._.	schreckt andere ab
bringt das Gespräch voran	._._._._._._._._._._._._._.	ist eher ein Hemmschuh
redet in ganzen Sätzen	._._._._._._._._._._._._._.	redet bruchstückhaft
redet überzeugend	._._._._._._._._._._._._._.	schwafelt nur
ist kompromissbereit	._._._._._._._._._._._._._.	ist rechthaberisch
redet in Maßen	._._._._._._._._._._._._._.	redet zu viel
bezieht andere ein	._._._._._._._._._._._._._.	denkt nur an sich selbst
redet verständlich	._._._._._._._._._._._._._.	redet umständlich
redet knapp und präzise	._._._._._._._._._._._._._.	redet ausschweifend
redet lebendig	._._._._._._._._._._._._._.	redet langweilig
lässt andere ausreden	._._._._._._._._._._._._._.	fällt anderen ins Wort

Gesamtnote „Gesprächsverhalten“: 1 2 3 4 5 (ankreuzen)

nach: Klippert, Heinz: Kommunikations-Training. Übungsbausteine für den Unterricht, 9. Aufl., Beltz Verlag Weinheim und Basel 2002, S. 153

Kommunikationsprobleme – Konfliktbewältigung

Sowohl im Privat- als auch im Berufsleben treten immer wieder **Kommunikationsprobleme** auf, die sich zu regelrechten **Konflikten** „hochschaukeln" können. Erste **Anzeichen** für diesen Prozess können z. B. im Berufsalltag sein: Mit einigen Arbeitskollegen wird nur das Allernötigste besprochen, anderen weicht man sogar völlig aus. Bei einigen Gesprächen, zum Beispiel mit Vorgesetzten, spielen Hemmungen oder Ängste eine große Rolle. In vielen Fällen sind die genauen Kommunikationsprobleme gar nicht bekannt, man spürt allenfalls eine innere Unzufriedenheit. Möchte man diese Probleme lösen, muss man sie zuerst genau erkennen, ihre **Ursachen** aufdecken.

Beispiel: Gesprächsführung – woran erkennt man Kommunikationsprobleme?

Erkennungszeichen von Problemen in der Gesprächsführung:

- Zwischen den Kommunikationspartnern tritt eine gereizte Stimmung auf.
- Ein Gespräch wird nur sehr oberflächlich geführt, sogenannte Gesprächsfloskeln bestimmen einen Großteil der Unterhaltung.
- Man versucht, das Gespräch relativ schnell zu beenden, obwohl kein eigentlicher Zeitdruck besteht.
- Der Gesprächsverlauf ist stockend und gehemmt.
- Man hat während des Gesprächs das Gefühl, dass man „aneinander vorbeiredet".
- Man vermeidet bewusst oder unbewusst, dem Kommunikationspartner während des Gesprächs in die Augen zu sehen.
- Gefühle werden während des Gesprächs unterdrückt, man spürt gerade am Ende der Kommunikation eine innere Unzufriedenheit.

Noch schwieriger als das Erkennen von Kommunikationsproblemen ist deren **Lösung**. Allgemein lässt sich feststellen, dass diese Probleme nur gelöst werden können, wenn man die **Ursachen** beseitigt. Dazu gehört, dass die Kommunikationspartner ihre Schwierigkeiten in der zwischenmenschlichen Verständigung offen aussprechen mit dem Ziel, die Probleme im gegenseitigen Interesse zu lösen. Bei einer derartigen **Aussprache**, bei der eventuell eine dritte Person moderiert, sollten folgende Punkte beachtet werden:

- Beide Gesprächspartner müssen bereit sein, das **„Anderssein"** des jeweils anderen prinzipiell zu akzeptieren. Lösung von Kommunikationsproblemen kann nicht bedeuten, die Persönlichkeit, die Individualität eines Menschen beschneiden zu wollen.
- Die Lösung von Kommunikationsproblemen darf nicht mit dem Beseitigen von **betrieblichen Strukturen** oder **Abhängigkeiten** verwechselt werden. Zum Beispiel ist die offene Gesprächsbereitschaft eines Vorgesetzten nicht als die Aufgabe seiner Vorgesetztenrolle zu interpretieren.
- Es wird selten der Fall sein, dass bereits ein erstes Gespräch zur Lösung der Probleme führt. **Geduld** und **Toleranz** sind notwendige Voraussetzungen der Gesprächsführung.
- Bei dem Gespräch sollte nicht nur sachlogisch argumentiert werden. Genauso wichtig sind häufig **gefühlsbetonte Ausdrucksweisen**. Gerade sogenannte nonverbale Kommunikationsmittel, Mimik und Gestik, können eine bedeutende Rolle spielen. Sie helfen in vielen Fällen, eventuell bestehende Hemmungen und Ängste abzubauen.
- **Schwächen des Kommunikationspartners**, egal welcher Art, dürfen nicht zur „Lösung" der Probleme ausgenutzt werden. Auch wenn es zunächst so aussehen sollte, als käme man mit dieser „Technik" eher an sein Ziel, führt dieses Vorgehen in der Regel nur zu neuen Schwierigkeiten.
- Der sprachliche Ausdruck ist **situations-** und **partnerbezogen** zu wählen. Es ist zum Beispiel sehr wichtig, sich an die jeweilige Aufnahmefähigkeit des Kommunikationspartners und dessen Ausdrucksweise anzupassen.

Kommunikationsregeln

Rules of communication

Argumentation

Begriff

Unter einem **Argument** versteht man die Begründung für eine Behauptung (These). Die **Argumentation** wird in einem Lexikon folgendermaßen definiert: „Beweisführung mit dem Ziel, die Zustimmung oder den Widerspruch wirklicher oder fiktiver Gesprächspartner zu einer Aussage oder Norm durch schrittweisen oder lückenlosen Rückgang auf bereits gemeinsam anerkannte Aussagen oder Normen zu erreichen.“[1]

[1] aus: Brockhaus Enzyklopädie in vierundzwanzig Bänden, 19. Aufl., Mannheim 1987, Band 2, S. 103

Argumentationsstruktur

Eine **Argumentationsstruktur** kann in den folgenden vier Schritten bzw. Stufen beschrieben werden:

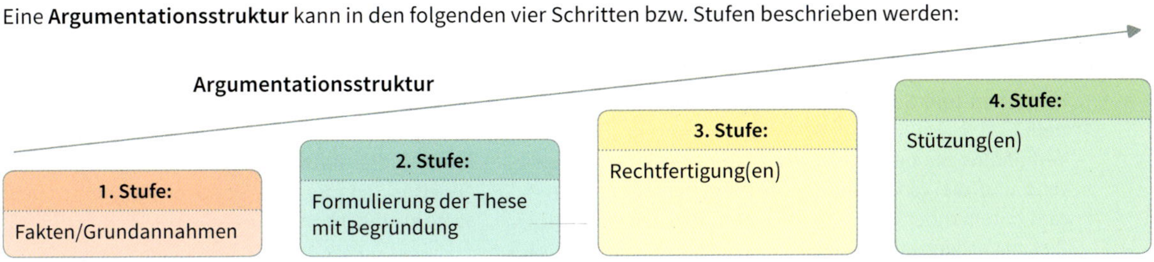

Zu Stufe 1: Vermeintlich allgemein anerkannte **Fakten** oder **Annahmen** bilden die Basis der Argumentation und sorgen häufig dafür, dass der Kommunikationspartner überhaupt bereit ist, die folgenden Argumentationsschritte nachzuvollziehen.

Zu Stufe 2: Die angeführten Fakten oder Annahmen sind die Grundlage für die aufzustellende **These**, die mit einem Argument begründet wird.

Zu Stufe 3: Um vom Kommunikationspartner akzeptiert zu werden, dienen **Rechtfertigungen**, z. B. der Hinweis auf Naturgesetze oder allgemeine gesellschaftliche Normen, der Untermauerung der These.

Zu Stufe 4: Zur argumentativen Ergänzung der Rechtfertigung können **Stützungen** (Absicherungen) behilflich sein. Das kann z. B. der Verweis auf wissenschaftliche Forschungsergebnisse oder auf ein Zitat einer anerkannten Persönlichkeit sein.

Feedbackregeln

Lernt man über ein **Feedback** eines Kommunikationspartners, dienen diese Rückmeldungen dazu, sein eigenes Verhalten, seine eigenen Überlegungen zu überdenken und eventuell zu verändern. Ist man selbst in der Verantwortung, ein Feedback zu geben, sollte man bei diesem Mitteilungsprozess die folgenden **Regeln** beachten, um den Lernprozess effektiv zu gestalten:

1 Hören Sie aufmerksam zu!
Bevor Kritik geäußert wird, sollte man die Meinung des anderen genau kennen. Dazu gehört, dass man dem Kommunikationspartner genau zuhört und ihn stets aussprechen lässt.

2 Verstärken Sie Positives!
Ein Feedback sollte prinzipiell von Stärken des Kommunikationspartners ausgehen, bevor andere Bereiche angesprochen werden.

3 Äußern Sie die Kritik sachgemäß!
Die geäußerte Kritik sollte sich auf die Sache, nicht auf die Person beziehen. Dabei ist prinzipiell zwischen objektiven Fakten und subjektiven Wahrnehmungen zu unterscheiden.

4 Formulieren Sie Ich-Botschaften!
Urteile über andere Menschen wirken schnell verletzend und erschweren dadurch den Interaktionsprozess. Wird Kritik an Einstellungen oder am Verhalten anderer Menschen geübt, sollte man Verallgemeinerungen verhindern (z. B. „*Alle* sind der Meinung, dass du …“), stattdessen sollten Ich-Botschaften formuliert werden (z. B. „*Ich* bin der Meinung, dass du …“), die das abgegebene Urteil als subjektiv kennzeichnen.

5 Nutzen Sie die nonverbale Kommunikation!
Die Aussagen sind durch nonverbale Elemente zu unterstützen, z. B. durch eine bestimmte Mimik oder Gestik. Der Aussagegehalt wird dadurch nicht nur gesteigert, sondern die Kommunikation wird unter Umständen auch vertrauenswürdiger (z. B. durch eine Mimik, die Verständnis oder Anteilnahme ausdrückt).

Begriff

Es reicht nicht aus, gute Ideen zu haben und über viel Wissen zu verfügen, man muss auch in der Lage sein, bei Besprechungen oder **Verhandlungen** zu überzeugen. Dabei sollte man stets fair bleiben, denn die Zusammenarbeit soll kollegial, team- und kundenorientiert sein. Streit schadet dem guten Betriebsklima und der Teamorientierung, wodurch effektives Arbeiten gestört wird.

Daher ist es wichtig, Konflikte frühzeitig zu erkennen und mithilfe eines **Konfliktgesprächs** (auch Kritikgespräch genannt) zu entschärfen. Ein konstruktives Konfliktgespräch kann allerdings nur erfolgreich sein, wenn jeder der Gesprächsteilnehmer bereit ist, seine Einstellung zu überdenken und ggf. zu ändern. Das Prinzip sollte sein, dass jeder ein wenig auf den anderen zugeht.[1]

Verhandeln nach der Harvard-Methode

Bei der an der Havard-Universität entwickelten Methode sollen **vier Grundsätze** dafür sorgen, dass ein Ausgleich der Interessen erreicht wird. Bedingung: Die Verhandlung leitet eine neutrale Person.

1. **Menschen und Sachthemen sind getrennt zu behandeln.**
   Verhandlungen bedeuten Stress, sind emotional belastend und die Verhandlungspartner gehen selten tolerant miteinander um. Trotzdem muss das gemeinsame Ziel im Vordergrund stehen.
2. **Die Interessen sind wichtig, nicht die Positionen.**
   Es geht nicht darum, eigene Ziele durchzusetzen, sondern beide Parteien legen ihre Interessen dar. Dann wird gemeinschaftlich versucht, den Interessen fast vollständig zu entsprechen.
3. **Es sind Alternativen zu entwickeln und zu berücksichtigen.**
   Ein neutraler Dritter soll den Blickwinkel der Beteiligten erweitern, sodass neue Sichtweisen weitere Lösungsansätze ermöglichen.
4. **Es müssen Kriterien zur Qualitätsmessung des Verhandlungsergebnisses definiert werden.**
   Werden Kriterien vereinbart, z. B. Corporate Identity stärken, kann ein kreativer Prozess beginnen, denn die Verhandlung wird zu einem gemeinsamen Projekt.[2]

Das Drei-Phasen-Modell zur Konfliktaussprache

Das Phasenmodell sollte in Rollenspielen geübt werden, bevor tatsächliche Konflikte aufgetreten sind.

1. **Erkennen des Standpunktes der Gegenseite**
   Die erste Phase darf nicht durch ein Hin und Her von Behauptungen und Forderungen geprägt sein, denn diese Haltung würde aus der offenen Aussprache ein Wortgefecht werden lassen. Aufgabe der Gesprächspartner ist es, dem anderen zuzuhören und Fragen zu stellen, ruhig und sachlich zu bleiben.
2. **klare Vermittlung des eigenen Standpunktes**
   In der zweiten Phase kommt es darauf an, dem Gegenüber die eigene Position zu verdeutlichen. Hierbei ist es besonders wichtig, keine Beleidigungen oder Angriffe einfließen zu lassen.
3. **Entwickeln einer gemeinsamen Lösung**
   Ideal wäre es, wenn sich die Gesprächspartner auf einen Kompromiss einigen könnten.[3]

Konfliktgespräch führen im Berufsalltag: Beispiel

Konfliktgespräch	
1) **Gesprächseröffnung** ▪ fachlich, sachlich	3) **Lösungssuche** ▪ gemeinsam eine Lösung finden ▪ konkrete Vereinbarungen schriftlich festhalten
2) **Situationsanalyse** ▪ sagen, was man festgestellt hat ▪ Partner dazu Stellung nehmen lassen ▪ gegenseitig befragen und zuhören	4) **Abschluss** ▪ positiven Gesprächsabschluss erzielen (wichtig für weitere Zusammenarbeit!)

[1,3] vgl.: Kellner, Hedwig: Konflikte verstehen, verhindern, lösen, Hanser Fachbuch München, Wien 2000, S. 1 u. S. 93–95

[2] vgl.: Kellner, Hedwig: Rhetorik, Hanser Fachbuch München, Wien 2000, S. 166–169

Teamarbeit *Teamwork*

Begriff

Das Arbeiten in Teams ist heutzutage in allen gesellschaftlichen Bereichen zum Alltag geworden, in Unternehmen genauso wie in der Schule. Werden neue Mitarbeiter in Unternehmen eingestellt, wird nahezu überall Teamfähigkeit verlangt.

Merkmale der Teamarbeit:

- Eine **Gruppe** von Personen (meist 5–10) arbeitet für ein **gemeinsames Ziel** zusammen.
- Die Zusammenarbeit ist häufig **zeitlich befristet,** z. B. im Rahmen eines Projekts.
- Eine Person führt i. d. R. als **Teamleiter** die Gruppe, er definiert sich eher als „Primus inter Pares“ (Erster unter Gleichen).
- Bei der Verfolgung des Gruppenziels kommt es auf die Ausprägung eines **Wir-Gefühls** an; es werden dabei hohe Anforderungen an die **Kommunikationsbeziehungen** des Teams gestellt (z. B. Offenheit, Gleichberechtigung).
- Die gestellten **Aufgaben** sind meist so **komplex** und/oder **innovativ,** dass diese Arbeitsform ihre besonderen Vorzüge nutzt: Die Arbeitsleistung eines Teams ist mehr als die Summe der Einzelleistungen, man geht von **Synergieeffekten**[1] („**2 + 2 = 5**“) aus.
- Die **Arbeitsverteilung** innerhalb des Teams sollte transparent und gerecht erfolgen, jedes Teammitglied hat sich aktiv am Gruppenprozess zu beteiligen.
- Die **Verantwortung** für das gemeinsame Ziel lastet auf allen Mitgliedern.
- **Konflikte** müssen deutlich angesprochen werden, sie werden i. d. R. vom Team selbst gelöst (siehe zu Kommunikationsproblemen S. 584), allerdings können auch externe Personen (z. B. Berater) zur **Teamentwicklung** herangezogen werden.
- Die **Bewertung** der Teamleistung kann sowohl **intern** als auch **extern** (z. B. durch die Unternehmensleitung) vorgenommen werden, sogenannte Feedbackregeln (siehe dazu S. 585) können dabei unterstützend eingesetzt werden.

Vorteile (Chancen)	Nachteile (Probleme)
▪ höhere Arbeitsleistung durch Ausnutzen von Synergieeffekten ▪ hohe Arbeitsmotivation der Teammitglieder (z. B. durch Gleichberechtigung) ▪ Teammitarbeiter bilden sich gegenseitig fort (Kostenersparnis) ▪ Entwicklung eines guten Betriebsklimas (z. B. durch Entwickeln eines Wir-Gefühls) ▪ Verbesserung von Kommunikationsbeziehungen durch Teamentwicklung	▪ geringere Arbeitsleistung und höherer Zeitaufaufwand durch die Notwendigkeit umfangreicher Maßnahmen zur Konfliktbewältigung ▪ Kompetenzstreitigkeiten bei schlechter Teamentwicklung ▪ Gefahr von „schlechten Kompromissen“ durch Rücksicht auf Mehrheitsmeinung ▪ Gruppendruck verschlechtert das Arbeitsklima ▪ Dominanz von „Vielrednern“ und „Besserwissern“

[1] Synergieeffekt: Wirkung, die aus dem Zusammenschluss oder der Kooperation mehrerer Teilkomponenten hervorgeht

Lernstrategien

Strategies of learning

Begriff

Beim Aneignen von Wissen, z. B. für eine Klassenarbeit oder eine Prüfung, geht es meist darum, aus schriftlich abgefassten Texten den Kerngehalt herauszufiltern und den Inhalt im Gedächtnis zu speichern. Soll das Wissen nicht nur kurzfristig abgespeichert werden, sondern möglichst **langfristig** zur Verfügung stehen, um es abrufen und in unterschiedlichen Lebenssituationen anwenden zu können, gilt es, **sich aktiv mit** den abzuspeichernden **Informationen** oder Daten **auseinanderzusetzen**. Das Verfolgen der sogenannten Elaborationsstrategie (lat. laborare: arbeiten) beim Lernen besagt, dass man neue Wissensinhalte mit bereits bestehendem Wissen im Gehirn verknüpfen muss, sie in vorhandene Wissensstrukturen integrieren muss. Das kann z.B. dadurch geschehen, dass man Fragen zu den neuen Wissensinhalten formuliert oder neue Beispiele zum Erlernten bildet, das Erlernte mit eigenen Worten erklärt oder „Eselsbrücken“ zum bisherigen Wissen baut. Wird diese Lernstrategie erfolgreich angewandt, wird sich die Selbstkompetenz der Lernenden erhöhen. Bestimmte Lernprozesse finden auch erst in besonderen **Sozialformen**, z. B. in Partner- oder Gruppenarbeit, statt, wie zum Beispiel das Erlernen von Konfliktfähigkeit. Erst die Interaktion mit Kommunikationspartnern führt dann zu den angestrebten Lernergebnissen (siehe zu Kommunikationsregeln S. 581 ff.).

Lernatmosphäre

Um Textinhalte verstehen und abspeichern zu können, muss man sich eine geeignete **Lernatmosphäre** schaffen. Dazu gehört:

- **Einrichten** eines angemessenen **Arbeitsplatzes**
  - geeignete Lese- oder Schreibfläche (z. B. Schreibtisch) schaffen
  - richtige Körperhaltung wählen: stehen (z. B. Stehpult), liegen (z. B. Arbeitsliege) oder sitzen (z. B. Bürostuhl)
  - gute Lichtverhältnisse schaffen
  - ausreichende Sauerstoffzufuhr sichern (z. B. durch Öffnen des Fensters)
  - eventuelle Störquellen (z. B. Lärm) beseitigen
  - Arbeitsmaterialien sortieren
  - Ergänzungsmaterialien bereithalten (z. B. Fremdwörterlexikon)

- **Wählen** der geeigneten **Tageszeit**
  - optimale Lernzeit auswählen (individuell unterschiedlich)
  - Ess- und Ruhephasen beachten
  - Gesamtlernzeit einschätzen (eventuell Mehrtagesplan aufstellen)

- **ernährungsphysiologische Erkenntnisse** nutzen
  - Flüssigkeitszufuhr ermöglichen (z. B. Mineralwasser oder Obstsaft)
  - „leichte Kost“ verbrauchen (z. B. Joghurt, Obst)

Arbeitstechniken

Methods of work

Textbearbeitung

Um einen schriftlich abgefassten Text erfassen zu können, sind einige **Techniken der Textbearbeitung** anzuwenden:

- Kernbegriffe oder -sätze markieren (Wichtiges wird vom Unwichtigen getrennt)
- Randnotizen machen (z. B. auch durch Nutzen von geeigneten Piktogrammen)
- Textteile/Absätze durch Teilüberschriften gliedern
- längere Textpassagen durch eigene Formulierungen zusammenfassen (z. B. durch Nutzen von Klebezetteln oder Karteikarten)
- bildhafte Elemente (z. B. Abbildungen, Diagramme) erschließen und Textpassagen zuordnen
- Zusammenhänge visuell verdeutlichen (z. B. durch Bilden von Verweisen oder Nutzen von Pfeilsymbolen)
- Strukturen des Textes herausarbeiten, z. B. durch:
  - Erstellen einer Textgliederung
  - Herstellen einer Mindmap (siehe hierzu S. 593 f.)
  - Anfertigen eines Ablaufdiagramms
  - Anlegen von Karteikarten mit Schlüsselbegriffen (einschließlich Erläuterungstext und Textverweis)
- offengebliebene Fragen herausschreiben und Ergänzungsliteratur suchen (z. B. mithilfe einer Internetrecherche, siehe S. 594)

15

Arbeitstechniken

Methods of work

Wissensspeicherung

Um sich zentrale Textinhalte aneignen, sie speichern zu können, genügt es nicht, bestimmte Schlüsselbegriffe auswendig zu lernen. Vielmehr gilt es, sich mit den Inhalten und **Strukturen** auseinanderzusetzen. Beispielsweise können schriftlich **Fragen** an den Textgehalt formuliert werden, die den Text strukturell erschließen. Um eine Struktur zu erfassen, müssen aus unterschiedlichen Blickrichtungen Fragen an den Textgehalt gestellt werden, es müssen unterschiedliche **Fragekriterien** herausgearbeitet werden.

Beispiel: Analyse eines Wirtschaftstextes
Mögliche **Fragekriterien**:

- Wie könnte der Textinhalt aus betriebswirtschaftlicher Sicht gesehen werden?
- Wie könnte der Textinhalt aus volkswirtschaftlicher Sicht gesehen werden?
- Wie könnte der Textinhalt aus ökologischer Sicht gesehen werden?
- Wie könnte der Textinhalt aus gesellschaftspolitischer Sicht gesehen werden?
- Wie könnte der Textinhalt aus historischer Sicht gesehen werden?

Das Formulieren von Fragen an den Textgehalt dient zum einen dazu, **Zusammenhänge** innerhalb des neu zu erwerbenden Wissens herzustellen, zum anderen hilft es, neues Wissen mit bereits vorhandenen Wissensbeständen zu verknüpfen.
Gesteigert wird der **Lernerfolg**, wenn Fragen an die Struktur des Textes von mehreren Personen formuliert werden und ein Gruppengespräch, eventuell sogar eine **Gruppendiskussion**, daraus entsteht. Möglicherweise ergibt sich auch eine Änderung in der **Lernmotivation**.
In jedem Fall wird durch Verfolgung kooperativer Lernstrategien die sogenannte **Behaltensquote** erhöht, das Verbinden von Hören, Sehen und Sprechen (und eventuell auch Handeln) wirkt leistungssteigernd gegenüber der Nutzung nur einzelner Elemente (z. B. nur Hören oder nur Sehen).

Brainstorming

Begriff

Beim Brainstorming („Gehirn- oder Gedankensturm“) handelt es sich um eine **Kreativitätstechnik**, die in Unternehmen zunächst zur Findung von Produktideen eingesetzt wurde. Heute wird diese Technik in unterschiedlichsten Anwendungsbereichen genutzt, z. B. auch bei Problemlöseprozessen im Schulunterricht.

Zielsetzung

Als Kreativitätstechnik dient Brainstorming dazu, in **möglichst kurzer Zeit** eine **Vielzahl von Ideen**, Lösungsansätzen u. Ä. zu finden. Da es keine „unsinnigen“ Einfälle bei dieser Technik gibt, werden auch unkonventionelle Lösungen entwickelt, **assoziatives Denken** wird dabei angewandt. Das aktive Einbeziehen aller Beteiligten kann als weiteres Ziel angesehen werden, deswegen wird diese Technik auch im Rahmen der Moderationsmethode (siehe hierzu S. 575 ff.) genutzt.

Regeln

- Alle Brainstormingteilnehmer beteiligen sich mündlich und/oder schriftlich an der Ideensammlung!
- Alle Ideen, Lösungsansätze u. Ä. sind erlaubt – es gibt keine falschen Ideen! Quantität vor Qualität!
- Negativkritik gegenüber einzelnen Vorschlägen ist verboten!
- Vorgetragene Ideen dürfen aufgenommen und weiterentwickelt werden!

Ablauf

Festlegen der Frage- oder Problemstellung
↓
Vorgabe der zur Verfügung stehenden Zeit
↓
Bekanntgabe oder gemeinsame Festlegung der Regeln
↓
Sammlung aller geäußerten Ideen
↓
Sortierung und Bewertung der gesammelten Ideen
↓
Auswahl „geeigneter“ Ideen und Weiterbearbeitung der Lösungsansätze

Brainwriting/6-3-5-Methode

Ziele

Ebenso wie das Brainstorming stellt das Brainwriting eine Kreativitätstechnik dar. In schriftlicher Form werden kreative **Ideen** entwickelt oder **Problemlösungsansätze** gewonnen. Diese Methode **aktiviert** alle Teilnehmer gleichermaßen und führt in der Regel zu einem **kreativen Gruppendenkprozess**.

Begriff

Bei dieser Methode formulieren **sechs** Personen jeweils **drei** Ideen/Vorschläge auf einem vorstrukturierten Formblatt und reichen es an die anderen Personen **fünfmal** weiter.

Ablauf

Phase 1: Ein zu lösendes Problem wird der Gruppe vorgestellt und als Aufgabenstellung schriftlich (z. B. an der Tafel) formuliert.

Phase 2: Jede der sechs Personen erhält ein Formblatt mit 18 Feldern und trägt in ihr Formblatt in die oberste Reihe drei Ideen/Vorschläge zur Lösung der Aufgabenstellung ein.

Phase 3: Nach der Bearbeitungszeit von ca. fünf Minuten wird das Formblatt im Uhrzeigersinn an den Sitznachbarn weitergereicht. Die 2. Person trägt ihre drei Ideen in die 2. Reihe des Formblattes ein. Dies wiederholt sich, bis alle Gruppenmitglieder alle sechs Formblätter ausgefüllt haben.

Phase 4: Durch die sechs Personen wurden insgesamt 108 Ideen gesammelt. Es gilt nun, die Vielzahl dieser Ideen zu prüfen und auszuwerten. Dies kann beispielsweise mithilfe der Moderationsmethode geschehen (siehe S. 575 ff.).

Formblatt

Name	Idee/Vorschlag	Idee/Vorschlag	Idee/Vorschlag
1			
2			
3			
4			
5			
6			

Vorteile

- Diese Methode führt relativ schnell zu neuen Ideen bzw. Lösungsvorschlägen.
- Die Ideen der einzelnen Personen stellen Denkanstöße für die anderen Teilnehmer dar.
- Durch die vielen Ideen kann ein Problem von vielen Seiten betrachtet werden.
- Alle Teilnehmer können sich gleichberechtigt in den Gruppendenkprozess einbringen.
- Die klaren Regeln führen zu einem gut strukturierten Ablauf.

Nachteile

- Während der Ideenfindungsphase kann nicht zwischen sinnvollen und unsinnigen Ideen unterschieden werden.
- Die hohe Anzahl von Ideen kann zu Auswertungsproblemen führen.

3545590

Begriff und Zielsetzung

Um komplexe Zusammenhänge in Wirtschaft und Gesellschaft verstehen und beurteilen zu können, reicht das lineare Denken – zum Beispiel in Form einer Ablaufkette – nicht mehr aus. Stattdessen müssen eine Vielzahl von wechselseitigen Abhängigkeiten und Verknüpfungen von einzelnen Elementen untersucht werden, man spricht von der **Methodik des vernetzten Denkens**. Die Komplexität eines Systems lässt sich mithilfe eines sogenannten **Netzwerks** veranschaulichen.

Die Netzwerktechnik hat das Ziel, die einzelnen Elemente (Faktoren) eines Systems und ihre Beziehungen in Form eines **Modells** abzubilden.

Symbole der Netzwerktechnik

- Wirkungszusammenhänge einzelner Faktoren werden mithilfe von **Pfeilen** abgebildet, wobei die Stärke des Pfeils den Umfang oder Grad der Wirkung widerspiegelt.
- Eine **gleichgerichtete Wirkung** („je mehr … desto mehr …") wird durch ein **Pluszeichen**, eine **gegensätzliche Wirkung** („je mehr … desto weniger …" bzw. „je weniger … desto mehr …") durch ein **Minuszeichen** verdeutlicht.

Beispiel: Überlegungen zur Auswirkung einer Werbemaßnahme

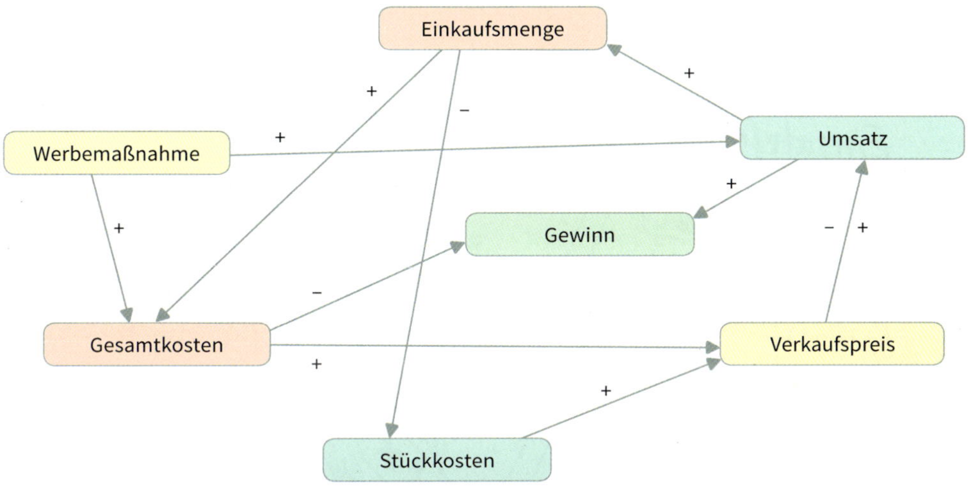

Vorteile der Netzwerktechnik

- Da komplexe Zusammenhänge mithilfe des Netzwerks veranschaulicht werden, können zum Beispiel Langzeitwirkungen von bestimmten Maßnahmen nicht so leicht übersehen werden.
- Netzwerke ermöglichen eine Absicherung von Entscheidungsprozessen.
- Auch komplizierte Zusammenhänge können für Laien mithilfe von Netzwerken transparent gemacht werden. Die Netzwerktechnik unterstützt damit demokratische Entscheidungsprozesse.

Grenzen der Aussagekraft

- Je mehr Elemente in ein Netzwerk eingefügt werden, desto unübersichtlicher wird es. Es besteht die Gefahr, dass die Unübersichtlichkeit einen Entscheidungsprozess eher erschwert als erleichtert.
- Werden nur die vermeintlich wichtigsten Elemente in das Modell aufgenommen, entsteht eventuell ein falsches Abbild der Wirklichkeit. Die Summe der Wirkungen von vielen kleinen Faktoren kann unterschätzt werden, es werden unter Umständen falsche Schlussfolgerungen gezogen.

Mindmapping

Begriff

Mindmapping ist eine **Arbeitsmethode** oder **Lerntechnik**, bei der Gedanken, Ideen oder Gesprächsinhalte in ihrer Originalfassung aufgenommen werden, ohne sie sofort in eine richtige Reihenfolge zu bringen. Mindmaps sind Gedanken-Landkarten. Eine Gedanken-Landkarte besteht aus Haupt- und Nebenästen.

Beispiel:

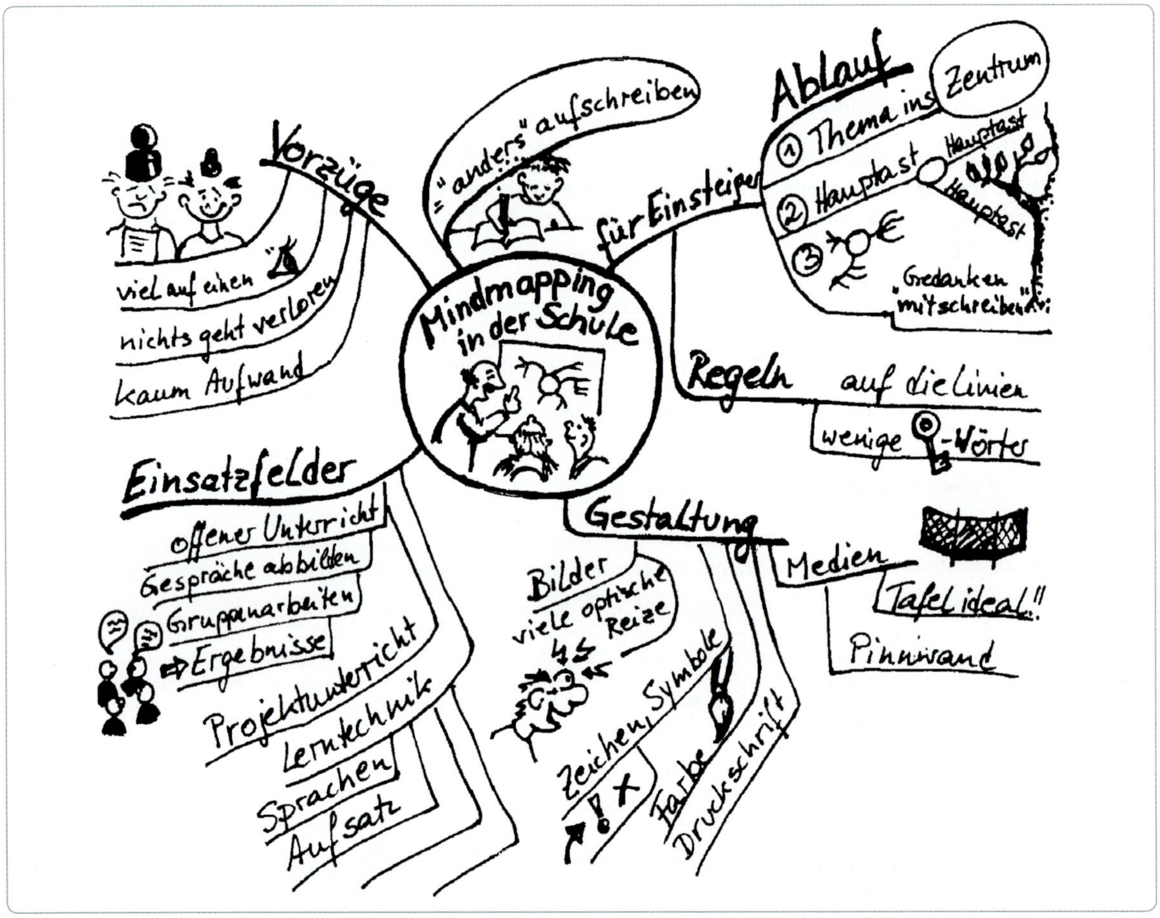

nach: Lipp, Ulrich, in: Pädagogik, Heft 10, Beltz Verlag Weinheim 2004

Ziele

- Bildhaftes Denken und durch Sprache initiiertes Denken werden sehr gut verbunden.
- Die Visualisierung erleichtert das Lernen von Inhalten und Strukturen und kommt bestimmten Lerntypen besonders entgegen (v. a. „Sehtyp").
- Die sogenannte Behaltensquote erhöht sich durch die Verbindung von Sehen, Hören, Sprechen und Handeln.
- Kreativität und Kommunikationsfähigkeit werden durch das Ansprechen unterschiedlicher Sinne gefördert.

15

Anwendungsmöglichkeiten

Einsatzmöglichkeiten der Methode des Mindmappings in Schule und Ausbildung:

- spontanes Zusammentragen von Gedanken zu einem bestimmten Thema
- Präsentation der Ergebnisse einer Gruppenarbeit
- Erarbeiten von Problemlösungen in der Klasse/im Team, z. B. Planen von Projekten

Mindmapping

Tipps/Empfehlungen zur Erstellung von Mindmaps

Material
- farbige Stifte bzw. farbige Kreide
- Tapetenrolle oder große Blätter (A3)
- Moderationskarten
- Befestigungsmaterial, wie z. B. Pinnnadeln, Klebeband, Magnete
- Wandtafel, Pinnwand oder Flipchart
- PC mit entsprechender Software

Gestaltung
- groß und gut lesbar schreiben (z. B. Druckschrift)
- Hauptäste nur mit Schlüsselwörtern (Normen) versehen
- waagerecht schreiben
- Groß- und Kleinbuchstaben verwenden

Mindmapping – Vorgehensweise

1. Das Thema, Problem oder die Fragestellung wird groß in die Mitte geschrieben.
2. Die Gedanken werden notiert, wie sie kommen (Brainstorming). Schlüsselwörter werden auf Hauptästen platziert, Ergänzungen auf Nebenästen.
3. Unwichtige Äste können gestrichen, zwischen den Ästen können Verknüpfungen hergestellt werden.
4. Die Äste (Linien) sollten so angeordnet werden, dass sie waagerecht beschrieben werden können.
5. Für die anschauliche Gestaltung können auch Bilder, Zeichen oder Symbole verwendet werden.

Mindmapping am PC

Die Technik des Mindmappings lässt sich auch am PC nutzen. Mithilfe einer Suchmaschine kann im Internet unter dem Suchbegriff „mind mapping“ eine Vielzahl von Links zu WWW-Seiten gefunden werden.

Beispiel:

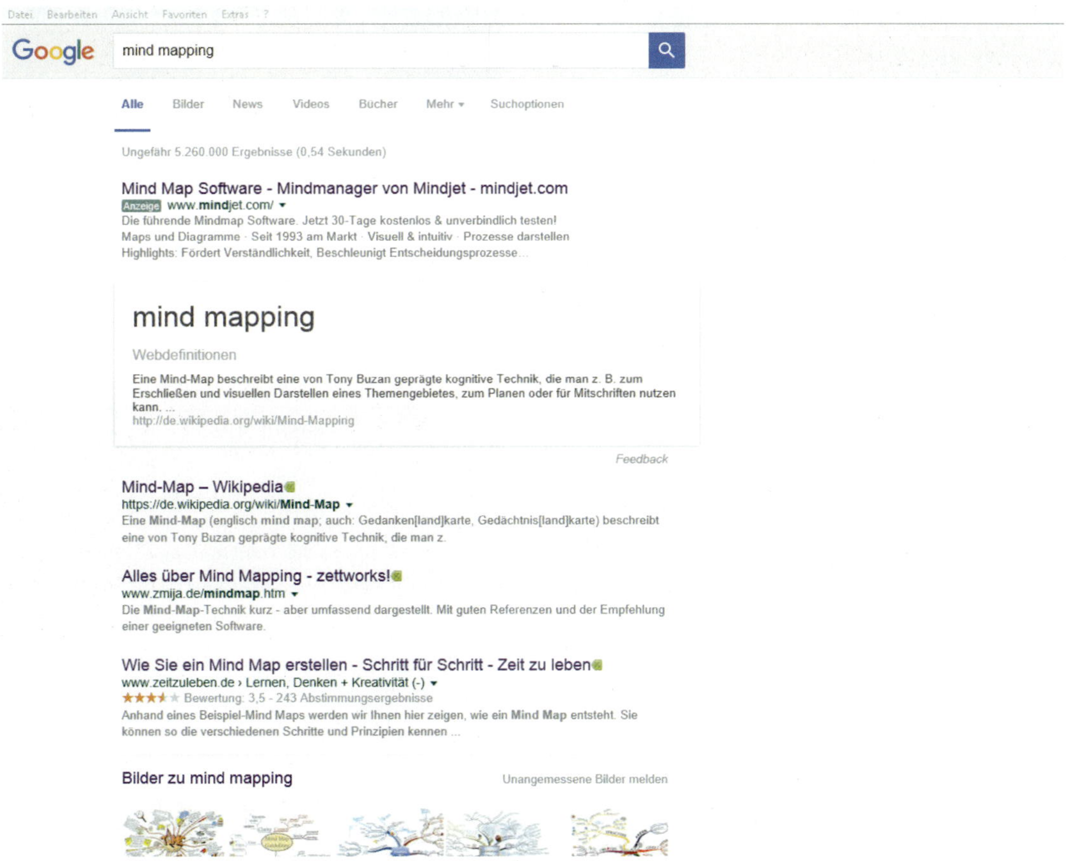

Begriff

Umfassende Suche nach Informationen anhand von Stichwörtern mithilfe des elektronischen Mediums Internet

Ziele

- schneller und unmittelbarer Zugriff auf Informationen
- Nutzen der Vielfalt des Informationsangebots
- Einholen der Informationen direkt vom Arbeitsplatz oder von zu Hause aus und zu jeder Zeit

Beispiel:
Ein Einzelhandelsunternehmen plant einen neuen Standort in Dresden und möchte über die Stadt Informationen einholen.

Schritt 1:
- Aufruf der Suchmaschine, z. B. „www.google.de“
- Suchbegriff „Dresden“ eingeben
- Schaltfläche „Google Suche“ anklicken

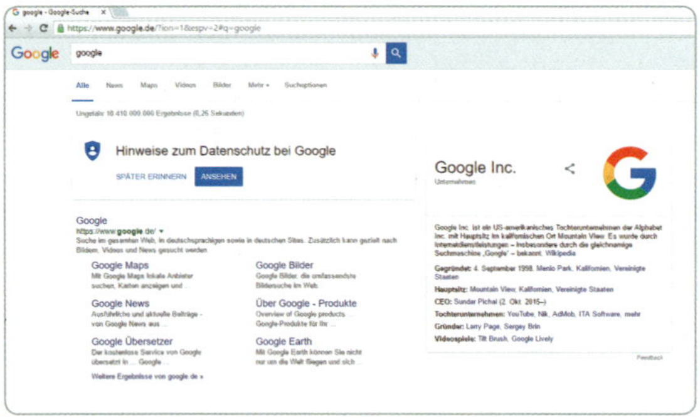

Schritt 2:
- Es erscheint die Trefferliste. Einer der ersten Treffer ist die Startseite der sächsischen Landeshauptstadt. Anklicken.

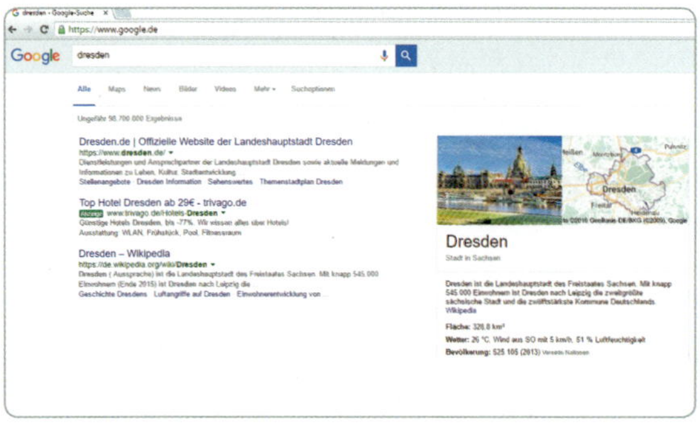

Schritt 3:
- Die Homepage der Landeshauptstadt Dresden erscheint.
- Die Rubrik „Wirtschaft“ anklicken

Schritt 4:
Es erscheint das Inhaltsverzeichnis der Informationen über Wirtschaft (und auch Wissenschaft) der Stadt Dresden.

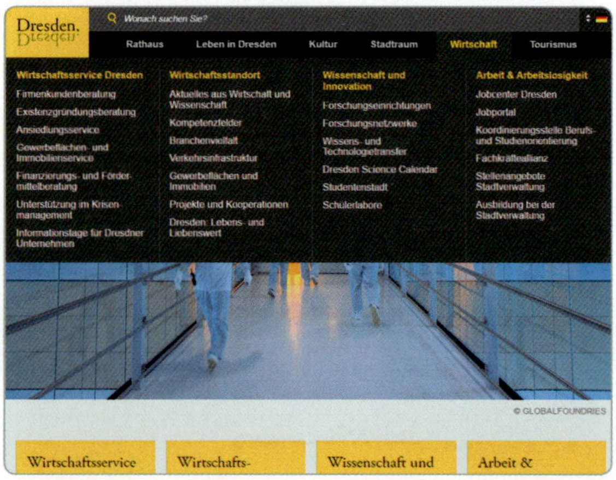

Ziel

Mithilfe einer Lernkartei werden wichtige **Lerninhalte wiederholt** und durch den mehrmaligen Wiederholungseffekt **verinnerlicht**. Dies ist besonders wichtig für **Klassenarbeiten** und **Prüfungen**.

Vorgehen

Die zu lernenden Wissensinhalte werden in kleine Teile zerlegt und in Form einer **Frage** oder **Aufgabe** auf der Vorderseite einer **Karteikarte** (DIN A7) notiert. Auf der Rückseite befindet sich die Lösung. Wird eine Karteikarte bearbeitet, wird sie bei richtiger Lösung aus dem Fach 1 des Karteikastens in das Fach 2 gelegt. Bei falscher Lösung bleibt die Karteikarte im Fach 1. Da der Karteikasten fünf Fächer besitzt, wird sich also mit jedem Lerninhalt jeweils **mindestens fünfmal** beschäftigt. Möglich ist der Einsatz unterschiedlicher Farben von Karteikarten zur Abgrenzung von Wissensteilgebieten.

Karteikasten

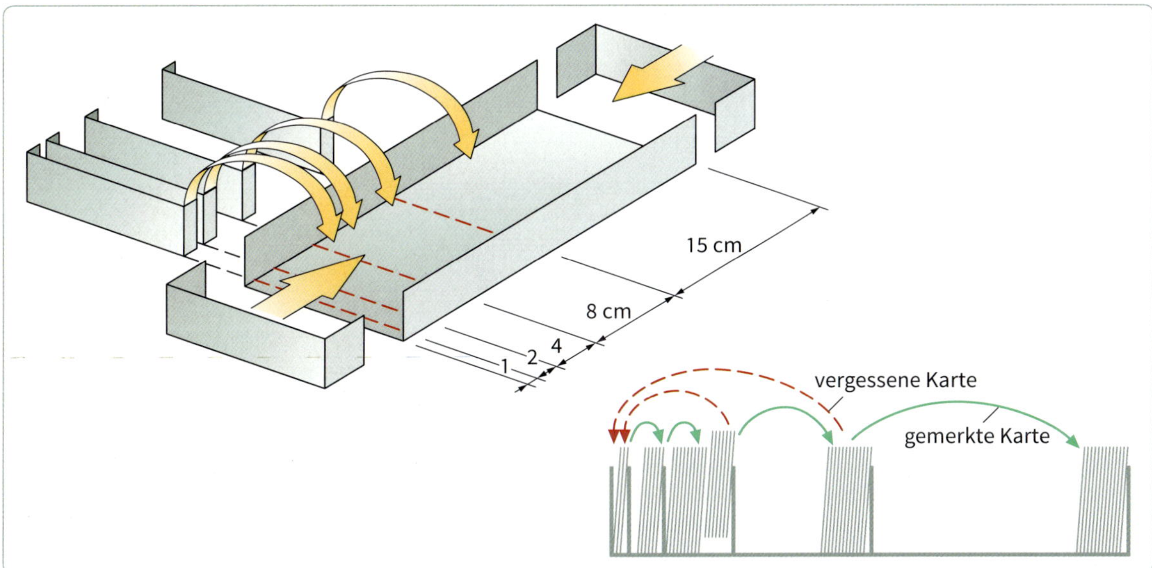

Die Herstellung des **Karteikastens** kann folgendermaßen ablaufen: Als Grundmaterial benötigt man einen stabilen Pappdeckel mit einer Länge von 30 cm. Dieser wird so zugeschnitten und gefaltet, dass die beschriebenen Kärtchen in der Breite gerade hineinpassen; die Seitenwände rechts und links sind etwa 1 cm niedriger als die Kärtchen. Vor Kopf werden – wie in der obigen Skizze angedeutet – zwei gefaltete Wände eingepasst und festgeklebt, die den Karteikasten abschließen und in Form halten. Dann werden vier Zwischenwände eingezogen, die verschieden große Fächer entstehen lassen (s. Skizze). Das erste Fach misst etwa einen Zentimeter, das zweite zwei, das dritte vier, das vierte acht und das fünfte ca. 15 cm (s. Skizze).

nach: Klippert, Heinz, Methoden-Training, 5. Aufl., Beltz Verlag Weinheim und Basel 1996, S. 204 f.

Vorteile

- Das Verschriftlichen von Lerninhalten auf einer Karteikarte führt zu einer ersten Auseinandersetzung mit dem sich anzueignenden Wissen. Die dazu notwendige Zerlegung eines Gesamtproblems in Teilbereiche führt zu einer Vorstrukturierung des zu erlernenden Wissens.
- Die Lerngeschwindigkeit und die Lerndauer können von jedem selbst bestimmt werden.
- Der Lernprozess kann beliebig oft wiederholt werden.
- Der Wissensstand kann vom Lernenden selbst überprüft werden.
- Die Methode verlangt keinen großen Materialaufwand.

Arbeit mit Gesetzestexten
Dealing with the wording of law

Aufbau

Die von der Legislative, der gesetzgebenden Gewalt, beschlossenen Gesetze werden in einer juristischen Fachsprache abgefasst. Diese normierenden Sachtexte sind in ihrem Aufbau klar gegliedert: in Paragrafen, Absätze, Sätze und Nummern.

Bezieht man sich auf Gesetzestexte, so sind die entsprechenden Gesetzesteile genau anzugeben, zum Beispiel: Vergleiche § 573 Absatz 2 Nr. 1 BGB.

Beispiel:

Paragraf			**§ 573 Ordentliche Kündigung des Vermieters**
	Absatz 1	Satz 1	(1) Der Vermieter kann nur kündigen, wenn er ein berechtigtes Interesse an der Beendigung des Mietverhältnisses hat.
		Satz 2	Die Kündigung zum Zwecke der Mieterhöhung ist ausgeschlossen.
	Absatz 2		(2) Ein berechtigtes Interesse des Vermieters an der Beendigung des Mietverhältnisses liegt insbesondere vor, wenn
		Nr. 1	1. der Mieter seine vertraglichen Pflichten schuldhaft nicht unerheblich verletzt hat,
			2. der Vermieter die Räume als Wohnung für sich, seine Familienangehörigen oder Angehörige seines Haushalts benötigt oder (...)

Bei einem Verweis auf mehrere Paragrafen gilt:

Beispiele	Bedeutung
§§ 17 f. BGB	§ 17 und (der folgende) § 18 BGB
§§ 17 ff. BGB	§ 17 und mehrere (darauffolgende) Paragrafen BGB

Gesetzeskommentare

Zu den wichtigsten Gesetzen gibt es von Juristen verfasste **Gesetzeskommentare**. Sie besitzen keine Gesetzeskraft, sie stellen aber fachlich begründete „Meinungen“ (Interpretationen) von Juristen zur Auslegung der einzelnen Paragrafen eines Gesetzes dar. Dabei arbeiten die Juristen die bereits durch Einzelurteile festgestellten Gerichtsentscheidungen in ihre Kommentare ein und nehmen häufig auch Bezug zu Gesetzesinterpretationen in der übrigen Fachliteratur. Einer der berühmtesten Gesetzeskommentare ist der „Palandt“, ein Kommentar zum BGB (Gesetzestext siehe S. 615 ff.). Für viele Gesetze gibt es verschiedene Kommentare, also von unterschiedlichen Juristen verfasste Texte.

Geschäftsbriefe sollten formgerecht nach den Vorgaben der DIN 5008 erstellt werden:

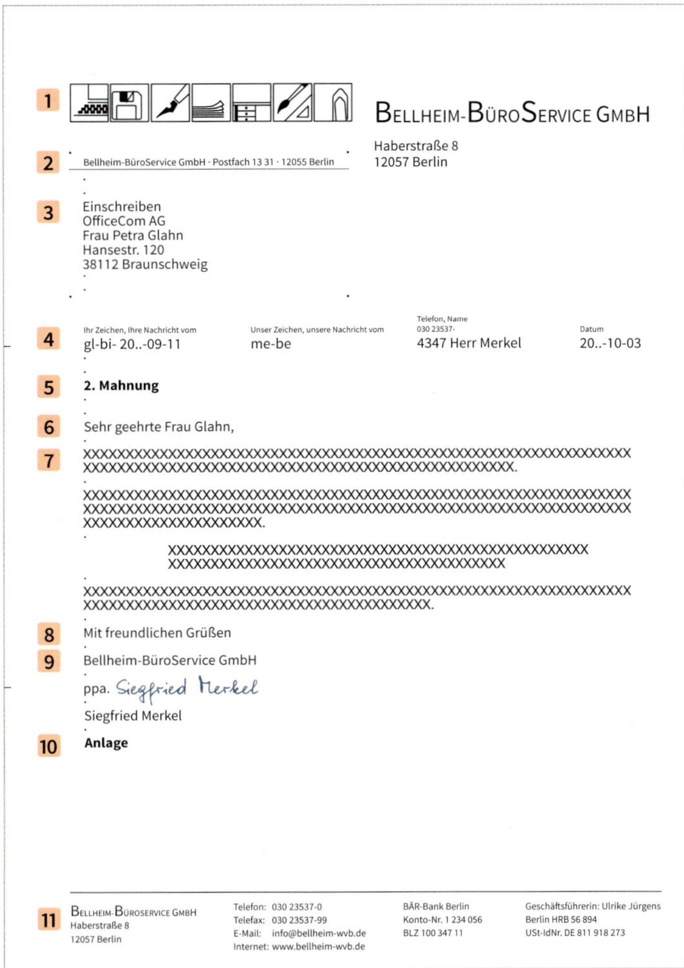
1 BELLHEIM-BÜROSERVICE GMBH
Haberstraße 8
12057 Berlin

2 Bellheim-BüroService GmbH · Postfach 13 31 · 12055 Berlin

3 Einschreiben
OfficeCom AG
Frau Petra Glahn
Hansestr. 120
38112 Braunschweig

Ihr Zeichen, Ihre Nachricht vom	Unser Zeichen, unsere Nachricht vom	Telefon, Name 030 23537-	Datum
4 gl-bi- 20..-09-11	me-be	4347 Herr Merkel	20..-10-03

5 **2. Mahnung**

6 Sehr geehrte Frau Glahn,

7 xxxxxxxxxxxxxxxxxxxxxxxxxxxxxxxxxxxxxxxxxxxxxxxxxxxxxxxxxxxxxxxxxxxx
xxxxxxxxxxxxxxxxxxxxxxxxxxxxxxxxxxxxxxxxxxxxxxxxxxxx.

xxxxxxxxxxxxxxxxxxxxxxxxxxxxxxxxxxxxxxxxxxxxxxxxxxxxxxxxxxxxxxxxxxxx
xxxxxxxxxxxxxxxxxxxxxxxxxxxxxxxxxxxxxxxxxxxxxxxxxxxxxxxxxxxxxxxxxxxx
xxxxxxxxxxxxxxxxxxxxxx.

xxxxxxxxxxxxxxxxxxxxxxxxxxxxxxxxxxxxxxxxxxxxxxxxxxxx
xxxxxxxxxxxxxxxxxxxxxxxxxxxxxxxxxxxxxxxxxx

xxxxxxxxxxxxxxxxxxxxxxxxxxxxxxxxxxxxxxxxxxxxxxxxxxxxxxxxxxxxxxxxxxxx
xxxxxxxxxxxxxxxxxxxxxxxxxxxxxxxxxxxxxxxxxxx.

8 Mit freundlichen Grüßen

9 Bellheim-BüroService GmbH

ppa. Siegfried Merkel

Siegfried Merkel

10 **Anlage**

11 BELLHEIM-BÜROSERVICE GMBH
Haberstraße 8
12057 Berlin

Telefon: 030 23537-0
Telefax: 030 23537-99
E-Mail: info@bellheim-wvb.de
Internet: www.bellheim-wvb.de

BÄR-Bank Berlin
Konto-Nr. 1 234 056
BLZ 100 347 11

Geschäftsführerin: Ulrike Jürgens
Berlin HRB 56 894
USt-IdNr. DE 811 918 273

1 Der **Briefkopf** enthält die Firma des Absenders, häufig wird zusätzlich ein werbewirksames Firmenlogo hinzugefügt.

2 Oberhalb des Anschriftfeldes erscheint die **Postanschrift des Absenders.**

3 Inhalte des neunzeiligen **Anschriftfeldes**:
- In den ersten 3 Zeilen, der sogenannten **Zusatz-** und **Vermerkzone**, werden – soweit notwendig – postalische Vermerke, z. B. die Versendungsform („Einschreiben"), genannt.
- Es folgt die sechszeilige **Anschriftzone**, in der mit der Empfängerbezeichnung begonnen wird.
- Unter der Empfängerbezeichnung folgen Postfach oder Straße und Hausnummer; die Postfachnummer ist von rechts beginnend zweistellig zu gliedern.
- Unmittelbar darunter werden Postleitzahl und Bestimmungsort genannt; bei Auslandsanschriften werden Bestimmungsort und -land in Großbuchstaben geschrieben.

4 Inhalte der **Bezugszeichenzeile**:
- in Kurzform Zeichen (in der Regel Buchstaben), die zur Identifizierung des Schreibenden dienen („Ihr Zeichen" bzw. „Unser Zeichen");
- Daten des vorangegangenen Schriftverkehrs („Ihre Nachricht vom" bzw. „unsere Nachricht vom");
- Telefonnummer (funktionsbezogen gegliedert, z. B.: 0531 12345);
- Absendedatum in numerischer (z. B. 04.10.2017) oder alphanumerischer Schreibweise (z. B. 4. Oktober 2017).

Neben der Bezugszeichenzeile können weitere Kommunikationsangaben in einer **Kommunikationszeile rechts neben dem Anschriftfeld** genannt werden. Möglich ist auch ein eigenständiger **Informationsblock** rechts neben dem Anschriftfeld.

5 Nach zwei Leerzeilen folgt der **Betreff**, der den Inhalt des Briefes in Kurzform nennt, um z. B. die Postverteilung in der Poststelle von Großunternehmen zu beschleunigen. Der Betreff wird in der Regel in Fettdruck geschrieben.

6 Nach zwei Leerzeilen wird die **Anrede** formuliert, die in der Regel mit einem Komma schließt.

7 Nach einer Leerzeile beginnt der eigentliche **Brieftext**. Längere Textteile sind sinnvoll durch Absätze zu untergliedern. Nach jedem Absatz ist eine Leerzeile einzuplanen.

8 Nach einer Leerzeile erscheint die **Grußformel**, die stets mit einem Großbuchstaben beginnt.

9 Nach einer Leerzeile wird die **Firma des Absenders** genannt. Darunter ist Platz für die handschriftliche Unterschrift des Unterzeichners zu lassen, eventuell erfolgt zusätzlich eine maschinenschriftliche Namenswiedergabe des Unterzeichners.

10 In Fettdruck erscheinen in der Regel **Anlagen-** bzw. **Verteilervermerke**.

11 Der **Brieffuß** enthält in vorgedruckter Form **Geschäftsangaben** des Absenders (vgl. § 37 a bzw. § 125 a HGB).

Kommunikationsangaben: Überblick

Die Kommunikationsangaben auf Geschäftsbriefen (z. B. Telefonnummer oder E-Mail-Adresse) haben den Zweck, sofort mit dem Geschäftspartner in Verbindung treten zu können, zum Beispiel durch das Schreiben eines Antwortbriefes oder durch das Versenden eines Telefaxes. Die notwendigen Angaben dazu stehen z. B. in der **Bezugszeichenzeile** (siehe S. 597) oder im **Brieffuß** (siehe S. 597). Sollte der dort zur Verfügung stehende Raum nicht ausreichen, um alle notwendigen Kommunikationsangaben einzufügen, empfiehlt die DIN 5008, rechts neben dem Anschriftfeld entweder eine sogenannte **Kommunikationszeile** oder einen **Informationsblock** einzusetzen.

Kommunikationszeile

Die **beiden Leitwörter** der **Kommunikationszeile**, z. B. Telefax und E-Mail, stehen rechts neben dem Anschriftfeld 125 mm von der linken Blattkante entfernt. Die unter den Leitwörtern eingetragenen Kommunikationsangaben (z. B. Telefaxnummer) stimmen in ihrer Höhe mit der letzten Zeile des neunzeiligen Anschriftfeldes überein:

	Telefax	E-Mail
9	0531 771-463	kunzekg@t-online.de

Informationsblock

Statt der Bezugszeichenzeile wird bei Geschäftsbriefen immer mehr der sogenannte **Informationsblock** gewählt, der es ermöglicht, **mehr Kommunikationsangaben** als in der Bezugszeichenzeile unterzubringen. Dieser Informationsblock erscheint rechts neben dem Anschriftfeld 125 mm von der linken Blattkante entfernt. Die erste Kommunikationsangabe steht in der Höhe der ersten Zeile des Anschriftfeldes:

1	Ihr Zeichen: lw-mu
2	Ihre Nachricht vom: 11.08.2017
3	Unser Zeichen: kr-bs
4	Unsere Nachricht vom:04.08.2017
5	
6	Name: Frau von Lieres und Wilkau
7	Telefon: 0711 124-871
8	Mobil: 0170 713972
9	Telefax: 0711 124-890
	E-Mail: inselwall@t-online.de
	Datum: 14.08.2017

E-Mail

Eine **geschäftliche E-Mail** besteht aus:
- **E-Mail-Kopf** (E-Mail-Adresse, Verteiler, Betreff)
- **Text mit Anrede** (Die Anrede wird vom folgenden Text durch eine Leerzeile getrennt.)
- **Abschluss** (meist in Form eines elektronischen Textbausteins zugesteuert, enthält Grußformel, Kommunikations- und Geschäftsangaben)

Eine geschäftliche E-Mail unterliegt denselben gesetzlichen Vorschriften wie ein Geschäftsbrief, d. h., es müssen am Ende einer E-Mail die notwendigen **Kommunikationsangaben** sowie der jeweiligen Rechtsform entsprechende **Geschäftsangaben** gemacht werden:

Telefon: +49 453 996-583
Telefax: +49 436 996-5689
E-Mail: martin.mueller@westermann.de
Internet: www.westermann.de

Bildungshaus Schulbuchverlage Westermann Schroedel
Diesterweg Schöningh Winklers GmbH
Georg-Westermann-Allee 66
38104 Braunschweig
Geschäftsführer: Ulrike Jürgens, Thomas Michael, Dr. Peter Schell
Amtsgericht Braunschweig – HRB 9572

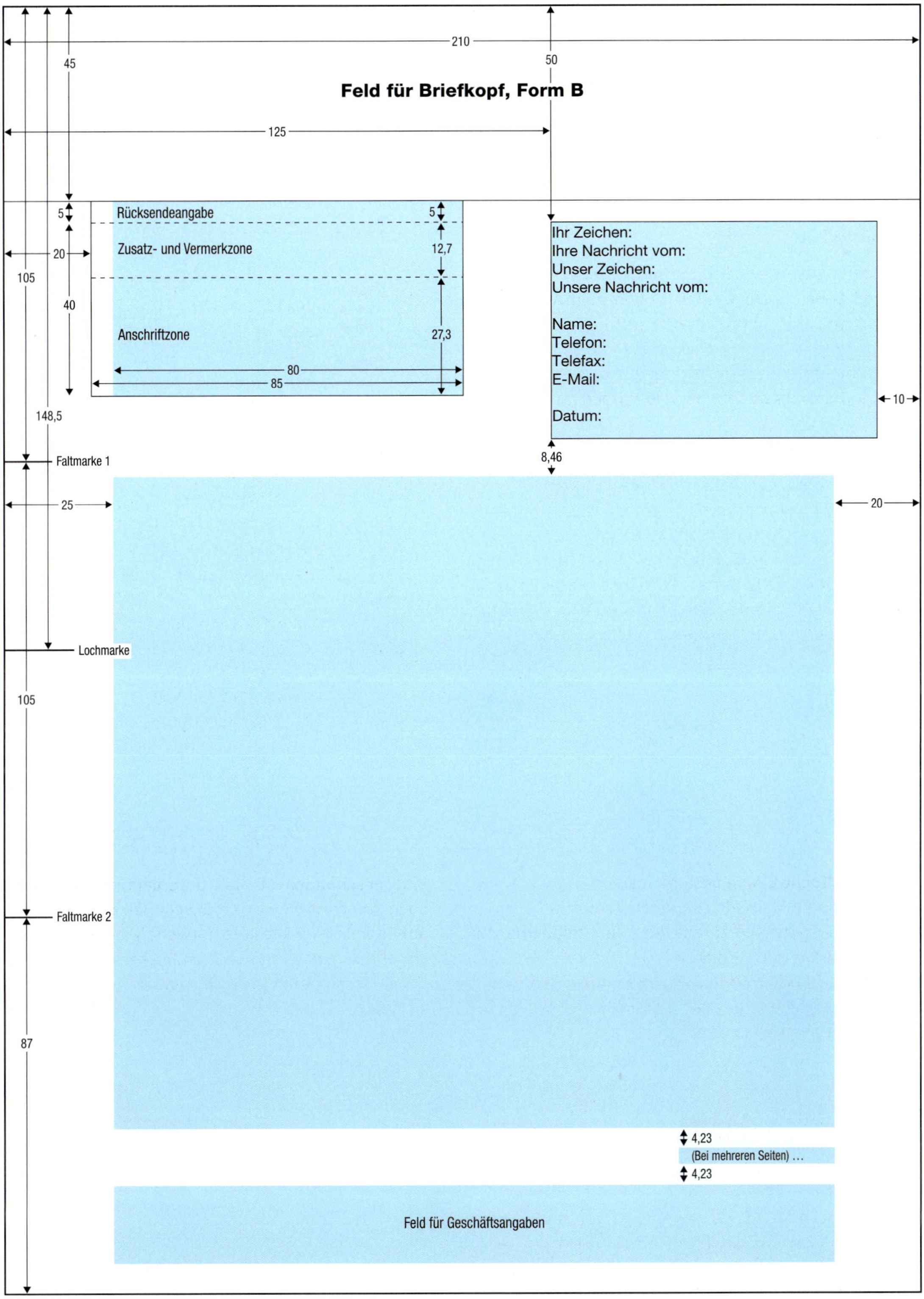

Geschäftsbrief A4 mit Standardinformationsblock, Form B, DIN 5008, Maße in Millimeter

aus: Breitkreutz, Rainer; Gladigau, Gerhard; Richter, Klaus: Gutes Deutsch – Gute Briefe, Fachbuch für Korrespondenz in Wirtschaft und Verwaltung. 27., überarbeitete u. erweiterte Aufl., Braunschweig, Winklers Verlag, 2013, S. 16

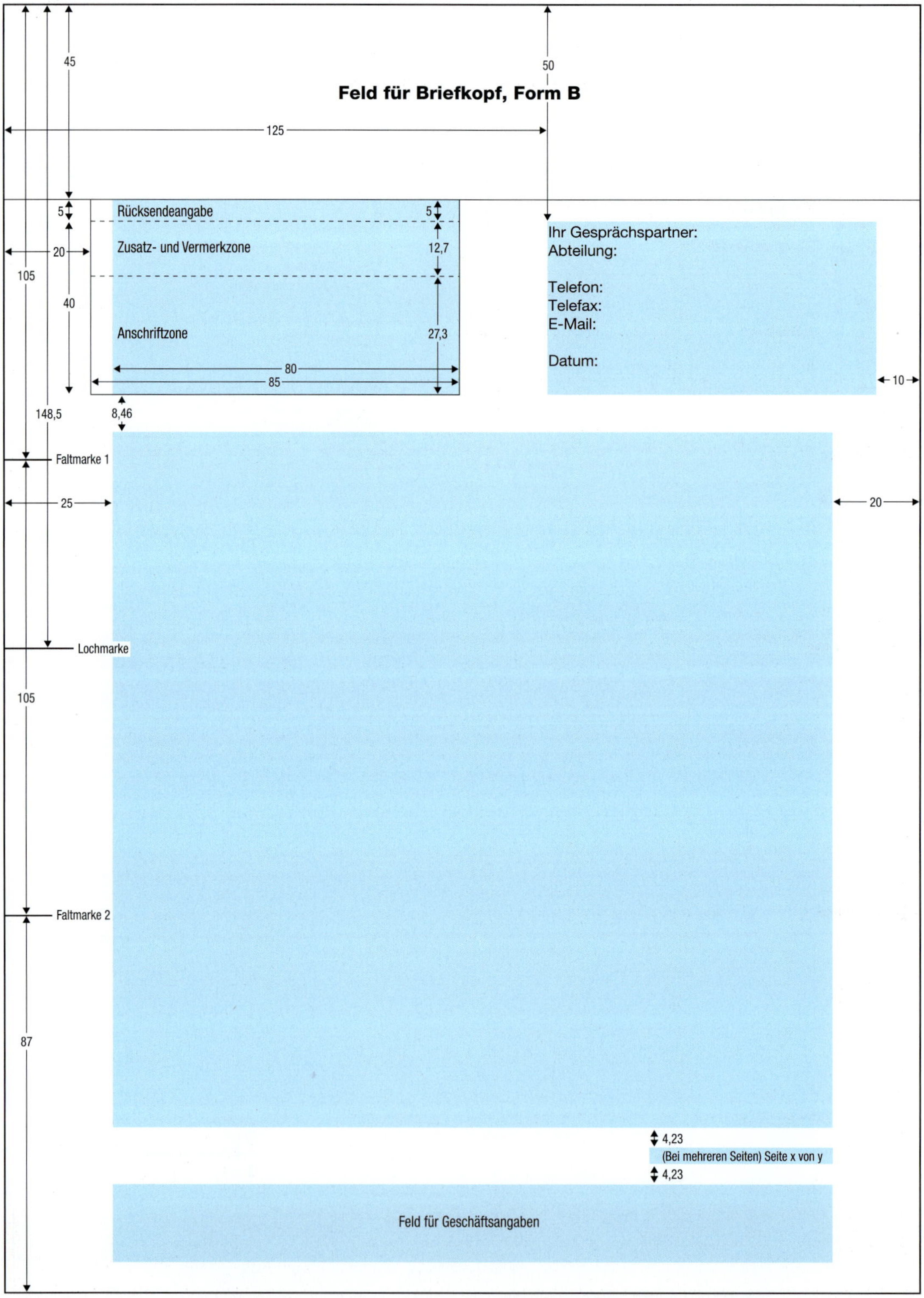

Geschäftsbrief A4 mit gestaltetem Informationsblock (Beispiel), Form B, DIN 5008, Maße in Millimeter

aus: Breitkreutz, Rainer; Gladigau, Gerhard; Richter, Klaus: Gutes Deutsch – Gute Briefe, Fachbuch für Korrespondenz in Wirtschaft und Verwaltung. 27., überarbeitete u. erweiterte Aufl., Braunschweig, Winklers Verlag, 2013, S. 17

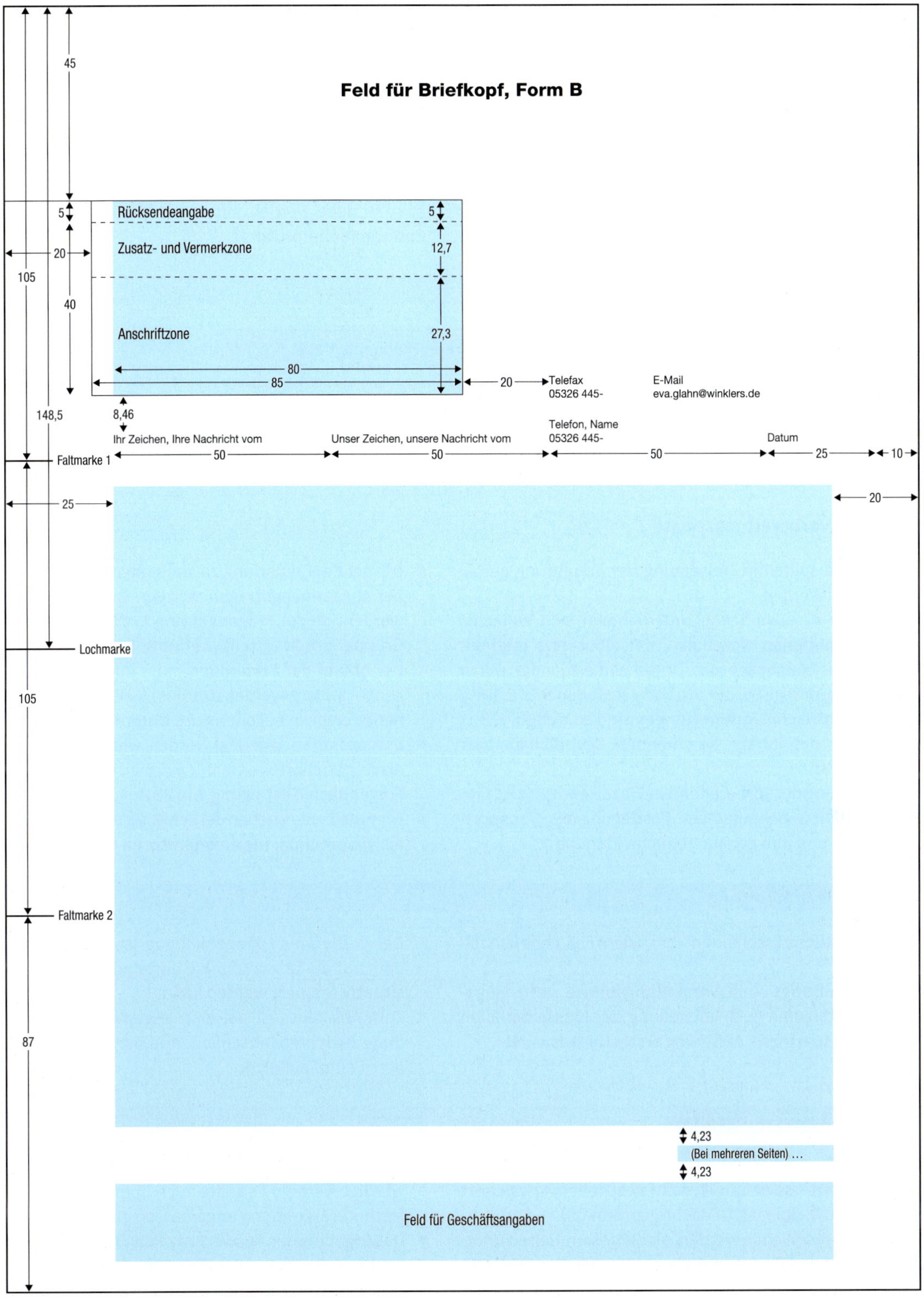

Geschäftsbrief A4 mit Kommunikations- und Bezugszeichenzeile, Form B, DIN 5008, Maße in Millimeter

aus: Breitkreutz, Rainer; Gladigau, Gerhard; Richter, Klaus: Gutes Deutsch – Gute Briefe, Fachbuch für Korrespondenz in Wirtschaft und Verwaltung. 27., überarbeitete u. erweiterte Aufl., Braunschweig, Winklers Verlag, 2013, S. 18

Erkundung

Investigation

Begriff und Zielsetzung

Von der Erkundung wird sowohl die Betriebsbesichtigung als auch das Betriebspraktikum abgegrenzt.

Während die **Betriebsbesichtigung** einen ersten, eher oberflächlichen Eindruck von dem Unternehmen vermittelt, dient das **Betriebspraktikum** dazu, Arbeitsprozesse im Unternehmen über längere Zeit beobachten und „ausprobieren“ zu können.

Bei der **Erkundung** spielt die genaue Vorbereitung, z. B. durch Erstellung eines detaillierten Fragebogens, eine große Rolle. Die beschafften Informationen schließen zum einen Wissenslücken, bieten zum anderen Hilfe bei Fragen nach Zusammenhängen und ermöglichen die Initiierung von Erkenntnisprozessen. Theoretische Vorstellungen bzw. Modelle werden mit Praxiserfahrungen konfrontiert und somit überprüft.

Phasen der Erkundung

Vorbereitungsphase (Planungsphase)

↓

Durchführungsphase (Realisierungsphase)

↓

Auswertungsphase (Reflexionsphase)

Tipps zur Vorbereitungsphase

- Zu Beginn sollte die **Zielsetzung** der Erkundung genau festgelegt werden.
- Über das zu erkundende Unternehmen sind zunächst **Vorinformationen** einzuholen, z. B. über eine Internetrecherche (Homepage des Unternehmens) oder durch eine kurze Anfrage bei der zuständigen Kammer (z. B. IHK).
- **organisatorische Vorbereitungen** sind zu treffen, z. B.:
  - Klärung der infrage kommenden Gesprächspartner (Experten)
  - Festlegung der vorbereitenden Einzelschritte (z. B. Einholen von Genehmigungen, Festlegung des Transportmittels) und ihre genaue zeitliche Planung
- Die bei der Erkundung zu stellenden Fragen sollten vorher zusammengetragen werden. Dabei muss überlegt werden, ob der **Fragenkatalog** in Einzel-, Partner- oder Gruppenarbeit erstellt werden soll.
- Der **Ablauf der Erkundung** muss **inhaltlich** und **zeitlich** genau geplant werden. Dazu ist vielleicht auch eine vorherige örtliche Begehung des Unternehmens notwendig.
- Es muss vorher überlegt werden, wie **Erkundungsergebnisse gesichert** werden (z. B. über einen vorbereiteten Fragebogen, Festlegung von Protokollanten).
- Eventuell sollen neben der Lehrkraft einige Schüler/-innen als **Ansprechpartner/Moderatoren** festgelegt werden.

Tipps zur Durchführung

- Das **pünktliche Erscheinen** ist in jedem Fall sicherzustellen.
- Die **Begrüßungs- und Vorstellungsphase** sollte angemessen ablaufen (z. B. Vorstellung der Klasse bei allen Gesprächspartnern, Äußerung erster Dankesworte).
- Der vorbereitete Fragenkatalog ist so „abzuarbeiten“, dass auf die Schwerpunkte einzelner Gesprächspartner **situativ reagiert** werden kann.
- Zum Abschluss ist auf eine **angemessene Verabschiedung** zu achten (abschließende Dankesworte sind in jedem Fall zu äußern).

Tipps zur Auswertungsphase

- Die zusammengetragenen **Informationen** und **Eindrücke** müssen – soweit noch nicht geschehen – **gesichert** werden (z. B. über ein Gedächtnisprotokoll).
- Es muss entschieden werden, ob die gesammelten Informationen von allen **gemeinsam** oder **arbeitsteilig** (z. B. in Gruppenarbeit) **ausgewertet** werden.
- Auch die **Systematisierung** der Auswertungsergebnisse muss schriftlich **gesichert** werden.
- Die Ergebnisse sollen nicht nur inhaltlich kritisch gewürdigt werden. Es sollte auch überlegt werden, ob die Methode Erkundung angemessen eingesetzt war.
- Das Ergebnis der Auswertung kann eventuell **veröffentlicht** werden (z. B. über eine Schulhomepage), falls das besuchte Unternehmen keine Einwände vorbringt.
- Den Gesprächspartnern der Erkundung ist eventuell noch einmal **schriftlich zu danken**, gegebenenfalls sind Auswertungsergebnisse mitzusenden.

Projekt *Projects*

Begriff

Das Projekt zählt zu den sogenannten methodischen Großformen des Unterrichts. Ausgehend von den Interessen der Beteiligten wird ein Thema oder Problem umfassend bearbeitet, d. h. geplant, durchgeführt und ausgewertet. Die Lehrkraft sieht sich dabei eher als Lernberater oder Moderator. Ergebnis des Projekts ist in der Regel ein Handlungsprodukt, z. B. eine erstellte Schülerzeitung.

Ziele

- Förderung der Selbstorganisation und des Verantwortungsbewusstseins
- Herstellung von Problem- und Praxisbezug
- Realisierung fächerübergreifenden Unterrichts
- Förderung ganzheitlichen Denkens, Einbeziehen vieler Sinne
- Verstärkung von Interaktionsbeziehungen der Projektteilnehmer/-innen

Projektphasen

Projektinitiative

Ausgangspunkt ist in der Regel eine Problemstellung oder eine Projektidee.

↓

Projektskizze

Die Projektteilnehmer/-innen setzen sich mit der Projektinitiative auseinander. Ergebnis des Diskussionsprozesses ist eine gemeinsame Projektskizze, die die Absichten und Ideen kurz umreißt.

↓

Projektplan

Ausgehend von der Projektskizze wird ein genauer Projektplan erstellt, der neben den einzelnen geplanten Projektschritten auch die Zeitplanung aufweist. Schriftlich festgehalten werden außerdem die Personen, die bestimmte Aufgaben zu übernehmen haben.

↓

Projektdurchführung

Aufgrund des Projektplans werden die einzelnen Projektschritte durchgeführt; eventuell ergibt sich die Notwendigkeit, die Planung leicht zu verändern. In der Regel wird am Ende des Projekts ein Handlungsprodukt erstellt sein.

↓

Projektabschluss

In der Abschlussphase wird das Handlungsprodukt vor einem ausgewählten Personenkreis (z. B. Schulöffentlichkeit, Internetbenutzer) präsentiert. Am Ende wird sicherlich der Ablauf des gesamten Projektprozesses kritisch reflektiert, sowohl inhaltlich als auch methodisch. Möglicherweise mündet das Projekt in der Absicht, längerfristig zu einem bestimmten Problem zusammenzuarbeiten (z. B. Gründung einer Arbeitsgemeinschaft).

Im gesamten Projektverlauf werden zusätzlich sogenannte **Fixpunkte** verankert. Das sind abgestimmte Zeitpunkte, zu denen die Projektteilnehmer zusammenkommen, um Informationen auszutauschen und sich so effektiv abzustimmen. Zusätzlich können Termine vereinbart werden, um Beziehungsprobleme zwischen den Projektteilnehmern aufzuarbeiten – man spricht von sogenannten **Metainteraktionen**.

Zukunftswerkstatt

Forward planning workshop

Ziele der Zukunftswerkstatt

Die Methode der Zukunftswerkstatt ist aus der kritischen Arbeit sozial engagierter Zukunftsforscher, z. B. Robert Jungk, entstanden und in die Bürgerinitiativenbewegung der 60er- und 70er-Jahre integriert worden.

Ziel dieser Methode war es zunächst, die Demokratisierung der Gesellschaft voranzutreiben, indem die Bürger/-innen an die aktive Mitarbeit zur Veränderung der Gesellschaft herangeführt wurden.

Mit der Übernahme dieser Methode in den pädagogischen Alltag des Schul- und Ausbildungswesens steht vor allem die Förderung von Analyse- und Kritikfähigkeit sowie von Kreativität im Vordergrund; die Beteiligten sollen eigene **Zukunftsentwürfe** entwickeln. Hohe Lernaktivität soll innerhalb dieses Prozesses zu selbstbestimmtem Lernen führen.

Ablauf der Methode

Charakteristisch für die Methode der Zukunftswerkstatt ist ihre Aufteilung in mehrere voneinander deutlich – auch zeitlich – getrennte **Phasen**:

1. Die Kritik- oder Beschwerdephase

↓

2. Die Fantasie- oder Utopiephase

↓

3. Die Realisierungs- oder Verwirklichungsphase

Eine einleitende **Vorbereitungsphase** dient vor allem dazu, den Teilnehmenden die Methode zu erklären und benötigte Arbeitsmaterialien (z. B. Wandzeitungspapier, Schreibgeräte, Pinnwände, Moderationskarten) zu beschaffen.

Eine abschließende **Nachbereitungsphase** dient überwiegend der Auswertung, der Reflexion der Methode. Sinnvoll ist die vorherige Auswahl eines oder mehrerer Moderatoren bzw. Moderatorinnen, die möglichst bereits Erfahrungen mit der Methode gesammelt haben sollten. Ihre Aufgabe ist es, vor allem auf die Einhaltung der Spielregeln zu achten und u. U. Impulse (z. B. gezieltes Nachfragen) für den Gruppenprozess zu geben.

Kritikphase

In dieser Phase sollen die Beteiligten Kritik am ausgewählten Thema, z. B. an der bestehenden Wirtschaftsordnung und ihren gesellschaftlichen Folgen, offen äußern. Mögliche Fragen des Moderators bzw. der Moderatorin zum Einstieg könnten sein:

- Was stört Sie an der bestehenden Wirtschaftsordnung?
- Was kritisieren Sie an den Folgen dieser Wirtschaftsordnung?

Die wichtigsten Regeln der Kritikphase

1. Jeder Teilnehmer äußert seine Kritik in der Regel mündlich oder schriftlich (stichwortartig z. B. auf Moderationskarten oder Wandzeitung), ohne dass andere diese Kritik kommentieren oder diskutieren. Es ist möglich, die Anzahl der Kritikpunkte pro Teilnehmer zu beschränken.
2. Die kritischen Äußerungen sollen noch keine Lösungsvorschläge enthalten.

aus: Böker, Jürgen u. a.: Wirtschaftspolitik/Wirtschaftsordnung, 3. Aufl., Winklers Verlag Darmstadt 2005, S. 61

3545604

Kritikphase

Am Ende der Kritikphase gilt es, die vorgebrachten Kritikpunkte zu ordnen und zu systematisieren. Am einfachsten lassen sich beschriebene Moderationskarten an der Pinnwand umstecken, für verschiedene Kritikbereiche können Oberbegriffe formuliert werden. Falls die Zeit für die Durchführung der Zukunftswerkstatt begrenzt ist, ist es sinnvoll, zunächst die wichtigsten Kritikpunkte herauszustellen (z. B. durch die Vergabe von Klebepunkten). Die Anzahl der zu vergebenden Punkte pro Teilnehmer sollte dabei beschränkt werden.
Als Sitzordnung für die Kritikphase hat sich der Stuhlhalbkreis bewährt:

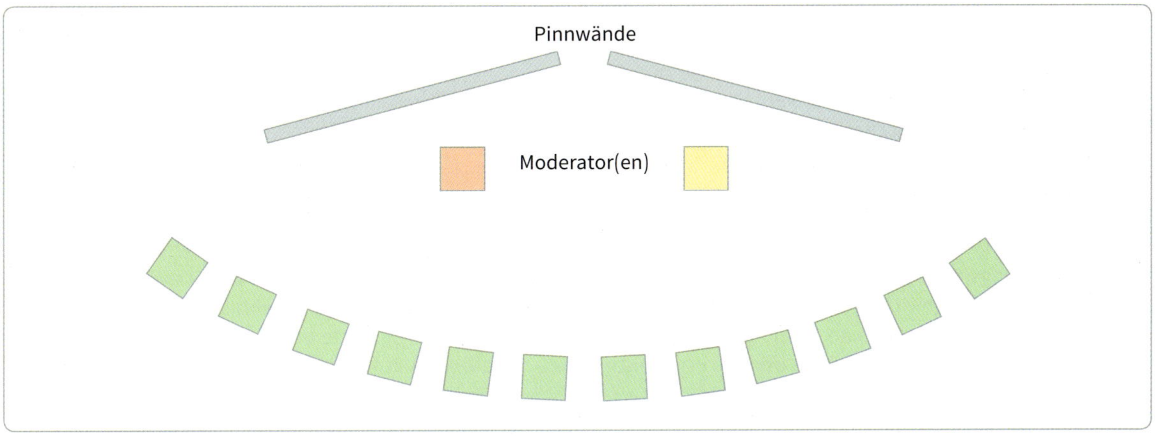

Fantasie- oder Utopiephase

Das Ziel dieser Phase besteht darin, Ideen für wünschenswerte Zukunftsideen zu sammeln, wobei es unbedeutend ist, ob sie auch zu realisieren sind. Gesucht werden Idealvorstellungen von utopischen Entwürfen. Der Moderator bzw. die Moderatorin könnten z. B. einleitend fragen:

- Wie stellen Sie sich eine optimale Wirtschaftsordnung der Zukunft vor?
- Welche Wesensmerkmale müsste Ihrer Meinung nach eine wünschenswerte Wirtschaftsordnung aufweisen?

Die Hauptregeln der Fantasie- oder Utopiephase

1. „Sie haben alle Macht und alles Geld dieser Welt – alles geht."
2. Unsinnige Ideen sind nicht nur zugelassen, sie sind sogar erwünscht.
3. Eine Kommentierung oder Diskussion einzelner Ideen ist nicht erlaubt.

Um es den Teilnehmern leichter zu machen, Utopien zu beschreiben, können von den Moderatoren/-innen bestimmte Techniken angewendet werden, um eine „Fantasieatmosphäre" zu schaffen, z. B.:

- Bildung von Assoziationen (z. B. aus der Natur)
- Förderung von Übertreibungen durch Setzen von Impulsen
- Durchführung einer Fantasiereise
- Malen von Bildern
- Erstellen von Collagen
- Durchführung von Rollenspielen

Die Fantasiephase kann im Plenum, aber auch arbeitsteilig oder arbeitsgleich in Gruppenarbeit stattfinden. Moderationskarten können hier dazu dienen, die Wunschvorstellungen sprachlich zu fixieren und sie anschließend zu ordnen. Falls es gewünscht wird, können die utopischen Entwürfe auch in nichtschriftlicher Form vor dem Plenum präsentiert werden (z. B. Videofilm, szenisches Spiel, Nachrichtensendung, Collage).

vgl.: Böker, Jürgen u. a.: Wirtschaftspolitik/Wirtschaftsordnung, 3. Aufl., Winklers Verlag Darmstadt 2005, S. 62

Fantasie- oder Utopiephase

Wenn in der anschließenden Realisierungsphase aus Zeitgründen nicht alle Zukunftsvorstellungen berücksichtigt werden können, muss am Ende der Fantasiephase wieder eine Gewichtung, eine Auswahl einzelner Zukunftsentwürfe – z. B. durch Punktekleben – vorgenommen werden.

Realisierungsphase

Ausgangspunkt der Realisierungsphase sind die Ergebnisse der Fantasiephase: die utopischen Entwürfe. Zum Vergleich können die Resultate der Kritikphase herangezogen werden. In der Realisierungsphase geht es darum, Wege zu finden, wie man von den gegenwärtigen – kritisierten – Zuständen zu den wünschenswerten Zukunftsvorstellungen gelangt. Verwirklichungsstrategien werden entwickelt – ob anhand ausgewählter Schwerpunkte im Plenum oder in abgestimmter Gruppenarbeit. Der Ausgangspunkt für diese Strategien sind Ansätze in der Realität. Unterschiedliche Realisierungsmöglichkeiten können dargestellt, gegebenenfalls wieder gewichtet werden. In die Verwirklichungsphase können verschiedene Methoden integriert werden, um den Praxisbezug zu erhöhen und die Ergebnisorientierung zu effektivieren. Beispiele hierfür sind:

- Durchführung von Expertengesprächen (z. B. Befragen von Politikern oder Wissenschaftlern)
- Planung und Durchführung von Fragebogenaktionen
- Analyse fachwissenschaftlicher Aufsätze (z. B. mittels einer Internetrecherche)

Schließlich kann die Zukunftswerkstatt auch überleiten in die Vorbereitung und Realisation eines **Projekts**.

In einer **Nachbereitungsphase** geht es vor allem darum, die gewonnenen Erkenntnisse zu sammeln und zu ordnen, eine abschließende **Ergebnissicherung** ist vorzunehmen. In jedem Fall sollte positive und negative Kritik zur durchgeführten Zukunftswerkstatt protokolliert und ausgewertet werden.

aus: Böker, Jürgen u. a.: Wirtschaftspolitik/Wirtschaftsordnung, 3. Aufl., Winklers Verlag Darmstadt 2005, S. 63

Szenariotechnik *Staging technique*

Begriff

Die Szenariotechnik ist eine Methode, mit der langfristige Entwicklungen und Vorstellungen über die Zukunft im Unterricht untersucht und aufbereitet werden können.

Ziele

- Erarbeitung von wahrscheinlichen Zukunftsentwicklungen in Wirtschaft und Gesellschaft
- Training von sachlich-analytischem Arbeiten
- Erstellung von fundierten Grundlagen, um sachlogische Entscheidungen zu ermöglichen
- Förderung ganzheitlichen Denkens, Einbeziehen vieler Sinne

Phasen

1. Phase: Problembeschreibung
Ein wirtschaftliches oder gesellschaftliches Problem (z. B. die Entwicklung des Weltenergieverbrauchs) ist der Ausgangspunkt der Szenariomethode.

2. Phase: Bestimmung von Einflussbereichen und -faktoren
Unterschiedliche Einflussbereiche und -faktoren werden herausgearbeitet, die auf das ausgewählte Problem einwirken.

3. Phase: Entwicklung von alternativen Szenarien
Aufgrund der wahrscheinlichen Entwicklung der ausgewählten Einflussfaktoren können – je nach Gewichtung und Verknüpfung – unterschiedliche Szenarien entwickelt werden. Als drei **Grundtypen** von Szenarien werden prinzipiell unterschieden:

Der Szenariotrichter und die drei Grundtypen des Szenarios

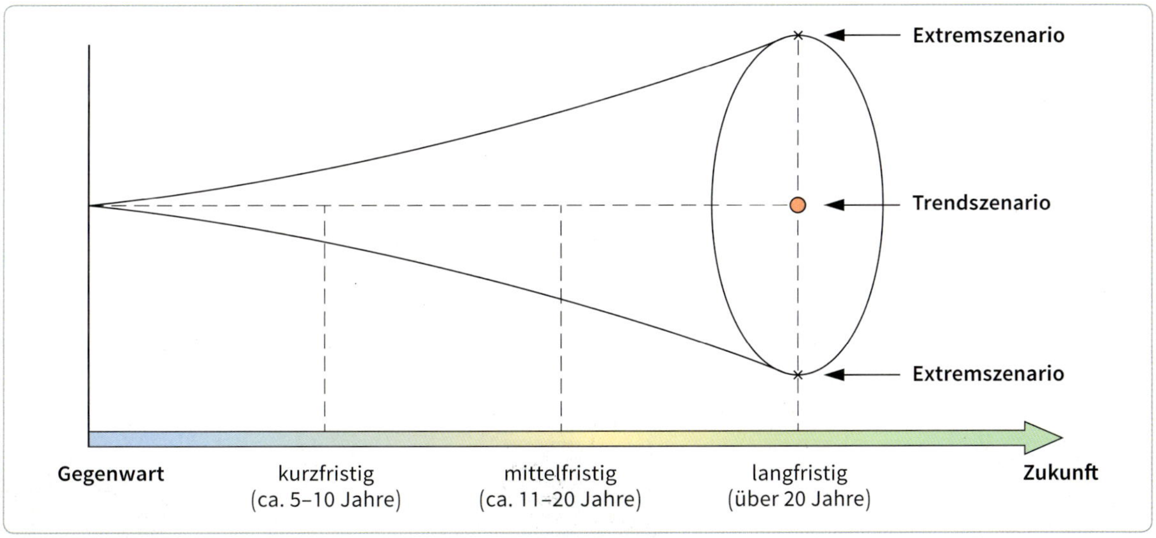

- ein positives Extremszenario: Es bezeichnet die *bestmögliche* Zukunftsentwicklung,
- ein negatives Extremszenario: Es bezeichnet den *schlechtestmöglichen* Entwicklungsverlauf,
- ein Trendszenario: Es beinhaltet die *Fortschreibung* der heutigen Situation in die Zukunft.

aus: Weinbrenner, Peter: Selbstgesteuertes Lernen. In: Sander, Wolfgang (Hrsg.): Handbuch politische Bildung, Wochenschau Verlag Schwalbach 1997, S. 494

4. Phase: Entwicklung von Handlungsstrategien
Die in der 3. Phase erstellten Szenarien zeigen unterschiedliche Entwicklungsmöglichkeiten auf. In der 4. Phase geht es darum, Handlungsstrategien zu entwickeln, um unerwünschte Entwicklungen zu verhindern und positive Entwicklungsalternativen zu fördern. Am Ende der 4. Phase sollte die benutzte Methode in ihrer Gesamtheit kritisch reflektiert werden.

16 Gesetzestexte

Teil 1 - Allgemeine Vorschriften

§ 1 BBiG - Ziele und Begriffe der Berufsbildung

(1) Berufsbildung im Sinne dieses Gesetzes sind die Berufsausbildungsvorbereitung, die Berufsausbildung, die berufliche Fortbildung und die berufliche Umschulung.

(2) Die Berufsausbildungsvorbereitung dient dem Ziel, durch die Vermittlung von Grundlagen für den Erwerb beruflicher Handlungsfähigkeit an eine Berufsausbildung in einem anerkannten Ausbildungsberuf heranzuführen.

(3) Die Berufsausbildung hat die für die Ausübung einer qualifizierten beruflichen Tätigkeit in einer sich wandelnden Arbeitswelt notwendigen beruflichen Fertigkeiten, Kenntnisse und Fähigkeiten (berufliche Handlungsfähigkeit) in einem geordneten Ausbildungsgang zu vermitteln. Sie hat ferner den Erwerb der erforderlichen Berufserfahrungen zu ermöglichen.

(4) Die berufliche Fortbildung soll es ermöglichen, die berufliche Handlungsfähigkeit zu erhalten und anzupassen oder zu erweitern und beruflich aufzusteigen.

(5) Die berufliche Umschulung soll zu einer anderen beruflichen Tätigkeit befähigen.

§ 2 BBiG - Lernorte der Berufsbildung

(1) Berufsbildung wird durchgeführt
1. in Betrieben der Wirtschaft, in vergleichbaren Einrichtungen außerhalb der Wirtschaft, insbesondere des öffentlichen Dienstes, der Angehörigen freier Berufe und in Haushalten (betriebliche Berufsbildung),
2. in berufsbildenden Schulen (schulische Berufsbildung) und
3. in sonstigen Berufsbildungseinrichtungen außerhalb der schulischen und betrieblichen Berufsbildung (außerbetriebliche Berufsbildung).

(2) Die Lernorte nach Absatz 1 wirken bei der Durchführung der Berufsbildung zusammen (Lernortkooperation).

(3) Teile der Berufsausbildung können im Ausland durchgeführt werden, wenn dies dem Ausbildungsziel dient. Ihre Gesamtdauer soll ein Viertel der in der Ausbildungsordnung festgelegten Ausbildungsdauer nicht überschreiten.

(...)

Teil 2 - Berufsbildung

Kapitel 1
Berufsausbildung

Abschnitt 1
Ordnung der Berufsausbildung: Anerkennung von Ausbildungsberufen

§ 5 BBiG - Ausbildungsordnung

(1) Die Ausbildungsordnung hat festzulegen
1. die Bezeichnung des Ausbildungsberufes, der anerkannt wird,
2. die Ausbildungsdauer; sie soll nicht mehr als drei und nicht weniger als zwei Jahre betragen,
3. die beruflichen Fertigkeiten, Kenntnisse und Fähigkeiten, die mindestens Gegenstand der Berufsausbildung sind (Ausbildungsberufsbild),
4. eine Anleitung zur sachlichen und zeitlichen Gliederung der Vermittlung der beruflichen Fertigkeiten, Kenntnisse und Fähigkeiten (Ausbildungsrahmenplan),
5. die Prüfungsanforderungen.

(2) Die Ausbildungsordnung kann vorsehen,
1. dass die Berufsausbildung in sachlich und zeitlich besonders gegliederten, aufeinander aufbauenden Stufen erfolgt; nach den einzelnen Stufen soll ein Ausbildungsabschluss vorgesehen werden, der sowohl zu einer qualifizierten beruflichen Tätigkeit im Sinne des § 1 Abs. 3 befähigt als auch die Fortsetzung der Berufsausbildung in weiteren Stufen ermöglicht (Stufenausbildung),
2. dass die Abschlussprüfung in zwei zeitlich auseinander fallenden Teilen durchgeführt wird,
3. dass abweichend von § 4 Abs. 4 die Berufsausbildung in diesem Ausbildungsberuf unter Anrechnung der bereits zurückgelegten Ausbildungszeit fortgesetzt werden kann, wenn die Vertragsparteien dies vereinbaren,
4. dass auf die durch die Ausbildungsordnung geregelte Berufsausbildung eine andere, einschlägige Berufsausbildung unter Berücksichtigung der hierbei erworbenen beruflichen Fertigkeiten, Kenntnisse und Fähigkeiten angerechnet werden kann,
5. dass über das in Absatz 1 Nr. 3 beschriebene Ausbildungsberufsbild hinaus zusätzliche berufliche Fertigkeiten, Kenntnisse und Fähigkeiten vermittelt werden können, die die berufliche Handlungsfähigkeit ergänzen oder erweitern,
6. dass Teile der Berufsausbildung in geeigneten Einrichtungen außerhalb der Ausbildungsstätte durchgeführt werden, wenn und soweit es die Berufsausbildung erfordert (überbetriebliche Berufsausbildung),
7. dass Auszubildende einen schriftlichen Ausbildungsnachweis zu führen haben.

Im Rahmen der Ordnungsverfahren soll stets geprüft werden, ob Regelungen nach Nummer 1, 2 und 4 sinnvoll und möglich sind.

(...)

Abschnitt 2
Berufsausbildungsverhältnis

Unterabschnitt 1 - Begründung des Ausbildungsverhältnisses

§ 10 BBiG - Vertrag

(1) Wer andere Personen zur Berufsausbildung einstellt (Ausbildende), hat mit den Auszubildenden einen Berufsausbildungsvertrag zu schließen.

(2) Auf den Berufsausbildungsvertrag sind, soweit sich aus seinem Wesen und Zweck und aus diesem Gesetz nichts anderes ergibt, die für den Arbeitsvertrag geltenden Rechtsvorschriften und Rechtsgrundsätze anzuwenden.

(3) Schließen die gesetzlichen Vertreter oder Vertreterinnen mit ihrem Kind einen Berufsausbildungsvertrag, so sind sie von dem Verbot des § 181 des Bürgerlichen Gesetzbuchs befreit.

(4) Ein Mangel in der Berechtigung, Auszubildende einzustellen oder auszubilden, berührt die Wirksamkeit des Berufsausbildungsvertrages nicht.

(5) Zur Erfüllung der vertraglichen Verpflichtungen der Ausbildenden können mehrere natürliche oder juristische Personen in einem Ausbildungsverbund zusammenwirken, soweit die Verantwortlichkeit für die einzelnen Ausbildungsabschnitte sowie für die Ausbildungszeit insgesamt sichergestellt ist (Verbundausbildung).

§ 11 BBiG - Vertragsniederschrift

(1) Ausbildende haben unverzüglich nach Abschluss des Berufsausbildungsvertrages, spätestens vor Beginn der Berufsausbildung, den wesentlichen Inhalt des Vertrages gemäß Satz 2 schriftlich niederzulegen; die elektronische Form ist ausgeschlossen. In die Niederschrift sind mindestens aufzunehmen
1. Art, sachliche und zeitliche Gliederung sowie Ziel der Berufsausbildung, insbesondere die Berufstätigkeit, für die ausgebildet werden soll,
2. Beginn und Dauer der Berufsausbildung,
3. Ausbildungsmaßnahmen außerhalb der Ausbildungsstätte,
4. Dauer der regelmäßigen täglichen Ausbildungszeit,
5. Dauer der Probezeit,
6. Zahlung und Höhe der Vergütung,
7. Dauer des Urlaubs,
8. Voraussetzungen, unter denen der Berufsausbildungsvertrag gekündigt werden kann,
9. ein in allgemeiner Form gehaltener Hinweis auf die Tarifverträge, Betriebs- oder Dienstvereinbarungen, die auf das Berufsausbildungsverhältnis anzuwenden sind.

(2) Die Niederschrift ist von den Ausbildenden, den Auszubildenden und deren gesetzlichen Vertretern und Vertreterinnen zu unterzeichnen.

(3) Ausbildende haben den Auszubildenden und deren gesetzlichen Vertretern und Vertreterinnen eine Ausfertigung der unterzeichneten Niederschrift unverzüglich auszuhändigen.
(4) Bei Änderungen des Berufsausbildungsvertrages gelten die Absätze 1 bis 3 entsprechend.

§ 12 BBiG – Nichtige Vereinbarungen
(1) Eine Vereinbarung, die Auszubildende für die Zeit nach Beendigung des Berufsausbildungsverhältnisses in der Ausübung ihrer beruflichen Tätigkeit beschränkt, ist nichtig. Dies gilt nicht, wenn sich Auszubildende innerhalb der letzten sechs Monate des Berufsausbildungsverhältnisses dazu verpflichten, nach dessen Beendigung mit den Ausbildenden ein Arbeitsverhältnis einzugehen.
(2) Nichtig ist eine Vereinbarung über
1. die Verpflichtung Auszubildender, für die Berufsausbildung eine Entschädigung zu zahlen,
2. Vertragsstrafen,
3. den Ausschluss oder die Beschränkung von Schadensersatzansprüchen,
4. die Festsetzung der Höhe eines Schadensersatzes in Pauschbeträgen.

Unterabschnitt 2 – Pflichten der Auszubildenden
§ 13 BBiG – Verhalten während der Berufsausbildung
Auszubildende haben sich zu bemühen die berufliche Handlungsfähigkeit zu erwerben, die zum Erreichen des Ausbildungsziels erforderlich ist. Sie sind insbesondere verpflichtet
1. die ihnen im Rahmen ihrer Berufsausbildung aufgetragenen Aufgaben sorgfältig auszuführen,
2. an Ausbildungsmaßnahmen teilzunehmen, für die sie nach § 15 freigestellt werden,
3. den Weisungen zu folgen, die ihnen im Rahmen der Berufsausbildung von Ausbildenden, von Ausbildern oder Ausbilderinnen oder von anderen weisungsberechtigten Personen erteilt werden,
4. die für die Ausbildungsstätte geltende Ordnung zu beachten,
5. Werkzeug, Maschinen und sonstige Einrichtungen pfleglich zu behandeln,
6. über Betriebs- und Geschäftsgeheimnisse Stillschweigen zu wahren.

Unterabschnitt 3 – Pflichten der Ausbildenden
§ 14 BBiG – Berufsausbildung
(1) Ausbildende haben
1. dafür zu sorgen, dass den Auszubildenden die berufliche Handlungsfähigkeit vermittelt wird, die zum Erreichen des Ausbildungsziels erforderlich ist, und die Berufsausbildung in einer durch ihren Zweck gebotenen Form planmäßig, zeitlich und sachlich gegliedert so durchzuführen, dass das Ausbildungsziel in der vorgesehenen Ausbildungszeit erreicht werden kann,
2. selbst auszubilden oder einen Ausbilder oder eine Ausbilderin ausdrücklich damit zu beauftragen,
3. Auszubildenden kostenlos die Ausbildungsmittel, insbesondere Werkzeuge und Werkstoffe zur Verfügung zu stellen, die zur Berufsausbildung und zum Ablegen von Zwischen- und Abschlussprüfungen, auch soweit solche nach Beendigung des Berufsausbildungsverhältnisses stattfinden, erforderlich sind,
4. Auszubildende zum Besuch der Berufsschule sowie zum Führen von schriftlichen Ausbildungsnachweisen anzuhalten, soweit solche im Rahmen der Berufsausbildung verlangt werden, und diese durchzusehen,
5. dafür zu sorgen, dass Auszubildende charakterlich gefördert sowie sittlich und körperlich nicht gefährdet werden.
(2) Auszubildenden dürfen nur Aufgaben übertragen werden, die dem Ausbildungszweck dienen und ihren körperlichen Kräften angemessen sind.

16

§ 15 BBiG – Freistellung
Ausbildende haben Auszubildende für die Teilnahme am Berufsschulunterricht und an Prüfungen freizustellen. Das Gleiche gilt, wenn Ausbildungsmaßnahmen außerhalb der Ausbildungsstätte durchzuführen sind.

§ 16 BBiG – Zeugnis
(1) Ausbildende haben den Auszubildenden bei Beendigung des Berufsausbildungsverhältnisses ein schriftliches Zeugnis auszustellen. Die elektronische Form ist ausgeschlossen. Haben Ausbildende die Berufsausbildung nicht selbst durchgeführt, so soll auch der Ausbilder oder die Ausbilderin das Zeugnis unterschreiben.
(2) Das Zeugnis muss Angaben enthalten über Art, Dauer und Ziel der Berufsausbildung sowie über die erworbenen beruflichen Fertigkeiten, Kenntnisse und Fähigkeiten der Auszubildenden. Auf Verlangen Auszubildender sind auch Angaben über Verhalten und Leistung aufzunehmen.

Unterabschnitt 4 – Vergütung
§ 17 BBiG – Vergütungsanspruch
(1) Ausbildende haben Auszubildenden eine angemessene Vergütung zu gewähren. Sie ist nach dem Lebensalter der Auszubildenden so zu bemessen, dass sie mit fortschreitender Berufsausbildung, mindestens jährlich, ansteigt.
(2) Sachleistungen können in Höhe der nach § 17 Abs. 1 Satz 1 Nr. 4 des Vierten Buches Sozialgesetzbuch festgesetzten Sachbezugswerte angerechnet werden, jedoch nicht über 75 Prozent der Bruttovergütung hinaus.
(3) Eine über die vereinbarte regelmäßige tägliche Ausbildungszeit hinausgehende Beschäftigung ist besonders zu vergüten oder durch entsprechende Freizeit auszugleichen.

§ 18 BBiG – Bemessung und Fälligkeit der Vergütung
(1) Die Vergütung bemisst sich nach Monaten. Bei Berechnung der Vergütung für einzelne Tage wird der Monat zu 30 Tagen gerechnet.
(2) Die Vergütung für den laufenden Kalendermonat ist spätestens am letzten Arbeitstag des Monats zu zahlen.

§ 19 BBiG – Fortzahlung der Vergütung
(1) Auszubildenden ist die Vergütung auch zu zahlen
1. für die Zeit der Freistellung (§ 15),
2. bis zur Dauer von sechs Wochen, wenn sie
   a) sich für die Berufsausbildung bereithalten, diese aber ausfällt oder
   b) aus einem sonstigen, in ihrer Person liegenden Grund unverschuldet verhindert sind, ihre Pflichten aus dem Berufsausbildungsverhältnis zu erfüllen.

(2) Können Auszubildende während der Zeit, für welche die Vergütung fortzuzahlen ist, aus berechtigtem Grund Sachleistungen nicht abnehmen, so sind diese nach den Sachbezugswerten (§ 17 Abs. 2) abzugelten.

Unterabschnitt 5 – Beginn und Beendigung des Ausbildungsverhältnisses
§ 20 BBiG – Probezeit
Das Berufsausbildungsverhältnis beginnt mit der Probezeit. Sie muss mindestens einen Monat und darf höchstens vier Monate betragen.

§ 21 BBiG – Beendigung
(1) Das Berufsausbildungsverhältnis endet mit dem Ablauf der Ausbildungszeit. Im Falle der Stufenausbildung endet es mit Ablauf der letzten Stufe.
(2) Bestehen Auszubildende vor Ablauf der Ausbildungszeit die Abschlussprüfung, so endet das Berufsausbildungsverhältnis mit Bekanntgabe des Ergebnisses durch den Prüfungsausschuss.
(3) Bestehen Auszubildende die Abschlussprüfung nicht, so verlängert sich das Berufsausbildungsverhältnis auf ihr Verlangen bis zur nächstmöglichen Wiederholungsprüfung, höchstens um ein Jahr.

§ 22 BBiG – Kündigung
(1) Während der Probezeit kann das Berufsausbildungsverhältnis jederzeit ohne Einhalten einer Kündigungsfrist gekündigt werden.

Berufsbildungsgesetz (BBiG) - *Auswahl*

(2) Nach der Probezeit kann das Berufsausbildungsverhältnis nur gekündigt werden
1. aus einem wichtigen Grund ohne Einhalten einer Kündigungsfrist,
2. von Auszubildenden mit einer Kündigungsfrist von vier Wochen, wenn sie die Berufsausbildung aufgeben oder sich für eine andere Berufstätigkeit ausbilden lassen wollen.

(3) Die Kündigung muss schriftlich und in den Fällen des Absatzes 2 unter Angabe der Kündigungsgründe erfolgen.

(4) Eine Kündigung aus einem wichtigen Grund ist unwirksam, wenn die ihr zugrunde liegenden Tatsachen dem zur Kündigung Berechtigten länger als zwei Wochen bekannt sind. Ist ein vorgesehenes Güteverfahren vor einer außergerichtlichen Stelle eingeleitet, so wird bis zu dessen Beendigung der Lauf dieser Frist gehemmt.

§ 23 BBiG – Schadensersatz bei vorzeitiger Beendigung

(1) Wird das Berufsausbildungsverhältnis nach der Probezeit vorzeitig gelöst, so können Ausbildende oder Auszubildende Ersatz des Schadens verlangen, wenn die andere Person den Grund für die Auflösung zu vertreten hat. Dies gilt nicht im Falle des § 22 Abs. 2 Nr. 2.

(2) Der Anspruch erlischt, wenn er nicht innerhalb von drei Monaten nach Beendigung des Berufsausbildungsverhältnisses geltend gemacht wird.

Unterabschnitt 6 – Sonstige Vorschriften

§ 24 BBiG – Weiterarbeit

Werden Auszubildende im Anschluss an das Berufsausbildungsverhältnis beschäftigt, ohne dass hierüber ausdrücklich etwas vereinbart worden ist, so gilt ein Arbeitsverhältnis auf unbestimmte Zeit als begründet.

Jugendarbeitsschutzgesetz (JArbSchG) - *Auswahl*

Erster Abschnitt – Allgemeine Vorschriften

§ 1 JArbSchG – Geltungsbereich

(1) Dieses Gesetz gilt für die Beschäftigung von Personen, die noch nicht 18 Jahre alt sind,
1. in der Berufsausbildung,
2. als Arbeitnehmer oder Heimarbeiter,
3. mit sonstigen Dienstleistungen, die der Arbeitsleistung von Arbeitnehmern oder Heimarbeitern ähnlich sind,
4. in einem der Berufsausbildung ähnlichen Ausbildungsverhältnis.

(2) Dieses Gesetz gilt nicht
1. für geringfügige Hilfeleistungen, soweit sie gelegentlich
   a) aus Gefälligkeit,
   b) aufgrund familienrechtlicher Vorschriften,
   c) in Einrichtungen der Jugendhilfe,
   d) in Einrichtungen zur Eingliederung Behinderter erbracht werden,
2. für die Beschäftigung durch die Personensorgeberechtigten im Familienhaushalt.

§ 2 JArbSchG – Kind, Jugendlicher

(1) Kind im Sinne dieses Gesetzes ist, wer noch nicht 15 Jahre alt ist.

(2) Jugendlicher im Sinne dieses Gesetzes ist, wer 15, aber noch nicht 18 Jahre alt ist.

(3) Auf Jugendliche, die der Vollzeitschulpflicht unterliegen, finden die für Kinder geltenden Vorschriften Anwendung.

§ 3 JArbSchG – Arbeitgeber

Arbeitgeber im Sinne dieses Gesetzes ist, wer ein Kind oder einen Jugendlichen gemäß § 1 beschäftigt.

§ 4 JArbSchG – Arbeitszeit

(1) Tägliche Arbeitszeit ist die Zeit vom Beginn bis zum Ende der täglichen Beschäftigung ohne die Ruhepausen (§ 11).

(2) Schichtzeit ist die tägliche Arbeitszeit unter Hinzurechnung der Ruhepausen (§ 11).

(3) Im Bergbau unter Tage gilt die Schichtzeit als Arbeitszeit. Sie wird gerechnet vom Betreten des Förderkorbes bei der Einfahrt bis zum Verlassen des Förderkorbes bei der Ausfahrt oder vom Eintritt des einzelnen Beschäftigten in das Stollenmundloch bis zu seinem Wiederaustritt.

(4) Für die Berechnung der wöchentlichen Arbeitszeit ist als Woche die Zeit von Montag bis einschließlich Sonntag zugrunde zu legen. Die Arbeitszeit, die an einem Werktag infolge eines gesetzlichen Feiertags ausfällt, wird auf die wöchentliche Arbeitszeit angerechnet.

(5) Wird ein Kind oder ein Jugendlicher von mehreren Arbeitgebern beschäftigt, so werden die Arbeits- und Schichtzeiten sowie die Arbeitstage zusammengerechnet.

Zweiter Abschnitt – Beschäftigung von Kindern

§ 5 JArbSchG – Verbot der Beschäftigung von Kindern

(1) Die Beschäftigung von Kindern (§ 2 Abs. 1) ist verboten.

(2) Das Verbot des Absatzes 1 gilt nicht für die Beschäftigung von Kindern
1. zum Zwecke der Beschäftigungs- und Arbeitstherapie,
2. im Rahmen des Betriebspraktikums während der Vollzeitschulpflicht,
3. in Erfüllung einer richterlichen Weisung.

Auf die Beschäftigung finden § 7 Satz 1 Nr. 2 und die §§ 9 bis 46 entsprechende Anwendung.

(3) Das Verbot des Absatzes 1 gilt ferner nicht für die Beschäftigung von Kindern über 13 Jahre mit Einwilligung des Personensorgeberechtigten, soweit die Beschäftigung leicht und für Kinder geeignet ist. Die Beschäftigung ist leicht, wenn sie aufgrund ihrer Beschaffenheit und der besonderen Bedingungen, unter denen sie ausgeführt wird,
1. die Sicherheit, Gesundheit und Entwicklung der Kinder,
2. ihren Schulbesuch, ihre Beteiligung an Maßnahmen zur Berufswahlvorbereitung oder Berufsausbildung, die von der zuständigen Stelle anerkannt sind, und
3. ihre Fähigkeit, dem Unterricht mit Nutzen zu folgen, nicht nachteilig beeinflusst. Die Kinder dürfen nicht mehr als zwei Stunden täglich, in landwirtschaftlichen Familienbetrieben nicht mehr als drei Stunden täglich, nicht zwischen 18 und 8 Uhr, nicht vor dem Schulunterricht und nicht während des Schulunterrichts beschäftigt werden. Auf die Beschäftigung finden die §§ 15 bis 31 entsprechende Anwendung.

(4) Das Verbot des Absatzes 1 gilt ferner nicht für die Beschäftigung von Jugendlichen (§ 2 Abs. 3) während der Schulferien für höchstens vier Wochen im Kalenderjahr. Auf die Beschäftigung finden die §§ 8 bis 31 entsprechende Anwendung.

(4a) Die Bundesregierung hat durch Rechtsverordnung mit Zustimmung des Bundesrates die Beschäftigung nach Absatz 3 näher zu bestimmen.

(4b) Der Arbeitgeber unterrichtet die Personensorgeberechtigten der von ihm beschäftigten Kinder über mögliche Gefahren sowie über alle zu ihrer Sicherheit und ihrem Gesundheitsschutz getroffenen Maßnahmen.

(5) Für Veranstaltungen kann die Aufsichtsbehörde Ausnahmen gemäß § 6 bewilligen.

§ 6 JArbSchG - Behördliche Ausnahmen für Veranstaltungen
(1) Die Aufsichtsbehörde kann auf Antrag bewilligen, dass
1. bei Theatervorstellungen Kinder über sechs Jahre bis zu vier Stunden täglich in der Zeit von 10 bis 23 Uhr,
2. bei Musikaufführungen und anderen Aufführungen, bei Werbeveranstaltungen sowie bei Aufnahmen im Rundfunk (Hörfunk und Fernsehen), auf Ton- und Bildträger sowie bei Film- und Fotoaufnahmen
   a) Kinder über drei bis sechs Jahre bis zu zwei Stunden täglich in der Zeit von 8 bis 17 Uhr,
   b) Kinder über sechs Jahre bis zu drei Stunden täglich in der Zeit von 8 bis 22 Uhr

gestaltend mitwirken und an den erforderlichen Proben teilnehmen. Eine Ausnahme darf nicht bewilligt werden für die Mitwirkung in Kabaretts, Tanzlokalen und ähnlichen Betrieben sowie auf Vergnügungsparks, Kirmessen, Jahrmärkten und bei ähnlichen Veranstaltungen, Schaustellungen oder Darbietungen.
(2) Die Aufsichtsbehörde darf nach Anhörung des zuständigen Jugendamts die Beschäftigung nur bewilligen, wenn
1. die Personensorgeberechtigten in die Beschäftigung schriftlich eingewilligt haben,
2. der Aufsichtsbehörde eine nicht länger als vor drei Monaten ausgestellte ärztliche Bescheinigung vorgelegt wird, nach der gesundheitliche Bedenken gegen die Beschäftigung nicht bestehen,
3. die erforderlichen Vorkehrungen und Maßnahmen zum Schutze des Kindes gegen Gefahren für Leben und Gesundheit sowie zur Vermeidung einer Beeinträchtigung der körperlichen oder seelisch-geistigen Entwicklung getroffen sind,
4. Betreuung und Beaufsichtigung des Kindes bei der Beschäftigung sichergestellt sind,
5. nach Beendigung der Beschäftigung eine ununterbrochene Freizeit von mindestens 14 Stunden eingehalten wird,
6. das Fortkommen in der Schule nicht beeinträchtigt wird.

(3) Die Aufsichtsbehörde bestimmt,
1. wie lange, zu welcher Zeit und an welchem Tage das Kind beschäftigt werden darf,
2. Dauer und Lage der Ruhepausen,
3. die Höchstdauer des täglichen Aufenthalts an der Beschäftigungsstätte.

(4) Die Entscheidung der Aufsichtsbehörde ist dem Arbeitgeber schriftlich bekannt zu geben. Er darf das Kind erst nach Empfang des Bewilligungsbescheides beschäftigen.

§ 7 JArbSchG - Beschäftigung von nicht vollzeitschulpflichtigen Kindern
Kinder, die der Vollzeitschulpflicht nicht mehr unterliegen, dürfen
1. im Berufsausbildungsverhältnis,
2. außerhalb eines Berufsausbildungsverhältnisses nur mit leichten und für sie geeigneten Tätigkeiten bis zu sieben Stunden täglich und 35 Stunden wöchentlich

beschäftigt werden. Auf die Beschäftigung finden die §§ 8 bis 46 entsprechende Anwendung.

Dritter Abschnitt - Beschäftigung Jugendlicher

§ 8 JArbSchG - Dauer der Arbeitszeit
(1) Jugendliche dürfen nicht mehr als acht Stunden täglich und nicht mehr als 40 Stunden wöchentlich beschäftigt werden.
(2) Wenn in Verbindung mit Feiertagen an Werktagen nicht gearbeitet wird, damit die Beschäftigten eine längere zusammenhängende Freizeit haben, so darf die ausfallende Arbeitszeit auf die Werktage von fünf zusammenhängenden, die Ausfalltage einschließenden Wochen nur dergestalt verteilt werden, dass die Wochenarbeitszeit im Durchschnitt dieser fünf Wochen 40 Stunden nicht überschreitet. Die tägliche Arbeitszeit darf hierbei achteinhalb Stunden nicht überschreiten.
(2a) Wenn an einzelnen Werktagen die Arbeitszeit auf weniger als acht Stunden verkürzt ist, können die Jugendlichen an den übrigen Werktagen derselben Woche achteinhalb Stunden beschäftigt werden.
(3) In der Landwirtschaft dürfen Jugendliche über 16 Jahre während der Erntezeit nicht mehr als neun Stunden täglich und nicht mehr als 85 Stunden in der Doppelwoche beschäftigt werden.

§ 9 JArbSchG - Berufsschule
(1) Der Arbeitgeber hat den Jugendlichen für die Teilnahme am Berufsschulunterricht freizustellen. Er darf den Jugendlichen nicht beschäftigen
1. vor einem vor 9 Uhr beginnenden Unterricht; dies gilt auch für Personen, die über 18 Jahre alt und noch berufsschulpflichtig sind,
2. an einem Berufsschultag mit mehr als fünf Unterrichtsstunden von mindestens je 45 Minuten, einmal in der Woche,
3. in Berufsschulwochen mit einem planmäßigen Blockunterricht von mindestens 25 Stunden an mindestens fünf Tagen; zusätzliche betriebliche Ausbildungsveranstaltungen bis zu zwei Stunden wöchentlich sind zulässig.

(2) Auf die Arbeitszeit werden angerechnet
1. Berufsschultage nach Absatz 1 Nr. 2 mit acht Stunden,
2. Berufsschulwochen nach Absatz 1 Nr. 3 mit 40 Stunden,
3. im Übrigen die Unterrichtszeit einschließlich der Pausen.

(3) Ein Entgeltausfall darf durch den Besuch der Berufsschule nicht eintreten.

§ 10 JArbSchG - Prüfungen und außerbetriebliche Ausbildungsmaßnahmen
(1) Der Arbeitgeber hat den Jugendlichen
1. für die Teilnahme an Prüfungen und Ausbildungsmaßnahmen, die aufgrund öffentlich-rechtlicher oder vertraglicher Bestimmungen außerhalb der Ausbildungsstätte durchzuführen sind,
2. an dem Arbeitstag, der der schriftlichen Abschlussprüfung unmittelbar vorangeht,

freizustellen.
(2) Auf die Arbeitszeit werden angerechnet
1. die Freistellung nach Absatz 1 Nr. 1 mit der Zeit der Teilnahme einschließlich der Pausen,
2. die Freistellung nach Absatz 1 Nr. 2 mit acht Stunden.

Ein Entgeltausfall darf nicht eintreten.

§ 11 JArbSchG - Ruhepausen, Aufenthaltsräume
(1) Jugendlichen müssen im Voraus feststehende Ruhepausen von angemessener Dauer gewährt werden. Die Ruhepausen müssen mindestens betragen
1. 30 Minuten bei einer Arbeitszeit von mehr als viereinhalb bis zu sechs Stunden,
2. 60 Minuten bei einer Arbeitszeit von mehr als sechs Stunden.

Als Ruhepause gilt nur eine Arbeitsunterbrechung von mindestens 15 Minuten.
(2) Die Ruhepausen müssen in angemessener zeitlicher Lage gewährt werden, frühestens eine Stunde nach Beginn und spätestens eine Stunde vor Ende der Arbeitszeit. Länger als viereinhalb Stunden hintereinander dürfen Jugendliche nicht ohne Ruhepause beschäftigt werden.
(3) Der Aufenthalt während der Ruhepausen in Arbeitsräumen darf den Jugendlichen nur gestattet werden, wenn die Arbeit in diesen Räumen während dieser Zeit eingestellt ist und auch sonst die notwendige Erholung nicht beeinträchtigt wird.
(4) Absatz 3 gilt nicht für den Bergbau unter Tage.

§ 12 JArbSchG - Schichtzeit
Bei der Beschäftigung Jugendlicher darf die Schichtzeit (§ 4 Abs. 2) 10 Stunden, im Bergbau unter Tage 8 Stunden, im Gaststättengewerbe, in der Landwirtschaft, in der Tierhaltung, auf Bau- und Montagestellen 11 Stunden nicht überschreiten.

§ 13 JArbSchG - Tägliche Freizeit
Nach Beendigung der täglichen Arbeitszeit dürfen Jugendliche nicht vor Ablauf einer ununterbrochenen Freizeit von mindestens 12 Stunden beschäftigt werden.

3545612

§ 14 JArbSchG - Nachtruhe

(1) Jugendliche dürfen nur in der Zeit von 6 bis 20 Uhr beschäftigt werden.

(2) Jugendliche über 16 Jahre dürfen
1. im Gaststätten- und Schaustellergewerbe bis 22 Uhr,
2. in mehrschichtigen Betrieben bis 23 Uhr,
3. in der Landwirtschaft ab 5 Uhr oder bis 21 Uhr,
4. in Bäckereien und Konditoreien ab 5 Uhr

beschäftigt werden.

(3) Jugendliche über 17 Jahre dürfen in Bäckereien ab 4 Uhr beschäftigt werden.

(4) An dem einem Berufsschultag unmittelbar vorangehenden Tag dürfen Jugendliche auch nach Absatz 2 Nr. 1 bis 3 nicht nach 20 Uhr beschäftigt werden, wenn der Berufsschulunterricht am Berufsschultag vor 9 Uhr beginnt.

(5) Nach vorheriger Anzeige an die Aufsichtsbehörde dürfen in Betrieben, in denen die übliche Arbeitszeit aus verkehrstechnischen Gründen nach 20 Uhr endet, Jugendliche bis 21 Uhr beschäftigt werden, soweit sie hierdurch unnötige Wartezeiten vermeiden können. Nach vorheriger Anzeige an die Aufsichtsbehörde dürfen ferner in mehrschichtigen Betrieben Jugendliche über 16 Jahre ab 5:30 Uhr oder bis 23:30 Uhr beschäftigt werden, soweit sie hierdurch unnötige Wartezeiten vermeiden können.

(6) Jugendliche dürfen in Betrieben, in denen die Beschäftigten in außergewöhnlichem Grade der Einwirkung von Hitze ausgesetzt sind, in der warmen Jahreszeit ab 5 Uhr beschäftigt werden. Die Jugendlichen sind berechtigt, sich vor Beginn der Beschäftigung und danach in regelmäßigen Zeitabständen arbeitsmedizinisch untersuchen zu lassen. Die Kosten der Untersuchungen hat der Arbeitgeber zu tragen, sofern er diese nicht kostenlos durch einen Betriebsarzt oder einen überbetrieblichen Dienst von Betriebsärzten anbietet.

(7) Jugendliche dürfen bei Musikaufführungen, Theatervorstellungen und anderen Aufführungen, bei Aufnahmen im Rundfunk (Hörfunk und Fernsehen), auf Ton- und Bildträger sowie bei Film- und Fotoaufnahmen bis 23 Uhr gestaltend mitwirken. Eine Mitwirkung ist nicht zulässig bei Veranstaltungen, Schaustellungen oder Darbietungen, bei denen die Anwesenheit Jugendlicher nach den Vorschriften des Jugendschutzgesetzes verboten ist. Nach Beendigung der Tätigkeit dürfen Jugendliche nicht vor Ablauf einer ununterbrochenen Freizeit von mindestens 14 Stunden beschäftigt werden.

§ 15 JArbSchG - 5-Tage-Woche

Jugendliche dürfen nur an fünf Tagen in der Woche beschäftigt werden. Die beiden wöchentlichen Ruhetage sollen nach Möglichkeit aufeinanderfolgen.

§ 16 JArbSchG - Samstagsruhe

(1) An Samstagen dürfen Jugendliche nicht beschäftigt werden.

(2) Zulässig ist die Beschäftigung Jugendlicher an Samstagen nur
1. in Krankenanstalten sowie in Alten-, Pflege- und Kinderheimen,
2. in offenen Verkaufsstellen, in Betrieben mit offenen Verkaufsstellen, in Bäckereien und Konditoreien, im Friseurhandwerk und im Marktverkehr,
3. im Verkehrswesen,
4. in der Landwirtschaft und Tierhaltung,
5. im Familienhaushalt,
6. im Gaststätten- und Schaustellergewerbe,
7. bei Musikaufführungen, Theatervorstellungen und anderen Aufführungen, bei Aufnahmen im Rundfunk (Hörfunk und Fernsehen), auf Ton- und Bildträger sowie bei Film- und Fotoaufnahmen,
8. bei außerbetrieblichen Ausbildungsmaßnahmen,
9. beim Sport,
10. im ärztlichen Notdienst,
11. in Reparaturwerkstätten für Kraftfahrzeuge.

Mindestens zwei Samstage im Monat sollen beschäftigungsfrei bleiben.

(3) Werden Jugendliche am Samstag beschäftigt, ist ihnen die 5-Tage-Woche (§ 15) durch Freistellung an einem anderen berufsschulfreien Arbeitstag derselben Woche sicherzustellen. In Betrieben mit einem Betriebsruhetag in der Woche kann die Freistellung auch an diesem Tage erfolgen, wenn die Jugendlichen an diesem Tage keinen Berufsschulunterricht haben.

(4) Können Jugendliche in den Fällen des Absatzes 2 Nr. 2 am Samstag nicht acht Stunden beschäftigt werden, kann der Unterschied zwischen der tatsächlichen und der nach § 8 Abs. 1 höchstzulässigen Arbeitszeit an dem Tage bis 13 Uhr ausgeglichen werden, an dem die Jugendlichen nach Absatz 3 Satz 1 freizustellen sind.

§ 17 JArbSchG - Sonntagsruhe

(1) An Sonntagen dürfen Jugendliche nicht beschäftigt werden.

(2) Zulässig ist Beschäftigung Jugendlicher an Sonntagen nur
1. in Krankenanstalten sowie in Alten-, Pflege- und Kinderheimen,
2. in der Landwirtschaft und Tierhaltung mit Arbeiten, die auch an Sonn- und Feiertagen naturnotwendig vorgenommen werden müssen,
3. im Familienhaushalt, wenn der Jugendliche in die häusliche Gemeinschaft aufgenommen ist,
4. im Schaustellergewerbe,
5. bei Musikaufführungen, Theatervorstellungen und anderen Aufführungen sowie bei Direktsendungen im Rundfunk (Hörfunk und Fernsehen),
6. beim Sport,
7. im ärztlichen Notdienst,
8. im Gaststättengewerbe.

Jeder zweite Sonntag soll, mindestens zwei Sonntage im Monat müssen beschäftigungsfrei bleiben.

(3) Werden Jugendliche am Sonntag beschäftigt, ist ihnen die 5-Tage-Woche (§ 15) durch Freistellung an einem anderen berufsschulfreien Arbeitstag derselben Woche sicherzustellen. In Betrieben mit einem Betriebsruhetag in der Woche kann die Freistellung auch an diesem Tage erfolgen, wenn die Jugendlichen an diesem Tag keinen Berufsschulunterricht haben.

§ 18 JArbSchG - Feiertagsruhe

(1) Am 24. und 31. Dezember nach 14 Uhr und an gesetzlichen Feiertagen dürfen Jugendliche nicht beschäftigt werden.

(2) Zulässig ist die Beschäftigung Jugendlicher an gesetzlichen Feiertagen in den Fällen des § 17 Abs. 2, ausgenommen am 25. Dezember, am 1. Januar, am ersten Osterfeiertag und am 1. Mai.

(3) Für die Beschäftigung an einem gesetzlichen Feiertag, der auf einen Werktag fällt, ist der Jugendliche an einem anderen berufsschulfreien Arbeitstag derselben oder der folgenden Woche freizustellen. In Betrieben mit einem Betriebsruhetag in der Woche kann die Freistellung auch an diesem Tage erfolgen, wenn die Jugendlichen an diesem Tage keinen Berufsschulunterricht haben.

§ 19 JArbSchG - Urlaub

(1) Der Arbeitgeber hat Jugendlichen für jedes Kalenderjahr einen bezahlten Erholungsurlaub zu gewähren.

(2) Der Urlaub beträgt jährlich
1. mindestens 30 Werktage, wenn der Jugendliche zu Beginn des Kalenderjahres noch nicht 16 Jahre alt ist,
2. mindestens 27 Werktage, wenn der Jugendliche zu Beginn des Kalenderjahres noch nicht 17 Jahre alt ist,
3. mindestens 25 Werktage, wenn der Jugendliche zu Beginn des Kalenderjahres noch nicht 18 Jahre alt ist.

Jugendliche, die im Bergbau unter Tage beschäftigt werden, erhalten in jeder Altersgruppe einen zusätzlichen Urlaub von drei Werktagen.

(3) Der Urlaub soll Berufsschülern in der Zeit der Berufsschulferien gegeben werden. Soweit er nicht in den Berufsschulferien gegeben wird, ist für jeden Berufsschultag, an dem die Berufsschule während des Urlaubs besucht wird, ein weiterer Urlaubstag zu gewähren.

(4) Im Übrigen gelten für den Urlaub der Jugendlichen § 3 Abs. 2, §§ 4 bis 12 und § 13 Abs. 3 des Bundesurlaubsgesetzes. Der Auftraggeber oder Zwischenmeister hat jedoch abweichend von § 12 Nr. 1 des Bundesurlaubsgesetzes den jugendlichen Heimarbeitern für jedes Kalenderjahr einen bezahlten Erholungsurlaub entsprechend Absatz 2 zu gewähren; das Urlaubsentgelt der jugendlichen Heimarbeiter beträgt bei einem Urlaub von 30 Werktagen 11,6 vom Hundert, bei einem Urlaub von 27 Werktagen 10,3 vom Hundert und bei einem Urlaub von 25 Werktagen 9,5 vom Hundert.

§ 21 JArbSchG – Ausnahmen in besonderen Fällen

(1) Die §§ 8 und 11 bis 18 finden keine Anwendung auf die Beschäftigung Jugendlicher mit vorübergehenden und unaufschiebbaren Arbeiten in Notfällen, soweit erwachsene Beschäftigte nicht zur Verfügung stehen.

(2) Wird in den Fällen des Absatzes 1 über die Arbeitszeit des § 8 hinaus Mehrarbeit geleistet, so ist sie durch entsprechende Verkürzung der Arbeitszeit innerhalb der folgenden drei Wochen auszugleichen.

(3) (aufgehoben)

(...)

§ 21a Abweichende Regelungen

(1) In einem Tarifvertrag oder auf Grund eines Tarifvertrages in einer Betriebsvereinbarung kann zugelassen werden

1. abweichend von den §§ 8, 15, 16 Abs. 3 und 4, § 17 Abs. 3 und § 18 Abs. 3 die Arbeitszeit bis zu neun Stunden täglich, 44 Stunden wöchentlich und bis zu fünfeinhalb Tagen in der Woche anders zu verteilen, jedoch nur unter Einhaltung einer durchschnittlichen Wochenarbeitszeit von 40 Stunden in einem Ausgleichszeitraum von zwei Monaten,
2. abweichend von § 11 Abs. 1 Satz 2 Nr. 2 und Abs. 2 die Ruhepausen bis zu 15 Minuten zu kürzen und die Lage der Pausen anders zu bestimmen,
3. abweichend von § 12 die Schichtzeit mit Ausnahme des Bergbaus unter Tage bis zu einer Stunde täglich zu verlängern,
4. abweichend von § 16 Abs. 1 und 2 Jugendliche an 26 Samstagen im Jahr oder an jedem Samstag zu beschäftigen, wenn statt dessen der Jugendliche an einem anderen Werktag derselben Woche von der Beschäftigung freigestellt wird,
5. abweichend von den §§ 15, 16 Abs. 3 und 4, § 17 Abs. 3 und § 18 Abs. 3 Jugendliche bei einer Beschäftigung an einem Samstag oder an einem Sonn- oder Feiertag unter vier Stunden an einem anderen Arbeitstag derselben oder der folgenden Woche vor- oder nachmittags von der Beschäftigung freizustellen,
6. abweichend von § 17 Abs. 2 Satz 2 Jugendliche im Gaststätten- und Schaustellergewerbe sowie in der Landwirtschaft während der Saison oder der Erntezeit an drei Sonntagen im Monat zu beschäftigen.

(2) Im Geltungsbereich eines Tarifvertrages nach Absatz 1 kann die abweichende tarifvertragliche Regelung im Betrieb eines nicht tarifgebundenen Arbeitgebers durch Betriebsvereinbarung oder, wenn ein Betriebsrat nicht besteht, durch schriftliche Vereinbarung zwischen dem Arbeitgeber und dem Jugendlichen übernommen werden.

(3) Die Kirchen und die öffentlich-rechtlichen Religionsgesellschaften können die in Absatz 1 genannten Abweichungen in ihren Regelungen vorsehen.

§ 22 JArbSchG – Gefährliche Arbeiten

(1) Jugendliche dürfen nicht beschäftigt werden

1. mit Arbeiten, die ihre Leistungsfähigkeit übersteigen,
2. mit Arbeiten, bei denen sie sittlichen Gefahren ausgesetzt sind,
3. mit Arbeiten, die mit Unfallgefahren verbunden sind, von denen anzunehmen ist, dass Jugendliche sie wegen mangelnden Sicherheitsbewusstseins oder mangelnder Erfahrung nicht erkennen oder nicht abwenden können,
4. mit Arbeiten, bei denen ihre Gesundheit durch außergewöhnliche Hitze oder Kälte oder starke Nässe gefährdet wird,
5. mit Arbeiten, bei denen sie schädlichen Einwirkungen von Lärm, Erschütterungen oder Strahlen ausgesetzt sind,
6. mit Arbeiten, bei denen sie schädlichen Einwirkungen von Gefahrsstoffen im Sinne des Chemikaliengesetzes ausgesetzt sind,
7. mit Arbeiten, bei denen sie schädlichen Einwirkungen von biologischen Arbeitsstoffen im Sinne der Richtlinie 90/679/EWG des Rates vom 26. November 1990 zum Schutze der Arbeitnehmer gegen Gefährdung durch biologische Arbeitsstoffe bei der Arbeit ausgesetzt sind.

(2) Absatz 1 Nr. 3 bis 7 gilt nicht für die Beschäftigung Jugendlicher, soweit

1. dies zur Erreichung ihres Ausbildungszieles erforderlich ist,
2. ihr Schutz durch die Aufsicht eines Fachkundigen gewährleistet ist und
3. der Luftgrenzwert bei gefährlichen Stoffen (Absatz 1 Nr. 6) unterschritten wird.

Satz 1 findet keine Anwendung auf den absichtlichen Umgang mit biologischen Arbeitsstoffen der Gruppen 3 und 4 im Sinne der Richtlinie 90/679/EWG des Rates vom 26. November 1990 zum Schutze der Arbeitnehmer gegen Gefährdung durch biologische Arbeitsstoffe bei der Arbeit.

(3) Werden Jugendliche in einem Betrieb beschäftigt, für den ein Betriebsarzt oder eine Fachkraft für Arbeitssicherheit verpflichtet ist, muss ihre betriebsärztliche oder sicherheitstechnische Betreuung sichergestellt sein.

§ 23 JArbSchG – Akkordarbeit; tempoabhängige Arbeiten

(1) Jugendliche dürfen nicht beschäftigt werden

1. mit Akkordarbeit und sonstigen Arbeiten, bei denen durch ein gesteigertes Arbeitstempo ein höheres Entgelt erzielt werden kann,
2. in einer Arbeitsgruppe mit erwachsenen Arbeitnehmern, die mit Arbeiten nach Nummer 1 beschäftigt werden,
3. mit Arbeiten, bei denen ihr Arbeitstempo nicht nur gelegentlich vorgeschrieben, vorgegeben oder auf andere Weise erzwungen wird.

(2) Absatz 1 Nr. 2 gilt nicht für die Beschäftigung Jugendlicher,

1. soweit dies zur Erreichung ihres Ausbildungszieles erforderlich ist oder
2. wenn sie eine Berufsausbildung für diese Beschäftigung abgeschlossen haben

und ihr Schutz durch die Aufsicht eines Fachkundigen gewährleistet ist.

(...)

§ 32 JArbSchG – Erstuntersuchung

(1) Ein Jugendlicher, der in das Berufsleben eintritt, darf nur beschäftigt werden, wenn

1. er innerhalb der letzten vierzehn Monate von einem Arzt untersucht worden ist (Erstuntersuchung) und
2. dem Arbeitgeber eine von diesem Arzt ausgestellte Bescheinigung vorliegt.

(2) Absatz 1 gilt nicht für eine nur geringfügige oder eine nicht länger als zwei Monate dauernde Beschäftigung mit leichten Arbeiten, von denen keine gesundheitlichen Nachteile für den Jugendlichen zu befürchten sind.

(...)

Buch 1 - Allgemeiner Teil
Abschnitt 1 - Personen

Titel 1 - Natürliche Personen, Verbraucher, Unternehmer
§ 1 BGB - Beginn der Rechtsfähigkeit
Die Rechtsfähigkeit des Menschen beginnt mit der Vollendung der Geburt.

§ 2 BGB - Eintritt der Volljährigkeit
Die Volljährigkeit tritt mit der Vollendung des 18. Lebensjahres ein.
(...)

§ 13 BGB - Verbraucher
Verbraucher ist jede natürliche Person, die ein Rechtsgeschäft zu einem Zwecke abschließt, der weder ihrer gewerblichen noch ihrer selbstständigen beruflichen Tätigkeit zugerechnet werden kann.

§ 14 BGB - Unternehmer
(1) Unternehmer ist eine natürliche oder juristische Person oder eine rechtsfähige Personengesellschaft, die bei Abschluss eines Rechtsgeschäfts in Ausübung ihrer gewerblichen oder selbstständigen beruflichen Tätigkeit handelt.
(2) Eine rechtsfähige Personengesellschaft ist eine Personengesellschaft, die mit der Fähigkeit ausgestattet ist, Rechte zu erwerben und Verbindlichkeiten einzugehen.
(...)

Abschnitt 2 - Sachen und Tiere

§ 90 BGB - Begriff der Sache
Sachen im Sinne des Gesetzes sind nur körperliche Gegenstände.

§ 90a BGB - Tiere
Tiere sind keine Sachen. Sie werden durch besondere Gesetze geschützt. Auf sie sind die für Sachen geltenden Vorschriften entsprechend anzuwenden, soweit nicht etwas anderes bestimmt ist.

§ 91 BGB - Vertretbare Sachen
Vertretbare Sachen im Sinne des Gesetzes sind bewegliche Sachen, die im Verkehre nach Zahl, Maß oder Gewicht bestimmt zu werden pflegen.
(...)

Abschnitt 3 - Rechtsgeschäfte

Titel 1 - Geschäftsfähigkeit
§ 104 BGB - Geschäftsunfähigkeit
Geschäftsunfähig ist:
1. wer nicht das siebente Lebensjahr vollendet hat;
2. wer sich in einem die freie Willensbestimmung ausschließenden Zustand krankhafter Störung der Geistestätigkeit befindet, sofern nicht der Zustand seiner Natur nach ein vorübergehender ist.

§ 105 BGB - Nichtigkeit der Willenserklärung
(1) Die Willenserklärung eines Geschäftsunfähigen ist nichtig.
(2) Nichtig ist auch eine Willenserklärung, die im Zustand der Bewusstlosigkeit oder vorübergehender Störung der Geistestätigkeit abgegeben wird.

§ 105a - Geschäfte des täglichen Lebens
Tätigt ein volljähriger Geschäftsunfähiger ein Geschäft des täglichen Lebens, das mit geringwertigen Mitteln bewirkt werden kann, so gilt der von ihm geschlossene Vertrag in Ansehung von Leistung und, soweit vereinbart, Gegenleistung als wirksam, sobald Leistung und Gegenleistung bewirkt sind. Satz 1 gilt nicht bei einer erheblichen Gefahr für die Person oder das Vermögen des Geschäftsunfähigen.

§ 106 BGB - Beschränkte Geschäftsfähigkeit Minderjähriger
Ein Minderjähriger, der das siebente Lebensjahr vollendet hat, ist nach Maßgabe der §§ 107 bis 113 in der Geschäftsfähigkeit beschränkt.

§ 107 BGB - Einwilligung des gesetzlichen Vertreters
Der Minderjährige bedarf zu einer Willenserklärung, durch die er nicht lediglich einen rechtlichen Vorteil erlangt, der Einwilligung seines gesetzlichen Vertreters.

§ 108 BGB - Vertragsschluss ohne Einwilligung
(1) Schließt der Minderjährige einen Vertrag ohne die erforderliche Einwilligung des gesetzlichen Vertreters, so hängt die Wirksamkeit des Vertrags von der Genehmigung des Vertreters ab.
(2) Fordert der andere Teil den Vertreter zur Erklärung über die Genehmigung auf, so kann die Erklärung nur ihm gegenüber erfolgen; eine vor der Aufforderung dem Minderjährigen gegenüber erklärte Genehmigung oder Verweigerung der Genehmigung wird unwirksam. Die Genehmigung kann nur bis zum Ablauf von zwei Wochen nach dem Empfang der Aufforderung erklärt werden; wird sie nicht erklärt, so gilt sie als verweigert.
(3) Ist der Minderjährige unbeschränkt geschäftsfähig geworden, so tritt seine Genehmigung an die Stelle der Genehmigung des Vertreters.

§ 109 BGB - Widerrufsrecht des anderen Teils
(1) Bis zur Genehmigung des Vertrags ist der andere Teil zum Widerruf berechtigt. Der Widerruf kann auch dem Minderjährigen gegenüber erklärt werden.
(2) Hat der andere Teil die Minderjährigkeit gekannt, so kann er nur widerrufen, wenn der Minderjährige der Wahrheit zuwider die Einwilligung des Vertreters behauptet hat; er kann auch in diesem Falle nicht widerrufen, wenn ihm das Fehlen der Einwilligung bei dem Abschluss des Vertrags bekannt war.

§ 110 BGB - Bewirken der Leistung mit eigenen Mitteln
Ein von dem Minderjährigen ohne Zustimmung des gesetzlichen Vertreters geschlossener Vertrag gilt als von Anfang an wirksam, wenn der Minderjährige die vertragsmäßige Leistung mit Mitteln bewirkt, die ihm zu diesem Zwecke oder zu freier Verfügung von dem Vertreter oder mit dessen Zustimmung von einem Dritten überlassen worden sind.

§ 111 BGB - Einseitige Rechtsgeschäfte
Ein einseitiges Rechtsgeschäft, das der Minderjährige ohne die erforderliche Einwilligung des gesetzlichen Vertreters vornimmt, ist unwirksam. Nimmt der Minderjährige mit dieser Einwilligung ein solches Rechtsgeschäft einem anderen gegenüber vor, so ist das Rechtsgeschäft unwirksam, wenn der Minderjährige die Einwilligung nicht in schriftlicher Form vorlegt und der andere das Rechtsgeschäft aus diesem Grund unverzüglich zurückweist. Die Zurückweisung ist ausgeschlossen, wenn der Vertreter den anderen von der Einwilligung in Kenntnis gesetzt hatte.

§ 112 BGB - Selbständiger Betrieb eines Erwerbsgeschäfts
(1) Ermächtigt der gesetzliche Vertreter mit Genehmigung des Familiengerichts den Minderjährigen zum selbständigen Betrieb eines Erwerbsgeschäfts, so ist der Minderjährige für solche Rechtsgeschäfte unbeschränkt geschäftsfähig, welche der Geschäftsbetrieb mit sich bringt. Ausgenommen sind Rechtsgeschäfte, zu denen der Vertreter der Genehmigung des Familiengerichts bedarf.
(2) Die Ermächtigung kann von dem Vertreter nur mit Genehmigung des Familiengerichts zurückgenommen werden.

§ 113 BGB - Dienst- oder Arbeitsverhältnis
(1) Ermächtigt der gesetzliche Vertreter den Minderjährigen, in Dienst oder in Arbeit zu treten, so ist der Minderjährige für solche Rechtsgeschäfte unbeschränkt geschäftsfähig, welche die Eingehung oder Aufhebung eines Dienst- oder Arbeitsverhältnisses der gestatteten Art oder die Erfüllung der sich aus einem solchen Verhältnis ergebenden Verpflichtungen betreffen. Ausgenommen sind Verträge, zu denen der Vertreter der Genehmigung des Familiengerichts bedarf.

(2) Die Ermächtigung kann von dem Vertreter zurückgenommen oder eingeschränkt werden.
(3) Ist der gesetzliche Vertreter ein Vormund, so kann die Ermächtigung, wenn sie von ihm verweigert wird, auf Antrag des Minderjährigen durch das Familiengericht ersetzt werden. Das Familiengericht hat die Ermächtigung zu ersetzen, wenn sie im Interesse des Mündels liegt.
(4) Die für einen einzelnen Fall erteilte Ermächtigung gilt im Zweifel als allgemeine Ermächtigung zur Eingehung von Verhältnissen derselben Art.
(...)

Titel 2 - Willenserklärung

§ 117 BGB - Scheingeschäft
(1) Wird eine Willenserklärung, die einem anderen gegenüber abzugeben ist, mit dessen Einverständnis nur zum Schein abgegeben, so ist sie nichtig.
(2) Wird durch ein Scheingeschäft ein anderes Rechtsgeschäft verdeckt, so finden die für das verdeckte Rechtsgeschäft geltenden Vorschriften Anwendung.

§ 118 BGB - Mangel der Ernstlichkeit
Eine nicht ernstlich gemeinte Willenserklärung, die in der Erwartung abgegeben wird, der Mangel der Ernstlichkeit werde nicht verkannt werden, ist nichtig.

§ 119 BGB - Anfechtbarkeit wegen Irrtums
(1) Wer bei der Abgabe einer Willenserklärung über deren Inhalt im Irrtum war oder eine Erklärung dieses Inhalts überhaupt nicht abgeben wollte, kann die Erklärung anfechten, wenn anzunehmen ist, dass er sie bei Kenntnis der Sachlage und bei verständiger Würdigung des Falles nicht abgegeben haben würde.
(2) Als Irrtum über den Inhalt der Erklärung gilt auch der Irrtum über solche Eigenschaften der Person oder der Sache, die im Verkehr als wesentlich angesehen werden.

§ 120 BGB - Anfechtbarkeit wegen falscher Übermittlung
Eine Willenserklärung, welche durch die zur Übermittlung verwendete Person oder Einrichtung unrichtig übermittelt worden ist, kann unter der gleichen Voraussetzung angefochten werden wie nach § 119 eine irrtümlich abgegebene Willenserklärung.

§ 121 BGB - Anfechtungsfrist
(1) Die Anfechtung muss in den Fällen der §§ 119, 120 ohne schuldhaftes Zögern (unverzüglich) erfolgen, nachdem der Anfechtungsberechtigte von dem Anfechtungsgrund Kenntnis erlangt hat. Die einem Abwesenden gegenüber erfolgte Anfechtung gilt als rechtzeitig erfolgt, wenn die Anfechtungserklärung unverzüglich abgesendet worden ist.
(2) Die Anfechtung ist ausgeschlossen, wenn seit der Abgabe der Willenserklärung zehn Jahre verstrichen sind.

§ 122 BGB - Schadensersatzpflicht des Anfechtenden
(1) Ist eine Willenserklärung nach § 118 nichtig oder aufgrund der §§ 119, 120 angefochten, so hat der Erklärende, wenn die Erklärung einem anderen gegenüber abzugeben war, diesem, andernfalls jedem Dritten den Schaden zu ersetzen, den der andere oder der Dritte dadurch erleidet, dass er auf die Gültigkeit der Erklärung vertraut, jedoch nicht über den Betrag des Interesses hinaus, welches der andere oder der Dritte an der Gültigkeit der Erklärung hat.
(2) Die Schadensersatzpflicht tritt nicht ein, wenn der Beschädigte den Grund der Nichtigkeit oder der Anfechtbarkeit kannte oder infolge von Fahrlässigkeit nicht kannte (kennen musste).

§ 123 BGB - Anfechtbarkeit wegen Täuschung oder Drohung
(1) Wer zur Abgabe einer Willenserklärung durch arglistige Täuschung oder widerrechtlich durch Drohung bestimmt worden ist, kann die Erklärung anfechten.
(2) Hat ein Dritter die Täuschung verübt, so ist eine Erklärung, die einem anderen gegenüber abzugeben war, nur dann anfechtbar, wenn dieser die Täuschung kannte oder kennen musste. Soweit ein anderer als derjenige, welchem gegenüber die Erklärung abzugeben war, aus der Erklärung unmittelbar ein Recht erworben hat, ist die Erklärung ihm gegenüber anfechtbar, wenn er die Täuschung kannte oder kennen musste.

§ 124 BGB - Anfechtungsfrist
(1) Die Anfechtung einer nach § 123 anfechtbaren Willenserklärung kann nur binnen Jahresfrist erfolgen.
(2) Die Frist beginnt im Falle der arglistigen Täuschung mit dem Zeitpunkt, in welchem der Anfechtungsberechtigte die Täuschung entdeckt, im Falle der Drohung mit dem Zeitpunkt, in welchem die Zwangslage aufhört. Auf den Lauf der Frist finden die für die Verjährung geltenden Vorschriften der §§ 206, 210 und 211 entsprechende Anwendung.
(3) Die Anfechtung ist ausgeschlossen, wenn seit der Abgabe der Willenserklärung zehn Jahre verstrichen sind.

§ 125 BGB - Nichtigkeit wegen Formmangels
Ein Rechtsgeschäft, welches der durch Gesetz vorgeschriebenen Form ermangelt, ist nichtig. Der Mangel der durch Rechtsgeschäft bestimmten Form hat im Zweifel gleichfalls Nichtigkeit zur Folge.
(...)

§ 128 BGB - Notarielle Beurkundung
Ist durch Gesetz notarielle Beurkundung eines Vertrags vorgeschrieben, so genügt es, wenn zunächst der Antrag und sodann die Annahme des Antrags von einem Notar beurkundet wird.

§ 129 BGB - Öffentliche Beglaubigung
(1) Ist durch Gesetz für eine Erklärung öffentliche Beglaubigung vorgeschrieben, so muss die Erklärung schriftlich abgefasst und die Unterschrift des Erklärenden von einem Notar beglaubigt werden. Wird die Erklärung von dem Aussteller mittels Handzeichens unterzeichnet, so ist die im § 126 Abs. 1 vorgeschriebene Beglaubigung des Handzeichens erforderlich und genügend.
(2) Die öffentliche Beglaubigung wird durch die notarielle Beurkundung der Erklärung ersetzt.
(...)

§ 134 BGB - Gesetzliches Verbot
Ein Rechtsgeschäft, das gegen ein gesetzliches Verbot verstößt, ist nichtig, wenn sich nicht aus dem Gesetz ein anderes ergibt.
(...)

§ 138 BGB - Sittenwidriges Rechtsgeschäft; Wucher
(1) Ein Rechtsgeschäft, das gegen die guten Sitten verstößt, ist nichtig.
(2) Nichtig ist insbesondere ein Rechtsgeschäft, durch das jemand unter Ausbeutung der Zwangslage, der Unerfahrenheit, des Mangels an Urteilsvermögen oder der erheblichen Willensschwäche eines anderen sich oder einem Dritten für eine Leistung Vermögensvorteile versprechen oder gewähren lässt, die in einem auffälligen Missverhältnis zu der Leistung stehen.
(...)

Titel 3 - Vertrag

§ 145 BGB - Bindung an den Antrag
Wer einem anderen die Schließung eines Vertrags anträgt, ist an den Antrag gebunden, es sei denn, dass er die Gebundenheit ausgeschlossen hat.

§ 146 BGB - Erlöschen des Antrags
Der Antrag erlischt, wenn er dem Antragenden gegenüber abgelehnt oder wenn er nicht diesem gegenüber nach den §§ 147 bis 149 rechtzeitig angenommen wird.

§ 147 BGB - Annahmefrist
(1) Der einem Anwesenden gemachte Antrag kann nur sofort angenommen werden. Dies gilt auch von einem mittels Fernsprechers oder einer sonstigen technischen Einrichtung von Person zu Person gemachten Antrage.

(2) Der einem Abwesenden gemachte Antrag kann nur bis zu dem Zeitpunkt angenommen werden, in welchem der Antragende den Eingang der Antwort unter regelmäßigen Umständen erwarten darf.

§ 148 BGB - Bestimmung einer Annahmefrist
Hat der Antragende für die Annahme des Antrags eine Frist bestimmt, so kann die Annahme nur innerhalb der Frist erfolgen.

§ 149 BGB - Verspätet zugegangene Annahmeerklärung
Ist eine dem Antragenden verspätet zugegangene Annahmeerklärung dergestalt abgesendet worden, dass sie bei regelmäßiger Beförderung ihm rechtzeitig zugegangen sein würde, und musste der Antragende dies erkennen, so hat er die Verspätung dem Annehmenden unverzüglich nach dem Empfang der Erklärung anzuzeigen, sofern es nicht schon vorher geschehen ist. Verzögert er die Absendung der Anzeige, so gilt die Annahme als nicht verspätet.

§ 150 BGB - Verspätete und abändernde Annahme
(1) Die verspätete Annahme eines Antrags gilt als neuer Antrag.
(2) Eine Annahme unter Erweiterungen, Einschränkungen oder sonstigen Änderungen gilt als Ablehnung verbunden mit einem neuen Antrag.

§ 151 BGB - Annahme ohne Erklärung gegenüber dem Antragenden
Der Vertrag kommt durch die Annahme des Antrags zustande, ohne dass die Annahme dem Antragenden gegenüber erklärt zu werden braucht, wenn eine solche Erklärung nach der Verkehrssitte nicht zu erwarten ist oder der Antragende auf sie verzichtet hat. Der Zeitpunkt, in welchem der Antrag erlischt, bestimmt sich nach dem aus dem Antrag oder den Umständen zu entnehmenden Willen des Antragenden.
(...)

Abschnitt 5 - Verjährung

Titel 1 - Gegenstand und Dauer der Verjährung

§ 194 BGB - Gegenstand der Verjährung
(1) Das Recht, von einem anderen ein Tun oder Unterlassen zu verlangen (Anspruch), unterliegt der Verjährung.
(2) Ansprüche aus einem familienrechtlichen Verhältnis unterliegen der Verjährung nicht, soweit sie auf die Herstellung des dem Verhältnis entsprechenden Zustandes für die Zukunft gerichtet sind.

§ 195 BGB - Regelmäßige Verjährungsfrist
Die regelmäßige Verjährungsfrist beträgt drei Jahre.

§ 196 BGB - Verjährungsfrist bei Rechten an einem Grundstück
Ansprüche auf Übertragung des Eigentums an einem Grundstück sowie auf Begründung, Übertragung oder Aufhebung eines Rechts an einem Grundstück oder auf Änderung des Inhalts eines solchen Rechts sowie die Ansprüche auf die Gegenleistung verjähren in zehn Jahren.

§ 197 BGB - Dreißigjährige Verjährungsfrist
(1) In 30 Jahren verjähren, soweit nicht ein anderes bestimmt ist,
1. Herausgabeansprüche aus Eigentum und anderen dinglichen Rechten sowie die Ansprüche, die der Geltendmachung der Herausgabeansprüche dienen,
2. Herausgabeansprüche aus Eigentum, anderen dringlichen Rechten, den §§ 2018, 2130 und 2362 sowie die Ansprüche, die der Geltendmachung der Herausgabeansprüche dienen,
3. rechtskräftig festgestellte Ansprüche,
4. Ansprüche aus vollstreckbaren Vergleichen oder vollstreckbaren Urkunden,
5. Ansprüche, die durch die im Insolvenzverfahren erfolgte Feststellung vollstreckbar geworden sind und
6. Ansprüche auf Erstattung der Kosten der Zwangsvollstreckung.

(2) Soweit Ansprüche nach Absatz 1 Nr. 2 regelmäßig wiederkehrende Leistungen oder Unterhaltsleistungen und Ansprüche nach Absatz 1 Nr. 3 bis 5 künftig fällig werdende regelmäßig wiederkehrende Leistungen zum Inhalt haben, tritt an die Stelle der Verjährungsfrist von 30 Jahren die regelmäßige Verjährungsfrist.

§ 198 BGB - Verjährung bei Rechtsnachfolge
Gelangt eine Sache, hinsichtlich derer ein dinglicher Anspruch besteht, durch Rechtsnachfolge in den Besitz eines Dritten, so kommt die während des Besitzes des Rechtsvorgängers verstrichene Verjährungszeit dem Rechtsnachfolger zugute.

§ 199 BGB - Beginn der regelmäßigen Verjährungsfrist und Verjährungshöchstfristen
(1) Die regelmäßige Verjährungsfrist beginnt, soweit nicht ein anderer Verjährungsbeginn bestimmt ist, mit dem Schluss des Jahres, in dem
1. der Anspruch entstanden ist und
2. der Gläubiger von den den Anspruch begründenden Umständen und der Person des Schuldners Kenntnis erlangt oder ohne grobe Fahrlässigkeit erlangen müsste.

(2) Schadensersatzansprüche, die auf der Verletzung des Lebens, des Körpers, der Gesundheit oder der Freiheit beruhen, verjähren ohne Rücksicht auf ihre Entstehung und die Kenntnis oder grob fährlässige Unkenntnis in 30 Jahren von der Begehung der Handlung, der Pflichtverletzung oder dem sonstigen, den Schaden auslösenden Ereignis an.
(3) Sonstige Schadensersatzansprüche verjähren
1. ohne Rücksicht auf die Kenntnis oder grob fahrlässige Unkenntnis in zehn Jahren von ihrer Entstehung an und
2. ohne Rücksicht auf ihre Entstehung und die Kenntnis oder grob fahrlässige Unkenntnis in 30 Jahren von der Begehung der Handlung, der Pflichtverletzung oder dem sonstigen, den Schaden auslösenden Ereignis an.

Maßgeblich ist die früher endende Frist.
(3a) Ansprüche, die auf einem Erbfall beruhen oder deren Geltendmachung die Kenntnis einer Verfügung von Todes wegen voraussetzt, verjähren ohne Rücksicht auf die Kenntnis oder grob fahrlässige Unkenntnis in 30 Jahren von der Entstehung des Anspruchs an.
(4) Andere Ansprüche als die nach den Absätzen 2 bis 3a verjähren ohne Rücksicht auf die Kenntnis oder grob fahrlässige Unkenntnis in zehn Jahren von ihrer Entstehung an.
(5) Geht der Anspruch auf ein Unterlassen, so tritt an die Stelle der Entstehung die Zuwiderhandlung.

§ 200 BGB - Beginn anderer Verjährungsfristen
Die Verjährungsfrist von Ansprüchen, die nicht der regelmäßigen Verjährungsfrist unterliegen, beginnt mit der Entstehung des Anspruchs, soweit nicht ein anderer Verjährungsbeginn bestimmt ist. § 199 Abs. 5 findet entsprechende Anwendung.

§ 201 BGB - Beginn der Verjährungsfrist von festgestellten Ansprüchen
Die Verjährung von Ansprüchen der in § 197 Abs. 1 Nr. 3 bis 6 bezeichneten Art beginnt mit der Rechtskraft der Entscheidung, der Errichtung des vollstreckbaren Titels oder der Feststellung im Insolvenzverfahren, nicht jedoch vor der Entstehung des Anspruchs. § 199 Abs. 5 findet entsprechende Anwendung.

§ 202 BGB - Unzulässigkeit von Vereinbarungen über die Verjährung
(1) Die Verjährung kann bei Haftung wegen Vorsatzes nicht im Voraus durch Rechtsgeschäft erleichtert werden.
(2) Die Verjährung kann durch Rechtsgeschäft nicht über eine Verjährungsfrist von 30 Jahren ab dem gesetzlichen Verjährungsbeginn hinaus erschwert werden.

Titel 2 - Hemmung, Ablaufhemmung und Neubeginn der Verjährung

§ 203 BGB - Hemmung der Verjährung bei Verhandlungen
Schweben zwischen dem Schuldner und dem Gläubiger Verhandlungen über den Anspruch oder die den Anspruch begründenden Umstände, so ist die Verjährung gehemmt, bis der eine

oder der andere Teil die Fortsetzung der Verhandlungen verweigert. Die Verjährung tritt frühestens drei Monate nach dem Ende der Hemmung ein.

§ 204 BGB - Hemmung der Verjährung durch Rechtsverfolgung

(1) Die Verjährung wird gehemmt durch

1. die Erhebung der Klage auf Leistung oder auf Feststellung des Anspruchs, auf Erteilung der Vollstreckungsklausel oder auf Erlass des Vollstreckungsurteils,
2. die Zustellung des Antrags im vereinfachten Verfahren über den Unterhalt Minderjähriger,
3. die Zustellung des Mahnbescheids im Mahnverfahren oder des Europäischen Zahlungsbefehls im Europäischen Mahnverfahren nach der Verordnung (EG) Nr. 1896/2006 des Europäischen Parlaments und des Rates vom 12. Dezember 2006 zur Einführung eines Europäischen Mahnverfahrens (ABl. EU Nr. L 399 S. 1),
4. die Veranlassung der Bekanntgabe des Güteantrags, der bei einer durch die Landesjustizverwaltung eingerichteten oder anerkannten Gütestelle oder, wenn die Parteien den Einigungsversuch einvernehmlich unternehmen, bei einer sonstigen Gütestelle, die Streitbeilegungen betreibt, eingereicht ist; wird die Bekanntgabe demnächst nach der Einreichung des Antrags veranlasst, so tritt die Hemmung der Verjährung bereits mit der Einreichung ein,
5. die Geltendmachung der Aufrechnung des Anspruchs im Prozess,
6. die Zustellung der Streitverkündung,

6a. die Zustellung der Anmeldung zu einem Musterverfahren für darin bezeichnete Ansprüche, soweit diesen der gleiche Lebenssachverhalt zugrunde liegt wie den Feststellungszielen des Musterverfahrens und wenn innerhalb von drei Monaten nach dem rechtskräftigen Ende des Musterverfahrens die Klage auf Leistung oder Feststellung der in der Anmeldung bezeichneten Ansprüche erhoben wird,

7. die Zustellung des Antrags auf Durchführung eines selbstständigen Beweisverfahrens,
8. den Beginn eines vereinbarten Begutachtungsverfahrens,
9. die Zustellung des Antrags auf Erlass eines Arrests, einer einstweiligen Verfügung oder einer einstweiligen Anordnung, oder, wenn der Antrag nicht zugestellt wird, dessen Einreichung, wenn der Arrestbefehl, die einstweilige Verfügung oder die einstweilige Anordnung innerhalb eines Monats seit Verkündung oder Zustellung an den Gläubiger dem Schuldner zugestellt wird,
10. die Anmeldung des Anspruchs im Insolvenzverfahren oder im Schifffahrtsrechtlichen Verteilungsverfahren,
11. den Beginn des schiedsrichterlichen Verfahrens,
12. die Einreichung des Antrags bei einer Behörde, wenn die Zulässigkeit der Klage von der Vorentscheidung dieser Behörde abhängt und innerhalb von drei Monaten nach Erledigung des Gesuchs die Klage erhoben wird; dies gilt entsprechend für bei einem Gericht oder bei einer in Nummer 4 bezeichneten Gütestelle zu stellende Anträge, deren Zulässigkeit von der Vorentscheidung einer Behörde abhängt,
13. die Einreichung des Antrags bei dem höheren Gericht, wenn dieses das zuständige Gericht zu bestimmen hat und innerhalb von drei Monaten nach Erledigung des Gesuchs die Klage erhoben oder der Antrag, für den die Gerichtsstandsbestimmung zu erfolgen hat, gestellt wird, und
14. die Veranlassung der Bekanntgabe des erstmaligen Antrags auf Gewährung von Prozesskostenhilfe oder Verfahrenskostenhilfe; wird die Bekanntgabe demnächst nach der Einreichung des Antrags veranlasst, so tritt die Hemmung der Verjährung bereits mit der Einreichung ein.

(2) Die Hemmung nach Absatz 1 endet sechs Monate nach der rechtskräftigen Entscheidung oder anderweitigen Beendigung des eingeleiteten Verfahrens. Gerät das Verfahren dadurch in Stillstand, dass die Parteien es nicht betreiben, so tritt an die Stelle der Beendigung des Verfahrens die letzte Verfahrenshandlung der Parteien, des Gerichts oder der sonst mit dem Verfahren befassten Stelle. Die Hemmung beginnt erneut, wenn eine der Parteien das Verfahren weiter betreibt.

(3) Auf die Frist nach Absatz 1 Nr. 6a, 9, 12 und 13 finden die §§ 206, 210 und 211 entsprechende Anwendung.

§ 205 BGB - Hemmung der Verjährung bei Leistungsverweigerungsrecht

Die Verjährung ist gehemmt, solange der Schuldner aufgrund einer Vereinbarung mit dem Gläubiger vorübergehend zur Verweigerung der Leistung berechtigt ist.

§ 206 BGB - Hemmung der Verjährung bei höherer Gewalt

Die Verjährung ist gehemmt, solange der Gläubiger innerhalb der letzten sechs Monate der Verjährungsfrist durch höhere Gewalt an der Rechtsverfolgung gehindert ist.

(...)

§ 209 BGB - Wirkung der Hemmung

Der Zeitraum, während dessen die Verjährung gehemmt ist, wird in die Verjährungsfrist nicht eingerechnet.

(...)

§ 212 BGB - Neubeginn der Verjährung

(1) Die Verjährung beginnt erneut, wenn

1. der Schuldner dem Gläubiger gegenüber den Anspruch durch Abschlagszahlung, Zinszahlung, Sicherheitsleistung oder in anderer Weise anerkennt oder
2. eine gerichtliche oder behördliche Vollstreckungshandlung vorgenommen oder beantragt wird.

(2) Der erneute Beginn der Verjährung infolge einer Vollstreckungshandlung gilt als nicht eingetreten, wenn die Vollstreckungshandlung auf Antrag des Gläubigers oder wegen Mangels der gesetzlichen Voraussetzungen aufgehoben wird.

(3) Der erneute Beginn der Verjährung durch den Antrag auf Vornahme einer Vollstreckungshandlung gilt als nicht eingetreten, wenn dem Antrag nicht stattgegeben oder der Antrag vor der Vollstreckungshandlung zurückgenommen oder die erwirkte Vollstreckungshandlung nach Absatz 2 aufgehoben wird.

(...)

Titel 3 - Rechtsfolgen der Verjährung

§ 214 BGB - Wirkung der Verjährung

(1) Nach Eintritt der Verjährung ist der Schuldner berechtigt, die Leistung zu verweigern.

(2) Das zur Befriedigung eines verjährten Anspruchs Geleistete kann nicht zurückgefordert werden, auch wenn in Unkenntnis der Verjährung geleistet worden ist. Das Gleiche gilt von einem vertragsmäßigen Anerkenntnis sowie einer Sicherheitsleistung des Schuldners.

(...)

Buch 2 - Recht der Schuldverhältnisse
Abschnitt 1 - Inhalt der Schuldverhältnisse

Titel 1 Verpflichtung zur Leistung

§ 241 BGB - Pflichten aus dem Schuldverhältnis

(1) Kraft des Schuldverhältnisses ist der Gläubiger berechtigt von dem Schuldner eine Leistung zu fordern. Die Leistung kann auch in einem Unterlassen bestehen.

(2) Das Schuldverhältnis kann nach seinem Inhalt jeden Teil zur Rücksicht auf die Rechte, Rechtsgüter und Interessen des anderen Teils verpflichten.

§ 241a BGB - Unbestellte Leistungen

(1) Durch die Lieferung unbestellter Sachen oder durch die Erbringung unbestellter sonstiger Leistungen durch einen Unternehmer an einen Verbraucher wird ein Anspruch gegen diesen nicht begründet.

(2) Gesetzliche Ansprüche sind nicht ausgeschlossen, wenn die Leistung nicht für den Empfänger bestimmt war oder in der irrigen Vorstellung einer Bestellung erfolgte und der Empfänger dies erkannt hat oder bei Anwendung der im Verkehr erforderlichen Sorgfalt hätte erkennen können.

(3) Eine unbestellte Leistung liegt nicht vor, wenn dem Verbraucher statt der bestellten eine nach Qualität und Preis gleichwer-

tige Leistung angeboten und er darauf hingewiesen wird, dass er zur Annahme nicht verpflichtet ist und die Kosten der Rücksendung nicht zu tragen hat.

§ 242 BGB - Leistung nach Treu und Glauben
Der Schuldner ist verpflichtet die Leistung so zu bewirken, wie Treu und Glauben mit Rücksicht auf die Verkehrssitte es erfordern.

§ 243 BGB - Gattungsschuld
(1) Wer eine nur der Gattung nach bestimmte Sache schuldet, hat eine Sache von mittlerer Art und Güte zu leisten.
(2) Hat der Schuldner das zur Leistung einer solchen Sache seinerseits Erforderliche getan, so beschränkt sich das Schuldverhältnis auf diese Sache.
(...)

§ 246 BGB - Gesetzlicher Zinssatz
Ist eine Schuld nach Gesetz oder Rechtsgeschäft zu verzinsen, so sind vier vom Hundert für das Jahr zu entrichten, sofern nicht ein anderes bestimmt ist.
(...)

§ 249 BGB - Art und Umfang des Schadensersatzes
(1) Wer zum Schadensersatz verpflichtet ist, hat den Zustand herzustellen, der bestehen würde, wenn der zum Ersatz verpflichtende Umstand nicht eingetreten wäre.
(2) Ist wegen Verletzung einer Person oder wegen Beschädigung einer Sache Schadensersatz zu leisten, so kann der Gläubiger statt der Herstellung den dazu erforderlichen Geldbetrag verlangen. Bei der Beschädigung einer Sache schließt der nach Satz 1 erforderliche Geldbetrag die Umsatzsteuer nur mit ein, wenn und soweit sie tatsächlich angefallen ist.
(...)

§ 252 BGB - Entgangener Gewinn
Der zu ersetzende Schaden umfasst auch den entgangenen Gewinn. Als entgangen gilt der Gewinn, welcher nach dem gewöhnlichen Lauf der Dinge oder nach den besonderen Umständen, insbesondere nach den getroffenen Anstalten und Vorkehrungen, mit Wahrscheinlichkeit erwartet werden konnte.

§ 253 BGB - Immaterieller Schaden
(1) Wegen eines Schadens, der nicht Vermögensschaden ist, kann Entschädigung in Geld nur in den durch das Gesetz bestimmten Fällen gefordert werden.
(2) Ist wegen einer Verletzung des Körpers, der Gesundheit, der Freiheit oder der sexuellen Selbstbestimmung Schadensersatz zu leisten, kann auch wegen des Schadens, der nicht Vermögensschaden ist, eine billige Entschädigung in Geld gefordert werden.
(...)

§ 269 BGB - Leistungsort
(1) Ist ein Ort für die Leistung weder bestimmt noch aus den Umständen, insbesondere aus der Natur des Schuldverhältnisses, zu entnehmen, so hat die Leistung an dem Ort zu erfolgen, an welchem der Schuldner zur Zeit der Entstehung des Schuldverhältnisses seinen Wohnsitz hatte.
(2) Ist die Verbindlichkeit im Gewerbebetrieb des Schuldners entstanden, so tritt, wenn der Schuldner seine gewerbliche Niederlassung an einem anderen Ort hatte, der Ort der Niederlassung an die Stelle des Wohnsitzes.
(3) Aus dem Umstand allein, dass der Schuldner die Kosten der Versendung übernommen hat, ist nicht zu entnehmen, dass der Ort, nach welchem die Versendung zu erfolgen hat, der Leistungsort sein soll.

§ 270 BGB - Zahlungsort
(1) Geld hat der Schuldner im Zweifel auf seine Gefahr und seine Kosten dem Gläubiger an dessen Wohnsitz zu übermitteln.
(2) Ist die Forderung im Gewerbebetrieb des Gläubigers entstanden, so tritt, wenn der Gläubiger seine gewerbliche Niederlassung an einem anderen Ort hat, der Ort der Niederlassung an die Stelle des Wohnsitzes.
(3) Erhöhen sich infolge einer nach der Entstehung des Schuldverhältnisses eintretenden Änderung des Wohnsitzes oder der gewerblichen Niederlassung des Gläubigers die Kosten oder die Gefahr der Übermittlung, so hat der Gläubiger im ersteren Falle die Mehrkosten, im letzteren Falle die Gefahr zu tragen.
(4) Die Vorschriften über den Leistungsort bleiben unberührt.

§ 271 BGB - Leistungszeit
(1) Ist eine Zeit für die Leistung weder bestimmt noch aus den Umständen zu entnehmen, so kann der Gläubiger die Leistung sofort verlangen, der Schuldner sie sofort bewirken.
(2) Ist eine Zeit bestimmt, so ist im Zweifel anzunehmen, dass der Gläubiger die Leistung nicht vor dieser Zeit verlangen, der Schuldner aber sie vorher bewirken kann.
(...)

§ 280 Schadensersatz wegen Pflichtverletzung
(1) Verletzt der Schuldner eine Pflicht aus dem Schuldverhältnis, so kann der Gläubiger Ersatz des hierdurch entstehenden Schadens verlangen. Dies gilt nicht, wenn der Schuldner die Pflichtverletzung nicht zu vertreten hat.
(2) Schadensersatz wegen Verzögerung der Leistung kann der Gläubiger nur unter der zusätzlichen Voraussetzung des § 286 verlangen.
(3) Schadensersatz statt der Leistung kann der Gläubiger nur unter den zusätzlichen Voraussetzungen des § 281, des § 282 oder des § 283 verlangen.

§ 281 Schadensersatz statt Leistung wegen nicht oder nicht wie geschuldet erbrachter Leistung
(1) Soweit der Schuldner die fällige Leistung nicht oder nicht wie geschuldet erbringt, kann der Gläubiger unter den Voraussetzungen des § 280 Abs. 1 Schadensersatz statt der Leistung verlangen, wenn er dem Schuldner erfolglos eine angemessene Frist zur Leistung oder Nacherfüllung bestimmt hat. Hat der Schuldner eine Teilleistung bewirkt, so kann der Gläubiger Schadensersatz statt der ganzen Leistung nur verlangen, wenn er an der Teilleistung kein Interesse hat. Hat der Schuldner die Leistung nicht wie geschuldet bewirkt, so kann der Gläubiger Schadensersatz statt der ganzen Leistung nicht verlangen, wenn die Pflichtverletzung unerheblich ist.
(2) Die Fristsetzung ist entbehrlich, wenn der Schuldner die Leistung ernsthaft und endgültig verweigert oder wenn besondere Umstände vorliegen, die unter Abwägung der beiderseitigen Interessen die sofortige Geltendmachung des Schadensersatzanspruchs rechtfertigen.
(3) Kommt nach der Art der Pflichtverletzung eine Fristsetzung nicht in Betracht, so tritt an deren Stelle eine Abmahnung.
(4) Der Anspruch auf die Leistung ist ausgeschlossen, sobald der Gläubiger statt der Leistung Schadensersatz verlangt hat.
(5) Verlangt der Gläubiger Schadensersatz statt der ganzen Leistung, so ist der Schuldner zur Rückforderung des Geleisteten nach den §§ 346 bis 348 berechtigt.
(...)

§ 284 Ersatz vergeblicher Aufwendungen
Anstelle des Schadensersatzes statt der Leistung kann der Gläubiger Ersatz der Aufwendungen verlangen, die er im Vertrauen auf den Erhalt der Leistung gemacht hat und billigerweise machen durfte, es sei denn, deren Zweck wäre auch ohne die Pflichtverletzung des Schuldners nicht erreicht worden.
(...)

§ 286 BGB - Verzug des Schuldners
(1) Leistet der Schuldner auf eine Mahnung des Gläubigers nicht, die nach dem Eintritt der Fälligkeit erfolgt, so kommt er durch die Mahnung in Verzug. Der Mahnung stehen die Erhebung der Klage auf die Leistung sowie die Zustellung eines Mahnbescheids im Mahnverfahren gleich.
(2) Der Mahnung bedarf es nicht, wenn
1. für die Leistung eine Zeit nach dem Kalender bestimmt ist,
2. der Leistung ein Ereignis vorauszugehen hat und eine angemessene Zeit für die Leistung in der Weise bestimmt ist, dass

sie sich von dem Ereignis an nach dem Kalender berechnen lässt,
3. der Schuldner die Leistung ernsthaft und endgültig verweigert,
4. aus besonderen Gründen unter Abwägung der beiderseitigen Interessen der sofortige Eintritt des Verzugs gerechtfertigt ist.

(3) Der Schuldner einer Entgeltforderung kommt spätestens in Verzug, wenn er nicht innerhalb von 30 Tagen nach Fälligkeit und Zugang einer Rechnung oder gleichwertigen Zahlungsaufstellung leistet; dies gilt gegenüber einem Schuldner, der Verbraucher ist, nur, wenn auf diese Folgen in der Rechnung oder Zahlungsaufstellung besonders hingewiesen worden ist. Wenn der Zeitpunkt des Zugangs der Rechnung oder Zahlungsaufstellung unsicher ist, kommt der Schuldner, der nicht Verbraucher ist, spätestens 30 Tage nach Fälligkeit und Empfang der Gegenleistung in Verzug.

(4) Der Schuldner kommt nicht in Verzug, solange die Leistung infolge eines Umstands unterbleibt, den er nicht zu vertreten hat.

§ 287 BGB - Verantwortlichkeit während des Verzugs

Der Schuldner hat während des Verzugs jede Fahrlässigkeit zu vertreten. Er haftet wegen der Leistung auch für Zufall, es sei denn, dass der Schaden auch bei rechtzeitiger Leistung eingetreten sein würde.

§ 288 BGB - Verzugszinsen

(1) Eine Geldschuld ist während des Verzugs zu verzinsen. Der Verzugszinssatz beträgt für das Jahr fünf Prozentpunkte über dem Basiszinssatz.

(2) Bei Rechtsgeschäften, an denen ein Verbraucher nicht beteiligt ist, beträgt der Zinssatz für Entgeltforderungen acht Prozentpunkte über dem Basiszinssatz.

(3) Der Gläubiger kann aus einem anderen Rechtsgrund höhere Zinsen verlangen.

(4) Die Geltendmachung eines weiteren Schadens ist nicht ausgeschlossen.

(...)

Titel 2 - Verzug des Gläubigers

§ 293 BGB - Annahmeverzug

Der Gläubiger kommt in Verzug, wenn er die ihm angebotene Leistung nicht annimmt.

(...)

§ 300 BGB - Wirkungen des Gläubigerverzugs

(1) Der Schuldner hat während des Verzugs des Gläubigers nur Vorsatz und grobe Fahrlässigkeit zu vertreten.

(2) Wird eine nur der Gattung nach bestimmte Sache geschuldet, so geht die Gefahr mit dem Zeitpunkt auf den Gläubiger über, in welchem er dadurch in Verzug kommt, dass er die angebotene Sache nicht annimmt.

(...)

Abschnitt 2 - Gestaltung rechtsgeschäftlicher Schuldverhältnisse durch Allgemeine Geschäftsbedingungen

§ 305 BGB - Einbeziehung Allgemeiner Geschäftsbedingungen in den Vertrag

(1) Allgemeine Geschäftsbedingungen sind alle für eine Vielzahl von Verträgen vorformulierten Vertragsbedingungen, die eine Vertragspartei (Verwender) der anderen Vertragspartei bei Abschluss eines Vertrags stellt. Gleichgültig ist, ob die Bestimmungen einen äußerlich gesonderten Bestandteil des Vertrags bilden oder in die Vertragsurkunde selbst aufgenommen werden, welchen Umfang sie haben, in welcher Schriftart sie verfasst sind und welche Form der Vertrag hat. Allgemeine Geschäftsbedingungen liegen nicht vor, soweit die Vertragsbedingungen zwischen den Vertragsparteien im Einzelnen ausgehandelt sind.

(2) Allgemeine Geschäftsbedingungen werden nur dann Bestandteil eines Vertrags, wenn der Verwender bei Vertragsschluss
1. die andere Vertragspartei ausdrücklich oder, wenn ein ausdrücklicher Hinweis wegen der Art des Vertragsschlusses nur unter unverhältnismäßigen Schwierigkeiten möglich ist, durch deutlich sichtbaren Aushang am Ort des Vertragsschlusses auf sie hinweist und
2. der anderen Vertragspartei die Möglichkeit verschafft in zumutbarer Weise, die auch eine für den Verwender erkennbare körperliche Behinderung der anderen Vertragspartei angemessen berücksichtigt, von ihrem Inhalt Kenntnis zu nehmen,

und wenn die andere Vertragspartei mit ihrer Geltung einverstanden ist.

(3) Die Vertragsparteien können für eine bestimmte Art von Rechtsgeschäften die Geltung bestimmter Allgemeiner Geschäftsbedingungen unter Beachtung der in Absatz 2 bezeichneten Erfordernisse im Voraus vereinbaren.

(...)

§ 305b BGB - Vorgang der Individualabrede

Individuelle Vertragsabreden haben Vorrang vor Allgemeinen Geschäftsbedingungen.

(...)

§ 323 Rücktritt wegen nicht oder nicht vertragsgemäß erbrachter Leistung

(1) Erbringt bei einem gegenseitigen Vertrag der Schuldner eine fällige Leistung nicht oder nicht vertragsgemäß, so kann der Gläubiger, wenn er dem Schuldner erfolglos eine angemessene Frist zur Leistung oder Nacherfüllung bestimmt hat, vom Vertrag zurücktreten.

(2) Die Fristsetzung ist entbehrlich, wenn
1. der Schuldner die Leistung ernsthaft und endgültig verweigert,
2. der Schuldner die Leistung zu einem im Vertrag bestimmten Termin oder innerhalb einer bestimmten Frist nicht bewirkt und der Gläubiger im Vertrag den Fortbestand seines Leistungsinteresses an die Rechtzeitigkeit der Leistung gebunden hat oder
3. besondere Umstände vorliegen, die unter Abwägung der beiderseitigen Interessen den sofortigen Rücktritt rechtfertigen.

(3) Kommt nach der Art der Pflichtverletzung eine Fristsetzung nicht in Betracht, so tritt an deren Stelle eine Abmahnung.

(4) Der Gläubiger kann bereits vor dem Eintritt der Fälligkeit der Leistung zurücktreten, wenn offensichtlich ist, dass die Voraussetzungen des Rücktritts eintreten werden.

(5) Hat der Schuldner eine Teilleistung bewirkt, so kann der Gläubiger vom ganzen Vertrag nur zurücktreten, wenn er an der Teilleistung kein Interesse hat. Hat der Schuldner die Leistung nicht vertragsgemäß bewirkt, so kann der Gläubiger vom Vertrag nicht zurücktreten, wenn die Pflichtverletzung unerheblich ist.

(6) Der Rücktritt ist ausgeschlossen, wenn der Gläubiger für den Umstand, der ihn zum Rücktritt berechtigen würde, allein oder weit überwiegend verantwortlich ist oder wenn der vom Schuldner nicht zu vertretende Umstand zu einer Zeit eintritt, zu welcher der Gläubiger im Verzug der Annahme ist.

(...)

§ 325 Schadensersatz und Rücktritt

Das Recht, bei einem gegenseitigen Vertrag Schadensersatz zu verlangen, wird durch den Rücktritt nicht ausgeschlossen.

(...)

Abschnitt 4 - Erlöschen der Schuldverhältnisse

Titel 2 - Hinterlegung

§ 372 BGB - Voraussetzungen

Geld, Wertpapiere und sonstige Urkunden sowie Kostbarkeiten kann der Schuldner bei einer dazu bestimmten öffentlichen

Stelle für den Gläubiger hinterlegen, wenn der Gläubiger im Verzug der Annahme ist. Das Gleiche gilt, wenn der Schuldner aus einem anderen in der Person des Gläubigers liegenden Grund oder infolge einer nicht auf Fahrlässigkeit beruhenden Ungewissheit über die Person des Gläubigers seine Verbindlichkeit nicht oder nicht mit Sicherheit erfüllen kann.

(...)

§ 374 BGB - Hinterlegungsort; Anzeigepflicht

(1) Die Hinterlegung hat bei der Hinterlegungsstelle des Leistungsorts zu erfolgen; hinterlegt der Schuldner bei einer anderen Stelle, so hat er dem Gläubiger den daraus entstehenden Schaden zu ersetzen.

(2) Der Schuldner hat dem Gläubiger die Hinterlegung unverzüglich anzuzeigen; im Falle der Unterlassung ist er zum Schadensersatz verpflichtet. Die Anzeige darf unterbleiben, wenn sie untunlich ist.

(...)

§ 381 BGB - Kosten der Hinterlegung

Die Kosten der Hinterlegung fallen dem Gläubiger zur Last, sofern nicht der Schuldner die hinterlegte Sache zurücknimmt.

(...)

§ 383 BGB - Versteigerung hinterlegungsunfähiger Sachen

(1) Ist die geschuldete bewegliche Sache zur Hinterlegung nicht geeignet, so kann der Schuldner sie im Falle des Verzugs des Gläubigers am Leistungsort versteigern lassen und den Erlös hinterlegen. Das Gleiche gilt in den Fällen des § 372 Satz 2, wenn der Verderb der Sache zu besorgen oder die Aufbewahrung mit unverhältnismäßigen Kosten verbunden ist.

(2) Ist von der Versteigerung am Leistungsort ein angemessener Erfolg nicht zu erwarten, so ist die Sache an einem geeigneten anderen Ort zu versteigern.

(3) Die Versteigerung hat durch einen für den Versteigerungsort bestellten Gerichtsvollzieher oder zu Versteigerungen befugten anderen Beamten oder öffentlich angestellten Versteigerer öffentlich zu erfolgen (öffentliche Versteigerung). Zeit und Ort der Versteigerung sind unter allgemeiner Bezeichnung der Sache öffentlich bekannt zu machen.

(4) Die Vorschriften der Absätze 1 bis 3 gelten nicht für eingetragene Schiffe und Schiffsbauwerke.

§ 384 BGB - Androhung der Versteigerung

(1) Die Versteigerung ist erst zulässig, nachdem sie dem Gläubiger angedroht worden ist; die Androhung darf unterbleiben, wenn die Sache dem Verderb ausgesetzt und mit dem Aufschub der Versteigerung Gefahr verbunden ist.

(2) Der Schuldner hat den Gläubiger von der Versteigerung unverzüglich zu benachrichtigen; im Falle der Unterlassung ist er zum Schadensersatz verpflichtet.

(3) Die Androhung und die Benachrichtigung dürfen unterbleiben, wenn sie untunlich sind.

§ 385 BGB - Freihändiger Verkauf

Hat die Sache einen Börsen- oder Marktpreis, so kann der Schuldner den Verkauf aus freier Hand durch einen zu solchen Verkäufen öffentlich ermächtigten Handelsmäkler oder durch eine zur öffentlichen Versteigerung befugte Person zum laufenden Preis bewirken.

§ 386 BGB - Kosten der Versteigerung

Die Kosten der Versteigerung oder des nach § 385 erfolgten Verkaufs fallen dem Gläubiger zur Last, sofern nicht der Schuldner den hinterlegten Erlös zurücknimmt.

(...)

Abschnitt 8 - Einzelne Schuldverhältnisse

Titel 1 - Kauf, Tausch

Untertitel 1 - Allgemeine Vorschriften

§ 433 BGB - Vertragstypische Pflichten beim Kaufvertrag

(1) Durch den Kaufvertrag wird der Verkäufer einer Sache verpflichtet, dem Käufer die Sache zu übergeben und das Eigentum an der Sache zu verschaffen. Der Verkäufer hat dem Käufer die Sache frei von Sach- und Rechtsmängeln zu verschaffen.

(2) Der Käufer ist verpflichtet, dem Verkäufer den vereinbarten Kaufpreis zu zahlen und die gekaufte Sache abzunehmen.

§ 434 BGB - Sachmangel

(1) Die Sache ist frei von Sachmängeln, wenn sie bei Gefahrübergang die vereinbarte Beschaffenheit hat. Soweit die Beschaffenheit nicht vereinbart ist, ist die Sache frei von Sachmängeln,

1. wenn sie sich für die nach dem Vertrag vorausgesetzte Verwendung eignet, sonst
2. wenn sie sich für die gewöhnliche Verwendung eignet und eine Beschaffenheit aufweist, die bei Sachen der gleichen Art üblich ist und die der Käufer nach der Art der Sache erwarten kann.

Zu der Beschaffenheit nach Satz 2 Nr. 2 gehören auch Eigenschaften, die der Käufer nach den öffentlichen Äußerungen des Verkäufers, des Herstellers (§ 4 Abs. 1 und 2 des Produkthaftungsgesetzes) oder seines Gehilfen insbesondere in der Werbung oder bei der Kennzeichnung über bestimmte Eigenschaften der Sache erwarten kann, es sei denn, dass der Verkäufer die Äußerung nicht kannte und auch nicht kennen musste, dass sie im Zeitpunkt des Vertragsschlusses in gleichwertiger Weise berichtigt war oder dass sie die Kaufentscheidung nicht beeinflussen konnte.

(2) ein Sachmangel ist auch dann gegeben, wenn die vereinbarte Montage durch den Verkäufer oder dessen Erfüllungsgehilfen unsachgemäß durchgeführt worden ist. Ein Sachmangel liegt bei einer zur Montage bestimmten Sache ferner vor, wenn die Montageanleitung mangelhaft ist, es sei denn, die Sache ist fehlerfrei montiert worden.

(3) Einem Sachmangel steht es gleich, wenn der Verkäufer eine andere Sache oder eine zu geringe Menge liefert.

§ 435 BGB - Rechtsmangel

Die Sache ist frei von Rechtsmängeln, wenn Dritte in Bezug auf die Sache keine oder nur die im Kaufvertrag übernommenen Rechte gegen den Käufer geltend machen können. Einem Rechtsmangel steht es gleich, wenn im Grundbuch ein Recht eingetragen ist, das nicht besteht.

(...)

§ 437 BGB - Rechte des Käufers bei Mängeln

Ist die Sache mangelhaft, kann der Käufer, wenn die Voraussetzungen der folgenden Vorschriften vorliegen und soweit nicht ein anderes bestimmt ist,

1. nach § 439 Nacherfüllung verlangen,
2. nach den §§ 440, 323 und 326 Abs. 5 von dem Vertrag zurücktreten oder nach § 441 den Kaufpreis mindern und
3. nach den §§ 440, 280, 281, 283 und 311a Schadensersatz oder nach § 284 Ersatz vergeblicher Aufwendungen verlangen.

§ 438 BGB - Verjährung der Mängelansprüche

(1) Die in § 437 Nr. 1 und 3 bezeichneten Ansprüche verjähren

1. in 30 Jahren, wenn der Mangel
   a) in einem dinglichen Recht eines Dritten, aufgrund dessen Herausgabe der Kaufsache verlangt werden kann, oder
   b) in einem sonstigen Recht, das im Grundbuch eingetragen ist,

   besteht,
2. in fünf Jahren
   a) bei einem Bauwerk und

b) bei einer Sache, die entsprechend ihrer üblichen Verwendungsweise für ein Bauwerk verwendet worden ist und dessen Mangelhaftigkeit verursacht hat, und
3. im Übrigen in zwei Jahren.

(2) Die Verjährung beginnt bei Grundstücken mit der Übergabe, im Übrigen mit der Ablieferung der Sache.

(3) Abweichend von Absatz 1 Nr. 2 und 3 und Absatz 2 verjähren die Ansprüche in der regelmäßigen Verjährungsfrist, wenn der Verkäufer den Mangel arglistig verschwiegen hat. Im Falle des Absatzes 1 Nr. 2 tritt die Verjährung jedoch nicht vor Ablauf der dort bestimmten Frist ein.

(4) Für das in § 437 bezeichnete Rücktrittsrecht gilt § 218. Der Käufer kann trotz einer Unwirksamkeit des Rücktritts nach § 218 Abs. 1 die Zahlung des Kaufpreises insoweit verweigern, als er aufgrund des Rücktritts dazu berechtigt sein würde. Macht er von diesem Recht Gebrauch, kann der Verkäufer vom Vertrag zurücktreten.

(5) Auf das in § 437 bezeichnete Minderungsrecht finden § 218 und Absatz 4 Satz 2 entsprechende Anwendung.

§ 439 BGB - Nacherfüllung

(1) Der Käufer kann als Nacherfüllung nach seiner Wahl die Beseitigung des Mangels oder die Lieferung einer mangelfreien Sache verlangen.

(2) Der Verkäufer hat die zum Zwecke der Nacherfüllung erforderlichen Aufwendungen, insbesondere Transport-, Wege-, Arbeits- und Materialkosten zu tragen.

(3) Der Verkäufer kann die vom Käufer gewählte Art der Nacherfüllung unbeschadet des § 275 Abs. 2 und 3 verweigern, wenn sie nur mit unverhältnismäßigen Kosten möglich ist. Dabei sind insbesondere der Wert der Sache in mangelfreiem Zustand, die Bedeutung des Mangels und die Frage zu berücksichtigen, ob auf die andere Art der Nacherfüllung ohne erhebliche Nachteile für den Käufer zurückgegriffen werden könnte. Der Anspruch des Käufers beschränkt sich in diesem Fall auf die andere Art der Nacherfüllung; das Recht des Verkäufers, auch diese unter den Voraussetzungen des Satzes 1 zu verweigern, bleibt unberührt.

(4) Liefert der Verkäufer zum Zwecke der Nacherfüllung eine mangelfreie Sache, so kann er vom Käufer Rückgewähr der mangelhaften Sache nach Maßgabe der §§ 346 bis 348 verlangen.

§ 440 BGB - Besondere Bestimmungen für Rücktritt und Schadensersatz

Außer in den Fällen des § 281 Abs. 2 und des § 323 Abs. 2 bedarf es der Fristsetzung auch dann nicht, wenn der Verkäufer beide Arten der Nacherfüllung gemäß § 439 Abs. 3 verweigert oder wenn die dem Käufer zustehende Art der Nacherfüllung fehlgeschlagen oder ihm unzumutbar ist. Eine Nachbesserung gilt nach dem erfolglosen zweiten Versuch als fehlgeschlagen, wenn sich nicht insbesondere aus der Art der Sache oder des Mangels oder den sonstigen Umständen etwas anderes ergibt.

§ 441 BGB - Minderung

(1) Statt zurückzutreten, kann der Käufer den Kaufpreis durch Erklärung gegenüber dem Verkäufer mindern. Der Ausschlussgrund des § 323 Abs. 5 Satz 2 findet keine Anwendung.

(2) Sind auf der Seite des Käufers oder auf der Seite des Verkäufers mehrere beteiligt, so kann die Minderung nur von allen oder gegen alle erklärt werden.

(3) Bei der Minderung ist der Kaufpreis in dem Verhältnis herabzusetzen, in welchem zur Zeit des Vertragsschlusses der Wert der Sache in mangelfreiem Zustand zu dem wirklichen Wert gestanden haben würde. Die Minderung ist, soweit erforderlich, durch Schätzung zu ermitteln.

(4) Hat der Käufer mehr als den geminderten Kaufpreis gezahlt, so ist der Mehrbetrag vom Verkäufer zu erstatten. § 346 Abs 1 und § 347 Abs. 1 finden entsprechende Anwendung.

§ 442 BGB - Kenntnis des Käufers

(1) Die Rechte des Käufers wegen eines Mangels sind ausgeschlossen, wenn er bei Vertragsschluss den Mangel kennt. Ist dem Käufer ein Mangel infolge grober Fahrlässigkeit unbekannt geblieben, kann der Käufer Rechte wegen dieses Mangels nur geltend machen, wenn der Verkäufer den Mangel arglistig verschwiegen oder eine Garantie für die Beschaffenheit der Sache übernommen hat.

(2) Ein im Grundbuch eingetragenes Recht hat der Verkäufer zu beseitigen, auch wenn es der Käufer kennt.

§ 443 BGB - Beschaffenheits- und Haltbarkeitsgarantie

(1) Übernimmt der Verkäufer oder ein Dritter eine Garantie für die Beschaffenheit der Sache oder dafür, dass die Sache für eine bestimmte Dauer eine bestimmte Beschaffenheit behält (Haltbarkeitsgarantie), so stehen dem Käufer im Garantiefall unbeschadet der gesetzlichen Ansprüche die Rechte aus der Garantie zu den in der Garantieerklärung und der einschlägigen Werbung angegebenen Bedingungen gegenüber demjenigen zu, der die Garantie eingeräumt hat.

(2) Soweit eine Haltbarkeitsgarantie übernommen worden ist, wird vermutet, dass ein während ihrer Geltungsdauer auftretender Sachmangel die Rechte aus der Garantie begründet.

(...)

§ 446 BGB - Gefahr- und Lastenübergang

Mit der Übergabe der verkauften Sache geht die Gefahr des zufälligen Untergangs und der zufälligen Verschlechterung auf den Käufer über. Von der Übergabe an gebühren dem Käufer die Nutzungen und trägt er die Lasten der Sache. Der Übergabe steht es gleich, wenn der Käufer im Verzug der Annahme ist.

§ 447 BGB - Gefahrübergang beim Versendungskauf

(1) Versendet der Verkäufer auf Verlangen des Käufers die verkaufte Sache nach einem anderen Ort als dem Erfüllungsort, so geht die Gefahr auf den Käufer über, sobald der Verkäufer die Sache dem Spediteur, dem Frachtführer oder der sonst zur Ausführung der Versendung bestimmten Person oder Anstalt ausgeliefert hat.

(2) Hat der Käufer eine besondere Anweisung über die Art der Versendung erteilt und weicht der Verkäufer ohne dringenden Grund von der Anweisung ab, so ist der Verkäufer dem Käufer für den daraus entstehenden Schaden verantwortlich.

§ 448 BGB - Kosten der Übergabe und vergleichbare Kosten

(1) Der Verkäufer trägt die Kosten der Übergabe der Sache, der Käufer die Kosten der Abnahme und der Versendung der Sache nach einem anderen Ort als dem Erfüllungsort.

(2) Der Käufer eines Grundstücks trägt die Kosten der Beurkundung des Kaufvertrags und der Auflassung, der Eintragung ins Grundbuch und der zu der Eintragung erforderlichen Erklärungen.

§ 449 BGB - Eigentumsvorbehalt

(1) Hat sich der Verkäufer einer beweglichen Sache das Eigentum bis zur Zahlung des Kaufpreises vorbehalten, so ist im Zweifel anzunehmen, dass das Eigentum unter der aufschiebenden Bedingung vollständiger Zahlung des Kaufpreises übertragen wird (Eigentumsvorbehalt).

(2) Auf Grund des Eigentumsvorbehalts kann der Verkäufer die Sache nur herausverlangen, wenn er vom Vertrag zurückgetreten ist.

(3) Die Vereinbarung eines Eigentumsvorbehalts ist nichtig, soweit der Eigentumsübergang davon abhängig gemacht wird, dass der Käufer Forderungen eines Dritten, insbesondere eines mit dem Verkäufer verbundenen Unternehmens, erfüllt.

(...)

3545622

§ 453 BGB - Rechtskauf

(1) Die Vorschriften über den Kauf von Sachen finden auf den Kauf von Rechten und sonstigen Gegenständen entsprechende Anwendung.
(2) Der Verkäufer trägt die Kosten der Begründung und Übertragung des Rechts.
(3) Ist ein Recht verkauft, das zum Besitz einer Sache berechtigt, so ist der Verkäufer verpflichtet, dem Käufer die Sache frei von Sach- und Rechtsmängeln zu übergeben.

Untertitel 2 - Besondere Arten des Kaufs
Kapitel 1 - Kauf auf Probe
§ 454 BGB - Zustandekommen des Kaufvertrags

(1) Bei einem Kauf auf Probe oder auf Besichtigung steht die Billigung des gekauften Gegenstandes im Belieben des Käufers. Der Kauf ist im Zweifel unter der aufschiebenden Bedingung der Billigung geschlossen.
(2) Der Verkäufer ist verpflichtet, dem Käufer die Untersuchung des Gegenstandes zu gestatten.
(...)

Untertitel 3 - Verbrauchsgüterkauf
§ 474 BGB - Begriff des Verbrauchsgüterkaufs

(1) Kauft ein Verbraucher von einem Unternehmer eine bewegliche Sache (Verbrauchsgüterkauf), gelten ergänzend die folgenden Vorschriften. Dies gilt nicht für gebrauchte Sachen, die in einer öffentlichen Versteigerung verkauft werden, an der der Verbraucher persönlich teilnehmen kann.
(2) Auf die in diesem Untertitel geregelten Kaufverträge ist § 439 Abs. 4 mit der Maßgabe anzuwenden, dass Nutzungen nicht herauszugeben oder durch ihren Wert zu ersetzen sind. Die §§ 445 und 447 sind nicht anzuwenden.

§ 475 BGB - Abweichende Vereinbarungen

(1) Auf eine vor Mitteilung eines Mangels an den Unternehmer getroffene Vereinbarung, die zum Nachteil des Verbrauchers von den §§ 433 bis 435, 437, 439 bis 443 sowie von den Vorschriften dieses Untertitels abweicht, kann der Unternehmer sich nicht berufen. Die in Satz 1 bezeichneten Vorschriften finden auch Anwendung, wenn sie durch anderweitige Gestaltungen umgangen werden.
(2) Die Verjährung der in § 437 bezeichneten Ansprüche kann vor Mitteilung eines Mangels an den Unternehmer nicht durch Rechtsgeschäft erleichtert werden, wenn die Vereinbarung zu einer Verjährungsfrist ab dem gesetzlichen Verjährungsbeginn von weniger als zwei Jahren, bei gebrauchten Sachen von weniger als einem Jahr führt.
(3) Die Absätze 1 und 2 gelten unbeschadet der §§ 307 bis 309 nicht für den Ausschluss oder die Beschränkung des Anspruchs auf Schadensersatz.

§ 476 BGB - Beweislastumkehr

Zeigt sich innerhalb von sechs Monaten seit Gefahrübergang ein Sachmangel, so wird vermutet, dass die Sache bereits bei Gefahrübergang mangelhaft war, es sei denn, diese Vermutung ist mit der Art der Sache oder des Mangels unvereinbar.

§ 477 BGB - Sonderbestimmungen für Garantien

(1) Eine Garantieerklärung (§ 443) muss einfach und verständlich abgefasst sein. Sie muss enthalten

1. den Hinweis auf die gesetzlichen Rechte des Verbrauchers sowie darauf, dass sie durch die Garantie nicht eingeschränkt werden und
2. den Inhalt der Garantie und alle wesentlichen Angaben, die für die Geltendmachung der Garantie erforderlich sind, insbesondere die Dauer und den räumlichen Geltungsbereich des Garantieschutzes sowie Namen und Anschrift des Garantiegebers.

(2) Der Verbraucher kann verlangen, dass ihm die Garantieerklärung in Textform mitgeteilt wird.
(3) Die Wirksamkeit der Garantieverpflichtung wird nicht dadurch berührt, dass eine der vorstehenden Anforderungen nicht erfüllt wird.

§ 478 BGB - Rückgriff des Unternehmers

(1) Wenn der Unternehmer die verkaufte neu hergestellte Sache als Folge ihrer Mangelhaftigkeit zurücknehmen musste oder der Verbraucher den Kaufpreis gemindert hat, bedarf es für die in § 437 bezeichneten Rechte des Unternehmers gegen den Unternehmer, der ihm die Sache verkauft hatte (Lieferant), wegen des vom Verbraucher geltend gemachten Mangels einer sonst erforderlichen Fristsetzung nicht.
(2) Der Unternehmer kann beim Verkauf einer neu hergestellten Sache von seinem Lieferanten Ersatz der Aufwendungen verlangen, die der Unternehmer im Verhältnis zum Verbraucher nach § 439 Abs. 2 zu tragen hatte, wenn der vom Verbraucher geltend gemachte Mangel bereits beim Übergang der Gefahr auf den Unternehmer vorhanden war.
(3) In den Fällen der Absätze 1 und 2 findet § 476 mit der Maßgabe Anwendung, dass die Frist mit dem Übergang der Gefahr auf den Verbraucher beginnt.
(4) Auf eine vor Mitteilung eines Mangels an den Lieferanten getroffene Vereinbarung, die zum Nachteil des Unternehmers von den §§ 433 bis 435, 437, 439 bis 443 sowie von den Absätzen 1 bis 3 und von § 479 abweicht, kann sich der Lieferant nicht berufen, wenn dem Rückgriffsgläubiger kein gleichwertiger Ausgleich eingeräumt wird. Satz 1 gilt unbeschadet des § 307 nicht für den Ausschluss oder die Beschränkung des Anspruchs auf Schadensersatz. Die in Satz 1 bezeichneten Vorschriften finden auch Anwendung, wenn sie durch anderweitige Gestaltungen umgangen werden.
(5) Die Absätze 1 bis 4 finden auf die Ansprüche des Lieferanten und der übrigen Käufer in der Lieferkette gegen die jeweiligen Verkäufer entsprechende Anwendung, wenn die Schuldner Unternehmer sind.
(6) § 377 des Handelsgesetzbuchs bleibt unberührt.

§ 479 BGB - Verjährung von Rückgriffsansprüchen

(1) Die in § 478 Abs. 2 bestimmten Aufwendungsersatzansprüche verjähren in zwei Jahren ab Ablieferung der Sache.
(2) Die Verjährung der in den §§ 437 und 478 Abs. 2 bestimmten Ansprüche des Unternehmers gegen seinen Lieferanten wegen des Mangels einer an einen Verbraucher verkauften neu hergestellten Sache tritt frühestens zwei Monate nach dem Zeitpunkt ein, in dem der Unternehmer die Ansprüche des Verbrauchers erfüllt hat. Diese Ablaufhemmung endet spätestens fünf Jahre nach dem Zeitpunkt, in dem der Lieferant die Sache dem Unternehmer abgeliefert hat.
(3) Die vorstehenden Absätze finden auf die Ansprüche des Lieferanten und der übrigen Käufer in der Lieferkette gegen die jeweiligen Verkäufer entsprechende Anwendung, wenn die Schuldner Unternehmer sind.
(...)

Titel 5 - Mietvertrag, Pachtvertrag
Untertitel 1 - Allgemeine Vorschriften für Mietverhältnisse
§ 535 BGB - Inhalt und Hauptpflichten des Mietvertrags

(1) Durch den Mietvertrag wird der Vermieter verpflichtet, dem Mieter den Gebrauch der Mietsache während der Mietzeit zu gewähren. Der Vermieter hat die Mietsache dem Mieter in einem zum vertragsgemäßen Gebrauch geeigneten Zustand zu überlassen und sie während der Mietzeit in diesem Zustand zu erhalten. Er hat die auf der Mietsache ruhenden Lasten zu tragen.
(2) Der Mieter ist verpflichtet, dem Vermieter die vereinbarte Miete zu entrichten.
(...)

§ 542 BGB - Ende des Mietverhältnisses

(1) Ist die Mietzeit nicht bestimmt, so kann jede Vertragspartei das Mietverhältnis nach den gesetzlichen Vorschriften kündigen.

(2) Ein Mietverhältnis, das auf bestimmte Zeit eingegangen ist, endet mit dem Ablauf dieser Zeit, sofern es nicht
1. in den gesetzlich zugelassenen Fällen außerordentlich gekündigt oder
2. verlängert wird.

(...)

Titel 6 - Leihe

§ 598 BGB - Vertragstypische Pflichten bei der Leihe

Durch den Leihvertrag wird der Verleiher einer Sache verpflichtet, dem Entleiher den Gebrauch der Sache unentgeltlich zu gestatten.

§ 599 BGB - Haftung des Verleihers

Der Verleiher hat nur Vorsatz und grobe Fahrlässigkeit zu vertreten.

(...)

§ 604 BGB - Rückgabepflicht

(1) Der Entleiher ist verpflichtet die geliehene Sache nach dem Ablauf der für die Leihe bestimmten Zeit zurückzugeben.

(...)

Titel 7 - Sachdarlehensvertrag

§ 607 BGB - Vertragstypische Pflichten beim Sachdarlehensvertrag

(1) Durch den Sachdarlehensvertrag wird der Darlehensgeber verpflichtet, dem Darlehensnehmer eine vereinbarte vertretbare Sache zu überlassen. Der Darlehensnehmer ist zur Zahlung eines Darlehensentgelts und bei Fälligkeit zur Rückerstattung von Sachen gleicher Art, Güte und Menge verpflichtet.
(2) Die Vorschriften dieses Titels finden keine Anwendung auf die Überlassung von Geld.

§ 608 BGB - Kündigung

(1) Ist für die Rückerstattung der überlassenen Sache eine Zeit nicht bestimmt, hängt die Fälligkeit davon ab, dass der Darlehensgeber oder der Darlehensnehmer kündigt.
(2) Ein auf unbestimmte Zeit abgeschlossener Sachdarlehensvertrag kann, soweit nicht ein anderes vereinbart ist, jederzeit vom Darlehensgeber oder Darlehensnehmer ganz oder teilweise gekündigt werden.

§ 609 BGB - Entgelt

Ein Entgelt hat der Darlehensnehmer spätestens bei Rückerstattung der überlassenen Sache zu bezahlen.

(...)

Titel 8 - Dienstvertrag

§ 611 BGB - Vertragstypische Pflichten beim Dienstvertrag

(1) Durch den Dienstvertrag wird derjenige, welcher Dienste zusagt, zur Leistung der versprochenen Dienste, der andere Teil zur Gewährung der vereinbarten Vergütung verpflichtet.
(2) Gegenstand des Dienstvertrags können Dienste jeder Art sein.

§ 611a BGB (weggefallen)

§ 611b BGB (weggefallen)

§ 612 BGB - Vergütung

(1) Eine Vergütung gilt als stillschweigend vereinbart, wenn die Dienstleistung den Umständen nach nur gegen eine Vergütung zu erwarten ist.
(2) Ist die Höhe der Vergütung nicht bestimmt, so ist bei dem Bestehen einer Taxe die taxmäßige Vergütung, in Ermangelung einer Taxe die übliche Vergütung als vereinbart anzusehen.
(3) (weggefallen)

(...)

§ 614 BGB - Fälligkeit der Vergütung

Die Vergütung ist nach der Leistung der Dienste zu entrichten. Ist die Vergütung nach Zeitabschnitten bemessen, so ist sie nach dem Ablauf der einzelnen Zeitabschnitte zu entrichten.

(...)

§ 623 BGB - Schriftform der Kündigung

Die Beendigung von Arbeitsverhältnissen durch Kündigung oder Auflösungsvertrag bedürfen zu ihrer Wirksamkeit der Schriftform; die elektronische Form ist ausgeschlossen.

(...)

§ 630 BGB - Pflicht zur Zeugniserteilung

Bei der Beendigung eines dauernden Dienstverhältnisses kann der Verpflichtete von dem anderen Teil ein schriftliches Zeugnis über das Dienstverhältnis und dessen Dauer fordern. Das Zeugnis ist auf Verlangen auf die Leistungen und die Führung im Dienst zu erstrecken. Die Erteilung des Zeugnisses in elektronischer Form ist ausgeschlossen. Wenn der Verpflichtete ein Arbeitnehmer ist, findet § 109 der Gewerbeordnung Anwendung.

Titel 9 - Werkvertrag und ähnliche Verträge

Untertitel 1 - Werkvertrag

§ 631 BGB - Vertragstypische Pflichten beim Werkvertrag

(1) Durch den Werkvertrag wird der Unternehmer zur Herstellung des versprochenen Werkes, der Besteller zur Entrichtung der vereinbarten Vergütung verpflichtet.
(2) Gegenstand des Werkvertrags kann sowohl die Herstellung oder Veränderung einer Sache als auch ein anderer durch Arbeit oder Dienstleistung herbeizuführender Erfolg sein.

(...)

§ 632a BGB - Abschlagszahlungen

(1) Der Unternehmer kann von dem Besteller für eine vertragsgemäß erbrachte Leistung eine Abschlagszahlung in der Höhe verlangen, in der der Besteller durch die Leistung einen Wertzuwachs erlangt hat. Wegen unwesentlicher Mängel kann die Abschlagszahlung nicht verweigert werden. § 641 Abs. 3 gilt entsprechend. Die Leistungen sind durch eine Aufstellung nachzuweisen, die eine rasche und sichere Beurteilung der Leistungen ermöglichen muss. Die Sätze 1 bis 4 gelten auch für erforderliche Stoffe oder Bauteile, die angeliefert oder eigens angefertigt und bereitgestellt sind, wenn dem Besteller nach seiner Wahl Eigentum an den Stoffen oder Bauteilen übertragen oder entsprechende Sicherheit hierfür geleistet wird.
(2) Wenn der Vertrag die Errichtung oder den Umbau eines Hauses oder eines vergleichbaren Bauwerks zum Gegenstand hat und zugleich die Verpflichtung des Unternehmers enthält, dem Besteller das Eigentum an dem Grundstück zu übertragen oder ein Erbbaurecht zu bestellen oder zu übertragen, können Abschlagszahlungen nur verlangt werden, soweit sie gemäß einer Verordnung auf Grund von Artikel 244 des Einführungsgesetzes zum Bürgerlichen Gesetzbuche vereinbart sind.
(3) Ist der Besteller ein Verbraucher und hat der Vertrag die Errichtung oder den Umbau eines Hauses oder eines vergleichbaren Bauwerks zum Gegenstand, ist dem Besteller bei der ersten Abschlagszahlung eine Sicherheit für die rechtzeitige Herstellung des Werkes ohne wesentliche Mängel in Höhe von 5 vom Hundert des Vergütungsanspruchs zu leisten. Erhöht sich der Vergütungsanspruch infolge von Änderungen oder Ergänzungen des Vertrages um mehr als 10 vom Hundert, ist dem Besteller bei der nächsten Abschlagszahlung eine weitere Sicherheit in Höhe von 5 vom Hundert des zusätzlichen Vergütungsanspruchs zu leisten. Auf Verlangen des Unternehmers ist die Sicherheitsleistung durch Einbehalt dergestalt zu erbringen, dass der Besteller die Abschlagszahlungen bis zu dem Gesamtbetrag der geschuldeten Sicherheit zurückhält.
(4) Sicherheiten nach dieser Vorschrift können auch durch eine Garantie oder ein sonstiges Zahlungsversprechen eines im Geltungsbereich dieses Gesetzes zum Geschäftsbetrieb befugten Kreditinstituts oder Kreditversicherers geleistet werden.

§ 633 BGB - Sach- und Rechtsmangel

(1) Der Unternehmer hat dem Besteller das Werk frei von Sach- und Rechtsmängeln zu verschaffen.
(2) Das Werk ist frei von Sachmängeln, wenn es die vereinbarte Beschaffenheit hat. Soweit die Beschaffenheit nicht vereinbart ist, ist das Werk frei von Sachmängeln,

1. wenn es sich für die nach dem Vertrag vorausgesetzte, sonst
2. für die gewöhnliche Verwendung eignet und eine Beschaffenheit aufweist, die bei Werken der gleichen Art üblich ist und die der Besteller nach der Art des Werks erwarten kann.

Einem Sachmangel steht es gleich, wenn der Unternehmer ein anderes als das bestellte Werk oder das Werk in zu geringer Menge herstellt.

(3) Das Werk ist frei von Rechtsmängeln, wenn Dritte in Bezug auf das Werk keine oder nur die im Vertrag übernommenen Rechte gegen den Besteller geltend machen können.

§ 634 BGB - Rechte des Bestellers bei Mängeln

Ist das Werk mangelhaft, kann der Besteller, wenn die Voraussetzungen der folgenden Vorschriften vorliegen und soweit nicht ein anderes bestimmt ist,

1. nach § 635 Nacherfüllung verlangen,
2. nach § 637 den Mangel selbst beseitigen und Ersatz der erforderlichen Aufwendungen verlangen,
3. nach den §§ 636, 323 und 326 Abs. 5 von dem Vertrag zurücktreten oder nach § 638 die Vergütung mindern und
4. nach den §§ 636, 280, 281, 283 und 311a Schadensersatz oder nach § 284 Ersatz vergeblicher Aufwendungen verlangen.

§ 634a BGB - Verjährung der Mängelansprüche

(1) Die in § 634 Nr. 1, 2 und 4 bezeichneten Ansprüche verjähren

1. vorbehaltlich der Nummer 2 in zwei Jahren bei einem Werk, dessen Erfolg in der Herstellung, Wartung oder Veränderung einer Sache oder in der Erbringung von Planungs- oder Überwachungsleistungen hierfür besteht,
2. in fünf Jahren bei einem Bauwerk und einem Werk, dessen Erfolg in der Erbringung von Planungs- oder Überwachungsleistungen hierfür besteht, und
3. im Übrigen in der regelmäßigen Verjährungsfrist.

(2) Die Verjährung beginnt in den Fällen des Absatzes 1 Nr. 1 und 2 mit der Abnahme.

(3) Abweichend von Absatz 1 Nr. 1 und 2 und Absatz 2 verjähren die Ansprüche in der regelmäßigen Verjährungsfrist, wenn der Unternehmer den Mangel arglistig verschwiegen hat. Im Fall des Absatzes 1 Nr. 2 tritt die Verjährung jedoch nicht vor Ablauf der dort bestimmten Frist ein.

(4) Für das in § 634 bezeichnete Rücktrittsrecht gilt § 218. Der Besteller kann trotz einer Unwirksamkeit des Rücktritts nach § 218 Abs. 1 die Zahlung der Vergütung insoweit verweigern, als er aufgrund des Rücktritts dazu berechtigt sein würde. Macht er von diesem Recht Gebrauch, kann der Unternehmer vom Vertrag zurücktreten.

(5) Auf das in § 634 bezeichnete Minderungsrecht finden § 218 und Absatz 4 Satz 2 entsprechende Anwendung.

(...)

§ 651 BGB - Anwendung des Kaufrechts

Auf einen Vertrag, der die Lieferung herzustellender oder zu erzeugender beweglicher Sachen zum Gegenstand hat, finden die Vorschriften über den Kauf Anwendung. § 442 Abs. 1 Satz 1 findet bei diesen Verträgen auch Anwendung, wenn der Mangel auf den vom Besteller gelieferten Stoff zurückzuführen ist. Soweit es sich bei den herzustellenden oder zu erzeugenden beweglichen Sachen um nicht vertretbare Sachen handelt, sind auch die §§ 642, 643, 645, 649 und 650 mit der Maßgabe anzuwenden, dass an die Stelle der Abnahme der nach den §§ 446 und 447 maßgebliche Zeitpunkt tritt.

(...)

Buch 3 - Sachenrecht
Abschnitt 2 - Allgemeine Vorschriften über Rechte an Grundstücken

§ 873 BGB - Erwerb durch Einigung und Eintragung

(1) Zur Übertragung des Eigentums an einem Grundstück, zur Belastung eines Grundstücks mit einem Recht sowie zur Übertragung oder Belastung eines solchen Rechtes ist die Einigung des Berechtigten und des anderen Teiles über den Eintritt der Rechtsänderung und die Eintragung der Rechtsänderung in das Grundbuch erforderlich, soweit nicht das Gesetz ein anderes vorschreibt.

(2) Vor der Eintragung sind die Beteiligten an die Einigung nur gebunden, wenn die Erklärungen notariell beurkundet oder vor dem Grundbuchamt abgegeben oder bei diesem eingereicht sind oder wenn der Berechtigte dem anderen Teil eine den Vorschriften der Grundbuchordnung entsprechende Eintragungsbewilligung ausgehändigt hat.

(...)

Abschnitt 3 - Eigentum

Titel 2 - Erwerb und Verlust des Eigentums an Grundstücken

§ 925 BGB - Auflassung

(1) Die zur Übertragung des Eigentums an einem Grundstück nach § 873 erforderliche Einigung des Veräußerers und des Erwerbers (Auflassung) muss bei gleichzeitiger Anwesenheit beider Teile vor einer zuständigen Stelle erklärt werden. Zur Entgegennahme der Auflassung ist, unbeschadet der Zuständigkeit weiterer Stellen, jeder Notar zuständig. Eine Auflassung kann auch in einem gerichtlichen Vergleich oder in einem rechtskräftig bestätigten Insolvenzplan erklärt werden.

(2) Eine Auflassung, die unter einer Bedingung oder einer Zeitbestimmung erfolgt, ist unwirksam.

(...)

Titel 3 - Erwerb und Verlust des Eigentums an beweglichen Sachen

Untertitel 1 - Übertragung

§ 929 BGB - Einigung und Übergabe

Zur Übertragung des Eigentums an einer beweglichen Sache ist erforderlich, dass der Eigentümer die Sache dem Erwerber übergibt und beide darüber einig sind, dass das Eigentum übergehen soll. Ist der Erwerber im Besitz der Sache, so genügt die Einigung über den Übergang des Eigentums.

(...)

§ 930 BGB - Besitzkonstitut

Ist der Eigentümer im Besitz der Sache, so kann die Übergabe dadurch ersetzt werden, dass zwischen ihm und dem Erwerber ein Rechtsverhältnis vereinbart wird, vermöge dessen der Erwerber den mittelbaren Besitz erlangt.

§ 931 BGB - Abtretung des Herausgabeanspruchs

Ist ein Dritter im Besitz der Sache, so kann die Übergabe dadurch ersetzt werden, dass der Eigentümer dem Erwerber den Anspruch auf Herausgabe der Sache abtritt.

§ 932 BGB - Gutgläubiger Erwerb vom Nichtberechtigten

(1) Durch eine nach § 929 erfolgte Veräußerung wird der Erwerber auch dann Eigentümer, wenn die Sache nicht dem Veräußerer gehört, es sei denn, dass er zu der Zeit, zu der er nach diesen Vorschriften das Eigentum erwerben würde, nicht in gutem Glauben ist. In dem Falle des § 929 Satz 2 gilt dies jedoch nur dann, wenn der Erwerber den Besitz von dem Veräußerer erlangt hatte.

(2) Der Erwerber ist nicht in gutem Glauben, wenn ihm bekannt oder infolge grober Fahrlässigkeit unbekannt ist, dass die Sache nicht dem Veräußerer gehört.

(...)

§ 935 BGB - Kein gutgläubiger Erwerb von abhanden gekommenen Sachen

(1) Der Erwerb des Eigentums aufgrund der §§ 932 bis 934 tritt nicht ein, wenn die Sache dem Eigentümer gestohlen worden, verloren gegangen oder sonst abhandengekommen war. Das Gleiche gilt, falls der Eigentümer nur mittelbarer Besitzer war, dann, wenn die Sache dem Besitzer abhanden gekommen war.

(2) Diese Vorschriften finden keine Anwendung auf Geld oder Inhaberpapiere sowie auf Sachen, die im Wege öffentlicher Versteigerung oder einer Versteigerung nach § 979 Absatz 1a veräußert werden.
(...)

Erstes Buch - Handelsstand
Erster Abschnitt - Kaufleute

§ 1 HGB
(1) Kaufmann im Sinne dieses Gesetzbuchs ist, wer ein Handelsgewerbe betreibt.
(2) Handelsgewerbe ist jeder Gewerbebetrieb, es sei denn, dass das Unternehmen nach Art oder Umfang einen in kaufmännischer Weise eingerichteten Geschäftsbetrieb nicht erfordert.

§ 2 HGB
Ein gewerbliches Unternehmen, dessen Gewerbebetrieb nicht schon nach § 1 Abs. 2 Handelsgewerbe ist, gilt als Handelsgewerbe im Sinne dieses Gesetzbuchs, wenn die Firma des Unternehmens in das Handelsregister eingetragen ist. Der Unternehmer ist berechtigt, aber nicht verpflichtet, die Eintragung nach den für die Eintragung kaufmännischer Firmen geltenden Vorschriften herbeizuführen. Ist die Eintragung erfolgt, so findet eine Löschung der Firma auch auf Antrag des Unternehmers statt, sofern nicht die Voraussetzung des § 1 Abs. 2 eingetreten ist.
(...)

Zweiter Abschnitt - Handelsregister

§ 8 HGB
(1) Das Handelsregister wird von den Gerichten elektronisch geführt.
(2) Andere Datensammlungen dürfen nicht unter Verwendung oder Beifügung der Bezeichnung „Handelsregister" in den Verkehr gebracht werden.

§ 8a HGB Eintragungen in das Handelsregister; Verordnungsermächtigung
(1) Eine Eintragung in das Handelsregister wird wirksam, sobald sie in den für die Handelsregistereintragungen bestimmten Datenspeicher aufgenommen ist und auf Dauer inhaltlich unverändert in lesbarer Form wiedergegeben werden kann.
(2) Die Landesregierungen werden ermächtigt, durch Rechtsverordnung nähere Bestimmungen über die elektronische Führung des Handelsregisters, die elektronische Anmeldung, die elektronische Einreichung von Dokumenten sowie deren Aufbewahrung zu treffen, soweit nicht durch das Bundesministerium der Justiz nach § 387 Abs. 2 des Gesetzes über das Verfahren in Familiensachen und in den Angelegenheiten der freiwilligen Gerichtsbarkeit entsprechende Vorschriften erlassen werden. Dabei können sie auch Einzelheiten der Datenübermittlung regeln sowie die Form zu übermittelnder elektronischer Dokumente festlegen, um die Eignung für die Bearbeitung durch das Gericht sicherzustellen. Die Landesregierungen können die Ermächtigung durch Rechtsverordnung auf die Landesjustizverwaltungen übertragen.

§ 8b HGB - Unternehmensregister
(1) Das Unternehmensregister wird vorbehaltlich einer Regelung nach § 9a Abs. 1 vom Bundesministerium der Justiz elektronisch geführt.
(2) Über die Internetseite des Unternehmensregisters sind zugänglich:
1. Eintragungen im Handelsregister und deren Bekanntmachung und zum Handelsregister eingereichte Dokumente;
2. Eintragungen im Genossenschaftsregister und deren Bekanntmachung und zum Genossenschaftsregister eingereichte Dokumente;
3. Eintragungen im Partnerschaftsregister und deren Bekanntmachung und zum Partnerschaftsregister eingereichte Dokumente;
4. Unterlagen der Rechnungslegung nach den §§ 325 und 339, soweit sie bekannt gemacht wurden;
5. gesellschaftsrechtliche Bekanntmachungen im elektronischen Bundesanzeiger;
6. im Aktionärsforum veröffentlichte Eintragungen nach § 127a des Aktiengesetzes;
7. Veröffentlichungen von Unternehmen nach dem Wertpapierhandelsgesetz im elektronischen Bundesanzeiger, von Bietern, Gesellschaften, Vorständen und Aufsichtsräten nach dem Wertpapiererwerbs- und Übernahmegesetz im elektronischen Bundesanzeiger sowie Veröffentlichungen nach der Börsenzulassungs-Verordnung im elektronischen Bundesanzeiger;
8. Bekanntmachungen und Veröffentlichungen inländischer Kapitalanlagegesellschaften und Investmentaktiengesellschaften nach dem Investmentgesetz und dem Investmentsteuergesetz im elektronischen Bundesanzeiger;
9. Veröffentlichungen und sonstige der Öffentlichkeit zur Verfügung gestellte Informationen nach den §§ 2b, 15 Abs. 1 und 2, § 15a Abs. 4, § 26 Abs. 1, §§ 26a, 29a Abs. 2, §§ 30e, 30f Abs. 2, § 37v Abs. 1 bis § 37x Abs. 1, §§ 37y, 37z Abs. 4 und § 41 Abs. 4a des Wertpapierhandelsgesetzes, sofern die Veröffentlichung nicht bereits über Nummer 4 oder Nummer 7 in das Unternehmensregister eingestellt wird;
10. Mitteilungen über kapitalmarktrechtliche Veröffentlichungen an die Bundesanstalt für Finanzdienstleistungsaufsicht, sofern die Veröffentlichung selbst nicht bereits über Nummer 7 oder Nummer 9 in das Unternehmensregister eingestellt wird;
11. Bekanntmachungen der Insolvenzgerichte nach § 9 der Insolvenzordnung, ausgenommen Verfahren nach dem Neunten Teil der Insolvenzordnung.

(3) Zur Einstellung in das Unternehmensregister sind dem Unternehmensregister zu übermitteln:
1. die Daten nach Absatz 2 Nr. 4 bis 8 durch den Betreiber des elektronischen Bundesanzeigers;
2. die Daten nach Absatz 2 Nr. 9 und 10 durch den jeweils Veröffentlichungspflichtigen oder den von ihm mit der Veranlassung der Veröffentlichung beauftragten Dritten.

Die Landesjustizverwaltungen übermitteln die Daten nach Absatz 2 Nr. 1 bis 3 und 11 zum Unternehmensregister, soweit die Übermittlung für die Eröffnung eines Zugangs zu den Originaldaten über die Internetseite des Unternehmensregisters erforderlich ist. Die Bundesanstalt für Finanzdienstleistungsaufsicht überwacht die Übermittlung der Veröffentlichungen und der sonstigen der Öffentlichkeit zur Verfügung gestellten Informationen nach den §§ 2b, 15 Abs. 1 und 2, § 15a Abs. 4, § 26 Abs. 1, §§ 26a, 29a Abs. 2, §§ 30e, 30f Abs. 2, § 37v Abs. 1 bis § 37x Abs. 1, §§ 37y, 37z Abs. 4 und § 41 Abs. 4a des Wertpapierhandelsgesetzes an das Unternehmensregister zur Speicherung und kann Anordnungen treffen, die zu ihrer Durchsetzung geeignet und erforderlich sind. Die Bundesanstalt kann die gebotene Übermittlung der in Satz 3 genannten Veröffentlichungen, der Öffentlichkeit zur Verfügung gestellten Informationen und Mitteilung auf Kosten des Pflichtigen vornehmen, wenn die Übermittlungspflicht nicht, nicht richtig, nicht vollständig oder nicht in der vorgeschriebenen Weise erfüllt wird. Für die Überwachungstätigkeit der Bundesanstalt gelten § 4 Abs. 3 Satz 1 und 3, Abs. 7, 9 und 10, § 7 und § 8 des Wertpapierhandelsgesetzes entsprechend.
(4) Die Führung des Unternehmensregisters schließt die Erteilung von Ausdrucken sowie die Beglaubigung entsprechend § 9 Abs. 3 und 4 hinsichtlich der im Unternehmensregister gespeicherten Unterlagen der Rechnungslegung im Sinn des Absatzes 2 Nr. 4 ein. Gleiches gilt für die elektronische Übermittlung von zum Handelsregister eingereichten Schriftstücken nach § 9 Abs. 2, soweit sich der Antrag auf Unterlagen der Rechnungslegung im Sinn des Absatzes 2 Nr. 4 bezieht; § 9 Abs. 3 gilt entsprechend.

§ 9 HGB – Einsichtnahme in das Handelsregister und das Unternehmensregister

(1) Die Einsichtnahme in das Handelsregister sowie in die zum Handelsregister eingereichten Dokumente ist jedem zu Informationszwecken gestattet. Die Landesjustizverwaltungen bestimmen das elektronische Informations- und Kommunikationssystem, über das die Daten aus den Handelsregistern abrufbar sind, und sind für die Abwicklung des elektronischen Abrufverfahrens zuständig. Die Landesregierung kann die Zuständigkeit durch Rechtsverordnung abweichend regeln; sie kann diese Ermächtigung durch Rechtsverordnung auf die Landesjustizverwaltung übertragen. Die Länder können ein länderübergreifendes, zentrales elektronisches Informations- und Kommunikationssystem bestimmen. Sie können auch eine Übertragung der Abwicklungsaufgaben auf die zuständige Stelle eines anderen Landes sowie mit dem Betreiber des Unternehmensregisters eine Übertragung der Abwicklungsaufgaben auf das Unternehmensregister vereinbaren.

(2) Sind Dokumente nur in Papierform vorhanden, kann die elektronische Übermittlung nur für solche Schriftstücke verlangt werden, die weniger als zehn Jahre vor dem Zeitpunkt der Antragstellung zum Handelsregister eingereicht wurden.

(3) Die Übereinstimmung der übermittelten Daten mit dem Inhalt des Handelsregisters und den zum Handelsregister eingereichten Dokumenten wird auf Antrag durch das Gericht beglaubigt. Dafür ist eine qualifizierte elektronische Signatur nach dem Signaturgesetz zu verwenden.

(4) Von den Eintragungen und den eingereichten Dokumenten kann ein Ausdruck verlangt werden. Von den zum Handelsregister eingereichten Schriftstücken, die nur in Papierform vorliegen, kann eine Abschrift gefordert werden. Die Abschrift ist von der Geschäftsstelle zu beglaubigen und der Ausdruck als amtlicher Ausdruck zu fertigen, wenn nicht auf die Beglaubigung verzichtet wird.

(5) Das Gericht hat auf Verlangen eine Bescheinigung darüber zu erteilen, dass bezüglich des Gegenstandes einer Eintragung weitere Eintragungen nicht vorhanden sind oder dass eine bestimmte Eintragung nicht erfolgt ist.

(6) Für die Einsichtnahme in das Unternehmensregister gilt Absatz 1 Satz 1 entsprechend. Anträge nach den Absätzen 2 bis 5 können auch über das Unternehmensregister an das Gericht vermittelt werden. (...)

§ 10 HGB – Bekanntmachung der Eintragungen

Das Gericht macht die Eintragungen in das Handelsregister in dem von der Landesjustizverwaltung bestimmten elektronischen Informations- und Kommunikationssystem in der zeitlichen Folge ihrer Eintragung nach Tagen geordnet bekannt; § 9 Abs. 1 Satz 4 und 5 gilt entsprechend. Soweit nicht ein Gesetz etwas anderes vorschreibt, werden die Eintragungen ihrem ganzen Inhalt nach veröffentlicht.

Dritter Abschnitt – Handelsfirma

§ 17 HGB

(1) Die Firma eines Kaufmanns ist der Name, unter dem er seine Geschäfte betreibt und die Unterschrift abgibt.

(2) Ein Kaufmann kann unter seiner Firma klagen und verklagt werden.

§ 18 HGB

(1) Die Firma muss zur Kennzeichnung des Kaufmanns geeignet sein und Unterscheidungskraft besitzen.

(2) Die Firma darf keine Angaben enthalten, die geeignet sind über geschäftliche Verhältnisse, die für die angesprochenen Verkehrskreise wesentlich sind, irrezuführen. Im Verfahren vor dem Registergericht wird die Eignung zur Irreführung nur berücksichtigt, wenn sie ersichtlich ist.

§ 19 HGB

(1) Die Firma muss, auch wenn sie nach den §§ 21, 22, 24 oder nach anderen gesetzlichen Vorschriften fortgeführt wird, enthalten:

1. bei Einzelkaufleuten die Bezeichnung „eingetragener Kaufmann", „eingetragene Kauffrau" oder eine allgemein verständliche Abkürzung dieser Bezeichnung, insbesondere „e. K.", „e. Kfm." oder „e. Kffr.";
2. bei einer offenen Handelsgesellschaft die Bezeichnung „offene Handelsgesellschaft" oder eine allgemein verständliche Abkürzung dieser Bezeichnung;
3. bei einer Kommanditgesellschaft die Bezeichnung „Kommanditgesellschaft" oder eine allgemein verständliche Abkürzung dieser Bezeichnung.

(2) Wenn in einer offenen Handelsgesellschaft oder Kommanditgesellschaft keine natürliche Person persönlich haftet, muss die Firma, auch wenn sie nach den §§ 21, 22, 24 oder nach anderen gesetzlichen Vorschriften fortgeführt wird, eine Bezeichnung enthalten, welche die Haftungsbeschränkung kennzeichnet.

(...)

§ 29 HGB

Jeder Kaufmann ist verpflichtet, seine Firma und den Ort seiner Handelsniederlassung bei dem Gericht, in dessen Bezirke sich die Niederlassung befindet, zur Eintragung in das Handelsregister anzumelden.

(...)

§ 37a HGB

(1) Auf allen Geschäftsbriefen des Kaufmanns gleichviel welcher Form, die an einen bestimmten Empfänger gerichtet werden, müssen seine Firma, die Bezeichnung nach § 19 Abs. 1 Nr. 1, der Ort seiner Handelsniederlassung, das Registergericht und die Nummer, unter der die Firma in das Handelsregister eingetragen ist, angegeben werden.

(2) Der Angaben nach Absatz 1 bedarf es nicht bei Mitteilungen oder Berichten, die im Rahmen einer bestehenden Geschäftsverbindung ergehen und für die üblicherweise Vordrucke verwendet werden, in denen lediglich die im Einzelfall erforderlichen besonderen Angaben eingefügt zu werden brauchen.

(3) Bestellscheine gelten als Geschäftsbriefe im Sinne des Absatzes 1. Absatz 2 ist auf sie nicht anzuwenden.

(4) Wer seiner Pflicht nach Absatz 1 nicht nachkommt, ist hierzu von dem Registergericht durch Festsetzung von Zwangsgeld anzuhalten. § 14 Satz 2 gilt entsprechend.

(...)

Zweites Buch – Handelsgesellschaften und stille Gesellschaft
Erster Abschnitt – Offene Handelsgesellschaft

Erster Titel – Errichtung der Gesellschaft

§ 105 HGB

(1) Eine Gesellschaft, deren Zweck auf den Betrieb eines Handelsgewerbes unter gemeinschaftlicher Firma gerichtet ist, ist eine offene Handelsgesellschaft, wenn bei keinem der Gesellschafter die Haftung gegenüber den Gesellschaftsgläubigern beschränkt ist.

(2) Eine Gesellschaft, deren Gewerbebetrieb nicht schon nach § 1 Abs. 2 Handelsgewerbe ist oder die nur eigenes Vermögen verwaltet, ist offene Handelsgesellschaft, wenn die Firma des Unternehmens in das Handelsregister eingetragen ist. § 2 Satz 2 und 3 gilt entsprechend.

(3) Auf die offene Handelsgesellschaft finden, soweit nicht in diesem Abschnitt ein anderes vorgeschrieben ist, die Vorschriften des Bürgerlichen Gesetzbuchs über die Gesellschaft Anwendung.

(...)

Dritter Titel - Rechtsverhältnis der Gesellschafter zu Dritten

§ 125a HBG

(1) Auf allen Geschäftsbriefen der Gesellschaft, gleichviel welcher Form, die an einen bestimmten Empfänger gerichtet werden, müssen die Rechtsform und der Sitz der Gesellschaft, das Registergericht und die Nummer, unter der die Gesellschaft in das Handelsregister eingetragen ist, angegeben werden. Bei einer Gesellschaft, bei der kein Gesellschafter eine natürliche Person ist, sind auf den Geschäftsbriefen der Gesellschaft ferner die Firmen der Gesellschafter anzugeben sowie für die Gesellschafter die nach § 35a des Gesetzes betreffend die Gesellschaften mit beschränkter Haftung oder § 80 des Aktiengesetzes für Geschäftsbriefe vorgeschriebenen Angaben zu machen. Die Angaben nach Satz 2 sind nicht erforderlich, wenn zu den Gesellschaftern der Gesellschaft eine offene Handelsgesellschaft oder Kommanditgesellschaft gehört, bei der ein persönlich haftender Gesellschafter eine natürliche Person ist.

(2) Für Vordrucke und Bestellscheine ist § 37a Abs. 2 und 3, für Zwangsgelder gegen die zur Vertretung der Gesellschaft ermächtigten Gesellschafter oder deren organschaftliche Vertreter und die Liquidatoren ist § 37a Abs. 4 entsprechend anzuwenden.

(...)

Sechster Titel - Verjährung.
Zeitliche Begrenzung der Haftung

Zweiter Abschnitt - Kommanditgesellschaft

§ 161 HGB

(1) Eine Gesellschaft, deren Zweck auf den Betrieb eines Handelsgewerbes unter gemeinschaftlicher Firma gerichtet ist, ist eine Kommanditgesellschaft, wenn bei einem oder bei einigen von den Gesellschaftern die Haftung gegenüber den Gesellschaftsgläubigern auf den Betrag einer bestimmten Vermögenseinlage beschränkt ist (Kommanditisten), während bei dem anderen Teil der Gesellschafter eine Beschränkung der Haftung nicht stattfindet (persönlich haftende Gesellschafter).

(2) Soweit nicht in diesem Abschnitt ein anderes vorgeschrieben ist, finden auf die Kommanditgesellschaft die für die offene Handelsgesellschaft geltenden Vorschriften Anwendung.

(...)

Drittes Buch - Handelsbücher
Vorschriften für alle Kaufleute
I. Buchführung, Inventar

§ 238 HGB - Buchführungspflicht

(1) Jeder Kaufmann ist verpflichtet, Bücher zu führen und in diesen seine Handelsgeschäfte und die Lage seines Vermögens nach den Grundsätzen ordnungsmäßiger Buchführung ersichtlich zu machen. Die Buchführung muss so beschaffen sein, dass sie einem sachverständigen Dritten innerhalb angemessener Zeit einen Überblick über die Geschäftsvorfälle und über die Lage des Unternehmens vermitteln kann. Die Geschäftsvorfälle müssen sich in ihrer Entstehung und Abwicklung verfolgen lassen.

(2) Der Kaufmann ist verpflichtet, eine mit der Urschrift übereinstimmende Wiedergabe der abgesandten Handelsbriefe (Kopie, Abdruck, Abschrift oder sonstige Wiedergabe des Wortlauts auf einem Schrift-, Bild- oder anderen Datenträger) zurückzubehalten.

§ 239 HGB - Führung der Handelsbücher

(1) Bei der Führung der Handelsbücher und bei den sonst erforderlichen Aufzeichnungen hat sich der Kaufmann einer lebenden Sprache zu bedienen. Werden Abkürzungen, Ziffern, Buchstaben oder Symbole verwendet, muss im Einzelfall deren Bedeutung eindeutig festliegen.

(2) Die Eintragungen in Büchern und die sonst erforderlichen Aufzeichnungen müssen vollständig, richtig, zeitgerecht und geordnet vorgenommen werden.

(3) Eine Eintragung oder eine Aufzeichnung darf nicht in einer Weise verändert werden, dass der ursprüngliche Inhalt nicht mehr feststellbar ist. Auch solche Veränderungen dürfen nicht vorgenommen werden, deren Beschaffenheit es ungewiss lässt, ob sie ursprünglich oder erst später gemacht worden sind.

(4) Die Handelsbücher und die sonst erforderlichen Aufzeichnungen können auch in der geordneten Ablage von Belegen bestehen oder auf Datenträgern geführt werden, soweit diese Formen der Buchführung einschließlich des dabei angewandten Verfahrens den Grundsätzen ordnungsmäßiger Buchführung entsprechen. Bei der Führung der Handelsbücher und der sonst erforderlichen Aufzeichnungen auf Datenträgern muss insbesondere sichergestellt sein, dass die Daten während der Dauer der Aufbewahrungsfrist verfügbar sind und jederzeit innerhalb angemessener Frist lesbar gemacht werden können. Absätze 1 bis 3 gelten sinngemäß.

§ 240 HGB - Inventar

(1) Jeder Kaufmann hat zu Beginn seines Handelsgewerbes seine Grundstücke, seine Forderungen und Schulden, den Betrag seines baren Geldes sowie seine sonstigen Vermögensgegenstände genau zu verzeichnen und dabei den Wert der einzelnen Vermögensgegenstände und Schulden anzugeben.

(2) Er hat demnächst für den Schluss eines jeden Geschäftsjahrs ein solches Inventar aufzustellen. Die Dauer des Geschäftsjahrs darf zwölf Monate nicht überschreiten. Die Aufstellung des Inventars ist innerhalb der einem ordnungsmäßigen Geschäftsgang entsprechenden Zeit zu bewirken.

(3) Vermögensgegenstände des Sachanlagevermögens sowie Roh-, Hilfs- und Betriebsstoffe können, wenn sie regelmäßig ersetzt werden und ihr Gesamtwert für das Unternehmen von nachrangiger Bedeutung ist, mit einer gleich bleibenden Menge und einem gleich bleibenden Wert angesetzt werden, sofern ihr Bestand in seiner Größe, seinem Wert und seiner Zusammensetzung nur geringer Veränderungen unterliegt. Jedoch ist in der Regel alle drei Jahre eine körperliche Bestandsaufnahme durchzuführen.

(4) Gleichartige Vermögensgegenstände des Vorratsvermögens sowie andere gleichartige oder annähernd gleichwertige bewegliche Vermögensgegenstände und Schulden können jeweils zu einer Gruppe zusammengefasst und mit dem gewogenen Durchschnittswert angesetzt werden.

(...)

II. Eröffnungsbilanz - Jahresabschluss

§ 242 HGB - Pflicht zur Aufstellung der Bilanz

(1) Der Kaufmann hat zu Beginn seines Handelsgewerbes und für den Schluss eines jeden Geschäftsjahrs einen das Verhältnis seines Vermögens und seiner Schulden darstellenden Abschluss (Eröffnungsbilanz, Bilanz) aufzustellen. Auf die Eröffnungsbilanz sind die für den Jahresabschluss geltenden Vorschriften entsprechend anzuwenden, soweit sie sich auf die Bilanz beziehen.

(2) Er hat für den Schluss eines jeden Geschäftsjahrs eine Gegenüberstellung der Aufwendungen und Erträge des Geschäftsjahrs (Gewinn- und Verlustrechnung) aufzustellen.

(3) Die Bilanz und die Gewinn- und Verlustrechnung bilden den Jahresabschluss.

(4) Die Absätze 1 bis 3 sind auf Einzelkaufleute im Sinn des § 241a nicht anzuwenden. Im Fall der Neugründung treten die Rechtsfolgen nach Satz 1 schon ein, wenn die Werte des § 241a Satz 1 am ersten Abschlussstichtag nach der Neugründung nicht überschritten werden.

§ 243 HGB - Aufstellungsgrundsatz

(1) Der Jahresabschluss ist nach den Grundsätzen ordnungsmäßiger Buchführung aufzustellen.

(2) Er muss klar und übersichtlich sein.

(3) Der Jahresabschluss ist innerhalb der einem ordnungsmäßigen Geschäftsgang entsprechenden Zeit aufzustellen.

§ 244 HGB - Sprache, Währungseinheit
Der Jahresabschluss ist in deutscher Sprache und in Euro aufzustellen.

§ 245 HGB - Unterzeichnung
Der Jahresabschluss ist vom Kaufmann unter Angabe des Datums zu unterzeichnen. Sind mehrere persönlich haftende Gesellschafter vorhanden, so haben sie alle zu unterzeichnen.

§ 246 HGB - Vollständigkeit, Verrechnungsverbot
(1) Der Jahresabschluss hat sämtliche Vermögensgegenstände, Schulden, Rechnungsabgrenzungsposten sowie Aufwendungen und Erträge zu enthalten, soweit gesetzlich nichts anderes bestimmt ist. Vermögensgegenstände sind in der Bilanz des Eigentümers aufzunehmen; ist ein Vermögensgegenstand nicht dem Eigentümer, sondern einem anderen wirtschaftlich zuzurechnen, hat dieser ihn in seiner Bilanz auszuweisen. Schulden sind in die Bilanz des Schuldners aufzunehmen. Der Unterschiedsbetrag, um den die für die Übernahme eines Unternehmens bewirkte Gegenleistung den Wert der einzelnen Vermögensgegenstände des Unternehmens abzüglich der Schulden im Zeitpunkt der Übernahme übersteigt (entgeltlich erworbener Geschäfts- oder Firmenwert), gilt als zeitlich begrenzt nutzbarer Vermögensgegenstand.
(2) Posten der Aktivseite dürfen nicht mit Posten der Passivseite, Aufwendungen nicht mit Erträgen, Grundstücksrechte nicht mit Grundstückslasten verrechnet werden. Vermögensgegenstände, die dem Zugriff aller übrigen Gläubiger entzogen sind und ausschließlich der Erfüllung von Schulden aus Altersversorgungsverpflichtungen oder vergleichbaren langfristig fälligen Verpflichtungen dienen, sind mit diesen Schulden zu verrechnen; entsprechend ist mit den zugehörigen Aufwendungen und Erträgen aus der Abzinsung und aus dem zu verrechnenden Vermögen zu verfahren. Übersteigt der beizulegende Zeitwert der Vermögensgegenstände den Betrag der Schulden, ist der übersteigende Betrag unter einem gesonderten Posten zu aktivieren.
(3) Die auf den vorhergehenden Jahresabschluss angewandten Ansatzmethoden sind beizubehalten. § 252 Abs. 2 ist entsprechend anzuwenden.

§ 247 HGB - Inhalt der Bilanz
(1) In der Bilanz sind das Anlage- und das Umlaufvermögen, das Eigenkapital, die Schulden sowie die Rechnungsabgrenzungsposten gesondert auszuweisen und hinreichend aufzugliedern.
(2) Beim Anlagevermögen sind nur die Gegenstände auszuweisen, die bestimmt sind, dauernd dem Geschäftsbetrieb zu dienen.

Viertes Buch - Handelsgeschäfte
Erster Abschnitt - Allgemeine Vorschriften

§ 343 HGB
(1) Handelsgeschäfte sind alle Geschäfte eines Kaufmanns, die zum Betrieb seines Handelsgewerbes gehören.
(...)

§ 345 HGB
Auf ein Rechtsgeschäft, das für einen der beiden Teile ein Handelsgeschäft ist, kommen die Vorschriften über Handelsgeschäfte für beide Teile gleichmäßig zur Anwendung, soweit nicht aus diesen Vorschriften sich ein anderes ergibt.
(...)

Zweiter Abschnitt - Handelskauf

§ 373 HGB
(1) Ist der Käufer mit der Annahme der Ware im Verzug, so kann der Verkäufer die Ware auf Gefahr und Kosten des Käufers in einem öffentlichen Lagerhaus oder sonst in sicherer Weise hinterlegen.
(2) Er ist ferner befugt, nach vorgängiger Androhung die Ware öffentlich versteigern zu lassen; er kann, wenn die Ware einen Börsen- oder Marktpreis hat, nach vorgängiger Androhung den Verkauf auch aus freier Hand durch einen zu solchen Verkäufen öffentlich ermächtigten Handelsmakler oder durch eine zur öffentlichen Versteigerung befugte Person zum laufenden Preis bewirken. Ist die Ware dem Verderb ausgesetzt und Gefahr im Verzug, so bedarf es der vorgängigen Androhung nicht; dasselbe gilt, wenn die Androhung aus anderen Gründen untunlich ist.
(3) Der Selbsthilfeverkauf erfolgt für Rechnung des säumigen Käufers.
(4) Der Verkäufer und der Käufer können bei der öffentlichen Versteigerung mitbieten.
(5) Im Falle der öffentlichen Versteigerung hat der Verkäufer den Käufer von der Zeit und dem Ort der Versteigerung vorher zu benachrichtigen; von dem vollzogenen Verkauf hat er bei jeder Art des Verkaufs dem Käufer unverzüglich Nachricht zu geben. Im Falle der Unterlassung ist er zum Schadensersatz verpflichtet. Die Benachrichtigungen dürfen unterbleiben, wenn sie untunlich sind.
(...)

§ 376 HGB
(1) Ist bedungen, dass die Leistung des einen Teiles genau zu einer festbestimmten Zeit oder innerhalb einer festbestimmten Frist bewirkt werden soll, so kann der andere Teil, wenn die Leistung nicht zu der bestimmten Zeit oder nicht innerhalb der bestimmten Frist erfolgt, von dem Vertrag zurücktreten oder, falls der Schuldner im Verzug ist, statt der Erfüllung Schadensersatz wegen Nichterfüllung verlangen. Erfüllung kann er nur beanspruchen, wenn er sofort nach dem Ablauf der Zeit oder der Frist dem Gegner anzeigt, dass er auf Erfüllung bestehe.
(2) Wird Schadensersatz wegen Nichterfüllung verlangt und hat die Ware einen Börsen- oder Marktpreis, so kann der Unterschied des Kaufpreises und des Börsen- oder Marktpreises zur Zeit und am Orte der geschuldeten Leistung gefordert werden.
(3) Das Ergebnis eines anderweit vorgenommenen Verkaufs oder Kaufes kann, falls die Ware einen Börsen- oder Marktpreis hat, dem Ersatzanspruch nur zugrunde gelegt werden, wenn der Verkauf oder Kauf sofort nach dem Ablaufe der bedungenen Leistungszeit oder Leistungsfrist bewirkt ist. Der Verkauf oder Kauf muss, wenn er nicht in öffentlicher Versteigerung geschieht, durch einen zu solchen Verkäufen oder Käufen öffentlich ermächtigten Handelsmakler oder eine zur öffentlichen Versteigerung befugte Person zum laufenden Preise erfolgen.
(4) Auf den Verkauf mittels öffentlicher Versteigerung findet die Vorschrift des § 373 Abs. 4 Anwendung. Von dem Verkauf oder Kauf hat der Gläubiger den Schuldner unverzüglich zu benachrichtigen; im Falle der Unterlassung ist er zum Schadensersatze verpflichtet.

§ 377 HGB
(1) Ist der Kauf für beide Teile ein Handelsgeschäft, so hat der Käufer die Ware unverzüglich nach der Ablieferung durch den Verkäufer, soweit dies nach ordnungsmäßigem Geschäftsgange tunlich ist, zu untersuchen und, wenn sich ein Mangel zeigt, dem Verkäufer unverzüglich Anzeige zu machen.
(2) Unterlässt der Käufer die Anzeige, so gilt die Ware als genehmigt, es sei denn, dass es sich um einen Mangel handelt, der bei der Untersuchung nicht erkennbar war.
(3) Zeigt sich später ein solcher Mangel, so muss die Anzeige unverzüglich nach der Entdeckung gemacht werden; anderenfalls gilt die Ware auch in Ansehung dieses Mangels als genehmigt.
(4) Zur Erhaltung der Rechte des Käufers genügt die rechtzeitige Absendung der Anzeige.
(5) Hat der Verkäufer den Mangel arglistig verschwiegen, so kann er sich auf diese Vorschriften nicht berufen.
(...)

17 Rahmenlehrplan Industriekaufmann/ Industriekauffrau

Vorbemerkungen

Dieser Rahmenlehrplan für den berufsbezogenen Unterricht der Berufsschule ist durch die ständige Konferenz der Kultusminister und -senatoren der Länder (KMK) beschlossen worden.

Der Rahmenlehrplan ist mit der entsprechenden Ausbildungsordnung des Bundes (erlassen vom Bundesministerium für Wirtschaft und Arbeit oder dem sonst zuständigen Fachministerium im Einvernehmen mit dem Bundesministerium für Bildung und Forschung) abgestimmt. Das Abstimmungsverfahren ist durch das „Gemeinsame Ergebnisprotokoll vom 30.05.1972" geregelt. Der Rahmenlehrplan baut grundsätzlich auf dem Hauptschulabschluss auf und beschreibt Mindestanforderungen.

Der Rahmenlehrplan ist bei zugeordneten Berufen in eine berufsfeldbreite Grundbildung und eine darauf aufbauende Fachbildung gegliedert.

Auf der Grundlage der Ausbildungsordnung und des Rahmenlehrplans, die Ziele und Inhalte der Berufsausbildung regeln, werden die Abschlussqualifikation in einem anerkannten Ausbildungsberuf sowie – in Verbindung mit Unterricht in weiteren Fächern – der Abschluss der Berufsschule vermittelt. Damit werden wesentliche Voraussetzungen für eine qualifizierte Beschäftigung sowie für den Eintritt in schulische und berufliche Fort- und Weiterbildungsgänge geschaffen.

Der Rahmenlehrplan enthält keine methodischen Festlegungen für den Unterricht. Selbstständiges und verantwortungsbewusstes Denken und Handeln als übergreifendes Ziel der Ausbildung wird vorzugsweise in solchen Unterrichtsformen vermittelt, in denen es Teil des methodischen Gesamtkonzeptes ist. Dabei kann grundsätzlich jedes methodische Vorgehen zur Erreichung dieses Zieles beitragen; Methoden, welche die Handlungskompetenz unmittelbar fördern, sind besonders geeignet und sollten deshalb in der Unterrichtsgestaltung angemessen berücksichtigt werden.

Die Länder übernehmen den Rahmenlehrplan unmittelbar oder setzen ihn in eigene Lehrpläne um. Im zweiten Fall achten sie darauf, dass das im Rahmenlehrplan berücksichtigte Ergebnis der fachlichen und zeitlichen Abstimmung mit der jeweiligen Ausbildungsordnung erhalten bleibt.

Bildungsauftrag der Berufsschule

Die Berufsschule und die Ausbildungsbetriebe erfüllen in der dualen Berufsausbildung einen gemeinsamen Bildungsauftrag.

Die Berufsschule ist dabei ein eigenständiger Lernort. Sie arbeitet als gleichberechtigter Partner mit den anderen an der Berufsausbildung Beteiligten zusammen. Sie hat die Aufgabe, den Schülerinnen und Schülern berufliche und allgemeine Lerninhalte unter besonderer Berücksichtigung der Anforderungen der Berufsausbildung zu vermitteln.

Die Berufsschule hat eine berufliche Grund- und Fachbildung zum Ziel und erweitert die vorher erworbene allgemeine Bildung. Damit will sie zur Erfüllung der Aufgaben im Beruf sowie zur Mitgestaltung der Arbeitswelt und Gesellschaft in sozialer und ökologischer Verantwortung befähigen. Sie richtet sich dabei nach den für diese Schulart geltenden Regelungen der Schulgesetze der Länder. Insbesondere der berufsbezogene Unterricht orientiert sich außerdem an den für jeden einzelnen staatlich anerkannten Ausbildungsberuf bundeseinheitlich erlassenen Berufsordnungsmitteln:

- Rahmenlehrplan der ständigen Konferenz der Kultusminister und -senatoren der Länder (KMK),
- Ausbildungsordnungen des Bundes für die betriebliche Ausbildung.

Nach der Rahmenvereinbarung über die Berufsschule (Beschluss der KMK vom 15. März 1991) hat die Berufsschule zum Ziel,

- „eine Berufsfähigkeit zu vermitteln, die Fachkompetenz mit allgemeinen Fähigkeiten humaner und sozialer Art verbindet;
- berufliche Flexibilität zur Bewältigung der sich wandelnden Anforderungen in Arbeitswelt und Gesellschaft auch im Hinblick auf das Zusammenwachsen Europas zu entwickeln,
- die Bereitschaft zur beruflichen Fort- und Weiterbildung zu wecken;
- die Fähigkeit und Bereitschaft zu fördern, bei der individuellen Lebensgestaltung und im öffentlichen Leben verantwortungsbewusst zu handeln."

Zur Erreichung dieser Ziele muss die Berufsschule

- den Unterricht an einer für ihre Aufgaben spezifischen Pädagogik ausrichten, die Handlungsorientierung betont;
- unter Berücksichtigung notwendiger beruflicher Spezialisierung berufs- und berufsfeldübergreifende Qualifikationen vermitteln;
- ein differenziertes und flexibles Bildungsangebot gewährleisten, um unterschiedlichen Fähigkeiten und Begabungen sowie den jeweiligen Erfordernissen der Arbeitswelt und Gesellschaft gerecht zu werden;

- im Rahmen ihrer Möglichkeiten Behinderte und Benachteiligte umfassend stützen und fördern;
- auf die mit Berufsausübung und privater Lebensführung verbundenen Umweltbedrohungen und Unfallgefahren hinweisen und Möglichkeiten zu ihrer Vermeidung bzw. Verminderung aufzeigen.

Die Berufsschule soll darüber hinaus im allgemeinen Unterricht und soweit es im Rahmen berufsbezogenen Unterrichts möglich ist auf Kernprobleme unserer Zeit wie z. B.
- Arbeit und Arbeitslosigkeit,
- friedliches Zusammenleben von Menschen, Völkern und Kulturen in einer Welt unter Wahrung kultureller Identität,
- Erhaltung der natürlichen Lebensgrundlage sowie
- Gewährleistung der Menschenrechte

eingehen.

Die aufgeführten Ziele sind auf die Entwicklung von Handlungskompetenz gerichtet. Diese wird hier verstanden als die Bereitschaft und Fähigkeit des Einzelnen, sich in gesellschaftlichen, beruflichen und privaten Situationen sachgerecht, durchdacht sowie individuell und sozial verantwortlich zu verhalten.

Handlungskompetenz entfaltet sich in den Dimensionen von Fachkompetenz, Personalkompetenz und Sozialkompetenz.

Fachkompetenz bezeichnet die Bereitschaft und Fähigkeit, auf der Grundlage fachlichen Wissens und Könnens Aufgaben und Probleme zielorientiert, sachgerecht, methodengeleitet und selbstständig zu lösen und das Ergebnis zu beurteilen.

Personalkompetenz bezeichnet die Bereitschaft und Fähigkeit, als individuelle Persönlichkeit die Entwicklungschancen, Anforderungen und Einschränkungen in Familie, Beruf und öffentlichem Leben zu klären, zu durchdenken und zu beurteilen, eigene Begabungen zu entfalten sowie Lebenspläne zu fassen und fortzuentwickeln. Sie umfasst personale Eigenschaften wie Selbstständigkeit, Kritikfähigkeit, Selbstvertrauen, Zuverlässigkeit, Verantwortungs- und Pflichtbewusstsein. Zur ihr gehören insbesondere auch die Entwicklung durchdachter Wertvorstellungen und die selbstbestimmte Bindung an Werte.

Sozialkompetenz bezeichnet die Bereitschaft und Fähigkeit, soziale Beziehungen zu leben und zu gestalten, Zuwendungen und Spannungen zu erfassen, zu verstehen sowie sich mit anderen rational und verantwortungsbewusst auseinanderzusetzen und zu verständigen. Hierzu gehört insbesondere auch die Entwicklung sozialer Verantwortung und Solidarität.

Methoden- und Lernkompetenz erwachsen aus einer ausgewogenen Entwicklung dieser drei Dimensionen.

Kompetenz bezeichnet den Lernerfolg in Bezug auf den einzelnen Lernenden und seine Befähigung zu eigenverantwortlichem Handeln in privaten, beruflichen und gesellschaftlichen Situationen. Demgegenüber wird unter Qualifikation der Lernerfolg in Bezug auf die Verwertbarkeit, d. h. aus der Sicht der Nachfrage in privaten, beruflichen und gesellschaftlichen Situationen, verstanden (vgl. Deutscher Bildungsrat, Empfehlungen der Bildungskommission zur Neuordnung der Sekundarstufe II).

Didaktische Grundsätze

Die Zielsetzung der Berufsausbildung erfordert es, den Unterricht an einer auf die Aufgaben der Berufsschule zugeschnittenen Pädagogik auszurichten, die Handlungsorientierung betont und junge Menschen zu selbstständigem Planen, Durchführen und Beurteilen von Arbeitsaufgaben im Rahmen ihrer Berufstätigkeit befähigt.

Lernen in der Berufsschule vollzieht sich grundsätzlich in Beziehung auf konkretes berufliches Handeln sowie in vielfältigen gedanklichen Operationen, auch gedanklichem Nachvollziehen von Handlungen anderer. Dieses Lernen ist vor allem an die Reflexion der Vollzüge des Handelns (des Handlungsplans, des Ablaufs, der Ergebnisse) gebunden. Mit dieser gedanklichen Durchdringung beruflicher Arbeit werden die Voraussetzungen geschaffen für das Lernen in und aus der Arbeit. Dies bedeutet für den Rahmenlehrplan, dass die Beschreibung der Ziele und die Auswahl der Inhalte **berufsbezogen erfolgt**.

Auf der Grundlage lerntheoretischer und didaktischer Erkenntnisse werden in einem pragmatischen Ansatz für die Gestaltung handlungsorientierten Unterrichts folgende Orientierungspunkte genannt:
- Didaktische Bezugspunkte sind Situationen, die für die Berufsausübung bedeutsam sind (Lernen für Handeln).
- Den Ausgangspunkt des Lernens bilden Handlungen, möglichst selbst ausgeführt oder aber gedanklich nachvollzogen (Lernen durch Handeln).
- Handlungen müssen von den Lernenden möglichst selbstständig geplant, durchgeführt, überprüft, ggf. korrigiert und schließlich bewertet werden.
- Handlungen sollten ein ganzheitliches Erfassen der beruflichen Wirklichkeit fördern, z. B. technische, sicherheitstechnische, ökonomische, rechtliche, ökologische und soziale Aspekte einbeziehen.

Didaktische Grundsätze

- Handlungen müssen in die Erfahrungen der Lernenden integriert und in Bezug auf ihre gesellschaftlichen Auswirkungen reflektiert werden.
- Handlungen sollen auch soziale Prozesse, z. B. der Interessenerklärung oder der Konfliktbewältigung, einbeziehen.

Handlungsorientierter Unterricht ist ein didaktisches Konzept, das fach- und handlungssystematische Strukturen miteinander verschränkt. Es lässt sich durch unterschiedliche Unterrichtsmethoden verwirklichen.

Das Unterrichtsangebot der Berufsschule richtet sich an Jugendliche und Erwachsene, die sich nach Vorbildung, kulturellem Hintergrund und Erfahrungen aus den Ausbildungsbetrieben unterscheiden. Die Berufsschule kann ihren Bildungsauftrag nur erfüllen, wenn sie diese Unterschiede beachtet und Schülerinnen und Schüler – auch benachteiligte oder besonders begabte – ihren individuellen Möglichkeiten entsprechend fördert.

Berufsbezogene Vorbemerkungen

Der vorliegende Rahmenlehrplan für die Berufsausbildung zum Industriekaufmann/zur Industriekauffrau ist mit der Verordnung über die Berufsausbildung vom 23. Juli 2002 (BGBl I S. 2764) abgestimmt.

Der Ausbildungsberuf ist nach der Berufsgrundbildungsjahr-Anrechnungs-Verordnung des Bundesministeriums für Wirtschaft und Technologie dem Berufsfeld Wirtschaft und Verwaltung, Schwerpunkt A: Absatzwirtschaft und Kundenberatung zugeordnet.
Der Rahmenlehrplan stimmt hinsichtlich des 1. Ausbildungsjahres mit dem berufsbezogenen fachtheoretischen Bereich des Rahmenlehrplans für das schulische Berufsgrundbildungsjahr überein. Soweit die Ausbildung im 1. Jahr in einem schulischen Berufsgrundbildungsjahr erfolgt, gilt der Rahmenlehrplan für den berufsbezogenen Lernbereich im Berufsgrundbildungsjahr.

Der Rahmenlehrplan für den Ausbildungsberuf Industriekaufmann/Industriekauffrau (Beschluss der KMK vom 9. Juni 1995) wird durch den vorliegenden Rahmenlehrplan aufgehoben.

Der Industriekaufmann/die Industriekauffrau ist in Unternehmen unterschiedlicher Branchen und Größen tätig, die zunehmend nicht nur Produkte herstellen, sondern auch ergänzende und eigenständige Dienst- und Serviceleistungen in zum Teil umfangreichen Projekten anbieten. Industriekaufleute verfügen über ein nicht nur auf die industrielle Fertigung bezogenes breites kaufmännisches Grundwissen, insbesondere auch im Bereich der Kundenberatung, Kundenbetreuung und der Projektabwicklung.

Das Berufsbild umfasst arbeitsfeldübergreifende Qualifikationen, Fachqualifikationen und profilgebende Einsatzbereiche, in denen branchen- bzw. betriebsbezogene Qualifikationen im Hinblick auf einen angestrebten Arbeitsplatz erworben werden. Kundenorientierung und geschäftsprozessbezogene Handlungskompetenz werden besonders herausgestellt.

Betriebliche und schulische Ausbildung ermöglichen den Zugang zu grundlegenden betriebswirtschaftlichen Problemstellungen und Begriffen aus einer geschäftsprozessorientierten Sicht. Die Förderung von Orientierungswissen, das Lösen komplexer und exemplarischer Aufgabenstellungen, systemorientiertes und vernetztes Denken und Handeln sind Bestandteil der Ausbildung.

Die Lernfelder dieses Rahmenlehrplanes orientieren sich an typischen Geschäftsprozessen eines Industrieunternehmens. Die Auftragsabwicklung wird als wesentlicher Kernprozess betrachtet, aus dem heraus sich unterstützende Prozesse mit Schnittstellen zu weiteren Kernprozessen ergeben. Die Abgrenzung der Lernfelder berücksichtigt die Unterscheidung von Kern- und unterstützenden Prozessen. Ihre Zielformulierungen ermöglichen didaktisch unterschiedliche Reihenfolgen der Lernfelder in einem Ausbildungsjahr. Insbesondere im Hinblick auf das erste Ausbildungsjahr ist hierzu eine Abstimmung vor Ort erforderlich. Neben anderen Lernfeldern greift vor allem Lernfeld 12 die zunehmende Projektarbeit in den Betrieben auf und leistet über die Entwicklung einer umfangreichen Eigenverantwortlichkeit im Hinblick auf die Einschätzung und Optimierung von Abläufen einen wesentlichen Beitrag zur beruflichen Qualifizierung.
Die Orientierung an Geschäftsprozessen wird ergänzt durch die Berücksichtigung der vielfältigen Systemverflechtungen zwischen Märkten, Gesamtwirtschaft und Gesellschaft. Die Zielformulierungen sind im Sinne des Grundsatzes der Nachhaltigkeit ökologischer, sozialer und ökonomischer Entwicklung zu interpretieren. Eine ganzheitliche Sichtweise auf komplexe Problemstellungen und die Erarbeitung zukunftsverträglicher Lösungen ist daher neben der Orientierung an Geschäftsprozessen als durchgängiges Unterrichtsprinzip zu berücksichtigen.

Umfassende Handlungskompetenz zu fördern ist Anliegen aller Lernfelder. Zur Betonung sind Personal-, Sozial-, Methoden- und Lernkompetenz in einigen Lernfeldern ausdrücklich verankert. Sie sind in den anderen Lernfeldern weiter aufzugreifen und zu festigen. Eine frühere Thematisierung oder eine spätere vertiefende Anwendung bleibt davon unberührt.

Die Informationsbeschaffung, -verarbeitung und -auswertung erfolgt integrativ über Medien und informationstechnische Systeme in allen Lernfeldern. Hierfür ist ein Gesamtumfang von mindestens 80 Stunden im Rahmenlehrplan berücksichtigt.

Die Vermittlung von fremdsprachlichen Qualifikationen gemäß der Ausbildungsordnung zur Entwicklung entsprechender Kommunikationsfähigkeit ist mit 40 Stunden in die Lernfelder integriert. Darüber hinaus können 80 Stunden berufsspezifische Fremdsprachenvermittlung als freiwillige Ergänzung der Länder angeboten werden. Die Lernfelder des zweiten und dritten Ausbildungsjahres bieten Anknüpfungen für fremdsprachliche Lernsituationen.

Lernfelder

Übersicht

Übersicht über die Lernfelder für den Ausbildungsberuf Industriekaufmann/Industriekauffrau

Lernfelder		Zeitrichtwerte in Stunden		
Nr.		1. Jahr	2. Jahr	3. Jahr
1	In Ausbildung und Beruf orientieren	40		
2	Marktorientierte Geschäftsprozesse eines Industriebetriebes erfassen	60		
3	Werteströme und Werte erfassen und dokumentieren	60		
4	Wertschöpfungsprozesse analysieren und beurteilen	80		
5	Leistungserstellungsprozesse planen, steuern und kontrollieren	80		
6	Beschaffungsprozesse planen, steuern und kontrollieren		80	
7	Personalwirtschaftliche Aufgaben wahrnehmen		80	
8	Jahresabschluss analysieren und bewerten		80	
9	Das Unternehmen im gesamt- und weltwirtschaftlichen Zusammenhang einordnen		40	
10	Absatzprozesse planen, steuern und kontrollieren			160
11	Investitions- und Finanzierungsprozesse planen			40
12	Unternehmensstrategien, -projekte umsetzen			80
	Summen (insgesamt 880 Stunden)	**320**	**280**	**280**

3545634

Lernfeld 1: In Ausbildung und Beruf orientieren

1. Ausbildungsjahr • Zeitrichtwert: 40 Stunden

Zielformulierung

Die Schülerinnen und Schüler orientieren sich in der durch den Beginn ihrer beruflichen Erstausbildung veränderten Lebenssituation und gestalten ihre Berufsausbildung selbst- und verantwortungsbewusst im Spannungsfeld unterschiedlicher Rollenerwartungen und unter Beachtung wesentlicher Handlungsnormen und Rechtsvorschriften. Im Hinblick auf ihre beruflichen Tätigkeits- und Weiterentwicklungsmöglichkeiten stellen sie die Leistungsschwerpunkte und Arbeitsgebiete von Industrieunternehmen im Überblick dar.

Sie erläutern die Aufgaben der Beteiligten im dualen System der Berufsausbildung. Aus gesetzlichen und vertraglichen Bestimmungen leiten sie Rechte und Pflichten als Auszubildende ab. Dabei arbeiten sie mit Gesetzestexten.

Auf der Basis des Betriebsverfassungsgesetzes konkretisieren die Schülerinnen und Schüler die für sie relevanten Mitbestimmungsrechte am betrieblichen Geschehen. Sie beschreiben die Eingliederung ihres Unternehmens in die Gesamtwirtschaft und vergleichen ihre Ausbildungsbetriebe nach rechtlichen und betriebswirtschaftlichen Kriterien.

Die Schülerinnen und Schüler bearbeiten Aufgabenstellungen selbstständig in der Gruppe und wenden problemlösende Methoden an. Sie setzen sich reflexiv mit auftretenden Konflikten auseinander und regeln diese konstruktiv. Sie präsentieren und dokumentieren ihre Arbeitsergebnisse strukturiert unter Verwendung angemessener Medien. Zur Informationsgewinnung nutzen sie moderne Kommunikationsmedien.

Inhalte

- Berufliche Tätigkeitsfelder und Perspektiven
- Funktion von Ausbildern
- Berufsbildungsgesetz
- Ausbildungsordnung und Ausbildungsvertrag
- Jugendarbeitsschutz
- Jugend- und Auszubildendenvertretung
- Haftung, Kapitalaufbringung, Geschäftsführung
- Intranet, Internet
- Lernstrategien und Arbeitstechniken
- Moderations- und Präsentationstechniken
- Kommunikationsregeln

Lernfeld 2: Marktorientierte Geschäftsprozesse eines Industriebetriebes erfassen

1. Ausbildungsjahr • Zeitrichtwert: 60 Stunden

Zielformulierung

Die Schülerinnen und Schüler erkunden den Material-, Informations-, Geld- und Wertefluss innerhalb eines Betriebes ausgehend von Lieferanten und Kunden. Auf der Grundlage von vorgegebenen Unternehmensleitbildern und eigener betrieblicher Anschauung beschreiben sie einzelne ökonomische, soziale und ökologische Ziele. Sie analysieren den Zusammenhang zwischen strategischen und operativen Zielen. Dabei berücksichtigen sie mögliche Zielkonflikte. Sie begründen, dass das Erreichen von Unternehmenszielen von Marktentwicklungen abhängt.

Die Schülerinnen und Schüler analysieren den logistischen Prozess der Kundenauftragsführung und zeigen Schnittstellen zwischen Kern- und unterstützenden Prozessen auf. Dabei stellen sie Formen der betrieblichen Aufbauorganisation dar und beurteilen sie im Hinblick auf die Elemente des Geschäftsprozesses. Sie erläutern die Bedeutung der Information und deren effektiver Nutzung als wesentliche Voraussetzung für die Erzielung von Wettbewerbsvorteilen und untersuchen das betriebliche Informationssystem in Bezug auf die Steuerung und Abwicklung des betrieblichen Leistungsprozesses. Sie ermitteln und analysieren Kosten des Informations- und Materialflusses sowie die Wertschöpfung im Prozess der Kundenauftragsführung.

Die Schülerinnen und Schüler identifizieren organisatorische Einheiten wie Stellen und Abteilungen als Kostenstellen und beschreiben deren Bedeutung für die Wertschöpfung. Sie stellen das Rechnungswesen als Mittel zur Erfassung, Steuerung und Überwachung der Wertschöpfung dar. Sie beschreiben den Zusammenhang betrieblicher Planungs- und Controllingprozesse zur Sicherung des Unternehmenserfolgs.

Sie entwickeln Kriterien zur Erstellung von Präsentationen, stellen Lösungsergebnisse vor und präzisieren Regeln für ein Feedback zu individuellen Arbeitsergebnissen.

Inhalte

- Unternehmensphilosophie und -strategie
- Wertschöpfungsprozess – kosten- und nutzenorientiert
- Auslöser für Orientierung an Geschäftsprozessen
  - Käufermärkte
  - Globalisierung
- Elemente eines Geschäftsprozesses (Daten-, Organisations- und Funktionssicht)
- Aufgaben des Controllings
- Aufbau und informationstechnische Struktur der Datenbasis
- Aufgaben des Rechnungswesens
- Teamentwicklung
- Präsentationsgrundsätze
- Kommunikationsregeln

Lernfeld 3: Werteströme und Werte erfassen und dokumentieren

1. Ausbildungsjahr • Zeitrichtwert: 60 Stunden

Zielformulierung

Die Schülerinnen und Schüler erfassen den Wertefluss eines Industrieunternehmens anhand von Belegen, die im Rahmen eines Geschäftsprozesses anfallen.

Auf der Grundlage der geltenden Rechtsvorschriften und unter Berücksichtigung des auf die unternehmensspezifischen Bedürfnisse abgestimmten Kontenplans stellen sie Werteströme in einem Industrieunternehmen buchhalterisch dar. Sie nehmen eine Abstimmung zwischen Inventurdaten und den Ergebnissen der laufenden Buchführung vor und leiten aus dem vorläufigen Abschluss Auswirkungen auf die Vermögens-, Finanz- und Ertragslage ab.

Sie nutzen das Rechnungswesen unter Anwendung einer geeigneten Software als Dokumentations- und Informationsinstrument.

Inhalte

- Aufgaben und Organisation der Finanzbuchhaltung
- Inventur, Inventar und Bilanz
- Bestands- und Erfolgsvorgänge (einschließlich Abschreibungen)
- Umsatzsteuer
- Bestandsveränderungen, Inventurdifferenzen
- Kontenabschluss

Lernfeld 4: Wertschöpfungsprozesse analysieren und beurteilen

1. Ausbildungsjahr • Zeitrichtwert: 80 Stunden

Zielformulierung

Die Schülerinnen und Schüler erfassen die beim betrieblichen Leistungserstellungsprozess entstehenden Kosten und Leistungen, berechnen und beurteilen den kostenrechnerischen Wertschöpfungsbeitrag einzelner Produkte und den Betriebserfolg. Sie erkennen den funktionalen Zusammenhang zwischen interner und externer Rechnungslegung und grenzen die Finanzbuchführung von der Kosten- und Leistungsrechnung ab.

Zur Vorbereitung betrieblicher Entscheidungen nutzen sie verschiedene Verfahren der Kostenrechnung in Kenntnis ihrer Vor- und Nachteile. Sie beurteilen die Auswirkungen getroffener Entscheidungen auf die Kostensituation des Betriebes und entwickeln ein differenziertes Kostenbewusstsein. Sie nehmen eine Abweichungsanalyse vor und unterbreiten geeignete Lösungsvorschläge. Zur Überwachung der Wirtschaftlichkeit setzen sie die Kostenrechnung ein und wenden geeignete informationstechnische Werkzeuge an.

Inhalte

- Kostenartenrechnung
- Kostenstellenrechnung
- Kostenträgerstückrechnung und Kostenträgerzeitrechnung
- Vollkostenrechnung
- Teilkostenrechnung als Deckungsbeitragsrechnung
- Prozessorientierte Kostenbetrachtung
- Verbrauchs- und Beschäftigungsabweichungen
- Tabellenkalkulation
- Diagramme

Lernfeld 5: Leistungserstellungsprozesse planen, steuern und kontrollieren

1. Ausbildungsjahr • Zeitrichtwert: 80 Stunden

Zielformulierung

Die Schülerinnen und Schüler beschreiben und begründen das Produktions- oder Dienstleistungsprogramm in Abhängigkeit vom Absatzmarkt und den Kernprozessen des Unternehmens, den Fertigungs- oder Leistungserstellungsverfahren und der Kostenstruktur. Bei der ressourcenschonenden Verwendung der Materialien und Energien berücksichtigen sie den Aspekt der Nachhaltigkeit. Sie beurteilen die Fertigungs- und Leistungserstellungsverfahren unter dem Aspekt des Gesundheitsschutzes.

Im Rahmen der Materialdisposition ermitteln sie für einen Kundenauftrag auf Basis vorgegebener Stücklisten bzw. Leistungsmerkmale nach Pflichtenheft den Bedarf. Für fremdbezogene Teile oder Leistungen erstellen sie Bestellvorschläge unter Berücksichtigung der Wiederbeschaffungszeiten und Verbrauchsschätzungen.

Für eigengefertigte Teile analysieren sie aufgrund technischer Vorgaben die Struktur eines Erzeugnisses und erstellen Stücklisten und Arbeitspläne. Sie disponieren daraus abgeleitete Fertigungsaufträge, nehmen in Abstimmung mit vorhandenen Kapazitäten und gegebenen Prioritäten eine Einlastung der Fertigungsaufträge vor und beschreiben die Möglichkeiten der Auftragsverfolgung und der Auftragskontrolle.

Im Rahmen des Qualitätsmanagements erläutern die Schülerinnen und Schüler Verfahren zur Prozessoptimierung, die in den Phasen der Produkt- oder Dienstleistungserstellung die Qualität des Produktes oder der Dienstleistung sichern und weiterentwickeln.

Bei der Umsetzung der verschiedenen Aufgaben setzen sie geeignete informationstechnische Systeme zur Überwachung und Pflege der erforderlichen Daten ein.

Die Schülerinnen und Schüler lösen problemorientierte Aufgabenstellungen in Teams. Sie dokumentieren und präsentieren ihre Ergebnisse. Sie reflektieren Lernfortschritte und entwickeln Lernstrategien.

Inhalte

- Produktentstehung
- Produktionsplanung und -steuerung – Rahmenbedingungen und Verfahren
- Produktionscontrolling – Kosten, Qualität, Termintreue
- Abfallvermeidung, Wiederverwertbarkeit

Lernfeld 6: Beschaffungsprozesse planen, steuern und kontrollieren

2. Ausbildungsjahr • Zeitrichtwert: 80 Stunden

Zielformulierung

Die Schülerinnen und Schüler planen im Rahmen der Beschaffungslogistik den gesamten Beschaffungsprozess in Kenntnis der Beschaffungsstrategie als Teil der Unternehmensstrategie. Dabei nutzen sie vorhandene Informationsnetze. Sie bearbeiten Bedarfsanforderungen für die betriebliche Leistungserstellung unter Beachtung des Materialeinsatzes und der Materialverwertung und berücksichtigen dabei auch den Aspekt der Nachhaltigkeit. Mithilfe ausgewählter Instrumente und Methoden der Kommunikation bahnen sie Verträge an und schließen sie ab. Im Zusammenhang damit beachten sie die verschiedenen wirtschaftlichen Interessenlagen der Vertragspartner sowie rechtliche Handlungsspielräume. Sie beherrschen auch fremdsprachige kaufmännische Korrespondenz. In Konfliktsituationen sind sie sicher in der Gesprächsführung. Sie präsentieren Verhandlungsergebnisse mit geeigneten Mitteln und Methoden.

Die Schülerinnen und Schüler prüfen den Wareneingang anhand von Belegen. Sie reagieren bei Störungen der Erfüllung und leiten Maßnahmen zu deren Beseitigung ein. Sie beschreiben den Belegfluss, erfassen den Wareneingang buchhalterisch unter Nutzung eines informationstechnischen Systems und veranlassen den Zahlungsvorgang.

Sie ermitteln und analysieren Lagerkennzahlen, führen Lagerbestandsrechnungen durch und prüfen Logistikkonzepte auf ihre Effektivität. Im Rahmen des Controllings zeigen sie Optimierungsmöglichkeiten auf und berücksichtigen dabei ökologische Aspekte.

Inhalte

- Beschaffungsstragie – Einflussfaktoren
- Beschaffungsplanung – Zeit-Mengen-Planung, Kosten-Mengen-Planung
- Materialauswahl – Kosten, Qualität, Umweltschutz, Marktentwicklung
- Lieferantenauswahl – Bezugsquellenanalyse, Angebotsvergleich, Lieferantenbewertung, Finanzierung
- Vertragsabschluss
- Bestellabwicklung (Zertifizierung)
- Bestandsplanung und -führung
- Beschaffungscontrolling
- Verhandlungstechniken
- fremdsprachige Kommunikation

Lernfeld 7: Personalwirtschaftliche Aufgaben wahrnehmen

2. Ausbildungsjahr • Zeitrichtwert: 80 Stunden

Zielformulierung

Im Rahmen der Bedarfsplanung werten die Schülerinnen und Schüler einfache Personalstatistiken aus. Dazu nutzen sie Daten aus vorhandenen informationstechnischen Systemen und beachten Datenschutz und Kapazitätsplanungen. Unter Berücksichtigung der betrieblichen Ziele und des Absatz- und Produktionsplanes planen sie den Personalbedarf.

Im Rahmen der internen und externen Personalbeschaffung treffen sie eine begründete Auswahl der einzusetzenden Beschaffungsinstrumente und stellen Kriterien zur Bewerberauswahl zusammen. Sie leiten die Aufnahme neuer Mitarbeiter in den Personalbestand ein. Zur Vorbereitung der notwendigen Entscheidungen beachten sie die Einbeziehung der betriebsverfassungsrechtlichen Organe des Unternehmens.

Unter Berücksichtigung personalrechtlicher Regelungen aus Arbeits- und Sozialrecht, Tarifrecht und Betriebsvereinbarungen bewerten sie Arbeitsverträge und Konsequenzen für Umsetzungen und Entlassungen. Sie entwickeln Konzepte zur Aus-, Weiter- und Fortbildung zur aktiven Gestaltung der Personalentwicklung und Verbesserung der Mitarbeitermotivation. Dabei erkennen sie auch die Bedeutung lebenslangen Lernens für die persönliche Entwicklung und die aktive Gestaltung der eigenen beruflichen Zukunft.

Sie beurteilen Kriterien der Arbeitsbewertung und der Entgeltsysteme, berechnen Entgelte und buchen sie.

Im Rahmen der Personalführung stellen die Schülerinnen und Schüler Auswirkungen von Unternehmenskulturen, Führungsstilen und -methoden auf die Zusammenarbeit im Betrieb dar. Sie bewältigen ausgewählte Konfliktsituationen u. a. mit Kenntnissen über Arbeitsschutz, Formen der Arbeitsplatzerhaltung und Mitbestimmungsmöglichkeiten.

Inhalte

- Personalbestands- und -bedarfsanalyse
- Personalbeschaffung und -auswahl – Betriebsverfassungsgesetz
- Personaleinsatz – Vollmachten
- Personalführung und -entwicklung – Kommunikationsregeln, Konfliktregelung, Argumentation und Rhetorik
- Personalentlohnung – Lohnnebenkosten
- Personalfreisetzung – Kündigungsschutz
- Personalcontrolling

Lernfeld 8: Jahresabschluss analysieren und bewerten

2. Ausbildungsjahr • Zeitrichtwert: 80 Stunden

Zielformulierung

Die Schülerinnen und Schüler führen Jahresabschlussarbeiten durch und treffen Bewertungsentscheidungen unter Berücksichtigung betrieblicher Interessen und geltender Bewertungsvorschriften.

Sie bereiten den Jahresabschluss auf, ermitteln Kennzahlen zur Beurteilung des Unternehmens und ziehen Schlussfolgerungen für unternehmenspolitische Entscheidungen. Sie analysieren den Jahresabschluss auch aus Sicht des externen Betrachters.

Die Schüler und Schülerinnen wählen für die Bearbeitung ihrer Aufgabenstellungen geeignete Medien aus, präsentieren ihre Arbeitsergebnisse und begründen ihre Schlussfolgerungen.

Inhalte
- Wertansätze für Vermögen und Schulden nach Handels- und Steuerrecht – Anschaffungs- und Herstellkosten
- Bewertungsprinzipien – Vorsichtsprinzip, Kapitaleignerprinzip
- offene und stille Rücklagen
- Kennzahlen zur Vermögens- und Kapitalstruktur, Liquidität, Anlagedeckung, Rentabilität, Cashflow
- Präsentationsmittel

Lernfeld 9: Das Unternehmen im gesamt- und weltwirtschaftlichen Zusammenhang einordnen

2. Ausbildungsjahr • Zeitrichtwert: 40 Stunden

Zielformulierung

Die Schülerinnen und Schüler beschreiben die Beziehungen und Leistungen zwischen Unternehmen und staatlichen bzw. anderen administrativen Stellen im Kontext regionaler, gesamt- und weltwirtschaftlicher Zusammenhänge. Dabei analysieren sie die Rahmenbedingungen für Investitionen und Wirtschaftswachstum und prüfen Chancen und Grenzen der Strategien zur Wachstumsförderung.

Die Schülerinnen und Schüler erklären die wechselseitigen Beziehungen und Abhängigkeiten der Wirtschaftssubjekte im Modell des Wirtschaftskreislaufes und leiten daraus die Einkommensentstehung, -verwendung und -verteilung ab. Sie beschreiben den ordnungspolitischen Rahmen für Unternehmen und stellen Ansprüche, Prinzipien sowie Maßnahmen staatlicher Ordnungspolitik dar. Im Kontext der europäischen Integration und der Globalisierung präzisieren sie Ziele und Zielkonflikte der Strukturpolitik, zeigen den Grad der Zielerreichung auf, begründen Abweichungen und schlagen mögliche Maßnahmen zur Zielerreichung vor.

Inhalte
- Standortfaktoren
- Wirtschaftsförderung
- Volkswirtschaftliche Gesamtrechnung
- soziale Marktwirtschaft
- Wettbewerbspolitik
- Argumentation

Lernfeld 10: Absatzprozesse planen, steuern und kontrollieren

3. Ausbildungsjahr • Zeitrichtwert: 160 Stunden

Zielformulierung

Die Schülerinnen und Schüler wickeln Kundenaufträge im Spannungsfeld von Kunden- und Unternehmensinteressen unter Nutzung vorhandener Kommunikationsnetze erfolgsorientiert ab. Dabei setzen sie informationstechnische Systeme zur Sammlung und Auswertung von Markt- und Kundendaten ein. Sie entwickeln und begründen Vorschläge zur Umsetzung von Kundenwünschen, auch in Bezug auf Produktentwicklung.

Die Schülerinnen und Schüler werten Informationen der Produktforschung und Informationen über Märkte im In- und Ausland aus. Im Rahmen eines Marketingkonzeptes nutzen sie Marketinginstrumente zur Planung, Organisation, Durchführung und Kontrolle unternehmerischer Aktivitäten. Sie analysieren die absatzpolitischen Instrumente und entwickeln Konzepte zur Verfolgung bestehender Marketingziele und zur Kundenbindung unter Berücksichtigung wirtschaftlicher Rahmenbedingungen.

Die Schülerinnen und Schüler nutzen Instrumente und Methoden der Kommunikation für die Vertragsanbahnung und den Abschluss und beherrschen auch fremdsprachige kaufmännische Korrespondenz. In Konfliktsituationen sind sie sicher in der Gesprächsführung. Mit geeigneten Mitteln und Methoden präsentieren sie die Verhandlungsergebnisse. Sie erledigen alle beim Absatz von Erzeugnissen und Leistungen anfallenden buchhalterischen Aufgaben.

Für die Auftragsbearbeitung, Vertragsanbahnungen und Marketingkonzepte entwickeln sie Zeit- und Arbeitspläne, legen Verantwortlichkeiten fest, dokumentieren die Projektfortschritte und untersuchen die Gründe für Abweichungen zwischen Projektplanung und -realisierung. Sie präsentieren und dokumentieren ihre Arbeitsergebnisse.

Lernfeld 10: Absatzprozesse planen, steuern und kontrollieren

3. Ausbildungsjahr • Zeitrichtwert: 160 Stunden

Inhalte

- Marketing als Führungsprozess – Preispolitik, Produktpolitik, Kommunikationspolitik, Distributionspolitik
- Bestimmung des Leistungsangebotes – Sortimentspolitik, Finanzdienstleistungen
- Kundenakquise
- Vertragsabschluss
- Leistungsvertrieb – Absatzlogistik, elektronischer Vertriebsweg (E-Commerce)
- Kundenauftragsbearbeitung einschließlich Störungen
- Kundendienst und Kundenpflege
- Absatzcontrolling
- fremdsprachige Kommunikation
- Projektplanung, -organisation, -dokumentation

Lernfeld 11: Investitions- und Finanzierungsprozesse planen

3. Ausbildungsjahr • Zeitrichtwert: 40 Stunden

Zielformulierung

Die Schülerinnen und Schüler analysieren die Ziele und Aufgaben der Investitions- und Finanzierungsprozesse im Rahmen des Finanzierungsmanagements und -controllings. Für ein langfristiges Vorhaben führen sie einfache Investitionsrechnungen durch, beurteilen Alternativen, treffen eine Finanzierungsentscheidung und erstellen ein geeignetes Finanzierungskonzept, das die betriebliche Finanzsituation und Rahmendaten der Kapitalmärkte berücksichtigt.

Sie prüfen die Investitionsentscheidung und das Finanzierungskonzept über die Entwicklung von Alternativentscheidungen unter Abwägung von Kosten, Nutzen und Risiken und setzen dazu informationstechnische Systeme ein. Sie stellen den Zusammenhang zwischen betrieblichen Einzelplänen und der Liquiditäts- und Finanzplanung dar.

Inhalte

- Investitions- und Finanzierungsanlässe – Kapitalbedarfsplanung
- statische Investitionsrechnungen
- langfristige Finanzierungsarten
- Liquiditätsplanung, Kreditsicherung

Lernfeld 12: Unternehmensstrategien, -projekte umsetzen

3. Ausbildungsjahr • Zeitrichtwert: 80 Stunden

Zielformulierung

Die Schülerinnen und Schüler planen, steuern und kontrollieren beruflich relevante Projekte und berücksichtigen dabei regionale Gegebenheiten und gesamtwirtschaftliche Prozesse. Im Rahmen des Projektmanagements definieren sie Ziele, treffen in Abwägung von Kosten, Nutzen und Risiken Entscheidungen und organisieren den Ablauf. Dazu analysieren sie vorhandene Unternehmensressourcen und -strategien; sie ordnen Ziele und Zielkonflikte staatlicher Konjunkturpolitik sowie Chancen und Grenzen staatlicher Steuerung auch in Bezug auf den Umweltschutz und die Kapitalmärkte in den Kontext der europäischen Integration und Globalisierung ein. Sie untersuchen europäische und internationale Initiativen zur Beschäftigungsförderung und bestimmen individuelle Arbeitsmarktchancen und Entwicklungsperspektiven.

Vor diesem Hintergrund prüfen sie Chancen und Grenzen möglicher Strategien zur Erreichung der Projektziele. Sie entwickeln und vertreten eigenständige Positionen und Werthaltungen, diskutieren und tolerieren davon abweichende Positionen auf der Basis ausgewiesener Kriterien und Indikatoren und wenden Techniken der Entscheidungsfindung an. Im Projektablauf übernehmen sie Verantwortung für die Einhaltung der aufgestellten Regeln, dokumentieren den Projektfortschritt, analysieren und bewerten den Projektverlauf und präsentieren das Ergebnis. Dabei kommunizieren sie in Teams und nutzen zur Information, Dokumentation und Präsentation auch begründet ausgewählte technische Systeme und Medien.

Inhalte

- Projektziel und -beschreibung
- Projektrisiken und -bewertung
- Projektausstattung und -ablauforganisation
- Konjunkturprozesse und -indikatoren
- fiskal- und geldpolitische Instrumente
- Arbeitsmarktsteuerung
- Argumentation
- Projektauswertung

B

3545642

N

O

3545652

A1PIX – Your Photo Today, Ottobrunn: 274.3 (PHA)
Adel & Link Public Relations, Frankfurt/M.: 303.3
adpic Bildagentur, Bonn: 101.1 (H. Richter), 291.1 (C. Schwier), 346.1 (S. Bober), 346.2 (I. Mikhaylov), 386.1 (H. Dora), 386.2 (R. Naumann), 404.1 (J. Röse-Oberreich), 404.2 (A. Trautmann), 441.1 (A.Trautmann), 454.1 (M. Benik), 454.2 (S. Nezhinskiy), 472.1 (W. Bulgar), 510 (beide: Yuri Arcurs), 587.1 (Yuri Arcurs), 608.2 (B. Leitner)
American Express International, Inc., Frankfurt am Main: 305.2
Bergmoser + Höller Verlag AG, Aachen: 16.1, 36.1, 338.1, 342.1, 398.1, 401.1, 499.1
bildagentur-online GmbH, Burgkunstadt: 279.6 (TIPS/Patti Mc Conville)
BITKOM e. V., Berlin: 539.1
Bundesverband der Deutschen Volksbanken und Raiffeisenbanken, Berlin: 301.1
Coverpicture, Berlin: 279.4 (Erwin Wodicka)
Creditreform e. V., Neuss: 463.1, 464.1
Deutsche Post DHL Group, Bonn: 298.2
EURO Kartensysteme GmbH, Frankfurt am Main: 303.1, 303.4
fotolia.com, New York: 284.1 (fotomek), 299.1 (Stefan Yang), 371.1 (thomaslerchphoto), 371.2 (Martin_P), 414.1 (Anton Balazh), 426.1 (beermedia), 457.1 (goodluz), 523.1 (FotoDesignPP), 524.2 (Gina Sanders), 573.1 (Monkey Business), 578.2 (CandyBox Images)
Getty Images, München: 58.1 (Frank Whitney), 578.1 (Rainer Holz)
Google Germany GmbH, Hamburg: 593.1
Gröblinghoff, Ullrich, Peine: 11.1
istockphoto.com, Calgary: Titelbild (Jacob Wackerhausen)
Jochen Tack Fotografie, Essen: 279.2
JOKER: Fotojournalismus, Bonn: 606.1 (Martina Hengesbach)
laif, Köln: 274.1 (Kruell)
Landeshauptstadt Dresden – Öffentlichkeitsarbeit, Dresden: 594.2, 594.4
Lantelmé, Jörg, Kassel: 274.6
MasterCard Europe SPRL, Frankfurt am Main: 303.2
mauritius images GmbH, Mittenwald: 572.1 (Uwe Umstaetter), 584.1; Minkus IMAGES Fotodesignagentur, Isernhagen: 58.2
Picture Press Bild- und Textagentur GmbH, Hamburg: 279.5 (Illustration Source)
Picture-Alliance GmbH, Frankfurt/M.: 18.1, 38.1, 43.1, 45.1 (Armin Weigel), 46.1, 47.1, 47.2, 48.1, 51.1, 52.1, 60.1 (Normann Hochheimer/chromorange), 60.2 (Frank May), 95.1, 95.2, 100.1 (Nicholas Kane), 100.2 (Keith Hunter/Arcaid), 156.1 (BSIP/CHASSENE), 156.2 (Maximilian Schönherr), 198.1 (Jochen Lübke), 198.2 (Jan-Peter Kasper/ZB), 235.1 (Roland Weihrauch), 258.1 (Peter Förster/ZB), 276.1 (ZB/H. Wiedl), 279.3 (P. Pleul), 280.1 (Jens Schierenbeck), 304.1, 308.1 (Adrian Weinbrecht/Cultura RM), 308.2 (Ghislain & Marie David de Lossy/Cultura RM), 324.1 (monster.de), 341.1, 396.1, 421.1, 421.2, 436.1, 472.2 (Uwe Anspach), 494.1, 505.1, 507.1, 507.2, 507.3, 509.1, 540.1 (landov/Frank Polich), 540.2 (EPA), 570 (beide: Frank May), 608.1 (Bernd Thissen), 630.1 (Roland Holschneider), 630.2 (chromorange)
plainpicture, Hamburg: 274.2 (A. Lechner)
Shutterstock.com, New York: 526.1
Stephan, Hans-Peter, Lörrach: 599.1, 600.1, 601.1
Taz Entwicklungs GmbH & Co. Medien KG, Berlin: 505.2 (Le Monde diplomatique)
TransFair e. V., Köln: 527.1
vario images, Bonn: 274.5 (Ulrich Baumgarten), 279.1 (Ulrich Baumgarten)
Verlag C. H. Beck, München: 596.1
Visum Foto GmbH, Hannover: 274.4 (Thomas Langreder)
Zoonar.com, Hamburg: 305.1 (C. Ammering)

Infografiken: punktgenau GmbH, Bühl; Claudia Hild, Angelburg; Daniela Ringhut, Dreieich.

Anhang „Die 2-Euro-Münze und 19 Rückseiten“:
Deutsche Bundesbank, Frankfurt/Main: 1.2; Europäische Zentralbank, Frankfurt: 1.2, 1.3–8, 1.11–17, 1.19; fotolia.com, New York: 1.9 (Alex_Mac), 1.10 (Andrei); Picture-Alliance GmbH, Frankfurt/M.: 1.18 (SPANISH MINISTRY OF ECONOMY).

Bildquellenverzeichnis

Die 2-Euro-Münze und 19 Rückseiten

Während alle Münzwerte einheitliche Vorderseiten aufweisen, hat jedes Euro-Teilnehmerland seine Rückseiten mit eigenen Motiven ausgestattet; hier dargestellt am Beispiel der 2-Euro-Münze.

Die **Belgier** haben sich für das Porträt ihres König Philippe entschieden.

In **Deutschland** zeigt die 2-Euro-Münze den Bundesadler.

Der kleinste der drei baltischen Staaten, **Estland**, führte zum 1. Januar 2011 den Euro ein. Die Esten entschieden sich für die Landesgrenzen als Motiv.

Finnland prägt auf die 2-Euro-Münze die dort weit verbreitete Moltebeere.

Frankreich hat sich für einen Lebensbaum und die revolutionäre Losung „Liberté, Egalité, Fraternité“ entschieden.

Die **Griechen** wählten die Sage von Zeus, der in Gestalt eines weißen Stiers Europa entführt.

Die **Iren** haben ihr nationales Symbol, die Harfe, auf die Münzrückseiten prägen lassen.

In **Italien** ist auf der 2-Euro-Münze Dante, einer der größten Dichter Italiens, abgebildet.

In **Lettland** ist auf der 2-Euro-Münze ein lettisches Trachtenmädchen abgebildet.

In **Litauen** zeigt die 2-Euro-Münze Vytis, den „Weisen Ritter“, der auch auf dem Staatswappen Litauens abgebildet ist.

Auf den **luxemburgischen** Münzen ist das Konterfei des Großherzogs Henri abgebildet.

Das Malteserkreuz ist auf den 2-Euro-Münzen **Maltas** abgebildet.

Die **Niederländer** haben sich für das Bildnis der Königin Beatrix entschieden.

Die **österreichischen** Münzen zeigen die Friedenskämpferin Bertha von Suttner.

Die **Portugiesen** bilden auf ihren Münzen historische Siegel von König Alfonso Henriques aus dem 12. Jahrhundert ab.

Auf den 2-Euro-Münzen der **Slowakei** steht ein Doppelkreuz auf drei Hügeln in Anlehnung an das slowakische Staatswappen für die Stabilität des Landes.

Die **Slowenen** bilden ihren größten Dichter France Prešeren auf der 2-Euro-Münze ab.

Die **Spanier** ehren ihren König Felipe VI. auf der 2-Euro-Münze.

Als Indiz für die lange Zivilisationsgeschichte **Zyperns** zeigen die zypriotischen Münzen ein kreuzförmiges Kultbild aus der Kupfersteinzeit (3000 v. Chr.)

Quelle: www.bundesbank.de

Industriekaufleute

Auf Nummer sicher.

- effektive Vorbereitung auf **Zwischen- und Abschlussprüfung**
- über 1700 Fragen und Antworten, über 200 weitere Aufgaben
- aktuell, gemäß AkA-Stoffkatalog

Prüfungsbuch
Industriekaufleute
680 Seiten
ISBN: 978-3-8045-**9714**-3

Winklers • Postfach 33 20 • 38023 Braunschweig
Tel.:0531 708-8592 • Fax.:0531 708-664 • service@winklers.de • www.winklers.de

Wissen zahlt sich aus.

Winklers